茂木雅博 編

日中交流の考古学

同成社

序　本書編集にあたって

　1972年に日中間の不幸な時代に終止符がうたれ国交が回復した頃の中国は、お世辞にも経済的に豊かとは言えない状態だった。また私が1979年12月に初めて訪中した時には文革後の4人組裁判が問題になっており、自由主義国に育った私にとって、この国の第一印象は全体主義の暗いイメージだった。しかし秦始皇陵兵馬俑博物館や半坡遺跡博物館などを見学して、日本とは異なり「歴史から学ぶ国」だという印象も強烈に受けた。とくに北京の中国歴史博物館の展示は圧巻だった。封建制を奴隷制国家として位置づけ、太平天国の乱をそれを突破するクーデターとして重視する中国の歴史教育は、当時日本の高等学校で歴史を教えていた私にとって、きわめて新鮮なものに思われた。それが否林否孔運動に繋がり、北京の瑠璃河遺跡では周代の墓が発掘されて、畑の中に奴隷制国家の教材として公開されていたのである。

　国交が回復した頃の中国にとって、隣国日本の経済発展から学ぶものが多かったことは事実であり、「葦のずいから天井を覗く」国民にとって、それは優越感に浸たるに十分な状況でもあった。それゆえか日本では、とくに中曽根政権期には中国の若い研究者を大量に留学生として受け入れたが、それは考古学においても同様だった。とはいえ、日本の留学生に対する国の政策は、中国の若い研究者の熱意に十分応えるものとはいえ、対応はきわめてお粗末なものだった。それでも中国からやって来た若い研究者たちは、だれもが日本考古学の研究方法に大きな関心を示した。たとえば遺跡のヘリコプターやセスナ機による航空撮影やバルーンやラジコンによる空中撮影、あるいは測量機器・整理箱などの発掘用品、さらに発掘調査後の保存化学による遺物や遺構の処理技術などにである。また日本考古学の研究対象が中国と異なって多方面にわたっていることも彼らには新鮮だった。この頃の中国考古学界は墓葬研究が中心で、その他には都城研究がわずかに存在する程度だったからである。

　また、当時まだ国立だった東京文化財研究所や奈良文化財研究所が、保存化学や都城の調査復原の分野で十分に力を発揮することができたので、当時まだ欧米の先進国と積極的な交流のなかった中国にとって、近隣の経済大国日本はさまざまな面で魅力的な存在であった。そして中国考古学の第二世代後半から第三世代の研究者は日本から積極的に知識を導入し、中国考古学の世界を拡大させていったのである。

　しかし日中の交流は21世紀になると、右傾化した日本の政権と中国政府の間に再び断絶状態が始まり、中国国内では一部の民族主義者に先導された反日運動が激化していく。2006年8月15日を私は中国山東省濰坊市で迎えたが、数日前からテレビでは抗日戦争の特集と靖国神社関係のニュースが流されていた。私は数日前の中国考古学者との懇親会で、小泉首相が15日に参拝するであろうことを予想した報道に触れてスピーチをすすめ、最後に、しかし考古学研究は中国から学ぶことがきわめて多いので今後とも日中交流を期待したい、と結ぼうとした。ところが宴の主催者は私が話を締めくくる前に、「政治家と研究者は別である、我々研究者は両国の歴史研究のために、1972年以

来継続した研究交流により多くの成果を収めており、日中交流は当然である」と語ってスピーチを返してきた。だが、このスピーチは中国独特のブラックユーモアと私には思われた。

その後、私は10月19日から26日まで、西安を会場とした2つの国際会議と西北大学考古学専業創立五十周年式典に出席した。このような中国で開催される国際会議には何度か出席したことがあるが、この年ほど欧米人研究者の参加が多かったシンポジュウムは2000年8月の敦煌国際会議を除いて私は知らなかった。通常は多くの中国人研究者の中に数人の日本人研究者が混じるくらいのものであった。この事実は明らかに中国にとって欧米との研究交流が経済的に可能になったたことを示していよう。それは日本の研究者にとっても歓迎すべきことといえる。中国は古くより陸路でインドともエジプトともローマとも交流してきたからである。

中国の考古学研究で注目すべき点は、日本と異なり自分の学問領域をしっかりと確保して学際的研究を進めていることである。日本のように考古学研究者が自己の領域に自信が持てず、自然科学的方法にたいするコンプレックスにとりつかれるようなことはないように思われる。日本の旧石器時代研究での捏造事件や高松塚古墳の壁画問題は、研究者が科学コンプレックスにとりつかれた結果引き起こされたものといってもよいだろうが、それは日本人に歴史から学ぶという基本的思考が欠如することに由来するものと私は考えている。歴史は利用するものではなく、学ぶものである。20世紀の後半に発見された高松塚古墳と虎塚古墳の壁画保存の明暗は考古学研究者がどれだけ自己の領域に自信を持てたかの結果を示すものといってもよいだろう。高松塚壁画は自然科学優先の保存であり、虎塚壁画は考古学者優先の保存であるが、結果の明暗は自明の理といえよう。

この事実が示すように、21世紀の考古学の日中交流を意義のあるものにするためには、歴史学の一分野という視点にたって日本の学界が自信をとり戻すことが急務であり、さらに歴史を利用しようとする政治姿勢の日本社会にあって、研究者が旧石器捏造や高松塚壁画保存問題で失った市民権をどれほど取り戻せるかに焦点が絞られるだろう。その上でこそ原始・古代・中世などにおいて東アジア的視点での真の研究交流が可能となるのである。そしてそれにはさらに、中国・朝鮮・日本などがそれぞれ正確な情報を提供しあって研究を推進しなければならない。日本の3世紀から6世紀にわたる考古学資料として重大な意味をもつ、宮内庁管理の巨大前方後円墳の公開などは、その必要不可欠の1例ともいえよう。日本人研究者がこの資料を調査し紹介することが、古代東アジア世界の解明に限りなく貢献するであろうことは、まちがいあるまい。

東アジアの考古学が、国境を越えて互いに協力しあい、ともどもに発展するべく交流を深める、そうした願いを込めて本書を編集した。そうした私の願いに応えて、中国人研究者を含めて50名もの執筆者から原稿が寄せられ、本書が刊行されることを、感謝の念とともに心から喜びたいと思う。

 2007年1月

茂　木　雅　博

目　次

序　本書の編集にあたって ………………………………………茂木　雅博

第1部　日　本　篇

縄文貝塚にみる貝食文化の変容 ……………………………………吉野健一……2
　　　──奥東京湾地域後晩期の三輪野山貝塚を例として──

北上川流域における縄文集落の構造 ………………………………管野智則……11
　　　──複式炉と構成単位──

縄文時代の埋葬姿勢に関する一考察 ………………………………小原一成……26

弥生時代の未成人埋葬について ……………………………………会下和宏……36

弥生墳丘墓における埋葬数と棺形態の異動 ………………………田中裕貴……51

環濠埋没論序説 ………………………………………………………竹中哲郎……67

前方後円墳の二重濠 …………………………………………………櫃本誠一……86

関東における古墳時代前期の玉作 …………………………………木﨑　悠……97
　　　──「香取海」沿岸地域を中心に──

古墳周濠から出土する木製品 ………………………………………鈴木裕明……110

家形埴輪からみた前方後円墳の儀礼 ………………………………塩屋　修……128

古墳時代集落内祭祀の成立 …………………………………………平岩俊哉……150

方墳に関する一考察 …………………………………………………神庭　滋……161
　　　──古墳時代方形区画墓の問題点──

千葉県における古墳時代終末期以降の方形墳墓の展開 …………黒沢　崇……176
　　　──方墳と方形区画墓との差異について──

集落を囲む溝 …………………………………………………………横須賀倫達……191
　　　──陸奥南部における大化前代の一様相──

藤原京成立前史 ………………………………………………………竹田政敬……209
　　　──京形成以前の景観素描──

古代宮都における内陸水運利用の展開 ……………………………木下正史……221

丹生川上神社再考 ……………………………………………………橋本裕行……233

富山藩合寺事件と廃寺の実際……………………………………………永井三郎……247

　轟俊二郎と『埴輪研究 第1冊』…………………………………………犬木　努……260

第2部　文化伝播篇

　東アジアの石工技術………………………………………………………川西宏幸……278
　　──線刻技法の展開──

　縄文時代の漆工に関する覚書……………………………………………三浦正人……291

　「クワ」小考………………………………………………………………木沢直子……305
　　──古典から「クワ」の歴史的背景を読み解く──

　壱岐、原の辻遺跡出土の楽浪系土器についての検討 …………………川上洋一……315

　ガラス玉鋳型の最大例について …………………………………………清水眞一……327

　三角縁神獣鏡の一様相……………………………………………………中井一夫……331

　ハクチョウ形埴輪をめぐる一考察………………………………………川崎　保……338

　武人埴輪と鹵簿──俑と壁画と埴輪の接点──………………………稲村　繁……350

　月岡古墳・塚堂古墳の副葬品に見る渡来的要素………………………児玉真一……363
　　──とくに胡籙のU字形方立飾金具に注目して──

　中国遼寧地域の帯金具と馬具……………………………………………千賀　久……374

　古代東アジアにおける熨斗の受容と伝播についての一試考 …………玉城一枝……385

　伝沖ノ島出土の透彫り金具について ……………………………………岡村秀典……398

　古代東アジア世界からみた武寧王陵の木棺……………………………吉井秀夫……406

　北周墓と横口式石槨………………………………………………………鐘方正樹……416

　鑑真弟子胡国人安如寶と唐招提寺薬師像の埋銭について ……………菅谷文則……430

　金峰山上の銭弘俶塔………………………………………………………森下恵介……438

　宋人石工伊行末の再評価…………………………………………………兼安保明……446
　　──鎌倉時代における花崗岩加工技術の改新をめぐって──

　ジュゴンについての文化史的試論………………………………………泉　　武……455

第3部　中　国　扁

　華北地区旧石器時代の環境と文化区系研究……………………………張　宏彦……472

　古代中国におけるブタの起源……………………………………………袁　　靖……483

　天壇と地壇 …………………………………………………………………車　廣錦……491

漢時代以前のシルクロードを探る……………………………王　巍……497
　　──考古学の資料を中心にして──

三国時代呉弩の伝世と所有形態………………………………今尾文昭……504

大同市南郊出土八曲長杯………………………………………石渡美江……516

北周安伽墓・史君墓の画像石に関する一考察………………蘇　　哲……527

キジル石窟壁画焚棺図に描かれた木棺について……………岡林孝作……541

唐代大仏考………………………………………………………前園美知雄……554

唐代葬儀習俗中にみられる仏教的要素の考古学的考察……張　建林……570

唐僧取経図の研究………………………………………………孫　暁崗……585

中国文物保護法について………………………………………卜部行弘……598

呼称の言語社会学的考察………………………………………劉　学新……621

あとがき………………………………………………………………………633

第 1 部　日　本　篇

縄文貝塚にみる貝食文化の変容

―― 奥東京湾地域後晩期の三輪野山貝塚を例として ――

吉野　健一

はじめに

　縄文時代の貝塚から出土する貝類の研究は、日本における貝塚の研究と同じくらい古くから行われている。そのなかで、「どのような貝を食べたか？」ということについては、古くから研究されてきているが、「どのように貝を食べたか？」については、近年に至るまでほとんど行われていなかった。

　このような貝類の調理法に関する研究は、近年では西野（1997）、綿貫（2000）、日暮ほか（2002）があり、この中で日暮ほか（2002）がもっとも網羅的に行われた研究であると考えられる。ここでは、縄文時代早期前葉から晩期にかけての古鬼怒湾沿岸から東京湾沿岸にかけての貝塚集中地帯について、貝殻に残る調理痕跡を分析することによって、同じ貝種を同じ調理法で食したと推測される「貝食文化圏」に区分し、時期ごとにその変遷を追ったもので、貝塚の貝種組成の時期的変遷を食文化という観点からとらえた研究として重要である。この中では、網羅的にこの地域の貝食文化の変遷を捉えているが、一方で、それぞれの小地域ごとの変遷については、まだ検討の余地があるとともに、貝食文化が時期によって大きく変化する画期の状況についてはいまだ未解明であり、その要因についても十分検討する必要がある。

　本稿でとりあげる奥東京湾沿岸地域は、縄文時代後期後葉から晩期にかけて貝食文化が劇的に変化した地域のひとつである。縄文時代後期におけるこの地域は、イボキサゴなどの海産貝種を主体とする東京湾沿岸地域と、汽水産のヤマトシジミを主体とする古鬼怒湾地域という2つの異なる貝食文化圏の中間に位置しており、後期においては雑多な海産貝種を利用しているが、晩期には、古鬼怒湾沿岸地域と同様のヤマトシジミ主体の貝食文化圏に変化するのである。近年の発掘調査により、この地域に位置する松戸市三輪野山貝塚においては、後期前葉の堀之内式期から晩期の安行3a式期にかけての貝層が検出され、それぞれの時期ごとの貝種組成を追うことができ、海産貝種主体の貝類利用からヤマトシジミ主体の貝類利用への貝種の変遷過程を追うことができる。

　本稿は、三輪野山貝塚における貝種組成の変遷を追うことにより、貝食文化の画期がどのような状況であったかを捉えることを目的とする。なお日暮ほか（2002）などで取り上げられている、貝殻の調理痕跡の分析については、ハマグリなどの調理痕跡が検出される貝種がまとまって出土していないことなどの理由から、今回は取り上げない。

1 縄文時代後期から晩期における
   古鬼怒湾地域と東京湾地域の貝食文化圏の変遷

　ここでは、古鬼怒湾地域と東京湾地域における縄文時代後期から晩期における貝食文化圏の変遷から、奥東京湾地域における貝食文化がどのように変容するかを概観する。なお、貝食文化圏の変遷は吉野（2001）、日暮ほか（2002）をもととして記述する（図2・図3）。

　古鬼怒湾沿岸地域は、霞ヶ浦沿岸地域および現在の利根川流域にハマグリを中心とし、サルボウ、オキシジミ、シオフキを多く用いる地域が広がる。このような貝種利用の傾向は、中期から継続しており、古鬼怒湾沿岸地域の特徴といえる。これはハマグリをもっとも好んで利用しながら、副次的に他の貝種を利用していると見られ、ハマグリ以外の貝種はハマグリの不足分を補うために用いられていると見られる。副次的に用いられる貝種は、遺跡や時期により異なる。焼きハマグリにしたようなハマグリの貝殻がほとんど見られないことなどの理由から、これらの貝類は主に煮沸調理されたと考えられる。

　このような海産貝種を多く用いる地域が後期前葉には広く分布していたが、後期中葉になると、海産貝種を主体とする貝塚は利根川に面した地域と霞ヶ浦地域に限定され、印旛沼沿岸や湾奥部ではヤマトシジミ1種を主体とする貝塚が多く分布するようになる。印旛沼沿岸の貝塚の多くがヤマトシジミの利用の開始と貝層の形成開始がほぼ同時に近く、海産貝種とヤマトシジミが混在するのは、比較的湾口部に近い古原貝塚、湾奥部の北方貝塚など例が少ない。

　後期後葉から晩期には、後期中葉までの状況がさらに進行し、霞ヶ浦沿岸地域、湾口部地域を除いてほとんどがヤマトシジミ1種に特化した貝食文化圏を形成するようになる。

　一方、東京湾沿岸地域は、中期から引き続きイボキサゴを主体貝種とする地域が富津岬付近から現在の江戸川河口付近まで及んでいる。湾奥部付近では、イボキサゴ以外にオキアサリが目立つ傾向がある。それに対し、東京湾湾奥部―現在の江戸川流域―は、後期の後葉からサルボウ、マガキなどを主体とする地域となっており、東京湾沿岸地域とは異なった貝食文化圏を形成している。このような東京湾沿岸地域の傾向は、後期後葉まで継続する。晩期になると

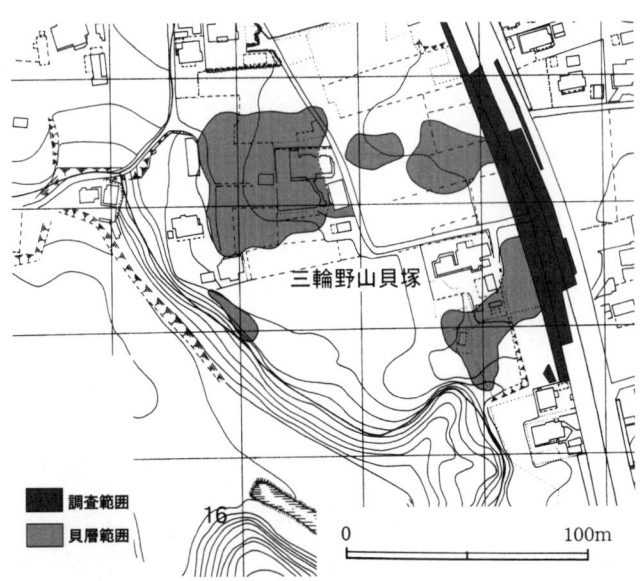

図1　三輪野山貝塚の全景と調査地点（大内 2001、今泉 2004より作成）

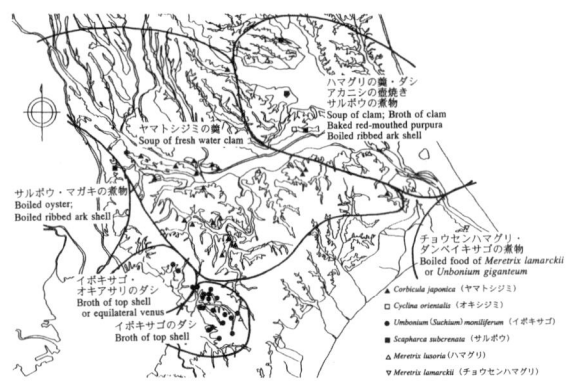

図2　東関東地方の縄文時代後期における貝食文化圏の分布（日暮ほか 2002より）

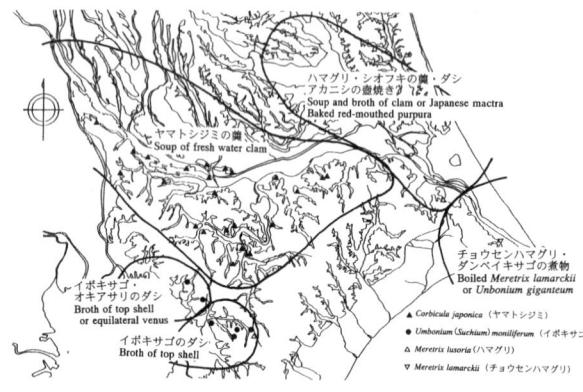

図3　東関東地方の縄文時代晩期における貝食文化圏の分布（日暮ほか 2002より）

東京湾湾奥部は、古鬼怒湾地域のヤマトシジミ食文化圏に含まれるようになるのである。

2　三輪野山貝塚の検討

(1)　遺跡の概要

　三輪野山貝塚は、松戸市に所在し、現在の江戸川の東岸に位置している。北西側から入り込む谷に面した台地上に位置する直径220mの第2形態の環状貝塚で、中央の凹地を取り囲むように貝層が高まりとなって分布している。貝層は斜面に面する南西側で開口しているが、開口部は谷頭に連続せず、典型的な第2形態とは異なっている。近年では台地肩部に盛土状の遺構や道跡が検出され、注目されている。集落は後期前葉から晩期まで営まれており、貝層も同様の時期に属するものが検出されている。

(2)　分析に用いる貝層と分析方法

　　今回分析に用いるのは、1995年から2000年にかけて発掘調査された成果で、縄文時代後期前葉の堀之内1式期から晩期安行3c式期の貝層が検出されている（大内 2001、今泉 2004）。分析対象とした貝層は、遺跡の東側の第1貝塚と第2貝塚の東端部に位置している、面的な貝層、ブロック状の貝層、遺構内貝層である（図1）。

　今回の分析にさいし、比較的時期が明確な13地点（遺構を含む）17サンプルのデータを用いた。同一貝層でも、層位によって貝種組成が異なる場合は、その中から代表するサンプルを抽出して使用した。分析に用いた貝層の時期については表1に示した。

(3)　主体貝種の比較

　貝種組成を比較するにあたり、各サンプルの「主体」となる貝種を比較することにする。主体貝種は日暮（1996）にならい、修正ウェーバー法により算出する[註]。

　それぞれのサンプルについて主体貝種を導き出した結果について、時期ごとに比較することとする（表1）。

　後期初頭から後期前葉　　SK42は土坑内の貝層で、貝層は貝種組成により分層される。それぞれ

表1　三輪野山貝塚における貝層の主体貝種（修正ウェーバー法によって求めた）

遺構名	時期	貝種数	主体貝種 1位	2位	3位	4位	5位
SK42-4	堀之内式	6	ハマグリ				
SK42-9	堀之内式	8	アサリ				
SK42-14	堀之内式	7	ハマグリ				
SK43	堀之内式	9	サルボウ	シオフキ	アサリ	ハマグリ	イボキサゴ
第2号ピット群P1	後期初頭～前葉	12	アサリ	ハマグリ	シオフキ	マガキ	
SX001	加曽利B2式	9	マガキ	アサリ			
SX008	加曽利B2～B3式	12	ハマグリ	アサリ	イボキサゴ		
SX004	加曽利B3式	15	マガキ	ハマグリ	ウネナシトマヤガイ		
第2貝塚	加曽利B3式～曽谷式	15	マガキ				
第1貝塚	加曽利B3式～安行式	10	マガキ	ヤマトシジミ	サビシラトリ	オキシジミ	
第48号土坑	後期後葉～末葉	13	ヤマトシジミ	ハマグリ	ハイガイ		
第40号土坑	後期末葉以降	9	ヤマトシジミ				
6号土坑	後期末葉以降	2	ヤマトシジミ				
第36号土坑2区	晩期前葉	11	ヤマトシジミ				
第36号土坑3区	晩期前葉	8	ヤマトシジミ	ハマグリ			
SX002	安行3c式	6	ヤマトシジミ				
SX002.1-3区	安行3c式	6	ヤマトシジミ				

を代表する3サンプルを取り上げた。SK43、第2号ピット群P1はそれぞれ土坑、ピット内の貝層である。SK42は各サンプルで、ハマグリ、アサリそれぞれ1種が主体貝種となっている。

SK43、第2号ピット群P1では、サルボウ、アサリ、シオフキ、ハマグリ、イボキサゴといった貝種が複数、主体貝種となっている。

後期中葉から後葉　SX001、SX004、SX008は加曽利B式に属する貝層で、第1貝塚、第2貝塚が加曽利B3式から後期安行式に属する貝層である。SX001、SX004、SX008はブロック状の貝層で、第1貝塚、第2貝塚としたデータは、それぞれ面的に分布する貝層の端部に位置している。SX008を除きマガキが1位となっていること、第2貝塚を除き複数種が主体貝種となっていることに特徴がある。主体貝種でマガキ以外のものは、ハマグリ、アサリが含まれる場合が目立ち、サルボウ、イボキサゴが含まれる場合もある。後期中葉から後葉と考えられる第1貝塚は、主体貝種にヤマトシジミが含まれることに他の貝層と大きな違いが見られる。

後期後葉から末葉　第48号土坑がこの時期の貝層である。ヤマトシジミ、ハマグリ、ハイガイの順で3種が主体貝種となっている。汽水産のヤマトシジミが主体貝種となっている点が後期中葉までとは大きく異なっている。

後期末葉から晩期中葉　第40号土坑、6号土坑、第36号土坑、SX002がこの時期の貝層である。第36号土坑、SX002については2地点のデータを用いた。第36号土坑3区を除きヤマトシジミ1種を主体貝種としている。第36号土坑3区については、ヤマトシジミ、ハマグリの2種が主体貝種となっている。

小　　　結　　主体貝種を時期ごとに比較した結果、次のような傾向が見られた。
　a．後期前葉から中葉までは、海産貝種が主体貝種となる。
　b．後期前葉は、ハマグリ、アサリ、シオフキなどの砂底性の貝種が主体貝種となる傾向がある。
　c．後期中葉は、マガキを中心として複数種を主体貝種とする傾向がある。
　d．ヤマトシジミが主体に含まれるのは、加曽利3B式期以降で、後期後葉以降に主体貝種第1位となる。
　e．後期末葉から晩期には、ヤマトシジミが主体貝種1位となり、ほとんどヤマトシジミで占められるようになる。

　後期前葉から晩期中葉までの貝種組成の変遷を概観すると、後期前葉：海産砂底性のハマグリ、アサリ→後期中葉：海産泥底性のマガキ＋砂底性のハマグリ、アサリ→後期後葉：海産泥底性のマガキ＋汽水産のヤマトシジミ→後期末葉から晩期：汽水産のヤマトシジミというようになる。このような変遷は大内（1998）ですでに述べられているように、海退に伴う採貝環境の汽水化にともなって、利用する貝種が海産貝種から汽水産のヤマトシジミに漸移的に変化する様子を示している可能性がある。またヤマトシジミ1種が主体貝種となるのは後期末葉からであるのが明らかになった。

(4)　採貝環境からみた貝種組成

　ここでは、貝層を構成する貝種を生息域ごとに分類し、生息域ごとの組成から、三輪野山貝塚人の採貝場の環境を推測する。三輪野山貝塚から検出された貝類の多くは、内海から汽水にかけて生息するもので、内海の貝類は、砂底の潮間帯、砂泥底の満潮線、砂泥底の潮間帯、泥底の満潮線の4種類の水辺環境に分類される。砂底の潮間帯と砂泥底の満潮線は同じ浜辺において連続しているものと想定され、ここでは「砂性の強い海」と表すことにする。また砂泥底の潮間帯と泥底の満潮線も同様に連続していると想定され、こちらは「泥性の強い海」と表すことにする。そして遺跡が立地する現河川流域の台地から海までの水辺環境の変遷は、淡水→汽水→泥性の内海→砂性の内海→外海となると想定される。また、満潮線における採貝は、比較的容易であるのに対し、潮間帯における採貝は行う時間帯が限定されることや、深場であることから、より積極的な作業が必要であると考えられる。

　以上のようなことを踏まえて、それぞれの時期が異なる貝層における生息環境ごとの貝種組成を比較する（図4）。なお、貝類の分類方法は、吉野（1998）に準じる。

　　後　期　前　葉　　後期前葉においては、約60％から90％が砂性の強い海に生息する貝種である。潮間帯と満潮線の両方の貝種が含まれる。泥性の強い海の貝種の割合は小さいが、潮間帯、満潮線の両方のものが含まれている。汽水域に生息する貝種はほとんど含まれない。

　　後　期　中　葉　　後期前葉と比較すると、貝層ごとの差はあるものの、砂性の強い海に生息する貝種の割合は小さくなり、約30％から約70％となる。泥性の強い海の貝種の割合が大きくなり、潮間帯の貝種よりも満潮線の貝種の割合が大きい傾向がある。

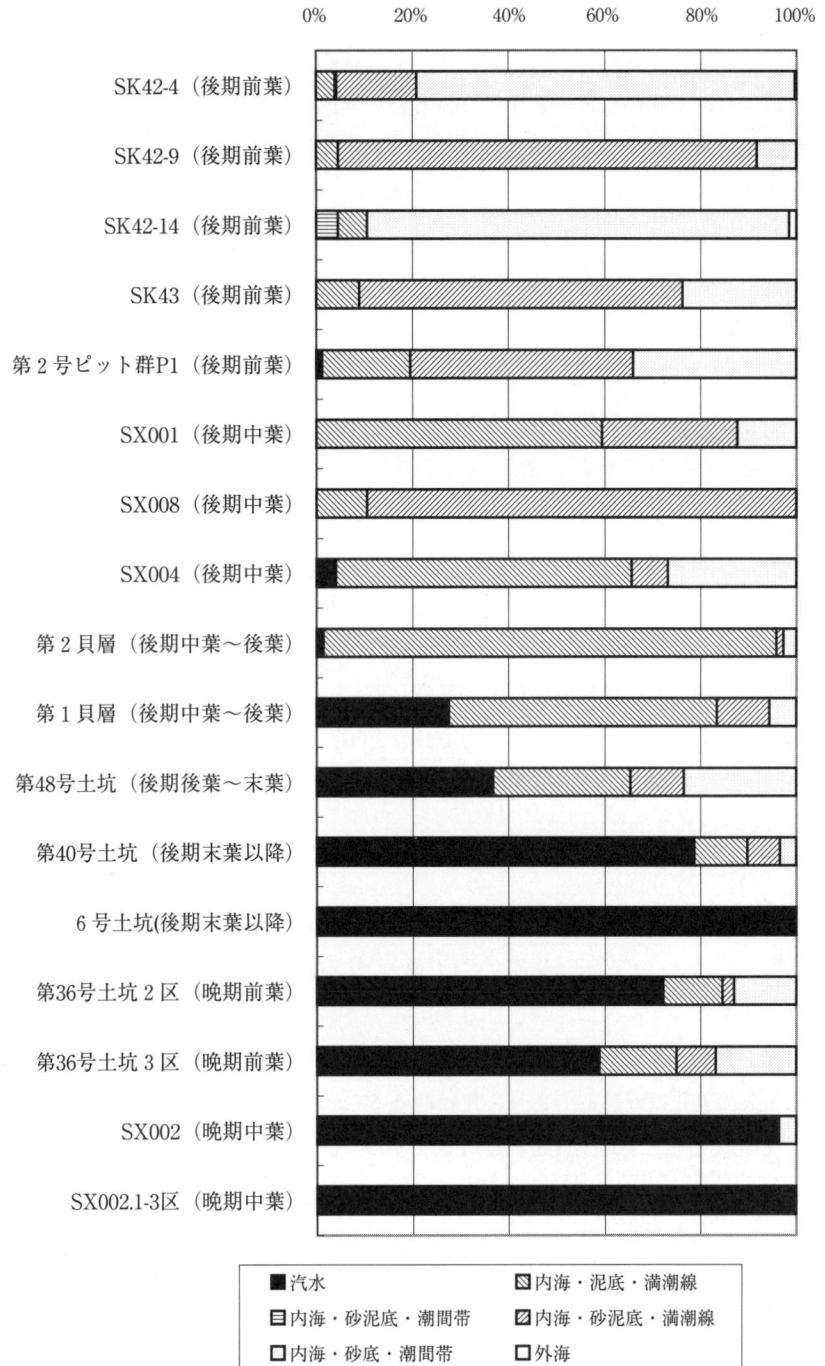

図4 採貝環境からみた三輪野山貝塚の貝種組成（吉野 1998の分類に基づく）

後期後葉　泥性の強い海の貝種の割合がもっとも大きく、50％以上となり、そのほとんどが満潮線に生息する貝種で占める。汽水域に生息する貝種の割合が大きくなり、30％から40％を占める貝層もある。砂性の強い海に生息する貝種も約10％以上含まれる。

晩期前葉　汽水域の貝種が60％以上を占めるようになる。海産貝種は砂性の強い海と泥性の強い海の両方の貝種で占められている。砂性の強い海の貝種では、潮間帯に生息するものが目立ち、泥性の強い海の貝種は、ほとんどが満潮線に生息する貝種である。

晩期中葉　90％以上が汽水域の貝種で占められる。わずかに含まれる海産貝種では、砂底・潮間帯の貝種が目立つ。

小　　結　採貝環境ごとにみた貝種組成から見ると、三輪野山貝塚の貝層は次の4時期に区分される。

①砂性の強い海の貝種を多く利用する後期前葉
②漸移的に泥底・満潮線の貝種が増えてゆく、後期中葉から後葉
③汽水域の貝種が主体となり、砂底・潮間帯と泥底満潮線の貝種が含まれる晩期前葉
④ほとんどが汽水域のヤマトシジミで占められ、わずかだが、砂底・潮間帯の貝種が含まれる晩期中葉

貝種組成が、時期ごとに砂性の強い海の貝種→泥性の強い海の貝種→汽水域の貝種というように漸移的に変遷している様子が見られる一方で、③と④には大きな断絶が見られる。

4　まとめ

これまで、時期ごとに主体貝種、採貝環境による貝種組成の比較を行ってきた。その結果、後期前葉から後期末葉にかけて、貝種組成が、内海の砂性の強い海に生息する貝から泥性の強い海に生息する貝へ変化すること、後期末葉から急激にヤマトシジミの割合が増加すること、晩期中葉にはほとんどヤマトシジミ1種で貝層が占められるようになることなどが明確になった。そして後期における貝種組成の変化は漸移的であり、比較的ゆるやかであるのに対し、後期末葉におけるヤマトシジミの増加は急激で、かつ、貝類利用のスタイルが、「複数種の海産貝類を組み合わせて利用する」利用形態から、「単一種を集中的に利用する」利用形態に大きく変化しているという点で違いが見られる。このような変化は、たんに利用する貝種が変化しただけではなく、貝類を利用する方法が変化したことを示していると考えられる。

先にも述べたが、三輪野山貝塚を含む東京湾奥地域は、後期においては複数の海産貝種を煮沸調理する地域として捉えられており、隣接する古鬼怒湾南岸地域と東京湾西岸地域が、それぞれヤマトシジミ、イボキサゴを1種集中で利用する地域であるのと比較すると、明らかに異なった貝食文化が存在したことがうかがえる。このような隣接地域との比較からみると、三輪野山貝塚における晩期初頭における貝類利用スタイルの変化は、たんに遺跡地先の水辺環境の変化だけではなく、隣接する地域、とくに古鬼怒湾南岸地域から伝わった貝食文化の受容という側面があったと推測される。

もし、三輪野山貝塚の遺跡地先の水辺環境がそのまま貝種組成に反映されているとするならば、後期後葉から晩期にかけて遺跡地先の水辺が泥底化、汽水化する中で、ハマグリがとれつづけるということは考えられないことで、明らかに、ハマグリの人為的な持ち込みが想定される。また後期後葉の貝種組成に、ヤマトシジミが若干含まれているのは、遺跡地先の水辺がかなり汽水化していることを示していると考えられる。遺跡地先の水辺からのみ貝を採取していたとしたら、より段階的にヤマトシジミが増加していただろうし、ハマグリはより古い時期に姿を消していたはずなのである。そのような状況で、三輪野山貝塚において海水産貝種を利用し続けられているということは、海産貝種を利用するような貝食文化を維持しようという努力があったためだと推測され、後期末葉の段階で、それまでの海産貝種を利用する貝食文化を捨て、ヤマトシジミ1種を偏重した貝食文化に移行したのだと考えられる。

おわりに

　これまで、東京湾湾奥に位置する三輪野山貝塚における後期前葉から晩期中葉の貝類利用の変遷をたどり、隣接地域の貝食文化と比較することで、貝類利用の変化が、単純に自然環境の変化を反映しているだけではなく、自然環境の変化の中で隣接地域の貝食文化を受容した可能性があることを論じてきた。本論では、遺跡を形成した人々の移動については触れずに論を進めたが、必ずしも、同一の遺跡に同一の集団が継続して居住していたと断定すべきではないので、このような現象の背景として、古鬼怒湾沿岸地域からの集団の移住なども想定しなければならない。

　また、ここで述べたものは、縄文時代における貝食文化の研究の一部を補足・強化するもので、この1遺跡の様相をもって、房総半島における貝食文化の変遷を代表しようとは考えてはいない。今後も継続してこのような遺跡ごとのあり方を検討し、より具体的に縄文時代における貝食文化に接近して行きたい。また、今回は、具体的な調理法にまで接近することができなかった。今後改めて検討する必要がある。

　　最後に、協同で貝食文化研究を行った宍倉昭一郎氏、日暮晃一氏、佐藤誠氏、常松成人氏、小笠原永隆氏、小笠原敦子氏、山田敏史氏には感謝いたします。また本論文を作成するにあたり、最後まで叱咤・激励して下さった茂木雅博先生、稲村繁氏、塩谷修氏には、あらためて感謝申し上げます。

註

ある貝層（サンプル）の貝種組成で主体となる貝種を決定する上で、上位から何番目までを主体とすればよいのかを次の式に従って W_n を計算し、W_n の最小値までを代表貝種とする方法。

$$W_n = \sum_{i=1}^{n} \{X_i - (100/n)\}^2$$

　　　n：上位からの順番　　Xi：i番目の貝種の構成比

文献

今泉潔　2004『主要地方道松戸野田線住宅宅地関連埋蔵文化財調査報告書（2）三輪野山貝塚・三輪野山宮前遺跡・三輪野山八幡前遺跡、千葉県文化財センター調査報告』482　財団法人千葉県文化財センター

大内千年 1998「流山市域の貝塚における貝類組成の変遷―三輪野山貝塚の整理から―」『研究連絡誌』53　財団法人千葉県文化財センター

大内千年 2001『主要地方道松戸野田線住宅宅地関連埋蔵文化財調査報告書　流山市三輪野山貝塚・宮前・道六神・八幡前、千葉県文化財センター調査報告』399　財団法人千葉県文化財センター

西野雅人 1997「ウミニナ類の身を取り出す2つの方法」『研究連絡誌』50

日暮晃一 1996「貝からみた出島村の縄文貝塚」『茨城県考古学協会誌』8

日暮晃一・宍倉昭一郎・吉野健一・佐藤誠・小笠原敦子・小笠原永隆・常松成人・山田敏史・宇多川浩一 2002「縄文時代の貝食への接近」『貝塚研究』7

吉野健一 1998「貝類の組成からみた古鬼怒湾の縄文中・後期貝塚」『貝塚研究』3

吉野健一 2001「縄文時代の古鬼怒湾南岸における貝類利用」『貝塚研究』6

綿貫敦子 2000「谷津台貝塚における *Meretrix lusoria*（ハマグリ）と *Rapana thomasiana*（アカニシ）の調理法」『貝塚研究』5

北上川流域における縄文集落の構造
—— 複式炉と構成単位 ——

菅野　智則

　はじめに

　前稿にて北上川支流稗貫川流域の縄文時代中期後半集落の分析を試みた（菅野 2005a）。岩手県花巻市（旧稗貫郡大迫町）観音堂遺跡（中村 1986、1991）をとりあげ、住居跡と炉の規模、柱穴配置、炉形態から、住居跡類型の設定を試みた。その結果、次の3点を類型基準として設定した。①主柱穴が有る小型の住居（A）と大型の住居（B）。②複式炉の構成が2段構成のもの（1）と3段構成以上の大型のもの（2）。③複式炉を中心として左右対称に並ぶ柱穴配置（a）と円環状に柱穴が並ぶ柱穴配置（b）。前者の炉形状は、V字あるいはU字形を呈し、後者は長楕円形となる。それぞれの組み合わせにより、類型を示した。そして、これらの類型の時期的変遷が明瞭に把握できた。また、大木10a式期以降大型住居と小型住居による組み合わせが、何らかの基本単位として認定できる可能性を指摘した。

　本稿では、この住居跡類型と単位について、地域差と時期差を考慮した分析を目的とする。なお、用いる土器型式編年、竪穴住居跡の時期比定などに関しては、以前と同様の基準を用いる（菅野 2003）。また分析方法の考え方については、別稿にて示した（菅野 2005d）。この目的のため、①切り合い関係が少なく、住居跡形態が明瞭に把握できること、②広大な面積が調査されており、遺跡の全体像が把握できること、③地域差を検討するため、北上川流域ではあるが稗貫川流域より離れた地域に所在することなどの条件を満たす遺跡を、分析対象とする必要がある。これらの条件を満たす遺跡として、岩手県八幡平市（旧岩手郡松尾村）長者屋敷遺跡を選択した（瀬川・他 1980a、高橋・他 1981、三浦・他 1984、三浦・佐々木 1985）。

1　長者屋敷遺跡と周辺遺跡の概要

　長者屋敷遺跡は、岩手県八幡平市松尾第5地割に所在する。北上川支流長川右岸の台地上に立地する（図1・図2）[(1)]。1978・1979年に65920m²の広大な面積が調査された（図3）。縄文時代前期中葉から後期初頭、後期後葉のほか、弥生時代の住居跡が検出されている。本稿で関連する時期は、中期後葉14軒、中期後葉〜中期末葉14軒、中期末葉36軒、後期初頭4軒の総計68軒である。岩手県盛岡市湯沢遺跡（三浦・他 1978、三浦 1983）、北上市柳上遺跡（小原 1995）などと並ぶ大規模集落で

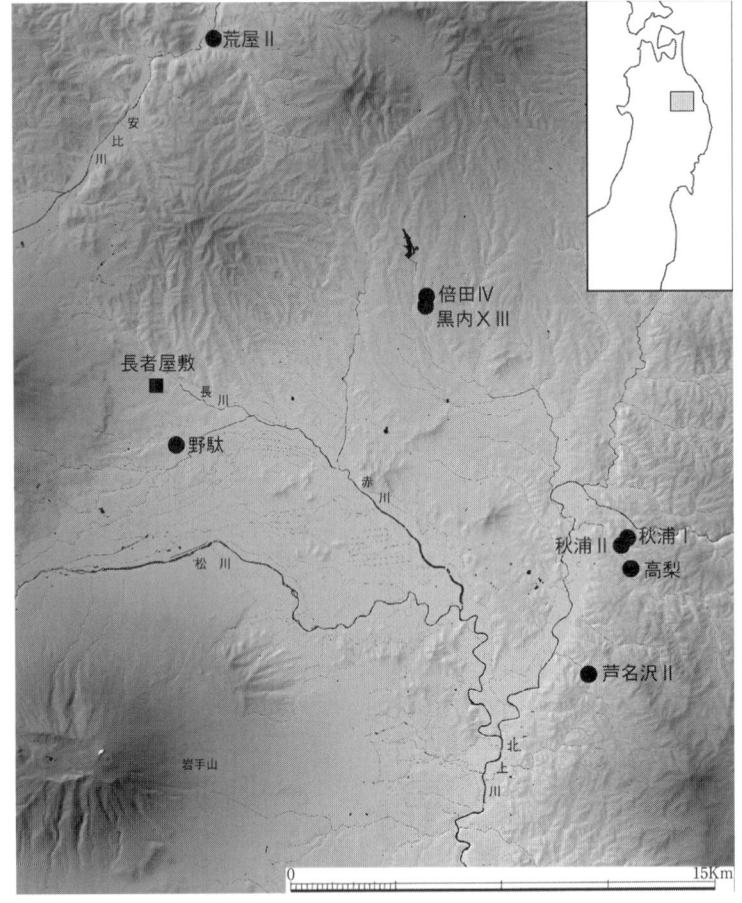

図1 長者屋敷遺跡周辺遺跡分布図

ある（菅野 2005c）。

また、同時期の周辺遺跡として、①北上川西岸地域：野駄遺跡（瀬川・他 1980b、田鎖・他 1982）、倍田Ⅳ遺跡（神・他 1994）、黒内ⅩⅢ遺跡（高橋 1994）、②北上川東岸地域：秋浦Ⅰ・Ⅱ遺跡（菅原 1994、佐々木 2000、古舘 2001）、高梨遺跡（東北大学文学部考古学研究室 1985、菅原 1995）、芦名沢Ⅱ遺跡（古舘・他 2000）、③安比川流域：荒屋Ⅱ遺跡（四井・他 1981）の8遺跡がある（図1）。各遺跡における住居跡数は、長者屋敷遺跡が最も多く、その次に秋浦Ⅰ・Ⅱ遺跡が続く（表1）[2]。倍田Ⅳ遺跡などでは、住居跡数は多いが時期比定が困難であり、軒数が少なくなる。他の遺跡も同様であり、実際の住居跡数は多いものと考えられる。

2　住居跡分析

本稿では、住居跡の規模と柱穴配置、炉跡の規模と構成の属性を用いて分析を行い、前稿（菅野 2005a）で設定した住居跡類型の有効性について検証する。その後に、平面分布を分析し単位について検討する。炉跡の分類を図4のように区分した。複式炉をⅣ類とし、それぞれ段数によりa～dと細分した。

また、調査者である三浦謙一氏らにより、1985年に縄文時代各時期の住居跡の平面形、床面積、炉の3要素から詳細な分析がなされている（三浦・佐々木 1985）。用いている分析要素は、ほぼ同じことから、本稿での分析結果は重なる部分もある。

(1) 住居跡規模

時期細別の住居跡数は、大木9b式期15軒、大木10a式期5軒、大木10b式期23軒、門前式期4軒となる（表2）。大木10a式期、門前式期に住居跡数は減少する。規模計測率は約96％であり、ほとんどが計測可能であった。

住居跡規模は、平均値15m²程度ではあるが、時期による大小の格差が大きい。大木9b式期には小型であった住居跡が、大木10a式期になり大型化する。住居跡規模を5m²ごとの階級で区切った場合、そのほと

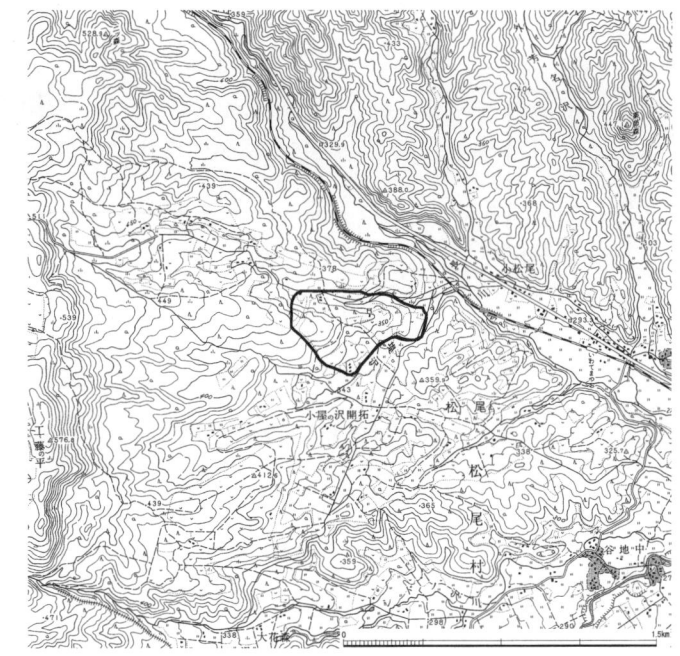

図2　長者屋敷遺跡地形図

んどが標準型に収まり、標準型でも小型の部類に集中する（表3）。これまでに提示してきた観音堂遺跡や柳上遺跡と類似する傾向が認められる（菅野 2003）。

(2) 炉跡分析

炉跡を時期別にまとめると、地床炉（Ⅰ類）、石囲炉（Ⅱa類）、複式炉（Ⅳ類）に主体が認められる（表4）。また、土器埋設炉（Ⅱb類）、土器埋設石囲炉（Ⅲa類）が大木10b式期以降出現することが、特徴的である。それらの埋設土器には、斜位土器埋設（γ）を伴う類型がある。複式炉は各時期を通してⅣa類（2段構成の複式炉）、Ⅳb類（3段構成の複式炉）がある。

複式炉は、石囲＋掘込が主体となり、石囲＋石囲と石囲＋石囲＋掘込がやや多い（表5）。石囲部の使用頻度がとくに高い。斜位土器埋設を伴うものは、斜位土器埋設石囲＋掘込と、石囲＋斜位土器埋設＋掘込の2種類があり、それぞれ1、2基しかない。とくに前者は、大木9b式期に比定でき（HⅧ—12住居址）、これまでの斜位土器埋設の炉跡の中では比較的出現が早い。

一方で、長者屋敷遺跡における中期中葉（大木8b式）の炉跡は、地床炉（Ⅰ類）6軒、土器埋設炉（Ⅱb類）1軒、土器埋設石囲炉（Ⅲa類）2軒である。この構成は、地床炉と土器埋設を主体とする構成として捉えることができる。これらの炉跡が消失し、地床炉・石囲炉・石囲を用いる複式炉の3種が主体となる変化は非常に大きい。大木9a式期の住居跡が認められないことからも、この間に大きな断絶があったものと理解できる。

(3) 複式炉と竪穴住居跡

住居跡と複式炉の規模は相関する（図5）。ただし、観音堂遺跡と比べ、大型の住居跡にもⅣa類

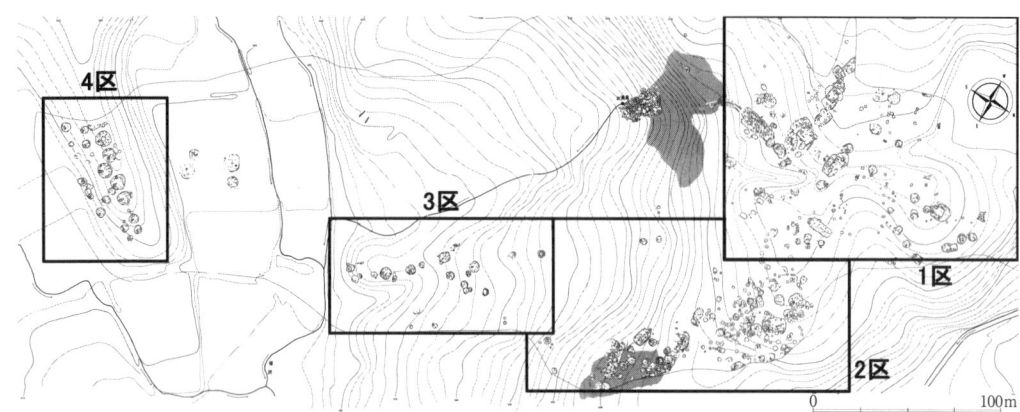

図3　長者屋敷遺跡遺構分布図・区分図（高橋・他 1981改変）

表1　周辺遺跡の時期別住居跡数

地域		遺跡名	調査面積(m²)	前期	中期	分析対象時期					後期	晩期	時期判明住居跡数	不明	総数	時期判定率
						中期後葉	中期末葉	中期後葉～中期末葉	後期初頭	後期前葉						
北上川西岸地域	西部	長者屋敷	65920	90	83	15	40	14	4		5		178	71	249	71.49
		野駄	7452	2	4	1	1	1		2	4	3	13	6	19	68.42
	北部	黒内XIII	1300		5	3	1	1		1	1	10	16	4	20	80.00
		倍田IV	5800		14	2	7	1					14	23	37	37.84
北上川東岸地域		高梨	78		1		1						1	3	4	25.00
		秋浦I	6847		48	21	3	3	5	1	6		54	6	60	90.00
		秋浦II	2712		26	10	10	2	5	2	7		33	10	43	76.74
		芦名沢II	590		1			1					1		1	100.00
安比川流域		荒屋II	7220		3		1				3		3	1	4	75.00
小計				92	185	52	64	23	14	6	23	13	313	124	437	71.62

註）中期・後期の住居跡数は、「分析対象時期」の住居跡数も含めた総数

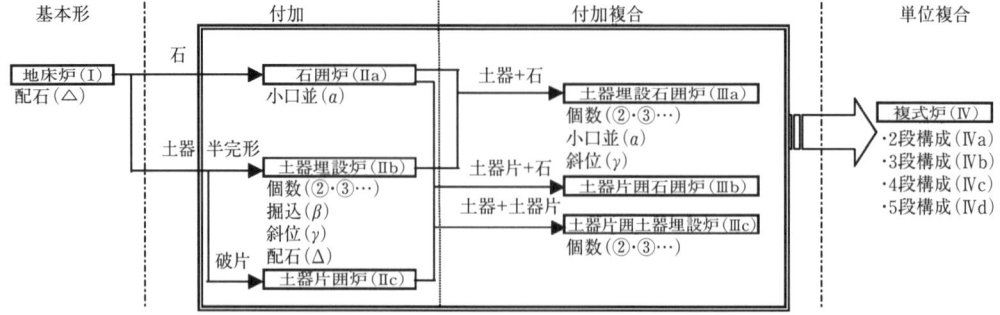

a：長楕円形の炉構築石材の小口方向を、中央に向けて放射状に配置するもの。Ex）柳上遺跡　M33②住居跡
β：やや大きめな不整形の掘込を行い、その中に炉を構築するもの。Ex）観音堂遺跡　第24号住居跡
γ：土器埋設を斜位あるいは横位に行うもの。
△：石を1つ立石状に炉の端部に配置するもの。Ex）湯沢遺跡　CIII-6住居址

図4　炉跡分類図

表2　長者屋敷遺跡住居跡の時期別面積と計測率

		面積平均値	面積標準偏差	計測住居跡数	全住居跡数	計測率
中期後葉	大木9b式	8.13	4.34	14	15	93.33
中期後葉～中期末葉	大木9b式～大木10a式	42.82	29.55	3	3	100
	大木9b式～大木10b式	9.35	2.45	9	11	81.82
中期末葉	大木10a式	19.96	8.91	5	5	100
	大木10b式	18.43	15.23	23	23	100
	大木10a式～大木10b式	14.49	11.54	8	8	100
後期初頭	門前式	6.92	1.62	4	4	100
	全体	15.06	14.39	66	69	95.65

が構築されていることが特徴的である。また、炉ごとの住居跡規模は、中期末葉の複式炉の値がもっとも高い。土器埋設炉を含むその他の炉を有する住居跡規模は、平均値が低く、標準偏差も小さい（表6）。複式炉以外の炉を有する住居は小型かつ均質的であることが理解できる。

(4)　柱穴配置と住居跡類型

本遺跡では、主柱穴が認められない住居跡が多い（表7）。また、大木9b式期においても柱穴配置b類が認められる。大木10a式期には、これまで通りb類は認められない。

住居跡類型は、小型（A類）が多く、新たな類型が出現している。複式炉を有する住居跡は観音堂遺跡と大体類似する。小型で複式炉以外の炉跡を有する住居跡の存在が、長者屋敷遺跡の特徴となる。また、大木10b式期における特徴は、湯沢遺跡と類似するが、大木9b式期における複式炉以外の炉跡、2段構成の複式炉（Ⅳa）の存在は独特である。

(5)　平面分布

長者屋敷遺跡には、中期中葉（大木8a式・大木8b式）にも住居跡が9軒存在する。平面分布に関しては、大木8a式から門前式期までを対象とし、検討を進める。また、住居跡の分布が平面上で明らかに区分できるため、4区域に分ける。1区は丘陵尾根平坦地、2区は南側緩斜面部、3区は東南緩斜面部、4区は東側丘陵尾根部である（図3）。

中期中葉（大木8a式・大木8b式）は、2区の場所にのみ存在する（図6）。1区の平坦面を避け散漫に分布する。中期後葉（大木9b式）には、前時期の場所を継続的に利用しつつも、1区内で離れた場所に1軒が存在する（図7）。また、3区に1軒、4区に5軒が存在し、分布域が拡大する。しかし、明確な大木9a式の住居跡は確認できなかったため、ある程度の断絶があったものと推定される。中期末葉（大木10a式）にいたり、2区に3軒、4区に2軒が認められる（図8）。このような分布は今までに指摘してきた単位と類似する。大木10b式期には、2区以外の各地区に分布する。1区4軒、3区8軒、4区11軒となる（図9）。これまでに住居跡が多くなかった区にも、多くの住居跡が分布する。また、中期末葉としか時期比定できなかった住居跡を含めると、図10のようになる。各地区に多数の住居跡が分布することが理解できる。後期初頭（門前式）には、3区のみに分布し、それまでの広がりは全く認められない（図11）。

図6　中期中葉（大木8a式・大木8b式）住居跡分布図（高橋・他 1981改変）

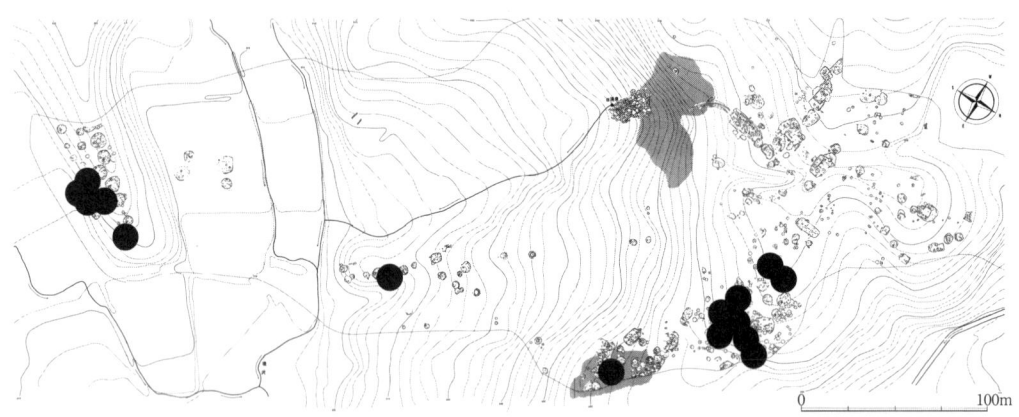

図7　中期後葉（大木9b式）住居跡分布図（高橋・他 1981改変）

図8　中期末葉（大木10a式）住居跡分布図（高橋・他 1981改変）

図9　中期末葉（大木10b式）住居跡分布図（高橋・他 1981改変）

図10　中期末葉（大木10a式・大木10b式）住居跡分布図（高橋・他 1981改変）

図11　後期初頭（門前式期）住居跡分布図（高橋・他 1981改変）

表3　5遺跡の時期別面積度数分布表

類型	規模		観音堂遺跡			柳上遺跡				本内Ⅱ遺跡				館Ⅳ遺跡			長者屋敷遺跡			
			中期後葉	中期末葉	小計	中期後葉	中期末葉	後期初頭	小計	中期後葉	中期末葉	後期初頭	小計	中期後葉	中期末葉	小計	中期後葉	中期末葉	後期初頭	小計
A類	小型	～5以下	1		1	1			1								1	3		4
		5.1〜10	4		4	1	8		9		1		1				10	5	4	19
		10.1〜15	4		4		4	1	5	2	3		5		2	2		1	5	6
B類	標準型	15.1〜20		1	1	6	1		7	1	1	1	3	1	1	2	2	5		7
		20.1〜25					5	1	6		1		1	1		1		4		4
		25.1〜30	1	1	2		1		1					1		1		1		1
		30.1〜35												1		1		2		2
	中型	35.1〜40				1			1						1	1				
		40.1〜45	1	1	2										1	1		1		1
		45.1〜50																1		1
		50.1〜55																		
	大型	55.1〜60	1		1															
		60.1〜65																		
		65.1〜70																1		1
		70.1〜75																		
		75.1〜80																		
		80.1〜85																		
		85.1〜90																		

表4　長者屋敷遺跡時期別炉類型数

		無し	Ⅰ		Ⅱa	Ⅱb				Ⅲa		Ⅳ				不明	総計
			Ⅰ	ⅠΔ		Ⅱb	Ⅱb②	Ⅱbγ	ⅡbΔ	Ⅲa	Ⅲaγ	Ⅳ	Ⅳa	Ⅳb	Ⅳc		
中期後葉	大木9b式		3	2	5								6	2			18
中期後葉〜中期末葉	大木9b式〜大木10a式		2		1								2	1	1	1	7
	大木9b式〜大木10b式		2		2		1						4	3		1	13
中期末葉	大木10a式		2		1								1	1		1	7
	大木10b式	1	6		3	4		1			1	2	1	8	3		30
	大木10a式〜大木10b式		2		1	1			1				4	1			10
後期初頭	門前式		2		2	1				1							6
	総計	1	19	2	15	6	1	1	1	2	2	1	25	11	1	3	91

註）1軒の住居跡に複数の炉跡が存在する場合、それぞれ集計している。

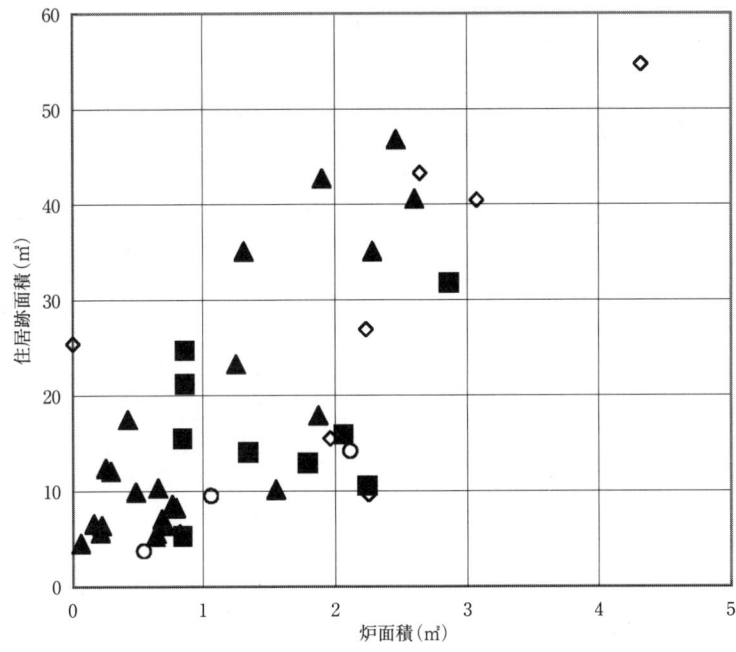

図5　住居跡面積と複式炉面積の相関関係

○ 観音堂遺跡炉IVa類
◇ 観音堂遺跡炉IVb類以上
▲ 長者屋敷遺跡炉IVa類
■ 長者屋敷遺跡炉IVb類以上

表5　長者屋敷遺跡時期別複式炉類型数

類型		IVa								IVb						IVc	不明	総計
1段目		地床			石囲		土器埋設石囲		斜位土器埋設石囲	地床	石囲			土器埋設	土器埋設石囲	石囲		
2段目		石囲	土器埋設	堀込	石囲	堀込	石囲	堀込	堀込	石囲	石囲	石囲	斜位土器埋設	石囲	石囲	石囲		
3段目		—	—	—	—	—	—	—	—	堀込	石囲	堀込	堀込	石囲	堀込	石囲		
4段目		—	—	—	—	—	—	—	—	—	—	—	—	—	—	堀込		
中期後葉	大木9b式					5	1			1					1			8
中期末葉	大木10a式					1						1					1	3
	大木10b式	3	1		2	1	1				2	1					1	12
	大木10a式〜大木10b式					3	1							1				5
中期後葉〜	大木9b式〜大木10a式			1	1						1							3
中期末葉	大木9b式〜大木10b式				2	2				1	2							7
総　計		3	1	1	5	12	1	1	1	1	1	5	2	1	1	1	1	38

表6 時期・炉・区別住居跡面積（A：住居跡規模平均　　B：住居規模標準偏差　　C：計測住居跡軒数）

		大木9b式				大木10a式			大木10b式				門前式	総計
		2区	3区	4区	計	2区	4区	計	1区	3区	4区	計	3区	
地床炉 （Ⅰ類）	A	5.42		6.30	5.86									5.86
	B	—		—	0.44									0.44
	C	1		1	2									2
石囲炉 （Ⅱa類）	A	12.27		7.83	10.05	7.47		7.47	4.70	15.19	11.69		7.92	9.86
	B	6.96		1.53	5.51	—		—	—	0.06	4.95		1.73	4.47
	C	2		2	4	1		1	1	2	3		2	10
土器埋設炉 （Ⅱb類）	A								12.02	7.31	6.74	9.08	5.44	8.47
	B								5.67	5.42	—	5.51	—	5.21
	C								2	2	1	5	1	6
土器埋設石 囲炉 （Ⅲa類）	A								6.07	12.58	8.24		6.38	7.77
	B								0.58	—	3.11		—	2.81
	C								2	1	3		1	4
複式炉 （Ⅳ類）	A	7.84	5.29	8.68	7.73	22.33	24.74	23.13	42.28	22.34	27.15	28.59		20.26
	B	4.11	—	3.40	3.80	9.94	—	8.20	24.36	3.62	13.74	16.13		15.41
	C	5	1	2	8	2	1	3	2	3	6	11		22
無し	A										4.30	4.30		4.30
	B										—	—		
	C										1	1		1
全体	A	8.64	5.29	7.86	8.13	17.38	24.74	19.22	27.15	12.31	19.72	18.43	6.92	14.27
	B	5.26	—	2.51	4.34	10.72	—	9.82	23.27	8.56	13.36	15.23	1.62	12.68
	C	8	1	5	14	3	1	4	4	8	11	23	4	45

註）炉跡の有無、柱類が判明し、面積が計測できた住居跡のみ集計した

　これらのことから、中期中葉には2区に分布しているのみであったが、しだいに拡散していく様が明確に見てとれる。そしてまた、前時期から継続的に選択される区域と、新たに形成される区域が明瞭である。大木9b式期から大木10a式期の場合、大体同じ場所に立地する。しかし、大木10b式期では、それまで継続的に占地されてきた2区に住居跡が構築されないなどの特徴が認められる。

(6) 住居跡規模と平面分布

　本項では、区・時期別に住居跡規模を検討する（表8）。大木9b式期には、いずれの区域でも標準型あるいは小型で構成されている。しかし、大木10a式期には標準型内での大型（B類）と小型（A類）により構成される。大木10b式にいたり大型を含めた各規模により構成される。そして、門前式期には、標準型の小型の部類に収斂する。

　前稿では、①大木9b式期以降には2～3軒程度の単位で構成されること、②大木10a式期以降には相対的に大型と小型の住居跡により構成されることの2点を指摘した。長者屋敷遺跡では、明瞭な単位こそ認められないが、大木9b式には標準型内小型と小型により構成されており、数量もまとまり均質的な様相が理解できる。大木10a式期には、2区において標準型内大型1軒と小型2軒による3軒の単位を構成している。4区では、標準型内大型が2軒のみ存在しており、2区とは

異なる。大木10b式には、1区において大型1軒と標準型内小型3軒により構成される単位が認められる。4区では中型2軒、標準型内大型の1軒（SV—02住居址群）が中心となり、その他の住居跡が周囲に巡っている状況が認められる（図12）。1区で認められた単位が3単位集合したものと推定できる。3区は、そうした格差は認められず、標準型から小型まで満遍なく分散する。

(7) 炉と平面分布

それぞれの時期別に、土器埋設（石囲）炉と複式炉のあり方について分布を検討する。大木9b式期においては、地床炉、石囲炉、複式炉が存在する（表9）。それらの分布は、2区と4区においてはそれぞれが満遍なく分布する。3区だけは複式炉のみである。大木10a式期も同様であるが、4区は複式炉のみ存在する。大木10b式期では、それぞれの区において、すべての炉が認められる。門前式にいたり、複式炉は消失するが、その他の炉跡は大木10b式期と同様の組み合わせとなる。

また、大木9b式期には、複式炉の住居跡を中心として、その他の炉を有する住居跡が周囲に分布する。大木10a式期には、軒数自体減少するが、複式炉は各区に残る。大木10b式期では、複式炉と他の炉というまとまりが見てとれる。とくに4区においては、大型の複式炉を有する住居跡が尾根の中央部に位置し、その周辺に小型の土器埋設（石囲）炉を持つ住居跡が配置する（図12）。

炉、平面分布、住居規模は、大木9b式期においては、各炉、各区ごとの何らかの相関は認められない。むしろ均質的である（表6）。しかし、大木10a式・大木10b式期において各区の複式炉住

表7　長者屋敷遺跡における住居跡類型数

規模	複式炉	柱穴			9a	9b	10a	10b	門前
小型（A）	複式炉以外（0）	無		A0			1	6	1
		有	a	A0a		3		1	2
			b	A0b		1		2	
	2段（1）	無		A1		3	1		
		有	a	A1a		2		1	
			b	A1b		1			
	3段（2）	無		A2					
		有	a	A2a		1		1	
			b	A2b					
大型（B）	複式炉以外（0）	無		B0				1	
		有	a	B0a				2	
			b	B0b					
	2段（1）	無		B1					
		有	a	B1a				3	
			b	B1b				3	
	3段（2）	無		B2					
		有	a	B2a		1	2	2	
			b	B2b					

観音堂遺跡で存在する類型

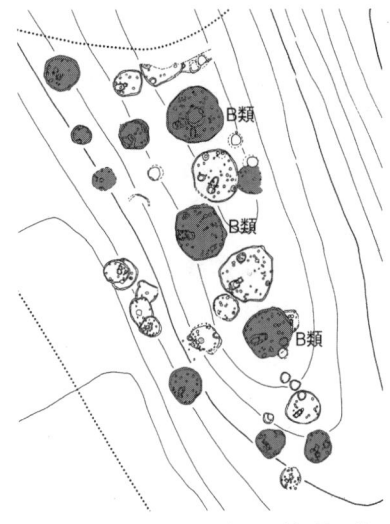

図12　4区住居跡分布図（高橋・他1981改変）

表8　区・時期別住居跡面積度数分布表

			大木9b式		大木10a式		大木10b式			門前式
			2区	3区	2区	4区	1区	3区	4区	3区
A類	小型	～5以下	1	1				2	1	
	標準型	5.1～10	5		4	1	1	2	1	4
		10.1～15			1	1		1	3	
		15.1～20	2				2	1	2	
		20.1～25				2		1	1	
		25.1～30						1		
		30.1～35				1			1	
B類	中型	35.1～40								
		40.1～45							1	
		45.1～50							1	
		50.1～55								
		55.1～60								
	大型	60.1～65								
		65.1～70					1			
		70.1～75								
		75.1～80								
		80.1～85								
		85.1～90								

居跡の規模が大きいことが明瞭となる。

これらのことから、住居単位や各種の炉の存在は大木9b式期から認められるものの、大木10a式期以降規模的格差が認められ、複式炉を中心とした配置関係になるものと考えられる。

3　縄文時代中期後半の集落を構成する単位

これまでに分析してきたことから、集落内単位の様相を、より具体的に示すことができた。その単位には2種が認められた。①大規模住居（小数）と小規模住居（多数）による単位、②小規模住居のみの単位である。それぞれは相対的なものであり、中型住居跡―標準型内大型、標準型内小型―小型というような単位を形成する。長者屋敷遺跡は、この単位①と単位②の複合により、構成されているものと考えられる。とくに4区の構成は、単位①が複数単位存在したことが推測できる。一方で、観音堂遺跡を含む稗貫川流域では、単位①により構成されている（菅野 2005a）。岩手県北上市本内Ⅱ遺跡（星・他 1998）は、継続的に単位②により構成されている集落であると言える（菅野 2003）。しかし、複雑な切り合い状況を呈する遺跡では、規模の計測が難しいため、単位の姿は不明瞭になる。岩手県北上市柳上遺跡では、計測率は低いが各種規模が揃うあり方は、相対的に大型と小型の住居跡により構成される単位①が存在していたことが推定できる。

平面分布からは、区ごとにそれぞれの炉を有する住居跡が満遍なく分布しており、規則性が認められる。とくに、大木10b式期には大型の住居跡は複式炉を有していることが認められ、平面分布、炉、住居規模に関連があることを把握できた。

これらのことから、大木9b式期には均質的状況であった長者屋敷遺跡が、大木10a式期以降に差のある状況へと変化していった様相が推測できる。とくに大木10b式における住居跡の増加、土器埋設（石囲）炉の出現、複式炉を中心とした配置関係から、大きな差異が認められる。このような差が、何らかの社会的状況を反映したものであることは推察できる。今後、さらに事例分析を通じて検討していきたい。

おわりに

今後の問題として以下の3点が挙げられる。

① 単位のさらなる検証が必要である。それぞれの単位をさらに細かくするためには、同時期性を検討しなければならない。小林謙一氏らが進めている緻密な研究は、非常に参考となる（小林 1999など）。

② 平面分布における住居跡群別の分割について、岩手県盛岡市湯沢遺跡、柳上遺跡のように明瞭な区分が難しい場合、何らかの基準がやはり必要である。そして、こうした問題は、遺跡や遺物の平面分布における区分の問題と同一であり、重要な課題である。

③ 各遺跡において、時期比定や規模計測、炉跡類型化が不可能な住居跡が多く存在する。これまでの分析は、判定できない属性データについてはあまり考慮に入れず、解釈を進めてきた。しかしながら、実際はより多くの住居跡が存在し、おそらくより複雑な状況を呈しているものと考えられる。この問題に関する解決方法は、発掘調査時におけるデータ採取のあり方に大きく依存する。調査方法から入念に考え、実践しなければならない課題である。これらの問題について継続的に検討し、より確実な集落構造の姿を導き出したいと考えている。

　茂木雅博先生には、在学中から今日にいたるまで暖かい御指導と御配慮を賜っております。末文ではありますが、先生に感謝致しますと共に、退官後の益々のご健康とご活躍をお祈り致します。

　また、本稿執筆にあたり、常に御指導頂いております東北大学大学院文学研究科教授須藤隆先生に感謝申し上げます。

表9　区・時期別炉跡数

		大木9b式			大木10a式		大木10b式			門前式	総計
		2区	3区	4区	2区	4区	1区	3区	4区	3区	
無し									1		1
Ⅰ類	Ⅰ	1		2	2		1	2	3	2	13
	ⅠΔ	1		1							2
Ⅱa類		3		2	1			1	2	2	11
Ⅱb類	Ⅱb						2	1	1	1	5
	Ⅱbγ							1			1
Ⅲa類	Ⅲa								1	1	2
	Ⅲaγ							2			2
Ⅳ類	Ⅳ						1				1
	Ⅳa	4		2	1		1	3	4		15
	Ⅳb	1	1			1			3		6
	Ⅳc				1						1
不明							1				1
総計		10	1	7	5	2	5	10	15	6	61

註

（1）　図1は、図化にあたり、国土地理院発行『数値地図50メッシュ』をデータとして用いて、フリーソフトウェア「カシミール」にて加工した。図2は、国土地理院発行1／25000地形図「平舘」（1972年発行）を改変した。また遺跡範囲は、報告書記載の地形図と岩手県教育委員会『岩手県遺跡情報検索システム』を参考として記入した。

（2）　本稿に関連する時期の住居跡が検出されている遺跡のみをとり上げている。

引用文献

小原眞一 1995『柳上遺跡発掘調査報告書』岩手県文化振興事業団埋蔵文化財調査報告書213 （財）岩手県文化振興事業団埋蔵文化財センター

神敏明・他 1994『倍田Ⅳ遺跡発掘調査報告書』岩手県文化振興事業団埋蔵文化財調査報告書207 （財）岩手県文化振興事業団埋蔵文化財センター

菅野智則 2001「縄文時代集落研究の一方法」『日本考古学の基礎研究』茨城大学人文学部考古学研究室 pp.58-75

菅野智則 2003「縄文集落研究の初期的操作」『歴史』101 東北史学会 pp.103-128

菅野智則 2005a「縄文時代中期集落の構造」『文化』69-1・2 東北大学文学会 pp.112-133

菅野智則 2005b「複式炉を有する縄文中期後葉集落の分布」『日本考古学協会2005年度福島大会研究発表要旨』日本考古学協会 pp.18-19

菅野智則 2005c「複式炉を有する縄文集落の分布」『日本考古学協会2005年度福島大会シンポジウム資料集』日本考古学協会2005年度福島大会実行委員会 pp.35-48

菅野智則 2005d「集落研究におけるデータベース」『博古研究』30 博古研究会 pp.26-34

小林謙一 1999「縄紋時代中期集落における一時的集落景観の復元」『国立歴史民俗博物館研究報告』82 国立歴史民俗博物館 pp.95-121

佐々木琢 2000『秋浦Ⅱ遺跡発掘調査報告書』岩手県文化振興事業団埋蔵文化財調査報告書347 （財）岩手県文化振興事業団埋蔵文化財センター

菅原修 1994『町内遺跡発掘調査報告書Ⅱ秋浦Ⅱ遺跡』岩手町埋蔵文化財発掘調査報告書2 岩手町教育委員会

菅原修 1995『町内遺跡発掘調査報告書Ⅲ高梨遺跡』岩手町埋蔵文化財発掘調査報告書3 岩手町教育委員会

須藤隆 1985「東北地方における縄文集落の研究」『東北大学考古学研究報告』1 東北大学考古学研究室 pp.1-35

瀬川司男・他 1980a『松尾村長者屋敷遺跡（Ⅰ）』岩手県埋文センター文化財報告書12 （財）岩手県埋蔵文化財センター

瀬川司男・他 1980b『東北縦貫自動車道関連遺跡発掘調査報告書松尾村野駄遺跡・寄木遺跡西根町崩石遺跡』岩手県埋文センター文化財調査報告書11 （財）岩手県埋蔵文化財センター

高橋正之 1994『黒内Ⅷ・黒内ⅩⅢ遺跡発掘調査報告書』岩手県文化振興事業団埋蔵文化財調査報告書208 （財）岩手県文化振興事業団埋蔵文化財センター

高橋文夫・他 1981『松尾村長者屋敷遺跡（Ⅱ）』岩手県埋文センター文化財調査報告書20 （財）岩手県埋蔵文化財センター

田鎖寿夫・他 1982『野駄遺跡第2次発掘調査報告書』岩手県埋文センター文化財調査報告書42 （財）岩手県埋蔵文化財センター

東北大学文学部考古学研究室 1985「北上川流域における先史集落の調査―岩手県高梨遺跡発掘調査報告―」『東北大学考古学研究報告』1 東北大学文学部考古学研究室 pp.1-48

中村良幸 1986『観音堂遺跡―第1次～第6次発掘調査報告書―』大迫町埋蔵文化財報告11 大迫町教育委員会

中村良幸 1991『観音堂遺跡―第7次発掘調査報告書―』大迫町埋蔵文化財報告20 大迫町教育委員会

古舘貞身 2001『秋浦Ⅰ遺跡発掘調査報告書』岩手県文化振興事業団埋蔵文化財調査報告書346 （財）岩手県文化振興事業団埋蔵文化財センター

古舘貞身・他 2000『芦名沢Ⅱ遺跡発掘調査報告書』岩手県文化振興事業団埋蔵文化財調査報告書322 （財）岩手県文化振興事業団埋蔵文化財センター

星雅之・他 1998『本内Ⅱ遺跡発掘調査報告書』岩手県文化振興事業団埋蔵文化財調査報告書271 （財）岩手県文化振興事業団埋蔵文化財センター

三浦謙一 1983『湯沢遺跡発掘調査報告書』岩手県埋蔵文化財センター調査報告66 （財）岩手県埋蔵文化財センター

三浦謙一・佐々木勝 1985「縄文時代前・中期の住居址群の変遷―松尾村長者屋敷遺跡の分析―」『紀要Ⅴ』（財）岩手県埋蔵文化財センター pp.91-145

三浦謙一・他 1978『都南村湯沢遺跡（昭和52年度）』岩手県埋文センター文化財報告書2 （財）岩手県埋蔵文化財センター

三浦謙一・他 1984『長者屋敷遺跡発掘調査報告書（Ⅲ）』岩手県埋文センター文化財調査報告書77 （財）岩手県埋蔵文化財センター

四井謙吉・他 1981『東北縦貫自動車道関連遺跡発掘調査報告書荒屋Ⅰ遺跡・荒屋Ⅱ遺跡・越戸Ⅱ遺跡』岩手県埋文センター文化財調査報告書21 （財）岩手県埋蔵文化財センター

縄文時代の埋葬姿勢に関する一考察

小原　一成

はじめに

　縄文時代の葬制・墓制を論じる上で、人骨の出土や埋葬施設の検出は欠かせない。これらの確認によって、埋葬行為を認識できるようになり、副葬品など他の遺物の位置付けが明確となる。とくに出土人骨は、当時の人間と行動を直接的かつ間接的に追究できる資料である。人骨出土例は、林謙作氏や春成秀爾氏によって詳細に分析されている（林 2001、春成 2002など）。これらの研究は、縄文時代の葬制・墓制研究における有益な成果の1つと言える。

　前稿（小原 2005）で埋葬施設認定の方法を検討し、遺跡毎に質の異なる情報を比較する方法についての問題点を指摘した。そして、分析方法、解釈の参考にするために遺存状態が良好な遺跡を詳細に検討する必要があると考えた。そこで本稿では、出土人骨、埋葬施設がともに多数確認されており、詳細に検討できる長野県明科町北村遺跡の事例をもとに分析方法について検証を試みたい[1]。

1　埋葬行為について

　埋葬行為とは、人を葬ることを目的とした、生きている人間の行為全体を指すこととする。その行為は、被葬者の生前の情報に関する認識をもとに、①選地、②埋葬施設の構築、③遺体の安置、④副葬、⑤墓上施設の構築という大まかな過程が想定できる。個々の行為は、当時の死生観、被葬者の生前の立場、居住場所、地形等の要因により、様々に変化することが想定できる。さらに同じ行為であっても、時期、地域、遺跡毎に、考古資料として捉えられる現象も異なると考えられる。よって、分析では、個々の属性に行為の意味を付加させることよりも、データを抽出するさいの客観性を重視する必要がある。そのために、設定した属性が人間のどのような行為を要因としているかを検証することが、分析の第一段階として存在する。そして行為から当時の葬法を推定し、行為の要因について検討を深めることとなる。

　また、埋葬行為の多くは追認が困難な事象と考えられ（佐々田 2003）、慣習、記憶、知識、伝承に基づいた行為の繰り返しにより継承されると考える。よって、埋葬行為における共通性の中には、縄文時代における何らかの人間のまとまりを反映している可能性が指摘できる。共通性の要因を検討し、生きている人間の集団や社会を追究する一要素とすることができると考える。

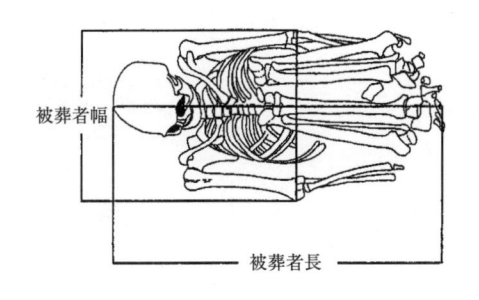

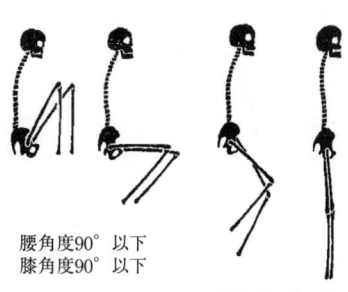

図1　属性基準（左図：後藤・加藤 1975、右図：清野他 1919を改変）

　縄文時代においては、遺体を安置する際に関節を屈曲させる土葬が、一般的な葬法と考えられる。各関節を屈曲させることの意義は、以前から指摘されている（清野他 1919）。また、被葬者の屈曲された各部位の向きや角度は、多様である（福永 1990、山田 2002a,b）。各部位の向きや角度の詳細な観察から生きている人間の行動が推測できる。そして、複数の行為の比較から、それぞれの行為が影響を及ぼし合う関係を推定し、埋葬姿勢を決定することの相対的な位置づけを検討する。このような視点から、埋葬姿勢の要因について若干の考察を試みたい。

2　埋葬姿勢の研究について

　埋葬姿勢の理解については、長谷部言人氏が死者再帰防止説や安坐休息説を紹介している（長谷部 1919）。清野謙次氏は、肘、腰、膝の各関節の屈曲角度をもとに埋葬姿勢を把握している（清野他 1919）。この方法は、福永伸哉氏（福永 1990）、坂本嘉弘氏（坂本 1997）、山田康弘氏（山田 2002a、b）によって客観的な方法として理解されている。屈葬や伸展葬などの大きなカテゴリーを細分することにより、埋葬姿勢が段階をおって変化する傾向が把握できると考える。さらに、埋葬姿勢と埋葬施設規模との関係は、山田康弘氏（山田 1999）が検討しており、おおむね相関が有ることが指摘されている。しかし、埋葬姿勢を決定する要因の解釈は、非常に困難である。この問題を解決する1つの方法として、埋葬姿勢の状態と埋葬施設の比較分析を行う。

　池田次郎氏・茂原信生氏は、宮城県登米市青島貝塚第102号人骨（図1の左）の出土状態を観察し、「下肢を強く折りまげ、おそらく下肢と体を縛って掘りこみに押しこむように葬られた」と推定した（加藤・後藤 1975　pp.155-187）。埋葬施設の構築後に、その規模に合わせて各関節を屈曲させたと解釈されている。この事例のような埋葬手順の推定から、埋葬姿勢の要因についてアプローチできる可能性があると考える。

3　事例分析—長野県北村遺跡を例として

(1)　**遺跡の概要とこれまでの研究**

　北村遺跡は長野県東筑摩郡明科町に所在し、千曲川支流の犀川右岸の河岸段丘上に立地する（樋

28　第1部　日本篇

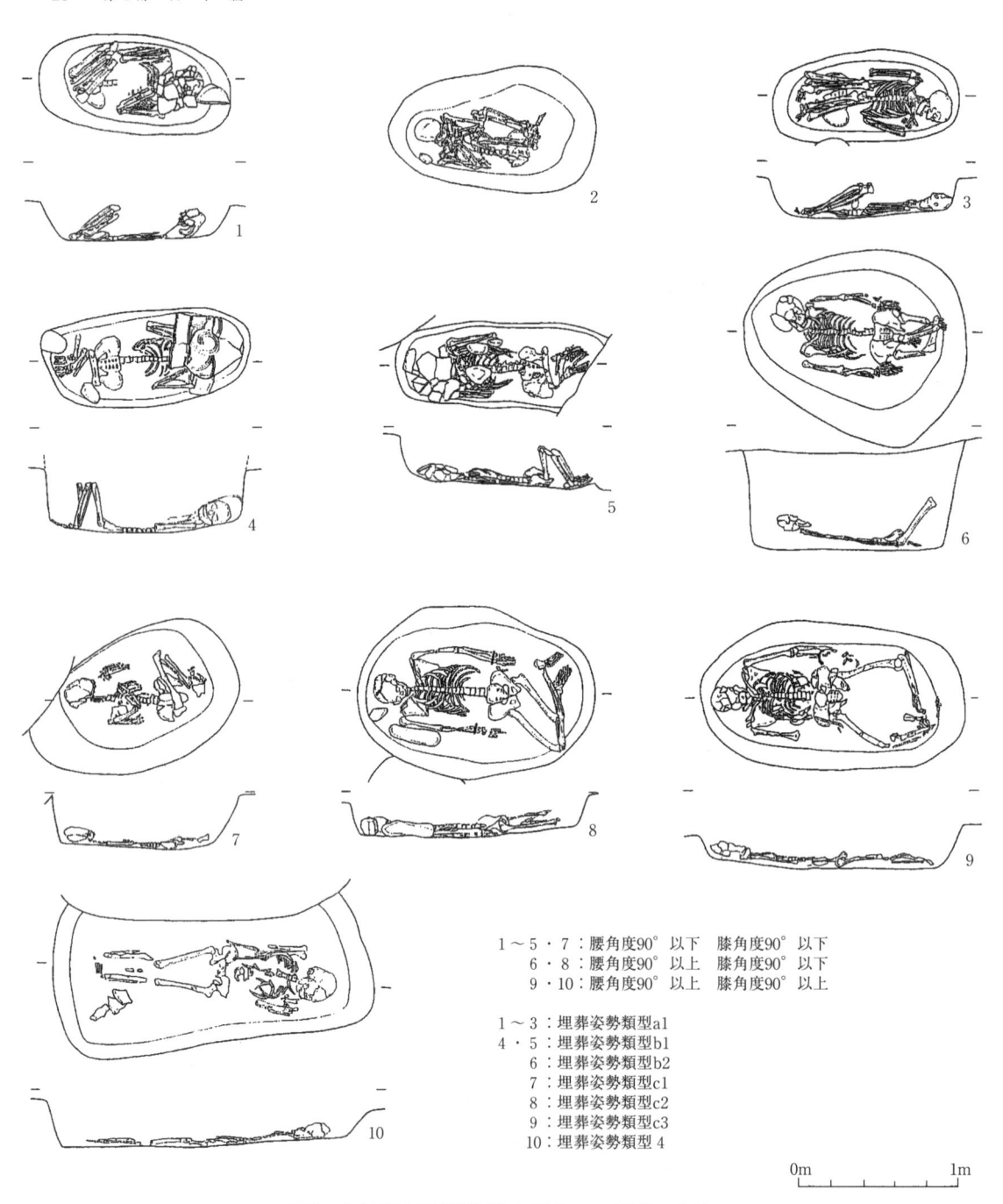

```
1～5・7：腰角度90°以下　膝角度90°以下
6・8　：腰角度90°以上　膝角度90°以下
9・10：腰角度90°以上　膝角度90°以上

1～3：埋葬姿勢類型a1
4・5：埋葬姿勢類型b1
6　：埋葬姿勢類型b2
7　：埋葬姿勢類型c1
8　：埋葬姿勢類型c2
9　：埋葬姿勢類型c3
10　：埋葬姿勢類型4
```

図2　北村遺跡の埋葬姿勢（平林他 1993を抜粋、改変）

口他 1993）。縄文時代中期後葉から後期中葉の竪穴住居跡58軒のほか、約300個体の人骨が出土し、全身の骨格が確認できる事例は127体ある。埋葬施設は土坑墓が多く、上部配石や石棺状配石が施される遺構も存在する。本稿では、人骨出土例のうち、埋葬姿勢が推定できる例について選択して分析する。

　北村遺跡の葬制・墓制については、多くの研究がある（平林他 1993、小杉 1995、桐原 2000、堀越

2002、高瀬 2005など)。報告者の1人である平林彰氏は、上半身の肘角度、下半身の下肢の角度と位置によって埋葬姿勢を類型化した (平林他 1993)。被葬者の性別、年齢との比較では、膝を曲げて左右どちらかに倒す例は40歳以上の女性に多く、膝を曲げて立てている例は40歳以上の男性に集中する傾向を指摘した。小杉康氏は、北村遺跡を含めた事例をもとに、土坑墓の配置と竪穴住居跡との重複関係から、埋葬施設群が形成される過程を検討した (小杉 1995)。その中で被葬者の性別、副葬品、頭位方向との比較により、出自別墓制から世帯別・出自別墓制へと移行した可能性を論じた。その血縁関係の統合原理の装置として、大規模な配石遺構の構築を位置づけている。高瀬克範氏も小杉氏と同様の視点からの分析に加え、埋葬施設形態や埋葬姿勢、葬法などを検討した (高瀬 2005)。とくに埋葬姿勢に関する諸属性を、遺構配置や切り合い関係の分析に付加させることで、「埋葬行為」の決定要素として「死順列」を検証した。

　本稿では、被葬者と埋葬施設の規模の相関から両者の関係について検討する。埋葬姿勢を客観的に把握するために、これまでの研究で行われてきた腰角度、膝角度を1つの目安とする。また、被葬者の埋葬時のサイズとして長さと幅の相関を検討する。それぞれの基準については図1に挙げ、文末の表5に観察表として示した[2]。

(2) 分　析

　各関節の屈曲と被葬者のサイズ　　被葬者長は、91cmから100cmの事例が最も多く、約9割が71cmから110cmの規模にまとまる (図3)。被葬者幅も30cmから60cm内の規模にほぼ収まる。数値に幅はあるが、一定の規模にまとまる傾向と考えられる。被葬者の長さを取り上げ、各関節の角度別に図4に示した。腰、膝関節ともに90°以下では、71cmから80cmをピークとし、被葬者の長さが大きくなるにつれて事例数は減少する。一方、腰関節が90°以上では、91cmから120cmの事例が多い。

　埋葬姿勢と被葬者のサイズ　　北村遺跡の埋葬姿勢は、a. 腰角度、膝角度の度合いと下肢骨の位置により、膝を腰部以上の高さまで屈曲させることにより、うずくまるような姿勢をとる事例 (図2-1、2、3)、b. 仰臥で立膝の姿勢をとる事例 (図2-4、5、6)、c. 下肢骨を左右どちらかに傾ける事例 (図2-7、8、9) がある。これらの姿勢の違いも、被葬者の埋葬時のサイズに影響を与える要因と考えられる (図5)。またこれらの埋葬姿勢は、各関節の屈曲と事例数が関連している (図6)。a.b.c. の順に各関節の角度が大きい事例が多くなる傾向がある。

　以上のような相関から、被葬者の埋葬時のサイズを目安とした埋葬姿勢として以下の類型を設定する。上述したa、b、cに加え、腰、膝角度とも90°以下の事例を1、腰角度が90°以上、膝角度が90°以下の事例を2、腰、膝角度とも90°以上の事例を3とする。また、いわゆる伸展葬を4とする。埋葬姿勢が類型化できた事例は94例であり、a1類 (図2-1、2、3) が26例で28%、b1類 (図2-4、5) が15例で16%、b2類 (図2-6) が6例で6%、c1類 (図2-7) が24例で26%、c2類 (図2-8) が19例で20%、c3類 (図2-9)、4類 (図2-10) がそれぞれ2例で2%となる。これらの埋葬姿勢類型は、男性の被葬者と女性の被葬者では若干事例数の傾向が異なる (表1)。b類は男性の被葬者に多く、c類は女性の被葬者に多い。時期別の事例数がまとまっているⅢ期とⅣ期

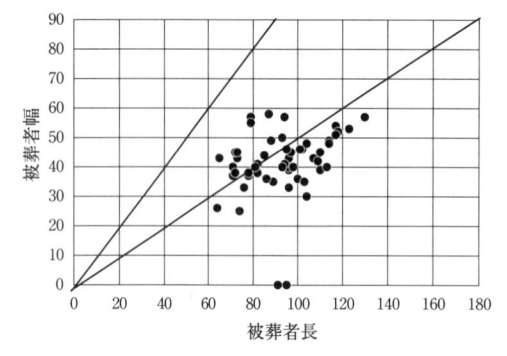

図3　北村遺跡における被葬者のサイズ

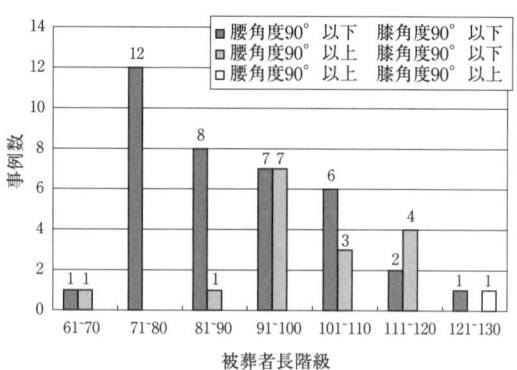

図4　各関節角度別被葬者長ヒストグラム

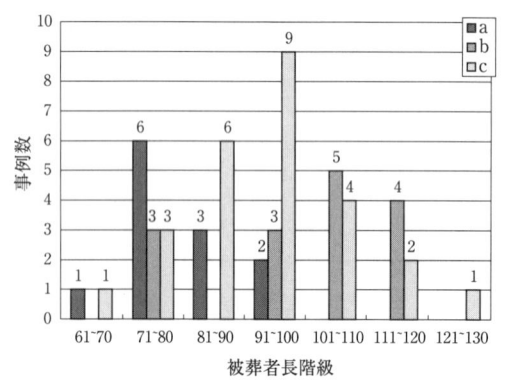

図5　埋葬姿勢の事例別被葬者長ヒストグラム

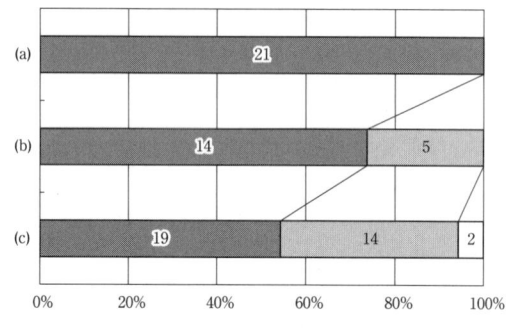

図6　埋葬姿勢の事例と各関節の屈曲事例数

表1　埋葬姿勢類型の性別差

	a1	b1	b2	c1	c2	c3	4	総計
男性	8	10	2	6	5		1	32
女性	12	4	3	13	8	2	1	43
総計	20	14	5	19	13	2	2	75

表2　時期別の埋葬姿勢類型（1時期に限定されている事例のみ）

	a1	b1	b2	c1	c2	c3	4	総計
I								
II								
III	2	2	2	5	2			13
IV	1	7	1	4			1	14
V								
VI		3						
総計	6	9	3	9	2		1	30

表3　葬法別の埋葬姿勢類型

	a1	b1	b2	c1	c2	c3	4	総計
単葬	21	11	5	21	17	2	2	79
合葬・追葬	3	1		2	2			8
土器被葬	2	3	1	1				7
総計	26	15	6	24	19	2	2	94

では、Ⅳ期のb類がⅢ期の倍になる（表2）。また、土器被葬の場合、埋葬姿勢類型はa1、b1類は多いが、全体で最も事例数が多いc類は1例のみである（表3）。他の葬法では、事例数全体と比べて明確な偏りはない。

被葬者のサイズと埋葬施設の規模　表4は、埋葬姿勢類型毎の被葬者長と長軸長に関するクロス集計表である。a、b類は、被葬者長と長軸長の事例数のピークが10cm程度の差となる。長軸長は約30cmの範囲にほぼ収まる。c類は他の類例よりも全体的に被葬者長に比べて長軸長が大きくなる。

図7は、埋葬姿勢類型別に被葬者規模と埋葬施設規模を比較した散布図である。長軸長：被葬者長の事例が1.2：1以下の事

表4　被葬者長と長軸長

	a1		b1		b2		c1		c2		c3		4	
	被葬者長	長軸長	被葬者長	長軸長	被葬者長	長軸長	被葬者長	長軸長	被葬者長	長軸長	被葬者長	長軸長	被葬者長	長軸長
51～60		1												
61～70	1						3		1					
71～80	6		3				5	1				1		
81～90	3	7		1			3	4	1	1				
91～100	2	6	2		1		3	7	6					
101～110		5	3	2	2	1		2	1	5	1			
111～120			2	8	2	1	1	1	2	4				
121～130				2		2		1		1	1			
131～140								1		2				
141～150				1		1		2						
151～160														1
161～170														
171～180														1

例が7割以上であり、おおむね相関していると言える。その中でもc2類は他の類型に比べて相対的に長軸長が大きい例が多い。他の類型は、ほぼ1：1で対応する事例と、それ以上に長軸長の値が大きくなる事例に分かれる。大人の単葬事例における埋葬施設規模について図8に示した。長軸長は80cmから130cmの範囲に約7割がまとまり、短軸長は40cmから90cmの範囲に9割以上がまとまる。b1、b2類では相関する傾向があり、a1類では長軸長、短軸長ともに20cmの範囲内にまとまる。

遺跡内の分布　a類は全体的に散漫な分布傾向を示し、b類とc類が比較的近接している場合が多い（図9）。埋葬姿勢類型毎にまとまる傾向はない。各関節の屈曲、被葬者の状態のそれぞれについては、比較的近接している。

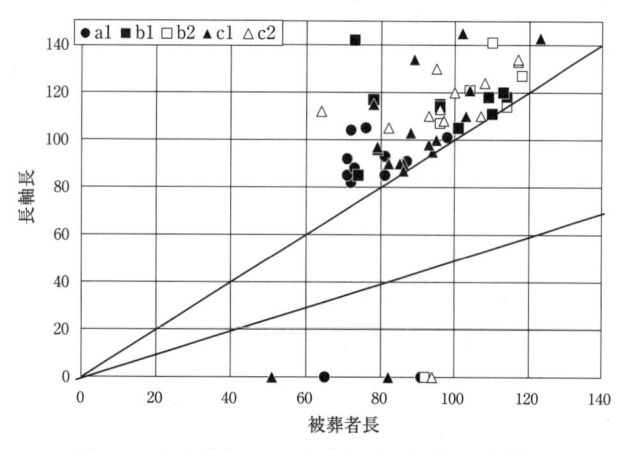

図7　埋葬姿勢類型別の被葬者長と長軸長の散布図

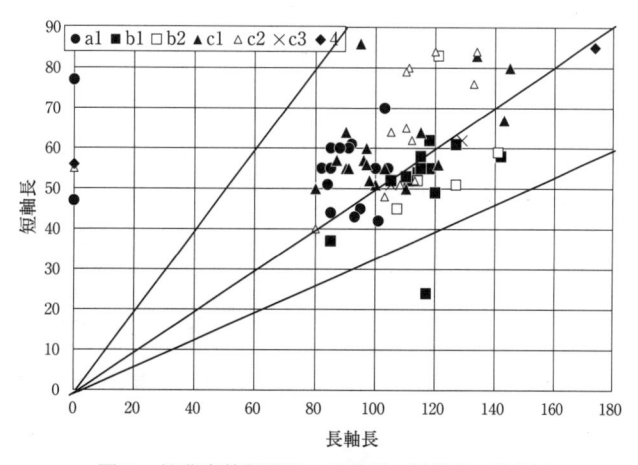

図8　埋葬姿勢類型別の長軸長、短軸長の散布図

32 第1部 日本篇

E区第3検出面

●：埋葬姿勢類型a1
■：埋葬姿勢類型b1
□：埋葬姿勢類型b1
▲：埋葬姿勢類型c1
△：埋葬姿勢類型c2
×：埋葬姿勢類型c3
◆：埋葬姿勢類型4

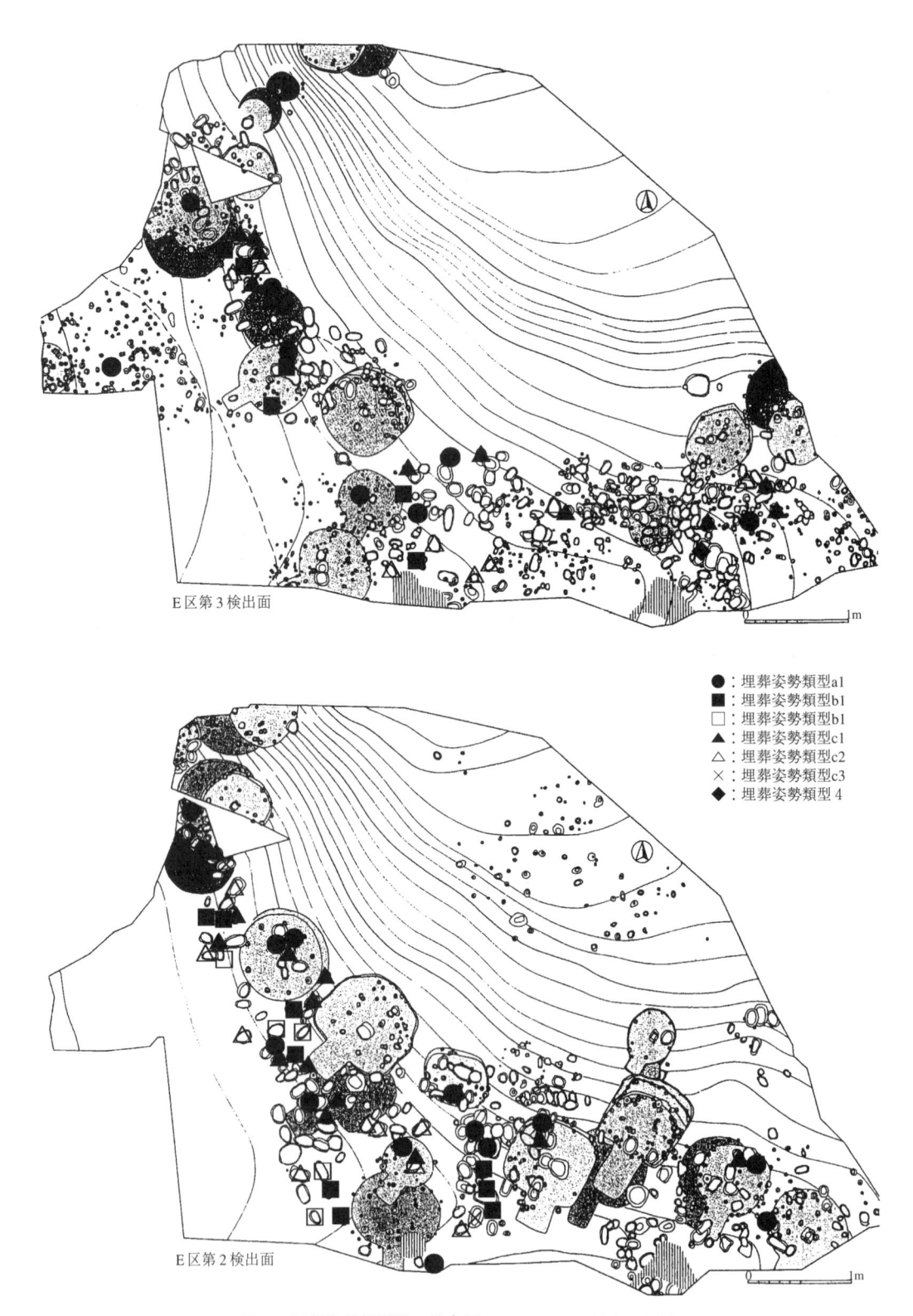

E区第2検出面

図9　埋葬姿勢類型別の分布図（平林他 1993を抜粋、改変）

4　若干の考察

(1) 埋葬姿勢について

今回の分析では、被葬者の埋葬時のサイズとの比較検討を試みた。被葬者の埋葬時のサイズは、腰、膝関節の屈曲度の影響が大きいが、埋葬施設の規模は、埋葬姿勢の様相毎に異なる傾向を示した。a類は、性別、時期、葬法の事例数毎に一定数確認できることから、それら以外の要因が考えられる。一方、c1、c2、c3類は、性別による事例数の差が確認できる。これらの埋葬姿勢の中で、b1、b2類は他の類型に比べて性別、時期、葬法毎の事例数に差があることから、それらの影響を強く受けた埋葬姿勢であった可能性が指摘できる。類型毎に埋葬姿勢の決定要因が異なっていたと考えられる。また、埋葬姿勢類型a1、b1、b2類は、被葬者長と長軸長が比較的近似した値を示し、長軸長のまとまりが明確に区分できる。したがって、この類型では埋葬施設の構築の際に被葬者の埋葬時のサイズが目安になっていたと推定する。c1、c2、c3類は、埋葬施設の規模にばらつきがあることから、被葬者の埋葬時のサイズ以外にも目安があったと考える。このことから、埋葬姿勢の決定と埋葬施設の構築に時間差があった可能性が考えられる。その間に何らかの埋葬行為が介在していたことも想定できる。このような被葬者の埋葬時のサイズと埋葬施設規模の関係から、埋葬姿勢の決定が複数の要因で行われたと考えられる。関節の角度や向きの差による多様性は、一連の埋葬行為の中で位置付けることにより、詳細に検討できると考えられる。

(2) 埋葬施設における規模の属性について

埋葬施設の規模は、埋葬姿勢の他、被葬者の年齢など複数の要因で成りたっていると考えられる。本稿の分析から、被葬者の埋葬時のサイズが影響を与えている可能性は非常に高いことが改めて確認できた。このように、1遺跡内での埋葬姿勢の種類とその要因を、データに基づいて十分に考慮することにより、人骨が出土しない遺跡の分析で得られた結果を解釈することができる。今回の分析は葬制・墓制解釈のための1つの事例研究として位置づけ、今後その他の分析結果との比較、検証を行っていきたい。

5　まとめと今後の課題

北村遺跡の分析を通じて、埋葬姿勢と埋葬施設規模について考察した。ここで得られた結果は、あくまでも北村遺跡の大人の事例における傾向として捉えておくべきであるが、分析方法については、他遺跡でも応用が可能である。

縄文時代の葬制・墓制研究では、①確実な資料（人骨出土例）の分析の後、②他の資料（土坑など）を定量的に分析した上で、③①の資料、分析結果の位置づけを検討することが望ましいと考える。今回の分析は①の段階の1つであり、今後地域、時期ごとの傾向の把握が課題となる。とくに葬法には、その背景にある文化、社会、集団、慣習、思想、他界観など多くの要因が影響している

と考えられる。本稿は、埋葬行為の一側面に関する仮説検証である。今後、多角的な分析を通じて、検証方法について詳細に検討する必要がある。

　　茂木雅博先生には、考古学の基礎など多くのことを学ばせて頂きました。これまでの温かい御指導に改めて感謝するとともに、今後の御健康とさらなる御活躍をお祈りしております。
　　本稿の執筆に当たっては、東北大学大学院文学研究科考古学研究室教授須藤隆先生に御指導頂きました。記して感謝申し上げます。阿子島香先生、柳田俊雄先生、菅野智則助手には、日頃より的確な御助言を頂いております。感謝致します。

註
（1）　2005年度東北大学大学院文学研究科に提出した修士学位論文では、東北地方の人骨出土例をもとに同様の分析を試みたが、1遺跡でのまとまった資料を検討できないという問題点があった。
（2）　推定性別、推定年齢、遺構規模は、報告書（平林他 1993）に準拠した。遺構の時期も報告書に準拠し、Ⅰ期…加曽利EⅢ式期、Ⅱ期…加曽利EⅣ式期、Ⅲ期…称名寺式期、Ⅳ期…堀ノ内Ⅰ式期、Ⅴ期…堀ノ内Ⅱ式期、Ⅵ期…加曽利B1式期である。
（3）　子供の埋葬例で唯一被葬者のサイズが計測できたSH1185の事例は、被葬者長51cm、被葬者幅22cmであり、最小の値を示した。埋葬施設の規模も、長軸長69cmとなり、同様に最小値である。

参考・引用文献

小原一成　2005「縄文時代墓制の基礎的研究法に関する一試論」『博古研究』29　pp.1-20
加藤孝・後藤勝彦　1975『登米郡南方町青島貝塚発掘調査報告』（南方町史資料編・第一部別刷）宮城県南方町
桐原健　2000「イエと墓―北村遺跡E地区覚書―」『異貌』18　pp.20-27
清野謙次他　1919「備中津雲貝塚発掘報告」『京都帝國大學文學部考古學研究報告』5
小杉康　1995「縄文時代後半期における大規模配石記念物の成立―「葬墓祭制」の構造と機能―」『駿台史学』93　pp.101-149
坂本嘉弘　1997「九州における縄文時代の葬制」『古文化談叢』37　pp.1-37
佐々田友規　2003「縄文時代の埋葬行為に関わる知識」『認知考古学とは何か』pp.110-128
高瀬克範　2005「縄文期埋葬行為論（1）」『論集忍路子』Ⅰ　pp.125-147
長谷部言人　1919「石器時代の蹲葬に就て」『人類学雑誌』35-1　pp.22-28
林謙作　2001『縄文社会の考古学』同成社
春成秀爾　2002『縄文社会論史』塙書房
平林彰他　1993『中央自動車道長野線埋蔵文化財発掘調査報告書11―明科町内　北村遺跡』（財）長野県埋蔵文化財センター発掘調査報告書14
福永伸哉　1990「原始古代埋葬姿勢の研究」『文部省科学研究費補助金（一般B）成果報告書』pp.5-58
堀越正行　2002「縄文時代前期集中土壙群の埋葬姿勢」『フィールドの学―考古地域史と博物館』pp.99-109
山田康弘　1999「縄文人骨の埋葬属性と土壙長」『筑波大学先史学・考古学研究』10　pp.1-22
山田康弘　2002a「縄文人の埋葬姿勢（上）」『古代文化』53-11　pp.12-31
山田康弘　2002b「縄文人の埋葬姿勢（下）」『古代文化』53-12　pp.17-35

表5 北村遺跡における埋葬姿勢の観察表（平林他 1993をもとに作成、各関節の角度は、90°以下…1、90°以上…2で表記した。その他の属性は報告書に準拠）

遺構名	被葬者長	被葬者幅	腰角度	膝角度	埋葬姿勢	埋葬姿勢類型	遺構名	被葬者長	被葬者幅	腰角度	膝角度	埋葬姿勢	埋葬姿勢類型	遺構名	被葬者長	被葬者幅	腰角度	膝角度	埋葬姿勢	埋葬姿勢類型
SH501	−	−	−	−	−	−	SH743	78	37	1	1	b	b1	SH1156C	−	−	−	−	−	−
SH502	−	−	1	1	a	a1	SH751	94	57	1	1	c	c1	SH1157	−	−	−	−	−	−
SH503	89	35	1	1	c	c1	SH752	−	−	−	−	−	−	SH1158	101	46	1	1	b	b1
SH504A	−	−	−	−	−	−	SH753	96	43	2	1	c	c2	SH1160	−	−	2	2	c	c3
SH504B	−	−	1	1	c	c1	SH761	−	−	−	−	−	−	SH1161	103	35	1	1	c	c1
SH505	−	−	−	−	−	−	SH762	100	36	2	1	c	c2	SH1162	97	45	2	1	c	c2
SH507	117	54	2	1	c	c2	SH763	73	43	1	1	b	b1	SH1163A	−	−	−	−	−	−
SH508	−	−	−	−	−	−	SH764	−	−	2	1	c	c2	SH1163B	−	−	−	−	−	−
SH512	110	39	2	1	b	b2	SH767	−	−	−	−	−	−	SH1165	−	−	1	1	b	b1
SH515	−	−	1	1	a	a1	SH768	−	−	−	−	−	−	SH1166	−	−	−	−	−	−
SH517A	95	0	2	1	c	c2	SH771A	−	−	−	−	−	−	SH1168	−	−	−	−	−	−
SH517B	82	0	1	1	c	c1	SH771B	−	−	−	−	−	−	SH1172	−	−	2	2	−	−
SH518A	−	−	1	1	a	a1	SH773	−	−	−	−	−	−	SH1174	95	46	1	1	c	c1
SH518B	−	−	−	−	−	−	SH775	−	−	−	−	−	−	SH1176	94	41	2	1	c	c2
SH519	−	−	−	−	−	−	SH777	−	−	−	−	−	−	SH1177	−	−	1	1	a	a1
SH520	−	−	2	1	c	c2	SH782	−	−	−	−	−	−	SH1178	−	−	−	−	−	−
SH521	108	49	2	1	c	c2	SH784	113	40	1	1	b	b1	SH1179	−	−	1	1	a	a1
SH522	−	−	−	−	−	−	SH785A	−	−	1	1	b	b1	SH1180A	−	−	−	−	−	−
SH523	−	−	−	−	−	−	SH785B	−	−	−	−	−	−	SH1180B	−	−	−	−	−	−
SH524	−	−	−	1	c	−	SH786	−	−	1	1	a	a1	SH1180C	−	−	−	−	−	−
SH529	−	−	1	1	a	a1	SH794	82	41	1	1	c	c1	SH1180D	−	−	−	−	−	−
SH534	−	−	2	1	c	c2	SH796	65	43	1	1	a	a1	SH1180E	−	−	−	−	−	−
SH536	−	−	−	1	c	−	SH799	118	52	2	1	b	b2	SH1181	93	50	2	1	c	c2
SH538	−	−	1	1	a	a1	SH801	−	−	−	−	−	−	SH1182A	−	−	−	−	−	−
SH540	−	−	−	−	−	−	SH803	98	40	1	1	a	a1	SH1182B	−	−	−	−	−	−
SH542	−	−	−	−	−	−	SH805	117	51	2	1	c	c2	SH1183	−	−	−	−	−	−
SH545	−	−	−	−	−	−	SH808	−	−	−	−	−	−	SH1184	123	53	1	1	c	c1
SH549A	−	−	−	−	−	−	SH814	−	−	−	−	−	−	SH1185	51	22	1	1	c	c1
SH549B	−	−	−	−	−	−	SH815	82	38	2	1	c	c2	SH1186	−	−	1	1	c	c1
SH550	102	46	1	1	c	c1	SH818	−	−	−	−	−	−	SH1187A	−	−	−	−	−	−
SH552	−	−	−	−	−	−	SH824A	−	−	−	−	−	−	SH1187B	−	−	−	−	−	−
SH555A	−	−	−	−	−	−	SH824B	−	−	−	−	−	−	SH1188	85	44	1	1	c	c1
SH555B	−	−	−	−	−	−	SH842	−	−	−	−	−	−	SH1189	81	40	1	1	a	a1
SH558	−	−	−	−	−	−	SH851	−	−	−	1	c	−	SH1190	−	−	1	1	a	a1
SH559	104	30	1	1	c	c1	SH852	104	48	2	1	b	b2	SH1191	−	−	1	1	c	c1
SH567	−	−	−	−	−	−	SH853	107	43	2	1	c	c2	SH1192	64	26	2	1	c	c2
SH573	96	39	1	1	b	b1	SH854	−	−	−	1	c	−	SH1193	−	−	1	1	b	b1
SH578	−	−	−	−	−	−	SH855	96	33	2	1	b	b2	SH1195	−	−	−	−	−	−
SH580	−	−	2	1	c	c2	SH857	79	57	1	1	c	c1	SH1198	−	−	−	−	−	−
SH596	−	−	−	1	c	−	SH858	72	45	1	1	a	a1	SH1199	93	40	1	1	c	c1
SH599	−	−	−	−	−	−	SH859	110	45	1	1	b	b1	SH1200	86	36	1	1	c	c1
SH606	−	−	−	−	−	−	SH864	−	−	1	1	b	b1	SH1201	87	58	1	1	a	a1
SH607	114	49	1	1	b	b1	SH872	−	−	1	1	c	c1	SH1202A	−	−	−	−	−	−
SH616	−	−	2	2	−	c3	SH879	109	42	1	1	b	b1	SH1202B	−	−	−	−	−	−
SH627A	76	33	1	1	a	a1	SH908	−	−	1	1	c	c1	SH1203	−	−	−	−	−	−
SH627B	−	−	−	−	−	−	SH924	−	−	1	1	a	a1	SH1204	114	48	2	1	b	b2
SH627C	−	−	−	1	−	−	SH938	−	−	−	−	−	−	SH1205	−	−	−	−	−	−
SH638	86	37	1	1	c	c1	SH952	−	−	−	−	−	−	SH1206	78	38	1	1	c	c1
SH644	−	−	−	−	−	−	SH958	−	−	2	2	−	4	SH1207	−	−	−	−	−	−
SH646	−	−	−	−	−	−	SH973	−	−	−	−	−	−	SH1208	130	57	2	2	−	−
SH652	−	−	2	2	−	4	SH979	79	55	1	1	c	c1	SH1211	73	45	1	1	a	a1
SH657	−	−	−	−	−	−	SH1006	−	−	−	−	−	−	SH1212	−	−	−	−	−	−
SH659	96	40	1	1	b	b1	SH1012	−	−	−	−	−	−	SH1213	−	−	−	−	−	−
SH682	−	−	−	−	−	−	SH1021	−	−	−	−	−	−	SH1214	−	−	−	−	−	−
SH686	−	−	−	−	−	−	SH1023	−	−	−	−	−	−	SH1216	−	−	1	1	b	b1
SH690	−	−	−	−	−	−	SH1047	−	−	−	−	−	−	SH1217A	−	−	2	1	c	c2
SH692	92	28	2	1	b	b2	SH1048	−	−	−	−	−	−	SH1217B	−	−	−	−	−	−
SH693	−	−	1	1	a	a1	SH1049	−	−	−	−	−	−	SH1221	−	−	−	−	−	−
SH698	−	−	−	−	−	−	SH1066	−	−	−	−	−	−	SH1222	−	−	−	−	−	−
SH700	−	−	−	−	−	−	SH1068	−	−	1	1	a	a1	SH1224	−	−	−	−	−	−
SH703	−	−	−	−	−	−	SH1081	−	−	−	−	−	−	SH1228	−	−	1	1	a	a1
SH709	−	−	1	1	c	c1	SH1082	−	−	−	−	−	−	SH1229	−	−	−	−	−	−
SH711	91	−	1	1	a	a1	SH1129	71	37	1	1	a	a1	SH1230	−	−	−	−	−	−
SH714	−	−	−	−	−	−	SH1136	88	49	1	1	c	c1	SH1232	−	−	−	−	−	−
SH717A	−	−	−	−	−	−	SH1143	−	−	2	1	c	c2	SH1233	−	−	−	−	−	−
SH717B	−	−	1	1	a	a1	SH1144	74	25	1	1	b	b1	SH1234	−	−	−	−	−	−
SH735	71	40	1	1	a	a1	SH1149	72	38	1	1	a	a1	SH1236	−	−	−	−	−	−
SH739	−	−	−	1	c	−	SH1155	81	40	1	1	a	a1	SH1237	−	−	−	−	−	−
SH741	−	−	−	−	−	−	SH1156A	−	−	−	−	−	−	SH2029	−	−	2	1	c	c2
SH742	−	−	−	−	−	−	SH1156B	−	−	−	−	−	−							

弥生時代の未成人埋葬について

会下　和宏

はじめに

　弥生人の一生や死生観念を推測するうえで、成人と未成人の埋葬形態の対比からアプローチする視点はひとつの切り口といえる。また、社会階層化を推量る一指標として、特定の未成人埋葬に対する特別な扱い方の有無を抽出することは、有効な視点ともいわれている。

　小稿では、こうした関心から、弥生時代の未成人埋葬[1]の墓域における配置、副葬品内容などについて改めて整理してみたい。個別地域における未成人埋葬の研究は、すでに蓄積されているので、これらを参考にしつつ、主として土器棺墓・木棺墓などを対象とし、九州～関東南部地域を概観する。

1　土器棺墓

(1)　土器棺墓の被葬者年齢

　まず、土器棺墓の被葬者年齢に関する既往研究について概観しておこう。

　金隈遺跡（福岡県福岡市）では、弥生期に所属する367基の甕棺墓が埋葬人骨とともに検出されており、口径30cm未満の甕棺にはすべて12歳未満の乳幼小児骨が入れられ、口径30～39cmになると幼児が大半を占め、口径40～49cmになると半数程度が成人骨となり、それ以上では1体を例外にすべて成人骨で占められるという（中橋・土肥・永井　1985）。

　藤田等氏による北部九州地域における未成人埋葬の整理によれば、汲田式・立岩式の時期にやや混乱するが、おおむね5～6歳以下に日常土器を転用した土器棺墓、それ以上では土壙墓・箱式石棺墓・埋葬用の甕棺墓が採用されることを想定している（藤田　1988）。

　馬目順一氏は、近畿中部の田能遺跡（兵庫県尼崎市）で弥生中期中葉の土器棺墓から生後6か月の乳児、弥生後期の土器棺墓から幼児、中期中葉の土器棺墓から妊娠6か月ないし生後4か月の胎児ないし乳児が埋葬されている事例をひいて、土器棺墓の採用は、胎乳幼児段階の被葬者を対象としていたことを想定している（馬目　1987）。

　藤井整氏は、近畿地域の弥生前～中期頃における人骨検出例から、3～5歳を越える幼小児が木棺墓・土壙墓、2歳以下が土器棺墓に埋葬されるとし、「土器棺と木棺は階層差ではなく、年齢階

梯制を表示する埋葬施設」と想定している（藤井 2001a）。

　小林利晴氏は、上東遺跡（岡山県倉敷市）などの事例から、弥生後期の吉備南部では、生後間もない乳児が土器棺に埋葬され、1歳以上の幼児は土器棺墓ではなく土壙墓に埋葬されること、被葬者の大小に関係なく弥生後期の土器棺に大型品が存在することを指摘した（小林 2002）。これら土器棺の打ち欠き口径は27cm前後以下のものが大半であることから、岡山県内における土器棺が乳児専用のものであったと結論し、土器棺の法量格差の背景に、身分差の反映を想定している。

　西日本における埋葬人骨が残存する土器棺墓を集成した角南氏は、土器棺墓が、弥生中期の近畿地域では胎乳児に採用されること、弥生後期の讃岐地域では7歳前後までに採用されること、弥生前期末～中期初頭の山口県周辺地域では原則的に胎乳児に採用されるが、成人身体の一部分の埋葬のために採用される場合もあることなどを指摘している（角南 1999）。

　東日本では、弥生後期後葉の関東北西部・有馬遺跡（群馬県渋川市）で、土器棺墓からの出土人骨5体が、1歳前後、3歳前後、3～4歳、4歳前後、幼児という結果を得ており、4歳以下の幼児が土器棺に納められる傾向がある（森本・吉田 1990）。弥生後期中～後葉の新保遺跡（群馬県高崎市）では、7号周溝墓第1主体部壺棺が胎児、11号周溝墓第1主体部壺棺が4～5歳幼児とみられている（森本・吉田 1988）。また、中部高地でも、土器棺被葬者に胎～幼児が想定されている（青木 1990）。

　以上の先行研究を概観すると、土器棺墓を採用する地域においては、再葬墓のような二次的埋葬を除いて、おおむね3～5歳前後以下の胎乳幼児などが土器棺墓埋葬の対象になっていたことが改めて確認できる。ただし、時期的、地域的には、弥生後期吉備南部のように乳児のみに土器棺採用が限定される場合、讃岐地域のように7歳前後まで採用される場合などのばらつきがみられる。

　世界の様々な民族誌をみると、「生後1年の乳児については、人類社会に共通して、『赤ちゃん』の段階が認識されているようで」、「自分の意志や感情を表現できるようになる満4歳前後までの時期については、」「だいたい世界共通に『小さい子ども』扱い」するようである（原 1979）。これを参考にするなら、弥生時代土器棺墓における多くの被葬者年齢の範囲は、こうした「赤ちゃん」や「小さい子ども」として認識される普遍的年齢階梯をおおむね反映したものであることが想定できよう。

　また、すでに指摘されているように、死亡率と比較して墓域における土器棺墓の比率が少ないことから考えると、ある集団においてすべての胎乳幼児に採用されたわけではない。さらに、土壙墓をはじめ、その他の葬送形態も想定できるので、年齢という属性だけで一律に土器棺墓が採用されるわけではないだろう。本州島西部における土器棺墓は、弥生中期（近畿地域）→弥生後期～終末期（瀬戸内地域）→古墳前期（山陰地域）という大まかな盛行範囲が想定されており（角南 2002）、こうした地域的な伝統や流行も考慮する必要がある。

　また、縄文時代の子供の埋葬について体系的に論じた山田康弘氏の研究によれば、縄文時代の土器棺墓被葬者は、「生産であった可能性が高く、新生児早期死亡例」であった場合が多いこと、さらに、土器を母胎として捉える世界の民族誌事例から、「誕生や再生の象徴として土器が利用されていた可能性」を想定している（山田 1997など）。縄文時代の状況、さらに東アジア他地域の様

相⁽²⁾も視野に入れれば、弥生時代の土器棺墓においても、こうした胎乳幼児に対する普遍的な再生観念が隠喩・象徴として内包されていた可能性を一考すべきであろう。

(2) 土器棺墓の配置

土器棺墓の配置については、坂口氏、角南氏、忽那氏等による整理があり（坂口 1991、角南 1999a・b、忽那 2004など）、時代・地域を問わず、以下に示す A 型・B 型配置が普遍的にみられる。

　　A 型：未成人墓と成人墓が近接・重複して配置
　　B 型：未成人墓だけ配置――B 1 型：未成人墓単数／B 2 型：未成人墓複数

A 型配置の場合、近接・重複する成人墓と未成人墓は、近親の血縁的紐帯を想定させ、こうした関係が死後にも投影されることを観念したものであろう。B 型配置は、A 型配置のような血縁原理による分節ではなく、年齢区分によるまとまりとなる。両者が併存する要因は明言できないが、たとえば、死後世界での霊魂の行方や再生までの過程に対する観念の相違などといった解釈もできよう。こうした相違は、たとえば、疫病による集団感染死といった死因の違いなど、様々に想像できるが、確証もなく、今後の検討課題とせざるをえない⁽³⁾。あわせて、胎乳幼児のなかで、土器棺墓に埋葬されたものと埋葬されなかったものとの差異が何に起因するのかについても課題となろう。

(3) 土器棺墓の副葬品

すでに、近畿・中四国地域における土器棺墓の副葬品については、角南聡一郎氏によって整理されており（角南 1999）、鏃を 1 点のみ副葬する場合がある点、種子を副葬する場合がある点などが指摘されている。

以上もふまえたうえで、表1をみると、土器棺墓の副葬品には、管玉・翡翠製勾玉・ガラス製小玉（弥生後期）などの玉類 1 ～数点や瀬戸内地域などでは鏃 1 点がはいる傾向がある⁽⁴⁾。玉類と鏃は、とくに西日本の成人墓では両者とも同一埋葬墓に副葬される場合があるが（会下 2002など）、土器棺墓ではどちらかが選択され、1 種類のみが採用される傾向を示す。鏃は、弥生後期～終末期頃になると鉄製である場合が多く、成人墓や集落遺跡からの出土傾向と同様に素材の変化を反映している。1 基あたりの玉類点数は、明らかに木棺墓などの玉類点数に比べて少なく、1 ～数点のみという少なさは、鏃 1 点だけの副葬と同様に、何らかの象徴とみられ、たとえば、辟邪、霊魂の飛翔などが観念されたのかもしれない（会下 2001など）。なお、縄文時代の子供の副葬品でも、石鏃 1 点、玉類 1 ～数点の場合が散見され（山田 1997）、時代・地域を越えて伏流する普遍的・基層的な副葬形態だった可能性もある。

また、副葬品をもつ土器棺墓は、同一墓域の成人墓も副葬品をもつ場合が多いことから、墓域集団の品物の入手力多寡という経済的要因もある程度反映されていることが窺えよう。

配置形態からみると、一般に A 型・B 型とも副葬品内容に有意な差異を見出しづらい。A 型配置のうち、大型墳丘（墳丘規模約39m×約36m）・大型墓壙（中心第 1 主体墓壙規模約14m×約10.5m）をもつ弥生終末期・赤坂今井墳丘墓（京都府京丹後市）では、第19周辺主体部土器棺墓で小振りの鏃

表1 土器棺墓の副葬品一覧（関東以西本州島・四国島のみ，角南1997等をもとに作成）

旧国	所在地	遺跡名	単位墓名	埋葬墓名
周防	山口県周東町	奥ヶ原		ST-5
周防	山口県山口市	木崎		14号壺棺墓
周防	山口県山口市	木崎		15号壺棺墓
周防	山口県山口市	木崎		17号壺棺墓
周防	山口県山口市	糸谷		第2号壺棺
伯耆	鳥取県湯梨浜町	長瀬高浜		SXY01土器棺墓
丹波	兵庫県篠山市	内場山	墳丘墓	2号土器棺
丹後	京都府京丹後市	赤坂今井	墳丘墓	第12主体
備中	岡山県岡山市	甫崎天神山	A群	土器棺墓D
備中	岡山県岡山市	津寺・西川区		土器棺墓1
備前	岡山県岡山市	原尾島・三股ヶ・丸田区		土器棺墓2
備前	岡山県赤磐市	便木山		K5
備前	岡山県岡山市	矢坂山		
伊予	愛媛県松山市	持田3丁目		土器棺4
伊予	愛媛県松山市	祝谷6丁目		1号壺棺
伊予	愛媛県松山市	朝美澤		B地区SK1
伊予	愛媛県松山市	福音小学校構内		1号壺棺墓
伊予	愛媛県砥部町	水満田		第1号壺棺墓
伊予	愛媛県西予市	桧木田		壺棺
伊予	愛媛県松山市	斎院烏山		10号壺棺墓
土佐	高知県土佐山田町	ひびのきサウジ		SK22（壺棺墓5）
讃岐	香川県大川町	大井		小児甕棺
播磨	兵庫県神戸市	玉津田中		SP46001
播磨	兵庫県神戸市	玉津田中		SP46002
播磨	兵庫県神戸市	玉津田中		SP46009
摂津	兵庫県尼崎市	東武庫	5号墓	土器棺墓
摂津	大阪府高槻市	安満		壺棺
摂津	兵庫県芦屋市	会下山		M地区1号土壙
和泉	大阪府和泉市	池田下		土器棺墓3
大和	奈良県田原本町	法貴寺		壺棺墓1
大和	奈良県田原本町	唐古・鍵		SX101
紀伊	和歌山県和歌山市	太田・黒田		土器棺
上野	群馬県渋川市	有馬	土器棺A群	SK123
上野	群馬県渋川市	有馬	土器棺A群	SK404
上野	群馬県渋川市	有馬	土器棺B群	SK369
上野	群馬県渋川市	有馬	土器棺B群	SK373
上野	群馬県渋川市	有馬	土器棺D群	SK72
信濃	長野県佐久市	周防畑B	2号周溝墓	
信濃	長野県佐久市	周防畑B		26号土坑
信濃	長野県佐久市	周防畑B		27号土坑
信濃	長野県長野市	篠ノ井・聖川堤防地点	SDZ4円周墓	土器棺（周溝内）
信濃	長野県長野市	篠ノ井・新幹線地点	円形周溝墓	土器棺202
信濃	長野県長野市	篠ノ井・新幹線地点	円形周溝墓	土器棺203
信濃	長野県長野市	松節		77号住居址合口壺棺
信濃	長野県長野市	石川条里		SK1124土器棺墓
信濃	長野県佐久市	竹田峯		第2号特殊遺構（壺棺）
信濃	長野県中野市	牛出古窯		5号住居内埋葬
常陸	茨城県ひたちなか市	差渋		第117号土坑
常陸	茨城県那珂湊市	柳沢		第3号甕棺

＊碧（碧玉製）　ガ（ガラス製）　翡（翡翠製）　鉄（鉄石英製）　瑪（瑪瑙製）　土（土製）　石（石製）

時期	配置	管玉	勾玉	小玉	鎌	その他
後期	B1	1				
終末期	A				鉄1	
終末期	A				鉄1	
終末期	A				鉄1	
終末期	B2				鉄1	石包丁（棺外）
前～中期	A	碧42				
終末期	A					不明鉄器1
終末期	A					鉇1
後期前葉	A			ガ3		ガラス製棗玉1
後期前葉	B1				鉄1	
後期前葉	B2	ガ1		ガ9		
後期後葉	A	碧1				
後期	?				銅1	
前期	A	1				
中期後葉～後期前葉	A					貝輪2
後期	B2		土1			
後期後葉	B2				鉄1	
後期	B2				石1	
後期	B1					炭化米10～
終末期	B1	1				
終末期	B2					鉄器（鉄鎌？）
終末期	A		翡1			
中期後葉	B2					剥片6,炭化米6～,炭化種子2～
中期後葉	B2					剥片10,炭化米2,炭化種子4～
中期後葉	B1					剥片1
前期末葉	A				石1	
中期後葉	?					磨製石剣1
後期初頭	A			ガ1		
中期後葉	A					剥片1
後期	B2				鉄1	
終末期	B1	碧1		ガ3～		
中期中葉	B1					砥石1
後期後葉	B2			ガ3		
後期後葉	B2			ガ2		
後期後葉	B2			ガ13		
後期後葉	B2			ガ4		
後期後葉	B2			ガ6		
後期前半	A			ガ1		
後期前半	B1			ガ4		
後期前半	A			ガ		
後期	A			ガ3		
後期	A			ガ20		
後期	A	鉄1		ガ1		
後期後半	B1	鉄1		ガ9		
後期後半	B2	碧1鉄1		ガ1		
後期後半	A	碧2		ガ2		
終末期	B1	碧5鉄5瑪1	翡2？1	ガ3		鉇？1,砥石1
中期後葉	A					貝輪未製品2
中期後葉	B2	1				

銅（青銅製）　鉄（鉄製）

（全長6.6cm）が副葬されている。鏃の副葬は、弥生後期～終末期の近畿北部で盛行する副葬品だが、土器棺墓からの副葬例は希少であることから、胎乳幼児の年齢階梯を表示する土器棺という埋葬施設を採用しながら、副葬品という要素では特別な扱いを受けたことが推察される。

2 木棺墓・箱式石棺墓など

(1) 木棺墓・箱式石棺墓などの被葬者年齢

まず、木棺墓が採用される被葬者年齢下限に関係する既往研究について概観しておこう。

瀬名遺跡（静岡県静岡市）では、弥生中期頃とみられる7区7・12・14号方形周溝墓主体部（木棺墓）の人骨が、それぞれ4歳前後の幼児、少年期、16～22歳女性？であることが判明している（山口 1994）。また、近畿地域の弥生前～中期頃では、前述のように、人骨検出例から3～5歳を越える幼小児には木棺墓・土壙墓が採用される（藤井 2001a）。中国地方の弥生後期・手島山遺跡（広島県東広島市）では、B群SK13（箱式石棺墓）に幼児、B群SK19（石蓋木棺墓）に幼児が埋葬されている。

こうした事例からみて、この地域では、被葬者がおおむね3～5歳前後・幼児の年齢を超えると木棺墓などが採用されることが改めて確認できる。すなわち、土器棺墓が採用されなくなる年齢を超えると、葬送儀礼の準備～執行プロセスが成人葬送の場合と同様となる木棺墓などが多く採用されたといえる。

(2) 幼小児木棺墓・箱式石棺墓などの規模

大村直氏は、畿内地域の各期における木棺規模と埋葬人骨年齢との関係を示した頻度分布図における2つのピークが、生命安定期にあたる若年層をはさんだ、小児期以下の累積からなる領域と成人の累積からなる領域に対比されるものと推定した（大村 1991）。また、近畿地域の埋葬人骨が遺存した木棺墓規模をみると、弥生中期では幼小児が木棺墓長辺（外法）110cm以下に集中するが、弥生後期では巨摩廃寺遺跡第2号方形周溝墓第8号埋葬施設のように、5～6歳の幼小児が、長辺約160cmという成人用と変わらない規模の木棺に入る場合が散見されるようになる（藤井 2001b）。

弥生後期の広島県内における主要墳墓棺の埋葬空間規模（棺内法）分布によれば、長さが50～130cmと150～210cmに集中するらしい（梅本・佐々木 1998）。出土人骨事例では、成人墓（27例）は長さ155～205cm、小児墓（4例）は長さ105～125cm、幼児墓（2例）は長さ100～105cmとなることから、前者のグループが幼小児墓、後者が成人墓と考えられている。

弥生後期の丹後半島における左坂墳墓群、大山墳墓群、東山墳墓群の木棺小口板間（木棺外法）の長さ分布では、70～130cm、170～220cmに集中している（肥後 1996）。確認されている棺材の厚さが5～15cmなので、棺内法の集中域は、弥生後期の広島県内の様相と概ね近似するといえる。

上記の先行研究から、弥生後期・当該地域における木棺墓、箱式石棺墓の場合、伸展葬で、おおむね内法長100～130cm以下であれば、被葬者が幼小児である可能性が高いといえる。

ただし、関東北西部にある弥生後期・有馬遺跡の事例をみると、10号墓SK426では左側臥屈葬

で埋葬されており、また、壮年が埋葬された19号墓SK142（礫床墓）は棺内法長約115cmしかないことなどから、本墳墓群では全般に屈葬が採用されたと想定されている。また、新保遺跡（群馬県高崎市）の弥生後期中〜後葉・7号周溝墓第2主体部で検出された性別不詳・壮年は、左側臥屈葬で検出されている。中部高地にある篠ノ井遺跡群・新幹線地点（長野県長野市）の円形周溝墓木棺墓出土人骨検出状況では屈肢葬がほとんどであると報告されている。こうした事例から、弥生後期でも中部高地や関東北西部など、地域によっては伸展葬ではなく屈葬ないし屈肢葬であることが想定できるため（本間 2004）、小規模の木棺墓などを画一的に幼小児埋葬であるとは即断できない。

(3) 幼小児木棺墓・箱式石棺墓・周溝墓などの配置

　広島県内における幼小児墓の配置形態としては、幼小児墓のみが群集する／幼小児墓が成人墓に近接して造られる／幼小児墓と成人墓が重複するなど、A・B型配置双方がみられる。このうち、須倉城遺跡SK6・32・34（広島県北広島町）、歳ノ神第6号墓SK6-1（広島県北広島町）、入野中山遺跡SK11・15・21（広島県東広島市）、手島山墳墓群A群SK6（広島県東広島市）など、広島県内における箱式石棺墓・木棺墓の幼小児墓と成人墓の重複例によれば、高齢者の男性が被葬者である先行の成人墓掘方を壊して幼小児墓が作られる場合が多いらしい（梅本・佐々木 1998）。これが首肯されるなら、葬送者が、各埋葬墓における性別・年齢などの被葬者像を記憶している時間経過範囲内で、幼小児の埋葬場所を意識的に選択設定し、先行世代高齢男性の記憶に連なる意識のもとに埋葬していることが改めて窺える。

　前述した弥生中期頃の瀬名遺跡・山賀遺跡では、台状部に埋葬墓を1基のみもつ方形周溝墓が直列状に連接し、成人や幼小児が埋葬されており、A型配置構成をとっている。また、弥生終末期の一部の事例を除いて土器棺墓を中心埋葬墓にもつ周溝墓が一般的でないことは、被葬者が3〜5歳前後以上の幼小児のみ、周溝掘削などを伴う成人と同様の葬送プロセスが採用されるといえる。墓域内における一定面積を占有する周溝墓の配置構成は、墓域集団の合意のもとで、ある程度計画的におこなわれていたと考えられるので、被葬者年齢に伴う共同体構成員としての資格・認知度が周溝墓造営にも反映されていたのではなかろうか。

　一方、山陰地域でも、墳丘内に埋葬墓を1基のみもつ墳丘墓に幼小児が埋葬されている事例がある。弥生後期初頭〜前葉頃、妻木晩田遺跡洞ノ原5号墓（四隅突出型墳丘墓・墳丘2.2m×1.7m・墓壙掘方66×80cm）、同17号墓（墳丘1.3m×1.2m・墓壙掘方68×115cm）は、墓壙規模からみて幼小児が埋葬されていると推定でき、墓域配置構成から、他の（四隅突出型）墳丘墓の周辺埋葬として位置づけられる。これらは、被葬者が低年齢の場合、墳丘規模が小さいという相関が窺え、被葬者が幼小児であっても四隅突出型という特異な墳丘形態をもつという点で特別性が看取できる。

(4) 幼小児木棺墓などの副葬品

　弥生時代埋葬人骨の集成表によれば、幼小児の副葬品・着装品は、玉類、石鏃1〜2点、貝輪などが多い（本間 2002）。

　また、先の検討から、弥生後期〜終末期の西日本において木棺外法長辺130cm以内の木棺墓

は、伸展葬であった場合、幼小児墓である可能性が高いことから、こうした事例で副葬品をもつものを表2にみてみる。この結果、ガラス製小玉を中心に玉類をもつ事例が多いほか、鉄鏃1点、鉇1点をもつもの、副葬品をもたないが施朱がなされるものも散見される。

玉類と鉄製品は、とくに西日本の成人墓では両者とも同一埋葬墓内に副葬される場合があるが（会下 2002）、幼小児木棺墓では土器棺墓と同様に、どちらかが選択される傾向がある。とくに、弥生後期の丹後地域では、三坂神社墳墓群や左坂墳墓群のように、成人墓では鉄製品（鉄鏃・鉇など）と玉類の双方が副葬されていても、幼小児墓に限定すれば玉類のみが副葬されている場合が多い。

ここで、A型配置のうち、近接する成人墓の墓壙規模や副葬品内容によって、幼小児木棺墓の副葬品内容に較差が現れるのかを検討しておきたい。ここでは、弥生中期後半や後期以降に中〜大型墓壙が分布し（会下 2002）、鉄製品・玉類などの副葬品をもつ埋葬墓が多い集団墓がある近畿北部の事例を確認しておこう。

三坂神社墳墓群（京都府京丹後市）では、棺外法長軸130cm以内の木棺墓のうち、副葬品をもつものが5基あり、いずれも玉類をもっている。このうち、もっとも大きな墓壙規模（5.69m×4.27m）で、素環頭刀などの豊富な副葬品をもつ成人墓・3号墓第10主体部と同じ台状墓内に所属する3号墓第5主体部はガラス製小玉190点、3号墓第13主体部はガラス製小玉296点をもつ。これに対し、他の台状墓に所属する、4号墓第3主体部がガラス製小玉167点、8号墓第10主体部がガラス製小玉7点、8号墓第13主体部が碧玉製管玉4点・ガラス製小玉15点のみに留まり、比較的数量が少ない。

左坂墳墓群（京都府京丹後市）では、棺外法長軸130cm以内の木棺墓のうち、副葬品をもつものが6基あり、いずれも玉類をもっている。このうち、本墳墓群では比較的大きな墓壙規模（3.8m×2.55m）で、鉄刀などをもつ成人墓・26号墓第2主体部と同じ台状墓内に所属する26号墓第6主体部はガラス製小玉197点、26号墓第7主体部はガラス製小玉29点をもつ。これに対し、他の台状墓に所属する、24-1号墓第1主体部がガラス製小玉79点、24-2号墓第24主体部がガラス製小玉11点、25号墓第5主体部が碧玉製管玉4点・ガラス製小玉102点、25号墓第8主体部がガラス製小玉11点となり、26号墓第6主体部と比較すると、較差がある。

すなわち、両墳墓群におけるこうした現象は、台状墓における中心的な成人墓の墓壙規模・副葬品内容（鉄刀有無など）にみえる優劣が、同じ台状墓に所属する幼小児の副葬玉類数量にも反映されている可能性を示唆している。

弥生終末期の妙楽寺4A墓第3主体（兵庫県豊岡市）は、木棺外法約125cm×45cm（棺板材の厚さを約5cmと見積もると、棺内法長軸長は115cm）を測る規模で、小児墓と推定されるが、短剣（現存長25.9cm・幅2.2cm）・鉇が副葬されている。4A墓第3主体は、希少な大刀・短剣をもつ成人墓の4A墓第2主体と切りあい関係にあるA型配置である。鉄剣・鉄刀が副葬された埋葬墓において年齢が判明している被葬者をみると、鉄製、青銅製に限らず、成人〜熟年男性が多く、本来、成人以上に所有ないし副葬が許される品物とみられるにもかかわらず、4A墓第3主体では小児に短剣が副葬されており、稀有な事例となる（会下 2004）。ここでも、同じ台状墓における中心的な成

表2 外法長軸130cm以内の木棺墓・石棺墓など副葬品一覧（弥生後期〜終末期・本州島西部のみ）

旧国	所在地	遺跡名	単位墓名	埋葬墓名
出雲	島根県出雲市	西谷	3号墓	第3主体部
安芸	広島県東広島市	手島山	B群	SK13
安芸	広島県東広島市	手島山	B群	SK19
安芸	広島県東広島市	手島山	B群	SK20
安芸	広島県東広島市	手島山	B群	SK21
備後	広島県府中市	門田A	Ⅱ群	SK18
備後	広島県府中市	門田A	Ⅲ群	SK25
備後	広島県府中市	門田A	Ⅵ群	SK47
備前	岡山県岡山市	みそのお6区	47号墳墓	第22主体部
備前	岡山県岡山市	みそのお6区	47号墳墓	第25主体部
河内	大阪府大阪市	巨摩廃寺	2号墓	9号木棺
河内	大阪府大阪市	巨摩廃寺	2号墓	10号木棺
丹後	京都府京丹後市	三坂神社	3号墓	第5主体部
丹後	京都府京丹後市	三坂神社	3号墓	第13主体部
丹後	京都府京丹後市	三坂神社	4号墓	第3主体部
丹後	京都府京丹後市	三坂神社	8号墓	第10主体部
丹後	京都府京丹後市	三坂神社	8号墓	第13主体部
丹後	京都府京丹後市	左坂	24－1号墓	第1主体部
丹後	京都府京丹後市	左坂	24－2号墓	第23主体部
丹後	京都府京丹後市	左坂	24－2号墓	第24主体部
丹後	京都府京丹後市	左坂	25号墓	第5主体部
丹後	京都府京丹後市	左坂	25号墓	第8主体部
丹後	京都府京丹後市	左坂	26号墓	第6主体部
丹後	京都府京丹後市	左坂	26号墓	第7主体部
但馬	兵庫県豊岡市	上鉢山・東山	3号墓	第8主体
但馬	兵庫県豊岡市	上鉢山・東山	4号墓	第10主体
但馬	兵庫県豊岡市	立石・山崎	4号墓	第2主体
但馬	兵庫県豊岡市	土屋ヶ鼻	6号墓	第2主体
但馬	兵庫県豊岡市	土屋ヶ鼻	6号墓	第5主体
但馬	兵庫県豊岡市	土屋ヶ鼻	6号墓	第6主体
但馬	兵庫県豊岡市	妙楽寺	4A墓	4A3
但馬	兵庫県豊岡市	妙楽寺	6A墓	6A4
但馬	兵庫県豊岡市	妙楽寺	5C墓	5C3
但馬	兵庫県豊岡市	妙楽寺	7－7墓	7－7－5
但馬	兵庫県豊岡市	妙楽寺	7－7墓	7－7－6
但馬	兵庫県豊岡市	妙楽寺	16－2墓	16－2－3
越前	福井県清水町	小羽山	33号墓	

＊碧（碧玉製）　ガ（ガラス製）　翡（翡翠製）　鉄（鉄製）
＊施朱のみも掲載。

時期	配置	朱	管玉	勾玉	小玉	鏃	鉇	その他
後期後葉	A	●						
後期	A	●						
後期	A	●						
後期	A	●						
後期	A	●						
後期前葉〜古墳初	A				ガ6			
後期前葉〜古墳初	A				ガ34			
後期前葉〜古墳初	A		碧1		ガ2			
後期後葉	A	●						
後期後葉	A	●						
後期前葉	A	●						
後期前葉	A	●		ガ1	ガ13			
後期初頭	A	●			ガ190			
後期前葉	A				ガ296			
後期前葉	A				ガ167			
後期	A				ガ7			
後期	A	●	碧4		ガ15			
後期前〜後葉	A				ガ79			
後期前〜後葉	A	●						
後期前〜後葉	A				ガ11			
後期前〜後葉	A		碧4		ガ102			
後期前〜後葉	A				ガ11			
後期前〜後葉	A	●			ガ197			
後期前〜後葉	A	●			ガ29			
後期前葉	A	●						
後期前葉	A				ガ138			
後期後半〜古墳初	A		碧1					
後期	A					鉄1	1	砥石
後期	A			1				
後期	A					鉄1	1	
終末期	A						1	短剣1
終末期	A						1	
終末期	A						1	
終末期	A						1	
終末期	A		5	ガ1	ガ1			
終末期	A					鉄1	1	
後期後葉	A			翡1				

人墓の優れた副葬品内容が、幼小児墓の副葬品内容に反映されている現象を看取できる。

こうした較差は、副葬品の質・量が被葬者年齢階梯に規定されることを基本としつつも、台状墓を構成する、ある単位の血縁集団の経済力・地位などが、幼小児レベルの埋葬にも投影されることを示しているのではなかろうか。

4　まとめ

以上で触れた主要な点について、再度、要約しておきたい。

- 区画（墳丘）内における埋葬墓が1基のみの区画墓を主に造営する墓域では、おおむね3～5歳前後以上の幼小児でも単独で区画墓が造営される場合があり、墓域集団構成員としての資格・認知度が反映されている。
- 胎乳幼児は玉類か鏃、弥生後期～終末期の幼小児は玉類か鉄製品が、選択的に副葬される場合が多い。
- 弥生後期～終末期・近畿北部の幼小児木棺墓では、所属する台状墓によって副葬玉類の数量に較差がみられたり、短剣が副葬される事例があり、幼小児埋葬にも生来的な血縁系譜によって較差があらわれる場合がある。

以上、弥生時代の未成人埋葬をめぐって冗長に考察を進めたものの、雑駁な叙述に終始してしまった感が否めない。「日中交流の考古学」という本論文集のテーマになじむ内容となるように、東アジア他地域階層化社会における未成人埋葬とも比較検討する作業を構想していたものの、紙幅がつきてしまった。今後の課題とし、ひとまず筆を置きたい。

　小稿作成にあたり、木沢直子氏・角南聡一郎氏のお世話になりました。文末ですが、記して感謝申し上げます。

〔付記〕　私は、茂木先生から最初の第一声で怒られるような、あまり出来のいい学生ではなく、卒業後も随分、ご心配をおかけしました。とくに、幾度かの就職・転職の逡巡に際して、真剣に相談にのって頂き、励まして頂いたことは忘れることができません。先生からは、地域の古墳から中国皇帝陵に至るまで、様々な遺跡を調査する機会を与えて下さり、どんな遺跡の調査も、地域史や人類史の仮説を証明するための二度とない実験であることを教えて頂きました。

　この度、茨城大学を御退任されるにさいし、永年の学恩に感謝するとともに、まことに拙いものではありますが、小稿を献呈する次第です。

註
（1）　年齢区分の用語については、各遺跡報文の分類をそのまま引用するが、筆者の考察にさいしては、便宜的に、乳児0歳、幼児1～5歳、小児6～11歳、若年12～19歳、19歳以下を未成人、20歳以上を成人とし、本稿では主として小児以下について検討する。
（2）　中国では、仰韶文化前期・半坡遺跡における幼児甕棺の穿孔が霊魂出入のための通路と考えられているなど（王 1991）、新石器時代から漢代にいたるまで土器棺の孔が、魂の通路であると考えられている（大形 2000）。ただし、土器棺の穿孔については、排水機能のためとみる説（鄭 1991、亀山 1995）もある。

また、今村佳子氏は、中国新石器時代の土器棺墓について、「土器棺葬の背景には、再生観念があったと捉えることは妥当ではないかと思われる。つまり、仰韶文化半坡類型期には、死児に対して再生の願いをかけて、選択的に土器棺葬が行われていたと考えられる。」(今村 1998) としている。

(3) こうした課題について、乗安和二三氏は、乳児段階で成人墓の墓域に埋葬される選択原理として、「世帯共同体を将来的に維持継続していくことを周囲から期待されながらも早逝した特定の存在の子どもに対しては、集団成員権獲得以前にしても特別な扱いがなされた」という可能性を想定している（乗安 2005）

(4) 表1のほか、中期後葉・亀井遺跡31トレンチ1号方形周溝墓5号土器棺からは、腐蝕が著しい鉄製品が検出されており、「長さ約30cm、幅約4cmで、鉄刀と思われる」として報告されている。当該期の近畿中部では、成人墓においても鉄刀の副葬は知られていないため、今後の明確な類例増加を待ちたい。

参考文献

青木一男 1990「千曲川流域における弥生後期土器棺について」『佐久考古』6号 佐久考古学会

今村佳子 1998「中国新石器時代の土器棺葬」『古代学研究』144号 古代学研究会

梅本健治・佐々木直彦 1998「まとめ」『千代田流通団地造成事業に係る埋蔵文化財発掘調査報告書（Ⅲ）』広島県埋蔵文化財調査センター調査報告書第161集 （財）広島県埋蔵文化財調査センター

会下和宏 2000「西日本における弥生墳墓副葬品の様相とその背景」『島根考古学会誌』第17集 島根考古学会

会下和宏 2001「弥生時代の玉類副葬―西日本～関東地域を中心にして―」『日本考古学の基礎研究』茨城大学考古学研究室20周年記念論文集 茨城大学人文学部考古学研究室

会下和宏 2002「弥生墳墓の墓壙規模について―西日本～関東地域の木棺・木槨墓等を中心に―」『島根考古学会誌』第19集 島根考古学会

会下和宏 2004「東アジアからみた弥生墳墓の地域性―弥生中期後葉～終末期を中心に―」『文化の多様性と比較考古学』考古学研究会50周年論文集 考古学研究会

王巍 1991「仰韶文化前期の社会形態」『博古研究』創刊号 博古研究会

大形徹 2000『魂のありか―中国古代の霊魂観―』角川選書

大村直 1991「方形周溝墓における未成人中心埋葬について 家長墓・家族墓説批判」『史館』第23号 史館同人

亀山行雄 1995「土器棺墓について」『津寺遺跡2―山陽自動車道建設に伴う発掘調査―』岡山県埋蔵文化財発掘調査報告98 岡山県教育委員会

忽那敬三 2004「『子ども観』の系譜―子ども墓の比較を通して―」『文化の多様性と比較考古学』考古学研究会50周年記念論文集 考古学研究会

小林利晴 2002「岡山県内の土器棺墓」『環瀬戸内海の考古学―平井勝氏追悼論文集―』下巻 古代吉備研究会

小宮孟 1975「方形周溝墓・壺棺の項」『歳勝土』港北ニュータウン地域内埋蔵文化財調査報告Ⅴ

坂口滋皓 1991「東日本における土器棺墓（1） 研究史の再検討を中心として」『神奈川考古』第27号 神奈川考古同人会

坂口滋皓 1992「東日本における土器棺墓（2） 関東地方の様相を中心として」『神奈川考古』第28号 神奈川考古同人会

角南聡一郎 1999a「西日本の土器棺墓と埋葬遺体」『奈良大学大学院研究年報』4 奈良大学大学院

角南聡一郎 1999b「土器棺の副葬品」『文化財学報』17 奈良大学文学部文化財学科

角南聡一郎 2002「畿内における弥生墳墓群の特徴―埋葬行為における『子供』と『大人』の関係に注目して

—」『月刊考古学ジャーナル2』No.484
鄭澄元 1991「甕棺墓」『日韓交渉の考古学』
中橋孝博・土肥直美・永井昌文 1985「金隈遺跡出土の弥生人骨」『史跡　金隈遺跡　発掘調査及び遺跡整備報告書』福岡市埋蔵文化財調査報告書第123集　福岡市教育委員会委員会
乗安和二三 2005「弥生時代における乳幼児埋葬をめぐって」『考古論集―川越哲志先生退官記念論文集―』川越哲志先生退官記念事業会
原ひろ子 1979「『原初社会』における子ども観」『子ども観と発達思想の展開（岩波講座　子どもの発達と教育2）』岩波書店
肥後弘幸 1996「家族墓へのアプローチ―北近畿後期弥生墳墓の場合―」『京都府埋蔵文化財論集』第3集　（財）京都府埋蔵文化財調査研究センター
藤井整 2001a「近畿地方の弥生土器棺墓」『古代文化』第53号第2号　（財）古代學協會
藤井整 2001b「方形周溝墓の被葬者―下植野南遺跡の調査から―」『京都府埋蔵文化財情報』第79号　（財）京都府埋蔵文化財調査研究センター
藤田等 1988「北部九州における弥生時代未成人埋葬について」『日本民族・文化の生成　永井昌文教授退官記念論集（1）』六興出版
本間元樹 2002「弥生人の副葬品・着装品・供献品」『調査研究報告』第3集　（財）大阪府文化財センター
本間元樹 2004「弥生時代の伏臥埋葬」『考古論集―河瀬正利先生退官記念論文集―』河瀬正利先生退官記念事業会
馬目順一 1987「幼児用の壺・甕棺墓」『弥生文化の研究』8　雄山閣出版
森本岩太郎・吉田俊爾 1988「新保遺跡出土人骨について」『新保遺跡Ⅱ』弥生・古墳時代集落編　群馬県教育委員会・（財）群馬県埋蔵文化財調査事業団
森本岩太郎・吉田俊爾 1990「有馬遺跡出土の弥生時代後期の人骨について」『有馬遺跡Ⅱ』弥生・古墳時代編　群馬県教育委員会・（財）群馬県埋蔵文化財調査事業団
山口敏 1994「瀬名遺跡出土の弥生人骨」『瀬名遺跡Ⅲ（遺物編Ⅰ）』（財）静岡県埋蔵文化財調査研究所
山田康弘 1997「縄文時代の子供の埋葬」『日本考古学』第4号　日本考古学会

遺跡文献
〈山口県〉奥ヶ原：和田嘉之編 1992『奥ヶ原遺跡』（財）山口県教育財団・山口県教育委員会／木崎：辻田耕次ほか 1976『朝田墳墓群Ⅰ』山口県教育委員会／糸谷：戸成崇和ほか 1979『朝田墳墓群Ⅳ』山口県教育委員会
〈島根県〉西谷3号：渡辺貞幸編 1992「西谷墳墓群の調査（Ⅰ）」『山陰地方における弥生墳丘墓の研究』島根大学法文学部考古学研究室
〈鳥取県〉長瀬高浜：鳥取県教育文化財団 1982『長瀬高浜遺跡発掘調査報告書Ⅳ』鳥取県教育文化財団報告書11／妻木晩田：岩田文章ほか 2000『妻木晩田遺跡　洞ノ原地区・晩田山古墳群発掘調査報告書』淀江町埋蔵文化財調査報告書第50集　淀江町教育委員会
〈広島県〉手島山：沢元史代 1991『手島山墳墓群』広島県埋蔵文化財調査センター調査報告書第93集　（財）広島県埋蔵文化財調査センター／門田A：三好和弘ほか 1999『門田A遺跡・東槙木山第1・4号古墳』広島県埋蔵文化財調査センター調査報告書第183集　（財）広島県埋蔵文化財調査センター
〈岡山県〉甫崎天神山：宇垣・柴田英樹 1994『山陽自動車道建設に伴う発掘調査8　岡山県埋蔵文化財発掘調査報告89』岡山県教育委員会／原尾島・三股ヶ・丸田区：柳瀬昭彦ほか 1994『百間川原尾島遺跡3　岡山

県埋蔵文化財発掘調査報告88』岡山県教育委員会／津寺・西川区：亀山行雄ほか 1995『津寺遺跡2　岡山県埋蔵文化財発掘調査報告98』岡山県教育委員会／便木山：神原英朗 1971『岡山県営山陽新住宅市街地開発事業用地内埋蔵文化財発掘調査概報2』／矢坂山：水内昌康 1958「備前矢坂山出土の2個の銅鏃」『古代吉備』第2集　古代吉備研究会／みそのお6区：椿真治編 1993『みそのお遺跡』岡山県埋蔵文化財発掘調査報告87　岡山県教育委員会

〈愛媛県〉持田3丁目：真鍋昭文編 1995『持田3丁目遺跡』（財）愛媛県埋蔵文化財調査センター／朝美澤：松村淳・梅木謙一 1994「朝美澤遺跡1次調査地」『大峰ヶ台丘陵の遺跡』松山市教育委員会・（財）松山市生涯学習振興財団埋蔵文化財センター／福音小学校構内：梅木謙一・武正良浩編 1995『福音小学校構内遺跡』松山市教育委員会・（財）松山市生涯学習振興財団埋蔵文化財センター／斎院烏山：作田一耕編 1998『斎院・古照新松山空港道路建設に伴う埋蔵文化財調査報告書』埋蔵文化財調査報告書67　（財）愛媛県埋蔵文化財調査センター／祝谷6丁目：下條信行 1991「松山平野と道後城北の弥生文化」『松山大学構内遺跡』／水満田：岡田俊彦 1980「水満田遺跡」『一般国道33号線砥部道路関係埋蔵文化財発掘調査報告書Ⅰ』（財）愛媛県埋蔵文化財調査センター／桧木田：井櫻達 1990『県営圃場整備事業（宇和地区）埋蔵文化財調査報告書』宇和町教育委員会

〈高知県〉ひびのきサウジ：高橋啓明 1990『ひびのきサウジ遺跡発掘調査報告書』土佐山田町教育委員会

〈香川県〉大井：六車恵一・藤井直正 1942「讃岐発見勾玉収蔵の壺形土器」『古文化』1

〈兵庫県〉玉津田中：深井明比古ほか 1996『玉津田中遺跡』5　兵庫県教育委員会／東武庫：山田清朝編 1995『東武庫遺跡』兵庫県教育委員会／安満：原口正三 1977「考古学からみた原始・古代の高槻」『高槻市史』1　高槻市役所／会下山：村川行弘・石野博信 1964『会下山遺跡』／内場山：中川渉編 1993『多紀郡西紀町内場山城跡近畿自動車道舞鶴線関係埋蔵文化財調査報告書』兵庫県文化財調査報告第126冊　兵庫県教育委員会／上鉢山・東山：瀬戸谷晧編 1992『上鉢山・東山墳墓群・広域営農団地農道整備事業にかかわる埋蔵文化財発掘調査報告書』豊岡市文化財調査報告書第26集・豊岡市立郷土資料館報告書第26集　豊岡市教育委員会／立石・山崎：瀬戸谷晧編 1994『立石山崎古墳群　民間開発事業にかかる埋蔵文化財発掘調査概要』豊岡市文化財調査報告書27　豊岡市教育委員会／土屋ヶ鼻：瀬戸谷晧他 1994『加陽土屋ヶ鼻遺跡群』豊岡市文化財調査報告書29　豊岡市教育委員会／妙楽寺：櫃本誠一編 1975『但馬・妙楽寺遺跡群』豊岡市教育委員会

〈大阪府〉池田下：白石耕治編 1991『池田下遺跡』和泉丘陵内遺跡調査会／巨摩廃寺：大阪府教育委員会・（財）大阪文化財センター 1982『巨摩・瓜生堂　近畿自動車道天理～吹田線建設に伴う埋蔵文化財発掘調査概要報告書』／亀井：杉本二郎・岩瀬透ほか 1986『城山（その1）』大阪府教育委員会・（財）大阪文化財センター

〈奈良県〉法貴寺：長谷川俊里 1983「法貴寺遺跡発掘調査概報」『奈良県遺跡調査概報（第二冊）1982年度』奈良県橿原考古学研究所／唐古・鍵：藤田三郎 1984『唐古・鍵遺跡黒田大塚古墳』田原本町教育委員会

〈和歌山県〉太田・黒田：栗本美香 1996「太田・黒田遺跡第24次調査」『和歌山市埋蔵文化財発掘調査年報』3　（財）和歌山市文化体育振興事業団

〈京都府〉赤坂今井：岡林峰夫・石崎善久 2001『赤坂今井墳丘墓第3次発掘調査概要報告書』京都府遺跡調査概報第100冊　（財）京都府埋蔵文化財調査研究センターほか／三坂神社：今田昇一編 1998『三坂神社墳墓群・三坂神社裏古墳群・有明古墳群・有明横穴群』京都府大宮町文化財調査報告書第14集

〈福井県〉小羽山：古川登　1997「北陸地方南西部における弥生時代首長墓の認識」『考古学研究』第43巻第4号

〈群馬県〉有馬：佐藤明人編 1990『有馬遺跡Ⅱ　関越自動車道（新潟線）地域埋蔵文化財発掘調査報告書第32

集』(財)群馬県埋蔵文化財調査事業団発掘調査報告第102集　群馬県教育委員会・(財)群馬県埋蔵文化財調査事業団

〈長野県〉周防畑B：林幸彦 1982「周防畑B遺跡」『長野県史　考古資料編・主要遺跡（東北信）』／篠ノ井・聖川堤防地点：青木和明・寺島孝典他 1992『篠ノ井遺跡群（4）』長野市の埋蔵文化財第46集　長野市教育委員会／篠ノ井・新幹線地点：田中正治郎編 1998『北陸新幹線埋蔵文化財発掘調査報告書4』(財)長野県埋蔵文化財センター発掘調査報告書44　(財)長野県埋蔵文化財センター／松節：長野市教育委員会ほか 1986『塩崎遺跡群Ⅳ』長野市の埋蔵文化財第18集／石川条里：(財)長野県埋蔵文化財センター 1997『中央自動車道長野線埋蔵文化財発掘調査報告書15』(財)長野県埋蔵文化財センター発掘調査報告書26／竹田峯：佐久市埋蔵文化財調査センターほか 1986『西裏・竹田峯』佐久市埋蔵文化財調査センター調査報告書第1集／牛出古窯：(財)長野県埋蔵文化財センター 1997『上信越自動車道埋蔵文化財発掘調査報告書13』(財)長野県埋蔵文化財センター発掘調査報告書24

〈茨城県〉差渋：樫村宣行 1995『差渋遺跡』一般国道6号東水戸道路改築工事地内埋蔵文化財調査報告書3　(財)茨城県教育財団／柳沢：佐藤次男ほか 1972『柳沢遺跡調査報告』那珂湊市文化財調査報告Ⅰ　那珂湊市教育委員会・柳沢遺跡発掘調査団

弥生墳丘墓における埋葬数と棺形態の異同

田中　裕貴

1　はじめに

　弥生墳丘墓[1]に対する従来の認識として、古墳出現に至る前段階的墓制という被葬者の特定個別化の性格と、往々にして「集団墓」、「家族墓」とされる非特定個人墓としての二面性が大きな問題となる。墳丘規模の巨大性や埋葬施設構造の卓越性、副葬品の集中保有を明確に示すものも存在するが、実際にはその一部にのみ認められる現象であると想定される。本稿では、弥生墳丘墓における埋葬数とその棺形態の異同を中心に検討し、そこに埋葬される被葬者およびその集団に関する社会的位置づけを把握したいと考える。墓制の地域的広がりとその相互関係の把握に発展させるべく、弥生時代を通して広範囲での資料抽出を心掛けた。

2　前期の弥生墳丘墓

(1) 対象資料の概要

　佐古川・窪田遺跡[2]（香川県綾歌郡陵南町栗隈西）　微高地の縁辺に立地する。方形周溝墓、円形周溝墓を含め総数40基の墳丘墓で構成され、4群に分かれる。いずれの群内においても方形、円形共に存在する。規模は10mにおさまるものが多いが、均質でない。埋葬施設の検出されている12基中7基から木棺痕跡が認められる。これらが墳丘の規模にかかわらずすべて単数埋葬であることから、墓群を通じての傾向と想定される。副葬品として周溝墓3（不整円形）から碧玉製管玉2点が検出されており、周溝墓15（長方形）においても同様に管玉2点が検出されている。弥生時代前期後葉〜中期初頭に比定される。

　東武庫遺跡[3]（兵庫県尼崎市武庫元町）　標高6mの沖積地に立地する。計22基の方形周溝墓が検出されており、規模、形態共に多様な状況を示すが、長方形を呈するものが多く存在する。墓群内部は5つに分かれる。前期前半の20号墓を最古例とし、中期初頭の9、11号墓までが認められる。墳墓群中最大規模を測るものは、前期段階の10号墓であり、長辺14.0m、短辺12.3mを測る。1、2、4、6、7、11号墓において埋葬施設（木棺、土壙？、土器棺）が検出されており、単数埋葬が主体を為すが、4号周溝墓のみ複数埋葬（木棺3、土壙1）となっている。2号周溝墓主体部には赤漆塗竪櫛が伴う。

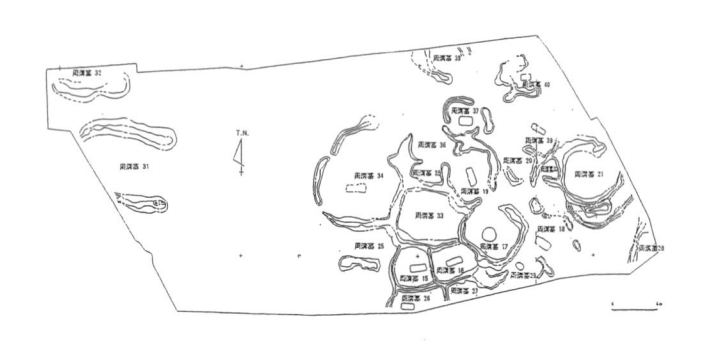

香川県佐古川・窪田遺跡（(財)香川県埋蔵文化財調査センター 1999） 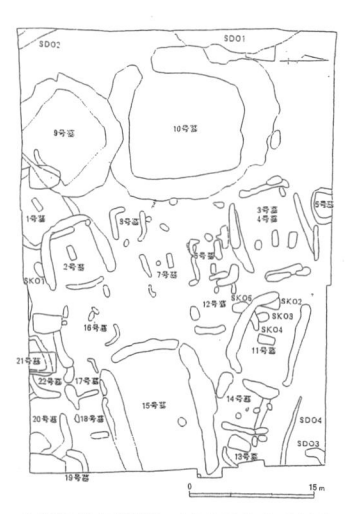　　　　兵庫県東武庫遺跡（兵庫県教育委員会
　　　　　　　　　　　　　　　　　　　　　　　　　　　　　　　　　　　　　　埋蔵文化財調査事務所 1995）

図1　前期の弥生墳丘墓

(2) 埋葬の傾向

　前期の埋葬数は、香川県佐古川・窪田遺跡ではすべて単葬であり、兵庫県東武庫遺跡では4号墓が複数ながら、残りはいずれも単葬を示すものとなる。上記以外の前期墳丘墓をみると、台状墓である京都府七尾遺跡[4]では検出されている2基ともに少数ながら複数となる。前期の段階において、単数埋葬、複数埋葬共に存在する点は注目される。

　埋葬施設は、佐古川・窪田遺跡、東武庫遺跡で木棺と土壙の併用が認められるがきわめて均質的な埋葬状況を呈す。

　副葬品に目を向けると東武庫遺跡2号墓で漆塗竪櫛、佐古川・窪田遺跡周溝墓3、同周溝墓15で碧玉製管玉各2などの検出が認められる様に装身具となっている。両遺跡共に、墳丘墓が群集を示す墓域構成を採っており、その中で副葬品を持つ被葬者とそうでない者が認められる事には何がしかの理由が存在するだろうが明確ではなく、即座に階層制などとの結びつきを指摘する事は困難である。

3　中期の弥生墳丘墓

(1) 対象資料の概要

吉野ヶ里遺跡墳丘墓（ST1001墳丘墓）[5]（佐賀県神埼三田川町大字田手字四本杉）　　吉野ヶ里丘陵地区V区（標高約16.3〜25.4m）の最高所に立地する。後世の削平による改変が著しく、南北40m、東西25m、高2.5mの墳丘が残存する（復元案では、南北約46m、東西約27m、高4.5mの長方形プランとなる）。墳丘内部からは14基の甕棺墓が検出されているが、採集された甕棺片などから20基前後の埋葬が推定される。甕棺には全面に黒塗りが施され、墳丘外から検出されている多数の甕棺墓とは明らかに区別される性格を持つ。その内8基から細形銅剣、青銅製把頭飾、ガラス製管玉などの副葬

品が認められるが、各々の甕棺における保有量には大差無い。中期前半〜後半に比定される。

三雲遺跡南小路地区[6]（福岡県前原市大字三雲および井原）　外面黒塗りの痕跡が認められる甕棺2基の埋葬が確認されており、それらに伴う「溝状遺構」や近時の遺構が重複しない点などから22〜32mの方形墓域が想定される。副葬品は、1号甕棺墓において有柄中細銅剣、細形銅矛、中細銅戈、中細銅矛、銅鏡35面、金銅四葉座飾金具、ガラス製璧、ガラス勾玉、ガラス管玉など、2号甕棺墓において、前漢鏡22面以上、ガラス製垂飾、硬玉勾玉、ガラス勾玉、ガラス勾玉などが検出されている。中期後半に比定される。

陣山遺跡2号墓[7]（広島県三次市向江田町）　標高226〜228mの丘陵尾根に位置する四隅突出型墳丘墓群である。2号墓は、南北約12.7m、東西約6.3m、高さ約0.4mを呈し、西側南寄りには張出状の埋葬施設が付設されている。埋葬施設は、木棺墓2基とその他の墓壙が7基確認されている。中期後葉に比定される。また、5号墓は単数埋葬を示す。

四辻峠台状墓[8]（岡山県赤磐郡山陽町大字和田小字別所）　標高82mの丘陵尾根上に立地し、自然地形を利用して削り出された台状墓である。後に台状墓上へ古墳が築かれているため、形態や規模は明確でなく、調査時長径15m、短径12m、高さ1mの楕円形プランを呈していた。埋葬施設は墳丘上より土壙墓1基、組合式木棺6基の計7基が軸を揃え配置されている。第1土壙からサヌカイト製打製石槍1、第7土壙からサヌカイト製石鏃1が検出されている。また第3土壙からは朱の痕跡が確認されている。中期中葉〜後期初頭に比定される。

寺岡遺跡SX56[9]（京都府与謝野田川町字石川小字寺岡）　標高18〜40mの丘陵上に位置し、沖積地との比高は10m程度を測る。墳丘は南北33m、東西20mの長方形プランを呈す。周溝内および、墳丘側斜面からは礫の散乱がみられることから外表施設が存在したと想定される（貼石墓）。埋葬施設は木棺墓2基と土壙墓1基の計3基が確認されている。墳丘中央部に営まれた第1主体部は、長さ6.7m、幅4.2mの大型墓壙に長さ3.85m、幅1.4mの木棺を有す。いずれの埋葬施設からも副葬品は確認されていない。中期後半に比定される。

瓜生堂遺跡2号方形周溝墓[10]（大阪府東大阪市若江西新町及び瓜生堂）　河内平野への中央部に位置する。墳丘は、裾部で南北14.8m、東西9.7m、高1.2mの隅丸長方形プランを呈す。埋葬施設は、墳頂部で組合式木棺6基、土壙6基、甕棺4基、壺棺1基、南側斜面で甕棺1基の計18基が検出されている。木棺は成人用、その他は子供用と想定される。副葬品などは認められない。2号墓に隣接する9号方形周溝墓は木棺墓1基の単数埋葬となっている。

加美遺跡Y1号墓[11]（大阪府大阪市平野区加美）　標高3.5mの沖積低地に立地する方形周溝墓である。規模は裾部で東西15m、南北26m、高さ3mを測り、盛土量が2mに及ぶ。23基の埋葬施設はすべて組合式木棺となる。棺材はすべてコウヤマキであり、規模の差から成人14基、子供9基と想定される。墳丘中央部の5号木棺は最大規模かつ二重構造となっており中心主体と想定されるが、副葬品などは検出されていない。一方、人骨鑑定により女性と判断された1号、2号、14号主体部からはガラス製勾玉、小玉、平玉、銅釧といった装身具の検出が認められる。中期後半頃に比定されている。

服部遺跡[12]（滋賀県守山市服部町地先）　沖積地に立地し、総数360基に及ぶ方形周溝墓群が検出

されている。墳墓群内は12のグループに分けられ、それぞれに規模の異なるものが並存する。平面形態は方形、長方形を基調とするが、不定形な形態を示すものも存在する。規模はM002の東西16.4m、南北18.8mを最大とし、5m〜10m未満のものが多数となる。周溝の多くが共有される。埋葬施設は計360基中76基から検出されており、単数埋葬が複数埋葬の3倍にあたる。複数埋葬は最多で4基を示し、3基、2基共に存在する。棺はM326で良好な遺存状況が検出されており、他の検出状況とも合わせ、組合式木棺の採用が推定される。いずれの主体部からも副葬品は認められていない。中期前葉後半〜後葉に比定される。

(2) **埋葬の傾向**

まずは埋葬数に関して触れるが、上記以外の遺跡についても言及する。佐賀県吉野ヶ里遺跡ST1001墳丘墓、福岡県吉武遺跡群樋渡墳丘墓[13]では大型墳丘に対し20〜30基に及ぶ埋葬が想定されるが、やや時期の下る福岡県三雲遺跡南小路地区においては2基と少数化し墓域の占有が看取でき

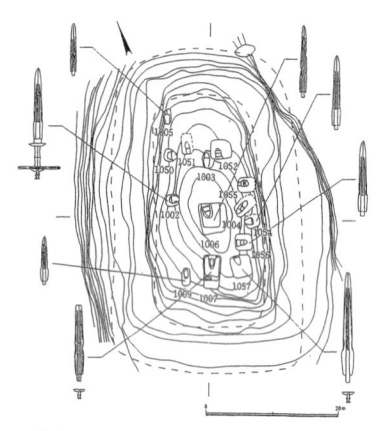

佐賀県吉野ヶ里遺跡 ST1001墳丘墓
（佐賀県教育庁文化財課 1992）

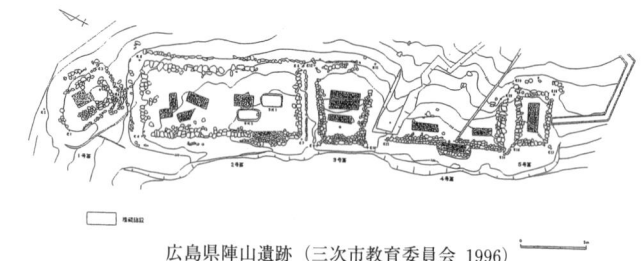

広島県陣山遺跡 （三次市教育委員会 1996）

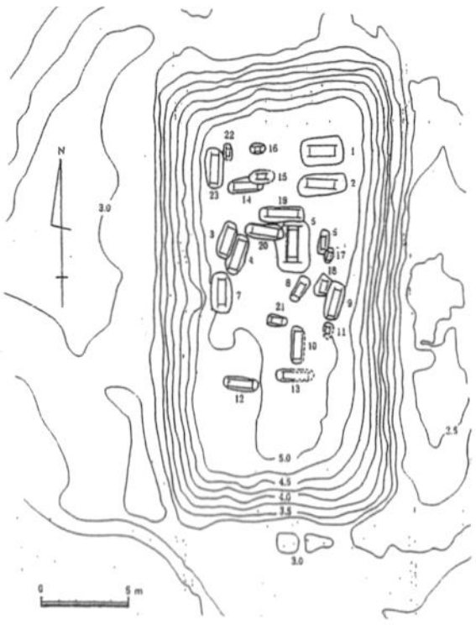

大阪府加美遺跡 Y1号墓
（日本考古学協会 1981）

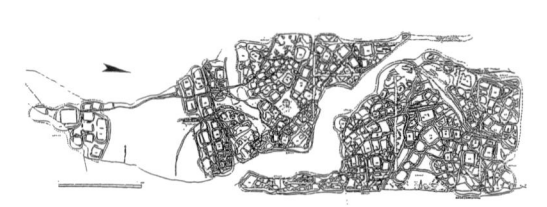

滋賀県服部遺跡 （滋賀県教育委員会他 1985）

図2　中期の弥生墳丘墓

る。貼石墓である島根県波来浜遺跡 A 地区 2 号墓では、小規模であるが 2 基の埋葬が認められる。四隅突出型墳丘墓である広島県陣山遺跡では最大規模の 2 号墓で 9 基、最小規模の 5 号墓で 1 基確認されている。岡山県四辻峠台状墓では計 7 基の埋葬が認められる。大型方形周溝墓である大阪府加美遺跡 Y 1 号墓では 23 基の埋葬が認められ、北部九州に類似した様相を示す。一方、360 基もの方形周溝墓群を形成する滋賀県服部遺跡では、検出数 76 基の内 57 基が単数埋葬であり、複数埋葬の 3 倍を示す。大阪府山賀遺跡(14)において検出された 3 基の方形周溝墓はすべて単数埋葬となっている。岸本一宏によれば、円形周溝墓である香川県浴・長池遺跡、兵庫県雲井遺跡共に単数埋葬となるようだ(15)。当該期では周溝墓に限らず、台状墓系統の墳丘墓においても単数埋葬、複数埋葬共に認められる点が特筆される。中期後葉以降営まれる鳥取県妻木晩田遺跡洞ノ原地区(16)からは、一辺 1〜2 m 程度の墳丘墓も数基造営されており、必ずしも複数埋葬を志向して造営されるものではない事が良く解る。複数埋葬から単数埋葬への、またはその逆などの単純なプロセスは成立しないものと考えられる。

　埋葬施設に関しては、北部九州域での甕棺使用が顕著であり吉野ヶ里遺跡北墳丘墓、三雲遺跡南小路地区ではすべての埋葬にその採用がみられるが、黒塗の大型甕棺といった特化を示す。吉武遺跡群樋渡墳丘墓では、それらが木棺、土壙と混在する。また、当地域では中期以降木槨を有した埋葬施設が限定的に検出されており、福岡県鎌田原墳丘墓では中心埋葬と想定される 6 号主体部において検出されている点で注目される(17)。中国地方では、陣山遺跡 2 号墓において木棺の使用が認められるが、その他について詳細が不明である。四辻峠台状墓では木棺と土壙の併用が認められるが主体は前者である。近畿地方では、瓜生堂遺跡 2 号方形周溝墓において、木棺に成人、それ以外には子供を埋葬する状況が認められているが、推定例を含め、加美遺跡 Y 1 号墓、服部遺跡ではすべて組合式木棺の採用である可能性が高い。中期段階では、北部九州域以外の木棺採用が顕著な様である。棺の組方やその材質による被葬者間の差が認められる事例も存在するが限定的と言わざるを得ず、全体的な把握は困難である。一方で、寺岡遺跡 SX56 では墳丘中央に大型土壙を伴う埋葬施設が、加美遺跡 Y 1 号墓では二重木棺とされる埋葬施設が営まれており、わずかではあるが特定被葬者の明確化が進行した状況を示している。

　副葬行為に関しては北部九州域において顕著であり、銅剣、銅矛、銅戈、銅鏡、ガラス製壁、ガラス製玉類などが認められる。吉野ヶ里遺跡 ST1001 墳丘墓、吉武遺跡群樋渡墳丘墓では銅剣を副葬品の中心とするが、特定被葬者への集中的副葬と言うより、複数の被葬者が分散的に保有する傾向にある。三雲遺跡南小路地区では埋葬数も 2 基と少なく、卓越した副葬品を集中的に保有するようだが、それぞれが分有しているとも言えなくもない。以東では、京都府日吉ヶ丘遺跡(18)において碧玉製、緑色凝灰岩製玉類、加美遺跡 Y 1 号墓では 23 基の埋葬中 3 基から、銅釧、ガラス製玉類が検出されているが顕著な副葬行為を示すとは言えず限定的である。後者においては、複数埋葬の墳丘墓として、その被葬者間に格差を生じている様に見えるが、中心的な被葬者ではない点、さらにそれらがすべて女性である点は必ずしも副葬を目的としたものではない事が推測される。

4　後期の弥生墳丘墓

(1)　対象資料の概要

平原遺跡1号墓[19]（福岡県前原市大字有田及び曽根）　前原市の中央を南北に伸びる曽根丘陵（標高25～80m）の標高約40m地点に立地する。後世の削平が認められるが、東西14m、南北10.5mの規模を測る長方形プランを示す。墳丘中央北東側から、東西約4.6m、南北約3.5mの墓壙が検出され、棺には長3mの割竹形木棺を採用している。副葬品は棺内から、素環頭大刀、瑪瑙製管玉、ガラス製勾玉、ガラス製丸玉、ガラス製管玉、ガラス製小玉、ガラス製連玉、ガラス製耳璫片、鏡片、棺外墓壙内から多量の鏡片が検出されている。時期は不確定な部分が多いが、周溝内より検出されている土器は弥生時代後期～終末期の様相を示すとされる。

西谷墳墓群3号墓[20]（出雲市大津町下来原字西谷）　扇状地を臨む丘陵上に位置する四隅突出型墳丘墓である。方形部の規模は、長辺約36m（復元40m）、短辺約28m（復元30m）、高さ約4.5mを測り、突出部を含めると長辺50m程度になるものと考えられる。埋葬施設は、8基以上存在するものとされているが、特筆されるべきは、第1主体と第4主体である。これらは、二段掘り土壙・木槨をもつ箱形木棺墓であり、前者からは水銀朱、ガラス製大形管玉・小形管玉・小玉・異形勾玉、緑色凝灰岩製小形管玉が、後者の棺内からは大量の朱、ガラス製管玉、鉄剣が検出されている。後期後葉に比定される。

宮内第1遺跡1号墳丘墓[21]（鳥取県東伯郡東郷町大字宮内）　標高51.5～52.6mの丘陵緩斜面に位置し、4基の墳丘墓が検出されている。1号墳丘墓は、長辺17m以上、短辺9.25m以上、高1.1m以上を測る四隅突出型墳丘である。埋葬施設は、舟形木棺に朱、鉄剣、ガラス製・碧玉製・緑色凝灰岩製管玉をもつ中心主体の他、木棺に朱・鉄刀をもつもの1基、朱と碧玉製・緑色凝灰岩製管玉をもつもの1基、朱をもつもの1基、その他2基の計6基が確認されている。後期中葉に比定される。

新井三嶋谷1号墳丘墓[22]（鳥取県岩美町大字新井字三嶋谷）　標高15～20mの舌状丘陵先端部に立地する「貼石墳丘墓」である。墳丘は長辺約24m、短辺約17m、高さ3mを測る。墳頂平坦面からは3基の墓壙が確認され、北側に位置する第1主体は、東西5.3m、南北5.6mと大規模である。第1主体には、並列する2基の木棺が同時埋葬される。第2主体は木棺痕跡が確認されているが、第3主体部については不明。中期末葉～後期初頭に比定される。

佐田谷1号墓[23]（広島県庄原市高町大字佐田谷）　南からのびる細長い低丘陵の尾根幅がもっとも狭く、鞍部状になる場所に位置する四隅突出型墳丘墓である。規模は、長辺約19m、短辺約14m、周溝を含めた規模は長辺約21m、短辺約17m、高さは約2.1mを測る。埋葬施設として4基の木棺墓が検出されており、大型墓壙であるSK2は木槨を採用する点から中心主体と想定される。いずれの埋葬施設からも副葬品などは認められない。後期前葉に比定される。

立坂弥生墳丘墓[24]（岡山県総社市新本及び真備町市場）　標高約82mの尾根上に立地し、水田面との比高は約20mを測る。墳丘北側および南側の改変が著しく詳細は不明であるが、東西径約17m、

高2.2〜2.3mの円形プランを呈すと想定される。埋葬施設は、墳丘中心部に存在する第2主体、第3主体が周囲に角礫を配した木槨を採用している他、複数が存在している。中心的埋葬と想定され、類似の埋葬施設構造を有する第2、第3主体では、後者がより丁寧な造りである他、翡翠製小勾玉、緑色凝灰岩製細形管玉といった副葬品を有している点においてわずかに傑出する。これら2基の他は「木棺配石墓」、箱式石棺と想定され、第11、13、16主体部から朱が検出されている。後期後葉に比定される。

楯築弥生墳丘墓[25]（岡山県倉敷市矢部字向山）　低平な丘陵上に立地し、墳裾部は標高約40〜41mと想定される。主丘となる不整円丘径約40m、高約4.5〜5mに北東突出部16.5〜19.5m、南西突出部22mを有した全長約78.5〜81.5mの中円双方形プランを呈す。埋葬施設は木槨を採用する中心主体の他、盛土を掘り込む木棺墓1基が確認されると共に「埋葬痕跡」らしきものが数か所検出されているが詳細は不明である。中心主体は、排水施設を有す南北約9m、東西約5.5〜6.25mを測る楕円形墓壙に木槨、箱形木棺を納めた構造であり、32kgに及ぶ朱、鉄剣、翡翠製勾玉、瑪瑙製棗玉、碧玉製管玉、ガラス製丸玉、同小玉等の副葬品が検出されている。後期後葉に比定される。

三坂神社墳墓群3号墓[26]（京都府中郡大宮町字三坂小字有明他）　平野部へ西に向かう標高80mほどの丘陵上に立地する。標高68〜82mの位置に6基の台状墓が階段状に営まれる。3号墓は墳墓群中最高所に（標高82.5m付近）に位置し、南北14.5m、東西15.0mを測る。埋葬施設は木棺12基、土器棺2基の計14基が営まれている。中心主体と考えられる第10主体部の墓壙規模は長5.69m、幅4.27mともっとも大型で、素環頭鉄刀、鉄鏃、鉇、漆塗り杖状木製品、ガラス勾玉、ガラス管玉、ガラス小玉、水晶玉を副葬されている。その他11基中8基の木棺から、鉄製品や玉類の副葬が認められる。後期初頭に比定される。また、当墳墓群6号墓は木棺1基の単数埋葬を示す。

大風呂南墳墓群1号墓[27]（京都府与謝郡岩滝町字岩滝小字大風呂）　東方に阿蘇海と平野部を見下ろす丘陵の標高59m付近に立地する。長辺27m前後、短辺18m前後、高さ約2mの長方形プランの台状墓である。埋葬施設は舟底状木棺4基、土壙1基の計5基。中心主体と見られる第1主体部においては長7.3m、幅4.3m、深2.1mの大型墓壙に鉄剣11、鉄鏃4、ヤス、有鉤銅釧13、貝輪片1、ガラス釧1、緑色凝灰岩製管玉272、ガラス勾玉10、破砕された甕1、赤色顔料、鉤状漁撈具などの遺物が検出されている。土壙墓である第5主体部以外の木棺からも鉄製品、玉類、土器の副葬が認められるが、量的に貧弱である。後期後半に比定される。

(2) 埋葬の傾向

　列島の広域において特定墳丘墓の大型化と共に特定埋葬における墓壙規模の大型化や槨の採用と言った点で同一墳丘内における他との分離が明確化される傾向にある。単数埋葬墓に比べ、複数埋葬墓内の特定被葬者個別化が顕著な状況を示す。一方、福岡県平原遺跡1号墓では副葬品の集中が認められ、墓域の占有と特定個人の明確化が認められるが、墳丘規模が長辺14mと中型を示す点で、墳丘墓大型化が一概に進行しない様相を看取できる。埋葬地としての特定墳丘墓とその被葬者および、その数があらかじめ想定されていたとも考えられる。

　埋葬施設は北部九州では、福岡県平原遺跡1号墓において割竹形木棺の採用が認められるが類例

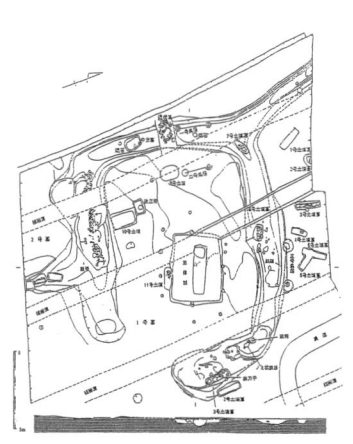

| 福岡県平原1号墓 | 島根県西谷墳墓群3号墓 | 京都府三坂神社墳丘墓群 |
| (前原市教育委員会 2000) | (出雲市教育委員会 2005) | (大宮町教育委員会 1998) |

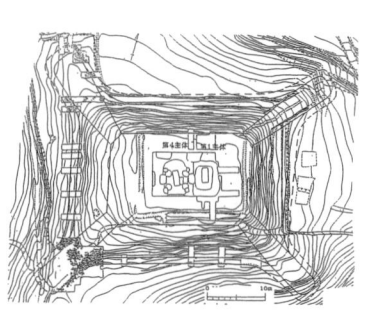

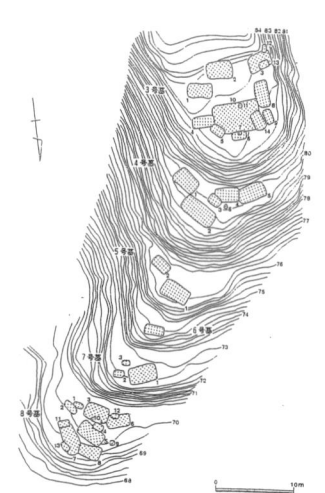

図3　後期の弥生墳丘墓

に乏しい。島根県西谷墳墓群3号墓では、墳丘中央部に二段掘墓壙、木槨、箱形木棺を採用する2基の埋葬施設が認められるが、他の棺形態などは詳細が明らかではない。鳥取県宮内第1遺跡1号墳丘墓では、舟形木棺を採用する主体部が鉄剣、玉類等の副葬品を持つ点で中心主体と想定されるが、他の主体部における木棺形態は不明。同新井三嶋谷遺跡1号墳丘墓では第1主体、第2主体共に木棺を採用するが、前者には同時埋葬と想定される2基が同一墓壙に納められる特徴がある。広島県佐田谷墳墓群1号墓では4基の木棺墓が検出されているが、墳丘中央部では大型墓壙に木槨を採用したものが認められる。岡山県立坂弥生墳丘墓では20基前後の埋葬が推定される中、墳丘中央部の2基が周囲に角礫を配した木槨を採用している。京都府三坂神社墳墓群3号墓では木棺墓12基と土器棺墓2基から構成され、墓壙規模によって中心的埋葬が明確化される。同大風呂南墳墓群1号墓では4基の舟底状木棺と1基の土壙によって構成され、中心主体と想定される第1主体部墓壙は長辺7.3mもの規模を測る。後期においては列島の広範で特定埋葬に対する墓壙規模の拡大や槨の採用が認められ、棺形態とは別に被葬者の区別化が明確にされる傾向が看取できる。島根県西谷墳墓群3号墓、岡山県立坂弥生墳丘墓では槨を有する2基の中心的埋葬が並列的に営まれると言った共通性と共に、鳥取県新井三嶋谷1号墳丘墓に認められる同一墓壙2基同時埋葬は被葬者間関係を示唆する重要な資料であると言える。

　副葬行為に関しては、福岡県平原遺跡1号墓が多量の鏡を有す等突出した状況を示すが、以東域での副葬行為も徐々に明確化する。初頭の京都府三坂神社墳墓群3号墓では鉄刀、鉄鏃、鉇などの鉄製品、ガラス製玉類、中葉の鳥取県宮内第1遺跡1号墳丘墓では鉄剣、鉄刀、ガラス製玉類、碧玉製玉類、緑色凝灰岩製玉類が認められる。後葉に至ると島根県西谷墳墓群3号墓で鉄剣、ガラス製玉類、緑色凝灰岩製玉類、岡山県楯築弥生墳丘墓で鉄剣、ガラス製玉類、碧玉製管玉、翡翠製勾玉、瑪瑙製棗玉、福井県小羽山墳墓群30号墓[28]で鉄短剣、ガラス製玉類、碧玉製玉類などと類似の傾向をもつ副葬品が選択される。この様な中、京都府北部の大風呂南墳墓群1号墓では、鉄剣

11、鉄鏃4、銅釧13、ガラス製釧、ガラス製勾玉10、緑色凝灰岩製管玉384などの集中的な副葬行為が認められ、北部九州域以外ではきわめて卓越した内容を示す。当該期では、鳥取県宮内第1遺跡1号墳丘墓、京都府三坂神社墳墓群など、中心主体と目される埋葬への副葬行為の集中が認められる一方で、数量的には少ないながらも、同一墳丘内の他の埋葬でも副葬行為が認められるという特徴がある。

5　終末期の弥生墳丘墓

(1)　対象資料の概要

宮の前遺跡C地点墳丘墓[29]（福岡県福岡市大字拾六町）　　標高28m～36mの狭長な丘陵に立地し、墳丘墓の存在するC地点はB地点、D地点の中間にあり明瞭な比高差を示す（頂部標高36.603m）。墳裾に廻る幅1.0～2.6mの溝状遺構を墳裾線とした墳丘形態は、南北直径14.17m、東西直径11.85mの楕円形を示す。既述の墳裾線をもとに墳丘高は1.1～1.8mとなる。墳丘に伴う埋葬施設は地山から掘り込まれた箱式石棺（1号石棺）1基であり、盗掘のため内容は判然としないが、碧玉製管玉とガラス製小玉が検出されている。

宮山墳墓群4号墓[30]（島根県安来市西赤江町字宮山）　　飯梨川下流域左岸の長さ約100m、幅約20～40m、標高28mの独立丘陵上に位置する四隅突出型墳丘墓である。墳丘規模は、長辺約18.8m、短辺約15m、高さ約2m、突出部を含めた規模は、長辺約30m、短辺約23mを測る。埋葬施設は、二段掘りの組合式木棺墓1基が確認され、赤色顔料と大刀が検出されている。

松ヶ迫遺跡群矢谷遺跡MD1[31]（広島県三次市東酒屋町字松ヶ迫小字矢谷）　　標高226～227mの北北東方向に延びる丘陵尾根頂部に位置する。長辺約18.5m、短辺約9.4～12.0m、高さ約1.2～1.6mを測る変則的な四隅突出型墳丘墓である。埋葬施設は、墳丘内に11基確認されており、中心主体と考えられるNo.5が二段掘りの組合式木棺墓であり、朱、ガラス製小玉、碧玉製細身管玉、破砕土器供献を伴い明らかに傑出している他、二段掘りの割竹形木棺墓1基、二段掘りの組合式木棺墓3基、素掘りの組合式木棺墓3基、箱式石棺墓2基、小児埋葬と考えられる土壙墓1基である。箱式石棺であるNo.1からは副葬品として鉇1点が検出されている。

宮山弥生墳丘墓[32]（岡山県総社市三輪）　　北西に延びる尾根上に立地する。墳丘は、径23m、高3mの円丘部に、前方部状の突出部をもつ前方後円形を呈す。埋葬施設は円丘部中央にて木蓋と想定される竪穴式石室が1基検出され、木棺内部には朱の散布がみられる。副葬品として棺内から鉄剣、鏡、ガラス小玉、棺外から銅鏃、鉄鏃が検出されている。

矢藤治山弥生墳丘墓[33]（岡山県岡山市東花尻）　　南へ延びる丘陵の最高所（標高約84m）に位置する。墳丘は、主丘となる径23.5m、高3mの円丘に長11.8m、高約1mの突出部を有した全長約35.5mの前方後円形プランを呈す。中心主体である竪穴式石槨の内部には箱形木棺が安置されており、その内部から方格規矩鏡1、硬玉製獣形勾玉片1、ガラス小玉50点などが副葬されていた。また、棺外副葬品として、有袋鉄斧1、網状炭化物も検出されている。その他、突出部中央部において盛土から掘り込まれた木棺墓が1基確認されている。

萩原墳墓群1号墳[34]（徳島県鳴門市大麻町萩原）　南に延びる標高10〜30mの尾根上に立地する。墳丘は、径約18mの円形プランの主丘に、長8.5mの突出部をもち、全長26.5mの前方後円形を呈す。埋葬施設は主丘中央から竪穴式石室が1基検出されている。画文帯同行式神獣鏡1、碧玉製管玉4、鉄器片2が副葬されていた。

内場山墳丘墓[35]（兵庫県多紀郡西紀町）　標高231mの尾根先端部に立地し、平野部との比高は約24mを測る。墳丘規模は、下端において長辺21.6m、短辺19.5mを測る。大型木棺墓6期、小型木棺墓1基、土壙墓3基、土器棺墓3基を含む総計13基の埋葬が検出されている。中心主体とされるSX-10は墓壙規模長軸7.38m、短軸3.1mの二段掘りであり、4mの組合式木棺を採用する。棺内底付近より素環頭大刀、鉇、針状鉄器、袋状鉄斧、鉄鏃などの副葬品が、墓壙上面からは供献土器、赤色顔料の付着した砥石、炭化米などが検出されている。中心主体部の他、SX-9、11、14から鉄製品の副葬が認められる。また、大型木棺墓であるSX-9が、中心主体であると想定されるSX-10に切り込まれている点から、中心埋葬以前における埋葬の可能性が看取される。

深江北町遺跡C2区円形周溝墓群[36]（兵庫県神戸市灘区深江北町）　縄文海退に伴って形成された砂堆上に立地（検出面における標高1.6m）する円形周溝墓群である。周溝墓計11基中、4号墓を除く10基は円形プランである。主体部の検出された2、4、7〜9号墓はすべて単葬であり、4号墓が土器棺である他は土壙墓とされる。いずれの埋葬からも副葬品は認められていない。

ホケノ山古墳[37]（奈良県桜井市大字箸中字ホケノ山）　扇状地の微高地に立地する（墳丘「ベース面」標高84.5m）。墳丘は径約58〜60m、高7.7〜8.5mを測る円形プランの主丘に、長約20mの突出部（前方部）をもつ全長約80mの前方後円形を呈す。埋葬施設は、主丘中央部に1基（「石囲い木槨」）、突出部（前方部）に1基（木棺直葬墓）営まれており、前者においては画文帯同向式神獣鏡1面を含む鏡片、銅鏃73以上、鉄製品などの副葬が認められる。

(2) **埋葬の傾向**

終末期においても単数埋葬、複数埋葬共に存在する。兵庫県深江北町遺跡ではきわめて均質な

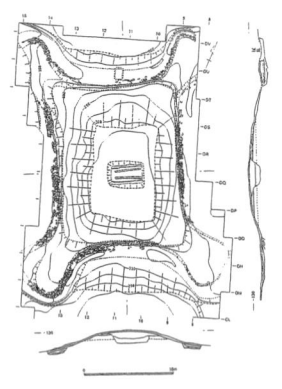

島根県宮山墳墓群4号墓（島根　　兵庫県内場山墳丘墓（兵庫県教育　　兵庫県深江北町遺跡（兵庫県教育委員会 1988）
県古代文化センター他 2003）　　　委員会埋蔵文化財調査事務所
　　　　　　　　　　　　　　　　1993）

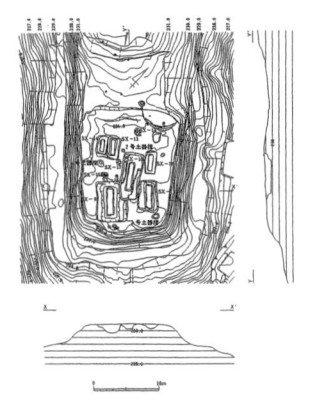

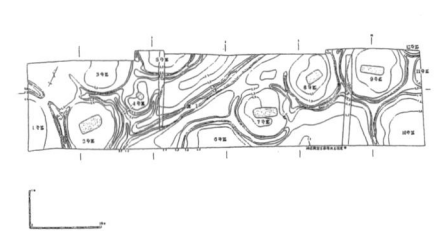

図4　終末期の弥生墳丘墓

単数埋葬墓が群をなす。島根県宮山墳墓群4号墓もまた単数埋葬の墳丘墓であるが、大刀を副葬品とし大型墳丘を占有する点で深江北町遺跡の様相と異なる。一方、広島県矢谷遺跡MD1号墓、兵庫県内場山墳丘墓は、前者で11基、後者で13基と後期段階的な複数埋葬を示す。

埋葬施設は、福岡県宮の前遺跡C地点墳丘墓が箱式石棺を採用する。島根県宮山墳墓群4号墓は組合式木棺を採用する。広島県矢谷遺跡MD1号墓では、二段掘墓壙の組合式木棺4基、二段掘墓壙の割竹形木棺1基、素掘り墓壙の組合式木棺3基、箱式石棺2基、土壙1基と多様な様相を呈す。岡山県宮山弥生墳丘墓では円丘部中央に竪穴式石室（石槨）が構築され、突出部からくびれ部にかけて配石土壙、箱式石棺、木棺が認められる。香川県鶴尾神社4号墓、徳島県萩原墳墓群1号墓においても竪穴式石室の構築が認められる。兵庫県内場山墳丘墓では組合式木棺7基、土壙3基、土器棺3基から構成される。同深江北町遺跡では土壙、土器棺を棺とした単数埋葬の墳丘墓群が営まれている点で注目される。奈良県ホケノ山古墳では「石囲い木槨」に舟形木棺が検出されている。

当該期の副葬品では、北部九州域以外でも点的ではありながら鏡が認められる点で注目される。岡山県宮山弥生墳丘墓、同矢藤治山弥生墳丘墓、香川県鶴尾神社4号墓[38]、徳島県萩原墳墓群1号墓、奈良県ホケノ山古墳をはじめいずれも前方後円形を呈す墳丘墓である点で、当墳墓形態の副葬行為における共有概念を想定させる。近年、前方後円形、前方後方形を呈す周溝墓が資料蓄積を見せ、それらを対象とした古墳発生のプロセスが説かれるケースが少なくない[39]。しかし低地性の墳丘墓では埋葬施設の検出が認められないなどの資料的制約が大きく具体性が明確ではない。弥生時代終末期から古墳時代の開始へ至る経緯は時代区分とも密接に関連する点においてきわめて複雑であり今後の課題としたい。

6　弥生墳丘墓の埋葬モデル

以上限定的にではあるが時期別に弥生墳丘墓の埋葬数、埋葬施設形態、副葬形態を概観した。これらを参考に特定の埋葬傾向をそれぞれのモデルとして以下に提示する事としたい。図5では単純化を第一義としているため、墳丘墓形態や埋葬施設の規模、数、方向性といった点を厳密に表現してない。

①単数埋葬の小規模墳丘墓

比較的小規模な墳丘に1基の埋葬施設を営むものであり、埋葬施設構造、副葬行為共に卓越しない。周溝墓では群構成を為す場合が多く、溝を共有するなど近接し合う。台状墓系統の墳丘墓では複数埋葬墓に付随する形で存在する。埋葬施設は木棺や土壙など、当地に一般的なものを採用する傾向にある。副葬品をもつ事は稀である。

②均質的な複数埋葬の墳丘墓

同一墳丘内に複数の埋葬施設が営まれるが、埋葬施設構造、副葬行為共に均質的であり、中心主体が明確でない。埋葬施設は木棺や土壙など、当地に一般的なものを採用する傾向にあるが、すべてが同じ形態を示すとは限らない。

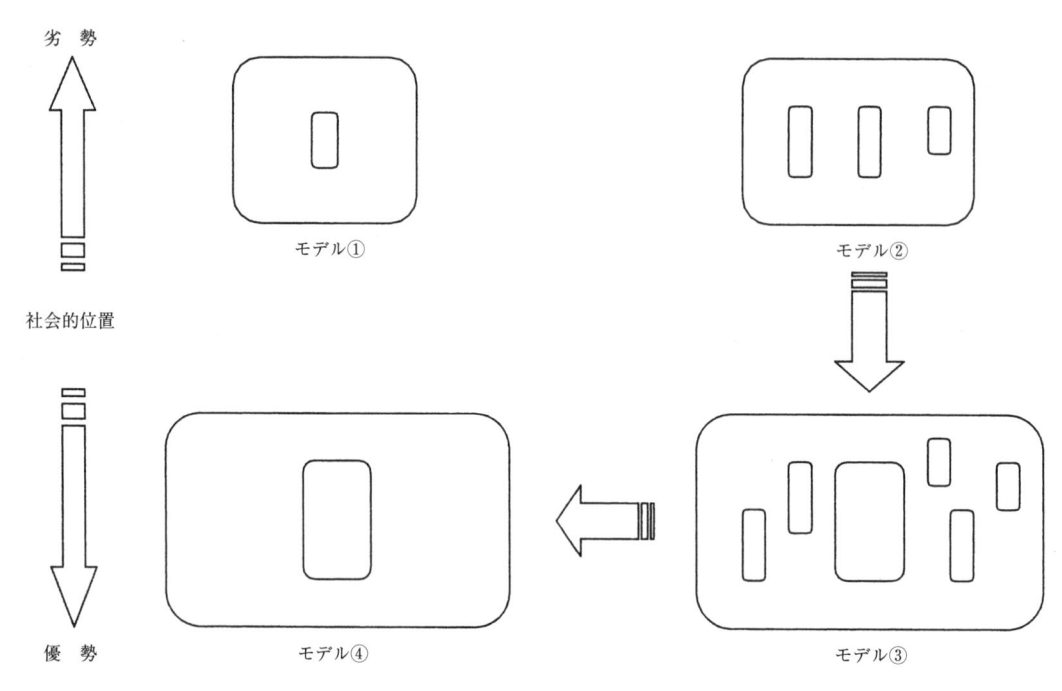

図5 弥生墳丘墓の埋葬モデル

③複数埋葬の中に埋葬施設構造や副葬品において卓越するものが含まれる墳丘墓

　同一墳丘内に複数の埋葬施設が営まれるが、特定の被葬者に限って埋葬施設構造、副葬行為に卓越が認められるものを含む。中心的な被葬者数は1基とは限らず、複数となる場合も存在する。また、卓越するもののみで構成されるもの場合も認められるため、別モデルを提示すべき必要性もある。

④埋葬施設構造や副葬品において卓越する個人を単独で埋葬する墳丘墓

　墳丘内に1基を埋葬する点で上記①に同様であるが、埋葬施設構造、副葬行為に卓越が認められる。事例的に希少である。

　以上、大別であるが、弥生墳丘墓における埋葬形態の4モデルが想定される。これらは時間の経過を示すとは限らず、墳墓群内や小地域内で並存する状況が看取出来るが、いずれかのモデルが欠落する場合も認められる。特定の集団内における埋葬慣習の伝統や社会階層分化のレベル差、集団間関係といった地域性に起因すると想定され、一定のパターンに限られるものでない。以下、これらの具体性に触れ、まとめとしたい。

　①は、香川県佐古川・窪田遺跡、兵庫県深江北町遺跡等で認められる様に墓群内を通じて単数埋葬を示す事例と、鳥取県妻木晩田遺跡、広島県陣山遺跡、京都府三坂神社墳墓群の様に複数埋葬を示す墳丘墓と並存する事例の両者が認められ、後者は複数埋葬墓に比べて墳丘が小規模となる傾向がある。前期の段階から営まれる方形周溝墓、円形周溝墓に多く認められるモデルであり、中期段階には数百の群をなすなどきわめて一般的な埋葬形態としての様相を示す。一方、四隅突出型墳丘

墓を含む台状墓系統の墳丘墓においても検出されているが、中期段階以降の複数埋葬墓に伴う形を採り、一般的とは言い難い。群集しない点からも同様の傾向が看取できる。前期から終末期に至るまでの長期間で認められるため、地域性や埋葬に関する伝統の他、社会的にこれらを営む人間集団を想定させる。②は前期例である兵庫県東武庫遺跡においてすでに認められ、①と墓群を構成するが、数的に劣勢にある。一方、中期以降明確となる台状墓系統の墳丘墓では主体をなす傾向にある。周溝墓における①、台状墓における②は区画原理が異なるものの、質的に類似するものと想定され、立地などによる差を反映している可能性も残る。墳丘墓成立段階において①、②共に成立している点は軽視できないが、被葬者間の差を見出し難い為、今後具体性の把握出来る類例の増加を待ちたい。③は後期以降に顕在化するが、特化した埋葬施設と副葬品を分散的に保有する形態のものが中期の北部九州域で散見される。前期段階から周溝墓を営む近畿地方中央部でも副葬品こそ卓越しないものの、埋葬施設構造で他との区別を明確にするものが中期段階に存在する。軽視すべきでない点は、これらの被葬者が単数埋葬墓として急速に個別化される事なく、複数埋葬墓内に存在する事にある。これらの被葬者集団の具体像は明確ではないが、他より優位な特定集団としての紐帯がより重視された結果であろうと考えられる。また、これら中期例（吉野ヶ里遺跡ST1001墳丘墓、加美遺跡Ｙ１号墓など）には、埋葬数の多さと共に、急速に墳丘規模を拡大させたかの様な状況が看取出来る。墳丘規模の大型化といった特徴は労働力の集中などと言った被葬者の社会的権力との関連で語られる側面を有し、内容の具体性なしにでも「首長墓」や「特定個人墓」と評価される場合がある。確かに特定の要素において特化した個人を含む点において、①および②のモデルより優位にあった可能性は否定しないが、それ以上に、墳丘大型化の獲得初期に関しては、被葬者数とその被葬者間の紐帯の重視に起因するのではないかという背景が指摘できる。これらの関係は②にも共通する事柄であり、それを示す資料として、広島県陣山遺跡や岡山県みそのお遺跡[40]などでの墳丘の改変を上げる事が出来る。これらの現象は方形周溝墓でも同様に確認されている[41]。新たな墳丘墓を造営することなく、増築してまで特定の墳丘墓に葬られなければならない理由が存在した可能性が高く、それを示すのが被葬者間の紐帯を表わす集団意識であろう。後期に至って、槨をもつような特定個人が明確になってくる段階においては、その集団が限定され、おのずと全体の埋葬数が減少するものと想定される。④は、これらの最終的な状況を示すものとして評価できるが、事例に乏しく断言できる状況にない。単数埋葬を前提とした墳丘墓であるが、埋葬（被葬者）数に起因する墳丘規模拡大化を継承した上での成立である可能性が高い。福岡県平原遺跡１号墓に代表されるモデル④の墳丘規模が飛躍的に拡大しない点は、特定個人の個別化に比重が置かれた結果と言える。このような中で両者を体現しえたものが奈良県ホケノ山古墳のような大規模墳丘墓であり、後の古墳における大型化志向の先駆けを示す資料であると考えられる。埋葬施設構造の卓越や副葬品所有の上に、墳丘の独占を達成した特定個人墓として認識出来、実際には③の中心的主体と共に小地域内の枠を超えた広域的集団間関係を情報網や交易といったかたちで体現できる集団の被葬者を埋葬した可能性が高く、同時期に並存する①及び②の被葬者とは区別されるものである。

　まず明らかなのは、これらが①⇒②⇒③⇒④と一元的な展開を示すものではなく、時期的に重複、並存する事実であって、墓制として重層構造を為す事である。①、②は弥生墳丘墓成立当所か

ら共存する以外その具体像に関して不明な点が多いが、③、④に比べると社会的に劣勢である事は間違いない。たとえば、中期から後期の複数埋葬墓に特化した被葬者が含まれる点や均質的な単数埋葬が大群をなす点を、これらの認められない前期段階に当てはめた場合には②を優勢とみなす事が出来る可能性もある。そもそも成立期の弥生墳丘墓築造が集団内部の埋葬格差であるのか、集団間の埋葬形態差であるのか未だ明確ではない。大陸、とくに韓半島南部の類例とも合わせ、その出現経緯が明らかにされる必要性がある。いずれにせよ、中期段階には列島の広範で墳丘墓の築造が認められ、3つのモデルが並存している。埋葬施設の特化や副葬品の所有と言う点で、③が社会的に上位の墳丘墓として機能していたと考えられ、下位に①、②、更には墳丘墓には埋葬されない集団を含めた3ないし4の集団構成が想定される。③の中でとくに傑出する様のものは、特定地域内において拠点となる集落の被葬者としてより上位に位置づけられ、④の様な特定個人墓として個別化されるものと同等に扱わなければならないものを含んでいる可能性があるが、個別の地域単位によって分化レベルに差があると想定されるため、今後の課題としたい。

7　おわりに

近年の資料蓄積とその実態解明が進む中、すべての弥生墳丘墓を同列に扱い比較する事は生産的ではなく、地域性や階層制などの存在を想定した同等レベル間での比較が望ましい。本稿ではその前提をなすために、列島広域で具体性の明らかな資料を限定的に使用したうえで特定のモデルを抽出した。平野や河川流域を単位した小地域的な分析を今後の課題とし、それらの地域間交渉理解の手助けにしたいと考えている。そして、それらが次期の古墳時代へと如何に移行したのかを明らかにする必要があると考える。

註
（1）　研究史的には周溝墓、台状墓、墳丘墓（弥生墳丘墓）と区分可能であると考えられるが、新資料の蓄積、研究の進展によってそれぞれの範疇を明確に指摘し難い。本稿ではそれらの総称として「弥生墳丘墓」を用いる立場を採り、後の「古墳」との別を有効と考える。
（2）　（財）香川県埋蔵文化財調査センター編『国道バイパス建設に伴う埋蔵文化財発掘調査概報』平成9年度　香川県教育委員会・（財）香川県埋蔵文化財調査センター・建設省四国地方建設局　1998、（財）香川県埋蔵文化財調査センター編『国道バイパス建設に伴う埋蔵文化財発掘調査概報』平成10年度　香川県教育委員会・（財）香川県埋蔵文化財調査センター・建設省四国地方建設局　1999
（3）　兵庫県教育委員会埋蔵文化財事務所『東武庫遺跡』兵庫県教育委員会　1995
（4）　峰山町教育委員会編『七尾遺跡発掘調査報告書』1982
（5）　佐賀県教育委員会『環濠集落　吉野ヶ里遺跡　概報』吉川弘文館　1990、佐賀県教育庁文化課編『吉野ヶ里』佐賀県文化財調査報告書第133集　1992
（6）　柳田康雄編『福岡県文化財調査報告書第69集　三雲遺跡　南小路地区編』福岡県教育委員会　1985
（7）　三次市教育委員会『陣山遺跡』1996
（8）　神原英朗編『岡山県営山陽新住宅市街地開発事業用地内埋蔵文化財発掘調査概報』山陽団地埋蔵文化財発掘調査団　1973

（9）　野田川町教育委員会編『寺岡遺跡』1988
（10）　『瓜生堂遺跡』Ⅲ　瓜生堂遺跡調査会　1981
（11）　田中清美「36　大阪府大阪市加美遺跡の調査－弥生時代中期後半の大型墳丘墓を中心に－」『日本考古学年報』37　日本考古学協会　1986
（12）　滋賀県教育委員会・守山市教育委員会・（財）滋賀県文化財保護協会『服部遺跡発掘調査報告書Ⅱ』1985
（13）　福岡市教育委員会編『吉武遺跡群』Ⅷ　1996、福岡市教育委員会編『吉武遺跡群』ⅩⅠ　1999
（14）　財団法人大阪文化財センター編『山賀（その2）』1983
（15）　岸本一宏「弥生時代の低地円丘墓について」『兵庫県埋蔵文化財研究紀要』創刊号兵庫県教育委員会埋蔵文化財調査事務所
（16）　『妻木晩田遺跡　洞ノ原地区・晩田山古墳群発掘調査報告書』淀江町教育委員会　2000、大山スイス村埋蔵文化財発掘調査団・鳥取県大山町教育委員会編『妻木晩田遺跡発掘調査報告』2000
（17）　田中清美「日本の木槨墓－弥生時代を中心に－」『月刊　考古学ジャーナル』No.517　ニューサイエンス社　2004
（18）　加悦町教育委員会『日吉ヶ丘遺跡』2005
（19）　前原市教育委員会編『平原遺跡』前原市文化財調査報告書第70集　2000
（20）　出雲考古学研究会『古代の出雲を考える2　西谷墳墓群』1980、渡辺貞幸他「Ⅱ部　西谷墳墓群の調査（1）」『山陰地方における弥生墳丘墓の研究』島根大学法文学部考古学研究会　1992
（21）　財団法人鳥取県教育文化財団『宮内第1遺跡・宮内第4遺跡・宮内第5遺跡・宮内2・63～65号墳』1996
（22）　岩美町教育委員会編『新井三嶋谷墳丘墓発掘調査報告書』2001
（23）　財団法人広島県埋蔵文化財調査センター『佐田谷墳墓群』1987
（24）　新本立坂発掘調査団『新本立坂』総社市文化振興財団　1996
（25）　近藤義郎編『楯築弥生墳丘墓の研究』楯築刊行会　1992
（26）　大宮町教育委員会編『三坂神社墳墓群・三坂神社裏古墳群・有明古墳群・有明横穴群』1998
（27）　岩滝町教育委員会編『大風呂南墳墓群』2000
（28）　清水町教育委員会『小羽山』1997
（29）　宮の前遺跡発掘調査団編『宮の前遺跡（A～D地点）』福岡県労働者住宅生活共同組合1971
（30）　出雲考古学研究会『古代の出雲を考える4　荒島墳墓群』1985、松本岩雄編『宮山古墳群の研究』島根県古代文化センター・島根県埋蔵文化財調査センター2003
（31）　広島県教育委員会　（財）広島県埋蔵文化財調査センター『松ヶ迫遺跡群発掘調査報告－三次工業団地建設に伴う埋蔵文化財の発掘調査－』1981
（32）　高橋護・鎌木義昌・近藤義郎「12　宮山墳墓群　三輪」『総社市史』考古資料編　総社市史編纂委員会　1987
（33）　近藤義郎編『矢藤治山弥生墳丘墓』矢藤治山弥生墳丘墓発掘調査団　1995
（34）　徳島県教育委員会『萩原墳墓群』1993
（35）　兵庫県教育委員会埋蔵文化財調査事務所『内場山城跡』1993
（36）　兵庫県教育委員会編『深江北町遺跡』兵庫県文化協会　1988
（37）　奈良県立橿原考古学研究所編『ホケノ山古墳調査概報』学生社　2001、奈良県立橿原考古学研究所編『大和前方後円墳集成』2001
（38）　高松市教育委員会編『鶴尾神社4号墳調査報告書－高松市石清尾山所在の積石塚前方後円墳の調査－』高松市歴史民俗協会　1983

(39) 森岡秀人「定型化以前の前方後円形墓」『季刊考古学』第52号　1995、赤塚次郎「東海系のトレース」『古代文化』第44巻第6号、1992赤塚次郎「前方後方墳の定着」『考古学研究』第43巻2号　1996

(40) 岡山県古代吉備文化財センター『みそのお遺跡』岡山県文化財保護協会　1993

(41) 岩松保「区画墓の時空」『京都府埋蔵文化財論集』第4集　(財)京都府埋蔵文化財調査研究センター　2001

環壕埋没論序説

竹中哲朗

はじめに

　本稿は、弥生時代および古墳時代に掘られた環壕がどのように埋没したのかを考古学的に考察することを目的とする。筆者の調査経験によると、環壕の埋没には大きく2種あると思われる。当初の目的を忘れられ日常的な生活の中で自然に埋もれていく様を示すいわゆる「埋没」、当初の目的を人為的に打ち消す様である「破却・破壊」である。この2つの認識は筆者が参加した長崎県雲仙市国見町所在の十園遺跡の発掘調査の中で強く感じたもので、原の辻遺跡や吉野ヶ里遺跡の調査などの見学時にも感じたことである。そして環壕と隣接する住居跡から出土する遺物は環壕と比べると極端に少なく、再利用できるものはすべて持ち去られ不要なものを残し焼却された事例などもある。それと対照的に、環壕では底面近くで多数の土器や石器、鉄器が出土する場合がある。その状態はあたかも意図的に一気に投棄された状態が想定される場合も多い。そのような状況を目の当たりにすると、たんに日常的なゴミ捨て行為とは思えない。本稿は筆者が受けたそのような直感的な印象を考古学的に検証していくことに主眼をおきたい。

　環壕集落には主に平面的な規模や形態などを中心に様々な議論が行われ、環壕の性格論に中心が置かれている(1)。また、近年では拠点集落として位置づけられる大規模な環壕集落について、魏志倭人伝などに見る国（クニ）の中心的集落として考えられている(2)。そして、佐原真氏の戦争論では、環壕集落は防御的集落としての意味合いが強い存在となっている(3)。そのような議論や調査事例などから、環壕掘削当初の目的を筆者は戦闘に対する防御的な性格が強いものと考えている。ここではその前提に立って具体的に報告された事例や筆者の調査経験を中心に、環壕埋没の契機について筆者なりの整理を行っていく。

1　具体例の紹介

(1)　十園遺跡(4)（図1）長崎県雲仙市国見町

　島原半島の北端に位置し、有明海に向かってのびる丘陵上に立地する。標高は20m～30mで、弥生時代中期中頃と後期後半との二時期の環壕集落がおよそ東西200m×南北300mの範囲で発見された。中期の環壕（27区SD01）の断面観察では4～5枚の腐食土層が確認され（写真1・図1）、自然

写真1　十園遺跡27区 SD01

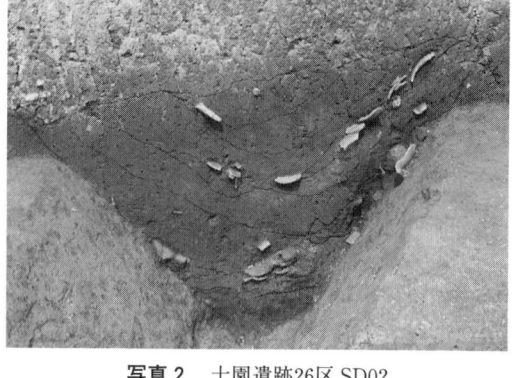

写真2　十園遺跡26区 SD02

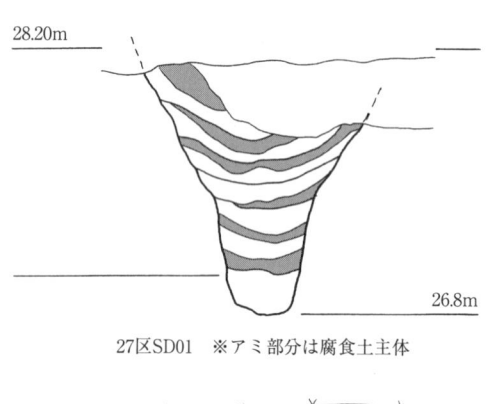

27区SD01　※アミ部分は腐食土主体

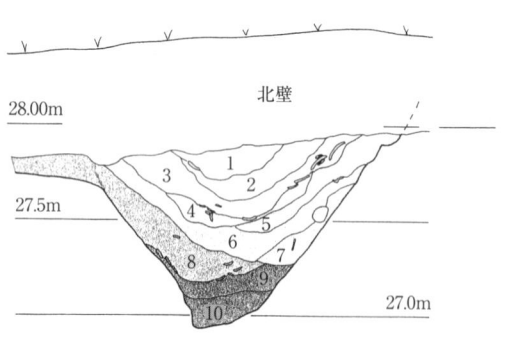

26区SD02（後期・後半）

図1　十園遺跡の壕2例（1/30）

に埋没していると考えられる。平面的にも腐植土層が壕の全面で堆積していることが確認でき、その腐食土層上に土器片や炭化材などが分布している様子が確認できた。土器の分布は壕の腐食土層中央にのるような状態で出土しており、壁面に張り付くような状態のものや底面直上からは出土していない。土器片はいずれも完全な形にまで復元できるものはなく、須玖式の特徴をもつ甕片・大型甕棺片や丹塗りの壺や高坏片などがあり、石包丁の加工品などもあった。ほぼ同時期と思われる方形の竪穴住居跡2軒、円形の竪穴住居跡2軒が検出されている。円形の竪穴住居跡1軒は4～5回の拡張が行われており、環壕に堆積する腐食土層に対応するものと考えられる。後期後半の環壕（26区 SD02・01）は断面観察では腐食土層の良好な堆積は確認されず（図1下・写真2）、一気に埋められた感が強い。底面には若干の堆積土（主に粘質土）が確認されている。その上面から完全な形に近い土器や土器片、粘土塊、石皿、大型の礫、鉄鏃、炭化材などが集中して出土している。土器や粘土塊の集中する層厚は約40cmほどであり、「土よりも土器が多い」ことが特筆される。鉄鏃や土器片などは壕の壁面に張り付くような状態で出土している。そのため底面に10cmほどの自然堆積がなされた段階で、これらの遺物を含む土が一気に壕に投げ込まれた可能性が高い。土器片の集中は2層に分かれるがその間に腐食土層は確認できない。また、土器の集中する土層中には基盤土となる黄褐色粘質土層をブロック状に含む褐色土層が確認でき、土塁の崩壊土も壕に投げ込まれたと考えられる。

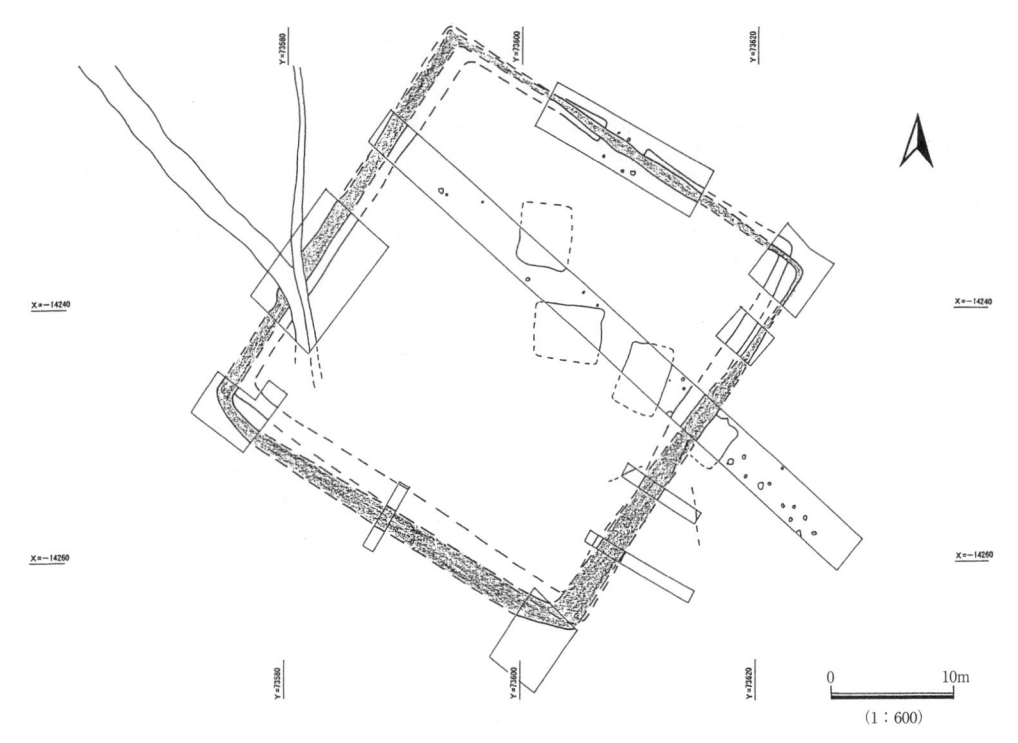

図2　龍王遺跡　方形環壕（1/1600）

(2) 龍王遺跡[註5]（図2）長崎県雲仙市国見町

　十園遺跡から1kmほど西の扇状地上に立地し、倉地川右岸の標高20m〜25mに占地している。弥生時代終末から古墳時代初頭にかけての方形環壕と条壕が圃場整備事業に伴い発見された。工事の途中に発見されたため、平面的な規模の確認を行い、関連する遺構の平面的な確認などを中心に調査を行っている。それらの遺構は圃場下に

写真3　龍王遺跡　方形環壕

現在も保存されている。この方形環壕の南東コーナーを約4m発掘調査したが土よりも土器が多い状況であった。完全な形のままの土器が多く、コンテナ約20箱分の土器が出土している。概要のみの報告であるが、平面方形で南北約34m、東西約34m、2号環壕もほぼ同規模である。環壕の断面形は逆台形、底面直上には褐色土層が堆積しており、底面から約30cmのところに厚さ50cmほどの土器ばかりの堆積が見られる（写真3）。このように平面的な形態と構造は、直線距離で約80km離れた大分県日田市で発見された小迫辻原遺跡の方形環壕（2号）とほぼ同規模である。出土した土器は、小迫辻原遺跡の方形環壕より新しい時期の特徴を持っている。

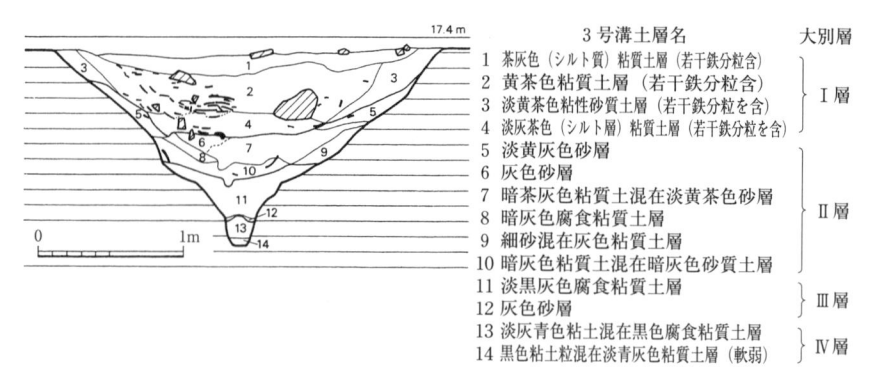

	3号溝土層名	大別層
1	茶灰色（シルト質）粘質土層（若干鉄分粒含）	
2	黄茶色粘質土層（若干鉄分粒含）	Ⅰ層
3	淡黄茶色粘性砂質土層（若干鉄分粒を含）	
4	淡灰茶色（シルト層）粘質土層（若干鉄分粒を含）	
5	淡黄灰色砂層	
6	灰色砂層	
7	暗茶灰色粘質土混在淡黄茶色砂層	Ⅱ層
8	暗灰色腐食粘質土層	
9	細砂混在灰色粘質土層	
10	暗灰色粘質土混在暗灰色砂質土層	
11	淡黒灰色腐食粘質土層	Ⅲ層
12	灰色砂層	
13	淡灰青色粘土混在黒色腐食粘質土層	Ⅳ層
14	黒色粘土粒混在淡青灰色粘質土層（軟弱）	

図3　今福遺跡3号溝断面図（1／50）

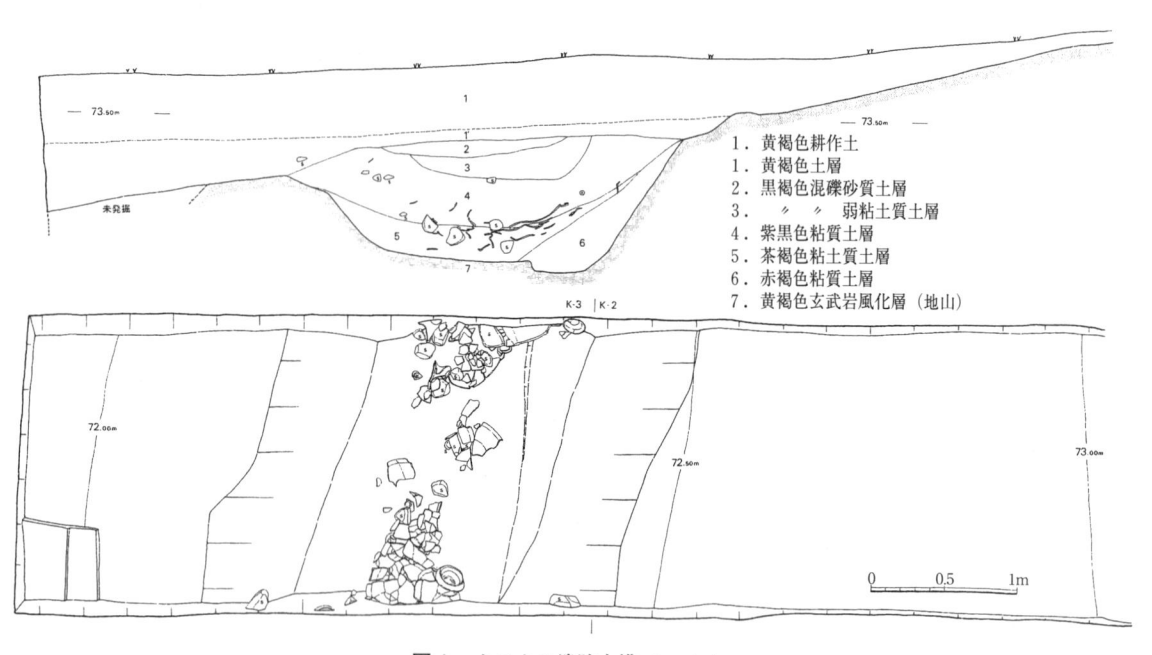

1．黄褐色耕作土
1．黄褐色土層
2．黒褐色混礫砂質土層
3．〃　〃　弱粘土質土層
4．紫黒色粘質土層
5．茶褐色粘質土層
6．赤褐色粘質土層
7．黄褐色玄武岩風化層（地山）

図4　カラカミ遺跡大溝（1／50）

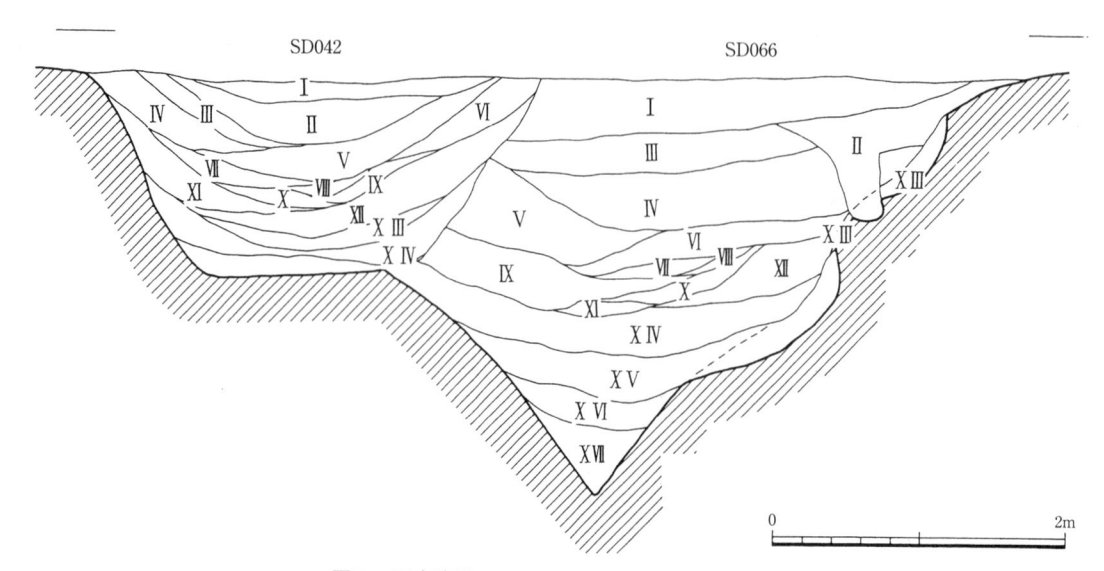

図5　町南遺跡　SD066　SD042断面図（1／50）

(3) 今福遺跡[6]（第3図）長崎県南島原市南有馬町

　南有馬町は島原半島の南西部にあたり、有明海を挟んで対岸は天草島や宇土半島がある。遺跡は西へ流れる有馬川左岸の緩斜面上に位置し、標高は10m～28mと広範囲に広がっている。県道改良工事に伴う発掘調査により弥生時代後期から終末の環壕と住居跡、墳墓などが発見されている。東西方向主軸で発見された壕は、検出長約8m断面形「V字」で幅は検出面で約3m、深さ1.3mである。底には幅20cmの小溝があり、その底面は西から東へ深くなっておりその標高差は東西で約18cmとなる。覆土は大きく4層に分かれており、最下層は底に掘られた小溝に堆積したもので、木製品（木器の柄部分）・板状の割裁材・杭・端部をカットした丸太材などが検出された。

　その上にのる2つの層からは杭2点と土器片などが検出され、その上の層からは土器を中心とする大量の遺物が検出され、報告書に次のようにある。「後期後葉に壕としての機能が衰えてⅡ・Ⅲ層が堆積し、2／3ほど埋まった段階に土器の一括投棄が行われ、その後急速に埋没し始めたことが考えられよう。」投棄されたものは土器の他に凹石・叩石・砥石・礫器、木製品などがある。

原の辻遺跡[7]（第6～8図）長崎県壱岐市芦辺町・石田町

　九州と対馬との間に位置する壱岐島に所在する弥生時代の拠点的な集落と考えられている。大正時代初期から地元研究者の注目を集め、戦後に東亜考古学会による学術調査が行われ、昭和50年以降に圃場整備事業関連の発掘調査が行われ、三国志魏書倭人伝に登場する「壱岐国」の中心的な集落と考えられ、現在は国指定史跡として県と地元市町村により整備が進められている。

　原ノ辻遺跡の特徴は、壱岐島内でもっとも広い平坦面をもつ「深江田原」と呼ばれる沖積平野の中心を北にのびる丘陵上に位置することである。遺跡の立地する丘陵は東を小川川、西を池田川に挟まれ、その2河川は丘陵の北を東流する幡鉾川に流れ込んでいる。標高は丘陵上で8～18m、丘陵裾に広がる低地上は5～7mほどである。環壕は南北にのびる低い丘陵を取り囲むように東西の低地部分に多重に展開するものと、丘陵裾を走り、丘陵を横断するもの（2～3重となる）とが確認されている。中期および後期～終末の環壕が比較的明らかになっている。後期の環壕は中期の環壕とほぼ同様な平面形態で確認されている。中期の環壕が埋没した後に掘削されている部分と中期の環壕に重なるように斬り合い関係がはっきりつかめない部分も確認されている。そのなかでも比較的出土状態がはっきりと把握された調査事例（宮崎報告 1999、小石報告 2002）がある。

　丘陵上の環壕には並行する2条（1号・2号）が確認されており、その堆積状況は次のように観察されている。1号壕は弥生時代中期に掘削され、古墳時代前期の布留式段階まで使用され埋まっており、2号壕は1号の5mほど北側に並行する位置関係にあり、検出面の最上層には弥生時代後期後半～終末の遺物がまとまって出土する状況がみられ、炭化物が一面に広がるという状況が確認されている。2号壕はその遺物集中層下面から1.2mほどで底面に至っており、検出面からの深さは約1.7mとなる。最下層から出土する遺物は須玖Ⅰ式古段階のもので、中位の層からは後期初頭のものがあり、その上が後期後半～終末の土器を集中して含む層となっている。そのため、後期はじめの段階に掘り直しが行われ、そのあと後期後半に一括して遺物が廃棄され、終末頃には埋没していたことが考えられている。土器が集中する層厚は約60cmほどである。

72　第1部　日本篇

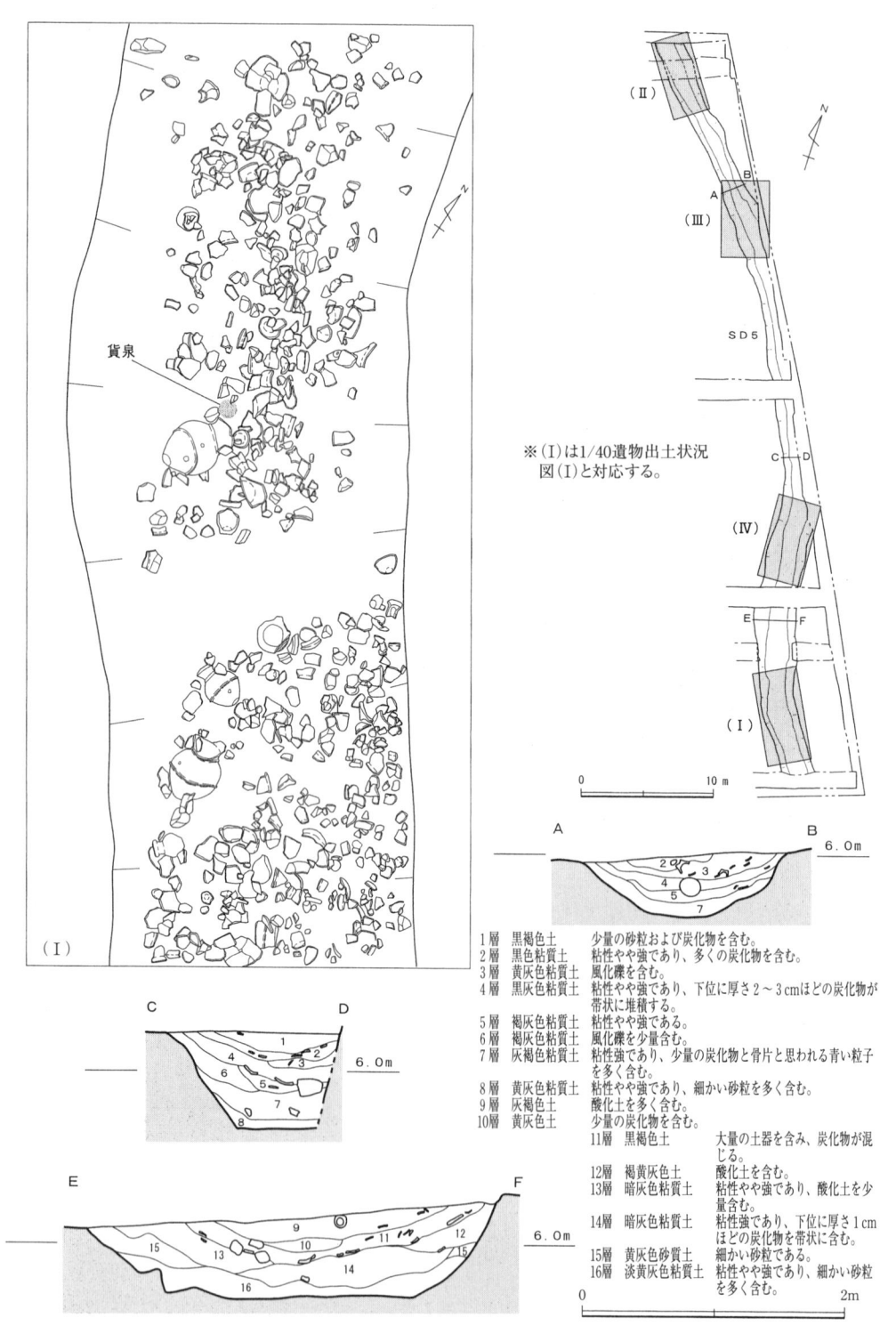

貨泉

※（Ⅰ）は1/40遺物出土状況
　図（Ⅰ）と対応する。

1層	黒褐色土	少量の砂粒および炭化物を含む。
2層	黒色粘質土	粘性やや強であり、多くの炭化物を含む。
3層	黄灰色粘質土	風化礫を含む。
4層	黒灰色粘質土	粘性やや強であり、下位に厚さ2～3cmほどの炭化物が帯状に堆積する。
5層	褐灰色粘質土	粘性やや強である。
6層	褐灰色粘質土	風化礫を少量含む。
7層	灰褐色粘質土	粘性強であり、少量の炭化物と骨片と思われる青い粒子を多く含む。
8層	黄灰色粘質土	粘性やや強であり、細かい砂粒を多く含む。
9層	灰褐色土	酸化土を多く含む。
10層	黄灰色土	少量の炭化物を含む。
11層	黒褐色土	大量の土器を含み、炭化物が混じる。
12層	褐黄灰色土	酸化土を含む。
13層	暗灰色粘質土	粘性やや強であり、酸化土を少量含む。
14層	暗灰色粘質土	粘性強であり、下位に厚さ1cmほどの炭化物を帯状に含む。
15層	黄灰色砂質土	細かい砂粒である。
16層	淡黄灰色粘質土	粘性やや強であり、細かい砂粒を多く含む。

図6　原の辻遺跡　SD05（1/500・1/50）

※ ▢ は人骨および獣骨

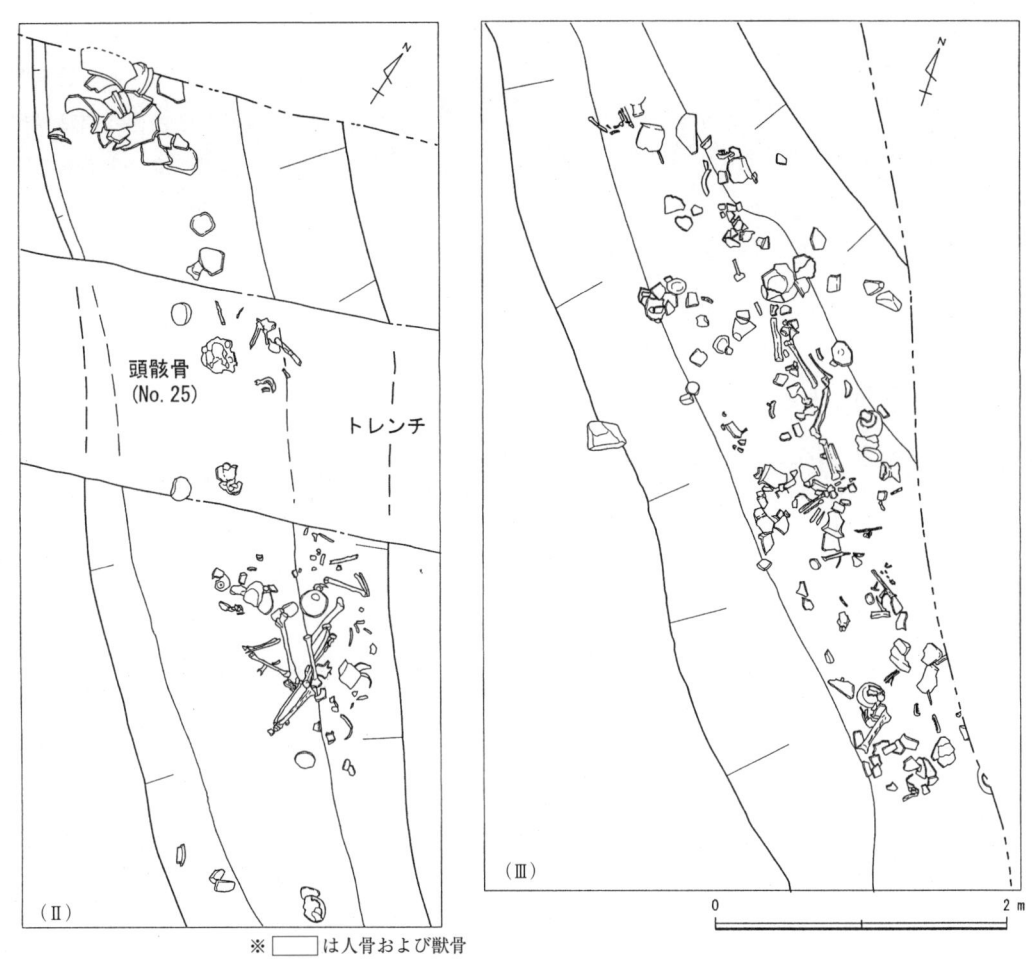

図7　原の辻遺跡　SD05　土器類・人骨・獣骨出土状況（1/50）

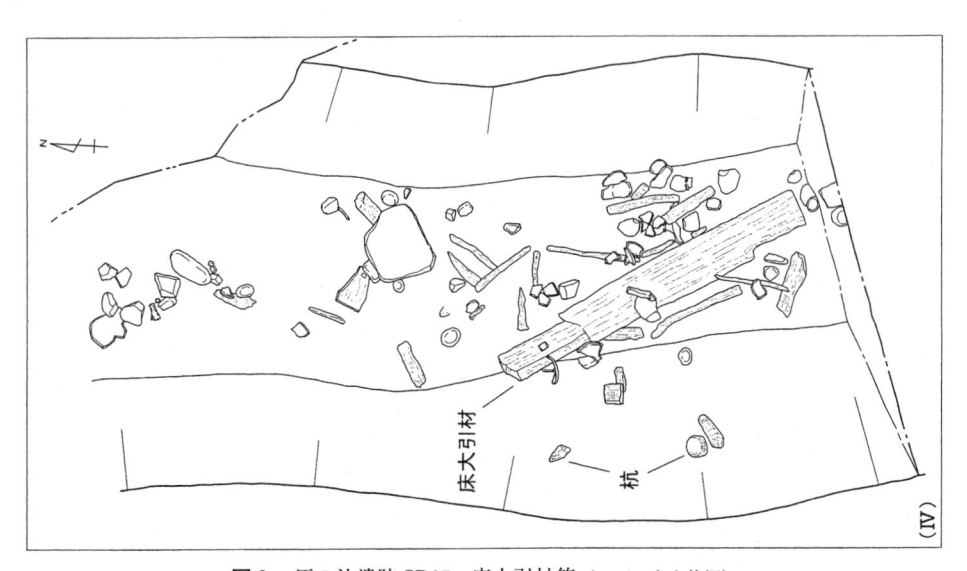

図8　原の辻遺跡 SD05　床大引材等（1/50出土状況）

74　第1部　日本篇

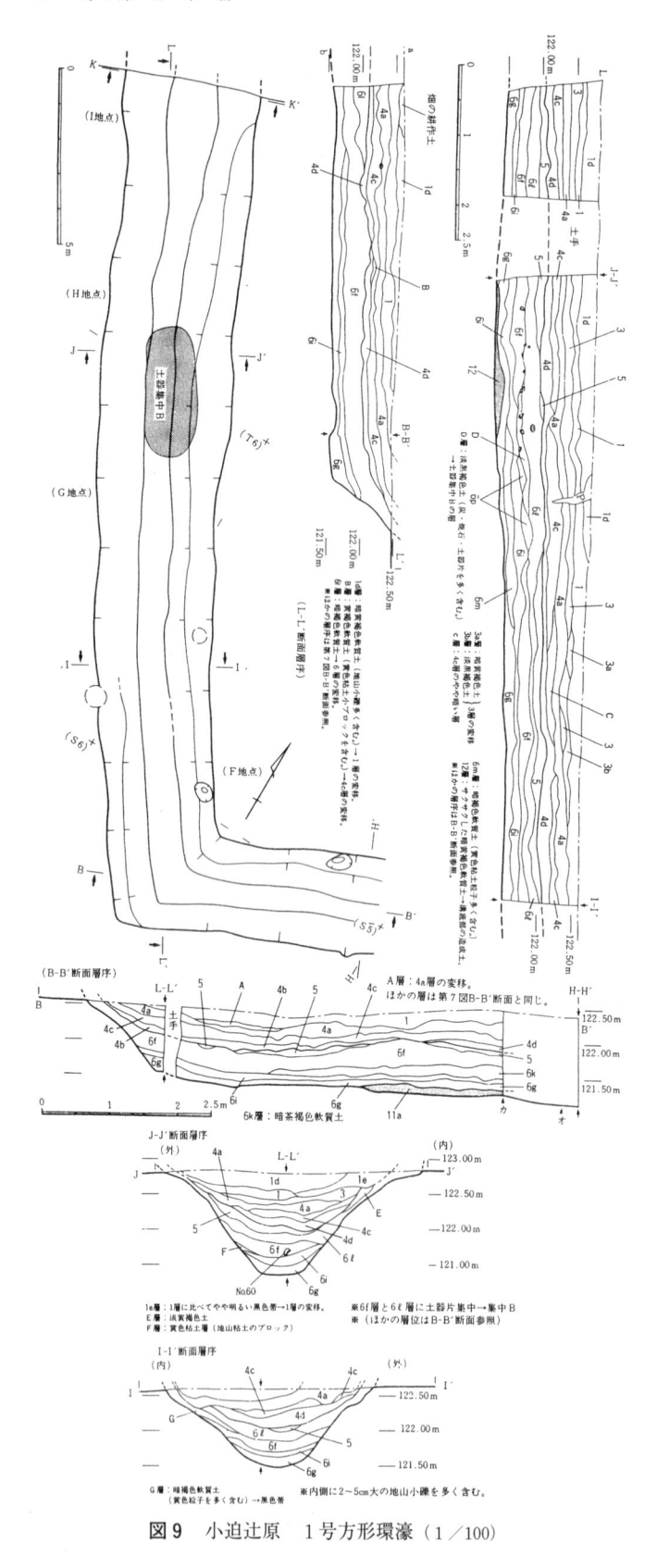

図9　小迫辻原　1号方形環濠（1／100）

　丘陵を取り囲む低地に掘られた環壕（SD05）は、検出延長56m、断面形は逆台形で幅は検出面で約3m深さ0.8mである。環壕の埋没土は大きく3層に分けられ、上層には弥生時代後期末から古墳時代初頭の土器・石器を大量に含み、中層には弥生時代中期から古墳時代初頭の土器・石器などの遺物を多く含む。中層の遺物量は、上層ほど多くないが、獣骨や人骨などが土器とともに出土しており注目される。下層は極端に遺物量が少なくなり、弥生時代中期末から後期初頭にかけての土器片（細片資料が主）が多く、人骨の出土量が増加する。人骨は集中して出土し、いずれも埋葬状態ではなく、土器や石器などとともに一括投棄された状態であると観察されている。

（5）**カラカミ遺跡**[8]（図4）長崎県壱岐市勝本町

　同じく壱岐島に所在する弥生時代中期から後期の集落遺跡で、標高70〜80mに立地する。確認調査などが主に行われ、その中で「大溝」と称される集落をめぐると思われる壕が1条確認されている。主要な部分となるカラカミ神社ののる丘陵を取り巻くように確認されており、環壕と考えられる。傾斜地に掘り込まれており、確認面

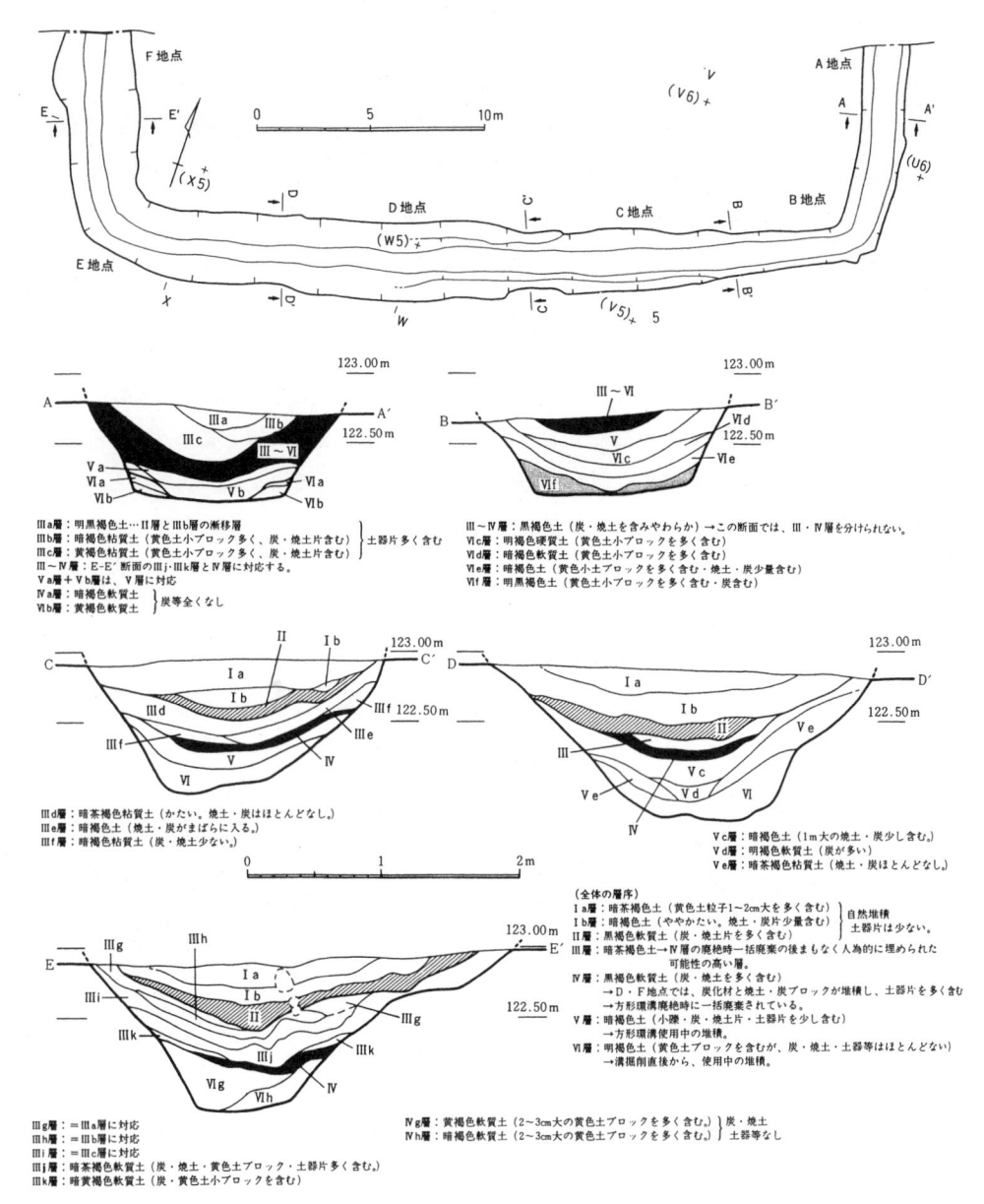

図10 小迫辻原遺跡2号方形環濠（1/50）

での最大幅は約3m、底面幅約1.2mの逆台形状の断面形となる。壕出土時の状況は次のように報告されている。「覆土にはやや豊富な遺物が包含されていた。大ぶりの破片が多く、底面に集積した状況がみられたが、時期的には中期後半～後期末頃までの資料を包含している。土器の器種には、壺・甕・鉢・高坏・器台がある。」この壕の土層観察では、遺物を含む層が40～50cmの厚さをもっており2層に分かれている。完全な形に復元できる土器も出土している。出土品には土器のほかに、石器（叩き石・凹石・砥石など）、鉄製品（鉄鏃茎部、自然遺物（シカ四肢骨片・イノシシ下顎骨・イルカ背骨など）がある。

(6) 小迫辻原遺跡[9] (図9～10) 大分県日田市

　有明海に注ぐ筑後川の上流域の日田盆地内（沖積平野の標高約75～80m）に位置し、その支流の花月川北側にある台地上（辻原台地）に位置する。遺跡はその台地上平坦面全域に広がっており、標高は120m前後となる。検出された遺構は、2つの環壕集落と3つの方形環壕、条壕1本、竪穴住居跡多数、掘立柱建物跡などがある。方形環壕は豪族居館跡と考えられている[10]。なかでも方形環壕2基と条壕1本について詳細な報告がなされている。遺物・遺構は迫辻原1～4期に分けられ、3～4期は古墳時代前期前半、1～2期は弥生時代終末とされている。1号方形環壕は3期、2号方形環壕は4期とされ、いずれも「廃絶祭祀」と呼ばれる環壕を土器や炭化物を多く含んだ土砂により埋め戻す行為により埋没していると報告されている。1号方形環壕は47m×47mの平面正方形となり、2カ所で土器片が集中して出土しておりする、壕の2／3ほどまでは人為的に埋められている。壕の断面形は逆台形で、底面から30cmほどは自然堆積、その上30～40cmほどの厚さで埋め戻しが行われ、土器片や炭化物・焼石などが大量に廃棄され、その後は自然堆積となる。土器片を多く含む土層が環壕に入る前段階で、環壕内部に整地土として利用されていた黄褐色ブロックを含む土層が急激に堆積した様子も観察されている。環壕の破壊は内部の整地層の破壊から行われ、環壕の深さも半分ほどまで埋め立てられたものと考えられている。2号環壕も同じような埋没課程に復元されている。1号・2号環壕の出土品には土器、鉄器がある。また、方形環壕に並行する時期の住居跡の廃棄に際しては、使用できる材の取り出しや焼却などの行為が復元されており、「廃絶祭祀」が行われたと述べてある。1号条壕は辻原台地を南北に走る長大な壕で、最大250mの長さをもち、検出面の幅は2.2m～3.6m、底面幅1.5～2.2m、深さは約1mである。最下層に堆積するのは20cmほどの厚さの黄褐色土で土器片がわずかに含まれている。この土層は土塁の崩壊に伴うものと考えられている。その上に50～60cmほどの厚さで土器片を多く含む土層が堆積している。それらの土器は29の単位で確認され3期に分けられ、小迫辻原3期から4期にかけて廃棄が連続して行われた結果と考えられている。1号条壕の出土品には土器の他、石器、鉄器、炭化材などがある。

(7) 方保田東原遺跡[11] 熊本県山鹿市

　有明海に注ぐ菊池川北岸にあり、北にその支流となる方保田川が流れ、その合流地点に近い河岸段丘上にあり、標高は30～36mとなる。段丘上中央部を中心に弥生時代後期から古墳時代前期の住居跡や壕が検出されており、一部は国指定史跡となっている。近年の調査では複数の弥生時代後期後半から古墳時代前期までの土器を大量に出土する「溝・大溝」が検出されている。なかでも、大道校区公民館建設に伴う調査により発見された「3号溝」に関連する調査では、大量の土器が検出されその状況が報告されている。底面や下位からの土器の出土は少なく、中位から上で大量の土器が出土しており、完全な形のものが含まれている。溝内の覆土観察では、掘削から埋没まではそれほど長い期間を経ていない点が強調され、人為的に埋められた可能性が強いと報告されている。その「3号溝」の延長と想定される地点の「溝」調査では、大量の土器の他に石製品として石錘・砥石、鉄製品として鏃・鉇・斧・鎌・鑿・針および未製品として刀子・鏃・鋤先などが出土してい

る。土器の出土状況や断面観察から東側から西側への堆積が確認されている。

(8) **吉野ヶ里遺跡**[12]佐賀県佐賀市

　佐賀平野東部、律令時代の神埼郡のほぼ中央部に位置する。通称「志波屋・吉野ヶ里」丘陵の南部に占地し、標高は10〜26m、現在の水田面との比高差は10m前後となる。旧石器時代から中世の遺構・遺物が発見されている複合遺跡である。弥生時代の環壕集落の他には、古代の官道跡と大規模な建物群が検出され、古代の交通の要衝と考えられている。

　弥生時代の遺構は丘陵上を中心に確認されており、前期の環壕集落（およそ2.5ha）が丘陵上に営まれ、中期から後期へと時代が経るにしたがい拡大され、弥生時代後期には南北約1km、東西0.6kmの大規模な環壕集落へと発展している。北内郭と呼ばれる環壕とその周りにある外環壕そして掘立柱建物や竪穴住居跡などで構成された大規模な環壕集落となる。

　前期の環壕は「田手二本黒木地区Ⅰ・Ⅱ・Ⅲ区」および「吉野ヶ里丘陵地区Ⅶ区」で発見され、環壕の内外で竪穴住居跡や貯蔵穴などが発見されている。環壕の断面形は「V」字で、幅は最大部分で約4m、深さは2mである。環壕の一部（2-3アゼ間の約10m）で土器片および石器、貝類（獣骨も含む）の集中が発見され土器片のみでコンテナ27箱がある。この部分は環壕のなかでも幅が狭く、浅くなっていることから出入り口（土橋）かと考えられている。前期に掘削され中期初頭には埋没しているが、一斉に埋没したのではなく部分的には埋没していない部分のあったことが確認されている。土器のほぼすべては破片資料で、接合作業を行っても完全な形にまで復元できるものは確認されていない。出土点数では壺と甕が多く出土しており、鉢・高坏・蓋が確認されている。石器には磨製石器類（石包丁・石鎌・石剣・石鏃・太型蛤刃石斧・柱状片刃石斧・扁平片刃石斧・紡錘車・砥石）がある。

　「吉野ヶ里地区Ⅴ区SD0925」を含む前期から後期にかけて存続する環壕は、検出長約190m、断面形は「V」字、幅は2.6〜4.5m、深さは最大で2.36mの丘陵裾部をとりまく環壕である。覆土下部には中期後半の土器片と、後期初頭のほぼ完全な形にまで復元できる土器などを含み、上部には後期後半から終末期の土器片を大量に出土した。この環壕の南部では土層観察から、後期中頃以降に断面逆台形に掘り直されたことが確認されている。丘陵頂にめぐる環壕は断面逆台形で、後期に2度ほど掘り直されている。

(9) **惣座遺跡**[13]佐賀県大和町

　嘉瀬川左岸の丘陵上に位置し、標高は15m〜20m、旧石器時代から中世まで続く大規模な複合遺跡である。弥生時代後期の2重の壕をもつ環壕集落が検出されており、外壕は平面形態が隅丸方形で突出部をもっている。さらに外壕は拡張されており、内部には竪穴住居跡や掘立柱建物跡などが検出されている。外壕（SD109・SD204）は東西幅約160m南北40m以上の範囲を占め、内壕（SD207・SD017）は東西幅約82南北30m以上となる。外壕には枝壕（SD209）が取り付けられており、報告者は水抜きの役割も果たしたものとしている。土器の出土状況は上層と下層とに集中が2分でき、下層では底面直上にちかいものも見られる。外壕は断面観察で段がつくことが確認されてお

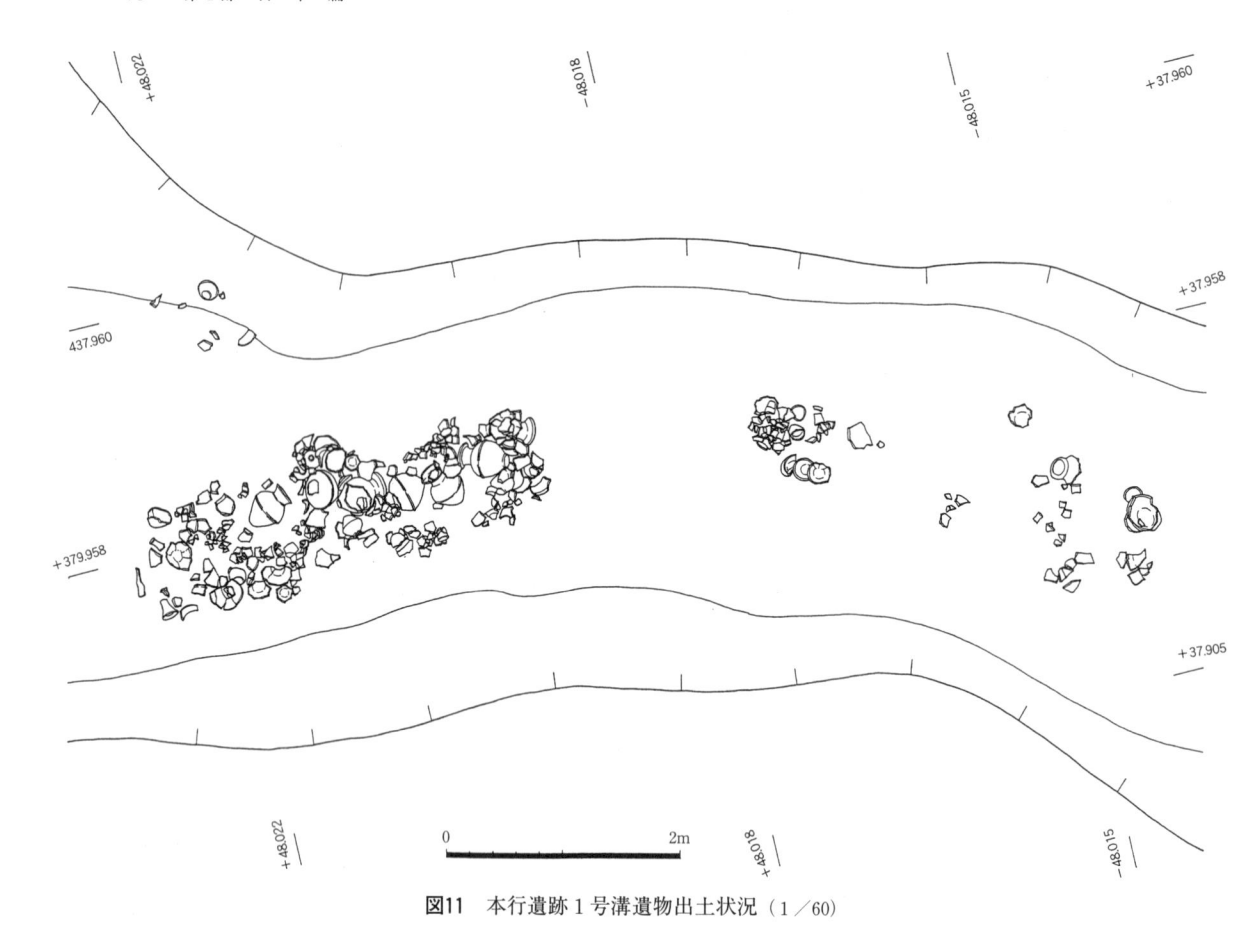

図11　本行遺跡1号溝遺物出土状況（1／60）

り、SD204の掘削などの際に掘り直しが行われている可能性も指摘されている。いずれにしても底面からさほど離れない部分から土器の集中が見られ、土器を含む土層が厚く堆積していることが観察されている。平面的な分布ではSD207とSD017とが近接する内壕内部への入り口部分と考えられる東側に土器が多いことが判明している。環壕の内外で検出されている同時期の住居跡には火災にあったような痕跡は見られない。

(10)　千塔山遺跡⁽¹⁴⁾佐賀県基山町
　　　せんどやま

　筑後川の支流となる秋光川の左岸に位置する丘陵上に位置し、標高は45〜50mほどである。隅丸方形に近い平面形態をとる環壕集落の全体がほぼ検出されている。「U」字および「V」字壕が検出され、「U」字壕は平面的な規模が南北75m、東西67m以上となる。北辺の中央部には「陸橋」があり、北西コーナーから丘陵端へ枝壕がみられ、壕幅は約1.25mである。壕の覆土は大きく3層に分けられ、中層に多くの土器が集中しており、次に下層、そして上層の順で密度が薄くなる。土器はレンズ状に分布しており、重なって中央に寄っている。出土状況は「一挙に投げ捨てられたように重なっている土器もあれば、ある期間を過ぎて自然と堆積した状態を呈するところもある」と報告されている。平面的には全体から出土しているが、北辺と南東辺に特に集中しており、

北東コーナーでは器台が多く出土している。U字壕の覆土からは約200箱の土器の他、鉄器・青銅器・石器が多く検出されているが、V字壕では土器は1箱にもみたない。土器以外の遺物には鉄器（鏃・鋤先・斧）、石器（石包丁・砥石・石斧・鏃）がある。U字溝などと同時期と考えられる住居跡は40軒検出されているが、火災を受けたと思われるものは1軒のみである。

(11) **町南遺跡**(15) （図5）三養基郡中原町

　佐賀平野東部の背振山南麓にある南にのびる舌状丘陵上に立地し、標高は30～35mとなる。寒氷川右岸に位置し、河川に面した丘陵端部の平坦面上に竪穴住居跡、貯蔵穴、掘立柱建物跡、溝、などが確認されている。環壕と思われる溝は約86mの延長を確認できたSD042（逆台形）とSD066（V字）である。SD066は断面V字で弥生時代前期末に掘削され、その埋没後にSD042が弥生時代後期にほぼ同じ地点に掘削されている。規模はSD042が幅3.5～4.8m深さ1.2～1.6m、SD066が幅約4m深さ2.7～3.0mである。SD042の覆土からは弥生時代後期の土器を多量に出土し、鉄製の鎌2点、刀状の破片などが出土した。土器には完全な形まで復元できた物が多い。SD066からは下層から前期末の土器が、上層からは中期末の土器が出土している。

(12) **本行遺跡**(16) （図10）鳥栖市江島町

　宝満川右岸の河岸段丘上に位置し、標高は約15～18m。宝満川周辺の田地の標高は約5mであり、河川に望むような段丘端部に立地している。弥生時代中期から高貴にかけての集落跡であり、環壕をもつ集落跡としてはほぼ全面的な発掘調査となっている。環壕となるのは「1号溝」と報告されており、規模は検出面の幅3.9～5.5m、深さ0.7～0.9m、下部幅2.7～3.8m、断面は逆台形となる幅広のものである。「出土した遺物は非常に多く、溝全体にすき間なく上層部分から下層まで出土しており、上層部分の遺物が比較的小さく小片になった遺物類が多かったのに対して、下層部分の遺物は壺や器台などの完形に近い遺物が多く出土している。」また、銅鐸の鋳型、銅矛の鋳型、小型内行花文鏡、動物形土製品、よく焼けた粘土塊などが出土している。「出土している土器類は弥生時代後期前半から後半にかけてのものが大半であり、また、層位による時代差は確認されなかった。」検出延長で約110m以上の環壕で、そのほとんどの範囲で土器が検出されている。

2　環壕内から検出された遺物

　前節では遺構の具体的な検出状態を中心に紹介してきた。その状態は自然に埋没したと思われるものと、底面近くから完全な形の土器やそれに近い形を保った土器が多く検出されているもの、そしてある程度埋まった段階で完全な形の土器などが多く検出されているものなどが確認されている。おおよそ、自然に埋没した環壕と、土器などを含む土砂が一気に投げ込まれた環壕とに分類できそうである。これらの違いはそれぞれの環壕の埋没の契機の違いによるものと思われる。本節では、環壕覆土からどのような遺物が出土しているのかを整理しておきたい。

　環壕覆土から検出された出土品を列挙すると、土製器（土器類〈壺・高坏・鉢・甕・支脚・器台な

ど〉・投弾)、石製器(石器類〈磨製石斧、打製石斧、石鏃、磨製石剣、凹石、磨石など〉・青銅器製作用鋳型・礫)、鉄製品(鉄鏃・刀子)、青銅製器(青銅鏡・鏃)、粘土塊、貝類、獣骨、人骨、炭化材片木材(構造材)などがある。土器類の中には甕や支脚などの日常的に利用されるものと高坏・壺などの祭祀に用いられたと思われるものとが混在している。石器類や青銅器鋳型も含まれており、さらには人骨が環壕から検出されている。さらに環壕から出土する土器には完全な形を保ったものが多い。このことは、破片資料の多い住居跡や土坑の出土品と比べると特筆される。

　土器の出土状態について各遺跡では次のように報告されている。方保田東原遺跡では「生活遺構がないわりには、3号溝からのように、大量の土器が出土したことは新たな問題として挙がる。これらの土器はどこからもたらされたのか？　周辺に土器焼成遺構があったのか、不要になった土器を離れたところから持ち寄せて、集中的に廃棄したかのような出土量であった。3号溝だけではないが、溝から出土する大量の土器片をみるたびにこの疑問が出てくる。今後の研究、解明を待ちたい。また、3号溝出土土器の特徴として接合率の高さ、破片の大きさなどが挙げられる。この点も、単に廃棄された土器と取り扱ってよいのか、疑問を残す点である。」[11]〈山口2001報告p322〜323〉惣座遺跡では「生活廃棄物然とした状態でおびただしく壕をうめていた」[13]〈p29〉と記述があり、弥生後期後半から終末の土器が大量に出土しており、完全な形にまで復元できるものが多い。本行遺跡の状況は写真図版で知るのみであるが、検出延長110mのほとんどすべての地点で多くの土器片が出土している。原の辻遺跡では残存長2.2mの床大引材も確認されており、環壕のほとんどの部分で土器を主体とする生活遺物が出土している。これらは、土器などを多く出土している事例の状況であるが、以下に出土品の少ない状況を紹介する。

　吉野ヶ里遺跡の弥生時代前期の環壕では「土器のほぼ全ては破片で出土し、接合作業後も器形の全容を知り得るものが少なかった。」[12]〈細川2005報告p19〉さらに、土器はおよそ土橋周辺の10mの範囲で集中して出土している。十園遺跡では「環壕の底面直上では見られず、ある程度覆土が堆積してから、表面の摩滅の激しい土器が黒褐色土層の上で多数出土している。完全な形の土器はなく、接合作業などを行っても、全周するまでに復元できる資料はないため、あらかじめ破片となっていた土器片などが、覆土中に投げ込まれたものである。」とくに[4]〈p16〉十園遺跡の事例では腐植土が重なっており(写真1)、自然な堆積が想定できる中での土器片の出土事例である。

　人骨・獣骨などが検出されている原の辻遺跡の状況を検討しておきたい。図8にみるように土器片や獣骨などとともに人骨が環壕から検出されており、一般的な埋葬状態とは考えられない出土状況である。報告書では「一体分がまとまって出土する状態ではなかったが、土器・石器類や獣骨と混在して出土している」とあり、出土した人骨の分析では「骨番号20の下骸骨は骨番号25の頭蓋に近接して出土しているが、形態の観察から明らかに別個体である。このような人骨群は骨になった後、なんらかの理由で環壕の中に再埋葬か投棄されたものと推測される。」[7]〈小石報告〉。この状態は筆者も見学させていただき、人骨の出土状態は脳裏に焼き付いている。(写真4)

　石器はいずれも磨製石斧・打製石斧など完全な形のものは少なく、ほとんどが破損した状態での出土である。青銅器は破片資料と完全な形での出土とが見られる。粘土塊は報告例が少ないが、十園遺跡では土嚢袋半分ほどの単位での出土が確認されている。これは焼成前の精製段階の生のまま

の粘土であり、現在でも十分粘性を保っている。礫も報告例は少ないが、片手で握れる大きさのものから両手で抱える大きさのものが確認されている。貝類は、吉野ヶ里遺跡での検出が顕著で、季節的な投棄の成果であろうか、土器片とともに集中して検出されている。カラカミ遺跡ではシカの四肢骨片、イノシシの下骸骨、イルカの背骨などが検出されている。

写真4 原の辻遺跡の人骨の出土状況

意図的に埋没したと思われる環壕覆土からは、土器が完全な形に近い状態もしくは接合作業によりほぼ完全な形に復元できる場合が多い。自然堆積と観察できる環壕の覆土内部からは、検出された土器のほとんどが破片資料である。ただし、「廃絶祭祀」が行われたと報告されている小迫辻原遺跡では、破片資料が多いことは注意すべきである。完全な形を保った土器を含む大量の土器の出土が必ずしも意図的な埋没を決定する条件となることではないようである。これは調査段階での土層の詳細な観察および土器などの出土状態の観察記録が、自然な埋没であるのか、そうでないのかの判断に有効な方法であることを示している。

3　環壕内での出土状況

十園遺跡の中期の環壕では、腐食土と思われる黒褐色土の堆積層上と土器片を含む褐色土層が交互に堆積しており、その堆積は10cm程度の厚さがあり壕全体に確認できる（図1）。このような場合は壕の自然な埋没作用の中である一定の期間をもって生活廃棄物が環壕内に投棄され続けた様子に復元できる。さらに検出延長25mほどの範囲でまんべんなく同じような状況で堆積していることも、壕の自然な埋没が進展するなかで随時生活廃棄物が壕内部に投棄されていたことを説明する観察結果と考えている。吉野ヶ里遺跡の弥生時代前期の環壕の調査事例では、貝殻などとともに土器片は1カ所（土橋近く）に集中し日常的なゴミ捨ての結果が検出されたものであろう。

さてこのような事例を見ると、完全な形に復元できる土器片を多く含む土層が厚く堆積する契機を、たんなる生活廃棄物の日常的な堆積と考えてよいものか疑問が残ろう。次は土器片などを多く出土した事例である十園遺跡の後期後半の並行する2条の壕を紹介する（図1下）。土器は完全な形にまで復元できたものは小型の鉢や支脚、小型の台付き甕などがある。半分ほどまで復元できたものは中型以上の台付き甕、小型の壺、高坏などがある。接合復元がほとんどできなかったものに小型の高坏、小型の壺がある。鉄製品として鉄鏃1点、人頭大の礫やそれよりやや大きめの礫、土嚢袋1袋分ほどの粘土塊が出土している。支脚の一部で2条の壕からの破片資料が接合したため、同じ時期に同じ契機で壕に投げ込まれた土器群と考えられる。壕の断面形は底面幅は10cm程度でおよそ45度の角度で立ち上がっており、いわゆる「Ｖ字」型となる。その底部分には粘質土層が薄く堆

積しており、底面から15〜20cm程度の高さで土器片を多く含む黒茶褐色土と黄褐色土のブロックを主体とする土層が20cm〜30cmの厚さで壕の断面とほぼ相似形に堆積している。その上にも土器を多く含む黒茶褐色土層が堆積しており、土器を多く含む層の厚さは合わせて50cm程度になる。土器片は壕の壁に貼りつくようなものもあり、鉄鏃は壁に貼りつきその上に土器片が被る状態で検出された。この上層の堆積土中には土器片をほとんど含まない黄褐色土ブロックを多く含む土層が観察できるため土塁の存在が想定できる。下層と上層との間には腐食土層や土器片を含まない土層が観察できなかった。また、接合作業では上層と下層との破片が接合しているため、上層と下層とは時間的にそれほど離れたものではないと考えられる。そのため比較的短い間に堆積した土層群と考えられる。

次に、「廃絶祭祀」という環壕の意図的な廃棄行為が指摘されている小迫辻原遺跡[9]〈p327〉の調査事例を検討しておく。詳細な土層観察の結果から、方形環壕のほぼ全域が底面から50〜70cmまで埋め立てられていることが報告されている。土器片などが集中する部分は2〜3か所あり、その出土状態は隣接する住居跡の検出状態と類似しており、同様な「廃絶祭祀」が行われているものとされている。出土する土器片は接合作業を施しても完全な形になるものはないことが特筆される。小迫辻原遺跡では方形環壕が3基検出されており、その廃絶時期と各住居跡群の廃絶に時期的同時性が指摘され、集落全体で「廃絶祭祀」が行われていたと考えられている。環壕の埋没には自然な埋没の他に、このように意図的な埋没も存在したと考えた方がよさそうである。

これまで述べてきたように、土器が完全な形をとどめているものが多く出土する環壕と、破片が多く出土する環壕とがあり、土層観察にもある程度の相違がみられる。特に土器片が多く出土する場合は、腐食土層である柔らかい黒褐色土層が確認できない場合が多い。その出土状態の解釈は報告者によりそれぞれ差がみられるが、この2種は環壕内部に堆積している土層の状態に起因するものであり、埋没の契機に違いがあることがはっきりと認識される。1つは、もともとは防御目的で日常的に管理が施されていた環壕であろうが、やはり日常的な生活が環壕周辺で行なわれていく中で、自然な埋没や生活廃棄物の投棄などが行われたものと考えられる。他の一つは、まだ利用できるような土器なども大量に投棄せねばならない状態が想定できる。

次に環壕のどのような部分で土器が集中して出土するのかを、全体的な調査の行われた数少ない事例を用いて整理しておきたい。神奈川県大塚遺跡[17]では火災に遭った竪穴住居跡の周辺の環壕内でとくに多く土器が出土していることが指摘されている。報告者は、火災に遭った後に利用されなくなった土器が近くの壕にゴミとして捨てられたものとしている。どのような理由で火災に遭ったのかは、争いごともしくは不審火などの状態が想定されている。千塔山遺跡では、ほぼ環壕の全体から土器が出土するとことわりながらも、北側にもうけられた土橋周辺で多く出土していることが報告されている。また、器台のみが集中するような部分もみられるとして、壕底面からわずかに浮いた位置で多くの器台が図示されている。吉野ヶ里遺跡における弥生時代前期の環壕の事例では、土橋周辺で貝殻などとともに土器片が出土している。報告者は、日常的に継続的に土器・貝類・獣骨類が廃棄されていたとしている。方形環壕の埋め立てが指摘されている小迫辻原遺跡では、2つの方形環壕で土器の集中する地点が2〜3あり、その他の地点では土器をほとんど含まな

い土層が主体となっている。土器片は環壕の埋め立てと同時に、2～3か所にまとめて埋められており、土器片ばかりを収集していることが理解できる。周辺の住居跡の廃棄と同時期と考えられており、周辺の住居跡で利用されていた土器なども壕内に土とともに投げ込まれたものであろう。その他の事例の多くでは、完全な形を保った壺が多く集中して出土している原の辻遺跡や本行遺跡、大・中・小の大きさの台付甕が多く出土している十園遺跡などがある。破片資料も混在しているので、純粋に壺ばかりを投げ込んだ様子ではなさそうであるが、器種の分布の偏りは千塔山遺跡や本行遺跡（図11）などでも確認されている。このことは器種ごとに保管されていた土器群が、一気に環壕内部へ投げ込まれた結果とも考えられる。

　上記の事例から、土器・石器・貝殻などの環壕への廃棄形態が、火災などによる臨時の土器廃棄、土橋近くで行われた日常的な土器片廃棄、環壕の意図的な埋め立ての3つが想定できる。

4　環壕埋没の契機

　弥生時代に展開された諸活動の痕跡というべき遺物群は、環壕や住居跡、貯蔵穴、旧河川などから出土している。環壕内での遺物出土状態や遺物の組成などは、どのような行為が行われた結果なのであろうか？　この疑問が本稿の出発点である。十園遺跡の27区SD01や吉野ヶ里遺跡の前期環壕のように自然堆積が想定できる土層構成と検出状況であれば、自然な埋没が想定できる。しかしその他の遺跡でみられるような大量の土器を出土する環壕については、自然な埋没は想定できない。完全な形を保った生活什器である土器を日常的に大量に投棄することが行われていたのか？[18]　土器と石製品や鉄製品と粘土塊などが一緒に投棄されるような契機は日常的にありえるのか？それらの土器などとともに投棄された人骨は、どのような理由により環壕に投げ込まれたのか？

　これらの疑問に対する答えの1つとして、私は環壕および土塁の破壊・破却行為[19]が行われていたと考えておきたい。環壕集落としての居住性や見張りとしての機能などは残したままで、防御的側面のみを取り除く行為の結果が、環壕の調査で見られる大量に遺物が出土する状態なのであろう。それは環壕集落の防御的機能の排除を目的とした戦後処理の1つの集団的活動だったのではないだろうか。そのねらいは、深い環壕をある程度の深さまで埋め立て、土塁等を破壊することであり、環壕の防御的な側面を取り去るものであろうと考えておきたい。たとえば弥生時代後期後半に埋められた原の辻遺跡の壕では、その上部の土層に古墳時代前期の土器を含んでいる。また同じ原の辻遺跡では、中期に掘削された壕の埋没途中で、後期の壕が重なるように掘削される事例もあり、環壕の埋没は完全な形ではなくある程度の窪みを残していたものと想定できる。埋め立てはあくまでも環壕の防御機能の停止が目的であり、水平に造成することが環壕破壊の最終目的ではないと考えておきたい。それは再び環壕の掘削が必要となる状態が想定されていたからであろう。環壕破壊の時期は掘削されてまもなく行われたものから、自然埋没の後に埋め立てが行われたものまで存在するようである。また、日常的な土器などを含む生活遺物の大量投棄は、環壕集落内で営まれていたそれまでの生活の一時的な否定が行われた結果であろう。環壕集落内部で日常的な生活を

営むのに必要な道具の数量は、一般的な集落以上にあるものと考えられる。それは先学が指摘するように一時的に周辺の集団を抱え込む機能を果たしていたことが十分想定できるからである[20]。環壕集落での集団生活の道具類の投棄は、環壕集落のもう一つの顔である多人数集住防衛のための物資の蓄えを否定するものになるのではないだろうか。

　さて、そのような仮説が設定できる環壕集落の調査事例が存在するのであれば、次はその時期的な偏在性の整理をおこなわねばならない。それは、魏志倭人伝にみる倭国大乱などの文献から得られる事象を、環壕の出土状態と比較することが考古学的な整理としてきわめて有効かと思われるからである。環壕破却の時期的偏在の検討は、本稿で用意した資料や類例では説得力に欠ける感があり、稿を改めて検討していかねばならないであろう。筆者の今後の課題である。

註

（1）　森田孝史　1995「吉野ヶ里と弥生のクニグニ」小田富士雄編『風土記の考古学⑤肥前の国風土記の巻』同成社（東京）、原口正三　1997「壕と土塁」弥生文化の研究　雄山閣出版（東京）、吉留秀敏「環壕集落の成立とその背景」1994古文化談叢第33集　九州古文化研究会（北九州）

（2）　田中義昭　1979「弥生時代における耕地と集落」『考古学を学ぶ（3）』有斐閣書店（東京）
　　　都出比呂志　1989『日本農耕社会の成立過程』岩波書店（東京）、西谷正編　1900『邪馬台国時代の国々』季刊考古学別冊9　雄山閣出版（東京）

（3）　佐原真　2000『佐原真の仕事4―戦争の考古学―』岩波書店（東京）、国立歴史民俗博物館等編　1996『企画展示・倭国乱る』国立歴史民俗博物館（千葉）

（4）　竹中哲朗　2005『十園遺跡Ⅱ―国見町多比良地区町営圃場整備事業に伴う発掘調査概報―』国見町文化財調査報告書（概報）第5集　国見町教育委員会

（5）　竹中哲朗　2006『龍王遺跡―倉地川地区発見の前方後円墳―』国見町文化財調査報告書（概報）第7集　国見町教育委員会

（6）　宮崎貴夫他　1984・1985・1986「今福遺跡Ⅰ～Ⅲ」長崎県文化財調査報告書第68・77・84集　長崎県教育委員会

（7）　福田一志・中尾篤志　2005『原の辻遺跡　総集編Ⅰ』原の辻遺跡調査事務所調査報告書第30集　長崎県教育委員会、宮崎貴夫　2003「原の辻遺跡の歴史的意義」『西海考古』第5号　西海考古同人会、小石龍信　2002『原の辻遺跡―長崎県緊急雇用対策事業に伴う埋蔵文化財発掘調査報告―』原の辻遺跡保存等協議会調査報告書第3集　原の辻遺跡保存等協議会、宮崎貴夫　1999『原の辻遺跡―原の辻遺跡発掘調査事業に係る範囲確認調査報告書1―』原の辻遺跡調査事務所調査報告書11集　長崎県教育委員会

（8）　正林護・宮崎貴夫　1985『カラカミ遺跡―範囲確認調査報告書―』勝本町文化財調査報告書第3集　勝本町教育委員会

（9）　田中祐介　1999『小迫辻原遺跡Ⅰ　A・B・C・D区編』九州横断自動車道関係埋蔵文化財発掘調査報告書10　大分県教育委員会、土井和幸　2000『小迫辻原遺跡Ⅱ　H区』日田地区遺跡群発掘調査報告1　日田市教育委員会、田中・土井　1998『小迫辻原遺跡　写真図版編』大分市教育委員会・日田市教育委員会

（10）　土井和幸・田中祐介　1995「最古の居館・小迫辻原遺跡」、小田富士雄20　『風土記の考古学4―豊後国風土記―』同成社（東京）

（11）　中村幸史郎ほか　1984『方保田東原遺跡（2）』山鹿市博物館調査報告第3・4集　山鹿市教育委員会
　　　山口健剛　2004『方保田東原遺跡（5）』山鹿市文化財調査報告書第17集山鹿市教育委員会、中村・山口　2001

『方保田東原遺跡Ⅳ—重要遺跡確認調査—』山鹿市文化財調査報告書第14集　山鹿市教育委員会
(12)　七田忠昭ほか 1992『吉野ヶ里—神崎工業団地計画に伴う埋蔵文化財発掘調査概要報告書—』佐賀県文化財調査報告書第113集　佐賀県教育委員会、細川金也 2005『吉野ヶ里遺跡—田手二本黒木地区弥生時代前期環壕出土の土器と石器』佐賀県文化財調査報告書第163集　佐賀県教育委員会
(13)　田平徳栄 1995『惣座遺跡』佐賀県文化財調査報告書第96集　佐賀県教育委員会
(14)　中牟田賢治 1978『千塔山遺跡—弥生環溝集落・古墳・中世墳墓の調査—』基山町遺跡発掘調査団
(15)　七田忠昭・天本洋一 1983『町南遺跡—県立中原用語学校建設に伴う埋蔵文化財発掘調査概要—』佐賀県文化財調査報告書第68集　佐賀県教育委員会
(16)　向田雅彦編 1997『本行遺跡（1）』鳥栖市文化財調査報告書第51集　鳥栖市教育委員会
(17)　武井則道 1991『大塚遺跡』横浜市埋蔵文化財センター　武井則道 1994『大塚遺跡Ⅱ』横浜市ふるさと歴史財団
(18)　註（3）国立歴史民俗博物館等編 1996『企画展示・倭国乱る』の千田嘉博「弥生の戦いと中世の戦い」では、中世城館の堀が日常的なゴミ捨て行為により半分ほどまで埋没している事例が多い事例を挙げ、弥生時代の環壕についてもゴミ捨て行為による埋没を考えている。
(19)　註（9）小迫辻原遺跡報告内で指摘されている「廃絶祭祀」も一種の破却行為であろう。
(20)　註（2）論文で田中氏の拠点集落の概念にも、周辺村落の拠点としての機能を持つことが指摘されており、戦時にも一時的な集住拠点としての機能が想定できる。

図版出典

図1　註（4）『十園遺跡Ⅱ』
図2　註（5）『龍王遺跡』
図3　註（6）宮崎 1986『今福遺跡』
図4　註（8）正林 1985『カラカミ遺跡』
図5　註（15）七田 1983『町南遺跡』
図6～8　註（7）小石 2003『原の辻遺跡』
図9～10　註（9）田中 1999『小迫辻原遺跡』
図11　註（16）向田 1997『本行遺跡』

前方後円墳の二重濠

櫃本　誠一

　　はじめに

　巨大な墳丘を造営する意義の一つに、視覚に訴える政治的記念物であったことが想定されている。また、墳丘を取り囲む濠や外堤についても、墳丘と密接な関連を有する施設であることは疑いないであろう。

　古墳に対する研究の視点が、埋葬施設や副葬品に偏っていることは否定できない。たとえば、日本最大の前方後円墳とされる大山古墳でさえ、二重濠なのか三重濠なのかの確定に至っていない[1]。

　これまで大型古墳の墳丘研究については、外形測量図を基本として行われてきた。しかし、陵墓等の大型古墳の濠が灌漑用水として利用されてきた経緯があり、現在の状況を築造当初のものと速断できないことは明らかである。さらに、宮内庁所管の「陵墓図」は、濠の水をすべて抜いて測量されていないことは明白である。各地域の大型古墳も、多くは周濠が埋没して水田化している場合には、墳丘裾部の測量は不可能である。これらの制約を度外視した企画や規格の検討については、その精度に大きな不安を抱かざるを得ない。これらの問題を克服するうえで、濠の認識を深めることは、厳密な企画・規格を論じる場合の基本的な課題であろう。

　近年の発掘調査においては濠に対する認識が深まり、中・小型古墳においてもその成果が得られるようになってきている。また、開発事業に伴う発掘調査の鎮静化に伴って、史跡公園整備のための墳丘や濠の調査が増加している。しかし、なお濠の全域が発掘された例は少数例であり、大型墳では数地点での確認例が多く、詳細な検討には十分でない。

　本稿では二重濠を有する古墳の分布や形態などの実態を窺うこととし、各古墳の墳丘裾部や築造基盤面との関連を検討することについては、別に扱うこととする。

　なお、古墳時代の墳丘を取り巻く濠については、周濠、周湟、周溝、周堀等々の用語が使われているものの、濠の実態や機能が認識されていない現状では決め難い。築造の当初から、水の溜まることを想定していない構造になっていたことが確認できれば、「からほり」の意味をもつ「隍」あるいは「壕」を使うことが妥当であろう。一方、水の溜まることを予定していた場合でも、「溝」「堀」「濠」「湟」との区別は容易ではない。

　この点については、杉本憲司氏によると「中国古代において、堤防をつくり、溝渠をひらき農地

に灌漑し、一方漕運にも用いるようになってきたのは、鉄製農工具が実用化された春秋戦国時代にはじまるといわれる」[2]と論じられている。さらに、『周礼』「考工記匠人の条」を紹介されているのを見ると、溝幅や深さによって呼称が分類されている。陂や池の土木技術が中国から伝来したとすると、その対比は簡単ではない。わが国の水田農耕の実態を検討し、墳墓に伴う溝や濠もこれらに対比することの必要性を痛感するのではあるが、筆者の能力を越えるものである。したがって、これまでにも多く使用されてきた濠の字によって記述し、濠の一部が途切れたような事例でも、周濠の概念を適用することとしたい。

1 前方後円（方）墳の周濠に関する既応の研究

わが国の墳墓にかかわる墳丘や兆域に関しては、『魏書』「東夷伝倭人条」や『記紀』『風土記』などに見えるが、濠についての記載は認められないようである。しかし、池・大溝などは記載されていて、灌漑用水などに関しては重大な関心を有していたことは明らかである[3]。考古学資料からも、環濠集落や水田農耕用の用排水溝の検出などは一般的に認められている。

濠に関する先駆的な論考は、梅沢重昭氏および市毛勲氏の2編がある。梅沢氏は前方後円墳の周濠（周堀）を3形式に分類された[4]。

　　第一形式──未周繞式周堀部分溝のことで、湛水不可能地域に占地する古墳に付設。
　　第二形式──墳丘相似形式周堀前方後円形の周溝で、平坦地において墳丘を築く時の土砂をその周辺から採り、その結果周溝から墳丘に相似して生じる。
　　第三形式──楯形式周堀湛水可能地域の古墳に設けられ、堤などを有し、湛水堀の様相を示す。

とされ、さらに3形式の周溝の発展過程について、

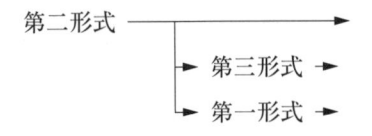

```
第二形式 ─────────────→
         ├→ 第三形式 →
         └→ 第一形式 →
```

と考えられた。

一方、市毛勲氏は前方後方墳の千葉県殿塚・姫塚の発掘（1956年）成果を基に、「長方形周溝」の繞る古墳（あるいは可能性のあるもの）10基をあげて検討された[5]。そのうち殿塚の場合は二重濠であった。また、長方形周溝は前方後方墳にのみ見られる濠ではなく、前方後円墳にも付設されていることを指摘された。そして、長方形周溝は初期前方後円墳には認められないと結論されている。

周濠の外方をめぐる周庭帯[6]の存在を指摘された末永雅雄先生は、大阪府津堂城山古墳を代表例とする中期古墳には、周濠のみにとどまらない広域な整備が行われていることを明らかにされた。

さらに、森浩一先生は河内平野の周濠を付設した巨大古墳の被葬者について、治水王的な性格を有することを具体的に論じられた[7]。

一瀬和夫氏は墳丘盛土の採取跡地が周溝の発生端緒であると論じ、時期的推移による濠を含めた外域の変化を9段階に分類されている[8]。

白石太一郎氏は、「古墳の周濠」において二重目の濠（外周溝）にも言及され、「いずれも周濠の外堤の外側を画するもので、墓域を画する性格をもつものといえるかも知れない。」と論じられた[9]。

　また、濠と墳丘の一体性については、上田宏範氏以降[10]、堅田直氏[11]・宮川徏氏[12]・倉林眞砂斗氏[13]を初めとして、多くの方々が論じられてきた。墳丘を検討される中で、濠も一連の企画・規格によって造られていることを主張されている。この問題意識は当然ではあるものの、墳丘の企画・規格の検討方式がそれぞれ異なっていることから、なお古墳築造の実態を理解するうえで、積極的な論拠を提供するまでに至っていない。

表1　地域別による墳形

地域＼墳形	前方後円墳	前方後方墳	帆立貝形墳	円墳	方墳	計
九　　州	10		1	2		13
中・四国	1					1
近　　畿	25		4			29
東　　海	2		1			3
中　　部	3					3
関　　東	38		6	1	1	46
計	79		12	3	1	95

　なお、大山古墳の三重濠を、地元の近世文書を駆使してもっとも詳細に論じたのは中井正弘氏[14]であろう。それによると、本来三重濠であったと論じられ、「明治政府が築造時通りの復元を行ったかどうかは極めて疑問の多いところで、さきの『舳松領絵図』と照合しても、濠のめぐり方に一部変形が見られることから、築造時の遺構を破壊してしまったのではないかと思われる。」と述べられている。

　また、柏原正民氏は帆立貝形古墳の周溝に着目して、その墳形の判断基準を検討されている[15]。

2　二重濠の分布状況

　『前方後円墳集成』などによると、表1に示したように近畿（奈良県5、大阪府15、京都府4、兵庫県3、滋賀県2基の計29基）・関東地域（埼玉県11、千葉県16、群馬県17、栃木県2基の計46基）に多いことが明らかである。

　大型古墳の顕著な近畿に比して、関東地域に類例の多いことが注目される。その理由の一つに、墳丘外域の調査が比較的実施されていることがあろう。しかし、それだけではなく関東地域における前方後円墳の、墳丘構築の特徴である可能性も想定できる。

　さらに、分布状況は東北・四国地域を除いて、九州（13基）、中国（1基）、東海（3基）、中部地域（3基）があって、築造数に多少があるものの、現在の確認調査の実情を勘案すると、二重濠はほぼ全国的に構築されていて、大型古墳の多い近畿地域に特有の施設ではないと言える。

　二重濠の付設された墳形は、前方後円墳79基、帆立貝形墳12基、円墳3基、方墳1基である。

3　二重濠の形態

　弥生時代における墳墓の分類は、溝の平面的形態から円形周溝墓、方形周溝墓、あるいは前方後円（方）形周溝墓と呼んでいるので、墳形との齟齬は見られない。

表2　二重濠の地域分布

濠の形態＼地域	九州	中国	四国	近畿	東海	中部	関東	東北	計
相似形	2	—	—	4	—	—	9	—	15
馬蹄形	2	1	—	2	1	—	11	—	17
盾形	6	—	—	23	2	2	15	—	48
長方形	—	—	—	—	—	—	8	—	8
卵形	—	—	—	—	—	—	1	—	1
円形	2	—	—	—	—	—	1	—	3
方形	—	—	—	—	—	1	1	—	2
不明	1	—	—	—	—	1	—	—	2
計	13	1	—	29	3	3	46	—	95

一方、古墳は墳形によって分類され、墳丘形態と密接な関連があることは基本であるが、若干の変異があることは、先の市毛勲氏の論考などから認識されてきた。現在の分類では、相似形濠（前方後円（方）形濠）・馬蹄形濠・楯形濠[16]などと呼ばれ、さらに梅沢重昭氏の分類される未周繞式周堀、すなわち部分溝・区画溝などが挙げられている。また、行燈山古墳や渋谷向山古墳などのように、仕切り堤による「階段状濠」も注意されている。

　二重濠を構築する古墳の墳形は、前方後円墳あるいは帆立貝形古墳が大部分を占めるが、少数ではあるが円墳・方墳にも認められる。しかし、一重濠では一般的に付設される前方後方墳には、今のところ二重濠は知られていない。さらに、一重濠と二重濠で濠の形態の異なる古墳は、箸中山古墳を唯一の例として基本的には認められないようである。その点では、箸中山古墳の調査・復元成果[17]については、さらに今後の確実な調査成果の蓄積が重要であろう。なお、一重濠の例ではあるが、交野市東車塚南古墳第3号墳は「方形堀円墳」[18]であると言う。このような類例があるかどうかは十分に調べていないが、その可能性はあると言えよう。

　また、近年の調査によって奈良県東南部のいわゆる纒向型前方後円墳と称されている、纒向石塚・纒向矢塚・纒向勝山古墳・東田大塚古墳等々の諸墳の周濠の調査[19]から見て、初期段階から濠を伴っていることが明らかになってきている。しかし、これらの周濠が浅いことや濠幅の狭い点から、水を湛えていたかどうかを疑問視する考えもある。さらに、二重目の濠についても同様の見解が提示されている[20]。

　濠が当初から水を湛えることを目的にして掘削されたか否かは、具体的にどのような規模、構造、埋没状況であれば判断できるであろう。導水・排水などが確認されればかなり容易であるが、溝幅や深さ、あるいは濠内堆積土などからでは確実性に疑問がある。本稿ではこの点に曖昧さを残すものであるが、墳丘に沿って繞らされた施設として見た場合、古墳築造の採土地という以上の意味を有していたことを前提としたい。

　二重濠の形態については、相似形、馬蹄形、楯形、長方形、卵形、円形、方形濠がある。各形態別の地域分布は、表2のようになる。

〔相似形濠―15基〕九州地域2基、近畿地域4基、関東地域9基で、二重濠の構築古墳数に準じている。

〔馬蹄形濠―17基〕各地域に少数例がみられ、九州2基、中国1基、近畿2基、東海1基、関東地域11基がある。

〔楯形濠―48基〕もっとも構築数の多い形態であるが、九州6基、近畿23基、東海2基、中部2基、関東地域15基と各地域に分布するが、近畿・関東地域に顕著である。

〔長方形濠—8基〕先にも述べたが、関東地域のみに知られている。一重濠の場合は前方後方墳に伴う例が認められるのであるが、今のところ二重濠を備える墳形はいずれも前方後円墳である。

長方形濠については、一重濠を構築する古墳の場合は、前方後円墳・前方後方墳ともに採用されている。その多くは関東地域に所在するが、島根県山代二子塚、奈良県下池山古墳、奈良県西山古墳、奈良県波多子塚（ハタゴ塚）、京都府大住車塚があげられている。したがって、長方形濠は関東地域のみの特徴ではないと言える。ところが、これら5基はいずれも前方後方墳で、今のところ二重濠としての確認はないようである。

一方、関東地域で前方後円墳に二重濠を繞らすのは、埼玉県埼玉古墳群内の7基、千葉県殿塚・舟塚原古墳の2基である。その意味では、近畿地域の前方後円墳には長方形濠は構築されず、また、前方後円墳・前方後方墳ともに、長方形二重濠は構築されなかった状況となっている。

長方形濠は前方後方形周溝墓の時期から、本来的には前方後方墳に伴う濠の形態であり、関東地域の一部の地域で、前方後円墳の一周濠や二重濠として採用されたと考えられよう。たとえば、同じく関東地域でも、千葉県内裏塚古墳群の4基（九条塚・三条塚・内裏塚・稲荷山古墳）は二重楯形濠である。

〔卵形濠—1基〕卵形濠を採用している墳形は帆立貝形古墳のみであり、関東地域の群馬県若宮八幡北古墳1基である。一重濠に卵形濠を採用した帆立貝形古墳は認められるので、将来見つかる可能性はあるものと考えておきたい。

〔円形濠—3基〕円墳に二重濠の構築された例は、詳細に調べていないが九州地域の福岡県権現塚・同県仙道古墳・関東地域の群馬県祝堂古墳の3基である。九州地域の久留米市南西部には、御塚が帆立貝形古墳で三重濠、大善寺銚子塚が前方後円墳で二（三）重濠、権現塚が円墳で二重濠を配している地域である。このことは、さきの帆立貝形古墳が前方後円墳に属する墳形なのか、円墳に造り出しを付設したものかの問題にも関わってくるであろう。筆者は、帆立貝形古墳を前方後円墳に属する墳形と考えているので、円形濠は円墳に対応して構築されたものと理解している。

〔方形濠—1基〕方墳である埼玉県戸場口山古墳には、二重濠がめぐっている。方墳については資料探索が不十分であるが、さらに類例はあるものと想定できる。

さらに、墳形の関係で注目しなければならないのは帆立貝形古墳である。表1に示したように、二重濠を構築するものは、九州1基（福岡県御塚）、近畿4基（京都府舞塚、兵庫県御願塚・野々池7号墳、滋賀県野洲大塚）、東海1基（愛知県勝手塚）、関東6基（埼玉県小沼耕地1号墳・女塚1号墳、千葉県栗野049号墳、群馬県古海松塚1号墳・前二子塚・若宮八幡北古墳）がある。地域を問わずに、12基の帆立貝形古墳に二重濠があることは注目されよう。

帆立貝形古墳12基の二重濠は、相似形濠6基（福岡県御塚・兵庫県野々池7号墳・滋賀県野洲大塚・埼玉県小沼耕地1号墳・女塚1号墳・栗野049号墳）、馬蹄形濠5基（京都府舞塚・兵庫県御願塚・愛知県勝手塚・群馬県古海松塚1号墳・前二子塚）、卵形濠1基（群馬県若宮八幡北古墳）があり、前方後円墳が二重濠を配することと同様の状況と言える。

4　二重濠の規模

　弥生時代に属する多くの方形・円形周溝墓は、一重溝の幅はおおむね1～2m、深さ50cm～1m程度の小規模なものである。その周溝は引き込み溝や排水溝の問題などから見て、常時湛水される構造であったとは考えられない。溝の規模としては（墳墓の規模ではなく）、古墳時代の濠とは決定的に異なっていると見てよいであろう。

　弥生時代の墳墓は、溝によって区画された平面形態から方形周溝墓・円形周溝墓、あるいは盛土を有する点や大規模であることから墳丘墓と呼称されている。墳丘の形態からは方形墓・円形墓と呼ぶべきで、この形態分類を提唱する方[21]もあるのは当然であろう。

　これらの墳墓は、一辺あるいは径が10m程度までの小規模墳の場合、溝幅は1～2m程度で、墳丘長軸長に対する溝幅はおよそ10～20%ほどの比率である。また、後期末～庄内期の築造と見られている、一辺が12～13.5mの程度の前方後方形周溝墓の場合（滋賀県岩畑SX-2）、溝幅は2m程度で基本的には変化がない。また、千葉県神門5号墳は円形墓に短い突出部を有する墳形であるが、主丘部32～33m、周溝幅6m程度であるから、溝幅の比率は18%ほどである。

　しかしながら、滋賀県冨波遺跡では一辺が22m程度の前方後方形周溝墓は、前方部の長さは20mあって後方部長に匹敵する（91%）墳形を示し、その周溝幅は4.5～7m程度で、20～32%と若干の溝幅の拡大が見られる。後方部長と溝幅の比率に大きな変化がないとしても、6～7mの溝幅は先の1～2mの溝幅と比較すると、墳丘の壮大さと合わせて訴える力に違いがあることは確かであろう。

　奈良県東南部の大型諸古墳については、陵墓に治定されていることや丘陵上に立地するものも多く、周濠全域の調査は十分ではない。その中で纒向石塚が比較的概要を窺うことができる。纒向石塚は全長約93m、後円丘径約61mあって、約32mの短い突出部を有し、周濠の形態は変則的ではあるものの相似形と見られる。また、濠に湛水されていたことには疑いがないようである[22]。

　本墳のような後円丘に対する前方丘の比率が約48%程度の墳形が、前方後円墳に属するか否かは、なお十分な議論がなされているとは言えない。しかし、濠幅は後円丘側で約20m程度と広く、前方丘前面側は約5mと狭いことが注意され、このことは箸中山古墳にも認められる。纒向石塚などのいわゆる「纒向型前方後円墳」[23]とされる墳墓が、方形・円形周溝墓とは墳丘や周濠の規模において格段の差異が生じていることは明白であろう。

　一重濠と二重濠の濠幅については、かなり断片的な資料からではあるが、明らかに異なっている場合がある。たとえば津堂城山古墳では、一重濠幅は24m（後円部側）～31m（前方部側）、二重濠幅は22mで、一重濠幅と二重濠幅に大きな差異はない。しかし、大阪府大山古墳は一重濠幅73m、二重濠幅13～26m程度であり、京都府久津川車塚は一重濠幅は21mに対して二重濠幅は4.4m～8mと規模の違いは大きく、二重濠を区画溝や外周溝とも呼んでいる所以であろう。

　一重濠幅が二重濠幅の3倍以上の著しい差がある古墳は、福岡県月岡古墳、兵庫県五色塚、奈良県ウワナベ古墳・市庭古墳、大阪府土師ニサンザイ古墳・大山古墳、千葉県内裏塚、群馬県前二子

塚・保渡田薬師塚・井出二子塚などがあげられる。

一方、両濠幅に大きな差異がない古墳としては、福岡県塚堂古墳・仙道古墳、奈良県ヒシアゲ古墳・西乗鞍古墳、大阪府今城塚・誉田山古墳・百舌鳥陵山古墳、京都府宇治二子山古墳・舞塚、埼玉県小沼耕地1号墳・瓦塚・中の山古墳・女塚1号墳、千葉県南羽鳥高野1号墳・舟塚原古墳・栗野049号墳・土気舟塚、群馬県太田天神山古墳、古海松塚1号墳・浅間山古墳・祝堂古墳などがある。なお、ここでも箸中山古墳の濠幅は、一重濠幅が11m、二重濠幅が20~50mと、二重濠幅が広いことを示していて異例である。

さらに、二重濠の規模では、後円部側背面の濠幅と前方部側前面の濠幅の差異が著しい古墳も認められる。

濠幅の規模は墳丘規模との関係が大きいと考えられるものの、一重濠幅と二重濠幅の設定については別の原則があった可能性もあるが、なお十分に究明できない。しかし、二重濠が水を湛えていない点から、外域を画する溝とすることも上記のような実態から疑問も多い。とくに2~3m程度の濠幅はともかく、5mを超えるような濠幅の場合、地形環境によっては絶えず水のたまることは想定される。これらの古墳の二重濠断面図を分析して、湛水の痕跡を検討することは、現状では資料の制約もあって困難である。

5　二重濠の形態と年代

二重濠が構築された年代については表3に示したが、1期の箸中山古墳が指摘されているものの、2期および3期には今のところ類例がない。この点は弥生時代の環濠集落に多重の濠を掘削しており、最古期の古墳に付設されていても不思議ではないであろう。しかしながら、現状でのもっとも遡る例は4期の大阪府津堂城山古墳、宮崎県男狭穂塚、群馬県浅間山古墳の3基のみである。このことから4期以前の成立の問題については検討できる状況ではない。なお、周濠形態は男狭穂塚・浅間山古墳が馬蹄形、津堂城山古墳が楯形である。

5期には宮崎県女狭穂塚、奈良県ヒシアゲ古墳・市庭古墳、大阪府牧野車塚・仲ツ山古墳・百舌鳥陵山古墳、兵庫県五色塚、長野県溝口の塚、群馬県太田天神山古墳の9基がある。近畿6基、九州・中部・関東地域各1基である。これらの周濠形態は、牧野車塚が相似形、溝口の塚が不明、その他の7基は楯形である。

6期は大分県真玉大塚、奈良県ウワナベ古墳、大阪府野中はざみ山古墳・誉田山古墳、京都府久津川車塚、滋賀県野州大塚、岐阜県琴塚、千葉県内裏塚、群馬県梨ノ木山古墳で、近畿5基、九州・東海各1基、関東地域2基の計9基である。周濠形態は梨ノ木山古

表3　時期別の周濠形態表

時期\地域	馬蹄形	相似形	楯形	長方形	円形	方形	卵形	不明	計
1期	1		1						2
2期	—	—	—	—	—	—	—	—	0
3期	—	—	—	—	—	—	—	—	0
4期	2		1						3
5期		1	7						8
6期	1	1	7						9
7期	2		7						9
8期	6	2	11	1			1		21
9期	4	5	8	4	1			1	23
10期	1	5	7	3		1			17
計	17	15	48	8	1	1	1	1	92

註：1期の数字は箸中山古墳のデータであり、一重濠と二重濠の形態が異なっているので、重出している。

墳が馬蹄形、野州大塚が相似形である他は、すべて楯形である。

　7期は近畿地域に8基が知られ、関東地域では1基が確認されている。この時期には大王墳を始めとして各地の首長墳の規模が縮小するが、二重濠の付設にも反映していると想定される。周濠形態は帆立貝形古墳の兵庫県御願塚・群馬県古海松塚1号墳が馬蹄形である以外は、すべて楯形である。

　8期には九州2基、近畿7基、東海・中部各1基、関東地域9基の計20基となっている。近畿地域ではこの時期を最後に二重濠はほとんど付設されなくなり、その他の地域では最盛期を迎える。この時期の周濠形態は、帆立貝形古墳の京都府舞塚・愛知県勝手塚、前方後円墳の群馬県上並榎稲荷山古墳・保渡田薬師塚・保渡田八幡塚・井出二子塚の6基が馬蹄形であり、とくに保渡田古墳群の3基は注目されよう。

　また、帆立貝形古墳の兵庫県野々池7号墳・埼玉県女塚1号墳の2基が相似形であり、埼玉県稲荷山古墳1基が長方形、その他の11基は前方後円墳で楯形周濠である。

　9期には九州で7基、近畿・東海・中部で各1基、関東13基となっている。九州と関東地域の付設頻度が顕著である。周濠形態は馬蹄形4基、相似形5基、楯形8基、長方形4基、円形1基、不明1基の計23基である。

　10期には関東地域のみに17基が構築され、周濠形態は馬蹄形1基、相似形5基、楯形7基、長方形3基、方形1基である。

　表4に示したように、二重濠は近畿地域では5期から8期に多く構築され、九州地域では8・9期に、関東地域では8期から10期に多用されたと言える。一方、二重濠の構築開始が近畿地域にあるとすることは、現状の資料からは即断できない。

　さらに、墳形別の時期については表5に示したように、前方後円墳の76基は4期～10期まで連続して付設されているが、帆立貝形墳11基は6期～10期まで、円墳2基は9・10期、方墳1基は10期となっている。この状況はから見ると、二重濠はまず前方後円墳に付設され、帆立貝形墳、円・方墳に付設されるようになったと言えよう。

表4　地域別にみた二重濠の時期

地域／時期	九州	中国	四国	近畿	東海	中部	関東	東北	計
1期				1					1
2期									
3期									
4期	1			1			1		3
5期	1			6		1	1		9
6期	1			5	1		2		9
7期				8			1		9
8期	2			7	1	1	9		20
9期	7			1	1	1	13		23
10期							17		17
不明	1	1					2		4
計	13	1		29	3	3	46		95

表5　時期別による墳形

墳形／時期	前方後円墳	前方後方墳	帆立貝形墳	円墳	方墳	計
1期	1	—	—	—	—	1
2期	—	—	—	—	—	0
3期	—	—	—	—	—	0
4期	3	—	—	—	—	3
5期	8	—	—	—	—	8
6期	8	—	1	—	—	9
7期	6	—	2	—	—	8
8期	16	—	5	—	—	21
9期	19	—	3	1	—	23
10期	15	—	1	1	1	18
計	76	0	12	2	1	91

時期による周濠形態については、箸中山古墳を除くと、馬蹄形・相似形・楯形の3形態は4期から10期まで造られている。また、長方形周濠は8期から10期の関東地域の古墳に付設された形態である。さらに、円形・卵形周濠は8期から10期に構築され、九州地域・関東地域に造られた形態と言える。

おわりに

古墳を繞るすべての一重濠に、築造当初から水を湛えていたかどうかについても、意見の一致を見ているとは言えない。たとえば、墳丘が傾斜地にある兵庫県五色塚などのように、台地上位部の後円部と下位部の前方部との濠底の比高差は1.7mあって、前方部側に大規模な築堤をしなければ同一水面で水を溜めることができない。また、福岡県御塚などのように、三重濠は多くの不連続部があって周濠とは呼び難い形状を示している。また、濠の深さも1m未満の古墳も多く見受けられる。

すなわち、白石太一郎氏が論じられた[24]ように、水を湛える機能をもった周濠と、たんなる空濠ないしは溝状遺構である周溝とを区別されたのは妥当であろう。また、「水濠をめぐらす古墳は、日本各地に普遍的にみられるものではなく、奈良盆地と大阪平野を中心とする近畿中央部の大型古墳に特徴的にみられるものである。」とする意見も首肯できるであろう。しかし、空濠ないしは溝状遺構も、墳丘形態と密接な関連のもとに掘削されていることは確実である。また、1m程度の濠の深さでも、谷水や湧水によって湛水することは可能であろう。

これまで二重濠の平面実態について述べてきたが、濠幅や深さなどについての検討は不十分であり、とくに濠の深さは断片的な資料のみである。二重濠の評価については、区画溝や外周溝と呼称して一重濠との違いを強調する意見もある。しかしながら、一重濠の例ではあるが兵庫県池田古墳は、約3度の傾斜地に築造された全長141mの前方後円墳であり、おそらく第1段テラスから濠底まで約1m程度の深さとなっている。本墳はクビレ部に仕切り堤を構築していたが、濠内堆積土壌の分析から清澄な湧水に生育する滞水性植物の種子が検出されている。あるいは、二重濠の例ではウワナベ古墳において、滞水していたと見られている。この程度の濠の深さにおいても、滞水することが認められるとすれば、「からぼり」とする判断は慎重さが求められよう。

二重濠を構築した墳墓は、どのような立場の被葬者であったかを窺うこととする。なお、遺漏も多いであろうが二重濠を備えた95基の古墳については、各古墳の詳細な検討を要するのであるが、紙数の関係から割愛せざるを得なかった。基本的には『前方後円墳集成』などの成果を参考にさせて頂いて、表6のように纏めた。

結論としては、大王墳と想定されている大型古墳も、後の律令期の国程度の領域を支配した広域首長も、同じく郡域ないしはそれらより狭い地域の首長も、さらに大王墳や広域首長墳に従属ないしは随伴すると見られる古墳（大阪府峯塚、埼玉県愛宕山古墳・瓦塚）にも、二重濠は付設されていると言える。それらのことは墳形にも如実に表れていて、大古墳に限らず、中・小型の前方後円墳、帆立貝形墳、円墳、方墳に認められる。

表6　時期別による古墳の性格

	大　王　墳	広　域　首　長　墳	小地域首長墳（含随伴墳）
1期	●箸中山古墳（290m）		
2期			
3期			
4期	●津堂城山（208m）	▲男狭穂塚（167m）、●浅間山（172m）	
5期	●ヒシアゲ（219m）、●市庭（250m）、●仲ツ山（290m）、●百舌鳥陵山（360m）	●女狭穂塚（177m）、●五色塚（194m）、●太田天神山（210m）	●牧野車塚（108m）、●溝口の塚（50m）
6期	●ウワナベ（270m）、●誉田山古墳（425m）、	●琴塚（115m）、●久津川車塚（180m）、●内裏塚（144m）	●真玉大塚（125m）、●野中はざみ山（103m）、▲野洲大塚（72m）、●梨ノ木山（82m）
7期	●市野山（230m）、●軽里前の山（190m）、●土師ニサンザイ（290m）、●田出井山（148m）、●大山古墳（486m）、●御廟山（186m）	●淡輪ニサンザイ（180m）	▲御願塚（52m）、▲古海松塚1号（47m）
8期	●今城塚（186m）	●稲荷山（120m）、●上並榎稲荷山（122m）、●不動山（94m）●七輿山（146m）、●保渡田薬師塚（105m）、●保渡田八幡塚（102m）、●井出二子塚（108m）●摩利支天塚（121m）	●月岡（95m）、●花見塚（46m）、●峯塚（96m）、●西乗鞍（118m）、▲舞塚（39m）、●塚本（32m）、▲野々池（21m）、●林之腰（90m）、▲勝手塚（53m）、●塚原二子塚（68m）、▲女塚1号（46m）
9期		●宇治二子塚（112m）、●二子山（138m）、●九条塚（103m）、●中二子（108m）、▲前二子（94m）、●正円寺（73m）、●琵琶塚（123m）	▲御塚（78m）、○権現塚（48m）、●大善銚子塚（80m）、●塚堂（91m）、●東光剣塚（75m）、●今宿大塚（64m）、●須多田下ノ口（85m）●小幡長塚（81m）、●正清寺（60m）、▲小沼耕地1号（40m）、●愛宕山（53m）、●瓦塚（75m）、●江子田金環塚（47m）、●南羽鳥高野1号（48m）●舟塚原（54m）、●天神二子塚（44m）
10期		●真名板高山（104m）、●鉄砲山（109m）、●将軍山（102m）、●大堤権現塚（115m）	●中の山（79m）、□戸場口山（42m）、●殿塚（88m）●朝日ノ岡（70m）、●西ノ台（90m）、●根崎12号（86m）、●不動塚（63m）、●三条塚（122m）、●稲荷山（111m）、●金鈴塚（95m）、▲栗野049号（17m）、●土気舟塚（44m）、●綿貫観音山（97m）

古墳名の後の（　）内数字は、墳丘全長を示す。
●は前方後円墳、▲は帆立貝形墳、○は円墳、□は方墳を示す。

　また、8期から10期の大王墳において確認されていない状況であるに比して、各地における広域首長墳や小地域首長墳には多く付設されている。とくに、九州・関東地域の構築数が注目される。一方、8・9期の大王墳については調査が不十分であるとは言えるが、たとえば9期の河内大塚や10期の見瀬丸山古墳では確認されていない。
　以上のような状況が確実になれば、近畿地方における大王墳の墳丘構造は、墳丘規模の巨大であることや墳丘の装飾といった質量の卓越性は認められるとしても、その隔絶性までには至っていないとも考えられよう。このことは、前方後円墳が終焉した以後も、大王の奥津城として方墳が採用

されると、各地の多くの首長も同様に方墳を築造している実態があることは重要であろう。

　二重濠が構築された理由として、白石太一郎氏は「いずれも周濠の外堤の外側を画するもので、墓域を画する性格をもつものといえるかも知れないと」[25]と述べられていることに尽きるであろう。しかし、一重濠においても墓域を画する性格であることは従来から述べられてきた。本稿では、「濠」の概念に疑問を有しながらも、二重濠の構築が近畿地方のみにとどまらず各地において付設されていることに注目した。また、前方後円墳に限らず帆立貝形墳・円墳・方墳にも採用されいること、さらに、大型墳ばかりではなく小型墳にも造られている実態を指摘した。

　なお、紙数の関係から各古墳の文献を掲示できなかったことを、深くお詫び致します。また、広域にわたる資料の収集であり、遺漏も多いとをお断りし、大方のご教示を乞う次第である。

註

（１）　森浩一『古墳の発掘』1965年
（２）　杉本憲司「中国古代の陂池」『池』1978年
（３）　森浩一『巨大古墳の世紀』1981年
（４）　梅田重昭「前方後円墳に附設する周堀について」『考古学雑誌』45巻3号　1959年
（５）　市毛勲「前方後円墳における長方形周濠について」『古代学研究』71号　1974年
（６）　末永雅雄「古墳の周庭帯と陪塚」『書陵部紀要』13号　1962年
（７）　（３）前掲論文。
（８）　一瀬和夫「前方後円形墳丘の周溝掘削パターンと区画性」『古代学研究』112号　1986年
（９）　白石太一郎「古墳の周濠」『角田文衛博士古稀記念　古代学叢論』1983年
（10）　上田宏範『前方後円墳』第2版　1979年
（11）　堅田直「前方後円墳の立地と周濠構造」『歴史研究』第7・8号合併号　1981年
（12）　石部正志・田中英夫・堀田啓一・宮川徙「畿内大型前方後円墳の築造規格について」『古代学研究』89号　1987年
（13）　倉林眞砂斗「周掘の形と大きさ」『物質文化』NO68　1999年
（14）　中井正弘『仁徳陵』1998年
（15）　柏原正民「周溝形態から見た帆立貝式古墳」『文化財学論集』1994年
（16）　本稿では馬蹄形濠と楯形濠の区分ついては、後円部側の幅が前方部側の幅より狭い場合を馬蹄形、同じ幅か広い場合を楯形とした。
（17）　寺沢薫「箸墓古墳築造プランの復元」『箸墓古墳周辺の調査』2002年
（18）　山下通夫「方形堀円墳―交野市・東車塚南古墳第3号墳調査概報―」『郵政考古』3号　1973年
（19）　石野博信・辻俊和・萩原儀征・寺沢薫・金原正明・奥田尚・大西貴夫・小池香津江・橋本輝彦・南部裕樹・光谷拓実「周溝墓と古墳」『大和・纒向遺跡』2005年
（20）　註（9）論文。
（21）　岸本一宏「「弥生時代の低地円丘墓について」『兵庫県埋蔵文化財研究紀要　創刊号』2001年
（22）　石野博信「纒向石塚古墳」『大和・纒向遺跡』2005年
（23）　寺沢薫「纒向型前方後円墳の築造」『大和・纒向遺跡』2005年
（24）　註（20）に同じ。
（25）　註（9）前掲論文。

関東における古墳時代前期の玉作
―― 「香取海」沿岸地域を中心に ――

木﨑　悠

はじめに

　古墳時代における玉作研究は、従来の製作技法の追及が主体であった状況から、生産体制や流通[1]、他種の手工業生産との関連性[2]などについて幅広く論じられるようになり、玉作が当時の社会において欠くことのできない重要な産業の1つであることが明らかになりつつある。まとまった玉作遺跡の分布をみせる山陰、北陸、畿内などでは、地域ごとに玉類生産の様相が検討されており、環境の相違による多様性や、社会情勢の変化に影響を受けた生産体制の変容などが指摘されている[3]。また、古墳時代中期以降に爆発的な増加をみせる石製模造品製作については、玉作からの技術的系譜が辿れることが指摘されており[4]、膨大な発掘調査データの集成と、製作技法や石材産出地、生産流通体制などについての詳細な分析の成果[5]は玉作研究の進展にも繋がるものである。

　関東においては、千葉県成田市八代玉作遺跡の調査を端緒として、寺村光晴氏を中心に行われてきた調査・研究の蓄積がある[6]。玉作遺跡の分布密度が高い千葉県では、県内の玉作遺跡と石製模造品製作遺跡を集成し、詳細な分析が行われている[7]。さらに近年は、中期以降に爆発的増加する石製模造品製作遺跡の調査が栃木県を中心に多数行われており、その成果から模造品の製作技術や生産流通体制についての研究が飛躍的に進んでいる[8]。一方、玉作については各遺跡の調査報告で検討は行われているものの、関東全域を視野に入れた生産体制や流通管理体制に関しては、具体的な提示がなされていないと言えよう。確かに、他地方と比較して検証に耐えうる遺跡数は存在せず、玉作工房跡の検出例はさらに限られる。石材産出地と製作地の関係についても判然としない。しかし、これまでの個別研究の成果を踏まえて、新たな視点で再検討することで関東独自の様相を捉えておくことが現段階において必要ではなかろうか。

　本地方では、山陰や北陸などと異なり、弥生時代に玉作を実施していた痕跡がほとんど確認できておらず、古墳時代前期後半にほぼ一斉に出現し、中期初頭には消滅する。この現象は、政治的あるいは社会的要因により、製作者集団あるいは製作技術が流入して玉作が行われた可能性を示唆するものと思われる。つまりは、特有の生産体制が存在することも考えうる。本論では、そうした可能性を視野に入れつつ検証を行う。

1　関東における玉作遺跡

はじめに、関東で玉作の内容がある程度明らかにされている遺跡について、現在の行政区分ごとに概観する。

(1)　茨城県（図1-1～6）

茨城県内で確認されている玉作遺跡は、県北部の久慈川中流域に位置する常陸太田市金砂郷玉造遺跡を除いては、霞ヶ浦の土浦入り（土浦市域）と利根川北岸に分布する。利根川下流域と霞ヶ浦とその周辺の湖沼群は、古墳時代において一連の内海を形成していた。本地域の古墳文化について総合的な検証をされた白井久美子氏は、この内海全体の名称を「香取海」としている[9]。

金砂郷玉造遺跡[10]では、工房跡は検出されていないものの、瑪瑙製勾玉未成品と剥片が出土しており、瑪瑙製勾玉が製作されていた可能性が高い。なお、久慈川支流の玉川などで瑪瑙の転石が[11]、そして遺跡北側に隣接する山中で瑪瑙原石が産出することが確認されており[12]、使用石材の産出地に近接した地で生産されていたことが窺われる。土浦入りでは、緑色凝灰岩製管玉や瑪瑙製勾玉などを製作する烏山遺跡[13]と瑪瑙製勾玉を主体とする八幡脇遺跡[14]、そして滑石質材の管玉を製作する浅間塚西遺跡[15]が分布する。八幡脇遺跡では、鍛冶工房跡も確認されており、複合的な手工業生産が実施されていた点も重要視する必要があろう。他に、工房跡は検出されていないが、浅間塚西遺跡と同じ台地上にある大宮前遺跡[16]では緑色凝灰岩製管玉の未成品が、烏山遺跡付近に立地する寄居・うぐいす平遺跡[17]では筋砥石や内磨砥石が出土しており、さらに複数の玉作遺跡が存在する可能性が高い。利根川北岸の台地上に立地する稲敷市上の台遺跡[18]は、試掘調査により工房跡が確認されている。緑色凝灰岩製管玉、滑石製管玉・臼玉の未成品に加え、石製模造品の未成品も出土している。また、石製腕飾類を製作するさいに生じる刳貫円板も表採されており注目される。長峰遺跡[19]は、上の台遺跡の西約10kmに位置しており、工房跡が1軒検出されている。出土した未成品より滑石質の管玉と勾玉が製作されていたと考えられる。隣接する桜山古墳（前方後円墳・全長71.2m）[20]では、長峰遺跡で製作されたものと同類の管玉が副葬されており、その関連性についても検討していく必要がある。

(2)　千葉県（図1-7～14）

関東においてもっとも多くの玉作遺跡が検出されている。その分布は、利根川南岸の香取郡下総町と、印旛沼東岸の成田市に集中しており、前者は大和田玉作遺跡群、後者は八代玉作遺跡群と呼称されている[21]。大和田玉作遺跡群は、利根川南岸の台地上に位置する。玉作工房が確認されている遺跡は、稲荷峰遺跡[22]と治部台遺跡[23]の2遺跡であるが、6遺跡（房台・八幡神社・大日台・松葉・平台・山崎遺跡）で玉類の未成品が採集されている[24]ことから、複数の玉作工房が存在した可能性が高い。また、この遺跡群では石製模造品製作遺跡も多数確認されている。八代玉作遺跡群は、印旛沼東岸の台地上に位置する。八代[25]・外小代[26]・大竹[27]遺跡が主要な遺跡である。大竹

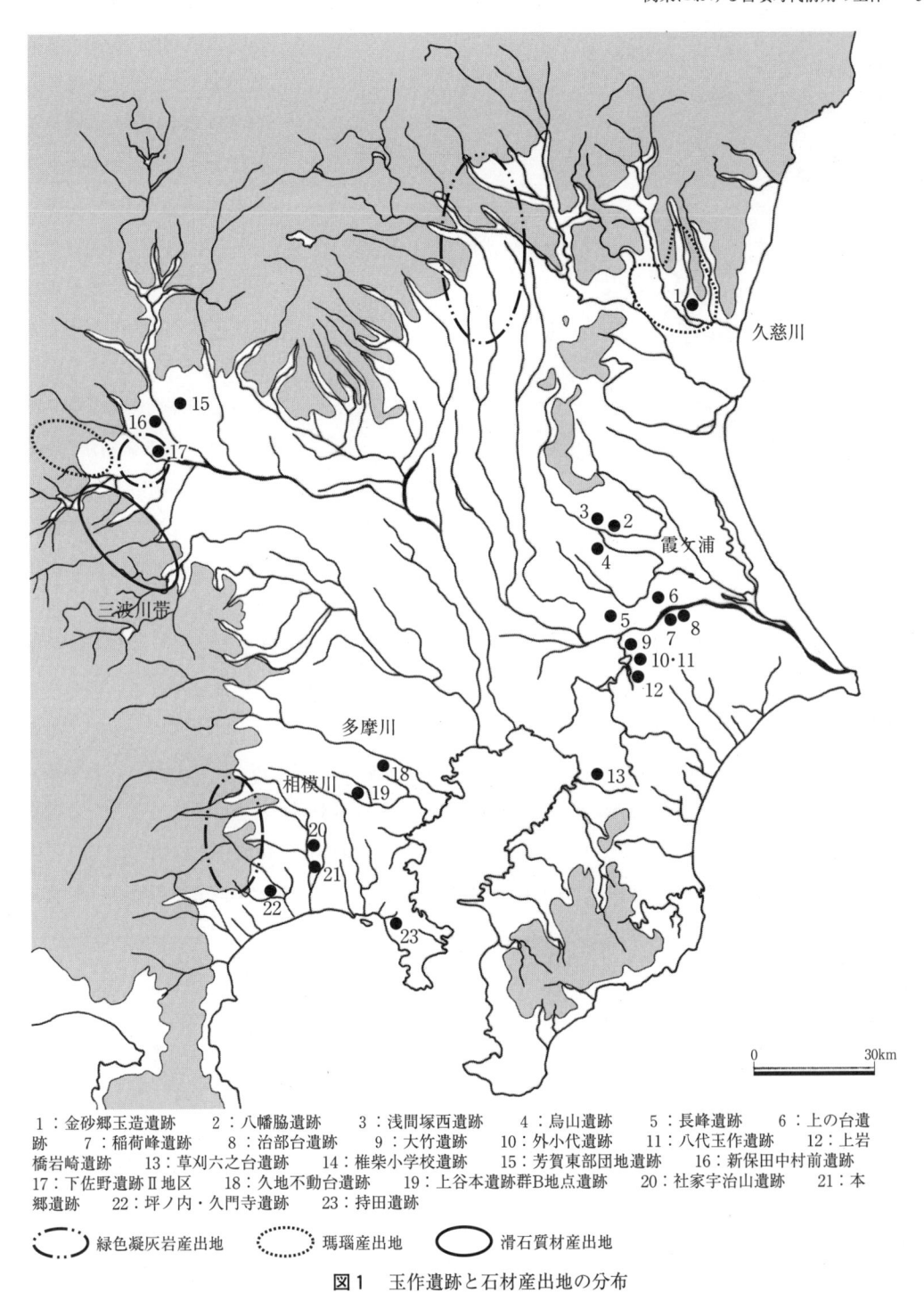

1：金砂郷玉造遺跡　　2：八幡脇遺跡　　3：浅間塚西遺跡　　4：烏山遺跡　　5：長峰遺跡　　6：上の台遺跡　　7：稲荷峰遺跡　　8：治部台遺跡　　9：大竹遺跡　　10：外小代遺跡　　11：八代玉作遺跡　　12：上岩橋岩崎遺跡　　13：草刈六之台遺跡　　14：椎柴小学校遺跡　　15：芳賀東部団地遺跡　　16：新保田中村前遺跡　　17：下佐野遺跡Ⅱ地区　　18：久地不動台遺跡　　19：上谷本遺跡群B地点遺跡　　20：社家宇治山遺跡　　21：本郷遺跡　　22：坪ノ内・久門寺遺跡　　23：持田遺跡

⬭ 緑色凝灰岩産出地　　⬭ 瑪瑙産出地　　○ 滑石質材産出地

図1　玉作遺跡と石材産出地の分布

遺跡については、検出された遺構すべてを調査していないため詳細は不明であるが、八代・外小代遺跡は、玉作関連遺物の出土量や工房跡の検出数からいずれも専業的に玉作を行っていたと報告されている。本遺跡群でも、大和田玉作遺跡群同様に石製模造品製作遺跡が確認されている。外小代

遺跡の南東部に位置する石崎遺跡[28]では、大規模な石製模造品の製作が確認されており、大竹遺跡の北西部にも複数分布する[29]。さらに、八代玉作遺跡群から6km程南の印旛沼東岸に位置する酒々井町上岩橋岩崎遺跡[30]では、工房跡1軒と同時期の古墳群が検出されている。古墳（6号墳）の埋葬施設からは、玉作工房跡で製作されていたものと類似する玉類が出土している。

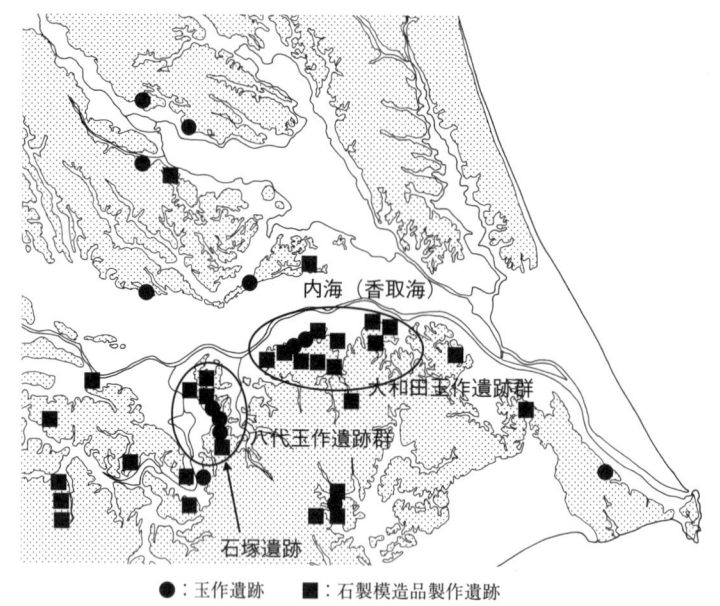

図2　香取海沿岸地域における玉作遺跡・石製模造品製作遺跡の分布
●：玉作遺跡　■：石製模造品製作遺跡

　他に、2つの玉作遺跡群からは距離を置くが、利根川下流南岸に位置する銚子市椎柴小学校遺跡[31]と、東京湾に注ぐ村田川の北岸に位置する市原市草刈六之台遺跡[32]が挙げられる。椎柴小学校遺跡については、玉作関係遺物は出土しているものの、工房跡は確認されておらず、実際に生産が行われたかは不明確であるが、伴出している土器が他の玉作遺跡より古く、東海地方からの搬入品も出土していることから、本地域における玉作技術の導入時期や経路を考える上で鍵となる遺跡として重要である。後者の草刈六之台遺跡は、古墳時代前期で165軒の住居跡が検出されている大規模な集落遺跡であるが、工房跡は1軒のみの検出である。工房跡の半分が調査区外となりプランは不明であるが、緑色凝灰岩製管玉の未成品が出土している。

(3)　**群馬県**（図1-15～17）
　群馬県内で確認されている遺跡は、滑石質材の産出地である三波川帯から流れ出る河川流域に分布する傾向にある。高崎市下佐野遺跡Ⅱ地区[33]では、玉作工房跡が7軒検出され、出土遺物から主に滑石質の管玉・勾玉・琴柱状品が製作されていたと報告されている。前橋市芳賀東部団地遺跡[34]では、玉作工房跡が2軒検出され、緑色凝灰岩の管玉未製品が出土している。また、高崎市新保田中村前遺跡[35]では河川跡から勾玉や管玉の未成品が出土しており、玉作工房跡の存在が推定されている。

(4)　**神奈川県**（図1-18～23）
　県東部の多摩川・鶴見川水系と三浦半島西部、そして中部の相模川・花水川水系に分布している。他地域と同様に古墳時代前期後半に玉作が開始されるが、花水川水系の坪ノ内・久門寺遺跡[36]は、弥生時代終末期頃の新潟からの搬入土器が出土しており、他の玉作遺跡とは異なる導入

経路が存在したようである。本地域では緑色凝灰岩を使用して主に管玉が製作されていたようだが、本郷遺跡[37]と久地不動台遺跡[38]では石製品の未成品が出土しており、本地域において石製品が製作されていたことが窺われる。持田遺跡[39]でも石釧が出土しているが、使用石材から現地で生産された可能性は低いとされる[40]。丹沢山地の東部で玉作に適した緑色凝灰岩の露頭・転石が確認されていることから、それを利用し玉作が展開されていたものと考えられる。

　以上、関東における玉作遺跡について概観してきた。報告書の未刊行や、本調査が実施されていない遺跡などが存在することで不明瞭な点が多く、詳細な検討が困難な状況にあることは否めない。しかし、玉作遺跡の分布状況・石材産出地・玉類の組成の関係性の検討と、玉作工房跡の規模構造や生産内容について遺跡内・遺跡間で比較をすることは可能であると考える。そこで本論ではこれら2つの観点から関東の玉作を検証することで、その生産体制の様相を浮き彫りにしていきたい。

2　玉作遺跡と使用石材

(1)　遺跡の分布と石材産出地

　玉作遺跡は、前項で概観した地域ごとの様相と遺跡の分布図（図1）から、河川や湖沼に面する台地上に立地することが言える。とくに、茨城南部と千葉北部の遺跡については、前述したように現在の霞ヶ浦・北浦・利根川流域が内海（香取海）を形成していたことを考慮すると、すべて同一水系に属する。これは、水系単位で分布を見た場合、他地域と比較して格段に多い遺跡数となる。

　石材産出地については、関東全域を対象とした高橋直樹氏の研究成果[41]があげられる。しかし、実際に玉作に使用された石材と露頭や河川で表採できる転石を比較検討されている稲村繁氏によると、玉類への利用という観点からみた場合、適応した石材が採集できる地点というのは限られるとされており、緑色凝灰岩は神奈川の丹沢山塊東部、群馬西部の三波川帯東部（鏑川流域）、栃木西部の宇都宮—日光地域（鬼怒川流域）や塩原地域（那珂川流域）、瑪瑙では茨城北部の久慈川流域、群馬の三波川帯西部（鏑川上流域）で産出する石材が適しているとのことである。滑石質材については、石製模造品を対象とした研究においても産地の特定が検証されており、関東では三波川帯が主たる産地として認識されている[42]。

　これらの成果に遺跡の分布を重ねてみると、茨城北部（瑪瑙）・群馬西部（滑石）・神奈川（緑色凝灰岩）地域については推定されている石材産出地付近に遺跡が分布していることがわかる。これに対して茨城南部から千葉北部にかけての同一水系とされる地域（香取海沿岸地域と仮称する）においてはいずれの産出地からも離れており、石材産地の特定が困難である。しかしこの現象から、石材入手の利便性より優先する選定要因が存在したとも考えられよう。

(2)　使用石材と製作された玉類の組成

　遺跡の分布から、各地域における石材産出地との関連性の濃淡が見えてきた。ここでは実際に玉

作遺跡で出土した玉作関連遺物から、使用石材と製作された玉類の組成を確認していく（表1）。まず石材についてであるが、緑色凝灰岩は茨城北部地域を除いて使用が認められる。神奈川や千葉では主体的な石材として用いられているが、群馬においては玉作開始時期に単発的に用いられているだけで主体とはならない[43]。滑石質材は、三波川帯が控える群馬で主体的に利用されている。また、香取海沿岸地域でも浅間塚西遺跡や長峰遺跡など滑石質材のみを使用する遺跡が存在する。瑪瑙については、産出地に近接する金砂郷玉造遺跡では限定的に使用されている。また、土浦入りの八幡脇遺跡においても瑪瑙が主体であり、烏山遺跡では緑色凝灰岩・滑石質材と共に瑪瑙も使用されているが、他地域で瑪瑙が出土している遺跡と比較してその割合が高い。

次に、製作玉類の組成であるが、緑色凝灰岩と滑石質材の違いに関わらず、管玉の製作が主体となっている。石製品と大形管玉[44]については製作される遺跡が限られている。また、上述した瑪瑙の使用頻度の高い遺跡では、勾玉が主体となる。つまり、石材産出地に近接する遺跡においては、そこで産出する石材を主体的に使用しており、緑色凝灰岩と滑石質材の場合は管玉を主体と

表1 玉作遺跡の消長・玉の組成・工房数

No.	遺跡名	弥生末	古墳I	古墳II	古墳III	中期	緑色凝灰岩 管玉	勾玉	石製品	大形管玉	滑石質材 管玉	勾玉	平玉	その他	瑪瑙 勾玉	工房数	備考
1	金砂郷玉造遺跡				■										○	–	
2	八幡脇遺跡			▨			○				○	○			○	2/9(22%)	
3	浅間塚西遺跡				■						○					1	
4	烏山遺跡		■	■			○			○	○	○	○		○	4/43(9%)	
5	長峰遺跡	■	■	■	■						○	○				1/52(2%)	
6	上の台遺跡				┈		○		○					○		1	
7	稲荷峰遺跡				■		○				○					1	
8	治部台遺跡				┈		○				○					1	
9	大竹遺跡				■		○			○			○			1	
10	外小代遺跡			■			○									8/30(27%)	
11	八代遺跡			■			○									10/26(38%)	
12	上岩橋岩崎遺跡		■	■			○				○					1/3(33%)	
13	草刈六之台遺跡	■	■				○									1/165(1%)	
14	椎柴小学校遺跡		▨													–	緑色凝灰岩剥片
15	芳賀東部団地遺跡I		■				○	○								2/73(3%)	
16	新保田中村前遺跡		┈								○					–	河川跡出土
17	下佐野遺跡II地区			■	■						○	○	○	○		7/14(50%)	
18	久地不動台遺跡		▨				○		○							–	
19	上谷本遺跡群B地点遺跡		▨				○									2	
20	社家宇治山遺跡		┈				○									1	
21	本郷遺跡			■	■		○		○							6/11(55%)	
22	坪ノ内・久門寺遺跡	■					○									–	
23	持田遺跡		▨	▨			○			○						–	

し、瑪瑙は勾玉に加工されている。また、香取海沿岸地域においては、遺跡の大半が緑色凝灰岩の管玉を主体としているが、滑石質材の管玉を主体に製作している遺跡も存在し、土浦入りに分布する八幡脇遺跡・烏山遺跡では瑪瑙勾玉の製作が特徴的である。こうした産出地に近接しない地域の様相は、石材入手方法や生産管理体制の違いが影響している可能性が考えられる。

3 集落における玉作

本項では2つ目の観点である集落における玉作工房の位置づけとその内容について検討を行っていく。

(1) 玉作遺跡の継続期間

報告書の記載事項や出土遺物から時期が特定できる遺跡を対象に、集落としての継続期間を見ていく。本稿では比田井克仁氏による土器編年[45]を指標とし、古墳時代前期を3段階に分けている。表1の太線部分は玉作実施時期を表わし、グレー線は不確定なものを示す。

玉作実施時期は、古墳時代前期Ⅱ・Ⅲ段階にほぼまとまる。しかし、集落としての継続期間は遺跡により異なっており、①弥生時代から古墳時代中期以降まで継続する遺跡、②玉作実施時期とリンクする遺跡、③玉作開始時期から玉作終焉以降も継続する遺跡、の大きく3パターンに分けられるようである。

(2) 工房数と集落における占有率

表2に掲載している12遺跡38工房跡を対象として取り上げる。時期については、前述したように比田井氏の編年による。まずは、工房が単体で存在する遺跡は12遺跡中7遺跡と半数以上を占める。逆に、工房数が最多であるのは八代玉作遺跡の9軒で、次に8軒の外小代遺跡が続く。

これを時期別に見ていくと、Ⅱ段階の最多工房数は5軒で外小代遺跡と下佐野遺跡であり、Ⅲ段階では八代玉作遺跡の4軒となる。単純な工房数の比較からは、単体で存在する遺跡が大半を占めること、複数存在する遺跡については千葉北部の八代玉作遺跡群の2遺跡と群馬の下佐野遺跡が群を抜くことが言える。

さらに、集落における工房跡の占める割合をみる。発掘調査により遺跡全体の様相がある程度明らかになっている10遺跡を対象とし、同時期の一般住居数に占める工房数の割合を表1に示した。結果は、10％以下が、烏山・長峰、草刈六之台・芳賀東部団地の4遺跡でもっとも多く、20〜40％が八幡脇・外小代・八代玉作の3遺跡、50％以上が下佐野・本郷2遺跡となった。ちなみに、工房跡が全体の10％以下である遺跡は、いずれも40軒以上の竪穴住居跡を検出している大規模集落である。

(3) 工房面積と形態

工房跡は、出土遺物から時期が確定でき、遺構プランの検出が良好であるもの10遺跡34工房跡を

表2 玉作工房一覧（Noは第1図と第1表に対応する）

No	遺跡名	遺構名	時期	規模(m²)	緑色凝灰岩製管玉							滑石製管玉						工作用ピット
					母岩・残核	荒割	形割	側面調整	研磨	穿孔	仕上・完成品	母岩・残核	荒割	形割	側面調整・研磨	穿孔	仕上・完成品	
3	浅間塚西遺跡		Ⅲ?	—										○	○			○
4	烏山遺跡	A-18号住居跡	Ⅱ	19.36			○	○					○		○			○
		A-20号住居跡	Ⅱ	15.84	○	○	○	○	○	○			○		○			—
		A-34号住居跡	Ⅲ	18.40			○	○										
		A-57号住居跡	Ⅲ	39.00	○	○	○	○				○	○		○			○
5	長峰遺跡	第85号住居跡	Ⅱ	26.90									○					○
7	稲荷峰遺跡	1号址	Ⅲ	23.51		○	○	○					○	○	○	○		○
9	大竹遺跡	第1号址	Ⅲ	56.78	○	○	○	○		○								○
10	外小代遺跡（公津原 Loc.40）	018号址	Ⅱ	35.40			○	○										○
		034B号址	Ⅱ	38.43	○		○	○							○			—
		040号址	Ⅱ	36.58			○	○	○			○			○			×
		055号址	Ⅱ	43.09	○		○						○					
		071号址	Ⅱ	46.12	○													—
		016A号址	Ⅲ	55.48	○		○	○	○			○	○		○			×
		019B号址	Ⅲ	53.64	○		○	○	○				○		○			
		041A号址	Ⅲ	59.29			○	○		○			○		○			×
11	八代遺跡（公津原 Loc.39）	003号址	Ⅱ	33.04		○	○						○					×
		005号址	Ⅱ	50.26			○	○				○		○		○		
		007号址	Ⅱ	24.38			○									○		×
		010号址	Ⅲ	29.64	○		○	○										×
		014号址	前期	39.44			○											×
		020B号址	前期	64.34									○	○				—
	八代玉作遺跡（昭和37・8年調査）	八代第1号址	Ⅲ	56.25			○	○						○				○
		八代第3号址	Ⅲ	21.62		○	○							○				○
		八代第6号址	Ⅲ	52.60		○	○							○				○
12	上岩橋岩崎遺跡	2A号住居址	Ⅱ	25.14	○	○	○											○
13	草刈六之台遺跡	929号	Ⅱ	—			○	○										○
15	芳賀東部団地遺跡Ⅰ	H466号住居址	Ⅱ	31.54		○												—
17	下佐野遺跡Ⅱ地区	6区9号住居跡	Ⅱ	29.87								○	○	○	○	○	○	○
		7区30号住居跡	Ⅱ①	41.16								○		○				○
		7区41号住居跡	Ⅱ①	54.47								○		○				○
		7区22号住居跡	Ⅱ②	35.06								○		○				×
		7区24号住居跡	Ⅱ②	48.91								○		○				○
		7区23号住居跡	Ⅲ③	37.91								○		○				×
		7区51号住居跡	Ⅲ③	36.00								○		○				○
21	本郷遺跡	OS第1号住居址	Ⅱ	24.26		○	○	○	○	○								○
		OS第11号住居址	Ⅱ	24.00	○	○	○	○	○									○
		DO第22号住居址	Ⅲ?	24.00		○	○											×

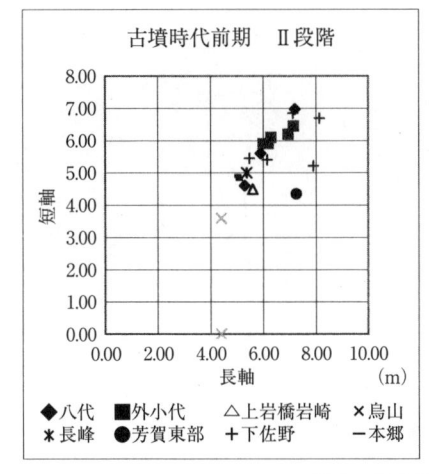

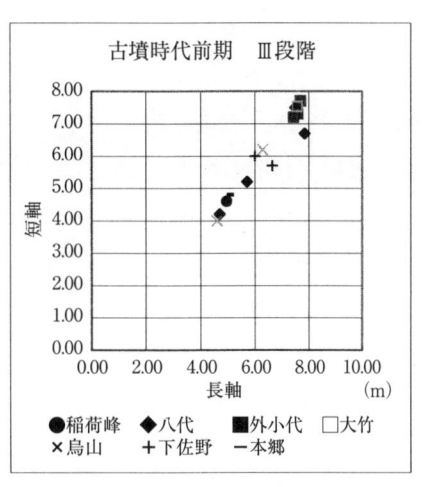

図3　玉作工房規模散布図

選定した（表2）。方法としては、長軸をX軸、短軸をY軸とした散布図（図3）を時期別に作成しその変化と傾向をみていく。

形態については、Ⅱ段階において長方形のプランが若干存在（群馬県下佐野・芳賀東部団地）する他はほぼ正方形を呈する。規模は、Ⅱ段階では小規模な烏山遺跡を除いてまとまる傾向にある。そのまとまりを遺跡ごとにみていくと、一辺6m以上には外小代遺跡が集中しているが、八代玉作と下佐野遺跡の一部の工房も分布している。Ⅲ段階になると、外小代遺跡はさらに大型化し、規模・形態は共に統一化されていく。そしてそこに重なるように大竹・八代玉作遺跡が分布する。八代玉作遺跡は前段階同様にばらつきがあるが、下佐野遺跡はまとまりをみせ、その他の遺跡については、縮小化の傾向にある。結果としては、Ⅲ段階において規模の二極化が起こることが言える。そして、その大型工房のいずれもが八代玉作遺跡群の遺跡に存在している。

(4) 工作用特殊施設について

玉作工房には、所謂「工作用ピット」と呼ばれる工作用の特殊施設を有する場合がある。この施設やその周辺から玉作関連遺物が多数出土することから生産に関係する施設とされている[46]。出土遺物から研磨段階での使用との指摘がされているが、ピットの形態は複数種検出されており、未だ使用方法について確定されていない状況である。ここで、工作用ピットの有無を表2で確認すると、すべての工房には伴わないことがわかる。ただし、単体で工房が存在する遺跡では、芳賀東部団地遺跡以外すべてで検出されている。次項で検証するが、これらには形割段階以降の工程のみを実施していたと考えられる工房も含まれる。つまり、必然的に工作用ピットは形割段階以降で使用される施設という可能性が高くなる。しかし、工作用ピットを設置しない工房でも形割段階以降の遺物が出土している場合があり、検出状況の再確認や遺物の出土状態を詳細に検討し慎重に考えていく必要がある。

(5) 管玉の製作からみた分業

　これまでの検証において、玉作工房の数と割合、そして規模・構造・形態が一様でない実態が判明した。それは、たんに生産量の差異によるものなかもしれないが、生産体制に何らかの差異が存在することも考えられる。そこで、玉類のなかでもっとも一般的な品目であり、関東において大半の遺跡でその生産が認められる管玉を取り上げ、その製作関連遺物の出土状況から、工房ごとに製作の様相を分析する。管玉の製作技法は時代や地域により多少の相違はあるものの、荒割→形割→側面調整→研磨→穿孔→仕上げという流れは共通する（図4）。各工程の出土状況をみていくと（表2）、荒割から仕上げまで一連の作業を1工房内で実施したと想定できる工房と、実施工程が限定される工房が存在するようである。前者は、複数の工房が存在する遺跡（下佐野・本郷）と単体で存在する遺跡（稲荷峰・上岩橋岩崎）に細分できる。後者については、1遺跡に複数工房が存在する場合、遺跡内での分業、あるいは途中段階で他遺跡へ搬出する場合もあろう（遺跡間分業）。その搬出先として可能性が高いのが、形割段階以降の遺物のみが出土する遺跡である（浅間塚西・長峰・草刈六之台・芳賀東部団地）。いずれも、大規模集落に単体で工房が存在する遺跡である。遺跡内分業の可能性が考えられるのは、烏山・外小代（Ⅱ段階）・八代玉作（Ⅱ段階）遺跡であるが、その具体的様相は出土遺物だけでは明瞭にはならない。ただし、工房規模の差や工作用ピットの有無などを考え合わせるとやはり分業の可能性は否定できない。実際に、八幡脇遺跡では工房間で瑪瑙勾玉の未成品が接合する資料が存在する[47]。管玉についても、今後資料を再検証していく必要がある。

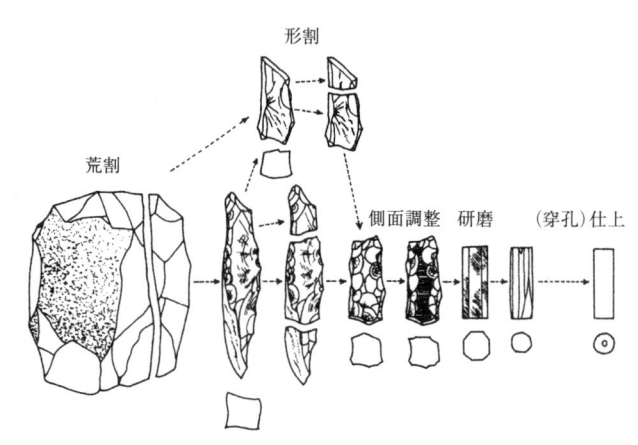

図4　管玉製作工程模式図（八代・大和田技法）

4　関東における玉作の様相

　これまで2つの観点から検証を行ってきたが、それらをまとめていきたい。まずは、遺跡の分布と石材産出地との関連性からみた場合、2つの様相が存在することが明らかとなった。

　1つは、産出地付近に玉作遺跡が分布し、生産内容も産出される石材に左右される地域（茨城北部・群馬西部・神奈川）。2つ目は、産出地から遠く、使用石材は遺跡により内容が異なる地域（茨城南部・千葉北部）である。いずれも古墳時代前期Ⅱ段階にほぼ一斉に玉作が開始され中期初頭には終焉を迎える。遺跡数は後者が圧倒的に多く、複数の工房跡を検出している遺跡も多い。工房の規模も、後者に属する八代玉作遺跡群に大型の遺構が多く存在し、その傾向はⅢ段階になると顕著になる。また、複数工房が存在する遺跡において遺跡内分業の可能性が存在するのは、後者に属する遺跡のみである。こうして特長を列挙していくと、後者地域の特異性が浮き彫りになってくる。後

者地域は香取海沿岸地域として論じてきたが、内海を媒介とした同一水系にありがならも、他地域にはみられない多様性が存在する玉類の一大生産地として捉えられそうである。

5　香取海沿岸地域の玉作

　本地域は、前述したように多様な生産形態が存在する。しかし、これまでの検討事項で認められた共通する特徴によりいくつかの形態に分類できる。

　まずは、関東でも最大規模の玉作遺跡である外小代遺跡と八代玉作遺跡。この2遺跡は、集落の継続期間が玉作実施時期とリンクしていること、工房の数と規模、工房の占める割合から専業的に玉作を実施していたものと考えられる。また、緑色凝灰岩製管玉が主体であるものの石製品や大形管玉などを含む多種類の玉を生産しており、玉作のセンター的役割を果たしていた可能性が高い。同じく専業的な玉作が窺われるのは、大和田玉作遺跡群の稲荷峰遺跡や治部台遺跡である。この遺跡群ではこれら2遺跡のほかにも、小規模な玉作遺跡が複数存在する可能性が高い。工房の規模は小さいが一連の工程を1工房内で実施している。以上のように千葉北部の2大遺跡群は、生産規模や内容は若干異なるものの、専業性の高い地域である。さらに、古墳時代中期になると、これらの地域は石製模造品製作遺跡が多数分布する（図2）。とくに八代玉作遺跡の南西部に位置する石塚遺跡は、関東において最大規模の工房跡が検出されており、石製模造品製作においても本地域が中枢となる役割を担っていたのであろうか。

　次に、土浦入りの烏山遺跡である。工房は小規模で、同時期に存在する工房数は2軒と少ない。また、集落における工房数の占める割合は2％で、玉作終焉後も継続して集落は営まれている。工房跡からは多量の関連遺物が出土しているが、集落全体が玉作に関わる状況では無かったようである。長峰遺跡は大規模集落に単体で工房が存在し、形割段階以降の遺物が出土している。これは、草刈六之代遺跡の場合と類似しており、集落内での需要に対応した状況が考えられる。最後に、上岩橋岩崎遺跡であるが、近接する古墳から工房で出土した同類の玉類が副葬品として確認されている。工房は単体で小規模であるものの、一連の工程が行われており、その関連遺物の出土量から単に前述した古墳に副葬するために設置された工房とは考えがたい。玉作が実施された時期は前期Ⅱ段階に限られるが、近隣集落の需要により八代玉作遺跡群とは異なる供給元として存在したのであろうか。

　複数の生産形態が存在している香取海沿岸地域であるが、大規模生産を行う八代玉作遺跡群と、その北側に分布する専業性の高い小規模な玉作集落が多数形成される大和田玉造遺跡群の2つが中心となっていると考えられる。また、中期に入り石製模造品製作へと内容が変化しても生産の中枢的な位置づけは継承されるようである。土浦入りの烏山遺跡については、集落全体の専業性は見られないものの、瑪瑙製勾玉を主体的に生産する八幡脇遺跡や滑石製管玉を主体的に生産する浅間塚西遺跡など、使用石材に偏りが生ずる遺跡とは様相が異なる。両遺跡の関連性や烏山遺跡の位置づけについてさらに検証する必要がある。今回は、遺跡間において決定的な共通点を見出すに至らなかったが、内海を介した同一水系に多数の玉作遺跡が分布することは、何らかの繋がりや共通要素

が存在した可能性は高い。この点については、中期以降の石製模造品製作遺跡や石枕・立花の集中的な分布、下総型埴輪や筑波石を使用した箱式石棺などで指摘されており[48]、玉作についてもその要素の1つとして捉えることが可能となりそうである。多様な生産形態が存在する本地域の玉作であるが、そこにはどういった共通性と繋がりが潜んでいるのか。古墳の分布や副葬された玉類の分析、石製模造品製作との関連など、さらに複合的な検証を重ねることで香取海沿岸地域における玉作の存在意義が見えてくるであろう。

　本論は、2000年度茨城大学大学院提出修士論文を大幅に改編したものである。再度このテーマに取り組むにあたり、稲村繁・関口満氏には多大なご教示・ご協力をいただいた。また、塩谷修氏には烏山遺跡出土遺物の再整理の機会を与えていただき、その中で多くの知見を得ることができた。記して感謝したい。そして、茂木雅博先生には在学中から現在に至るまで常に厳しくかつ暖かい目で見守っていただきました。考古学の道を歩み続けてこられたのも先生の励ましがあったからに他なりません。心より感謝申し上げます。

註

（1）　河村好光「玉生産の展開と流通」『岩波講座日本考古学3 生産と流通』岩波書店　1986、河野一隆「副葬品生産・流通システム論」『中期古墳の展開と変革』1998、米田克彦「碧玉製管玉の分類と碧玉原産地」『古代吉備』第22集　古代吉備研究会　2000

（2）　菱田哲郎「古墳時代中・後期の手工業生産と王権」『文化の多様性と比較考古学』考古学研究会　2004

（3）　関川尚功「古墳時代における畿内の玉生産」『末永先生米寿記念献呈論文集』1985、大岡由記子「古墳時代における大和の玉作り」『立命館大学考古学論集Ⅳ』2005、米田克彦「出雲における古墳時代の玉生産」『島根考古学会誌』第15集　1998、「出雲における古墳時代玉生産の展開と独自性」『玉文化』第2号　2005、大岡由記子「南近江における滑石製玉生産」『古代学研究』154号　2001、河村好光編『石川県考古資料調査・集成事業報告書　装身具Ⅱ（玉つくり）』石川県考古学研究会　2000

（4）　寺村光晴『古代玉作形成史の研究』吉川弘文館　1980

（5）　第54回埋蔵文化財研究集会事務局編『古墳時代の滑石製品―その生産と消費―』2005

（6）　寺村光晴編『下総国の玉作遺跡』雄山閣　1974

（7）　（財）千葉県文化財センター「生産遺跡の研究2―玉―」『研究紀要』13　1992

（8）　篠原祐一氏の一連の研究成果によるところが大きい。
　「石製模造品観察の一視点―栃木県出土の有孔円板の観察をとおして―」『古代』第89号　1990、「臼玉研究私論」『研究紀要』第3号　（財）栃木県文化振興事業団埋蔵文化財センター　1995、「剣形模造品の製作技法―下毛野地域を例にして―」『研究紀要』第4号　（財）栃木県文化振興事業団埋蔵文化財センター　1996、「滑石の生産と使用をつなぐ視点」『第54回埋蔵文化財研究集会　古墳時代の滑石製品―その生産と消費―』2005など

（9）　白井久美子『古墳から見た列島東縁世界の形成』千葉大学考古学研究叢書2　2002

（10）　寺村光晴・塩谷修「常陸国金砂郷玉造の遺跡」『国府台』4　和洋女子大学文化資料館　1993

（11）　茂木雅博先生、稲村繁氏らと現地にて転石が採集可能であることを確認している。

（12）　前掲註（10）

（13）　土浦市教育委員会『烏山遺跡』1988、西宮一男『土浦市烏山遺跡群』茨城県住宅供給公社　1975

（14）　土浦市遺跡調査会『第13回企画展　開かれた古代への扉―田村・沖宿遺跡群の調査―』土浦市立博物館

　　　　1993、寺村光晴編『日本玉作大観』吉川弘文館　2004
(15)　茨城県教育委員会『茨城県遺跡・古墳発掘調査報告書Ⅵ』1991
(16)　関口満『大宮前遺跡』土浦市教育委員会　2004
(17)　土生朗治『寄居遺跡・うぐいす平遺跡』(財) 茨城県教育財団　1994
(18)　前掲註（6）
(19)　中村幸雄・後藤義明『長峰遺跡』茨城県教育財団　1990
(20)　(財) 茨城県教育財団『桜山古墳』1990
(21)・(22)・(23)　　前掲註（6）
(24)　前掲註（7）
(25)・(26)　　前掲註（6）、千葉県教育委員会・千葉県文化財センター『公津原』Ⅱ　1981
(27)　寺村光晴・千家和比古・安藤文一「成田市大竹玉作遺跡調査概報」『成田史談』第23号　成田市文化財
　　　保護協会　1978
(28)　千葉県教育委員会・千葉県文化財センター『公津原』Ⅱ　1981
(29)　大竹林畑遺跡・前原Ⅰ遺跡・酒直遺跡などが発掘調査されている。
(30)　高花宏行『上岩橋岩崎遺跡』(財) 印旛郡市文化財センター　1997
(31)　宮内勝巳『椎柴小学校遺跡』(財) 東総文化財センター　2000
(32)　白井久美子『千原台ニュータウンⅥ草刈六之台遺跡』(財) 千葉県文化財センター　1994
(33)　女屋和志雄他『下佐野遺跡Ⅱ地区』群馬県教育委員会　1986
(34)　前橋市教育委員会『芳賀団地遺跡群第1巻』1986
(35)　相京建史他『新保田中村前遺跡Ⅰ』(財) 群馬県埋蔵文化財調査事業団　1990
(36)　未報告。概要については稲村繁氏（横須賀市自然・人文博物館学芸員）からご教示いただいた。
(37)　本郷遺跡調査団『海老名本郷』x 14　富士ゼロックス株式会社　1995
(38)　久保常晴「神奈川県川崎市不動台遺跡」『日本考古学年報』18　1970
(39)　赤星直忠他『持田遺跡発掘調査報告』逗子市教育委員会　1975
(40)　稲村氏より、本遺跡出土の石釧は極めて優品で石材も在地産とは異なるとの指摘を受けた。
(41)　高橋直樹「千葉県内から出土する玉類の原料の原産地についての予察」『研究紀要』13　(財) 千葉県文
　　　化財センター　1992
(42)　女屋和志雄　「群馬県における古墳時代の玉作」『群馬県の考古学』　1988
　　　篠原祐一「滑石の生産と使用をつなぐ視点」『古墳時代の滑石製品』2005など
(43)　下佐野遺跡Ⅱ地区の初期段階（深澤敦仁「原石の流通と玉作（関東）」『古墳時代の滑石製品』2005）と
　　　芳賀東部団地遺跡で使用されている。
(44)　塩谷修氏の論稿（「土浦市烏山遺跡出土の管玉未成品」『土浦市立博物館紀要』第5号　1993）において
　　　定義されている径1cm以上、長さ4.5cm以上の管玉を基準とした。
(45)　比田井克仁『関東における古墳出現期の変革』雄山閣出版　2001
(46)　寺村光晴『古代玉作の研究』吉川弘文館　1966
(47)　発掘調査担当者である関口満氏（上高津貝塚ふるさと歴史の広場学芸員）のご教示による。
(48)　前掲註（9）

古墳周濠から出土する木製品

鈴木　裕明

はじめに

　古墳周濠から木製品が出土する事例は、近年近畿を中心に増加している。奈良県桜井市纒向石塚古墳・箸墓古墳のように古墳時代開始当初の政権中枢の古墳にすでに出土例が確認でき、その源流は弥生時代の方形周溝墓[1]にみられる。弥生時代の方形周溝墓では、大多数が掘削具であり、加えて容器、祭祀具、建築部材などが周溝から出土しており、墳墓の造営・埋葬施設の構築や何らかの供献儀礼においてこれらの木製品が使用され、その後周溝に埋置されたと推測できる。このような器種は古墳時代に入っても確認でき、墳墓の造営にあたって弥生時代以来の伝統的な行為が継承されたと推測される。その一方で古墳周濠から出土する木製品には、弥生時代にはみられなかった多種多様の木製品が存在している。これらは、周濠底に近い位置で古墳築造時からそれほど時間をおかず、十分な水分と木を腐朽させる要素から遮断されるような環境で堆積した状態にあり、古墳に関わって使用された木製品とみられる。そこには弥生時代からの継続性と隔絶性の両面が、墳丘築造から埋葬に至る間の木製品使用場面に復元されるのではないかと思われる。

　このような周濠出土木製品の検討事例は、他の古墳要素の研究に比較すると非常に少ないが、研究の立脚点となる先行研究がなされている。滋賀県守山市服部遺跡では、5世紀後半～6世紀前半の墳丘が削平された古墳が27基検出され、その報告書[2]で周溝から出土した木製品（19基から出土）および土器、埴輪、石製品を古墳に関わる儀礼の道具ととらえ、以下のように分類している。土器の供献、埴輪（石見型木製品も含む）の樹立、石製品の供献、木製容器の供献、木製祭具の供献、木製農具の供献、木製楽器の供献、建材類の出土である。このうち木製品に関わる部分では、箱形・曲物容器はセットになって矢形木製品や滑石製小玉、須恵器杯が出土していることから、何らかの儀礼に関わって周溝に意図的に埋置されたものと理解されている。すなわち容器と武器形の木製品は、古墳にともなう儀礼で使用された後、供献されたものと解釈した。木製農具についても、古墳副葬品にみられる鉄製鋤鍬先との関連から古墳での儀礼にともなうものとされ、周溝内に供献されたと説かれている。木製楽器、建材類については、琴が琴柱と琴糸を装着したと復元される状態で、建材類とともに出土していたことから、墳丘上にあった小規模な建物（棚状の施設）内に弦を張った状態の琴が置かれていた可能性が考えられている。また、ほかにも建材類は複数の古墳から大量に出土していることから、墳丘上や周溝に近接した外側に小規模な建物が存在した可能

性が指摘されている。石見型木製品については埴輪と同じような出土状況であったことも指摘されている。これら周溝出土遺物から復元される古墳での儀礼については、「魏志倭人伝」や「隋書倭国伝」を引き、殯屋、歌舞演奏、食物供献などを想定する。そして、人物埴輪群像のあり方との類似性についても言及している。

　このなかで重要なのは周濠から出土する木製品が高い可能性で古墳での行為の後に周溝に堆積したとみられる点である。この種の木製品が上記のような用途で古墳に関わって使用された後、埋置・投棄・樹立→転落などで周濠に堆積したということを確実視できる事例である。

　この服部遺跡例だけが特殊な例となるのではなく、同じような事例が多数存在していることを明らかにしたのが「木製樹物」と題した西藤清秀氏の論考[3]である。ここでは1990年代初頭までの古墳にともなう木製品の研究史と機能分類について述べ、古墳にともなう木製品を埴輪的使用、立柱使用、儀礼使用、構造物使用、不明の大きく5つの項目に分けている。埴輪的使用の木製品は、笠形・石見型・盾形・鳥形木製品があげられ、支柱や基部の存在から古墳に樹立されたものである点、多くがコウヤマキ製である点が強調されている。立柱使用に関しては、笠形・鳥形の支柱としてだけでなく、依代的に使用された可能性を提示している。儀礼使用は木製葬祭具と総称され、威儀具、武器・武具、紡織具、家財具、遊戯具・楽器、農具の用途別に細分している。そして時代を経るにつれ儀礼の内容が実際的な行為を含んだものから、より儀式的な内容へ変容していく可能性を指摘している。また風雨による劣化痕跡がなく、樹立痕跡もみられず、大部分がヒノキ、スギを用材としている木製品であることも指摘されている。構造物使用は建築部材とみられる木製品の出土や柱穴の存在から推測されるもので、出土状況から儀礼具を納めた施設などに復元できる例などをあげている。このように機能分類できる古墳にともなう木製品は、古墳時代を通じて普遍的に葬送儀礼の中で使用され、重要な役割を果たしたと考えられている。また、このような木製品の起源については中国の葬制システムが受容されたとする説に対し、まずは弥生時代墳墓からの伝統性と古墳成立以後の斬新性を見極めた上で、東アジアとの葬制システムとの関連性を議論すべきという重要な提言をしている。

　このように古墳周濠から出土する多種多様な木製品を、使用目的に応じて分類することによって、古墳に関わる様々な行為を復元する出発点になることがわかる。また同一器種のものが複数の古墳間で見出せることから、服部遺跡のようなあり方が少なくとも木製品が出土する古墳では普遍的であった可能性もある。これまで副葬品や埴輪から想定復元されていた古墳に関わる儀礼や行為が、周濠出土木製品の分析によってより多角的に考究できる可能性があり、この周濠出土木製品の機能分類は重要な視点である。先学の分類に学びつつ、その後の類例を加えてどのような器種があるかまずみていくことにする。そして次に、器種分類したもののなかで、集落遺跡から出土しない古墳専用の器物とみられる木製品を取り上げる。これらは筆者がすでに検討を加えてきた木製品の笠形木製品[4]、石見型木製品[5]の墳丘に樹立された木製品と威儀具に分類される翳・儀杖形木製品[6]である。これまで個別に検討を加えてきたが、必ずしも古墳出土木製品のなかでの位置づけを行ってきてはいなかった。改めてこれら木製品の用途を特定し、その特性や変遷を明らかにし、この種の木製品が古墳研究の要素となることを示したい。

1　古墳周濠から出土する木製品

　古墳周濠から木製品が出土している例は、近畿を中心に管見にのぼったのは、80基あまりある。出土状況などから古墳築造から時間をおかず周濠に堆積したとみられるもの、あるいは古墳にともなった埴輪や土器と共伴して出土している木製品を取り上げた。前述のように多種多様な木製品をみることができ、1古墳から複数器種の木製品が出土している場合も多い。ここではまずどのような器種があるかを確認する。分類については、『木器集成図録（近畿原始篇）』[7]を参考にするが、筆者の判断により報告書などの記述と異なるものがある。また、報告書などに木製品出土の記述はあるが、実測図・写真などの掲載のないものは、記述の器種をそのまま使用している。

　まず工具に分類されるものとしては横槌、掛矢が出土している。斧柄などの出土は確認されず、叩打を目的とした器種のみが前期～後期の10基の古墳から出土している。掘削具に分類されるものとしては、鋤・鍬・掘り棒がある。農耕具指向の強いとされる直柄小型鍬・直柄二又鍬・組み合せ又鋤といった器種は出土しておらず、土木具的指向が強い曲柄平鍬・曲柄又鍬・一木平鋤・組み合せ平鋤や、掘り棒、農耕具としても土木具としても使用された直柄平鍬が出土している[8]。掘削具に分類されるものは、前期～後期を通じてみられ、21基の古墳から出土しており、後述する墳丘に樹立された木製品以外では建築・土木部材に次いでもっとも出土古墳数が多い。また、桜井市箸墓古墳や大阪府羽曳野市誉田御廟山古墳、大阪府高槻市今城塚古墳のように各時期を代表する巨大古墳から出土していることも特徴である。運搬具に分類されるものとしては、天秤棒と修羅がある。天秤棒は最古の前方後円墳の1つである纒向石塚古墳と誉田御廟山古墳の2基から出土しており、修羅は5世紀と7世紀の2説がある古市古墳群中の大阪府藤井寺市三ツ塚古墳から出土している。紡織具は糸巻き具、綜ぎ板、桛などが確認できる。古墳時代中期の奈良県橿原市四条4号墳、奈良県奈良市大柳生森本古墳の2基から出土しているが、確実に紡織具と断定できるものは少なく、現状では古墳出土木製品の組成に含まれるものかどうかは明らかでない。容器に分類されるものとしては槽、盤、曲物容器、箱形容器が確認できる。前期～後期の11基の古墳から出土しており掘削具に次ぎ、工具と並んで周濠出土木製品の組成の主体となるものである。武器に分類されるものとしては、刀剣装具と弓がある。刀剣装具は纒向古墳群中の勝山古墳と飛塚古墳にのみ確認できるもので、古墳時代初頭の政権中枢地の古墳というきわめて時間的にも地域的にも限られるものである。弓は古墳時代中期から後期の桜井市小立古墳、四条1号墳、滋賀県栗東市狐塚3号墳3基に確認できるが、確実に弓と認められるものかどうかは不明である。調度に分類されるものは机・案がある。前期の橿原市下明寺遺跡と中期末の四条1号墳の2基のみの確認である。発火具に分類されるものとしては火きり臼がある。前期初頭の勝山古墳、前期後半とみられる山梨県甲府市甲斐銚子塚古墳、中期末の四条1号墳の3基から出土している。武器、調度、発火具に分類されるものは、いずれも現状では周濠出土木製品のなかでは主体になるものではない。祭祀具には刀形・剣形・矢形の武器形と鳥形がある[9]。武器形は前期初頭（弥生末）の滋賀県長浜市大戌亥・鴨田遺跡と中期末の四条1号墳、滋賀県草津市狭間1号墳、服部遺跡12・23号墳の5基で、鳥形は前期初頭の纒向石

表　古墳周濠出土木製品

古墳名	所在地	器種名(点数)	墳形(墳丘規模)	時期
釜塚古墳	福岡県前原市	石見型(1)、部材(13)	円墳(直径54～56m)	中期前半
池田古墳	兵庫県和田山町	建築部材(3)、部材(1)、棒状(3)、不明	前方後円墳(墳丘長128m)	中期中葉
今城塚古墳	大阪府高槻市	ナスビ形曲柄平鍬(1)、掛矢(1)、櫂状(1)、建築部材(1)、部材(2)、杭状、ざる	前方後円墳(墳丘長190m)	後期前半
三つ塚古墳(八島塚古墳、中山塚古墳、助太山古墳)	大阪府藤井寺市	修羅(2)、テコ棒(1)	方墳「八島塚古墳・中山塚古墳」(一辺50m)、「助太山古墳」(一辺36m)	中期か終末期
誉田御廟山古墳	大阪府羽曳野市	笠形(7)、一木鋤(1)、天秤棒状(2)、建築部材(2)、部材(1)	前方後円墳(墳丘長425m)	中期前半
ニサンザイ古墳	大阪府堺市	笠形(1)、鳥形(2)、棒状具(1)、板状具(1)、斎串状(1)	前方後円墳(墳丘長290m)	中期中葉
塚ノ本古墳	大阪府東大阪市	鰭付板状具(1)	前方後円墳?(墳丘長100m以上?)	中期前半
纒向石塚古墳	奈良県桜井市	弧文円板(1)、鳥形(板状具の上にのる)(2)、(一木)平鋤(23)、組合せ鋤?(1)、直柄平鍬(2)、横槌(3)、槽、部材(4+α)、角材(14)、天秤棒?(1)、棒状具(4+α)、板状具(1+α)(赤色顔料付着)、板状具(複数)、不明品(2)、木っ端(11)、柱材(6)、垂木(1)、横架材(2)、建築部材(4+α)、杭状(2)、籠状製品(赤色顔料付着)	前方後円墳(93m)	前期初頭
勝山古墳	奈良県桜井市	U字形(1)、団扇形(3)、刀剣把装具(赤色顔料、黒漆塗布)(2)、剣鞘装具(1)、火きり臼(1)、舟形(1)、脚付槽(1)、脚付盤(1)、動物形?(1)、一木鋤(1)、鋤柄(1)、編物、朱塗板、板状具、柱材(11+α)、建築部材(3)、部材(1)、円座状樹皮製品(14)、用途不明品(2)	前方後円墳(110m)	前期初頭
南飛塚古墳	奈良県桜井市	妻側壁壁木舞、棟木(1)、刀剣装具(把頭状黒漆塗木製品・直弧文あり)(1)	前方後円墳	前期
纒向遺跡弧状溝	奈良県桜井市	鳥形(羽形)(1)、笠形?(1)、布巻具(1)、建築部材(2)、杭状(1)、棒状(1)、板状(2)	円墳か(直径30m)	中期末
箸墓古墳	奈良県桜井市	部材(2)、一木鋤(1+α)、角材(2)、棒状(9)、板状(4)、曲物底板か(1)、モエサシ(2)、木製輪鐙(1)、不明(6+α)	前方後円墳(墳丘長約290m)	前期初頭
勝山東古墳	奈良県桜井市	石見型(1)、盾形(1)、鉾形(1)、ナスビ形曲柄又鍬(1)、反柄(1)、横槌状(1)、栓状(1)、部材(2+α)、建築部材(4+α)、ヘラ状(1)、板状(4+α)、棒状(6+α)	方墳(一辺21m)	後期前半
小立古墳	奈良県桜井市	石見型(13)、靱形(2)、盾形(1)、大刀形(1)、柱状、格子状、П、槽、建築部材、棒状	帆立貝式古墳(墳丘長34.7m)	中期中葉
上ノ山古墳	奈良県天理市	板状(盾形か)(1)	前方後円墳(墳丘長144m)	前期後半
小墓古墳	奈良県天理市	笠形(90)、石見型(1)、さしば状(1)、盾形(1)、刀形(1)、鉾形(1)、槽(2)、横槌(1)、火きり臼(1)、槽(3)、柱状、杭状、板状	前方後円墳(墳丘長80m)	後期前半
御墓山古墳	奈良県天理市	笠形(4)、石見型(2)、さしば状(1)、鳥形(8)、大刀形(3)、建築部材(6)、杭状(1)、不明木のはにわ(7)、板状(34)、角材(2)	前方後円墳(墳丘長74.3m)	後期前半
岩室池古墳	奈良県天理市	鳥形(1)	前方後円墳(墳丘長45～55m)	後期前半
星塚1号墳	奈良県天理市	横笛(1)、横槌(1)、部材(10)、板状具(54)、棒状具(7)、角材(5)、杭状(1)、建築部材(1)、不明(26)	帆立貝式古墳(墳丘長36m)	後期前半
星塚2号墳	奈良県天理市	把手付槽(1)、部材(1)、柱材(1)	帆立貝式古墳(墳丘長39～41m)	後期前半
水晶塚古墳	奈良県大和郡山市	笠形(13)、石見型(1)、鳥形(33)、大刀形(3)、柱状(9)、板状(14)、鋤柄(1)、部材(28)、横槌(2)、下駄(2)、建築部材(8)、角材(4)、杭状(3)、不明(9)	帆立貝式古墳(墳丘長約50m)	後期前半
石見遺跡	奈良県三宅町	笠形(22+α)、杭形(11+α)、柱形(1)、鳥形(4)、刀形(1)、部材、板状(1)、不明(4)	帆立貝式古墳(墳丘長35m以上)	後期前半
笹鉾山1号墳	奈良県田原本町	ナスビ形曲柄又鍬(1)、笊(1)、鎌柄(1)、建築部材、板状具、刻みのある木製品(1)、杭材、部材(1)	前方後円墳(墳丘長50.4m)	後期前半
笹鉾山2号墳	奈良県田原本町	笠形(5)、石見型(1)、不明、杭材、棒状具	円墳(直径22m)	後期前半
唐古1号墳	奈良県田原本町	笠形、盾形、鳥形、柱状	前方後円墳か	後期前半

古墳名	所在地	器種名(点数)	墳形(墳丘規模)	時期
唐古ST-101	奈良県田原本町	棒状具	方墳(長辺10m・短辺8.8m)	後期前半
黒田大塚古墳	奈良県田原本町	笠形(2)、鳥形(笠形の可能性あり)(3)、円板状(1)、樋管状(1)、板状具、棒状具、部材(1)、柱状(1)	前方後円墳(墳丘長70m)	後期前半
小阪里中古墳	奈良県田原本町	一木鋤(4)、垂木(1)	円墳(直径21.5m)	中期後半
四条1号墳	奈良県橿原市	笠形(46)、杭形(30)、石見型(27)、盾形(2)、鳥形(3)、儀杖形(2)、飾り板付(儀杖)形(3)、幡竿(儀杖)形(2)、翳形(3)、刀形(2)、弓形(1)、鉾形(1)、剣形(1)、机形(1)、杏形(1)、鋤柄(1)、つちのこ形(1)、槽(1)、耳杯形(1)、簾形(1)、火きり臼(1)、(建築)部材(5)	方墳(一辺28〜29m、全長37m)	中期末
四条2号墳	奈良県橿原市	笠形(3)、杭状、扉？、部材	帆立貝式古墳(全長43m)	中期後半
四条4号墳	奈良県橿原市	枠型田下駄、糸巻き	円墳？(直径22.5m)	中期前半
四条7号墳	奈良県橿原市	笠形(4)、杖状(1)、建築部材(23)、杭材(2)、部材(7)、棒状具(20)、板状具(13)、角材(3)、その他(2)、木っ端(多数)、モモ核(多数)、丸太材(2)、もえさし(13)、焼木(多数)	円墳か	中期後半
四条8号墳	奈良県橿原市	杭材(2)、部材(1)、棒状具(2)、板状具(3)	円墳(直径10m)	中期末
四条9号墳	奈良県橿原市	笠形(4)、杭形(3)、柱形(2)、鳥形(2)、棒状(1)	円墳(直径約30m)	後期前半
四条10号墳	奈良県橿原市	木製品	方墳(一辺15m)	後期前半
四条シナノ1・3号墳	奈良県橿原市	板状具、棒状具	「1号墳」方墳(一辺18m)、「3号墳」帆立貝式古墳？(墳丘長40m)	後期前半
四条シナノ2号墳	奈良県橿原市	建築部材	方墳(一辺13m)	後期前半
下明寺遺跡	奈良県橿原市	一木平鋤(1)、案(1)、建築部材、棒状具	円墳？(直径30m)	前期
大藤原京右京北三条五坊(1・2号墳)	奈良県橿原市	木製品	方墳	後期
忍坂古墳	奈良県橿原市	棒状具	円墳？	前期
巣山古墳	奈良県広陵町	鏃形、棒状、靱形(1)、棒状(1)、一木平鋤(4)、一木又鋤(1)、堀棒(1)、部材	前方後円墳(220m)	前期末
池田4号墳	奈良県大和高田市	笠形(17+α)、棒(杭)状	前方後円墳	中期後半
北花内大塚古墳	奈良県新庄町	笠形(1)	前方後円墳(墳丘長90m)	後期前半
市尾墓山古墳	奈良県高取町	笠形(1)、鳥形？(1)	前方後円墳(墳丘長66m)	後期前半
薩摩遺跡3号墳	奈良県高取町	石見型(1)、棒状具？	円墳(直径13m)	中期後半
掖上鑵子塚古墳	奈良県御所市	部材(1)、杭状(2+α)	前方後円墳(墳丘長149m)	中期中葉
つじの山古墳	奈良県五條市	石見型(1)	方墳(一辺約57m)	中期後半
大柳生森本古墳	奈良県奈良市	農具(1)、紡織具(3)、建築部材(3)、杭材(3)、部材(16)、棒状具(84)、板状具(42)、角材(11)、その他(13)、木っ端(多数)、モモ核(多数)、自然木(多数)、皮紐(3)	方墳(一辺16m)	中期中葉
今里車塚古墳	京都府長岡京市	笠形(5)、柱形(9)、板状(1)	前方後円墳(墳丘長75m)	後期前半
保津車塚古墳	京都府亀岡市	笠形(2+α)、石見型(3+α)、杭形(3)、板状	帆立貝式古墳(墳丘長36m)	中期末
塚本古墳	京都府八木町	笠形(1)	方墳(一辺22m)	中期後半
狭間遺跡1号墳	滋賀県草津市	笠形(台状)(1)、石見型(1点は鳥形の可能性あり)(2)、鳥形(1)、板状(鳥形の羽か)(1)、さしば状(1)、刀形(1)、槌状(2)、部材(5)、杭状(1)、有頭棒状(3)、建築部材(1)、板状具(9)、棒状具(1)、不明(1)	円墳(直径30m)	中期末
狭間遺跡3号墳	滋賀県草津市	鳥形(1)、部材(1)、鳥形か(1)	円墳(直径32m)	中期後半
林ノ腰古墳	滋賀県野洲市	笠形(1)、石見型(4)	前方後円墳(墳丘長90m)	中期末
大塚山古墳	滋賀県野洲市	不明木製品	円墳	中期後半
狐塚3号墳	滋賀県栗東市	笠形(24)、鳥形(1)、旗竿形(1)、一木鋤(1)、板状具(17)、建築部材(20)、柱状(3)、棒状具(46)、不明(9)、弓状(16)、角材(2)	帆立貝式古墳(墳丘長32m)	後期前半
服部遺跡1号墳	滋賀県守山市	箱形容器(1)、鋤柄(1)、矢板(1)、板状具(1)	円墳(直径10m)	中期末
服部遺跡4号墳	滋賀県守山市	柱材(3)、板状具(4)、棒状具(建築部材)(2)	方墳(一辺11〜11.5m)	後期前半
服部遺跡5号墳	滋賀県守山市	板状具(5)、一木鋤(1)、鋤柄(1)、儀杖形(6)、棒状具(6)、不明(1)、建築部材(7)	方墳(一辺11.4〜12.0m)	後期前半
服部遺跡6号墳	滋賀県守山市	田舟(1)、木片(1)	方墳(一辺11.6〜11.8m)	後期前半

古墳名	所在地	器種名(点数)	墳形(墳丘規模)	時期
服部遺跡7号墳	滋賀県守山市	建築部材(1)	円墳(直径11.2m)	中期後半
服部遺跡9号墳	滋賀県守山市	横槌(2)、木鎚(1)、木片(2)、建築部材(15)、垂木(1)、板状具(6)、棒状具(12)	方墳(一辺14.5m)	中期末
服部遺跡10号墳	滋賀県守山市	曲物容器(1)、棒状具(1)、角材(1)、板状具(1)	円墳(直径16.3〜16.5m)	中期後半
服部遺跡12号墳	滋賀県守山市	箱形容器(1)、曲物容器(1)、矢形(2)	円墳(直径9.2m)	中期末
服部遺跡13号墳	滋賀県守山市	建築部材(2)	方墳(一辺9.3〜9.6m)	中期末
服部遺跡14号墳	滋賀県守山市	板状具	方墳(一辺7.1〜9.3m)	後期前半
服部遺跡15号墳	滋賀県守山市	建築部材(2)	方墳(11.2〜12.4m)	中期末
服部遺跡17号墳	滋賀県守山市	琴(1)、琴柱(4)、垂木(5)、建築部材(26)、矢板(1)、部材(1)、木片(1)、棒状具(7)、角材(3)、板状具(1)	方墳(一辺14.4〜14.5m)	中期末
服部遺跡18号墳	滋賀県守山市	角材(1)	円墳(直径8.2m)	後期前半
服部遺跡19号墳	滋賀県守山市	石見型(1)、一木平鋤(2)、組合せ平鋤(1)、鋤柄(3)、鋤状(1)、ナスビ形曲柄平鍬(2)、鍬曲柄(1)、横架材(4)、建築部材(50)、木片(2)、部材(4)、板状具(3)、杭材(3)	方墳(一辺12.7〜12.8m)	後期前半
服部遺跡20号墳	滋賀県守山市	部材(1)	方墳(一辺7.9〜8.1m)	中期末
服部遺跡23号墳	滋賀県守山市	刀形(1)、田舟(1)、一木平鋤(2)、脚付槽(1)、柱材(2)、棒状具(2)	円墳(直径20.2〜20.4m)	中期末
服部遺跡24号墳	滋賀県守山市	一木平鋤(2)	方墳(一辺12.8m)	後期前半
服部遺跡25号墳	滋賀県守山市	一木平鋤(1)、ナスビ形曲柄平鍬(1)	方墳(一辺13.9〜14.2m)	中期末
服部遺跡27号墳	滋賀県守山市	曲物容器(1)、	不明	中期末
服部遺跡出土地不明	滋賀県守山市	翳形(1)、ナスビ形曲柄平鍬(1)、曲柄平鍬(1)、杭材(3)、板状具(1)		
金森東遺跡(庭塚古墳周濠)	滋賀県守山市	矢板状(1)	円墳?(直径33m)	中期前半
狐塚5号墳	滋賀県近江町	鳥形(1)	帆立貝式古墳(墳丘長30m)	後期前半
五村遺跡	滋賀県虎姫町	鍬、鋤、鳥形、建築材	前方後円墳	前期初頭
大戌亥・鴨田遺跡SX01	滋賀県長浜市	さしば状(1)、刀形(1)、部材、鋤、輪状木製品、杭状、棒状、不明、柱状、角材、板状	造出し付円形周溝墓(墳丘長23.3m)	前期初頭
能田旭古墳	愛知県師勝町	笠形(6)、しゃもじ形(6)、部材(6)、杭形(8)、儀杖形(1)、杭状(1)、建築部材(4)、板状(19)、棒状(4)、角材(15)、木片(4)	帆立貝式古墳(墳丘長43m)	後期前半
甲斐銚子塚古墳	山梨県甲府市	立ち飾り状(5)、柄状(1)、部材(2)、柱材(1)、棒状具(10+α)、笠形(1)、火きり臼(1)、板状具(1)、横槌状(1)、ヘラ状(1)、不明(3)	前方後円墳(墳丘長169m)	前期後半
月桂洞1号墳	韓国光州広域市	石見型(3)、笠形(5)、柱状(1)、横槌(1)、建築部材(1)	前方後円墳(墳丘長44m)	6世紀

塚古墳と滋賀県虎姫町五村遺跡の2基である。時間的・地域的にもある程度限定され、必ずしも普遍的な存在ではないようである。威儀具に分類されるものは、儀杖形、翳形、団扇形、弧文円板がある。儀杖形は前期〜後期を通じて10基の古墳にみられるが、中期後半〜後期に集中する。とくに後述する長柄で杖頭の円板に角状突起がついた形状のものが、この時期に5基の古墳から出土している。翳形は四条1号墳と服部遺跡の2基の古墳からしか確認できていないが、これもこの時期に限定される。団扇形は勝山古墳、弧文円板は纒向石塚古墳のそれぞれ纒向古墳群中の1基のみで、前期の拠点的な集落遺跡から出土する特殊な遺物が、古墳周濠から出土する稀少な例である。楽器に分類されるものとしては琴と笛がみられる。琴は中期末の服部遺跡17号墳から出土しており、笛は後期の奈良県天理市星塚1号墳からそれぞれ周濠出土としては唯一の事例として確認できる。前述のように服部遺跡17号墳例は建築部材とともに墳丘からずり落ちた状態で出土しており、古墳での儀礼に使用されたことはほぼ確実視できる。しかしながら、古墳に関わる木製品としては普遍的な存在となっていない。建築・土木部材は、柱材、垂木、壁木舞、棟木、横架材、杭材などの部材

として特定できるもの以外に、仕口・継ぎ手材や長さが１ｍを超えるような棒・角・板材などを含めている。前期～後期を通じて38基の古墳に確認でき、墳丘に樹立された木製品以外ではもっとも多くの古墳から出土している。集落遺跡での建築部材の出土状況と同様に家屋全体が復元できるような形での部材の出土はないが、飛塚古墳の壁木舞と棟木や纒向石塚古墳の柱頭に横架材を受ける欠き込みのあるものや前述の服部遺跡例の施設材が倒壊した状況で出土しているものにみられるように周濠周辺に掘立柱建物や棚状の施設の存在が考えられる。掘削具と同様、周濠出土遺物としては普遍的なものと位置づけることができる。なお、後述する墳丘に樹立された木製品の支柱以外で、柱が据えた状態で検出されているものがある。これらは、建物を構成する柱として検出された確実な事例はなく、前述の西藤氏が指摘するように建物以外の要素を考慮すべきものである。打ち込まれた状態で検出された杭材についても同様である。墳丘に樹立された木製品（木のはにわ）には、笠形・石見型・鳥形・盾形・靫形・大刀形・（笠形・鳥形にともなう）支柱などがある。現状では５世紀前半から６世紀前半の古墳の32基から出土しており、時間的に限定されることを考慮すると木製品出土古墳数の中に占める割合は大きい。後に詳述するが、このような形状をとり、かつ大多数がコウヤマキ製である木製品は集落遺跡からの出土はなく、古墳専用に製作されたものであることは明らかである。また、他の周濠出土木製品とは区別され、樹立目的で製作され、埴輪的な使用形態であったことも確実である。そのほか板状や棒状などの用途不明品が多数存在している。これらは何らかの部材であったり、単体で使用されたりしたものであると思われるが、その用途を特定するのは困難である。

　さて、このように周濠出土木製品を器種分類した結果、工具、掘削具、運搬具、紡織具、容器、調度、発火具、武器、祭具、威儀具、楽器、建築・土木部材、木のはにわ、用途不明品の大きく13の器種に分けられた。このなかで前期～後期を通じて古墳周濠から出土するものは、工具、掘削具、容器、威儀具、建築・土木部材になる。弥生時代方形周溝墓出土木製品の普遍的な要素が引き継がれつつも、威儀具のような古墳時代に特有な器物が新たに普遍性をもって存在することが指摘できる。工具・掘削具は古墳築造の上で不可欠の道具であり、古墳の築造各段階で使用された、あるいはその時々に行われた儀礼で使用された木製品の可能性が考えられる。容器は、前述の服部遺跡例の何らかの祭祀の後埋置されたか、周濠自体に供献されたとするのが用途の一つの解釈となる。威儀具については後述するが前期初頭は集落遺跡出土のものと同様のものが出土しているが、中期後半以降は古墳専用の道具として用いられ、性格の上で変化している可能性が考えられる。建築・土木部材は古墳周辺に簡易な家屋や棚状の施設が存在したことをうかがわせ、儀礼に使用された道具が置かれたり、あるいはその行為そのものが行われたりした施設である可能性が考えられる。他は古墳時代を通じてはみられないもので、多くは時間的・出土古墳数的にも限定して存在する。ただし、運搬具は古墳築造過程では掘削具と同様に不可欠のものと思われ、出土例は少ないが畿内中枢の古墳から出土しており、普遍性のある遺物の可能性がある。紡織具・調度・発火具は、木製品が多量に出土する集落遺跡では、比較的多く確認できる遺物であるが、古墳に関わる木製品としては希薄な存在である。武器も同様に出土例が少なく、その中で刀剣装具は威儀具と同様に、前期初頭の拠点的な集落遺跡から出土する特殊な遺物が、同時期の古墳周濠から出土している例と

いえる。祭祀具は、武器形・鳥形のみであり他の器種は存在していない。集落での祭祀とは異なっている可能性が考えられる。弥生時代方形周溝墓に祭祀具は確認できるが、古墳周濠出土品としては前期初頭と中期末に現状では限られ、弥生時代以来の継続性が一旦古墳時代初頭で断絶している可能性がある。とくに中期末のものは刀形を主体とする武器形に限られる傾向にある点も断絶を示す要素になるかもしれない。楽器のなかで琴は、集落遺跡では比較的確認できるものであるが、古墳からの出土はきわめて稀という状況である。次章で述べる木のはにわは、木製品出土古墳のなかでは比較的多くの古墳にみられるが、中期前半に出現し後期前半以降はみられなくなるものであり、古墳時代を通じて盛行するものではない。また、地域的にも近畿を中心に分布し、その出土古墳にも特色がみられる。

2　墳丘に樹立された木製品——木のはにわ

　木のはにわの種類には、笠形・石見型・鳥形・武器形（盾・靫・大刀）がある。まず、これらの木製品が他の周濠出土木製品と区別され、樹立物であると認識できる事例を出土状況、自然科学的分析、樹種からみていきたい。
　出土状況から樹立されたことを示す例として、まず5世紀前半の京都府長岡京市今里車塚古墳[10]がある。くびれ部墳裾に4m等間隔で並ぶ柱が検出され、周辺から出土した笠形木製品とセットになるものであった。5世紀中葉の小立古墳[11]では、墳丘1段目テラスで円筒埴輪7本の間に石見型木製品の基部が1つの割合で検出されている。6世紀前半の四条9号墳[12]では、周濠から笠形木製品とその支柱が組み合った状態で出土している。このように笠形木製品においては、柱状あるいは杭状の支柱と組み合って周濠に近い位置に樹立されていたことは確実視され、石見型木製品においても下端に作り出された基部が土中に突き立てる目的のもので、墳丘テラスなどに樹立されたことがわかる。自然科学的分析では、代表的なものとして四条1号墳出土木製品に対し行われているものがある[13]。笠形木製品は、外面は紫外線と雨・晴れの繰り返しを長期間受けた目痩せにより表面の年輪が浮き立っていること、その支柱とみられる杭形木製品は下端の杭状部分に軟腐朽菌による分解跡がみられ、浅い地中部にあって腐朽し折れたこと、盾形木製品についても基部と頂部に笠形木製品とその支柱と同様の劣化痕跡があったことがそれぞれ確認されている。盾形木製品と同様の劣化痕跡が肉眼観察で認められる石見型木製品も同様の状況にあったとみられる。このように原位置から動いた状態で周濠から出土しても、上記のような分析により本来的には今里車塚古墳例や小立古墳例のような樹立状態にあったことが確認できる。同様の分析は四条7号墳例・天理市小墓古墳例・天理市御墓山古墳例[14]、小立古墳例[15]に対しても行われており、同様の結果を得ている。樹種においてはすでに指摘されている通り、大多数がコウヤマキ製である。奈良盆地の集落遺跡出土製品のなかでコウヤマキは、容器、紡織具、調度などに用いられるが、全体の5％に満たなく、用材としてほとんど選択されていない[16]。また古墳周濠出土木製品のなかでも木のはにわ以外の器種でコウヤマキが使用される例は非常に少ない[17]。木棺と同様、古墳に設置する木製品の用材として特別に意識されたのであろう。古墳周濠出土木製品のなかで笠形・石見

型・鳥形・武器形（盾・靫・大刀）のいずれかの形態をとり、かつコウヤマキ製であることが確認できれば、古墳に樹立された木製品とみて間違いないということができる。すでに筆者は笠形・石見型木製品で検証[18]しているが、これらは実用的な器財ではなく、埴輪と同様の古墳への樹立を目的とした形象物である。鳥形・武器形についても当然ながら同様である。今後器種が増える可能性はあるが、古墳周濠出土の埴輪でいう器財形の上記のコウヤマキ製造形物[19]は、他の周濠出土木製品と区別される樹立物と定義される。

このような樹立物である木製品は、前述のおおよそ100年間の存続期間において、当初はモデルに忠実であったものが形骸化し、樹立物として独自の形態を獲得するようになる。その変化の過程については、筆者は笠形木製品と石見型木製品について個別に検討を加えている[20]。次にその概要について述べる。

(1) 笠形木製品

笠形木製品は、現在、5世紀前半から6世紀前半の15基の古墳から260点以上確認されている。5世紀前半〜後半の①・②類としたものは、平面が正円に近く、側面観は立体的で、裏面が円形でかつ外形に沿って大きく刳り込まれる。また、側部垂直面にヒダ状の表現がなされるものもある。これらはモデルに忠実に表現したものと理解される。このような形状からみて蓋をモデルにした木製品であることは間違いなく、とくに出現当初の形態である①類が、中央孔を挟んで低い半円形の頂部突起が作り出されており、支柱と組み合った姿は笠の頂部に低い円筒形の突起がついたような形であったとみられる。したがって蓋形埴輪とは異なり立飾りはもたなかった可能性が高く、モデルとなった蓋の形状は異なるのであろう。笠形木製品のモデルになった蓋については、5世紀の南朝陵墓磚画や高句麗古墳壁画に描かれた蓋と関連する可能性を考えている。①・②類のなかで、5世紀中葉頃の事例から側部垂直面や裏面刳りの省略化が認められ、この時期を境に2つの段階（Ⅰ・Ⅱ段階）に分けることができる。5世紀後半〜6世紀前半の③・④類としたものは、平面が楕円形になり、側面観は立体から扁平へ変化し、裏面方形で台形状にやや小さく刳り込まれるものから中央孔とほぼ同じ大きさのホゾ孔状にのみ刳り込まれるものへ変化する。頂部に高い突起をもつものも現れる。モデルからの乖離が著しく、外側から見えない部分での加工の省略が認められる。笠形木製品では、①・②類から③・④類への変化が大きな画期と考えられ、画期直後の段階（Ⅲ段階）に③・④類に含まれるすべての類型が成立し、次のⅣ段階にはより省略化の進んだ④類だけに収斂されていったと理解している。

笠形木製品の大きさ・木取りをみていくと、このような形態分類とは関わりなく、出土古墳のなかで規模の大きい古墳では相対的に直径が大きい板目材で、小規模古墳では直径が小さく、樹芯を含むものが多いという傾向を指摘できる。幹の直径が大きい材を大型古墳が優先的に使用している状況がある。前述のように古墳の用材としてコウヤマキが意識され、集落遺跡での出土例が寡少な状況をみると、コウヤマキの植生に対し一定の管理があり、しかも墳丘規模に反映される被葬者間の優劣が、用材とするコウヤマキの大きさにも反映されている可能性が考えられる。

(2) 石見型木製品

　「石見型」という名は、ヒレのついた盾のような特異な形象部をもつ埴輪が、最初に出土した石見遺跡の名をとって命名された。当初は特異な盾と認識されたが、その後モデルについては靫・鹿角・玉杖など諸説が出されている。四条1号墳の調査により木のはにわにもこの造形が存在することが周知され、現在では5世紀前半～6世紀前半の15基の古墳から60点以上確認されている。石見型木製品は、筆者が祖形と考える角状突起と受部の頭飾と長柄からなる儀杖形木製品の要素を忠実に引き継いだものから、4段タイプ「石見型」成立後形象部が相対的に拡大し、各部位にデフォルメがみられるものへ変化する。前者（①a類）は5世紀前半～中葉にみられ、角状突起帯の側辺が連弧状になる点、中央の抉りがY字形で抉りが深くなる点、第1・2段帯が他の部位に段差をつけて表現される点、基部が長くなる点などがモデルのもつ要素が色濃く残る。このような造形は片側面にのみみられ、表裏の区別があった。また木取りはその表面を木表とする板目材が多い。後者は5世紀後半からみられるようになり、同じような特徴を残しつつ、角状突起帯の側辺の弧が1つになり上端近くで屈曲して短く垂直ラインを描くものとなり、基部に対し形象部が相対的に拡大する（①b類）。さらに6世紀前半～中葉には角状突起の中央抉りがU字形になり、段帯と他の部位に段差がなくなるものが現れ、一方で角状突起帯・中央帯・最下帯にまで段差を設け、各部位の間には間帯が生じている例がみられるようになる（②類）[21]。このように石見型木製品は3つの類型に分類されるが、このなかで画期と考えられるのが、①b類が成立する5世紀後半代で、モデル本来の要素が減少する一方で、「石見型」としての造形が定形化し、出土例が増加する。

　石見型木製品の形象部に注目すると、複数点出土している古墳では、いずれも同形同大を指向していることが判明している。さらにその大きさは65cm・75cm・90cm・110cm・180cmの5つのグループに分けられ、それぞれのグループは規格に関連性をもっている。画期以降はその大きさが墳丘規模にほぼ比例することも判明している。

(3) 笠形木製品と石見型木製品に共通する画期

　このように笠形木製品と石見型木製品は、時間の経過とともに形態変化していることが確認される。そしてそれぞれにおいて形態変遷による複数の段階を設定することができたが、その中で5世紀後半頃を境として画期が認められた。笠形木製品においては③類でⅢ段階、石見型木製品においては①b類が成立する段階であり、四条1号墳例にみられる両者の形態が典型的な事例になる。さらにそれは他の木のはにわも含めた組み合わせにおいても画期となる可能性がある。例えば笠形木製品と石見型木製品が共伴して1古墳から出土した例は、画期とした段階以前には見られないのであるが、以降は共伴例のほうが多くなる。以下では、この画期以前（木のはにわ出現段階）と以後（木のはにわ定形化段階）に分け、木のはにわのセット関係ついて考え、あわせて共伴する他の木製品との関係にも触れてみたい。

(4) 木のはにわ出現段階

　コウヤマキ製で、支柱や基部が存在し、出土状況や自然科学的分析から一定期間樹立した痕跡が

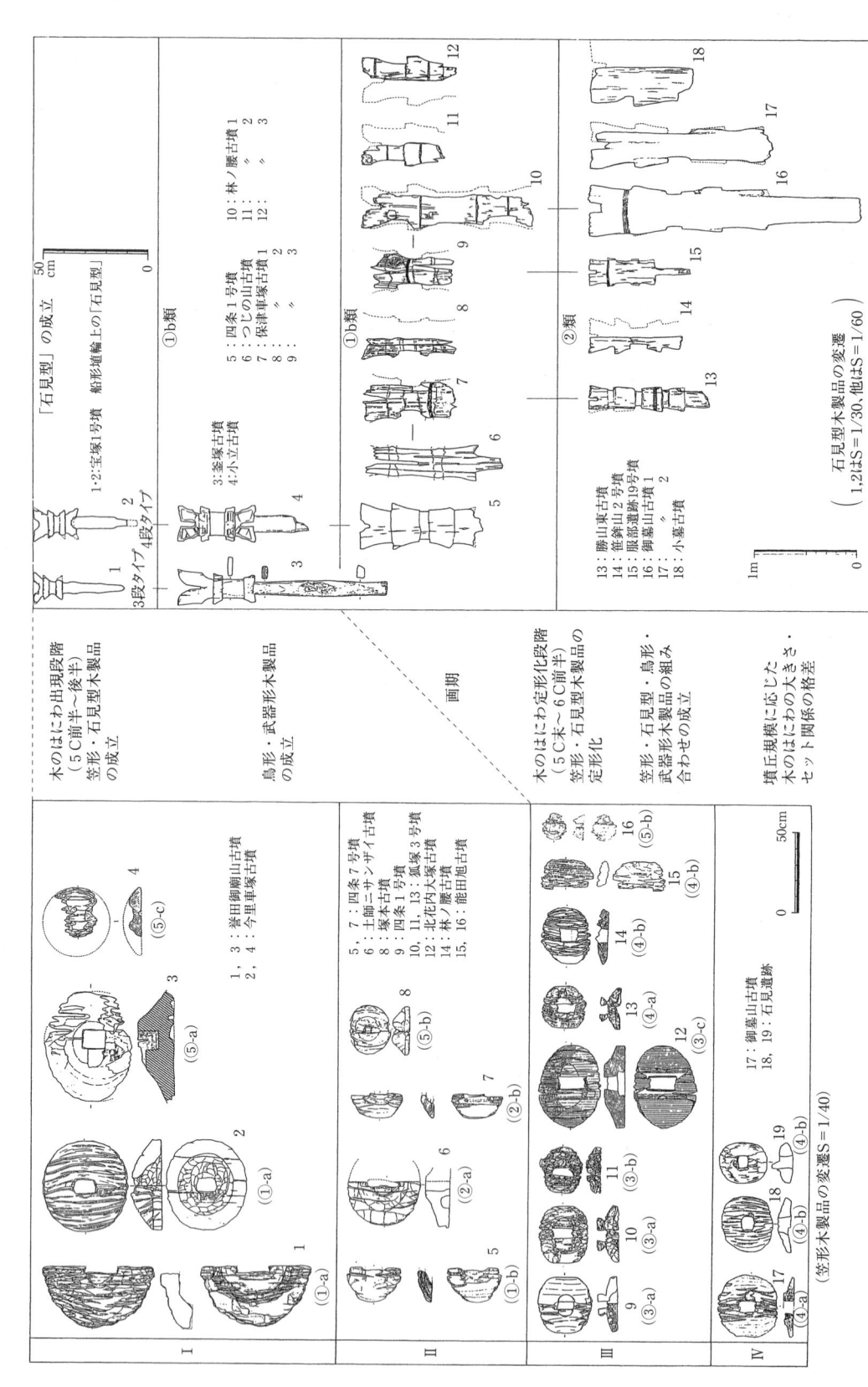

図1 木のはにわ変遷図（註（4）（5）文献より作成）

確認できるという要素を満たす古墳周濠出土木製品は、前期に明確な事例は確認できない。したがって木のはにわは、中期に入って出現してくるものと考えられる。まず5世紀前半に笠形木製品（誉田御廟山古墳、今里車塚古墳）と石見型木製品（釜塚古墳）が成立し、5世紀中葉に鳥形木製品（大阪府堺市土師ニサンザイ古墳）と武器形木製品（小立古墳）がやや遅れて出現する。土師ニサンザイ古墳の鳥形木製品には、坂靖氏が1類[22]とする立体的な表現で翼を広げ飛翔している姿を形象したものと、同氏が2-b類とする側面観を表現した板状のものがあり、とくに前者1類の初現とみられる。誉田御廟山古墳で笠形木製品、土師ニサンザイ古墳において鳥形木製品のそれぞれ初現的な木のはにわが確認できることから、大王墓の造営にともなって新しく考案された樹立物として誕生した可能性が十分に考えられる。前期の巨大前方後円墳では木棺に盛んに使用されたコウヤマキが、前期後半以降石棺に取って代わられ使用されなくなるが、古墳にとって必須の用材であるコウヤマキが、木のはにわに姿を変え再び大王墓において使用されるようになったと考えることができる。また、笠形木製品の中国・朝鮮半島にみられる蓋をモデルにしている可能性がある点、鳥形木製品の猛禽類をモデル[23]としている可能性がある点から大陸的な新しい思想も加わり誕生したのであろう。

　主体となるのはもっとも出土点数・出土古墳数の多い笠形木製品で、次いで石見型木製品と鳥形木製品である。これらのセット関係をみていくと、5世紀前半～後半は笠形木製品のみあるいは石見型木製品のみの出土という古墳がほとんどで、土師ニサンザイ古墳で笠形と鳥形が、小立古墳で石見型と武器形がそれぞれ共伴するのみである。

(5)　木のはにわ定形化段階

　画期とした5世紀後半以降になると四条1号墳を典型例として、笠形木製品・石見型木製品・鳥形木製品・武器形木製品の組み合わせが成立する。すなわちこの段階は笠形木製品と石見型木製品の形態上での定形化とともに木のはにわのセット関係が成立する段階と評価できる。笠形木製品と石見型木製品が祖形からやや乖離しつつも均整のとれた形態となった段階に、初めて両者がセットで古墳に樹立されるようになったとみることができる。木のはにわの形態・品目・セット関係・樹立形態などで完成された段階であり、この段階以降の木のはにわ出土古墳は、このありかたを基本形として展開していくと考えられる。分布をみると四条1号墳と同時期に近江の湖南地域および丹波にセット関係をもつ古墳が存在している。四条1号墳例に比べると、笠形木製品・石見型木製品の樹立点数の少なさ、主体となるこれら2種以外の木のはにわも非常に少ない点などが指摘できるが、墳丘形態・規模という点では、墳丘長90mに及ぶ前方後円墳である滋賀県野洲市林ノ腰古墳があり、その石見型木製品の形象部長に注目すると、最大級の180cmグループに属し、墳丘長と比例するような関係が生まれていることがわかる。このセット関係は次の6世紀前半代に引き継がれ、形態の上でデフォルメが進むが、もっとも出土古墳数が増加する。木のはにわの最盛期である。一方でこの段階には石見型木製品にみられた墳丘規模に応じた形象部の大小のように、より小規模な古墳ではセット関係から欠落するものが現れるという状況がみられる。すなわち墳丘長50m以上の前方後円墳・帆立貝式古墳の小墓古墳、御墓山古墳、奈良県大和郡山市水晶塚古墳ではセッ

ト関係が成立し、石見型木製品形象部長が180cm タイプで、笠形木製品の直径も37〜50cm であるのに対し、墳丘長35m[24]の狐塚3号墳、43m の能田旭古墳では石見型木製品が欠落し、笠形木製品の直径も17〜35cm 程度で、墳丘規模や地域性などの要因で木のはにわ出土古墳間に格差が生じている可能性がある。この定形化段階の木のはにわ出土古墳は、21基確認できる。このなかで笠形木製品、石見型木製品、(鳥形木製品)のセット関係が成立している古墳には、四条1号墳、京都府亀岡市保津車塚古墳、狭間遺跡1号墳、林ノ腰古墳、小墓古墳、御墓山古墳、水晶塚古墳、韓国光州広域市月桂洞1号墳がある。また、笠形木製品と唯一石見型埴輪が共伴している例として石見遺跡がある。定形化段階になるとその造形に誇張や形骸化が認められ、モデルに忠実であった当初の性格よりむしろセットとして樹立することに意義を見出すようになる。また、この段階から大和に分布の中心が移り、その性格にも変化があった可能性が考えられる。この段階以降現状では木のはにわが巨大古墳に確認できないのも性格の変化を暗示するものと考える。その変化が顕在化するのが6世紀前半段階で、大和の盆地中央部から南側の黒田大塚古墳、市尾墓山古墳、御墓山古墳、小墓古墳、水晶塚古墳、北花内大塚古墳など、この段階では比較的大型の古墳にみられるようになる。奈良盆地内の6世紀代に新たに展開し始める初期大型横穴式石室をともなうような有力古墳に木のはにわが樹立される。換言するとこの段階の有力な豪族の墓に木のはにわが樹立されるとすることができ、被葬者の政治的な立場が木のはにわによって表現されている可能性が考えられる。また、この段階には朝鮮半島全南地方の前方後円墳である月桂洞1号墳にも木のはにわをみることができ、その樹立古墳の性格は半島との関係にまで及ぶ。

⑹ **木のはにわに共伴する古墳出土木製品**

　木のはにわ出土古墳において共伴して出土した木製品には、工具(横槌)、掘削具(鍬・鋤)、運搬具(天秤棒)、武器(弓)、容器(槽)、調度(机)、発火具(火きり臼)、祭祀具(刀形・剣形・矛形・横槌形)、威儀具(翳、儀杖)、建築・土木部材、栓、部材などの器種がある。これら器種の大多数は、木のはにわ出土古墳以外の前期〜後期の木製出土古墳にもみることができるが、威儀具の翳形木製品と円板部に角状突起がつく特徴的な形状の杖頭部をもつ儀杖形木製品は、木のはにわ出土古墳にのみ共伴する木製品ということができる。木のはにわ出現以降では集落遺跡からの出土例も確認できず、古墳用の木製品ということができる。それゆえ木のはにわと区別されず、樹立物と解釈されたり、木のはにわとともに木製祭祀具とされたりした経緯がある。しかしながら翳形木製品と儀杖形木製品の大多数はヒノキ製である点、自然科学的分析[25]では樹立した痕跡が見出されない点から木のはにわとは明確に区別される。古墳周濠から出土する翳形・儀杖形木製品についても筆者はすでに検討を加えており[26]、その概要について以下述べる。

　翳は、伊勢神宝などにみられる大型扇をもちかつその長さを上回る長い柄が付くものである。また中国・朝鮮半島古墳壁画に描かれた翳をみると、侍従的性格の人物が執っている例がほとんどである。現状で日本最古の翳と考えられるのは前期前半の天理市乙木・佐保庄遺跡例である。巨大古墳群造営と関わる拠点的な集落遺跡から出土している。団扇形木製品の柄を長くした構造で、ヒノキの1木から2枚板の要と長柄が作り出された精巧な製品である。乙木・佐保庄遺跡例以降の翳の

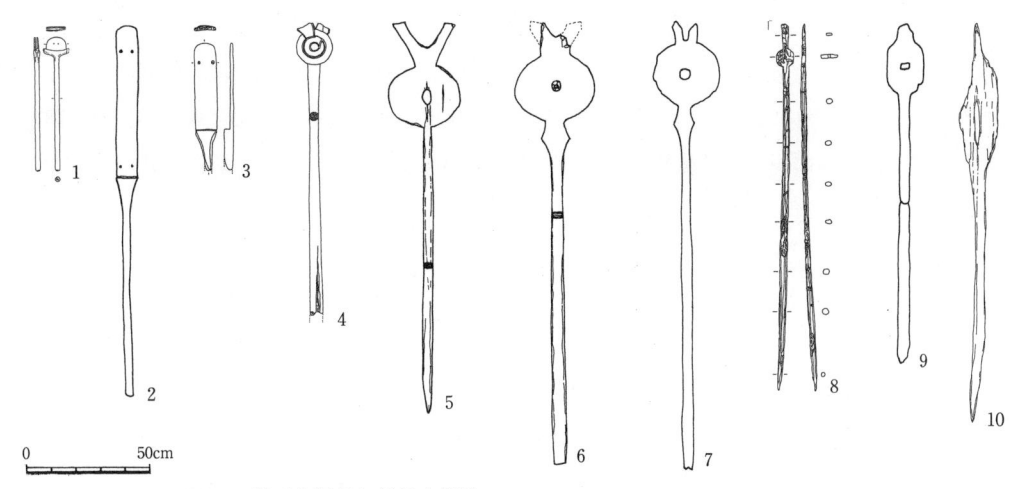

図2　翣形木製品と儀杖木製品（S＝1／30、註（6）文献などから作成）
1～3翣形　　4～10儀杖形
1：乙木・佐保庄遺跡　　2：四条1号墳　　3：服部遺跡　　4：下長遺跡　　5：四条7号墳　　6・7：四条1号墳
8：狭間遺跡1号墳　　9：小墓古墳　　10：御墓山古墳

　事例は、前述のように木のはにわ出土古墳と強い関連をもって存在する。出土例としては、四条1号墳例と6世紀前半の服部遺跡例[27]がある。団扇形木製品のなかで1木から長い要板の片側と柄が作り出されるタイプ[28]と共通する形態・構造で、さらに柄と要部を長大化させ製作されている。別材で作られたもう一方の板材が要部として組み合うとみられる。要部には上下に1対ずつ孔が穿たれていることから扇に相当するものが緊縛されたと考えられる。在来の技術で、四条1号墳例とほぼ同時期の5世紀後半～末の南朝陵墓壁画にみられるような形態の翣を模倣した可能性が考えられる。四条1号墳例は樹種がヒノキと判明している。

　木のはにわと共伴する儀杖形木製品は、前述のように円板部中央に孔があき、角状突起をもち、長柄が付属する1木から作られた木製品である。翣に形状の類似するものであるが、円板部の孔や角状突起は中国・朝鮮半島の翣や日本に伝世する翣にみられない要素である。この祖形となるものは、古墳時代前期前半の守山市下長遺跡出土儀杖形木製品であり、杖頭部は弧帯文の一部を象ったものとなっている。したがって円板部は扇をではなく、呪術的な文様を表した儀杖と考えられるものである。出土例としては、5世紀中葉～後半の四条7号墳例、続いて四条1号墳例と狭間遺跡1号墳例、ただし狭間1号墳例は角状突起が二股に分岐しない省略形となっている。そして6世紀前半代の小墓古墳例・御墓山古墳例はいずれもこの角状突起省略形である。樹種は御墓山古墳がコウヤマキである以外大和の事例はヒノキで、狭間遺跡1号墳例はスギである。例外はあるが樹立物と儀礼に使用されたもの間に、用材の上で区別が存在したことが確認できる。

　古墳時代前期前半の拠点的な集落遺跡および政権中枢の纒向古墳群にのみみられた威儀具が、5世紀後半以降古墳用の木製品として用いられている状況が上記のように説明できる。ただし、この間に威儀具は、継続的に用いられていたのか断絶したのか、出土例がないため明らかでない。現状でいえるのは、木のはにわ定型化以降、周濠出土木製品のなかに威儀具と木のはにわの共伴例が増

加し、この段階に木のはにわ出土古墳が顕著に分布する大和と近江に出土例が限定されるという状況があるということである。古墳出土翳形木製品の成立には前述のように中国・朝鮮半島的な要素が加わったと考えられ、また南朝陵墓磚画にみられるような被葬者の葬送にともない従者が翳や儀杖をかざすような場面が、5世紀後半以降の木のはにわ出土古墳の一部で、葬送儀礼中に存在した可能性が考えられる。

まとめ

　本稿では古墳周濠から出土する木製品を取り上げ、まずどのような器種があるか整理し、そのなかで古墳時代通じてみられるものと時期を限定してみられるものがあることを確認した。前者では、掘削具および運搬具の古墳築造の土木作業にともなったとみられる木製品は、少なくとも畿内中枢の有力な古墳では前期～後期を通じて、実際の作業で使用されたものもしくはそれに関わる儀礼の後、一部が意図的に周濠に置かれるような行為があった可能性が指摘できた。同様のことは工具、容器、威儀具、建築・土木部材でもいうことができ、工具には横槌や掛矢の叩打を目的としたものがみられ、掘削具と同様築造過程の中で使用されたものが象徴的に周濠に残された可能性がある。一方、鉄斧・鉄鎌・ヤリガンナ・鑿といった副葬品によくみられるものの周濠からの出土はなく、周濠出土木製品の工具は、古墳築造過程で使用されるものに限定されていることがわかる。容器に関しては、前述の服部遺跡例で示されたような供献儀礼で使用された後、周濠に置かれたと解釈できる。威儀具は古墳時代前期前半には、団扇形木製品、弧文円板が確認でき、纒向古墳群のみの出土であり、纒向遺跡の祭祀的な遺構から確認できるこの種の木製品と同一視できるものである。この段階は集落出土威儀具と特に区別はなかったと考えられ、中期中葉以降に古墳用の威儀具が出現したと考えられる。古墳用の威儀具は大和と近江の木のはにわ出土古墳の一部に出土例が限られ、そのような特殊な古墳の葬送に関わって使用された道具とみることができる。建築・土木部材は、集落出土遺跡例と同様、その全体像が把握できるような形での出土例はほとんどない。それでも前述の服部遺跡例のように琴とともに棚状の施設が墳丘側から倒壊したように出土した事例や、纒向石塚古墳例のように柱頭に欠込みをもつ完形の柱材が存在している例からみて、古墳時代を通じて古墳周濠周辺に何らかの施設が構築され、建物は解体されその部材が周濠に投棄され、施設的なものはそのまま据え置かれ後に倒壊した可能性が考えられる。これらは古墳築造から埋葬の間に行われた築造に関わる実際の行為、それを象徴した儀礼的行為、そして葬送儀礼のなかで使用された木製品の一部が顔を出しているのではないかと考えられる。もちろん墳丘規模や時間、地域性による差異は存在すると思われるが、周濠出土木製品から類推される古墳に関わる所作は一定の普遍性を有すると思われる。これらは形態・樹種において集落遺跡出土のものと変わるところがなく[29]、実用的なものあるいは実際に使用されたものが周濠に埋置されたとみられる。時期的に限定される後者では、紡織具、調度、発火具、武器、祭具、楽器、木のはにわがあり、木のはにわ以外出土古墳数・数量が非常に少なく、集落遺跡での出土は比較的多く確認できるのに対して、古墳での儀礼などに使用されるものとしては非常に限られたものとなっている。一方、集落遺跡からの

出土例がない木のはにわは、出土状況・自然科学的分析・樹種から樹立目的の威儀具・祭祀具・武器を象った木製品で、古墳築造や古墳に関わる儀礼にともなう実用的な木製品と画される古墳用の木製品であることが改めて確認された。

このような樹立物が考案された背景として、5世紀前半〜中葉の誉田御廟山古墳において笠形木製品が、5世紀中葉〜後半の土師ニサンザイ古墳において鳥形木製品が初出として確認できることから、大王墓の造営にともなって新しく考案された樹立物であった可能性を考えた。そしてそのモデルから大陸的な新しい思想もそこに加わったとみられる。前期の巨大前方後円墳で木棺に盛んに使用されたコウヤマキが、前期後半以降石棺に取って代わられ使用されなくなることから、古墳にとって必須の用材であるコウヤマキが木のはにわに姿を変え、再び大王墓において使用されるようになったと想定される。また、笠形木製品の木取りからみて、大型古墳ほど優先的に幹の大きいコウヤマキを使用しており、木棺の用材として管理されたコウヤマキを大型古墳へ優先的に供給するようなシステムが再び構築されたのであろう。

このような形で成立した木のはにわは、5世紀後半以降四条1号墳例を典型例として、1古墳のなかで笠形・石見型・鳥形・武器形というセット関係が成立する。形態的にもモデルから乖離が進む一方で、樹立用の器物としての形態を獲得し、それにともない数量的にも増加する。現状では、この段階になると巨大古墳からの出土例が確認できなくなり、大和の古墳に分布が集中するようになる。大和においては、巨大古墳の造営が停止した段階にむしろ木のはにわの出土例が顕著になる。さらに6世紀前半になると初期大型横穴式石室を持つような奈良盆地中央部〜南部の有力な古墳に採用され、一層分布の中心となる。この時期の分布は近江・東海と朝鮮半島全南地方に限られ、政治的な様相が反映されている可能性が考えられる。この段階には奈良盆地では、周濠に木製品が遺存する同一古墳群あるいは近在する古墳の間で、木のはにわが含まれる古墳とない古墳があり、決して木のはにわ出土古墳が普遍的な存在でないことが明らかになってきている[30]。木のはにわ樹立古墳は、この時期の政治的な変動に関わる古墳となる可能性があり、その樹立には被葬者の政治的な性格もこめられていた可能性が考えられる。

今回は古墳周濠出土木製品の整理と、その中の器種の一つでこれまで筆者が個別検討を加えてきた木のはにわを総体としてどう捉えるかということに主眼がおかれ、古墳出土木製品の使用場面の復元や木のはにわ出土古墳の性格への言及は不十分であった。これらについては後考を期したい。

　　最後になりましたが、茂木先生の茨城大学退任に際し、これまでの学恩と公私にわたって多大なる恩恵を授かったことに感謝を申し上げ、甚だ不十分ですが本稿を献呈いたします。

註

（1）　野中仁・福田聖「方形周溝墓出土の木製品」『研究紀要』第10号（財）埼玉県埋蔵文化財調査事業団　1993
（2）　大橋信弥・谷口徹『服部遺跡発掘調査報告書Ⅴ』1985
（3）　西藤清秀「木製樹物」『古墳時代の研究9　古墳Ⅲ　埴輪』雄山閣　1992
（4）　鈴木裕明「笠形木製品覚書　―四条7号墳出土例を中心として―」『博古研究』第23号　2002
（5）　鈴木裕明「石見型木製品について」『古代文化』第57巻第7号　2005

（6）　鈴木裕明「古墳時代の翳」『博古研究』第21号　2001
（7）　奈良国立文化財研究所『木器集成図録　近畿原始篇（解説）』奈良国立文化財研究所史料第36冊　1993
（8）　樋上昇「「木製農耕具」ははたして「農耕具」なのか―新たな機能論的研究の展開を考える―」『考古学研究』第47巻第3号　2000
（9）　古墳時代中期後半以降みられるコウヤマキ製の木のはにわの大刀形・鳥形と区別する。
（10）　京都府埋蔵文化財センター「長岡京跡右京第26次発掘調査概要」『埋蔵文化財発掘調査概報（1980-2）』1980、高橋美久二「『木製埴輪』再論」『京都考古』第49号　1988
（11）　桜井市教育委員会「小立古墳調査概要」『磐余遺跡群発掘調査概要Ⅰ―小立古墳・八重ヶ谷古墳群の調査―』2002
（12）　奈良県立橿原考古学研究所「四条遺跡第27次発掘調査概報」『奈良県遺跡調査概報（第2分冊）2000年度』2001
（13）　酒井温子・今津節生・西藤清秀「出土木製品に残る劣化痕跡の解析（Ⅰ）―奈良県四条古墳出土「木製祭祀具」の使用環境―」『考古学と自然科学』第35号　1997
（14）　奈良県立橿原考古学研究所附属博物館「権威の象徴―古墳時代の威儀具」『橿原考古学研究所附属博物館特別展図録』第53冊　2000
（15）　酒井温子・村上薫史・今津節生「木の埴輪の劣化痕跡～奈良県桜井市小立古墳出土木製品を中心に～」『日本文化財科学会第18回大会研究発表要旨集』2001
（16）　たとえば奈良県下の樹種同定された集落遺跡出土木製品の中で、コウヤマキの占める割合は古墳時代前期の纒向遺跡では69点中5点（7.2％）、前期の天理市乙木・佐保庄遺跡では147点中5点（3.4％）、前期～中期の奈良市佐紀遺跡（平城宮下層）では180点中5点（2.8％）、中期～後期の天理市布留遺跡では637点中6点（0.9％）、中期～後期の天理市和爾・森本遺跡では71点中0点（0％）である。
（17）　ただし、星塚1号墳では103点中50点がコウヤマキ製の用途不明板材・棒材である。
（18）　前掲註（4）・（5）
（19）　ただし近畿以外の事例である愛知県師勝町能田旭古墳例、福岡県前原市釜塚古墳例、韓国全羅南道月桂洞1号墳例は、それぞれヒノキ、クリ、クリ属・アカマツ属が用いられており、コウヤマキが使用されるのは、現状では近畿圏のみといえる。
（20）　前掲註（4）・（5）
（21）　②類はこのように二つに細分できるが、時期差を示すものとはなっていない。
（22）　坂靖「鳥形木製品と古墳―古墳に樹立された木製品の性格をめぐって―」『考古学に学ぶ　Ⅱ』同志社大学考古学シリーズⅧ　2003
（23）　坂靖氏は古墳に樹立される鳥形木製品について「勇壮な鷹狩りをモデルに木製品を樹立した可能性」を考えている。前掲註（22）。
　　　鷹狩りは、中央アジアを起源とし、日本に伝来したのは古墳時代（おそらく中期）とみられている。かみつけの里博物館『鳥の考古学』かみつけの里博物館第5回特別展展示解説図録
（24）　この墳丘規模は木のはにわ出土古墳にも比較的多くみられ、小立古墳（帆立貝式古墳）、四条1号墳（造り出し付方墳）、亀岡市保津車塚古墳（帆立貝式古墳）、石見遺跡（帆立貝式古墳？）が他にあげられる。墳形は異なるが、墳丘長がほぼ同じであり、このような古墳の性格を読み解く要素の一つとなる。
（25）　前掲註（13）・（14）
（26）　前掲註（6）
（27）　服部遺跡例は出土地不明となっているが、古墳周濠出土木製品とみられる。前掲註（2）

(28) 筆者が団扇形木製品⑤類とした島根県出雲市姫原西遺跡例などである。
鈴木裕明「団扇形木製品と麈尾」『日本考古学の基礎研究』茨城大学考古学研究室20周年記念論文集　2001
(29) ただし、服部遺跡の古墳群周溝出土一木鋤には、カシ材とスギ材のものがそれぞれ複数存在し、形状も材と対応して二つに分類できるものとなっている。そして使用痕などからカシ材のものは実際に使用されたもので、スギ材のものは供献用の祭具であったとされている。前掲註（2）。
大橋信弥「古墳をめぐる儀礼の性格―服部古墳群を中心に―」『王権と木製威信具―華麗なる古代木匠の世界―』平成17年度春季特別展　滋賀県立安土城考古博物館
(30) 前掲註（22）

家形埴輪と前方後円墳の儀礼

塩谷　修

　　はじめに

　家形埴輪は、器台形・円筒形埴輪の配列を除くと、古墳における埴輪祭祀のあらゆる場面に登場する唯一の形象埴輪である。つまり、人物埴輪などによって構成される形象埴輪群の中核としてその場を象徴しているのが家形埴輪であり、人物埴輪が出現する以前より埴輪が演出する場の中枢にあってその役割を果たしていた。また、形象埴輪の中ではもっとも早くに出現し、蓋形や盾形などの器財埴輪を伴って、具象化されるべき重要かつ必須な造形物だった。おそらく鶏形埴輪もその仲間だったようであり、家形を中心とする蓋、鶏形などによる初期形象埴輪の構成内容については、成立時の家形埴輪の原形やその思想的背景を考える上で重要な視点を示唆していると考えられる。

　家形埴輪に関する過去の論考を振り返ると、その意味や起源について、①死後の生活の場・首長の居館[1]、②首長霊の依代[2]、③死後の王権祭儀用建物[3]、④殯宮・喪屋[4]、⑤大嘗宮[5]、⑥首長霊継承の場・施設[6]、⑦漢代墳墓の祠堂的施設[7]、などの諸説が提起されてきた。①〜③は被葬者の死後の世界の演出とするのに対し、④〜⑥は古墳への埋葬に伴う儀礼・儀式の造形とするものであり、両者は埴輪祭祀の性格や古墳の世界を捉える視点や次元を根本的に異にしている。一方、⑦については、家形埴輪の原形とも言うべきモデルを考古資料から鋭く指摘した内容は興味深く、東アジア的な視野に基づき古墳をとりまく思想的背景にも波及しうる着眼点は今なお重要である。

　諸説の中には、家形埴輪の個別具体例を取り上げ、その形態的特徴や配置状況の復元、他の形象埴輪との特徴的な群構成を明らかにし、その分析から演繹的に論証・解釈した成果も見受けられる[8]。ただ、現状では、先の諸説全般において、家形埴輪の起源や性格について説得力を持って導くに足る、論理的、帰納的な論証が十分になされ成功しているとは言い難い。

　そこで、近年の研究からみた視点や問題点を整理し、まずは本稿の目的と方法を明らかにしておきたい。今、近年の家形埴輪の研究をその視点や目的、分析の方法といった点から概観してみると、おおよそ次の4つに大別・集約できる。

（1）製作技法・表現方法の特徴・特色を分析し、編年、工人集団論、機能論へ

　小笠原好彦氏[9]は、屋根・軸部の突帯、線刻表現、入口・基部・基底部表現などの特徴を抽出分析し、畿内を中心とする工人集団論を展開した。また、青柳泰介[10]、岡村勝行[11]の両氏は、軸部、屋根部の成形法、および屋根部の閉塞法の分析から家形埴輪の時期的特徴やその変遷を明らか

にした。
（2）家形埴輪の形式分類をもとに、その地域性と変遷を追及

稲村繁氏[12]は、切妻形、寄棟形、入母屋形の形式分類と、祭殿形、住居形、倉庫形の機能論を背景に、家形埴輪の地域的展開とその変遷を跡づけた。

（3）家形埴輪の形態的、思想的起源を追及する

小笠原好彦氏[13]は、首長居館と家形埴輪の対比を前提に、宮崎県西都原古墳群出土の子持家形埴輪など特色ある資料群を援用し、その背景に神仙思想や中国南朝文物の影響を想定し、家形埴輪の起源論にせまった。

（4）器種構成と配置状況の分析から、家形埴輪ひいては埴輪祭祀の主題を追及する

高橋克壽氏[14]は、埴輪群像の古墳における場の意味づけを重視し、中でも家形埴輪はその中核をなすものとして注目している。三重県石山古墳の東方外区から出土した家形埴輪群の器種構成と配置状況を詳細に分析し、ひとつには葬送の場面を再現しているとした。具体的には、大阪府今城塚古墳の内堤張出から発見された大型の家形埴輪を伴う4区画の形象埴輪群像を典型と見て、森田克行氏[15]がその出土埴輪の特徴や配置状況の分析を通して提起した殯宮儀礼を想定している。

本稿では、（1）、（2）のような家形埴輪そのものに向けられた基礎的研究と、（3）、（4）のようにその使われ方や周辺資料との比較を通して性格論、起源論にせまる研究との二者を意識し、この2つの方法の相互補完的運用を念頭に資料を分析し、論を進めたい。課題として重要なことのひとつは、後円部埋葬施設上など古墳の中心に据え置かれ始まった家形埴輪とは何ものなのか、その起源や性格を鮮明にすることにある。これは、埴輪祭祀の本質に止まらず、家形埴輪が置かれた前方後円墳そのものの儀礼やその思想的背景にも深く関わる問題と言えよう。

1　形式と配置状況の分類（表1参照）

本稿では、円筒埴輪編年Ⅰ期からⅤ期にかけて[16]、主に前方後円墳を中心に全国の古墳から出土した比較的属性の明らかな家形埴輪を集成した。ここでは、表1の集成資料から、家形埴輪の形式と配置状況の分類について提示したい。

1　形式の分類

家形埴輪の形式は、機能論については保留する部分も多いが、稲村繁氏や青柳泰介氏等が提示する屋根形態による大分類が有効であり、分析の指標としても理解しやすい。つまり、

　　Ⅰ類：切妻形式、Ⅱ類：寄棟形式、Ⅲ類：入母屋形式、Ⅳ類：片流れ形式、Ⅴ類：伏屋形式

以上の大別が可能である。ただ、これらの形式は単一の機能を反映するものではないということ、実在する建物形態を忠実に反映した形式差なのか未だ確証がなく判然としない点があるということなど、認識しておかなければならない事もある。また、伏屋形式以外の4形式には、さらに、A類：平屋建物、B類：高床建物の分類が可能であり、外観上からみた家形埴輪の大分類は、ⅠA：切妻平屋、ⅠB：切妻高床のようになり、伏屋形式だけがⅤ類のみの大分類となる。

表1　家形埴輪の形式と配置状況

時期	古墳名	墳形 (規模 m)	埋葬施設上	方形埴輪列外 (墳頂部)	墳丘基壇・島状施設
I	寺戸大塚 (京都府)	後円 (98)		○	
	平尾城山 (京都府)	後円 (110)	寄棟or入母屋		
II	日葉酢姫陵 (奈良県)	後円 (206)	寄棟平屋		
	赤土山 (奈良県)	後円 (103.5)			切妻建物1 切妻平屋1 切妻正方形建物1 切妻高床1 切妻建物1 切妻建物1 入母屋建物1 切妻正方形建物1 入母屋高床1 　　　他2棟 小型切妻平屋1（谷部） 鉤形囲形1（谷部）
	庵寺山 (京都府)	円 (56)	入母屋平屋1 入母屋高床1 寄棟平屋2 切妻平屋1　他2		
	石山 (三重県)	後円 (120)	入母屋建物1 切妻平屋1 高床建物1 小型切妻平屋1 他3～4 囲形1		
					片流れ高床1 入母屋円柱建物1 切妻高床1 寄棟高床1 方形囲形1 鉤形囲形1 入母屋高床1 　　　他1棟
					入母屋平屋1 鉤形囲形1 小型切妻平屋1 寄棟平屋1 高床建物1 (切妻or入母屋) 切妻建物1 鉤形囲形1 　　　他3棟以上
	金蔵山 (岡山県)	後円 (165)	(中央石室) 家形（網代文）	入母屋建物1 他1	
			(南石室) 入母屋(高床?)1	方形囲形1 切妻平屋1	
	昼飯大塚 (岐阜県)	後円 (150)		切妻建物2 入母屋建物1 　　　他4棟以上	
III	室宮山 (奈良県)	後円 (238)	入母屋高床1 切妻平屋4		
				寄棟平屋1 切妻平屋4	
	乙女山 (奈良県)	帆立貝 (130)			
	野中宮山 (大阪府)	後円 (154)			
	心合寺山 (大阪府)	後円 (160)			
	巣山 (奈良県)	後円 (220)			入母屋平屋3 切妻高床2 小型切妻平屋1　他1棟 鉤形囲形1　他3

造り出し	墳丘裾部	周堤上	前方部	石室前面	形象埴輪	土器	土製供物
					○（鳥？）		
					鶏、蓋		
					蓋、盾		
					鶏		
					蓋、靫、甲冑		
					蓋、靫、甲冑 盾、ついたて 水鳥？、鶏？		
					蓋、盾、甲冑 靫、鶏、水鳥		
					蓋、盾、甲冑 高坏、水鳥		
					蓋、盾、甲冑		
					蓋、盾、甲冑 鶏、水鳥		
切妻平屋1 　他2棟 柵形2以上					蓋		
伏屋式1 囲形？					蓋、盾、鶏、 水鳥、馬、猪		
切妻平屋1（谷部） 鉤形囲形1（谷部） 囲形他1					鶏		
					蓋、盾、 水鳥		

時期	古墳名	墳形(規模m)	埋葬施設上	方形埴輪列外(墳頂部)	墳丘基壇・島状施設
III					柵形10以上
	行者塚(兵庫県)	後円 (99)	家形複数（鰭飾等）		
	宝塚1号(三重県)	後円 (95)		入母屋建物（鰭飾) ?	
					(造り出し周辺基壇) 入母屋高床 2 小型切妻平屋 2 方形囲形 2 小型切妻平屋 1 鉤型囲形 1 柵形 4
	月の輪(岡山県)	円 (60)	切妻高床 1 入母屋平屋 2 切妻建物 1 高床建物 1 平屋建物 2		
				囲形埴輪 1 導水施設 1	
	ニゴレ(京都府)	方 (20)	切妻建物 3 寄棟建物 3		
	鳴谷東3号(京都府)	方 (10.5)		切妻平屋 2 入母屋平屋 1 　　他 2 棟以上	
	白石稲荷山(群馬県)	後円 (140)	寄棟高床 2 切妻平屋 6		
	赤堀茶臼山(群馬県)	帆立貝形 (45.2)	切妻平屋 3 切妻高床 3 寄棟高床 1 小型切妻平屋 1 鉤型囲形 1		
IV	黒姫山(大阪府)	後円 (114)	寄棟建物複数 or 入母屋		
	蕃上山(大阪府)	帆立貝 (53)			
	狼塚(大阪府)	帆立貝 (33)			
	三ツ城(広島県)	後円 (84)		切妻平屋 1 切妻建物 1 寄棟建物 　or 入母屋 1	
	常光坊谷4号(三重県)	円 (17.5)			
	富士見塚(茨城県)	後円 (80)			
	菅沢2号(山形県)	円 (50)		切妻建物 1 寄棟建物 2 入母屋建物 2 円柱高床 1 　他 2 棟以上	
	保渡田八幡塚(群馬県)	後円 (96)			入母屋建物 高床建物

造り出し	墳丘裾部	周堤上	前方部	石室前面	形象埴輪	土器	土製供物
高床建物（切妻?）					蓋		
					蓋、盾、甲冑		
入母屋平屋1 切妻平屋複数 囲形 鉤形囲形（谷部）	（西造り出し）						
切妻平屋1 長方形囲形1	（東造り出し谷部）						
入母屋平屋1 寄棟平屋1 切妻平屋1 切妻高床1 片流れ高床1	（北東造出埋葬施設上）				盾、甲冑、靫		
家形	（北西造り出し）				蓋、盾、甲冑		
			切妻0r入母屋	（墳頂）			
					蓋、盾、甲冑 靫、船		
入母屋高床1					鶏		
					蓋、盾、甲冑 靫		
入母屋建物1	（埋葬施設有）				舟形土製品		
					甲冑、椅子 船		
					蓋、甲冑、鞆 鶏、水鳥		
					甲冑		
					椅子、高杯、 蓋、、翳 甲冑		
					蓋、盾、甲冑 靫		
	寄棟平屋1 入母屋建物1	（後円部）			蓋、盾、甲冑 人物男・女		
組合せ囲形1 （谷部）					鶏、水鳥		
					蓋		
寄棟平屋1					男女人物、馬 鶏		
寄棟平屋1					男女人物、鹿 犬、盾持ち人物		
					蓋、盾、甲冑 靫、馬		
					人物		

時期	古墳名	墳形 (規模 m)	埋葬施設上	方形埴輪列外 (墳頂部)	墳丘基壇・島状施設
V	今城塚 (大阪府)	後円 (186)			
	荒蒔 (奈良県)	後円 (40)			
	勢野茶臼山 (奈良県)	後円 (40)			
	軽里4号 (大阪府)	後円 (18.2)			
	音乗谷 (京都府)	帆立貝 (22)		家形	
	井辺八幡山 (和歌山県)	後円 (88)			
	菟道門の前 (京都府)	後円 (35)			
	百足塚 (宮崎県)	後円 (80)			
	味美二子山 (愛知県)	後円 (101)			
	舟塚 (茨城県)	後円 (72)			
	殿部田1号 (千葉県)	後円 (36)			
	瓦塚 (埼玉県)	後円 (71)			
	富士山 (栃木県)	円 (35)		入母屋(平屋？) 1 入母屋円柱高床 1	
	片野23号 (千葉県)	後円 (34)			
	綿貫観音山 (群馬県)	後円 (98)		入母屋or寄棟高床 1 (円柱・角柱) 入母屋建物 1 　　他3棟以上	

造り出し	墳丘裾部	周堤上	前方部	石室前面	形象埴輪	土器	土製供物
		入母屋円柱高床1 寄棟平屋1 片流れ建物1			鶏		
		寄棟平屋1棟 入母屋円柱高床1 他1棟			盾、大刀、鶏 女子人物		
		入母屋円柱高床1 入母屋平屋2 入母屋建物1 他5棟			蓋、盾、大刀 男女人物、鶏 水鳥、獣脚		
		入母屋円柱高床1 柵形多数（列状）			盾、武人、力士、水鳥、牛馬		
	入母屋高床3	（くびれ部）			盾、大刀、双脚輪、馬、水鳥、鶏、人物		
				寄棟平屋1	蓋、盾、大刀 女子人物		
			入母屋平屋1		盾、馬、男子人物		
					靫		
入母屋平屋2					蓋、靫、盾、武人、力士、馬、猪、鳥		
入母屋建物1					蓋、盾、馬、女子、武人、力士		
	寄棟高床1	（くびれ～前方部）			蓋、盾、大刀 靫、男子人物 馬、鳥		
		入母屋平屋2 寄棟高床1 寄棟円柱高床1 他2棟 柵形多数			大刀、男女人物、鶏、馬		
		入母屋平屋2 囲形?			蓋、盾、馬、水鳥、男女人物、力士、盾持人物		
入母屋(平屋?)1					大刀、舟、馬 男女人物、武人、盾持人物		
	寄棟(平屋?)2	（くびれ～前方部）			男女人物、武人、馬		
		寄棟円柱高床1 寄棟(平屋?)1			大刀、男女人、女子、武人		
					靫、盾		
	入母屋(平屋?)1	（前方部側面）			男女人物		
					盾、大刀、鶏		
			入母屋(平屋?)1 入母屋建物1 他1棟以上		盾、鶏		

※ 表中の二重横線は、西日本と東日本を分けている

さて、従来、個々の家形埴輪の機能については、軸部の形態とくに入口や窓のあり方を手がかりに、入口と窓をもつ住居、1か所の入口のみを表現した倉庫などの捉え方が一般的であった。確かに、平屋、高床の大分類も含めて、家形埴輪の軸部の形態は最もよくその機能を反映していると考えられるが、全国の出土資料を網羅すると上記の一般論のように単純に理解できるのか確証はない。ある面、様式化され、単純化された形態から機能差を読み取ることは容易ではない。ここでは、入口や窓の表現と考えられる軸部の切り込みを中心に細分類を行い、屋根形態との相互関係や時期的、地域的な傾向を全体的に把握し、家形埴輪の分析に備えたい。

細分類は、平屋、高床建物それぞれに、軸部の壁表現、入口表現、窓表現、さらに基部の裾廻り突帯表現によって分類する。分類項目とその内容を概略列記すると、以下のようである。

平屋	〈壁表現〉	・四面開放	〈入口表現〉	・平入口	〈窓表現〉	・有	〈基部突帯表現〉	・L字状
		・壁構造		・妻入口		・無		・板状
				・両入口				・低板状
				・無				・無

〈壁表現〉は、軸部四面すべてに切込みがある「四面開放」と、入口、窓以外は閉鎖的な「壁構造」に分類される。前者の切込みには、軸部の上下全面におよぶ縦長のものや、下壁を残しやや横長のものなどがある。縦長のものの中には、後述する要件から入口と判断できるものもあるが、それ以外の開口部については、多様な構造が想定されるもののひとまず窓と呼ぶのが適当と思われる。なお、高床建物では、2階部分を〈上層壁表現〉、1階部分を〈下層壁表現〉としてそれぞれに分類する。高床建物の壁表現も、平屋と同様に「四面開放」と「壁構造」とに分類される。ただ、床下の1階部分については、高床建物の2階部分や平屋建物とは構造的に異なることは明らかであり、家形埴輪の表現においてもⅤ期に見られる特殊な高床表現を除いて、その大半は縦長の「四面開放」となっている。

〈入口表現〉は、縦長の切込みを基本的に入口と判断しているが、確証はない。そういう中で、扉表現や扉の軸受け表現、切込み下辺の刳形表現などは確かな指標であり、多くが縦長の形態である。建物の平側と妻側の別から、「平入口」、「妻入口」、「両入口」があり、上記の判断基準からすると四面いずれにも入口表現が見当たらない「無」も加えて4分類される。

〈窓表現〉は、上記の入口表現以外の軸部の切込みが相当する。正方形や横長の切込みが多く、窓表現の「有」、「無」の2つに分類する。

〈基部突帯表現〉は、基部裾廻りでは基壇、土台、縁など、高床建物の高床部側廻りでは縁、台輪などの表現が想定されるが確証はない。その横断面の形状から、立面的には台形を呈する「L字状」、薄く突出度の高い「板状」、突出度の低い断面台形の「低板状」、基部突帯を表現しない「無」の4つに分類される。なお、高床建物では、高床部側廻りを〈上層突帯表現〉、基部裾廻りを〈下層基部突帯表現〉として、それぞれに分類する。

以上のような大分類・細分類に基づき、先の表1資料群を分類すると、表2のようになる。

2　配置状況の分類

　表1の集成資料を吟味すると、ある程度の確からしさをもって家形埴輪本来の配置場所を推定できる。その配置場所は墳形や時期によって様々だが、共通する特色を整理し類型化することは、先述の高橋克壽氏の指摘にもあるように家形埴輪の本質を探る上で有効な手続きと思われる。ここでは、家形埴輪の配置場所8分類を下記に明記し、表1に併記しておく。

　　Ⅰ類：墳頂部方形区画内（埋葬施設上）、Ⅱ類：墳頂部方形区画外（埋葬施設周縁）、Ⅲ類：墳丘基壇および島状施設、Ⅳ類：造り出し、Ⅴ類：墳丘裾部およびテラス、Ⅵ類：周堤上、Ⅶ類：前方部上、Ⅷ類：横穴式石室前面

2　家形埴輪の変遷とその意味（表1・2参照）

　表1には、Ⅰ期からⅤ期の家形埴輪の形式と組み合わせ、およびその配置状況の変遷が示されている。形式については、「切妻平屋」などの大分類とその数量までを明記し、細分類についてはやはり同様の変遷を大分類ごとに表2にまとめた。また、配置状況については、表の横列に前章での配置場所の8分類を明記しその推移を明確にすると共に、あわせて家形埴輪と共伴する形象埴輪の種類や土器、土製供物についても掲載している。以下、各期における家形埴輪の形式や配置状況の特徴、およびその推移の諸相について解説しておきたい。

1　Ⅰ期

　Ⅰ期には、京都府向日市寺戸大塚古墳、京都府山城町平尾城山古墳など畿内の事例が散見されるのみだが、現状での家形埴輪出現期の資料と言える。平尾城山古墳には入母屋ないし寄棟形式の複数の家形埴輪が出土しているが、楕円形の基底部など定式化以前の様相が窺える。ただ、家形埴輪の組成や形式の詳細については明らかでなく、Ⅰ期の家形埴輪の実態は判然としない。

　配置場所は、前者が後円部方形埴輪列の外側、後者が後円部方形埴輪列内の埋葬施設上にあり、どちらも前方後円墳の後円部墳頂に配置されていた。いずれも周辺に土器の供献が認められ、これに家形埴輪が介在していた蓋然性は高い。また、両古墳とも後円部墳頂には家形埴輪以外にも、円筒を主体とする方形埴輪列に伴う形象埴輪が樹立されていた。平尾城山古墳では、蓋形埴輪と鶏形埴輪が出土している。この家形埴輪と蓋形、鶏形の形象埴輪3種は、後円部墳頂における出現期形象埴輪の典型的組成だったようであり、家形埴輪の生成やその背景をも暗示するものと思われる。なお、寺戸大塚古墳でも、後円部墳頂から種類は判然としないが鳥形の埴輪が出土している。

2　Ⅱ期

　Ⅱ期は、畿内とその周辺、さらに岡山県岡山市金蔵山古墳、岐阜県大垣市昼飯大塚古墳など山陽、東海地域の大型前方後円墳の後円部墳頂に配置され、その分布は列島の東西に拡散している。

　切妻、寄棟、入母屋の各形式があり、それぞれ平屋建物、高床建物がある。形式の主流は切妻、入母屋形式で出土例も多く、切妻は平屋形式が、入母屋は高床形式が主体的で、この傾向はⅢ期ま

表2 家形埴輪の形式細分類

切妻平屋の分類

時期・古墳名		壁表現		入口表現		窓表現		基部突帯表現			
		四面開放	壁構造	平入口	妻入口	無	有 無	L字	板状	低板状	無
II	(西日本)										
	赤土山		■						■		
	庵寺山	■		■							
	石山		■	■							
	高廻り2号		■						■		
	美園1号		■						■		
III	(西日本)										
	室宮山	■									
	乙女山										
	鴨谷東3号										
	行者塚										
	(東日本)										
	白石稲荷山										
	白石稲荷山										
	白石稲荷山										
	赤堀茶臼山										
	赤堀茶臼山										

小型切妻平屋の分類

時期・古墳名											
II	(西日本)										
	赤土山(囲)										
	石山(囲)										
III	(西日本)										
	心合寺山(囲、導水)										
	鴨谷東3号										
	巣山(囲)										
	宝塚(囲、井戸)										
	宝塚(囲、導水)										
	行者塚(囲、導水)										
	(東日本)										
	赤堀茶臼山			朝形I							

切妻高床の分類

時期・古墳名		上層壁表現		入口表現		窓表現		下層壁表現		上層突帯表現				下層基部突帯表現			
		四面開放	壁構造	平入口	妻入口	無	有 無	四面開放	壁構造	L字	板状	低板状	無	L字	板状	低板状	無
II	(西日本)																
	石山																
III	(西日本)																
	室宮山																
	巣山																
	巣山																
	行者塚																
	(東日本)																
	赤堀茶臼山							円孔									

寄棟平屋の分類

時期・古墳名		壁表現		入口表現		窓表現		基部突帯表現			
		四面開放	壁構造	平入口	妻入口	無	有 無	L字	板状	低板状	無
II	(西日本)										
	庵寺山										
	庵寺山										
III	(西日本)										
	室宮山										
	行者塚										
IV	(西日本)										
	蕃上山										
	(東日本)										
	常光坊谷4号										
	富士見塚										
V	(西日本)										
	今城塚					円孔					
	勢野茶臼山					円孔					
	(東日本)										
	殿部田1号(タテ長)										
	殿部田1号(タテ長)										
	瓦塚(タテ長)										

家形埴輪と前方後円墳の儀礼　139

寄棟高床の分類

時期	古墳名	上層壁表現 四面開放	上層壁表現 壁構造	入口表現 平入口	入口表現 妻入口	入口表現 無	窓表現 有	窓表現 無	下層壁表現 四面開放	下層壁表現 壁構造	上層突帯表現 L字	上層突帯表現 板状	上層突帯表現 低板状	上層突帯表現 無	下層基部突帯表現 L字	下層基部突帯表現 板状	下層基部突帯表現 低板状	下層基部突帯表現 無
II	(西日本)																	
	石山		■	■											■			
III	(東日本)																	
	白石稲荷山		■	■							■							
	赤堀茶臼山								円孔	■								
V	(西日本)																	
	百足塚		■	■			円孔			■								
	百足塚(円柱)			剣形II	剣形II													
	(東日本)																	
	瓦塚(円柱)																	

入母屋平屋の分類

時期	古墳名	壁表現 四面開放	壁表現 壁構造	入口表現 平入口	入口表現 妻入口	入口表現 無	窓表現 有	窓表現 無	基部突帯表現 L字	基部突帯表現 板状	基部突帯表現 低板状	基部突帯表現 無
II	(西日本)											
	庵寺山								■			
III	(西日本)											
	鳴谷東3号											
	巣山		■		剣形I							
	巣山		■		剣形II							
	巣山		■									
	行者塚			剣形I								
	行者塚			剣形I								
V	(西日本)											
	今城塚						円孔					
	今城塚			剣形II								
	井辺八幡山		■									
	井辺八幡山		■									
	軽里4号						円孔					
	(東日本)											
	味美二子山											
	舟塚											
	富士山(タテ長)						円孔					
	片野23号(タテ長)						円孔					
	綿貫観音山(タテ長)						円孔					

入母屋高床の分類

時期	古墳名	上層壁表現 四面開放	上層壁表現 壁構造	入口表現 平入口	入口表現 妻入口	入口表現 無	窓表現 有	窓表現 無	下層壁表現 四面開放	下層壁表現 壁構造	上層突帯表現 L字	上層突帯表現 板状	上層突帯表現 低板状	上層突帯表現 無	下層基部突帯表現 L字	下層基部突帯表現 板状	下層基部突帯表現 低板状	下層基部突帯表現 無
II	(西日本)																	
	庵寺山																	
	石山																	
	美園1号																	
III	(西日本)																	
	室宮山		■															
	宝塚			剣形I														
	宝塚			剣形I														
	宝塚			剣形I														
V	(西日本)																	
	今城塚(円柱)		■	剣形II	剣形II													
	今城塚(円柱)		■	剣形II	剣形II													
	菟道門の前						円孔		円孔									
	荒蒔						円孔		半円孔									
	荒蒔						円孔											
	荒蒔						円孔		円孔									
	(東日本)																	
	富士山(円柱)																	

▨ は判定の不確かなもの
円孔は、円形の透孔
剣形Iは2段、IIは1段の剣形

で継続する。また、共存する墳頂部の器財埴輪には蓋と共に盾、甲冑、靫等が加わり、鶏か水鳥の鳥形埴輪が伴っている。軸部の構造など形式の細部の特徴はどうだろうか。家形埴輪の入口表現は平側に位置するものが多くを占めているが、この時期に限り平入口と共に妻入口が目立ち、その影響はⅢ期まで残る。

切妻形式は、軸部四面開放、壁構造の両者がある。壁構造のものは、平屋・高床共に、窓表現がなく入口ひとつのみの開口である。切妻平屋形式の基部突帯は、L字状は1例のみでその他四例は板状、1例のみの高床形式も基部、2階側廻り共に板状を呈しており、板状突帯が主流だったようである。

寄棟形式は平屋、高床共にすべて壁構造で、この特徴はその後Ⅴ期まで変わらない（ただし、Ⅴ期にみられる寄棟形式の円柱高床建物のみ、四面開放となる）。また、軸部の切込みに窓表現と思われる切込みはなく、縦長の入口のみで、庵寺山古墳例は両平側に2つの入口を表現したものと思われる。基部および2階側廻りの突帯は、L字状もあるが、板状が主流と思われる。

入母屋形式は高床建物が多く、軸部は四面開放が主流である。なお、集成資料中の入母屋平屋形式は庵寺山古墳の1例のみであるが、軸部壁構造で妻入口の形態を表現しており、この形式の典型を表しているのかもしれない。基部および2階側廻り突帯はL字状が主流である。

特殊な建物のひとつに、開口部が入口表現1か所のみで閉鎖的ないわゆる「倉庫形」と呼ばれる形式がある。その機能の是非はひとまず保留するとして、この「倉庫形」は入母屋形式にはなく、集成資料から見ると切妻形式と共に寄棟形式にも比較的多く認められ、どちらも平屋、高床両形式がある。次に、切妻平屋形式の中に家形埴輪としてはきわめて小型の1群がある。そのほとんどが囲形埴輪と共存することから、これが方形や鉤型の囲形埴輪の中に納められ配置されたことは明らかである。その特徴は、軸部の形態が四面開放か開口部が1か所の閉鎖的な壁構造のいずれかで、導水施設形土製品や井戸形土製品を伴うことが多い。この組み合わせはⅡ期から認められるが、重要なことは埋葬施設上やその他の墳頂部、あるいは墳丘基壇や島状施設など、この時期の家形埴輪が配置されるすべての場所で使用されていることにある。また、石山古墳の島状施設には片流れ形式の高床建物が配置されており、出土例の限られる片流れ形式の初源である。この片流れ形式はⅤ期まで継続する特殊な家形埴輪で、墳頂部出土例がないのが特徴とも言える。

家形埴輪の配置場所は、墳頂部以外の墳丘基壇や島状施設など、墳丘周囲への配置が出現する。これらは、埋葬施設上など墳頂部への家形埴輪の配置とも共存するが、墳頂部とは異なり形象埴輪や土器がほとんど共伴していないのがⅡ期の特徴でもある。

3　Ⅲ期

Ⅲ期には、群馬県藤岡市白石稲荷山古墳、群馬県赤堀町茶臼山古墳や、宮崎県西都市西都原古墳群など、関東や南九州地方など列島周縁地域にまで拡散する。

切妻形式は平屋・高床共に、引き続き軸部四面開放、壁構造の両者がある。妻入口も見られるが、平入口が増加する。大半が平入口の中、確実に妻入口のものは高床形式で壁構造、窓表現の無いものに限られる。この中には、室宮山古墳や行者塚古墳例のように明らかに屋根倉様の高床建物

もあることから、壁構造の高床形式で、妻入口のみの建物は倉庫の可能性が高い。基部突帯および側廻り突帯はⅡ期と同様板状が主流だが、高床建物の2階側廻り突帯にはL字状が多い。

寄棟形式は平屋・高床とも類例は少ないが、引き続き壁構造で窓表現のない閉鎖的な建物で、入口は平側に多い。基部突帯及び側廻り突帯は、L字状、板状いずれもある。

入母屋形式は、平屋・高床共に大半が四面開放で、平入口が増える。基部突帯および側廻り突帯は、平屋形式は大半が板状となるが、高床形式の2階側廻り突帯は引き続きL字状が主流である。

Ⅲ期になると、小型の切妻平屋形式と囲形埴輪の出土例が増加する。形式的には、閉鎖的な壁構造もあるが四面開放が多い。板状突帯か基部突帯を表現しないのが特徴で、おそらく一般的な建物とは異なり簡易な構造を表現しているものと思われる。畿内以外では埋葬施設上や墳頂部への配置が続くが、畿内など中枢部の大型前方後円墳では島状施設や造り出し周辺への配置が主流となる。ただ、Ⅱ期と同じく、やはり家形埴輪が配置されるほとんどすべての場所で使用されていることに変わりはない。なお、月の輪古墳墳頂部出土の囲形埴輪には、導水施設形土製品が伴う。囲形埴輪に伴う導水施設形土製品は墳丘裾部や造り出し谷部に多出するが、Ⅱ期の金蔵山古墳における同様の可能性も考慮すると、本来家形埴輪を配置する多くの場面に普遍的に存在する施設であった可能性は高く、古墳における家形埴輪群の性格をも規定するものと思われる。特殊な例としては、野中宮山古墳の造り出しに、伏屋形式の家形埴輪が単独で出土している。

Ⅲ期には、従来の配置場所と共存しながら、造り出しへの家形埴輪の配置が出現し、蓋等の器財埴輪や鶏形埴輪、土器や土製供物をも共伴している。これと連動してか、Ⅱ期に始まる島状施設および墳丘基壇上の家形埴輪にも、蓋、盾などの主要器財埴輪や鳥形埴輪、供献土器などが伴うようになる。なお、宝塚1号墳における前方部墳頂への家形埴輪の配置は異例であり、少し遅れてⅣ～Ⅴ期に顕在化するものと思われる。以上のように、前方後円墳を中心に大型古墳では他の形象埴輪を伴いながら家形埴輪の多様な配置が展開するが、小型古墳では、ニゴレ古墳や鴨谷東3号墳例が示すように埋葬施設上や墳頂部への配置が主体的に継続されているようである。

数少ない東日本の事例を見ると、白石稲荷山古墳や赤堀茶臼山古墳ではもっとも主要な入母屋形式の家形埴輪が欠落するのが特徴的で、切妻形式を中心にわずかに寄棟形式が配置されている。

4 Ⅳ期

Ⅳ期には、山形県山形市菅沢2号墳など東北地方にまで拡散し、主要器財埴輪や動物埴輪を伴い多数の家形埴輪を配置する前半期の典型的な様式を踏襲している。大型古墳に加え、小・中規模古墳の出土事例が増加するが、この時期は全国的にも家形埴輪の確かな事例が少なく、細部については不明なところが多い。

切妻形式は事例も少なく形式の細部は判然としないが、三ツ城古墳や菅沢2号墳は大型の平屋建物である。軸部は四面開放、特徴は基部突帯の低板状化と言えようか。切妻形式は、Ⅳ期に突然減少し、Ⅴ期にはほぼ消滅する。

寄棟形式は高床の確かな事例はないが、平屋・高床共には後続するⅤ期に向けてその数を増加す

る傾向にある。引き続き壁構造が主体的だが、Ⅳ期から窓表現が一般的となり、Ⅴ期へと継続する。また、基部突帯を欠落するものが登場し、これもⅤ期へと継続する。

　Ⅳ期の入母屋形式は、平屋・高床共に確かな事例がない。後述するⅤ期の様相から推測すると、円柱の高床を除くと、軸部は四面開放から壁構造に推移し、窓表現のないものや、円孔表現のものが出現してくるかと思われる。

　小型の切妻平屋建物と囲形埴輪の組み合わせは、この時期極端に減少し、現状では後続するⅤ期の出土例はない。なお、Ⅳ期の家形埴輪は、屋根部・軸部ともに高さを増し、蕃上山古墳例のようにやや縦長のプロポーションが増えてくるが、この傾向はⅤ期に向けて一層顕著となる。また、切妻形式の衰退、消滅もその一因と考えるが、Ⅳ期より全般的に家形埴輪の配置数が減少し、Ⅴ期には入母屋形式、寄棟形式いずれかの単独あるいは少数配置が主流となる。

　家形埴輪の配置状況は、埋葬施設上やその他墳頂部への配置は継続し、これに蓋形などの器財埴輪も共伴する。島状施設や造り出しに加えて、小型古墳では男女人物埴輪を伴い墳丘裾やテラス上への配置が出現する。これは、畿内地方の大型古墳では人物埴輪が登場する前方後円墳の周堤上への配置と同義かと想定されるが[17]、この時期確かな事例はなく後述するようにⅤ期に至り盛行する。これに対し、関東地方では、Ⅳ期後半から末にかけて、島状施設や造り出しに人物埴輪を伴う家形埴輪の配置事例が散見されるようになる。

　なお、この時期、土製供物は見られなくなるが、家形埴輪と土器の共存は継続する。

5　Ⅴ期

　西日本では、畿内や九州地方、東日本では関東地方の事例を中心に、人物埴輪を伴い家形埴輪を中核とする形象埴輪の群集配置が継続し、盛行する。

　寄棟形式は、切妻形式の衰退・消滅と対照的に、平屋・高床共にその配置が相対的に増加する。円柱の高床形式以外は引き続き壁構造を呈し、平屋・高床のほとんどに窓が表現されるが、ないものには円孔表現が散見されるようになる。ちなみに、百足塚古墳の寄棟高床建物の妻側にある円孔表現は、窓表現の可能性が高い。基部・側廻り突帯は、平屋では低板状か欠落するものが多いが、高床ではL字状、板状が存続する。Ⅴ期の大きな特徴は、平屋形式の屋根部および軸部の縦長化にあり、東日本に多いⅤ期後半の事例ではそれが極端に進行する。

　入母屋形式は、今城塚古墳の1例や円柱高床形式を除き、軸部壁表現が四面開放から急変しそのほとんどが壁構造となる。また、窓表現のないものが急激に増加するが、それに代わって円孔表現が出現し、前述の事例から方形窓の簡略化表現と思われる。基部・側廻り突帯は、Ⅴ期前半にはL字状、板状も存続するが、とくに平屋では低板状が顕在化し、東日本のⅤ期後半には基本的に基部突帯は消滅する。入母屋形式も寄棟同様の推移で、屋根部・軸部共に全体に縦長となる。

　造り出しや墳丘裾・テラスへの配置は継続し、畿内でも造り出し上に人物埴輪が参入する。加えて、人物、動物埴輪などを伴い周堤上への配置が東・西日本の前方後円墳で顕在化し、盛行する。Ⅴ期には、もっとも原初的な家形埴輪の墳頂部配置が衰退する様相が窺われるが、これに代わって前方部上や横穴式石室前面への配置が出現する。これは、横穴式石室の導入に伴う葬送観念の変化

によるところ大と思われるが、一方では墳頂部への配置が存続、復活するものも散見される。

　この時期は、家形埴輪を中核としながら、多数の人物、動物埴輪を伴う群集配置が盛行し、際立ってくる。ただし、家形埴輪出現当初からの蓋・盾形などの器財埴輪や鶏形埴輪との共存もその終焉まで健在であり、土器の供献も継続して行われている。

　列島各地の家形埴輪を視野に、Ⅰ～Ⅴ期各期の形式や配置状況の概略を解説してみた。ここで、これら各期の家形埴輪の特徴や移り変わりを踏まえて、次章の家形埴輪の特質を考える上での要点やその意味するところについて少し触れてみたい。重要な点は、特色ある家形埴輪とそのあり方がどのように移り変わったのか、変わらなかったものは何か、家形埴輪の本質を見据えてその画期と普遍性を捉えることにある。そういう意味で、家形埴輪を前半期（Ⅰ～Ⅲ期）と後半期（Ⅳ～Ⅴ期）とに分け、その推移を比較、対照してみることは有効なことと思われる。

　まずは、前半期の家形埴輪の構成が、切妻・入母屋形式を主体とし、寄棟形式は相対的に少ない事が注意される。また、他の形象埴輪として蓋形を中心とする器財埴輪と鶏形埴輪が多くの事例で共存することから、前方後円墳の後円部墳頂に配置される初期形象埴輪の典型として、切妻建物、入母屋建物、蓋、鶏といった構成内容が想起されてくる。人物埴輪が出現し多様な埴輪群像が展開する後半期にも、家形を中心に蓋、盾、靫等の器財埴輪と鶏、水鳥などの鳥形埴輪は共存しており、配置場所が多様に展開する中で家形埴輪をとりまく初期形象埴輪の典型的構成内容がⅤ期終焉まで維持されていたことは重要である。ただ、家形埴輪の形式構成は、後半期に至り変化する。切妻形式が減少しⅤ期の事例はほとんどなくなり、代わってⅣ期から寄棟形式が台頭する。Ⅴ期には、数少ない片流れ形式などを除くと入母屋形式と寄棟形式とで占められるようになり、切妻形式の家形埴輪は配置されなくなる。これと関連して、前半期には豪族居館の再現とも言われるように多種類の家形埴輪を多数配置する事例が多いが、後半期には配置数が極端に減少する。Ⅴ期には、入母屋・寄棟形式いずれかの単独配置か少数配置が大勢を占めており、家形埴輪の役割が形式上集約され、入母屋、寄棟どちらか一方があれば事たれりという状況が生まれる。

　外観上の大きな変化に、後半期の家形埴輪に見られる屋根部・軸部の縦長化の現象があげられる。これは、東日本の事例を中心にⅤ期における家形埴輪の伸張化、外観上の誇大表現として捉えられているが果たしてそうなのだろうか。家形埴輪各部位の縦長化は、入母屋・寄棟の平屋形式に見られる現象で、後半期における家形埴輪の形式構成の変化や配置数の減少と連動している。形式細部の特徴やその推移については各期の概要のとおりだが、その内Ⅴ期における入母屋形式の軸部壁表現の変化や、入母屋・寄棟形式の基部突帯および側廻り突帯が退化・欠落する形骸化現象などは、平屋形式の伸長化という外観上の大きな変化と深く関わるのではないかと考えている。また、機能上重要な表現に入口がある。入口表現は全般的に「平入口」が多いが、前半期とくに初期の特徴として、「平入口」と共に「妻入口」の表現が目立つことが注意される。

　家形埴輪の配置状況については大きく8類型に分類したが、各期ごとに新たな配置場所が出現し、複雑かつ多様な様相を呈している。配置状況の推移は表1にまとめたとおりだが、留意することは、家形埴輪の配置（これは、家形埴輪を中核とする形象埴輪群の配置と言い換えられる）が古墳の中心部から裾部、外周部へと拡大していくこと。それと共に、前半期には配置場所の多様化に伴い、

墳頂部と造り出し、造り出しと島状施設など各所への配置が併存する事例が多々あるのに対し、後半期とくにⅤ期になると、墳頂部への配置が衰退する中、裾部や外周を中心に配置場所が限定・集約される傾向が認められることである。

　最後に、前方後円墳における家形埴輪の性格を考える上で、供献土器や土製供物との関係は重要である。土製供物は、Ⅱ・Ⅲ期の墳頂部や造り出し上で家形埴輪と共存し盛行するが、家形埴輪の墳頂部配置が衰退するⅣ期以降、確実な出土事例は見当たらなくなる。これに対し、供献土器は、多様化していく家形埴輪の各配置場所で共存しており、家形埴輪に介在する土器の供献儀礼はⅤ期終焉まで継続する重要な行為だったものと思われる

3　家形埴輪の特質

　前章までの形式や配置状況の特徴を念頭に、家形埴輪の特質について考察し、家形埴輪の性格や起源、その思想的背景を探りたい。このような家形埴輪の本質に迫るひとつの方法として、その原形を明らかにすることがある。

　これまでの家形埴輪の形式や配置状況、その変遷の検討から、家形埴輪と原形を同じくする、あるいは同じ思想的背景によって製作されていると強く想定されるものに奈良県佐味田宝塚古墳出土の家屋文鏡[18]の図像がある。さらに、この家屋文鏡が表現する世界を凝縮した特徴的な家形埴輪として、宮崎県西都原170号墳出土のいわゆる子持家形埴輪[19]が考えられる。

　佐味田宝塚古墳の家屋文鏡は、伏屋、切妻高床、入母屋高床、入母屋平屋の4棟の建物で構成されている。また、西都原170号墳の子持家形埴輪はその墳頂部に配置されていたもので、伏屋建物を主屋とし、これに切妻平屋・入母屋平屋建物を付属させたものである。子持家形埴輪は家屋文鏡と同じ屋根形式の建物構成となっており、家屋文鏡の建物構成を原形としひとつの埴輪に一体化させた、他に例のないきわめて特異かつ象徴的な家形埴輪と考えられる。ここで、家屋文鏡や子持家形埴輪が同じ原形や思想を背景に製作されたと仮定して、家屋文鏡の図像と他の多くの家形埴輪との関係を、図像と家形埴輪の形式との比較から探ってみたい。

　家屋文鏡に描かれた4棟の建物を中心とする図像について、梅原末治氏[18]、池浩三氏[20]、辰巳和弘氏[21]などの見解を総合すると、次のように整理される。

　　　伏　　屋　・入口：妻側（入口突き上げ式扉表現）

　　　　　　　　・裾廻り表現：厚みのある台状（土堤？）

　　　　　　　　・付属物：蓋、入口柵、千木、左側に樹木、屋根右上に人物像、屋根の棟に鳥（鶏？）

　　　切妻高床　・上層軸部表現：板壁　　下層軸部表現：席状、網代状の仕切

　　　　　　　　・入口：妻側

　　　　　　　　・側廻り表現：薄い板状（台輪）

　　　　　　　　・付属物：梯子、千木、左側に樹木、屋根の棟に鳥（鶏？）　※梅原氏は、左右に樹木とする。

入母屋高床　・上層軸部表現：板壁　　下層軸部表現：蓆状、網代状の仕切
　　　　　　　　・入口：妻側
　　　　　　　　・側廻り表現：厚みのある台状（縁）
　　　　　　　　・付属物：蓋、露台　手摺付き梯子、千木、左側に樹木、屋根右上に人物像
　　入母屋平屋　・軸部表現：両開きの板扉
　　　　　　　　・入口：？　※梅原氏は、妻入口と推定
　　　　　　　　・裾廻り表現：厚みのある台状（土台）
　　　　　　　　・付属物：千木、左側に樹木、屋根の棟に鳥（鶏？）　※梅原氏は、左右に樹木
　　　　　　　　　とする。

　以上の家屋文鏡各建物を、家形埴輪の細分類や群構成などと比較してみる。まず、家屋文鏡各建物を家形埴輪の形式細分類に当てはめてみると次のように考えられる。
　　伏　　　屋　：屋根伏＋妻入口＋窓無＋L字突帯
　　切妻高床　　：上層壁構造＋妻入口＋窓無＋下層四面開放＋上層板状突帯
　　入母屋高床　：上層壁構造＋妻入口＋窓無＋下層四面開放＋上層L字突帯
　　入母屋平屋　：四面開放＋妻入口？＋窓有＋L字突帯

　家屋文鏡は前期後半（本稿の家形埴輪Ⅱ期）の古墳から出土しているが、想定されている建物形式は、前半期（Ⅰ～Ⅲ期）の家形埴輪と比較すると共通する部分とやや異なる部分が認められる。共通する部分は、初期の家形埴輪を中心に妻入口が目立つこと、入母屋形式の家形埴輪はL字状突帯が主流なのに対し、切妻形式には板状突帯が多いことなどがある。これに対し、異なる部分に家形埴輪の軸部壁表現がある。とくに大きな異同は、入母屋高床建物の上層壁表現で、家屋文鏡のそれが板壁構造とされるのに対し、前半期の入母屋高床形式はすべて四面開放に表現されている。この四面開放形式が具体的にどのような構造を表現したものか不明な部分が多いが、すくなくとも板壁構造のような閉鎖的な造りでなかったことは想定されてよい。この点は、池浩三氏や辰巳和弘氏が家屋文鏡の入母屋高床建物を国見などを行う高殿的建物とみなす機能面の解釈とも深く関わる問題である。一方、前半期の切妻高床形式、入母屋平屋形式の家形埴輪には、壁構造と四面開放と双方の表現が認められる。

　ところで、家屋文鏡の図像と家形埴輪との間に、その原形や思想的背景に強い類縁性を想定した大きな理由は、図像群と形象埴輪群との群構成の共通性にある。家形埴輪の形式や配置状況の検討から、初期形象埴輪の典型的群構成として家形埴輪、蓋形埴輪、鶏形埴輪があったこと、その基本的構成はⅤ期終焉まで継続されるきわめて重要視された内容であったことを述べた。これは、家屋文鏡が4棟の建物を中心に、蓋と共に屋根上に鶏とも思しき鳥を配置する図像構成と酷似しており、しかも前半期の家形埴輪の主体は切妻・入母屋建物にあったと考えられ、家屋文鏡の建物から伏屋式を除くと屋根の形式構成も合致する。伏屋式建物を被葬者の住まいと考えれば、古墳では墳頂部石室がそれにあたるとし、通常はあえて埴輪では表現しなかったのだろうか。前述したように、伏屋建物を主屋とし、切妻建物・入母屋建物を付属させた子持家形埴輪は、家屋文鏡に象徴化された建物群を凝縮して表現した家形埴輪であり、家屋文鏡や家形埴輪の原形あるいはその背後に

ある思想を元に製作されたきわめて特殊かつ象徴的な造形物と考えられる。

　小笠原好彦氏は、家屋文鏡の入母屋高床建物に露台が付き、屋根に1対の鳥、さらに樹木が有機的な関連を持って描かれていることから、漢代画像石など神仙思想に基づく昇仙図の楼閣建物に系譜を引くものと考えた[13]。つまり、4棟の建物を中心に描かれた家屋文鏡の図像は、昇仙図の楼閣建物を原形に神仙界を表現していることになる。また、小笠原氏も言及されたように、中国浙江省出土の屋舎人物画像鏡[22]は、家屋文鏡とも少なからざる類縁性の認められる後漢鏡で、やはり重層の楼閣建物を中心に侍者を伴う人物や獣形など画像石とも共通する図像で神仙界を描いている。家屋文鏡の原形と考えられる昇仙図や屋舎人物画像鏡が表す神仙界は重層の建物を中心に描かれており、それは開放的な楼閣建物として表現されている。先に類推した家屋文鏡の図像と家形埴輪との間の密接な関係を評価すれば、家形埴輪の中心もやはり重層の高床建物であったろうと思われる。前半期にみられる高床の家形埴輪の中で、入母屋高床形式はすべて四面開放形式に表現されており、神仙世界の楼閣建物に相応しいものである。ところが、家屋文鏡では、入母屋高床上層の壁表現は閉鎖的な板壁構造とされている。問題は、家屋文鏡における建物表現細部の解釈にある。

　家屋文鏡の入母屋高床建物にみる上層、下層の壁表現は、切妻高床建物のそれと同一である。上の検討に沿って、今仮に家屋文鏡の入母屋高床建物の上層壁表現を家形埴輪の特徴から四面開放形式の壁構造と考えると、同様に切妻高床建物のそれも四面開放形式を表現していることになるが果たしてどうだろうか。

　家屋文鏡の図像が表す切妻高床建物は、従来から閉鎖的な壁構造を呈する高床倉庫と考えられてきた。家形埴輪にも、切妻形式を中心に開口部が入口のみで閉鎖的ないわゆる「倉庫形」と呼ばれてきた建物があり、その中には明らかに屋根倉を模したと思われる切妻高床建物もある。ただ、切妻高床形式の家形埴輪の中には、上層が壁構造とならない開放的な四面開放形式もあり、今回の集成資料では奈良県巣山古墳の事例などが特徴的である。切妻平屋形式の家形埴輪にも壁構造と四面開放形式との両者があるが、後者は初期の事例に多い特徴が窺われる。とくに、囲形埴輪に納められた小型の切妻平屋形式には四面開放の壁表現が多い。この小型切妻平屋建物には、導水施設形土製品を伴うなど浄水祭祀や聖域に関わるなど儀礼的施設の性格が色濃く認められるが、高床形式にも、開放的な構造で類似する性格の祭祀的な建物があっても不思議ではないだろう。

　後半期の家形埴輪についても考えてみたい。後半期の大きな変化は、切妻形式の家形埴輪が衰退、消滅する中で、入母屋、寄棟いずれかの単独あるいは少数配置が主流になることである。なかでもⅤ期の特徴として、入母屋・寄棟の平屋形式が軸部を中心に伸長化し、極端に縦長な形態になることが指摘されてきた。この現象は、とくに東日本のⅤ期後半に顕著だが、この時期の家形埴輪には、高床建物がほとんど消滅することも特徴的な現象として指摘されている[23]。

　東日本Ⅴ期後半を中心とする、極端に縦長の入母屋・寄棟平屋形式の事例から、その細部の特徴を整理してみる。

　　〈入母屋平屋形式〉
　　　・壁　構　造―――平入口2（軸上部1／3）―妻円孔―基部突帯無　　　　　　　　（富士山古墳）
　　　・4条突帯壁構造―平入口1（軸上部1／2）―妻・平円孔―低板（最下段突帯）　（片野23号墳）

・壁　構　造―――平入口2（軸上部1／3）―妻円孔―基部突帯無　　　　　　（綿貫観音山墳）
〈寄棟平屋形式〉
・壁　構　造―――平入口2（軸上部1／2）―窓無―基部突帯無　　　　　　　（殿部田1号墳）
・4条突帯壁構造―平入口2（軸上部1／2）―窓無―低板（最下段突帯）　　（殿部田1号墳）
・5条突帯壁構造―平入口2（軸上部1／3）―妻円孔―低板（最下段突帯）　（茨城県水木古墳）

　同じくⅤ期の畿内の事例には、上・下層が壁構造を呈する入母屋高床の家形埴輪があり、それ以前の四面開放形式とは大きく形態を異にしている。上・下層を分離する側廻り突帯は極端な低板状だが、多層にわたり入口乃至は窓いずれかの表現があり、明らかに高床構造の家形埴輪である。同様に特徴を列記すると、以下のようである。

〈荒蒔古墳・入母屋高床3棟[24]〉
・上層壁構造―平入口2（軸上部1／2）―妻円孔―下層壁構造（入口？1）―上層低板―下層低板
・上層1条突帯壁構造―平入口1（軸上部1／2）―妻円孔―下層壁構造（入口？1、円孔2）―上層低板―下層低板
・上層1条突帯壁構造―平入口1（軸上部1／2）―平窓・妻円孔―下層壁構造（入口？1、円孔2）―上層低板―下層低板

〈菟道門の前古墳・入母屋高床1棟〉
・上層1条突帯壁構造―平入口1（軸上部2／3）―平窓・妻円孔―下層壁構造（平円孔）―上層低板―下層板状

　上記のように、畿内Ⅴ期の入母屋高床建物は、一部の円柱建物を除きその多くが上・下層共に壁構造の表現となる。一方、東日本に多い極端な縦長を特徴とされてきた平屋建物は、入母屋、寄棟共に多条突帯の壁構造で、平側の軸部1／2以上の上半に入口を開口するなど、その形式細部は壁構造表現をとる畿内Ⅴ期の入母屋高床建物の特徴と酷似している。つまり、東日本に多い縦長の平屋建物は、畿内の影響下に壁構造表現の高床建物を造形していた可能性が高く、Ⅴ期後半にも入母屋と共に寄棟形式も加えて高床建物が継続して配置され、どちらかというと配置の指向は高床建物にあったと考えられる。畿内Ⅴ期に見られる入母屋高床建物は、通常開放的な構造をとるはずの下層の床下部分も閉鎖的な壁構造に表現することから、家形埴輪製作上の形骸化が進んだ様相とも見受けられる。同様に、上層部分も本来はⅣ期まで主体的に表現されてきた四面開放形式を意図していたと考えた方が理解しやすく、Ⅴ期の終焉期に至っても楼閣建物を背景に持つ開放的な高床建物が極めて重視されていたことが想起されるのである。

4　結語――家形埴輪とその儀礼

　本稿では、家形埴輪の形式や配置状況の検討を踏まえ、とくに前半期の家形埴輪と家屋文鏡の図像との比較検討を行った。その結果、古墳に配置された家形埴輪は、中国の昇仙図などに描かれた楼閣建物を原形とし、神仙思想に基づく他界を表現しているとする考えに至った。家形埴輪初期の

実態は判然としないが、多彩な様相を示す前半期の群構成の中でも、中核をなすのは楼閣建物としての入母屋高床建物であったろうと思われる。後半期の事例でも、東日本に多い極端に縦長化した平屋形式家形埴輪は簡略化、形骸化した高床建物の可能性が高く、Ⅴ期終焉に至る入母屋形式高床建物の重要性を強調した。

　家形埴輪は、その変遷の中で古墳の中枢部から、裾部、外周部へとその配置場所を拡大していく。この状況は、とくに前方後円墳において特徴的であり、家形埴輪は前方後円墳の世界を演出する象徴的な装置として、その儀礼の中で重要な役割を果たしていたものと思われる。

　家形埴輪各形式の器種構成や他の形象埴輪との群構成は、配置場所が拡散し多様化しても基本的に変わることはなかった。つまり、入母屋高床建物など開放的な楼閣建物を中心に、蓋形埴輪や鶏など鳥形埴輪を伴いながら、神仙界の情景を各配置場所で演出していたのである。神仙界に不可欠だったと思われる浄水施設を伴う小型切妻平屋建物と囲形埴輪も、墳頂部に始まり家形埴輪の多くの配置場所で共存している。前半期の家形埴輪における、墳頂部以外の多様な配置場所への拡散と共存は、子孫や近親などに向けられた現世へのアプローチの隆盛に他ならず、ほとんどすべての配置場所で見られる土製供物あるいは土器の供献などがその実態を暗示している。また、出土例は少ないながらⅡ期からⅤ期まで存続し、墳頂部以外から出土する片流れ形式家形埴輪も、現世に向けて開かれた特殊な建物であった可能性が考えられる。

　後半期の家形埴輪の変化は、終焉まで変わることのなかった家形埴輪の重要な部分を示唆している。ひとつは、入母屋を中心とする高床建物への形式の集約にあり、楼閣建物は前方後円墳の各所に神仙界を演出するもっとも大切な装置だったのだろう。もうひとつは、復活・存続する墳頂部への配置と共に、周堤上のような特定の墳丘周縁部へ配置場所が限定・集約され、盛行することにある。前方後円墳は、埴輪祭祀などさまざまな儀礼を通して、他界を演出しつつ、さらに現世へもアプローチするきわめて思想的なモニュメントとして機能している。家形埴輪は、その中にあって不可欠な装置として、形象埴輪の中でももっとも象徴的な役割を果たしていたといえよう。

註
（１）　後藤守一「上古時代の住宅」『東京帝室博物館講演集』第11冊　1931
（２）　小林行雄「埴輪論」『史跡と美術』15-4　1944
（３）　辰巳和弘『高殿の古代学――豪族の居館と王権祭儀』1990
（４）　岡本明郎「形象埴輪の性格」『月の輪古墳』1960、若松良一「形象埴輪群の配置復元について」『瓦塚古墳』1986
（５）　喜谷美宣「住居および建築」『日本の考古学』Ⅴ　1966
（６）　水野正好「埴輪体系の把握」『古代史発掘』7　1974
（７）　梅原末治『久津川古墳研究』1920
（８）　註（１）、（３）、（４）若松論文、（６）の成果など。
（９）　小笠原好彦「家形埴輪の配置と古墳時代の豪族居館」『考古学研究』31-4　1985、「畿内の家形埴輪と形態・入口・基底部」『初期古墳と大和の考古学』学生社　2003
（10）　青柳泰介「家形埴輪の製作技法について」『日本の美術5　家形埴輪』至文堂　1995、「家－家形埴輪のモデルについて」『季刊考古学』第79号　2002

(11)　岡村勝行「家形埴輪について」『長原遺跡発掘調査報告Ⅳ』（財）大阪市文化財協会　1991
(12)　稲村繁「家形埴輪論」『埴輪研究会誌』第4号　2000
(13)　小笠原好彦「首長居館遺跡からみた家屋文鏡と囲形埴輪」『日本考古学』13　2002、「家形埴輪に関する三つの問題」『考古論集』2004
(14)　高橋克壽「東方外区の埴輪」『石山古墳　第24回三重県埋蔵文化財展』　2005、「埴輪 −場から群像に迫る」『列島の古代史5　専門技能と技術』岩波書店　2006
(15)　森田克行「今城塚古墳の埴輪群像を読み解く」『発掘された埴輪群と今城塚古墳』2004
(16)　川西宏幸「円筒埴輪総論」『考古学雑誌』64-2　1978
(17)　小浜成「埴輪による儀礼の場の変遷過程と王権」『王権と儀礼』2005
(18)　梅原末治『佐味田及新山古墳研究』1921
(19)　宮崎県教育委員会『特別史跡西都原古墳群　170号墳現地説明会資料』2005、東京国立博物館編『重要文化財西都原古墳群出土　埴輪子持家・船』同成社　2005
(20)　池浩三『家屋文鏡の世界』相模書房　1983
(21)　辰巳和弘「家屋文鏡の再検討」『高殿の古代学―豪族の居館と王権祭儀』白水社　1990
(22)　王士伦『浙江省出土銅鏡』文物出版社　1987
(23)　宮本長二郎「建築史としての家形埴輪」『日本の美術5　家形埴輪』至文堂　1995
(24)　天理市教育委員会のご好意により、資料を実見させて頂いた。
　※　なお、調査報告書など集成資料の参考文献については割愛させて頂いた。

古墳時代集落内祭祀の成立

平岩　俊哉

　はじめに

　筆者は、数年来古墳時代の集落内祭祀に関心を持ち、各地にその事例を求めるとともに、祭祀形態の類型化を試みてきた[1][2]。また、筆者が「集積型（配列型）祭祀」と称した遺構は集落内祭祀以外にも類例があることに着目し、その性格の追究を試みてきた[3]。

　これら一連の考察を通して筆者が疑問を抱いたのは、それぞれの遺跡で「集落内祭祀」が行われた理由であった。古墳時代集落内祭祀遺構の類例は、近年徐々に増加しているがすべての古墳時代集落に存在するものではない。特定の遺跡で集落内祭祀が行われたのは、当然そこでの祭祀執行の明確な動機と対象が存在する。またそこが祭祀場所として選定された理由があるはずである。

　そこで本稿では、古墳時代集落内祭祀の代表的な事例を通して、それぞれの遺跡の祭祀を考えることとしたい。その際、遺跡の立地や周辺遺跡との関係等を、①集落の消長、②自然環境や災害、さらに③地域首長との関係を軸に検討することで、古墳時代の集落内祭祀成立の契機や対象を追究したい。これらは、古墳時代の集落生活に最も影響を与える要素であり、祭祀成立の主要条件と考えるからである。なお祭祀成立の条件は単一ではないことは承知しているが、本稿では、上記の3要素がとくに強いと考えられる集落内祭祀の事例を選んで検討を行いたい。

1　集落の消長と集落内祭祀

(1)　埼玉県川越市女堀Ⅱ遺跡[4][埋納型（土壙型）]

　小畦川と入間川に開析された標高約28mの台地上に位置する。小畦川右岸の水田経営が生産基盤と推定されている。この遺跡は、後述する散布・散在型の集落内祭祀遺構等を検出した御伊勢原遺跡（和泉期68）[5]や、上組・上組Ⅱ遺跡（吉ヶ谷～五領18、和泉期23、鬼高49）[6][7]と一体であるほか、旧石器～中世に及ぶ大集落霞ヶ関遺跡（五領69、和泉3、鬼高200超）[8][9]とも近い位置にある。女堀Ⅱ遺跡では、古墳時代住居跡14（五領5、和泉8、推定古墳時代1）が検出された。約100m北の女堀遺跡では、和泉期の住居跡6が調査されている[10]。小畦川と入間川に挟まれた台地上に小畦川右岸に沿うように西から上組・上組Ⅱ、御伊勢原、女堀・女堀Ⅱ遺跡が分布する。そして女堀・女堀Ⅱ遺跡から東に約1.7kmの入間川左岸近くに霞ヶ関遺跡が展開する。また、6世紀代が築造の

中心と考えられる的場古墳群が約1.5km離れて存在するが、5世紀代の古墳群は入間地域全体を含めても明らかとはいえない（図1）。こうした中にあって当地域の集落の消長はめまぐるしい。5世紀代の古墳時代集落の中心は御伊勢原遺跡や女堀・女堀Ⅱ遺跡にあるが、その前後の中心は上組・上組Ⅱ遺跡や霞ヶ関遺跡にある。こうした状況下に集落内祭祀遺構が存在することは、祭祀成立の契機を考える上で興味深い事実であると考える。

　増田逸朗は、これらの遺跡の石製模造品（白玉）の分析を通して、「上組Ⅱ遺跡→女堀Ⅱ遺跡→御伊勢原1号祭祀跡→御伊勢原遺跡の順に大型品が増える。このことは、土器論においてもこれとほぼ対応した形態変化しており、集落間の動向までも把握することができる。」と述べている[11]。これに上組遺跡や女堀遺跡を加えれば、5世紀代の当地域の集落の動向は、①上組・上組Ⅱ遺跡→②女堀遺跡→③女堀Ⅱ遺跡→④御伊勢原1号祭祀跡→⑤御伊勢原遺跡となる。さて、女堀Ⅱ遺跡の調査報告書では、石製模造品や土器を出土した土壙6基のうち2基を祭祀土壙と認定し、残りの4基を「土壙墓」と報告されている。その解釈については異論もあるが[12]、私は報告書どおりと考えている[13]。第76号土壙（0.92m×0.89m・深さ20cm）からは、琴柱型石製品1、剣形品2、白玉8、復元不可能土器片1130が出土している。第77号土壙（1.12m×1.01m・深さ30cm）からは臼玉4、復元不可能土器片196が出土している。さらに白玉分布地点（白玉210）も検出されていて、これを祭祀跡と捉えている。なおこの遺跡について調査者は、祭祀土壙だけでなく住居跡や土壙墓や祭祀跡は相互に関連があるとし、祭祀の執行→土器の破砕→円形祭祀土壙（埋納）→一部を土壙墓（散布）の流れを想定している。そしてこの祭祀跡は葬送儀礼の場と捉えて「神観念の未発達な段階にあり葬と祭が分化していない状態」と考察している[14]。

(2) 埼玉県川越市御伊勢原遺跡[15]［散布型・集積型もしくは配列型］

　入間台地の最南端、入間川の南約1kmの標高約28m～30mに位置する。北東約350mに女堀Ⅱ遺跡、南西約150mに上組Ⅱ遺跡がある。小畔川水系に属し、小畔川右岸の水田経営を生産基盤にしていたと推定されている。古墳時代住居跡68のうち43の住居跡から祭祀関係遺物（白玉、石製模造品）を認めたが、「祭祀行為を想定できるような状態で出土したものはほとんどない」とされる。この遺跡では2か所の祭祀跡が検出された。第1号祭祀跡は、本遺跡中最高所、標高29mにある。勾玉7、有孔円板41、剣形品65、白玉1999、不明4、珪質シルト岩148gの他復元不可能土器砕片数千点が出土した。土器はまさに「砕かれた」というにふさわしく約1cmほどの大きさにされて散布されている。そして南西40mの所にある竪穴状遺構（2.88m×2.36m・深さ18cm～26cm。白玉2、焼土検出。甕2、高坏3、小型壺1、小型椀1、甑1）や南西約80mの方形周溝状遺構との関連が指摘されている。後に述べる正直A遺跡例のように、祭祀具の保管施設を想定できるのかもしれない。第1号祭祀跡の時期は、「集落形成の初期段階から最終段階に渡って継続した」とされる。また、祭祀遺物の組成は住居跡から紡錘車、管玉、ガラス玉、勾玉などに対して、第1号祭祀跡は勾玉、剣形品、有孔円板が原則であると指摘されている。第2号祭祀跡は、2m四方に土器が分布している。第1号祭祀跡に比べ土器の接合がある程度可能でこの地点で破砕または放置された可能性を指摘されている。白玉の数は不明だが剣形品2、勾玉1、有孔円板1。土器は甕10、鉢

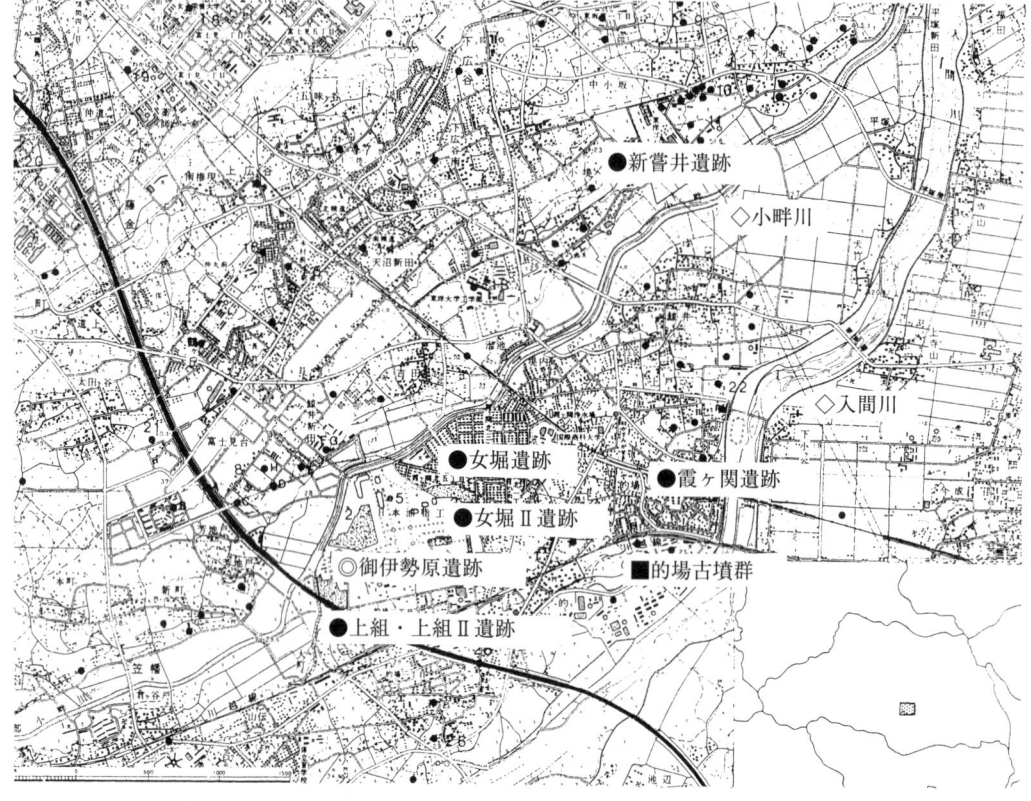

図1　上組・御伊勢原・女堀遺跡と周辺の遺跡　　註（7）所収地図に加筆

6、高坏25、小型壺2、坩6、坏17、椀29、甑2が出土している。この遺構については、かつて集積型の可能性を考えたが[16]さらに配列型祭祀も視野に入れて考えた方がよいかもしれない。

　上組・上組Ⅱ、御伊勢原、女堀・女堀Ⅱ遺跡は、当地域における5世紀の代表的な集落跡である。とくに上組・上組Ⅱ遺跡と女堀・女堀Ⅱ遺跡を東西において御伊勢原遺跡が中核的な位置を占めている。一方霞ヶ関遺跡では和泉期に住居数が激減している。しかし、鬼高期に至り御伊勢原遺跡は衰退し、上組・上組Ⅱ遺跡と霞ヶ関遺跡に再び住居数が増加する。したがって御伊勢原遺跡は、当地域においては周辺遺跡での課題・矛盾を克服するために意図的に住民が移動して成立した可能性が考えられる。そして御伊勢原遺跡において行われた集落内祭祀は、新集落の安定を図る上で重要な役割を担ったのであろう。また、小畔川や入間川は近年までしばしば氾濫を起こし、周辺住民の生活に重大な影響を与えていたがその一方で生産基盤の水田を潤す役割も果たしていた。私は御伊勢原遺跡の祭祀成立の主因はこれらの点にあると考える。また、当地域からは晴れた日には秩父連山や富士山を間近に望むことができる。祭祀の対象や成立の要因はこのあたりにも存在するものと考えている。加えて御伊勢原遺跡では古式須恵器や青銅製鈴を出土した住居跡が存在する。女堀Ⅱ遺跡では祭祀土壙から琴柱型石製品が出土している。さらに注目されるのは当遺跡の北東約2.5kmに存在する新甞井遺跡である。祭祀遺跡として古くから知られ、『川越市史』[17]や大場磐雄の「埼玉県の祭祀遺跡」にも紹介されている[18]。詳細は地元の郷土史家塚本国男により紹介さ

れているが[19]、近年この遺跡が石製模造品の製作跡であったことを岡田賢治が明らかにしている[20]。これらのことがらは、当地域の政治勢力の存在と集落生活への影響力を示唆するものであろう。御伊勢原遺跡の消滅の原因は自然環境とともに政治的な要因も考えられる。しかし、先に述べたようにこの時期の首長墓の存在は明らかではなく今後の検討課題として残されている。ただ、祭祀の主要目的が日常の「生活・生産基盤の安定」を図ることにあるならば、集落内祭祀の成立要因は、住民主体の切実な願いによるものが大きいと考えられる。

2　自然災害と集落内祭祀

(1)　埼玉県深谷市城北遺跡[21]［集積型］

　埼玉県北部利根川南岸の妻沼低地の福川中流域北岸自然堤防上に位置する。この遺跡の立地する自然堤防は砂層によって形成されていることが指摘されている。古墳時代後期住居跡157、祭祀跡5（集落内祭祀跡2、河畔帯2、河川跡1）、土壙12、溝8条、性格不明遺構1、土器集積1を検出している。住居跡の中には人、馬、牛、鹿、猪の歯が多数存在が確認されたものがある。また、土器削片、滑石製模造品製作に伴う未製品、剥片、赤色顔料、黒色樹脂が検出されている。この遺跡では、集落の一画での祭祀（集落内祭祀）とは別に川を対象としたと考えられる祭祀跡が併せて検出されていることが注目される。

　第1号祭祀跡は1.6m×1.8mの範囲に石製模造品を伴う土器集積状遺構と報告されている。大型の甕と壺を据えてその周囲に坏群が集積されている。土器集積は、FA降下前のかなり近い時点での形成とされる。土器群北縁よりの坏下面からの焼骨（イノシシか））の存在や土器集積北側に接して存在するピットと石製模造品の集中（木柱を立て模造品を吊り下げたと推定）、土器南側の樹跡（樹木の傍らでの祭祀か）など興味深い事実が指摘されている。土器は図化された279点のうち245点は坏、短頸壺、鉢を占める。その他高坏19、甑1、甕3、坩2、壺9である。そのうち穿孔されたものが5点あり、そのうちの大型壺が集落方向を向いていると報告されている。石製模造品は剣形品11、剥片5、臼玉630である。

　第2号祭祀跡は、河川跡へ向かう傾斜地にあり、径1mの範囲内に壺4点に囲まれる形で石製模造品（刀子形3、斧形1）で旧地表面に放置されたものとされる。

　一方第3号祭祀跡（地面に据えられた大型壺と坏、鉢・石）、第4号祭祀跡（地表面に置かれた坏7点）は集落北方河畔帯にありいずれも石製模造品を伴わない。第5号祭祀跡は、「無遺構地帯を越えて河岸に運ばれて意図的に投棄された土器群」とされる。坏18、高坏6、手捏2、壺10、小型甕1の他坩（盗難）などが出土した。一時に投棄されたと考えられている。第5号祭祀跡だけが土器等を据え置く形ではない。城北遺跡は6世紀以降12世紀以前のある期間に河川の水の影響を多分に受けていたと指摘される。パリノ・サーヴェイによる「テフラ・微化石の分析と古環境の復原」でも6世紀代の遺物包含層の上層の堆積状況から当時の集落が廃絶を余儀なくされるほどの大被害を想定している。そしてFAの存在は、集落生活が榛名山の噴火に大きく影響されていたことを示す。砂層に立地し、周囲の自然条件に翻弄される中城北遺跡の住民は、集落全体の危機的状況を打

開するために祭祀を行ったと考えられる。そして城北遺跡では祭祀の目的に沿って場所や祭具、そして祭祀の規模を使い分けて行ったのであろう。報告者の山川守男が述べているように集落内祭祀の原因は榛名山の噴火であろう。第1号祭祀跡は集落第Ⅲ期に成立し「終焉までほとんど手を加えられずに放置されて埋没した」とされるから、榛名山噴火を鎮める祭祀の「モニュメント」として残されたと考えられる。

(2)　群馬県渋川市中筋遺跡[22][23]　　[配列型]

　標高約200mの榛名東麓台地東端に位置する。6世紀初頭の榛名山の噴火により被災した集落跡である。第2次調査の際には竪穴住居、平地式住居、道溝区画、垣根跡とともに祭祀跡2か所が確認された[22]。第3次調査においては、水田跡も確認された。傾斜地を利用した棚田で、集落と同一標高での灌漑水田経営とされる[23]。第1号祭祀跡は、東西7.7m南北4.6mの不定楕円形で基壇状の高まりに配石がされ、中部に甕3個体が1列に据え置かれる。その他河原石の傍らにイノシシの歯、配石外で完形土器埋置土器群や火を使用した空間などが確認された。火を使用しイノシシを生け贄にした祭祀の執行が想定されている。第2号祭祀跡は、東西2.5m南北1.8mを測る。祭祀跡南は垣根基礎と接する。中央の河原石の前に土師器坏1が据え置かれる。周辺から臼玉3とイノシシの歯が確認された。これもイノシシを生け贄にした祭祀が想定される。これらは榛名山噴火に際しての祭祀と考えられる。第3次調査では火山災害以降の古墳時代末～奈良時代の竪穴式住居跡が検出され、被災してから短期間での集落の復興が確認された。

　実際にこの遺跡を訪れて丘陵下沖積地から見るとかなりの高低差を感じる。遺跡との標高差は約30mあり遺跡の存在はひときわ目立つ位置にある。このことは山間地が多い群馬県やこの遺跡周辺の地形的特色なのだろうが、中筋遺跡において火を使用した生け贄祭祀が行われた際には、その様子が周囲からもよく見通せたことであろう。中筋遺跡における集落内祭祀の成立にはこうした遺跡の立地も大きく関わっていると考える。

(3)　群馬県高崎市寺尾東館遺跡[24]　　[集積型]

　雁行川左岸丘陵の最上位段丘面に位置する。標高約110m、最下位段丘面低位と10m以上の比高差がある。北東方向200mに神奈備型の小坂山を望む。古墳時代の遺構は、祭祀跡2、住居跡16、溝跡6、土壙1である。1号祭祀跡は傾斜面にあり、そこを削平整地して土器を安定して据え付けるように配慮したらしい。推定で東西1.8m南北2.0mである。

　祭祀跡の遺物出土総量として土師器坏200、甕41以上、壺8、鉢2、高坏50、須恵器11（甑、坏5、甕3）となり全体で300個体以上を数える。計測不可能なものや傾斜地ゆえに流出したものを加えるとそれ以上の数量の存在が推定されている。石製模造品は種類分別可能なもので78（剣形品55、有孔円板10、勾玉6、その他7〈刀子3、楯2、梭？1、平鎌1〉）のほか臼玉は約2,000個で流出も考慮するとそれ以上あったものと推定される。壺、甕などは初期段階で設置されるとともに、最下層での臼玉出土から初期段階での臼玉供献が推定されている。また、大型の壺、甕を除き土器の全器種内に石製模造品が検出され、「祭祀を執り行ううえで土器内に石製模造品を入れておくという

行為が、ここでは一般的な形で儀式化されていたということを示唆する。」とされる。祭祀回数は2回以上でそれぞれの時間差はあまりなかったとされる。遺物の配置についても大型品を遺構外側に「ランダムな配置ではなく基本的な設定位置を決定していた」とされる。また小型品は大型品の間を埋めるような配置があり、祭祀にあたっての「配列の傾向や規則性がよみとれる」と考察されている。

2号祭祀跡は、1号祭祀跡の1.6m北西に位置する。東西0.5m南北0.6mで遺構部は10cmとなっている。北側に甕2点、南側に壺1点西脇に甑口縁部破片が出土した。他は坏、高坏破片が数点という。これらの祭祀の対象については、神奈備型の小坂山を対象とするには、本遺跡からは斜めに望むような位置にあるので報告者は消極的である。遺跡南側の雁行川の存在を考慮し「小坂山を神の依代として祭祀が執り行われたかどうかは別として、山と水源は一体の関係にあることから、祭祀の対象を一元的でなく多元的に捉えていく必要があろう。」とされる。

城北遺跡の例では、集落内祭祀と川への祭祀は別々に行われている。この遺跡の祭祀の「多元性」を全く否定することはできないが、私はこの時期の集落内祭祀における集積型や配列型の祭祀は、榛名山噴火を鎮めることが最大の目的であったと考える。

3　地域首長の存在と集落内祭祀

(1)　群馬県箕郷町（現高崎市）下芝天神遺跡[25]　[集積型]

井野川と榛名白川に挟まれた火山性扇状地（6世紀に2回起こった榛名山噴火活動による泥流堆積）白川扇状地にある。標高は150m前後である。かつて下芝五反田Ⅱ遺跡と呼称されていた。遺跡周辺には、下芝谷ツ古墳や保渡田古墳群等の大首長墓域、三ツ寺Ⅰ遺跡や少し離れて北谷遺跡の首長居館跡、そして生産域や集落域が展開する5世紀代の中心地域である[26]。この遺跡の集積型祭祀遺構は今のところ他の追随を許さない大規模なものであり、しかも洞口正史によって詳細な分析・検討が行われている。それを可能としたのは、泥流層の堆積によって攪乱がなく良好な保存状況だったことによることと担当者の熱意である。本遺跡は、今後の集落内祭祀研究、とくに集積型祭祀を考える上で欠かすことのできないものである（図2）。

集積遺構からは土師器2469、須恵器5、石製模造品73（破片含）、臼玉302が出土した。この遺構は土器の存在以外に明確な構築物を持たないことが指摘されている。洞口はこの集積を1～5群に分け、その在り方から1群をA構造、2、3、5群をB・C構造として把握した。そして、一連の祭祀行動を、①土器設置によって構造を決定する、②構造外の場所で土器内に臼玉を入れる、③構造外の場所から構造内へ完形土器を集積しこれにより行動が完了する、と整理しこれを「下芝パターン」と命名している。壺や甕を集積の外周に配置する方形区画を基本構造としてさらに構造内に土器を集積する行為は、城北遺跡第1号祭祀跡、寺尾東館遺跡1号祭祀跡、そして松本市高宮遺跡[27]1号土器集中区に共通すると指摘している。さらに、群馬町上井出遺跡例[28]も下芝天神遺跡A構造と同規模とされる。さて、土器集積で壺や甕の安定を図るための固定行動（底部に坏を当てる等）については、土器集積の「基本構造を維持することに目的があるものと考える。」として

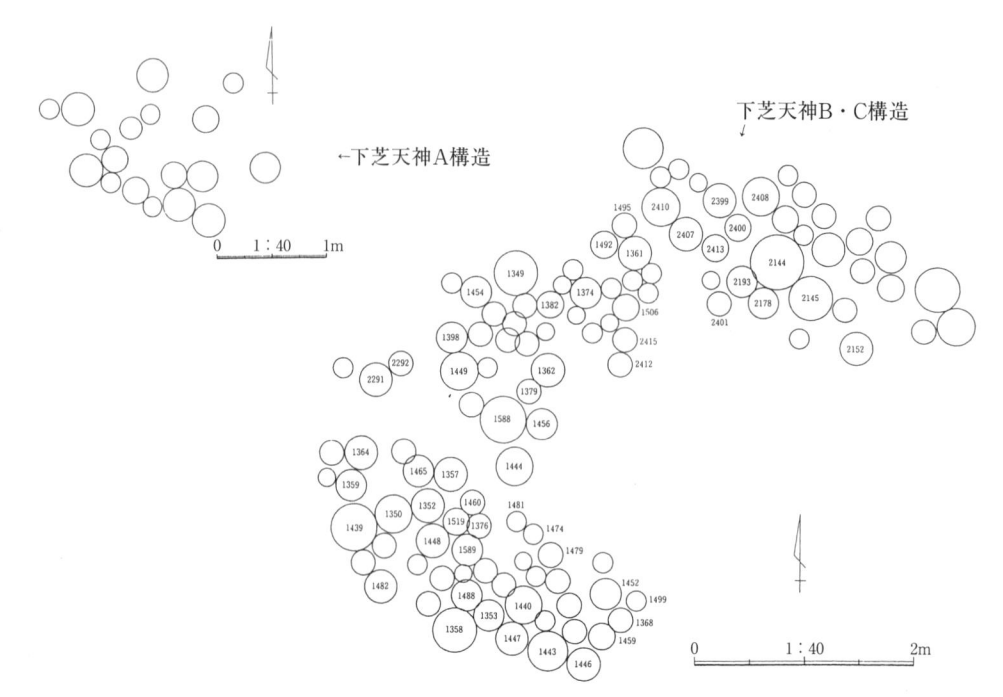

図2 下芝天神 A、B・C構造（註（25）より）

「土器集積をそのまま維持するもの」とした拙論(29)を否定される。当時私が主張したかったのは、土器集積が単に祭具の「捨て場」ではなく祭祀を行った場所に祭具を集積させて意図的に残したということである。そして土器の固定行動はそれを物語るものと考えたのである。洞口の努力により土器集積遺構の構造がより明確になった。とりわけ基本構造の設定はこの種遺構を分析する上で大きな視点である。ただ私は基本構造も広い意味では土器集積を維持するものであり、次の祭祀行為の前段階とするならば土器の固定行動を集積を維持するためとする考えは、おおむね妥当ではないかと考える。

　下芝天神遺跡の祭祀の直接の要因が榛名山の噴火としても、これだけ多量の土器群を集積・供献する背景には、保渡田古墳群の首長の関与が考えられよう。土器集積型の祭祀遺構は上井出遺跡だけでなく、本遺跡に隣接した下芝五反田遺跡でも2か所確認されている(30)。この種の集積型祭祀遺構がこれほど集中する地域は未だ確認されていない。同地域の集落が同様の集落内祭祀を行っていることは、一集落では収まらない地域の重大かつ緊急の課題解決のため祭祀が必要だったと考えられる。その意味においても当地域の集落内祭祀の大きな特色が窺えるのである。

(2) **千葉県木更津市マミヤク遺跡**(31)(32)　[散布型]

　東京湾に面した房総半島西海岸のほぼ中央部小浜丘陵傾斜面に営まれた集落跡である。弥生時代～奈良時代の住居跡総数275のうち古墳時代前期78、古墳時代中期（中期後半41）、後期59である。小浜丘陵には前期前方後円墳の手古塚古墳や俵谷古墳群（確認総数14、うち前期小規模方墳6）などの遺跡がある。この遺跡では中期後半（和泉期）の住居跡および古墳の欠落が指摘され、中期後半

(鬼高Ⅰ期)に至り住居跡ともに俵ケ谷9号墳が同時期に形成されたとされる。和泉期の欠落について、小沢洋は「古墳前期における集落廃絶の背景となった古墳群造営との関係を考えるならば、中期前半の住居址の不在は、俵ケ谷古墳群中の未調査古墳の中に当該期の古墳が含まれる可能性を示唆するものであろう」と考察している。

祭祀遺構はこの中期後半の時期に形成され、2か所確認されている。1号祭祀跡は、南北3.5m～4m、東西3m～3.5mの範囲に遺物が分布する。この遺構は、多量の土器と臼玉、その他石製模造品と特殊鉄製品を出土する点で他の集落内祭祀遺構と様相が異なる。出土状況は土器の大半を細かく破砕し、「祭祀終了後に意識的な土器の破砕行為が行われた形跡」とされる。石製模造品、臼玉類、鉄製品類は土器群中に「ちりばめられた」状況と報告される。

土師器は坏100、甕40～50、壺類14、高坏は数点という。その他甑1、手捏9である。須恵器は坏40前後、器台1、大型甑11などである。鉄製品は雛形17、実用の鉄鏃10以上、鎌1、鋤先1を数える。石製模造品は鏡形1、有孔円板12、扁平勾玉4、臼玉2247（これ以上あったと推定）、臼玉未製品12、その他の未製品2、滑石剥片である。そして実用品の管玉1がある。さらに、祭祀場所へ製品を供給したと推定される臼玉工房址66号住居跡や多量の鉄滓が出土した鍛冶工房址64号住居跡の存在が注目される。なお、1号祭祀跡の中心部北東25mで長さ9.3mの子持勾玉が出土している。2号祭祀跡は、1号祭祀跡のほぼ真西に位置し、厚い黒色堆積層中約3m四方に土器群が散在する。土器は土師器坏17、甕8（うち1は粗製鉢又は甑の可能性あり）、壺3、高坏3。須恵器は有蓋高坏のつまみ付蓋2、坏蓋2、高坏脚部片1である。石製模造品は扁平勾玉1、有孔円板2、臼玉は13。その他鉄鏃1が確認される。この遺構には貝殻（ハマグリ、アサリ、シオフキを主体、マガキ、ツメタ貝などの巻貝）と焼土（集積西側で2か所）の堆積層が認められる。両祭祀跡は伴出須恵器から5世紀後半と推定される。諸墨知義は報告書中「祭祀遺構出土の鉄製品について」で「本遺構が集落内祭祀としては特異な、鉄製品を含む祭祀遺物の組成をもつことは、集落内の通常の儀礼とは別な共同体祭祀が行われたことを示しているし、それは、古墳の葬送儀礼の中においても、特に、辺境では重要な意味をなしたと考えられる。」と述べている。

マミヤク遺跡の祭祀跡は他の集落内祭祀遺構に比べ、鉄製品の他須恵器の出土が目立つ。また、臼玉工房址や鍛冶工房の存在も特別である。集落の消長も地域首長の関与が見え隠れしている。古墳時代前期の住居跡と古墳前期の方墳の重複関係が見られる場合、それらすべてが古墳に切られていることが確認され、その後古墳造営の際に集落が移動した可能性が指摘されている。そのことは、マミヤク遺跡の住民が地域（首長の動向）と密接な関係を持っていたことを意味するものであろう。五領末の住居跡と古墳の重複、和泉期における集落の欠落（移動？）を経て再び集落が形成されるとともに祭祀が行われている。以上のことから本遺跡の祭祀も集落の住民が行いながらも、その内容は地域首長の意向を反映した特別のものだったと考えられる。そして、その立地条件から祭祀の対象を「海」に求めるなど、今後多方面からの検討を行う必要がある。

(3) 福島県郡山市正直A遺跡[33]　［集積型］

阿武隈川と谷田川に挟まれる守山台地北端・郡山面（上位段丘上）に位置する。標高は246m～257

mの平坦面である。北方400mに正直古墳群がある。地元研究者の首藤保之助に調査により古くから知られていて、当遺跡の調査経過は報告書中の山内幹夫の報文に詳しい。とくに大場磐雄の「東北地方の祭祀遺跡」[34]や亀井正道『建鉾山』[35]により遺跡の詳細が知られるようになった。1992年度の調査では発掘された住居跡97のうち59が古墳時代とされる。祭祀跡は3か所確認される。この遺跡の大きな特色は、祭祀跡と住居跡が関連し一貫した祭祀の流れが想定できることである。第1号祭祀跡は埋没谷に沿った南斜面下部に位置する。東西10.5m、南北5mの範囲に完形土師器や石製模造品が多量に出土した。土師器は86（坏48、高坏2、短頸壺1、坩16、小型鉢3、広口壺1、超小型壺1、甕14）。石製模造品類は有孔円板93、有孔円板未製品3、剣形品38、臼玉122、管玉状製品1、臼玉未製品1である。その他板状礫1がある。

さらに、この祭祀跡は集落内の様々な住居跡（施設）との関連が指摘されている。すなわち首長（SI17、18、33、52、54など大型住居跡に居住の可能性）主宰の下、石製模造品製作跡（SI12）、土器貯蔵施設（SX01）、「神饌の炊飯・醸造」（SI52a）が関わり、祭祀執行（1号祭祀跡）すると考えられている。祭祀の対象としてもっとも可能性の高いものとして、目前の湧水（発掘時埋没谷）の存在が挙げられ、湧水を対象とした農耕祭祀とされる。時期は5世紀後半～6世紀初頭と推定される。

2号祭祀跡は埋没谷内に土師器坏と石製模造品を主体としている。調査区外に範囲が伸びるので本来の規模は不明である。出土資料は土師器坏6、高坏1、臼玉3（図化されたもの）である。時期は6世紀代で1、3号より新しいとされる。

3号祭祀跡は、北向き斜面上位に位置する。祭祀跡部分の傾斜は比較的急で1.20m×0.80mの範囲に土師器坏（図化15）と高坏（図化1）、石製模造品（有孔円板1）、未製品1が出土した。時期は、5世紀中葉とされる。1号祭祀跡よりは若干古くまた、SX01同様の性格が推定される3号竪穴（SK85）との関係が推定されている。

このように正直遺跡の祭祀は、集落内に居住した首長の下で一貫した祭祀の流れが想定されている。この祭祀は「集落を挙げての農耕祭祀」と推定されている。この遺跡でこのような祭祀が行われた背景には、大場磐雄が先の報告で指摘したように北方の安達太良山の存在や滑石の材料入手に容易な場所であったことも考慮すべきである。本遺跡の祭祀は政治的・経済的な背景ともに信仰的な背景を含め、総合的に十分な条件を満たすこの地にあって初めて成立し得たものと考える。ただ、集落内竪穴住居内に存在が推定される首長は、先の保渡田古墳群の首長とは性格を異にし、集落内の生活および祭祀を直接統括する立場にあったものであろう。

4 古墳時代集落内祭祀の成立

以上古墳時代集落内祭祀の成立を3点を軸に検討してきた。集落内成立の用件は様々であり単一でないことが改めて理解できる。ただ集落内祭祀は集落住民の主体性に基づき行われており、祭祀の対象や場所も集落住民の意識が優先するものだろう。集落内祭祀に使用される代表的な祭具が土師器であることが第1の理由である。第2の理由は、使用器種が坏や甕など生活に密着した土器が祭具の中心であることである。そして石製模造品を使用することで、それらの生産や供給・配布の

際に地域首長の関与が生じると考えられる。マミヤク遺跡例のように須恵器や鉄製品の出土が顕著な場合は、地域首長の関与が強い証拠と考えられる。しかしこの場合も集落内祭祀の中心は土師器である。ところで岩崎卓也は、滑石製鏡・玉・剣が盛行する5世紀から6世紀前半は、古墳においては鏡、剣が退潮をきたすことから「鏡・剣・玉を祭祀の重要な道具として定着させたのは、むしろ民衆ではなかったのか、という疑いさえ生じてくる。」とし、石製模造品を使用するカミまつりを「この習俗は民衆の日常の祈りの中からこそ生まれ出た可能性が強いのである。」と述べている[36]。土器の集積を主体として石製模造品を併用する祭祀は集落住民の主体性により行われる。そしてこうした集落内祭祀を行った集落は、各地域において自然環境や立地条件などを背景に、地域開発や生産において中心的な役割を果たしたものと考えられる。

　本稿を執筆するにあたり、各遺跡調査報告書や多くの先学の論攷を参考にさせて頂いた。また、福田聖氏、岡田賢治氏には多くの御教示をいただいた。多くの方々の業績に立脚するところ大であることを改めて認識し、今後も古墳時代集落内祭祀をより多くの視点から追究していきたいと考えている。

（なお、本文中の敬称は省略させて頂きました。）

註

（1）　平岩俊哉「古墳時代集落祭祀の一考察」『研究紀要』第12号　財団法人埼玉県埋蔵文化財調査事業団　1996年
（2）　平岩俊哉「古墳時代集落内祭祀小考」『博古研究』第12号　博古研究会　1996年
（3）　平岩俊哉「古墳時代集落祭祀とその周辺―「集積型」・「配列型」祭祀についての検討―」『日本考古学の基礎研究』茨城大学考古学研究室20周年記念論文集　2001年
（4）　立石盛詞他『女堀Ⅱ・東女堀原』財団法人埼玉県埋蔵文化財調査事業団　1987年
（5）　立石盛詞他『御伊勢原』財団法人埼玉県埋蔵文化財調査事業団　1989年
（6）　今泉泰之他『南大塚・中組・上組・鶴ヶ丘・花影』埼玉県教育委員会　1974年
（7）　黒坂禎二他『上組Ⅱ』財団法人埼玉県埋蔵文化財調査事業団　1989年
（8）　新編『埼玉県史』資料編2　原始・古代　弥生・古墳　埼玉県　1982年
（9）　新編『埼玉県史』通史編1　原始・古代　埼玉県　1987年
（10）　小泉功・増田逸朗「川越市女堀遺跡―和泉式土器の編年的位置―」『埼玉考古』第15号　1976年
（11）　増田逸朗「埼玉県の祭祀遺跡」『古墳時代の祭祀』東日本埋蔵文化財研究会　1993年
（12）　坂本和俊「上組Ⅱ遺跡」『古墳時代の祭祀』東日本埋蔵文化財研究会　1993年
（13）　（1）に同じ。
（14）　（4）に同じ。
（15）　（5）に同じ。
（16）　（1）に同じ。
（17）　『川越市史』原始・古代編　川越市　1972年
（18）　大場磐雄「埼玉県の祭祀遺跡」『神道宗教』第65・66号　1972年
（19）　塚本国男「川越市小堤字新嘗井の祭祀遺跡」『いしずえ』第7号　川越市名細地区郷土史勉強会　1984年
（20）　岡田賢治「新井幸造と新嘗井遺跡」『川越学事始め』川越市立博物館　1995年
（21）　山川守男他『城北遺跡』財団法人埼玉県埋蔵文化財調査事業団　1995年

(22) 大塚昌彦他『中筋遺跡』第2次発掘調査概要報告書　渋川市教育委員会　1988年

(23) 大塚昌彦他『市内遺跡群Ⅲ』中筋遺跡（第3次）　渋川市教育委員会　1990年

(24) 黒沢元夫他『寺尾東館Ⅰ・Ⅱ・Ⅲ遺跡』高崎市教育委員会　1996年

(25) 洞口正史他『下芝天神遺跡・下芝上田屋敷遺跡』財団法人群馬県埋蔵文化財調査事業団　1998年

(26) 若狭徹「保渡田古墳群をめぐる5世紀後半の史的環境」『保渡田八幡塚古墳』群馬町教育委員会　2002年

(27) 高桑俊雄他『松本市高宮遺跡』松本市教育委員会　1994年

(28) 清水豊「群馬町上井出遺跡出土の祭祀遺物」『群馬考古学手帳』Vol.3　群馬土器観会　1992年

(29) 前掲（1）および（2）に同じ。

(30) 神谷佳明『下芝五反田遺跡』財団法人群馬県埋蔵文化財調査事業団　1998年

(31) 小沢洋他『小浜遺跡群Ⅱ　マミヤク遺跡』君津郡市考古資料刊行会　1989年

(32) 小沢洋「小浜遺跡群」『千葉県の歴史』資料編　考古2（弥生・古墳時代）　千葉県　2003年

(33) 山内幹夫他『母畑地区遺跡発掘調査報告34　正直A遺跡』福島県教育委員会　1994年

(34) 大場磐雄「東北地方の祭祀遺跡」（上・下）『古代』4・5号　早稲田大学考古学会　1952年

(35) 亀井正道『建鉾山―福島県表郷村古代祭祀遺跡の研究―』吉川弘文館　1966年

(36) 岩崎卓也「三　国家的祭祀と民俗的祭祀」『古墳の時代』教育社歴史新書46　教育社　1990年

方墳に関する一考察
── 古墳時代方形区画墓の問題点 ──

神庭　滋

はじめに

　方墳とは、その名のとおり底面が四角形を呈し、墳丘を有する墳墓のことである。東アジアの各地域のみならず、ユーラシア大陸各地でも普遍的に用いられる形である。また、方形の記念物の構築は全世界で認められる現象であり、各地域でそれぞれの背景に基づいた自発的な発生が考えられる。

　日本列島において、方形の墳墓の出現は弥生時代にさかのぼる。方形周溝墓などに代表される墳丘墓は、基本的に方形を呈し、各地域で独自の形状へと変化するなど多様性を発揮しながら発展をみる。前述の方形周溝墓のほか、山陰地域にみる四隅突出墓なども方形の墳墓の系譜に含まれる。方形周溝墓の発生については、中国秦文化にその源流を求めうるとの指摘も存在する[1]。しかし、前述したとおり、方形の墳墓は世界的に普遍性のある墳形であることから、日本列島内の方形の墳墓について、伝播の可能性は排除しないものの、基本的に自発的に発生した墳墓形態として考察すべきであろう。

　古墳時代における方形の墳墓、すなわち方墳は、時期や地域によって必ずしも一律的な採用のされ方はしないものの、その動態にはいくつかの共通性がみられる。古墳時代中期においては、大型前方後円墳の陪塚として大型方墳が嗜好され、地域によっては方墳によって首長墓の系譜が形成されるなど採用数が増加する。また、古墳時代後期中葉以降から終末期にかけては、一部大王の奥津城にまでも方墳が採用されるなど盛行をみる。しかし、一方でその初現の様子は必ずしも明らかではない。弥生時代から続く伝統的な墳墓形態である方形の墳墓が、いかにして古墳の序列の中に組み入れられてゆくのか考えてみたい。

1　古墳時代のはじまりと方形区画墓の問題点

　近年、古墳時代の開始時期をめぐって葛藤が認められる。従前であれば、定型化した前方後円墳の出現、現状においては箸墓古墳の築造をもって古墳時代開始のメルクマールとする。しかし、定型化した前方後円墳を規定する各種概念が、現実的に実際の古墳へどの程度反映しているかを含めて批判をおこない、墓の様式のみに固執して時代区分をおこなう方法に疑問を呈する寺沢薫氏など

の意見がある[2]。実際、箸墓古墳以前に築かれた墓に対し、これを古墳とする名称が与えられるなど、もはや現実的には従前の認識は打ち捨てられた状態であり、さらに出現期古墳という言葉も多用され、この部分で曖昧さの度合いを深めている。一方、土器様式による弥生時代以降の土器変遷の過程は、研究者の緻密な作業によって大枠で確定し、相対的な位置づけをおこなうことを可能としている。だが、たとえば庄内式土器の帰属する時代は何かと問われれば、おそらく万人が納得する答えは得られないであろう。現在、どの地平に古墳時代開始を求めうるのか、研究者各々にゆだねられた観がいなめない。

　かつて、古墳時代の名称が提唱されたさい、喜田貞吉博士より与えられた命題「古墳と呼んでいる築造物の定義の明確化」[3]にこたえる作業は、最古型式の前方後円墳の明確な輪郭を描き出す作業にほかならなかった。その結果、現在、箸墓古墳を最古の前方後円墳とし、その築造をもって古墳時代開始のメルクマールとする前述の考え方にゆきついたものと理解する。古墳時代の名称は、寺沢氏が指摘する[4]ように、まさに墓の様式に固執して与えられた時代区分である。その限界は氏の批判のとおりであろう。布留式土器の成立と箸墓古墳築造はほぼ対応関係をむすぶことからこれを重視する見方もあるが、それでも庄内式土器研究の深化によって描き出された、同時代を迎えるにあたっての胎動といった事象には対応できないものであることは明らかである。古墳時代を墓の様式のみで規定することで、その時代を描き出すことができないのであれば、そこに新たな意義を付加し考えることは当然のことのように思われる。しかしその場合、古墳時代の認識範囲は、その開始時期において様々な意味合いにおいて格段に拡大することが予測される。さらに、なにをもって弥生時代と区分するのかという問題に再び立ち戻ることになる。その命題にこたえるための真剣な議論が必要となるだろう。

　方形の墳墓の系譜は、冒頭述べたとおり弥生時代から伝統的に続くものである。ゆえに、その展開を考えるとき前述の問題に抵触する。箸墓古墳において、はじめてその後の古墳の要素がすべて発露したとは考えない。だが、その墳丘規模にみる前代からの飛躍は無視できない。箸墓古墳を築造した勢力が一夜にして出現するわけもなく、その意味でその前段階の胎動期ともいうべき時間幅の存在は誰もが認めるところであろう。また、箸墓古墳築造自体が、それ以前にさかのぼる時代画期、たとえば政権中枢の顕在化などによってもたらされた副産物的要素の1つとの見方も可能である。ただし、たとえそれが便宜的なものであろうとも言葉の定義を求めなければならない以上、箸墓古墳の築造をもって、その後の政権中枢となる存在の確立の時としこれを画期とすることによって古墳時代の開始とする見方は、今もって有効なのだと考える。同時に、そのことに対する限界も理解する。そこで、箸墓古墳の築造を前後する時期の墳墓の帰属時期の言及にあたっては、可能な限り土器型式による標記を併用しこの問題に応えたい。これらの点をふまえた上で本論では、これまでの時代区分のとおり古墳時代の開始については箸墓古墳築造を画期とし古墳時代前期の認定をおこなう。

　さて、方墳に関しては、研究史において、それが方形の墳墓であり箸墓古墳築造以降に築かれたものであればこれをただちに方墳とするわけではないことに、整理しなければならない点がある。それが、方形区画墓とよばれる墓の存在である。

奈良盆地周辺部において、古墳時代前期に帰属しながら方墳と呼ばれないものがある。奈良県宇陀市にある口宇陀地域の見田・大沢古墳群[5]や、五條市北部の北宇智地域の住川墳墓群[6]、また盆地内においても桜井市外鎌山山麓古墳群[7]、磯城郡田原本町矢部遺跡[8]などで、方形台状墓あるいは方形区画墓と呼ばれるものがそれである。
　方形区画墓とは、大きくは方形周溝墓や方形台状墓などを内包する言葉である。よって、当然ここには弥生時代のものも含まれると理解できよう。これを古墳時代の方形区画墓として区別する試みは、石野博信氏が、1982年に見田・大沢古墳群の方形区画墓について整理したときの成果があげられる[9]。まとめると、①居住地と隣接して墓域が営まれない、②墳丘の高さ・平面規模ともに弥生時代の方形周溝墓よりも拡大している、③墓壙規模が弥生時代の方形周溝墓より大きく拡大する、木棺の長さも拡大し従前の箱式木棺より割竹形木棺が採用される、④鏡・玉・剣などが、副葬される、とすることができる。これらの要素をもつ墓が、庄内新式期から布留式期にかけて築造されたのが見田・大沢古墳群である。
　これらの検討結果が、すべての地域に適用できるものではないとしても、古墳時代の方形区画墓と弥生時代のそれを区別する指針は示されており、両者を峻別しようとする意図は明白である。しかし、これらがなぜ方墳と呼ばれないのかについては言及がない。報文では、見田・大沢古墳群の方形区画墓が、庄内新式期においてすでに古墳と同様の内容をもつことを重視しており、その意味においてこれを方墳としなかったことに注目したい。布留式期に帰属するものについては、ほぼ同形状の墳墓の継続であることから、あえて方墳と区別しなかったものと考える。
　見田・大沢古墳群の発掘調査がおこなわれた同年、盆地内部においても磯城郡田原本町矢部遺跡において同様の墳墓が発見される。矢部遺跡においては、庄内新式期～布留式初頭期における方形区画墓のほか、5世紀後半～7世紀前半にいたる時期の方形区画墓が発見されている。前者を古相、後者を新相として、古相の方形区画墓は、前述の見田・大沢古墳群の方形区画墓群と築造時期がほぼ併行関係にある。古相の方形区画墓について、前述した石野氏の方形区画墓の整理成果と照合すると、平面規模の平均は一辺約12m程度となり見田・大沢古墳群例よりも小さいものの、大阪府瓜生堂遺跡の方形周溝墓の平面規模平均値8.3×9.5mよりは拡大していることがわかる。それ以上の比較は、埋葬主体等が削平を受けて遺存しておらず不可能である。新相の方形区画墓についても同様であるが、やはりなぜそれが方墳ではないのかという疑問が生じる。
　この点について明確な言及はないが、報文中には方形区画墓について、弥生時代の方形区画墓の本来的な多葬墓としての性格、つまり1墳丘に多葬される墓の指向を想定し、かつ方形区画墓1基のみを取り上げるのではなく弥生時代からの伝統的墓制である方形区画墓群としてとらえることによって、方墳と区別しようとする考えがうかがえる。矢部遺跡の古相および新相方形区画墓の間には断絶が認められるが、周辺にこの断絶をつなぐ方形区画墓群の存在が想定され、これによって両者は共通の背景の中で連綿と築かれた同一の墳墓であるとの理解が成立する。ゆえに、方形区画墓が7世紀前半まで存在するとしている[10]。
　矢部遺跡と見田・大沢古墳群の間では、方形区画墓への光の当て方は対照的である。見田・大沢古墳群の場合、庄内式期に副葬品という面で古墳の要素の出現を見出し、矢部遺跡の場合は布留式

期以降に弥生時代以来の伝統性を見出して、それぞれその意義を論じる。

　楠元哲夫氏は、宇陀地域の方形区画墓と古墳の差について、対外的に地域支配権の承認を受けた地域首長の墓が古墳であり、地域共同体内部から抜け出した家長群の墓を方形区画墓とし、被葬者の差異を想定し両者を区別した(11)。

　伊藤勇輔氏は、古墳時代前期から中期前半にかけて口宇陀地域に4タイプの墳墓の形態があるとし、その多様性を認めた上で、当該地域における古墳の受容は物質的、思想的あるいはその両方といった形でその内容の受容度までもが、個別的におこなわれた可能性を指摘している(12)。方形区画墓と方墳の差は、古墳総体としてのあり方の受容度によって区別されるという解釈が成り立つだろう。それはすなわち、政権中枢との関係の深さによって区別されることと同義ではないか。

　矢部遺跡の方形区画墓についても、その報文の中で、当時の政権中枢との関係性の及ばない集団の墓ではないかとの見解がしめされている。

　方形区画墓について論及したこれらの説は、当該期の政権中枢による影響範囲が、奈良盆地およびその周辺地域において、斑状に分布するものであったという可能性を導きだす。見田・大沢古墳群と矢部遺跡方形区画墓群を単純に比較することはできないだろうが、方形区画墓は意味的には、いずれも当時の政権中枢との関係無しに成立したと想定されることで共通しているといえる。ただし、矢部遺跡の新相とする方形区画墓については、後述するが異なる考え方をすることができるため、ここではしばらく考慮の対象から距離をおいておくものとする。

　方形区画墓の定義を考えることに立ち戻るならば、弥生時代の伝統的な墳墓形態の継承と、当時の政権中枢との関係の有無が重要であるように思われる。

　ここで、「政権中枢との関係」という言葉についての本論での意味合いを述べたい。見田・大沢古墳群や矢部遺跡方形区画墓群いずれであっても、墳墓を営む以上、それぞれの地域において力の大小はともかくとして、突出した人物もしくは家族の墓であることは間違いない。そのような地域有力者が、奈良盆地東南部に前方後円墳に代表される古墳を築いた勢力と、まったく関係がないことなどありえないだろう。見田・大沢古墳群のある口宇陀地域は、名張川などをとおして東海地域とつながり、また住川墳墓群のある北宇智地域は、吉野川・紀ノ川を通じて瀬戸内や遠く朝鮮半島とつながる。これら奈良盆地東南部へ向かう交通路・交易路を背景として力を蓄えたことが墳墓造営につながると想定するならば、相手先でもある奈良盆地東南部、つまり政権中枢の中心地と無関係であることはないはずである。しかし、それが墳丘による階層秩序に取り込まれるようなかたちの関係であったのかについては疑問が残る。小形精製土器が成立しそれを用いた古墳祭祀が成立するのは、布留式土器の段階である。その布留式土器あるいは布留式系土器は、時間幅をもって各地に伝播拡散してゆく。布留式土器の受容とそれにともなう古墳祭祀の受容をめぐる状況こそが、当時の政権中枢と周辺域とが関係を有する証拠と考える。そのことは、奈良盆地やその周辺域においても同様であろう。

　墓制の変遷過程からの視点では、弥生時代の方形区画墓が弥生時代中期をピークとして衰退し、庄内式期において再び増加する傾向をとらえ、その背景を政権中枢との関係によって説明する論法などは、箸墓古墳以前に政権中枢確立への胎動期を認める立場からも説得力をもって受け入れるこ

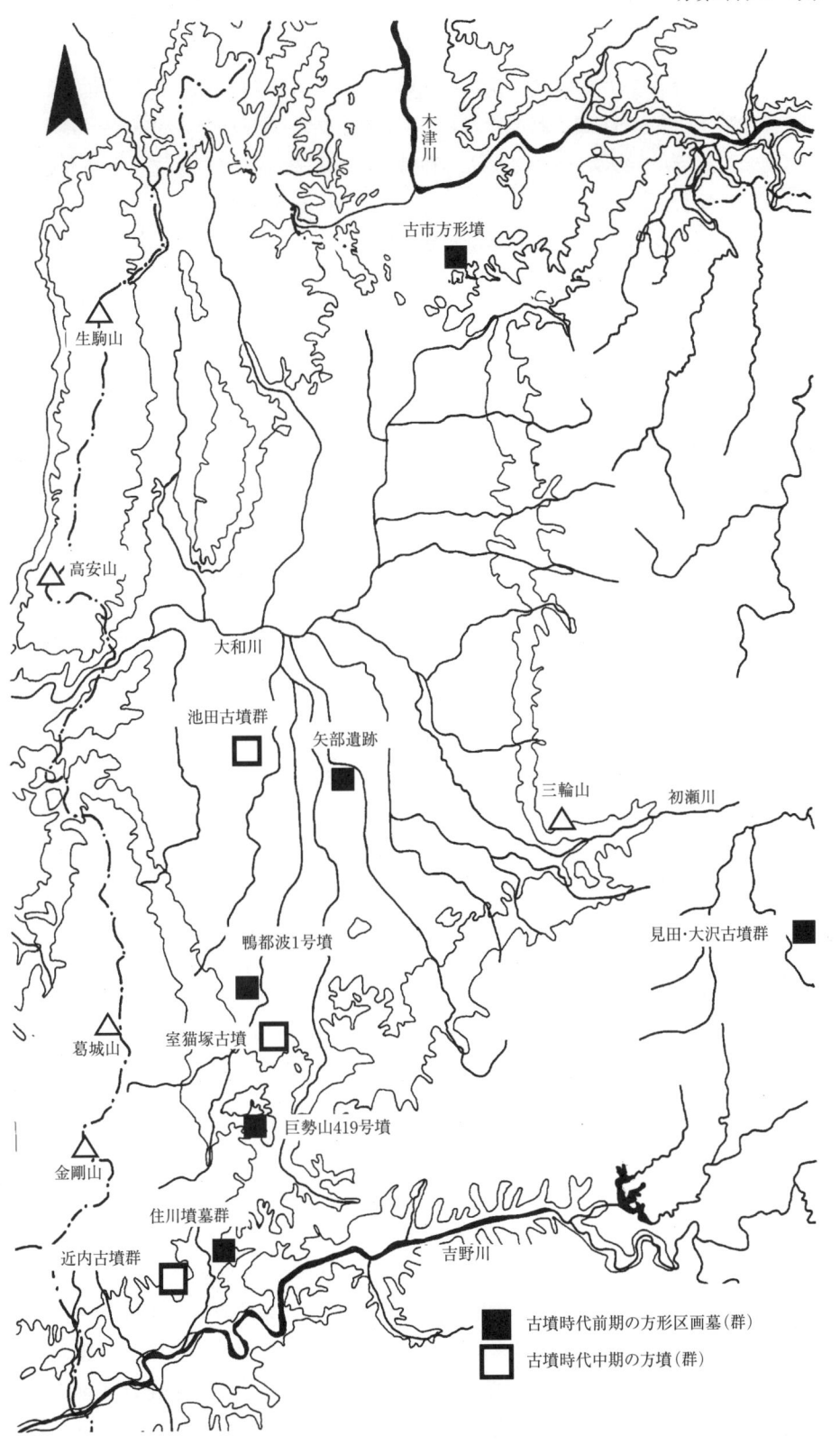

図1　本論で取り上げる主な方形区画墓・方墳位置図

とができよう。しかし、弥生時代後期の高地性集落にみられる社会的緊張状態という特殊環境を経て、再び弥生時代中期以来の造墓活動が前代より収斂したかたちで復活したとも解釈できないだろうか。当然その間に起きた社会変化を背景として、政権中枢あるいは、政権中枢へと昇華する勢力との関係によって、新たな力量を有した勢力の存在も登場する。しかし、前述のとおりその関係は政権中枢による階層秩序に組み込まれるようなものではないと考える。

　それでも、これら方形区画墓が政権中枢の規制下におかれていたという考え方を完全に否定することはできないだろう。とくに、纒向遺跡における方形区画墓の存在は、その大きな論拠となりうる。だが、冒頭述べたとおり方形の墳墓を営むことは弥生時代以来の伝統的な墓制である。政権中枢近くに方形区画墓が存在するからといって、各地域のそれまで政権中枢の規制によるものとみなしてよいものだろうか。その上でなおかつその立場をとるならば、政権中枢の影響力はその成立段階よりすさまじい勢いで各地域に広がっていったことになる。それは、布留式土器の拡散とその時間幅に与えられた意義を消失させることにはならないだろうか。また、箸墓古墳築造という重大な画期を経てなお、墳丘形態にまったく変化が認められない各地域の方形区画墓が、政権中枢の規制を受けていた墓制とは考えがたいのである。ゆえに、本論では政権中枢との関係という場合、それは墳形規制を受け入れるような関係をさすこととし、方形区画墓は基本的にその関係を有さない地域勢力の墓制と定義したい。

　古墳時代開始時期を箸墓古墳築造にあて、それ以降の墳墓、あるいは墳丘墓を古墳と呼称するという今までの考え方では、解決できない問題があることを方形区画墓は提起している。

　方形の墳墓を営むことは、弥生時代以降の基層文化である。ゆえに、このことは、時代の画期などを意識しない当時にあって特別な意味合いはない。したがって、伊藤氏が指摘した宇陀地域における方形の墳墓にあらわれた４つのタイプの存在は重要である。方形区画墓については、それを方墳と呼ばず方形区画墓として区別した問題意識を重視し、さらに考察を深める必要がある。

2　方墳と方形区画墓

　方形区画墓という墓制のカテゴリーが古墳時代に存在するとする問題意識を認めたうえで、はたして方墳との明確な差異をどこに求めることができるだろうか。それには、方墳と認めうる最古例を確定する作業からはじめなければなるまい。現状における奈良盆地での最古の方墳は、御所市鴨都波１号墳[13]ということになろう。しかし、箸墓古墳をはじめとして古墳時代前期（布留式期以降）の古墳が、数多く位置する奈良盆地東南部において、これまでの調査では方墳が検出されておらず、あくまでも暫定的な位置づけであることは明記しておく。

　御所市鴨都波１号墳は、葛城地域南部の代表的な弥生時代の集落である鴨都波遺跡の範囲内に位置する。葛城地域、とくに葛城地域南部において、古墳時代前期に帰属する古墳の数は少ない。内容が知られているものとして、ほかに御所市西浦古墳・オサカケ古墳・巨勢山419号墳、葛城市寺口和田13号墳、同１号墳がある。いずれも古墳時代前期後半に帰属すると考えられるが、中でも鴨都波１号墳は、発掘調査を経た古墳の中では葛城地域南部における最古の古墳との位置づけがなさ

れている。

　平面形態は、南北20m、東西16mをはかる方形である。埋葬主体は粘土槨で、粘土槨内部には全長約4.4mのコウヤマキ製の木棺が納められていた。副葬品は、棺外から鉄刀、靫、槍、方形板革綴短甲、板状鉄斧、有袋鉄斧、鉇のほか、三角縁神獣鏡3面が出土している。棺内からは、三角縁神獣鏡1面、杖状木製品、紡錘車形石製品、玉類、鉄剣が出土している。

　古墳時代前期中葉から後半にかけて、副葬品の種類や埋葬主体に古墳時代前期前半にはない例があらわれ、古墳総体としての変化がおこりはじめる。粘土槨を埋葬主体にもち、副葬品には合計4面の三角縁神獣鏡のほか、方形板革綴短甲をふくむ鴨都波1号墳は、基本的にこの変化の結果を総合的に受け入れている最古例の1つとしてとらえることができる。

　この変化の中に含まれる事項の1つとして、奈良盆地あるいは政権中枢での円墳や方墳の出現がある。円・方墳の出現については、その背景に墳形による規制を見出すことが可能であり、結果として前方後円墳を頂点とした墳形による序列化が、この時期より開始されたと解釈されるにいたっている。鴨都波1号墳の墳丘形態は方形であり、墳丘による階層秩序を受け入れた最古の姿とされている。

　だが、一方で前項までみてきた方形区画墓との接点も見出すことができないだろうか。鴨都波1号墳を含む鴨都波遺跡は、弥生時代全時期の土器を出土する葛城地域南部における弥生時代の拠点集落の1つである。鴨都波1号墳は、周辺に弥生時代中期の方形周溝墓がある伝統的な墓域の中に位置している。鴨都波1号墳との年代差は大きいが、偶然その位置に墓が営まれたとも考えられず、鴨都波遺跡内における弥生時代以来の伝統に従ってこの場所に築造されたと考えたい。また、

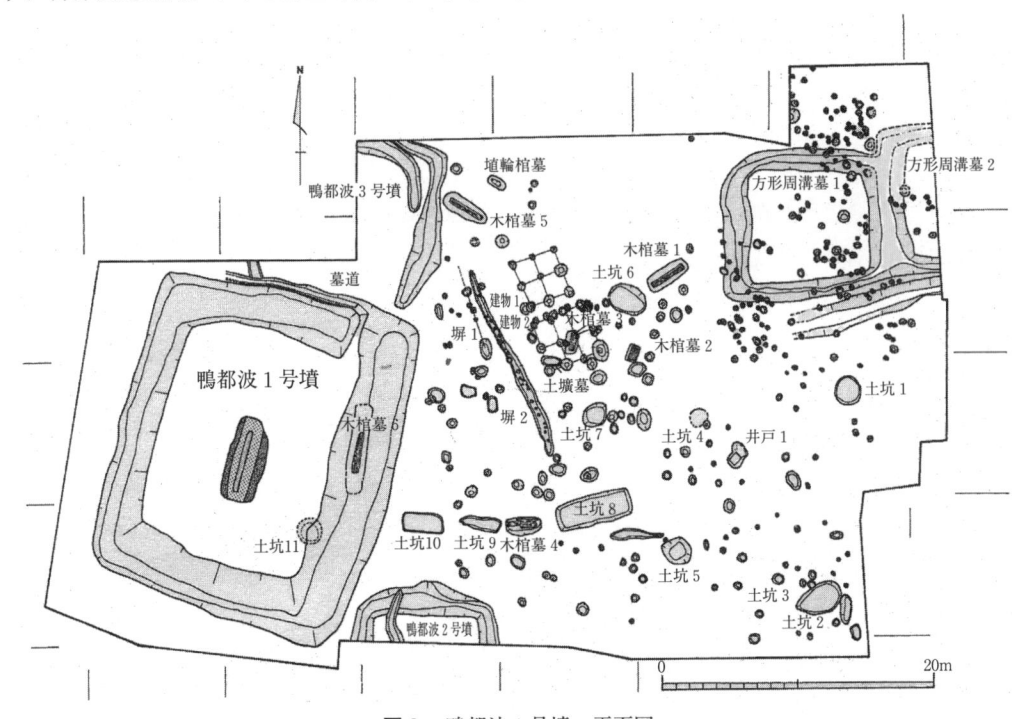

図2　鴨都波1号墳　平面図
（『鴨都波1号墳　調査概法』註（13）より一部改変）

鴨都波1号墳の埋葬主体は、墳丘がほとんど削平されていたにもかかわらず、ほぼ完存していた。それは、埋葬主体の位置が旧地表面、あるいはそれ以下の位置に造られていたことに起因している。この状況から、墳丘はきわめて低いものであったことが想像される。また、墳丘北東隅に墓道からつづく陸橋状のものが墳丘周囲に巡らせた溝を切る形で敷設されている。これらのことは、弥生時代からの伝統的な方形区画墓のあり方によく似ている。

　鴨都波1号墳の副葬品および埋葬主体の様子は、前述したとおりそのすべてが古墳時代前期後半で顕著になる変化に則したあり方をしめしており、当該期の古墳の変化の嚆矢として評価できる。しかし、その墳丘のありかたは方形区画墓とされても不思議ではない。見田・大沢古墳群における庄内新式期から布留式期にかけての方形区画墓が、すでに古墳と同様の副葬品を保持していたにもかかわらず、これを古墳としなかった問題意識を改めて喚起させる。墳墓が政治的記念物としての性格を有し、その見え方を強く意識した築造物であるならば、表出しない内実と、表面にあらわれた実態をあわせて重視する必要がある。表出しない内実とは、後の古墳総体としての変化を先取りした姿である。表面にあらわれた実態とは、見かけ上それが方形周溝墓といった弥生時代からつづく伝統的な墳墓でしかないということである。鴨都波1号墳は埋葬主体をみる限り完全な古墳であるが、その墳丘との関係により厳密な意味での古墳とは呼びがたいのである。

　葛城地域南部では、古墳時代前期に帰属する大型前方後方墳や前方後円墳が現在までのところ確認されておらず、それを築きえた葛城地域北部と、著しい差異をなす地域である。その背景に何を想定しうるかは判じがたいが、地域内に弥生時代以来の伝統に裏づけられた集団・勢力が存在していたことは、鴨都波1号墳がある鴨都波遺跡の存在からも明らかである。にもかかわらず、なんらかの理由によって古墳が築かれなかったこの地域において、鴨都波1号墳の築造はその外見上、弥生時代の方形周溝墓の延長でありながら、副葬品や埋葬主体に変化の萌芽を読み取ることができる。この変化がもたらす最終的な成果は、河内への大王墓とみなすことができる大型前方後円墳の移動である。このことについては、当時の政権中枢における変動を数多くの研究者が指摘している。同時にこのことを契機として、葛城地域南部が、最終的には葛城地域最大の前方後円墳である室宮山古墳の築造をみると考える。

　鴨都波1号墳の墳丘と副葬品・埋葬主体に現れた乖離は、まさに政権中枢を含む変化のはじまりがこのときおこっていたことを予測させるのである。

　白石太一郎氏は、大王墓の河内への移動に際し、葛城地域連合が一助を担ったと想定した[14]。鴨都波1号墳の被葬者は、鴨都波遺跡を背景として、その後の葛城地域連合へと昇華する集団の一翼を担いえるだけの実力を伝統的に有している。したがって、早い段階でこの葛城地域連合、すなわち河内へと大王墓の移動をなさしめた政治勢力に加担していたのではないかと考える。

　方形区画墓の定義の一つとして、当時の政権中枢と一線を画する存在であることをあげた。このことについては、鏡の副葬配置の問題より、藤田和尊氏が言及している。藤田氏は、鏡の配布者に2系統あることを指摘し、一方に奈良盆地東南部を中心に大型前方後円墳を築造した勢力をあて、また一方に奈良盆地西南部、馬見丘陵を中心に古墳を築造した葛城地域北部勢力をあて、鴨都波1号墳の鏡副葬配置の様子から、これを葛城地域北部の勢力の影響下にあって鏡の配布を受けたもの

と考えた。盆地東南部勢力、つまり当時の政権中枢との関係を完全に否定はしていないが、鴨都波1号墳の副葬品の受容にあたっては、主に葛城地域北部の勢力との関係の上に成立したとしている[15]。鏡の配布者たる葛城地域北部勢力の設定については、是非を判断する材料をもたない。しかし、鴨都波1号墳が、葛城地域北部勢力と深い関係のもとで成り立ちえたとする解釈は興味深い。

藤田氏のこの理論に対し、手続きの点などでいくつかの疑問を呈する福永伸哉氏も、独自の論点に立った上で、鴨都波1号墳や葛城地域の政治勢力について三角縁神獣鏡の保有形態の共通性を述べるとともに、古墳時代前期前半のうちという限定を設けながらも、当時の政権中枢から距離をおいた、非主流派的な存在であった可能性を指摘されている[16]。

鴨都波1号墳は、現段階の理解においては弥生時代の伝統を有し、かつ、鏡の保有形態の問題からも当時の政権中枢との関係は希薄であると考えるにたる要素をもっている。方形板革綴短甲といった朝鮮半島との関わりが深い遺物の入手にあたっては、政権中枢の介在なくしてありえないという意見もあるだろうが、後の葛城地域南部の発展は、政権中枢とは異なる独自のルートで朝鮮半島との関係を有した結果によると考えており[17]、やや飛躍した考えではあるがその前段階である鴨都波1号墳の被葬者段階ですでにその関係の上でこれを入手したとしていても不思議ではない。だからこそ、次代の政権中枢内での突出した地位を、葛城地域南部の勢力は保持するにいたると考える。また、前述の想定が飛躍にすぎるとして、政権となんらかの関係を有していたとしても、それは福永氏の指摘する非主流派ともいうべき集団との関係と考えるべきであり、奈良盆地東南部に大王墓を集約させた古墳時代前期前半の政権中枢とは一線を画するとの考えに変更はない。

これらのことから、鴨都波1号墳は方形区画墓の定義にあてはまる性格を有していると判断したい。したがって最古の方墳を鴨都波1号墳に求めるのは困難と考える。

なお、明らかに墳丘をもつ方墳の例としては、奈良市古市古墳（古市方形墳）[18]が著名である。一辺27mの方墳とされ、埋葬主体に2つの粘土槨をもち、副葬品に画文帯神獣鏡や内行花文鏡、二神二獣鏡、盤龍鏡や鉄製工具類、鉄剣、玉類、琴柱形石製品出土する。埋葬主体や副葬品の様相から、古墳時代前期後半が帰属時期として考えられる。しかし、この古墳については墳頂部の埴輪列が弧状に巡ることなどから、本来の形状は円墳の可能性が高い。したがって、古市古墳についても、これを無条件に最古の方墳とするには問題が残るといえよう。

少なくとも、古墳時代前期中葉（布留2式期）を前後する時期においては、奈良盆地内やその周辺域においても、政権中枢による規制とは関係なく築かれた方形の墳墓と定義した方形区画墓が、散見される状態にある。そのような状況を甘受せざるをえなかった当時の政権中枢の事情を考えれば、この時期に方形の墳墓が政権中枢によって、自らの墳形秩序の一地位をしめると認定されることは基本的にありえなかったのではないだろうか。もしこれらをも墳丘秩序の一地位を占める墳形と政権中枢がみなしていたとしても、それは一方的な中央からの視点であり、その地域における実態を反映したものではないのではなかろうか。

その後、古墳時代前期後半になって、はじめて古墳と呼べるものが葛城地域南部をふくむ各地域において出現するが、それらはいずれも円墳である。方形区画墓をも含む墳形による階層秩序の創

出が、2項でも述べたとおり箸墓古墳築造を前後する時期よりなされていない限り、方墳が前方後円墳を頂点とする墳丘階層秩序に組み込まれるには今しばらくの時間を要するものと考える。

3　方墳の受容

前項までに、方形区画墓と方墳の違いおよび方墳を含む方形の墳墓が、古墳時代前期において墳丘の形状による身分階層秩序の枠内に含まれていない可能性があることについて述べた。図3はそのことに関する模式図である。

この問題は、当時の政権中枢による政治支配の実態に関わる話であり、軽々に論ずるものではないと考える。しかし、たとえば葛城地域南部に古墳時代前期に帰属する前方後円墳をはじめ、当該期に帰属する古墳がない、もしくは少ないという事実をどうとらえるかといった、かつてからの命題を応えるにあたり、それを造ることを許されなかった勢力があったという上位下達的見方や、自らそれを築かなかったという自主自立的な発想がこれまで想起されている。しかし、なによりこの地域が当時の政権中枢による支配体制下に組み込まれていなかったため、前方後円墳や古墳を造るという意識がなかったのではないかという想定も成り立つのではないだろうか。葛城地域南部における古墳時代前期の古墳については、調査例も少なくこれを論証する根拠はない。ゆえに、鴨都波1号墳に対する解釈の中から飛び出した1つの想定の域を出ない。また、同一盆地内において、こういったことがありえるのかという疑問は生じるが、たとえば伊藤氏が指摘した宇陀地域における墳墓の4つのタイプのあり方などからわかるように、狭小な範囲においてもその動態は、実に様々に展開することは明らかであろう。またこのことは、そもそも当時の政権中枢成立の背景が、国内諸地域との点と点を結ぶ線的な連携によって図られたことが考えられていることからも、諸勢力の政治的結集のための手法として無理のある想定ではないのである。

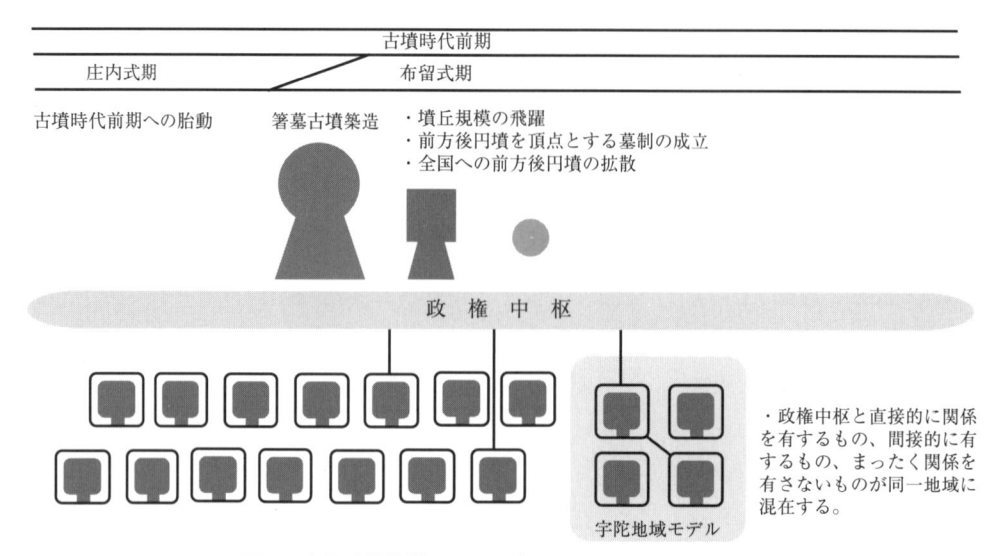

図3　古墳時代前期における墳丘による階層秩序模式図

青木勘時氏は、庄内・布留式系甕の拡散の様子から、庄内式期においては弥生時代からの旧来の地域的枠組みは一変し、非等質的な、つまり特定地域の先進地化、経済的・政治的優位性をもつものともたざるものの混在する社会状況が出現したことを想定されている[19]。日常雑器にあらわれたこれらの変化は、政治的背景をもたせて見た場合、きわめて大きな差が隣接地域間においてもあらわれていたであろうことは容易に想像できよう。

葛城地域南部をみた場合、鴨都波1号墳やつづいて築かれる御所市巨勢山419号墳[20]が、古墳時代前期に帰属する方形の墳墓である。巨勢山419号墳は巨勢山山塊より派生する尾根筋上に位置する。尾根筋に直行するように掘割をもうけ、区画された墳丘の規模は一辺11.3mをはかる。埋葬主体は、1基のみで舟形木棺を直葬する。棺内からは短剣1本が副葬品として出土している。また、円筒埴輪、朝顔形円筒埴輪、草摺形埴輪、不明形象形埴輪が墳丘斜面の流出土から出土している。円筒埴輪の編年観より、古墳時代中期初頭から前葉の築造と考えられているが[21]、報告者は古墳時代前期後葉に位置づけており、若干の意見の相違がみられる。

巨勢山419号墳の墳丘形状および副葬品のありかたは、口宇陀地域で散見される方形区画墓とほぼ同様である。ただし、埴輪をもつ点が異なる。埴輪は円筒埴輪のみならず、形象埴輪を複数種類含んでおり、古墳時代前期後半以降の変化を反映していると考えてよい。鴨都波1号墳は、埋葬主体や副葬品など、表出しない部分に古墳としての要素を内包していた。しかし、巨勢山419号墳は、埴輪という外表施設の一部に古墳としての要素を表出している。巨勢山419号墳は、周辺に弥生時代からの伝統的な墓域をもたず、そこに突然築造される。墳丘構造は、弥生時代の方形台状墓であり弥生時代からの伝統性はいまだ払拭されていないが、埴輪の採用に古墳への志向を見出すことは可能である。伊藤氏の宇陀地域での想定は、葛城地域南部においても適用は可能なのではなかろうか。

これらから飛躍して大規模な墳丘をもつ古墳は、葛城市寺口和田13号墳にその初現を求める。寺口和田13号墳は直径50mをはかる円墳である。葛城地域南部以外の前方後円墳がみられない奈良盆地内外の諸地域において、このように大型円墳の築造が突如なされる地域が多い。このことは前項で述べた古墳時代前期後半における古墳各要素の変化と機を一にするのであるが、それがいずれも方墳ではなく円墳であることは示唆的である。大和を除く他地域においても、時期は若干下るものの、方形から円形へと墳丘形態が変化する傾向がみられる[22]。そのことは、その前段階において前方後円墳の受け入れが終了した後におこるなど、大和における状況とは異なるが、当時の政権中枢の序列に組み入れられた後の変化とみるならば、そこに共通した思想を見出しえる。

では、墳丘形態による序列に含まれる形での方形の墳墓、すなわち方墳の出現をいったどこに求めるべきなのであろうか。

方形区画墓と方墳をわける理由の1つとして、当時の政権中枢との関係があることが現状では重要である。では政権中枢との関係の有無を、なにをもって判断するのか。1つの答えとして、前方後円墳との関係があげられるだろう。前方後円墳と方形の墳墓の組み合わせは、古墳時代中期初頭より、大型前方後円墳と陪塚という関係で出現する。

葛城地域における例は、室猫塚古墳[23]があげられる。室猫塚古墳は、葛城地域最大の方墳でも

ある。一辺約70m をはかり、葛城地域南部最大の前方後円墳である室宮山古墳の陪塚として築かれている。埋葬主体はすでに削平されており、その内容は明らかではない。墳頂部周辺にかけて武器、甲冑などの鉄製品が散乱しており、副葬品の一部と考えられる。築造時期については明らかではないが、室宮山古墳の外堤に取り込まれる形で計画的に築造されていることから[24]、室宮山古墳の帰属時期である古墳時代中期初頭から前葉が想定されよう。陪塚という特殊な状況ではあるが、方形の墳墓が一辺70m という、奈良盆地内において桝山古墳（一辺約85m）に次ぐ規模で突如出現するのである。

それまで、墳形による序列に組み込まれることのなかった方形の墳墓が、直線的な稜線をもって高く立ち上がり、陪塚という特殊な状況で出現するこの時、方形の墳墓は、政権中枢によって新たな意味づけがなされた可能性を指摘できる。以降、陪塚としての方墳は、古墳時代中期中葉の大型前方後円墳に配置される。この後、葛城地域においては、広陵町文代山古墳[25]、河合町九僧塚古墳[26]といった例や、奈良盆地を離れて五條市猫塚古墳[27]からはじまる北宇智地域での方墳の例など、古墳時代中期中頃において単独方墳の事例が急増するのである。

単独方墳の築造がはじまるなかで、古墳群中の小規模な古墳においても方形の墳墓が登場する。大和高田市池田古墳群[28]は、前方後円墳と円墳、方墳からなる古墳群である。この古墳群のうち方墳は、周溝を共有する形で築造されるものがいくつかみられ、先に紹介した矢部遺跡同様、弥生時代の方形周溝墓群を彷彿とさせるありかたをしめす。各古墳に隣接した周溝内より、各古墳の帰属時期を示す遺物が出土しており、それによれば、古墳時代中期前半から古墳時代後期にかけて、同様の方墳の築造が続いていたとされ、長期にわたる造営が続く点でも矢部遺跡のものと近似している。なお、古墳時代中期後半には、前方後円墳との共存を果たしている。

方形の墳墓は、陪塚という特殊な段階をふんだ上で、古墳時代中期中頃までには政権中枢によって墳形による階層秩序のなかに組み入れられ、古墳時代中期後半にはそのことが徹底されるのではないだろうか。

葛城市兵家古墳群[29]、的場池古墳群[30]などの丘陵上に造営される古墳群においても 5 世紀中葉から後半には方形の墳墓が築かれる。墳丘形状はそれまでの方形区画墓と変わるものではない。しかし、兵家 6 号墳（方墳・一辺13m）では短甲といった軍事にかかわる遺物が出土していることからも、これらを威信財として配布する当時の政権中枢と、なんらかの関係を有していたと認められよう。なお、この論法で鴨都波 1 号墳の方形板革綴短甲の存在を政権中枢との関わりがある重大な証拠とみなすことができるが、鴨都波 1 号墳の帰属時期においてはそれまでの舶載・倣製三角縁神獣鏡、古相の腕飾類、小札革綴冑などから、朝鮮半島系武具甲冑を含む新たな威信財への移行期にあたり[31]、政権中枢における確固としたシステムの構築前の段階ととらえることができる点で異なる。なによりも兵家古墳群造営期においては、方形の墳墓に与えられた社会的性格はすでに変化をしていると考える。したがって、これらは方墳と呼んでよいものと考える。

おわりに

　本論では、方形区画墓という存在を再度見直しその意義を認めた上で、これをとおして方墳の位置づけについて考えてみた。方墳の受容後のあり方については、さらに検討の必要があると考える。とくに、その後意味的に方形区画墓と呼ばれるものが続くのかそうでないのか、たとえば矢部遺跡新相方形区画墓群を、方墳ではなく方形区画墓として認めるのかどうかといった問題がある。当該期は、古墳群や群集墳の形成が開始され、また造営が続く時期にあたる。古墳群、群集墳については、定められた墓域を逸脱することなく造営が続くことから、これらは直接的であれ間接的であれ政権中枢の制約の中で造墓活動を続けるものと理解している。そのような中で政権中枢とまったく関わり合いのない大規模な古墳群が存在するとは考えにくく、矢部遺跡新相方形区画墓群は方墳群と考えてよいのではないだろうか。ただし、このことはまったく次元の異なる群集墳のとらえかたといった問題を含んでいる。結論を急がずさらに考察を深める必要があるだろう。

　方墳の成立が古墳時代中期初頭まで遅れる事態については、それが古墳時代前期後半まで、各地域でそれぞれの勢力が弥生時代以降の伝統にしたがって独自に造り得た墳形であり、その再編をおこなうには政権中枢の力量の拡大が不可欠であり、猶予期間が必要ではなかったのではないかと考える。政権中枢の再編ともいうべき動態を経て古墳時代中期をむかえるにあたり、大王墓の規模の超大型化がしめすとおりこの部分は強化され、その結果はじめて方墳の存在を認定し、新たな形状で墳丘秩序に組み入れたものと考えたい。陪塚としての方墳の出現は、それが前方後円墳に現された政権中枢に取り込まれた姿を明示する、格好の装置であったのではないだろうか。

　本論のもうひとつの眼目は、論中に取り上げた鴨都波1号墳を、どのように位置づけるのかということにあった。論中でも述べてきたが、このことに関しては本論で得た結論とまったく反対の解釈も成り立つ。とくに三角縁神獣鏡や方形板革綴短甲の保持に関する理解には、論拠に乏しく多くの反論が予想される。結論を得たつもりであるが、問題点は多種にわたり、1つの視点で語りつくせるものでもない。さらに検討をつづけてゆきたい。

　なお、本論を草するにあたり鈴木裕明氏より多大なご教示をいただいた。記して感謝いたします。

　　1996年2月、大学卒業を間近にむかえた私は、公衆電話から茂木先生の自宅へ電話をかけていた。携帯電話はまだ一般化しておらず、引っ越したばかりのアパートの電話はまだつながっていなかった。人生にはいくつかの岐路が存在すると思うが、その電話は、その後の私の人生の分かれ道のひとつであったと今でも思う。詳しくは書かないが、そのときの茂木先生の言葉のおかげで、奈良県で研究を続ける現在の私がある。その後、奈良に足しげくいらっしゃる先生に、盃を傾けてのご指導をいただくたびに、あの時の薄暗い公衆電話の中での会話が思い出される。時に自分の両親より先に人生の岐路について相談する茂木先生は、私にとって師であると同時に父でもある。無事退官の日をむかえた父に、心からお疲れ様でしたと申し上げるとともに、今後もご指導、ご鞭撻をお願いしたい。

註

（1）　俞偉超（信立祥、茂木雅博訳）「方形周溝墓と秦文化の関係について」『博古研究』第8号　博古研究会　1994
（2）　寺沢薫『王権誕生』日本歴史02　講談社　2000
（3）　喜田貞吉「古墳の年代を定むる事に就て」『歴史地理』第5巻第3号　1903
（4）　前掲（2）
（5）　『見田・大沢古墳群』奈良県史跡名勝天然記念物調査報告第44冊　奈良県立橿原考古学研究所　1982
（6）　「住川墳墓群」『奈良県遺跡調査概報1992年度（第二分冊）』　奈良県立橿原考古学研究所　1993
（7）　『外鎌山北麓古墳群』奈良県史跡名勝天然記念物調査報告第34冊　奈良県立橿原考古学研究所　1978
（8）　『矢部遺跡』奈良県史跡名勝天然記念物調査報告第49冊　奈良県立橿原考古学研究所　1983
（9）　石野博信「見田・大沢古墳群の意義」前掲（5）
（10）　寺沢薫「方形区画墓群の変遷と構造」、「矢部遺跡方形区画墓群の歴史的位置」前掲（8）
（11）　楠元哲夫「宇陀、その古墳時代前半期における二・三の問題」『宇陀の古墳文化』楠元哲夫氏追悼著作集刊行会　1996
（12）　伊藤勇輔「大和高原における古墳時代小考」『下井足遺跡群』奈良県史跡名勝天然記念物調査報告第52冊　奈良県立橿原考古学研究所　1987
（13）　『鴨都波1号墳　調査概報』御所市教育委員会編　学生社　2001
（14）　白石太一郎『古墳とヤマト政権　古代国家はいかに形成されたか』文春新書　1999
（15）　藤田和尊「鴨都波1号墳と葛城」前掲（13）、「鏡の副葬位置からみた前期古墳」『考古学研究』第39巻第4号　1993
（16）　福永伸哉「三角縁神獣鏡の副葬配置とその意義」、「三角縁神獣鏡と葛城の前期古墳」『三角縁神獣鏡の研究』大阪大学出版会　2005
（17）　『日本書紀』神功皇后摂政五年三月条にある、葛城地域南部の漢人らの祖先伝承のあり方は通常と異なる。当時渡来系の人びとは、基本的には政権中枢によって一定の地位を与えられその采配によって戦略的に配置されるものと考えられるが、この記事では葛城襲津彦によって葛城地域南部に配置されたとする。研究者の間では、この記事に信憑性はないとされるが、信憑性のある記事として神功皇后摂政六十二年条所収の『百済本紀』の記事がとりあげられる。この記事の中で葛城襲津彦は、政権中枢の意に反し新羅と関係を結んだことが記されている。このように葛城氏については、政権中枢と異なる外交をおこなっていた可能性を指摘できる。（葛城市歴史博物館において2005年12月10日におこなわれた上井久義氏による口頭発表「古代葛城氏の実像」を参考。上井久義「葛城氏の実像と忍海女王」葛城市歴史博物館年報・紀要『かづらき』5　葛城市歴史博物館　2006に所収）
（18）　「古市方形墳」『奈良市史　考古編』奈良市　1968、森下恵介「奈良盆地北部の古墳」『大和の古墳Ⅰ』新近畿日本叢書2　人文書院　2003
（19）　青木勘時「古墳出現期土器の生産と流通―庄内・布留系土器生産の構造論的視点から―」石野博信編『初期古墳と大和の考古学』学生社　2003
（20）　『巨勢山古墳群Ⅲ』御所市文化財調査報告書第25集　御所市教育委員会　2002
（21）　上田睦「巨勢山419号墳の埴輪の特徴とその位置付け」前掲（20）
（22）　田中勝弘「前方後方墳と方墳」石野博信編『初期古墳と大和の考古学』学生社　2003
（23）　『室大墓』奈良県史跡名勝天然記念物調査報告第18冊　奈良県教育委員会　1959
（24）　木許守「宮山古墳の墳丘とその系譜的位置」『橿原考古学研究所紀要　考古学論攷』第20冊　奈良県立

　　　　橿原考古学研究所　1995
(25)　「文代山古墳」『広陵町史』本文編　広陵町　2001
(26)　『河合町遺跡詳細分布調査報告』河合町文化財調査報告第4集　河合町教育委員会　1990
(27)　『五條猫塚古墳』奈良県史跡名勝天然記念物調査報告第20冊　奈良県教育委員会　1962
(28)　『池田遺跡』奈良県大和高田市遺跡調査報告ダイジェスト　大和高田市教育委員会　2001
(29)　『兵家古墳群』奈良県史跡名勝天然記念物調査報告第37冊　奈良県立橿原考古学研究所　1978
(30)　『的場池古墳群』当麻町埋蔵文化財調査報告第1集　当麻町教育委員会　奈良県立橿原考古学研究所　1982
(31)　福永伸哉「銅鐸から銅鏡へ」都出比呂志編『古代国家はこうして生まれた』角川書店　1998

千葉県における古墳時代終末期以降の方形墳墓の展開
―― 方墳と方形区画墓との差異について ――

黒沢　崇

はじめに

　ここで取り上げる方形墳墓とは、大型の前方後円墳が築造されなくなる古墳時代終末期以降に造営される、方形に周溝を巡らす墳墓全体を指している。この遺構の性格については墓とすることで現状ではほぼ理解されるようになった。しかし、名称については方形墳墓をはじめ、方形区画墓・方形周溝(状)遺構・方墳といった名称が各論考や報告書で使用されており、未だに確定していない。この種の遺構を古墳時代からの継続性を重視し、8・9世紀に至ってまで方墳と呼称することについては、古墳・古墳時代という定義の問題とも合わせ、慎重に検討する必要がある。そこで本稿では、千葉県内で方形墳墓が継続的に造営され、比較的時期が想定できる遺跡について検討する。そして、方形墳墓の展開の画期を明らかにし、名称を含めた議論を深めていくことを課題とする。

1　研究略史

　ここでは、方形墳墓[1]の発掘件数が突出して多い千葉県における研究を中心に簡単に振り返り、まとめることにする。
　出土遺物の僅少さから性格や時期の特定できない遺構として1970年代から発掘調査は行われていたが、報告書内での記載が主で、研究の対象として本格的に分析されるようになったのは1980年代前半からである。大規模発掘調査の成果を受け、発掘事例が急増し、性格や時期、名称の問題について論議されるようになる。その中で、埋葬主体部を有する方形墳墓の発掘事例が増加し、性格については、ほぼ墳墓として捉えられるようになった。金丸氏は、この時点で千葉県下の調査報告例80件を集成して造営時期の検討を行い、この種の遺構を「古墳時代後期から歴史時代にあっての墓制の一形態」と捉えた（金丸 1982・1983）。しかし、具体的に古墳時代後期古墳との差異についての言及はない。山岸氏は、千葉県下150基を集成し、「方形周溝状遺構」の性格を墓の機能から「葬送の一部を催行する場等のため」の遺構と想定した（山岸 1983）。栗田氏は千葉県東南部地区において、7世紀後葉になって発達する「方墳」の出現を「前代からの葬法からの脱却」とし、背景に社会構造の変化を想定した（栗田 1983）。しかし、その後の方形墳墓の展開については触れられてい

ない。
　渡辺氏は初期の論考（渡辺 1983・1985）で、古墳時代後期の群集墳との関係・群構成の観点からの分析を行った。弥生時代の方形周溝墓から古墳時代以降の周溝で区画される墳墓群を、「群小区画墓」とまとめて捉え、墓制の連続性を大局的に捉えている。群構成に視点を当て、8世紀以降も続くこの墓制の歴史的意義まで言及した画期的な論考であるが、墓制の連続性を重視し、埋葬主体部の変化などにみられる葬制の細かい画期については内包して論が進められている。その後（渡辺 1991・1995）、名称としては、現状の古墳時代の時代区分自体に懐疑的であるが、8世紀以降の方形墳墓に対しても「古墳」と呼ぶべきとした。同様に、白井氏はこの種の遺構について「畿内型の終末期古墳からは逸脱した造墓活動」とはしながら、地域内での連続性が追えることに重点をおき、「8・9世紀の方墳」と呼称した（白井 1992）。
　一方、木對氏は、この種の遺構に対し、「終末期古墳（方墳）の多大なる影響を受けながら新たな墓制として出現する」として、方墳とは別と捉え、「方形区画改葬墓」との呼称を提唱した。木棺直葬形態を採用するものを古墳、他の形態もしくは検出されなかったものを「方形区画改葬墓」とする（木對 1987a・b）。墳丘規模による埋葬主体部の構築方法の差異に言及した独特の視点で論じた。また、笹生氏は、古墳時代後期の古墳群からの延長線上で捉えられなくはないが、立地の問題や群形成のピークのズレから、成立背景は異なる可能性を示唆し、方墳とせずに「方形墳墓」と呼称した（笹生・神野 1990、笹生 1993）。
　1990年台半ば以降は、80年代の大規模発掘の成果報告を受け、とくに遺構の集成作業が本格化した。安藤氏は、東日本における方形墳墓の集成と共にその時点での研究成果を改めてまとめ、「側壁挟込土坑墓」とともに分布域が重なる点などについて指摘した（安藤ほか 1996、安藤・篠原 1995）。この時点で、千葉県下の方形墳墓は510基までに増加していることを明らかにした。
　集成作業以後は、とくに名称の統制などはとられないまま、この種の遺構に焦点をしぼった論考もみられない。しかし、未報告であった群構成の良好な成果を挙げた調査報告書が近年相次いで刊行され、方形墳墓についてさらに検討すべき段階にきている。
　低墳丘であるが、横穴式石室を埋葬主体部とする7世紀後半以降に造営される方形の墳墓について方墳と呼称することは、誰も異論のないところであろう。その後、埋葬主体部に様々な形態が採用される方形墳墓や主体部が未検出で小型の方形墳墓に対して、どう捉えるかが問題となっている。それを古墳とするならば、古墳というものが定型的な前方後円墳の成立をもって始まった時代における政治的な規制に基づく構築物であり、時代区分の基準である現状を踏まえた上で使用すべきである。方形墳墓の諸属性を検討し、どの時期までの方形墳墓に対し古墳と捉えるべきかを改めて確認する必要がある。

2　千葉県内遺跡の発掘成果

　ここでは、千葉県において、古墳時代終末期以降に方形を呈する墳墓が多数発掘調査された遺跡（図1）を取り上げ、それぞれの遺跡について検討する。

(1) 六通神社南遺跡・六通金山遺跡 (図2) (蜂屋 2003・関口 1981)

六通神社南遺跡の所在は千葉市緑区おゆみ野中央で、標高約46mの台地上に立地する。1983・1990・1996・1997年度に断続的に発掘調査（42,800㎡）が行われた。調査区からは住居跡はほとんど確認されず、古墳時代から奈良・平安時代にかけての墳墓群が調査された。同台地上で西に隣接した六通金山遺跡からもやや先行する墳墓群が調査されており、ここでは同一遺跡として分析の対象とする。合計すると方形墳墓は54基となり、西から東へと墓域が拡大していくという時期的な変遷が辿れる。当初、7世紀中葉には円墳が築造されるが、その後、7世紀後半には墳形は方形へと統一され、9世紀初頭まで継続的に造営される。埋葬主体部が検出できた方形墳墓は16基で、横穴式石室・木棺直葬・地下式系横穴・地下式系土坑・周溝内土壙の施設がみられる。横穴式石室からは副葬品を初めとする遺物が比較的多く出土した。横穴式石室を主体部とする方形墳墓が7世紀後半に造営され、その後、木棺直葬・地下式系土坑を主体部とする方形墳墓が8世紀に入り造営される。形状として墳墓規模が小さいものほど平面形が崩れ、周溝コーナーが丸みを帯び、中規模以上の墳墓は方台部コーナーがしっかりと造り出される特徴がある。

(2) 太田法師遺跡 (図3) (森本 2001)

この遺跡の所在は千葉市緑区大金沢で、村田川流域の標高約50mの台地上に立地する。1988～1990年にかけて発掘調査（7,300㎡）が行われた。古墳時代終末期～平安時代の住居跡と方形墳墓（11基）が調査された。方形墳墓のうち7基の埋葬主体部は横穴式石室である。これら遺構からすべて遺物が出土したわけではないが、埋葬主体部構造の類似性・近接する立地から、7世紀後半頃から造営が開始された一連の墳墓群と考えられる。また、追葬により8世紀中葉まで利用されている墳墓もみられる。その他の4基は埋葬施設が検出されておらず、前者の7基とは規模が著しく小さく、出土遺物から9世紀以降の造営と考えられる。これら2群に分かれる墳墓は、立地と規模で明確に分離でき、時期的にも連続しない。報告書も前者を「方墳」とし、後者を「方形周溝状遺構」として扱っているとおり、両者には明確な差異が読み取れる。

(3) 武士遺跡 (図4) (半澤 1996)

この遺跡の所在は市原市福増で、養老川中流域東岸、標高75mの台地上に立地する。1987年～1990年に発掘調査（48,000㎡）が行われた。方形墳墓（37基）を主体として構成される墓域全体が発掘調査によって明らかにされた。方形墳墓は出土遺物から7世紀後半から9世紀中頃にかけて継続的に造営されている。また、埋葬主体部には木棺直葬・地下式横穴墓・円形の土壙墓・石櫃の種類があり、横穴式石室は検出されていない。方台部に方形の土壙を掘り込み凝灰質砂岩製の蔵骨器（石櫃）を比較的多く採用している点が特徴である。主体部が木棺直葬の方形墳墓のみ副葬品が出土し、また、規模は10mを超える大型である。

(4) 奉免上原台遺跡 (図5) (田中 1992)

1：千葉市 六通神社南遺跡・六通金山遺跡
2：千葉市 太田法師遺跡
3：市原市 武士遺跡
4：市原市 奉免上原台遺跡
5：市原市 外迎山遺跡

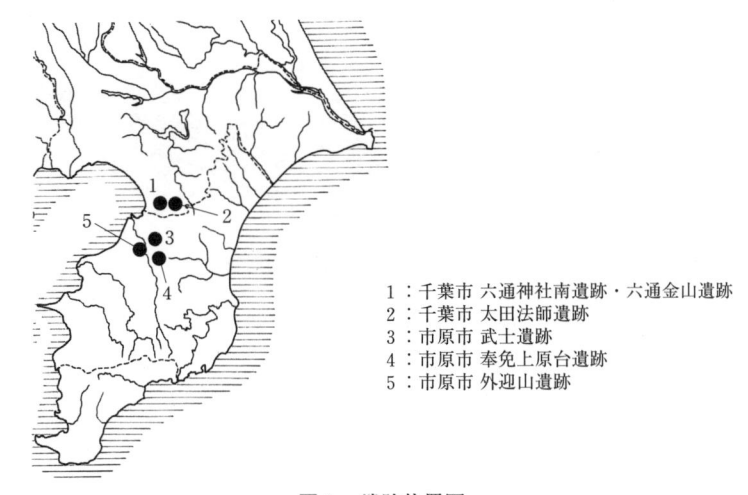

図1　遺跡位置図

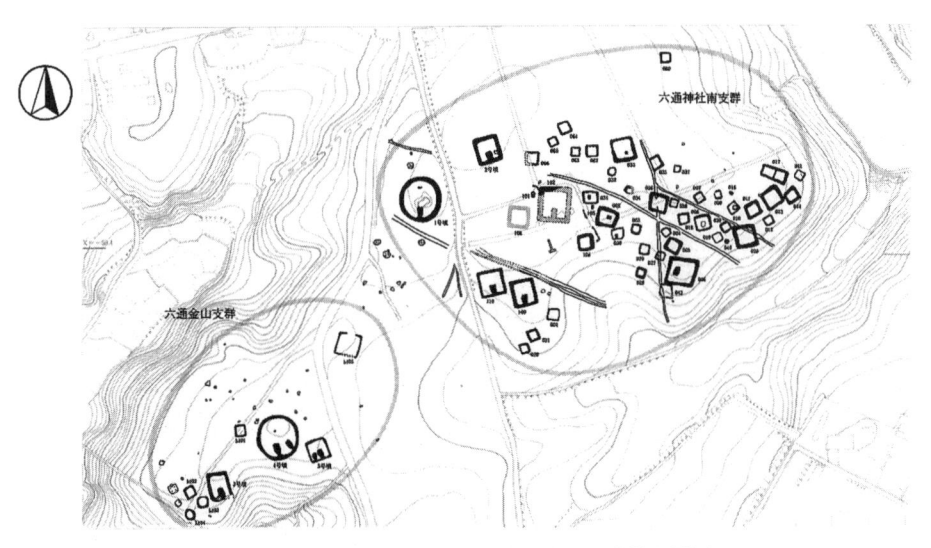

図2　六通神社南遺跡・六通金山遺跡　遺構配置図

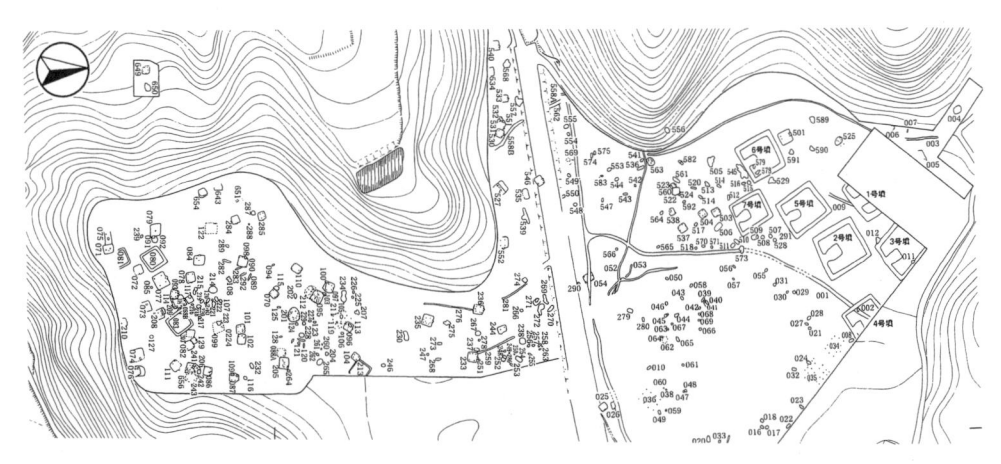

図3　太田法師遺跡　遺構配置図

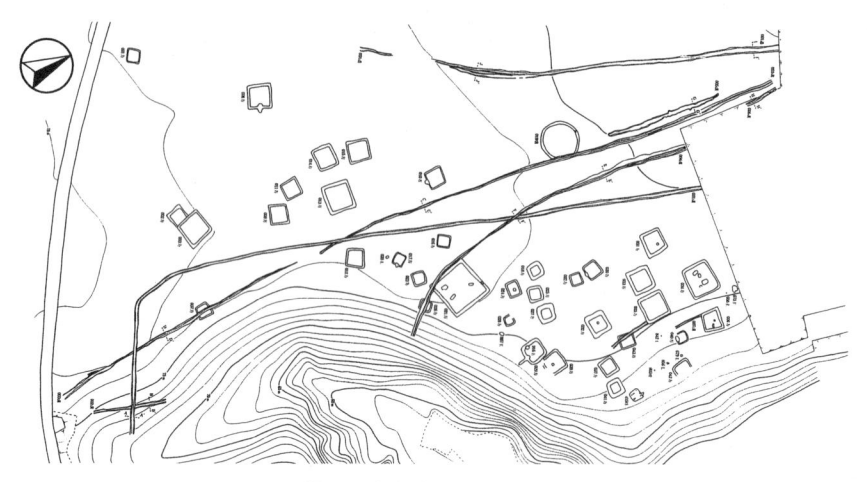

図4　武士遺跡遺構配置図

図5　奉免上原台遺跡遺構配置図

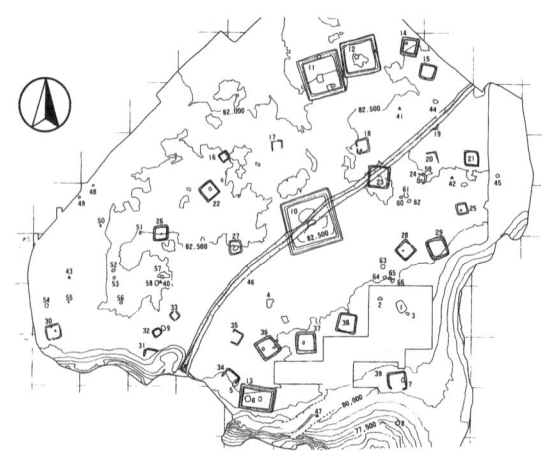

図6　外迎山遺跡遺構配置図

この遺跡の所在は、市原市奉免で、養老川中流域右岸、標高約80mの台地上に立地する。1986・1987年に発掘調査（69,700㎡）が行われた。古墳時代終末期から8世紀にかけての墓域が発掘され、52基の方形墳墓が調査された。調査区外にも方形の高まりが4基確認されているため、本来は少なくとも合計56基以上で構成されたものと考えられる。埋葬主体部としては木棺直葬と不整形の土壙の2種類が認められるのみで、残り40基の方形墳墓からは検出されていない。埋葬主体部が木棺直葬の墳墓は一辺が15mを前後する大型の墳墓であり、出土遺物から7世紀末を前後する時期が想定できる。遺構面の残存の影響もあるが、方台部分から遺物が出土するのは、ほとんど木棺を採用した墳墓であり、その他の墳墓は周溝覆土内からの出土であった。また、周溝の掘り方にも違いがみられ、大型で、埋葬主体部が木棺直葬の墳墓は周溝底面が広く、緩やかに立ち上がる形状であるのに対し、その他の墳墓のほとんどは、周溝底面が狭く、立ち上がりが急である点が挙げられる。周溝底面が狭いという形状は、検出面が低いレベルであるとより貧弱な周溝の検出となる原因である。

(5) **外迎山遺跡**（図6）（木對 1987a）

　この遺跡の所在は市原市風戸で、養老川中流域左岸約81mの台地上に立地する。1985年に発掘調査（15,400㎡）が行われた。遺跡は古墳時代終末期から平安時代にかけての墓域で、住居跡などの遺構は検出されていない。古墳時代後期の古墳群からの継続性は認められず、出土遺物から7世紀末から9世紀にかけて墓域が形成されたと考えられる。方形墳墓は30基調査され、埋葬主体部の種類としては木棺直葬、方台部・周溝内土壙墓がある。方形墳墓に対し、報告者は埋葬主体部が木棺直葬の墳墓を古墳とし、それ以外を「改葬系区画墓」とに分類している。出土遺物が少ないが、時期的な埋葬主体部構造の変化は確実に捉えることができ、墳墓規模も明確に連動している。規模は大きく3分類（15m超、7〜8m、5m前後）が可能であり、前者は主体部に木棺直葬を採用し、後者の2分類は土壙墓または主体部が検出できなかった遺構が相当する。墳墓形状は規模が縮小するにつれて、平面形が不安定になる傾向にある。また、検出レベルに差が見られないのにかかわらず、小規模の墳墓は総じて周溝が浅い点も挙げられる。

3　方形墳墓の諸属性の分析（表1・図7）

　上記の5遺跡の方形墳墓についてまとめた表1[(2)]の数値などを基本に分析を行い、とくに占地・軸・規模・周溝、出土遺物、主体部の問題について検討する。

(1) **主軸と占地の問題**
　方形墳墓の軸の方位は一覧表のとおりで、全体を通しての明確な傾向は見出し難い。大型の墳墓（とくに埋葬主体部が横穴式石室である墳墓）には、ある一定の軸の統制が遺跡毎には受け取れるが、小型墳に関しては一定の方向性を確認することは困難である。しかし、少なくとも同墓域内の墳墓同士が切りあうことなく、それぞれ占地していることは、初期の墳墓に関しては1世紀以上にわ

【表】 方形墳墓一覧

六通神社南・六通金山遺跡

No	主軸長	横軸	軸	幅	深さ	断面	埋葬主体	遺物	出土位置	時期
1	7.9	8.2	1E	0.8	0.5	半円	未検出	須恵長頸壺底部破片	周溝	(8c～9c前半)
2	12.5	14.4	9E	2.6	1.2	台形	地下式土壙・土壙（周溝）	須恵長頸壺・甕・坏・蓋	方台部～周溝	7c第4～8c第1
3	7.4	7.1	5E	1.8	0.5	台形・半円	未検出	土師坏	周溝	9c後半
4	5.8	5.6	35W	0.9	0.3	半円	地下式土壙（周溝）	なし		(8c～9c前半)
5	10.0	10.5	25E	2.0	0.7	台形	土壙（周溝）	鉄鎌	周溝	(8c～9c前半)
6	18.5	20.1	7E	2.2	0.9	台形・半円	木棺・地下式土壙	須恵坏・蓋・壺・刀子	周溝（中位）	8c第4～9c前葉
7	6.9	6.6	33W	1.0	0.3	半円	地下式土壙（周溝）	土師小型甕	周溝	8c第3～第4
8	10.8	11.1	8W	1.7	0.4	台形・半円	未検出	須恵甕破片	周溝	(8c～9c前半)
9	5.7	5.2	13W	1.1	0.4	台形	未検出	土師坏（墨書）	周溝	8c第4～9c前葉
10	6.7	7.3	43W	0.8	0.3	台形	未検出	なし		(8c～9c前半)
11	9.9	10.5	28W	2.0	0.7	台形	未検出	土師坏・須恵甕	周溝	8c第2～第3
12	6.3	6.5	28W	1.0	0.5	台形・半円	未検出	土師坏・須恵甕破片	周溝？	(8c～9c前半)
13	12.9	13.1	30W	2.2	0.7	台形・半円	未検出	須恵長頸壺、土師坏・甕	周溝	8c後半
14	9.4	9.8	39W	2.2	0.9	台形	未検出	なし		(8c～9c前半)
17A	8.0	9.8	18E	1.3	0.3	台形	未検出	なし		(8c～9c前半)
17B	9.4	9.5	18E	1.9	0.6	台形	未検出	なし		(8c～9c前半)
18	7.5	7.8	9W	1.2	0.5	台形・半円	未検出	なし		(8c～9c前半)
19	6.2	6.3	32W	0.5	0.2	半円	未検出	なし		(8c～9c前半)
20	6.7	6.6	23W	1.1	0.4	半円	未検出	なし		(8c～9c前半)
21	7.5	7.7	25W	1.4	0.5	台形・半円	未検出	須恵広口壺・長頸壺、土師坏・甕	周溝	8c第3～第4
26	15.4	15.0	12W	2.4	1.1	台形	未検出	鉄鎌、鉄斧、須恵甕破片	周溝	8c第3～第4
27	6.2	−	11E	0.9	0.2	半円	未検出	なし		(8c～9c前半)
28	7.0	6.8	18E	1.5	0.6	台形	未検出	なし		(8c～9c前半)
29	7.6	7.2	10E	1.0	0.4	台形・半円	未検出	なし		(8c～9c前半)
30	7.8	8.3	3W	0.8	0.2	半円	木棺？	なし		(8c～9c前半)
31	8.7	10.7	1E	1.4	0.4	台形・半円	木棺？	なし		(8c～9c前半)
32	5.6	5.8	1E	0.9	0.3	台形・半円	未検出	なし		(8c～9c前半)
33	16.0	15.8	10W	0.7	0.9	台形	地下式横穴墓2	須恵長頸壺・甕口縁破片、鉄滓	周溝	(8c～9c前半)
34	5.3	−	19E	0.9	0.2	台形	未検出	土師小型甕破片	周溝？	(8c～9c前半)
35	8.9	8.7	29W	1.3	0.6	台形	未検出	なし		(8c～9c前半)
36	12.2	13.0	7E	2.3	0.6	台形	未検出	須恵長頸壺		8c後半
37	4.7	4.7	4E	0.8	0.3	半円	未検出	なし		(8c～9c前半)
38	5.7	5.7	16E	0.8	0.3	台形	未検出	土師小型甕片	周溝	(8c～9c前半)
39	6.8	7.3	22W	1.3	0.3	半円	未検出	なし		(8c～9c前半)
41	6.3	6.3	37E	0.8	0.3	台形・半円	未検出	なし		(8c～9c前半)
43	8.9	8.9	3E	0.7	0.3	半円	未検出	なし		(8c～9c前半)
60	7.2	7.5	4W	1.3	0.4	台形	未検出	なし		(8c～9c前半)
62	7.8	8.5	3E	1.2	0.4	台形	未検出	刀子	周溝	(8c～9c前半)
63	6.2	6.2	2W	0.9	0.5	半円	未検出	なし		(8c～9c前半)
64	8.2	8.2	23W	1.2	0.4	台形・半円	地下式土壙（周溝）	土師坏	主体部	8c第2～第3
65	5.9	6.3	20W	1.0	0.2	半円	未検出	なし		(8c～9c前半)
66	9.4	−	1E	1.3	0.5	台形	未検出	須恵長頸壺破片	周溝	(8c～9c前半)
102	23.0	22.0	4E	3.4	1.4	台形	（横穴式石室）	なし		(7c後半～8世紀前葉)
106	11.0	11.0	10W	0.5	0.6	台形・半円	未検出	なし		(8c～9c前半)
108	−	−	−	−	−	−	−	なし		(7c後半～8世紀)
109	18.0	16.4	12W	2.2	0.9	台形	横穴式石室	須恵壺・甕・蓋・坏、土師？	周溝（前庭部）	7c第4
110	17.2	17.0	11W	1.7	0.7	台形	横穴式石室	須恵蓋、水晶玉、鉄鎌	周溝（蓋）、石室周辺（他）	7c後半
2号墳	13.4	12.0	15W	3.0	1.0	台形	横穴式石室	須恵甕破片	旧表土上面・周溝	(7c後半)
3号墳	15.2	11.4	20W	2.6	1.1	台形	横穴式石室	玉、須恵甕・壺底部、土師蓋	石室（玉）、周溝（他）	7c第4
5号墳	12.0	12.1	13W	1.6	0.5	台形	横穴式石室2	鉄刀、玉、須恵長頸壺・蓋	石室（刀・玉）、周溝・石室（他）	7c第4
M01	6.5	6.0	15W	0.9	0.4	台形	未検出	土器片	周溝	(8c)

No	主軸長	横軸	軸	幅	深さ	断面	埋葬主体	遺物	出土位置	時期
M02	5.8	5.9	N	0.9	0.3	台形・半円	未検出	土師坏破片	周溝	(8c)
M03	5.0	5.0	17W	1.2	0.5	台形	未検出	土器片	周溝	(8c)
M05	13.7	13.7	9W	0.9	0.2	半円	未検出	なし		(8c)

太田法師遺跡

No	主軸長	横軸	軸	幅	深さ	断面	埋葬主体	遺物	出土位置	時期
1号墳	17.2	16.9	35W	2.0	0.5	台形	横穴式石室	須恵平瓶・長頸壺	石室前庭部、周溝	7c後半
2号墳	19.4	17.8	28W	2.0	0.8	台形	横穴式石室	釘、刀子、土師高台付坏、坏	石室周辺、周溝	7c後半
3号墳	〈17.2〉	(16.8)	47W	1.6	1.1	台形	横穴式石室	土製玉、貝、須恵長頸壺、刀子	周溝（石室前面）	7c後半
4号墳	14.8	(16.0)	34W	1.6	0.7	台形	横穴式石室	少量？	周溝	7c後半
5号墳	18.0	15.2	34W	1.6	0.8	台形	横穴式石室	少量？	周溝	7c後半
6号墳	15.6	15.6	27W	1.8	0.7	台形	横穴式石室	須恵坏、平瓶	周溝（石室前面）	7c後半
7号墳	15.1	14.9	28W	1.4	0.5	台形	横穴式石室	六鈴銅釧	石室内	7c後半
213	3.5	3.7	33E	0.4	0.1	台形・半円	未検出	少量？	周溝	
83	4.1	4.0	35W	0.4	0.1	台形	未検出	土師高台付坏、須恵甕	周溝	
80	4.0	4.0	34W	0.6	0.3	台形・半円	未検出	土師高台付？、甕	周溝	
81	-	4.0	29W	0.5	0.1	半円	未検出	少量？	周溝	

武士遺跡

No	主軸長	横軸	軸	幅	深さ	断面	埋葬主体	遺物	出土位置	時期
1	6.4	6.0	39E	0.5	0.3	台形	未検出	なし？	-	
2	7.8	7.9	7W	1.1	0.3	台形	未検出	なし？	-	
3	12.6	12.7	12W	1.0	0.4	台形	未検出	須恵坏	?	
7	6.4	6.4	3W	0.7	0.3	台形・半円	地下式横穴墓	須恵瓶・土師坏	主体部・周溝	9c第2
8	11.0	10.6	61W	1.0	0.5	台形	地下式横穴墓	土師甕	周溝	
9	8.4	8.8	24E	0.8	0.3	方・台形	未検出	なし？	-	
10	8.2	8.5	2E	0.7	0.2	台形	地下式	なし？	-	
11	8.3	8.2	2E	0.8	0.2	台形	未検出	なし？	-	
12	8.4	8.4	34E	0.9	0.2	台形・半円	未検出	土師坏	周溝	9c第1
13	13.0	13.2	13E	1.3	0.9	台形	未検出	なし？	-	
14	9.9	10.6	8E	1.1	0.6	半円	未検出	管玉	周溝内	
15	10.4	9.8	16E	0.8	0.3	台形	未検出	須恵長頸壺	周溝内	
16	6.1	5.7	37E	0.6	0.2	台形	未検出	土師甕	?	
17	5.1	5.6	35W	0.6	0.1		地下式横穴墓	なし？	-	
18	7.2	7.0	1E	1.5	0.5	台形・半円	未検出	土師坏	周溝内	
21	19.7	19.8	9W	1.3	0.7	台形	木棺3・土壙（周溝）	玉、土師坏・高坏	主体部・周辺周溝	7c後半
22	5.8	5.6	12E	0.7	0.3	台形	未検出	なし？	-	
23	6.3	6.2	10E	0.8	0.3	台形・半円	未検出	なし？	-	
24	5.9	7.1	8E	0.7	0.3	方形	石櫃2	なし？	-	
25	6.8	6.8	18E	1.0	0.4	方・台形	未検出	なし？	-	
26	5.5	5.0	38W	0.7	0.2	台形	未検出	なし？	-	
27	8.1	8.0	11E	1.8	0.4	半円	未検出	須恵蓋・長頸壺	周溝内	8c後半〜9c初頭
28	4.8	4.8	3E	5.8	0.2	台形	土壙	なし？	-	
29	10.1	9.8	9W	1.3	0.5	台形・半円	地下式横穴墓	須恵広口瓶	主体部前庭周溝上部	8c前半
30	7.1	7.4	6W	0.7	0.4	台形	地下式横穴墓	なし？	-	
31	9.9	10.6	1W	1.2	0.8	台形	石櫃	なし？	-	
32	9.8	10.0	1E	1.8	0.6	台形・半円	石櫃	土師坏	?	
33	10.9	11.0	5E	1.2	0.6	台形	未検出	なし？	-	
34	13.2	14.7	9E	1.0	0.6	方・台形	石櫃・土壙3？	紡錘車、須恵坏底部、土師坏	周溝内、石櫃（土師）	7c後半
35	11.9	12.0	3E	1.3	0.6	未検出		須恵長頸瓶	方台部？	8c後半〜9c初頭
36	9.0	9.2	13E	1.1	0.4	台形	石櫃2	須恵坏	?	
37	7.4	7.8	5W	1.1	0.5	台形・半円	未検出	須恵長頸壺、鉄器	周溝	8c後半〜9c初頭
39	10.0	9.5	6W	1.0	0.4	台形	石櫃	なし？	-	
40	5.3	5.1	4E	0.5	0.4	台形	石櫃	灰釉皿	周溝周辺	9c中
41	7.2	7.1	2E	1.5	0.5	半円	未検出	なし？	-	
42	8.3	-	4E	0.9	0.1	台形	未検出	なし？	-	

No	主軸長	横軸	軸	幅	深さ	断面	埋葬主体	遺物	出土位置	時期
43	6.6	6.5	11E	0.6	0.3	半円	未検出	なし？	—	

奉免上原台遺跡

No	主軸長	横軸	軸	幅	深さ	断面	埋葬主体	遺物	出土位置	時期
A-1	16.4	15.9	3W	2.2	0.9	台形	木棺・土壙（周溝）	須恵甕・長頸壺、土師高杯	墳頂部（甕）、周溝（他）	7c末
A-2	12.0	11.8	12E	2.0	1.4	台形（段）	未検出	須恵壺・蓋破片	周溝覆土上層	8c後葉
A-3	8.1	7.5	6E	1.1	0.8	台形	未検出	なし		
A-4	7.9	7.3	9W	0.8	0.4	台形	土壙（方台部）	須恵長頸壺、土師高杯破片	方台部土壙（壺）周溝（高坏）	7c末
A-5	15.7	15.3	5W	2.6	0.4	台形	未検出	なし		
A-6	17.4	17.3	22W	2.0	1.1	台形	未検出	須恵長頸壺・甕、土師杯	周溝覆土下層	8c前葉
A-7	11.8	10.6	18W	1.3	1.1	台形	未検出	なし		
A-8	9.3	9.2	38W	1.1	0.5	台形	土壙？（不整形）	なし		
A-9	15.2	13.1	39W	1.2	0.2	台形	未検出	須恵瓶・長頸壺	周溝	8c中葉
A-10	16.6	16.4	43W	1.4	0.8	台形・半円	木棺2	須恵長頸壺	周溝	（8c）
A-11	8.6	8.6	30E	0.8	0.4	台形	未検出	なし		
A-12	7.4	7.1	55E	0.8	0.5	台形	未検出	なし		
A-13	8.9	8.8	2E	0.9	0.5	台形	未検出	須恵長頸壺、土師杯	周溝	8c末
A-14	9.2	8.9	22W	0.7	0.3	台形	未検出	なし		
A-15	9.7	9.0	15E	1.2	0.8	台形	未検出	須恵長頸壺破片	周溝	（8c後半）
A-16	9.0	8.9	80W	0.9	0.7	台形	未検出	なし		
A-17	12.2	11.9	15W	0.6	0.2	台形	未検出	須恵長頸壺破片	周溝	（8c後半）
A-18	3.6	3.5	13W	0.3	0.2	台形	未検出	なし		
A-19	7.7	7.3	24W	1.0	0.4	台形	未検出	なし		
A-20	15.2	14.0	52E	1.4	0.5	台形	木棺	須恵長頸壺・高台付坏	周溝	
A-21	12.9	12.8	19W	1.3	0.9	台形	未検出	土師盤状杯	周溝上層	8c末
A-22	10.0	9.6	57E	1.0	0.6	台形	未検出？	なし		
A-23	7.4	7.7	38W	0.8	0.3	台形	未検出	なし		
A-24	6.8	6.7	21W	1.0	0.3	台形	未検出	なし		
A-25	13.6	13.6	45W	1.0	0.3	台形	未検出	なし		
A-26	8.7	—	38E	1.4	0.7	台形・半円	木棺2	なし		
A-27	8.2	7.8	2W	1.3	0.3	台形	未検出	なし		
A-28	7.9	7.4	3W	1.0	0.2	台形・半円	未検出	焼土？なし		
A-29	10.9	10.5	5E	1.0	0.2	台形	未検出	なし		
A-30	8.9	8.0	35E	1.1	0.1	台形	土壙？（不整形）	なし		
A-31	8.5	8.3	5E	1.3	0.2	半円	土壙？（不整形）	なし		
A-32	17.4	16.9	40W	1.6	1.0	台形	未検出	須恵甕・長頸壺	周溝	（8c後半）
A-33	9.0	8.3	33W	1.0	0.2	台形	未検出	なし		
A-34	7.8	7.0	22W	1.5	0.6	台形	未検出	なし		
A-35	12.3	—	10E	1.6	1.2	台形	未検出	須恵長頸壺破片	周溝	（8c後半）
A-36	7.2	7.2	7W	1.1	0.3	台形・半円	未検出	なし		
A-37	8.0	7.9	28W	1.0	0.3	台形	未検出	なし		
A-38	10.8	10.7	12W	1.4	1.1	台形	未検出	須恵短頸壺・甕・蓋	周溝	8c後葉
A-39	5.5	4.9	3E	0.7	0.3	台形	土壙	土師甕	周溝	（9c初）
C-2	13.8	11.9	12W	1.9	0.7	台形・半円	未検出	須恵坏、土師甕	周溝	7c末
C-3	9.4	9.2	1W	1.1	0.4	台形	未検出	土師甕	周溝	8c中葉
C-4	6.1	6.0	60W	0.7	0.4	台形	未検出	なし		
C-5	6.2	6.2	40W	1.1	0.4	台形	土壙（木棺？）	なし		
C-6	11.9	11.3	33W	1.3	0.9	台形	未検出	須恵坏（永田不入）	周溝	8c中葉
D-1	13.7	11.8	40W	1.7	1.1	台形	木棺・土壙	須恵甕・長頸壺	主体部上部（甕）、周溝	7c末
E-1	6.2	6.0	3W	0.9	0.3	台形	未検出	なし		
E-2	7.1	6.4	12E	0.5	0.3	半円	未検出	なし		
E-3	6.1	—	7W	0.8	0.3	台形	未検出	なし		
E-4	9.0	8.9	13W	1.0	0.4	台形・半円	未検出	なし		
E-5	6.8	6.7	5E	1.1	0.4	台形	土壙？（周溝）	なし		
E-6	6.4	—	15W	0.8	0.1	半円	未検出	なし		
E-7	5.9	5.8	10W	0.7	0.2	半円	未検出	なし		

外迎山遺跡

No.	主軸長	横軸	軸	幅	深さ	断面	埋葬主体	遺物	出土位置	時期
10号	20.8	21.3	65E	2.4	1.3	台形	木棺	須恵蓋・長頸壺、土師高坏・甕	主体部上面	7c後葉～8c初頭
11号	17.8	16.7	20W	2.0	1.2	台形	木棺・土壙（方台部・周溝）	土師甕	周溝（底から39cm）	
12号	14.6	⟨14.6⟩	18W	1.7	1.0	台形	土壙（方台部・周溝）	土師甕・短頸壺	周溝（底から30cm）	
13号	⟨18.2⟩	9.6	10E	1.0	0.8	台形	土壙	須恵甕	主体部（底から20cm）	
14号	7.2	7.0	7E	1.2	0.6	台形	土壙（周溝）	土師破片	周溝	
15号	6.4	6.1	14E	0.8	0.4	半円	未検出	なし	－	
16号	3.8	3.5	37W	0.5	0.2	台形・半円	未検出	なし	－	
17号	4.3	4.0	2W	0.3	0.1	半円	未検出	なし	－	
18号	5.4	5.2	11W	0.5	0.1	半円	土壙	なし	－	
19号	－	－	5W	0.5	0.2	台形・半円	未検出	なし	－	
20号	4.3	4.8	8W	0.3	0.1	半円	未検出	なし	－	
21号	5.4	5.6	3W	0.4	0.1	半円	未検出	なし	－	
22号	6.5	6.5	41E	0.6	0.2	台形	土壙	なし	－	
23号	9.0	8.0	5E	0.9	0.3	台形	未検出	なし	－	
24号	2.8	3.8	11E	0.5	0.2	半円	土壙？	なし	－	
25号	4.4	4.3	13W	0.5	0.1	半円	土壙	なし	－	
26号	6.0	5.5	1E	0.9	0.3	台形	土壙	なし	－	
27号	4.4	4.5	5W	0.4	0.1	半円	土壙	須恵甕	土壙内	
28号	6.5	6.3	47E	0.8	0.3	半円	土壙	なし	－	
29号	7.2	7.4	24W	1.4	0.5	半円	未検出	須恵長頸壺、土師底部	方台部、周溝上部	
30号	5.8	5.6	20W	0.5	0.1	半円	土壙	なし	－	
31号	－	－	5E	0.6	0.4	半円	未検出	なし	－	
32号	3.0	2.6	35W	0.5	0.2	半円	未検出	なし	－	
33号	3.2	34.4	45W	0.3	0.1	半円	未検出	なし	－	
34号	6.5	－	41E	0.6	0.3	半円	未検出	なし	－	
35号	4.6	4.8	30E	0.4	0.1	台形	未検出	なし	－	
36号	8.2	6.5	44W	0.9	0.3	半円	土壙	なし	－	
37号	7.7	8.0	1W	1.2	0.4	半円	土壙	須恵破片	土壙内	
38号	7.8	7.1	9E	0.7	0.3	台形・半円	未検出	なし	－	
39号	7.4	6.8	7W	0.6	0.7	半円	未検出	なし	－	

たって明確に墓としての存在意識を維持していたことを意味する。また、それは墓の造営主体自体は、長期にわたり急激に変化しなかったことを示すと考えられる。

(2) 規模と周溝の関係

　墳墓の規模については図7-1・2図にまとめた。埋葬主体部に横穴式石室・木棺直葬を採用する墳墓が大型であることは明確である。逆に、主体部が土壙や未検出であった墳墓のほとんどは一辺が10m以下に集中する。主体部は未検出であったが、大型の墳墓の中には周溝の特徴の類似性から木棺直葬であった可能性が高いものが含まれている。周溝の形状は、先に述べたように横穴式石室・木棺直葬を主体部とする方形墳墓とそれ以外の方形墳墓との間で特徴の差が遺跡ごとにおおむね認められる。小型の方形墳墓は周溝の掘り込みが浅く、平面形が崩れる傾向は、各遺跡とも確実に指摘できる。周溝の掘り直しや周溝の共有、周溝全体の平面形が正方形ではない理由は区画という意識のみが働いた結果、つまり、墳丘（墳形）をしっかり造り出す古墳本来の構築とはかけ離れた行為とも受け取れる。

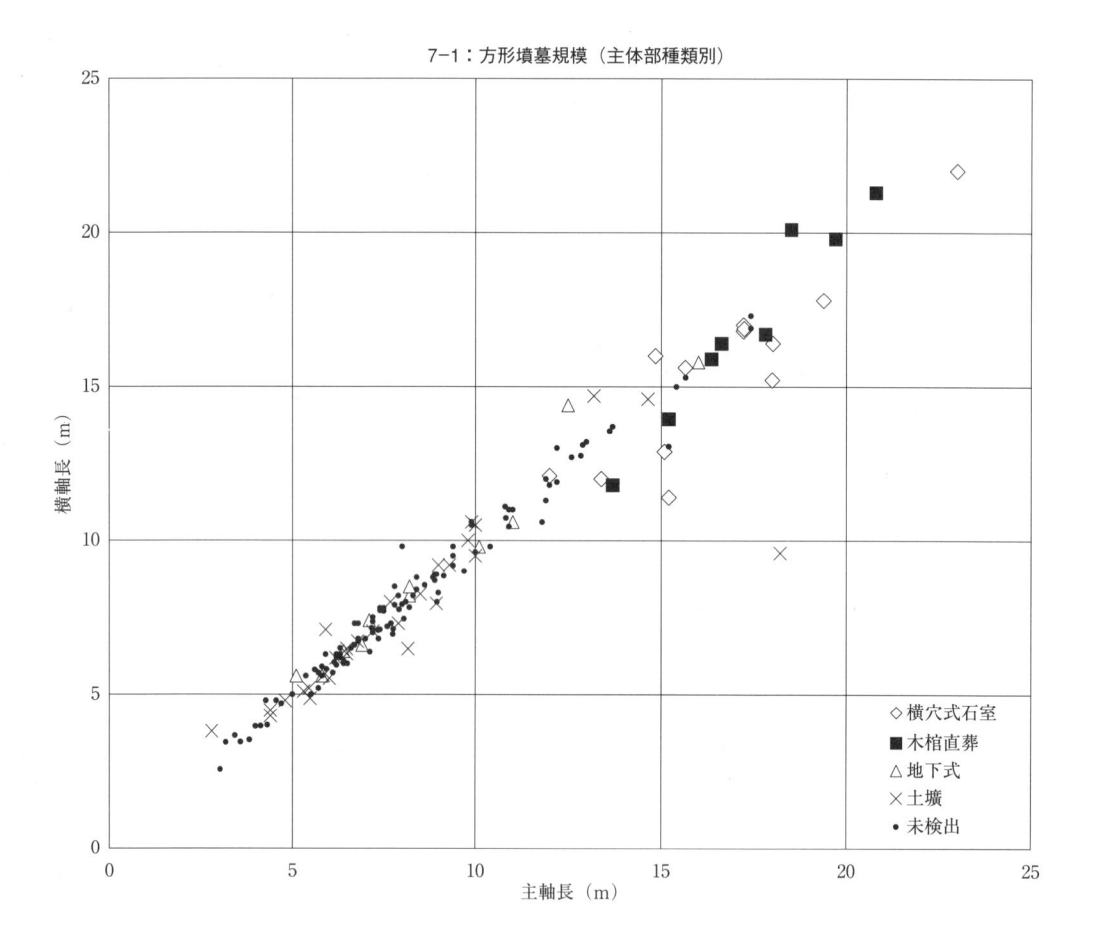

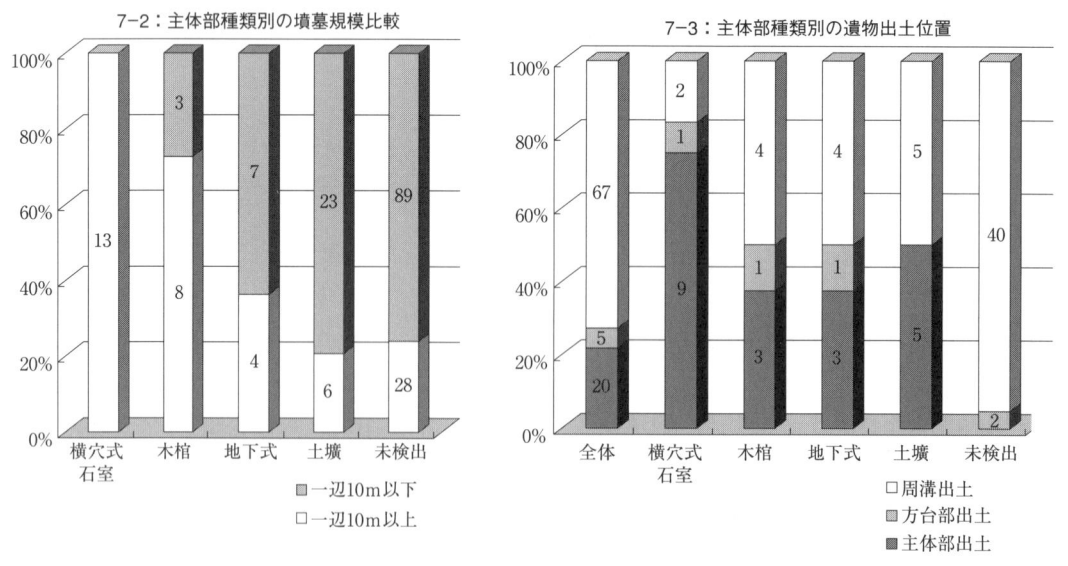

図7　方形墳墓分析グラフ

(3) 出土遺物の傾向

　検討した184基中77基から遺物が出土した。従来からこの種の遺構の特徴とされてきたように、やはり出土点数はかなり少ない。しかし、埋葬主体部別に確認すると、横穴式石室や木棺直葬を主体部とするほとんどの方形墳墓からは遺物が出土している。主体部が地下式横穴・地下式土壙・土壙・未検出であった墳墓からは副葬品はほとんど出せず、1種類の土器類破片が出土するのに対し、横穴式石室・木棺直葬を主体部とする墳墓からは副葬品類（玉・鉄器）と複数の器種の土器類が出土する傾向が高い。出土土器類の器種に関しては採用される主体部の種類によって明確な差は認められず、須恵器長頸壺・甕・坏が多い。

　出土位置は図7-3のとおり全体の約73％が周溝内からである。とくに、埋葬主体部が地下式系・土壙・未検出であった墳墓では、一部の主体部内の骨蔵器を除いて捉えると、ほとんどが周溝内から破片で出土する。方台部からの出土がきわめて少ないのは、実際の墳墓面が残存した状態ではないためであろう。土器が小破片で出土する事例はいくつかの報告書でも指摘があり、墳墓上での何らかの行為も想定できる。

(4) 埋葬主体部の種類と変遷

　方形墳墓の埋葬主体部としては横穴式石室・木棺直葬・地下式系（横穴・土壙）・土壙（石櫃含む）が採用されている。横穴式石室を主体部とする墳墓は出土遺物が比較的豊富なため、造営年代としては7世紀後半から8世紀初頭に位置づけられることは確実である。遺物内容も古墳時代後期以降の古墳の貧弱な副葬品に近い。木棺直葬の墳墓は7世紀末葉以降の遺物を出土する例が多く、形状として深い掘り込みを有するものはやや新しい遺物が出土し、規模も縮小する。地下式系や土壙を主体部とする墳墓や主体部未検出の墳墓は概して出土土器は少なく、破片資料であることから明確な時期は特定できないが、多くは8世紀中頃から9世紀の遺物を出土する。このことから、横穴式石室・木棺直葬の墳墓に後続することは、ほぼ確実である。

4　まとめ

　すべての方形墳墓について造営年代を想定して新旧関係を判断するには、出土遺物が少なく、埋葬主体部が確認できない遺構が多い状況では困難である。しかし、前節の検討により、埋葬主体部に横穴式石室・木棺直葬を採用する段階の方形墳墓とそれ以降の段階の方形墳墓との間には、①墳墓規模、②周溝の形状、③出土遺物の内容、について差異のあることが明らかにできた。平面的には方形に溝を巡らせた同様の遺構ではあるが、埋葬主体部の構築方法と墳墓規模には明らかに連動性が認められる。周溝の形状についても、それぞれの遺跡ごとではあるが両段階の間には変化が読み取れることが多い。また、出土遺物について副葬品の有無が決定的な違いとして挙げられる。これらの相違点は墳墓における葬送儀礼の変化を現象的に示すものと考えたい。埋葬主体部や墳丘・周溝を丁重に造り上げ、副葬品とともに死者を埋葬するという古墳の基本的要素の形骸化ともいえる。これを葬制の変換点とし、これ以降の墳墓の評価としては古墳時代から続く政治的な影響力

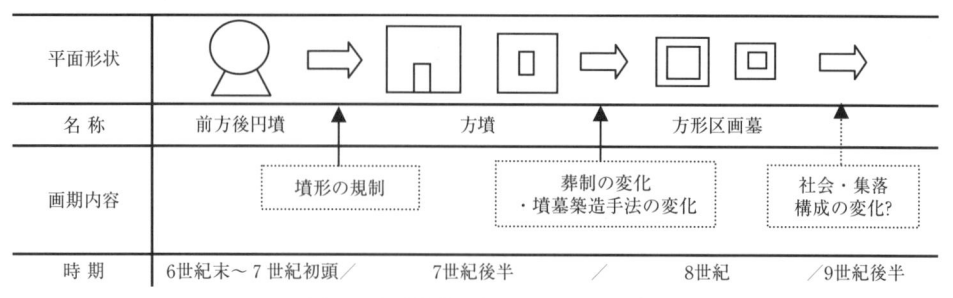

平面形状	⚲ ➡	⬜ ➡	⬜ ⬜ ➡
名　称	前方後円墳	方墳	方形区画墓
画期内容	墳形の規制	葬制の変化 ・墳墓築造手法の変化	社会・集落 構成の変化？
時　期	6世紀末〜7世紀初頭／	7世紀後半　／	8世紀　／9世紀後半

図 8　方形墳墓の変遷模式図（案）

（規制）のもとで築造される古墳とは別の遺構と捉える。すなわち、この画期を境に方形墳墓を分類するのが、歴史的な評価とも合致する可能性が高いと考える[3]。

　一方、方形墳墓群のあり方が、古墳時代後期以降の群集墳と共に群をなして継続的に造営されることに特徴がみられるという指摘についていうならば、結果的な現象としてはそう捉えられるが、葬制の内容までも同義とするものとは限らない。集落の構成場所が大きく変化していないことを意味するだけではないだろうか。古墳時代後期〜終末期の古墳群と共に群をなしていない方形墳墓群が存在していることも事実である。渡辺氏の意見（渡辺 1991）には墳墓全体を理解するうえで傾聴すべき点が多々あるが、実際に墳墓の葬送儀礼や構築上の変化が現象として捉えられ、歴史的な評価につながっていく可能性があるならば、大局的にすべての方形墳墓を「方墳」と呼称するよりもさらに限定的に指し示すことができる用語の使い分けが必要となろう[4]。

　そこで、この種の遺構の名称（図 8）として、採用される埋葬主体部の変化を画期とし、埋葬主体部に横穴式石室・木棺直葬を採用する段階の方形墳墓を古墳の葬制を直接残すものと捉えて方墳と呼称する。それ以降の方形墳墓については、周溝による区画がこの墳墓の特徴を端的に示すものと理解されることから方形区画墓と呼称することが妥当と考える。また、この墳墓全体の問題について記述を行う際には今回のように方形墳墓と一括呼称することがあまり混乱を招かない方法ではなかろうか。少なくとも「方形周溝（状）遺構」という性格が不明であった時期に仮称された名称はもう使用すべきではないことは確かである。

おわりに

　方形墳墓の発掘調査例が多い千葉県内の遺跡について考察を行った。すべての方形墳墓に対して明確に呼称の線引きを行うことはできなかったが、それを理由に遺構の性格づけを放棄することは許されない。今後、緻密な発掘調査によって、埋葬主体部や葬送儀礼などの痕跡を検出していくことが、葬制の変化をより明らかにする上で不可欠である。その遺構を古墳とみるか、その後の墳墓と捉えるかで、その遺跡（集落）全体の歴史的な評価に関わることになるからである。にわかには困難であるが、古墳時代後期を含め、墳墓の造営主体の変遷を明らかにし、方墳と方形区画墓に分けた画期との相関性を示すことができれば、葬制の変換点としてだけではなく、時代区分の画期として重要な意味を持ち始めるであろう。

今回は触れることはできなかったが、千葉県において7世紀後半になって造営のピークを迎え、8世紀になって急速に造営を停止する横穴との関連が、この時期の葬制の地域性を考えるにあたり鍵になるかと思われる。今後、併せて検討していきたい。

　　今回、茂木雅博先生が退任されるにあたり記念論集に執筆参加させていただけたことに感謝します。先生には今後とも健康に留意していただき、東アジア規模での多角的な視野から古墳時代像を描き続けてもらいたいと思っております。そして、私自身少しでも先生の学恩に報えるよう、考古学に対し精進していきたいと考えております。今後とも、ご指導よろしくお願い致します。

註
（1）　結論に至るまで、混乱を防ぐ意味で古墳時代終末期以降の方形を呈する墳墓遺構に対し「方形墳墓」と「この種の遺構」という名称で記載を行った。また、各自が主張する名称については、「　」を使用した。
（2）　遺構の計測値は原則的に報告書の計測値を利用したが、幅のある値については最高値を採用した。数値の単位はmである。軸は北を0とし西（W）・東（E）方向へ何度振れているかを記載した。幅・深さ・断面は周溝についての数値である。また、報告書では規模の復元をしていないものに関しても積極的に復元値を出した。また、その際の数値は〈　〉内に示した。
（3）　年代としては現状では8世紀初頭と捉えているが、追葬・土器編年上の問題もあり、断定はできない。また、地域性の問題で実年代的には奈良時代に食い込む可能性も否定できない。
（4）　時代区分自体の問題はあるが、時代が変わったからといってすべての社会的要素が変化するものではない。社会的要素の変化の何を歴史的な画期として捉えるかにすぎないし、社会構成の変化と葬制の変化は必ずしも一致するものではない。しかし、古墳時代における葬制の規制についてはかなりの重みをもつものとして判断した。

引用文献・参考文献

安藤美保・篠原睦美　1995「方形周溝遺構と側壁抉込土坑の概観」『東日本における奈良・平安時代の墓制―墓制をめぐる諸問題―』東日本埋蔵文化財研究会

安藤美保ほか　1996『西赤堀遺跡』財団法人栃木県文化振興事業団埋蔵文化財センター

金丸誠　1982「房総半島における方形・円形周溝について」『研究連絡誌』第1号　財団法人千葉県文化財センター

金丸誠　1983『佐倉市立山遺跡』財団法人千葉県文化財センター

木對和紀　1987a『外迎山遺跡・唐沢遺跡・山見塚遺跡』財団法人市原市文化財センター

木對和紀　1987b「房総における改葬系区画墓の出現期―方形（円形）区画改葬墓の提唱―」『市原市文化財センター研究紀要』Ⅰ　財団法人市原市文化財センター

栗田則久　1983「千葉東南部地区における方墳の様相」『研究連絡誌』第5号　財団法人千葉県文化財センター

笹生衛・神野信　1990「武士遺跡におけるいわゆる「方形周溝遺構」について」『研究連絡誌』第29号　財団法人千葉県文化財センター

笹生衛　1993「第6章　第3節　葬送」『房総考古学ライブラリー7　歴史時代（1）』財団法人千葉県文化財センター

関口達彦　1981『千葉東南部ニュータウン11―六通金山遺跡』財団法人千葉県文化財センター

田中清美ほか　1992『奉免上原台遺跡』財団法人市原市文化財センター

蜂屋孝之ほか　2003『千葉東南部ニュータウン26―千葉市椎名神社古墳・古城小弓遺跡・六通神社南遺跡・御

　　　　　塚台遺跡』財団法人千葉県文化財センター
半澤幹雄ほか 1996『市原市武士遺跡1』財団法人千葉県文化財センター
森本和男　2001『千葉東南部ニュータウン23―千葉市太田法師遺跡2（縄文時代以降）』財団法人千葉県文化財
　　　セ ン タ ー
山岸良二　1983「『方形周溝状遺構』研究序説（Ⅰ）―千葉県の現状分析―」『東邦大学付属東邦中学校研究紀
　　　要』第2号
渡辺修一　1983「「群小区画墓」の終焉期―所謂「方形周溝遺構」をどうみるか―」『研究連絡誌』第6号　財
　　　団法人千葉県文化財センター
渡辺修一　1985「「群小区画墓」の終焉期(2)―「方形周溝遺構」における埋葬施設の新例とその検討―」『研究
　　　連絡誌』第14号　財団法人千葉県文化財センター
渡辺修一　1991『千葉市荒久遺跡(3)』財団法人千葉県文化財センター
渡辺修一　1995「「群小区画墓」の終焉期(3)―古墳と土壙墓―」『研究紀要―20周年記念論集―』第16号　財団
　　　法人千葉県文化財センター

集落を囲む溝
―― 陸奥南部における大化前代の一様相 ――

横須賀倫達

はじめに

　7世紀半ば頃、仙台平野に郡山Ⅰ期官衙が成立し、東北地方中部以北における律令制浸透への足掛かりとなる。その後周辺以北には次々と官衙が築かれ、各地おける政治的拠点として機能する。近年これら官衙遺跡の前身遺構として、材木列と大溝により囲郭された特殊な集落が存在することが明らかとなった。囲郭集落[1]と呼称されるこの集落は、内部より関東色の強い土師器やカマドが多く検出されることから、関東地方からの移民、植民を伴う官衙造営施設とも、在地社会掌握のための拠点とも捉えられている。さらには文献にみえる「柵」としての機能が負託されていたとする考えもある（熊谷 2004）。

　一方で当初より畿内の政治的影響下にあった仙台平野以南でも、集落の外縁を溝跡で区画する集落（以下「区画集落」とする[2]）が調査されている。この年代的に遡る大化前代の例は、早くは6世紀後半代から畿内の政治勢力による直接的介入と、それに伴う関東からの移民政策の痕跡を刻むとの解釈がある。そして考古学側のこのような見解は、文献史学側からも一定の賛同を得るに至っている。

　確かに陸奥南部地域[3]おいて、該期に機能した区画施設を伴う集落が十指ほど調査されている（表1）。しかし、大化後における囲郭集落と呼ばれる例とは年代的懸隔があり、また集落構成や遺構の内容、集落の歴史的背景など異なる点も多く存在している。小論では、もう一度これら陸奥南部地域における類例を在地側の視点から再検討し、律令期へと繋がる大化前代の様相を素描することを本旨とする。

1　調査の蓄積と認識の変遷、および問題点の抽出

　1990年代、古墳時代後～終末期に、区画施設としての機能が推定される溝跡やその付帯施設の伴う集落が仙台平野以南で報告されている。
　その中でもとくに注目された成果は、遺跡西端の一角から居住域を区画するとされる大溝が検出された仙台市南小泉遺跡の第22次調査であろう。溝内の人為堆積土や溝と段丘面に区画された範囲内の住居跡から、関東色の強い須恵器模倣形態の土師器杯が多数出土し、土器組成の大半を占め

た。さらに加えて溝の方向が郡山I期官衙と並行する可能性が指摘された（図7）。報告した斎野氏はこの範囲への他地域からの人の移住と、この集落が郡山I期官衙成立に重要な役割を果たしたとの意見を提出されている（斎野 1994）。

陸奥南部でも会津地方と中通り地方において類例の報告が相次ぐ。会津坂下町樋渡台畑遺跡は、凸部付きの大溝と段丘の縁に規制された範囲に、6世紀中頃〜後半[4]を主体とした遺構群が集中していた（図3）。報告した吉田氏は「……溝状遺構によって、外部からの侵入を拒むかのように区画されていた。」と述べている（吉田・芥川 1990）。また、樋渡台畑遺跡と川を挟んで対峙する竹原遺跡でも、段丘の縁と溝跡、および2重の柵列によって6世紀末〜7世紀前半を主体とした居住域が限定される（図4）。同じく調査された吉田氏は溝跡について、「集落を意識的に区画した溝状遺構と考えておき、類例の増加を待ってこの溝状遺構に囲まれた集落の性格を考えたい。」とし、2遺跡の溝跡を集落の「区画」と捉えている（吉田・芥川 1992）。

福島県中通り地方中部、郡山市鴨打A遺跡では、低丘陵の平坦面を囲む溝跡が調査され、内部には数軒の竪穴住居跡と土坑群が存在していた。溝跡は新しい時期の遺構群に伴うと報告され、7世紀前半と考えられる。さらに同地域の郡山市東山田遺跡では、段丘縁と鍵形の溝跡に囲まれた範囲に竪穴住居2軒と土坑群が存在しており、調査した鳴原氏は溝跡を区画と捉えている（鳴原 1996）。年代は6世紀前半と遡る例である。須賀川市（旧長沼町）桙塚遺跡では、6世紀後半の溝とそれに併行する細溝が集落内を走り、須恵器模倣形態の土師器杯の姿も散見される（図6左）。報告された堀氏は溝跡について、「水路なのか、あるいは住居群を区画する溝であったのかは解明することができなかった。」とまとめ、区画溝としての可能性にも言及している（堀 1996）。この他、ともに6世紀後半と考えられる福島市鎧塚遺跡（図6右：高荒・他 1993）、石川町殿畑遺跡（佐々木 1994）でも調査区は狭いものの、段丘縁と大溝に規制された居住域の姿を確認できる。

この時期におけるこれら集落の評価は、南小泉遺跡と福島県域の諸例とでは大きく異なった。南小泉遺跡は関東色の強い土師器杯の多量出土と併せ、隣接する郡山遺跡との関連で検討され、政治的な重要拠点としての性格も想定された。一方、後者は個々の遺跡での認識に留まり、県内外の研究者が認識を共有することも、それぞれの社会的背景を考察するまでにも至らなかった。また、南小泉遺跡との関連についても言及されていない。

2000年以降、大化後となる遺構の調査事例が増加したこともあり、陸奥中〜北部における該期の研究は活況を呈する。南小泉遺跡とその後の囲郭集落についても議論が重ねられる。

村田晃一氏は（村田 2000）関東色の強い土師器やカマドの分析から、7世紀中頃以降に関東から多量の移民があったと理解する。その中で、関東色の強い土師器が出土し、外郭に囲郭施設を伴う集落（南小泉遺跡、一里塚遺跡、赤井遺跡、権現山・三輪田遺跡）についても言及し、官衙成立直前段階に成立することおよび官衙に近接した位置に存在することなどから、官衙造営を目的とし、関東からの移住者により計画的に造営された集落（集落区）と捉える。これまで個別に議論されていた類例を、古代史のフィールドにまで引き上げた点で大きな業績であり、以降の研究の定点ともなった。さらに村田氏は多賀城市山王・市川橋遺跡の分析を通し、律令制成立以前の仙台平野の様相を素描する（村田 2002）。関東色の強い須恵器模倣形態の土師器杯について、前稿で示した年代観を

集落を囲む溝　193

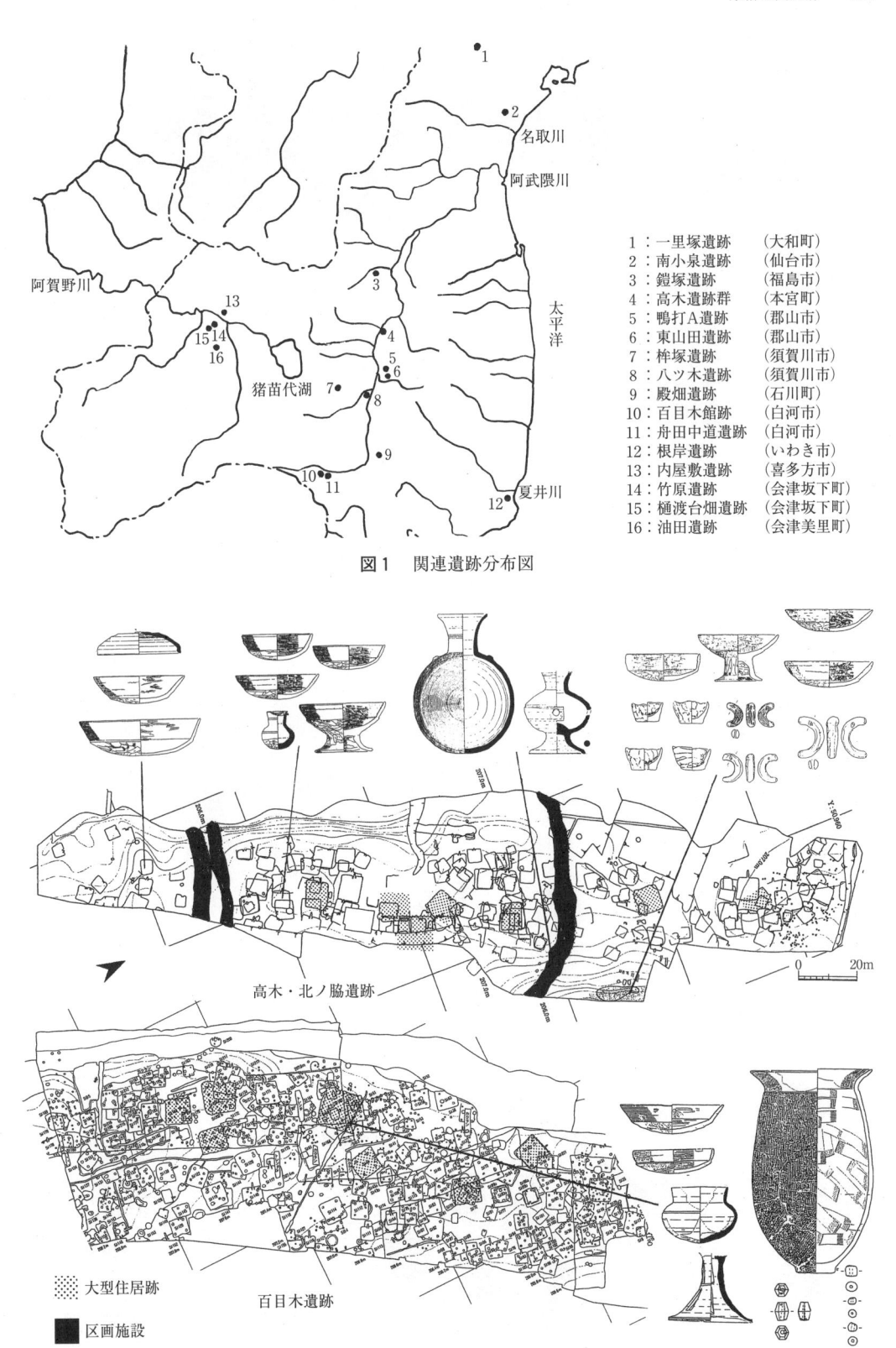

1：一里塚遺跡　　　（大和町）
2：南小泉遺跡　　　（仙台市）
3：鎧塚遺跡　　　　（福島市）
4：高木遺跡群　　　（本宮町）
5：鴨打A遺跡　　　（郡山市）
6：東山田遺跡　　　（郡山市）
7：桙塚遺跡　　　　（須賀川市）
8：八ツ木遺跡　　　（須賀川市）
9：殿畑遺跡　　　　（石川町）
10：百目木館跡　　　（白河市）
11：舟田中道遺跡　　（白河市）
12：根岸遺跡　　　　（いわき市）
13：内屋敷遺跡　　　（喜多方市）
14：竹原遺跡　　　　（会津坂下町）
15：樋渡台畑遺跡　　（会津坂下町）
16：油田遺跡　　　　（会津美里町）

図1　関連遺跡分布図

高木・北ノ脇遺跡

百目木遺跡

▨ 大型住居跡
■ 区画施設

図2　高木遺跡群（福島県380集（2003）、本宮町37集（2002）より一部改変）

194　第1部　日本篇

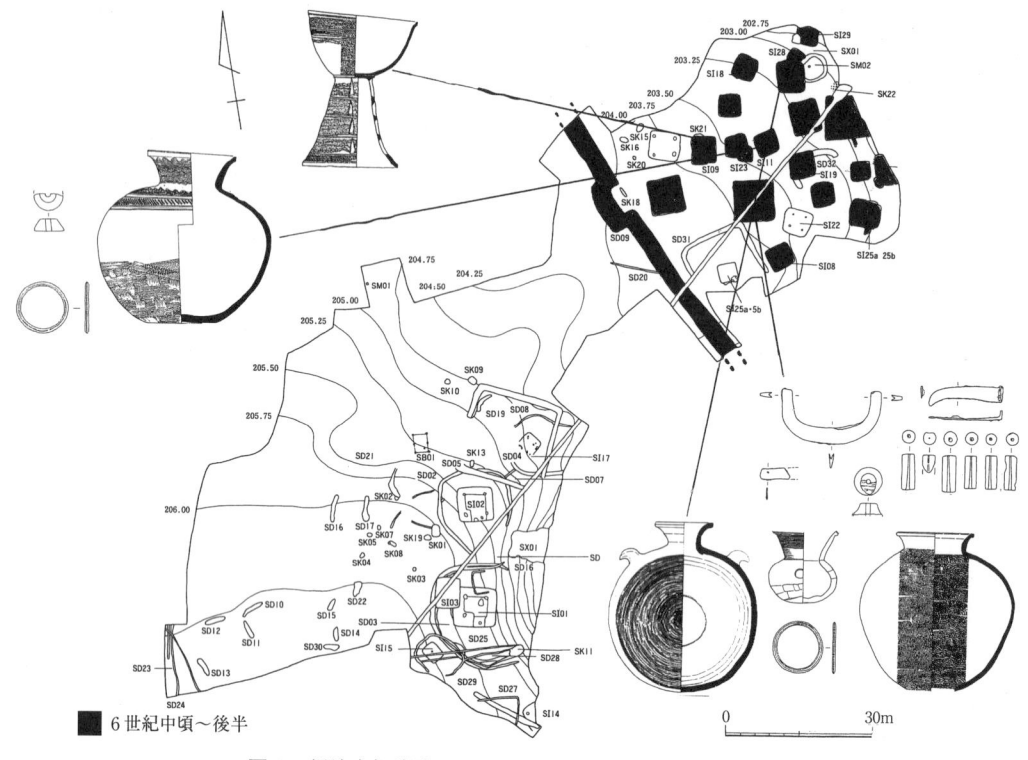

■ 6世紀中頃〜後半

図3　樋渡台畑遺跡（会津坂下町17集（1990）より一部改変）

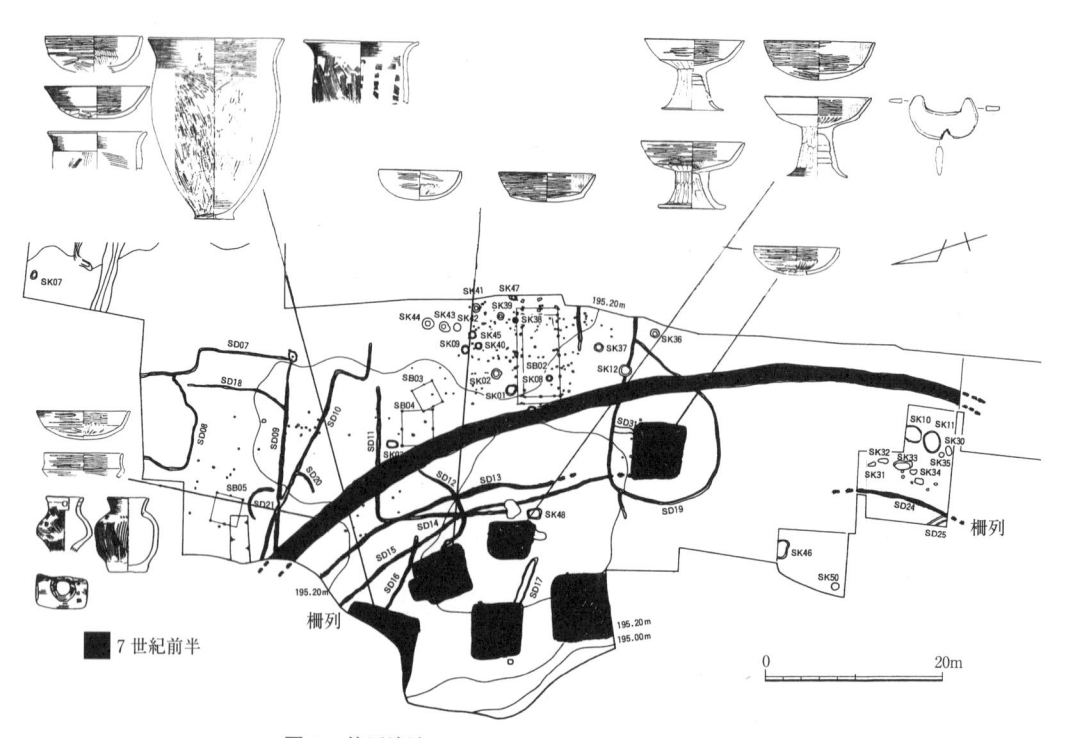

■ 7世紀前半

柵列

図4　竹原遺跡（会津坂下町25集（1992）より一部改変）

約半世紀ほど遡らせる。同時にこれに関わる南小泉遺跡については、官衙造営という目的のみでなく、地域の拠点的集落を巡って大きな人・物・情報のやり取りがあったものと推定する。また、山王・市川橋遺跡の囲郭集落区についても一定地域の拠点的集落と評価した上で、南小泉遺跡と同様に、関東地方からの移民の居住域を大溝で区画し、在地民との混在を排除する施設である旨の見解を示している。

　同じ頃、陸奥南部地域においてもターニングポイントとなる成果が挙がった。本宮町高木遺跡群の調査である。阿武隈川の自然堤防上にきわめて大規模な集落が存在し、併せて高木地区に区画施設と考えられた溝跡が検出された（図2：安田・菅原・他 2002）。調査された菅原氏は同遺跡の詳細な分析を行い、溝跡について区画を意図した施設と判断する。その上で、会津・関東・東北北部の要素を含んだ土師器や在地産須恵器の出土、生産遺構の集中を指摘、溝跡で区画された範囲は手工業を主導した移民の集住区とした意見を提出されている(5)（菅原 2002・2004）。また、畿内の政治勢力が主導した仙台平野以北における移民を伴う在地社会再編と一連と捉え、陸奥南部地域においても遅くとも6世紀後半には中央主導の移民（植民）政策があったことを提議する。

　熊谷公男氏は、文献史学の立場から積極的に考古学の成果を取り入れ、囲郭集落には関東系移民の居住を推定する。さらに、南小泉遺跡や高木遺跡など6世紀末葉〜7世紀前半の溝跡で囲まれる集落は、各地の拠点集落を政治的におさえるための移民居住区であり、拠点集落をその地域の支配拠点にして交易ネットワーク機能を掌握したものとする。また、移民居住施設に区画施設が伴うことについて、外側の在地社会との緊張関係による防御的意図を読み取れるとしている。これに対し、一里塚遺跡や赤井遺跡など7世紀後半以降の囲郭集落は、宮城県仙台市郡山遺跡Ⅰ・Ⅱ期官衙の下位に属する「柵」との見解を示し、軍事的・官衙的・経済的機能を包摂した施設と評価する。ただし、両者は全く異質なものではなく、前者は後者の前身とみる立場に立っている。

　高木遺跡群の調査後も、会津地方の喜多方市内屋敷遺跡において、段丘縁と大溝で区画された居住域が調査された（図5：植村・和田・五十嵐 2004）。溝跡の内外から関東色の強い土師器杯も出土しており、報告した五十嵐氏は「在地とは異なる土器や区画溝を有する集落が出現し、関東との交流が認められる……」と述べる。年代は伴出した須恵器提瓶や須恵器模倣形態の土師器杯を参考とすれば7世紀前半〜中頃と考えられる。菅原氏はこの内屋敷遺跡の成果を捉え、会津地方における、中央による移民を伴う在地社会再編の痕跡と理解している（菅原 2004）。この他、会津美里町油田遺跡（会津高田町 2005）、須賀川市八ツ木遺跡（管野 2001、皆川・木崎2002）でも該期の集落に居住域を区画した可能性のある溝が検出されている。

　2005年秋、日本考古学協会の総会が福島県で行われ、陸奥南部の7世紀についてのシンポジウムが行われた。この中で村田氏は、6世紀末〜7世紀中頃の唯一例となる南小泉遺跡について、関東移民による計画的集落区とするこれまでの意見を踏襲するものの、その性格については畿内の政治勢力による北辺経営を意図したものと考えを変更している。また、7世紀後半以降の囲郭集落については、これまでの理解から一歩踏み込み、規格的に配置された掘立柱建物跡の存在や関東系土器（半球形杯）の出土から城柵を含めた官衙的機能の付随を想定した。さらに南小泉遺跡にはない柵列が付帯することについては、北進による防御性獲得のためという見解を示し、改めて両者の継続性

196　第 1 部　日 本 篇

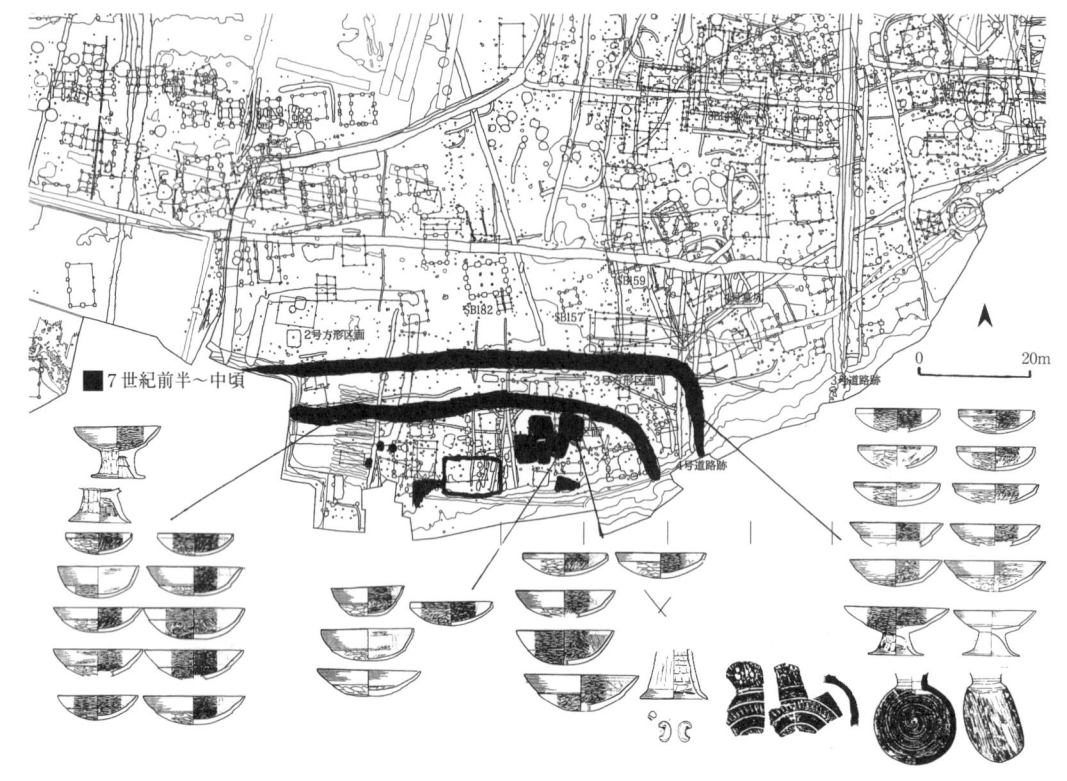

図 5　内屋敷遺跡（塩川町12集（2004）より一部改変）

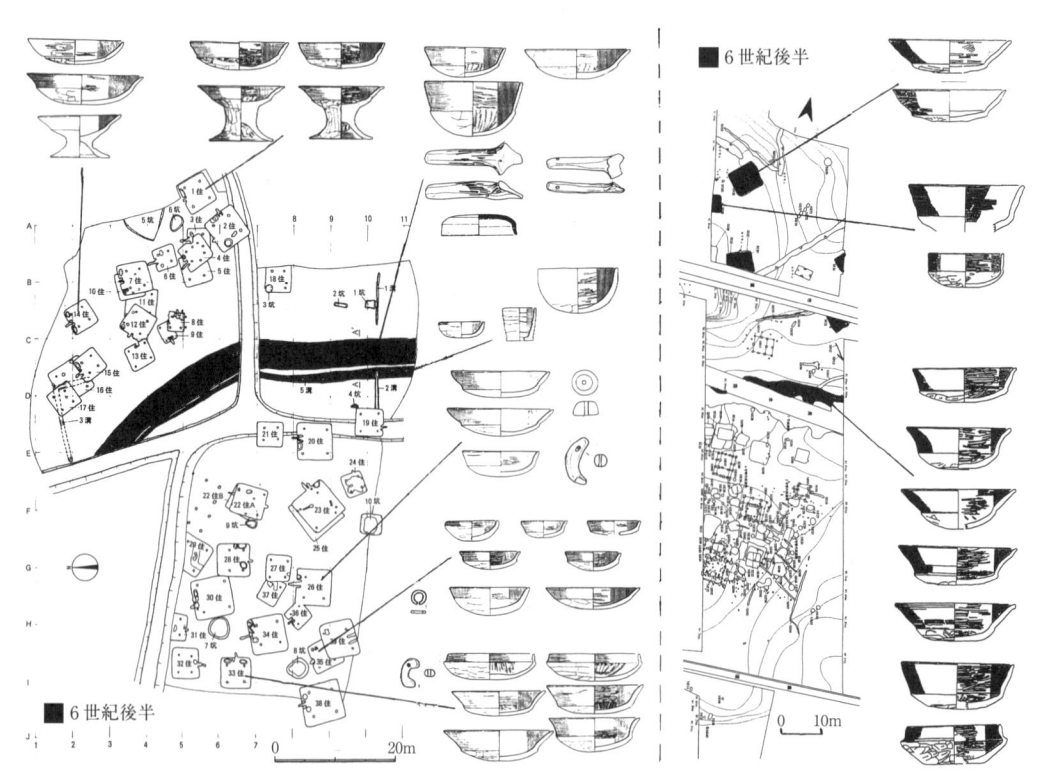

図 6　桙塚遺跡［左］（長沼町（1996）より一部改変）、鎧塚遺跡［右］（福島市53集（1993）より一部改変）

を指摘している（村田 2005）。筆者は、陸奥南部地域における該期の類例を集成した。さらに、これらは陸奥中部域の例と異なり、官衙などに近接する例がみられず、囲郭範囲も限られ、集落規模も様々である例が多いことなどから、両者の親縁性や系譜関係の指摘には慎重な検討が必要とした。また、遺構面からは防御的意図を読み取れる例のあることを指摘した（横須賀 2005b）。

以上の議論は、まず古墳文化の周縁にあり政治的痕跡が多く残されている陸奥中部地域で早く進み、遅れた陸奥南部地域での理解はその延長上にあるともいえる。さらにいえば、大化後の「柵」とも捉えられる囲郭集落に、大化前の類似例の理解が引きずられてしまっているようにも思う。実際、議論の進んだ南小泉遺跡の成果は限られた狭い範囲の調査であり、全容を掴むことはきわめて難しい。先稿でも述べたが、陸奥南部地域の諸例はそれぞれバリエーションに富み、これまでの議論の延長上では理解できない面も多い。したがって、まずは陸奥南部諸例を属性ごとに細かく解体、再整理したうえで、考古学的検討に基づいた分析を行うことがまず必要であると認識する。

2　陸奥南部域における区画集落の様相

(1) 属性検討

ここでは、区画集落の構成要素を比較属性として抽出し、その異同について検討したい。対象とする遺跡は表1にまとめた。

Ⅰ　**区画施設の種類、規模、形状**　　対象としたすべての区画集落について、区画施設と推定される溝（溝跡、流路、溝状遺構）が伴う。溝の規模について、遺構確認面が機能時の状態を表わしていないという憾みはあるが、ひとまず大・中・小規模に分けて整理した。

①大規模溝（最大幅6.5m以上）：［高木］

高木遺跡ではもっとも標高の高い位置に最大幅6.5m、深さ1～1.6mの溝が構築される。またもっとも標高の低い位置に大溝とほぼ並行に走る中規模溝が伴う（2時期）。形状は緩やかな弓状である。

②中規模溝（最大幅2.8～4.0m）：［鎧塚、八ツ木、桙塚、殿畑、樋渡台畑、竹原、油田、内屋敷］

ほとんどが最大幅3～4m、深さ1m弱である。竹原遺跡には2重の柵列が、桙塚遺跡では細溝が並行して走る。樋渡台畑遺跡では凸部が付く。なお、内屋敷遺跡、殿畑遺跡では溝が2重に巡り、いずれも新旧2時期あると報告される。

形状は、桙塚・竹原遺跡が弧状、内屋敷遺跡が鍵状である。他の4例はいずれも調査範囲が狭く形状は不明。

③小規模溝（最大幅2m以下）：［東山田、鴨打A］

両遺跡とも小規模であるが、鴨打A遺跡の溝は深さ90cmに達するものがある。

Ⅱ　**集落の立地、溝跡と居住域の位置関係**　　ほとんどの例が段丘縁や自然堤防上に立地し、河川沿岸に展開した集落であることをひとつの特徴とする。居住域との関係は溝と河川（段丘崖）間に限定される例と、溝外まで展開する例とに分かれる。

①河岸段丘の縁に居住域

A：溝跡と段丘縁間に居住域［樋渡台畑、竹原、内屋敷、東山田、鎧塚、(油田)］
 B：溝跡の内外に居住域［桙塚］
②自然堤防上に居住域
 A：溝跡と河川間に居住域［殿畑・八ツ木］
 B：溝跡の内外に居住域［高木］
③丘陵平坦面に居住域
 A：丘陵背と溝跡に四方を囲まれる［鴨打A］

　いずれも、地形と溝跡によって一定範囲を囲む意図が看取される。溝跡外へも居住域が広がる桙塚遺跡や高木遺跡についても、前者が溝跡に細溝（板塀？）を伴い、後者はもっとも標高の高い位置に幅7m近い大溝を構築することから、一定範囲の区画を意識した施設と評価できよう。

Ⅲ　集落、および区画施設の存続時期　集落、区画施設の機能時期については、主に在地産土師器を年代決定の主属性とし、須恵器型式と対照しておおむねの暦年代を導いている。

 A：6世紀前半［東山田］
 B：6世紀後半［樋渡台畑、殿畑、鎧塚］
 C：6世紀後半～7世紀前半［高木、桙塚］
 D：7世紀前半［鴨打A、竹原］
 E：7世紀前半～中頃［内屋敷］

　唯一年代の遡る東山田遺跡を除き、やや年代の下降する時期まで継続した可能性のある内屋敷遺跡を含めて、6世紀後半～7世紀前半に集中する。地域の拠点的大規模集落である高木遺跡、対岸の桙衢神社祭祀遺構が7世紀に最盛期を迎える桙塚遺跡では、区画施設としての溝が機能を停止した後も確実に集落が継続する。また、1～数軒であるが、殿畑遺跡、鴨打A遺跡、内屋敷遺跡には7世紀後半の竪穴住居が存在する。

　なお、仙台平野以北において、官衙造成の前段階として成立した囲郭集落とされる例は7世紀後葉以降に集中し、唯一の例外とされている例が南小泉遺跡である。陸奥南部地域に7世紀後葉以降の囲郭集落は現在まで認められない。

Ⅳ　居住範囲内遺構　内屋敷遺跡以外は竪穴住居と土坑で施設が構成され、該期における集落での遺構組成となんら変わらない。最大規模の竪穴住居は1辺6m台～10m超と様々であるが、やや大型～大型の住居に中小規模の竪穴住居や土坑が伴うというあり方は共通している。

①竪穴住居＋土坑
 A：大型竪穴住居[6]＋竪穴住居＋土坑群［高木、八ツ木］
 B：竪穴住居＋土坑群［鎧塚、殿畑、樋渡台畑、桙塚、東山田、鴨打A、竹原、油田］
②掘立柱建物跡＋竪穴住居＋土坑群［内屋敷］

　①Aは地域の拠点と推定される大規模集落に認められ、①Bとした集落にも7～8m代の竪穴住居が存在する。集落における大型竪穴住居の規模は集落規模にある程度比例しているものと推定され、区画施設の有無との直接的な関係性は認められない。

　6世紀末～7世紀前半頃の政治的性格の強い施設には大型四面庇付掘立柱建物が使用される例

〔いわき市根岸遺跡〕（猪狩・樫村 2000）、古墳時代以来の豪族居館的要素が顕著な例〔白河市舟田中道遺跡〕（鈴木 2002）があり、居住施設のあり方からみれば、区画施設を伴うことについての特殊性は認められない。高木遺跡において、関東系とされているカマドを有する竪穴住居が調査されているが、数は最小単位である。

なお、内屋敷遺跡における掘立柱建物が該期に伴うとすればきわめて特殊であり、施設の性格を判断する上でも重要な鍵となる。

Ⅴ　出土遺物様相　　移民の痕跡を論じる有力根拠としてしばしば取り上げられる関東色の強い土師器および該期に在地生産が再開される須恵器の出土状況から検討してみたい。

①須恵器、関東色の強い土師器杯（須恵器模倣形態）が出土
　A：須恵器、関東色の強い土師器（多数）［高木群、八ツ木］
　B：須恵器、関東色の強い土師器（少数）［樋渡台畑、桙塚、殿畑、鴨打A、竹原、内屋敷、
　　　　　　　　　　　　　　　　　　　　（油田）］
②須恵器、金属器が多数出土［樋渡台畑］

陸奥南部地域において、須恵器模倣形態の土師器杯が該期の集落に伴うことは決して珍しいことではない。量的には集落規模にある程度比例するようであり、集落に付帯する性格に左右されるようであるが、区画施設の有無とは相関がないものと考えられる[7]。多量に出土した高木遺跡群[8]でも出土した土師器杯の総量に占める割合は高くはない。

年代的にやや遡上する樋渡台畑遺跡では、古墳副葬品である装飾須恵器や金属器が多く出土することで特異な存在である。

Ⅵ　集落の歴史的背景と集落規模　　大きくは、前代から継続する集落（域）と新規に出現した集落とに分かれ、大規模な集落は前者に、小規模な集落は後者であることが多い。

①：中期以来の伝統的集落域に存在
　A：大規模集落［高木群、八ツ木］
　　　高木遺跡群は対岸にあった伝統的集落が、生産域を移動させずに阿武隈川沿岸へと遷ったものと理解している（横須賀 2005b・c）。八ツ木遺跡は前期以来継続した大規模集落。
　B：中小規模集落［桙塚群（桙塚・九郎五郎内・中の内）、鎧塚、（油田）］
　　　桙塚遺跡群は、対岸の桙衝神社祭祀と関連する集落であり、地域の拠点となる大規模集落である可能性もある。鎧塚遺跡は5世紀代の大規模集落である勝口前畑遺跡に隣接。油田遺跡は地区を違えて5世紀代の集落が存在し、6世紀前半代の竪穴群に隣接する。
②：歴史的背景が薄く、後・終末期に新規に出現した集落。集落規模は小さい。［樋渡台畑、竹原、内屋敷、東山田、鴨打A、（殿畑）］

ここでは区画施設（集落）を基盤として大規模集落や政治的拠点へと発展したケースは認められないこと[9]、区画施設の構築が集落規模やその歴史的背景に起因するものではないことを確認しておきたい。また、大規模集落は、当地方の主流である阿武隈川か、その支流となる比較的大きな河川沿いに存在する。逆に規模の小さな集落は、中通りでも東西の山地に近い位置に営まれており、また会津地方に集中することも指摘しうる。

200　第1部　日本篇

3号溝跡出土
土師器坏

法領塚古墳
南小泉遺跡
郡山遺跡

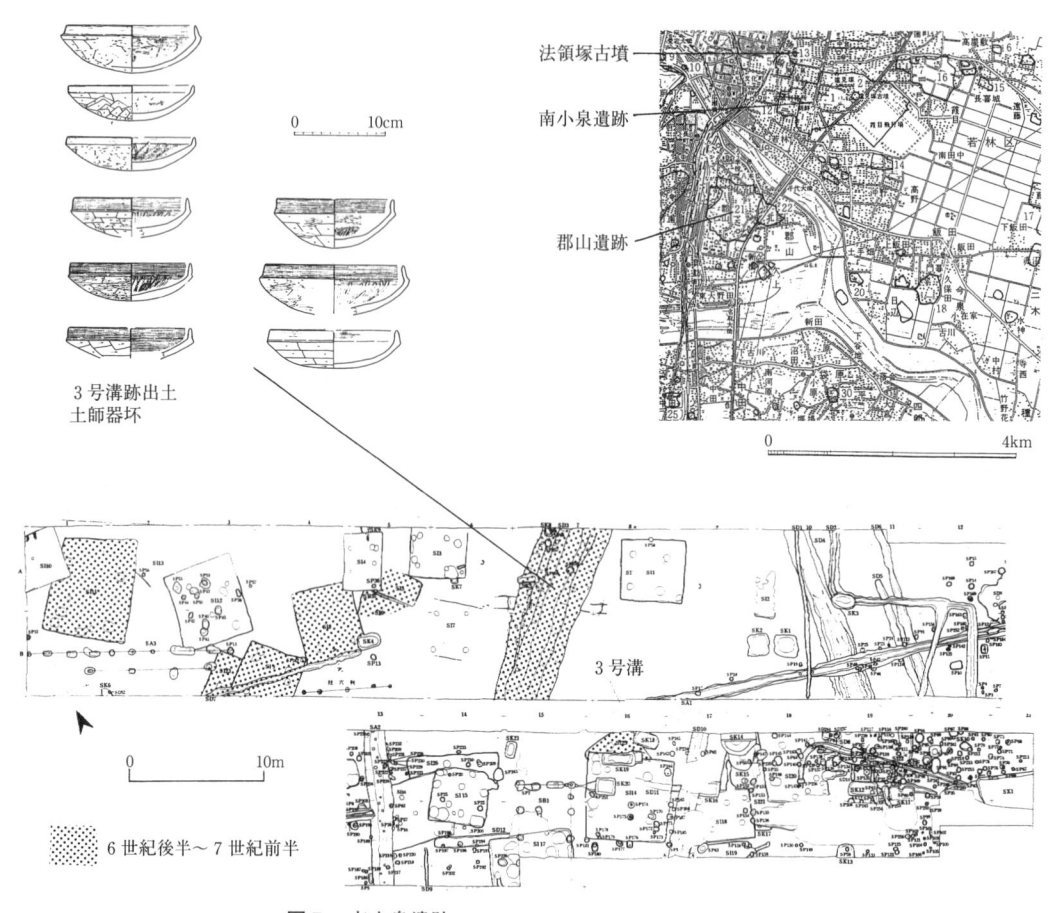

3号溝

6世紀後半〜7世紀前半

図7　南小泉遺跡（仙台市192集（1994）より一部改変）

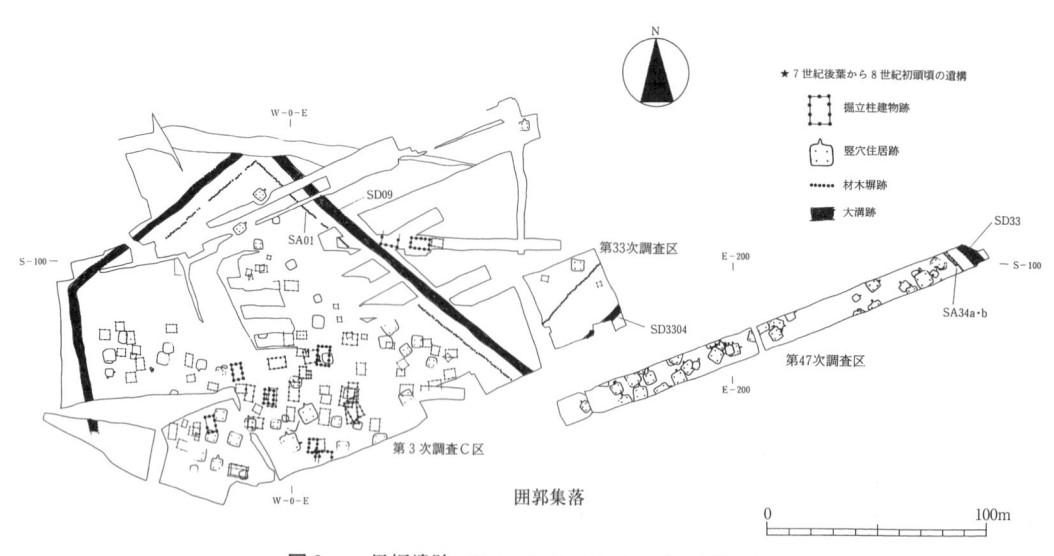

★ 7世紀後葉から8世紀初頭頃の遺構
掘立柱建物跡
竪穴住居跡
材木塀跡
大溝跡

囲郭集落

図8　一里塚遺跡（宮城県179集（1999）より一部改変）

表1　区画集落の諸属性

地方	遺跡名	属性Ⅰ 種類	属性Ⅰ 形状	属性Ⅰ 溝最大幅	属性Ⅰ 溝深さ	属性Ⅱ 立地	属性Ⅱ 溝外遺構	属性Ⅲ 時期※溝機能時期	属性Ⅳ 区画内最大遺構・特殊遺構	属性Ⅴ 特殊遺物	属性Ⅴ 外来系土師器	属性Ⅴ 粗製土器
会津	樋渡台畑	溝（凸部付）	直線状	4.0m	0.9m	河岸段丘	×	6C中〜後	8m代SI×2軒	須恵器（器台、提瓶、他）・鉄器多数、青銅釧、他	○	○
会津	竹原	溝、柵列（2重）	弧状	2.8m	0.5m	河岸段丘	×	7C前	8m代SI×2軒	ミニチュア土器・鋤状土製品	○	○
会津	油田	溝（流路）	不明	—	-	河岸段丘	×	7C	7m代SI、鍛冶	土勾玉、円盤状土製品、注口土器、他	○	○
会津	内屋敷	溝（2時期）	鍵形	3.6m	0.8m	河岸段丘	×	7C前〜中	11m代SB（3×5間：側柱）	須恵器（提瓶、他）、メノウ勾玉、片麻岩小玉	○	○
中通り	鎧塚	溝（流路）	不明	3.7m	1.1m	河岸段丘	×	6C後	7m代SI	緑色凝灰岩管玉	○	○
中通り	高木	溝（流路、2時期）	直線状（併行）	6.5m	1.6m	自然堤防	○	6C後〜7C前	14m代SI、関東型カマド	須恵器・鉄器・玉類多数、金・銀耳環、鐔、釧、羽口	◎	○
中通り	東山田	小溝	鍵形	0.9m	0.5m	丘陵上	×	6C前	6m代SI	赤彩壺	○	○
中通り	鴨打A	小溝	3方囲む	2.0m	0.9m	丘陵上	×	7C前	7m代SI		○	○
中通り	八ツ木	溝	不明	3.6m	-	自然堤防	?	6C後〜7C	9m代SI	緑色凝灰岩管玉、ガラス小玉、他玉類、鉄器多数	◎	○
中通り	桙塚	溝（大小2重）	弧状	4m程	-	河岸段丘	○	6C後〜7C前	8m代SI	杓子状土器、注口土器、土勾玉	○	○
中通り	殿畑	溝（2時期）	不明	3.1m	0.8m	自然堤防	×	6C後	6m代SI	メノウ勾玉、土玉	○	○
陸奥中部	南小泉	溝	不明	6.9m	1.1m	自然堤防	○?	6C後〜7C前	7m代SI	鉄鏃、石・土玉	○	○

※SI＝竪穴住居　　SB＝掘立柱建物

(2)　**陸奥南部の区画集落**

以上設定した6項目の属性について検討した。

まず指摘しえることは、区画施設の可能性を有する施設および集落様相は様々であり、すべて一様に捉えることは難しいという結論であろう。しかし、そのような中でもⅠ〜Ⅲとした属性の検討をまとめ、ある程度の状況が明らかとなる例を示せば、以下の通りである。

　　樋渡台畑遺跡（6世紀後半）：凸部付き溝（最大幅4m）＋段丘縁
　　鎧塚遺跡（6世紀後半）：流路（最大幅3.7m）＋段丘縁
　　高木遺跡（6世紀後半〜7世紀前半）：大規模溝（最大幅6.5m）＋自然堤防（河川・後背湿地）
　　桙塚遺跡（6世紀後半〜7世紀前半）：弧状溝（最大幅4m程）＋細溝（板塀？）＋段丘縁
　　竹原遺跡（7世紀前半）：弧状溝（最大幅2.8m）＋2重柵列＋段丘縁

内屋敷遺跡（7世紀前半〜中頃）：鍵状溝（最大幅3.6m）＋段丘縁

　以上のような区画施設に柵列などの付帯施設が伴う例、段丘縁などに選地する居住域と集落立地との関係性が多く認められることは、検討した例の多くに一定の防御的な性格を推定させるには十分であろう。また、それらが6世紀後半〜7世紀前半という時期に集中すること、会津地方に多くの例が認められることなどは、なんらかの共通した社会背景の下に成立したことを窺わせる。

　そこで改めて、集落内の遺構や遺物を検討してみる。居住域の遺構群は竪穴住居や土坑群で構成され、一般的な集落との隔絶性を認めるには至らない。高木遺跡などの大規模集落には1辺10m以上かそれに近い規模の大型竪穴住居が存在するが、それは特異なことではなく、該期においては普遍的に存在し、最大の竪穴住居規模は集落規模にある程度比例することを指摘しうる（横須賀 2005 b）。この時期には舟田中道遺跡における中〜大規模竪穴遺構の並列、根岸遺跡における大型四面庇付掘立柱建物の存在など、政治的要素を強く感じさせる特異な遺構群が存在する。しかし、区画施設とそれを有する集落に強い政治性を看取できる要素は少ない。また、陸奥中部域における諸例のように、官衙などきわめて政治的な施設の前身遺構となる例はなく、近隣に政治的性格を推定する遺跡も認められないことを指摘しうる。つまり、政治的上位者が他と居住域を区別するための区画施設であること、言い換えれば居住範囲の明示としての機能はひとまず否定することができよう。

　また、外来系土師器の出土であるが、当地域においては一定量の外来系土師器、とくに関東色の強い須恵器模倣形態の土師器杯が出土することは特異なことではない。確かに高木遺跡などの調査成果からは6世紀後半〜末以降にこれらの土師器杯の出土が顕著となることは事実であり、須恵器や鉄生産に関わる人的、技術的交流が、関東地方と密接かつ活発に行われていたことは首肯しえる。しかし、外来系土師器の相対的な出土量や集落内での分布に区画施設との関連性を見出すことは困難であり、外来系土師器の出土を区画施設との関連で集落の性格を直接規定する要素とするのは難しい。陸奥南部における外来系土師器の出土分布をみても、相対的に組成のほとんどを占める例はなく、絶対的な量もある程度集落規模に比例しているようである。また、須恵器模倣形態の土師器杯の多くは在地産であり、煮沸具まで関東的な要素で占められる例は認められない。このような外来系土師器、とくに関東に出自が求められる土器群の出土状況については、区画施設と関連させ外部の直接的政治的介入を想定するよりは、地域や集落がもつ経済的、社会的強弱、技術的レベルの高低、ひいては政治的なネットワークの疎密との関係で理解すべきと考えている。

　以上の検討のように、区画集落は時期的な集中、立地や性格の共通性が推定されるのだが、集落規模は様々であり、集落の歴史的背景も一様に捉えることができない。つまり区画施設自体の構築は、それらの要因に規定されていないこともまた指摘できるのではないだろうか。

3　陸奥中部域における南小泉遺跡と大化後の囲郭集落

(1) 南小泉遺跡の様相 （図7）

　前章において示した属性的見地から、南小泉遺跡について整理する。南小泉遺跡は広瀬川沿岸の自然堤防上に選地する古墳時代中期以来の地域的拠点となる大集落である。隣接して7世紀初頭頃

とされる大型円墳である法領塚古墳があり、おそらく南小泉遺跡を掌握した在地首長の墳墓と考えられる。法領塚古墳は陸奥南部、いわき市勿来の大型円墳である勿来金冠塚古墳と石室構造の類似が指摘されている古墳でもある。また、広瀬川の対岸には大化後の政治的拠点となる郡山官衙遺跡が存在する。

　調査された範囲は東西156m、南北15mと狭く、区画施設の形状は不詳だが、最大幅6.9m、深さ1m程となる大規模なものである。また、区画施設の埋土や居住域から大量の須恵器模倣形態の土師器杯が出土している。河川と区画施設との間には竪穴住居が集中するが、溝外にも該期の住居跡が存在する（SI25）。この住居跡は区画溝に先行するとの報告をされるが、時期的には連続し、調査区が狭い範囲に限定されていることから、居住域の完全な区画については確定的でないと考える。高木遺跡や桙塚遺跡の例から勘案すれば、むしろ溝跡外にも集落域が展開した可能性も無視できない。

　次に大化後に出現する囲郭集落とされる例をみておきたい。もっとも広範囲を調査し、全体の状況が明らかとなっている宮城県大和町一里塚遺跡に代表させてみてみたい。

　一里塚遺跡は吉田川北岸の河岸段丘上に位置し、黒川郡家の下層に7世紀後葉～8世紀中頃の囲郭集落が展開している（図8）。段丘縁と東辺（150m以上）、西辺（65m以上）、北辺（110m）の広大な範囲の3方を最大幅5m程の大溝とそれに沿う材木列で区画し、内部には掘立柱建物と竪穴住居が整然と並ぶ範囲も認められる。出土遺物の中には、関東色の強い土器群が含まれている。なお、西には隣接して同様の区画施設が存在し、複郭施設であったことが分かっている。この一里塚遺跡の囲郭集落は、それまで歴史的背景の薄い地に突如出現した計画的集落と評価され、後の黒川郡家と密接に関わる前身遺構と評価されている。

　以上を踏まえたうえで、改めて南小泉遺跡について検討すれば、集落の歴史的背景、区画施設の規模・内容などは高木遺跡の例ときわめて近く、集落域との関係も高木遺跡や桙塚遺跡と同様に、厳密な意味で区画されていたとすることは難しい。また、遺構の面でも規格的に並ぶ掘立柱建物のような政治的性格を有する特異な遺構は認められない。このような点について、大化後における陸奥中部域の囲郭集落と対比すれば、材木塀などの付随的防御施設を伴わないこと、おそらく溝外にも集落が展開するであろうこと、区画施設内部の遺構に特異性が認められないことにおいて大きく異なる。また、年代的な懸隔も大きい。ごく限られた調査範囲であり厳密な指摘はできないが、区画施設とした溝も規格性に乏しい。このような検討の結果は、大化後の囲郭集落とされる例とは一線を画し、むしろ陸奥南部における区画集落との共通属性が多い。ただし、関東色の強い須恵器模倣形態の土師器杯が相対的にきわめて多いこと、7世紀中頃に隣接して郡山Ⅰ期官衙が成立することは、陸奥南部の諸例とは異なる非常に大きな要素であろう。

　このような南小泉遺跡の性格についての検討も含め、次に陸奥南部における区画集落の動向をその社会背景の検討を通して考えてみたい。

4　陸奥南部域における区画集落成立と消滅の社会的背景

　古墳時代後期初頭から終末期にかけての陸奥南部域における動向を簡単に整理し、その中から区画集落成立と消滅についての背景を考えてみたい。

　5世紀末〜6世紀初頭、陸奥中部域では古墳文化の後退と蝦夷文化の南下が認められる（藤沢 2004、村田 2005）。同じ頃陸奥南部では、大規模集落の解体（玉川村江平遺跡群[10]〈江平遺跡〉、郡山市南山田・永作遺跡、同市正直A遺跡など）があり、縮小した集落域は河川沿岸へと移動する。また、須恵器生産の途絶（泉崎村泉崎窯）、前方後円墳分布の後退（浜通り：南相馬市真野古墳群〜中通り：大玉村二子塚古墳、あるいは郡山市麦塚古墳ラインまで）があり、社会は停滞へと向かう。

　しかし6世紀後半以降になり、大規模集落の再生（本宮町高木遺跡群、玉川村江平遺跡群〈辰巳城・高原遺跡〉、須賀川市八ツ木遺跡など）、大・中規模前方後円墳の造営（白河市下総塚古墳、天栄村龍ケ塚古墳、福島市上条1号墳など）が確認され、陸奥南部は再び地域が活性化へと向かう。このような社会状況のなか成立（再生）するのが、高木遺跡などの大規模集落であり、今回検討した区画集落である。また、関東色の強い土師器の出土量増加や須恵器生産の再開（相馬市善光寺窯や高木遺跡における生産遺構存在の推定）なども同じ時期に認められる事象である。

　その後陸奥南部では7世紀初頭〜前半までには、各地で前方後円墳の造営が停止され、大型円墳（須賀川市蝦夷穴古墳、いわき市勿来金冠塚古墳など）の造営へと変化する（横須賀 2005a）。このことは栃木県における下野市下石橋愛宕塚古墳や壬生町壬生車塚古墳、宮城県における南小泉遺跡に隣接する法領塚古墳などの大型円墳造営も同じ事象と捉えることが可能であり、現在の栃木県、福島県中通り地方、宮城県仙台平野に至る、後の東山道ルート共通の事象と考えられる。このことは、畿内の政治勢力における一定の影響力が仙台平野まで達し、ほぼ一斉に影響力を行使できうるまでに達したことを示す。その後、7世紀半ばに至り、仙台平野に郡山遺跡が成立、畿内の政治勢力はここを足掛かりとして北進を開始する。

　ところが、会津地方についてはまったく異なる社会状況であったことが予想される。会津地方は6世紀後半〜7世紀にかけての集落が散見され、墳墓としても挂甲の副葬が確認された喜多方市山崎横穴群をはじめ横穴群が数か所で確認される。会津地方では置賜地方で指摘されているような断絶（北野 2005）はなく、畿内古墳文化圏の下で断絶なく推移したことは間違いない。しかし、会津地方の古墳時代後期をみると、中通り地方で確認される前方後円墳や大規模集落がなく、終末期に至ってもその様相が継続する。会津地方において、本格的な大集落が出現する時期は8世紀後半を待たねばならなかった（喜多方市内屋敷・鏡の町遺跡など）。豪族居館とされる喜多方市古屋敷遺跡の廃絶以後、会津地方の社会はしばらく停滞していたであろうことが推測できる。このような状況を文献史学の立場に関連させ、会津地方に国造の記載がないことの背景と捉える向きもある。ただし、7世紀後半〜8世紀初頭には後の会津郡衙とされる会津若松市（旧河東町）郡山遺跡が成立し（五十嵐・渡辺 2005）、この頃には政治的な楔がすでに打たれていたものと考えられる。

　以上簡単に整理した当地域における社会状況からは、6世紀後半代に、7〜8世紀にかけて陸奥

中部～北部に律令制の北進を推進した畿内勢力が、この時期すでに北への関心を強め、当地域における政治的介入や影響力行使の度合いを高めたことを教えてくれている。その結果が集落の拡大や生産技術の再開へと繋がっていることは否定しえない。しかし、そのことが移民を含む外部勢力によって、在地民との居住空間の区画、あるいは政治的拠点の独立という目的で、区画集落が構築されたという理解へは繋がらないとすることはすでに述べた。

　中通り地方から仙台平野にかけては7世紀初頭～前半に前方後円墳が大型円墳へと転換し、畿内の政治勢力による一定の影響力が確立した可能性を述べた。また、7世紀半ばまでには仙台平野に郡山Ⅰ期官衙が成立する。中通り地方において区画集落が姿を消すのは、ちょうどこの時期に重なる。防御的性格という共通項を指摘しうる区画集落の成立と消滅は、以上に示した社会状況を反映したものである可能性がある。具体的に述べれば成立には社会背景の混乱と、社会不安の増大、区画施設の消滅には社会的安定と社会不安の払拭という背景が可能性として指摘できよう。このことは、8世紀代まで社会的停滞、不安定さが継続する会津地方に区画集落の類例が多いこと、会津地方の例が7世紀中頃まで確認できること（喜多方市内屋敷遺跡）からも傍証されるものと考えている。また、高木遺跡群や八ツ木遺跡などの大規模集落が、溝跡の機能が停止した後も集落規模を維持したまま継続したことの理由も説明されるのではないだろうか。

　このようにみてくると、南小泉遺跡も陸奥南部の諸例と同様の性格を持ち、その延長上で捉えることができるものと考える。ただ、陸奥南部の諸例と異なる点は、須恵器模倣形態の土師器杯の相対的割合がきわめて高いこと、隣接地に強い政治的要素を含む郡山Ⅰ期官衙が構築されてくることであろう。陸奥南部の様相からは、移民を囲い込むための区画集落の造営という要素は否定されるものの、陸奥南部の諸例と比して律令的支配の北進を目指す政治勢力の直接的な影響力の強さが看取される。その意味では、南小泉遺跡の区画集落が大化後における囲郭集落の祖形となった可能性も一概に否定はできないものと考えられる。

5　まとめと展望

　陸奥南部の区画集落について検討し、その多くに防御性を意図した性格をまず読み取った。その背景には一時的な停滞から、中央の政治的なテコ入れを通して復興し政治的安定が達成された当地の社会状況があり、区画集落はその社会状況を映し出す鏡として理解することができるものと考えた。陸奥中部域の南小泉遺跡もこの一連の遺構群として理解され、直接的な政治的影響力の濃淡の違いであると認識するに至った。

　陸奥中部域における関東系土師器と呼ばれる土器群の検討については、詳細な議論を踏まえた研究史があり、須恵器や鉄などの生産活動を含め該期において関東からの文化流入が顕著であったことは論をまたない。しかし、権力による強制的な人的移動や集落再編といった問題に果たして直接に結び付くのであろうか。極端なことをいえば、5世紀後半代の東北地方における須恵器生産やカマドの受容、土器様式の転換鍛冶技術あるいは角塚前方後円墳や隣接する中半入遺跡のウマなどを理解するうえで、移民という用語を用いることができうるのかという問題と同じであろう。換言す

れば、ある時期に地域の拠点となった大規模集落には、外来の文化要素の流入が顕著となることはある意味当たり前であり、むしろその相乗効果によって地域の経済的、社会的発展がなされたものと推定される。そこには一定の政治的背景があったことは自明であるが、その中に広域権力の積極的、直接的介入の痕跡を見出すならば、土師器など一般層の文化レベルの話でだけではなく、たとえば根岸遺跡のような遺構組成などの顕著な特異性が指摘されなければならないと考える。中央側からの視点だけでなく、在地側からの視点、言うなれば在地側の主体性を無視することはできない。そして考古学の側から、「柵戸」の概念に通ずる強制位配といった強権的イメージを伴う「移民」「植民」という用語、言葉を用いることが適切かどうか、その是非を再検討してみる必要があるのではないだろうか。たとえ結論として同様の地平に至るものとしてもである。

　ともあれ、本稿で示した理解はその見通しを述べたに過ぎず、調査例の増加を待って正否が明らかとなることを期待したい。ひとまずは陸奥南部を含めた広い視野から、東北の政治史、文化史を見つめなおす必要性を訴えられれば、小論の目的を達したといえる。

　　　小論は、平成17年秋に開催された日本考古学協会2005年度福島大会における発表およびそのさいにおける討論の内容を踏まえて作成した。協会での発表も含め、資料の実見や未公表資料の情報提供などで、阿部健太郎氏、五十嵐純一氏、梶原直子氏、管野和恵氏、鈴木功氏、鈴木一寿氏、吉田博行氏にお世話になりました。また、会津地方で考古学の職に就かれている皆様方、県内において該期集落・土器研究の第一線におられる佐久間正明氏、菅原祥夫氏、柳沼賢治氏にはいつもご教示、ご指導をいただいています。協会のさいには、シンポジウムに参加された今泉隆雄先生、春日真実氏、木本元治氏、田中広明氏、村田晃一氏、安田稔氏には様々なご教示をいただきました。記して感謝いたします。

　　　なんとなく歴史が好きで、なんとなく歴史系の学部のある近所の大学に入った計画性のない大甘な自分が、今こうして考古学に携わる仕事に就き、考古学の拙文を書かせて貰っている。それというのも、情熱的で真っ直ぐな茂木先生の指導を受けられたこと、そのお陰で考古学という世界が大好きになったことに尽きる。なんとなく入った大学に茂木先生がおられたという幸運に感謝しつつ、いつまでも元気で怖い先生であられることを切に望みます。　　　　　　　　　　　　　　　　　　平成18年2月末日　脱稿

註
（1）このような集落は「囲郭集落」（村田2002・2005）、「囲郭集落区」（菅原2004）、「特殊集落」（高橋2003）などと呼称されている。ここでは小論の検討対象外とする大化後の類例に限っては村田氏に従い「囲郭集落」を使用する。
（2）小論はその性格を検討するという主旨であり、本来は内容を規定する用語や呼称を用いるべきではないが、以後の煩雑さを避けるため「区画集落」と呼ぶ。また、区画を意図して構築されたと推定される遺構には「区画施設」を使用したい。
（3）おおむね阿武隈川河口以南を示す。
（4）以下年代については、主に在地の土師器編年を基とし、編年観の大要は柳沼氏、佐久間氏による一連の成果に依拠したい（柳沼1989、柳沼・佐久間2005）。

（5）　とくに、論文の冒頭で「関東からの移民が収容された」としている（菅原 2004）。
（6）　該期の例で希少性が顕著となる1辺9m以上を大型竪穴住居とした（横須賀 2005b）。
（7）　例えば白河市百目木舘跡（鈴木一 2000、鈴木功 2001）など。百目木舘跡は該期における大規模な集落跡。関東色の強い土師器が多量に出土するが、区画施設は認められないようである。
（8）　北から北ノ脇遺跡、高木遺跡、百目木遺跡、原遺跡を総称して高木遺跡群と呼称する。
（9）　喜多方市内屋敷遺跡について、報告などでは区画集落が8世紀後半以降の大規模集落に繋がるものと捉えている。ここでは、溝跡の機能年代をやや遡らせて考えていること、7世紀後半～8世紀前半の遺構密度がきわめて薄いことから、8世紀後半以降の大規模集落との直接的な系譜関係をとらないと考える。
（10）　江平遺跡とその周辺は4世紀以来の伝統的集落域であり、それらを総称して江平遺跡群と呼称する。

引用・主要参考文献

1989　能登健「農耕集落研究の現段階」『歴史評論』466　校倉書房
1989　柳沼賢治「福島県中通り地方の土師器」『シンポジウム福島県に於ける古代土器の諸問題―特に5～7世紀を中心として―』万葉の里シンポジウム実行委員会
1990　古川利意・吉田博行・芥川和久『樋渡台畑遺跡』会津坂下町文化財調査報告17　会津坂下町教育委員会
1992　吉田博行・古川利意『竹原遺跡』会津坂下町文化財調査報告25　会津坂下町教育委員会
1993　高荒淳・柴田俊彰『福島西道路関連遺跡発掘調査報告　鎧塚遺跡』福島市埋蔵文化財調査報告書53　福島市教育委員会
1993　長谷川厚「関東から東北へ」『二十一世紀への考古学』櫻井清彦先生古稀記念会
1994　（財）郡山埋蔵文化財発掘調査事業団『鴨打A遺跡　国営総合農地開発事業関連』郡山市教育委員会
1994　斎野裕彦『南小泉遺跡第22次・23次発掘調査報告書』仙台市文化財調査報告書192　仙台市教育委員会
1994　佐々木慎一『殿畑遺跡　母畑地区遺跡発掘調査報告33』福島県文化財調査報告書287　福島県教育委員会
1996　鴨原靖彦・他『東山田遺跡　新公園都市東山ヒルズ造成関連』郡山市教育委員会
1996　堀耕平「鉾塚遺跡」『長沼町史　第2巻　資料編Ⅰ』長沼町
1998　東日本埋蔵文化財研究会群馬県実行委員会『第8回東日本埋蔵文化財研究会　古墳時代の豪族居館をめぐる諸問題』
1999　三好秀樹・藤村博之『一里塚遺跡―第44・47次発掘調査報告書』宮城県文化財調査報告書179　宮城県教育委員会
2000　猪狩忠雄・樫村友延・他『根岸遺跡―磐城郡衙の調査―』いわき市埋蔵文化財調査報告72　いわき市教育委員会
2000　鈴木一寿「百目木舘跡」『第42回福島県考古学会大会　研究発表要旨』福島県考古学会
2000　村田晃一「飛鳥・奈良時代の陸奥北辺―移民の時代―」『宮城考古学』2　宮城県考古学会
2001　管野和恵「八ツ木遺跡」『第43回福島県考古学会大会　研究発表要旨』福島県考古学会
2001　菊地芳朗「東北地方の古墳時代集落―その構造と特質―」『考古学研究』47-4　考古学研究会
2001　鈴木功「百目木館」『白河市史四　自然・考古　資料編Ⅰ』白河市
2001　吉野滋夫、他「高原遺跡」『福島空港・あぶくま南道路遺跡発掘調査報告11』福島県文化財調査報告書381　福島県教育委員会
2002　菅原祥夫「阿武隈川流域の古代集落」『平成14年度発掘調査研究公開発表資料』福島県文化振興事業団

2002　鈴木功『舟田中道遺跡Ⅱ』白河市埋蔵文化財調査報告33　白河市教育委員会
2002　皆川隆男・木崎悠・他『八ッ木遺跡・西館跡―阿武隈川河川改修事業関連遺跡発掘調査報告―』須賀川市文化財調査報告書44　須賀川市教育委員会
2002　福島雅儀・他『江平遺跡　福島空港・あぶくま南道路遺跡発掘調査報告12』福島県文化財調査報告書394　福島県教育委員会
2002　村田晃一「7世紀集落研究の視点（1）」『宮城考古学』4　宮城県考古学会
2003　古代城柵官衙遺跡検討会『第29回古代城柵官衙遺跡検討会資料集』
2003　高橋誠明「多賀城創建にいたる黒川以北十郡の様相―山道地方―」『第29回古代城柵官衙遺跡検討会資料集』
2003　安田稔・他『高木・北ノ脇遺跡　阿武隈川右岸築堤遺跡発掘調査報告2』福島県文化財調査報告書380　福島県教育委員会
2004　植村泰徳・他『内屋敷遺跡　塩川西部地区遺跡発掘調査報告書7』塩川町文化財調査報告12　塩川町教育委員会
2004　熊谷公男『古代の蝦夷と城柵　歴史文化ライブラリー178』吉川弘文館
2004　菅原祥夫「東北古墳時代終末期の在地社会再編」『原始・古代日本の集落』同成社
2004　藤沢敦「創出された境界―倭人と蝦夷を分かつもの」『文化の多様性と比較考古学』考古学研究会
2005　会津高田町教育委員会『油田遺跡現地説明会資料』
2005　五十嵐純一・渡辺賢史「郡山遺跡」『日本考古学協会2005年度福島大会シンポジウム資料集』
2005　今泉隆雄「文献資料からみた7世紀の陸奥南部」『日本考古学協会2005年度福島大会シンポジウム資料集』
2005　北野博司「山形県内陸部の終末期古墳」『第10回東北・関東前方後円墳研究会発表要旨資料　前方後円墳以後と古墳の終末』
2005　東北・関東前方後円墳研究会『第10回発表要旨資料　前方後円墳以後と古墳の終末』
2005　日本考古学協会2005年度福島大会実行委員会『日本考古学協会2005年度福島大会シンポジウム資料集』
2005　村田晃一「7世紀の陸奥北辺の様相」『日本考古学協会2005年度福島大会シンポジウム資料集』
2005　柳沼賢治・佐久間正明「栗囲式土器の成立過程」『日本考古学協会2005年度福島大会シンポジウム資料集』
2005　山中雄志「7世紀の会津地方の様相」『日本考古学協会2005年度福島大会シンポジウム資料集』
2005a　横須賀倫達「福島県における前方後円墳以後」『第10回東北・関東前方後円墳研究会発表要旨資料　前方後円墳以後と古墳の終末』
2005b　横須賀倫達「陸奥南部の居館・集落」『日本考古学協会2005年度福島大会シンポジウム資料集』
2005c　横須賀倫達「陸奥南部の居館・集落」『日本考古学協会2005年度大会研究発表要旨』日本考古学協会

藤原京成立前史
―― 京形成以前の景観素描 ――

竹田　政敬

　　は　じ　め　に

　694年藤原宮に遷居し710年平城京に遷都するまでの期間その偉容を誇った藤原京の形成は、『日本書紀』（以下『書紀』と記す。）が記す藤原京形成以前に存在した倭京やその京内に点在する二十四寺による景観の変化を消し去る程に劇的に変貌させた。景観が変貌した地域は、藤原京が形成された地域すなわち京域に即応するもので、その範囲は、現在復元想定されている京域から少なくとも28k㎡前後に及ぶ。それはこれまで起伏により形成されている地形を平らに造成するものであった。この時の造成以降においても条里制の施工などの開発によりある程度地勢は変化したと考えられるが、基本的には藤原京形成時の一大土木事業が、現在の景観を決定付ける要因となったことは否定できない。よって京形成以前の景観について素描することとする。

1　記録に留める景観

　それでは、この一大土木事業が挙行される前はどのような景観であったのであろうか。この点について『書紀』や『万葉集』、そして『日本霊異記』が僅かながらも手がかりを与えてくれる。
　『書紀』には、官道等の敷設記事として人口に膾炙している推古21年（613）冬11月条に「作掖上池。畝傍池。和珥池。又自難波至京置大道。」をはじめ天武元年（672）壬申条中に「則分軍各當上中下道而屯之。」、さらに『日本霊異記』上巻第一　雷を捉えし縁として雄略天皇の命により少子部栖軽が鳴神を捉える道中として「阿倍の山田の前の道と豊浦寺の前の路とより走り往きぬ。軽の諸越の衢に至り、」と、横大路、上ツ道、中ツ道、下ツ道、阿倍山田道が敷設整備されている状況を示す。また、造池に関連する記事もみられ、同じく『書紀』には、古く応神11年冬10月条に「作剱池。軽池。鹿垣池。厩坂池。」、また推古15年（607）是歳冬として「於。倭國作高市池。藤原池。肩岡池。菅原池。」、そして先に記した同21年の置大道の前に「畝傍池」が記されている。この他、『万葉集』巻3大津皇子、被死らしめらゆる時、磐余の池の陂にして涕を流して作りましし御歌一首
　　416　ももづたふ　磐余の池に　鳴く鴨を　今日のみ見てや雲隠りなむ
　同巻1藤原宮の御井の歌

52　やすみしし…（略）…始め給ひて　埴安の　堤の上にあり立たし…

と詠まれ、剣池、厩坂池、藤原池、高市池、畝傍池、磐余池、埴安池が存在した。さらに、藤原京の造営に関する一連の記事中、天武天皇が新城（藤原京と理解される。）の建設を構想した段階である時期のこととして天武5年（676）の条に「是年。将都新城。而限内田薗者不問公私。皆不耕悉荒。然遂不都矣。」と天武の崩去後、その意志を受け継いだ持統天皇により京の建設が進められ、そして藤原宮に遷居する前年の持統7年（693）2月条「己巳。詔造京司衣縫王等収所掘尸」が、また『万葉集』には巻19所収、

　　4260　大君は　神にしませば　赤駒の　はらばう田居を　京師となしつ
　　4261　大君は　神にしませば　水鳥の　すだく水沼を　皇都となしつ

と詠われている。このように一連の記録からは、当該地域には少なくとも官道、池、耕作地と前代の古墳等墳墓及び湿地が存在していたことを窺い知ることができる。

　横大路、下ツ道は、藤原京形成時に基準となった道路であることが知られ、この両道と基準とはならなかった中ツ道、阿倍山田道を含むこれら道路の遺構も部分的に確認されている[1]。池に関連しては、剣池は現在の石川池のことで、この池の西北に当たる西堤付近の調査から当時の池の一部とみられる痕跡がはじめて確認[2]されたのをはじめ、畝傍池を深田池に想定する見解、さらに磐余池の所在地の探求とその治定が試みられ[3]、その候補地付近で池の手がかりを示す堆積層が確認されている[4]。今提示した3つの池は、その所在地や想定地から藤原京が計画された盆地と飛鳥を画する丘陵地の入り組んだ地形を利用し造池する共通性がみられることは、残りの池も現在は不明ながら同様の立地条件を満たす場所に存在していたと想定できる。

　耕作地に関連する遺構は、たとえば平城京北辺坊で平城京遷都以前の遺構として確認されている北で西に振れる一定の間隔で掘られた素掘り溝の存在[5]は、当該域において現段階では未確認であるものの、わずかながら京以前の掘立柱建物が点在していることが確認されており、それは耕作地の存在を前提して理解できるものである。また、『続日本紀』慶雲元年（704年）11月条の「宅宮中に入る百姓一千五百五烟に布を賜ふこと、差あり」の記述からは、ここに記す全百姓が京形成予定地に居を構えていたかは別としても、天武5年の記事と通底する。

　次に「収所掘尸」に関しては、古くは京のメイン道路に位置づけられる朱雀大路が通る日高山で確認された横穴墓群[6]や同じく宮の西方四条六坊域での四条古墳[7]の確認によって記録内容の実証性が得られ、さらに今日に至っては、当該域での埋没古墳の確認例が増加している。ただこの記事の事象が古墳に限定できるかは即断できない。その理由は、当該域には古墳以外に弥生時代の方形周溝墓も数多く確認されているからである。方形周溝墓と古墳が築造された場所は今のところ重複する例はあまりみられず、また方形周溝墓が形成された地域の後代の土地利用状況として、藤原京西京極跡が確認された右京北五条十坊域[8]では、湿地の東に営まれた方形周溝墓付近に6世紀前半頃と7世紀前半頃の井戸がみられる程度で大きく改変された形跡はなく、むしろ藤原京形成により湿地が埋められ、一帯が造成されている事実をはじめ、他の地域でも方形周溝墓形成以降、京形成までの間に改変を受けた形跡があまり認められない。当時、方形周溝墓が古墳のように埋葬を目的とした構造物として認識されていたかは判然としないが、京形成以前の改変は最小限であったとみ

てよい。したがって方形周溝墓も墓を構成する盛土が流出し、その流出土などにより周溝が埋没したとしてもその残影が地表に表出していたことは十分に予測される。以上のことからこれら方形周溝墓も墓として認識されていたかは別としても、結果として「収所掘戸」の対象となっていた可能性がある。

2　京形成以前に表象していた遺跡

このように、京形成以前には、様々な構造物が存在していた。よって、今回、現段階で藤原京形成以前の想定される景観を調査の成果に基づき概観することとする（図1）。なお、確認された遺構の所在地については、便宜上藤原京の条坊地点域で呼称するものとする。

(1) 方形周溝墓

　方形周溝墓は藤原京右京域で5地域、左京域で1地域確認されている。右京域では、六条四坊域[9]、十条二坊域[10]、十、十一条四坊域[11]、北三条五坊[12]および北五条十坊域、左京域では二・三条八・九坊域[13]である。このうち、十条二坊域で確認された弥生時代中期の方形周溝墓は、京以前の7世紀中頃に建立された田中廃寺によりすでに削平されており、また、北三条五坊域で確認された方形周溝墓も、5世紀後半頃の古墳の築造に伴い消滅していることが明らかにされている点、今回、対象とするには不向きかもしれない。けれども方形周溝墓は、本来単独で営まれるものではなく群（墓域）を形成することを踏まえれば、前者では寺域を越えての群構成、後者では古墳築造地以外での残存性を否定することはできない。したがって、その可能性を考慮し、確認地域として挙げておく。

　六条四坊域では、現在3基確認されている。3基は周溝の一辺が近接して築かれ、平面形が長方形となるもの2基、正方形に近いもの1基である。いずれも周溝が残存するにすぎず、このため主軸は、北東又は北西の両者が考えられる。方形周溝墓が改変された時期を直接示す資料はないが、方形周溝墓形成以降、藤原京形成までの期間の遺構は存在しない。よって現段階では、京の造成において消滅した可能性を考えたい。このことは、十、十一条四坊域でも同様なあり方を示す。ここからは十条域で5基、十一条域で、4基が確認されているが、両地点は僅か120m程度と近接し、造営時期がそれぞれ中期に納まることから同一の墓域として把握できる。これら方形周溝墓も周溝のみが遺存するにすぎないが、周溝を接するように置かれ、それぞれ主軸は、前者は北北東又は西北西、後者は北東又は北西をとる。

　北五条十坊域では、24基が確認されている。方形周溝墓は、その西方に広がる湿地の縁辺を基点に東の微高地上にそれぞれ周溝の一部を共有し、あるいは接するようにして築かれている。周溝墓の主軸は、長辺が東でやや南に振れる一群と東で南に大きく振れる一群に大別される。そしてその広がりは確認した範囲だけで、東西120m、南北170mに及ぶ。実数はそれ以上で、一大墓域を形成していたとみられる。墓域形成以降、当該地では6世紀前半頃の井戸1基と7世紀前半頃の井戸1基が存在するものの、その他の遺構は見当たらない点、当該期においては大がかりに改変するまで

には至らなかったようである。対して湿地が埋め立てられた土中には藤原京期の土器が多くみられること、また藤原京形成時に区画された各敷地内に整然と配置された建物遺構のみの存在からは、大規模改変は京造成によりなされたとみてまず間違いない。

　これらの方形周溝墓が点在する周辺には、たとえば、六条四坊域の東方600m飛鳥川の右岸に営まれた弥生時代における大和の拠点集落のひとつとして認識されている四分遺跡、北五条十坊域では湿地を介して西300mに営まれた同認識の中曽司遺跡が存在しており、それぞれが造墓主体者の集落と想定されている。また、十、十一条四坊域では集落跡が不明ながらもその東方隣接地からは弥生時代の水田跡に加え、井堰を伴う水路の検出などから集落の存在が指摘できる。これらの状況からは、現在未確認ながら、耳成山の北東600mに存在し同様の評価をもつ坪井・大福遺跡の周辺にも方形周溝墓群が存在していたことが予測される。

(2) 古　墳

　古墳は、方形周溝墓以上に点在していたことが明らかにされている。これら古墳には、京形成時もその形状を留めた一群とこれにより消滅した一群とに分かれる。

遺存していた古墳　左京の四条三坊以南に広がる天香具山一帯、右京の四条六坊以南に広がる畝傍山の裾部に築造された古墳、宮に南接する日高山に築かれた古墳[14]および右京域の北京極に北接する地域、そして右京十条二坊域が該当する。

　四条三坊以南と四条六坊以南の両地帯は、『万葉集』巻1の52「藤原宮の御井の歌」をはじめ万葉歌として数多く詠まれているように、それぞれが神聖な山として深く認識され、またその周辺は起伏に富んだ地形を成している。神聖な山としての認識は、天香具山は舒明天皇や持統天皇が国見を行ったように国の統率者が国見する山と観念されており、京形成以前に敷設された大和を縦貫する幹線道路の一つ中ツ道がこの山の南には飛鳥諸宮が存在していたにもかかわらず、天香具山を越えて築道された形跡が一切みられずその手前で終息していること、さらに畝傍山の裾部に点在する古墳には、皇祖である神武天皇、綏靖天皇、安寧天皇、懿徳天皇の各陵墓がみられ、これら陵墓は『令集解』職員令諸陵司に引く古記所引の別記として記録された「古記云。別記云。常陵守及墓守。」に続く文脈の「京戸二十五戸」により維持管理されていたことが指摘されている[15]。このことは藤原京の形成時における天香具山をはじめ畝傍山・耳成山の付近には造成や条坊道路が施工されるものの、三山自体にはその行為が及ばなかったことと符合している。さらにこれらの要因をも含め、それ以上に当該の山から派生する尾根により起伏に富む地形は、京内に小高い山や丘陵が造成されずに残されている事実が端的に示すように、開発自体が不可能であったと言える。したがって、両地帯は、京の形成段階において造成の対象外として扱われていたと推察される。このことは、日高山丘陵が宮の正面、朱雀門から南に延びる京の最重要道路である朱雀大路の築道に際して、その開通部分のみ最小限の改変に留まったことにも通底し、結果、日高山の斜面に営まれた横穴墓群のうち道路にかかる横穴墓を除いて、丘陵上の古墳や道路外の横穴墓は遺ることとなった。

　対して北京極に北接する地域は、そこが文字どおり京外であったことが最大の要因であった。それは同じ地域に築造された古墳が、後述するように京の範囲内に位置していたが故に造成の対象と

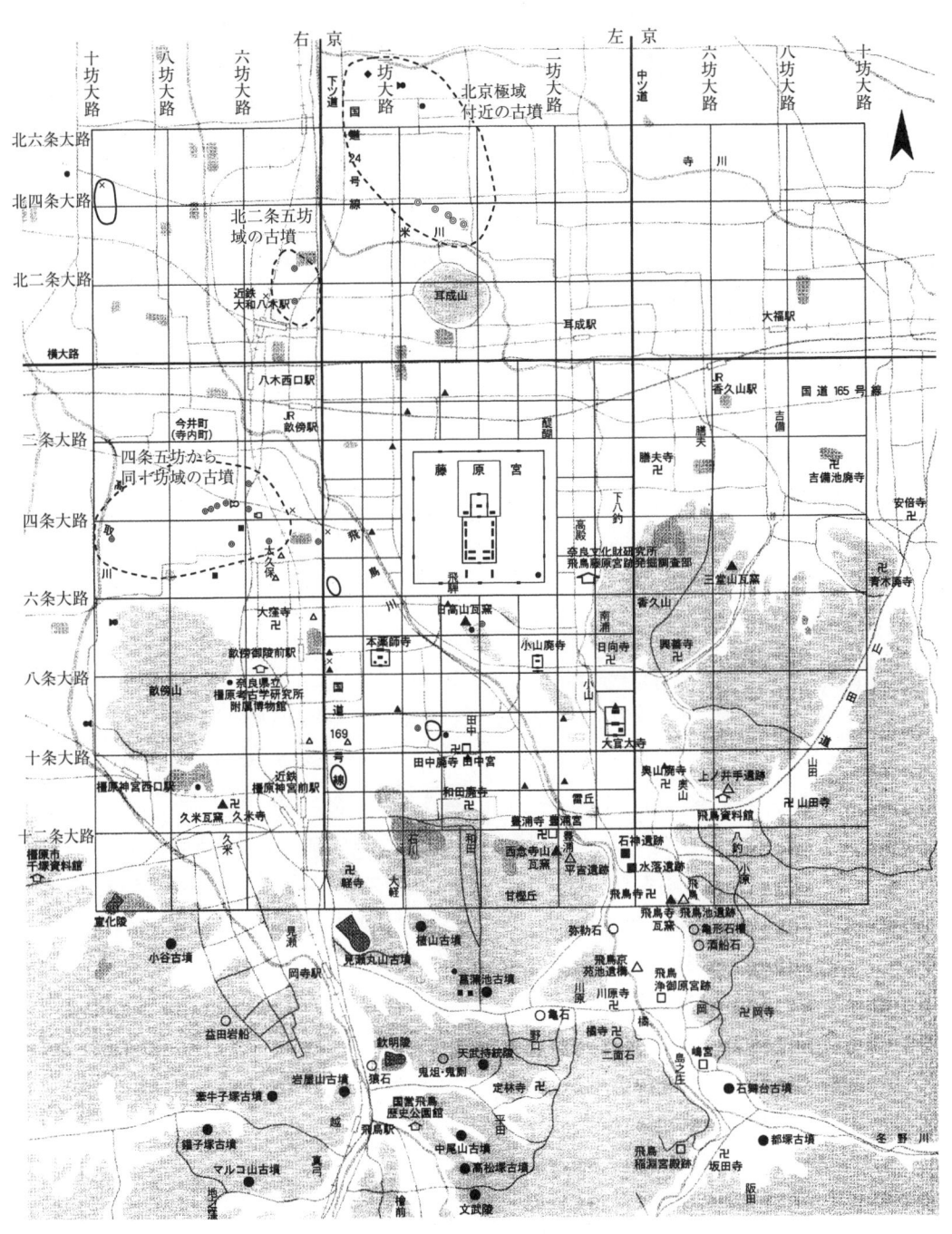

図　藤原京形成以前の表象遺跡（『飛鳥・藤原京展』奈良文化財研究所創立50周年記念記載原図に加筆作成）
　　○方形周溝墓　●遺存古墳　◎削平された古墳　△家屋

して墳丘が削平されたことと対峙する結果となった。

　十条二坊域の高まりは、天皇薮という名称をもつもので京形成以前、7世紀中頃に蘇我系の田中氏が建立した田中廃寺の寺域内に位置するものである。田中廃寺は、数度の調査の結果、建立に際しては寺域となる場所（寺域西域）に存在した6世紀中頃の一辺17m、周壕幅3.5mの方墳を削平する一方で、同じく金堂より東100mに位置する天皇薮を改変した形跡はみられなかった。また、その後の京形成期において当寺は寺域に若干の変動がみられるが、場所そのものの変更はなく、天皇薮もそのままの形状を留めていたと理解されている。そしてこの天皇薮からは巨石が数石取り出され、そのうち2石が隣接する家屋に残されている。これらの状況を踏まえ、寺域内での存在から田中氏に関連する古墳である可能性が指摘されている[16]。天皇薮が古墳として確定したわけではないが、仮に古墳であれば、田中氏に関連しかつ田中廃寺の寺域内に存在していたことが存続の要因であったといえる。

　消滅した古墳　宮内とその周辺および右京域で確認されている。宮内とその周辺には古墳それ自体の痕跡は判然としないが、古墳が存在していたことを強く示唆する埴輪が多く出土し、前岡氏により詳細に検討されている[17]。それによると、埴輪は、大極殿の北と朝堂院の東側朝堂付近および朱雀門前から日高山周辺にかけて出土し、一部時期が混在するもののそれぞれが大きく4世紀後半から5世紀前半のⅠ群、5世紀後半のⅡ群、6世紀前半のⅢ群に類別ができ、3つの古墳群の存在が想定されている。右京域では、北四条一・二坊から北京極一帯にかけての一群、北二・三条五坊付近の一群、そして宮の西方、木製葬送具が多量に出土し、また京形成により削平された古墳として著聞である四条古墳を含む四条五坊から同十坊一帯に展開する一群が明らかにされている。

　北四条一・二坊から北京極にかけての一群は、先にも述べたように京形成時にも京外にあたるため常態を保っていた古墳3基をはじめ、現在9基を数える。当該域の古墳群は、寺川の左岸と米川の右岸の2地域に偏在しており、それぞれ別の古墳群として認識できる。

　寺川左岸の古墳群は、形状を留めていた棗山古墳[18]、弁天塚古墳[19]、忍坂古墳[20]と削平された北知見寺古墳[21]で、墳形は方墳、前方後円墳、円墳、そして方墳である。このうち規模が判明しているのは、70mを有する弁天塚古墳が唯一である。棗山古墳は墳丘状の高まりがみられ、裾部付近に幅1.4mの溝が確認され、溝内から庄内式土器が少量出土したものの、古墳である材料が乏しく、古墳でない可能性も考慮する必要がある。弁天塚古墳は3世紀中頃の築造で宮山型の特殊壷、特殊器台が多量に出土している。忍坂古墳は、墳丘と周壕の一部が確認され、周壕幅は確認地点で8mを測り、周濠は人為的に埋められていた。そしてその造成面から13世紀後半頃の溝および土坑が掘られており、この段階で改変されたことが想定できる。周壕底から墳丘裾部にかけて鰭付円筒埴輪を含む円筒埴輪、朝顔形埴輪の多量の破片とともに土師器（布留1～2式相当）も多数出土し、4世紀中頃の築造であることが判明している。北知見寺古墳は墳丘の一部と周濠のみの確認であるが、一辺11m以上の方墳で5世紀後半頃の築造である。周濠は人為的に埋められていて、埋土には埴輪に混じって藤原京期の土器が出土し、京形成時に削平されたことが明らかにされている。寺川左岸に展開するこれら4古墳は、棗山古墳、弁天塚古墳、忍坂古墳の3古墳が棗山古墳（棗山古墳を古墳と仮定して）を基点に南東方向に順次築造されてゆくのに対し、北知見寺古墳は反

対の西南方向で築造時期も5世紀後半と懸隔がみられることから別の古墳群が想定できるかもしれない。

　米川右岸の古墳群は、現在5基を数える。古くは、昭和41年に一辺31m、周濠幅10mで、墳丘裾部に円筒埴輪を巡らし、形象埴輪を持つ方墳が確認されている。下明寺古墳である[22]。この下明寺古墳を基点に古墳群は、西北西に展開する。下明寺古墳に西隣して築かれた市辺古墳[23]は、一辺16mの方墳で、周濠幅は2.5～3mである。主体部は、かろうじて底部分が残存していて、木棺を直接埋葬した古墳である。木棺の遺存状況から低墳丘墳で、棺内外および周濠から古墳時代前期の土器が出土している。市辺古墳以西の3基の古墳[24]は、周濠の一部を確認しているに過ぎないが、埴輪を伴っていることから古墳と考えてまず間違いない。埴輪の年代から4世紀後半～6世紀頃の築造である。米川右岸の古墳群は4世紀中頃から6世紀頃にかけて築かれた古墳群と見られる。

　以上この地域一帯では、3つの古墳群が存在していた可能性が考えられる。

　北二・三条五坊付近の古墳は、現在5基を数え、2地点に分かれて確認されている。両者の間は、300m程離れているため、同一古墳群として把握できるかは確定できない。北側で2基[25]、北側のほぼ南300mで3基[26]である。両地域におけるそれぞれの古墳は、方墳でそれぞれの周濠がわずか数mと近接し、また、北側の2基の古墳ではそれぞれの周濠を浅い溝により連結している点からは、両地域の古墳は築造に計画性がみられる。墳丘主軸は両地域とも埋葬施設の痕跡がないため不明であるが、墳丘自体はその一辺が北西から南東方向を示している点から主軸方位は北西または北東のいずれかとなることでも共通している。両地域の古墳の築造年代は、それぞれ6世紀代および6世紀前半である。

　四条五坊から同十坊にかけてみられる古墳は、四条古墳をはじめとして現在15基を数える。ここに展開する古墳は東西にして1.6㎞、南北約500mと広範囲に広がっている。15基の古墳は、四条古墳を中心とする地域に12基、十坊域に3基と大きく2つの地域に分かれ、それぞれに古墳群が想定されている。前者には、造り出しをもつ一辺28～29mの方墳で二重の周濠をもつ四条古墳[27]、東西に主軸をもつ全長43m、周濠幅8～10mからなる前方後円墳である2号墳[28]、一辺18mに復元され、周濠幅5mの方墳である3号墳[29]、径22.5mに復元され、周濠幅約5mの円墳である4号墳[30]、直径64m、周濠幅7.5m前後に復元できる円墳又は前方後円墳の7号墳、径10m、周濠幅2～3mとなる8号墳[31]、径30m、周濠幅4mの円墳である9号墳[32]、一辺約15m、周濠幅2m前後の方墳である10号墳[33]、そして規模など不明ながら埴輪の出土がみられ、古墳と想定される5・6号、11・12号墳[34]からなる。各古墳の築造年代は出土埴輪および須恵器などから四条古墳が5世紀末、2号墳が5世紀後半、3号墳が6世紀中頃、4号墳が5世紀中頃、6号墳が6世紀中頃、7・8号墳が5世紀後半、9号墳が6世紀前半、11・12号墳が6世紀中頃に位置づけられている。12基は上記の年代から、5世紀中頃から6世紀中頃の約1世紀間造墓活動がなされているが、古墳の築造年代を通して古墳群内の展開を見た場合、それは現状築造嚆矢と推察される3号墳に続いて南に2号墳が築造され、その後5世紀後半には東に四条古墳、また西に7・8号墳が築造されるように西へ、東へ、そして南は5世紀後半から6世紀前半の古墳は未確認であるが、南には6世

紀中頃の11・12号墳の築造が示すように古墳が面的に築造されてゆく傾向がみられる。このことからこれら古墳群を単一の古墳群として把握するよりも数群からなる古墳群がこの場所に展開した結果が表出していると判断するほうが適切であろう。

　十坊域の3基[35]は、密接して築かれている。墳形は3号墳が不明ながら、残り2基は方墳である。1号墳は一辺18m、2号墳は一辺13m、3方墳は東西幅40mを越える。これら古墳の築造年代は、3号墳が出土遺物から、5世紀後半から6世紀前半頃に比定されている。1・2号墳については確定できないもののほぼ3号墳と同時期前後と推察できる。

　このように当該域では、少なくとも4つの古墳群が存在していたと想定できる。

(3) 住居跡

　住居跡は、『続日本紀』に記す百姓を例として居住者一世帯における住居域すべてを検出した例はなく、このため指標となる居住空間をはじめ建物数は不明であるけれども、建物の一部や居住に必要不可欠な井戸等断片的に留まるが、現在23か所で確認されている。これら確認された地点は、今のところ宮の周辺と宮より南での下ツ道沿いおよび天香具山の南から雷丘にかけての飛鳥川両岸一帯の3地域に集中している。

　宮周辺では、宮内を除いて5か所で確認されている。右京域の一条一坊西南坪で柱通り（以下「柱通り」については特別がない限り省略する。）が振れる桁行2間、梁行1間の南北棟建物1棟と柱掘方から飛鳥Ⅳの土器が出土した桁行梁行とも2間の南北棟建物1棟[36]、二条二坊西北坪で北で西に振れる東側柱を確認した建物1棟[37]、二条三坊東北坪で東で北に約50度振れる建物1棟[38]、五条三坊東北坪歩と西北坪にまたがって桁行2間、梁行1間の東西棟建物1棟とほぼ同じ場所で建て替えされた桁行3間、梁行2間と桁行2間、梁行1間の東西棟建物2棟[39]、そして七条一坊西北坪の中央やや北寄りで北で西に4度振れる南北塀1条とこれに関連する東西塀1条と新旧の南北棟建物2棟がある[40]。

　下ツ道沿いでは、7か所で確認されている。六条六坊東南坪の北で西に約45度振れる桁行4間以上、梁行2間の建物1棟と北で西に約50度振れる桁行5間以上、梁行2間の建物1棟[41]、七条五坊東北坪で五条条間路北側溝と重複する北で西に大きく振れる桁行3間、梁行2間の建物1棟と同じ向きで近接する同規模の建物1棟[42]、八条四坊からは西北坪と西南坪にまたがって北でやや西に振れる建物西南部分の確認、藤原宮期の一本柱塀と重複する桁行4間以上、梁行2間の南北棟建物1棟[43]、同じく八条大路上に北で西に40度前後振れる桁行4間、梁行2間？の建物1棟[44]、九条三坊東南坪で東西棟の西側柱（梁行相当部分）2間分の建物1棟[45]、十条四坊東南坪で北で西に約27度振れる桁行5間以上、梁行2間の建物とこの建物から13.6m西で同一方向の東側柱3間分が確認された建物1棟とその周辺で西でやや北に振れる桁行4間、梁行2間と桁行2間以上、梁行2間の東西棟建物2棟[46]、十条五坊西南坪では北でやや東に振れる桁行3間、梁行2間の東西棟建物2棟と桁行2間、梁行1間の南北棟建物2棟である[47]。

　天香具山の南から雷丘にかけての飛鳥川両岸一帯は、山田道周辺からあるいは和田廃寺の西方からは韓式系土器の出土をみるなど5世紀後半から開発の萌芽がみられ[48]、また近くには小墾田宮

など飛鳥諸宮があるなど7世紀の早い段階で開発されていたようで、7世紀中頃に至っては飛鳥川右岸に位置する九条三坊から四坊域周辺で確認されただけでも東西400m、南北330mと大規模に造成された地域である[49]。さらにこれら造成後の九条四坊域からは、7世紀後半から藤原京期の土器が出土する基幹水路とみられる南北に延びる溝が2条確認されている[50]。このように当該域は飛鳥の諸宮と一衣帯水のもと開発が進んでいた地域である。

　飛鳥川の右岸である十条三坊域で新旧がみられる桁行3間、梁行2間の東西棟建物1棟と東側柱6間分が確認された南北棟建物1棟、桁行2間、梁行1間の南北棟建物1棟[51]、後の大官大寺の寺地となる九条四坊域からはほぼ柱通りが北となる桁行1間以上、梁行2間の東西棟建物1棟と北でわずかに西に振れる桁行4間、梁行2間の南北棟建物1棟および桁行、梁行とも2間となる総柱建物1棟[52]、また十条四坊の西南および東南坪からは目隠し用の南北塀とともに桁行4間、梁行3間の南北棟建物1棟と梁行と想定される東側柱2間分が確認された東西棟建物1棟、さらに周辺から乱積井戸などの存在が判明している。左岸では、十一条一・二坊域の東一坊大路をまたぐ地点では北で西に振れる溝をはじめ同方位の建物も確認されている[53]。

　これら大きく3地域で判明している建物は、方位が一部で北或いは東西となるものも存在するが、多くは振れの差こそあれ北で西若しくは東に振れをもち、京が存続した期間の建物方位が全体として東西もしくは南北に統一された平面構成を採用している点とは明らかに異なるものである。建物に見られる方位の差異については、木下正史氏がすでに類型化するとともに振れの度合いによる時期別変遷を提示している[54]。この見解を踏まえて今回瞥見した建物を通覧すると、北で大きく西に40度あるいは50度振れる建物等は藤原京の建設が立案される以前にすでに消失していたと判断されるが、当該建物は京造成時から大きく年月が遡上するものではなく、むしろ京造成前の空間利用を考える上で重要な役割を果たしていたとの判断から、これら一群も含める必要がある。

おわりに―表象遺跡を通した景観

　藤原京形成以前には、このように前代の多くの構築物が視認可能な状態で表象していた。それは、弥生時代、方形周溝墓により墓域を形成していた6地域をはじめ、それに続く古墳時代の11地域の古墳群、宮周辺から南にかけて23か所に点在する7世紀代の住居そして官道および丘陵の支脈を利用して築かれた池などである。これら一瞥した構築物は、現在判明している件数であり、実際はさらに多く存在していたことは十分予測してよい。その一例として弥生時代の方形周溝墓でみると、右京北五条十坊域で確認されている方形周溝墓群は、弥生時代前期から後期まで継続する大和の拠点集落と位置づけられる中曽司遺跡の中期に限って形成された墓域にすぎず、同じ拠点集落である唐古・鍵遺跡の墓域の広がり[55]を参考とすれば、墓域の規模や広がりに差異は存在するものの、当然中曽司遺跡にも時期を異にする墓域が形成されていた蓋然性が高い。さらに宮付近に四分遺跡、左京域に坪井・大福遺跡の拠点集落が存在しており、これら集落も方形周溝墓からなる墓域を形成していることが容易に推測できる。

　以上、繰り返すこととなるが、藤原京が形成される以前は、右京北三条五坊域に見られる方形周

218　第1部　日本篇

溝墓形成以降6世紀の古墳の築造によって地表から消滅する事象が散見されるものの、前代までの構築物の分布状況が示すように、そのほとんどは後代に大きく改変されることがなく、しかもその数は想像以上に多く表象していたのである。これら表象物から想定される藤原京形成の少し前の景観は、北西流れる飛鳥川をはじめとする河川、飛鳥諸宮が営まれた飛鳥盆地とその北に計画された都城形成地を画する丘陵の縁辺には諸々の池と丘陵以北に敷設された官道である南北道路中ツ道と下ツ道および丘陵裾部を縫うように走る阿倍山田道と建設された寺院や建設が進行する寺院に加え、人々が居を構えていた家屋、そして弥生時代の方形周溝墓や古墳時代の古墳群等前代の残影物が織り成す景観であったと推察される。

註

（1）　奈良国立文化財研究所　1989「西京極大路（下ツ道）の調査（第58-5次）」『飛鳥・藤原宮発掘調査概報19』、奈良県立橿原考古学研究所　1993「新益京横大路発掘調査報告書」『奈良県遺跡調査概報1992年度』、橿原市千塚資料館　1993「藤原京右京五条四坊」『かしはらの歴史をさぐる』、橿原市千塚資料館　1994「藤原京右京十二条四坊」『かしはらの歴史をさぐる2』、橿原市千塚資料館　1996「藤原京右京六・七条四坊」『かしはらの歴史をさぐる4』、橿原市千塚資料館　2000「大藤原京右京北四条五坊の調査」『かしはらの歴史をさぐる8』、橿原市教育委員会　2005「藤原京左京一・二条四坊、出合・膳夫遺跡（橿教委2003-2次）」『平成15年度橿原市文化財調査年報』

（2）　奈良県立橿原考古学研究所　2003「石川土城跡の調査」『奈良県調査概報』

（3）　和田萃　1973「磐余地方の歴史的研究（磐余の諸宮―磐余池に関連して―）」『磐余・池ノ内古墳群』奈良県史跡名勝天然記念物調査報告第28冊　奈良県教育委員会

（4）　桜井市教育委員会　2005「磐余遺跡群第6次調査」『平成16年度　奈良県内市町村埋蔵文化財発掘調査報告会資料』奈良県内市町村埋蔵文化財技術担当者連絡協議会

（5）　佐藤亜聖　2005「平城京の条坊―その実態と展開―」シンポジウム『古代都市と条坊制』奈良女子大学COEプログラム「古代日本形成の特質解明の研究教育拠点」

（6）　奈良国立文化財研究所　1986「朱雀大路・左京七条一坊（日高山）の調査（第45-2・9次）」『飛鳥・藤原宮発掘調査概報16』

（7）　奈良県立橿原考古学研究所　1988「橿原市　四条遺跡発掘調査概報」『奈良県遺跡調査概報1987』

（8）　橿原市千塚資料館　1997「土橋遺跡の調査」『かしはらの歴史をさぐる5』

（9）　橿原市千塚資料館　1996「藤原京右京六・七条四坊」『かしはらの歴史をさぐる4』

（10）　橿原市千塚資料館　1994「田中廃寺」『かしはらの歴史をさぐる2』

（11）　橿原市千塚資料館　1996「藤原京右京十条四坊（第5次）」『かいはらの歴史をさぐる4』、1999「藤原京右京十・十一条四坊の調査」『かしはらの歴史をさぐる6』

（12）　橿原市千塚資料館　2001「大藤原京右京北三条五坊の調査」『かしはらの歴史をさぐる9』

（13）　奈良県教育委員会　1999『奈良県遺跡地図』第2分冊中地図14-B-22吉備遺跡の遺跡概要として方形周溝墓が記載されている。

（14）　奈良国立文化財研究所　1987「朱雀大路・七条一坊（日高山）の調査（第48-2・6次）」『飛鳥・藤原宮発掘調査概報17』

（15）　今尾文昭　1999「新益京の借陵守―「京二十五戸」の意味するところ―」『考古学に学ぶ―遺構と遺物―』同志社大学考古学シリーズⅦ、和田萃　1999「大藤原京と神社・山陵」『部落解放－特集ケガレの歴史社会』奈良県部落解放研究所

(16) 大脇潔 1997「蘇我氏の氏寺からみたその本拠」『堅田直先生古希記念論文集』真陽社
(17) 前岡孝彰 2004「埴輪からみた藤原宮域の古墳時代」『奈良文化財研究所紀要2004』独立行政法人文化財研究所奈良文化財研究所
(18) 橿原市教育委員会 1990「棗山古墳」『平成元年 藤原京右京十二条四坊 棗山古墳発掘調査概報』
(19) 奈良県立橿原考古学研究所 1999「弁天塚古墳」『奈良県遺跡調査概報1988』
(20) 橿原市千塚資料館 1995「大乗東堀池遺跡・忍坂古墳」『かしはらの歴史をさぐる3』
(21) 橿原市教育委員会 2005「大藤原京右京六条四坊（橿教委2003-14次）」『平成15年度橿原市文化財調査年報』
(22) 泉森皎 1987「下明寺古墳」『橿原市史 本編 上巻』橿原市役所
(23) 橿原市教育委員会 2006「大藤原京右京北四条一坊・市辺古墳（橿教委2004-2次）」『平成16年度橿原市文化財調査年報』
(24) 橿原市千塚資料館 1999「大藤原京跡、下明寺遺跡の調査」『かしはらの歴史をさぐる6』、橿原市千塚資料館 2000「大藤原京、下明寺遺跡の調査」『かしはらの歴史をさぐる7』
(25) 註(12)に同じ。
(26) 橿原市教育委員会 2006「大藤原京右京北二条五坊の調査」『平成16年度橿原市文化財調査年報』
(27) 註(7)に同じ。
(28) 奈良県立橿原考古学研究所 1992「橿原市四条遺跡Ⅱ第11次～第13次発掘調査概報」『奈良県遺跡調査概報1991年度』
(29) 橿原市教育委員会 1991「大藤原京右京五条六坊発掘調査終了報告書」
(30) 奈良県立橿原考古学研究所 1992「橿原市四条遺跡第14次発掘調査概報」『奈良県遺跡調査概報1991年度』
(31) 奈良県立橿原考古学研究所 2000「橿原市四条遺跡第25次発掘調査概報-四条7・8号墳と藤原京右京四条七坊の調査」『奈良県遺跡調査概報1999年度』
(32) 奈良県立橿原考古学研究所 2001「橿原市四条遺跡第27次発掘調査概報」『奈良県遺跡調査概報2000年度』
(33) 奈良県立橿原考古学研究所 2002「橿原市四条遺跡第29次発掘調査概報」『奈良県遺跡調査概報2001年度』
(34) 橿原市教育委員会 2001「大藤原京右京五条七坊の調査」『橿原市埋蔵文化財発掘調査概報平成12年度（大藤原京跡・植山古墳）』
(35) 奈良県立橿原考古学研究所 2002「橿原市シナノ遺跡発掘調査概報」『奈良県遺跡調査概報2001年度』
(36) 奈良国立文化財研究所 1992「右京一条一坊の調査（第65次調査）」『飛鳥・藤原宮発掘調査概報22』
(37) 奈良国立文化財研究所 1996「右京二条二坊の調査（第78-6次調査）」『飛鳥・藤原宮発掘調査概報26』
(38) 奈良国立文化財研究所 1985「右京二条三坊の調査（第41-16次調査）」『飛鳥・藤原宮発掘調査概報15』
(39) 奈良国立文化財研究所 1991「藤原京右京五条三坊の調査（第28次調査）」『飛鳥・藤原宮発掘調査概報21』
(40) 奈良国立文化財研究所 1992「右京七条一坊の調査（第63-12次調査）」『飛鳥・藤原宮発掘調査概報22』

(41) 橿原市教育委員会　2000「大藤原京右京六条六坊（橿教委200-12次）発掘調査終了報告書」
(42) 橿原市千塚資料館　1995「大藤原京右京七条五坊（第2次）」『かしはらの歴史をさぐる3』
(43) 奈良国立文化財研究所　1986「右京八条四坊の調査（第45-6・7次調査）」『飛鳥・藤原宮発掘調査概報16』
(44) 橿原市千塚資料館　1993「藤原京右京八・九条四坊」『かしはらの歴史をさぐる』
(45) 奈良国立文化財研究所　1986「右京九条三坊の調査（第45-1次調査)」『飛鳥・藤原宮発掘調査概報16』
(46) 奈良国立文化財研究所　1986「右京九条三坊の調査（第45-1次調査)」『飛鳥・藤原宮発掘調査概報16』
(47) 橿原市教育委員会　1994「橿教委1994-21次・大藤原京右京十条五坊発掘調査終了報告書」
(48) 奈良国立文化財研究所　1995「山田道第7次調査」『飛鳥・藤原宮発掘調査概報25』、奈良国立文化財研究所　2000「山田道の調査第104次」『奈良国立文化財研究所年報2000-Ⅱ』
(49) 奈良国立文化財研究所　1989「左京九条四坊の調査（第54-25次調査）」『飛鳥・藤原宮発掘調査概報19』
(50) 註48に同じ。
(51) 奈良国立文化財研究所　1981「藤原京左京九条三坊・十条三坊の調査（耳成線第1次)」『飛鳥・藤原宮発掘調査概報11』
(52) 奈良国立文化財研究所　1974「大官大寺跡の調査」『飛鳥・藤原宮発掘調査概報4』
(53) 奈良県立橿原考古学研究所　2002「橿原市　藤原京左京十一条一坊発掘調査概報（県道橿原神宮東口停車場線飛鳥線に伴う発掘調査概報Ⅲ)」『奈良県遺跡調査概報2001年度』
(54) 木下正史　1983「藤原宮域の開発―宮前身遺構の性格について―」『文化財論叢』奈良国立文化財研究所創立30周年記念論文集　同朋舎
(55) 田原本町教育委員会　2005『平成17年度　秋季企画展「唐古・鍵遺跡と周辺の弥生遺跡」』唐古・鍵遺跡ミュージアム展示図録 vol.2

古代宮都における内陸水運利用の展開

木下　正史

はじめに

　近年、駅路や駅家など古代陸上交通関係の研究の進展は目覚ましい。だが、古代の内陸水運利用については、宮都や地方官衙と水運との関係の研究が進められてきているが、なお、断片的で未だしの感がある。本稿は、宮都における内陸水運利用の展開を、宮都建設の基本計画との関係をも視野に入れつつ、大枠として論じようとするものである。

1　飛鳥初期・前半期の内陸水運利用

(1) 推古朝における大和川中小河川の利用

　飛鳥初期の宮都における内陸水運利用に関わる具体的な考古学情報はほとんど皆無に近い。この時期の内陸水運利用の有り様をうかがわせる資料としては、『日本書紀』推古紀の記事がある。
　推古16年（608）4月、前年7月に隋に派遣された小野妹子が帰国する。この時、隋の皇帝・煬帝が派遣した、隋使裴世清（はいせいせい）と下客12人らが小野妹子とともに日本に到着する。裴世清一行は、筑紫到着後、瀬戸内海を航行して6月15日に難波津に至り、淀川の河口付近の「江口」で飾船30艘を仕立てての歓迎を受け、「難波の高麗館（こまのむろつみ）」の近くに新造された館に宿泊する。一行は8月3日に飛鳥の小墾田宮に向かう。『日本書紀』推古16年8月3日条によると、「是の日に、飾騎七十五匹を遣して、唐の客を海石榴市の街に迎ふ。額田部連比羅夫、以て禮の辞を告す」（日本古典文学体系『日本書紀』下、以下、引用文については同じ）とあり、「海石榴市の街」で歓迎儀式が行われている。
　「海石榴市」とは、現在の奈良県桜井市金屋のあたりにあった古代の市で、大和盆地を南北に貫通する幹道の「上ツ道」と「初瀬川」とが交差する交通の要衝の地に所在が推定できる。何故、「海石榴市」で歓迎儀式を行うこととなったのか。裴世清一行は、難波津から舟で大和川・初瀬川を遡上して、三輪山付近の「海石榴市」のあたりで上陸し、そこから「上ツ道」と「山田道」とを辿って、飛鳥の小墾田宮に至るルートを辿ったためと思われる。
　『日本書紀』推古18年（610）10月8日条にも、新羅と任那の使者が京に至る日に、「額田部連比羅夫に命せて新羅の客迎ふる荘馬の長とす。膳臣大伴を以て、任那の客迎ふる荘馬の長とす。即ち阿斗（あと）の河辺の館に安置る」とある。ここに出てくる館とは、外国使節などの休憩施設であり、「阿

斗の河辺の館」は、大和国城下郡阿刀村の地、すなわち現在の奈良県磯城郡田原本町坂手付近（旧阿辺村）に所在が推定できる。大和川上流の寺川沿いに設けられたがために、「河辺の館」と呼ばれたのであろう。「阿刀桑市」も「阿斗の河辺の館」付近にあった可能性が高い。すなわち、初瀬川・「上ツ道」・「海石榴市」と同様に、寺川・「下ツ道」・「阿刀桑市」の密接な関係が想定できるのである。

　現在、寺川と米川とは、橿原市上品寺町あたりから「下ツ道」沿いを真っすぐに田原本町鍵の辺りまで北流し、そこから流路を北西にとって、河合で、佐保川、初瀬川、布留川などと合流して大和川の本流となる。下ツ道に沿って直線的な流路をとる部分は、寺川だけで長さ約4km、その南から続く米川を含めれば、長さ約5.3kmとなる。新羅使、任那使の一行は、難波津から大和川・寺川を遡上して、「阿斗の河辺の館」のあたりで上陸し、そこから陸路「下ツ道」を南下して「軽街」に至り、「山田道」を東に向かい、推古天皇の宮殿・小墾田宮に至ったものと思われる。

⑵　「上ツ道」「中ツ道」「下ツ道」「横大路」など幹線道路の整備

　奈良盆地を南北に貫通する「上ツ道」や「下ツ道」「中ツ道」、東西に貫通する「横大路」「山田道」などの主要幹道はいつごろ整えられたのか。『日本書紀』推古20年（612）2月20日条によると、この日、欽明天皇の妃・堅塩媛を欽明天皇の「桧隈大陵」に改葬するにあたり、「軽街（かるのちまた）」で誄をたてまつる儀式が行われている。「軽街」とは、『日本霊異記』第一の「雷を捉ふる縁」に出てくる「軽の諸越の衢（ちまた）」のことで、「下ツ道」と「山田道」とが交差する交通の要衝であった。そこには公的儀式を執行する公共広場状の空閑地があったらしい。欽明天皇桧隈大陵である可能性が高い見瀬丸山古墳は、「下ツ道」を「軽街」から500mほど南にたどると、その前方部前端の中央部に達する。「軽街」と「桧隈大陵」とは近い位置関係にある。

　蘇我本宗家の稲目・馬子・蝦夷の邸宅は、軽・厩坂・石川・豊浦・小墾田など「山田道」沿いの地に集中的に分布しており、それは「山田道」と深く関わっていたものと思われる。

　以上のように「上ツ道」「山田道」「下ツ道」は、7世紀初頭頃までには整えられていたと考えてよさそうである。なお、聖徳太子が斑鳩と飛鳥との行き来に使用したという「筋違道」は、現在の橿原市新口町あたりで「下ツ道」に斜めに接続している。この接続点のやや南にあたる場所で米川は直線的流路に変わり、「下ツ道」沿いを北流していく。

　「横大路」に関しては、推古21年（613）11月条に「難波より京に至るまでに大道を置く」とある「大道」が、それにあたると考えられている。推古16・18年段階では、難波から飛鳥の宮都に至る「横大路」などの道路が未整備であったこともあって、大和川水系の自然河川が人々の移動や物資輸送に大きな役割を果たしていたのであろう。いっぽうで、推古朝には、飛鳥の宮都を中心にして陸上交通路の整備が大きく進展したことも疑いない。

　「上ツ道」「中ツ道」「下ツ道」「横大路」のことは、『日本書紀』天武元年（672）の壬申の乱における軍勢の移動や戦闘の場面でも、しばしば登場してくる。また、天武10年（681）10月の記事に、「……親王より以下及び群卿、皆軽市に居りて、装束せる鞍馬を検校ふ。小錦より以上の大夫、皆樹の下に列り坐れり。大山位より以下は、皆親ら馬に乗れり。共に大路の随に、南より北に

行く」とあるが、ここに出てくる「大路」とは「下ツ道」のことで、軽の地には「軽市」があって、「軽市」にはそれを象徴する槻樹があったことが知られる。『万葉集』の「柿本人麻呂が妻の死を悲しむ歌」(巻2-207) にも「軽市」の賑わいぶりが歌たわれている。

なお、発掘調査成果によると、これら幹線道路については、7世紀後半以降はその遺構が確認できるが、それを遡る時期の道路遺構については明確になっていない。今後の発掘の進展に期待するほかない。

(3) 舒明朝・皇極朝における水運利用

舒明天皇11年 (639) 7月条には、「[今年、大宮及び大寺を造作らしむ]とのたまふ。則ち百済川の側を以て宮処とす。是を以て、西の民は宮を造り、東の民は寺を作る。便に書直縣を以て大匠とす」とあり、百済川のほとりに百済大宮と百済大寺とが造営される。早くも同年12月には、「百済川の側に、九重の塔を建」ったという。

12年10月条には、「是の月に、百済宮に徒ります」とあり、百済大宮の造営には、1年数ヵ月の期間を要したわけである。飛鳥時代の宮殿は、多くが数か月程度の造営期間で遷宮が実現しているから、百済大宮の造営期間は、とびぬけて長期間であったわけである。天皇発願の最初の寺院である百済大寺の造営と併行して百済大宮の建設を進行させなければならないという事情もあったが、長期の造営期間は、百済大宮が大規模な宮殿として建設された様子をうかがわせている。その建設工事は、「西の民は宮を造り、東の民は寺を作る」とあるように、広く全国から多数の労働力を徴発して行われた。こうした労働力の徴用は、律令制下の「仕丁」制そのものであると言ってよい。なお、百済大寺の建設工事は、舒明天皇崩御後、その皇后であった皇極天皇に引き継がれ、推進されている。

百済大寺は、近年、桜井市吉備の地で発掘された吉備池廃寺が、それにあたると考えて間違いない(1)。それは古代の磐余の地で、現在の米川沿いの場所にある。米川は古代には「百済川」と呼ばれていたと思われ、百済大宮と百済大寺の建設に必要な資材の搬入に、大和川水系の小河川の1つである百済川(米川)の水運利用が大きな役割を果たしていた可能性が高い。

飛鳥初期から前半期、すなわち推古朝から舒明・皇極朝にかけて、人や物資の移動・輸送に大和川水系小河川の水運が盛んに利用されていたと思われる。百済大宮・百済大寺の造営は、宮都における建設資材の搬入における大和川水系中小河川の利用の重要性を増大させる契機となったに相違ない。しかし飛鳥前半期までの水運利用は、基本的には自然の小河川をそのまま利用する程度のものであったようである。

2 斉明朝の土木工事と運河の掘削

(1) 「狂心の渠」と「石山丘」

『日本書紀』は、斉明天皇を土木工事を興すことが好きな女帝として、その人物像を描き出す。即位の年の655年には、実際の建設には至らなかったものの、小墾田の地に、初めての瓦葺宮殿の

造営を計画して、材木など資材の調達を進めている。

　斉明2年（656）には、後飛鳥岡本宮の造営を行い、また同年の記事には、「田身嶺に、冠らしむるに周れる垣を以てす。復、嶺の上の両つの槻の樹の邊に、観を起つ。号けて両槻宮とす。亦は天宮と曰ふ」とある。「田身嶺」とは、飛鳥盆地の東を限る多武峰のことである。また、続いて「時に興事を好む。廼ち水工をして渠穿らしむ。香山の西より、石上山に至る。舟二百隻を以て、石上山の石を載みて、流の順に控引き、宮の東の山に累ねて垣とす。時の人の謗りて曰はく。『狂心の渠。功夫を損し費すこと、三萬餘。垣造る功夫を費し損すこと、七萬餘。宮材爛れ、山椒埋れたり』といふ。又、謗りて曰はく、『石の山丘を作る。作る隨に自づからに破れなむ』といふ。又、吉野宮を作る」とある。このように、飛鳥の都とその周辺で、つぎつぎと建設工事を興したという。なお、「宮材爛れ、山椒埋れたり」とある部分は、小墾田の地での初めての瓦葺宮殿の造営に関わることと解せられる。また、ここに出てくる功夫とは、全国から徴用された後の律令制下における仕丁に相当するものであろう。すなわち斉明朝には、全国から10万人を超える功夫を徴用できるほど、支配体制が整備されていたことを示唆するのである。

　斉明4年（658）11月、孝徳天皇の皇子、有間皇子による反逆事件が勃発する。『日本書紀』斉明4年11月3日条には、「留守守蘇我赤兄臣、有間皇子に語りて曰はく、〔天皇の治らす政事、三つの失有り。大きな倉庫を起てて、民財を積み聚むること、一つ。長く渠水を穿りて、公糧を損し費すこと、二つ。舟に石を載みて、運び積みて丘にすること、三つ。〕といふ」とある。すなわち、「狂心の渠」の掘削や、それを使って舟で石を運び、「石山丘」を築いたことなどが、失政としてクーデター計画の誘因になったと記されている。

　こうした斉明紀の記事に対しては、行き過ぎた土木工事で、公費や人民を大きく無駄使いしたから、批判が起こったのだ、と説明されている。だが、こうした説明のみでは、斉明天皇が何を狙って次々と大土木工事を興したのか、その歴史的背景や意義までは明らかにすることができない。

⑵　発掘が明らかにした斉明朝の建設工事と「京」の成立

　近年、飛鳥で、斉明天皇時代の宮殿施設の発掘による解明が進み、たとえば水落遺跡の水時計台跡や石神遺跡の服属儀礼施設の遺跡では、建物群が広範囲に及び、かつ大規模で計画性高く、精緻・入念な造営が行われている。建物の柱穴は、一辺が2mにも及ぶものが多く、群を抜いた規模で建設されている。また、大石などを用いた石張・石敷・石組の工法の採用も、前後の時代に比べてことさら盛んである。加えて、同時期の遺跡は、飛鳥とその周辺の広範囲に及んで分布するようにもなる。

　酒船石遺跡も、斉明朝における大規模造営の典型例であって、後飛鳥岡本宮跡推定地の東丘の広範囲にめぐらされた巨石による石垣は、斉明2年紀に出てくる宮の東の山に累ねて垣としたというす石垣、すなわち「石山丘」と記された施設と考えて間違いない。酒船石遺跡の北にある谷間に築かれた、いわゆる新亀形石造物や石敷・石垣などからなる祭祀・呪的施設も、酒船石遺跡と一体的なものであろう。酒船石遺跡については、斉明2年の記事に見える多武峰に築かれた「両槻宮」、すなわち「天宮」の遺跡と見る考えもあるが、私は「石山丘」と「両槻宮」（「天宮」）とは別のもの

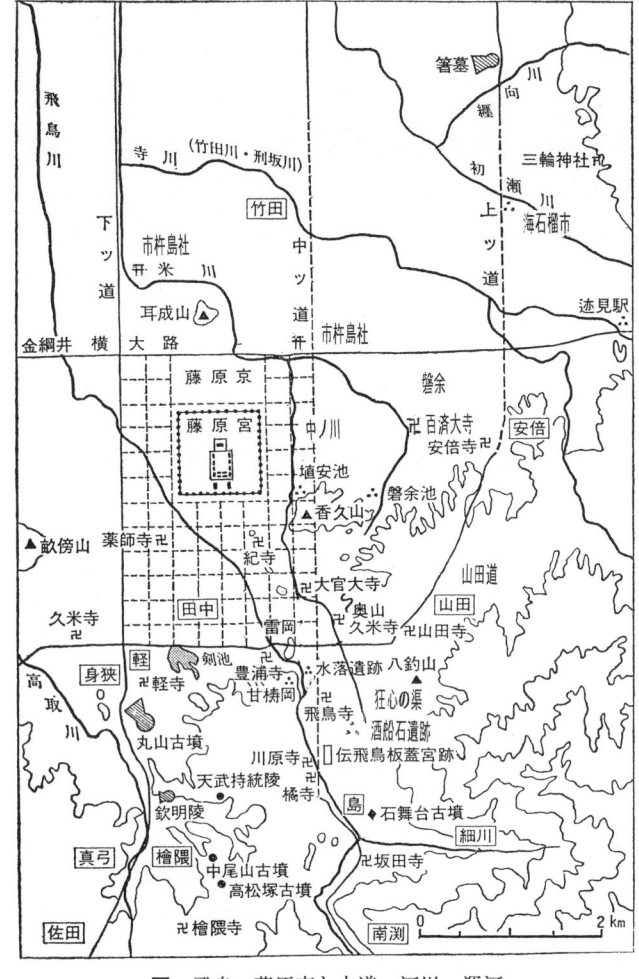

図　飛鳥・藤原京と古道、河川、運河

また、酒船遺跡の石垣や新亀形石周辺の石敷・石垣・給水施設などには、天理市豊田町と石上町に跨がって存在する豊田山に産出する凝灰岩質安山岩板石が多量に利用されている。布留に鎮座する石上神宮背後の布留山は「石上神山」と呼ばれており、その近くにある豊田山も「石上山」と称していたと見ることができる。それは斉明２年（656）紀の「廼ち水工をして渠穿らしむ。香山の西より、石上山に至る。舟二百隻を以て、石上山の石を載みて、流の順に控引き、宮の東の山に累ねて垣とす」とある記事を証拠づけるものとして注目すべきものである。石上山産の凝灰岩質安山岩石材が「狂心の渠」などを通じて飛鳥の地に運ばれたことは認めてよい。しかし、後述するように「狂心の渠」を天理市布留の地から香久山の西までの間、すべて人工的に掘削された溝と理解するのは疑問である。なお、石上山産の凝灰岩質安山岩石材は、飛鳥の宮殿遺跡で盛んに使用された石材でもある。

さて、『日本書紀』斉明５年（659）７月15日条に、「群臣に詔して、京内の諸寺に、盂蘭盆経を勧講かしめて、七世の父母を報いしむ」とあり、これは飛鳥の都に特別行政区ともいうべき「京」が成立していたこと確かに示す記事として注目すべきものである。斉明天皇６年（660）５月の皇太子中大兄皇子による水時計の初造も、こうした飛鳥の「京」、別言すれば官人層の生活空間としての「京」の成立と深く関っており、宮殿での政治の執行や「京内」住民の生活を明確な時刻基準によって規制・統制する狙いがあったはずである。その意味では、水時計の初造は、斉明朝における新しい政治を象徴的に示す政治施設でもあったと言えよう。また、瓦葺宮殿の造営を計画したことには、旧来の宮殿が掘立柱式で簡素な屋根葺き材による耐用年限の短い建築であったのに対して、宮殿を恒久的なものとし、かつ唐を中心とする東アジアの国際社会に伍して、恥ずかしくない大陸風の本格的な構造のものとする、強い政治的意図があったはずである。

『日本書紀』が語るところに、発掘成果を合わせ考えると、斉明朝の飛鳥とその周辺では、これまでにない画期的な内容で宮都づくりが行われたことが推考されてくる。それは「京」の成立とも深く関わることでもあった。

宮都の大規模な造営に必要な各種の建築資材の大量搬入に、人工の大運河「狂心の渠」の掘削が、どうしても必要となったのであろう。「狂心の渠」などと、失政として非難された内実は、飛鳥の宮都の建設工事が、これまでに経験されたことのない規模、内容で行われるようになったが故に、また、全国から多数の功夫が徴用されたが故に、それが《行き過ぎ》あるいは失政と映り、非難・反発をかったのではなかったか。

(3) 飛鳥周辺発見の人工の大溝・河川改修

香久山西北麓や、奥山久米寺の西沿い、酒船石遺跡の東方、飛鳥寺の東北方などでは人工、あるいは自然の流れに改修を加えた大規模な水路跡が見つかっており、これらは「狂心の渠」と関わるものとして注目されてきた。

まず、香久山の西北麓、藤原京左京六条三坊地の東端では、香久山の西裾に沿って南北に延びる川跡が発見されている[2]。川幅は19m以上、深さ2m以上あり、総長約93m分が検出されている。幅は約25mほどと復元できる。若干蛇行はするが、ほぼ直線的に北へと流れ、また西岸がほぼ直線的になるなど人工的な改修の跡も認められている。激しい湧水などのために底までは確認できていないが、上層には中世の遺物を含み、その下には奈良時代およびそれ以前の土器片を含む砂礫層がある。

左京六条三坊地内の北部では、この川に西から接続する運河と見るべき東西大溝が発見されている。大溝は長さ約120m分が確認されており、東側は幅4.5m、深さ1.5mほどであるが、調査区西端では幅11m、深さ1.8mほどと規模を拡大し、西へ向かって流れる。南岸は大きく抉られて屈曲する部分があるが、北岸はほぼ直線的で、掘削当初の姿をとどめている。この東西大溝は、藤原京建設当初に掘削され、奈良時代に盛んに使用され、平安時代に埋め立てられたことが判明している。その水源は先の南北に延びる川であった可能性が高く、この川の改修・利用は、少なくとも藤原京の建設当初までは遡ると判断してよい。

現在、香久山西麓には「中ノ川」と呼ばれる北流する用水路がある。「中ノ川」の上流は、飛鳥一帯の基幹用水路である飛鳥川の木葉堰からの「中水」にあたり、飛鳥、石神、雷、小山、木ノ本、下八釣を通って、出会、すなわち「横大路」の南でそれに沿って西流する米川へと流れ込んでいる。下八釣集落より北でも、「中ノ川」沿いでは、10～20m幅で南北に直線的に連なる凹地を観察することができる。この凹地は先の川跡の北延長部と見てよい。

東大寺文書中に嘉元元年（1303）と推定される絵図がある。これは図中に記された東喜殿庄・南喜殿庄の位置からすると、香久山周辺を示した図と判断できる。図には香久山の西を流れる川に「タケチ川」と記されており、この川こそ「中ノ川」のことであろう。「中ノ川」は、現在は幅の狭い灌漑用水路まで縮小化されているが、その前身は14世紀初頭頃までは、「タケチ川」と呼ばれる川として存在したのである。「タケチ川」の名は、それが高市の地を流れるが故の命名であろう。

香久山西北麓で発見された川跡は、現在の「中ノ川」に引き継がれる前身の川跡であり、「タケチ川」の跡でもあろう。

さて、「中ノ川」、そして南北に連なる凹地地形のうち、香久山西北麓の下八釣から真っすぐに北流して出会に至る部分は、藤原京東三坊大路想定地にほぼ沿った位置にあたっており、川沿いには「堀川」の地名も残っている。藤原京の時代、香久山の西からその北方にかけて、藤原京の東三坊大路に沿って、南北に延びる「堀川」あったと考えてよさそうである。この「堀川」は「横大路」沿いを真っすぐ西流する米川に合流する。米川は、より下流では、耳成山の北を迂回して「下ツ道」に至り、道路の東に沿って直線的に北流する流路をとっている。耳成山の北を迂回する部分も、藤原京の条坊道路に沿うように直線的流路をとっていると見てよい。少なくとも、藤原京の時代には、米川は自然の流路を道路に沿って直線流路へと改修されていた可能性が高いのである。藤原京東三坊大路沿いに設けられた人工的な「堀川」もそれと密接に関わるものと判断できる。

私は、香久山西裾で発掘された川跡こそ、『日本書紀』斉明紀に登場する「狂心の渠」の跡、そしてそれを踏襲した藤原京東三坊大路沿いの「堀川」の跡で、さらにそれは「タケチ川」、「中ノ川」へと継承されたものと考えている。なお、「狂心の渠」は、香具山の西北麓の下八釣集落の東から北にかけての場所に所在が推定できる「埴安池」とも接続していた可能性がある[3]。

奥山久米寺の塔跡の西60mには、旧寺域の西に接して南北に延びる幅広い低地がある。田村吉永は、大官大寺の東側にある幅50mほどで、南北に延びる凹地地形を「狂心ノ渠」跡と推定したが[4]、奥山久米寺西方の低地形はその南延長部にあたっている。1976年に、この地で行われた発掘調査によって、北へ流れる南北大溝が確認された[5]。大溝は東岸を確認したが、西岸は発掘区外にあり、溝幅は20m以上であったことが判明している。東岸の上端部には、護岸用の玉石も残っていた。堆積層からは、7世紀後半から奈良時代後半にかけての土器が相当量出土しており、溝の開削時期は奈良時代以前まで遡る可能性がある。古代末から中世頃には埋められたらしい。「狂心の渠」との関わりが注目されている。

1998年には、酒船石遺跡に向う谷奥、すなわち飛鳥池遺跡の東側に位置する飛鳥池東方遺跡で、7世紀中頃に遡る北流する幅6〜7m、深さ1〜1.5mの流路が、長さ約200mにわたって検出された[6]。自然の谷川を利用した流路であるが、東岸は、人為的な掘削を窺せるなど、谷川を整理・改修したものと考えられている。最上流は酒船石遺跡の東麓まで及んでいた可能性があり、下流は飛鳥寺寺域東辺に沿って北流するものと推定されている。流路は次第に西側に位置を移しつつ存続し、現在の用水路に引き継がれているという。

1999年には、飛鳥寺東北方の飛鳥東垣内遺跡で、その北延長部にあたると見られる大溝が確認された[7]。当初の7世紀中頃の溝は、幅10m、深さ1mほどの規模で、その後、7世紀後半と8世紀前半とに東岸に人頭大の川原石を積んで護岸し、また、幅をやや縮小するなどの改修が行われている。飛鳥池東方遺跡発見部分と合わせると、長さ約400mほどが確認できたことになり、大溝の年代や位置、規模などから「狂心の渠」である可能性が高いと考えられている。酒船石遺跡の石垣には、天理市豊田町の豊田山（「石上山」）で産出する凝灰岩質砂岩が多量に使われているから、「宮の東山の石垣」＝「石山丘」を築く石材などの運搬用に掘削したという「狂心の渠」跡として、まさ

に相応しいというのである。

　1989年、飛鳥盆地を奥山から雷にぬける村道の拡幅工事に伴う発掘調査が行われた。この村道は「山田道」推定地にあたっている。この発掘では、藤原京時代まで遡る「山田道」跡を確認するとともに、飛鳥垣内遺跡から北北西へ約330m、奥山集落の南150mの場所で、北北西へ流れる大溝が発見された[8]。幅約6m、深さ1mほどで、両岸には人頭大の川原石で護岸した跡が認められた。堆積層は6層に区分され、各層から飛鳥Ⅰ期の土器が多量に出土したことから、7世紀初頭頃使用されたものと考えられている。規模や年代の上では問題が残るものの、その位置から見て、この大溝は飛鳥垣内遺跡発見の大溝の北延長部である可能性がある。ただ、大溝の西約30mほどのところを北流する現在の八釣川の部分は未発掘であり、課題が残る。

　いずれにせよ、酒船石遺跡の東方や飛鳥寺の東北方で発見された水路跡は、奥山久米寺の西沿いの水路と一連するもので、これを「狂心の渠」跡と考える研究者は多い。一連のものとすれば、これまでに総長約1kmにわたって発見されたことになる。しかし疑問も残る。奥山久米寺跡の西で発見された南北水路は、田村吉永が「狂心の渠」跡と指摘した凹地を通って香久山に至ると推定されている。しかし、この凹地の下流は、香久山の西側へではなく、香久山の東側の戎外川から磐余池推定地の方向へと延びると見るべきで、「香山の西」とある「狂心の渠」のルートとするのは疑問である。

　また、斉明2（656）年紀の「廼ち水工をして渠穿らしむ。香山の西より、石上山に至る」とある「石上山」を天理市の豊田山（石上山）と見て、「狂心の渠」を香久山の西から天理市布留あたりまでの12kmほどにわたって直接的に掘削して設けた「人工の運河」と理解するのも疑問である。布留川、寺川、米川など大和川水系の中小河川を利用し、また、自然の流路に改修を加えつつ、一部では人工の運河を掘削してこれらの水路を一体的に連続させたものが、「狂心の渠」の実態ではなかったか、と考えるのである。

　いずれにせよ、斉明朝に至って、人工の運河の掘削を含めて、大和川水系の中小河川の利用が整備・拡大され、石材などの宮都建設資材の水上輸送がこれまで以上に大きな役割を占めるに至り、本格的に展開し始めたと考えてよさそうである。それは斉明朝における飛鳥の都づくりの本格化や、飛鳥の「京」の成立とも相関するするものであったろう。斉明朝は、宮都における内陸水運利用の第一の画期と評価することができるのである。

3　藤原京の建設と内陸水運利用

(1)　藤原宮・京の建設資材の搬入と水運

　7世紀末の藤原宮と京は、飛鳥の宮都と比較して飛躍を画した画期的な内容をもつ宮都として出現した。まず、藤原宮は約1km四方の広大な範囲を占めるようになる。また、初めて朝堂院の正殿としての大極殿が成立し、大極殿、朝堂院、内裏とともに、中央政府の諸官衙を大垣で一体的に取り囲んだ中におさめるという、後の平城宮や平安宮の継承される古代宮殿の基本形が成立する。礎石建ち瓦葺きの大陸様式の宮殿建物を初めて採用した点にも大きな特色がある。こうした特色は、

中央政府の拠点としての宮殿を、東アジアの文明国家に伍して恥ずかしくない構造のものとし、さらに「恒久の都」の建造をめざす強い政治意識の表れでもあった。もう1つの大きな特色は、中国風の条坊制を採用した初めての本格的な政治都市・都城の成立である。

　その建設には、飛鳥の宮都をはるかに越えて、膨大な量の材木、礎石などの石材、屋根瓦などの建築資材が必要で、しかも短期間に調達し建設地に運び込まなければならない。

　太い宮柱などに使われた桧材は、その大半が藤原宮から直線距離で50kmほど北の琵琶湖沿岸にある田上山で伐り出され、藤原の地に運び込まれた。『万葉集』「藤原宮の役民の作る歌」（巻1-50）に、「いはばしる　淡海の国の　衣手の　田上山の　真木さく　桧のつまてを　もののふの八十氏河に　玉藻なす　浮かべ流せれ……泉の河に　持ち越せる　真木のつまてを　百足らず　筏につくり　のぼすらん……」とあり、田上山で伐採された木材は、筏に組んで宇治川を流し下し、淀あたりで合流する泉川（木津川）を遡らせて、泉大津＝泉木津（京都府相楽郡木津町）で陸揚げした。藤原の建設地にたどりつくには、陸路、奈良山丘陵を越させて、佐保川を流し下し、寺川、米川、初瀬川を遡る水運が利用されたであろう。藤原宮出土の柱には、その下端に縄で筏に結ぶときに使う「筏穴」を残すものが少なくなく、上記のことを裏づけている。

　『万葉集』の「泊瀬の川に　舟浮けて　わが行く河の　川隈の……あをによし　奈良の京の　佐保川に　い行き至りて……」（巻1-79）は、藤原京から平城京へと遷都する時の情景を歌った歌である。藤原京から約20km北に造られた平城京への引越には、「上ツ道」、「中ツ道」、「下ツ道」の陸路が使われたが、初瀬川や寺川、米川、そして佐保川の水運も盛んに利用されたらしい。大量の、しかも重量物を運ぶには、水路の方がはるかに能率的であった。平城宮では、藤原宮の瓦や柱材などが多数再利用されている。それらの運搬にも水運が盛んに利用されたに相違ない。なお、藤原宮の建物の屋根瓦は、少なく見積もっても200万枚が必要だが、それらは大和のほか、讃岐、阿波、淡路島、和泉、近江などの遠隔地からも調達されている。その輸送にも水運の利便性は高かったはずである。

(2)　**自然河川の改修と堀川の掘削**

　先にも述べたように、米川は、藤原京周辺では藤原京の幹道である「下ツ道」や「横大路」また条坊道路に沿う直線的流路をとっており、藤原京時代に自然の流路を大規模に人工流路に改修したのではないかと推察される。河川交通路と陸上交通路とは、相互に結びつけらることによって、その双方の機能をより効果的に発揮できるものである。「一遍聖絵」の平安京「東堀川」図には、堀川に筏に組んで浮かべた材木を、堀川の中や堀川小路から綱で引きあげる情景が描かれているが、川に沿う道路は川舟・筏を遡上させる時に効果的で、平行する道路から綱で引っぱる運漕法もとられたのであろう。

　1977年、藤原宮の中心建物である大極殿北方の発掘で、南北に真っすぐに貫通して走る大溝が発見された[9]。幅7〜9m、深さ2m。下層に厚く砂礫の堆積があり、多量の流水があったことがわかった。同層からは、天武11・12・13年（682〜684）の年紀のある木簡や藤原宮よりも一時期古い土器がまとまって出土し、大溝の掘削時期は天武末年まで遡る可能性が高い。大極殿の建設時に埋

め立て、周辺を含めて入念に整地していたことも判明した。北面中門や大垣地点での発掘では、これらの下層で、大溝の下流部を発見しており、北面中門などの建設の直前に埋め立てられている。大溝は藤原宮の中枢部に沿って、300m以上にわたって貫流しており、上流は大極殿の下を南へと続き、飛鳥川ないしは香久山西裾を流れる水路から取水しているのであろう。下流も、北外濠の北側へと延びるところまでは確認できており、北面中門の北600mほどのところを流れる米川へつながっていたであろう。総長2km以上に及んでいたものと考えられる。この大溝は、藤原宮の中枢部を建設するための建築資材運搬用の運河＝「堀川」として掘削されたものであることは疑いなく、大極殿や朝堂、北面中門などの建設開始直前までの短期間に使用されたものである。

　大規模に行われた藤原宮と京の建設工事に人工の運河が果たした役割は大きかったに相違なく、自然河川の改修と、それにつなげて人工運河（堀川）を掘削するなど、水運網が大々的に整えられるに至ったものと思われる。米川などの大和川水系中小河川を使って運んできた建築資材は、最終的にはこの運河によって建設地に運び込まれたのであろう。

(3) 市と堀川、水運利用

　自然河川の改修や人工運河の掘削は、宮殿などの建設資材の運搬のためだけのものでは無論ない。

　藤原京には、都民の日常生活を支え、律令国家の物流の拠点となる市が京の東西に設けられた。東市は、幹線道路である「中ツ道」と「横大路」とが交差する近くに所在が推定できる[10]。「横大路」に沿って米川が直線的に流れる場所である。東市の占地は、米川の水運利用や直線流路への改修と不可分の関係にあって、その水運利用が大きく関係していたはずである。現在、この交差点に接して市杵島姫を祀る市杵島神社が鎮座している。市杵島姫とは、舟運の安全を守護する宗像神社の祭神で、市の守護神ともされた。

　平安京の東市・西市も、それぞれ東西の堀川小路と堀川沿いに位置を占めており、ともに市杵島姫を勧請した市姫社が付設されていた。平城京東市でも、その中央を堀川が貫流し、西市は直線流路に改修した秋篠川に接して設けられている。東市の東側には「姫寺」があり、少なくとも東市では市姫社が付設されていたことが判明する。以上のように、古代都城においては、市・水運利用・市杵島神社が密接に関わっており、その関係は少なくとも日本最初の都城・藤原京に遡って確かめられるわけである。なお、藤原京西市の場所は、「横大路」と「下ツ道」とが交差する近くに推定できる。米川が「下ツ道」沿いを直線的に流れる場所に近く、また付近には、現在、市杵島神社が鎮座している。

　先述した藤原京左京六条三坊の地の発掘では、平城京遷都の直後に、大倭国の正税を貯え管理する「香具山正倉」が設けられていたことを確認する成果もあった。「中ノ川」につながる東西大溝は、奈良時代にも盛んに使用されており、平安時代に埋め立てられたことが判明している。大量の米穀などを運び込む「香具山正倉」の設置には、藤原京時代以前に遡って利用が始まっていた米川と「中ノ川」との水運が大きく関わっており、それが継承されたのであろう。

4　本格的都城・藤原京の建設計画と水路網の整備

　藤原宮では、その東大溝をまたぐようにして設けられた大規模な便所跡が発見されている。多数の官人達が使用する共同便所であったと考えてよい。東大溝に排出された屎尿や宮内の雑排水は、内裏の東を北流して、北面大垣の北を大垣に平行して西に流れる幅5mほどの北外濠に流れ込み、さらに幅約10mと一段と大規模な西外濠へと流下する。北外濠が西外濠に合流する藤原宮の北西隅あたりからは、西外濠は幅20mほどの大きな流れとなって、西二坊大路の東に沿って京の中を北流する。その先は米川に流下していたものと思われる。また、北面中門下層の堀川は、北外濠との合流点以北は、藤原宮完成以降も埋められずに、外濠などからの排水を受ける水路として存続していることも注目しておきたい。

　さて、藤原京内の宅地では、各所で水洗式ともいうべき便所が発見されている。条坊道路側溝の流水を宅地内に溝で引き込み、この溝に屎尿を流し、再び側溝に流し戻す構造の便所である。藤原京では最も一般的な構造の便所であり、平城京や平安京でも同構造の便所が普及していた。都城における条坊道路の側溝はたんなる排水用だけではなく、屎尿などの汚水処理のためにも必須のものであったのである。

　条坊道路の側溝に流れ込んだ生活雑排水や屎尿は、京内を南から北に流れる大規模な溝に集まり、最終的には米川や飛鳥川などへと処理された。大溝は、以上にあげたほかにも「下ツ道」西側溝など数条が確認されている。

　慶雲3年（706）3月、元明天皇は、「京の内外に穢れた汚れがあふれ悪臭が漂っている。即刻取り締まれ」と命じている。宮の外濠や道路側溝、さらに周辺河川へと大量に排出された屎尿などは、とくに都市衛生の悪化など困難な事態を招き、政府は難しい対応に迫られることになったのであろう。

　物資輸送や建築資材輸送のための運河の掘削や河川の人工流路への改修など、大規模かつ系統的な水運網の整備は、藤原宮と京の占地、そして市や条坊道路の配置など都市整備計画の根幹と深く関わっていたと考えられるのである。それは屎尿や生活雑排水など下水処理網の整備計画とも一貫するものであった。都城が初めて成立した藤原京の時代は、内陸水運利用が本格的に展開し始める水運利用網、また排水路網の整備の上でも1つの画期であったということができよう。

　しかし、藤原京の地は、その中央部を南東から西北へと飛鳥川が斜めに流れる、東南に高く西北に低くなる地形の場所で、藤原宮は地形の低い側に営まれている。都市内の排水という観点からは矛盾を抱えた都城であったのであり、その意味では、藤原京の時代は「都市の基盤整備」への模索の時代でもあったとも言えるであろう。

　北に高く南に低くなる地形の場所に立地し、その中央の北詰に南面して平城宮を配置する平城京では、さらに大規模に、系統的に河川改修が行われた。北や東から流れてくる佐保川や能登川、秋篠川などの小河川は、条坊地割に沿うように直線流路に改修されたり、京外に付け替えられている。東堀川も、こうした自然流路の1つを利用して、条坊地割計画に従って開削したものであっ

た。西堀川は、西一坊大路に沿うように改修された秋篠川がその役割を担うことになる。これら河川や堀川は平城京外の南で佐保川に合流して、やがて大和川となり、難波津へ、そして瀬戸内海へと通じていた。

　いっぽうで、生活雑排水や屎尿も、条坊道路の側溝から、最終的には佐保川などに排水された。平城京では、水運網は下水路網、洪水対策を含めた排水路網の整備と密接に関わりつつ、都城計画の全体のなかで、さらに大規模、体系的に整えられていったのである。それは藤原京での模索を基礎とするものでもあった。

　平安京では、平城京での試みが基本的に踏襲されている。鴨川などの河川は京外に付け替えられるとともに、東西の二坊坊間路（堀川小路）には、その中央を貫流するように堀川が開削された。東西市が東西の堀川沿いに位置を占め、平安宮などの建設工事を担当する「木工寮」が東堀川沿いに設けられているのは、物資や建築資材の輸送に堀川の水運がきわめて重要な役割を果たしたことを窺わせている。堀川小路の幅は8丈あり、他の小路4丈の倍の幅員である。舟や筏を、道路から綱で引っぱる運漕法が整えられていたのであろう。

　なお、平城京における淀川・木津川の水運利用と外港としての泉津（木津）の整備、平安京における淀川の水運利用と山崎津・淀津などの港湾施設の整備の問題は、都城の建設、さらにそれを機能させていく上できわめて重要なものであったが、稿を改めたい。

註
（1）　木下正史『飛鳥幻の寺、大官大寺の謎』角川書店　2005、2。
（2）　奈良国立文化財研究所「左京六条三坊の調査」『飛鳥・藤原宮発掘調査概報』（以下、『概報』と略す）
　　　16・17・18　1986、4・1987、5・1988、4。
（3）　埴安池については、木下正史「藤原宮域の開発―宮前身遺構の性格について―」（『文化財論叢　奈良国
　　　立文化財研究所創立三〇周年記念論文集』同朋社　1983）で論じた。
（4）　田村吉永『飛鳥藤原京考証』綜芸社　1970、4。
（5）　奈良国立文化財研究所「奥山久米寺西方の調査（狂心渠推定地）」『概報』7　1977、5。
（6）　奈良国立文化財研究所「飛鳥池東方遺跡の調査-第86次」『奈良国立文化財研究所年報』1998-Ⅱ、「飛鳥
　　　池東方遺跡の調査-第92次・第91-6次」『同年報』1999-Ⅱ。
（7）　明日香村教育委員会「飛鳥東垣内遺跡の調査」『明日香村遺跡調査概報』平成10年度　2000、3。
（8）　奈良国立文化財研究所「山田道第1次調査」『概報』20　1990、5。
（9）　詳細は、木下正史『藤原宮』（中央公論新社　2003）を参照。
（10）　木下正史『藤原宮』（中央公論新社　2003）を参照。

丹生川上神社再考

橋本　裕行

はじめに

　丹生川上神社は祈雨止雨の神として崇敬され、『続日本紀』淳仁天皇天平宝字7年（763）7月5日庚午条の記事以来、多くの文献に奉幣が記録されている[1]。また、『日本書紀』神武天皇即位前紀戊午年9月甲子条の記事にある「丹生川上」もこの神社を指すものと考えられている。しかし、その神社の所在地がいつしか不明となり、江戸から大正時代にかけて所在地考証が行われ、現在吉野郡川上村迫（さこ）所在の丹生川上神社上社、同郡東吉野村小（おむら）所在の丹生川上神社中社、同郡下市町長谷（なが たに）所在の丹生川上神社下社という3社が候補とされ、なかでも丹生川上神社中社がその有力な候補地と考えられている[2]。

　1998年（平成10）から2000年（平成12）にかけて、吉野郡川上村大字迫字宮の平に所在する上社境内地（宮の平遺跡）の調査が実施された。この調査において、上社社殿基壇が徹底的に解体調査され、当神社境内地における祭祀の開始時期や社殿建立時期およびその後の社殿造替の変遷などが明らかになった[3]。それによれば、境内地における祭祀執行開始時期は8世紀中葉から9世紀初頭頃に遡り、その後12世紀末から13世紀初頭頃に社殿が建立されたと推定される。

　ところで、『延喜式』神名上には、吉野郡10座として吉野水分（ミコマリノ）神社・吉野山口神社・大名持（オホナモチノ）神社・丹生川上神社・金峯（カネノミタケ）神社の大5座と高桙（タカホコノ）神社・川上鹿塩（カシホノ）神社・伊波多（イハタノ）神社・波寶（ハホノ）神社・波比賣（ハヒメノ）神社の小5座の計10座が記載されている。

　つまり、吉野郡に鎮座した丹生川上神社は一座のみであり、上・中・下の3候補のうちの1社が本命であるか、または、そのいずれでもなく、それ以外の場所に鎮座していた可能性も十分考えられる。しかしながら、前述の上社境内地における調査結果は、上社の歴史の古さを物語っており、中社を最有力候補とする現在の考え方に再考を促すものと考えられる。

1　丹生川上神社所在地に関する諸説

　丹生川上神社所在地考証の経緯については『式内社調査報告　第二巻　京・畿2』などに詳しい[4]。それらに基づき、諸説を以下のように整理することができる。
　下社説：現吉野郡下市町長谷に鎮座する神社を比定する説。

　　　　　白井宗因『神社啓蒙』寛文10年（1670）。
　分離説：丹生川上神社の所在地については下社説（または中社説）を踏襲しながらも、神武東
　　　　征伝承の「丹生川上」を宇陀郡内に比定する説。
　　　　　並河誠所『大和志』享保21年（1736）。
　　　　　斎藤美澄『大和志料』大正３年（1914）。
　上社説：現吉野郡川上村迫に鎮座する神社を比定する説。
　　　　　江藤正澄　明治４～７年（1871～1874）[5]。
　中社説：吉野郡東吉野村小に鎮座する蟻通神社を比定する説。
　　　　　森口奈良吉『丹生川上神社考』大正４年（1915）。
　上記のごとく江戸時代から大正時代にかけて諸説が乱立したが、現在、森口が唱えた中社説が有力とされている。

2　中社説の根拠

　上社調査成果と対比する上で、中社説の根拠を確認する必要があるので、以下にその要点を簡潔に述べる[6]。
　①『類従三代格』寛平７年（895）年記載の「太政官符」の四至と中社の位置が整合する。
　②蟻通神社は、『類従三代格』寛平７年「太政官符」記載の「国栖戸百姓並浪人」の住地に近接する。
　③蟻通神社に祭られている約20体の木造祭神は藤原初期（平安中期）の作。
　④弘長４年（1264）「丹生社」銘の石灯籠が存在する。
　⑤春日社文書『宇陀郡田地帳案』に「雨師荘、田五反、吉野郡小河雨師明神神領」の記載がある。
　⑥『大和志』の丹生神祠の条に、「在小村、（中略）上梁文曰丹生太神宮応仁二年重修又云文明二年四月神主従五位上中務少輔藤原弘光重修」という記載がある。
　⑦慶安３年（1650）の上棟文が現存し、そこに「丹生宮造営之事」と書かれている。

3　上社境内地（宮の平遺跡）の調査成果

　次に、上社関連遺構のうち、本論に関わる要点を以下に記す[7]。
　①本殿基壇跡は、大別Ⅵ期の変遷が確認された。
　②Ⅰ期は基壇造営以前。復元長辺2.50m×短辺約1.59mの規模を有する平面長方形の集石遺構。構築時期は８世紀中葉から９世紀初頭に遡る可能性大。
　③Ⅱ期も基壇造営以前。Ⅰ期の集石遺構と重複し、長辺約5.40m×短辺約3.00mの規模を有する平面長方形の敷石遺構。構築時期は11世紀後半から12世紀初頭頃の可能性大。
　④Ⅲa期は基壇造営開始期。Ⅱ期の敷石遺構の上に土を盛り、石垣で化粧した本殿基壇。規模

は長辺6.60m×短辺4.60m×高さ0.60mで、基壇上に身舎の礎石（1間×3間）と庇を受ける礎石（3間分）がのる。また、基壇前面には黒色の玉石が敷き詰められる。構築時期は12世紀末から13世紀初頭頃。
⑤Ⅲa期の礎石には柱の当たり痕跡があり、創建当初の社殿は、礎石の上に朱塗りの円柱を直接建てる構造で、社殿形式は三間社流造であった可能性が高い。
⑥以後、Ⅲa期の基壇を踏襲しながら、同一地点において約800年間にわたって社殿の造替が繰り返された。
⑦本殿と拝殿を結ぶ中軸線は、北から東へ45°前後の振れを有する。社殿背後の中軸線延長線上に吉野川の屈曲地点、巨岩の露頭、三角形を呈する山の頂が並ぶ。つまり、社殿・清水・磐座・神奈備という古式祭祀形態が認められ、それはⅠ期当初から意識されていたものと考えられる。
⑧調査地内から8～9世紀代の所産と考えられる製塩土器の破片が多数出土した。

4　問題の所在

　上記のように、『延喜式』神名上に記載された吉野郡に鎮座する丹生川上神社は本来1社である。いくつもの比定考証を経て、現在は中社説が汎く支持されている。しかし、上社の調査結果から上社の祭祀の開始は古く、その祭祀形態と継続性は、上社説が成立する可能性を示唆しているものと思われる。中社説の根拠は、文献と石灯籠刻銘および木造祭神であるが、一方の上社説の根拠には、新たに考古学的知見が加わった。したがって、中社説の根拠には再検討の余地があるものと考える。

5　小川氏の動向

　まず、中社説根拠⑥に注目したい。『大和志』には、文明2年（1470）に書かれた『丹生太神宮上梁文』が記されており、そこに「神主従五位上中務少輔藤原弘光」の名が見える。藤原弘光とは、小川弘光のことで、いわゆる「長禄の変」における神璽入洛にさいして中心的な役割を果たした人物として記録されている。
　中社説根拠⑤～⑦は小川氏の動向と関わるものと考えられるので、まず、この点に検討を加えることとする。そこで、中社説を再検討するために表1を作成した[8]。この表を参照しながら、小川氏の動向をたどることにしよう[9]。
　小川氏が文献に登場するのは万里小路時房の日記『建内記』永享3年（1431）3月12日の記事で、「小川」の傍注に「国民也、弘氏」と記されている。小川弘氏の身分である「国民」について、永島福太郎は、「興福寺は守護勢力確立のため、旧国衙領に続出する武士たちを衆徒に准じ国民という称を与えてこれを把握した。これには春日神人の身分を与え、末社の神主や荘官としたのである。（中略）国民は外様の興福寺御家人といえる。」と説明している[10]。つまり、小川弘氏は、

表1　丹生川上神社関連年表

年号		西暦(年)	丹生川上神社関連 奉幣記録	雨師社・雨師庄関連 雨師社・庄	史料	中社・丹生社・蟻通神社関連 事項	資・史料	小川氏関連 事項	資・史料
元号 (年)									
天平宝字	7	763	祈雨、続日本紀						
宝亀	6	775	止雨、続日本紀						
宝亀	8、5月	777	止雨、続日本紀						
宝亀	8、8月	777	止雨、続日本紀						
大同	4	809	祈雨、日本紀略						
弘仁	10、6月	819	祈晴、日本紀略						
弘仁	10、7月	819	祈雨、日本紀略						
承和	2	835	祈晴、続日本後紀						
承和	5、8月	838	止雨、続日本後紀						
承和	5、9月	838	止雨、続日本後紀						
承和	6、3月	839	祈雨、続日本後紀						
承和	6、4月	839	祈雨、続日本後紀						
承和	7	840	祈雨、続日本後紀						
承和	9	842	祈雨、続日本後紀						
承和	14	847	祈雨・止雨、続日本後紀						
貞観	元	859	止雨、三代実録						
貞観	17	875	止雨、三代実録						
元慶	2、6月	878	祈雨、三代実録						
元慶	2、8月	878	止雨、三代実録						
元慶	7	883	止雨、三代実録						
仁和	元、5月	885	止雨、三代実録						
仁和	元、7月	885	祈雨、三代実録						
寛平	7	895	四至、太政官符						
天暦	2、5月	948	祈雨、日本紀略						
天暦	2、5月	948	祈雨、類聚符宣抄						
天徳	元	957	祈雨、日本紀略						
天徳	3	959	祈雨、日本紀略						
天元	5	982	祈雨、日本紀略						
永延	元	987	祈雨、日本紀略						
正暦	2	991	祈雨、日本紀略						
寛弘	5	1008	止雨、法生寺摂政記						
寛仁	2、5月	1018	祈雨、日本紀略						
寛仁	2、5月	1018	祈雨、左経記						
寛仁	2、7月	1018	止雨、日本紀略						
寛仁	4	1020	祈雨、左経記						
治安	3	1023	祈雨、小右記						
万寿	2、7月	1025	祈雨、左経記						
万寿	2、7月	1025	祈雨、左経記						
長元	元	1028	祈雨、左経記						
長元	4	1031	止雨、左経記						
長元	7	1034	祈雨、左経記						
長元	8	1035	祈雨、左経記						
寛治	3	1089	祈雨、中右記						
天仁	元	1108	止雨、中右記						
天承	2	1132	祈雨、中右記						
保延	3	1137	祈雨、中右記						
保延	5	1139	祈雨、古今著聞集						
治承	4	1180	止雨、三槐記						
元暦	元	1184	祈雨、三槐記						

年号		丹生川上神社関連	雨師社・雨師庄関連		中社・丹生社・蟻通神社関連		小川氏関連	
元号（年）	西暦（年）	奉幣記録	雨師社・庄	史料	事項	資・史料	事項	資・史料
文治 元、8月	1185				蟻通大明神勧請	蟻通神社縁起		
文治 2	1186	止雨、玉海						
建久 2	1191		雨師御領	長講堂所領注文				
貞応 3	1224		大和国雨師社	宣陽門院所領目録				
弘長 4	1264				丹生社銘	中社石灯籠		
延元 2～4	1337～39	止雨、新葉和歌集						
正平 13	1358						僧 弘俊・藤原弘重	福寿院跡五輪塔銘
応永 9	1402	祈雨、吉田日次記						
応永 13	1406		吉野郡小河雨師明神領	宇陀郡田地帳案				
永享 3	1431		丹生川上雨師	大和志料			小川弘氏	建内記
嘉吉 3、5月	1443	祈雨、康富記						
嘉吉 3、5月	1443	止雨、康富記						
宝徳 2	1450	止雨、康富記						
長禄 元	1457						長禄の変	経覚私要鈔、大乗院寺社雑事記
長禄 2	1458						神璽入洛、小川弘光	経覚私要鈔、大乗院寺社雑事記
長禄 3	1459		雨師庄をめぐり小川・多武峰抗争	大乗院寺社雑事記				
寛正 2	1461		（宇陀郡）雨師庄事	経覚私要鈔				
応仁 2	1468				丹生太神宮重修	大和志		
文明 2	1470				丹生太神宮重修	大和志	神主小川弘光	大和志
延徳 2	1490				小川丹生神主	大乗院寺社雑事記	弘茂	大乗院寺社雑事記
延徳 3	1491		雨師庄年貢（小川）	大乗院寺社雑事記	丹生神主	大乗院寺社雑事記	吉野小川	大乗院寺社雑事記
明応 元	1492				丹生神主	大乗院寺社雑事記	小川	大乗院寺社雑事記
明応 5	1496	奉幣不事行、親長卿記						
文明 7	1498						籠名を受ける	大乗院寺社雑事記
文禄 4	1595				蟻通神社	太閤検地		
慶安 3	1650				丹生宮	中社所有上梁文		
宝暦 9	1759				蟻通明神	小村神社取調書上控		

東吉野村における興福寺の荘官であるとともに神主でもあったということになる(11)。重要な点は、小川氏が代々神職を受け継いでいたことで、既述の文明2年(1470)『丹生太神宮上梁文』に神主として小川弘光の名が見え、また、『大乗院寺社雑事記』の延徳2年(1490)11月21日の記事に「小川丹生神主」として弘茂の名が見える。

　ところで、永島に従えば、小川氏は東吉野村小川庄を拠点として東吉野村一円や宇陀郡内の一部を治めた荘官で、興福寺(大乗院)の御家人であった。その小川氏が一躍脚光を浴びたのがいわゆる「長禄の変」における神璽奪還と神璽入洛事件である(12)。この功績によって、後日小川弘光は「中務少補」に昇進するのであるが、弘光は神璽奪還から返還までの間、この神璽と引き替えに種々の恩賞を望み、長谷寺や興福寺を仲介として幕府に働きかけていた。恩賞とは、具体的には萩原庄(宇陀郡榛原町)、竜門庄(吉野郡吉野町)、大熊四郷(宇陀郡大宇陀町)、赤埴の新関(宇陀郡榛原町)、河内国松原庄、摂津国福井庄などを小川氏の所領として認めさせることであったが、大熊四郷以外はことごとく却下された。なお、小川氏は宇陀郡大熊四郷以外にも同郡雨師庄を所領としていた時期があり、そのことは前述の『大乗院寺社雑事記』延徳2年(1490)11月21日の記事に、「小川丹生神主弘茂(中略)雨師庄年貢」と記されていることや、後述する『宇陀郡田地帳案』(春日大社文書)などによって確認できる。

　ここで、注目すべき点は、この雨師庄に『延喜式』神名上宇陀郡17座に記された丹生神社(雨師社)が鎮座していることである。『宇陀郡田地帳案』は中社説の根拠の1つとなっているが(中社説根拠⑤)、小川氏の動向と重ね合わせたとき、正反対の史料として読むことも可能となるのである。次にその点ついて検討を加えたい。

6　雨師社

　建久2年(1191)の『長講堂所領注文』に「雨師御領」と記されているのが、文献上での雨師社に関する初見とされる。傍注に「(大和国カ)」とある。また、貞応2年(1224)の『宣陽門院覲子内親王所領目録』中に「大和国雨師社」、傍注に「(宇陀郡)」とある。

　雨師社は、宇陀郡榛原町雨師366番地(大字雨師小字朝原)に鎮座する丹生神社を指すとされる。『大和志』は、「在雨師村、神武紀所謂菟田川朝原即此」とし、また、『大和志料』は丹生神社に伝わっていた永享3年(1431)の社記を載せて、神武東征伝承の「菟田川朝原」の地を丹生神社の社地に比定している。この社記は焼失したが、そこには「倭國菟田郡丹生神社者祈雨止雨之神也(中略)大和國宇陀郡雨師村丹生川上雨師／朝原ノ丹生本宮社／禰宜　小林長右衛門大神豊定／禰宜　小林荘輔大神正儀／神主　小林帯刀大神春長」と書かれていたという。

　なお、現在の丹生神社本殿は南面する一間社春日造で、元文4年(1739)2月社殿修造の棟札が残っている。

7　宇陀郡雨師庄と小川氏の関係

　『宇陀郡田地帳案』には「雨師庄田五町吉野郡小何雨師明神領」とあり、「何」の傍注に「河」と記されているので、この文は「宇陀郡雨師庄の田五町は、吉野郡小河雨師明神領である」と解される（中社説根拠⑤）。この史料の作成年代は不詳であるが、「原注文は應永十三年に作成」の可能性が指摘されている(13)。この指摘が正しいとすれば、応永13年（1406）以前から、宇陀郡雨師庄は吉野郡小河雨師明神領であったと考えられる。

　前述の『建内記』永享3年（1431）の記事で小川弘氏は「国民」とされていることから、小河雨師明神の神主は弘氏の可能性が高い。また、文明2年（1470）『丹生太神宮上梁文』に神主として小川弘光の名が見え、『大乗院寺社雑事記』の延徳2年（1490）の記事に「小川丹生神主」として弘茂の名が見えることから、小川氏が代々吉野郡小河雨師明神の神職を受け継いでいたことは間違いないだろう。さらに、東吉野村小栗栖にある正平13年（1358）銘福寿院跡五輪塔に刻まれた「藤原弘重」が小川弘氏の先祖であるとする説を肯定するならば、小川氏と吉野小河雨師明神との関係は14世紀中葉まで遡り、小川氏の滅亡（天正18年〈1590〉）まで継続していた可能性もある(14)。

　『宇陀郡田地帳案』以外に宇陀郡雨師庄と小川氏との関係を示す史料に『経覚私要鈔』『大乗院寺社雑事記』『三箇院家抄』などがある。

　『経覚私要鈔』：寛正2（1461）年正月29日「（宇陀郡）雨師庄事」として小川弘光・同弘房・長谷北室弘覚の名や「雨師百性」などが見える。これは、後述する『大乗院寺社雑事記』長禄3（1459）年8月24日の記事に関連するものであろう。

　『三箇院家抄』：「大乗院家一円知行荘園目録」の中に「雨師庄長享二年多武峰取納帳」、また「雨師庄請口事」の中に「宇陀郡雨師庄　三十五貫請口　以晧文小川（弘光）請文在之（中略）多武峰より小川闕所事在之、文明年中」とある。この記事によって文明年中（1469～1487年）から長享2年（1488）の間、雨師庄が多武峰方に押領されていたことがわかる。

　『大乗院寺社雑事記』：長禄3年（1459）8月24日「雨師庄代官事、多武峯ノ九品院所望」、延徳2年（1490）11月21日「小川丹生神主弘茂（中略）雨師社（庄カ）年貢」、延徳3年（1491）7月3日「吉野小川代官森野参申（中略）雨師庄年貢請口三十五貫文也」、同年11月18日「吉野小川丹生神主（中略）雨師庄年貢事（中略）雨師庄ハ自長谷寺五十丁計東宇多郡之内也」など、吉野小川または吉野小川丹生神主と雨師庄の関係を示す記事が多数ある。長禄3年（1459）の記事は、雨師庄領が多武峰方に押領されたことを示し、延徳2年（1490）の記事は小川弘茂が丹生神主であり、かつ、雨師庄の荘官であったことを示唆している。また、延徳3年（1491）11月の記事によって、長谷寺と雨師庄との位置関係を概ね把握することができる。

　以上のことから、14世紀中葉から16世紀末葉まで、吉野小川氏が東吉野村にあった雨師明神や丹生太神宮または丹生神社の神主職を務めていたことは、ほぼ肯定できるであろう。しかし、この雨師明神や丹生太神宮または丹生神社が現在の中社を指すのかどうかは別の問題である。次に、このことについて考えてみたい。

8　蟻通明神と丹生神社

　問題となるのは、中社が丹生川上神社に比定されるまでは、蟻通明神または蟻通神社と呼ばれていたことである。中社には『蟻通神社縁起』(作成年代不詳)が伝わっている。これは、「南瞻部州大日本国五畿内大和国吉野郡小川蟻通神ハ五畿内和泉国蟻通大明神此地ニ移リ給フナリ」という書き出しで始まり、文治元(1185)年乙巳年3月18日小川大乗院行深僧都が和泉国蟻通の宮に参籠した際に「和州に帰へらハ我も随ひ小川鎮護の霊神卜ならん」という夢のお告げを受けた。行深はこの御託宣に随喜感涙して小村に帰ると霊地に光明が差したので、その場所に和泉国蟻通神社のような神殿を造り、文治元年8月29日夜半に蟻通大明神を勧請したと記されている。また、「所願成就満足セずといふ事なし」と称されるほど御利益があったため、将軍から文治2年5月28日に御供田として宇陀郡に200町歩の永代社領を頂いたとも記されている。なお、文末の日付は「于時文治三丁未暦六月良辰」となっている(15)。

　ところで、源頼朝が征夷大将軍に任じられるのは建久3年(1192)7月であるので、この縁起が文治3年(1187)に書かれたものでないことは明らかである。作成年代を類推する手掛かりは、蟻通大明神が小川鎮護の霊神であり、かつ蟻通神社が霊験あらたかであるために将軍から宇陀郡内200町歩を永代社領として頂いたという点にある。つまり、この縁起は宇陀郡内に蟻通神社永代社領があることを主張するために書かれたものであり、小川氏が宇陀郡内の領地に関して多武峰との間で抗争を繰り返した15世紀代に書かれた可能性が高いものと考えられるのである。もしも、この推定が妥当であるならば、15世紀代には現下社境内地に蟻通神社と呼ばれる神社が存在していたことになる。

　それでは、『大和志』丹生神祠上梁文(中社説根拠⑥)に記載された丹生太神宮とは、どの神社を指すのだろうか。結論から先に述べると、それは中社の対岸に鎮座する摂社丹生神社を指すものと考えられる。その根拠は、中社に伝わる慶安3年(1650)の『丹生神宮造営上棟文』の文面にある(16)。これには、「丹生宮造営事」として慶安3年2月24日杣取、2月28日釿始、4月2日棟上、芒種(5月)16日下遷宮並上遷宮という工程が書かれている。この工程通りに造営した場合、杣取から釿始までがわずか4日、釿始から棟上までが約1か月ほどしかない。しかも、5月16日の同日に下遷宮と上遷宮を行っていることから、この社殿は小規模で移動可能な建物であったと考えられ、土台の上に社殿が乗る一間社春日造であった可能性が高い(17)。中社の現本殿は三間社流造で、文政11年(1828)年から天保元年(1830)の足掛け3年、800両を費やして改築されたものだという。それ以前の社殿の規模を知る手掛かりを持ち合わせていないが、縁起のとおり霊験あらたかな神社であったならば、極端に小さな神社でなかったであろうことは想像に難くない。森口が中社説の根拠(⑦)の1つとした慶安3年の『丹生神宮造営上棟文』は、皮肉にも自説を否定する史料だったのである(18)。

　なお、森口が中社説を考証するさいにその指導をした水木要太郎が収集した史料の一部が現在奈良県立橿原考古学研究所附属博物館に保管されている。偶然にも、その中に「吉野郡小川郷／小村

在之／丹生神社図」と書かれた絵図がある。作成年代は不詳であるが、川を挟んで北側と南側に建物が描かれ、北岸の現中社の位置には蟻通の墨書を有する付箋が貼られ、南岸の現摂社丹生神社の位置には本宮の墨書がある。本宮とは丹生本宮のことを指し、蟻通神社と丹生神社が区別されていたことの参考資料となろう。

9　丹生神社（雨師社）と摂社丹生神社（丹生本宮）

ここで、宇陀郡に座す丹生神社（雨師社）に注目してみたい。15世紀、丹生神社が鎮座する雨師庄が丹生神主である小川氏の所領であったことは、前述した資料から明らかである。現在の社殿は一間社春日造である。一方、小川氏の本願地であった東吉野村小にある中社摂社丹生神社の社殿も同じく一間社春日造である。小川氏は、興福寺大乗院の「坊人」または「国民」であり、興福寺の氏神は春日大社である。したがって、両者の社殿形式が共通することは至極当然のことと言える。しかし、小川氏がわざわざ丹生神主と名乗った背景には、京（朝廷）から丹生川上神への度重なる奉幣があったればこそのことであろう。言ってみれば、丹生川上神をお祀りする神主というステイタスシンボルを得ると言うことになるからだ。『大乗院寺社雑事記』が記す小川弘光の行状を見ても明らかなように、小川氏は権威・権力に対してかなりしたたかな人物であったことは想像に難くない。

ここで唐突ではあるが、丹生川上神社所在地考証に於ける諸説の中で、分離説がもっとも妥当と考える。それは、『日本書紀』神武東征伝承に記された「菟田川朝原」で行われた祭祀と「而陟丹生川上、用祭天神地祇」の祭祀は、異なる場所で執行された祭祀と考える方が理解しやすいからである。つまり、「菟田川朝原」＝宇陀郡雨師庄朝原鎮座地を起点として、そこから川を遡った所＝丹生川上で天神地祇に対する祭祀が行われたと、少なくとも『延喜式』段階ではそのように理解されていたのではないだろうか。であるからこそ、宇陀郡内に丹生神社、吉野郡内に丹生川上神社が鎮座していたのであろう。

小川氏は、宇陀郡雨師庄を領有した段階で、おそらくこの由緒正しく霊験あらたかな神社をも政治的に利用しようと謀り、小川氏の本願地に丹生川上神を勧請したというのが史実だったのではないだろうか。

10　上社本殿と蟻通神社の共通性

上記の推論の根拠となるのが、上社本殿基壇の調査成果である。

上社の祭祀の原点は、元来吉野川の清水と対岸の磐座・神奈備を対象とするものであり、創祠当初社殿は存在しなかったが、12世紀末から13世紀初頭頃に三間社流造の本殿が建立された。この社殿は、朱塗り円柱が礎石の上に直に建つことを特徴とする。

注目すべき点は、蟻通神社（中社）の本殿も三間社流造で、かつ朱塗り円柱が礎石の上に直に建つ形式である。両者の共通点は、偶然の一致なのであろうか。否、おそらく必然であったに相違な

写真　神社の位置関係（上が北、Google Earth より、中井一夫氏作成）

い。

　手掛かりは3つある。第1点は上社本殿造営の契機、第2点は『蟻通神社縁起』、第3点は丹生本宮の祭神にそれを求めることができる。

　前提は丹生川上の所在地の起点が「菟田川朝原」であることを肯定することで、それによって、これら3つの手掛かりは1つに結ばれ、上社本殿と蟻通神社との共通性は必然であったことが明らかとなる。

　まず、第1点の上社本殿造営の契機に関わる史料は、建久2年（1191）の『長講堂所領注文』である。そこには「雨師御領」と記されている。長講堂は後白河法皇が御所内に建立した持仏堂で、創建は寿永2年（1183）から元暦元年（1184）頃と推定されている。建久2年（1191）法皇が長講堂に寄進した所領・荘園が「長講堂領」である。貞応2年（1224）の『宣陽門院親子内親王所領目録』中に「大和国雨師社」、傍注に「（宇陀郡）」とあることから、『長講堂所領注文』に記された「雨師御領」は宇陀郡の雨師社の所領を指している可能性が高い[19]。この宇陀郡雨師御領が長講堂所領となったことを契機として、雨師社（丹生神社）の川上を遡った場所に鎮座する丹生川上社に社殿が新造された可能性は十分に考えられよう。

　この時造営された社殿が三間社流造形式であった理由は、以下のように説明することができる。表1に示した文献によれば、祈雨止雨の奉幣使は、必ず丹生・貴船の2社へ派遣されている。貴船神社は平安京の北に位置し、丹生川上神社に比べれば京からさほど遠い距離ではない。貴船神社の現社殿は一間社流造である。また、御所の北東に鎮座し、同じく祈雨止雨の度重なる奉幣があった賀茂別雷神社（上賀茂神社）の現社殿も三間社流造である。つまり、丹生川上の神の社を新造するにあたってモデルとされた社殿形式は、祈雨止雨に霊威を示し、京に直近のこれらの社殿であったのではないだろうか。

　この上社の地に新造された丹生川上神社が、後に小川氏によって中社の地に勧請された。その手がかりは、前述の『蟻通神社縁起』の中に鏤められている。

　まず、和泉国蟻通大明神を勧請した人物は「小川大乗院行深僧都」とされ、小川の行深僧都が興福寺大乗院に属することを示唆している。行深は小川の霊地に和泉国蟻通神社のような神殿を造り、小川鎮護の霊神として蟻通大明神を勧請したと伝えるが、「小川大乗院行深僧都」を「小川弘光」、「和泉国蟻通神社」を「丹生川上神社」と読み替えるとすべての辻褄が合う。つまり、事の顛末は以下の通りであったと推定される。

　東吉野村小川庄を本拠地として頭角を現した土豪小川弘光は、興福寺大乗院の「坊人」「国民」として甘んじつつも、領地の拡大を目論んでいた。また、神主であることをも利用して自身の権威を確固たるものにする必要があった。もともと小川氏は丹生神社が鎮座する宇陀郡雨師庄を領有していたので、古来霊験あらたかな水神として名高い丹生川上神を奉祀する神主になることを画策したのではないだろうか。そこで、中社の社地に丹生川上神社と同じ三間社流造の社殿を造り、そこに丹生川上神を勧請し、さらに後日元々氏神を祭っていた春日造の社殿（摂社丹生神社）に丹生川上神を移して、蟻通神社に氏神を祀ったのだろう。森口が指摘したように、蟻通神社の名は、正応6年（1293）の『太政官牒』に記された、高野天野四所明神（丹生都比売神社）のうちの3大神を蟻

通神と号し、これは丹生明神の神変であるとされたことに由来する可能性が高い。

　この仮説は、いささか牽強付会の誹りを免れそうもないが、いくつかの状況証拠から補強することができる。

　まず、中社所蔵の『神社祭神変更並に社名変更許可書』（大正4年8月7日付）には「主神彌都波能賣命（みづはのめ）ヲ罔象女神、無格社丹生神社ノ御霊代ヲ本社ニ奉遷シ、丹生神社ニハ適當ノ御霊代ヲ奉安スルコト」と記されているという。これは、無格社丹生神社（現中社摂社丹生神社）の祭神が彌都波能賣命であったこと、そして、それを中社の主神罔象女神と改称し、その御霊代を無格社丹生神社（現中社摂社丹生神社）から中社（蟻通神社）へ遷したことを示しているのである。ちなみに、それまで蟻通神社に祀られていた神は表筒男命・稚倭根子彦大火々命・伊佐奈伎命であった。

　また、前述の水木要太郎が所蔵していた絵図でも明らかなように、摂社丹生神社は本宮と呼ばれていた。この本宮の意味は、蟻通神社と摂社丹生神社の祭神が交換されたことに由来するものと考えられる。一度蟻通神社に勧請した丹生川上神（彌都波能賣命）を摂社丹生神社に移した理由は、小川氏が春日大社の末社に奉祀する神主であったことと、紀伊国丹生都比売神社が春日神社と同じく春日造四殿並列の形式だったからではないだろうか。

結　語

　上社境内地の調査によって、当社の創祠が8世紀代中葉頃まで遡り、かつ古式の祭祀形態を踏襲していることが明らかになった。本論は、その成果から丹生川上神社について再検討を加えたものである。

　考古学的知見は、上社境内地の調査のみであるが、それに基づいて既知の文献史料を再検討した結果、以下のような結論を得た。

　『続日本紀』天平宝字7年（763）の記事以来、丹生川上神が祀られた場所は上社境内地であったが、そこには常設社殿は設けられていなかった。建久2年（1191）に宇陀の雨師御領が長講堂に寄進されたことを契機として、上社境内地内に三間社流造の常設社殿が新造された[20]。15世紀代になって、東吉野村小村を本願地とする小川氏の勢力が台頭し、領地の拡大をめぐって宇陀郡内で抗争が激化した。そのような時勢の中で、小川弘光は神主としての自身の権威の裏付けとして丹生川上神を勧請し、自らを丹生神主と名乗った[21]。丹生川上神は、初め小川庄に新造された三間社流造の社殿（原蟻通神社）に勧請されたが、その後小川氏の氏神が祀られていた春日造の社殿（現中社摂社丹生神社）に遷されることになり、氏神と丹生川上神の社殿の交換が行われた。その結果、現中社摂社丹生神社は本宮と呼ばれるようになった。江戸時代から大正時代にかけての丹生川上神社比定考証の中で、蟻通神社が丹生川上神社の最有力候補地と目され、丹生川上神社中社と改名されるとともに、無格社丹生神社（現中社摂社丹生神社）に祀られていた彌都波能賣命が罔象女神と改称されて中社に主神として迎えられた。

　本論では、中社説根拠①〜④についてあえて詳しい検討を行ってこなかった。その理由は、中社説根拠⑤〜⑦に比べると根拠薄弱と言えるからである。

『類従三代格』寛平7年（895）年記載の「太政官符」の四至（中社説根拠①）は、上社説で想定された範囲にしても齟齬をきたすことはなく、その想定範囲であれば根拠②も崩れる。また、根拠③と④は丹生川上神社が蟻通神社に勧請された時に持ち込まれたものと解釈すれば何の問題もない。

以上のことから、丹生川上神社は本来上社の地に祀られていたものが、中世中社の地に勧請されたものと考えられるのである。

註
(1) 東吉野村史編纂委員会　1992「第1表　丹生川上社への奉幣記録一覧表」『東吉野村史　通史編』東吉野村教育委員会　pp12～14、および第1表参照。
(2) 以下、この3社については上社・中社・下社と略記する。
(3) 橋本裕行　2003「宮の平遺跡Ⅰ」『奈良県立橿原考古学研究所調査報告』第84冊　奈良県立橿原考古学研究所。
(4) 森口奈良吉　1960『丹生川上神社昇格記』朝日堂印刷所、宮坂敏和　1982「95　丹生川上神社」『式内社調査報告　第二巻　京・畿2』式内社研究会、廣吉壽彦　1992「第1章第二節　東吉野の神々」『東吉野村史　通史編』東吉野村教育委員会。
(5) 註（4）文献（宮坂　1982、廣吉　1992）では江藤説としているが、原典を探し出すことができなかった。ただし、下社が官幣大社丹生川上神社に指定されるのが明治4年（1871）。また、『官幣大社丹生川上神社奥宮明細帳』の由緒書によれば、上社が丹生川上神社奥宮とされたのが明治7年（1884）であるので、この説はその間に唱えられたものと考えられる。
(6) これについては、註（3）文献第Ⅱ章第3節にまとめたが、不十分な点があるので、それを補填し再構成した。
(7) 丹生川上神社上社関連遺構調査成果の詳細は、註（3）文献および下記の文献を参照頂きたい。
橋本裕行　2004「社殿の創建と継続－丹生川上神社上社境内地－」『季刊考古学』第87号　雄山閣。
(8) 表1を作成するに当たって、以下の文献を参照した。
川上村史編纂委員会　1989『川上村史　通史編』川上村教育委員会、東吉野村史編纂委員会　1990『東吉野村史　史料編上巻』東吉野村教育委員会、東吉野村史編纂委員会　1992『東吉野村史　通史編』東吉野村教育委員会。
(9) 小川氏については、註（8）文献以外に以下のものがあり、これらを参考とした。
東吉野村教育委員会　1985『東吉野と小川殿』ぎょうせい、横内裕人　2004「文献史学からみた小三昧墓」『東吉野村　小三昧墓文化財調査報告書』東吉野村教育委員会。
(10) 永島福太郎　1963「奈良」『日本歴史叢書』3　吉川弘文館　p155。
(11) 小川氏は、代々「弘」の1字を受け継いでおり、東吉野村小栗栖にある正平13年（1358）銘福寿院跡五輪塔に刻まれた「僧　弘俊、藤原弘重」は、小川弘氏の先祖と考えられている。永島福太郎は、小川氏の系図を弘重－氏－弘光－弘茂－弘栄－弘□（次郎）とする。
(12) これは、嘉吉3年（1443）9月に起こったいわゆる「禁闕の変」後南朝方に渡った神璽を小川弘光が取り返し、小川氏等大和武士の警護のもと神璽が無事内裏へ返還された事件である。
(13) 永島福太郎編　1984「七九八　宇陀郡田地帳案」『春日大社文書』第四巻　p101。
(14) 東吉野村教育委員会　1972『東吉野郷土誌』、p546。
(15) 『蟻通神社縁起』は、『東吉野村史　史料編上巻』に収録されている。
(16) 註（15）に同じ。

(17) この点について、今西良男氏（奈良県文化財保存課課長補佐・建造物）のご教示を得た。今西氏は、この工程通りであれば小規模な春日造の社殿を建てるのが精一杯であろうと言う。ただし、平安時代の社殿造替に関わる工程は陰陽師が決定するので、実際の工程と合わない場合も有り得るので、その点には留意する必要があるとのことである。

(18) 森口は蟻通神社の由来について以下の根拠を示している。まず、吉野離宮の所在地を中社に比定し、万葉集の「蟻通い」はこの離宮へ大宮人が蟻が通うが如く引きも切らずに訪れていたことに由来する。また、正応6年（1293）の『太政官諜』に、高野天野四所明神（丹生都比売神社）のうちの3大神を蟻通神と号し、これは丹生明神の神変であると述べられていることからも明らかとする。前者については宮滝遺跡が吉野離宮所在地とみて大過ないことから否定される。後者については、後述するように妥当性が高いと考えられる。

(19) 後白河法皇は死に際し長講堂領を宣陽門院覲子内親王に譲った。したがって、前述の宣陽門院覲子内親王所領目録」中に「大和国雨師社」、傍注に「（宇陀郡）」とあるのは、同じ社領を指すものと思われる。

(20) 表1を参照すると、元暦元年（1184）と文治2年（1186）に奉幣の記録がある。長講堂設立時期に近いため丹生川上神社の社殿建立時期は、この時期まで遡る可能性も考慮する必要があるかもしれない。

(21) 文献上では、丹生神主と名乗ったのは弘茂しか確認できないが、状況から推して弘光も名乗った可能性が高いと考える。

富山藩合寺事件と廃寺の実際

永井　三郎

はじめに

　明治初年（1868）の一連の法令、いわゆる神仏分離令により、全国で神仏分離およびそれに乗じた廃仏毀釈が行われた。それらは各藩の行政担当者によって様々な形・激しさの度合いを持っていたが、富山藩では大参事林太仲によって合寺事件と呼ばれる廃仏毀釈が行われた。その内容は各宗ともすべての寺院を1寺に集め合寺し、他はすべて破却・上地というすさまじいものだった。あまりの理不尽さに政府からも穏便に済ますよう達せられ、数年後には解除されることとなる。

　文献史ではすでに多くの論考がなされているが、廃寺になった寺院の実際の様子について語られるものはなかった。本稿ではそれを示す史料、富山県立図書館蔵『古社寺調書』を挙げ、廃寺の実際について考えてみたい。本史料の分析を通して富山藩合寺事件における寺院に対する破壊行為がどのように進められたか、寺院側がそれにどう対応したか、またどう立て直していったかが見えてくるものと思う。

1　富山藩合寺事件

　まず合寺事件の経過を追ってみよう[1]。維新政府は封建的領有制の解体と中央集権的体制の確立をめざして版籍奉還と職制の改革をおこない、富山藩でも旧藩主前田利同が藩知事に就任、大参事以下の役職が定められた。明治3年（1870）9月大参事に就任した林太仲は藩政改革に着手した。

　林は慶応1年（1865）藩命により長崎に遊学、その後も船や武器の買い付けのためたびたび訪れている。同4年（1868）貢士として上京、さらに徴士に挙げられる。明治2年（1869）9月富山藩小参事を兼ね、同3年9月大参事となって帰国した[2]。

　就任後政府の布達に依り兵制・禄制等の改革に着手し、廃仏的政策も次々とうちだした。

① 　市郡隠居之者、猥ニ僧形ニ致し、近村等ニ於而庵室を構え、或者尼寺ト唱候族不少。以之外難済事ニ候。依之右建物義至急取払、平民之姿ニ復シ可申、若佞仏之心根ヨリ及遅延候ハヾ、屹度厳格之処置可有之候也

　　　　庚午十月九日　　　　　　　　　　　　　　　庶　務　局

② 　朝廷ヨリ御布告之趣有之候ニ付、藩士卒郡市ニ至迄、神葬祭可為勝手次第候。

　　　　　藩士等是迄二派之輩一派ニ差極可申事。尤宗門勝手次第之事。
　　　　　　　庚午十月十二日　　　　　　　　　　　　　　　民　政　局

　神葬祭への改式は、慶応4年（1868）閏4月19日神祇事務局達第320で神職とその家族に神葬祭を命じたが、その後積極的な動きはなく、富山藩のこの布告は比較的早い神葬祭採用の動きである。富山藩知事家は、藩主時代から菩提寺として禅宗光厳寺と日蓮宗大法寺を交互に信仰してきたが、2条目はこれに対応するものである。

　　③　時鐘之儀者、御廓内ニ有之候条、寺院等之時鐘并太鼓可令廃止者也。
　　　　　庚午閏十月十四日　　　　　　　　　　　　　　　　社　寺　方
　時鐘・太鼓の禁止。

　　④　社家ハ諸寺院上列ニ取扱候様可申渡事。
　　　　社寺旅人ノ者相雇候儀、已来不相成候事。
　　　　　　午閏十月
　神社を寺院の上に置くと明示した。

　　⑤　閏月初旬ニ永代経ハ七日ニ限ル。臨時法談ハ三日ニ限ルトノ布告アルヨシ。但シ富山ニテハ読経法談ニ期限アルコト也。其詳細ハ知ラズ。
　説法・法談の規制。

　　⑥　此度朝廷ヨリ万機厳律御布告モ有之、追々時勢転変之秋、郡市諸蘭若渾而一派一寺ニ御改正有之候条、迅速合寺可有之候。尤寺号之義、是迄之通り可相唱候。若及違背候ハヾ、規正之厳科ニ可被処也。
　　　　　庚午閏十月二十七日　　　　　　　　　　　　　　　藩　庁

　この布告の期限は27日の午前10時まで、群部の遠方の村でも同日午前零時までに徹底せよと各寺へ兵を1名ずつ差し向け、28日中に家財・法具を取り払い、指定の場所に合寺せよ、29日午前6時に検分に来るという厳しいものであった。さらに藩内要所に兵を配置し寺院間の連絡・壇信徒の動きを監視したという。また翌28日に合寺指定寺院を以下のように連絡してきた。

　　　禅　　宗（曹洞・臨済宗合併）　光厳寺
　　　真言宗（古義・新義合併）　　　真興寺
　　　天台宗（山門・寺門合併）　　　園楽寺
　　　浄土宗（鎮西・西山合併）　　　来迎寺
　　　浄土真宗（東西合併）　　　　　持専寺
　　　日蓮宗（一致・勝劣合併）　　　大法寺
　　　修験道　　　　　　　　　　　　法専寺
　　　時　　宗　　　　　　　　　　　浄禅寺

　前日の布告の内容と違い「1派1寺」ではなく「1宗1寺」であり、さらに修験道は真興寺へ、時宗は園楽寺へと後に合併された。合併された寺院数は禅宗38〜39寺、真言宗約20寺（修験不明）、天台宗（含時宗）3〜4寺、浄土宗17寺、浄土真宗約250寺、日蓮宗約30寺、計約360寺となったが[3]、浄土真宗は数が多い上に家族があるため相当に厳しい状況であった。

⑦　他ノ管轄所ノ僧徒ヲ相招キ、読経或説法為致、及托鉢之僧尼等止宿為致候義、堅ク不相成候。以来等閑ニ致置、心得違之者於有之者、厳重之処置可申付モノ也。
　　　　庚午閏十月二十七日　　　　　　　　　　民　政　局

他地域から僧を招いての説法の禁止、托鉢僧等の止宿の禁止。

⑧　此度合寺等御達ニ相成候ニ付テハ、御様子柄モ有之ニ付、当分郡市ノ婦人共、父母兄弟忌日ノ外、参脂堅不相成候。尤供米ノ外、如何敷品持参致シ候哉モ相聞エ候、以之外不相済候。若相背キ候ハヾ、屹度処分可有之者也。
　　　　閏十月二十九日　　　　　　　　　　　　庶　務　方

婦人の寺院参脂・布施の規制。

⑨　此度諸寺院合寺御改正ニ付、他藩支配地ニ有之候檀那、一切不相成候事。
　　　　庚午十月朔日　　　　　　　　　　　　　庶　務　方

他藩支配地の檀家との交際の禁止。

⑩　士卒郡市共、是以後墓所之義、長岡御廟所ノ後草付之場所明ケ渡シニ相成候条、寺院境内ニ葬候儀、堅不相成候。併自屋敷内之義ハ可為勝手次第候也。
　　　　庚午十一月朔日　　　　　　　　　　　　社　寺　方

士卒の寺院内への埋葬の禁止。

⑪　郡市ニ有之候明寺院、至急取払可申候也。
　　　　庚午十一月四日　　　　　　　　　　　　社　寺　方
　　但庫裏ハ其儘ニ可致置トノコト。此ハ藩士土著ノ手当ト云フコト。追々藩士ヨリ拝領願有之トノコト[4]。

合寺によって無住となった寺院を取り払うよう命令。但し庫裏は藩士利用のため除外。この布告によって富山藩内のほとんどの寺院から、本堂をはじめとする宗教施設が取り払われることになる。

　以上富山藩の主な廃仏的政策を見てきた。⑥が合寺令で、⑪によって寺院施設の取り払いを命じた。この２つの布告が核心となっている。その他、宗教行為を規制するもの①・⑤・⑦・⑨、市民と寺院との関係を規制するもの⑧、神道重視の政策②・④・⑩、③は梵鐘を鋳潰し兵器の材料とすることが目的だったようである。兵制改革の一環として近代的軍備の増強を目指していた藩は梵鐘のみならず、一般家庭から火鉢なども供出させていた。

　合寺の報を聞いた各宗本山は対応に動きだした。浄土真宗では松本華厳（大谷派）・佐田介石（本願寺派）を派遣して藩庁との交渉に当たらせ、本山では政府に直接陳情を行った。当時全国的に行われていた廃仏毀釈を押さえる必要に迫られていた政府は、明治４年５月８日富山藩に対して次の布告を発した[5]。

　　先般於其藩各宗寺院及合併候ニ付而者、頗る下情怨屈之趣相聞、不都合之事ニ付、更に穏当之所置方取調可伺出候事、
　　　　辛未五月八日　　　　　　　　　　　　　太　政　官

藩はこの布告に対して当初かたくなな姿勢を保ったまま妥協点を探っていたが、明治４年７月廃

藩置県となった。急激な改革で内外を混乱させた林太仲はここに失脚し、以後富山県（後に新川県）と寺院の間で合寺解除の協議が重ねられ、同5年10月27日次の布告が出された[6]。

檀家七拾軒之寺院以上更ニ合併ヲ解キ一ケ寺ニ申付候事
　但シ、其他同宗同縁ヲ以、如旧合併申付候事

末寺塔中寺中之分ハ本寺へ合併申付候事
　壬申十月廿七日
　　　　　　　　　　　新川県参事　　三　吉　周　亮
　　　　　　　　　　　同　権参事　　成　川　尚　義

　まず檀家70戸以上の寺院が合寺を解除された。つづいて明治9年には残りの寺院も多くが合寺を解除された。最後まで残った寺院も同11年までにすべて解除され、合寺事件は一応の解決をみた。

　以上が富山藩合寺事件に至るおおよその経過である。藩の廃仏的政策と、合寺・寺院施設取り払いに至る経過を示すため、細部や各寺院とのやりとりは省略した。さて、本堂等施設を取り払われることとなった寺院の様子はどの様であっただろうか。次に『古社寺調書』によってその一端を見てみたい。

2　『古社寺調書』にみる廃寺の実際

　富山県立図書館蔵『古社寺調書』は、中央に富山県の文字の入った原稿用紙に毛筆書きされた古社寺に関する調書である。「社之部」と「寺院之部」の2冊があり記載された社寺の数は社43社、寺55寺である。それぞれに所在地・社寺名称・祭神本尊名・事由・建物・境内地・基本財産・宝物・境外所有地等の項目について詳細に記述されている。また43社55寺は「第一種第七種ニ該当ト認ムルモノ」「第一種第三種第四種第七種ニ該当ト認ムルモノ」というようにグループ分けされる。この「種」は第一種から第八種までみられ、それぞれの規定がどういう意味を持つのか定かではない。また作成された年代もいずれにも記されておらず、正確な作成年代は不明である。廣瀬誠によると「富山県が明治33年頃調査作成した由緒ある古社寺の台帳」であるという[7]。今回寺院之部を見ている限りでは「建物」の項目中の建設年代に「明治28年」と「再建中」が並んで記載されている箇所が見られたので、明治30年頃ないしは同30年代前半の作成と考えられる。明治30年といえば古社寺保存法が制定された年である。明治4年の古器旧物保存法、13年からの古社寺保存金の交付、そして古社寺保存法といった建造物・美術工芸品の保護・保存の動きの中で、それに関係してもしくは影響を受けて富山県が独自に作成した調書が『古社寺調書』であると考えられる。いずれにしてもこの史料の出自については今後確かなものにしておきたい。

　「寺院之部」記載の55寺のうち富山藩領内寺院を拾い上げると21寺ある。この21寺の記述中合寺事件に関係する記述を抜粋し検討していくことにする。検討する順序は史料中の記載順序であり、所在地は2005年12月現在の名称である。

(1) **真興寺**（富山市梅沢町）

　真言宗。和銅5年（712）、一説に寛和2年（986）開基の伝承を持つ。はじめ花崗山（上市町黒川）にあり一時は隆盛を極めたが、天正年中（1573～1592）に富山に移転した。立山・剱岳信仰に関係した信仰遺跡群として現在調査が進み注目されている上市町黒川遺跡群中に伝真興寺跡があり、移転前の真興寺跡と考えられている[8]。

　調書中合寺事件に関する記述はなく、建物の建設年代も本堂・庫裏・土蔵いずれも元禄15年5月とあり被害を受けていない。というのも真興寺は合寺の際宗派ごとに指定された寺院（合寺指定寺院と呼ぶ）で、真言宗約20寺と修験道寺院がここに合寺された。

(2) **無量寺**（中新川郡舟橋村竹内）

　浄土真宗大谷派。承元年間（1207～1211）開基の伝承を持つ。事由の項目に合寺に関する記述はないが建物の項に次のようにある。

本堂	九間半／十一間半	百九坪弐合五勺	明治元年
庫裏	八間／九間半	七拾六坪	仝廿八年
鐘楼堂	二丈／二丈	二坪六合余	仝十九年
蔵	三間弐尺／弐間弐尺	六坪六合壱勺強	仝廿四年

本堂が明治元年の建設で、他は大きく時間を空けて建設されている。このことが何を意味するのかはっきりしないが、本堂は守り抜き、他の施設は明治20年代になってようやく建設できたということか。

(3) **浄立寺**（富山市八尾黒田）

　浄土真宗本願寺派。弘仁2年（811）真言宗としての開基伝承を持ち、文明四年改宗。事由の項に、

　　明治三年藩命ニ依リ合寺シ仝四年本堂ヲ破毀シ仝五年解寺ノ命アリ依テ原地ニ復帰依然居住ス

とあり、また建物の項には、

本堂	七間／八間	五拾六坪	明治十四年
鐘楼	二間／二間	四坪	天明元年
門	弐間／九尺	三坪	文政八年

とある。鐘楼・門は残されたが本堂は取り除かれた。5年に解寺されたにもかかわらず本堂の再建が14年というところには解寺後も寺院が置かれた厳しい状況が垣間見える。

(4) **永源寺**（富山市婦中朝日）

　浄土真宗大谷派。大宝元年（701）創立の伝承を持つ。事由の項に、

　　明治三年十月廿八日富山藩主ヨリ各宗一般合寺ヲ命セラレ富山梅澤町蓮花寺へ合併其後解寺ニ付キ復旧ス

とあり、建物の項には、

本堂	六間半／七間	四十五坪五合	明治九年
庫裏	六間／十間	六拾坪	文政五年
鐘楼堂	二間／二間半	五坪	天明八年

とある。永源寺においても庫裏・鐘楼堂は残されたが本堂は取り除かれた。解寺の年は分からないが9年には本堂を再建している。

(5) **極楽寺**（富山市梅沢町）

浄土宗。建物の項に、

本堂	六間三尺／七間三尺	四拾八坪七合五勺	不詳
庫裏	四間／九間三尺	三拾八坪	仝上
表門	九尺／七尺	壱坪八合	慶応二年八月
土蔵	弐間／一間四尺	三坪三合三勺	弘化五年八月
開山守護菊王丸神堂	三尺／三尺	一合六勺六才余	慶応二年六月

とあり、表門・土蔵・神堂は被害を免れている。本堂・庫裏については不詳。

(6) **海岸寺**（富山市梅沢町）

曹洞宗。康永元年（1342）開創の伝承を持つ。はじめ浜黒崎（富山市）にあり、後富山城下に移り佐々成政の祈願所となった。寛永15年（1638）には加賀3代藩主前田利常から1300坪の寄進を受けた。

富山藩分封後も歴代藩主の祈願所として崇敬を受け、天保年間（1830～1844）まで七堂伽藍が完備していたという。事由の項に、

　　明治三年ニ至リ旧藩ヨリ合寺ノ令アリ上地トナリ後新川県ニ至リ解寺則旧地ニ復ス

とあり、建物の項には、

仁王門	四間／二間	八坪	明治五年
本堂	十三間三尺／拾間	百三十五坪	仝六年
開山堂	三間三尺／三間	拾坪五合	仝廿三年
庫裏	六間／三間	拾八坪	仝廿六年
土蔵	三間／三間	九坪	仝六年

とある。海岸寺では本堂のみならず全施設が取り除かれたらしい。明治5年に解寺されたものと見え、仁王門・本堂・土蔵はまもなく再建されている。しかし開山堂・庫裏が再建されたのは20年代になってからである。

(7) **願称寺**（富山市梅沢町）

浄土真宗本願寺派。永和2年（1376）中村（小矢部市）に始まり、天正（1573～1592）以来富山に移る。建物の項に、

本堂	六間半/六間半	四拾二坪二合五勺	明治七年七月
庫裏	四　間/六間三尺	弐拾六坪	仝上

とある。本堂・庫裏ともに取り払われ、何の施設も残らなかった。

(8)　**清源寺**（富山市南新町）

　曹洞宗。事由の項によると慶安4年眼目村立川寺（中新川郡上市町）大徹和尚の弟子、省山妙悟和尚が立川寺の分座領したものに始まるという。建物の項に、

本堂	拾間七分五厘/九　間　五分	百二坪二勺五才	慶応元年
庫裏	六間九分/九間五分	六十五坪五合五勺	仝上
土蔵	弐　間/弐間九分	五坪五合	仝上
物置	三間/弐間	六坪	仝上

とあり、被害を受けていない。

(9)　**光厳寺**（富山市五番町）

　曹洞宗。長禄2年（1458）創建の伝承を持つ。神保氏の菩提寺とされ神保氏と動静を共にし、守山城下、増山城下から近世には富山城下建設の際に富山へと移り、富山藩初代藩主前田利次の菩提寺とされた。光源寺は禅宗（曹洞宗・臨済宗）の合寺指定寺院であり被害を受けていない。

(10)　**聞名寺**（富山市八尾今町）

　浄土真宗本願寺派。13世紀末創建の伝承を持つ。事由の項に、

　　明治維新ノ際旧富山藩ヨリ明治三庚牛年潤十月廿七日富山常楽寺通院江合併其際堂宇梵鐘等不
　　残官没五年十一月廿七日旧新川県ノトキ檀家七十戸以上解寺処分ノ際旧知ニ復帰ス

とあり、建物の項に、

本堂	十四間/十五間	二百十坪	文化二年
庫裏	十間三尺/十一間	百十五坪五勺	慶応二年
鐘楼	三間/三間	九坪	明治六年

とある。「堂宇梵鐘等不残官没」と廃寺の状況を語っているが、紙会所の名目で本堂・庫裏は破壊を免れたといわれる[9]。

(11)　**上行寺**（富山市細入楡原）

　日蓮宗。応永10年（1697）創建の伝承を持ち、楡原法華と呼ばれる強固な信仰を形成した。建物の項に、

本堂	十一間/九　間	九十九坪	正徳二年
庫裏	十一間/八　間	八十八坪	嘉永七年
廊下	十一間/二間五分	廿七坪五合	全

位牌堂	三間／三間	九坪	嘉永七年
門	五間／三間二分	拾六坪	安政五年
土蔵	二間／二間五分	五坪	嘉永七年
鐘楼堂	三間／二間	六坪	正徳二年
番神堂	三間／二間五分	六坪	嘉永七年
隠居所	六間／四間六分五厘	廿七坪九合	明治十五年

とあり、ほとんど被害を受けていない。

⑿ **大淵寺**（富山市細入片掛）

　大渕寺とも。曹洞宗。文明9年創建の伝承を持つ。片掛は近世に銀山が開かれ賑わいを見せた。事由の項に、

　　明治三年合寺ヲ受ケ本堂等取毀チ其後解寺トナリ明治九年原地ニ復旧ス而ヲ明治六年拝受ノ土
　　地上地トナリシモ後払下ヲ得テ今ニ所有ス

とあり、建物の項に、

本堂	九間／三尺八間	七十六坪	明治九年
庫裏	十一間／五間三尺	六十坪五合	仝十四年
禅堂	五間／三間四尺	十八坪三合三勺余	明治九年
総門	三間／二間三	七坪五合	仝
地蔵堂	一間三尺／二	貳坪	不詳
小屋	四間／二間三尺	拾坪	
東司	九尺／二間	三坪	
仝	六尺／九尺	壱坪五合	
仝	七尺／二間	二坪三合三勺余	

とある。「本堂等取毀チ」とあるとおり本堂・庫裏・禅堂・総門といった施設は取り払われた。「拝受ノ土地」とは寛永15年（1638）加賀藩主前田利常に寺内免租地と認められたものをさす。

⒀ **本法寺**（富山市八尾宮腰）

　日蓮宗。正和5年創建の伝承を持つ。大永元年以降城尾城（富山市八尾城生）城主斉藤氏に厚く信仰された。建物の項に、

本堂	十二間五分／十一間五分	百五拾六坪二合五勺	明治十年
向拝	四間／一間八分	七坪弐合	仝
付属廊下	一間五分／五間	七坪五合	仝
庫裏	十一間五分／九間五分	百九坪二合五勺	仝
玄関	二間／二間	四坪	仝
付属廊下	一間五分／六間	九坪	仝

宝蔵	二　間 二間五分	三坪	享保五年
土蔵	六間 弐間	拾弐坪	天正十九年
住職居間	三間五分 二間五分	八坪七合五勺	天正十九年
付属廊下	一間 二間	弐坪	全
台所	十一間五分 六間五分	七拾四坪七合五勺	全
納屋	八間　五間 四間　二間	二棟	四拾弐坪　全
鐘楼	一間五分 一間五分	弐坪弐合五勺	明治廿八年
表門	五間五分 弐　間	十一坪	再建中
両便所	二間五分 弐　間	五坪	天正十九年

また備考として、

> 明治三年閏十月廿七日（丗世日讚ノ代）藩命ニ依リ富山市大法寺ヘ合併シ翌四年二月廰命ニ依リ宝蔵土蔵住職居間台所納屋及両便所ヲ除ク外諸堂宇鐘楼等悉皆破毀シ而シテ其木材及梵鐘等不残没収セラル同五年十一月廿七日解寺ノ命アリ原地台所ニ復住シ境内及田畑等維持金ヲ以テ払下ヲ出願セシニ旧藩領主松平家ヨリ寄付セシ因ヲ以テ該地所今ニ所有スルコトヲ得

とある。本堂等取り除き、梵鐘のみならず木材まで没収していったという。解寺後は残された台所に戻り経営を再開させたが、本堂等主要施設が再建されたのは明治10年、鐘楼は28年になって再建された。

(14)　西円寺（富山市婦中小泉）

浄土真宗大谷派。承和元年（834）真言宗として創建の伝承を持つ。文明7年に浄土真宗に改宗。事由の項に、

> 明治三年閏十月富山藩ニ於テ合寺セラレ富山市梅沢町真宗持専寺ヘ合併全五年新川県ニ於テ解寺旧地ニ復ス

とあり、建物の項に、

本堂	七間半 七　間	五十二坪五合	安政五年
庫裏	六間半 七　間	四十五坪五合	嘉永二年
土蔵	二間二尺 二　間	四坪六合七勺	安政五年

とあり、被害は受けていない。

(15)　蓮花寺（富山市梅沢町）

臨済宗。元亨年間（1321〜1324）創建の伝承を持つ。建物の項に、

| 堂宇 | 八間
九間 | 七十二坪 | 明治廿八年 |

とある。内容は不明であるが合寺の際取り払われたようである。

(16)　最勝寺（富山市蜷川）

曹洞宗。建久8年（1197）創建の伝承を持つ。事由の項に、

　　蛭川城落城ニ依リテ寺ヲ城跡ニ移ス後富山藩主利次ヨリ境内地拝領ノ處明治六年上地トナリ後
　　払下ヲ得テ寺有地トナシ又明治二年十一月富山藩ニ於テ同所五番町光厳寺ト合併同五年復古分
　　立許可ニヨリ旧地ニ再建ス

とあり、建物の項に、

本堂	六間／九間半	五拾七坪	明治廿年
庫裏	十二間／九間	百八坪	文久三年
経堂	五間半／五間	弐拾七坪五合	明治十四年
土蔵	三間／二間	六坪	嘉永六年
小屋	五間／二間	拾坪	嘉永六年
東司	三間／二間	六坪	明治廿年

とある。本堂・経堂・東司が解寺後だいぶ経ってから再建されている。

(17) 蓮照寺

　浄土真宗。戦国期美濃で一宇を建立したものを、近世に富山城下へ移転してきた。建物の項に、

本堂	五間／七間	三十五坪	明治七年
庫裏	四間／六間	弐十四坪	仝上
土蔵	二間半／二間	五坪	仝上

とある。明治5年に解寺されたらしく、7年には本堂・庫裏・土蔵を再建している。

(18) 願海寺（富山市清水町）

　浄土真宗本願寺派。建暦の頃創建といわれ、祖村上願海坊は親鸞の弟子とされる。建物の項に、

本堂	六間／七間一尺	四十二坪余	明治八年
門	三間／二間	六坪	仝
庫裏	六間／十間	六十六坪	仝
鐘楼	二間／二間	四坪	明治十二年
土蔵	二間半／三間	七坪五合	仝十五年

とあり、すべて合寺事件後再建されている。

(19) 神宮寺（富山市堀川町）

　真言宗。延暦年間（782〜806）創建の伝承を持つ。小刀尾社（堀川神社・富山市堀川町）の別当寺
で、桓武・清和・一条天皇の勅願所という。事由の項に、

　　明治三年合寺ノ変革ニ罹リ堂宇一切取払ヒ仝四年合寺ヲ解セレ元地ニ移リ今ニ居住ス

とあり、建物の項に、

| 堂宇 | 八間／五間 | 四十坪 | 明治四年 |

とある。

⑳ **大法寺**（富山市梅沢町）

　日蓮宗。合寺指定寺院。慶長11年創建で、富山藩前田家の帰依を受け栄えた。建物の項によると、本堂・玄関・旧藩主霊堂・壇越位牌堂・表書院・霊堂付属膳所并物置・奥書院・方丈・庫裏・台所・下馬薪所・清物所・中式台・旭堂・鐘楼堂・山門以上慶応2年5月建設であり、被害を受けていない。

㉑ **専琳寺**（富山市辰巳町）

　浄土真宗大谷派。永正元年（1504）創建の伝承を持つ。建物の項に、

本堂	五間八間	四拾坪	明治七年
庫裏	五間八間	四拾坪	仝上

とあり、合寺の際全て取り払われ、本堂と庫裏が再建されている。

3　まとめ

　以上『古社寺調書』に合寺事件による廃寺の実際と、再建の過程を見てきた。ここで少しまとめてみたい。まず21寺中真興寺・光厳寺・大法寺は合寺指定寺院のため被害を受けていない。残る18寺中取り払われた施設を見ると、本堂8、庫裏7、鐘楼4、蔵（土蔵）4、門（総門）4、堂宇2、開山堂1、禅堂1、地蔵堂1、経堂1、向拝1、玄関1、東司1である。堂宇を本堂とみれば本堂10となり、取り払いの第1の対象が本堂であることがわかるが、これは当然の結果であろう。庫裏は前記⑪の布告に松本が注記したように利用価値があったにもかかわらず取り払われた例が多いのは、藩の廃仏的政策の目的が施設そのものだけでなく僧侶の行動の規制にあったためであり、僧侶の居住も許さなかったことの表れである。鐘楼の撤去は前記③の布告に見られるように時鐘という寺院の活動を禁止すると共に兵器制作のための材料を収集する意味が強い。本法寺の項に「諸堂宇鐘楼等悉皆破毀シ而シテ其木材及梵鐘等不残没収セラル」とあるように、金属・木材等使えるものは皆持っていった。開山堂・禅堂・地蔵堂・経堂といった施設も取り払われている。再建までに要した時間は様々である。海岸寺・大淵寺・本法寺・蓮照寺・願海寺・専琳寺では施設の多くを明治10年頃までに再建している。浄立寺・永源寺・神宮寺では本堂のみを再建している。無量寺・最勝寺は同20年代になって、蓮花寺などは同28年になってようやく本堂を再建している。

　ところで、極楽寺・願称寺・上行寺・西円寺は合寺指定寺院ではないのに被害を受けていない。上行寺に関して以下のような記録がある[10]。

　　　　以書附奉願候
　　拙寺儀此度御改正之趣奉体し速ニ帰俗仕何村百姓何右衛門与申者ニ相成申度候間何卒居屋敷并建物等被下置候様奉願候右願之通被仰付被下置候ハ、難有可奉存候　以上
　　　　明治三午年十一月　　　　　　　　　　　　　何　寺　印
　　　　　社　寺　御　方

　　　　　（中略）
　十二月三日右ニ同分之願書を以帰俗差越願出候寺院左通
　　榆原村
　　　　上行寺薩円幷地中弐坊　立善坊儀舜
　　　　　　　　　　　　　　　本泉坊宗寛
　　井田村　　　　城生村
　　　　妙法寺良有　　本長寺善刺
　　八尾村　　　　黒瀬
　　　　常松寺顕光　　要詮坊善静
　右四ヶ寺三ヶ院願之通御聞済也尤茂日讃師八尾江御出張中也

　藩は合寺の際、帰俗を申し出る者にはその堂宇・土地を与え、農業・商業を奨励したが、上行寺等4カ寺3カ院は還俗する代わりに寺院施設をそのままもらい受けようとした。その結果上行寺は寺様を維持することができた。その他にも還俗した寺院が10数カ寺あり、還俗することでかえって堂宇の破壊を免れた例が他にもあったことと思われる。

　なお、注意しなくてはならない点は、『古社寺調書』記載の寺院はいずれもある程度の由緒と寺院規模、檀家数を持っている寺院である点である。それは多くの寺院が明治5年に合寺を解除されていることからもわかる。規模の小さく、檀家数の少ない寺院はなお厳しい状況にさらされたであろうことは想像に難くない。また再建されていない施設は記載がないので、取り払われた施設はより多数に上るだろう。

　　お　わ　り　に

　富山藩合寺事件の経過を概観すると共に、それに伴い一時廃寺に追い込まれた寺院の実際の様子を『古社寺調書』に見た。藩命により本堂・鐘楼などから取り払われていく様子、また解寺後大変な時間をかけて寺院が再建されていく様子などが見えてきたのではないだろうか。梵鐘を鋳潰され、本堂を取り除かれながらも荒れ果ててしまった訳ではなく、解寺後檀徒の手によって信仰の場が回復されていく様、あるいは少しずつ再建されていく姿が想像できる。

　神仏分離に伴う廃仏毀釈のなかでも激しい例として知られた富山藩合寺事件であるが、合寺が解除され寺院が復帰したこと、富山藩領が現在富山市として開発が進んだことなどにより事件の面影を伝えるものが希薄であった。本稿によってわずかながら事件への理解を深めることができたのではないかと思う。

註
（1）富山藩合寺事件については『富山県史』、『富山市史』に詳しく、その根本史料としては『明治維新神仏分離史料』、松本厳護「備忘漫録」、梅原隆章「明治維新における富山藩合寺事件史料」、『富山県史』史料編が詳しい。富山藩の布告についてはそれぞれに文言・日付等若干の違いがあるが、本稿では大部分「備忘漫録」によった。
（2）栗三直隆「富山藩合寺と林太仲」『歴史への視点　真宗史・仏教史・地域史』柏書房　1985

（３）　栗三直隆「富山藩合寺事件　合併寺院数の変遷」『日本海地域史研究』第12輯　日本海地域史研究会　1994
（４）　但以下は松本厳護による註。
（５）　『明治維新神仏分離史料』上巻　p803
（６）　梅原隆章「明治維新における富山藩合寺事件史料」p74
（７）　廣瀬誠『富山県立図書館所蔵　貴重書・特殊集書等図録』富山県立図書館　1980
（８）　上市町教育委員会『富山県上市町黒川遺跡群発掘調査報告書』2005
（９）　土井了宗・金龍教英編『目でみる越中真宗史』桂書房　1991
（10）　『富山県史』史料編Ⅵ近代上　p60

参考文献

富山県『富山県史』通史編Ⅴ近代上　1981
　同　『富山県史』史料編Ⅵ近代上　1978
富山市史編さん委員会『富山市史』通史下巻　1987
村上専精他編『明治維新神仏分離史料』上巻　東方書店　1926
松本厳護「備忘漫録」『明治仏教全集』第8巻護法編　春陽堂　1935
梅原隆章「明治維新における富山藩合寺事件史料」『顕真学苑論集』第51号　顕真学会　1960
『角川地名大辞典』16　富山県　角川書店　1979
『富山県の地名』平凡社　1994
安丸良夫『神々の明治維新』岩波書店　1979
北澤俊嶺「明治維新における富山藩合寺事件について（第Ⅰ報・廃藩置県まで）」『富山工業専門学校紀要』第3巻1号　1969
　同　「明治維新における富山藩合寺事件について（第Ⅱ報・廃藩置県以降）」『富山工業専門学校紀要』第4巻1号　1970

轟俊二郎と『埴輪研究 第1冊』

犬木　努

はじめに

　轟俊二郎著『埴輪研究 第1冊』は、1973年1月25日に刊行されたB5版、181頁の自費出版物である。印刷は、当時、東京都新宿区早稲田鶴巻町に所在した柏屋印刷所による。
　内容は以下の通りである。
　　下総型円筒埴輪論　［1～108頁］
　　凸帯数よりみた関東地方における円筒埴輪　［109～119頁］
　　鰭付円筒埴輪に関する一考察　［120～125頁］
　　巻末付表円筒埴輪一覧表　［127～180頁］
　　あとがき　［181頁］
　3編の論考が所収されているが、分量・内容からみても、「下総型円筒埴輪論」が主論文で、他の2編については研究ノート的な副論文という位置づけが適切であろう。巻末に付された「円筒埴輪一覧表」は、「下総型円筒埴輪論」の基礎データとなった、下総地域に分布する埴輪を列挙したものである。
　本書は、部数限定の自費出版という性格上、大学や研究機関の図書館などにも所蔵されていない場合が少なくなく、現在では、一部の埴輪研究者以外にとっては、いわば忘れられた書物といえるのかも知れない。『埴輪研究 第1冊』（以下、『埴輪研究』と略称）が、埴輪研究史において必ず引用される「学史的」文献であることは衆目の一致するところであるが、その一方で、その分析方法や分析対象について具体的に言及した論著は驚くほど少ない。その背景としては、自費出版という出版形態だけではなく、著者である轟俊二郎自身が、その後、考古学界に身をおいていないことも少なからず影響していると思われる。
　このような現状を鑑み、本稿では、『埴輪研究』を再読する作業を通じて、埴輪研究の"現在"を再確認することを目的とする[1]。

1　轟俊二郎の足跡―『我孫子古墳群』とその前後

　本節では、轟が埴輪研究に足を踏み入れる契機となった千葉県我孫子古墳群の発掘調査および当

時の状況について、時系列にしたがって見ていくこととする。

我孫子古墳群の発掘調査は、1958年から1967年まで、東京大学考古学研究室によって実施されている（1964年・1966年は調査を実施せず）。轟が調査に参加したのは、1963年・1965年・1967年の3カ年で、合計10年間に及んだ我孫子古墳群調査の後半段階に相当する（東京大学文学部考古学研究室編 1969）。報告書によれば、1963年11月10日～24日に金塚古墳、1965年3月1日～4月18日に水神山古墳、同年8月11日～19日に日立精機2号墳、1967年8月1日～7日に子の神10号墳の発掘調査が行われており、轟もこの期間内に発掘調査に参加したものと思われる。

1965年以降には出土遺物の整理作業も本格化し、1969年3月31日付で、我孫子町教育委員会より報告書『我孫子古墳群』が刊行されている。報告書中において、轟は、甘粕健・藤本強とともに「編集」担当に名を連ねているほか、「第4章第1節 Ⅰ埴輪」（265～288頁）の執筆にあたっている。ちなみに「同Ⅱ 形象埴輪」の項は後藤直によって執筆されている。なお、報告書の各項に掲載されている埴輪観察表は、いずれも『埴輪研究』にもそのまま転載されており、轟の手で作成されたものと思われる。

『埴輪研究』の刊行年月日は1973年1月25日であるが、「あとがき」末尾の日付は1972年7月10日となっており、この時期には入稿を終えていたものと思われる。『我孫子古墳群』が刊行された1969年3月31日からすでに3年余りが経過しているが、これは、「あとがき」にみられる「報告書の刊行後」「足かけ3年の間下総の円筒埴輪を追い求め」てきたという記述と一致する（181頁）。轟は、『我孫子古墳群』作成中にも下総地域の円筒埴輪を実見して回っていたようであるが、同書の刊行後、ほぼ3年間で『埴輪研究』執筆に必要な資料調査を終えていたことになる。

なお、『茂木雅博先生略年譜并著作論文目録』（茂木雅博先生還暦記念事業会 2002）には、我孫子古

表1　轟俊二郎の調査・研究活動の足跡（抄）

1963年11月	千葉県東葛飾郡我孫子町金塚古墳の発掘調査に参加（文献1）
1965年3月～4月	千葉県東葛飾郡我孫子町水神山古墳の発掘調査に参加（文献1）
8月	千葉県東葛飾郡我孫子町日立精機2号墳の発掘調査に参加（文献1）
9月	埼玉県川越市牛塚古墳の発掘調査に参加（文献4）
9月～10月	北海道常呂郡常呂町岐阜第二遺跡の発掘調査に参加（文献2）
1967年8月	千葉県我孫子町子の神10号墳の発掘調査に参加（文献1）
8月～9月	北海道常呂郡常呂町ワッカ遺跡・栄浦第二遺跡の発掘調査に参加（文献2）
1968年9月	北海道常呂郡常呂町栄浦第二遺跡の発掘調査に参加（文献2）
1969年3月31日	**『我孫子古墳群』刊行**（文献1）
4月29日	茨城県筑波郡筑波町山木古墳などを見学（文献4）
1970年2月	奈良国立文化財研究所にてウワナベ古墳出土埴輪の整理作業に参加（アルバイト）（文献3）
8月26・27日	千葉県香取郡小見川町城山1号墳出土埴輪を調査（文献4）
1971年2月～3月	千葉県市原市姉崎原1号墳の発掘調査に参加（文献4）
12月	山梨県東八代郡中道町大丸山古墳の発掘調査に参加（～1972年1月）（文献4）
1972年3月25日	『常呂』刊行（文献2）
7月10日	**『埴輪研究 第1冊』「あとがき」執筆**（文献3）
8月	茨城県稲敷郡桜川村浮島古墳群（原1号墳）の第6次発掘調査に参加（文献4）
1973年1月25日	**『埴輪研究 第1冊』刊行**（文献3）
8月	福岡県福岡市草葉古墳群の発掘調査に参加（文献4）

文献で確認できたもののみを列挙したもので、轟の発掘調査歴すべてを網羅するものではない。所在地は当時の自治体名を記載した。表中の典拠文献は以下の通り。文献1：東大考古学研究室編1969、文献2：東大考古学研究室編1972、文献3：轟1973、文献4：茂木雅博先生還暦記念事業会編2002。

墳群の調査以外にも、轟と共に参加した発掘調査や資料調査についての記述がみられる。轟による研究・調査活動の一端を知る手がかりとして、以下、参考までに、それらを合わせて列挙しておきたい（表1）(2)。

2　埴輪研究における"1973年"

　前項では、『我孫子古墳群』および『埴輪研究』の刊行前後の時期における、轟の調査・研究活動の一端を垣間見たが、本項では、『埴輪研究』が刊行された当時の研究動向について整理してみたい。

　『埴輪研究』刊行に先立つ、1960年代後半から1970年代前半は、現在の埴輪研究の礎となる数多くの優れた研究が矢継ぎ早に提示された時期である。

　1967年には、近藤義郎・春成秀爾による「埴輪の起源」が発表されている（近藤・春成 1967）。近藤・春成は、吉備地域における特殊器台・特殊壺の変遷を明らかにした上で、それらが畿内の円筒埴輪の祖型となる可能性を指摘した。折しも、箸墓古墳においては、1969年11月に宮内庁によって採集された資料（中村・笠野 1976）をはじめとして、墳丘に樹立されていた埴輪の一端が知られるようになった時期にあたる。近畿地方の円筒埴輪の祖型となり得る有力候補が絞り込まれたことは、すなわち、そこからの型式論的遠近によって円筒埴輪の新古を判断できる方途が拓かれたことを意味しており、円筒埴輪編年構築への現実的道筋が用意されたことを示唆していた。

　程なく、1971年から1972年にかけて、都出比呂志による円筒埴輪編年案が提示される。都出は、1971年に、向日丘陵古墳群の調査概報のなかで畿内円筒埴輪編年の概略を述べるとともに（都出 1971）、1972年1月には京都大学文学部考古学研究室の研究会において、また同年3月には奈良で催された研究会において「円筒埴輪の系譜」と題する報告を行っている（都出 1981）。発表内容の詳細については、一部を除き文章化されていないが、同時代の古墳時代研究に大きな刺激を与えたようである。

　1973年1月には轟俊二郎による『埴輪研究 第1冊』が刊行され（轟 1973.1.25）、吉田恵二による「埴輪生産の復元—技法と工人—」も発表されている（吉田 1973.1.31）。また、同年7月には、川西宏幸が「埴輪研究の課題」と題する論考を『史林』誌上に発表し、上記の近藤・春成、都出、轟、吉田による各論考すべてに対して、逸早く批判的論評を加えている（川西 1973.7.1）。その後、一部をのぞき、川西と各論者との表立った論争が行われなかったことは、埴輪研究にとっては残念なことであったが、上記の諸論考を併読すれば、当時の円筒埴輪研究の中に、編年論を志向する《通時的》な研究と、生産組織論を志向する《共時的》な研究の両者が、今以上に複雑に錯綜していた状況が読み取れよう。

　このように、1960年代後半から、『埴輪研究』が刊行された"1973年"に至る時期には、いわば埴輪研究の「新世代」ともいうべき中堅・若手研究者たちが、それぞれ全精力を傾注して「埴輪」と対峙していた様子が窺える。少なくとも、"新しい"埴輪研究の黎明期にあったこの時期、埴輪研究の新地平を拓こうとする高い志と理念が共有されていたことは間違いない。しかしその反面

で、それを実現するための枠組・方法・原理・原則において、あるいは具体的な資料分析レベルにおいて、根深い齟齬が顕在化していたことは否めない。もっとも、ある領域の研究黎明期において、このような状況は珍しいことではないし、むしろ、それが当該研究全体の原動力・推進力になっていたことは確かであろう。

その後、川西が円筒埴輪の広域編年への志向性を一段と強めていくことは周知の通りである。一方、轟は、程なくして「埴輪研究」から姿を消す。その結果として、後学にとって、轟の実像を窺い知る術は、同時代人の記憶、あるいは残された唯一の論著『埴輪研究』、さらには轟が実見し分析した資料の中にしか存在し得ない。その後、轟の仕事は学史上の文献として引用されることは少なくないが、その論理と方法が問い直されることもなく、結果的に、学史に「棚上げ」され、ある意味では忘却されることになる。

その後、学史的記述の中で『埴輪研究』について具体的に言及したものとしては、『岩波講座日本歴史』別巻に所収された都出比呂志の評論が挙げられる(都出 1977)[3]。都出は、轟の『埴輪研究』を高く評価する一方で、「『流派』と一流派の工房内分業との識別方法で問題を残した」という指摘を行っている。この他、轟の分析視点を具体的な次元で評価・継承したものは少なく、車崎正彦や藤沢敦の分析作業のなかに、轟俊二郎の残影を見て取れる程度である(車崎 1980、車崎 1988、藤沢ほか 1991)。

3 「下総型円筒埴輪論」を読み直す―その構成と視点

このような同時代的状況を確認したうえで、本項では、『埴輪研究』の中核をなす「下総型円筒埴輪論」について読み進めていきたい。目次は下記の通りである。以下、順を追って、轟俊二郎の行論を辿っていくことにしたい。

 はじめに
 第1章　下総型円筒埴輪の前段階
  1．埴輪の導入期――我孫子市金塚古墳、柏市天神台2号墳
  2．在地の工人の出現――柏市花野井大塚古墳
  3．下総の工人の技術的頂点――我孫子市久寺家古墳
 第2章　下総型円筒埴輪各説
  1．油作Ⅱ号墳／2．目沼7号墳(瓢箪塚古墳)／3．目沼11号墳／4．高野山4号墳／5．高野山1号墳／6．高野山2号墳／7．高野山3号墳／8．佐倉市将門町出土例／9．七塚6号墳／10．柴又八幡神社内古墳／11．鷺沼A号墳／12．猿山2号墳／13．城山1号墳／14．城山4号墳／15．香取郡小見川町出土例／16．その他の出土例
 第3章　下総型直前の円筒埴輪
  1．東深井7号墳／2．印旛郡印旛村鎌刈出土例／3．その他の出土例
 第4章　朝顔形円筒埴輪
  1．金塚型の段階

2．下総型朝顔の段階
　　　　1．油作Ⅱ号墳出土例／2．城山1号墳・高野山2号墳出土例／3．目沼7号墳出土例／
　　　　4．東深井7号墳出土例
　　　3．香取原型―下総型の前段階―
　　第5章　形象埴輪―人物埴輪を中心として―
　　　　1．セットの変遷／2．人物埴輪にみる下総の工人の技倆の限界／3．基台について／4．
　　本体細部の状況／5．まとめにかえて
　　第6章　下総における異系統の埴輪
　　　　1．異系統とは何か／2．異系統の埴輪の実際／3．分布と年代
　　第7章　考察
　　　　1．下総型にいたる変遷の概観
　　　　2．下総型期の編年
　　　　3．下総型期の地域差
　　　　4．下総型期の古墳
　　　　5．下総の埴輪工人集団に関する若干の問題
　　結語

(1)　「高野山型」の「発見」―「下総型」円筒埴輪の原像

　『埴輪研究』において、轟が「下総型埴輪」を「設定」したことはよく知られているが、「下総型」に相当する埴輪が、『我孫子古墳群』では「高野山型」と呼ばれていたことはあまり知られていない。

　第2節でも確認したように、轟が「下総型」を見出した原点は、我孫子古墳群、なかでも高野山古墳群にある。高野山古墳群9基のうち、東大考古学研究室によって調査されたのは1～4号墳の4基であるが、轟はいずれの発掘調査にも参加しておらず、出土埴輪の整理作業の中で、高野山古墳群出土の埴輪に初めて触れたようである。

　轟は、『我孫子古墳群』の考察において、金塚古墳の円筒埴輪と高野山古墳群の円筒埴輪を比較検討し、主に、成形法、裏面の成形、凸帯の形状、透孔、形態比率の差異に基づき、前者を「金塚型」、後者を「高野山型」と呼称している（273～274頁）。ただし、轟自身述べているように、金塚古墳と高野山古墳群は半世紀以上も築造時期が隔たっており、両者の相違点を指摘しただけでは、「型」の設定要件としては不十分であった。むしろ、「高野山型」の設定にあたっては、分析の対象となった4古墳の埴輪がきわめて酷似していたことが大きな意味をもっていたと思われる。その点では、一古墳だけで設定された「金塚型」と、複数古墳で設定された「高野山型」では、「型」設定の準位が異なっていると言わざるをえないのである。事実、「金塚型」という類型は、『埴輪研究』では用いられていない。

　さらに轟は、高野山古墳群を構成する4基の古墳の埴輪について、「形態の上からも、技法的にも個々に年代差を見出すことはできない」（274頁）としながらも、高野山1号墳・4号墳と、高野

山2号墳・3号墳という「二つの系統」に大別できるとした（277頁）。「埴輪の「系統」は、製作者集団という言葉でおきかえることもできる」（278頁）とし、一古墳群の埴輪製作に複数の製作者集団が関与する現象の背後に、特定の製作者集団と特定の被葬者の結びつきを想定している。

当時、埴輪の「型」を設定したこと自体、きわめて先駆的であったが、それだけにとどまらず、「高野山型」の内部に「系統」を見出したことはさらに注目すべきことである。

⑵ 「高野山型」から「下総型」へ—型式論としての「型式」措定

その後、轟は、「高野山型」と同様な特徴をもつ円筒埴輪が、旧下総国一円に分布することを確認し、同種の円筒埴輪を製作した埴輪工人集団が下総地域一円で活動していた可能性を指摘する。ここに至り、『我孫子古墳群』で設定された「高野山型」が、『埴輪研究』においては、「下総型」という、より明瞭な輪郭をもつ類型として再設定されることになる。

ただし、「高野山型」と「下総型」では、樹立古墳の分布範囲が異なっているばかりでなく、「型」や「系統」についてのニュアンスが多少異なっているので、注意が必要である。

『我孫子古墳群』では、「高野山型」はあくまでも「技法上、形態上の相違」（273頁）によって他者（「金塚型」）から区別されるものとして設定されている。また、「高野山型」内部において、「高野山1・4号墳」と「高野山2・3号墳」に見出される埴輪の差異は、「その拠っている伝統が異なっていた」（278頁）ことを示すとしたが、特定時期における円筒埴輪の形態比率＝《カタチ》が「系統の如何に拘らず一致」（278頁）する現象の背景については説明がない。

これに対して、『埴輪研究』では、高野山1・4号墳および同2・3号墳にみられる「2系統」の埴輪工人集団を、「共通の源から分岐したもの」（25頁）と見なしている。「下総型」内部に、同一の埴輪工人集団から分岐した複数の集団が併存していたとする点で、『我孫子古墳群』よりも一歩、踏み込んだ記述になっている。

また、「高野山型」については、先行型式／後出型式や、並行型式すら明らかになっていないままに、他者（「金塚型」）から区別された「まとまり」—言い換えれば、他者から遊離した「まとまり」として設定されたのに対して、「下総型」の場合には、先行する各段階の埴輪や、並存する「異系統」の埴輪の検討も行われており、通有の型式論的手続きを経たうえで、先後型式や隣接型式との同質性／異質性、連続／不連続によって担保された「まとまり」として措定されている点に大きな違いがある。

ある特定の「型式」が認識されるプロセスとしては、ある層位論的な「まとまり」をもつ遺物群を他と比較していく中で、その型式論的な「まとまり」としての有効性がまず《内的》に措定され、さらには、先後型式や隣接型式との関係性が確認されたうえで、はじめて《外的》に措定されるのが通例である。これを踏まえるならば、上記のような、「高野山型」から「下総型」へという、轟の分析の流れは、研究の黎明期に「型式」を措定していく手続きとしては、とくに不自然なものではない[4]。

(3) 「下総型」の内側—〈古墳内分析〉と〈古墳間比較〉

『埴輪研究』を読み進めていくと、轟が「下総型」の内側に様々な「まとまり」を出していることがよくわかる。以下、順を追って見ていきたい。

対象古墳の地域・時代を問わず、いかなる場合でも、埴輪分析の基点は、一古墳に樹立された埴輪総体の分析である。轟も、一古墳に樹立された円筒埴輪の「製作時」「使用時」「埋没時」の同時性について強調している（108頁）。

現在の埴輪研究では、同工品識別の重要性について、ようやく理解が深まってきたところである。近年、轟の研究に対する再評価も盛んだが、轟が同工品識別をほとんど試みていないことについては、意外に思われるかも知れない。轟自身は、「埴輪工人集団の規模を的確につかみたいから（中略）工人個々人の手クセ、作風を把握したい」（108頁）という願望をもっていたようで、同工品識別の前提条件として、「円筒埴輪は1人の工人がすべての作業を行なって作りあげたと考え（中略）、1工人の用いる刷毛目は1種類と前提している」（3頁）、「下総では、1個の円筒埴輪にみられる刷毛目が原則として1種類であることは事実で、特に表面に関しては例外はない」（3頁）などという具体的な指摘を行っている。もっとも、最終的には、「現状では、これは多分に夢物語でもあるらしい」（108頁）と述懐しているように、同工品識別作業は、千葉県印旛村油作Ⅱ号墳の円筒埴輪や同小見川町城山1号墳の人物埴輪について、一部試みられてはいるものの、全体としては、『埴輪研究』刊行段階では未解決の課題として残されたようである。

むしろ、轟が積極的に取り組んだのは、古墳に樹立された埴輪群の中に、複数の工人からなる、より大きな「まとまり」——すなわち「大別単位」を見出すことであった。

たとえば轟は、金塚古墳の円筒埴輪について、外面調整の刷毛目に太・細の2種類があることを見出し、「製作者に二つのグループがあった」（6頁）と見なしている。さらに、「整形工具の木目の太さは、工人が何らかの基準のもとに選択していたと考えられ（中略）それは工人個人の判断によるのではなく、集団の中でのグループごとに共通の基準があってのこととみられる」（15頁）と指摘する。刷毛目の太・細だけでは、大別の基準としては不十分であるが、ともあれ、一古墳の埴輪製作に複数の工人のグループが関与していたという指摘は、吉田恵二による分析成果とも通底し（吉田1973）、先駆的かつ重要である。

この他、千葉県流山市東深井7号墳出土の円筒埴輪については、刷毛目以外のプロポーションや色調、整形、線刻などの違いから、大きく2つの工人グループを見出している。ここでの2大別は、「同一集団内部での違いの如き小さなものではない。（中略）同じ古墳から出土はしたが、工人の属する集団、拠る伝統がまるで違っていたと考えざるを得ない」（49頁）としている。

金塚古墳と東深井7号墳の分析は、それぞれの埴輪が2つのグループに大別できたという点では共通するが、前者が同一の工人集団に含まれる複数の小グループに対応するのに対して、後者はまったく別個の集団に対応するとされ、まったく別の位置づけがなされている。

また轟は、高野山古墳群に供給された「下総型」円筒埴輪を検討し、「高野山2・3号墳」の埴輪と「高野山1・4号墳」の埴輪が別々の工人グループによって製作されたものとする。金塚古墳のように一古墳に複数のグループが共存するのではなく、古墳ごとに別のグループが関与した例と

して挙げている。

　以上、見てきたように、一口に「大別」といっても様々なあり方があり、その位置づけや評価にさいしては慎重さが必要であることを、轟は分析過程を通じて示している。

⑷　「下総型直前」と「下総型」を隔てるもの──「型」の存立基盤

　『我孫子古墳群』においては、「金塚型」と「高野山型」の間を埋める「中間期に属する埴輪」（279頁）として、千葉県我孫子市久寺家古墳の埴輪が取り上げられている。一方、『埴輪研究』においては、当該地域における埴輪の変遷がより詳細に論じられ、久寺家古墳と高野山古墳群の間を埋めるものとして、「香取原1号墳の時期」および「東深井7号墳、思井古墳の時期」が設定されている（94～97頁）。このうち後者が、いわゆる「下総型円筒埴輪の前段階」（4頁）、「下総型直前の円筒埴輪」（44頁）に相当するものである。

　これらは、「下総型」との共通点が認められる一方で、プロポーションや突帯間隔などにおいて、「下総型」との相違点も指摘できる。「下総型直前」の埴輪を識別するにあたっては、円筒埴輪ばかりでなく、朝顔形円筒埴輪や人物埴輪の様相も重要な役割を果たしている。

　以上のように、「下総型直前」の埴輪が分離されたことにより、結果として、下総型円筒埴輪の新古を判断する手がかりも得られたことになる。たとえば、轟は、目沼7号墳（目沼瓢箪塚古墳）の埴輪について、「下総型の中でも比較的初期に属する」（20頁）と見なしているが、これなどは、「下総型直前」の埴輪との形態上の類似度から判断したものと思われる。

　また、轟は、当時下総で最古とみなされていた埴輪を樹立した金塚古墳から、「下総型」埴輪の最終段階に至るまで、下総地域における埴輪の変遷を跡づけ、大きく6期に分けているが（94～96頁）、下総地域におけるすべての埴輪を一系的な変遷の所産として理解していたわけではなく、「久寺家以降漸進的な変化の自然の帰結として下総型に到達するとのみはいえない」（49頁）という指摘も行っている。

　また、「下総型の前段階」についても、久寺家古墳の円筒埴輪と「下総型」円筒埴輪は「単に形態が違うだけではなく、系譜的にも断絶があるように思われる。（中略）時期的にそれらの中間にあたるものをことさらに下総型の前段階と呼ぶのはそのような考えによる」（52頁）と述べている。

　要するに轟は、下総という一地域の埴輪には、形態変遷の上でも不連続な部分が少なからず認められ、また埴輪製作にあたった工人集団に関しても継続的関与が認められないという事実を指摘しようとしたのである。「下総型」の時期になると、生産の拡大に伴って、工人の人数も増加し、活動圏の拡大と埴輪の定型化が達成されることになる。轟が「下総型」以前の埴輪に対して、「○○型」という名称を用いなかったのは、上記のような「下総型」とそれ以前との間の相違点を強調する意図があったと思われる。

⑸　「下総系」の内と外──異系統埴輪への眼差し

　前項で述べたように、轟は、下総地域の埴輪生産における、ある種の断続性・不連続性を強調し

ながらも、それでも下総の埴輪に対して「下総系」という呼称を用いている。
　多少長くなるが引用しておこう。

　　　　下総型円筒埴輪の系譜をたどっていけば、究極的には金塚の埴輪へと収斂する。即ち、いず
　　　こからかやってきて金塚の埴輪を作った工人達が下総の人間に埴輪の作り方を教え、学んだ者
　　　達が世代から世代へと伝え、そうしてやがて下総型へと形態が変化していったと考えているの
　　　である。その間に何度も他の地域から影響を受けていることはいうまでもないが、その都度何
　　　から何まで変ってしまったわけではない。何よりも人的系譜は連続性を保っていたと思う。そ
　　　のような一貫した変遷過程の中にくみ入れて理解できるものを総称して、私は下総系の埴輪と
　　　呼び、できぬものを異系統の埴輪と呼ぶ。(中略) 本稿で下総の工人と呼ぶのは、金塚以来の
　　　系統に属する、下総在住の工人の一派というにすぎない。しかし彼等の作った埴輪が下総で最
　　　も代表的な埴輪であるが故に、彼等に限って下総の工人と呼び、その作った埴輪を下総系と称
　　　し、その最終的形態を下総型と名付けたのである。(78〜79頁)

　すなわち、轟は、「下総型」以前の段階においては、古墳の造営のたびごとに、その都度埴輪工
人が集団として編成されるような、非恒常的・断続的な生産体制を想定した上で、それにもかかわ
らず、埴輪が時期を隔てて、「どことなく」類似してくる現象を表現するために、「下総系」という
用語をあえて選択したのである。その最終段階の埴輪に対してのみ、「下総型」という用語を用意
したのは、先にも述べたように、この時期、きわめて定型的な埴輪が恒常的に生産されるように
なったことを重視したものと思われる。
　ただし、轟が「下総系」埴輪を認識するに至ったのは、帰納的分析だけによるものではなく、下
総地域を取り囲むように分布する異系統埴輪、あるいは下総の内部においても散在する異系統埴輪
を目にするようになったことが大きく影響しているように思える。
　「下総系」以外には、「常陸系」(89頁)、「武蔵系」(83頁)、「上野系」(81頁) などという呼称も用
いられている。円筒埴輪の系統を識別する際には、突帯数などを重視していたようであるが (「凸
帯数よりみた関東地方の円筒埴輪」を参照のこと)、詳細については記述されていない。

4　方法としての「下総型」研究―その論理と枠組

　前節では、『我孫子古墳群』および『埴輪研究』に即しながら、轟の行論をできるだけ忠実に
辿ってきたつもりである。本節では、轟の分析過程を通じて析出された幾つかの論点や分析手法に
ついて、項目ごとに見ていきたい。以下概観していく様々な論点は、下総地域の埴輪の分析だけで
はなく、他地域の埴輪研究、ひいては他の遺物研究にも寄与する部分があると考えるからである。

(1)　観察と記載―同じ「眼」による悉皆調査

　轟は、当時下総地域で知られていた埴輪のほとんどすべてを実見していたと考えて間違いない。
『埴輪研究』には、小規模な資料館や、地元の小学校に所蔵されている出土古墳未詳の埴輪片にま
で及ぶ、悉皆調査の成果が盛り込まれている。このような作業は、考古学の常套手段とはいえ、埴

輪の編年や地域色の把握すらなされていなかった当時、このような徹底的な資料調査が行われたことは驚きである。

　実見した埴輪の大半について詳細な観察表を作成し、『埴輪研究』の巻末に掲載している。未実測の埴輪については実測図も作成しているが、短時間の資料調査においてすべての実測が可能であるわけもなく、轟は観察表の作成に労力を注いだようである。

　当時は、発掘調査報告書に埴輪の実測図さえ掲載されないこともあり、場合によっては原位置の埴輪自体を遺物として取り上げないようなこともあった時代である。今でこそ、破片に至るまで全資料の観察表を作成するのが普通であるが、このような時代に、あれほど詳細な観察表を作成・掲載したことも特筆すべきことである。全個体の観察表を掲載するスタイルは、『船橋遺跡』などの流れを汲むものであろう[5]。また、表面的・断片的な観察ではなく、製作工程の復元を念頭においた体系的な観察を行っている点は、『紫雲出』などを踏襲したものであろう[6]。当時は、弥生土器・土師器・須恵器など、さまざまな土製遺物の研究が急速に深化しつつあった時期にあたり、轟はそのような研究動向を、逸早く埴輪研究に取り入れたものと思われる。

　また、観察表のなかで、各部の計測値を重視していたことからも、轟が埴輪の形態——とくに全体のプロポーションや突帯間隔を重視していたことが窺える。ただし、轟にとっては「数値先にありき」ではなく、埴輪の地域差や、形態変化の方向性を表現する補助的手段として、各部の数値や比率を援用しようとしていたようである。主に後期関東地方の埴輪を対象としていた轟が、突帯間隔の個体差に着目していたことは、近年の当該埴輪研究において「数値化」が1つのキーワードとなっていることを想起すれば、非常に先見的な視点であった。

(2)　埴輪の資料特性—〈古墳内分析〉の条件と前提

　埴輪がもっている「一括遺物」としての特質については、『埴輪研究』(108頁の注3)に、詳細に記述されている。多少長くなるが引用しておこう。

　　　藤本強氏から指摘をうけたこともあるが、古墳出土の埴輪は研究上、普通の土器には望んでも得られぬ利点を持っている。埴輪が古墳に樹立されるのは1回だけで、植え替えはなされないから、古墳に出土する埴輪に対しては、円筒棺のような事例を除き、「使用時」も「埋没時」もすべて同時といえるのである。またそれらは古墳築造に際して作られるのであるから、「製作時」も同時とおさえることができる。

　なお、追加樹立については、『我孫子古墳群』において若干の検討が行われているが、出土状況や接合関係による限り、埴輪の「植え替え」を裏づける証拠は見出されていない(148・268頁)。

　この他、1個体の円筒埴輪に見出される刷毛目が原則として1種類であることから、円筒埴輪1個体の製作は、底部成形から完成まで1人の工人の手で行われたものと考えた(3頁)。近年の埴輪研究において、「刷毛目パターン」の異同と、製作者の異同が必ずしも一致しない場合があることも明らかにされており、若干の問題点が残るものの、1973年の時点で、このような同工品識別の萌芽ともいうべき視点が提示されていることは特筆される。

(3) まず「円筒」から考える―「単純さ」の中に見えてくるもの

　かつての埴輪研究において、円筒埴輪よりも形象埴輪の方に、より大きな関心が向けられていたことはよく知られている。そもそも、円筒埴輪については、墳丘の外部構造の一部、いわば遺構の一部として墳丘に埋置したまま、遺物として取り上げないような発掘調査が長く行われてきた。

　そのような中で、埴輪生産組織論の基点として、轟がまず円筒埴輪に目を向けたことはやはり画期的なことであった。その後、川西宏幸による「円筒埴輪総論」以降、円筒埴輪研究は市民権を獲得し、古墳の年代を円筒埴輪で考えることは当たり前になったものの、埴輪生産組織を論じるには円筒埴輪こそもっとも重要かつ適切な研究対象であるという、轟の認識は必ずしも共有されていない。

　轟は、「円筒埴輪をまずおさえて後、形象埴輪も論じ得る。畢竟形象埴輪は、円筒埴輪の前には二義的存在にすぎない。埴輪の中で最もありふれた円筒埴輪をこそ、まさに最もありふれているが故に埴輪研究の中心に据えるべきである。」と述べている（107頁）。一見同じように見える円筒埴輪のなかに「違い」を見出していく作業こそ、埴輪生産組織論の"王道"であることを轟は早くから見抜いていたようである。従前の形象埴輪志向から訣別し、まず「円筒埴輪」から考える―この研究戦略の一大転換こそ、轟の仕事の眼目であったのだろう。

　その後、轟が、「下総型」円筒埴輪に伴う人物埴輪を「下総型」人物埴輪と呼んだのは（61頁）、「円筒」から「形象」を考えるという研究戦略の表れであったことは間違いない。轟は「（下総型―筆者注）円筒埴輪と（下総型―筆者注）朝顔形円筒埴輪の変遷はきれいに重なり合ってはいないのである」（57頁）と述べているが、これはおそらく、下総型円筒埴輪と下総型人物埴輪の関係にもあてはまるであろう。器種ごとに変化の画期や「遅速」が異なることを暗に示唆しているのであるが、「下総型」円筒に伴う形象埴輪の検討が不十分であることについては、轟も自認している（1頁）。

　近年の埴輪研究では、円筒埴輪と形象埴輪の両者を、刷毛目パターンの異同に着目して、器種横断的に論じていく方向性が鮮明になっているが、これなどは轟の研究戦略を補完する視点に他ならないであろう。また近年、そのような分析を通じて明らかになりつつあることは、仮に埴輪生産組織論に限ってみても、「円筒埴輪」を通じて見えてくる位相と、「形象埴輪」を通じて見えて位相は、必ずしも一致しないという視点である。今後の器種横断的な分析において留意すべき論点であろう。

　なお、轟は、「下総型」人物埴輪の特徴について以下のように記述している。

　　（前略）下総の人物埴輪の造作には、下総型の時期かそれ以前かを問わず、下総独自の様相はみられない。顔の輪郭の処理などにしても、時期的に二つの方法が識別される点が下総における特色とはいえても、各々が下総独自の手法というわけではない。全体的にみる時下総の、特に下総型人物埴輪の特徴は疑いもなく明白であるが、個々の要素に分解してしまうと、そこには下総的な何物も残らないのである。(77頁)

　これは「下総型」円筒埴輪にもあてはまる重要な指摘である。

⑷ 「下総型」の内部構造

　「下総型」の原点が「高野山型」の設定にあることはすでに述べた通りである。「金塚型」と対比するなかで、高野山1～4号墳の4基の古墳で出土した埴輪の間に、際立った類型性を見出し、それを「高野山型」と呼称したのである。「高野山古墳群の出土品とよく似た円筒埴輪」（1頁）がほぼ下総全域で出土していることを知り、それらに対して『埴輪研究』の冒頭で初めて「下総型円筒埴輪」という名称を冠している（1頁）。

　ところで、轟は、なぜ、「下総式」ではなく、「下総型」という呼称を用いたのであろうか。その経緯については記されていないが、轟自身、「埴輪の系統を識別することなしに、和泉式の次は鬼高式といったような編年を行なっても、益する面は限られるであろう」（106頁）と述べ、「土器に対するのと同じ視角からのみ円筒埴輪の編年を行なうべきではない」（同前）というくだりもある。もちろん、当時の土師器研究においても、地域色を一切閑却していたわけではないであろうが、「斉一性」が土師器のもっとも重要な属性の1つであったことは間違いなく、そのような背景の下に設定された土師器の型式名称と区別するべく、「式」ではなく「型」を用いたのではないかとも推察される。

　ともあれ、轟は、「下総型」埴輪の製作に携わった埴輪工人集団の内部構造を解明すべく、様々な検討を行っていく。轟の提示した分類階層は単純ではない。以下、轟の分析事例に即して見ていきたい。

　まず、「下総型」であるが、轟はこれを、単一の埴輪工人集団の所産とは見なしていない。例えば、高野山1・4号墳の円筒埴輪と、高野山2・3号墳の円筒埴輪は、「下総型」内部に併存する複数の「系統」を示すとし、「共通の源から分岐した」別々の埴輪工人集団に対応するものと見なしているし（25頁）、これ以外にも城山1号墳の円筒埴輪はさらに別の工人集団の存在を示唆しているとする（99～100頁）。

　一方、まさしく「同一」の埴輪工人集団の所産とされた、高野山1号墳と4号墳の円筒埴輪についても、「同一の集団といっても、その構成員は完全に同じではなかったと想像される」（30頁）とし、両古墳の埴輪製作に携わった埴輪工人のメンバー構成が一致していない可能性を示唆している。これについては、その後の同工品識別作業によって、轟の直感的認識の正しさが再確認されている（犬木 1995）。

　なお、高野山1～4号墳の埴輪については、それぞれ同一の埴輪工人集団によって製作されたものとし、金塚古墳や東深井7号墳では、それぞれ複数の埴輪工人集団の関与が指摘されている。金塚古墳では、主に刷毛目の太・細によって「製作者に二つのグループがあった」（6頁）とする。また、東深井7号墳の埴輪は大きく2群に分けられたが、これについては「同一集団内部での違いの如き小さなものではない。（中略）工人の属する集団、拠る伝統がまるで違っていたと考えざるを得ない」（49頁）と指摘する。

　轟が工人グループの大別にさいして重視している刷毛目の「太・細」については、同じ刷毛目工具のなかにも太い部分と細い部分があり、「刷毛目パターン」の厳密な同定作業を経ない限り、それだけでは大別の基準にはなり得ないだろうが（犬木 1995）、1古墳の埴輪が複数のグループに大

別できる、という視点は現在でも有効であろう。ただ1つ問題なのは、それが同一工人集団内のグループ差なのか、技術伝統を異にする別個のグループによるものなのか、という点である。かつて都出が行った「「流派」と一流派の工房内分業との識別方法で問題を残した」という指摘は、この辺りのことを指しているのであろう（都出 1977）。近年、静岡県磐田市堂山古墳での分析例など（原ほか 1995）、1古墳の埴輪に「多様性」が見出され、複数の工人集団の関与が指摘される事例が増えているが、上記の指摘は、このような分析にさいして、常に留意しておくべき論点である。

(5) 『埴輪研究 第1冊』で想定されている埴輪工人像

轟が思い描いていた「埴輪工人」は、「師匠格の工人」（9頁）、「熟練した工人」（7頁）、「未熟な工人」（同前）など、多様な立場・力量をもった「生きた」工人の姿である。また、「下総の在地の人間」（9頁）、「在地の工人」（7頁）、「地付きの埴輪工人集団」（99頁）、「他国の工人」（4頁）などという用語も用いられ、轟が、工人集団の移動、埴輪製作技術の導入と定着、工人集団の移動、生産組織の変化などをかなり具体的に考えていたことを教えてくれる。

また轟は、たんに下総地域の埴輪の変遷を示しただけではなく、以下のような大きな流れを提示している。まず、金塚古墳の段階で、「我孫子一帯での埴輪の製作は、ごく少数の他国人によって開始され」（7頁）、次に、花野井大塚古墳の段階では、「現地の住民の中から生産に従事するものが養成され始めた」（9頁）。さらに、東深井7号墳段階では、「下総型に近づきつつありながらまだ定型化しきれずにいた」（48頁）が、目沼7号墳の段階になると、「ようやく下総型が定型化して、工人達の作風も安定を見出した」（20頁）とする。

このような記述を読んでいると、轟の視線の先にあったものは、たんなる埴輪ではなく、その向こう側にいる埴輪工人の姿に他ならなかったことが明瞭に伝わってくる。これが通常の分析であれば、ただたんに「想像たくましい記述」に陥りかねないのだが、あれだけ詳細な観察と分析が背景にあるだけに、轟の記述は少なからず説得的である。

(6) 地域史としての「下総型」埴輪研究

「下総型」埴輪研究の基点となった、我孫子古墳群の調査研究は、当時、甘粕健らが、内裏塚古墳群や稲荷前古墳群、埼玉古墳群、龍角寺古墳群など、関東地方各地で推進していた「地域史」と同じ文脈で理解されるべき研究成果である。

我孫子古墳群の調査が行われた1960年代は、大規模な行政調査が急増する直前の時期にあたり、考古学の主体が大学から自治体へと移行する、考古学の転換期に当たっていた。都心から1時間しか離れていない地で、ある特定の古墳群をフィールドとした学術調査が10年もの時間をかけて実施されるなどということは、現在ではとうてい考えられないことであり、轟がこのような調査に参加できたことは、轟にとっても我々後学にとっても、非常に幸運な出来事であったのかも知れない。

轟の埴輪研究自体、甘粕が構想したような「地域史」の枠組の中で展開されていたことは間違いないが、轟の研究は、それを積極的に支える柱の1つであっただけではなく、むしろ、そのような「地域史」叙述を、初めて埴輪そのものから立ち上げた点に最大の特徴がある。ある特定地域にお

ける埴輪の導入から終焉に至る歴史的展開過程を、あくまでも埴輪の実態に即しながら、通史的に叙述した仕事として高く評価されるべきであろう。

　轟は、「下総型」埴輪の製作にあたった工人集団は「小地域の首長層の支配の埒外に存在する一種巡歴手工業者的な側面」(102頁) をもっており、「下総各地を巡回して製作を行なっていたのではないか」(29頁) と考えている。轟がそのように考えた最大の論拠は、「下総型」の時期において、下総全域を統轄するような大首長の存在が認められないという事実にあり、埴輪に対する「需要があまりにも貧弱な小地域の首長のもとに、彼等は埴輪工人として存立し得たであろうか」(98頁) と疑問を呈しているのも同様な理由からである。

　このような見解は、首長墓論だけでは導き出せるものではないし、また埴輪研究だけで到達できるものでもない。『我孫子古墳群』や『埴輪研究』には、いわゆる首長墓論と埴輪研究が互いに補完し合いながら、より豊かな「地域史」像を構築するに至った、きわめて恵まれた研究状況が看取できるのである。両書は、良好なフィールドを対象として、一般調査・発掘調査・資料調査などを徹底することによって、どれだけ豊かな地域史を描くことが可能なのか、きわめて具体的な形で示してくれた稀有な実践例である。そのような意味で、轟の埴輪研究は、三十数年を経て色褪せるどころか、真の意味での《考古学からの「地域史」》として、今なお輝きを失っていない。

5　『埴輪研究 第1冊』所収の他の2論文について

　『埴輪研究』では、「下総型円筒埴輪論」が引用されることが多いが、他の2論文、「凸帯数よりみた関東地方の円筒埴輪」および「鰭付円筒埴輪に関する一考察」にも興味深い論点が示されている。

　「凸帯数よりみた関東地方の円筒埴輪」では、埴輪に貼付される凸帯や透孔の数に着目し、そこに埴輪工人集団の「系統」差を読み取ろうとしている。具体的には、「関東の埴輪は上野系と常陸系とによって東西に2分される」という大きな見通しを述べている (115頁)。凸帯は、地域や時期を超えてすべての埴輪に見出される「普遍的」な属性であり、地域を越えて、同一系統の埴輪を繋いでいく《縦糸》になり得るという点で、円筒埴輪の系統性を弁別するためには非常に有用な属性なのである。

　一方、「鰭付円筒埴輪に関する一考察」では、特定の時期・地域の埴輪のみに選択的に採用された「鰭」という属性に着目している。「鰭」は、地域を越えて、特殊な「形」と「機能」が共有されていたことを示す特徴であり、特定時期における異なる地域を共時的に繋いでいく《横糸》になり得るという意味で、地域間対比の手がかりとして非常に有用な属性である。「鰭」は、「政治性の象徴」(123頁)、あるいは「地位と権威の象徴」(122頁) として、「大和における最も有力な首長達の間で(中略)用いられる」ようになったもので、「大和以外の出土例は(中略)彼等(大和—筆者注)との一体性の表明として鰭付円筒埴輪を用いたと解釈できる」(122頁) としている。

　冒頭にも述べたように、轟の仕事の中でもっともよく知られ、もっとも高く評価されているのは、「下総型円筒埴輪論」である。「下総型円筒埴輪論」がミクロな接近法であるとすれば、この2

篇の論文は、マクロな接近法ということになろう。「新しい埴輪研究」黎明期の都出比呂志や川西宏幸がそうであったように、ミクロな側面ばかり強調されてきた轟の埴輪研究にも、もう1つのマクロな側面があったことは、もっと注目されてよいであろう。「下総型円筒埴輪論」が特定地域を対象とした議論であったのに対して、他の2論文は、地域を越えた埴輪研究という、轟にとっての次なる研究戦略を素描しようとしていたのではないかと思えてならない。

そのような意味で、この2篇の論文は、分量こそ少ないが、轟のいうような「未消化な、粗略な素描」（181頁）などではなく、轟の研究戦略を考える上で、大きな意味をもっていると考える。結果的に、轟のマクロな研究は全貌を見せることなく、途中で潰えてしまうことになるが、この2篇の論文を読むと、轟の視線の先にあったものの輪郭が朧気ではあるが、見えてくるような気がする。

6　結語に代えて——『埴輪研究　第1冊』の今日的意義

現在、轟が考古学界に身を置いていないにもかかわらず、また、論考としては『埴輪研究』という自費出版刊行物だけしか残されていないにもかかわらず、轟の仕事は現在に至るまで、埴輪研究の到達点として孤高の位置を保っている。

これまで概観してきたように、轟の研究成果のなかには、今なお、味読すべき論点が数多く含まれており、『埴輪研究』には、その後の埴輪研究で議論されている論点のほとんどが盛り込まれているといっても過言ではなく、その先見性には驚かされる。

『埴輪研究』の刊行後ほどなくして、轟は考古学界から姿を消したが、我々後学には、『埴輪研究』という巨大な成果が残された。その後、埴輪の調査事例は膨大に蓄積され、轟の頃とは比べられないほど多くの知見が明らかになっている。都出比呂志や川西宏幸らが牽引車となり、円筒埴輪の全国編年も整備された。またそれに後押しされるような形で、遅れていた形象埴輪の編年作業も精力的に進められている。東殿塚古墳、宝塚1号墳、今城塚古墳、山倉1号墳と生出塚埴輪窯など、瞠目すべき調査成果も現れている。埴輪研究は順調に進捗している、はずである。

今回、『埴輪研究』を再読するなかで、あらためて感じたことは、全身全霊をこめて対象と向き合った者にしか醸し出せない、ある種の「緊張感」が全文に漂っているという点である。当時の埴輪研究には、轟以外にも優れた研究成果が多数提示されているが、それらに対しても同様な印象を受けるのは筆者の思い過ごしであろうか。むしろ、そのような轟たちが生きた時代の空気こそ、現在の考古学にもっとも欠如しているものなのかも知れない。轟の眼に、現在の埴輪研究、そして現在の考古学はどのように映るのだろうか。

轟と同時代を生き、彼の埴輪研究に直接触れていた人たちにとって、本稿の記述に目新しい部分はないかも知れない。ただ私は、これまでに、轟が実見した埴輪の大半を実見し終えており、そのような追体験を経た者にしか体感できない部分が少しでもあればと思いつつ、筆を執った次第である。むしろ本稿は、今後埴輪研究を志す若い研究者のために書いたようなものである。

『埴輪研究』ができるだけ早く復刻され、より多くの人々がもっと手軽に轟の仕事に触れられる

ようになり、同書に対してさらに別の新たな「読み」がなされることを祈念したいと思う。

　茂木雅博先生と初めてお会いしたのは、1998年6月20日に日本出版クラブ会館で行われたシンポジウム「前方後円墳の出現」の会場であった。その場で、3月に刊行されたばかりの報告書『日天月天塚古墳』（茨城大学人文学部考古学研究報告第2冊）を頂戴し、ごく短時間であったが、轟さんの話などをお伺いしたことを記憶している。その後、茨城大学には、日天月天塚古墳出土埴輪の資料調査で何回もお邪魔させて頂き、その度に、轟さんのことや当時の考古学界のことなど、本当にたくさんのことをご教示頂いてきた。茂木先生には、未だに果たしていない約束ばかりで、合わせる顔がない、というのが正直なところなのであるが、日頃の学恩に少しでも報いるためにも、退任記念論集の末尾に名を連ねることをお許し頂きたい。

　高校・大学とも轟さんと同窓である私が、藤本強先生の指導の下で我孫子古墳群の埴輪を学ぶようになり、山脇洋亮さんの同成社から刊行される茂木先生退任記念論集に、今こうして轟さんのことを書いている。何と不思議な縁であろうか。今後とも、偉大な先学諸氏の仕事から少しでも多くのことを学んでいきたい。

　今回、原稿の提出が著しく遅延したことで、茂木雅博先生および、同成社の山脇洋亮氏には多大なるご迷惑をおかけした。伏してお詫び申し上げる次第である。

註

（1）　轟俊二郎についての評伝的叙述については、轟と同時代を生きた適任者によって、近い将来、明らかにされることを強く期待しておきたい。

（2）　『茂木雅博先生略年譜并著作論文目録』によれば、茂木雅博が千葉県金塚古墳の調査に参加し、轟俊二郎・山脇洋亮と知遇を得たのは1963年10月となっているが、本稿では報告書の記載にしたがい、1963年11月とした。

（3）　この他、佐原眞が『考古学研究』誌上に連載していた「土器の話（10）」において、『我孫子古墳群』に掲載された轟の埴輪の観察に疑義を呈しており（佐原 1973）、轟もこれを受けて観察を訂正している（轟 1973、1頁）。なお、1989年1月6日から8日にかけて大阪府豊中市で開催された第25回埋蔵文化財研究集会において、田中琢が「1960年代の土器研究と古墳研究の状況」と題する講演を行っているが、その中で、轟の論考（轟 1969）に言及しているのもかなり珍しいことである（田中 1989）。

（4）　別稿で論じたように、高野山1号墳および4号墳の埴輪は、高野山古墳群以外から出土した下総型円筒埴輪の多くと同工品レベルで関連づけていくことが可能であるのに対して（犬木 2005）、高野山2号墳および3号墳の埴輪は、孤立的である。しかし、両グループの間には、共通の「刷毛目パターン」が見出されているものもあり、形態的にはきわめて類似しており、密接な関係が想定される。高野山2号墳・3号墳の埴輪の位置づけについてはあらためて論じることにしたい。

（5）　原口正三 1958『河内船橋遺跡出土遺物の研究』大阪府文化財調査報告書第8輯　大阪府教育委員会、原口正三・田辺昭三・田中琢・佐原眞 1962『河内船橋遺跡出土遺物の研究（2）』大阪府文化財調査報告書第11輯　大阪府教育委員会

（6）　小林行雄・佐原眞 1964『紫雲出　香川県三豊郡詫間町紫雲出弥生式遺跡の研究』詫間町文化財保護委員会

関連文献（刊行順）

近藤義郎・春成秀爾 1967「埴輪の起源」『考古学研究』第13巻第3号 考古学研究会

東京大学文学部考古学研究室編 1969『我孫子古墳群』我孫子町教育委員会

轟俊二郎 1969「円筒埴輪」『我孫子古墳群』我孫子町教育委員会

都出比呂志 1971「円筒埴輪の編年論的位置づけ」〔近藤喬一・都出比呂志1971「京都府向日丘陵の前期古墳群の調査」〕『史林』第54巻第6号 史学研究会

東京大学文学部考古学研究室編 1972『常呂 北海道サロマ湖沿岸・常呂川下流域における遺跡調査』弥生会

轟俊二郎 1973『埴輪研究 第1冊』

吉田恵二 1973「埴輪生産の復元―技法と工人―」『考古学研究』第19巻第3号 考古学研究会

佐原眞 1973「土器の話(10)」『考古学研究』第19巻第3号 考古学研究会

川西宏幸 1973「埴輪研究の課題」『史林』第56巻第4号 史学研究会

中村一郎・笠野毅 1976「大市墓の出土品」『書陵部紀要』第27号 宮内庁書陵部

都出比呂志 1977「原始」『岩波講座日本歴史 別巻3』岩波書店

車崎正彦 1980「常陸久慈の首長と埴輪工人」『古代探叢』早稲田大学出版部

都出比呂志 1981「埴輪編年と前期古墳の新古」『王陵の比較研究』京都大学文学部考古学研究室

車崎正彦 1988「埴輪の作者」『早大所沢文化財調査室月報』No.34 早大所沢校地文化財調査室

田中琢 1989「1960年代の土器研究と古墳研究の状況」『古墳時代前半期の土器研究とその社会 第25回埋蔵文化財研究集会『講演記録』』埋蔵文化財研究会

藤沢敦ほか 1991『菅沢2号墳』山形市教育委員会

原秀三郎ほか 1995『堂山古墳』磐田市教育委員会

犬木努 1995「下総型埴輪基礎考―埴輪同工品論序説―」『埴輪研究会誌』第1号 埴輪研究会

茂木雅博先生還暦記念事業会 2002『茂木雅博先生略年譜并著作論文目録』

犬木努 2005「下総型埴輪再論―同工品識別の先にあるもの―」『埴輪研究会誌』第9号 埴輪研究会

第 2 部　文化伝播篇

東アジアの石工技術
―― 線刻技法の展開 ――

川西　宏幸

1

　東アジアで石造建造物の造営が始まった時代は、当然のように中国がもっとも古い。ところが、ユーラシア大陸のなかでみれば、前三千年紀に遡るエジプトや、前二千年紀のエーゲ海方面はもとより、前四世紀後半のヘレニズム文化の東遷よりもさらに遅れるのである[1]。建築材の黄土や木材に恵まれていたことが、この不思議なほどの遅滞をもたらしたのであろうし、逆に、木材資源の枯渇が石材の利用を強いる素因になったことも想像されてよい。

　中国における石造建築物は、前漢代に始まったことが、地下に残された石室墓によって知られる。地上に営まれていた石造建造物が廃絶しさっていま目にすることができないということではなく、墓の構造物として出現したところに、先行したユーラシア西方の諸地域と異なる中国的独自性があったといえるであろう。そうして朝鮮や日本での出現もまた、軌を同じくして墓によって始まるから、これは東アジア的特徴とみてさしつかえない。

　さて、中国で石造建造物が生まれるのは前漢代であるが、石材利用という意味での予徴は戦国時代に遡る。ヘレニズム文化の東遷と年代が近接しているので、その影響があったことを想像させるが、古代ギリシアを核にして広く西方で流布した鋸歯鑿による加工技術は伝わった形跡が見あたらない。西方からの影響があったとしても、ヘレニズム文化に伴う技術を直輸入したとまではいえないだろう。

　そこで、予徴の内容をみていくと、まず石棺製作があげられる。すなわち、切石の板を組みあわせた槨が、山東半島南西の黄河下流域を中心にして、山東・河南・安徽・江蘇省方面に拡がっており、安徽省淮南市楊公郷M5号墓が既知の最古の例で、戦国時代末にあたるという[2]。もっとも、古文献の記述によれば、春秋時代の宋国司馬の垣犨が石槨に葬られたというから[3]、この石棺分布域のなかで出現はさらに古く遡る可能性がある。

　ついで、秦始皇帝陵の造営にかかわった石材加工場が管見にのぼる。この陝西省臨潼県鄭庄遺跡は、陵の兆域の西北に接して、東西1500m、南北500mに及んでおり、域内の東区が作業場で、西・南区の建物が管理棟であったという[4]。そうして、作業場址からは、石屑とともに礎石や通水管さらにはそれらの未製品が出土し、また、鎚や丸鑿や角鑿のように、明らかに石材加工具とみて誤りない工具が、出土鉄器のなかに含まれている（図1）。また、鉄製の足枷があったことは、作

業に携わった労働者のことごとくではないにせよ、そのなかに刑徒がいた可能性を示唆しており、70余万の刑徒を造墓に動員したという『史記』始皇本紀第六の記載を裏づけしているかのようである。

始皇帝陵の各所でも石材が発見されている。これらもまた、礎石や通水管のような主として土木工事用であったことは、建造物を組みあげるには至らなかった、当時の石材利用の様態を物語っている(5)。石材は青石と呼ばれる青灰色の石灰岩であるらしい。この石の産地は、砂岩からなる近傍の驪山ではなく、55km隔たる北山であるという(6)。写真によると、岩質は軟いようであり、自然の転石を加工したというよりも、岩盤から切りだした材のようにみえる。も

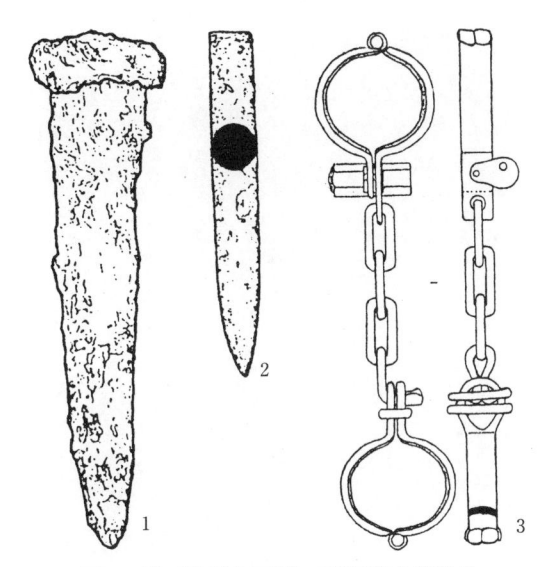

図1　陝西省鄭庄石材加工場址出土鉄製品
1：角鑿（高13.6cm）　　2：丸鑿（高8.5cm）　　3：足枷（上下38.0cm）

しそうだとすると、加工だけにとどまらず、採石や運搬の面でもまた、秦は技術的蓄積を擁していたことになる。

採石技術といえば、ローマ時代にはすでに、金属製の楔を連ねて岩盤から割りとる採石法が広く流布してらしいことが、イタリアのポンペイを飾るファサード材や、エジプトのアコリスの採石場址の知見から推測される(7)。そうしてこの方法は、流布とまでいえるかどうかはさておいて、ギリシア時代に遡る可能性がある。また、楔を使わない方法、すなわち岩盤に細い溝を穿って四方を区画したのち、底を岩盤から割りとる方法がローマ時代にあり、これは確実にローマ時代以前に遡る。そうして両方法は、どちらか一方を使うことも、混用する場合もあったことが、中エジプト南半のザウイエト・スルタン遺跡に残るローマ時代の採石場址の観察によって知られる。もし、秦代に岩盤から切りだしていたとみて誤りないとすれば、どの方法によったのか、あるいはこれらとは別の方法を採ったのか、この問題について中国の石材は安易に答えてくれそうにない。

2

前漢代に入るとほどなく、磚墓とならんで、崖墓や石室墓や石棺墓が流行の色をみせる。山腹を穿ち、あるいは石材を組みあわせた墓制が流行するに至った背景として、とりわけ華北地方を中心とする森林資源の枯渇に素因があったのであろうが、石を活用する準備が十分にととのったことが考えられる。この技術的進展をよく示している例として管見にのぼるのは、江蘇省徐州市北洞山墓である(8)。楚王第五代劉道を葬り、元光6年（前129）ないしやや後に造ったとされているこの墓の場合、北洞山に深く横坑を穿ち、坑内に石灰岩の板石を巧みに組みあげ、宮殿建築を模して数多くの部屋を連ねてある。徐州の地には石棺墓を作っていた技術上の蓄積があるとはいっても、この巧

緻さと壮大さを実現するにあたっては、木造建築の技術を転用しなければならなかっただろう。

建築技術上の問題は専門家の教示を乞うことにして、筆者が注目したいのは、石材加工の技術である。すなわち、細密に引いた平行条線が石材の表面に観察され、尖鑿を使ったことが条痕から推測されるのである。副葬鉄器の中に、鄭圧遺跡の石材加工場址で出土しているような角型の尖鑿と鎚とがみられるので、線刻にはこれらの工具を使っていたと考えたいところではあるが、丸鑿の方がふさわしいようにも思われる。いずれともあれ直線の線刻を平行に施すことによって石材の表面を整える技法は、写真による視認であるが始皇帝陵の石材の一部にその痕跡をとどめている。戦国時代の石棺材が同じ技法を採用しているのかどうか、報告書からは確かな答えを引きだすことができないが、この技法が中国における石材加工の黎明期に登場し、地下に営まれた石造建造物の流行を支えたであろうことは、河南省永城市芒碭山の梁王墓など数多くの前漢墓の石材に残る工具痕が如実に示している[9]。ユーラシア西方における石造建造物の隆盛と拡散に、鋸歯鑿による多条線調整が技術上の寄与をしたことが説かれているが[10]、中国では尖鑿による単条線の平行調整が同じ役割を果たしたといえる。

そこで、この線刻調整の実態をもう少し細かく検討するために、漢代の画像石の例をとりあげることにしよう。図2として掲げたのは、河南省鄧県長冢店墓の、犬を牽く門吏の図像である[11]。門吏と犬の表面に、横方向の粗い条線が列点状に数多く痕跡をとどめ、外縁にも粗い横方向の条線がみえ、図像の下地に鮮やかに残る細密な平行線と対照を示している。これらの観察から描出の工程を復元すると、石材の表面を尖鑿でまず粗く調整して面を整えたのち、図像を予定した部分を中心に研磨を加える。研磨は粗雑である。そうしてつぎに、図像と外縁との輪郭を描き、下地部分は細い尖鑿で密に平行線を連ねながらこれを彫りさげる。門吏の目鼻のような細部を表現し

図2　河南省長冢店墓の画像石

て図像に生気を与えるのは、おそらく、下地の彫りさげにとりかかるよりも前であろう。

　工程に関連して、山東省嘉祥県宋山で出土した永寿3年（157）銘を有する画像石墓の祠堂の題記が想起される[12]。この題記の一部に「冢摩癘冶」とあり、信立祥が「冢癘」を水磨き、「摩冶」を石材の截ちわりと釈しているが[13]、もしこの釈が当を得ているとすれば、研磨したのちに石材を截断したことになり、図像の描出は当然その後の作業に属するのである。工程上からいうと、信の釈よりも、「琢砺磨冶」とした報告書の釈の方が問題が少ないように思われる。それぞれ、「琢」は鎚や鑿でかどを取りさって美しくすること、「砺」はみがくこと、「磨」擦ってみがくこと、「冶」は人工を加えてほどよい状態に調整することをいうから、報告書の釈ならば、調整から研磨に至る工程を意味することになる。このほうが、先の復原案とも合うので、工程上からはふさわしい。

　ちなみに、粗調整後の研磨は、これを省略することもあったらしく、図3として示した山東省南陽市七孔橋墓の巡狩図は、その例に当たる[14]。また他方、山東省諸城県前涼台村墓の庭院図のような、図像を線描きだけで表した例は、とりわけ丁寧に研磨を加えて、鑿痕を消しさる必要があったであろう[15]。これが研磨の美しさを強調した例だとすると、図4として掲げた山東省嘉祥県の蔡氏墓第2石は、研磨の痕跡が見あたらない例としてあげられる[16]。すなわち、上段の西王墓、下段の車馬とも、平行線を細密に刻みつけていったん面を整えたのちに、彫りくぼめた sunken relief である。また、細調整を始めるまえに粗く調整してあったらしいことも、外枠の突帯上に残る鑿痕から推測される。なお、粗調整の面にいきなり細密な調整を加えることは仕上がりの美観を妨げることが、先述の長冢店墓の例からも想像される。もしそうであったとすれば、粗調整のあとに研磨を加えていたことになる。

　以上要するに、調整から図像の描出に至る工程として、
　　（A）　粗調整→研磨→図像描刻→精調整（下地作り）
　　（B）　粗調整→研磨→精調整（下地作り）→図像描刻
という両様があり、それぞれもっとも入念な場合の作業にあたる。したがって、前涼台村墓の庭院図のような線刻でとどめた例や、長冢店墓のような途中の工程を省略または粗略にした例は、製作の簡素な部類に入ることが知られるのである。

　なお、異色と覚しい例にも言及しておくと、図5として示した山東省嘉祥県斉山墓の人物図の例は、工程Aを踏襲しているので入念な部類に入るが、下地の彫りさげに平鑿を用いている[17]。このように下地作りに平鑿を使った例は、江蘇省銅山県小季村苗山墓や陝西省綏徳県四十舗墓にも求められる[18]（図6）。一般に画像石の石材は多くが石灰岩で、良質の同岩に恵まれた山東省方面においてこの比率がことに高いらしいが、ほかの地域では砂岩が加わり、陝西省北部では砂岩質の頁岩が主要材であるという[19]。四十舗墓例は、画像に自然面の凹凸をとどめており、その様子から察すると、頁岩製である可能性が高い。もしそうみてよければ、粗調整や研磨を省略して、自然面にいきなり彫ったことになる。工程としてはもっとも簡略な部類に属する。

図3　山東省七孔橋墓の画像石

図4　山東省蔡氏墓の画像石

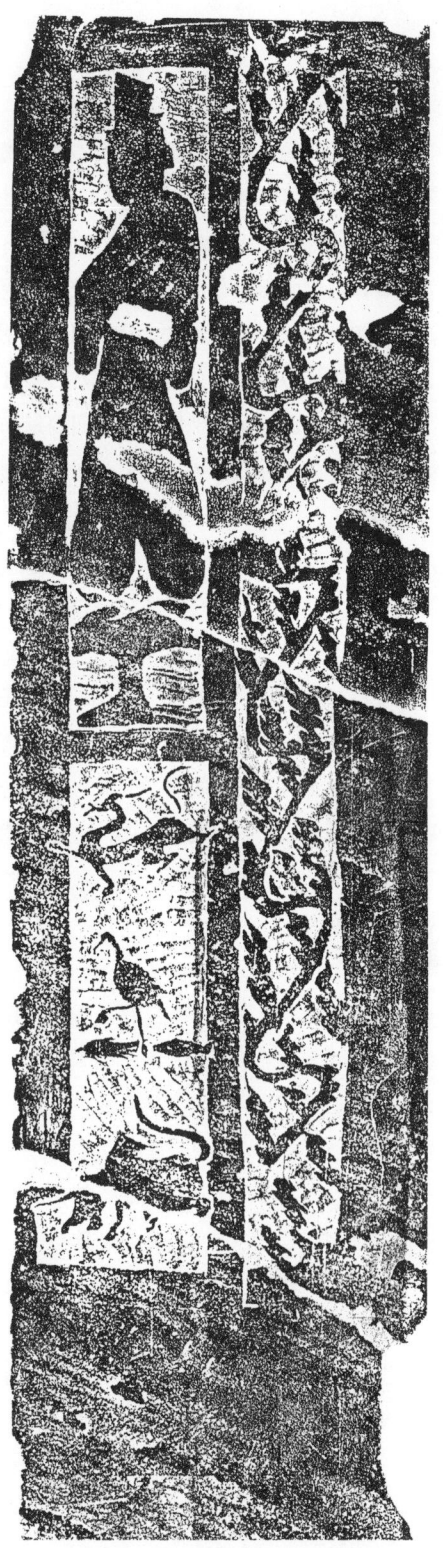

図5　山東省斉山墓の画像石　　　　　図6　陝西省四十舗墓の画像石

3

　尖鑿を頻用した線刻調整は、数多くの画像石を残した漢代だけにとどまらず、基本的な調整技法として後代に継承されたことが、南朝の墓前石像の工具痕をとどめる一部の例や、北魏の石室墓や、高宗と則天武后を葬った唐の乾陵の石像などから察せられる。図7として掲げた画像は、河南省洛陽市近傍で出土した北魏の寧懋墓の壁面であるが、研磨を施して画像を刻むまえに、縦方向に細かな線刻調整を行ったことが判明する稀有な例である[20]。また、乾陵の石像の台座が、線刻による精粗二様の調節痕を残していることは、筆者の視認したところでもある。

　さて、線刻調整が石材加工の黎明期以来の長い伝統を有していた点を念頭に置いた場合、宋代に編まれた『営造法式』の石作に関する記述が調整を6工程に分けている点が注意をひく。すなわち、「打剥。用鏨揭剥高處。」、「麤搏。稀布鏨鏨令深淺齊均。」、「細漉。密布鏨鏨漸令就平。」、「褊棱。用褊鏨錦棱角令四邊周正。」、「斫砟。用斧刀斫砟令面平正。」「磨礲。用沙石水磨去其斫文。」を経て、調整が完了し、図文を彫る準備がととのうというのである。そこで、竹島卓一『営造法式の研究』[21]の釈読と解説に導かれながら、

	工程	工具	作業
1）	打剥（だはく）	鏨	高處を揭剥。
2）	麤搏（そはく）	鏨鏨	稀に布べ、深浅を斉均。
3）	細漉（さいろく）	鏨鏨	密に布べ、漸く平に就かしむ。
4）	褊棱（へんりょう）	褊鏨	棱角をきざみ、四邊を周正。
5）	斫砟（しゃくさく）	斧刀	面を平正。
6）	磨礲（まろう）	沙・石・水	磨いて斫文を去る。

のような整理を試みた。

　1997年に遼寧省朝陽市を訪れたおりに接した石工の作業と、既述した古代の技術とを参考にしながら、これらの6工程のそれぞれについて私見を加え、大方の叱正を乞うことにすると、まず第2・第3工程とも同種の工具を使い、第2工程は粗く、第3工程は精細に調整する、という点をとりあげたい。同種の工具によるこのような精粗2段階の調整は、すでに画像石や乾陵の石像台座で観察しえた、尖鑿による線刻がこれにあたるとみられる。朝陽市の石工の工具のなかに、線刻調整用の尖鑿があったことも、私見を積極的に支持する。

　ついで、石材の四辺を整える第4工程については、平鑿を四辺に添って走らせて、縁辺を平滑にしていた朝陽市の石工作業が想起される。さらに第5工程で使う「尖刀」についても思いあたることがある。朝陽市の石工が日本では見かけない工具を使って面を叩打して、最終調整を行っていた作業風景である（図8）。この作業は日本でいえば「小叩き」にあたるが、鎚と台形状の刃とを組み合わせて用いる点で工具が異なる。すなわち、鎚の叩打面に、柄と同方向の溝が切ってあり、台形刃の背をこの溝に嵌めて装着する。こうして刃の部分で岩面を軽く叩打するのである。「斫」とは刀をもってこれを撃つこと、「砟」とは石の上を指すというから、朝陽市の叩打風景は、まさしく「斫砟」にふさわしい。ちなみに、これに近い工具が、ヨーロッパにある[22]ので、中国特有と

図7　河南省寧懋墓の画像石

図8　遼寧省朝陽市石工作業

まではいえない。

朝陽市で目にすることができなかった第1工程の「打剝」について、これに使う「鑿」は、第2・第3工程の「塹鑿」とは別種であろう。もしそうであるとすれば、鄭庄遺跡などで出土している角型の尖鑿か、または山東省長清県双乳山1号墓墳丘出土で楔と報告されているような平鑿がふさわしいのかもしれない(23)。また、磨礱について、画像石にもこの痕跡は少なくないが、作業方法までは見てとることができない。砂と水と砥石を使い、日本の「水磨き」と同じであると竹島がいう。その通りであろう。

なお付記しておきたいことは、漢や北魏の例では叩打段階を欠いている点であり、これに対して『営造法式』では、精粗の調整のうえに叩打を加え、研磨までの調整がいっそう入念になっている点である。そこで叩打具の出現時期が、問題になるであろう。すなわち、漢や北魏には、まだこのような叩打具が出現していなかったか、あるいは、出現していても平面調整には利用していなかったことが推測される。そうして、乾陵の石造の表面に、細かい叩打痕が確認されるので、唐代には叩打調整が出現していたことが考えられる。叩打具の出現時期と平面調整への導入時期を確定するまでには、なお資料の蓄積をまたなければならないが、遅くとも宋代には、今に伝わる石工技術が完整の域に達していたことが、『営造法式』の記述から読みとれるのである。

4

中国で育まれた石工技術は、国外の各地に伝わった形跡がある。これらを順次とりあげていくと、管見にのぼったなかでは、高句麗の例がもっとも古く遡る。吉林省集安市丸都城の1号門址1号排水口や6号建築址の礎石に残る線刻調整の痕跡を、写真でも鮮明に見てとることができるので、同城が営まれたという3世紀には、中国流の調整技法を使っていたことがわかる(24)。中国王朝が半島経略用に郡を設置していたから、この技法を学ぶことはさして難しくなかったであろう。そうして、中国王朝による半島の郡治支配が止んだのちも、高句麗がこの技法を継承したことを、吉林省集安市将軍塚の方壇の切石の例から知ることができる(25)。ちなみに、将軍塚は491年に死亡した長寿王の墓であることが、近年の発掘調査で明らかになっている。

中国流の技法を受容し継承した高句麗の石工技術は、花崗岩を積極的に利用している点で相違がある。中国における花崗岩の利用は、前漢代にのみ例が知られており、長安宮苑の昆明池と、霍去病墓に樹てられた彫像をあげることができる(26)。これらの彫像は、すでに指摘があるように、自

然石を利用し、浅い浮き彫り風の表現をとどめている[27]。岩盤から切りだして立体像に仕上げようとしても、前漢代の技術では花崗岩の硬い岩質に歯が立たなかったのであろう。

　花崗岩というと、エジプトでは玄武岩をならんで硬度が7度と堅く、ともに叩打でなければ加工が容易でなかった。ポンペイで頻用されているリューサイタイトという硬い火山岩の加工もまた叩打であるから[28]、ローマ時代に入ってもなお、これが硬質石材の加工法の常道であったことが知られる。ところが、高句麗の場合には、好太王陵と目されるようになった太王陵を経て、前述の将軍塚に至る花崗岩利用の推移を辿ると、切石加工技術の著しい向上の痕を見てとることができるのである。高句麗の利用した花崗岩が線刻調整を受けつけるほど軟質であり、鉄鑿の材質も優れていたのであろうか。

　さて次に、モンゴルの例をあげると、トゥブ県ウンゲトゥ遺跡出土の獅子や羊を象った獣像に、線刻調整痕がみとめられる。ユーラシア大陸の石像を綜合的に研究した林俊雄『ユーラシアの石人』によれば、同遺跡の石人とは技法上の相違があり、石獣は石人よりも新しい可能性があるという[29]。この遺跡の年代推定は難しいようであり、既存の7世紀説には疑問があるらしい。また、同じくトゥブ県のハムル遺跡の亀、ホルガン県シベート＝オラーン遺跡の人物や獅子や羊の像も、線刻調整痕を残している。これらはウンゲトゥ遺跡例とともに、林が最古の石人の候補としてあげた資料である。精確な年代推定には議論があるのであろうが、いずれにせよ唐代は動かないようである。

　カンボジアのアンコール・ワットの石材もまた、線刻調整を用いた可能性が高い。石澤良昭によれば、アンコール遺跡の石材の鑿痕には丸鑿痕と平鑿痕とがあり、「9世紀から13世紀にかけて建立されたアンコール時代の遺跡のほとんどは、丸鑿の痕跡のみをとどめ、平鑿はほとんど用いられなかったようだ」という[30]。そうして、「平鑿の使用を確認できるのは、16世紀半ばに施されたアンコール・ワット第1回廊東面北側と北面の浮き彫りで、約7mmの幅の平鑿の跡がある」と述べている。掲載された丸鑿痕をみると、中国の例のような巧緻な平行線ではなく乱れているが、それでも中国流の技法とみて誤りなかろう。アンコール・ワットの石材の大半は砂岩であり、岩質は全体に軟らかいらしい[31]。高句麗の場合とちがって軟質石材に恵まれ、これを線刻調整で加工した例であるといえる。

　最後に日本をとりあげると、日本に中国流の線刻調整の技術が伝来したのは、前述のいずれの地よりも遅れ、13世紀をまたなければならなかったようである。このように推断するのがもし尚早であるとしても、この技術が定着したという意味で、13世紀が画期にあたることは疑いない。ところが、日本における石材加工の開始は鎌倉時代をはるかに遡り、岡山県倉敷市矢部楯築遺跡の弧帯石の、弥生時代終末期の孤立した石彫の例を別にすれば、古墳時代前期後半の石棺製作をもって濫觴とする。そうして創業にあたり、凝灰岩のような軟質材とならんで、硬質材である花崗岩が選ばれて加工の対象に加えられたことは、これが彼地から伝来した技術であったことと示唆している。

　しかし、花崗岩製の遺品は、広島市阿佐北区上小田古墳、京都府京丹後市加悦町明石蛭子山古墳、京都府向日市寺戸町芝山妙見山古墳、大阪府柏原市国分松岳山古墳、山梨県東八代郡中道町下向山大丸山古墳の例にとどまり、遺品数の点でも、製作の継続年数の面でも、軟質材よりもはなは

だしく劣っている。このことは、石工技術が伝来した当初こそ硬質材を使用したものの、加工に難儀したせいか、試みにとどめてその利用を放棄したことを想像させる。

これをまた加工技術の面からとりあげるならば、製品に残る調整痕は、凝灰岩の場合には削り痕または叩打痕で、花崗岩の場合には叩打痕であり[32]、線刻調整については、石質の硬軟にかかわらず、その痕跡をほとんどみとめることができない。あえてほとんどといったのは、阿蘇凝灰岩を使った石人石馬については、線刻調整を行った可能性を残しておきたいからである。しかし、この点に留意したとしても、線刻調整の痕跡が硬・軟質材ともに乏しいことは動かない。つまり、日本における石材加工の開始にあたり、彼我の間に技法上の隔たりがあったということである。したがってこれに対する説明が準備されなければならないとすれば、渡来工人の関与の度合いが低く、倭の工人が自前の技術を使って加工に挑んだこと、さらには、彼地と違って軟質材に恵まれていたためにその挑戦が容易であったことが想像される。あるいは、工具の優劣の差異も考慮されてよい。

その穿鑿はさておいて、7世紀に入ると、造墓や造園に花崗岩のような硬質材を頻用し、積極的に加工を施すようになる。切石積横穴式石室や石造物がその代表例にあたる。また、軟質材の使用も頻繁の度を加え、造墓や造寺や造都用に多量の切石が求められるようになった。これらの土木・建築工事に渡来技術が駆使されたことは疑いないし、それならば、石材加工だけが在来技術に依ったことは考えにくい。しかし、線刻調整の例が見あたらないので、古墳時代に発する彼我の隔たりは、なお埋まっていないことになる。百済の地における石材加工技術の実態を知りたいところである。

さて、大規模な造墓が絶え、律令体制の弛緩が進行するにつれて造寺や造都もまた昔日の隆盛を失い、これに伴って、石材への需要も大幅に減退したらしいことが、平安時代における遺品の少なさから察せられる。在来の石工達は、わずかな需要に頼り、あるいは石造物の製作に活路を見いだして、かろうじて余喘を保っていたのであろう。このような状況のなかで中国流の石工技術が伝来したことは、在来の石工達を大いに刺激したであろう。

これらの石工達に活動の場を与えたのが、仏教活動の活発化に伴ってにわかに盛んになった造寺や造塔である。そこで、13世紀に確例を見る新来の石工技術を、許された紙数で概観すると、まず石材の点では、花崗岩のような硬質材の利用が再び高揚した点があげられ、ついで技術面では、楔を使って母岩から石材を切り離し、尖鑿で調整する技術が出現あるいは定着したことが指摘される。技術面のうち、楔の出現については、すでに資料や議論の蓄積があり、これらに導かれていえば、13世紀中葉前後には、花崗岩を楔で割りとる技術が存在していたらしい[33]。建武元年（1334）に律僧の宣基の勧進によって再建されたという京都府宮津市国分の丹後国分寺の花崗岩製の礎石が、楔痕をとどめているのも、したがって理由があることになる（図9）。

他方、線刻調整については、伊行末の作品と伝える三重県阿山郡大山田新大仏寺の硬質石灰岩製の須弥壇に、この技法の存在を垣間見ることができる。伊行末は浙江省の石工で、東大寺大仏殿の鎌倉初期の復興に携わったといい、新大仏寺は復興を進めた重源の建立にかかる。忍性の弟子で乾元元年（1302）に没した蓮順房頼玄の墓塔とされる、茨城県つくば市小田の五輪塔などにもまた、

同技法がみとめられる[34]。忍性が開いた極楽寺は律宗寺院であり、忍性もまた律僧である。そうして、丹後国分寺の再建がそうであったように、新来の石工技術は国分寺再建をめざすなど律宗教団の広範な活動によって各地に伝わっていったことは、推測に難くない[35]。

ただし、朝陽県で筆者が視認し、『營造法式』の「斧刃」とみた特殊な叩打具については、この新来の石工技術に伴っていたとまではいえない。筆者の乏しい知見に自信がもてないというよりも、日本の石材加工具のなかにこの種の工具が存在した形跡を見うけないからである。したがって、日本では、「斧刃」による「斫砟」の工程を省略したのか、既存の工具で代替したのか、江戸時代を遡らないといわれる「小叩き」の起源があらためて問題になるであろう[36]。

この新来の技術は、中世にとどまるうちは、主として石造物製作の中で保持されていたようである。そうして江戸時代に入ると、城郭の石垣用材に、築城熱が去った後は、民衆の石塔墓や民家の石垣や造園用材に新たな需要を得てこの技法が駆使され、石材を切り出す丁場が各地に営まれた。13世紀における石工技術の伝来がこのような後代の隆盛の端初になったことに思い至るならば、その歴史的意義の大きさがあらためて察せられるのである。

（2005年11月脱稿）

図9　京都府宮津市丹後国分寺礎石

註

（1）　拙稿「古代世界の石材加工」（川越哲志先生退官記念事業会編『考古論集』2005年
（2）　安徽省文物工作隊「安徽長豊楊公発掘九座戦国墓」『考古学集刊』第2集　1982年、信立祥『中国漢代画像石の研究』同成社　1996年、張従軍『黄河下游的漢画像石芸術』上、下　斉魯社　2004年
（3）　『漢書』楚元王伝第六
（4）　秦俑坑考古隊「臨潼鄭庄秦石料加工場遺址調査簡報」『考古与文物』1981-1。仲一『秦始皇陵的考古発現与研究』陝西人民出版社　2002年
（5）　ただし『漢書』楚元王伝第六に始皇帝陵の内部構造について「石槨為游館」とあるから、これが正しいとすれば、石造の建造物があったことになる。
（6）　註（4）仲一に同じ。
（7）　拙稿「ポンペイの石材と工具」角田文衛先生傘寿記念会編『古代世界の諸相』晃洋書房　1993年
　　　Kawanishi, H and S.Tsujimura (eds), Preliminary Report Akoris 2001, (Unversity of Tukuba 2002) pp.14–15
（8）　徐州博物館・南京大学歴史学系考古専業編『徐州北洞山西漢楚王墓』文物出版社　2003年
（9）　河南省商丘市文物管理委員会・河南省文物考古研究所・河南省永城市文物管理委員会編『茫碭山西漢梁王墓地』文物出版社　2001年

(10) 豊田和二「初期ギリシアの石工用具について―鉄製用具導入の観点から―」『科学史研究』Ⅱ期22巻 No.146 1983年
(11) 王建中・閃修山『南陽両漢画像石』文物出版社 1990年
(12) 斉寧地区文物組・嘉祥県文管所「山東嘉祥宋山1980年出土的漢画像石」『文物』1982-5
(13) 註（2）信立祥に同じ。
(14) 註（11）に同じ。
(15) 諸城県博物館・任日新「山東諸城漢墓画像石」『文物』1981-10
(16) 朱錫禄『嘉祥漢画像石』山東美術出版社 1992年
(17) 註（16）に同じ。
(18) 江蘇省文物管理委員会編『江蘇徐州漢画象石』考古学専刊 乙種10号 1959年。綏徳漢画像石展覧館編『綏徳漢代画像石』陝西人民美術出版社 2001年
(19) 王建中『漢代画像石通論』紫禁城出版社 2001年
(20) 黄明蘭『洛陽北魏世俗石刻綫画集』人民美術出版社 1987年
(21) 竹島卓一『營造法式の研究』中央公論美術出版 1970年
(22) Bessac, Jean-Claude, *L'outillage traditionnel du tailleur de pierre* (Editions du CNRS 1993) pp.53-54
(23) 山東大学考古系・山東省文物局・長清県文化局「山東長清県双乳山1号漢墓発掘簡報」『考古』1997-3
(24) 吉林省文物考古研究所・集安市博物館編『丸都山城』文物出版社 2004年
(25) 吉林省文物考古研究所・集安市博物館編『集安高句麗王陵』文物出版社 2004年
(26) 水野清一「前漢代に於ける墓飾石彫の一群に就いて」『東方学報』 第3冊 1933年、王子雲編『陝西古代石彫刻』Ⅰ 陝西人民美術出版社 1985年、王魯像『漢晋南北朝墓前石彫芸術』Ⅲ 北京広播学院出版社 1992年
(27) 註（26）水野清一に同じ。
(28) 註（7）拙稿に同じ。
(29) 林俊雄『ユーラシアの石人』雄山閣 2005年
(30) 石澤良昭・内山澄夫『アンコール・ワットへの道』JTB 2000年
(31) 盛合禧夫編『アンコール遺跡の地質学』連合出版 2000年
(32) 和田晴吾「古墳時代の石工とその技術」『北陸の考古学』石川考古学研究会々誌 第26号 1983年、和田晴吾「石工技術」岩崎卓也ほか編『古墳時代の研究』第5巻 生産と流通Ⅱ 雄山閣 1991年
(33) 北垣聰一郎「石材加工技術とその用具」石野博信編『古代近畿と物流の考古学』学生社 2003年
(34) つくば市教育委員会編『三村山極楽寺遺跡群所在石造五輪塔解体修理調査報告書』1994年
(35) 律宗と石工が密接に結ばれていたことは、藤澤典彦「律と石」（シンポジウム「叡尊・忍性と律宗系教団」実行委員会編『叡尊・忍性と律宗系教団』大和古中近研究会研究資料Ⅳ 2000年）に指摘がある。
(36) 和田清吾によれば、「ヨキ」を用いて叩く加工法が笏谷石製の舟形石棺の一部にみとめられるという。もし「ヨキ」を使ったとすれば、大陸や半島に通じる技法であっても工具が異なることになる。藤原清尚編『竜山石切場―竜山採石遺跡群詳細分布調査報告書―』『高砂市文化財調査報告書』12 2005年、日本学士院編『明治前日本建築技術史』日本学術振興会 1959年

縄文時代の漆工に関する覚書

三浦　正人

1

　近年、北海道の発掘調査では、縄文時代の漆工品の発見に著しい面がある。例えば、国史跡に指定された恵庭市カリンバ遺跡（旧称カリンバ3遺跡）では縄文後期末の土坑墓群から櫛・腕輪・額飾り・耳飾り・腰飾り帯・土玉など櫛と繊維製品を主体とした100点以上の漆工品が検出され、同市西島松3・5遺跡の土坑墓群でも同時期同質の漆工品が見つかっている。函館市（旧南茅部町）垣ノ島B遺跡では、縄文早期の土坑墓から9,000年前とされる赤色漆塗の衣服類と思われる繊維製品が検出され、その組織などの調査も進行しつつある。近隣の木古内町大釜谷3遺跡でも縄文晩期の土坑墓から籃胎漆器や櫛などが発見されている。このほか枚挙に暇がないくらいなので、知り得た北海道出土の縄文～続縄文期の出土漆工品をまとめ、表1に掲載した。現在では早期～晩期各期と続縄文期を含めて56遺跡から400～500点の漆工品が出土している。ただし漆塗りの土器は未集成である。

　私自身の漆工品発見の原点は、1986年から調査した小樽市忍路土場遺跡である。国指定史跡忍路環状列石の下方低湿部に広がるこの遺跡において、作業場跡などから櫛・木胎漆器や編布・紐・糸といった繊維製品・土器などの漆工品を、当時の北海道としては破格の約80点、検出することができたばかりでなく、内面に漆液の付着した樹皮製容器・土器や赤色顔料付着土器といった、漆工道具の一部を確認することができた。櫛は赤色だけではなく黒漆や赤黒彩のものがあった。

　お気づきの向きもあろうが北海道では近年も含めて、漆工品は墓から発見されることが多い。表1を基に遺跡数でみると、墓40：その他17（重複・不明あり）となり、遺物数では墓からの出土数がその他の4倍近く（忍路土場遺跡を除いて見ると10倍以上）となる。しかし、全国的な傾向で低湿性遺跡の調査増加と相俟って墓以外の大量出土が多数見られるようになってきている。忍路土場遺跡の調査はまさにそのもので、漆工道具の一部を確認したことと、土地が北海道であることが、さらにその価値を上積みしたと思っている。

　北海道における縄文～続縄文期の漆工品の歴史を概観すると、発生・始動期（縄文早・前・中期）～盛行期（縄文後・晩期）～衰退期（続縄文期）に区分できよう。地域的な動向では、発生・始動期は道南からで、縄文中期には道央部に展開する。後期中頃から最盛期を迎え、道南では衰退期には早くも漆工品が姿を消す。道東では前期からあるものの、大きな繁栄のないままで続縄文期を終え

表1　北海道　縄文～続縄文時代の動植物質を胎とする漆工品　2005.12現在

時期	地域	市町村名(合併前旧名)	遺跡名	漆工品の出土遺構等	黒櫛	赤櫛	赤黒櫛	帯状	環状	紐状	糸状	繊維製品	不明装飾	木胎	籃胎	弓	不明・他	土器など
縄早	道南	南茅部町	垣ノ島B遺跡	墓　1								◎						
縄前	道南	南茅部町	ハマナス野遺跡	墓　1									◯					
		木古内町	新道4遺跡	包含層									◯					
	道央	千歳市	イヨマイ8遺跡	墓　1													◯	
		恵庭市	西島松3遺跡	包含層				◯?										
	道東	標津町	伊茶仁チネ第1堅穴群遺跡	墓　1				◯	◯									
縄中	道南	南茅部町	臼尻B遺跡	墓　1									◯					
		南茅部町	大船C遺跡														◯	
	道央	石狩市	紅葉山49号遺跡	包含層								◎						
縄後	道南	知内町	湯の里3遺跡	石組炉周辺														
		旧上磯町	押上1遺跡	墓(フラスコピット)												◯		
		戸井町	戸井貝塚	包含層										◯				
		南茅部町	垣ノ島A遺跡	墓										◯				◎
		八雲町	野田生1遺跡	住居跡等	◯													●
	道央	苫小牧市	美沢1遺跡	墓　15	◎			◎					◯			◯	◯	
				墓周辺包含層	◯											◯		
		苫小牧市	美沢2遺跡	墓　1	◯			◎								◯		
		旧静内町	御殿山遺跡	墓　7以上	●											◯		
		旧三石町	ホロケ台地遺跡	墓　2										◯				
		余市町	安芸遺跡	低湿部包含層	◯					◎	◯						◯	
		小樽市	忍路土場遺跡	作業場　4および低湿部包含層	●	◎	◯		●	●	◯					◯		●
		千歳市	美々4遺跡	墓　18	●			◎								◯	◯	
				低湿部包含層								◎				◯		
		千歳市	キウス4遺跡	包含層										◯	◯	◯		
				墓　2	◯								◯					
				盛土遺構(墓?)										◯		◯		●
		千歳市	キウス5遺跡	包含層												◯		
		千歳市	丸子山遺跡	墓　2										◯				
		恵庭市	ユカンボシE3遺跡B地点	住居跡1	◯													◎
		恵庭市	柏木B遺跡	墓　10	◎								◎			◯	◯	
		深川市	音江環状列石	墓　2										◯				◎
	道東	根室市	初田牛20遺跡		◯					◯							◯	
		斜里町	朱円環状土籬	墓　2	◎											◯		
後晩	道南	乙部町	小茂内遺跡	墓　1	◎													
	道央	恵庭市	カリンバ3遺跡	墓　17	●			◎	●	◯	◎	●	◎			◯	●	
縄晩	道南	木古内町	札苅遺跡	墓　3												◯		
		木古内町	大釜谷3遺跡	墓　7	◎								◎	◯				
		松前町	上川遺跡	墓　3	◎								◯					
		松前町	東山遺跡	墓　2	◎							◎						
		泊村	照岸洞窟	包含層										◯				
		白老町	社台1遺跡	墓　2									◎			◯		◎
	道央	苫小牧市	柏原5遺跡	包含層	◯									◯				●
		余市町	沢町遺跡	墓					◯									◯
		余市町	大川遺跡	墓　6以上				◯?				◎	◎					●
		石狩市	志美第4遺跡	墓　6					◯				◎			◯	◯	●
		千歳市	キウス5遺跡	包含層	◯													
		千歳市	メボシ川2遺跡	墓　1					◯									
		千歳市	美々4遺跡	墓　9	◎				◎				◯?				◎	
		千歳市	オルイカ2遺跡	包含層									◯					
		恵庭市	西島松5・3遺跡	墓	◎				◎									
	道東	旧常呂町	常呂川河口遺跡	墓　1	◯													
		釧路市	緑ヶ岡遺跡	墓　1					◯									◯
		斜里町	ピラガ丘遺跡													◯		
続縄	道央	苫小牧市	ニナルカ遺跡	墓　2												◯	◯	
		苫小牧市	タブコプ遺跡	墓　1												◯		
		白老町	アヨロ遺跡	墓　1												◯		
		旧静内町	中野七番地遺跡	墓													◯	
		石狩市	紅葉山33号遺跡	墓　1										◯				
		江別市	江別太遺跡	低湿部包含層									◯					
	道東	足寄町	上利別20遺跡														◯	
		網走市	網走川右岸段丘遺跡(モヨロ貝塚対岸)	墓　1	◯													

◯：1点　　◎：2～9点　　●：10点以上

る。

　発生・始動期には前述したように、早期で衣服様の赤色漆塗繊維製品が道南の垣ノ島Ｂ遺跡の土坑墓から検出され、9,000年前、現在のところ世界最古の漆工品として存在する。漆を塗った糸を加工した製品で編布に似た構造も見られる。道東標津町の伊茶仁チシネ第１竪穴群遺跡の前期の竪穴入口を利用した墓坑から、首輪や腕輪と見られる赤色漆塗の糸で作られた繊維製品が発見されている。道東最古の漆工品で、早期垣ノ島Ｂ遺跡の繊維製品とも類似している。中期では函館市（旧南茅部町）臼尻Ｂ遺跡の墓坑から赤色漆塗簪様製品が出土し、赤色顔料分析の結果ベンガラと朱が確認された。これは朱を使用した製品では北海道で最古のものである。木胎漆器では前期に函館市（旧南茅部町）ハマナス野遺跡と木古内町新道４遺跡から赤色漆塗盆状漆器が、中期に石狩市紅葉山49号遺跡から赤色漆塗の鉢や把手付などの容器が出土している。前期ですでに道南で漆塗の「うつわ」が使用され始めており、中期には道央に広がる。この漆工品分布から見て東北地方との交易で入手した可能性が高いが、赤色漆塗の糸製の繊維製品は、古さなどから大陸との交易も考慮すべきであろう。

　盛行期には木胎・籃胎の「うつわ」、結歯式竪櫛などの装飾品、繊維製品、弓、土器などほぼすべての漆工品が登場し、道北部を除くほぼ全域に分布する。とくに後期は最盛期で北海道の漆文化が開花した時期と言える。赤色漆塗木胎漆器は道央部の苫小牧市美沢１・千歳市美々４・同キウス４遺跡の墓坑や小樽市忍路土場・美々４・キウス４遺跡の低湿部で見られる。木胎には沈線や突起などの装飾も施され、そこに比較的厚く漆が塗り重ねられている。道南の函館市（旧戸井町）戸井貝塚には赤色籃胎漆器が登場する。木胎漆器や籃胎漆器は自家製品ではなく交易によりもたらされたものと思われる。櫛は後期の合計で127点の出土がある。道央で恵庭市カリンバ３遺跡の53点を筆頭に、美沢川流域遺跡群（美々４・美沢１・美沢２遺跡）17点・旧静内町御殿山遺跡13点・恵庭市柏木Ｂ遺跡８点のほか三石町ホロケ台地・キウス４・同キウス５の各遺跡の墓と、忍路土場遺跡19点や余市町安芸、恵庭市ユカンボシＥ３遺跡の作業場・竪穴など。道南では乙部町小茂内遺跡の墓や知内町湯の里３・八雲町野田生１遺跡の竪穴など、道東では根室市初田牛20遺跡・斜里町朱円環状土籬の墓坑から出土している。装飾品・繊維製品は旧南茅部町垣ノ島Ａ、美沢川流域遺跡群（同）・カリンバ３・柏木Ｂの各遺跡の墓坑や忍路土場・美々４の低湿部から、髪・額・首・耳・腕・腰の飾りや紐状・糸状のまとまり・断片として確認される。弓は約20本あり、美沢１・美々４・キウス５・千歳市丸子山・柏木Ｂなど周堤墓のある遺跡に目立つ。装飾品・繊維製品や弓は櫛の出土遺跡との重複が多い。盛行期の後半にあたる晩期でも道央を中心に各地で後期と同種の漆工品が出土しているが、その数はすでに減少し退潮傾向ある。苫小牧市柏原５・キウス５遺跡以外は墓からの検出である。櫛は道央では柏原５・美々４・キウス５・恵庭市西島松５、道南では木古内町大釜谷３・松前町上川・東山、道東部では釧路市緑ヶ岡・常呂町常呂川河口の各遺跡から出土する。装飾品・繊維製品は道央部で余市町沢町・同大川・石狩市志美第４・千歳市メボシ川２・美々４、道南部では櫛と同じ３カ所の各遺跡から発見されている。弓も減少し柏原５遺跡と志美第４遺跡の２本のみとなる。木胎漆器は断片でしか見つかっていないが、東北地方を中心に盛んな籃胎漆器文化の一環として後期に引き続いて赤色籃胎漆器が、大釜谷３と白老町社台１遺跡から出土

している。大釜谷例は雲形の浮文が見られるなど道内で唯一全体像が把握できる製品である。いずれも交易品であろう。後期から晩期にかけては周堤墓などの大規模な区画墓・集団墓域の時代で、櫛や全面赤色漆塗土器が登場するなど儀礼や副葬品に多数の漆工品が使用され、流行と交易・自家生産の相互作用で盛行したものといえよう。とくに後期は、墓だけでなく、他の遺構や包含層からの出土が多いのも特徴で、漆工具としての忍路土場遺跡の漆液付着樹皮製容器や土器もここに位置する。出土量や出土状況、種類・質などから見て、交易で東北地方から得た製品と、自家製品が混在している状況にあるものと考えられる。結歯式竪櫛などは北海道ではこの時期にしか見られない。

　縄文期に活気のあった北海道の漆文化は、続縄文期には衰退する。道央部で苫小牧市タプコプ・同ニナルカ・白老町アヨロ・石狩市紅葉山33号の4遺跡で墓に副葬された赤色漆塗りの弓（紅葉山例は黒色漆模様入り）と江別市江別太遺跡低湿部の赤色漆塗り木胎漆器1点。道東部では足寄町上利別20遺跡の赤色漆塗りの装飾品？と網走市網走川右岸の墓で出土した本州古墳時代のものと思われる黒色漆塗り編歯櫛1点のみである。いずれも自家製品ではなく、交易で得たものと思われる。すでに道南部での漆工品の出土はなく、櫛や漆工繊維製品も見られなくなる。弥生－続縄文といった社会情勢の変容と対立が反映した交易・交流や、東北地方の漆文化の変化と密接に関係するのであろう。

2

　以上のように展開する北海道の縄文漆工について、私は幾度か報告や発表を行ってきた。1989年刊行の忍路土場遺跡の報告書『北埋調報53　小樽市忍路土場遺跡・忍路5遺跡』では、それまで交易品と思われてきた縄文期の漆工品について、自家生産もあったとの認識から、漆工品の項「はじめに」と「小括―忍路漆工集団の可能性―」に「漆工品（主に櫛）は、墓の副葬品である場合が主で、また北海道での漆の生育状況や漆製品の少なさから、自家製ではない交易品であろうと考えられていた。ところが今回、〔中略〕土器や樹皮製容器に漆や赤色顔料が残ったものがみつかり、ニカワ塗りと思われる（筆者註：漆の可能性が高い）編布や樹皮も発見されたことで、にわかに、縄文時代北海道の漆工品生産の可能性を論議する素地が、出来上がった。」と主張した。「木胎漆器の樹種は、本州同様トチであった」ことは「少なくとも木胎漆器は、交易で得た移入品である可能性があることを示してい」るとはいえ、「少量であれば、ヤマウルシ・ツタウルシからも漆液を採取できる（筆者註：批判あり）ことから、ウルシ掻きをしていた可能性も、もちろん考えられる。」としたが、漆液については「漆を液の状態で交易品とした可能性」もあげ「製品としての交易でなく、液としてもたらされたと考えても、土器等に漆が付着していたことも説明はつ」き「漆の採取はしていなくても、漆工はできる」と書いた。本州各地で出土し始めていた「漆濾しに使われた編布の存在は」使用法は違っていた（忍路土場遺跡では衣服）が「漆を濾すのに都合のいい編布が、当遺跡から出土したことも、漆工技術確立の傍証」と考え「北海道では墓からの出土が多かった漆工品が、生活遺跡、特に漆膜の固化に都合のよい湿気の豊富な作業場を持つ遺跡から、多量に出土した

ことに、大きな意義」を見出した。また「赤色塗彩のものが多く、黒は下塗り」といった「漆工技法や装飾文化」の基本から考えると、「黒漆塗の櫛が多いのは、これが完成品ではなく、この上に朱漆を塗彩する前段階のものと考え」「4号作業場跡の黒塗櫛2点と、赤色顔料を入れた浅鉢の存在」に注目し「忍路土場遺跡で生活を営んだ人々の中に、漆工に携わる者がいて、これだけ多量の漆工品を生んだ」と想定した。さらに全体のまとめの中で「器以外の漆工品の自家生産と、（筆者註：遺跡より上の段丘上にある忍路環状列石の）墓の副葬品としての漆工品が結びつくとすれば、〔中略〕忍路環状列石祭祀集団と、この漆工集団の結びつき＝同一性が考えられる。そして彼らはまた、忍路に暮らすごく一般的な縄文人であったと思われる。」と結論した。

　この報告書をもとに書いた「北海道　縄文～続縄文時代の漆工品」（1990『考古学ジャーナル』314）では、忍路土場遺跡の木胎漆器の材質であるトチ材は本州の木胎漆器にも多いことと、忍路土場遺跡で数多く出土した素木の器にトチ材がないことから「木胎漆器は本州から交易で得たもの」と木胎漆器の自家生産を否定しながらも、報告書同様に「忍路漆工集団の存在」を強調した。それは「少なくとも、忍路土場遺跡では、漆工に関わる総合技術体系が確立していた」ことや「縄文時代後期中葉の北海道では、塗装という技術が生活の中に根付いていたと」みられるので「墓の副葬品としての流行と、自家生産を行えることの相互作用」から、道内各地の「縄文時代後期～晩期の墓からの漆工品」出土があると考えたからである。これは忍路土場遺跡で「生産された漆工品は、忍路環状列石の墓への副葬品か」「北海道中に交易品として流通していったもの」との想定でもあった。さらに自家生産漆工品の代表を結歯式竪櫛とみて「やや時代が下っていき、透しが入るなど、より装飾的になっていく漆櫛の姿」から、「急速に広がる漆工技術と、各地での漆工集団存在の可能性」を想起した。

　また、（財）北海道埋蔵文化財センターの15周年記念誌である『遺跡が語る北海道の歴史』「漆工技術」では一般向けに「近年まで、北海道の縄文時代には漆の技術はなく」縄文時代後～晩期の墓の「漆塗の副葬品は、本州からの移入品と考えられてき」たが、「忍路土場遺跡の調査で、漆工品を道内で独自に生産できる可能性が、見出された」との認識を示した。この説明として「漆液を溜めた容器と、黒漆のままの櫛」の存在から「櫛は赤く彩色されているのが普通で、半数以上が黒漆のままということは、これが彩色前の未完成品だったことを示し」「水辺の作業場と漆工関係品・未完成品の存在は、そのまま漆工品の自前生産を物語っている」とした。

　その後、1998年に北海道開拓記念館が開催した特別展「うるし文化―漆器が語る北海道の歴史―」にともなうフォーラムで「北海道のうるし文化」と題し話した折にも、上記同様に北海道における縄文時代後期からの漆工品自家生産を主張した。同席された工楽善通氏や山田昌久氏からも、忍路土場遺跡の漆液や赤色顔料を溜めた容器の存在からみて肯定できる主張との評価を得たが、参加された研究者や一般の反応からは、全面的に受け入れたような雰囲気はなかった。これは漆工関係道具の存在の強調不足や漆液入手の問題からと思われた。

　しかし前述したように1999年、恵庭市カリンバ3遺跡で縄文後期末の土坑墓群から櫛と繊維製品を主体とした100点以上の漆工品が検出されたり、2000年当時南茅部町垣ノ島B遺跡で縄文早期の土坑墓から赤色漆塗の衣服類と思われる繊維製品が検出され、翌年これが9,000年前の製品と年代

測定が発表されると、漆工品への注目度はいやが上にも高まった。

　これらの発見を踏まえた、市民団体カリンバの会における2000年の講演会では、道内の縄文期漆工品の再集成や確認を行った上で、北海道における縄文漆工の製品種別や時期別の発生と展開を考察した。その上で漆工品生産・副葬品や漆工技術に言及し、北海道の縄文漆工技術は、副葬品や装飾品になる小型や柔らかい胎に対して発揮された旨を述べた。さらに2001年の講演では、全国的な縄文漆工を視野に入れ、日本では、「①縄文早期には漆工品が登場し前期には自家生産が確立すること」「②ひとつの遺跡から複数の漆工品や関係遺物が出土することが多く、自家生産の証拠となること」を説いた。そして、「③漆がないと成り立たないもの・塗料や強化剤として漆を使うもの・装飾として漆を使うものの複合型が漆工品」で、「④土器・木器・籠・筵・繊維・弓・骨角製品・櫛・装飾品・皮革・樹皮・貝殻等あらゆるものが胎になるように、漆が何にでも対応できたことが漆文化を隆盛させた」と考えた。櫛以外にはあらたに籃胎漆器や繊維製品に注目すべきと訴えた。その中にあってとくに表3でも示したごとく、「⑤編布出土遺跡からは漆工品や漆工関係遺物（道具）も出土することが多く、漆液濾しの編布の存在から、漆と編布は表裏一体の関係にある」と課題提起し、漆文化の総合体系を意識して論を展開した。

　こうした時流の中、2002年時点での北海道の縄文〜擦文期の漆工品についてまとめる機会を得た。北野信彦・山田昌久両氏を代表とする「近世アイヌ漆器碗の使用と流通に関する文化財科学的研究」への研究協力の成果の一部として『考古学ジャーナル489』に発表した「縄文〜擦文期の北海道における漆工品の動向」がそれである。また、『新北海道の古代2』「縄文・続縄文の木の文化」（2003年、北海道新聞社刊）においても同様の見解を提示した。前者ではまとめとして「北海道における漆工品自家生産」の副題を付け、後者では漆工品のまとめとして「縄文時代後晩期における漆工品自家生産について」の小項を設けた。その中で「縄文・続縄文時代における北海道の漆文化は縄文後期〜晩期が異様に盛り上がった状況であった」とし、当該期に流行していた墓制から「漆工品・赤色顔料は欠かせない時代」なので、「木胎・籃胎漆器や東北地方の形式の赤彩土器などは交易によるもの」だろうが、後期だけでも「100点を超える結歯式竪櫛」が発見されたり、各種の繊維胎の漆工品や「道内形式の土器への彩色などから」、「地元で自らが（漆工品）生産を行っていた可能性が高い」とこれまでの考えを提示した。漆液については「ウルシノキが自生しないため漆液を採集できず、自生するヤマウルシ・ツタウルシからの採集や使用が疑問視されるので、北海道への漆液の供給は交易によるしかなかった」と考え、「豊富とはいえない量の漆液での漆工品自家生産を考えると櫛などの小品に限定される」と想定した。「小品であればその使用漆液の量は、木胎・籃胎や土器に塗布する10％以下と推定できる」ことから「漆工品の入手は大型品は交易で、漆液が少量で済み多数生産できる櫛・装飾品などは自家製（道内製）でという二本立ての体制だった」と結論した。漆工品自家生産の証拠については、忍路土場遺跡報告書から一貫して、①漆工道具の出土・②編布の出土・③赤色とともに黒色漆塗櫛の数多い出土・そして④これらの作業場での出土を挙げた。

　2003年北海道考古学会の研究大会「縄文の漆を科学する」では、これらを踏まえてシンポジウムの司会を担当。持論を展開しつつ諸氏の意見・疑問等をとりまとめ、北海道での漆工集団と技術の

表2　籃胎漆器出土遺跡

道県名	遺跡名	時期	点数
北海道	社台1	晩	1点
	戸井貝塚	後	1点
	大釜谷3	晩	1点
	キウス4	後	1点
青森	是川中居	晩	4点以上
	八幡崎	晩	1点
	石郷	晩	1点　織り？
	平野	後	1点
	土井I号	晩	繊維？
	亀ヶ岡	晩	3点以上
	朝日山(2)	晩	7～8点
岩手	大日向II	晩	1点
	山井	晩	1点
秋田	中山	後～晩	2点以上
	戸平川	晩	2点以上
宮城	根岸	晩	6点
	山王囲	晩	36点
山形	押出	前	1点
新潟	寺地	晩	1点
石川	鹿首モリガフチ	晩	1点
	中屋サワ	晩	1点
群馬	下田	後	1点／櫛か？
埼玉	寿能	晩	1点
	真福寺	晩	1点
	石神貝塚	晩	1点
愛知	神郷下	晩	1点
滋賀	石山貝塚	中	1点
	滋賀里	晩	1点
奈良	本郷大田下	後	1点　ツル編

表3　編布等編み物出土遺跡

道県名	遺跡名	時期	形態	漆	漆工品
北海道	朱円環状土籬	後	衣服		○
	伊茶仁チシネ	前	服飾	○	○
	忍路土場	後	衣服・紐状	○	○
	?大川	晩	服飾		○
	カリンバ3	後～晩	衣服・服飾		○
	垣ノ島B	早	衣服・服飾		
	?垣ノ島A	後	衣服・服飾		
	大釜谷3	晩	紐状		
青森	亀ヶ岡	晩	漆漉し	○	○
	三内丸山	前～中			
	是川中居	晩	漆漉しも	○	○
	?上尾駮(1)	晩	服飾	○	○
	朝日山(2)	晩	服飾		○
	?土井I号	晩		○	○
	荒谷	晩	頭巾？		○
秋田	中山	後～晩	漆漉し	○	○
	漆下	後	服飾		○
宮城	山王囲	晩	漆漉し？	○？	○
山形	押出	前	漆漉し？も	○？	○
福島	荒屋敷	晩			○
埼玉	石神貝塚	晩		○	○
新潟	?平賀	中		?	?
石川	米泉	晩	漆漉し	○	○
福井	鳥浜貝塚	前			○
滋賀	正楽寺	後	衣服		○
	粟津湖底	中	紐状	○	

* 「漆」：その編布に漆がついているかどうか
* 「漆工品」：他に漆工品や関係遺物が出土しているかどうか

表4　赤漆糸玉出土遺跡

道県名	遺跡名	時期	点数
北海道	忍路土場	後	16点
	安芸	後	3点
青森	平野	後	
秋田	漆下	後	1点
山形	小山崎	後～晩	1点
福島	荒屋敷	晩	
新潟	大武	前	
	青田	晩	約50点
	分谷地A	後	3点
富山	桜町	後	

存在の確認や漆液の移動の可能性を検討した。そして、縄文研究における漆文化と繊維製品を主としたその周辺文化の研究の重要な位置づけを確認し合った。

2003年のもう一つの成果は、余市町安芸遺跡の報告書が刊行されたことである。前年調査の情報で、縄文後期の木製品や漆工品が出土し近隣にストーンサークルが存在したなど、直線距離で5kmほどの忍路土場遺跡との酷似やその関係などを注目していたが、報告書をみると、赤色漆塗土器・内面漆液？付着土器・赤色漆塗木胎漆器・黒漆塗結歯式竪櫛・黒漆塗樹皮巻弓・赤色漆塗糸

玉が出土していた。とくに黒漆櫛・糸玉と内面漆液付着土器は秀逸である。忍路土場遺跡の近隣で同じように祭祀を目的とした漆工品作りが行われていた可能性が高く、北海道における縄文後期の漆工技術の確立があらためて証明された形となった。

なお、交易と自家生産という漆工品入手の「二本立ての体制」については、2004年に青森県の新聞にコメントが掲載された。官民で盛り上がる青森県八戸市是川遺跡の漆文化研究に伴う取材で、東奥日報とデーリー東北の2社から、縄文時代の北海道の漆文化についてコメントを求められた際、「漆液は道内で取れず交易で入手したとみられるため「くしなどの小品は自家生産し、樹液を多く使う木胎漆器などは交易で得ていたのではないか」」（東奥日報9月4日「縄文の華4」）との認識を示した。

3

北海道以外の日本列島においては、島根県夫手遺跡で約6800年前とされる漆液入りの土器が発見され、漆工品の自家生産は少なくとも縄文時代前期初頭には確立されていたと考えられる。漆液付着土器は他に、前期で山形県押出遺跡（約5000年前）、後期で岩手県萪内遺跡・秋田県中山遺跡・埼玉県寿能遺跡、晩期で青森県是川中居遺跡・秋田県戸平川遺跡・新潟県分谷地A遺跡・石川県米泉遺跡・東京都下宅部遺跡などで確認されている。また、漆塗土器の古いものは、新潟県大武遺跡で前期前半（約6600年前）の漆焼き付け塗装土器が出土しているほか、福井県鳥浜貝塚（前期約6000年前）・山形県押出遺跡などで出土している。

漆工道具としての漆濾し編布は、前期で山形県押出遺跡、後期で秋田県中山遺跡、晩期で青森県亀ヶ岡遺跡・是川中居遺跡・宮城県山王囲遺跡・石川県米泉遺跡などで出土し、"漆液の自家精製→漆工"の証拠となっている。漆液採集の証拠には、東京都下宅部遺跡で発見された縄文後期の漆掻き痕跡のあるウルシ材がある。さらに遡れば、自然木としてではあるが福井県鳥浜貝塚で草創期（約12000～10000年前）のウルシ材が出土しているという。全国でも20カ所近い遺跡で縄文時代のウルシ材の出土が確認されているようである。これは、近辺にあるウルシノキを利用していたということで、ひいては漆液採集をしていたことの傍証となるものではないだろうか。

漆工品で見てみると、前期前半では新潟県大武遺跡の赤色漆塗糸玉や紐状製品・石川県三引CD遺跡の赤色漆塗櫛や福井県鳥浜貝塚の同櫛と木胎漆器、前期後半には山形県押出遺跡の赤色漆塗および黒色漆塗の櫛と籃胎漆器・青森県向田(18)遺跡や三内丸山遺跡の木胎漆器、中期では埼玉県寿能遺跡の木胎漆器や弓・滋賀県石山貝塚の籃胎漆器がある。後期・晩期になると数・種類ともまさに盛行期となり、代表的なところでは青森県是川中居遺跡・朝日山(2)遺跡（墓）・平野遺跡（墓）・岩手県萪内遺跡・秋田県中山遺跡・戸平川遺跡（墓）・宮城県山王囲遺跡・福島県荒屋敷遺跡・新潟県青田遺跡・分谷地A遺跡・寺地遺跡（墓）・石川県米泉遺跡・中屋サワ遺跡・群馬県下田遺跡・東京都下宅部遺跡・埼玉県寿能遺跡・滋賀県滋賀里遺跡・高知県居徳遺跡などが挙げられよう。櫛・弓・木胎漆器や籃胎漆器のほか、繊維製品への漆塗彩では糸玉や紐状・帯状・環状のものなどが見られる。籃胎漆器や繊維製品関係については、表2～4に管見試料をまとめてある。特徴

的なのは、北海道よりも墓の副葬品としての出土が少なく、低湿地の集落・作業場と思われる遺跡からの出土が多いことである。また、青田遺跡の櫛は黒と赤があり、分谷地A遺跡の同型木胎漆器（水差し）にも赤と黒があるといった状況は、押出遺跡や忍路土場遺跡の赤と黒の櫛のあり方ともども '黒→赤' '黒と赤' という漆工技術や祭祀とその周辺の状況検討を孕んでおり注目される。

　これら遺跡や漆工品から導かれる、現段階で把握できる日本の縄文漆工は、①少なくとも前期初頭には漆文化が存在し、漆液採集と漆工品の自家生産を行っていること。②漆文化の主流は日本海沿岸の西側から北へ向かい、後晩期の中心は関東以北、東北・北海道で展開された。③ひとつの遺跡から複数の漆工品や漆工関係遺物が出土することが多く、自家生産の証拠となる。④特に繊維製品・編布との共伴が多く、繊維製品が漆文化と表裏の関係にあること。これは表3でも示されよう。9000年前とされた垣の島B遺跡の漆塗繊維製品など古くから一貫してある漆塗りと繊維製品の関係を深く広く追究することが重要となる。繊維製品を拡大解釈して籠・筵などの編組品も含めば、製造過程の類似性から結歯式竪櫛や籃胎漆器など編組品に漆を施す漆工品への研究にも連携する。こうした一つの方向性が、縄文漆工研究基盤の強化と研究の柔軟化に寄与するものと考える。

4

　"うるし"の語源は「うるしる（潤汁）」「ぬるしる（塗る汁）」といった漆液のことといった説や、塗り物の状態の「うるわし（麗し）」であると謂われている。"漆"の字はもともと「桼」で、『大字典』には「木に点を施して幹よりウルシの滴れる形」とある。「桼」にさんずいが付いたのが"漆"で、要するに漆液のことを表わしている。

　樹液が採集でき漆工芸を行っている地域は、東南〜東アジアである。日本・中国・朝鮮半島では、ウルシノキが生育し、漆液の主成分はウルシオール、5％ほどのゴム質を含む。また台湾ではタイトウウルシ、ベトナムではハゼノキの一種から採れるものでトンキン漆とか安南漆と呼ばれ、ともにラッコールが主成分、10〜20％のゴム質を含むという。タイ・ビルマではブラックツリーが生育しチチオールが主成分で約2％のゴム質を含んでいる。日本に自生するのはウルシノキ・ヤマウルシ・ツタウルシ・ハゼノキ・ヤマハゼ・ヌルデで、現代の漆工で言えばこのうち漆液が採集できるのはウルシノキとヤマウルシだが、ヤマウルシは樹液が少量しか採れず質も悪いとされる。両者とも主成分はウルシオールである。ツタウルシの主成分はラッコールだが、樹液採集は難しいとされる。

　ラッコールを主成分としゴム質10％以上を含む東南アジアの漆は、弾力のある胎に塗れば、ゴム質の多さで弾力が保たれるという。またウルシオール主成分の漆液でも、精製の仕方のよっては10％近くのゴム質を含むようにできるという。ここに、ウルシオール・ラッコール・ゴム質という繋がりで、繊維製品への漆の利用とその柔軟性を保つ技術を看取できる。硬い膜をつくる漆のイメージが打ち破られ、弾力のある漆の広い用途を想像した瞬間である。ラッコールが主のツタウルシにはそれでも出番はないのだろうか。

北海道の漆液交易の話に戻る。忍路土場遺跡で漆液を溜めた土器が出土し、同じく夫手遺跡・押出遺跡・蒔内遺跡・中山遺跡・寿能遺跡・是川中居遺跡・戸平川遺跡・分谷地Ａ遺跡・米泉遺跡・下宅部遺跡などにあることは、漆液は土器に入れて保管されていたものと考えられる。忍路土場遺跡の報告書で土器を担当した田口尚氏は、漆液が付着する土器には「深鉢形土器、壺形土器、注口形土器がある。壺形土器が比較的多い」とし、漆液は「内面及び割れ口」や「内面全面」「口縁部から内面にかけて」「内面胴部から底部にかけて」「厚く付着し、ヒダ状の縮みじわが発達して」おり、内外面や割れ口に「漆液の垂れ痕がある」ものもあると報告した。さらに「口唇部の漆には平行脈の葉脈痕があり、壺の口に蓋をするように包んでいる。おそらく笹の葉であろう」と言い、漆液の入った土器がしっかりと密閉されていた状況を提示している。これらの土器は図１に掲載しておく。また同時に出土している内面に漆液が残る樹皮製容器（図２）については私が「内面には、ほぼ全体に漆が付着している。塗布した漆ではなく、土器内面にもみられた泡状のもので、漆を溜めていたか、塗布作業時の容器」と報告した。漆工作業時の漆液溜めか漆液保管土器の蓋の役割を担っていたと思われる。

　私は今でも年に１～２回、忍路土場遺跡の出土遺物を展示している小樽市博物館に見学に行く。2005年、この漆液付着土器や樹皮製容器を眺めていて思ったのは、樹皮製容器が容器ではなく漆液保管土器の蓋になるのではないかとの想像である。そして、やはり北海道では土器満杯に漆液は用意できないであろうから、漆液が存在した証拠がある以上、今まで繰り返し主張してきたように、この時期の漆液は交易で得たものと考えた方がよいと強く思った。漆液の移動は北海道に限らず、漆液産地と漆工品生産地の間で行われていたことである。時代は下るが、日明貿易の際に明の漆液を日本に輸入していたとの話もある。

　小品だけの自家生産を行っていた北海道への漆液の移動は、本州内での大量移送ほどの量が必要ではなかったであろうから、気温と湿度の低い北海道への移動という条件を含めて、漆液の移動は思っているよりも困難では無かったのではないだろうか。三内丸山遺跡ではDNA鑑定で日本型のウルシを確認したというが、これら分析の手法が漆液産地同定に繋げられるのであれば、いずれ漆液の北海道への移動も証明されるのではないだろうか。ウルシノキが自生していなくても漆工技術は成立する。漆文化は漆液の文化である。

5

　ただ、一連の発見、世界最古9000年前の漆塗繊維製品、6800年前の漆液と縄文前期での漆文化の定着、草創期のウルシ材、DNA日本型のウルシなどは、漆文化・漆工技術の日本起源説を徒に助長してきた感がある。その発信や影響の中心の１つに北海道はなってしまっている。

　山田悟郎氏は「ゴボウ考」（2000年『北海道開拓記念館研究紀要』28）の中で、「縄文時代早期末から晩期にかけて、日本海をとおした大陸との交流」で「各種の文化要素とともに日本には原生種がない栽培植物が渡来してきたと考えられる。その最初が早期末から前期で、けつ状耳飾りの製作技術や漆器製作技術などとともにアサ・ゴボウ・エゴマ・シソ・ヒョウタン・ユウガオ・緑豆・ソバな

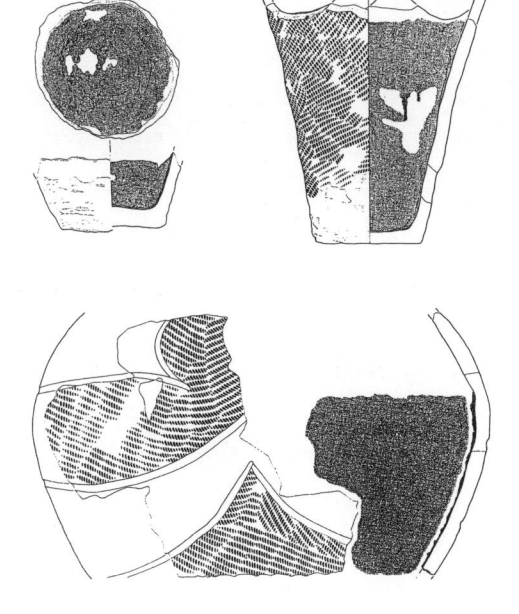

図1 小樽市忍路土場遺跡　漆液付着土器各種
　　右上2点口縁部

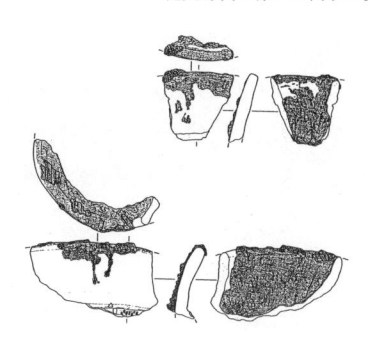

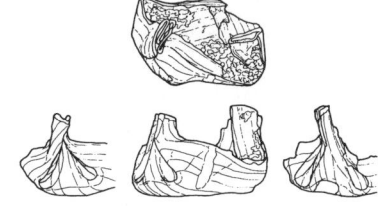

図2 小樽市忍路土場遺跡　内面漆液付着樹皮製容器（蓋？）
（遺物のスケールは約5分の1）

建物のスケールは約5分の1

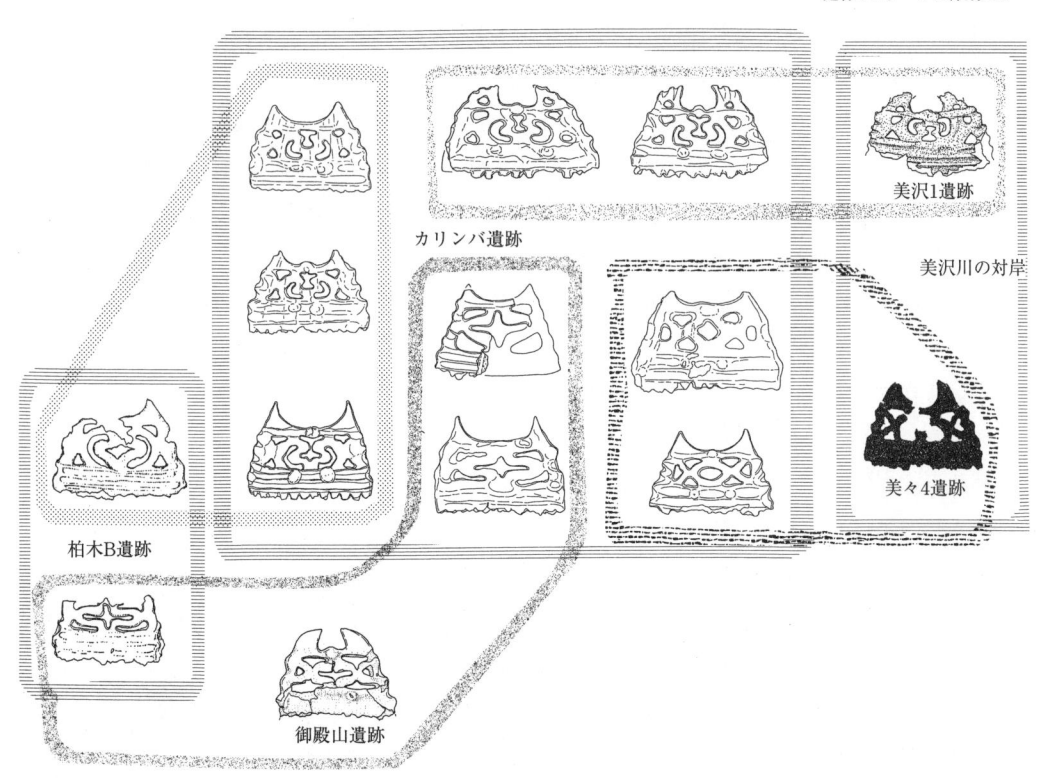

カリンバ遺跡

美沢1遺跡

美沢川の対岸

美々4遺跡

柏木B遺跡

御殿山遺跡

図3　櫛　透かし文様の類似

どが持ち込まれ、次いで中期から後・晩期にかけてコメやオオムギ・アワ・キビ・ヒエ・エンバク、小豆・ゴマ・アブラナ類などが持ち込まれたのであろう」と述べ、橋本澄夫氏らが示した漆工技術の大陸からの伝播説に、原生種が日本にない栽培植物の視点から合流して、大陸からの文化展開を示唆している。しかし、山田悟郎氏の主張や、大陸からの人間の移動・文化伝播や日本海交易など、古くから知られてきた事実があるにも拘わらず、現段階では漆文化・漆工技術の日本起源説は大きく歩み始めている。

私は2004年12月、全国埋蔵文化財法人連絡協議会の研修で、中国を訪ねる機会を得た。長江より南側、杭州から龍泉・景徳鎮など陶磁器関係主体の研修旅行であったが、最終日に杭州市にある浙江省博物館に寄る予定になっていたこともあり喜んで参加した。西湖のほとりに建つこの博物館には、7000年前とされる河姆渡遺跡出土の赤色漆塗木胎漆器（椀）が展示されているからである。この漆器と対面し観察できたのは、木胎が厚ぼったくて日本のように洗練された胎作りではなく、漆の塗りも1回程度に見えたことである。しかしこの河姆渡遺跡は、稲作をしており農具も出土している。農具の補修にも漆が使われている。単純に言えば日本では縄文晩期〜弥生段階と思われる。なんと約7000年前にである。

中国では近年、江西省万年仙人洞遺跡で15000〜12000年前の野生種炭化米が発見されたり、湖南省で1000年前の炭化米が確認された。漆は照葉樹で、照葉樹林文化農耕との関わりがあるとすれば、漆文化の歴史も相当に古くなりそうである。また、八戸市などが取り組む「是川遺跡漆の道プロジェクト」日中フォーラムが2004年10月杭州市で開催された折に初公開された浙江省出土の漆工品には、田螺山遺跡の漆で文様が描かれた土器（6000年前・河姆渡文化）、仙壇廟遺跡の漆塗り高坏（5200年前・崧沢文化）、反山遺跡の玉を象嵌した漆塗り木坏や匙（4800年前・良渚文化）などがあった。浙江省考古学研究所の王海明氏からは、赤色の付いた8000年前の土器片があり、漆の可能性が高い旨の発言があったという。余談だが、黄河上流域青海省では4000年前の麺が発見されたとの報道もあった。中国からは常に我々を驚かせる発掘とその報告が報じられてくる。まだまだ古い漆関係品が報じられる可能性は十分にある。

また、浙江省博物館には長江河口域の民家や人びとの暮らしを復元展示した別棟があったが、そこで見た光景は赤の世界であった。柱・梁・壁などの建材や家具・道具にいたるまでが赤色漆塗りされている様に圧倒された。家具道具類ではカゴ目を残した籃胎漆器が多かった。大量の漆液を使用した漆文化がそこに結実していた。これは、それ以前に相当の基盤がないとできないことと感じた。明代以前の長江河口域に漆文化の素地があり、その中でたまたま発見されたのが河姆渡遺跡の漆塗椀や崧沢文化・良渚文化の漆工品ということなのではないだろうか。

これらの事実や想像は、ことさらに漆文化・漆工技術の中国起源説を助長するわけではない。長江流域は漆文化発生地の可能性を十分に持っているとの傍証に過ぎないかもしれない。ただ少なくとも、漆液を採集し漆工技術を発達展開させた1つの中心地がそこにあったことは事実である。

漆文化・漆工技術の日本起源説独走にはとりあえず歯止めをかけたい。私が中国で訪れたり通った街角には漆液の専門店が必ずと言っていいほど存在した。先述した漢字の"漆"の話も中国起源だからとするのは、漆文化起源説へのこじつけだろうか。

6

　漆文化や漆工技術についての検討・研究は起源論に関してだけではなく、ましてそのためでもない。技術とその系統を探ることは、さらに文化・物質・人間が集落・地域・時間でどう変化するのか、何故変容するのかを捉える手段となる。
　漆工技術の展開が繊維製品と深く関わることは先に述べたが、表3・4に示した漆塗糸玉や紐状繊維製品と編布あるいは衣服・服飾品を含めた技術の伝播と展開の検討が課題となる。繊維＝柔らかさと漆の合体は、漆液のゴム質にヒントがあるだろう。東南アジアルーツも考える必要があるかもしれない。小林克氏の「縄文時代の特異な繊維製品－漆糸・糸玉・漆塗り繊維製品」（2005年『季刊考古学』91）のような検討が今後重要となる。
　東南アジア関連でいえば、不思議に思っていたことに籃胎漆器の系統がある。先に述べた中国長江河口域でみた明代の家具や道具、東南アジアさらに九州などで現代も作られている籃胎漆器といえば、竹の粗い編み目を残し透けた目はそのままに漆を塗る技法である。しかし表2に示したごとく縄文後～晩期に主に東日本で出土する籃胎漆器は、密な編みの籠に目地止め塗を施し漆を何層にもかけた厚みのある製品がほとんどである。漆塗りや下地塗が薄かったりX線透過すると編み目がはっきり観察できるが、ほとんどが編み目を隠し、なかには文様を浮き出させたものや黒と赤の文様の製品もある。このはっきりとした製品の違いは何に起因するのか。器として液体を扱うのか否かとか、製品弾力の差をみれば、漆液や技法の違いから技術系統の違いにも及ぶ問題となろう。
　籃胎漆器と同じく細材を編み組みしたものに漆をかけた製品として、結歯式竪櫛がある。この櫛の構造解明は、1971年の東京国立文化財研究所の中山遺跡の櫛構造検討を基礎として、1979年発表された小林幸雄・三野紀夫「美沢川遺跡群出土赤色漆塗櫛の製作技法について」（『北海道開拓記念館研究年報』7）で行われた。櫛歯に横構造材を組み込んで骨組みを作り、頭部を塑形材で形作ってからそこに透かしを切り込むという技法を解明し、縄文時代の漆塗櫛の多くが結歯式の竪櫛であることを証明した。その後、繊維や素材の編み込みで透かしや装飾の素地を作った頭部の櫛も発見されたが、縄文櫛の基本形は結歯式である。最近では中川正人氏の集成（「櫛の造形―縄文時代の竪櫛―」1998『滋賀県文化財保護協会紀要』11）がある。櫛の概要を北海道を例に取ってみると、忍路土場遺跡段階では櫛頭部に透かし文様はなく造りもやや小振りだが、時代が下り後期末～晩期になると大型化し、頭部に透かしや突起などの装飾を持つ製品が増加するなど形態や製作技法の差異がみられる。さらに図3で示したように、櫛頭部の透かし文様にはカリンバ3・柏木B・美々4・美沢1・御殿山遺跡間などで、数種の類似形がある。同じ遺跡内ではほぼ同じ形態の櫛が多いということは、同一遺跡では供給先も同じと考えてよいのだろう。この差異の有無は、言いかえれば生産地や時期により形態が変容しているということであり、技法・技術の伝播・発展の現われといえよう。漆液交易の問題ともども検討を要することから、櫛をはじめとした装飾漆工品の系統や変化を追究していく方策も検討している。実際カリンバ3遺跡の報告で上屋真一氏は「櫛の分類」（恵庭市教育委員会2003『カリンバ3遺跡』(1)）として、透かしのある櫛を5類と各abに分け、上記遺跡な

どとの比較分類を行っている。北海道における漆工品自家生産や漆工集団のあり方を捉える鍵となるかもしれない。

　櫛頭部の色は忍路土場遺跡・安芸遺跡・ユカンボシE3遺跡・押出遺跡・青田遺跡などにある黒色漆塗櫛以外は、基本的に赤色である。黒櫛が墓から検出された例はなく、忍路土場遺跡・押出遺跡・青田遺跡では赤黒両者が存在し、忍路土場遺跡には黒地に赤塗りで文様を表わした櫛もある。何度も述べてきたように、黒櫛は製作の過程を示すとの見解を持っている。

　繊維製品・籃胎漆器・櫛を例に挙げて今後の検討課題の一部を提起してみた。技法・技術の違いや変容を意識することにより、一括りにされる一種の製品が実は違う系統の産物である可能性を指摘できるとすれば、起源論的には同時・異次の多発説も仮説となり得るだろう。

7

　漆文化・漆工技術の起源が日本・中国いずれなのか、二元的なのか、東南アジアを含めた多元的な発生なのか、同時あるいは異次多発か。この命題はどれほど重要なのだろうか。いつどこで発生したかよりも、当時の人びとがどのように生活を営み、そこにどう漆が絡むのか、その行為を復元することの方がより重要に思える。

　Japanは欧米で漆工芸品のことを示すと言うが、それは中近世以降の蒔絵をもってしての呼称である。つまりジャパンは蒔絵のことである。しかし、蒔絵技法を生み出した素地は、古くからの日本の漆工芸＝縄文漆工にあるといえる。ウルシノキの樹液を使う漆工技術の発展の素地という点では、中国・日本両者にあると言わざるを得ない。

　日本の縄文社会研究から見ると、たとえば山田昌久氏は「縄文時代　漆器」（2002年『季刊考古学』）で「多くの遺跡に漆器生産の痕跡があり、そう離れていない地点に漆器を身につけた縄文人が埋葬されている墓地遺跡が存在する事実がある。それは、縄文社会が、漆器生産を1カ所に集約していく社会ではなく、各集団が漆器生産の技術を持ち続ける社会であったことを物語っている」と結論づけている。

　縄文社会が、各集団で漆工集団を内包しているとなれば、漆液・漆工品・技術など、何が移動し、伝播し、変容したかを究明することが、縄文時代全般や漆工起源論の研究に大きく寄与することになるのは間違いない。そのために、長々記した漆液や系統の問題、多様な繊維や編組製品との関係など、縄文漆工に内包する諸課題の解明が要望されている。

　　茂木先生と出会ってから30年が経ち、出会った頃の先生の年齢をとうに越してしまった。先生は還暦、私も50歳と齢を重ねたなとの感慨と、先生に導かれた考古学への思いが交錯する今日この頃である。先生からの年賀状「水郷だより」や『博古研究』『あんこう』などが、先生や茨城大学の国内外での活動を知る手段で、興味深く読ませていただいている。財団法人北海道埋蔵文化財センターに勤務する故か、先生にはすっかりご無沙汰しているが、この北海道での仕事も先生からの激励で、故郷にもどった経緯がある。
　　先生の退官記念に捧げるにあたり、「北海道」と「中国」から題材を取り、恩返しの一文としたい。

「クワ」小考
── 古典から「クワ」の歴史的背景を読み解く ──

木沢　直子

はじめに

　人間と樹木の関わり、その歴史を紐解くとき、我々は考古資料や文字史料を介してこれを検証することができる。人間が樹木を利用する場合、その方法は多岐にわたる。主な例をあげると①木部や樹皮部、繊維などの加工利用（素材としての利用）、②漆などの樹液や渋などの抽出成分、または灰汁の利用（化学成分の利用）、③堅果類や葉の採取利用（食料・飼料としての利用）などがある。日本では近年考古学による研究の進展にともない、こうした樹木利用の実態が解明されつつある。

　さて、日本と中国の交流の歴史をこの樹木利用史という視点から捉えるとき、「クワ」という樹木は実に興味深い課題を有していることに気づく。それは、「クワ」の利用が上記①と②の利用のほか、③の利用すなわち古来より有用な繊維素材として重用された絹を績みだす蚕の唯一の食樹とされてきたことによる。とくに絹を得るための「クワ」の利用は他の樹木利用には見られない特筆すべきものと言えよう。近年日本でも絹織物が金属製品に付着した状態で確認される事例が増え、それにともない関連する研究は大きく進展している。現在、考古学的見地から絹について取り上げる場合、その多くは織物の文様や組織構造の観察による織り技術の検討、縫製技法の検討などに主眼が置かれ、養蚕の様相や絹糸の具体的な製糸技術、技法に関しては未だ十分な議論が行われていない。一方、中国では「絹」「糸」「蠶」「桑」など養蚕に関わる漢字の成立という面からの金文、甲骨文研究に始まり、『氾勝之書』（後漢）や『斉民養術』（北魏）など養蚕技術について記した農書に関する研究も蓄積されており、さらに考古学の調査成果と照らし合わせた検証も行われている[1]。

　筆者は人間と樹木との関わり、すなわち樹木利用史に深い関心を持ち、その検証方法のひとつとして古典に残された記述と考古資料の両面からの検証が新たな理解を導き出す可能性を持つと考える。そこで本稿では、人との密接な関わりを有し、古典にも多く記される「クワ」を取り上げ、その歴史的背景を紐解くことによって中国および日本におけるクワの利用について若干の考察を行う。

1　「クワ」の分類と呼称

　現在、一般的に「クワ」と呼称される植物はクワ科（Moraceae）クワ属（Morus L.）の樹木の総

称である。「クワ」の分類学的研究はリンネによって始まり[2]、以降多くの植物学者によって分類が行われてきた。小泉源一氏の分類によればクワ属植物は24種1亜種に分けられ、北半球の温帯から亜熱帯に分布する[3]（図1）。このうち日本に自生する種はカラヤマグワ、ヤマグワ、ログワ、ハチジョウグワ、ケグワ、オガサワラグワ、シマグワの8種である（ただしシマグワとヤマグワを同一種とする分類もある）。現在日本には約1,300種の養蚕種が確認されているが、これらはすべて上記24種1亜種のいずれかに属し、その多くは日本の在来種（野生種）であるヤマグワ（*Morus australis* Poir.）と中国原産で日本に伝来したと言われるカラヤマグワ（*Morus alba* L.）、ログワ（*Morus multicaulis* Perr.）に系譜をたどることができる[4]。カラヤマグワは、世界的にもっとも広範囲に分布する種であり、中国からヨーロッパ（地中海沿岸）におよぶ。日本には養蚕種として奈良時代に伝えられたとする説もあるが明らかではない[5]。一方、ログワはカラヤマグワとともに古くから養蚕種として栽培され、日本には明治時代に改良種として養蚕用に中国から導入され広められたものである。

2 『詩経』に歌われた「クワ」

(1) 「桑」の由来

『詩経』は中国最古の古典として知られ、宗教儀礼や祭礼を歌った歌謡集である。周代初期（紀

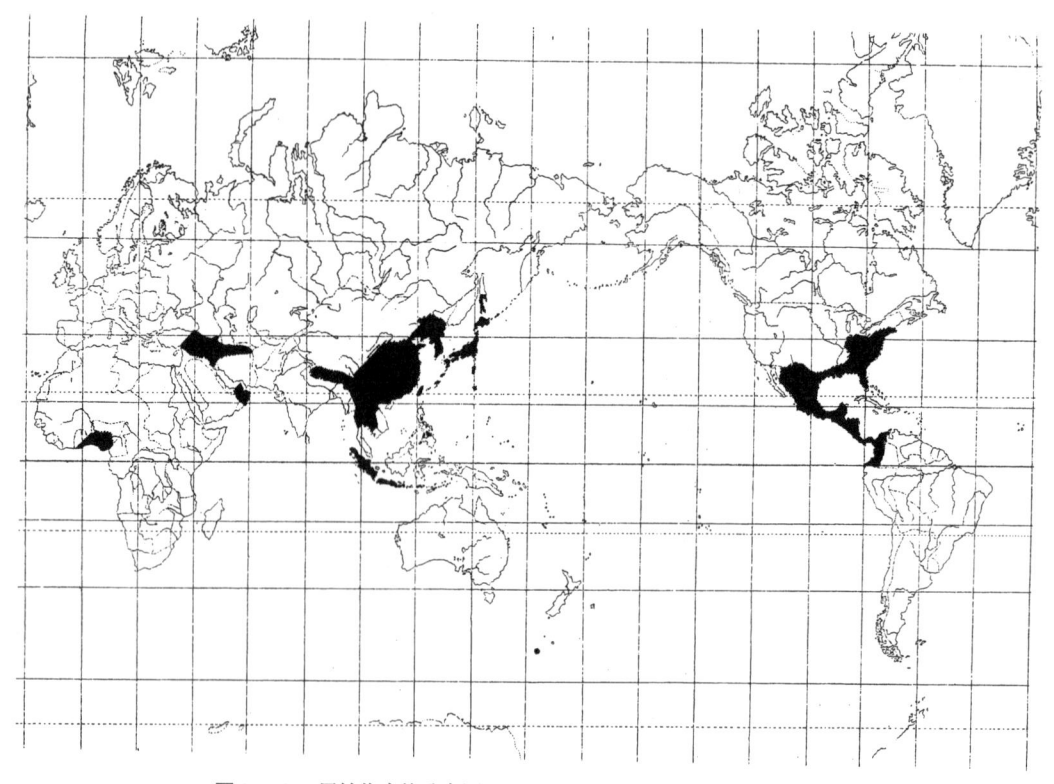

図1 クワ属植物自然分布図（小泉源一「桑属植物考」1917 より転載）

元前12世紀頃）から春秋時代（紀元前5世紀中葉から紀元前4世紀）までの朝廷の祭礼や儀式、信仰、動植物など人びとの生活に密着した内容を集めたもので、その成立は紀元前5世紀頃とも考えられている[6]。『詩経』にはとくに植物に関する記述が多く、なかでも「クワ」はもっとも多く取り上げられる樹木である（表1）。『詩経』の詩は詩篇の形態から頌・雅・風に分けられる。頌は宗廟における祖霊祭祀の際に奏された舞楽の意で40篇より成り周頌、魯頌、商頌に分けられる。このうち魯頌の1篇に「桑」を歌った詩がある。また雅は大雅と小雅に分けられ、小雅5篇と大雅1篇中に「桑」が歌われている。風すなわち国風には村落や聖地で行われる地方祭祀（婚姻、神々の迎え、穀物の豊穣祈願など）を題材にした歌謡160篇が収められ、そのうち13篇の詩に「クワ」を表す文字である「桑」を見ることができる。国風が各国ごとの祭礼を歌ったものであるのに対し、雅は神霊・祖霊を讃え、祀るもので朝廷の饗宴や祭祀の際に奏して歌われたとされる。

ところで「クワ」を表す文字である「桑」は殷墟から出土した甲骨文字（卜辞）のなかにすでにその原形を見ることがでる。卜辞にはこのほかに「蠶」や「絲」など養蚕に関わる文字が確認されている。後漢代に編纂された『説文解字』には「桑」という字の由来について「蠶所食葉木、從叒木」とあり、蚕の飼料として記される。また、考古資料のなかで「桑」に関連する事例としては春秋時代の青銅器数例に桑の葉を摘む様子を描いた「採桑図」を見ることができる。そのうち故宮博物院所蔵「宴楽銅壺」には桑の枝に籠を吊し、あるいは手に籠をとり桑の葉を摘む女性の姿が描かれている（図2）。この図像について夏鼐氏は『詩経』国風のなかの豳風「七月」に歌われる下記の一節を想起させるものであると指摘する[7]。

『詩経』豳風「七月」
　女執懿筐　遵彼微行　爰求柔桑（女は懿筐を執り　彼の微行に遵って　爰に柔桑を求む）
　蠶月條桑　取彼斧斨　以伐遠揚　猗彼女桑（蠶月桑を條る　彼の斧斨を取り　以遠揚を伐り　彼の女桑を猗す）

さて『詩経』のなかの「桑」が詩中においてどのように用いられたか、その内容から紐解くと、魏風「汾沮洳」や&豳風「七月」では養蚕との関係を表す部分が見られるが（表1）、一方で神霊の降り立つ聖なる木（依代）、聖なる場所としての「桑」という表現も多い点に気付く。「桑中」（国風「桑中」）、「桑田」（国風「定之方中」）、「苞桑」（国風「鴇羽」）などはいずれも桑の木が茂る場所を

図2　宴楽銅壺（故宮博物院蔵）の採桑図
（楊宋栄編『戦国絵画資料』1957より一部転載）

神聖な場として表している（表1）。このような意味を有する「桑」の由来として、『説文解字』にはもうひとつの記述がある。すなわち「叒曰 初出東方湯谷所登榑桑、叒木也」（日の初めて東方の湯谷より出るとき、登る所の榑桑、叒木なり）である。この記述の解釈について、加藤常賢氏は榑桑とはすなわち桑であり扶桑であるとし、その源意は「日所出」すなわち「生命の生ずる所」、「太陽の出ずる所」という意味が含まれると指摘する(8)。『詩経』のなかの「桑」には、「桑」という文字の由来に関わる「蚕の飼料としての桑」と「聖なる木、神木、神の依代としての桑」が歌われていたと言えよう。

(2) 『詩経』のなかの「桑」と「檿」「柘」「棘」

では、『詩経』に歌われた「桑」とは実際にどのような樹木であったか。上記の通り豳風「七月」には養蚕の様子を歌った部分があるほか、『説文解字』による「桑」という文字の由来からも、蚕が食するクワ属（Morus L.）植物と理解できる。ところが、『詩経』には「桑」とは別に、同様にクワ属植物を示すと考えられる「檿」と「柘」、しばしば「桑」と併記して歌われる「棘」の文字が見られる。以下にこれらに関する記述を取り上げ、「檿」と「柘」「棘」について検討する。

まず、大雅「皇矣」では「檿」と「柘」の2字が併記される。

　『詩経』大雅「皇矣」

　　攘之剔之　其檿其柘」（攘ひ剔るは　其の檿其の柘）

「檿」と「柘」について『説文解字』では「檿、山桑也、従木厭聲、詩曰、其檿其柘」（檿は山桑なり　木に従い厭の声　詩に曰く　その檿その柘）と説く。すなわち「檿」は「山桑」であるとし、上記の『詩経』の句が引用される。また『斉民要術』巻五・第四十五桑、柘には註として「爾雅にいう、檿桑とは山桑をいう」とある。「柘」についても同じく『説文解字』に「柘、桑也、従木石聲」（柘は、桑なり　木に従い石の声）という記述があり、これらの内容から「檿」と「柘」はいずれもクワ属植物を指したものと考えられる。

一方、秦風「黄鳥」、陳風「墓門」、曹風「鳲鳩」で祖先の霊魂、神の依代として用いられた「棘」については若干異なる表現が見られる。次に示すのは秦風「黄鳥」の一節である。

　『詩経』秦風「黄鳥」

　　交交黄鳥　止于桑（交交たる黄鳥は　桑に止まる）

　　交交黄鳥　止于棘（交交たる黄鳥は　棘に止まる）

ここでは「棘」と「桑」とが併記され、いずれも神の依代として表現されている点が注意される。「棘」について『説文解字』には「棘、小棗叢生者」（棘、小棗叢生する）。「毛傳曰。棘、棗也。」とある。また『爾雅』釋蟲には「棘繭」という表現があり、郭璞注に「食棘葉」（棘葉を食ふ）とある。このことから繭を作る昆虫の食樹であったと考えられるが、「柘」と「檿」には「桑」との関連を示す記述が見られるのに対し、「棘」についてはそうした記載が見られず、このことからクワ属の樹木と考えることは困難なようである(9)。

現在、中国の樹木分類では、「桑」をもって「桑樹」（和名カラヤマグワ・Morus alba L.）を指す。カラヤマグワは中国中部・北部を原産とし、本来は山野に自生する落葉喬木または高木である。古来より養蚕を目的として栽培された種であり、「白桑」「家桑」の別称を持つ。

一方、「山桑」は「蒙桑」（和名チョウセンクワまたはモウコグワ・Morus mongolica Schneid.）の別名

表1　詩経のなかのクワ

詩経		篇	詩中の表現		「桑」の解釈（※）
国風	鄘風	「桑中」	期我乎桑中	我を桑中に期せよ	桑中＝請雨儀礼の祭祀を行う神聖な場。男女期会の場
		「定之方中」	降観于桑 説于桑田	降りて桑を観る 桑田に説らん	桑、桑田＝桑畑＝聖なる場
	衛風	「氓」	桑之未落 無食桑葚 桑之落矣	桑の未だ落ちざるや 桑の葚食ふ無かれ 桑の落つるや	桑＝桑の葉　いずれも女性の容色に例える 桑葚＝桑の実 桑の葉
	鄭風	「将中子」	無折我樹桑	我が樹桑を折る無かれ	樹桑＝桑の木
		「汾沮洳」	言采其桑	言に其の桑を采る	桑＝桑の葉＝蚕の飼う
	魏風	「十畝之間」	桑者閑閑兮 桑者泄泄兮	桑者閑閑たり 桑者泄泄たり	桑者＝桑を摘む人々　または　＝桑柘
唐風	「鴇羽」		集于苞桑	苞桑に集う	苞桑＝桑の茂み＝聖なる場所
	秦風	「車鄰」	阪有桑	阪に桑あり	桑＝桑の木＝神の依代
		「黄鳥」	交交黄鳥　止于棘 交交黄鳥　止于桑	交交たる黄鳥は　棘に止まる 交交たる黄鳥は　桑に止まる	棘＝クワ属の木※＝神の依代 桑＝桑の木＝神の依代
	陳風	「墓門」	墓門有棘	墓門に棘あり	棘＝クワ属の木※＝神の依代
	曹風	「鳲鳩」	鳲鳩在桑 其子在棘	鳲鳩　桑に在り 其の子　棘に在り	桑＝桑の木＝神の依代 棘＝クワ属の木※＝神の依代
	豳風	「七月」	爰求柔桑 蠶月條桑 猗彼女桑	爰に柔桑を求む 蠶月は條たる桑 猗たる彼の女桑	柔桑＝萌え出でたばかりの桑の葉 條桑＝桑の葉の茂った様子　または桑の葉を條る 女桑＝桑の葉を繁茂させるために刈り取る　または若く小さな桑の木
		「鴟鴞」	徹彼桑土	彼の桑土を徹りて	桑土＝桑の根
		「東山」	烝在桑野	烝ち（烝しく）桑野に在り	桑野＝桑の野
小雅	南有嘉魚之什	「南山有臺」	南山有桑	南山に桑有り	桑＝桑の木＝神の依代
	鴻鴈	「黄鳥」	無集于桑	無に桑に集まれ	桑＝桑の木＝神の依代
	節南山之什	「小弁」	維桑与梓	維れ桑と梓	桑＝桑の木＝故郷の父母
	甫田之什	「桑扈」	交交桑扈	交交たる桑扈	桑扈＝神霊の恵みを伝える鳥
	魚藻之什	「隰桑」	隰桑有阿	隰の桑有阿たり	隰桑＝桑の葉がゆらゆらと垂れ下がる＝神の依代
		「白華」	樵彼桑薪	彼の桑薪を樵り	桑薪＝桑の薪
大雅	文王之什	「皇矣」	其檿其柘	其の檿　其の柘	檿・柘＝クワ属の木※
	蕩之什	「桑柔」	菀彼桑柔	菀たる彼の桑柔	桑柔＝萌え出でたばかりの桑の葉

※釈文は石川忠久（1997）、高田眞治（1996）を参考とした

であり、落葉の小高木で葉の先端が尖った特徴を持つことから「刺葉桑」とも呼ばれる。このほかに中国に分布するクワ属植物として「黒桑」（和名クロミグワ）、葫蘆桑（和名カラケグワ）、小葉桑（和名ヤマグワまたはシマグワ）などもある（表2）。

　クワは、良質の絹を求める人間によって長い時間をかけて養蚕種として改良されてきた。その上、風媒花であり自然交配を繰り返すために『詩経』に歌われた当時の「桑」「檿」「柘」「棘」をそのまま現在の樹木分類による樹種に分類することは難しい。また、樹木の名称は地域によって異

表2　現在のクワの分類と呼称

科	属	和名	中国名（別称）	植生分布	学名
桑科	桑属	カラヤマグワ	桑樹（白桑、家桑）	中国・朝鮮半島（日本全土で栽培）	*Morus alba* L.（英名）：White Mulberry　Silkworm Mulberry
		ヤマグワ	小葉桑（鶏桑）	中国・朝鮮半島・日本　ベトナム・ミャンマー　ヒマラヤ地方	*Morus australis* Poir.
		チョウセングワ	蒙桑（刺葉桑、山桑）	中国（湖北省・四川省・雲南省）朝鮮半島	*Morus mongorica* Schneid.
		ログワ	魯桑	（各地栽培）	*Morus multicaulis* Perr.
		クロミグワ	黒桑	中国（山東省）アジア西部	*Morus nigra* Linn.
		ハチジョウグワ	—	八丈島・三宅島	*Morus kagayamae* Koidzumi
		ケグワ	（中国にはカラケグワと呼ばれる種がある：葫蘆桑・毛桑）	（中国中部）紀伊半島・中国四国地方　九州	*Morus tiliaefolia* Makino
		オガサワラグワ	—	小笠原諸島	*Morus boninensis* Koidzumi
		シマグワ	小葉桑（鶏桑）	中国南部・台湾・沖縄　ヒマラヤ地方	(*Morus australis* Poir.)

※中国名は『中國樹木分類學』（陳嶸 1937）、和名は「クワ属植物考」（小泉 1917）に準ずる

なる場合や長い間に変化するなどの点も問題をより複雑にしている要因のひとつと言えよう。しかし『詩経』ではこれらのクワ属植物を異なる文字によって区別して用いていることから、当時の人びとが異なる樹木として意識していたことは明らかである。

3　『魏志』倭人伝に記された「烏號」

ここにひとつ、ヤマグワを指すと考えられている興味深い呼称がある。中国正史『三国志』の『魏志』巻30・東夷伝・倭人伝には当時の日本の植生について記したとされる以下のような記述がある。

「其木有柟杼豫樟楺櫪投橿烏號楓香」（その木には柟・杼・豫樟・楺・櫪・投・橿・烏號・楓香あり）

ここに記された「烏號」とは、すなわちヤマグワであると考えられている。「烏號」という名の由来については『韓詩外伝』（前漢、文帝））、『淮南子』（前漢、武帝））、『史記』（前漢、武帝））、『文選』（梁、武帝））、『十八史略』（宋）など多くの古典にそれをたどることができる。

『韓詩外伝』巻8

此弓者、太山之南、烏號之柘、騂牛之角、荊麋之筋、河魚之膠也。

『淮南子』原道訓

射者扞₋烏號之弓₋。彎₌綦衛之箭₋。

『史記』封禅書第6

堕=黄帝之弓-。百姓仰望。黄帝既上レ天。乃抱=其弓與胡髯-號。故後世因名=其處曰鼎湖-。其弓曰=烏號-。

『文選』（賦篇）京都　呉都賦

擸=烏號-、佩=干将-。

『十八史略』巻13皇　黄帝軒轅氏

帝騎レ龍上レ天-。羣臣後宮、従者七十餘人。小臣不レ得レ上、悉持龍髯。髯拔。堕レ弓。抱=其弓-而號。後世名=其處-曰鼎湖-、其弓曰=烏號-。

これらに共通する点は烏號を弓の別称あるいは弓の良材として記している点である。『史記』では烏號を「黄帝の弓」、『韓詩外伝』では「弓の良材」である「柘」とする。また『淮南子』原道訓の傍注にも烏號を「柘」とする記述がある。ところで、弓に適する材として『周礼』考工記（春秋時代から後漢、鄭玄注））には次のように記される。

『周礼』考工記

凡取レ幹之道七。柘為上。檍次レ之。檿桑次レ之。橘次レ之。木瓜次レ之。荊次レ之。竹為レ下。
（凡そ幹を取るの道七つ。柘を上と為す。檍之に次ぐ。檿桑之に次ぐ。橘之に次ぐ。木瓜之に次ぐ。荊之に次ぐ。竹を下と為す。）

これによると弓に適する材は「柘」を最上として「檍」「檿桑」「橘」「木瓜」がこれに次ぎ「荊」そして「竹」が下であるとされる。「柘」と「檿桑」は同じクワ属植物と考えられるが、ここでは明らかに区別されている。これに類似した表現として、次に上げる2史料でも「柘」と「檿」はそれぞれ弓の材として記されている。

『庾子山集注』巻1　「春賦」　（北周）

金鞍始被　柘弓新張（金鞍は始めて被われ　柘弓は新たに張らる）

『史記』周本紀第4

宣王之時童女謡曰、檿弧箕服、實亡=周國-。（宣王の時、童女謡ひて曰く、檿弧箕服、實に周の國を滅ぼさんと。）

ところで、『魏志』倭人伝には当時、倭において蚕を飼い絹を作っていたことを示す記載が見られることは広く知られている。また、主に『魏志』（西晋）の記述に依ったと考えられている『後漢書』倭伝（南朝宋）にも類似した記述がある。

『三国志・魏志』巻30東夷伝・倭人（『魏志』倭人伝）

種禾稲紵麻蠶桑緝績出細紵縑緜（禾稲・紵麻を種え、蠶桑緝績し、細紵・縑緜出だす。）

『後漢書』巻115　東夷伝・倭（『後漢書』倭伝）

土宜禾稲麻紵蠶桑知織績為縑布（土は禾稲・麻紵・蠶桑に宜しく、織績を知り、縑布を為る。）

上記2史料の記述において注意されるのは。いずれも蚕の食樹としての「クワ」を「蠶桑」と記し、植生の記述において用いた「烏號」とは区別されている点である。こうした使い分けは前述のように『詩経』における「桑」と「檿」「柘」「棘」との区別との共通性が有り、興味深い点である。

小　結

　樹木利用史における「クワ」を考えるとき、中国の古典に記された内容からは「蚕の食樹としてのクワ」と「神の依代、生命の象徴としてのクワ」、そして「木材として利用されたクワ」について異なる表現が用いられていたことがわかる。とくにヤマグワに充てられる烏號は、その記述から弓の材としての用途を知ることができ、今後中国における出土資料について樹種調査の進展とともに古典に記された内容との比較検証が行われることが期待される。

　一方日本では、同じく弓に用いられた材として古事記や日本書紀、万葉集に詠まれた歌などからアズサ（梓）やマユミ（真弓・檀）が知られている。アズサは現在の樹木分類でミズメ（*Betula grossa* Sieb. et Zucc. ・カバノキ科カバノキ属）とされる。正倉院には梓弓と称する弓3張、槻弓と称される弓24張が伝えられる。槻弓はケヤキ（*Zelkova serrata* Makino）であるが、梓弓の材については同定が困難であり樹種の決定には至っていないという[10]。出土資料においてもアズサと同定された事例は極めて少ない[11]。一方マユミ（*Euonymus sieboldianus* Blume・ニシキギ科ニシキギ属）は弓の美称としても用いられ、ニシキギ属と同定された事例も含めると縄文時代前期の鳥浜貝塚においてすでにそれを用いた弓を見ることができる[12]。さて、近年出土木製品の樹種調査が進むなかで、実際に弓に用いられた材はカヤ（*Torreya nucifera* Sieb. et Zucc. ・イチイ科）とイヌガヤ（*Cephalotaxus harringtonia* K. Koch f. drupacea Kitamura・イヌガヤ科）が多くを占めることが報告されている[13]。こうしたなか、ヤマグワあるいはクワ属の材を用いた事例も報告されており、これによって中国の古典に記された「烏號の弓」が日本の出土資料によって確認されたと言えよう。また、これら出土事例の多くが弥生時代の遺跡からである点も、烏號について記した古典の成立年代を考慮すれば一層興味深い[14]。このように日本と中国の交流の歴史を「クワ」という樹木の利用から捉え、古典に記された内容と考古資料によって検証することで、それが一衣帯水のものであることを改めて知ることができる。今後はこうした観点を持ちつつ、「クワ」を用いた弓について形態的特徴や年代、出土地域についても調査整理を行い報告したい。

　　本稿を草するにあたり小村眞理氏、小山朗夫氏、伴野豊氏、潘彪氏、福田さよ子氏には貴重なご指導、ご教示をいただきました。記して感謝の意を表したい。

　　最後になりましたが、茂木先生には、時に温かく時に厳しく、たくさんの教えをいただきました。一学生として中国を共に旅させて頂いたことがつい先日のことのようです。退任されましてもなお一層のご活躍をお祈りいたしますとともに、これまでのご厚情に深く感謝し本稿を献呈いたします。

註

（1）　聞一多「釋桑」『聞一多全集』朱自清、郭沫若　他編輯　1948、水上静夫『中国古代の植物学』
　　　1977、周匡明「桑考」『农业考古』　1981　1期
（2）　Carl von Linne, Species Plantarum　1753
（3）　小泉源一「桑属植物考」『蠶業試験場報告』第3巻第1号　1917
（4）　町井博明・小山朗夫・山ノ内宏昭「蚕糸・昆虫農業技術研究所における桑遺伝資源保存品種・系統一

覧」『蚕糸・昆虫農業技術研究所研究資料』第26号　1999

　　　現在のクワの分類について小山朗夫氏（独立行政法人農業生物資源研究所）に御教示いただいた。

（5）　『日本書紀』巻第30　持統天皇

　　　丙午、詔、令▲天下▼、勧▲殖桑・紵・梨・栗・蕪菁等草木▼。以助▲五穀▼。

（6）　家井眞『『詩経』の原義的研究』　2004

　　　近年、家井眞氏は詩経の詩と周代の青銅器の銘文との比較からその成立時期を紀元前4世紀前半以後として孔子刪詩説を否定する見解を示す

（7）　夏鼐「我国古代蚕桑历的丝綢史」『考古』　1972　2期

（8）　加藤常賢「扶桑の語源について」『中国古代文化の研究』1980

（9）　現在の中国樹木分類において、棗は「酸棗」とも言いネズミモチ科の樹木である。「棘」について、水上静男氏は柞蚕系の樹木と指摘する〔前掲註(1)に同じ〕

（10）　『宮内庁宝物』中倉　正倉院事務所編　1988

　　　なお、同じく正倉院に伝えられる墨絵弾弓の材について、「従来アズサと言われてきたが近年の調査では、散孔材で道管・放射組織はごく小さく、アズキナシ、アセビ、その他数種の材質に該当するとみられたが、決定には至らなかった」とある。

（11）　福田さよ子氏にご教示いただいた。

　　　岡林孝作・福田さよ子「静岡市伊庄谷横穴群南谷支群17号墓出土木棺材および弓材の樹種同定」『青陵』第118号　2006

（12）　能城修一・鈴木三男・網谷克彦「鳥浜貝塚から出土した木製品の樹種」『鳥浜貝塚研究』Ⅰ　1996

（13）　松田隆嗣「狩猟用具の木の選択」『季刊考古学』第47号　1994

（14）　唐古・鍵遺跡、池上遺跡などの出土事例がある

　　　尾中文彦「古墳其の他古代の遺構より出土せる材片（其の二）『日本林学会誌大会号』1939

　　　『池上遺跡』第4分冊の2　木器編　1978

参考文献

石川忠久『詩経』新釈漢文大系111　1997

高田眞治『詩経』漢詩選1　1996

（漢）許慎撰　（清）段玉裁注『説文解字注』上海古籍出版社出版　1980

諸橋轍次『大漢和辞典』巻6　1957

白川静『説文新義』3　1970

蒋猷龍「關於《齊民要術》所載　桑、蠶品種的初歩研究」『中国古代農業科技』1980

胡厚宣「殷代的蚕桑和絲織」『文物』1972　11期

陳嶸『中國樹木分類学』　1937

『中国樹木志』　第三巻　1997

石原道博編訳『新訂魏志倭人伝・後漢書倭伝・宋書倭国伝・隋書倭国伝』―中国正史日本伝（1）1985

『国訳漢文大成』経子史部第14巻　1923

韓嬰著『韓詩外伝』吉田照子『韓史外伝』中国古典新書続編⑰　1993

左太冲著『文選』（賦篇）呉都賦　中島千秋（賦篇）上『文選』新釈漢文大系79　1977

曾先之著『十八史略』林秀一『十八史略』上　新釈漢文大系20　1967

本田二郎『周禮通釋』下　1979

周哲點林道春跋『周禮』下　1976
加藤国安『越境する庾信』(下)―その軌跡と詩的表象　2004

壱岐、原の辻遺跡出土の楽浪系土器についての検討

川上　洋一

はじめに

　朝鮮半島と九州島の間の海峡に位置する壱岐島は、大陸と日本列島との往来のルート上に位置している。弥生時代には原の辻遺跡やカラカミ遺跡といった学史に知られた遺跡がある。今回、出土資料を検討する原の辻遺跡では、これまで多くの発掘調査が行われ、弥生時代の集落の内容がしだいに明らかになってきた。そして各調査の報告書が逐次刊行されてきた[1]。また、2005年には、それまでの原の辻遺跡の調査成果を、各報告書とは別にまとめた『原の辻遺跡　総集編Ｉ』[2]が刊行され、遺跡の全体的な様相を把握するのに、非常に良い手引きとなっている。

　多量の出土遺物は様々な種類のものからなるが、その中には大陸との往来の一端を示す遺物が多い点も注目できる。本稿では、原の辻遺跡出土の楽浪系土器の分析を通じて、大陸と列島の交渉における原の辻遺跡の位置づけを考えるための一視点を提示したい。

1　原の辻遺跡出土の朝鮮半島系土器の研究略史

　原の辻遺跡、カラカミ遺跡からは多くの朝鮮半島系土器が出土する。以前よりカラカミ遺跡出土の楽浪系土器や三韓系瓦質土器の壺、原の辻遺跡出土の朝鮮系無文土器が知られてきた。これらの土器資料も、弥生時代の半島と列島の往来に果たした壱岐の役割を考えるための根拠となってきた。さらに1993年からの長崎県教育委員会、芦辺町教育委員会、石田町教育委員会、原の辻遺跡保存協議会などによる発掘の開始以降、多種多量の遺物が出土し、それらが逐次報告されるようになった。報告された出土遺物の中には、多くの朝鮮半島系土器が多く含まれており、その出土量は、現時点では列島の弥生時代の遺跡中で最多である[3]。楽浪系土器についていえば、出土数がこれまで最多であった三雲遺跡群を凌ぐ点数が出土している。これら原の辻遺跡出土の朝鮮半島系土器については、多くの先行研究がある。以下にそれらを概観しておきたい。

　武末純一氏は1995年に原の辻遺跡出土の朝鮮半島系土器を報告[4]し、その数量の多さとその多様性を示した。そしてこれ以降、この遺跡から多量の朝鮮半島系土器が出土することが大いに注目されることになった。また、出土地が遺跡の全面に散漫に分布することから、「渡来漢人や韓人が集団的に固まって居住したことを示すというよりは、倭人や韓人・漢人が交易の際にもたらしたも

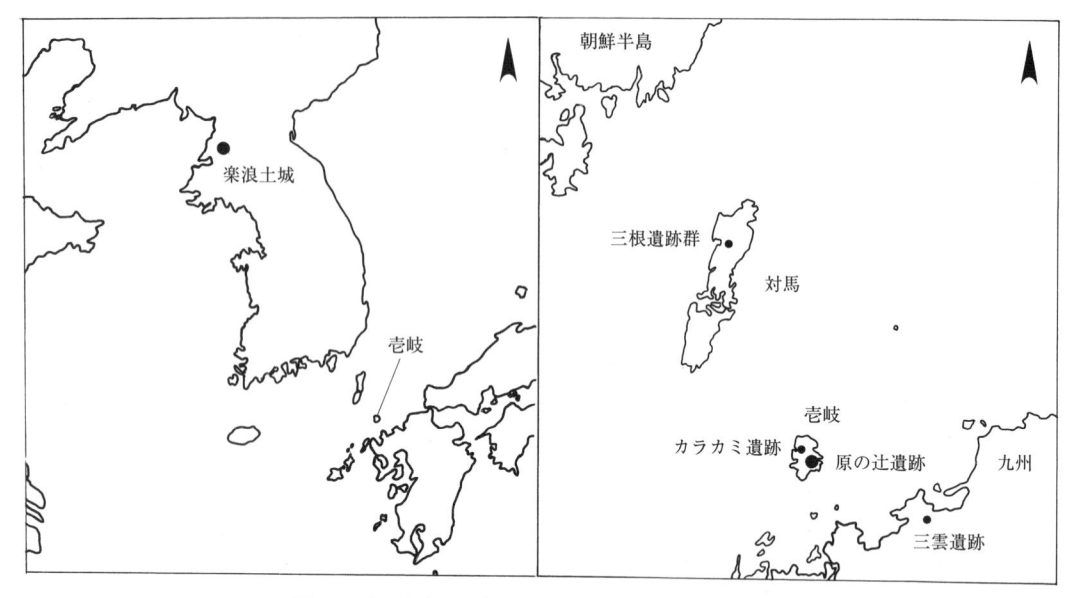

図1　原の辻遺跡の位置（1／1600万、1／400万）

の」であると、朝鮮半島土器の出土の背景について解釈した。朝鮮半島系土器が交易によってもたらされたという見解は、その後の調査で多量にしかも地点を集中して出土した朝鮮系無文土器を除き、現在までほぼ支持されている。

　1998年には、遺跡北西部にあたる不條地区の旧河道から出土した多量の朝鮮系無文土器および擬朝鮮系無文土器を報告した宮崎貴夫氏が、この状況を「3号旧河道・4号旧河道に囲まれた地域に半島系の人びとや子孫たちが集中して雑居していたことを物語っている」[5]と解釈した。

　片岡宏二氏は1999年に、原の辻遺跡出土の後期前半と後期後半の朝鮮系無文土器と擬朝鮮系無文土器の大別と各時期の弥生土器からの影響の度合いによる類別を示した[6]。さらにこれらの土器が前期末から遺跡西北部の低地から多く出土するのに対し、環濠で囲まれた地区からの出土が少ない点を指摘した。この西北部の低地部に渡来人たちが集住し、継続的に居留地が営まれていたが、中期末から後期にこの地区が衰退したことを、政治的干渉の少ない未熟な経済交渉のレベルからクニ外交を背景にした経済交渉へと変化したことによると考えたのである。この見解は、2000年の宮崎貴夫氏の研究においても支持されている。

　宮崎氏は2000年に発表した研究[7]の中で、原の辻遺跡出土の朝鮮半島系土器を概観し、集落が存続した弥生時代前期末から古墳時代前期の期間にとぎれることなく入ってきていることの重要性を強調し、遺跡や出土品の総合的な検討によって、原の辻遺跡が対外交渉の拠点であり、国際的な交易センターであったと位置づけた。出土地点の傾向について、弥生時代前期末から中期には無文系土器や擬無文系土器が台地北西の低地に中心があり、後期初めの低地居住域の放棄の後は、楽浪系土器や三韓系土器、陶質土器は台地内と台地周縁部に移ると指摘した。

　白井克也氏は2001年、列島における朝鮮半島系土器の出土の様相をまとめ、原の辻遺跡における出土量の多さや擬朝鮮系無文土器の存在などに注目し、原の辻遺跡へ韓人・倭人が訪れて物資の交

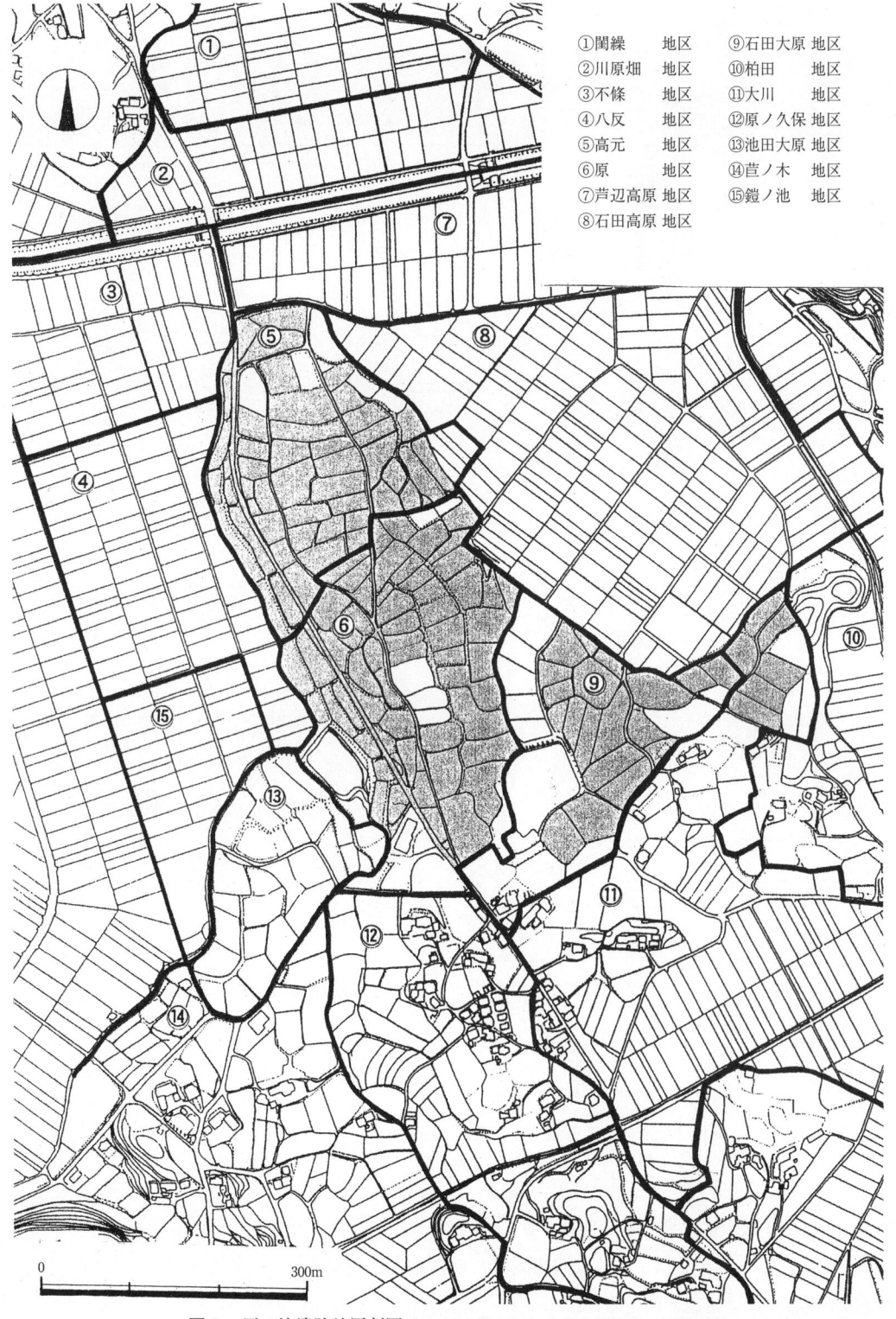

①閩繰　　地区　　⑨石田大原 地区
②川原畑　地区　　⑩柏田　　地区
③不條　　地区　　⑪大川　　地区
④八反　　地区　　⑫原ノ久保 地区
⑤高元　　地区　　⑬池田大原 地区
⑥原　　　地区　　⑭菅ノ木　地区
⑦芦辺高原 地区　　⑮鎧ノ池　地区
⑧石田高原 地区

図2　原の辻遺跡地区割図（1／1000註（2）文献より引用、一部改変）

318　第2部　文化伝播篇

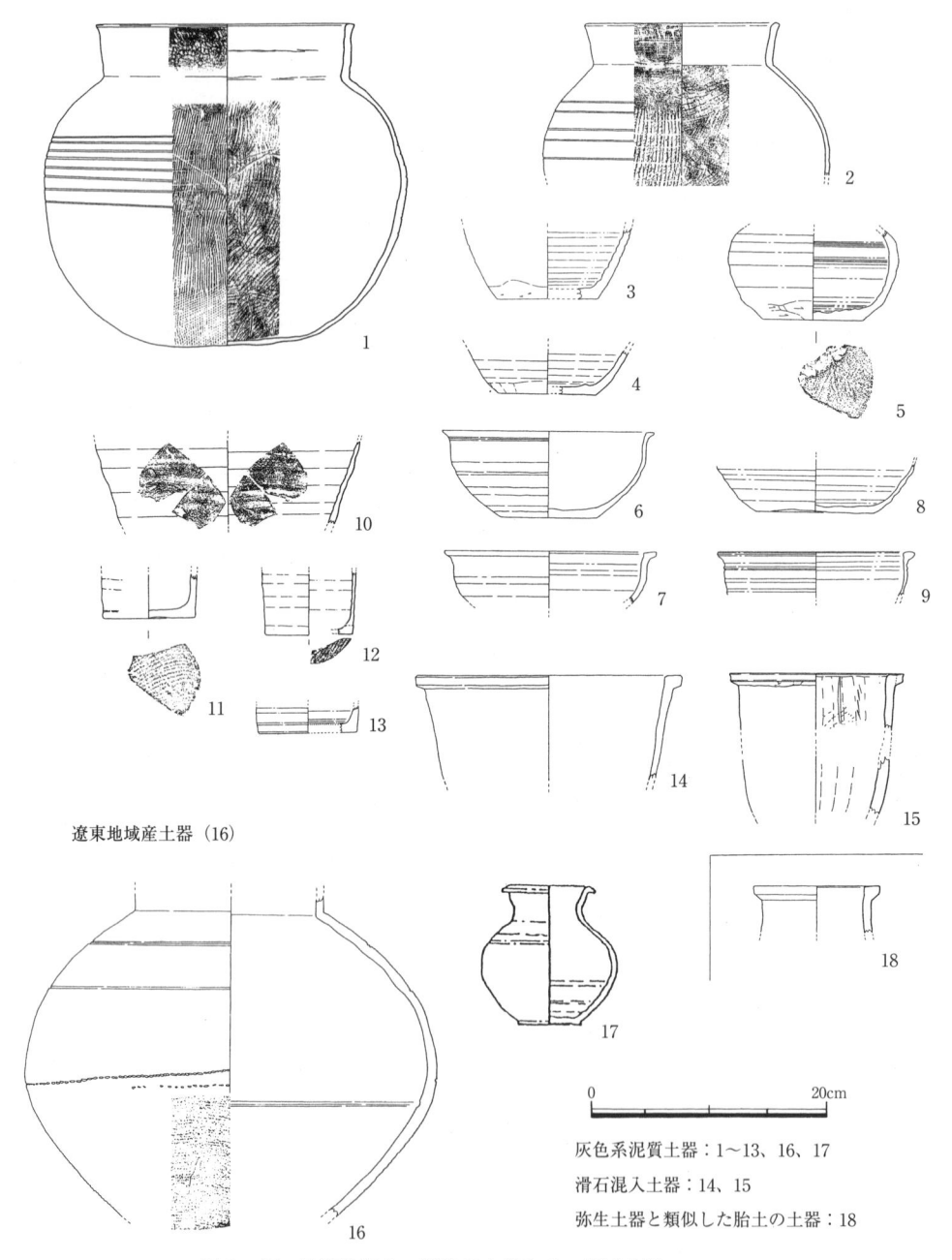

遼東地域産土器（16）

灰色系泥質土器：1～13、16、17
滑石混入土器：14、15
弥生土器と類似した胎土の土器：18

図3　原の辻遺跡出土の楽浪系土器とその関連土器（1／6）
（各図は18以外、報告書より、18は註（9）文献よりそれぞれ引用）

換に従事した「原の辻貿易」が中期後半から弥生終末に行われたと考えた[8]。白井氏が提唱した「原の辻貿易」という用語は、宮崎氏が強調した原の辻遺跡が交易センターであったという見解と類似した内容を示す用語といえる。

　2003年には、早乙女雅博氏と鄭仁盛氏が列島から韓半島、遼東地域におよぶ広い地域出土の楽浪土器に類する土器の検討[9]を行う中で、原の辻遺跡出土の該当土器についても言及した。また、楽

表1　原の辻遺跡出土の楽浪系土器と関連土器（出土区別、報告分のみ）

器種の後の括弧内には報告書の巻数、図番号を表記。
下記の資料は報告書で図示されたものから抽出。報告書の記述によれば、これ等以外にも多数出土している。
報告書のシリーズ名の表記は、以下の通りである。原→原の辻遺跡調査事務所調査報告書、県→長崎県文化財調査報告書、協議会→原の辻遺跡保存等協議会調査報告書

不條地区
　灰色系泥質土器
　　胴部破片(原21集、図39-3)
　　底部破片(原21集、図39-4)
　滑石混入土器
　　花盆形土器(原16集、図46-4、**本稿図**3-14)
八反地区
　灰色系泥質土器
　　底部破片(長頸壺?)(原19集、図33-6、
　　　本稿図3-3)
　　胴部破片(短頸壺)(原21集、図31-35)
　　鉢(原24集、図14-41)
　　鉢(原24集、図14-42、**本稿図**3-9)
　　底部破片(原24集、図14-43、**本稿図**3-8)
　　鉢(原24集、図17-61、**本稿図**3-6)
　　短頸壺(原25集、図21-1)
　　　※同じ層位から短頸壺の小破片が他に13点
　　　　出土。
　　口縁部破片(長頸壺、小型短頸壺または鉢)
　　　(原25集、図21-5)
　　鉢(原26集、図20-19)
　　底部破片(原26集、図81-105)
　　小型短頸壺(原27集、図54-6、**本稿図**3-5)
　　底部(長頸壺、小型短頸壺または鉢)(原27集、
　　　図54-7)
　　底部(長頸壺、小型短頸壺または鉢)(原27集、
　　　図55-11)
　　底部(鉢?)(原27集、図55-13)
　　鉢(原27集、図55-15、**本稿図**3-7)
　　筒型杯(原27集、図55-16、**本稿図**3-11)
　　底部(原27集、図55-20)
　　胴部破片(長頸壺または小型短頸壺)(原27集、
　　　図55-21)
　　　※同じ層位から同様の破片が他に1点出土。
　　鉢(原27集、図55-24)
　　長頸壺(協議会2集、第12図-28)
　　胴部破片(盆?)(協議会3集、第20図-106)
　　短頸壺(協議会3集、第22図-138、
　　　本稿図3-2)
　　壺(協議会3集、第23図-151)
　　鉢(協議会3集、第23図-152)

　　底部(協議会3集、第23図-153、**本稿図**3-4)
　　底部(協議会3集、第23図-154)
高元地区
　灰色系泥質土器
　　短頸壺(県124集、第2図-18、**本稿図**3-1)
　　　※同図には他に3点、短頸壺の破片が図示され
　　　　ているが、出土地区は不明。
　　鉢(原26集、図48-1)
原地区
　灰色系泥質土器
　　胴部破片(盆または長頸壺?)(原11集、
　　　図98-30)
　　胴部破片(短頸壺)(原11集、図134-1)
　　胴部破片(短頸壺)(原11集、図134-2)
　　鉢(原18集、図59-38)
　滑石混入土器
　　花盆形土器(原18集、図59-37)
石田高原地区
　灰色系泥質土器
　　筒型杯(原28集、図32-48、**本稿図**3-13)
　　底部(鉢?)(原28集、図51-21)
　　胴部破片(壺または盆)(原28集、図56-29)

出土地区不明（報告書に出土地区未記載）
(多くは石田高原地区または石田大原地区か？)
　灰色系泥質土器
　　筒型杯(県124集、第2図-23、**本稿図**3-12)
　　胴部破片(長頸壺?)(県124集、第2図-15)
　　鉢(県124集、第2図-19)
　　底部(県124集、第2図-20)
　　盆(県124集、第2図-21、**本稿図**3-10)
　　小型長頸壺(県124集、第3図-28、
　　　本稿図3-17)
　　　※注9文献では、遼東地域産土器とされている。
　滑石混入土器
　　花盆形土器(県124集、第2図-22、
　　　本稿図3-15)

＜遼東地域産土器＞
　不條地区　灰色系泥質土器　短頸壺
　　(原19集、図32-74、**本稿図**3-16)

浪系土器を模倣して製作したと両氏が考えるものや、遼東半島で製作されたものの存在を指摘した。楽浪系土器とされるものの製作地を厳密に検討した点と、朝鮮半島南部地域や楽浪郡地域以外の文物の流入を指摘した点で、非常に重要である。

以上のように、原の辻遺跡の朝鮮半島系土器については、その種類の多様さ、朝鮮系無文土器や弥生土器と折衷した擬朝鮮系無文土器の存在から半島系の人々の居住、その数量からも導き出された交易の拠点性などが論じられてきたと考える。

本稿では、楽浪系土器をおもな検討対象とするが、そのさいに宮崎氏や片岡氏の研究成果に多くを依拠しながら朝鮮系無文土器のあり方との比較をおこないたい。両者を比較する理由は、同じ遺跡から出土する在地の弥生土器とは異なる朝鮮半島系土器という点では共通するが、資料のもつ意味合いに違いがあると予想されるからである。とくに出土地点を重視して、楽浪系土器の出土の背景について考える。また楽浪系土器の模倣について若干触れておきたい。

2　原の辻遺跡出土の楽浪系土器

原の辻遺跡では、多量の楽浪系土器が出土している（図2・3、表1）。それらは楽浪郡で製作されたものが、搬入されたものであると早乙女、鄭氏は論じている[10]。器種は谷氏の用語[11]を用いれば、灰色系泥質土器では壺、盆、鉢、筒形杯、滑石混入土器の花盆形土器である[12]。滑石混入土器は煮沸に供するものであるが、原の辻遺跡出土事例の残存部分には被熱痕がないように思われる。そして容器にもなりうる器形である。他のものは容器または供膳具としての機能が考えられる。それらのうち、鉢は容量が少ないので容器としての機能に劣り、議論の余地がある。絶対に容器とはなりえない皿や豆、甑の出土事例がない。これらの土器はその具体的内容は不明であるが、大陸産品の容器としての機能を帯びて対馬、壱岐、北部九州へともたらされたと考えておきたい。

楽浪郡からそれらがもたらされた背景は、交易や政治的な使節の往来といったものが考えられるが、青銅鏡などの文物と異なって、楽浪系土器自体が交易の対象となっていた可能性は、ほとんどないと考える。その理由は、以下の通りである。当時の列島における舶載文物の出土パターンを考えたとき、北部九州を中心に墓の副葬品として出土することが多い。これらは当時の社会のエリートたちが保有していた財として、最終的に副葬品として墓中に納められたのであろう。一方、舶載文物の中でも楽浪系土器は出土状況が異なる。墓に土器を副葬する習慣がないため、北部九州地域では副葬品としての事例がないとともに、墓域での祭祀に用いられた形跡もない。その大半は弥生土器とともに廃棄された形で出土する。原の辻遺跡では、台地周辺の溝、自然河道、包含層からの出土事例がもっとも多い。やはり多量の弥生土器と同じ状況での出土である。他の遺跡や地域の事例をみると、糸島地域の三雲遺跡群においても番上地区の土器溜から出土しており[13]、特別な扱いを受けた状況は想定しにくい。ただし、墓の埋葬主体部内に土器を副葬する場合もある対馬では、小式崎遺跡の第1石棺墓の棺内から鉢が、また白蓮江第2遺跡の2号石棺からやはり鉢が出土している事例がある[14]。これらは後期後葉のものであるが、対馬では墓域で出土する以外に、三根遺跡群山辺区のように集落域からの出土した事例[15]もある。墓に副葬された土器は、弥生土器

であれ楽浪系土器であれ、何らかの選択が働いた結果を示しており、それが楽浪系土器であったから選択されたかどうかは器種のあり方などがポイントになるであろう。今後の事例の増加を待って検討する必要がある。

　ここでは原の辻遺跡の報告書で示される地区ごとの出土傾向を見てみよう。(図2、表1) すでに宮崎氏が述べたように、台地内と台地周辺部から出土していることが一目でわかる。ただし、台地周辺部の方が点数は圧倒的に多い。そして台地周辺部は八反、不條地区といった西北部がもっとも多いものの、石田高原地区といった東北部にも出土事例がある。また台地内では高元、原地区から出土している。西北部は前期末から中期にかけて無文系および擬無文系土器が集中して多く出土した場所であり、外来系土器との関連深い状況があったのであろう。とくに出土数がもっとも多い八反地区では、中期の須玖Ⅰ式新段階～後期初頭の船着き場遺構が検出[16]されていて興味深い。この点は後で議論したい。

　また、出土遺構についても、台地周辺部では溝（環溝を含む）や河道、包含層がもっとも多く、ついで、土器溜や落ち込みなどから出土例がある。わずかに不條地区で土坑から出土した例がある。台地部では高元地区で、竪穴住居跡や土坑、原地区で溝から出土するが、多くは包含層から出土したものが多い。事例を拾いそこねている可能性もあるが、墓の副葬品や供献品としての出土はないようである。

　廃棄時期はその大部分が後期後葉から古墳時代初頭であろう。古い時期では、図3-14の滑石混入土器の花盆形土器のように確実に中期後葉に遡るものもあるが、その数は非常に少ない。

　なお、早乙女氏と鄭氏がすでに指摘したように[17]、図3-16は、器形や胴部の紐の圧痕など遼東半島で出土したものと非常に類似したものである。この土器は楽浪郡ではなく、さらに北西の遼東地域から楽浪郡を経由してもたらされたものであろう。図3-17も口縁端部の形態、底面の回転ヘラ削りの技法などから、遼東地域産のものであるとされたが、遼東地域の土器について詳細を知らない現時点では、私自身はその是非を判断できない。

　以上の楽浪系土器の状況について解釈をするにあたり、次に同じ朝鮮半島系土器である無文系土器についてその様相を概観しておきたい。

3　原の辻遺跡出土の朝鮮系無文土器と擬無文系土器

　原の辻遺跡出土の無文系土器については、先述のように宮崎氏や片岡氏による先行研究[18]でかなり詳細に検討されている。この遺跡からは無文系土器および擬無文系土器は後期前半、後半のものがともに多量に出土しており、片岡氏はそれらを弥生土器的要素との融合の程度によって類型化して示した。本稿で注目したいのは、類型化して示し得るほどに、この遺跡において朝鮮系無文土器や弥生土器と折衷した擬朝鮮系無文土器が多量に製作されていたという点である。それらを観察すると、弥生土器との折衷のあり方は一様ではなく、口縁部の形態や胴部の最終調整など様々である。片岡氏はその程度の差を「時間経過としてとらえるよりも、同時期に土器製作技術の影響力の差が出たもの」と考えた。私もこの見解を支持したい。ただし、この遺跡の出土資料は、細かな時

期を限定できる形での弥生土器との共伴事例が非常に少ないために、上記の見解を現状では実証できない。

そして、集落の同じ地区において土器製作時に影響力の差が出ていたのであれば、半島系の人びとの居住は、在地の人びとと隔離されていたのではないと考えられる。つまり、彼らの生活の場で弥生土器が用いられているか、製作の場で弥生土器の製作者との技術的交流が行われたか、半島系の人びとが在地の人びととの婚姻によって弥生土器製作の規範が伝習されたか、様々な状況を想定しうる。弥生時代前期末から中期後半にかけて断続的に渡来した半島系の人びとが生活する場が、台地周辺の北西部の不條地区辺りにあったことは確かであるが、その場は常に在地社会に対して開放されたものであったと考えられる。彼らは酸化焔焼成という点や、器種構成において弥生土器と共通した朝鮮系無文土器、弥生土器と折衷した擬朝鮮系無文土器を製作し続けていたのである。

しかし、台地上には前期から中期初頭は遺構が散在するだけであるが、中期前葉からは遺構が増加し、安定した居住地となっていたにもかかわらず、事例の見落としを恐れるが、少なくともまとまった量の朝鮮系無文土器や擬朝鮮系無文土器が出土していないという点は重要である。その一方で出土地点が台地周辺の北西部から北部の不條地区、芦辺高原地区に集中し、それ以外ではそれらの地区の南の八反地区や原地区の台地裾部などにわずかに出土するにすぎないことは、それらの土器の使用（消費）された場所が限られていたことを示すと考えられる。台地上でも朝鮮系無文土器や擬朝鮮系無文土器が使用されていたかもしれないが、その出土地点には明らかに偏りがあり、台地周辺の北西部一帯での集中的な生産、使用、廃棄を認めてよいであろう。弥生土器との技術的交流があった朝鮮系無文土器や擬朝鮮系無文土器は、実際に使用された場は限られていたのである。それらは、おそらく他の弥生土器と同様に日常生活において必須の道具として、煮沸、貯蔵、供膳などに使用されたものであった。出土地点が限られる状況は、先述した楽浪系土器と大いに異なるのである。ただし、朝鮮系無文土器と擬朝鮮系無文土器は、前期末から中期にかけての所産である。

4 楽浪系土器の出土地点に関する解釈

ふたたび楽浪系土器の出土地点に話を戻したい。ここでは朝鮮系無文土器に関して考えたように、原の辻遺跡から出土する楽浪系土器の使用の場について考えたい。

これまでの朝鮮半島系土器をめぐる議論では、とくに楽浪系土器や三韓系土器が多量に出土する状況を根拠の１つとして、原の辻の集落が当時の半島と列島間の交易（貿易）の拠点であったという解釈を導く方向性が強かったと思う。交易の場は集落の中で随意に設定されていたのではなく、集落内なり集落外なりある程度決まっていたであろう。楽浪系土器の地区別の出土点数は八反地区がもっとも多い。先述のように、この地区では船着き場遺構が検出されていることと関連して、この付近に倉や市の存在を想定する考え方[19]もある。交易にさいして、内容物を別の容器に移し替えるような場合には、空の容器は再利用や廃棄となるであろうが、そのさいにもある程度は廃棄場所が限定されてくるであろう。この八反地区の出土土器の中には、交易活動にともなって廃棄され

たものも含まれている可能性がある。検出された船着き場遺構は、楽浪系土器の多くが搬入・廃棄されたであろう後期には廃絶していて、市も他所へ移ったとされる[20]。ただ、外来系土器の出土のあり方からみれば、依然として、市が八反地区のどこかに存在したかもしれない。

　交易の拠点であれば、様々な物資が集散するであろう。八反地区にはるかに及ばないまでも、台地上の居住区にあたる原地区などでも楽浪系土器の出土事例がある。さらに、出土地点が集落の居住地やその周辺の各地区にわたるということは、内容物が居住地の各所で消費されたことを示唆する。原の辻の集落が舶載物資の一大消費地であったという側面も、楽浪系土器は示しているである。この解釈は、原の辻遺跡が当時の交易の拠点であったという見解を否定するものではない[21]。大陸と列島の間に位置する壱岐の拠点集落は、舶載の物資を入手し、消費しうる経済力を有していたのであり、その富を生み出す活動のひとつは交易であったのであろう。その富を所有し、舶載物資を入手して第一次的に消費したのは、後期が主であったとすれば、原の辻遺跡の大川地区に、舶載鏡などの副葬品とともに葬られていた上位階層の人びとであったであろう。

　また壱岐の中では、原の辻遺跡やカラカミ遺跡の他に、戸田遺跡からも灰色系泥質土器の筒形杯が出土しており[22]、楽浪郡地域からの舶載物資の消費が原の辻遺跡やカラカミ遺跡以外の集落でもおこなわれたことがわかる。

5　楽浪系土器の模倣

　楽浪系土器の形態を持つが、胎土や焼成が弥生土器に類似する資料が、原の辻遺跡から出土している。その1つが図3-18の土器である。報告では灰色系泥質土器の壺の口縁部とされたが、形態的には滑石混入土器の花盆形土器である。胎土には滑石を含まず、1mm前後の砂粒を含む。焼成は酸化焔焼成されたもののように思われ、色調は明黄灰色である。口縁部付近はヨコナデを施しており、内面には縦位のナデの痕跡がある。花盆形土器に通有の型作りをしたことによる布目の痕跡はない。色調がやや明るすぎることが気になるが、滑石混入土器の花盆形土器の形態を弥生土器の製作技法で模倣した資料である可能性があるものである。

　また、私は未だ実見していないものであるが、早乙女、鄭氏によって指摘された灰色系泥質土器の筒形杯の形態を弥生土器の製作技法で模倣した資料[23]がある。岡山県赤磐市の門前池東方遺跡でも筒形杯を同様に模倣した資料[24]が知られる。木器で類似した形態のものがないか注意が必要であるが、興味深い資料である。

　この原の辻遺跡では他の集落と比べれば、弥生土器製作者の周辺に楽浪系土器が存在したために、その形態の模倣を促すような状況となったのだろう。これら以外にも、楽浪系土器の模倣の可能性が指摘された資料があり、稿を改めてこの模倣の問題については論じたいと思う。

おわりに

　原の辻遺跡における楽浪系土器の器種、出土地点の検討をおこなった結果、従来から指摘されて

いた、交易品の容器として舶載されたものであること、そして集落の西側の低地付近で交易の場があったという点を、支持することとなった。この遺跡における楽浪系土器のあり方は、以前に私が提示した楽浪系土器の出土類型[25]のⅡb類に該当する。さらにこれ等の土器の出土する背景として、この集落で内容物が消費された結果であるという点を強調した。以上の検討の過程では、無文土器のあり方と比較を行ったが、三韓系土器の様相とも、今後比較すればさらに議論を深めることができると思う。模倣の問題も含め今後とも引き続き、原の辻遺跡出土の半島系土器に取り組みたいと考える。

　　　原の辻遺跡出土資料の資料調査では、長崎県教育委員会原の辻遺跡調査事務所の安楽勉所長をはじめ調査事務所の多くの方々に、楽浪土城出土土器の資料調査にさいしては、東京大学の後藤直先生と鄭仁盛氏に大変お世話になった。さらに文献や情報の収集では大西智和氏と寺井誠氏のお世話になった。また、資料調査や資料検索では、伊藤洋介氏の補助を得た。以上の方々に感謝申し上げます。

　　　茂木雅博先生と初めてお目にかかったのは、1994年夏の韓国行きをご一緒させていただいた時でした。今回、楽浪系土器をテーマに選んだのも、以上のいきさつによります。茂木先生の今後のますますのご健勝をお祈りいたします。

註
（1）　原の辻遺跡の発掘調査報告書は多数刊行されている。そのうち今回資料を検討した楽浪系土器の報告されているものを示す。
　　副島和明・山下英明（編）　1995『原の辻遺跡』長崎県文化財調査報告書第124集　長崎県教育委員会、宮崎貴夫（編）　1999『原の辻遺跡』原の辻遺跡調査事務所調査報告書第11集　長崎県教育委員会、杉原敦史（編）　1999『原の辻遺跡』原の辻遺跡調査事務所調査報告書第16集　長崎県教育委員会、安楽勉（編）　2000『原の辻遺跡』原の辻遺跡調査事務所調査報告書第18集　長崎県教育委員会、杉原敦史（編）　2000『原の辻遺跡』原の辻遺跡調査事務所調査報告書第19集　長崎県教育委員会、杉原敦史（編）　2001『原の辻遺跡』原の辻遺跡調査事務所調査報告書第21集　長崎県教育委員会、町田利幸（編）　2002『原の辻遺跡』原の辻遺跡調査事務所調査報告書第24集　長崎県教育委員会、安楽勉（編）　2002『原の辻遺跡』原の辻遺跡調査事務所調査報告書第25集　長崎県教育委員会、中尾篤志（編）　2003『原の辻遺跡』原の辻遺跡調査事務所調査報告書第26集　長崎県教育委員会、福田一志・小玉友裕（編）　2004『原の辻遺跡』原の辻遺跡調査事務所調査報告書第27集　長崎県教育委員会、小石龍信（編）　2001『原の辻遺跡』原の辻遺跡保存等協議会調査報告書第2集　原の辻遺跡保存等協議会、小石龍信（編）　2002『原の辻遺跡』原の辻遺跡保存等協議会調査報告書第3集　原の辻遺跡保存等協議会
（2）　福田一志・中尾篤志（編）　2005『原の辻遺跡　総集編Ⅰ』原の辻遺跡調査事務所調査報告書第30集　長崎県教育委員会
（3）　宮崎貴夫　2000「原の辻遺跡の朝鮮半島系土器について」『原の辻ニュースレター』第5号　長崎県教育庁原の辻遺跡調査事務所
（4）　武末純一　1995「朝鮮半島系の土器」『原の辻遺跡』長崎県文化財調査報告書第124集　長崎県教育委員会
（5）　宮崎貴夫　1998『原の辻遺跡』原の辻遺跡調査事務所調査報告書第9集　長崎県教育委員会
　　　また、上記以外でも、下記の報告書で同じ不條地区の調査で多くの朝鮮系無文土器の出土が報告されている。

（6）片岡宏二 1999「壱岐原の辻遺跡の朝鮮半島系土器にみる日韓交渉」『第11回　人類史研究会　発表要旨』人類史研究会

　　片岡氏は2001年の下記の文献において、1999年の発表要旨の内容をもとに、再び原の辻遺跡出土の朝鮮系無文土器と擬朝鮮系無文土器について、時期による大別と各時期の弥生土器からの影響の度合いによる類別を詳細に示した。片岡宏二 2001「海峡を往来する人と土器――壱岐原の辻遺跡出土の朝鮮系無文土器を中心に――」『山中英彦先生退職記念論集　勾玉』山中英彦先生退職記念論文集刊行会

（7）註（3）文献。また、宮崎氏は2001年に下記の文献において、原の辻遺跡が、北部九州沿岸部地域の集団によって朝鮮半島との交易を目的として経営が開始された可能性が高いと述べている。宮崎貴夫 2001「原の辻遺跡における歴史的契機について」『西海考古』第4号　西海考古同人会

（8）白井克也 2001「勒島貿易と原の辻貿易」『第49回　埋蔵文化財研究会　弥生時代の交易――モノの動きとその荷い手――　発表要旨集』埋蔵文化財研究会

（9）早乙女雅博・鄭仁盛 2003「日本列島と朝鮮半島南部地域出土の楽浪土器基礎研究」『高梨学術奨励基金年報』2002年度　高梨学術奨励基金

（10）註（9）文献。

（11）谷氏の下記の1985、1986年に発表された文献は、楽浪土城出土土器に関する基本文献である。その後、楽浪土城出土土器の胎土や焼成による分類名と器種名は、少しずつ変化している。本文中の胎土や焼成による分類名は1991年のもの、器種名は2002年のものに拠った。谷豊信 1984・1985・1986「楽浪土城址出土の土器（上）・（中）・（下）」『東京大学文学部考古学研究室紀要』

　　第3・4・5号　東京大学文学部考古学研究室、谷豊信 1991「楽浪郡地域の土器」『日韓交渉の考古学　弥生時代篇』六興出版、谷豊信 2002「楽浪土器の系譜」『東アジアと日本の考古学Ⅳ　生業』同成社

（12）表1や本文中で表記した壺の細別器種名については註(9)文献に拠った。

（13）柳田康雄・小池史哲（編）　1982『三雲遺跡Ⅲ』福岡県文化財調査報告書第63集　福岡県教育委員会

（14）小田富士雄ほか（編）　1974『対馬　浅茅湾とその周辺の考古学調査』長崎県文化財調査報告書第17集　長崎県教育委員会

　　さらに、観音鼻遺跡出土の鉢の実測図が武末氏の下記の文献で図示されている。観音鼻遺跡の報告書も上記の文献である。武末純一 1991「西日本の瓦質土器――九州を中心に」『日韓交渉の考古学　弥生時代篇』六興出版

（15）長崎県峰町 2003『峰町日韓共同遺跡発掘交流事業記録集』

（16）西信男（編）　1998『原の辻遺跡・鶴田遺跡』原の辻遺跡調査事務所調査報告書第4集　長崎県教育委員会

（17）註（9）文献。

（18）註（3）、（5）、（6）文献。

（19）宮崎貴夫 1998「壱岐原の辻遺跡発見の弥生時代船着場」『九州考古学会・嶺南考古学会　第3回合同考古学会　環濠集落と農耕社会の形成』九州考古学会・嶺南考古学会

（20）註（19）文献。

（21）多量の朝鮮半島系土器の出土は、原の辻遺跡にあった集落の当時の半島との交渉に果たした役割を反映することは当然である。ただし、北部九州社会全体における交易の拠点性のレベルといった点で、原の辻遺跡の集落が果たした位置づけがどの程度であったのかは、原の辻遺跡における調査面積や調査地点といった要因も念頭において他の遺跡、例えば楽浪系土器や三韓系土器が多く出土した三雲遺跡群と比較、評価する必要があると思うが、未だ成案はない。

(22) 白石純悟 2003『戸田遺跡・車出遺跡』郷ノ浦町文化財調査報告書第5集 長崎県壱岐郡郷ノ浦町教育委員会

(23) 註（9）文献。

(24) 則武忠直・岡秀昭・塩見真康 1994「岡山県山陽町門前池東方遺跡の朝鮮半島系資料」『古文化談叢』第32集 九州古文化研究会

(25) 川上洋一 1995「楽浪郡と弥生時代の『倭』―主に楽浪系土器の出土の様相から―」『考古学ジャーナル』No.392 ニューサイエンス社

ガラス玉鋳型の最大例について

清水　眞一

はじめに

　玉作の歴史は、旧石器時代にオオカミの牙を取って穴をあけ、ペンダントにして首にかけ、オオカミの強さをその身に付けたいという願いを果たしたものが、その最初であった。以降、数々の玉が製作され流通していった事であるが、相対的にはオオカミの牙の硬さから徐々に軟質のものに変化してゆく過程が見てとれる。中には突然水晶のように硬い材質も出てくるが、おおよそ最終段階へ行くに従ってやわらかい質のものが使われる。6世紀になって「土製」の玉・つまり土玉が作られるようになる。それは、材質として一番手に入り易いものであったからだ。ところが、色が悪かったりこわれやすいせいか、短期間で消滅する。そして、その頃から大流行するのがガラス玉である。

1　ガラス玉生産の歴史

　ガラス玉生産の歴史は、外国を除いて、日本では縄文時代に少量自然ガラスを用いた玉が出土する。これらは、ガラス塊に穴をあけただけのものである。弥生時代になって、大陸から鋳型を使ったガラス玉生産技術が入ってくる。鋳型は土製で、小型のものが多い。が、製品には、後期になると長く太い管玉が出土しており、まだ未発見であるが大きな鋳型も作られていたはずである。ガラス玉生産の特徴である大量生産が出来ることは、古墳時代に入ってからガラス小玉の鋳型が出土する事により、大きく発展した事であろう。まず、朝鮮半島の大韓民国美沙里遺跡[1]で、方形の小型丸玉の鋳型が発見されている。それが日本に入って、最初に使われたのが北九州でも畿内でもなく、関東地方の開拓地と見られる僻地であった。東京都北区豊島馬場遺跡[2]からで、4世紀前半の竪穴住居内からであった。続いて千葉県四街道市川戸下遺跡[3]や、木更津市鶴ヶ岡1号墳[4]の封土中からも出土し、関東地方にいち早くガラス小玉生産地が存在した事を、意味していた。韓国からやってきた人たちが、関東平野の開拓に従事させられて、彼らの中に玉作工人がいたものであろう。また、石製玉作のように熟練した工人が必要ではなく、鋳型とガラス材料だけあれば誰でも作れるところが、この工人たちが関東の片田舎ででも存在しえた理由であろう。中島広顕の研究[2]がある。次に、工人たちが現れるのは畿内である。5世紀中頃になると、奈良県天理市布留遺跡[5]か

ら出土する。これは、山内紀嗣の研究(6)に詳しく触れられている。7世紀に入ると、ガラス玉鋳型の出土地は限定されてくる。聖徳太子の宮殿と考えられる奈良県桜井市上之宮遺跡(7)、天武天皇の立案したとされる橿原市藤原京(8)、斉明天皇の為に作られたとされる明日香村川原寺(9)、そして平城京(10)と、権力者たちの関連する遺跡から出土する例が多い。そのほか、阿倍氏の本拠地の谷遺跡(11)とか、柏原市大県南遺跡(12)や寝屋川市讃良郡条里遺跡(13)、唐招提寺の前身の新田部親王の邸宅(14)などの豪族居館に近いと思われる遺跡からも、わずかに出土する。しかし、平城京以降の発見が見られない。平安時代に入っても、仏具や仏像の飾りに多くのガラス玉が使われており、生産されていた事は間違いなく、仏師に伴って仏具の生産業者も奈良や京都の町中に多くいたものだろうが…。

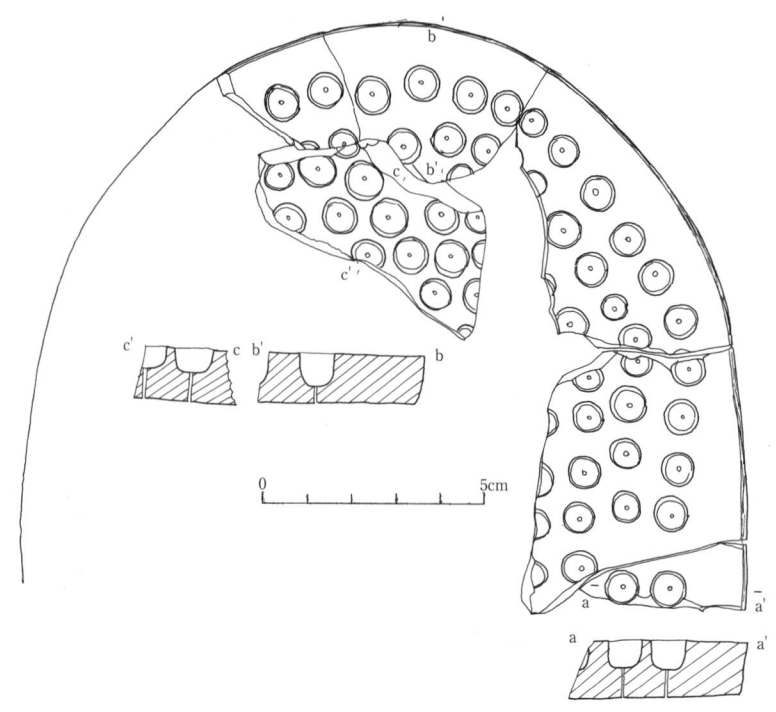

図1　上之宮遺跡出土ガラス玉鋳型復元図

2　ガラス玉鋳型の検討

　ガラス玉鋳型は、4世紀から8世紀までの間に、どのように変化していったのだろうか。韓国を含めると、1世紀から8世紀の間、鋳型の大きさや形、穴の大きさや形体が、どのように変化してゆくのだろうか。その辺を探ってみたい。

　1世紀の美沙里遺跡の鋳型は方形で、1辺が95×101㎜、厚みも7.5〜9.0㎜、小玉の径5.0㎜である。孔数110個以上。4世紀の川戸下遺跡の鋳型もまた方形で、最大片は1辺が76×58㎜、厚み11㎜、径が3.5〜4.0㎜、孔数59個以上である。ところが5世紀の布留遺跡では、方か楕円かは確認できず、32.5×44.0㎜、厚み17.0〜19.0㎜、径が3.5〜4.0㎜の大きさの破片で、孔数35以上である。そして、このたび復元された上之宮遺跡の出土品は、6世紀末〜7世紀初の時期で、復元数値ではあるが長径約200㎜、短径約160㎜、厚み11.0㎜の大きさである。小玉の径は8.0㎜あり、孔数は60個以上である。次に時期と形や大きさがわかるものは平城京出土のもので、8世紀前半の時期で、

これも復元値ではあるが長径160㎜、短径120㎜、厚み7.0〜9.0㎜の大きさである。小玉の径は5.0㎜、孔数は25以上である。わずか5遺跡の例をもって、鋳型の変化を断定する事は難しいが、おおよその流れを掴む事が出来る。これによると、鋳型の形は方から楕円に変化し、大きさは80以上×58.0㎜から200×160㎜に大きくなり、やがて160×120㎜に縮小する。玉の大きさは4.0㎜から大きくなって最大値8.0㎜、その後再び5.0㎜に縮まる。このガラス玉鋳型の最大値を取るのが上之宮遺跡である。

おわりに

上之宮遺跡は、奈良県桜井市上之宮に位置し、多武峰から北流する寺川の形成する河岸段丘の左岸に存在する遺跡である。3世紀から遺物が出土するが、5〜6世紀の集落跡の上に6世紀末〜7世紀初頭にかけての豪族居館が作られる。その庭園遺構の石囲いの中から、これらのガラス玉鋳型が出てきたもので、この他木簡断片・横櫛・琴柱・ベッコウなどの貴重品も出土している。この上之宮遺跡こそ、聖徳太子の「上宮」ではないかと騒がれたが、発掘担当者である筆者以外には、なかなか肯定してもらえぬ状況である。ここで出土したガラス玉鋳型が、最大の大きさをとる事は、決してたんなる偶然ではなく、聖徳太子の宮殿にいた工人たちが作製したとすれば、それだけの技術的に優れた工人がいたことを意味するであろう。ここで作られたガラス玉が、どんな用途に用いられたかは不明ながら、作られた小玉が装飾品として飛鳥時代の宮廷を彩った事だろう。従来、川戸下遺跡の鋳型が、方形で最大と考えられていたが、上之宮遺跡の復元鋳型が楕円形で最大であると考えられ、4世紀に朝鮮半島から来た技術が300年経った7世紀にはおおよそ日本風的な形態に変化していった事が解る。上之宮遺跡を始め、平城京内出土のものを含めて7〜8世紀の遺跡からは、「和風」とも言うべき日本文化の芳芽が見られるといえるだろう。

註
（1）　高麗大学校発掘調査団編 1994『文化遺蹟発掘調査報告　美沙里』第5巻　美沙里先史遺蹟発掘調査団・京畿道公営開発事業団
（2）　中島広顕 1995「ガラス小玉鋳型について」『北区埋蔵文化財調査報告第16集　豊島馬場遺跡』東京都北区教育委員会生涯学習推進課
（3）　田川良ほか 1982『北総線―東京電力北総線設置工事に伴う埋蔵文化財発掘調査報告書』東京電力北総線遺跡調査会
（4）　酒巻忠史 1994「古墳からガラス小玉の鋳型がでた―木更津市鶴ヶ岡1号墳の調査から―」『きみさらず』第6号　（財）君津郡市文化財センター
（5）　埋蔵文化財天理教調査団 1989「発掘瓦版」号外№8
（6）　山内紀嗣 1991「ガラス玉の鋳型」『天理参考館報』第4号　天理大学附属天理参考館
（7）　清水真一 1989『阿部丘陵遺跡群』桜井市教育委員会
（8）　今尾文昭 1989「四条大田中遺蹟」『大和を掘る』Ⅸ　奈良県立橿原考古学研究所附属博物館
（9）　奈良文化財研究所2005年3月9日発表
（10）　玉田芳英 1991「平城京左京一条三坊出土のガラス小玉鋳型」『奈良国立文化財研究所年報』1990　奈良国立文化財研究所

（11）　清水真一 1991「谷遺跡シヨブ地区発掘調査概要」『桜井市文化財調査報告書1990年度』（財）桜井市文化協会
（12）　柏原市教育委員会 1995『柏原市遺跡群発掘調査概報』1994年度
（13）　西口陽一 1991『讃良郡条里遺跡発掘調査概要・Ⅱ』大阪府教育委員会
（14）　士橋理子 2003「やまとの遺宝」『読売新聞2003年7月30日・朝刊』読売新聞

三角縁神獣鏡の一様相

中井　一夫

　はじめに

　2004年に橿原考古学研究所附属博物館において開催された、秋期特別展「前方後方墳―もう一人の主役―」に展示されたなかに長法寺南原古墳出土の三角縁神獣鏡3面があった。これらを観察するうちある特異な共通点のあることに気づき詳しい観察を2005年8月に所蔵者である東京国立博物館において行うことができた。

　長法寺南原古墳は、京都府長岡京市長法寺所在の前方後方墳で、昭和9年に竹藪の土入れ作業中に偶然発見され鏡が2面出土した。その後発掘調査が行われ、報告書が刊行されている。これによると、ほぼ南北に長軸を持つ竪穴式石室の東北隅部において盤龍鏡（6号鏡）が鏡背を下にした斜位の状態で出土している。これの上には鏃若干と扁平形の斧が重なって出土している。西南隅に近いところから壁に立て掛けられて二面の大型神獣鏡が重なった状態で出土（1・4号鏡）し、これより約1m北側において内向花文鏡（5号鏡）が内側に倒れた石の上に背を上にして出土している。これは本来壁に立て掛けられていたものであろうと推論されている。この調査の端緒ともなった鏡2面は、発見者からの聞き取りから、二神二獣鏡（2号鏡）は背を上にして石室中央の北寄りから、三神三獣獣帯鏡（3号鏡）はこれの東側の壁に面を壁に向けて立て掛けられていたようである[1]。　出土した鏡はその後行われた調査の報告書においてより詳しい観察・研究がなされているのでこれを紹介することとする[2]。

　　1号鏡　三角縁唐草文帯二神二獣鏡　面径21.5cm、重量928.4gを計る。同型鏡は2号鏡の他に、7面ある。舶載とされる三角縁神獣鏡中ではもっとも同型鏡の多い鏡式である。

　　2号鏡　三角縁唐草文帯二神二獣鏡　面径21.5cm、重量861gを計る。1号鏡と同型鏡である。鈕の頂部は直径0.5mmほどの円形の範囲でわずかに突出する。これは1号鏡でも認められる。型を作るさいの引型の心棒の痕跡であろう。

　　3号鏡　三角縁獣文帯三神三獣鏡　面径22.7cmを計る。重量の記載はない。1面の同型鏡がある。

　　4号鏡　三角縁鋸歯文帯四神四獣鏡　面径23cmを計る。重量の記載はない。一部欠損している。2面の同型鏡がある。一部に鋳造欠陥が認められる。

1 鏡の観察

以下、各鏡の鋳造から製品となるまでの工程を知るための細部の観察を既述するが、その部位が鏡のどのあたりであるのかの明示ははぶき大まかな位置を記述することとする。

(1) 鈕の観察

 1号鏡　三角縁唐草文帯二神二獣鏡（写真1）。荒い肌に覆われており顕著な削り・磨きは認められない。写真1-1は肌のアップである。肌は後で述べる他の部位ではもっと緻密であることから、鈕の部分の肌は注湯時おける温度差から生じた鋳造欠陥としての肌荒れと考えられる。

 2号鏡　三角縁唐草文帯二神二獣鏡（写真2）1号鏡に比して若干肌は滑らかに見えるがさほどの差ではない。削り・磨きも認められない。
頂部に挽き型の痕跡が半円形の線として残っている。（写真2-2）

 3号鏡　三角縁獣文帯三神三獣鏡（写真3）全体に錆がひどいが、頂部のアップ（写真3-1）を見ると1・2号同様荒い肌のままで、削りも磨きも認められない。

 4号鏡　三角縁鋸歯文帯四神四獣鏡（写真4）全体に錆がひどいが、頂部のアップ（写真4-1）を見ると荒い肌のままで、削りも磨きも認められない。

(2) 肌の観察

 鈕の部分の肌がどの様なものであったかを同じ鏡の中で比べてみたい。

 1号鏡（写真5）　　外区の複波文部のアップ写真である。鈕部とは全く違う非常にきれいな肌

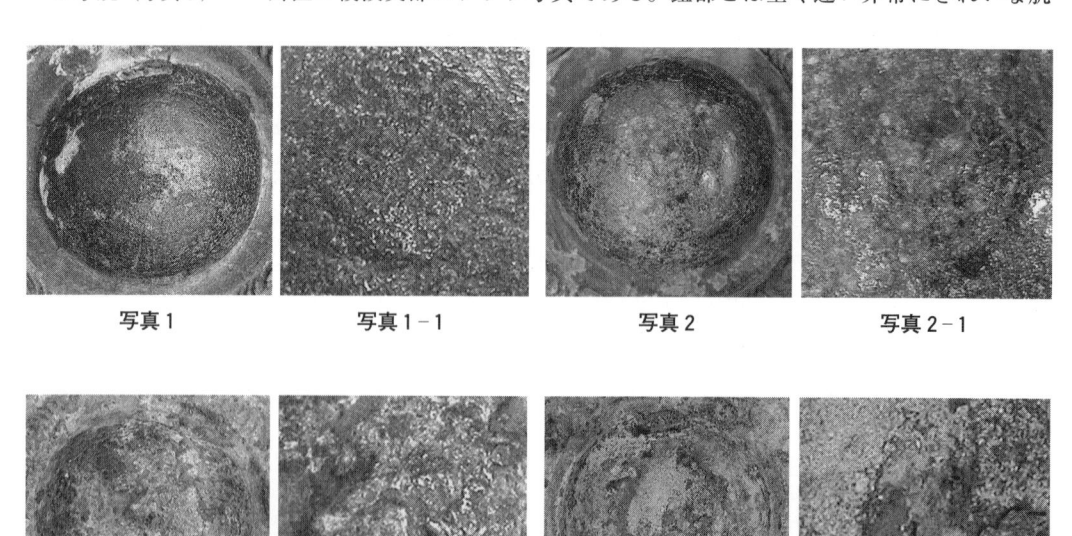

| 写真1 | 写真1-1 | 写真2 | 写真2-1 |

| 写真3 | 写真3-1 | 写真4 | 写真4-1 |

である。本来はこのようにきれいな肌として鋳上がっていなければならないものであろうが、鋳造欠陥として鈕部が粗い肌になってしまったと考えられる。

　2号鏡（写真6）　　　1号鏡と同じような部位である。1号鏡と全く同じことが言える。

　3号鏡（写真7）　　　よく似た部位の複波文部のアップでは荒い肌であることが良く分かるが、内区外周の文様帯の肌は非常にきれいである（写真8）。

　4号鏡（写真9）　　　錆が多いため詳しくは観察できなかったが、鋸歯文部でやはり緻密な肌であろうと思われる部分があった。

(3) **鏡背部における製作痕跡**

　鏡背部には、製作にかかわる痕跡が多く残されている。鋳型の製作にかかわるものや、鋳造後に行われる仕上げの痕跡である。鋳型の製作痕跡としてもっともポピュラーなものが挽き型痕跡である。2号鏡の鈕頂部に残されたものもそれである。以下の写真で紹介するが縁の内面に残っている場合が多い。この痕跡は鋳型を造るときに、鏡の断面の半分に切り抜いた板を回転させて製作する際に生じる痕跡で、これがあれば踏み返しによって製作されたものではないとの解釈もできるが、踏み返し技法ではこの痕跡もきれいに転写できてしまう。鋳造後の仕上げ作業として、ざらざらの鋳肌を滑らかにするための作業がある。鏡面は勿論きれいに仕上げるが、この作業でもまず削りの工程があってから磨きに入る。磨きにも荒い砥石から細かな砥石へと数段階の磨きの工程があると思われる。こういった工程がこれらの鏡からどう読みとれるかを以下に述べることとする。

　1号鏡　　　縁内面には挽き型痕跡がよく見られる。（写真10）外側の鋸歯文の中に砥石の痕跡を持つものがある。（写真11）鋸歯文の面は以外に凸凹しており平坦な面をなすものは少ない。

　この少ない平坦な面を持つものの中に砥石の痕跡が残っている。この砥石の痕跡もよくみるとさらに目の細かい砥石で磨かれていることが推定できる。砥石は高い部分にだけかけられたと思われる。文様部を含む全範囲において高い部分が磨かれているのはこういった作業がなされたことを示していると言えるであろう。ただし1度にすべての範囲を行ったのではなくそれぞれ単位となる文様区ごとに磨いている。

　2号鏡　　　縁内面に挽き型痕跡が認められる（写真12）外側の鋸歯文の中に砥石痕跡が認められる。（写真13）文様の縁が界線状に高くなっている部分を磨いているため面そのものに磨きは及んでいない。1号鏡と同様高い部分にだけ砥石がかけられたのであろう。また写真12では、挽き型痕跡

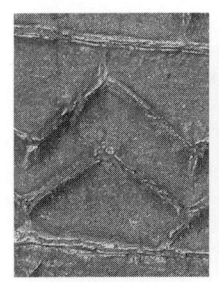

| 写真5 | 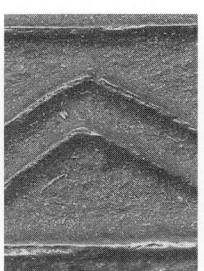 写真6 | 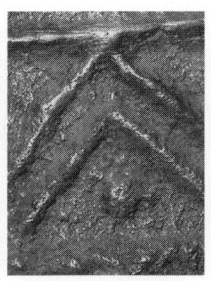 写真7 |  写真8 | 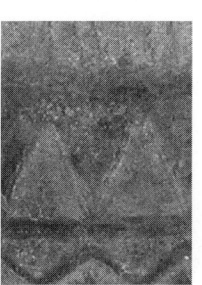 写真9 |

の部分に若干の磨きと考えられる部分がある。これは鋸歯文を磨いた際に偶然これに当たってしまったものと思われる。

　3号鏡　　縁内面に挽き型痕跡があるが、2号鏡に見られた砥石の痕跡がより顕著に残っている。(写真14) 写真右下に見られる2種類の線の差がそれである。外区内側の鋸歯文部においては、1・2号鏡と同様の磨きの痕跡が認められる。(写真15) 同じ鋸歯文部における他のものには2種の太さの異なる砥石痕跡が認められる。(写真16) 磨きの方向も違っている。1・2号鏡においても砥石のかけられた周辺はこの砥石目よりも細かな目の砥石で磨きがなされていることを示している。磨きに際しては数段階の荒さの異なる砥石が用いられていることが推定されるが、これを証明する資料となるであろう。

　4号鏡　　縁内面に挽き型痕跡が認められる。(写真17) 外区内側の鋸歯文部に砥石の痕跡が認められる。(写真18) 3号鏡までの観察と同様のことが言えるであろう。

(4)　**縁外側の観察**

　4面の鏡を1つの群ととらえられないかと考えるきっかけとなったのが、縁外側の仕上げ痕跡からである。以下に写真を示しながら述べていくこととする。

　1号鏡　　削りの痕跡がほぼ全面に目立つ。削りに用いられた工具はその痕跡の特徴からキサゲである。キサゲ

写真10 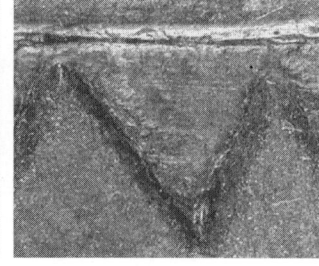　　　　　　　写真11

写真12 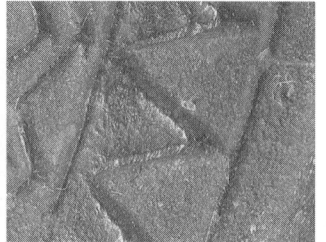　　　　　　　写真13

写真14 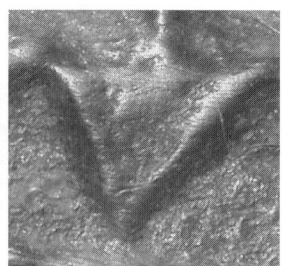　　　　　　　写真15

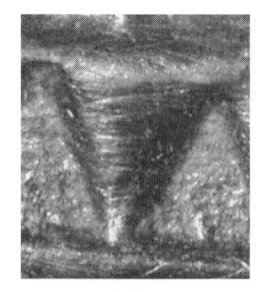

写真16

写真17 　　　　　　　写真18

写真19 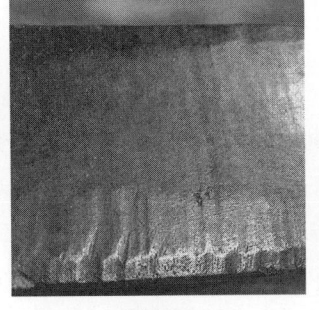　　　　　　　　写真20 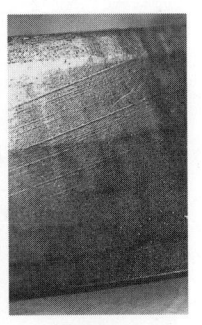　　　　　　　　写真21

写真22 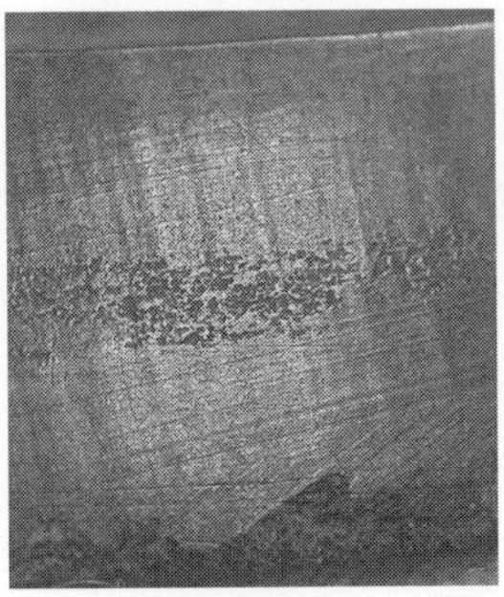　　　　　　　　写真23 　　　　　　　　写真24

写真25 　　　　　　　　写真26

による削りは、方画規矩鏡において方画の線やT・V・L部においてよく知られるところである。その削る面によって形はことなるが、削った跡は全く同じ形状をなす。すなわち、削りの方向に対して直行する凸凹。工具の刃こぼれに伴う細い平行線がそれである。写真19は、刃こぼれにより生じる線がはっきりしていないが、1つの面をここでは8度にわたる削りがなされていることが解る。また、下削りの後もう1度削りがなされていることも解るが、これはより見やすい写真で述べることとする。初回の削りは非常に荒く2度目の削りが及んでいない部分では写真20に示すようなありかたである。写真21に示したのが2度目の削りである。最初の削り工程における削り面の斬り合いにより生じた稜線や削り方向に直行する凸凹のラインを切った形で2度目の削り痕跡が見られる。明確な砥石の痕跡は一切認められなかった。

　2号鏡　　1号鏡と全く同じ様子である。大きな違いは肌荒れがひどい部分が多くこれを完全に消し切れていないことであろう。写真22が全体的なありようで、2度目の削りも確認できるが、よりはっきりとしたものを写真23に示した。下半部にはっきりと現れている。

　3号鏡　　1・2号鏡と同様の仕上げである。写真24がそれである。

　4号鏡　　もっとも良く今までの特徴を表している写真25と数次の削りがなされている写真26をあげるまでもなく、同じレベルの仕上げであることがわかる。

ま と め

　4面の観察から鋳造後の鏡背部の仕上げのレベルが同じであることが判明した。すなわち、内区外区とも簡単に砥石が掛けられれていること、縁外面は削られていることがそれである。多くの三角縁神獣鏡の縁外面は削りの工程の後砥石による磨きがなされているものが多い。その例を挙げずにこの論を進めるのは拙速のそしりは免れないであろうが、それは今後の課題として残しておくが、同型鏡においても縁を磨いているものと削っただけのものがあるようである。また、本論に用いた長法寺南原古墳では棺内のものも棺外のものもおなじであったが、奈良県御所市所在の鴨都波1号墳例のように棺内のものと棺外のものとでは仕上げ度合いが全く違っているものもある。こういったことから、おおまかにではあるが、1つの古墳から出土する同じ目的で用いられている三角縁神獣鏡は同時に製作されたものであると言えよう。

　蛇足に過ぎるかとも思われるが、同時に観察した内向花文鏡（5号鏡）・盤龍鏡（6号鏡）の仕上げについて少し述べてみたい。

　鈕はいずれも非常に丁寧に磨かれている（写真27）。鏡背部全面に丁寧な磨きがなされている。（写真27）縁もほぼ完璧に磨かれている（写真28）。こういった状況は方画規矩鏡・画文帯神獣鏡等にも見られ、三角縁神獣鏡の中にも見られる。鏡とは本来そのようにして仕上げられるものであろう。観察した内向花文鏡・盤龍鏡は鏡背部の磨きはひたすら砥石で行っているため、鋳肌の凸凹の最深部が残っている部分が多い（写真27）。これに対して縁部はキサゲで削った後磨いている。写真29は内向花文鏡の縁で、キサゲの痕跡が認められる。盤龍鏡にはこれほどはっきりとした痕跡は見られないが、わずかに同様の工程を経ていることを示す部分があった。方画規矩鏡には鋸歯文をキサゲで削ってから磨いている例もあることから[(3)]仕上げ工程の観察から新しい視点が生まれる可能性が高いと言えよう。なお報告書において鏡背面の鈍い光沢を長期

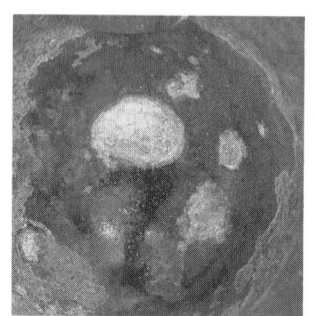

写真27 　**写真28** 　**写真29**

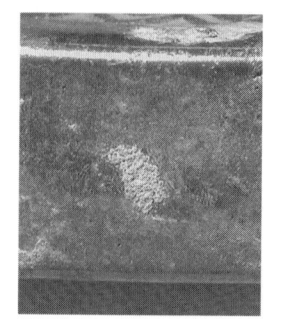

写真30 　**写真31**

の使用によるところの手ずれ現象としているが(4)、今まで述べてきた事例から見ても磨きによる仕上げであることは明白である。写真31はそれを端的に示していると思われる。連弧文間の低い部分の中央部は鋳肌に近い状態であるが、花文と内側の界線の裾周りに沿って磨きによる溝状の窪みができている。この痕跡は明らかに制作時の痕跡と見るべきであろう。

　鏡とは鏡背部においても本来美しく磨き上げられるものであったと考えられるが、四面の三角縁神獣鏡の縁が削りの段階で使用されているという事実をどのように理解すべきであろうか。

註
（1）「乙訓村長法寺南原古墳の調査」『京都府史跡天然記念物調査報告書』第17　1942年
（2）「長法寺南原古墳の研究」『長岡京市文化財調査報告』第30冊　1992年3月
（3）　中井一夫　「踏み返し鏡の確認」石野博信編『初期古墳と大和の考古学』2003年12月、井一夫　「青龍三年銘方画規矩四神鏡について」　『鏡范研究Ⅲ』橿原考古学研究所・二上古代鋳金研究会　2005年7月
（4）（2）における5号鏡の観察には以下の記載がある「本鏡は図文の輪郭が鋭さを失ってあたかも摩滅したような状況を呈している。鏡背面は全面に鈍い光沢を帯びていることから、長期の使用による手ずれ現象を示しているとも受け取ることができる。鏡背面の文様が不明瞭な場合、これを使用による手ずれとみるか、湯冷えなど鋳造時の要因によるものとみるか意見の分かれるところである。本鏡においては四葉座上面に、鈕を中心とする同心円の方向で細かい擦痕がみられる。この擦痕は制作時の表面調整の痕跡と考えられるが、観察される摩耗や光沢は擦痕の上面にも及んでいるため、そうした表面の変化が鏡の制作後に、言いかえれば使用時に起こった可能性が高いと推定される。」

ハクチョウ形埴輪をめぐる一考察

川崎　保

はじめに——古代「鳥」文化の考古学的分析

　『古事記』『日本書紀』(以下『記』『紀』と略す)をはじめ、『風土記』(とくに『出雲国風土記』『播磨国風土記』)、『万葉集』『延喜式』などの古代文献に鳥に関する記述が多い(川島 1993)。また考古資料、古墳時代の埴輪などに鳥の造形が多いことは注目されてきた(加藤 1976、賀来 1999・2002・2004)。弥生時代や古墳時代の事例(大阪市博 1987)を見ると古代日本列島は、まさに鳥の王国という感じがする。古代人が鳥に強い関心を抱き、その生活や祭祀に必要だったことは、容易に類推できる。

　しかし、一方で縄文時代には、逆に鳥の造形はきわめて少ない。縄文時代に鳥がいなかったのか。そうではない。鳥は生息していたのに、それを造形しようとする文化がなかったようだ(岡村ほか 1993)。つまり鳥の造形があるということは、そこにその鳥がいたということ以上に文化的な背景がある。

　時代時期によって人びとの関心を寄せる鳥の種類に多少変動がある。弥生時代はツル、サギ、シギなどと考えられる脚の長い水辺の鳥が多く(根木 1991・賀来 1997)、埴輪となると弥生の銅鐸に描かれたツルやサギなどの水辺の鳥は少なくなる[1]。埴輪には加藤秀幸(1976)が指摘したようにタカやウと考えられる埴輪がある。このほかニワトリやハクチョウなどの水鳥とされる埴輪が目立つ(若狭・内田編 1999)。ニワトリは弥生時代にその造形が出現するが、タカ、ウ、ハクチョウなどの水鳥は古墳時代前期末(4世紀末)からそれ以後に出現するとされる(賀来 1999)ので、弥生の銅鐸の鳥と古墳時代の埴輪の鳥には断絶がある。ニワトリが媒介しているともいえるが、弥生時代の銅鐸の鳥文化が古墳時代の埴輪の鳥文化にそのままの形で受け継がれていないように思われる。ただ、仮に弥生時代からの鳥文化が継続して古墳時代の埴輪などの鳥文化に受け継がれるとしても、造形される鳥の種類が変わることに注目したい。すでに、ウとタカについては、先学の優れた研究成果があるが、ここではハクチョウをはじめとする水鳥形埴輪が古墳時代前期末から盛行する埴輪の鳥文化の中で大きな役割を果たしていたことと古代王権の様相を知る重要な手がかりであることを示したい。

　考古学的な検討は不十分であるが、ハクチョウをはじめとする鳥(をめぐる)文化が日本古代史を分析する上で、非常に重要な鍵の1つではないかと筆者は考えている。不十分な点は大方の叱正

表1　水鳥形埴輪出土主要古墳一覧（八賀 1995に加筆）

（筆者の考えではツルは水鳥にはいれないが、参考までに含めた）

	所在地	古墳名	備考
岩手県	胆沢郡胆沢町	角塚古墳	水鳥
福島県	安達郡本宮町	天王壇古墳	鳥 2
千葉県	匝瑳郡光町	小川台 5 号墳	水鳥
	山武郡芝山町	殿塚古墳	鳥
	山武郡松尾町	朝日ノ岡古墳（蕪木 1 号墳）	水鳥
	香取郡下総町	大和田坂ノ上 1 号墳	鳥
	市原市	山倉 1 号墳	水鳥
	成田市	竜角寺101号墳	鳥（ツル？）
		南羽鳥正福寺 1 号墳	水鳥（ガンカモ）5、（若狭・内田 1999）
群馬県	新田郡新田町	二ツ山 1 号墳	鳥
	佐波郡赤堀町	磯十二所古墳	鳥
	群馬郡群馬町	保渡田八幡塚古墳	水鳥
	太田市	太田天神山古墳	水鳥
埼玉県	北埼玉郡騎西町	小沼耕地 1 号墳	水鳥
	行田市	二子山古墳	水鳥
		埼玉 6 号墳	水鳥、（若狭・内田 1999）
		瓦塚古墳	水鳥、（若狭・内田 1999）
	東松山市	岩鼻古墳	水鳥を冠した人物埴輪
栃木県	足利市	機神山山頂古墳	鳥
茨城県	水戸市	コロニー86号墳（狐塚古墳）	ツル？、杉崎86号墳
	つくば市	中台26号墳	水鳥 2（黒澤ほか 2004）
長野県	松本市	平田里 1 号墳	水鳥、（松本市教委 1994）
三重県	鈴鹿市	丸山 1 号墳	水鳥
	上野市	石山古墳	水鳥
愛知県	額田郡幸田町	幸田青塚古墳	水鳥 2
滋賀県	高島郡今津町	妙見山 C-1 号墳	水鳥
大阪府	高槻市	墓谷 4 号墳（弁天山 D 4 号墳）	鳥、水鳥
		墓谷 2 号墳（弁天山 D 2 号墳）	鳥
		郡家今城塚古墳	ハクチョウ、水鳥、（高槻市 2004）
	茨木市	太田茶臼山古墳（現継体陵）	水鳥
	大阪市	一ヶ塚古墳（長原85号墳）	水鳥
	藤井寺市	津堂城山古墳	水鳥（ハクチョウ）3
		野中宮山古墳（足塚古墳）	水鳥
	羽曳野市	誉田御廟山古墳（現応神陵）	水鳥
	堺市	野々井南12号墳（大芝古墳）	鳥
		茶山 1 号墳（現仁徳陵陪塚）	水鳥 3
	泉南郡岬町	淡輪ニサンザイ古墳	鳥
奈良県	奈良市	ウワナベ古墳	水鳥
		市庭古墳（現平城陵）	水鳥
		平塚 1 号墳	水鳥
		平塚 2 号墳	水鳥
	天理市	小墓古墳	水鳥
		星塚古墳	鳥
	御所市	掖上鑵子塚古墳	水鳥
		ヒガンド古墳（巨勢山古墳群）	鳥
	生駒郡斑鳩町	瓦塚 1 号墳	鳥
	北葛城郡広陵町	巣山古墳	水鳥（ハクチョウ）3、（広陵町 2005）
和歌山県	和歌山市	大日山35号墳	ツル？、（和歌山 2005）
京都府	与謝郡加悦町	後野円山古墳	水鳥
		鴫谷東 1 号墳	水鳥、（和田ほか1992）
	与謝郡	郷土塚 2 号墳	水鳥
兵庫県	尼崎市	園田大塚山古墳（天狗塚古墳）	鳥
鳥取県	西伯郡淀江町	岩屋古墳（淀江向山 1 号墳）	水鳥
	西伯郡名和町	ハンボ塚古墳	水鳥
島根県	松江市	井ノ奥古墳	鳥
佐賀県	神埼郡上峰町	目達原大塚古墳	水鳥
	鳥栖市	岡寺古墳	水鳥
福岡県	福岡市	丸隈山古墳	水鳥
熊本県	玉名郡菊水町	塚坊主古墳	鳥
鹿児島県	曽於郡大崎町	横瀬古墳（大塚山古墳）	水鳥

を待つとして、大胆に問題を提起してみたい。

ハクチョウ形埴輪をめぐる諸問題

(1) 突如出現するハクチョウの造形

埴輪だけではなく、実は古代文献（『記』『紀』『風土記』など）に出てくる鳥の種類などにも変動がある。これは年代的な問題が関わっていて興味深い。とくに記紀では、応神天皇、仁徳天皇から雄略天皇にかけて、鳥の名前がついた天皇、豪族の名前やそれに関する記事が続出する。この事実に気が付いた辰巳和弘は、弥生時代以来の鳥文化の影響を見るとともに、「鳥の王朝」とでも呼ぶべき当時の文化的様相を指摘する（辰巳 1999）。辰巳の指摘は非常に興味深い[2]。こうした造形される鳥の種類の変化は当時の日本列島に生息していた鳥の種類が変化したのではなく、鳥を造形する古代人の心象が変化したことによるのだろう。

縄文時代や弥生時代には明らかなハクチョウの造形は見当たらないが、古墳時代に埴輪として出現する。ただ、縄文時代や弥生時代にハクチョウがいなかったわけではない。ハクチョウも渡り鳥で日本列島に渡来していたので、今もハクチョウの飛来地で有名な鳥取県にある青谷上寺地遺跡からはコハクチョウの骨が出土しているほか（鳥取県教育文化財団 2002）、縄文時代にも青森県最花貝塚からオオハクチョウが出土している（酒詰 1961）。酒詰仲男によれば、ハクチョウは美味とのことであり、国松俊英（2001）も幕末に官軍がハクチョウを撃って食べていたと指摘する。縄文人や弥生人が食料としてハクチョウをはじめとしたガンカモの仲間を食べていたことは想像に難くない。かれらが目にすることもあったはずだ。しかし、なぜ古墳時代まで造形されることがなかったのか、いやどうして埴輪に造形されるようになったのか。

(2) 水鳥形埴輪

普通、埴輪の名称としては、鷹、鵜埴輪などと動物名といえども漢字で表記することが一般的なようである。しかし、以下の理由から筆者は動物名をカタカナ表記することがふさわしいと考える[3]。

『記紀』の漢字表記にいろいろな原則がありそうだということである。記紀では鳥の名前は厳密に書き分ける場合がある。ウは『記』では鵜、『紀』では鸕鷀（ロジ）、ササギは『記』では雀、『紀』では鷦鷯などのようになっていてこれらは混用されない[4]。

『記紀』には白鳥という漢字が出てくる（景行紀）が、今私たちがいうハクチョウ（swan）であるかは、実は検討なしには特定できない。ハクチョウと思われる鳥を『記紀』ともに鵠と記述しているのである。鵠という表記がある一方で、白鳥という表記がある。

さて、八賀晋（1995）によれば、水鳥形埴輪には、表1のような類例がある。埴輪は造形によっては、詳しい種類を限定するのが難しい（埴輪のウとタカの区別が難しいように）。おもにガンカモ科の鳥を表しているものを含むと思われるものをここでは「水鳥」と一括しておく。ハクチョウもガンカモ科に含まれ、水鳥にはハクチョウ以外にガンやカモも多く含まれているものと思われる。こ

れらの類例を埴輪の造形といった問題だけでなく、筆者の鳥類に関する知識では、まだ確実にガン、カモを模した埴輪の例をはっきり峻別できていない（図4の郡家今城塚古墳水鳥形埴輪のように区別できそうな例はあるが）。水鳥埴輪＝ハクチョウ埴輪ではないことはいうまでもない。水鳥（≒ガン、カモ）⊃ハクチョウという関係にある[5]。

(3) ハクチョウ形埴輪

しかし、ディテールまでよく造形されていて、ハクチョウと限定できそうな優品が近畿地方に3例知られている。（巣山古墳、津堂城山古墳、郡家今城塚古墳）以下この3例を中心に、ハクチョウ形埴輪を分析してみたい。

　ア　巣山古墳（図1）（井上 2004a・2004b）
　イ　津堂城山古墳（図2）（天野ほか 1995、新開 2002）
　ウ　郡家今城塚古墳（図3・4）（高槻市立しろあと歴史館 2004）

以上の埴輪からだけでも以下の点が指摘できる。ハクチョウの生態については、とくに梶田学氏らの教示を得た。

(4) 埴輪工人は生きているハクチョウをよく知っていた

実際の生きているハクチョウをよく観察していると思われる。たとえば、巣山古墳も津堂城山古墳のハクチョウ形埴輪ともに、尾をあげた状態を造形しているが、ハクチョウは生きていなければ尾をあげているわけではない。

さらに津堂城山古墳の埴輪に特徴的であるが、嘴を半開きにしている。これは、これも生きているハクチョウを描写している（求愛行動などの時に見られる生態である）。

こうした点は、死んだハクチョウからでは決してわからない情報である。こうした情報を伝聞だけで得たとは思えない。埴輪工人がハクチョウの飛来地へ見に行っているか、埴輪工人がすぐ近くでハクチョウの生態を観察していると思われる。生きたまま捕獲して運搬することはそれなりの技術がいるが、一旦捕獲すればハクチョウを含めたガンカモ科の鳥類は人間に慣れ易いので、埴輪工人は、近畿地方一円で観察する機会があったものと筆者は推測する。

(5) 大2小1の謎

さて、生きているハクチョウを観察して造形した問題とは別に、巣山古墳と津堂城山古墳の埴輪が大小2種類作られている点が共通している。その点も、空想上の動物の造形ではないので、なんらかの理由があると思われる。4つの可能性を考えてみた。

　A．オオハクチョウとコハクチョウ
　B．同じハクチョウだが、縮小サイズが違うだけ。
　C．ハクチョウとそのほかのガンカモ
　D．ハクチョウの親子、家族

Aについては、オオハクチョウとコハクチョウの大きさの差はせいぜい1割強程度である（全長

図1　巣山古墳　ハクチョウ形埴輪（広陵町 2005）

図2　津堂城山古墳　ハクチョウ形埴輪（新開 2002）

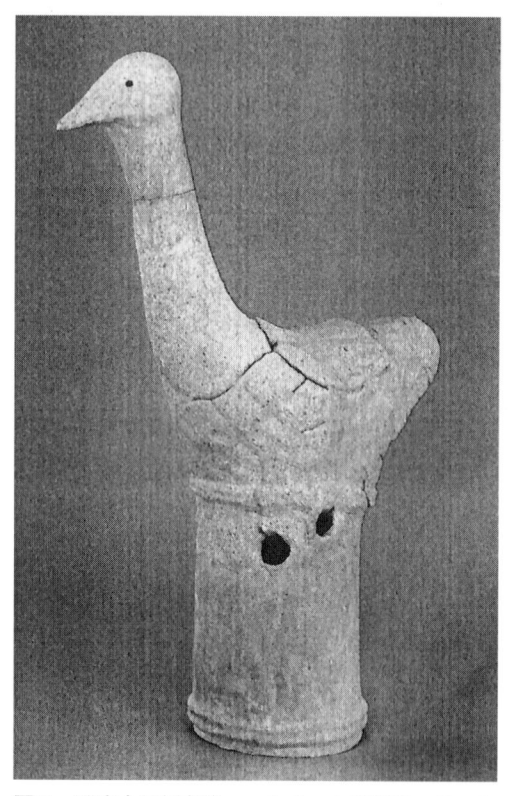

図4　郡家今城塚古墳　左：ガンカモ科　右ハクチョウ科（高槻市 2004）

図3　郡家今城塚古墳　ハクチョウ形埴輪　頭は復元（高槻市 2004）

140cmと120cm、高野 1996)。倍近くも違うということはない。Aの可能性はほとんどない。Bも巣山古墳、津堂城山古墳ともに同じ場所（島状遺構）から出土していてスケールを変えて同じハクチョウを造形しているようではない。

　Cも小さいとはいってもやはりハクチョウの形に近い。違うガンカモだとしたらいったいなにか。ほかのガンカモ科の埴輪の存在をはっきりとは抽出できないので、なんともいえないが、なぜ大2小1というセットになっているのかが説明ができない。とくにまだ詳細な報告がなされていないが、郡家今城塚古墳では、同じ区域にハクチョウとそれ以外の水鳥と思われる埴輪が配置されているとされる（図4）（高槻市 2004）。よって、津堂城山と巣山古墳の例はCではないだろう。

　Dハクチョウは本来越冬地である日本列島では繁殖しない。シベリアなどの繁殖地で卵を孵化さ

せる。日本に渡ってくるときは、子供のハクチョウも親と同じ大きさで渡って来る。つまり大きさでは親鳥とほとんど区別できない（ただし色が違う。親は白だが、子は灰色）。日本列島ではあくまで自然の状況においてであるが、ハクチョウの親子がこうした大小の状態で観察できることはない。

とするとすべての仮定が否定されて、謎は謎のままとなってしまうが、私はＤの可能性があると思う。水鳥に限らず鳥類は実際にツガイになっていることが多いので、夫婦を連想させる（例、鴛鴦の契り、オシドリ夫婦）。後述するように『紀』雄略天皇10年9月条のように鷲鳥も2匹、鴻も10隻（ペア）とツガイが基本で把握されている。『延喜式』でも隻で数えられている。ハクチョウも観察しているとペアや家族のようなまとまりが比較的簡単にわかる。やはり夫婦と子供の家族を表している可能性があろう。ではその理由だが、自然の状態で親と子のハクチョウがこれだけの体格差があることは日本列島では本来ありえない。つまり、繁殖をも目的とした「飼育」されたものではないか。

ただ、実際に繁殖させるのは、日本列島ではきわめて難しいようなので、むしろこのハクチョウ埴輪の家族はそれこそ理念上のものかもしれない。ただ、ハクチョウの例ではないが、ガン（ハクチョウと同じガンカモ科）が茨田堤で卵を産んだことが、瑞祥として報告されている（『紀』仁徳天皇50年3月条、『記』応神天皇紀にも雁が卵を産んだことが特筆されている。）。『播磨国風土記』賀毛郡では「品太天皇之世、於鴨村、隻鴨作栖生卵、故曰賀毛郡」とある。こちらは鴨（カモ）の繁殖例であろう。いずれも水鳥が卵を産む（繁殖する）ことが非常に困難であることを知っていたからこそ、瑞祥とされたのである。その一方で、同じ種類のガンカモで可能だったので、「ガンカモの王」ハクチョウにも同じようなことを願った可能性はあるだろう（渡瀬 2004）。

(6) 文献から見るハクチョウの飼育の可能性

飼育していた可能性があることは、ハクチョウ形埴輪の特徴（生態をよく捉えている）やハクチョウの性質（人になれ易い）だけでなく、『記』『紀』『延喜式』などの文献史料からもハクチョウ（鵠）を飼育したことがうかがえる。

　　　『記』垂仁天皇条「今聞高往鵠之音」山辺之大鶙（オオタカ）が木国、針間国、稲羽国、旦波国、多遅麻国、近淡海国、三野国、尾張国、科野国を経て高志国で「鵠」を捕らえる。

　　　『紀』垂仁天皇二十三年十月条　鳴鵠、鳥取造の祖湯河板挙、が但馬で鵠を得る。これによりて鳥取部、鳥養部、誉津部を定める。

『記』と『紀』で登場人物や地名が異なるが内容は対応している。各地の地名はハクチョウ飛来地を記述しているのだろうか。『記紀』ともにハクチョウの鳴き声に注目していることから、『記紀』の言う「鵠」がハクチョウである可能性が極めて高い。『記』の方は鳥取をオオタカという猛禽類の名前を持つものとしているのが注目される。問題は、「白鳥」とだけ出てくる場合である。

　　　『紀』景行天皇四十年是歳条　日本武尊が死後「白鳥」となる。「白鳥陵」をめぐる記事。

　　　『紀』仲哀天皇元年十一月条「白鳥陵、是以冀獲白鳥、養之於陵域之池、因以視其鳥、欲慰顧情。則令諸国、俾貢白鳥。」

　　　『紀』仲哀天皇元年閏十一月「越国貢白鳥。」

以上、景行天皇から仲哀天皇の記事は一連のもので関連しており、白鳥が越国から献上されているという点からみてもハクチョウの可能性が高い（アルビノ・先天的に色素が少ない鳥であったり、サギなどであればとくに越国から献上したことを記すとは考えにくい）。さらに仲哀天皇元年11月条には、「陵域の池」でハクチョウを飼うように命じていることが明示されている。この陵域の池が古墳の濠に当たれば、まさに巣山古墳などの例のような状況が、埴輪でなく実際にあった可能性もあるが、後述するが、古墳の濠ではない可能性があると筆者は考える。

　『紀』孝徳天皇白雉元年二月条「以応有徳、其類多矣。所謂鳳凰、騏驎、白雉、白鳥、」これは、ハクチョウかどうか特定できないと考える。この記事以外にも瑞祥にアルビノ例えば白鳥なども瑞祥としてあげており、アルビノの鳥の意味かもしれない。

　これらの記事を見てわかるのは、目的はともあれハクチョウなどの水鳥を捕まえ、飼うことがあり、そうした職掌の集団（鳥取部、鳥飼部）がいたことは明らかである。

(7) ハクチョウの飼育の意味

　では、なんのために飼育する必要があったのか。

　愛玩用　　前述の『紀』仲哀天皇元年11月条のような例がある。しかし、現代の動物園的な発想ではなく、ハクチョウに祖先の霊を偲んだりすることがあったのかもしれない。『記』『紀』の垂仁天皇条のハクチョウ捕獲記事についても、愛玩用に捕らえさせたと解釈できるかもしれない。

　貢納・下賜用　　『延喜式』巻第八神祇八「出雲国造神賀詞」(6)が参考になろう。平安時代の例であるが、出雲国造が白鵠を朝廷に献じている。一方でさまざまな神社などに鵠が下賜されているので、これが数匹ではなく、かなりの数であったことが想像できる。出雲を含む島根県や隣接する鳥取県は現在でも全国有数のハクチョウの飛来地であり、全体をほぼ残している五風土記（肥前、豊前、出雲、播磨、常陸）のうち、圧倒的に鳥に関する記事が多いのが、『出雲国風土記』であり、その中に鵠も散見される。

　王権の狩　　タカ（鷹匠）はウ（鵜匠）と並んで考古学的に古くから対比研究されてきた。いずれも狩りと深い関係がある。タカは『紀』仁徳天皇43年9月条に異しい鳥が捕らえられ、それを渡来系氏族である酒君に見せたところ、百済では「倶知」と呼び、狩猟に使えることを酒君は説明し、後に飼いならして、百舌野で雉を鷹狩りしたという記事がある。

　動物としてのタカなどの猛禽類は古墳時代以前からいたが、人間が飼いならして「鷹狩」に利用するにはかなりの技術が必要であるから、『紀』仁徳天皇紀は「鷹狩」の技術が朝鮮半島から伝わったことを示していると解釈すべきだろう（宮内庁式部職 1931）。

　鷹狩の対象は小鳥や雉などであるが、とくに注目すべきは、儀礼的に水鳥を対象とすることがある。日本で現在鷹狩の伝統がつい近年まで継承されてきたのは、宮内庁の鷹匠であるが、これは、近世やそれ以前からの武家文化の中で継承されてきたものである。江戸幕府崩壊後に、将軍家や大名家の鷹匠を絶やさないために宮内庁で鷹匠が雇用されていたようである（波多野 1997、花見 2002）。

　これらの鷹狩のうち、とくに賓客を招いて儀礼的に鷹狩を行う場合には、鴨場という水鳥を寄せ

ておける池で行う。詳しくは（坊城 1960、波多野 1997、花見 2002）などを参照されたいが、簡単にいうと池に集まっているガンカモ科の水鳥を両脇が土手状になっている水路に誘導し、両脇から差出網で人間（賓客）に捉えさせるというものである。このとき、人間がとらえそこねたガンカモをタカがしとめるという手はずになっている。

江戸時代や明治以降この鴨場で行われる鷹狩の対象として、ハクチョウが含まれていたかは確認できていないが、ハクチョウもガンカモ科に含まれていて、ガンカモがいるような池にはハクチョウも飛来することもある。こうした池として有名なものに石川県加賀市の片野鴨池などがある（加賀市 2001、加賀市史編さん室 1975）。また、宮内庁が管理している鴨場としては、埼玉の越谷鴨場と市川の新浜鴨場がある（清棲 1988）。将軍家の鴨場として私たちが簡単に見学できるのが浜離宮公園である。前述したが、「陵域の池」（『紀』仲哀天皇元年11月条）や「鴻十隻を軽村に連れて行った」（『紀』雄略天皇10年9月条）所は、必ずしも巨大古墳の濠（多目的な施設であった可能性はあるが、本来的にはお墓である）ではなく、古墳時代の「鴨場」的池などの施設であった可能性が考えられよう。とくに示唆的なのは、浜離宮の鴨場の島にも、巣山古墳出島同様の規模であり、鴨などの水鳥のために石が葺かれているものがある。

さらに、注目すべきは近世から近代に至る鴨場の管理自体が鷹匠の仕事でもある点だ。鷹匠は鷹の飼育や鷹狩技術の鍛錬だけでなく、対象獣の中でも人間が飼いならしやすいガンカモ科などの水鳥も管理している。

鳥飼部の鳥　こうした視点で『記紀』の鳥飼部関連記事を今1度見てみる。

この鳥飼部の対象鳥類にハクチョウがいたようであるが、他にどのような鳥がいたのか。

『紀』雄略天皇10年9月条に身狭村主青が呉より2匹の「鵝」（ガチョウか。ガンの家畜化されたものがガチョウ）を得て、天皇に献じるために筑紫に到ったが、水間君の犬にかみ殺された。この時罰せられることを恐れた水間君が「鴻十隻」と「養鳥人」を献じて許されたという記事がある。鴻はコウノトリであるとかハクチョウなどの説があるが、同じく雄略天皇10年10月条「以水間君所献養鳥人等、安置於軽村」とあり、軽村は（ヤマトタケル伝承の白鳥陵がある）古市なので、鴻はあるいはハクチョウであったかもしれない。鵝も2匹、鴻も10隻といずれもペアで記述されているのが興味深い。

『紀』雄略天皇11年10月条には「鳥官乃禽」が菟田人の狗にかみ殺され、雄略天皇が怒って黥面して「鳥養部」にしたという記事がある。禽はまさに水鳥の意味である。鳥官が水鳥を飼っていたことになる。

ハクチョウ（白鳥・鵠）説話に比べて、細かい種を同定できるような説話には欠けているが、ハクチョウだけでなく、水鳥も鳥飼部は対象としていたようである。こうした説話に関連して雉、鶺鴒やとくに鵜が出てこないことが注目される。鳥飼部も鵜飼も黥面していたと考えられる（『記』神武天皇など）（辰巳 1999）が、鵜飼と鳥飼部を混同している気配はない。

一方、鳥取部の伝承としてハクチョウを捕まえにいった人物の名前に猛禽類の名（オオタカ）があることは示唆的で、鳥取部が鷹匠そのものであったかは私には判断が付かないが、古墳時代においても、鷹匠とハクチョウなどの水鳥が非常に深い関係にあったことはうかがえる。

小　　結

　愛玩、贈答そして狩猟の3つの側面は、決して相反する説ではなく、これらの一面がそれぞれあったものと思われる。それにしても、鷹狩はユーラシア大陸の遊牧騎馬民族に広がる風習である。東は日本、朝鮮から西はヨーロッパに至る。とくにその鷹狩の一部にハクチョウなどの水鳥がとりいれられたとすれば、これは東アジアとくに北方の非漢民族の王朝に共通する特徴である。（遼〈契丹〉、金〈女真〉、清〈満洲〉など。）とくに女真族は海東青というハヤブサの一種を民族の鳥として崇め、これがハクチョウを仕留めるという儀礼を非常に重要視し、その意匠は美術工芸品となってもいる（王 1992・2001）。前述した『紀』仁徳天皇紀の記事によるまでもなく、朝鮮には鷹狩の古い伝統がある（宮内庁式部職 1931）、また名鷹「海東青」は高麗との国境に生息していることが知られ（『金史』本紀第三太宗三年条「捕海狗、海東青、鴉、鶻於高麗之境」）当然のことながら、朝鮮半島北部や中国東北はガンカモの生息地である。現在の中朝国境が「鴨緑江」、カモの卵の発酵食品皮蛋の主要産地は松花江である。統一新羅の外国賓客接待の場所が『雁鴨池』ということなどから見ても、タカとガンカモ類は朝鮮半島でもセットで見られる地域である。まさに中国東北部から朝鮮半島は、タカなどの猛禽類とハクチョウ、ガンカモなどの水鳥の文化が育まれてきた地域と言っても良いだろう。

　いみじくもタカとウの埴輪の歴史的意義について研究された加藤秀幸（1976）が指摘するようにタカの埴輪は日本列島古墳時代の王権の起源と性格を明らかにする上できわめて重要である。さらに、とくにハクチョウとタカは、深い関係にある可能性が高い。水鳥などのハクチョウが古墳時代などの古代日本列島で鷹狩の対象鳥であったかまでは確言できないが、今後タカおよびハクチョウ形埴輪の出土状況を検討していけば、両者の関係の有無は明らかになろう。すでに述べたようにウ・鵜飼とタカ・鷹匠、ハクチョウなど水鳥が区別され、後者がセット関係であったとすれば、古墳時代の王権の性格を知る上で、後者は北東アジア起源の文化である可能性が高いだろう[7]。

　さて大まかにいえば、近畿地方では、ハクチョウ形埴輪は巨大古墳が建設されていた時代の所産である。この巨大古墳が築造されていた時期には、鳥に関する名称が近畿地方の首長や豪族の名前に散見され、関連する説話にも事欠かない（『記紀』の記事が巨大古墳の時代の文化をどのように伝えているかは検討の余地が大いにあるが）。

　ただ、弥生時代や古墳時代前期にも鳥の描写はある。縄文時代が皆無に等しいのと比べると好対照である。しかし、その描写される鳥の種類が古墳時代中期以降大きく変わるように思える。それは、まさに王権の性格が変容するような文化的な変動があったかのようである。古墳時代前期にも銅鏡の意匠に鳥が描かれており、銅鐸の鳥文化と埴輪の鳥文化をつなぐ資料としてその種類や意味について今後注目すべき必要がある（森 1963・1971）。弥生時代の銅鐸の鳥文化と古墳時代の埴輪の鳥文化の差、古墳時代前期の鏡の鳥文化がどちらに含まれるのか、またそれらの意味については、稿を改めて論じたいと思う。

　　2004年中国大連で玉文化の国際学会があり、参加、発表する機会を得て、王禹浪先生とたまたま親しく

お話をさせていただいた。王禹浪先生は、考古学的にハクチョウの研究をされ、ハクチョウは満洲族（現在の呼称は満族）の「民族の鳥」であるという。先生の研究は大変示唆に富むものであった。とくに先生の「ハクチョウなどの渡り鳥には国境はないのです。考古学もインターナショナルな学問です。考古学者もハクチョウのようにインターナショナルに研究すべきです」という言葉には、非常に感銘を受け、本稿を執筆する一つの動機にもなった。

最後に、狭間貝塚での「国際的」発掘調査にはじまり、「博古研究」での外国論文翻訳や調査旅行記の掲載といった私のささやかなインターナショナルな考古学の実践と研鑽を積む場を茂木雅博先生に、与えていただけたことをあらためて感謝する。

また末筆ながら、本稿を執筆するにあたり鳥の呼称、生態から文化的意義についてまでいろいろと教えてくださった梶田学氏ほか、以下の諸氏諸先生には謝意を表する。田形孝一、深沢敦仁、穂積裕昌、森浩一、森田克行、米子市立米子水鳥公園各位

註

（1）勿論ツルらしい埴輪もあるが、これらの鳥が埴輪には少ないという傾向はかわらないだろう（和歌山県立紀伊風土記の丘 2005）。

（2）たとえば仁徳天皇（オオササギ）、武烈天皇（ワカササギ→ササギは一般にミソサザイとされる）隼別皇子（ハヤブサ）、雌鳥皇女（メトリ→鳥の種類不明）、平群木菟宿禰（ズク→ミミズク）、平群真鳥大臣（マトリ→ワシか）など、前後の時代にも鳥の記事や鳥の名を人名としたものも出てくるが、とくに天皇、皇族や豪族の名前に出てくるのは特筆してよいだろう。

（3）当然のことながら、現代の私たちの目でみて、とりあえずタカ、ウ、ハクチョウなどといっているのであって、当然古代人がどう判断していたかは別問題である。

（4）『記』は漠然とした種類を、『紀』は漢文的に見て厳密な種類を表記しているようである。とくに『記』の記述は興味深い。鵜はペリカン類を意味し（カワウ・ウミウともペリカンの仲間なので間違いではない）、雀も、もしミソサザイやスズメなども包括してこの漢字表記を当てたとすれば、『記』の作者は鳥の種類を漢字に当てる時に、本来の漢語の細かい区分を敢えて避けた可能性がある（厳密に日本の鳥と中国の鳥がどのように対応するか自信がなかったのかもしれない）。逆に『紀』の作者は、漢語の細かい鳥名に自信があったか、動物名を雌雄表記するという漢語的な表現にこだわったのかもしれない。漢語の雌雄表記は『紀』に多い。『記』阿米都都、麻那婆志良、『紀』鶺鴒など。

（5）ちなみに、弥生時代の銅鐸などに見られるシギ、サギ、ツルなどを模したと思われる脚の長い鳥たちは一般には水鳥にはいれないようなので、これらは「水辺の鳥」としておく。前述の表1には、「水辺の鳥」が含まれているかどうか筆者は検討していない。

（6）「白鵠乃 生御調能 玩物登。」生きたハクチョウを調としている。

（7）郡家今城塚古墳や群馬県保渡田八幡山古墳では水鳥形埴輪の列に伴って鷹匠の可能性が高いとされる人物埴輪片が、千葉県正福寺遺跡第1地点1号古墳からは、水鳥形埴輪に伴って人物埴輪の腕についていたと考えられる鷹形埴輪が出土している。これらは鷹と水鳥の関係をうかがわせる資料と言えよう。また、塚田良道（1992）が指摘するように腕に鷹をのせた盛装男子埴輪が鷹匠ではなく、支配者層を表したものだとすれば、古墳時代の日本列島の鷹狩と北東アジアの狩猟文化の共通性としても注目される（川崎 2006）。

引用参考文献

浅田博造 2004『味美二子山古墳』春日井市教育委員会

天野末喜ほか1995『倭の五王(讃、珍、済、興、武)の時代』藤井寺市教育委員会

井上義光 2004a「出島状遺構をそなえた前方後円墳—奈良県巣山古墳」『季刊考古学』87号

井上義光 2004b「巣山古墳の調査成果」『日本考古学』18号　日本考古学協会

王禹浪 1992「"女真"称号的含義与民族精神」『北方文物』3期

王禹浪 2001『哈尔濱地名含義掲秘』哈尔濱出版社

岡村秀雄ほか 1993『栗林遺跡』長野県埋蔵文化財センター

大阪市立博物館 1987『第108回特別展　動物の考古学』

加賀市片野鴨池坂網猟保存会 2001『片野鴨池と坂網猟』

加賀市史編纂室 1975「加賀江沼志稿巻二十三」『加賀市史資料編第一巻』

賀来孝代 1997「銅鐸の鳥—サギもいるし、ツルもいる」『考古学研究』44-1

賀来孝代 1999「埴輪の鳥はどんな鳥」『鳥の考古学』かみつけの里博物館

賀来孝代 2002「埴輪の鳥」『日本考古学』11号　日本考古学協会

賀来孝代 2004「鵜飼・鷹狩を表す埴輪」『古代』117号

加藤秀幸 1976「鷹・鷹匠、鵜・鵜匠埴輪試論」『日本歴史』5月号　336号

金井塚良一 1984「小埼の沼と埼玉の津」「鳰鳥と水鳥を冠した人物埴輪」『万葉集の考古学』筑摩書房

川島芙美子 1993「古事記・出雲国風土記・万葉集に表わされた鳥たち」『研究紀要』29号　島根県立高等学校教育研究連合会

川島保 2006「シナノに来た北東アジアの狩猟文化」『シナノの王墓の考古学』雄山閣

宮内庁式部職編 1931『放鷹』吉川弘文館

国松俊英 2001『鳥の博物誌』河出書房新社

黒澤彰哉ほか 2004『茨城の形象埴輪』茨城県立歴史館

酒詰仲男 1961『日本縄文石器時代食料総説』土曜会

坂本和俊 1999「鳥に託された古代人の心」『鳥の考古学』かみつけの里博物館

清水真一 2004『古代人たちが見た鳥展』桜井市文化財協会

新開義夫 2002「津堂城山古墳の発掘調査」『津堂城山古墳』藤井寺の遺跡ガイドブックNo.12　藤井寺市教育委員会

田形孝一 2002『東国の終末期古墳』千葉県立房総風土記の丘

高槻市立しろあと歴史館 2004『発掘された埴輪群と今城塚古墳』

辰巳和弘 1992『埴輪と絵画の考古学』白水社

辰巳和弘 1999『風土記の考古学－古代人の自然観』

鳥取県教育文化財団鳥取県埋蔵文化財センター2002『青谷上寺地遺跡4』

奈良県広陵町教育委員会編2005『出島状遺構巣山古墳調査概報』

高野伸二 1996『増補版フィールドガイド日本の野鳥』日本野鳥の会

塚田良道 1992「『鷹匠』と『馬飼』」(森浩一編)『考古学と生活文化』同志社大学考古学シリーズⅤ

根木修 1991「銅鐸絵画に登場する長頸・長脚鳥」『考古学研究』38-3

波多野鷹 1997『鷹狩りへの招待』筑摩書房

八賀晋 1995「白鳥伝説と古墳」(森　浩一・門脇禎二編)『ヤマトタケル』大巧社

花見薫 2002『天皇の鷹匠』草思社

坊城俊良 1960「鷹狩の今昔」『野鳥』200号

松本市教育委員会 1994『松本市出川南遺跡4 平田里古墳群 緊急発掘調査報告書』

森浩一 1963「天神山古墳の鏡鑑」(伊達宗泰、小島俊次、森浩一編)『大和天神山古墳』奈良県史跡名勝天然
　　　記念物調査報告22 奈良県教育委員会

森浩一 1971『黄金塚古墳』中央公論美術出版

森浩一 1994『考古学と古代日本』中央公論社

森浩一編 1972『井辺八幡山古墳』同志社大学文学部考古学調査報告第5冊

若狭　徹・内田真澄編 1999『鳥の考古学』かみつけの里博物館

和歌山県立紀伊風土記の丘 2005『特別公開大日山35号墳の埴輪』

和田晴吾ほか 1992『鳴谷東古墳群3・4次発掘調査概報』立命館大学文学部

渡瀬昌忠 2004「日本古代の島と水鳥－巣山古墳と記紀の雁産卵－」『萬葉』188号

武人埴輪と鹵簿
―俑と壁画と埴輪の接点―

稲村　繁

　　はじめに

　形象埴輪、とくに人物埴輪が登場してからの形象埴輪群が何を表現しているのかについては、早くから多くの研究者がさまざまな検討と解釈を試みている。代表的な例としては、後藤守一氏・滝口宏氏などの「葬列説」、水野正好氏・橋本博文氏などの「王位継承儀礼説」、大場磐雄氏・和歌森太郎氏・若松良一氏などの「殯説」、梅澤重昭氏・杉山晋作氏・和田萃氏などの「顕彰説」、高橋克寿氏の「供養説」、塚田良道氏の「死後の近従説」、辰巳和弘氏・梅澤重昭氏などの「神仙世界説・他界の王宮説」、森田悌氏の「神宴儀礼説」などがあげられる。
　このように多くの解釈が提示された背景には、正確な樹立位置が復元できる良好な資料が少ないこと、取り上げる資料に時期差が存在する場合が多いこと、人物埴輪には多くの器種が認められること、器種・個体数において古墳間に格差がみられること、表現される場面を単一として解釈するか、複数場面の複合体として解釈するかの違いなど、形象埴輪研究をより複雑にしてきた時間・空間・格差・多様性などの諸問題が存在する。
　時期差については、市毛勲氏が指摘したように、人物埴輪群の配列は新しくなるにつれて隊から列へと変化する様相が看取されることから、時間の経過とともに表現される内容の変化、あるいは内容は変化しないものの、表現全体が簡略化・形骸化の方向に向かっている可能性を考慮にいれなければならない。
　また、人物埴輪における器種の多様性と個体数における古墳間格差については、時期に関わりなく大形前方後円墳には全身椅座像・全身立像・半身像など豊富な人物埴輪群がみられる。これに対し、帆立貝形前方後円墳や円墳などの中小墳では、器種・個体数ともに少なく、全身像もきわめて少ないなど明確な格差がみられる。これについては、馬・女子などを最小単位とし、大形墳丘あるいは前方後円墳などより上位の古墳には器種・個体数が追加されたか、あるいは逆に大形前方後円墳を頂点とし、下位の古墳になるにつれて器種・個体数が省略されたと考えられる。そのため大形前方後円墳では多数の人物埴輪群を樹立することで複数の場面をより具体的に表現しているのに対し、中小墳では各場面あるいは一部の場面を代表する象徴的な器種のみを樹立していたと考えられる。ただし、同規模墳であっても樹立される人物埴輪の器種は一様ではない。人物埴輪が注文生産であることを前提にした場合、この器種の違いは埴輪に対する好みや地域性をあらわしているとも

考えられるが、とくに中小墳における器種の違いは被葬者の身分・地位・職掌などを象徴している可能性が高い。

　以上のことをふまえると、いかなる場面を表現するために人物埴輪を中心とする形象埴輪群が製作・樹立されはじめたかを考えるためには、樹立位置が復元できるより古式の大形前方後円墳がもっとも良好な資料となろう。このような条件を満たす古墳としては、従来の研究者も多く引用してきた5世紀末葉の築造と考えられている群馬県保渡田八幡塚古墳があげられる。本古墳は1929年福島武雄氏によって調査され、外堤上のA・B2区に形象埴輪群が樹立されていたことが確認された。近年、再調査の報告書が刊行され、そのなかで若狭徹氏がA区の形象埴輪群について分析をおこなっている（図1）。

　これによれば、A区はⅠ（椅座による儀式）・Ⅱ（鳥の世界［鷹狩り？］）・Ⅲ（猪狩り）・Ⅳ（鵜飼い）・Ⅴ（人［正装男子・武人・馬曳き］と器物［顔面付甲冑］と馬の列）・Ⅵ（立位による儀式）・Ⅶ（武人と力士）という7つの場面を表現した複合体であるとしている。このなかで、Ⅰ・Ⅵ・Ⅶは区画内の北西に位置し、Ⅱ・Ⅲ・Ⅳは北東に位置している。これに対し、Ⅴはもっとも外側となる南側の全面に列状に配置されている。Ⅶの力士が何らかの儀式に関わりがあるとすれば、これらはⅠ・Ⅵ・Ⅶの儀式、Ⅱ・Ⅲ・Ⅳの狩猟、そしてⅤと3つの大きなグループに分けられる。このように解釈すると、Ⅴは儀式・狩猟と並び首長にとって重要な場面を表現していることになろう。器物とされた顔面付甲冑の解釈については後述するが、これを武人とみた場合、先頭に正装男子、次に武人群を挟み後方に馬曳きと馬が連なっていることから、中央に配置された武人群が主体的役割を果たしていたとみられる。同様な場面を含む形象埴輪群と想定されるのが、6世紀第Ⅱ四半世紀の築造と考えられる茨城県東海村茅山古墳（中道前5号墳）である。正確な配置状況は不明であるが、14体以上と考えられる人物埴輪群のなかで武人埴輪は5体以上と約1／3を占める。このように、武人埴輪群が構成主体となる場面を表現する例が複数の古墳で認められることは、これが古墳時代において広くみられた首長にとって重要な場面であったことをしめしている。そのため本稿では、これら武人埴輪群が何を表現しているのかについて、埴輪から読み取れる古墳時代の武人の様

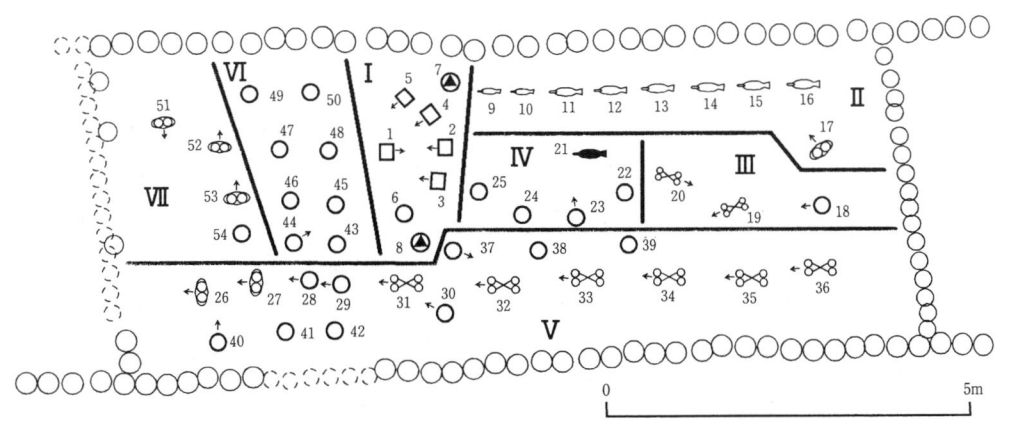

図1　若狭徹氏による保渡田八幡塚古墳外堤A区の形象埴輪配置復元案

相も含め考察を試みたい。

1　武人埴輪の種類と役割

　武人埴輪には、冑を被る挂甲着用全身立像・同半身像、短甲着用全身立像・同半身像（腕を表現しない半身像も含む）のほか、甲冑を着用せず武器を担ぐ軽装武人（以下、軽装武人とする）の半身像もみられる。

　甲冑着用武人は、大阪府今城塚古墳出土例をはじめ、群馬県保渡田八幡塚古墳、茨城県玉里舟塚古墳など全身立像・半身像にかかわらず、大刀に手を掛けた姿態が基本的な表現であったと思われる。ただし、6世紀後半代になると群馬県綿貫観音山古墳・太田市飯塚町（東京国立博物館蔵）・伊勢崎市豊城町横塚（東京国立博物館蔵）出土例など群馬県内では盛矢具を装着し、弓を担ぐ（持つ）表現が加えられたものもみられるようになる。同時期の正装男子全身立像にも大刀を佩き鞘を腰に下げる表現がみられるものの、盛矢具や弓が伴わないのとは対照的であり、この違いが正装男子と武人とをわける表現上の規範であったと考えられる。

　また、甲冑着用武人にみられる全身立像と半身像の違いは、甲冑着用武人内での地位などによる格差表現とも考えられるが、大形前方後円墳などより上位と考えられる古墳には全身立像のみかあるいは両者が樹立されていることから、被葬者の地位・身分・職掌などによって古墳に樹立される甲冑着用武人が全身立像か半身像か定められていたのではないかと考えられる。

　これらに対し、大阪府蕃上山古墳、群馬県今井神社2号墳・綿貫観音山古墳、茨城県茅山古墳・玉里舟塚古墳出土例などの軽装武人はすべて半身像である。このような表現上の格差は階級（身分）差を意味するものであり、甲冑着用武人は軍隊における指揮官、軽装武人は指揮下にある下級武人を表現しているものと考えられる。

　武人の被り物についてみると、埼玉県行田市丸墓通り出土挂甲着用半身像などを除き、甲着用武人の場合はほとんどが冑を被る表現であるが、軽装武人では今井神社2号墳・綿貫観音山古墳出土例の「喪帽」形頭巾、茅山古墳・玉里舟塚古墳出土例の鋸歯状冠帽などのほか、蕃上山古墳・埼玉県嵐山町古里古墳群出土例のように被り物を表現しない例もみられる。

　確認できたすべての軽装武人が鋸歯状冠帽を被る茅山古墳出土例では、弓・大刀のほか胡籙も担いでいる。このなかで、弓担ぎについては江原昌俊氏が埼玉県下松5号出土例の台形板に貼付された弓に関連して集成をおこなっており、奈良県荒蒔古墳、大阪府大賀世3号墳、埼玉県岩鼻遺跡2号墳・さいたま市東宮下、東京都亀塚古墳、福島県原山1号墳出土例など5世紀末葉〜6世紀前半代の男子半身像に集中し、弓が貼り付けられている台形の板は胡籙の可能性もあるとしている。さらに、この弓については高句麗古墳の壁画に描かれた出行図における兵士が担ぐ短弓ではないかとの指摘が笠原潔氏によってなされている。これらをふまえあらためてこの台形板をみると、中央下半部両側に段を有する例がみられるほか、亀塚古墳出土例では上端に矢羽根状の線刻が認められる。さらに茅山古墳では本来腰に装着すべき胡籙を担いでいる表現がみられることなどから、これらはすべて胡籙の上に弓を重ねて担いでいる表現と考えられる。したがって、荒蒔古墳・下松5号

墳・原山1号墳出土例も軽装武人と考えられる。

　弓担ぎの軽装武人には、蕃上山古墳・今井神社2号墳出土例のように靫を背負う例もみられることから、靫は背負い、胡籙は弓と重ねて担ぐのが本来の表現方法であったと考えられる。これは、歩兵戦用の長弓とセットとなる靫は大形であるため背負わざるを得ないのに対し、騎馬戦用の短弓とセットとなる胡籙は小形であるため、この時期の日本では歩兵は胡籙と短弓を重ねて担いで行進していたものと考えられる。また、茅山古墳出土例のように弓と胡籙を別々に担ぐのは、茅山古墳が6世紀第Ⅱ四半世紀と前半代でも新しく位置づけられることからみて、より後出的な表現かもしれない。

　以上のことから、下松5号墳出土例にみられる極端な幅広で後頭部側が下がる帯状鉢巻き・原山1号墳出土例の二股冠帽も軽装武人の被り物の一種ということになり、頭巾・鋸歯状冠帽とあわせ多様な表現であったことがわかる（図2）。ただし、原山1号墳出土例に類似した被り物が奈良県大和高田市池田遺跡9号墳出土男子にみられる。両側が三角巾状に立ち上がる冠状を呈するが、谷部となる正面は前髪によって覆い隠されていることから、茨城県三昧塚古墳出土例にみられるような冠ではないと考えられる。この男子は靫を背負い、左肩には剥離痕が認められることなどから弓を担ぐ軽装武人であった可能性が高い。したがって、原山1号墳出土例にみられるような軽装武人が被る二股冠帽表現は、本来池田遺跡出土例のような両側が三角巾状に立ち上がる被り物であり、鋸歯状冠帽と同系ではないかと思われる。

　これらのなかで鋸歯状冠帽表現については、茨城県トノ山古墳・茨城町駒渡駒形（東京国立博物館蔵）・麻生町大塚古墳・伝鉾田町内（個人蔵）・龍ヶ崎市公園内（東京大学蔵）・伝茨城県内（個人蔵）、埼玉県深谷市上敷面1127（東京国立博物館蔵）・深谷市上敷面（東京国立博物館蔵）・滑川町月輪（埼玉県立博物館蔵）・岩鼻5号墳・行田市丸墓通り、群馬県高崎市八幡原町（天理参考館蔵）・山名1号墳、千葉県田辺台古墳・小川崎台3号墳出土例など茨城県・埼玉県西部を中心にみられるが、石川県矢田野エジリ古墳・鳥取県井出挾3号墳など東海以西にもわずかながら類例が認められる。盛装表現と考えられる胡座全身像の群馬県高崎市八幡原町出土品（天理参考館蔵）を除き、体部の表現が確認できる個体はすべて軽装か楯持人である。このなか

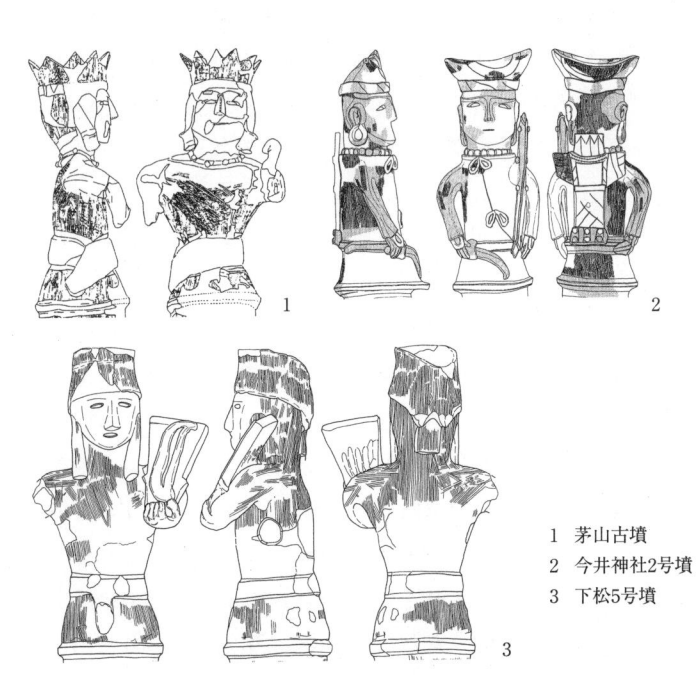

1　茅山古墳
2　今井神社2号墳
3　下松5号墳

図2　軽装武人埴輪の被り物

で、小川崎台3号墳出土例ではその姿態から左手に弓を持ち、右手で胡籙から矢を取り出す動作を表現している可能性が高い。これらを考え合わせると、鋸歯状冠帽を被る人物は八幡原町出土品を除きいずれも軽装武人の可能性がきわめて高く、その一部は井出挾3号墳出土例のように楯を持つ人物として表現されていたのではないかと思われる。

また、下松5号墳出土例に表現されている幅広の帯状鉢巻きは、埼玉県丸墓通り出土挂甲着用武人半身像・群馬県剛志天神山古墳出土男子頭部（東京国立博物館蔵）などに類似した表現がみられる。なかでも和歌山県井辺八幡山古墳出土の力士全身立像の鉢巻きが形態的にもっとも近く、同一の表現と考えられる。ともに下げ美豆良・垂髪を伴い、後頭部の結び目は着物の襟の合わせ状に表現されている。6世紀前半以前の力士頭部は美豆良を伴わないイチョウ形の髪形で表現される例がもっとも多いが、井辺八幡山古墳にみられる鉢巻きのほか、神奈川県登山1号墳出土例の坊主などもわずかながら認められる。また、上半身のみの遺存ではあるが、腹部が膨らむことや左手を上げ右手を下げるなどの姿態から、茨城県玉里舟塚古墳出土の美豆良を伴わない笄帽形頭巾を被る男子も力士と考えられる。笄帽形頭巾は楯持人に多くみられるが、茅山古墳・埼玉県熊谷市中条出土品（関西大学蔵）では笄帽形頭巾を被る男子に首飾り表現が認められる。大阪府昼神車塚古墳出土例のように力士に首飾り表現がみられる例はあるが、楯持人に首飾りは伴わないことから、これらはいずれも力士となる可能性が高い。

以上のことを考え合わせると、鋸歯状冠帽は軽装武人と楯持人、幅広で後頭部側が下がる帯状鉢巻きは軽装武人と力士、笄帽形頭巾は力士と楯持人に共通した被り物であることがわかる。したがって、これらが埴輪製作工人による表現規範の混同でない限り、軽装武人・楯持人・力士いずれもが下級武人の職務であり、その表される場面によって被り物や姿態を変えて表現されているのではないかと考えられる。ただし、これらの被り物はそれぞれの職務を代表する表現とは必ずしもならなかったようであり、またその盛行時期は6世紀前半以前にほぼ限られている。力士と軽装を含む武人の共存例は比較的多いが、力士が下級武人の職務であったとすれば、保渡田八幡塚古墳A区Ⅶの挂甲着用武人と力士で構成される場面は、武人群が司る何らかの儀式である可能性が高いことになろう。

鋸歯状冠帽・幅広で後頭部側が下がる帯状鉢巻き表現は、関東地方では埼玉県・茨城県・千葉県山武郡域に多くみられる。これらは、製作技法・表現方法の特徴などから6世紀前半代に埼玉県の影響を強く受けて茨城県の人物埴輪が、その茨城県の影響を受けて千葉県山武郡域の人物埴輪が出現したと考えられることなどから、関東地方では埼玉県内で最初に出現したものと考えられる。さらに、同様の表現が畿内以西にも認められることや、埼玉県内の初期の人物埴輪が畿内の影響を強く受けていることなどを考え合わせると、これらの表現は畿内から伝えられたものと考えるべきであろう。したがって、鋸歯状冠帽・二股冠帽・幅広で後頭部側が下がる帯状鉢巻きのいずれもが、畿内政権下において下級武人の被り物の一種として定められていたのではないかと思われる。また、類例は少ないものの、群馬県内にも同様の表現がみられることから、埼玉県内だけではなく、群馬県内にも畿内の規範は伝えられていたと考えられる。ただし、これら軽装武人の被り物としたなかで鋸歯状冠帽と二股冠帽については、群馬県高崎市八幡原町出土（天理参考館蔵）の盛装胡座

像・埼玉県川本町舟山古墳出土の弾琴座像などをみると従者的下級武人に限定された被り物ではなく、古代中国における平上幘のように、武人に共通する被り物であったとも考えられる。

2 武人埴輪群があらわすもの

　茅山古墳の武人埴輪群は挂甲着用全身立像と武器を担ぐ甲冑非着用の軽装半身像で構成されるが、保渡田八幡塚古墳では挂甲着用全身立像と短甲着用で腕がなく顔のみが表現された半身像で構成されている。茅山古墳の場合は挂甲着用全身立像の指揮官とそれに従う下級武人の半身像と理解されるが、保渡田八幡塚古墳の場合は全身像・半身像の違いはあるがともに甲冑着用の武人である。

　顔のみで腕が表現されない短甲着用武人については類例が少ないものの、大阪府長原45号墳・群馬県高崎市八幡原町出土品（天理参考館蔵）など体部が確認できるものは半身像である。形態的特徴などから5世紀後半代にみられる甲冑形埴輪に顔面をとりつけたものであり、武人埴輪出現前の過渡的表現と考えられている。しかし、保渡田八幡塚古墳出土例のように武人埴輪出現後も短期間ではあるが製作されている。腕が表現されないのは楯持人も同様である。奈良県寺戸鳥掛古墳・福島県原山1号墳などわずかな例を除き楯を持つ指さえ表現されないことから、腕を製作しないことが楯持人における表現上の規範であったと考えられる。両者に共通するのは、前代に器財埴輪の主要器種として甲冑形・楯形が製作されていたことであり、楯形のなかにも差し込み式ではあるが冑を組み合わせる例がみられる。したがって、人物埴輪製作開始にあたり、このふたつの器種に関しては従来の器財埴輪の伝統を継承しつつ顔面部を表現することで人物化を意図したのではないかと考えられる。また、福島県天王壇古墳・茨城県川子塚古墳出土女子のように楯持人・短甲着用武人以外でも腕が表現されない例がみられることから、古式の人物埴輪には腕表現にこだわらない器種があったのかもしれない。このように考えると、顔面のみ表現の短甲着用半身像は人物埴輪の出現に対応して考え出された旧来の伝統を遺す武人埴輪であり、挂甲着用全身立像は挂甲という最新式の甲表現も含め人物埴輪出現時に作り出された新式の武人埴輪とみることができる。したがって、保渡田八幡塚古墳の武人埴輪群は新旧2種の共存によって構成されていることになろう。

　これらをふまえ、あらためて保渡田八幡塚古墳外堤A区におけるVの形象埴輪群をみると、先頭に正装男子、次に武人の隊列、そして馬曳き・馬が配置されている。半世紀以上の時期差がみられるものの綿貫観音山古墳においても、形象埴輪列中正装男子以下は武人、農夫、楯持人、馬曳き・馬の順となっている。綿貫観音山古墳では武人の後方に農夫が加えられているが、軽装武人の項でも述べたように楯持人も武人であることを考えれば、正装男子、武人、馬曳き・馬の組み合わせによる場面では正装男子→武人群→馬曳き・馬の順で配置されるのが基本であったと思われる。

　類似した人物群や馬の配列は、朝鮮民主主義人民共和国安岳3号墳の壁画に描かれた出行図にみられる。このような出行図は徳興里古墳・薬水里古墳などにも描かれており、鹵簿と考えられている。鹵簿とは古代中国で制度化された王や貴族が出行する際の儀仗や護衛の列のことで、身分などによってその構成や規模が定められている。

宿白氏や蘇哲氏の研究によれば、安岳3号墳の被葬者は東晋から高句麗に亡命した冬寿であり、壁画に描かれている出向図は東晋の鹵簿に違ったものではないかとされる。その構成は主人の乗る主車を中心としており、騎乗する文官が先導し、両外側には大楯と戟を持つ歩兵・装甲騎兵が続く。その内側、主車との間には楯と大刀・斧・弓をそれぞれ担ぐ歩兵が隊列を組み、主車の前後には飾り馬・女子・幡持ち・楽隊（鼓吹）などが従っている（図3）。

　保渡田八幡塚古墳外堤A区Vの埴輪群と安岳3号墳の鹵簿図を比較すると、正装男子埴輪が非武装表現であることから文官と解釈すれば、文官が先導し兵士・馬が後続するという配置は共通することになる。しかし、安岳3号墳の鹵簿図にみられる主車、楯・戟持ち歩兵、武器を担ぐ歩兵、装甲騎兵、幡持ち、楽隊、女子などは保渡田八幡塚古墳外堤A区Vにはみられない。このなかで、主車については馬車・牛車ともに古墳時代の日本においては盛行した様子はみられない。幡についても東京都亀塚古墳出土金銅製飾り金具にその可能性が指摘されてはいるものの、国内での盛行はうかがえない。装甲騎兵については和歌山県大谷古墳・埼玉県埼玉将軍山古墳などから馬冑・馬甲が出土しているものの類例はきわめて乏しい。また、和歌山県井辺八幡山古墳東・西造出出土馬形埴輪片に馬甲の可能性が指摘されており、さらに茨城県玉里舟塚古墳からはかつて騎馬武人埴輪が出土したと伝えられるがいずれも詳細は不明である。これに対し、正確な配置状況は不明なものの茅山古墳・下松5号墳などでは武器を担ぐ歩兵、奈良県四条1号墳では笛を吹く男子・群馬県剛志天神山古墳では太鼓を叩く男子、群馬県保渡田Ⅶ遺跡・埼玉県権現坂埴輪製作遺跡では楯・戟持ち歩兵などが認められる。

　このように、鹵簿を構成する人物群が断片的ではあるが埴輪においても製作されていることから考えると、主車・装甲騎兵・斧担ぎ歩兵・幡持ちなど日本国内で盛行しなかった器種は表現されないものの、武人を中心とする埴輪群は鹵簿を表現している可能性が高い。これに従えば、保渡田八幡塚古墳や綿貫観音山古墳でみられる武人に後続する飾り馬群は、蘇哲氏が指摘するように『晋書』巻25・輿服の「次豹尾車、駕一。自豹尾車後而鹵簿盡矣。但以神弩二十張夾道、至後部鼓吹、其五張神弩置一将、左右各二将。次軽車二十乗、左右分駕。次琉蘇馬六

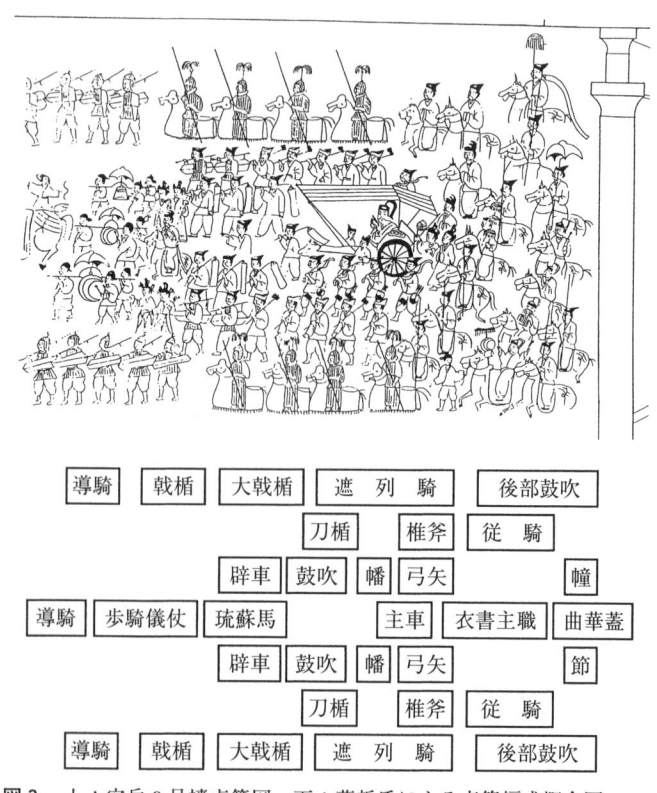

図3　上：安岳3号墳鹵簿図　下：蘇哲氏による鹵簿編成概念図

十匹」に記された列後尾に配される「琉蘇馬」にあたると考えられる。ただし、保渡田八幡塚古墳外堤 A 区Ⅶの例などから、武人が存在する場合はすべて鹵簿を表現していると解釈することはできない。すなわち、鹵簿を構成する文官・兵士・楽隊・馬などのなかの、複数の器種によって構成される埴輪群が鹵簿を表現していると考えるべきであろう。

ところで、鹵簿の鹵は大楯を意味することから、安岳3号墳の壁画にもみえるように、鹵簿においては楯（＋戟）を持つ歩兵が重要な役割を果たしている。楯持人埴輪をみると外堤や前方部前面などでの単独樹立と、形象埴輪群中樹立の2種が認められる。塩谷修氏が指摘するように楯持人埴輪が「方相氏」であるとすれば、その役割の違いから鹵簿には加わらないことになる。しかし、氏も述べているように、異なる樹立形態は異なる役割を果たしている可能性が高く、この点から考えると単独樹立は「方相氏」であり、形象埴輪群中樹立の多くは鹵簿を構成する楯持ち歩兵であったとも考えられる。両者の関係については、軽装武人の項でも述べたようにいずれも下級武人が務めていたと考えられることから明確に区別することは難しいが、「方相氏」の場合は仮面を付けていたと思われる表現が多くみられる。

したがって、綿貫観音山古墳例のように楯持人の一部は鹵簿を構成する器種であったと考えられるが、形象埴輪群中に樹立されていない保渡田八幡塚古墳・茅山古墳例などをみるかぎり、必ずしも主要な器種とはなっていないようである。鹵すなわち大楯を持つ歩兵が加えられていなければ鹵簿ではないことになるが、これらの古墳では非武装の正装男子が先導し飾り馬が後続することや、挂甲着用武人・軽装武人・飾り馬が共存するなど鹵簿制と共通する一定の規範をみせることから、たんなる兵士の隊列ではなく鹵簿の一種と考えるべきであろう。このような器種構成となった背景には、古墳出土武器・武具の様相などからみて装甲騎兵が盛行しなかった日本においては、これを攻撃する戟も発達しなかったためとも考えられる。したがって、楯そのものは前代から引き続き使用されているが、鹵簿の主要な構成員となる楯と戟をセットで持つ歩兵部隊は日本には存在しなかった可能性が考えられる。これは、古墳時代の日本の軍隊が騎馬戦を主要な戦闘形態と想定していなかったことを示しているのかもしれない。

このように考えると、古墳に樹立された形象埴輪群のなかで、武人を中心として正装男子・飾り馬群などで構成されるグループは大陸から導入された鹵簿を表現していることになるが、騎馬戦や車が発達しなかった日本においては、これらに関わる器種が省略されていることになろう。すなわち、大陸の鹵簿が厳格な形で導入されたのではなく、一定の規範は遵守するものの、日本の実情にあわせたかたちのいわば日本式鹵簿に変形させて導入したのではないかと思われる。また、各古墳から出土している器種や個体数をみるかぎり、出向行列全体ではなく、その一部を表現しているものと思われる。保渡田八幡塚古墳・綿貫観音山古墳例などからみて群馬県西部の大形首長墓においては正装男子→武人→馬の配列を基本として鹵簿が表現されていたことになるが、墳丘規模も小さく地域も異なる茨城県茅山古墳では多くの軽装武人を加えるなどの違いがみられる。さらに、石川県矢田野エジリ古墳では鋸歯状冠帽を被る軽装武人とともに、鐔付丸帽を被る騎馬正装男子が認められる。したがって、埴輪群による鹵簿表現については明確な規範はなく、器種組成・個体数についても地域性、あるいは被葬者の地位や職掌などが反映されているのではないかと考えられる。江

原昌俊氏が指摘するように、胡籙と弓を重ねて担ぐ軽装武人埴輪が中小墳に多いことなどは、その被葬者が軽装武人すなわち下級の武人、あるいはそれらを指揮する下士官的地位にあったことを示すものかもしれない。

以上のことから、保渡田八幡塚古墳外堤A区はⅠ・Ⅵ・Ⅶの儀式、Ⅱ・Ⅲ・Ⅳの狩猟、そしてⅤの鹵簿を表現する形象埴輪群で構成されていたと考えられる。

3　鹵簿導入の背景

従来、人物埴輪群が表現する場面に対する解釈は基本的に国内で創出されたものとの考えである。しかし、前述のように一部が大陸から導入された鹵簿を表現していると解釈されることから、あらためて人物埴輪出現以前に築造された高句麗古墳の壁画と比較すると、断片的ではあるが鹵簿列以外にも共通した表現が複数認められる。

保渡田八幡塚古墳外堤A区の場面と比較した場合、鹵簿列については安岳3号墳・薬水里古墳・徳興里古墳などにみられる。狩猟については薬水里古墳・徳興里古墳・舞踊塚古墳などで鹿・虎狩りなどが描かれている。儀式のなかでは力士が安岳3号墳・角抵塚古墳・舞踊塚古墳などで組み合う姿が描かれている。さらに首長の座像についてはこれら古墳のいずれにも描かれており、なかでも徳興里古墳では執務あるいは謁見の儀に臨む座像となっている。このなかで、4世紀中葉と高句麗壁画古墳のなかでは出現期に位置づけられる安岳3号墳では厨房・倉庫・厩・井戸など普段の生活の様子も多く描かれている。これらは鹵簿列も含め、中国の明器や俑で表現されるものと共通しており、より中国に近い様相であることがわかる。これに対し、4世紀末葉～5世紀前半代にかけて築造されたと考えられている薬水里古墳・徳興里古墳・角抵塚古墳・舞踊塚古墳などでは、普段の生活の様子を描いた場面が減少する一方で狩猟図が盛行し、天界図や四神図なども描かれるようになっている。また、薬水里古墳・徳興里古墳では鹵簿列に先導騎吏・主車・装甲騎馬兵・吹鼓・琉蘇馬などはみられるものの、安岳3号墳では描かれていた楯持ち歩兵が省略されている。被葬者の身分差などによる構成の違いを考慮しても、鹵簿制の基本となる楯持ち歩兵の省略は、安岳3号墳以降これらの古墳が築造される間に高句麗における鹵簿制も含め壁画の内容が変化したことを示している。このように、高句麗壁画古墳のなかでも人物埴輪出現期にほぼ並行する4世紀末葉～5世紀前半代に描かれた、執務あるいは謁見の儀に臨み座する主人、鳥・鹿などの狩猟、楯持ち歩兵が省略された鹵簿列図など首長の職務・権威・権力などを示す場面は、人物を中心とする形象埴輪群が表現する場面ときわめて類似している。

また、人物埴輪の個々の表現についてみると、類例の多い力士や武器を担ぐ軽装武人のほか、群馬県剛志天神山古墳出土の太鼓を叩く男子、奈良県四条1号墳出土の笛を吹く男子、埼玉県南大塚4号墳・同川田谷ひさご塚古墳出土のリボン結び頭巾の男子などは壁画にも描かれていることから、人物埴輪と高句麗古墳の壁画には場面・人物個々の表現のいずれにも共通点が多くみられることになる。さらに、保渡田八幡塚古墳・神奈川県登山1号墳出土の右腕に鳥を乗せる人、埼玉県酒巻14号墳出土馬に表現された「蛇行状鉄器」などこれらはいずれも北方遊牧民系の習俗・装備であ

る。したがって、鹵簿制そのものも含め、人物埴輪群が表現する内容については、中国の漢民族国家である東晋や劉宋などの南朝から直接伝えられたものではなく、北方遊牧民の国家である高句麗または北朝からの影響を強く受けている可能性が高いと考えられる。しかし、人物埴輪出現期となる5世紀前半代、あるいは盛行期となる後半代のいずれにも日本が高句麗あるいは北朝と直接的な交渉をもっていたことを示す記録はみられない。

　4世紀中葉〜5世紀代の東アジア北東部をみると、4世紀中葉には朝鮮半島で百済・新羅が相次いで建国される。この時期、高句麗の北朝（燕）への朝貢を皮切りに、百済はこれに対抗するように南朝（東晋）へ朝貢をおこない冊封を受けているが、これ以降度々朝貢を繰り返すなど百済は南朝との関係を維持している。その一方で、百済は4世紀後葉には高句麗・新羅と同時期に北朝（前秦）へ朝貢するなど、南北両朝に対して積極的な外交を展開している。

　百済は建国以来常に高句麗と対立関係にあったが、新羅は4世紀後半代においては高句麗と比較的良好な関係を維持している。しかし、新羅が国力を増す5世紀後半代に入ると関係は悪化し、百済を助け高句麗と戦うなど対高句麗においては百済と新羅は良好な関係となっている。したがって、人物埴輪が出現した5世紀代においては、朝鮮半島北部の高句麗と南部諸国は対立関係にあるものの、いずれの国も前代から引き続き北朝との交流は維持されていたと考えられる。

　このようななかで北朝においては、蘇哲氏が指摘するように4世紀後半以降、北魏孝文帝が南朝の礼儀典章を盛んに導入するようになる5世紀末葉までの間鹵簿列俑に楯持はみられない。この時期の北朝と高句麗との関係から考えて、これが4世紀末葉〜5世紀前半代に築造された高句麗壁画古墳の楯持が省略された鹵簿列図に影響を与えたのは明らかであろう。また、新羅では壁画はみられないものの、装飾土偶・像形土器・俑などの土製品が製作されている。中国と同じ精巧な俑は7世紀以降に出現するが、葬送祭祀用土器の一種と考えられる装飾土偶・像形土器は5世紀後半から6世紀前半代にかけて盛行している。装飾土偶の出現期となる5世紀後半代には地理的に北朝との間に位置する百済との関係が良好であったことや、当時南朝では俑の製作が衰退しているのに対し北朝では盛んに製作されていることなどから、これら装飾土偶・像形土器も北朝からの影響を受けて出現した可能性が高い。このように、5世紀代における高句麗・新羅の墓制においては少なからず北朝の影響がみられる。これに対し、俑・壁画のいずれも盛行をみせない百済ではあるが、4世紀後半には北朝にも朝貢をおこなっており、さらに肥沃な農業地帯ではあるものの、王室は高句麗始祖の後裔であるとする始祖伝説などからみて、同時期の百済にも北方遊牧民系の習俗が伝えられていた可能性がある。

　このように考えると、北方遊牧民の国家である北朝からの影響は朝鮮半島諸国すべてに広く及んでおり、その結果北朝の習俗や墓制の一部が各国で採用されたと思われる。したがって、朝鮮半島諸国は北朝の墓制を直接的あるいは間接的に認識はしていたものと考えられるが、その墓制を受容するか否か、あるいは受容する場合でもどの要素をどのようなかたちで選択するかは、各国がそれまでに採用していた墓制の内容や北朝との関係などの諸条件によって決定されたと思われる。そのため百済では明確な受容がみられないものの、高句麗では壁画、新羅では装飾土偶・像形土器として採用されたと考えられる。

人物埴輪に北方遊牧民系の習俗が多くみられることや、高句麗・新羅の様相などから、人物埴輪もその出現を含め北朝からの影響を受けた可能性が高いことになる。高句麗・新羅ともに石室内部や副葬品など墳丘内の要素であるのに対し、日本のみが墳丘の外表施設となった背景には、日本独自の墓制である埴輪の存在があげられる。埴輪のなかでも形象埴輪は俑と同様さまざまなものを象った土製品であり、当時その製作における技術体系はすでに高度に発達していたことから、俑を埴輪化して表現することで容易に受容できたのではないかと考えられる。ただし、人物埴輪出現期にはまだ横穴式石室が普及しておらず、さらに埴輪は墳丘表飾用に大形に製作・樹立されていたことなどから、日本ではその伝統にしたがったものであろう。

　伝播の経路については、日本と北朝との直接的な交渉が記録されていないことから、高句麗あるいは朝鮮半島南部諸国を介した間接的なものであったと考えられる。5世紀代の日本と朝鮮半島諸国との関係をみると、陶質土器の製作技術や多量の鉄製品が半島からもたらされているのに対し、日本からは翡翠製勾玉などが輸出されている。この時期日本では卓越した規模の大王墓が築造されるようになり、大阪府陶邑遺跡での須恵器生産や奈良県蘇我遺跡における玉作りにみられるように大規模な生産遺跡が畿内に出現するなど中央集権化が始まる。このような日本国内の情勢もあり、朝鮮半島諸国との関係は前世紀に比して一層高度に、より緊密になったと考えられ、その結果習俗や制度も積極的に受容するようになったと思われる。朝鮮半島内での翡翠製勾玉の分布状況をみると百済・新羅・伽耶と南部諸国に限られていることや、5世紀代においては高句麗と南部諸国とが対立関係にあったことなどを考慮すると、人物埴輪と表現内容が最も類似する壁画を描いてはいるものの、高句麗からではなく、南部諸国のいずれかを介して北朝の習俗や制度が伝播してきたものと考えられる。

　これにしたがえば、人物埴輪のなかでも最初に出現するのではないかとされる単独樹立の楯持人埴輪についても、「方相氏」であるとすれば漢民族の習俗ではあるが、南朝から直接ではなく、漢民族の墓制の影響を受けた北朝から朝鮮半島南部諸国を経て、あるいは南朝と継続的に交渉をもっていた百済を介して南朝から間接的に伝えられた可能性が高くなる。したがって、いずれにおいても日本に直接的に影響を与えたのは朝鮮半島南部諸国ということになろう。

　ところで、リボン結び頭巾表現の男子埴輪を出土した南大塚4号墳・川田谷ひさご塚古墳、「蛇行状鉄器」表現の馬形埴輪を出土した酒巻14号墳はいずれも6世紀末葉の築造であることから、これら朝鮮半島南部からの伝播・影響は継続的にみられたことになろう。このように考えると、5世紀末葉の北魏孝文帝による南朝の制度導入を境として、それ以前の楯持人を省略する北朝鹵簿が保渡田八幡塚古墳へ、制度導入以後の楯持人を加えた新式の北朝鹵簿が綿貫観音山古墳の形象埴輪列に影響を与えたとも考えられる。また、前述のように埼玉県内の埴輪には北方遊牧民系の表現が多くみられることなどから、埼玉県内の首長層は朝鮮半島の習俗をいち早く、あるいは容易に受容できる環境にあったのかもしれない。

引用参考文献

岩澤正作ほか 1932『上芝古墳址・八幡塚古墳』群馬県史蹟名勝天然紀念物調査報告2

後藤守一 1942「埴輪より見たる上古時代の葬礼」『日本古代文化研究』
宿白 1952「朝鮮安岳所発見的冬寿墓」『文物参考資料』1期
和歌森太郎 1958「大化前代の喪葬制について」『古墳とその時代』2
朝鮮民主主義人民共和国科学院考古学・民俗学研究所 1958『安岳3号墳発掘報告』
朱栄憲 1963「薬水里壁画古墳発掘報告」『各地遺跡整理報告　考古学資料集』3　科学院出版社
滝口宏ほか 1963『はにわ』日本経済新聞社
西谷正ほか 1965『藤の森・蕃上山二古墳の調査』大阪府水道部
赤星直忠 1967『厚木市登山古墳調査概報』厚木市文化財調査報告8
大塚初重ほか 1968・1971「茨城県舟塚古墳」1・2『考古学集刊』4-1・4
水野正好 1971「埴輪芸能論」『古代の日本』2　角川書店
森浩一ほか 1972『井辺八幡山古墳』同志社大学文学部考古学調査報告5
末永雅雄ほか 1973『考古学資料図鑑』関西大学
茨城県 1974『茨城県史料　考古資料編　古墳時代』
朝鮮民主主義人民共和国社会科学院考古学研究所　1975　『高句麗文化』
梅澤重昭 1978「綿貫観音山古墳の埴輪祭式」『討論　群馬・埼玉の埴輪』あさお社
堀田啓一 1979「高句麗壁画古墳にみる武器と武装」『橿原考古学研究所論集4』吉川弘文館
橋本博文 1980「埴輪祭式論」『塚廻り古墳群』群馬県教育委員会
柳田敏司ほか 1980『埼玉稲荷山古墳』
辻秀人ほか 1982『原山1号墳発掘調査概報』福島県立博物館調査報告1
東京国立博物館 1983『東京国立博物館図版目録　古墳遺物篇（関東Ⅱ）』
上野利明ほか 1985「大賀世2・3号墳の出土遺物について」『紀要Ⅰ』（財）東大阪市文化財協会
東京国立博物館 1986『東京国立博物館図版目録　古墳遺物篇（関東Ⅲ）』
若松良一 1986『瓦塚古墳』埼玉県教育委員会
細野雅男ほか 1986『荒砥北原遺跡・今井神社古墳群・荒砥青柳遺跡』群馬県教育委員会
朝鮮民主主義人民共和国社会科学院 1986『徳興里高句麗壁画古墳』朝鮮画報社
塚田良道ほか 1988『瓦塚古墳・下埼玉通遺跡』行田市教育委員会
埼玉県 1988『はにわ人の世界』
中島洋一ほか 1988『酒巻古墳群』行田市文化財調査報告書20
若狭徹 1990『保渡田Ⅶ遺跡』群馬町埋蔵文化財調査報告27
樫田誠 1992『矢田野エジリ古墳』小松市教育委員会
橋本博文 1992「古墳時代後期の政治と宗教－人物・動物埴輪にみる政治と宗教」『日本考古学協会1992年度大会発表要旨』
今津節生 1992『登山1号墳出土遺物調査報告書』厚木市教育委員会
若松良一 1992「再生の祈りと人物埴輪」『東アジアの古代文化』72
若松良一ほか 1992～94「形象埴輪の配置と復元される儀礼」『埼玉県立さきたま資料館調査研究報告』4～6
和田萃 1993「古代の喪葬儀礼と埴輪群像」『はにわ―秘められた古代の祭祀―』群馬県立歴史博物館
若松良一 1993「埴輪と冠帽」『月刊考古学ジャーナル』357
森田悌 1995「埴輪の祭り」『風俗』122　風俗史学会
杉山晋作 1996「東国の人物埴輪群像と死者儀礼」『国立歴史民俗博物館研究報告』68
高橋克寿 1996『歴史発掘9　埴輪の世紀』講談社

塚田良道 1996「女子埴輪と采女─人物埴輪の史的意義─」『古代文化』50-1・2　古代学協会
稲村繁ほか 1997『厚木市登山1号墳出土埴輪修理報告書』厚木市教育委員会
梅澤重昭ほか 1998『綿貫観音山古墳Ⅰ』群馬県教育委員会
辰巳和弘 1998『「黄泉の国」の考古学』講談社
蘇哲 1999「安岳3号墓の出行図に関する一考察」『博古研究』17
稲村繁 1999『人物埴輪の研究』同成社
若狭徹ほか 2000『保渡田八幡塚古墳』群馬町埋蔵文化財調査報告57
塩谷修 2001「盾持人物埴輪の特質とその意義」『日本考古学の基礎研究』茨城大学人文学部考古学研究報告4
稲村繁 2001「初期人物埴輪があらわすもの」『日本考古学の基礎研究』茨城大学人文学部考古学研究報告4
蘇哲 2002「五胡十六国・北朝時代の出行図と鹵簿俑」『東アジアと日本の考古学Ⅱ　墓制②』同成社
宋義政 2002「新羅の土偶」『東アジアと日本の考古学Ⅱ　墓制②』同成社
稲村繁 2002「日本の形象埴輪」『東アジアと日本の考古学Ⅱ　墓制②』同成社
井上秀雄 2004『古代朝鮮』講談社
江原昌俊ほか 2004『上松本遺跡（第2次）』埼玉県東松山市文化財調査報告書2
茂木雅博ほか 2006『茅山古墳』東海村教育委員会

挿図出典

図1（若狭徹ほか 2000）
図2-1（茂木雅博ほか 2006）・2（細野雅男ほか 1986）・3（江原昌俊ほか 2004）
図3-1 上（朝鮮民主主義人民共和国科学院考古学・民俗学研究所 1958）・下（蘇哲 2002）
※いずれも一部改変して転載

月岡古墳・塚堂古墳の副葬品に見る渡来的要素
―― とくに胡籙のＵ字形方立飾金具に注目して ――

児玉　真一

はじめに

　福岡県うきは市吉井町に所在する若宮古墳群は、月岡古墳・塚堂古墳・日岡古墳の順に構築された３基の前方後円墳からなる首長墓群である。壁画系装飾古墳として著名な日岡古墳の出土品は、埴輪を除き、現在は知ることができない（児玉 1989）。月岡古墳と塚堂古墳の出土品の大半は出土状態が不明であるが、中期古墳時代を研究する上で看過できない資料を多く含み、中には韓半島から中国にまでその系譜をたどることが可能な品々が含まれている。両古墳では渡来系や類例の少ない副葬遺物が多く、とくに、両古墳に共通する胡籙のＵ字形方立飾金具（以下、「Ｕ字形金具」と言う。）を中心にして、倭の初期胡籙の性格と系譜を検討してみたい。

　以下、倭では、初期の胡籙出土古墳の性格を検討するため、坂氏の言われる導入期の胡籙を対象とする。倭以外では、系譜を検討するため、倭、韓、中国に共通する出土品であるＵ字形金具に限定する。坂氏が導入期の胡籙とされるＡ類、B_1類、B_2類の胡籙を初期胡籙とし、用語や時期区分、一部資料などについては主に早乙女・田中氏の論文による（坂 1992、早乙女 1988、田中 1988）。

１　月岡古墳および塚堂古墳の概要

　月岡古墳は、東西に主軸をおく墳丘全長95m程の前方後円墳で、後円部の竪穴式石室に長持形石棺を納めている。1805年（文化２）、石棺内から鏡鑑・玉類・刀剣が、石棺と石室壁体の間の床面から甲冑８領を含む多彩な副葬品が発見されている（安元 1805、矢野 1853）。当時の記録と現存品とを勘案すると、鏡鑑４面、各種玉類、金銅製帯金具２筋分、甲冑８具分（横剥板鋲留短甲は確認できず）、胡籙金具３具分、馬具の他に多量の刀・剣・鉄鏃や農工具類などが確認されている。月岡古墳例と同様の杏葉と轡は倭・韓に出土例がなく、類例は中国に認められる。

　塚堂古墳も主軸を東西におく墳丘全長91m程の前方後円墳で、後円部（１号石室）と前方部（２号石室）に各１基の古式の横穴式石室がある。１号石室からは、鏡鑑１面、各種玉類と滑石製有孔円板、挂甲１、胡籙金具、馬具、各種金銅製品、刀・剣・鏃などが出土している。２号石室では、石室内から鏡鑑１面、貝釧や各種玉類、甲冑、刀・矛・鏃、馬具、工具類などが、石室前庭部から

は、盾縁金具、馬具、農工具などが出土している。中でも、1号石室の透彫龍文を貼る剣菱形杏葉は龍文透彫鉈帯金具の系譜を考える上で多くの問題を孕んでいる。1号石室の出土品は、装飾的な金銅製品が多く、2号石室は実戦的な武具、武器、馬具類が多い。2号石室の被葬者は1号石室の被葬者に従属し、その職掌のうち、軍事的要素が強い側面を担っていたのであろう。

　月岡古墳の被葬者は倭政権の派遣官であろうと推測する。その任務は、倭国内では北部九州を抑えて実効支配領域を確保拡大し、対外的には、宗像地域を基地とした韓半島における軍事行動であったと思われる。塚堂古墳1号石室の被葬者はその直接の後継者であろう。両古墳は、規模や副葬品の質・量において、当該期の九州では卓越した内容を持っている（児玉 1990・2005）。

2　倭の初期胡籙と初期胡籙出土古墳の性格

　胡籙（盛矢具）についての研究は、韓国では全玉年・崔鍾圭氏（全 1983、崔 1987）が、日本では早乙女雅博・田中新史氏（早乙女 1988、田中 1988）が、相次いで総括的な論文を発表された。1990年以降は、発掘担当者による出土状態に基づく論攷が公にされ、胡籙の復元や系譜などについて詳細に論じられている（松井 1991、坂 1990・1992など）。最近、中国においてもU字形金具の出土が

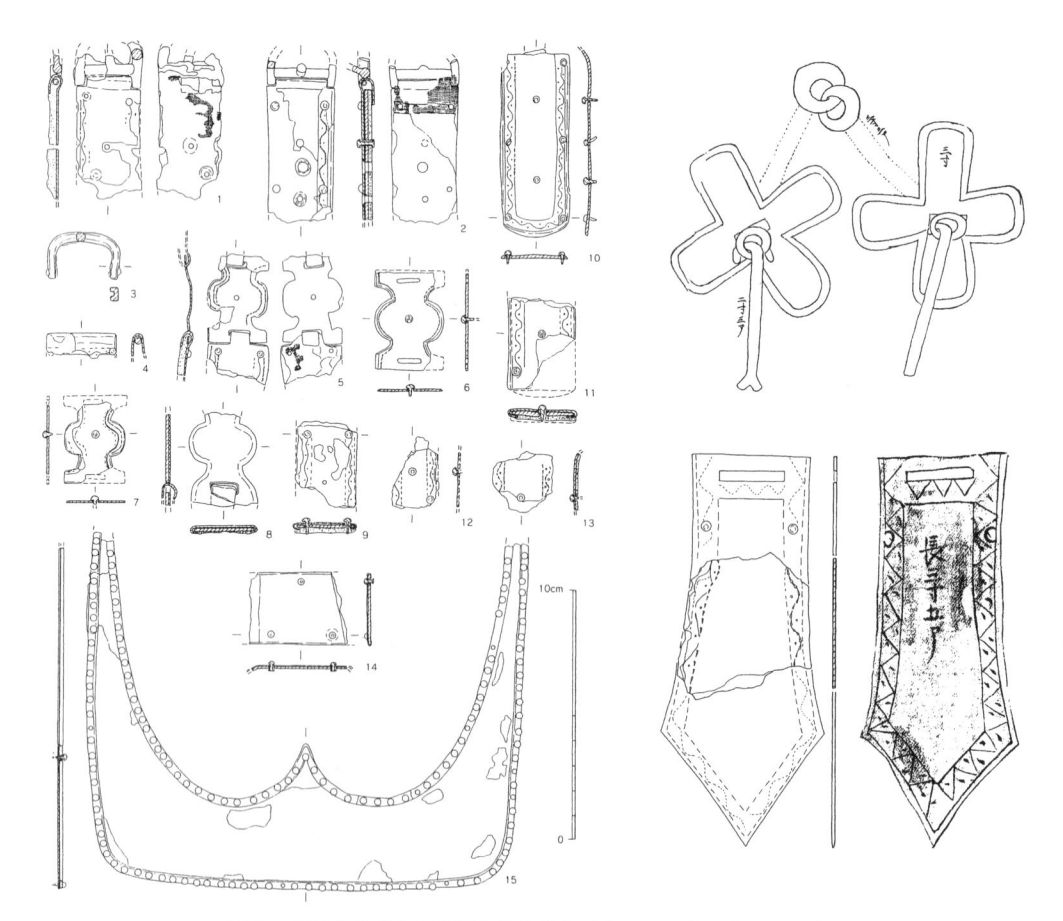

図1　月岡古墳出土の胡籙金具と馬具（縮尺不同、報告書より転載）

表1　初期胡籙出土一覧

	古墳名	墳形・規模		内部構造	吊手金具	コ字金具	方立金具	甲冑	馬具	分類	時期
1	千葉県内裏塚古墳	前方後円	147	竪穴式石室	2		1			B_1	Ⅱ
2	愛知県おつくり山古墳	円	約25	粘土床（木棺）	1		1	○		B_2	Ⅲ
3	石川県永神寺1号墳	円	約20	箱形石棺	2		1			B_2	Ⅲ
4	福井県天神山7号墳	造出円	40〜52	割竹形木棺	2	2		○		A	Ⅰ
5	京都府私市円山古墳	造出円	81	組合式木棺	2	2		○	(○)	A	
6	兵庫県カンス塚古墳	造出円	32	竪穴式石室	2	2		○		A	Ⅲ
7	岡山県天狗山古墳	帆立貝	46	竪穴式石室		1	1	○	○	B_2	Ⅲ
8	福岡県山ノ神古墳	前方後円	約80	竪穴式石室			1	○	○		Ⅳ〜
9	福岡県月岡古墳	前方後円	95	竪穴式石室	3具分	1	2	○	○	B_1	Ⅱ
10	福岡県塚堂古墳	前方後円	91	古式横穴式石室			1				
11	福岡県堤当正寺古墳	前方後円	69	古式横穴式石室	1	1		○		A	
12	韓国福泉洞11号墳			竪穴式石槨	2		1				Ⅲ
13	韓国福泉洞22号墳			竪穴式石槨	2	2	1		○		Ⅱ
14	韓国道渓洞19号墳			木棺	2		1		○		Ⅰ
15	韓国玉田M1号墳	方墳	（鉄鏃群E・F・G）	竪穴式石槨	3具分	2	2	○	○		
			（鉄鏃群H）				1				
16	韓国玉田23号墳		（鉄鏃群A）	木槨（木棺）			1	○	○		
17	韓国池山洞34号墳	双円墳		SE-3石槨	2		1				Ⅲ〜
18	韓国林堂洞7号墳			竪穴式石槨			1				
19	中国十二台88M1墓			横穴式石室			1	○	○		
20	中国喇嘛洞村表採						1				

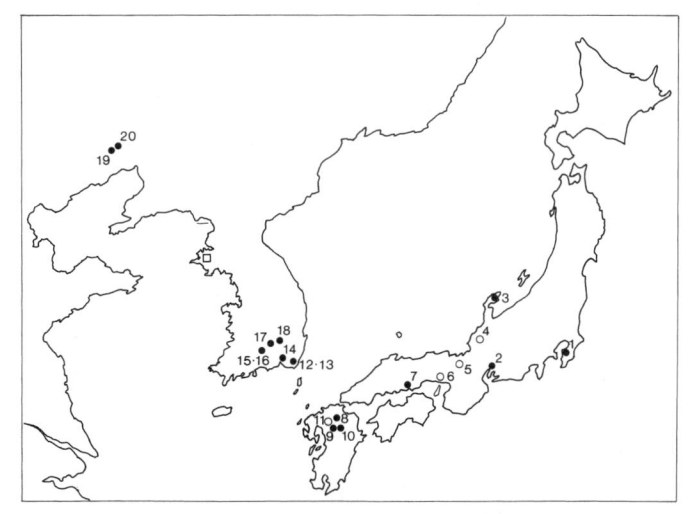

※韓国出土例の「墳形・規模」の欄には、U字形方立飾金具とセットとなる鉄鏃群を示している。「分類」は（坂1992）、「時期」は（田中1988）によるが、両氏が論究していない資料およびその後に公表された資料は空欄としているが、筆者の判断で（　）付きで表示したものがある。

報告されている（張1997、小林・小池・豊島2004）。

　早乙女氏は胡籙の金具を、Ⅰ〜ⅩⅡ類に分類され、これらの組み合わせによって構成される胡籙をA型〜E型の5タイプに分けられ、金具を有しないものをF型とされた。本文で対象とするA型は、主にⅠ類（U字形金具）とⅤ類（1対式中円部造り出し形吊手飾金具）からなる初期の胡籙である。氏はこの系譜を高句麗の壁画古墳まで追求され、4

図2　胡籙出土古墳位置図（番号は表Ⅰに対応する）
●：U字形金具出土　　○：A類胡籙　　□：安岳山3号墳

世紀中葉～5世紀の高句麗にA型の存在の可能性を言及された（早乙女 1988）。

　田中氏は胡籙と靫金具を、A（容器本体）・B（吊手飾金具）・C（その他の附属金具）に3大別し、さらに細別された。胡籙本体の正面を飾るU字形金具（AⅡ）を、下縁が直線的で大型の1群＝AⅡa、下縁が丸味を帯びて小型化した1群＝AⅡbと分類し、時代が降るに従い小型化するとした。氏は、倭のU字形金具の製作故地について、洛東江下流域を想定された（田中 1988）。

　坂氏は導入期の胡籙を、吊手金具とコ字形金具で構成されるA類、吊手金具とU字形金具で構成されるB類（B_1・B_2類）とに分類し、さらに、展開期の胡籙C類と合わせて3分類され、胡籙を形態・構造から、時系列のもとに位置づけられた（坂 1992）。

　以下、坂氏の分類に即して初期胡籙について記述する。

(1) A類胡籙

　U字形金具を伴わず、上板・中円板・下板の3枚構成の吊手金具とコ字形金具から構成される。坂氏が示した福井県天神山7号墳、京都府私市円山古墳、兵庫県カンス塚古墳の3基の他に、最近、福岡県堤当正寺古墳からも出土した。

　天神山7号墳例は、田中氏は倭の最古の胡籙（Ⅰ期）に位置づけられている。中円板はずんぐりとし、金具上端部に軸受のない可能性があり、中円板に垂下する下板の鋲配置は他の例と異なり3単位の可能性があるとされる。この地域では傑出する首長墓である（田中 1988）。

　私市円山古墳例はA類胡籙の基準資料で、胡籙1具が良好な状態で検出されている。1対の吊手金具に長短の差があり、一方の上板が15mm程長い。上・下板は点刻波状文により加飾され、上板の短い方は側辺に5波、長い方は同じく6波で、対となる吊手金具の寸法の差は1波分の差による。上・下板の鋲配置は2単位8鋲の構成で、この種の金具の鋲配置の原則を守っている。中円板に加飾せず、中央に打鋲はしない。コ字形金具、帯金具にも加飾はしない。福知山盆地では、5世紀半ば頃の傑出した首長墓である（石崎・鍋田 1989a、b）。

　カンス塚古墳例（田中Ⅲ期）は、吊手金具、コ字形金具に加飾は見られない。吊手金具は3枚構成ではあるが、上板下辺と下板上辺に凸状の吊り下げ部を造り出さず、中円板にも吊り下げ部を懸ける方形の窓がない。本例は、天神山7号墳・私市円山古墳・堤当正寺古墳出土の3例とは異なり、3枚の金具は相互に直接連接しない。鋲配置は、上板が2単位8鋲、下板は1単位5鋲であり、下板の鋲配置は他例と異なる。中円板の中央に1鋲を打っている（田中 1988）。

　堤当正寺古墳は、5世紀前半～中頃の筑後川北岸部において卓越した首長の存在を示す前方後円墳である。石室内部は未調査で、前庭部から胡籙金具1具分と漆塗の弓片、甲冑などが出土している。

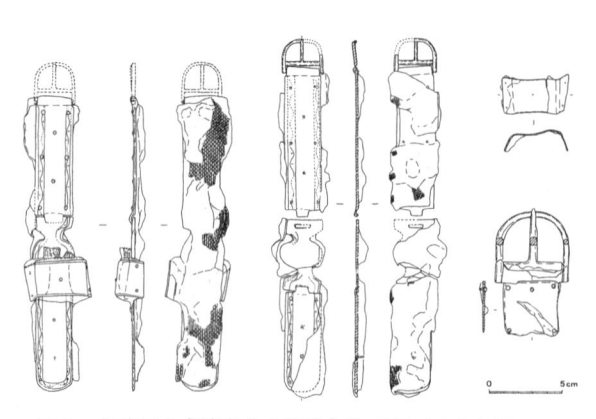

図3　私市円山古墳出土の胡籙金具（報告書より転載）

吊手金具は、私市円山古墳例と同様に、一対の吊手金具に17mm程の長短の差がある。鋲配置は2単位8鋲である。点刻波状文は、遺存状態のよい短い吊手金具で上板が6波、下板が5波半である。肩甲に錆着した中円板は点刻波状文の加飾が見られるが、コ字形金具、帯金具に加飾はされていない（松尾 2000）。

　以上のように、天神山7号墳・カンス塚古墳については不明であるが、私市円山古墳・堤当正寺古墳の一対の吊手金具には長短の差があり、コ字形金具は加飾されず、勾玉形金具は出土していない。このことは、A類胡籙の属性の一部かもしれない。また、倭政権が存在する「畿内」からの出土例は、現在のところ確認されていない。その分布は、倭政権周辺部の地方に造り出し付円墳2基と円墳1基の計3基、遠く離れた北部九州に前方後円墳が1基である。埋葬施設は、堤当正寺古墳は古式の横穴式石室であるのに対し、他の3基は木棺や竪穴式石室などの竪穴系である。4基とも甲冑を配布されている。また、その所属時期は5世紀前半～中葉に属するとされ、被葬者はその時期の各地域における卓越した首長であった。

(2)　B類胡籙

　吊手金具とU字形金具を中心にした金具で構成され、2つに細分類される。U字形金具の下縁が直線的で表面にふくらみを持たないB_1類は千葉県内裏塚古墳、福岡県月岡古墳の2例、下縁がやや丸く表面がふくらむB_2類は愛知県おつくり山古墳があり、その可能性がある例として、石川県永禅寺1号墳、岡山県天狗山古墳のを含めて計3例がある（坂 1992）。福岡県塚堂古墳、同山ノ神古墳例は破片資料のためB_1類、B_2類のどちらに含まれるか不明である。天狗山古墳と月岡古墳からはコ字形金具が出土している。胡籙金具の内容が比較的よくわかるのは月岡古墳である。

　内裏塚古墳（田中Ⅱ期）のU字形金具は、耳がほぼ直立し、上部が細く下辺は直線的で、山形部を含めた下半部の形状も含めて、月岡古墳例に酷似し、使用鋲数も多鋲である。遺存する吊手金具の上板の点刻波状文は9波、下板は8波である。鋲配置は2単位8鋲である。中円板は加飾されず、中央に1鋲を打つ（田中 1988）。帯金具や勾玉形金具などは報告されていないが、月岡古墳や福泉洞22号墳とほぼ同様な金具から構成されていたものであろう。

　月岡古墳（田中Ⅱ期）では3具の胡籙の存在を想定している。鉄地金銅張か金銅製が多く点刻波状文が多用される。U字形金具は、現存品と絵図のもの計2枚、中円板3具分、吊手金具の上・下板8片（上板4枚、下板3枚、不明1枚）、コ字形金具1、帯金具などである。金具の組成は、勾玉形金具を除き福泉洞22号墳と相通ずる。現存するU字形金具縁部の多鋲の傾向は福泉洞22号墳例と同様である。絵図のU字形金具（図4-9'）は、下辺は弧を描いて中央が上に彎曲する。縁の鋲数は現存品より少なく、道溪洞19号墳例程には少鋲ではないが、天狗山古墳例に近い。吊手金具の波数は、上半が遺存する上板2枚を復元した波数は6波と8波の2通り、ほぼ完存する下板では8波半である。中円板3具分の存在から、U字形金具を伴う胡籙2具（B_1類）、コ字形金具を伴う胡籙1具（A類）の計3具が存在した可能性が高いと推測する（児玉 2005）。

　塚堂古墳1号石室のU字形金具は、小片からの推定復元図であるため、寸法や細部において不明な部分を残す。耳部上端が平直ではなく内傾し、類例を見ない。勾玉形金具が出土している。な

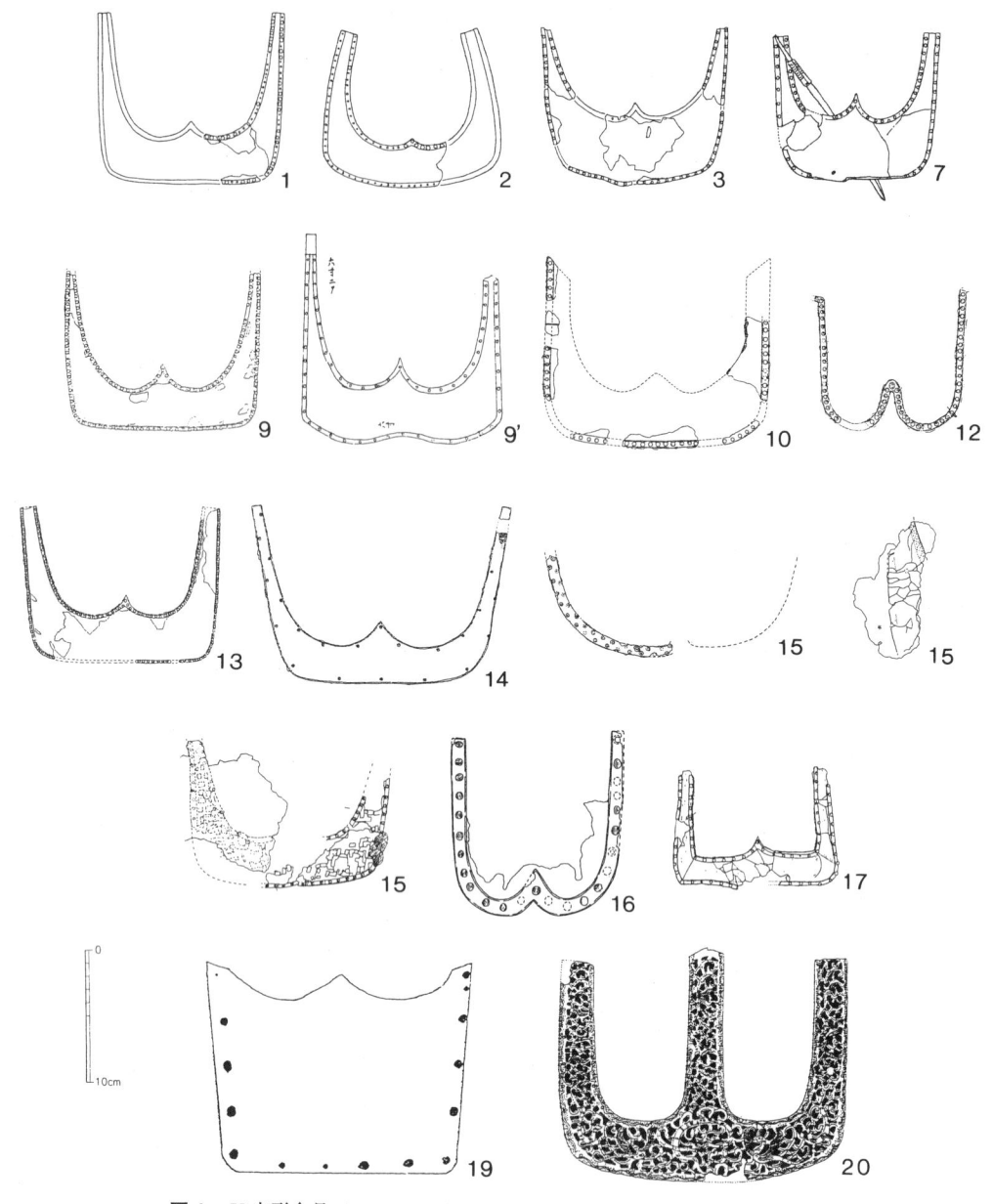

図4 U字形金具（縮尺不同．番号は表Ⅰ・図3に対応．（各報告書より転載））

お、2号石室から1枚作りの吊手金具の下半部が1点出土している（児玉 1990）。

永禅寺1号墳（田中 1988）、おつくり山古墳（田中 1988）、天狗山古墳（末永 1934）のU字形金具は、比較的小型で下辺が緩やかな弧を描く。永禅寺1号墳・天狗山古墳例は、下部の縦幅が広く全高の1／2程の比率で深く、おつくり山古墳例は1／3程で浅い。縁金具に打つ鋲は、天狗山古墳例がその間隔が比較的広く、他例と比べ、単位寸法あたりの使用鋲数は少ない傾向にある。

以上のように、B類胡籙は倭政権所在地を含む「畿内」では未発見である。また、「畿内」に近

い永禅寺1号墳、おつくり山古墳は円墳であるが、「畿内」から遠く離れた古墳は前方後円墳である。とくに、田中氏がⅡ期に位置づけられ、坂氏がB_1類とされる内裏塚古墳、月岡古墳の2基は、「畿内」から遠隔地の東西の地政学上の重要拠点に位置する。月岡古墳の胡籙金具の組成および堤当正寺古墳の年代観から、A類胡籙とB_1類胡籙は併存した時期もあったと思われる。

(3) A類胡籙とB類胡籙

　B類胡籙は、A類胡籙にU字形金具を装着することによりさらに装飾性を増し、坂氏が言われるように、勾玉形金具とセットをなして邪視文を構成する例がある。両胡籙を分ける最大のポイントは、胡籙本体の正面を飾るU字形金具の存否である。すなわち、復元された胡籙本体の側面観にはほとんど差はないが、正面観の下辺の両隅はA類胡籙は直角、B類胡籙はU字形金具の形状に合わせて下辺が弧を描く。B_2類胡籙のB_1類胡籙との相違は、復元された胡籙本体側面観の正面側がふくらみを持つことである（坂 1992；pp.253〜257）。さらに細かく見れば、3枚構成の吊手金具の上・下板の点刻波状文の波数が、A類胡籙は5〜6波であるが、B_1類胡籙は6〜9波と波数が多い傾向にある。

　このように、3分類された胡籙には正面観と側面観に形態上の違いはあるが、A類とB_1類胡籙の古墳への副葬時期にさ程の差はないと思われる。それは、福岡県の筑後川中流域に所在する、うきは市月岡古墳の想定される胡籙の組み合わせと、月岡古墳と甘木市堤当正寺古墳の構築時期の関係から推測することが可能である。月岡古墳では、U字形金具2・コ字形金具1と吊手金具3具分の存在を想定できる。すなわち、A類とB_1類を含む可能性があり田中Ⅱ期に位置づけられた月岡古墳と堤当正寺古墳のA胡籙はほぼ同時期に併存した可能性がある。

　A類胡籙は、堤当正寺古墳を除き、近畿およびその直近の範囲の古墳から発見されており、また、前方後円墳ではない。B類胡籙は、A類胡籙とは対照的に、近畿地方とはかけ離れた地域の前方後円墳に副葬される傾向にある。とくに、B_1類胡籙を持つ月岡古墳と内裏塚古墳は、田中氏が指摘されたように、近畿を挟んだ東西の軍事・政治的拠点として地政学上重要な位置を占める古墳である。ここに、両胡籙の持つ古墳の性格の一端が見える。それは、河内政権による地方支配を目的とする強力な楔の役割である。東国「上総」に内裏塚古墳以降大規模な前方後円墳が引き続き構築されて内裏塚古墳群を形成しており、この地が東国の実効支配を目指す強力な戦略上の重要拠点として機能したことが窺える。「河内」と「上総」の間にあるA・B類胡籙出土古墳は、円墳かそれに類する古墳であることは、倭政権による内裏塚古墳の重用性を暗示している。月岡古墳については、内裏塚古墳と同様の性格を九州北部において担い、さらに、韓半島における軍事行動の重要な戦略拠点の役割を果たし、それは塚堂古墳の時期まで続くと思われる。内裏塚古墳の場合と同様に「河内」と「筑紫」の間には、カンス塚古墳、天狗山古墳が配される。

3　韓半島のU字形金具

　U字形金具を出土した古墳は6基で、慶尚北道に2基、他の4基は倭に直近の慶尚南道に分布す

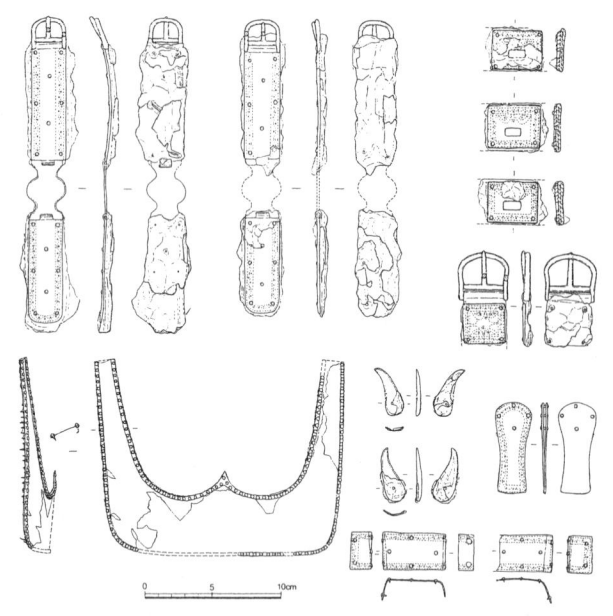

図5 福泉洞22号墳出土の胡籙金具 （報告書より転載）

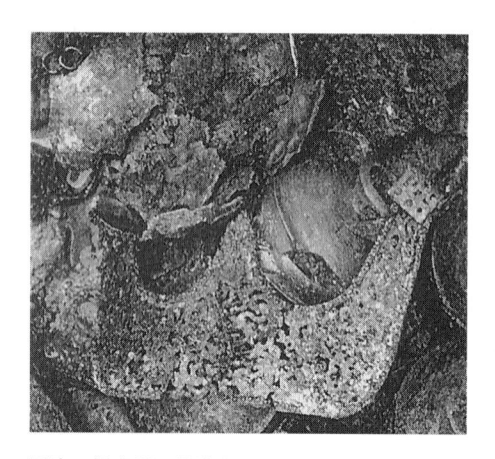

写真 林堂洞7号墳出土のU字形金具
（早乙女氏論文より）

る。埋葬施設は竪穴式石槨が多い。古墳の規模は大きなものではない。、慶尚南道の福泉洞22号墳は馬具、七鈴銅器、多彩な武器や鉄鋌など、同11号墳は甲冑、天冠、耳飾、飾大刀を含む多彩な武器や鉄鋌など、玉田M1号墳は甲冑、馬甲を含む馬具一式、装身具や多量の武器、同23号墳は冠帽や馬具などが出土し、傑出した首長墓であることを示している。

福泉洞11号墳例（田中Ⅲ期）は鉄製である。直立する両上端部は外方向に屈曲した部分で破損するが、内辺の縁金具である。他のU字形金具と異なり、外辺の縁金具と薄板を伴わない構成の金具であろう。60鋲以上打たれ、鋲頭は同22号墳例よりも大きく鋲間も広い（鄭・申 1982）。

福泉洞22号墳は5世紀前葉（田中Ⅱ期）に位置づけられる古墳であり、胡籙金具一式が揃い、胡籙の基準資料である。対となる吊手金具は下板に長短の差があり、中円板には加飾も打鋲もされない。多鋲のU字形金具、3枚構成の吊手飾金具、コ字形金具、勾玉形金具、帯金具などの形状と点刻波状文による加飾の仕方は、倭のA・B₁類胡籙の個々の金具と酷似する（全 1990）。

道溪洞19号墳例は、田中氏はⅠ期におかれ、倭・韓のU字形方立飾金具の最古に位置づけられた（田中 1988）。両耳は直立せずに左右に開き、幅は狭く細い。右耳の上部を破損するが、左右対称に鋲が打たれたと仮定すれば、使用された鋲の総数は24鋲である。149個の鋲が遺存する月岡古墳例と比較して、使用された鋲数はきわめて少なく、鋲に装飾的要素を求めなかったようである。鉄製であり、他のU字形金具に見られる細く帯状の縁金具を介さず、直接打鋲することも、実用性の高さを窺えさせる（朴・秋 1987）。

林堂洞7号墳B石室例は、早乙女氏の論文（早乙女 1988）に掲載された写真よると、通常のU字形金具と異なり、内辺の山形部分が高く、本体を透彫龍文により加飾している。この透彫龍文により加飾する特徴は、後述する中国の喇嘛洞村採集品に通ずる要素である。

玉田Ｍ１号墳では、矢入れ具を伴う鉄鏃が８群（A～H群）に分かれて副葬され、そのうち、H群に伴うＵ字形金具は山形部、右耳上半部等を失うが、ほぼ原状を窺え、方形と、方形を組み合わせた透彫を施している。この部分の加飾は林堂洞7号墳や喇嘛洞村例に通ずる。両耳は開き気味で、全形は福泉洞22号墳例に近いが、打たれた鋲数は少ない。E、F、G群の鉄鏃群に伴って出土したＵ字形金具は左耳の下半部破片で、遺存状態は悪いが、縁部に点刻波状（三角）文が残る。図によると、この部分に打鋲の形跡はない。同じく、どの鉄鏃群に所属するか不明のＵ字形金具も破片資料で縁金具の一部が遺る。内外辺いずれの縁金具であるのか不明である。鋲は１列に打つのが通例であるが、本例は千鳥に２列に打っている（趙1992）。

　玉田23号墳例は小型品で、福泉洞11号墳例の形状に類似する。金銅製の外辺の縁金具の内側に金銅板が遺るが、内辺の縁金具は出土しておらず、存在しなかったのであろう。外縁金具は幅広で、25個の鋲が打たれている。福泉洞11号墳例と比べ鋲数は半数以下で少鋲である（趙 1997）。

　池山洞34号墳例（田中Ⅲ期）は、全体に直線的な作りで山形各部の幅はほぼ同一である。下辺は他例のようには丸味を帯びない。鋲間寸法は広く、福泉洞11号墳例よりもさらに少鋲の傾向にある。吊手金具は１枚作りで、対となる金具の一方は短い。打鋲数は１単位５鋲である（金 1981）。側面観に膨らみを持ち、B_2類胡籙に属する可能性がある。

　以上のように、Ｕ字形金具の出土例は、韓半島南部の倭に接近した地域に限られている。その他の胡籙金具に範囲を広げても、さほど出土範囲が広がるわけではない。参考とすべきは、目を北に転じて高句麗の壁画古墳である。

4　中国遼寧省のＵ字形金具

　十二台88Ｍ１墓では、河南省安陽市殷墟西区孝民屯154号墓（孫 1983）に匹敵する馬具一式や甲冑類などを伴っている。問題とする金具は「銅箭箙飾件」として報告された薄い銅製のものである。幅は上部24.4cm、下部20.5cm、高さ18.1cmである。上部の幅が広く、中国の胡籙の下部の形状に相似する。それ故か、左右の両辺および下辺は弧を帯びずに直である。左右の耳の上辺は内側に斜に切り、その上部と山形の頂部は高さをほぼ揃えている。図によると、鋲頭と鋲の痕跡を15個表現し、倭・韓の例より少鋲である（張 1997）。

　喇嘛洞村採集品は、十二台88Ｍ１例では上部が幅広く逆台形に近いのに対し、高さ22.3cm、幅28cmで、横幅は上部と下部でほとんど差はない。両耳と山形の、幅と頂部の高さはほぼ同じである。表面は龍文で加飾し、周縁部は波状文と複数の点刻を１単位とした点刻波状文を巡らす。鋲は、波状文のほぼ１波ごとに打っているようである（小林・小池・豊島 2004）。

　喇嘛洞村採集品は、両耳を開き気味にして山形部を低く山頂部を三角に作れば、林堂洞7号墳例と形状および加飾の点で相通ずる要素を持っている。中国北東部の上記２例の所属時期は倭韓例よりも古く、形状および鋲使い方などに通ずる要素が濃厚であり、韓半島南部および倭のＵ字形金具の祖形になるものと考えられる。

5 初期胡籙（U字形金具）の系譜

　倭の初期胡籙金具、とくに月岡古墳の胡籙金具は、先述のように、福泉洞22号墳の胡籙金具一式に帰一するであろうと思われる程に、金具の組成および形状がよく似ている。倭では、ほぼ同時期に、福泉洞22号墳例と同様の金具の組成からなるB類胡籙、U字形金具を欠き3枚構成の吊手金具・コ字形金具・帯金具などからなるA類胡籙の2者がある。倭と韓の製作上の細かな技術的検証や素材の分析などの検討が必要であるが、福泉洞22号墳は5世紀前葉に位置づけられ、倭の初期胡籙出土古墳の年代観から、倭の初期胡籙の故地は韓半島南東部に求められそうである。

　次に、韓半島南部の胡籙と、中国十二台88M1墓例および喇嘛洞村採集品との間の空白を埋める資料について、早乙女氏は、「盛矢具」の系譜を中国まで追跡され、U字形金具を表現したと見られる高句麗の壁画古墳例として、安岳山3号墳、舞踊塚、長川1号墳を示された。このうち、4世紀中葉の安岳山3号墳では、U字形金具で飾られた胡籙を左腰に装着した4人の人物が弓を左肩に担ぎ、牛車に乗る貴人の左側を歩足行進している状態が描かれている。また、騎馬した人物が弓をしぼり、狩の状態を描いた舞踊塚、長川1号墳では、胡籙を右腰に装着している。歩行時と乗馬時で、胡籙の着装に左右の違いがある。この地域では、韓半島南部に見られるU字形金具の出土品は知られていないが、壁画から間接的にその存在を推測することができる。

　韓半島中部から中国北東部にかけての資料に乏しいにもかかわらず、わずかではあるが、細い糸の繋がりがありそうである。胡籙は、甲冑、馬具、帯金具などとともに中国北東部の三燕の支配者層の文化が、高句麗を介して韓半島南部に伝わり、その土地の社会状態に見合った形に変容され、新しく独自の文化として発展したものであろう。その背景には、広開土王の碑文が示す状況や、高句麗の南下政策に対抗して戦乱が続く韓半島の社会的混乱状態があり、文化的に高度な北から、ヒトとともにモノが南に動き、さらに倭に伝わったものであろう。ただ、月岡古墳の胡籙は、吊金具中円板への打鋲、蹴彫や勾玉形金具の存否などの相違点を除き、福泉洞22号墳の胡籙と酷似している。田中氏が指摘されるように、福泉洞22号墳、月岡古墳、内裏塚古墳の胡籙は伽耶系の製作者集団により製作された可能性が高い（田中 1988；196）。月岡古墳および内裏塚古墳出土の胡籙の製作地が伽耶であったのか、伽耶系渡来工人により倭で製作されたのか、今後、細かな製作技術の比較や理化学的検証を経て解決さるべき課題である。

　　　小文をまとめるにあたり下記の方々にお世話になりました。文末でありますが、記してお礼申し上げます。
　　岡田裕之・重藤輝行・田中新史・辻田淳一郎・中司照世・宮本一夫・宮本敬一

図6　安岳山3号墳壁画
　　　（早乙女氏論文より転載）

参考文献

（日本関係）

石田善久・鍋田勇他 1989a「（１）私市円山古墳」『京都府遺跡調査概報』第36冊

石田善久・鍋田勇 1989b「私市円山古墳出土の胡籙金具」『京都府埋蔵文化財情報』第31号

児玉真一 1989『若宮古墳群』Ⅰ（月岡古墳・塚堂古墳・日岡古墳）吉井町教育委員会

　　　　 1990『若宮古墳群』Ⅱ（塚堂古墳・日岡古墳）吉井町教育委員会

　　　　 2005『若宮古墳群』Ⅲ（月岡古墳）吉井町教育委員会

早乙女雅博 1988「古代東北アジアの盛矢具」『東京国立博物館紀要』第23号

　　　　林堂洞７号墳Ｂ石室の写真をはじめ、入手できなかった資料については、氏の論文に負うところが多い。

坂　靖 1990「胡籙の復元—寺口千塚の資料を中心として—」『古代学研究』第120号　古代学研究会

　　　 1992「胡籙の系譜」『同志社大学考古学シリーズ　Ⅴ』

末永雅雄 1934『日本上代の甲冑』岡書院

田中新史 1988「古墳出土の胡籙・靭金具」『井上コレクション弥生・古墳時代資料　図録』

松井忠春 1991「私市円山古墳出土胡籙とその系譜」『京都府埋蔵文化財論集』第２集

松尾宏 2000『堤当正寺古墳』甘木市教育委員会

安元大炊 1805『月岡宮堀開記』

矢野一貞 1853『筑後将士軍談』

（韓国関係）

金鍾徹 1981『高霊池山洞古墳群』啓明大学校博物館遺蹟調査報告　第１輯

全玉年 1985「東莱福泉洞22号墳出土胡籙金具胡籙　復元」『伽耶通信』第11・12合輯号

崔鍾圭 1987「盛矢具考」『釜山直轄市立博物館年報』第９輯

趙榮濟他 1992『陝川玉田古墳群Ⅲ（Ｍ１・Ｍ２號墳）』慶尚大學校博物館調査報告第７輯

趙榮濟他 1997『陝川玉田古墳群Ⅵ（23・28號墳）』慶尚大學校博物館調査報告第16輯

朴東白・秋淵植 1987『昌原　道渓洞古墳群Ⅰ』昌原大學博物館学術調査報告第１冊

（中国関係）

孫秉根 1983「安陽孝民屯晋墓発掘報告」『考古』1983年６期

張小舟 1997「朝陽十二台郷磚廠88Ｍ１発掘簡報」『文物』1997年11期

小林謙一・小池伸彦・豊島直博訳 2004『三燕文物精粋』遼寧省文物考古研究所　（独立行政法人文化財研究所　奈良国立文化財研究所）

中国遼寧地域の帯金具と馬具

千賀　久

はじめに

　中国の東北地方、遼寧省朝陽地域を本拠地とした慕容鮮卑の遺跡については、近年の遼寧省による調査・研究を通じて、しだいにその内容が明らかになりつつあり、前燕（337～370年）・後燕（384～409年）・北燕（409～436年）の三燕時代の遺跡・遺物は、同じ時期の朝鮮半島と日本列島に関わる資料も多く、注目されている。

　これまでに公表された資料のうち帯金具と馬具は、日本列島の出土品にも関わりが想定できる点で、とくに興味深いものである。なかでも、新山古墳例などに通じる晋式帯金具と、伝・大阪府誉田丸山古墳出土例に類似する鞍金具については、これまでに筆者が公表した論考[1]に直接関わる資料であり、この機会にこれらを加えて再検討しておきたい。

1　晋式帯金具

　晋は265年に洛陽に都を置き、280年に統一、316年に匈奴に都を占領されて南に遷るまでは西晋、翌年、健康（南京）を都にして420年宋に滅ぼされるまでを東晋と呼ぶ。

　中原地域の出土品のなかで、墓の造営年ないし埋葬年のわかる資料がある。西晋の武将周処墓（297年没）出土銀製帯金具は、天理参考館の所蔵品（金銅製）と材質は異なるものの金具の構成・文様が同じであり、それと東晋・太寧2（324）年銘のある広州市大刀山塼墓出土の帯金具の鉸具を比べると、文様構成が異なっている。大刀山墓では龍と向き合うように鳳凰が配置されているが、天理参考館のものは左向きの龍が1頭のみになり、筆者は前者のようなものをA類、後者をB類と呼んで区別している[2]。

　A類で、大刀山墓の金具より精巧な文様の出光美術館蔵品では、その帯先金具は龍ではなく虎が向き合うように配置されている。龍と虎の違いは、角の有無と、胴の鱗状の表現の有無、そして尾の付く位置も異なる。さらにA類の帯金具は、大刀山墓のものよりもっとくずれた文様の金具が、洛陽の西晋墓で出土していて、同じデザインの金具が長いあいだ製作・使用されたことがわかる。

　ところで、藤井康隆の分類[3]では、晋式帯金具をI群とし、鉸具・帯先金具の文様表現によっ

て、単龍の走龍文の側面観を表わすものを文様構成Ａ、龍を斜方からみたものをＢ１、その文様が極端にくずれたものをＢ２、さらに遼寧地域の出土品の特異な文様の３個体は、それぞれＣ・Ｄ・Ｅとした。このうち、Ｂ１・Ｂ２は筆者のＡ類に対応し、Ａ類からの変形と考えられる新山古墳例や行者塚古墳例は、藤井分類では周処墓例などと同じＡに含めている。

　文様構成を客観的に分類している点で、基本的に異論はないが、後者に含められた帯金具の、それぞれの文様の成立過程は一律ではない。まず、Ａ類の金具から派生してＢ類が成立したと想定する筆者の立場は、新山古墳例の金具の評価が根拠になっている。つまり、その鉸具と帯先金具の文様は、同じように単体の龍を表すが、それぞれの尾の付き方が異なり、鉸具の龍は胴の下から上へ伸びていて、帯先金具では直接尻の上からＳ字状に伸びる。これはＡ類の金具の、龍と虎のそれぞれの表現の違いに倣って区別していることがわかる。そして、その帯先金具の龍文を主文様に採用したのが、天理参考館例・周処墓例であり、鉸具はその反転した文様になる。また行者塚例は、Ａ類帯先金具の虎文を単体の虎に変形させて、その反転文様を鉸具にも使っている。

　このような視点は、新たに資料が増加した遼寧地域の帯金具を検討するさいにも有効なものであり、日本列島のこれまでの出土例とあわせて、それぞれの状況を比較する。

(1)　**日本の出土例**

　日本の古墳では、奈良県新山古墳と兵庫県行者塚古墳の帯金具がある。

　新山古墳例のほうが金具の数がそろっていて、鉸具・帯先金具各１枚と銙11枚、円形座金具の付く止金具１枚が報告されている[4]。鉸具・帯先金具の文様は、ともに頭部に角をつけた単体の龍を表現し、尾の付き方を左右の金具で区別する。なお、北京の琉璃河墓からよく似た文様の鉸具が出土している[5]。

　行者塚古墳では、鉸具・帯先金具各１枚と銙３枚が出土し、銙板が縦長の長方形の銙は垂飾の形の違いで２種類ある。鉸具・帯先金具ともに、帯に装着するための鋲と縁金を欠き、帯金具本来の用途を果たしていなかったと考えられる。それらの文様は、調査概報[6]などで龍とされたが、頭部に角の表現はなく、尾の付く位置もＡ類の帯先金具の虎に通じる。Ａ類の帯金具の龍と虎の区別に対応させれば、これは虎とするのがふさわしい。

　なお、これらが日本列島に伝えられた経緯については、中国大陸から直接というよりは、途中の地域、朝鮮半島南部の金官加耶などを経由したと考えるのが妥当である。５世紀初めの行者塚古墳では、舶載品の鉄鋌や鉄製鍑・鉄製轡などが同時に出土していて、それらといっしょに金色の珍品として入手したのだろう。いっぽうの、４世紀中ごろの新山古墳の帯金具は、金具の数がある程度そろっていて、帯に付けた状態であったようだ。この頃の金官加耶と倭の交易を物語る碧玉製品などが、金海大成洞古墳群などで出土しているため、この金具もそのような交易品の１つとしてもたらされ、朝鮮半島を経由した時点で、身分制に対応した服飾品という中国での本来の意味は失われていたと考えられる。

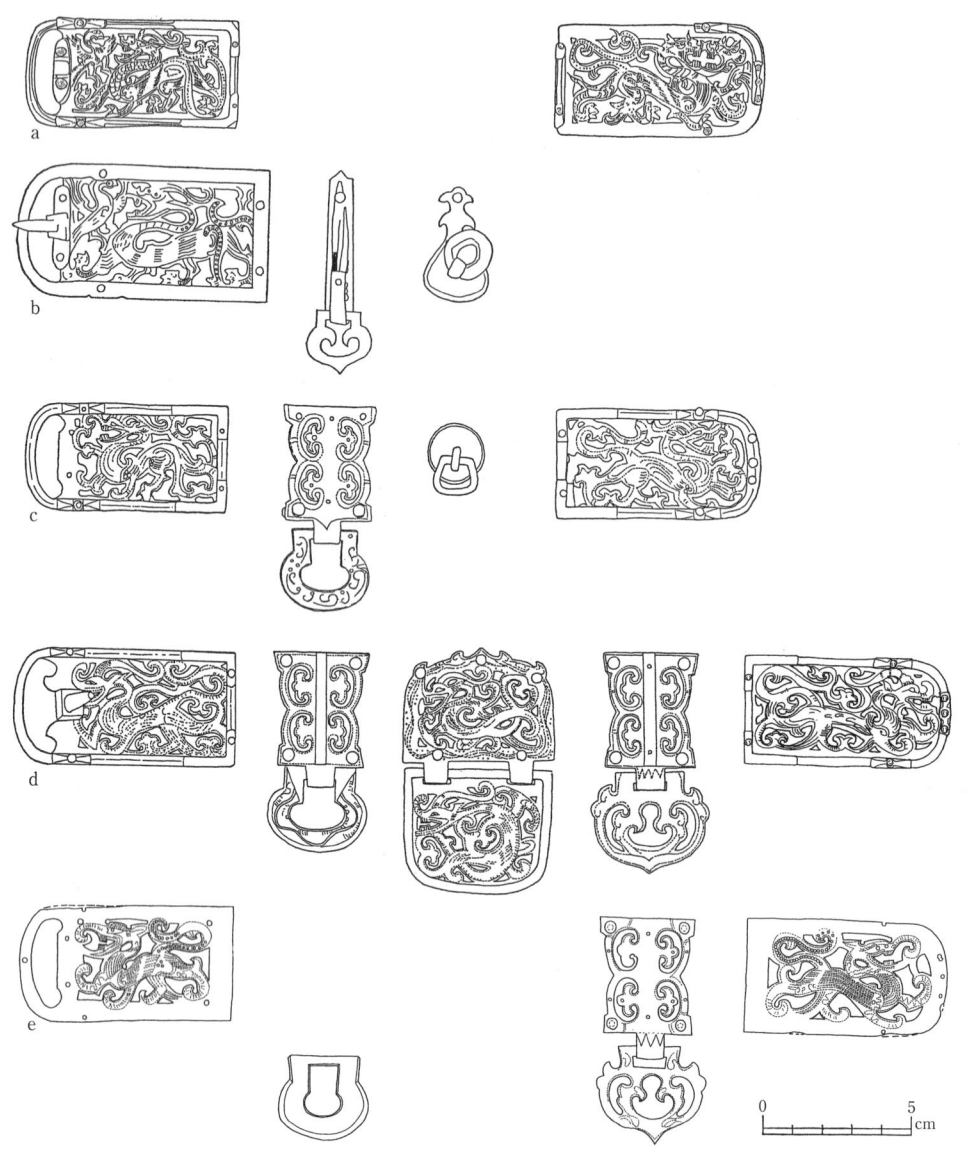

図1　晋式帯金具
a：出光美術館蔵品　　b：大刀山塼墓　　c：新山古墳　　d：天理参考館蔵品　　e：行者塚古墳

(2) 遼寧地域の出土例

　この地域の出土帯金具は、中原地域と同じものと、金具内部の文様に龍・虎・鳥など新たなデザインが採用されたオリジナル製品といえるものとがある。

　前者にあてはまる例は、北票県喇嘛洞ⅡM275号墓[7]にあり、鉸具・帯先金具と3種の銙がそろったA類に属する。この金具では、鉸具は一般的な鳳凰と龍の向き合う文様だが、帯先金具はC字と逆C字に胴を曲げた龍が向き合う文様配置になるのがきわめて珍しい。これまでのA類の帯金具のなかでは前例のないもので、その性格づけについては今後の課題だが、採用された文様は、共伴の銙板と垂飾が横長の銙に見られる多様な龍文の範疇に含まれるという点では、違和感は

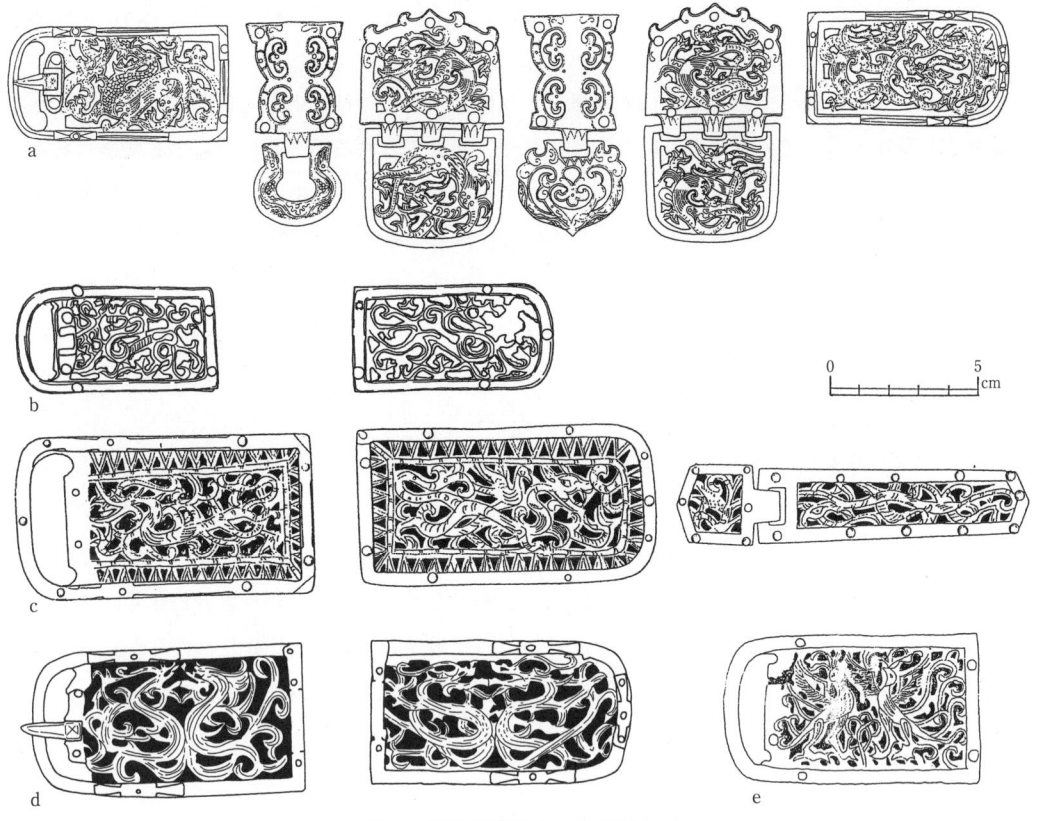

図2　遼寧地域出土の晋式帯金具
　　a：北票喇嘛洞ⅡM275号墓　　b：北票喇嘛洞ⅡM101号墓　　c：朝陽奉車都尉墓　　d：朝陽袁台子墓
　　e：朝陽十二台営子88M1号墓

ない。
　そして喇嘛洞ⅡM101号墓[8]では、その退化した文様の鉸具・帯先金具が出土している。文様の崩れは著しいが、鉸具の龍と鳳凰、帯先金具の虎の表現が読み取れるので、A類に含まれることは間違いない。なお、さきの藤井康隆は、龍の側面観という点から自身の分類のⅠA式としたが[9]、文様構成を重視すれば同氏分類のB式に含めるほうがわかりやすい。つまり、本例の文様の崩れは、A類金具を模倣した工人が文様の詳細を理解できなかったことに起因するものであり、この点で、文様を意図的に改変した新山古墳例や他のB類（筆者分類）の金具とは区別できる。
　またこれとは別に、意図的に文様が改変された例として、金具の形は晋式帯金具と同じで、内部文様に新たなデザインを採り入れたものがある。それらは、朝陽袁台子墓[10]例の双龍文、朝陽十二台郷磚廠88M1号墓[11]例の双鳳文、朝陽奉車都尉墓[12]例の龍・虎の文様である。
　いずれも、中原の金具の一般的な大きさに比べて大きく作る点で共通するが、それぞれの金具の縁金の形に違いがある。袁台子墓例の鉸具・帯先金具は中原地域のものに共通し、奉車都尉墓例の鉸具にはそのなごりが少し見られるが、88M1号墓例では断面が方形に近い縁金が巡り、それぞれに製作事情の違いが表れているようだ。
　これらに採用された文様のなかでは、中原地域の金具の文様を意識したのが、奉車都尉墓例にみ

られる。周囲を巡る連続三角文と、虎の背中の空間に鳥を配するのは独自のものだが、鉸具の龍と帯先金具の虎を区別する表現法と、虎の尾のつき方を見ると、A類金具をモデルに製作されたことがわかる。これに比べて、他の2例の双鳳文・双龍文は、この地域の他の金工品、たとえば北票県房身2号墓などの金製方形冠飾りの透彫り文様や、あとでふれる鞍金具にも通じる文様である。

ところで、これらの3例の帯金具の全容はどうだったのだろうか。たとえば、馬具や馬甲冑がそろって副葬されていた88M1号墓では、帯金具はこの鉸具のみの図と写真が掲載されていて、帯先金具や中間飾りの銙などについてはふれられていないので、伴わなかった可能性が考えられる。他の2例についても、袁台子墓では鉸具と帯先金具のみ、奉車都尉墓ではそれに鉈尾が加わっている。鉸具の刺金などは使用時に欠落したとすれば、これらの金具だけで、帯を装着する帯金具としての機能に支障はなかっただろう。

このように、遼寧地域出土の晋式帯金具は、中原地域からの搬入品（喇嘛洞ⅡM275号墓例）と、搬入品の模倣品（喇嘛洞ⅡM101号墓例）、さらに同じ形態の金具に独自の文様を採用したオリジナル製品（朝陽袁台子墓例などの3例）、に分類できる。後二者の遼寧地域の工房製品のなかでは、後者の一群に注目できる。そこには、中原地域の文化や制度を模倣しようという意識とともに、文様に独自性を表現する姿勢が表れていて、帯金具としての使用に必要な金具を新たに作りかえることを通じて、積極的に中原地域の服飾制度を受け入れようとした意思が読み取れる。これに比べれば、金具のみの受け入れにとどまった日本列島の場合とは、明確な違いが感じられる。

2　金銅製鞍金具

(1)　伝・誉田丸山古墳の鞍金具

丸山古墳は、誉田御廟山古墳の前方部北側の外堤に接する位置にあり、径約45mの円墳である。幕末の1848（嘉永元）年にこの古墳から出土したと伝える遺物が誉田八幡宮に所蔵されていて、そのなかにこの金銅製馬具が含まれる。馬具は、鞍金具2具と方形鏡板付轡1点、花形座金具の歩揺付飾り金具約20点と、鉄地金銅張りの鐙などがあり、さらに、金銅製帯金具と三角板革綴短甲・鉄刀・刀子・鉄鏃などが破片の状態でのこっている[13]。

筆者は、かつてこの馬具を検討した際に、1号鞍と2号鞍の海金具の龍文と鞍金具の形を比較して、2号鞍の龍文には、晋式帯金具などの文様に通じる写実的な表現を意識した特徴があり、それに唐草文の要素を加味して画一化したのが1号鞍の文様と位置づけた。さらに文様の配置は、左右対称に龍を整然と配した1号鞍に比べて、2号鞍の龍文はそれぞれが細部で異なる。このことは、規格化された逆U字形の1号鞍に対して、左右の下端（爪先）を内側に湾曲させた2号鞍の特異な形との違いにも通じると考えた。そして文様の特徴は、2号鞍の龍文をモデルに1号鞍の龍文が成立したと考えられるため、これらは互いに密接な関わりのもとで製作されたと推測し、高句麗ないし百済から加耶を経由して日本列島へもたらされたと考えた。

また、馬具や帯金具の龍文様を比較するなかで、これらの鞍と新羅との関係を想定したこともあったが[14]、最近では、この1・2号鞍がともに洲浜・磯分離鞍であるのに注目し、洲浜・磯一

体鞍が主流の新羅・高句麗の馬具とは別系統であると考え、同時期のものでは中国遼寧省の朝陽地域の出土鞍に共通点が見られ、それが加耶を経由してもたらされたか、または加耶で改造されたと想定した[15]。この時点では後者の可能性が強いと考えたが、2号鞍によく似た鞍金具の報告例を含めて、ここであらためて検討する。

(2) 遼寧地域の鞍との比較

丸山2号鞍の類例　まず、丸山2号鞍によく似た例は、北票喇嘛洞ⅡM101号墓と喇嘛洞出土品（1996年北票市での徴集品[16]）がある。これらと2号鞍を比較すると、次のようになる。

　　鞍金具の構造　ともに洲浜・磯分離鞍。ただし、北票鞍は洲浜の部分に海金具の下辺が張り出し、丸山鞍にはその張り出しはなく、洲浜金具の有無は確認できない。

　　鞍の形　左右の下端が極端に内側に湾曲する形は共通するが、丸山鞍のほうが高い。
　　　　　左右の大きな磯金具の形も同じ。

　　磯の鞍孔　後輪　ともに下辺の中央に1つあり。
　　　　　　前輪　北票鞍は中央上に1つあり、丸山鞍は不明。

　　透彫り文様　海金具の龍文の透彫りと線彫りの表現はともによく似ているが、丸山鞍ではそれに列点飾りを加える。
　　　　　　　連続する龍の配置は、前・後輪が同じで、中央にC字形の龍文が左右対称にあり、右側は左向き―右向き―左向き―左向き、左側は右向き―左向き―右向き―右向きの順になる。丸山鞍も遺存部分ではこれと同じ。
　　　　　　　磯金具の龍文は、丸山鞍の遺存部分では同じ。

　　鋲帯　ともに頭の大きい鋲を密に連ねた鋲帯が、海の外周と磯の上辺・側辺に巡る。

このなかでは、鞍金具の構造の違い、つまり洲浜部分での海金具の形態の違いが両者の基本的な相違点である。内山敏行は、前者を「有凸形」と呼んで丸山2号鞍と区別し、後者を遼寧地域の製品とする考えに慎重な姿勢を示した[17]。

丸山1号鞍の類例　つぎに、丸山1号鞍との関連で注目できる鞍金具は3例（朝陽市十二台郷磚廠88M1号墓、北票県喇嘛洞村、北票県西溝村）報告されているが、いずれもよく似ているので、そのうちもっとも遺存状況の良い十二台郷磚廠88M1号墓例を詳しくみる。

そこでは、2組の鞍と金銅製鏡板付轡・金銅製輪鐙・歩揺付飾り金具・心葉形杏葉などの馬具のほかに、馬冑が副葬されていた。2組の鞍のうち、報告で88M1：1と記す金銅板張り鞍を鞍1、透彫り金銅板張り鞍を鞍2と呼ぶ。その鞍2は、海と磯のいずれにも亀甲文の区画のなかに龍と鳳凰などの透彫り文様が配されていて、左右に分離する大きな磯金具の間に洲浜金具はなく、そこに海金具の下辺が張り出すのが構造上の特徴である。これに関連して、報告の写真図版をよく見ると、鞍2の後輪は、海金具の内側に数cm幅で鞍橋の木部がはみ出している。この木部は、磯金具を当てるところは隠れるが、洲浜部分はそのままでは木が露出するので、海金具を下へ張り出させてそれを覆っていたことがわかる。

また磯金具には、その外周の鳳凰文帯のあいだに約2.5cm間隔で小円孔が並んでいる。そのい

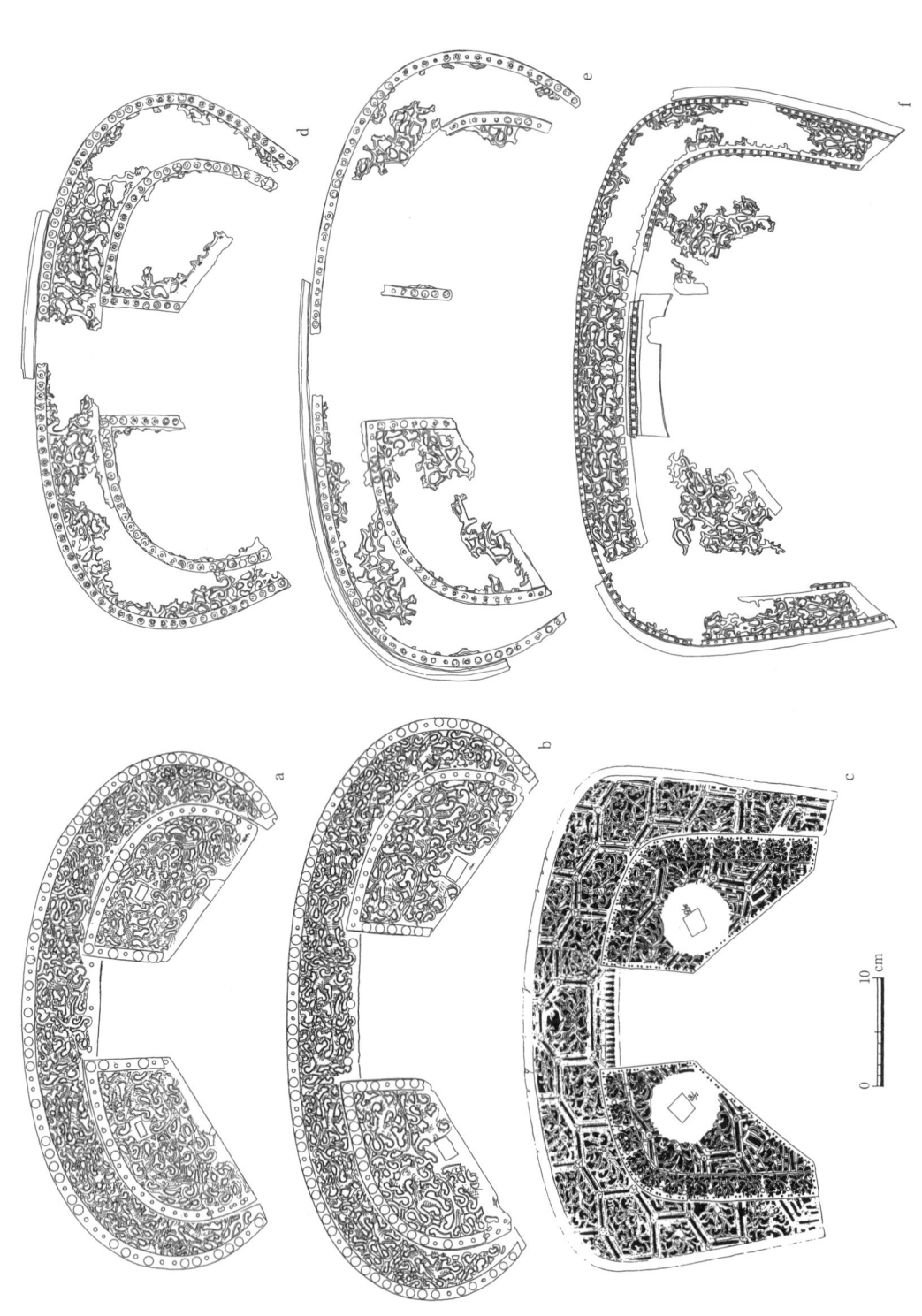

図3　遼寧地域出土鞍と伝・誉田丸山古墳出土鞍
a・b：北票喇嘛洞ⅡM101号墓　　c：朝陽十二台営子88M1号墓　　d・e：誉田丸山2号鞍　　f：誉田丸山1号鞍

くつかには鋲頭が残るので、磯金具を鞍橋の木部に固定していたとみられ、その機能は鋲帯に相当する。このほかにも金具の外周を巡る多数の小円孔が見られるが、径が小さいのでこれは鋲孔ではなく、周囲に革か布を張るための紐孔だろう。つまり、この鞍 2 は、磯金具の上辺の鋲帯と洲浜金具の定型化以前の鞍の姿と性格づけられる。

なお鞍 1 には、洲浜部分の海金具下辺の張り出しはなく、磯金具は伴わないようだ。写真図版を見ると、前輪の海金具の下に数 cm 幅で鞍橋の木部がはみ出していて、居木の小口部とともに洲浜部分も革などで覆っていたのだろうか。いずれにしても、このような「無凸形」(前掲内山分類)の鞍金具も同時に使用されていたのであり、形態的にはこちらのほうが丸山 1 号鞍に近い。

(3) その他の丸山鞍の類例

ここでは、これまでに知られている朝鮮半島の類例について概観する。丸山鞍の類例を探す手がかりとして、大きな磯金具を伴う鞍のなかでも、海・磯金具に透彫り金銅板を張る鞍を対象にする。ここにあげたのは、おもに 5 世紀中葉前後の時期のものである。

金銅板張りの鞍金具　鞍の海金具に透彫り板を使用する例を探すと、まず高句麗では、中国集安の万宝汀78号墓[18]例が早くから知られている。透彫りの龍文を左右対称に配置する点では共通するが、その四肢などに唐草文の影響が強くなっている。また慶州皇南大塚南墳[19]の、玉虫装金銅製品と銀製品の龍文の鞍金具も、よく似た文様配置だが、左右対称に配された龍文は、それぞれの一体が抽出できないほどに変形している。しかも、これらの新羅の鞍金具は洲浜・磯一体鞍であり、それに直接の影響を与えた高句麗にも同じ系統の鞍があり、高句麗から新羅への馬具の流れに丸山鞍は直接つながらない。

なお、小倉コレクションの伝・慶尚南道山清郡丹城邑出土の鞍金具[20]は、その海金具の透彫り板の双葉環文は丸山古墳の方形鏡板と帯金具の文様に共通し、外周を巡る覆輪の輪郭は 1 号鞍の形に近い点で注目できる。その磯金具は欠くが、海金具の下端を途切れずに一周する鋲帯と、半球形の座金具の鞍は、新羅の鞍に通じる特徴で、共伴品とされる鐘形杏葉と貝装雲珠も同様の系統の馬具であり、朝鮮半島の南東部では、新羅圏の地域でも丸山鞍に近い形態の鞍が製作されていたことがわかる。

そして、大加耶圏の高霊出土と伝える鞍金具は、左右対称に龍文を配し、洲浜・磯分離鞍である点で、丸山 1 号鞍との類縁性はつよい。ただし全体の高さが低く、磯金具の下辺に曲線的な剔り込みがある点では、それが直線になる丸山 1 号鞍に比べて時期が下る特徴とみられ、同じ大加耶圏の陝川玉田古墳群の鞍では、M 3 号墳[21] (5 世紀末)の鞍金具に近く、同様な文様構成の鞍の製作時期の幅を示す資料として位置づけられる。

これらとは別に、さきの遼寧地域の鞍のように、海金具などを亀甲文で区切る文様構成の例がいくつか知られている。まず高句麗では、集安の太王陵で亀甲文に龍文などを配する破片が出土し、龍文の透彫り金銅板張り輪鐙も伴っていて、これらは新羅の王陵クラスの古墳に副葬されるような優品の馬具に、系譜的にはつながる。

また、百済の祭祀遺跡の扶安竹幕洞遺跡[22]では、鞍金具が断片になって出土した。亀甲文のな

かに各種の文様が配されていて、このような文様配置は朝陽の鞍に近い特徴だが、亀甲文に波状列点文を巡らせるのは、新たに加えられた要素である。なお、これに共伴した剣菱形杏葉は、その形が大加耶圏と日本の初期の剣菱形杏葉に通じる点で注目できる。

さらに奈良市野神古墳[23]でも、同じように亀甲文のなかに龍と鳳凰の文様を配した鞍金具片が出土しているが、この金具は裏に薄い銀板を張り、文様は薄肉彫り表現なので、竹幕洞などの透彫り表現の鞍金具とは、基本的に系譜は異なる。

このほかに、福岡県月岡古墳[24]にも金銅製鞍金具があり、覆輪と海・磯金具の一部がのこっていて、海と磯の周囲には波状列点文が巡る。『筑後将士軍談』の図では、洲浜・磯分離型で、大きな磯金具が付き、十字形鏡板の轡が伴ったようだ。これは、遼寧地域の十二台郷磚廠88M1号墓出土の金銅製鏡板付轡に近いとみることもできる。

このように、朝鮮半島南東部とそこからの舶載品と考えられる日本の出土例には、系統が異なるものも含めて、丸山鞍に類似したものが集中することがわかる。

(4) 丸山鞍の製作地の候補

ここまでの丸山鞍の類例資料は、まず、遼寧地域の例では、2号鞍と喇嘛洞の2例の鞍は、鞍の構造を除く多くの要素に共通点があるのは間違いないが、現時点でこれらの出土例を根拠にして、2号鞍も遼寧地域で作られたとは即断しにくい。その一方で、別の地域での製作とすれば、繊細な彫金技術を要する金具とともに、当時でも一般的ではなかったこの鞍の形態をなぜ模倣したのか、という不自然さがのこる。そのため、遼寧地域での製作の可能性をのこすとともに、木工・金工を含む馬具製作工人の移住を想定するのも一案だろう。このように想定した場合には、同じ地域で十二台郷磚廠88M1号墓例などのような1号鞍に通じる鞍も作られていたのだから、彼らの移住先に丸山古墳の1号鞍と2号鞍の要素が同時に集中することになる。その地域を考える手がかりになるのは、丸山古墳の1号鞍と2号鞍の密接な関係である。

これまでは、2号鞍の特異な形態のために、その評価は1号鞍に比べて一定ではなかったが、筆者がかつて想定した「規格化された1号鞍に先行する2号鞍」という関係を前提にして考えると次のようになる。まず、2号鞍の特異な形は、その起源を遼寧地域に求めることで説明できる。そして、その模倣品すなわち2号鞍と1号鞍の製作地に関しては、丸山古墳でこれらが共伴していたので、日本列島にもたらされたのも同時と考えられ、これに加えて、さきの遼寧地域からの工人の移住を想定すれば、それらの製作も同一地域であった可能性はありうる。

ここで参考になるのは、丸山鞍を詳細に観察した鈴木勉・松林正徳両氏の見解[25]である。その彫金技術の面で、鞍金具の文様の透彫り・蹴り彫り・点打ちなどの使用工具と工程、龍文の表現法などが似ていることから、1・2号鞍は「同一系譜内にある技術者が製作した」と考え、さらに日本列島での製作を想定されたが、その点には同意しにくいが、1・2号鞍が同一工房の製品の可能性は、さきの想定と齟齬はない。

そうすると、当時の通有の形態を採用した1号鞍について、朝鮮半島の類例をさきにあげたが、そのなかで地域をさらに特定する材料として、同時期に製作された鉄板張り鞍が参考になる。

まず日本の例では、大阪府鞍塚古墳、滋賀県新開１号墳、岐阜県中八幡古墳などの鞍金具が、同じような大きな磯金具を伴う洲浜・磯分離鞍であり、加耶地域からの舶載品と考えられる。たとえば大加耶圏の、陝川玉田古墳群の67-A号墳（５世紀前半）で同じ系統の鞍金具が出土している。これらの鞍と同一系譜の工房で、２号鞍とそれを改造して１号鞍が製作された可能性は考えられる。

なお、同古墳群では、同じ頃の68号墳（５世紀前半）に、さきの伝・丹城邑出土鞍のような鋲帯があり、５世紀中葉の42号墳とＭ１号墳でも洲浜・磯一体鞍が出土していて、両系統の鞍と馬具が使用されていたことになる。これらと同じ系統の鞍金具は、日本でも大阪府御獅子塚古墳と宮崎県下北方５号地下式横穴などの出土例があり、加耶の状況をそのまま反映していることがわかる。

３　遼寧地域の帯金具と馬具の製作

さきにあげたなかで、遼寧地域の晋式帯金具と龍文鞍金具の共伴例は、喇嘛洞ⅡM101号墓に見られる。両者の金具に表現された龍文を比べると、帯金具には中原地域の金具の文様をそのまま模倣した龍文があり、鞍の海・磯金具にはさまざまな姿態の龍文が巧妙に配されている。前者の文様表現は稚拙さが目立つが、金具の形と同時に文様もそのまま模倣していて、その延長上に後者の馬具の製作が位置づけられるように思える。

つまり、後者の鞍金具に見られる多様な龍文は、中原地域の帯金具に使用された文様を手本にしたと考えられる。実際に、喇嘛洞ⅡM275号墓に３種の銙の揃った金具一式の副葬例があり、たとえば、その帯先金具のＣ字形の龍文は鞍の海金具中央の文様によく似ているように、海・磯金具にデザインされた文様は、中原製帯金具の龍文の多様さのなかに収まる。そうすると、この龍文鞍金具の工房には、実物の文様モデルとなった帯金具が置かれていて、その文様を理解できたデザイナーと工人によって金具が仕上げられた、という状況も想定できる。

ところで、文様の比較という視点で、十二台郷磚廠88Ｍ１号墓などの鞍の文様を改めて見ると、先のⅡM101号墓例などの鞍の海金具と磯金具の龍文に近い形の龍が数か所に見出せる。このことから、前者の一群の鞍より遅れて後者の88Ｍ１号墓などの鞍が作られ、そのさいに文様の一部にこの龍文を採り入れて表現を少し変えた、と考えることもできる。なお、同じ88Ｍ１号墓で共伴した帯金具の双鳳文は、鞍金具の鳳凰や別の姿態の龍と同じように、房身２号墓などに出土例がある金製方形冠飾りなどの金工品にも見られ、この地域に普及した文様であったといえる。

そうすると、このことを同地域の晋式帯金具の変遷で言いかえると、わかりやすくなる。つまり、①中原地域からの実物の搬入、②金具のそのままの模倣、③金具の文様を変えたオリジナル品の製作、という流れになり、馬具をはじめ他の金工品の製作もこれと同様に変遷したと考えられる。つまり、上記の前者の一群の鞍は②の段階、後者の一群の鞍は③の段階に相当する。

このように想定しても、それぞれの段階に年代観をあてはめる材料を準備できていないため、机上の議論でしかない。また、当初の目的であった、日本列島の類似資料との関係についても、朝鮮半島を介しての関係と考えられるため、これまでとあまり変わらない想定に落ち着いた。いずれも詳細な検証については、今後に期したい。

註

（1）a　千賀久 1984「日本出土帯金具の系譜」『橿原考古学研究所論集』第6
　　　b　千賀久 1982「誉田丸山古墳出土の馬具について」『考古学と古代史』同志社大学考古学シリーズⅠ
　　　c　千賀久 2003「日本出土の「新羅系」馬装具の系譜」『東アジアと日本の考古学』Ⅲ　同成社

（2）註（1）aに同じ

（3）藤井康隆 2002「晋式帯金具の製作動向について―中国六朝期の金工品生産を考える―」『古代』111

（4）梅原末治 1921『佐味田及新山古墳研究』

（5）宿白 1974『三国―宋元考古』

（6）加古川市教育委員会 1997『行者塚古墳発掘調査概報』

（7）奈良文化財研究所 2004『三燕文物精粋』（日本語版）

（8）註（7）に同じ

（9）藤井康隆 2003「三燕における帯金具の新例をめぐって」『立命館大学考古学論集』Ⅲ

（10）遼寧省博物館文物工作隊 1984「朝陽袁台子東晋壁画墓」『文物』1984-6

（11）遼寧省文物考古研究所・朝陽市博物館 1997「朝陽十二台郷磚廠88M１発掘簡報」『文物』1997-11

（12）田立坤 1994「朝陽前燕奉車都尉墓」『文物』1994-11

（13）註（1）b、羽曳野市 1994『羽曳野市史』第3巻史料編1

（14）千賀久 2001「古墳時代の龍文様」『シルクロード学研究叢書』4

（15）（1）cに同じ

（16）陳山 2003「北票新発見的三燕馬具」『文物』2003-3

（17）内山敏行 2005「中八幡古墳出土馬具をめぐる問題」『中八幡古墳資料調査報告書』

（18）吉林省博物館文物工作隊 1977「吉林集安的両座高句麗墓」『考古』1977-2

（19）文化財管理局 1993『皇南大塚―南墳発掘調査報告書』

（20）東京国立博物館

（21）趙栄済・朴升圭 1990『陝川玉田古墳群』Ⅱ『慶尚大学校博物館調査報告』6

（22）国立全州博物館 1994『扶安竹幕洞祭祀遺蹟』

（23）千賀久 1977「奈良市南京終町野神古墳出土の馬具」『古代学研究』82、千賀久 1992「馬具にみる龍文透彫品」『考古学と生活文化』同志社大学考古学シリーズⅤ

（24）吉井町教育委員会 1986『月岡古墳』

（25）鈴木勉・松林正徳 1996「誉田丸山古墳出土鞍金具と5世紀の金工技術」『考古学論攷』20

参考文献

町田章 1970「古代帯金具考」『考古学雑誌』56-1

弓場紀知 1980「鍍金透彫帯先金具」『出光美術館館報』32

中村潤子 1999「日本の初期騎馬文化の源流について―遼西発見の馬具、特に鞍金具に関連して―」

桃崎祐輔 2004「倭国への騎馬文化の道－慕容鮮卑三燕・朝鮮半島三国・倭国の馬具との比較研究―」『考古学講座講演集』「古代の風」特別号No.2

桃崎祐輔 2005「東アジア騎馬文化の系譜―五胡十六国・半島・列島をつなぐ馬具系統論をめざして―」『馬具研究のまなざし』

挿図出典　上記文献の各報告より引用したが、図1-dの帯先金具は註（3）、図2-bは註（9）より引用した。

古代東アジアにおける熨斗の受容と
伝播についての一試考

玉城　一枝

はじめに

　江戸時代の式亭三馬の『浮世風呂』には熨斗摺で焼け焦げをつくってしまった女中の失敗談がユーモラスに語られており、江戸の庶民の間では熨斗が日常用具としてすっかり定着していたことがうかがえる。近代まで各家庭にみられた熨斗（アイロン）は、古代からその形状を大きく変えることなく東アジアの文化の中に断続的に根付いていく。ただ、地域によってその伝播の様相は一様ではなく、わが国では古墳時代に熨斗がもたらされた後、いったん姿を消すなど、その受容や普及の過程にはまだ不明な点が多い。

　日本における熨斗の発見が、1963年の新沢126号墳の発掘調査を嚆矢とすることはよく知られている[1]。しかし、その後、熨斗の新たな事例は散発的な報告にとどまり、わが国古代における熨斗は特殊遺物として位置づけられ、新沢126号墳の報告書に示された森浩一氏の考察以降、ほとんど省みられることがなかった。

　近年になって、熨斗の研究は毛利光俊彦氏[2]、瀧瀬芳之氏[3]、桑野一幸氏[4]、江介也氏[5]らによって展開されている。それらは主に個々の形態の特色に着目して、形態変化の乏しい中にも時代や地域での特色を抽出し、わが国出土の熨斗について考察したものである。なかでも、江氏の論考は、中国出土の魏晋南北朝の資料を丹念に渉猟し、熨斗が発生した前漢代から魏晋南北朝にかけての型式分類と変遷を詳細に整理し、時代や地域の特色をも明らかにした、古代東アジアにおける熨斗研究の基礎をなす労作といえるだろう。

　海外に目を向けると、李漢祥氏[6]が新羅出土の熨斗の副葬状況などを検討し、朝鮮半島出土の熨斗とされているものの中にアイロン以外の用途の可能性に言及した。一方、中国においては、熨斗の体系的な研究は未だみられない。

　小論では、古代東アジアにおける熨斗が、まず中国でどのように位置づけられ、朝鮮半島や日本にどのように伝播し、いかに受容したのか、古代東アジアにおける熨斗文化の様相について探ってみたい。

1　中国出土の熨斗

熨斗の文化は中国前漢代に始まる。

ここでは、朝鮮半島や日本に直接影響を及ぼしたと考えられる魏晋南北朝の熨斗のあり方を中心として墓の中での出土状態に着目し、被葬者にとっての熨斗の文化的意味を探る手がかりとしたい。

ただ、墓の構造は、時代や地域などさまざまな要素によって多様な様相を呈し、ストレートな比較は困難であるため、便宜上、熨斗の出土状態が明確な資料について、以下のように分類して述べることにする。

　(1)単室構造の墓の事例
　(2)多室構造の墓の事例
　　　A　被葬者の埋葬空間に熨斗が置かれた場合
　　　B　被葬者とは別室に熨斗が置かれた場合

(1)　単室構造の墓の事例

富貴山4号墓[7]（江蘇省南京市）　墓室は長さ4.87m、幅1.89mの塼室墓。残存する歯牙の位置から東側に女性、西側に男性を並置した夫婦合葬墓と考えられる。銅熨斗（全長39.6cm）は、奥壁に近い頭部側のほぼ中央部に柄を女性側に向けて出土している。青磁壺類や銅鐎斗など雑多な器物の中に置かれており、棺外への副葬が想定される（図1-1）。墓主の身分は、皇族か皇帝身辺の重臣とみられる。東晋前期。

「馮素弗」墓[8]（遼寧省北票県）　長さ4.25m、幅1.34～1.53mの石槨内に木棺を収めた鮮卑文化特有の石槨木棺墓で、西域からもたらされたガラス器5点を含む470点もの副葬品が出土している。銅熨斗（全長34.8cm）の出土位置は明確ではないが、木棺外で石槨との空間に収められていたようである。火皿の底部は薄いが口縁部が非常に分厚く作られた特異な形状である。火皿内には黒色の油垢が残っている。馮素弗は"范陽公""遼西公""大司馬""車騎大将軍"の印章を持ち、統治者の地位にあったことが知られる。子供を附葬。『晋書』によれば、馮素弗の卒年は北燕太平7年（415）。

西官営子2号墓[9]（遼寧省北票県）　馮素弗の妻の墓。同じ墳丘内で、馮素弗墓同様の石槨木棺墓に葬られる。銅熨斗（全長30.2cm）は石槨内南壁下で出土した。その形状は馮素弗墓例と同じく口縁部が分厚く作られている。北燕。

大平房村壁画墓[10]（遼寧省朝陽市）　長さ200cm、幅70～78cmの石室（槨）の西側に小室を持つ構造である。人骨は失われていたが、壁画の内容から夫婦合葬墓とされる。大型の陶洗と陶盆は被葬者の頭部側に並べられていたが、陶製のミニチュアの熨斗（残長18.3cm）は、臼・釜・甑・勺などの他の一般的な生活用品を表現した陶製の明器13点とともに西小室に納められていた（図1-2）。墓主は鮮卑貴族とみられる。北燕。

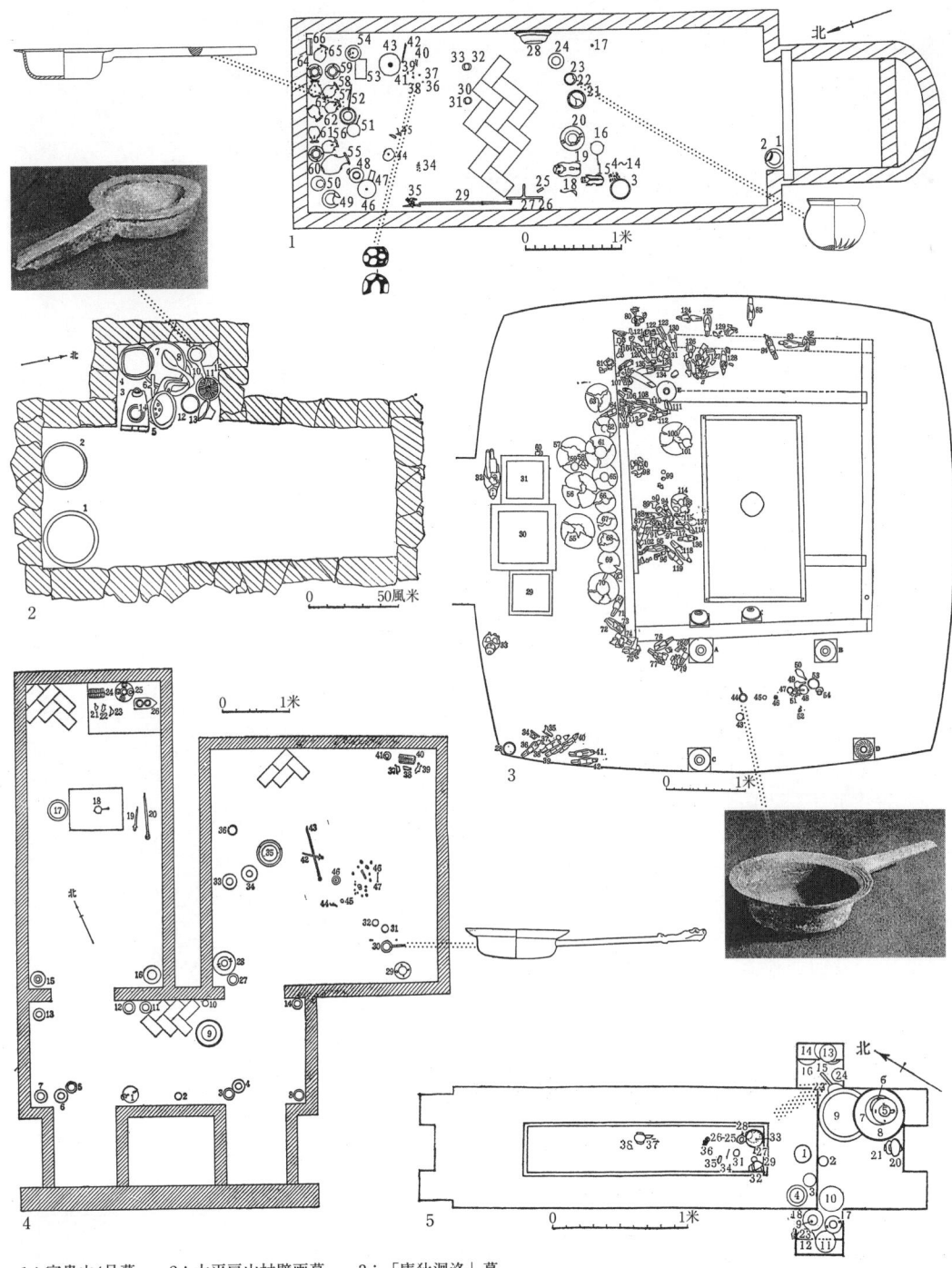

古代東アジアにおける熨斗の受容と伝播についての一試考　387

1：富貴山4号墓　　2：大平房山村壁画墓　　3：「庫狄廻洛」墓
4：高淳県化肥廠1号墓　　5：縄金塔墓

図1　熨斗の出土状態（中国1）

388　第2部　文化伝播篇

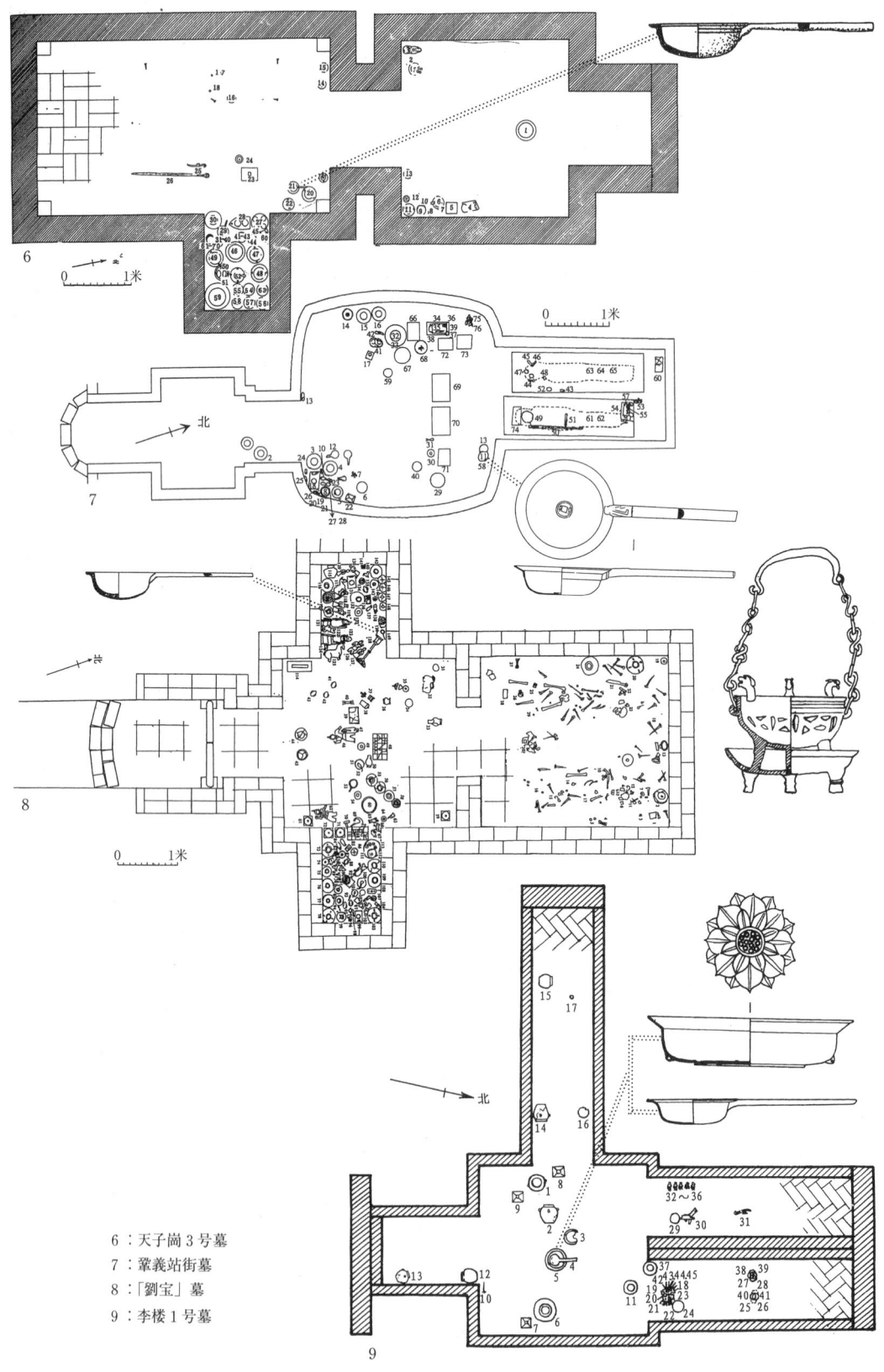

6：天子崗3号墓
7：葦義站街墓
8：「劉宝」墓
9：李楼1号墓

図2　熨斗の出土状態（中国2）

「彭氏」墓[11]（新疆維吾尓自治区吐魯番）　洞室墓の型式をとる武宣王沮渠蒙遜夫人彭氏の墓。成年女性の干屍の傍らで69匹もの絹織物のほか、鉛製の熨斗（全長7.5cm）をはじめ、はさみ・尺などの鉛製の明器が出土した。大量の貴重な絹織物とともに納められたこれらの品々は、実生活でも重要視された高貴な女性の身だしなみの象徴とみられる。衣物疏に北涼承平14年（459）の紀年がある。

「庫狄迴洛」墓[12]（山西省寿陽県）　塼室墓の中央に構築した家屋式の木槨内に木棺を置き、中央に男性1体、その左右に女性を各1体安置しており、計3体を埋葬する。金銅製の小型熨斗（口径8.9cm）は木槨外の東側に他の金銅製の盒や唾壺などの近くで発見されている（図1-3）。墓主の身分は地主階級の鮮卑貴族とされる。墓誌の記載によれば、庫狄迴洛の卒年は北斉大寧2年（562）である。

(2)　多室構造の墓の事例
　　A　被葬者の埋葬空間に熨斗が置かれた場合

高淳県化肥廠1号墓[13]（江蘇省南京市）　前室と2つの後室からなる塼室墓で、夫婦合葬墓とみられる。龍首の装飾柄をもつ銅熨斗（全長33.8cm）は、東側の後室から、青磁碗や青磁鶏頭罐とともに出土している。この室には簪をはじめ金銀製の装身具を多く含む遺物群がみられ、おそらく女性の棺が置かれていたと思われる（図1-4）。呉前期。

天子崗3号墓[14]（浙江省安吉県）　前室と、耳室をもつ後室からなる塼室墓で、後室には男女2名が安置されたと考えられる副葬品配置を示す。銅熨斗（全長32.4cm）は後室に入ってすぐ左側（北東隅）で、青磁双系罐2点の近くで出土している（図2-6）。三国末～西晋初。

「周處」墓[15]（江蘇省宜興県）　前室と後室からなる塼室墓。後室には2体が安置されており、夫婦合葬墓とみられる。北側の人物は人骨から40歳以上の男性と鑑定されている。銅熨斗は後室に入ってすぐ右側（東北隅）に陶磁器類や石板などとともにかたまって出土している。男性の棺外で小口の外側あたりにこれら一群の副葬品が置かれていたと思われる。南側の女性とみられる被葬者のすぐ東には磚台が設置されていて、床の空間に制限が生じたための遺物配置とも考えられ、とくに男性を意識したものとはいいきれない。西晋元康7年（297）の紀年塼。

　　B　被葬者とは別室に熨斗が置かれた場合

「劉宝」墓[16]（山東省鄒城市）　前室、東西耳室、後室で構成された塼室墓。前室と後室には撹乱がみられるが、東西耳室の副葬品は、基本的に原位置を保っているとみられる。後室には西側に男性、東側に女性が、それぞれ北枕で安置されていた。熨斗（全長39.6cm）は西側耳室にぎっしりと納められた副葬品のなかに鉄提梁炉や高足銅灯など火にかかわる器物とともに置かれている（図2-8）。西晋永康2年（301）。

「孫松女」墓[17]（河南省洛陽市）　前室と後室からなる塼室墓。墓室は撹乱されているが、人骨が後室に遺されている。銅熨斗は前室中央南寄りで検出された。鉄製はさみや骨尺なども副葬されている。二子を附葬。西晋永寧2年（302）。

鞏義站街墓[18]（河南省鞏義市）　前室、後室、主室からなる副葬品配列の良好な塼室墓である。

底部に五銖銭紋を鋳出する銅熨斗（全長37cm）は後室の北東隅から陶犬や泥鎮とまとまって出土した。主室には2つの棺があり、東側に男性、西側に女性が南枕で安置されている。墓主の文人身分を象徴する文房具の副葬が多い（図2-7）。西晋前期。

瑞昌馬頭墓[19]（江西省瑞昌県）　前室と後室をもつ塼室墓。後室の西側に男性、東側に女性が北枕と思われる配置で並置された夫婦合葬墓である。龍頭の銅熨斗（高さ5cm）は前室の中央西寄りに銅鐎壺・銅盆・盉・青磁牛・鉄器残片とともにひとかたまりで出土している。墓主は豪族身分とみられる。西晋前期。

李楼1号墓[20]（湖北省老河口市）　前室・後双室および側室をもつ塼室墓で、後双室の西側に男性、東側に女性の夫婦とみられる男女と、西側室に妾とみられる女性を葬ったもので、前室は3者の共用部分としての空間となる。銅熨斗（全長34cm）はこの前室の中央やや東寄りで、内底に三層八弁蓮華紋を浮彫した銅洗の中に火皿部を入れた状態で置かれていた（図2-9）。墓主の身分は、中下級官吏と推定されている。陶帳座には西晋泰始8年（272）、泰始9年（273）の紀年がある。

縄金塔墓[21]（江西省南昌市）　全長3.9m、幅0.9mの塼室墓。段差によって前室と後室の区別をなす小規模な墓室である。後室には木棺が置かれ、銅熨斗（全長26cm）は、前室の大型漆盤と接して出土している（図1-5）。西晋後期。

以上のように、中国の熨斗資料のうち、比較的出土状態が明確な資料について概要を紹介した。これらの状況から、魏晋南北朝における熨斗の墓への副葬のあり方は、「王士良」墓[22]（北周〜隋）など新しい時期になると所有者を特定するような埋納例がみられ始めるものの、総じて個人を意識したものとは考えにくい状況が明らかとなった。ここで示した資料以外の報告事例をみても、墓への熨斗の副葬は、実用品や明器といった表現の手段を問わず、1墓に1つが原則であったことに変わりはない。ちなみに、副葬品の組み合わせやセット関係という視点でみても、出土位置においては、他の器物との明らかな関連性は見出せないのである。

そして、熨斗を副葬する墓は、原則として、西官営子2号墓や「彭氏」墓などの女性だけの墓か女性を含む墓であるということは大きな特色といえるだろう。唯一例外となる「馮素弗」墓にしても、子供の歯冠が出土していることは、注意すべきである。ここには石硯、虎子、鐎斗、鉄鏡などが大小2点ずつ副葬されており、子供のためにも副葬品を用意したことが知られる。女児の可能性もじゅうぶんに考えられるのではないだろうか。

これら熨斗を副葬する墓は夫婦墓や

表1　熨斗出土の墓における複数埋葬の内訳

遺跡名	時期	男	女	不明	子供	合計
化肥廠1号墓	呉前期	1	1			2
「朱然」墓	呉（249）	1	1			2
梅家山1号墓	呉	1	1			2
高塞1号墓	魏晋	2	1	1		4
天子崗3号墓	三国末〜西晋初	1	1			2
瑞昌馬頭墓	西晋前期	1	1			2
肇慶市站街墓	西晋前期	1	1			2
李楼1号墓	西晋（273）	1	2			3
「劉宝」墓	西晋（301）	1	1			2
「孫松女」墓	西晋（302）		1		2	3
富貴山4号墓	東晋前期	1	1			2
「馮素弗」墓	北燕（415）	1			1	2
「庫狄廻洛」墓	北斉（562）	1	2			3
「李賢」墓	北周（569）	1	1			2
「王士良」墓	北周〜隋	1	2			3

家族墓が多い。人骨が確認できないまでも遺物配置などからある程度の埋葬状況の推定が可能なものも含めて、同一墓の複数埋葬と思われる例を示してみた（表1）。

　夫婦合葬墓とみられる2体埋葬の事例が多いが、なかには3体、4体という多人数の場合も含まれる。そして、同一墓における女性の埋葬人数に注目しても単数、複数にかかわらず、熨斗は1墓に1つであることが確認できる。これは、熨斗が特定個人の所有物ではなかったことを示すものと捉えられる。墓を被葬者たちにとっての完結した死後の生活空間とみた場合、熨斗は一家や一族に1つあれば事足りた器物であったのだろう。また、墓の中に副葬品を納めるにさいして、熨斗の帰属を明らかにしようとする意図がほとんどよみとれない出土状態には、熨斗が日常生活に必要不可欠で個人の所有を明確にした生活用具ではなく、特別な調度品としての性格が反映されているのではないだろうか。

　布帛文化の浸透や着実な発展を背景に熨斗が創り出されたことを考えると、熨斗は誰もが持つものではなく、貴重な絹織物などを豊富に持ちえた王侯貴族や富裕層など、一定以上の社会的地位にある家族や一族にとっての特権的な器物であり、実生活では、高貴な女性の象徴としての意味をも合わせもっていたと考えられる。このことは、初期の熨斗を中心に縁起物としての「五銖銭」や「貨泉」などの銭紋を火皿の内底に施したり、「五鳳元年四月考工賢友繕作府啬夫趙良平陽付守長呉安光主左丞萬福並省重三斤十二両」[23]などと柄の部分に刻字した由緒ある贈答品とみられるものがあることなどからも推測できる。

2　朝鮮半島の熨斗

　では、朝鮮半島に目を向けてみよう。

　朝鮮半島では、現在19例の「熨斗」が知られている[24]。型式的には、柄が中実式のもの（2例）と、柄が中空で木の柄などを挿入して使用する銎式のもの（17例）の2種があり、両者は形態上、明瞭に分類できる。

　中実式タイプは百済の武寧王陵と新羅の皇南大塚北墳で出土しており、中国では一般的にみられるものである。一方、銎式タイプは、皇南大塚北墳と皇南大塚南墳で各2点のほか、天馬塚・皇吾里古墳群（4号墳、16号墳1槨・2槨・4槨・8槨、37号墳南槨、54号墳甲槨、100-1号）、仁旺洞19-C槨、林堂EⅡ-1号墓・EⅡ-3号墓、校洞7号墳で各1点出土しているが、同時期の中国には類例が知られていない特異なものといえる。朝鮮半島における銎式タイプの「熨斗」は5世紀中葉から6世紀前半代にかけての限られた時期に出現し、それ以降は存続しない。そして慶州を中心とした局地的な分布傾向を示し、慶州を離れた地域においても校洞7号墳の山字形金銅冠を始め、中央との強い政治的結びつきを思わせる副葬品を含むなど、このタイプの「熨斗」の分布の背景が一元的な要素に集約されることを思わせる状況は示唆的である[25]。

　その用途については従来、熨斗とする説が有力だが、皇吾里16号墳2槨から出土した銎式の「熨斗」が銅鼎のすぐ下に挟まれるようなかたちで正位で出土[26]した（写真1）ことに注目した李漢祥氏は、これを本来の用法を反映したセット関係ととらえ、銎式タイプの「熨斗」が持ち運び式の

392　第2部　文化伝播篇

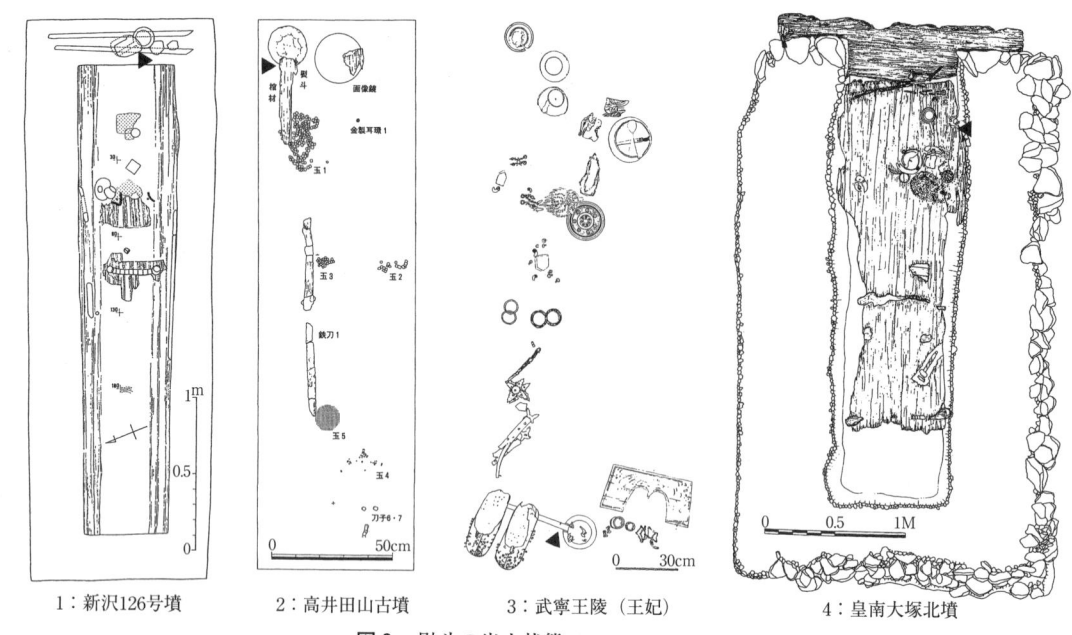

1：新沢126号墳　　2：高井田山古墳　　3：武寧王陵（王妃）　　4：皇南大塚北墳

図3　熨斗の出土状態（日本・朝鮮半島）
（皇南大塚北墳は上層遺物を除いて熨斗が確認できる面での副葬品配置）

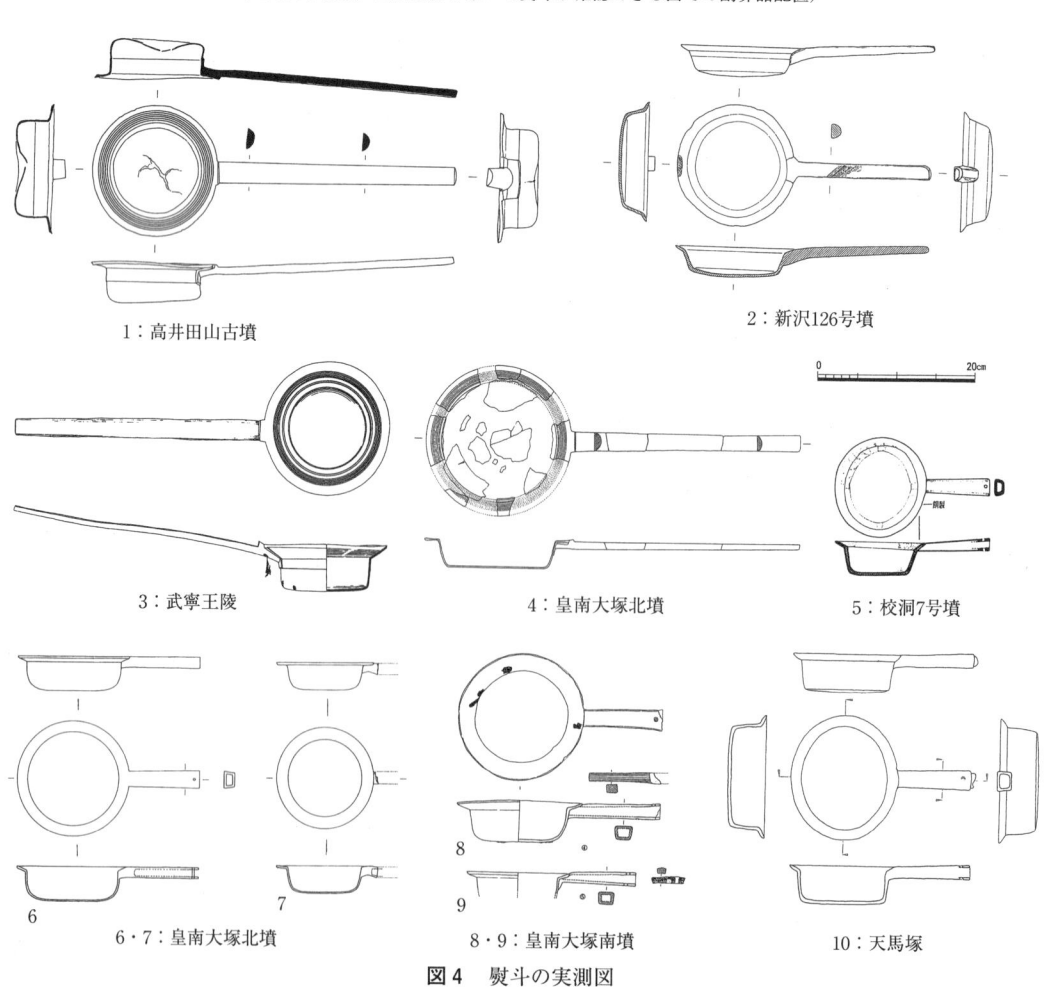

1：高井田山古墳　　　　　　　　　　2：新沢126号墳

3：武寧王陵　　　　4：皇南大塚北墳　　　5：校洞7号墳

6・7：皇南大塚北墳　　8・9：皇南大塚南墳　　10：天馬塚

図4　熨斗の実測図

写真1 皇吾里16号墳2号槨出土の
「熨斗」と出土状態
（『朝鮮古蹟研究会遺構Ⅰ』より）

「火炉」である可能性を指摘した[27]。ただ、本例は、口径13.2cmに対して、高さ5.6cmと盉式の他例と比べて火皿部が非常に深いという際だった特徴を持ち、幅広の口縁部を除く口径に対する高さの純粋な比率は5割をゆうに超えている。同じ盉式の他の例と比べると明らかに異例の形状をもつもので、仮にこれが「火炉」であったとしても個別のケースの可能性も排除できない。

この盉式タイプの「熨斗」は、広がった口縁部を持ち、底に平らな面を有する柄の付いた容器という熨斗本来の基本的な要素は備えているものの、中国では正円形であることが一般的な火皿部[28]が、天馬塚例（図4-10）や校洞7号墳例（図4-5）などでは楕円形を呈していたり、器壁もやや厚いなど、皇南大塚北墳例（図4-4）と武寧王陵例（図4-3）にみられる、柄が中実式で口縁部を同心円状にめぐる繊細な沈線で飾った南朝系の熨斗にみる端整な印象とはほど遠い。型式は一様ではなく、口縁部の形状が平らなものとカーブを持つもの、その中間タイプもみられる。皇吾里16号墳1槨例や皇吾里4号墳例など比較的新しい時期に編年される古墳から出土したものは、口縁部が丸みを帯びて立ち上がるという変化を見て取ることができる。それらはおそらく南朝からの将来品と考えられる皇南大塚北墳の中実式の熨斗を出現の契機として在地で製作され、政治的な結びつきのある有力者に分配された器物と考えたほうが自然なのではないだろうか。

李漢祥氏の「火炉」説はなお検討を要するが、新羅特有の盉式タイプの「熨斗」が、本来のアイロンとは別の用法で使用された可能性に言及されたことは一考に値する重要な指摘であろう。

すでに確認したように、中国の王侯貴族や富裕層の墓の副葬品としてしばしばみられる熨斗は、各墓に1点ずつというケースが原則であるのに対して、皇南大塚北墳では3点（図4-4・6・7）、皇南大塚南墳では2点（図4-8・9）の「熨斗」が副葬されていることも朝鮮半島での新たな現象といえる。盉式の「熨斗」が幅広い口縁部を有することが火受けとしての役割を担っているとすれば、火に関係する儀式などの際に使用するための儀器を推定させるが、いずれにしても局地的な分布を示す盉式タイプの「熨斗」が、布帛文化の着実な受容を背景とした実用品として新羅の王陵や政治的つながりのある階級の墳墓を中心に広がりを見せたとは考えにくい。これら盉式タイプの「熨斗」について、以上のような解釈が許されるならば、新羅における確実な熨斗は皇南大塚北墳の1点のみとなる。

ここで南朝系とみられる百済・武寧王陵例と新羅・皇南大塚北墳例の各々の熨斗について出土状態を確認しておこう。

南朝の影響を強く受けた塼築墳の構造をもつ武寧王陵[29]では、玄室内に王と王妃の木棺が並んで安置されており、熨斗は王妃の足元側の棺外で棺の小口に沿って柄を併行に置いたようなかたちで倒置で出土している（図3-3）。王妃の棺側に沿わせるような副葬品配置は、この熨斗がとくに

王妃を意識して供えられたものであることを推測させる。白苧布片が熨斗の火皿の外底に付着していたことから、布に包んで置かれていたとみられる。529年埋葬。

積石木槨を内部施設とする皇南大塚北墳[30]では、熨斗は単槨の木槨内部の被葬者頭部側に納められた副葬品収納櫃内から出土している。櫃内での出土位置は櫃の南端近くで櫃底に接し、柄を頭部側に向けて環頭大刀2振と折り重なるように並行して置かれていた。少し離れて同じような方向に柄を向けた2点の盞式の「熨斗」が重ね合わせて置かれていた。大型の3個の鉄釜のうちのひとつが盞式の「熨斗」に覆いかぶさるように配置されている（図3-4）。南朝系の熨斗と盞式の「熨斗」は区別して扱われていることが看取できる。北墳の被葬者は南墳に比べて装身具を豊富に持ち、武器や利器が少ないことや、「夫人帯」の刻銘のある銙帯端金具をもつことから王妃の墓と考えられている。五世紀後半。

3　日本出土の熨斗

一方、日本の古墳時代では奈良県新沢126号墳、大阪府高井田山古墳、静岡県翁山13号墳[31]、福岡県塚堂古墳[32]で熨斗の出土が知られている。塚堂古墳例は中国でもまれにしか出土しない異例の金銅製であるが、破片で全体のかたちが復元できず、熨斗以外の可能性も否定できない。ここでは、出土状態の詳細が判明し、熨斗であることが確実な2例についてみていこう。

新沢126号墳[33]では墓壙内に安置された木棺外の頭部側に副葬品を納める木箱が置かれていた状況が想定されている。熨斗は木箱の中で2点の鉄刀の上に伏せたかたちで置かれ、さらにその上に四神図を描いた漆盤が載せられていた（図3-1）。被葬者の身長は150cm程度と推測されている。5世紀後半。

高井田山古墳[34]では横穴式石室の玄室内に東西に並ぶ2つの木棺が納められていた。熨斗を伴う東棺の遺物はほぼ原位置をとどめているものと考えられ、遺骸は消失しているが、遺物配置や観察所見の詳細な報告によって埋葬状態を復元できる好資料である。玉類には5群のまとまりがみられ、それぞれ頸玉、手玉、足玉と考えられる。熨斗は頭部と棺の北小口板との空間に火皿を北に向けて正位で画像鏡と並べるように置かれていた（図3-2）。熨斗の火皿内部には底部から側面にかけて撚紐の痕跡があり、綾や麻の布片の付着が認められる。火を用いた葬送儀礼に使用された後、ほどなく布に包んで副葬したのであろう。5世紀末。

なお、玉類の着装のありかたから被葬者の性別を判断することには慎重を要する[35]が、甲冑や武器の大半が西棺の被葬者に伴う副葬品と考えられることや、百済の影響を強く受けていると思われる本墳が、夫婦合葬墓ということを前提に東棺が西棺の被葬者に対して頭位からみれば左側に配置されている点などを考慮すれば、熨斗を副葬する人物を女性とみること[36]には矛盾がないように思われる。

これら日本出土の熨斗の系譜について、高井田山古墳例は、武寧王陵例や皇南大塚北墳例との関連が考えられているが、新沢例はこれらとは型式的に隔たりがみられる。これに馮素弗墓例を根拠とした中国東北地域との関連を説く考え方があるが、馮素弗墓例の口縁部が異様に厚く、上面が上

写真2　仙鶴観6号墓出土のガラス碗
（南京市博物館『六朝風采』2004より）

反りぎみであるという特殊な要素を指摘し、これを漢文化の模倣型式もしくは地方退化型式とする異論[37]があり、筆者も同様に考える。

これまでみてきたように朝鮮半島の2例に加え、高井田山古墳の被葬者も女性である可能性が高いとみられる。では、新沢126号墳の被葬者の性別はどのようにとらえられるのだろうか。その手がかりとして、ガラス器に注目してみたい。

新沢126号墳の被葬者がもっとも大切にしていたと考えられるものが、棺内の頭部横に納められていたローマン・グラス（半透明のカットグラス碗と紺色の皿）であろう。

新羅の古墳からは皇南大塚北墳・南墳をはじめ、10の古墳から合計25点のガラス器が出土している[38]が、どれも新沢126号墳の非常に薄手のガラス碗とは少し印象が異なるように感じられる。そこで、類例を求めてみると中国の江蘇省南京市仙鶴観6号墓例[39]（写真2）があげられる。カットの形こそ異なるが、未完成とされるカット部分の装飾効果や全体的な印象も含めて類似性が多いように思われる。この仙鶴観6号墓は東晋前期の塼室墓で、墓室には東西に並ぶ木棺が置かれ、男女各1体がそれぞれ納められていた。ガラス碗は、西側の女性の木棺内の頭部あたりに副葬されていた。

また、熨斗を出土した富貴山4号墓[40]でもガラス碗が副葬されている。この墓も、夫婦合葬とみられる男女2体がそれぞれ木棺に納められていたが、西方由来のガラス碗とトンボ玉は、いずれも女性に帰属すると考えられる。トンボ玉は棺内で、頭部の横辺り、ガラス碗は女性の足元辺りに置かれていたが、棺内か棺外かは定かでない。いずれにしても、古墳時代の熨斗の源流とみられる地での共通したガラス器の副葬品配置をみる限り、男女2体の合葬墓において、いずれも女性の所有とみられるケースとして認識されるのである。このような事例を傍証にすれば、新沢126号墳の被葬者が女性であった可能性もじゅうぶんに考えられるのではないだろうか。

おわりに

以上のように熨斗をめぐる中国、朝鮮半島、日本のあり方を概観してみると、布帛文化を着実に継続発展させていた中国においては、貴重な絹製品などの衣類を豊富に持ち得た社会的に階層の高い人たちのあいだで、熨斗は象徴的な調度品として一家や一族に1つは備え置かれたものだったことがうかがえる。そして熨斗は墓への副葬のさいにも原則として特定個人への帰属を明確にするものではなかったが、日常生活においては所謂『搗練図巻』（図5）や柿荘6号墓の壁画[41]にみるように女性が使用する道具であり、一定以上の階層や富裕層の女性の特権的器物として認識されていたのであろう。このことは、とくに朝鮮半島における南朝系の熨斗のあり方に象徴的に示されている。

高貴な女性への貢納品として朝鮮半島へもたらされた熨斗は、彼の地で布帛文化を背景に実用品として定着発展することはなかったが、火にかかわる貴重な将来品としての側面が強調され、あらたに新羅特有の釜式タイプの「熨斗」の発生を促す契機となった可能性が推量されるのである。

図5　唐・張萱『搗練図巻』部分

日本への熨斗の伝播は朝鮮半島における受容の延長上で捉えられ、布帛文化とは遊離しながらも、女性を象徴する調度品として渡来系集団に単発的にもたらされたもの考えられよう。

小論をなすにあたって、蘇哲、坂靖、江介也、飯田史恵の各氏から、ご教示や示唆に富む助言をいただいた。末尾ながら、記して謝意を表したい。

註

（1）　橿原考古学研究所編　1977『新沢126号墳』奈良明新社
（2）　毛利光俊彦　1991「銅灯・熨斗の系譜」『古墳時代の研究』8　雄山閣
（3）　瀧瀬芳之　1994「熨斗（火のし）について」『花ノ木・向原・柿ノ木坂・永久保・丸山台』（第2分冊）埼玉県埋蔵文化財調査事業団
（4）　桑野一幸　1996「熨斗」『高井田山古墳』柏原市教育委員会
（5）　江介也　1999「古代東アジアの熨斗」『文化学年報』48　同志社大学文化学会
（6）　李漢祥　2005「新羅熨斗の副葬様式と用途」『東亜考古論壇』創刊号　（財）忠清文化財研究院
（7）　南京市博物館他「江蘇南京市富貴山六朝墓地発掘簡報」『考古』1998-8
（8）　黎瑶渤「遼寧北票県西官營子北燕馮素弗墓」『文物』1973-3
（9）　前掲註（8）
（10）　朝陽地区博物館他「遼寧朝陽発現北燕、北魏墓」『考古』1985-10
（11）　吐魯番地区文物保管所「吐魯番北涼武宣王沮渠蒙遜夫人彭氏墓」『文物』1994-9
（12）　王克林「北斉庫狄迴洛墓」『考古学報』1979-3
（13）　鎮江博物館「鎮江東呉西晋墓」『考古』1984-6
（14）　程亦勝「浙江安吉崗漢晋墓」『文物』1995-6
（15）　羅宗真「江蘇宜興晋墓発掘報告」『考古学報』1957-4
（16）　鄒城市文物局「山東鄒城西晋劉宝墓」『文物』2005-1
（17）　河南省文化局文物工作隊第二隊「洛陽晋墓的発掘」『考古学報』1957-1
（18）　鄭州市文物考古研究所他「河南鞏義站街晋墓」『文物』2004-11
（19）　江西省博物館「江西瑞昌馬頭西晋墓」『考古』1974-1
（20）　老河口市博物館「湖北老河口市李楼西晋紀年墓」『考古』1998-2
（21）　江西省博物館「江西南昌市郊的両座晋墓」『考古』1981-6
（22）　「王士良」墓（陝西省咸陽市）は竪穴式の土洞墓で、王士良と妻、妾の3人の棺があり、熨斗は妾克邑

の棺の中から出土している。北周（565）〜隋（陝西省考古研究所 1992『中国北周珍貴文物』）

(23) 『小校經閣金文拓本』巻13
(24) 前掲註(6)
(25) 李漢祥氏はこれら盌式タイプの「熨斗」を出土する古墳について、環頭大刀の佩用の有無を基準に皇南大塚南墳、天馬塚、皇吾里4号墳、皇吾里16号墳2槨・4槨、皇吾里37号墳南槨、皇吾里100-1号墓の墓主を男性、皇南大塚北墳、皇吾里16号墳1槨・8槨、皇吾里54号墳甲塚などを女性とする可能性を述べている。〔前掲註(6)〕
(26) 有光教一・藤井和夫 2000「第1編慶州皇吾里第16号墳発掘調査報告」『朝鮮古蹟研究会遺稿Ⅰ』（財）東洋文庫
(27) 前掲註(6)
(28) 「孫松女」墓の熨斗の公表図〔前掲註(17)〕では火皿部が楕円形のようにもみえるが定かではない。
(29) 文化広報部　文化財管理局 1973『武寧王陵』
(30) 文化財管理局　文化財研究所 1985『皇南大塚北墳発掘調査報告書』
(31) 『静岡県史』資料編3考古三　1992
(32) 本例は金銅製品のため実用品とは考えにくいが、復元口径が13.9cmとされ、中国の実用品の熨斗と遜色のない大きさとなる。中国では金銅製の熨斗として「庫狄迴洛」墓例があり、口径8.9cmと、明らかに小型の明器である。児玉真一他　1990『若宮古墳群Ⅱ』吉井町文化財調査報告書6
(33) 前掲註（1）
(34) 安村俊史・桑野一幸 1996『高井田山古墳』柏原市教育委員会
(35) 筆者はかつて、古墳時代の玉の装身具について考察したことがある（玉城 1992「足玉考」『考古学と生活文化』同志社大学考古学シリーズⅴ、玉城 1994「手玉考」『橿原考古学研究所論集』12）。手玉も足玉も人物埴輪の着装例は女性に限られるが、埋葬施設内のあり方は、必ずしも埴輪のあり方を反映していない実相が確認できた。奈良県藤ノ木古墳の家形石棺の中で足玉を着装した南側の人物は骨骼の計測値の統計的傾向から男性の可能性が高いとされる。玉の呪力という点では、手玉には古文献などからもそれが認められ、埋葬施設での男子の着装も死者の装束と解釈できるが、足玉は、古文献にも装身具としての側面しか浮かび上がってこない。手玉に比べて出土例が極端に少ないことを考え合わせても、足玉は女性の身嗜みとしての装身具と捉えられる。筆者は藤ノ木古墳の南側被葬者についても女性の可能性が高いと考えている。
(36) 前掲註（34）安村俊史「第7章　高井田山古墳をめぐる諸問題」
(37) 前掲註（5）
(38) 由水常雄 2005『ローマ文化王国—新羅』改訂新版　新潮社
(39) 南京博物館 2001「江蘇南京仙鶴觀東晋墓」『文物』2001-3
(40) 前掲註（7）
(41) 河北省文化局文物工作隊「河水井陘県柿荘宋墓発掘報告」『考古学報』1962-2

伝沖ノ島出土の透彫り金具について

岡村　秀典

　福岡県の宗像大社に沖ノ島出土と伝える金銅製の透彫り金具がある。蓮華紋と龍紋とをあしらったもので、出土地点は不明だが、伝4号遺跡という説もある（出光美術館ほか編 1978）。4号遺跡は、およそ6～7世紀の岩陰遺跡である。この透彫り金具を報告した鏡山猛（1957）は、その複弁蓮華紋が飛鳥時代に盛行した単弁蓮華紋よりも後出すると考え、それを白鳳・奈良時代に比定した。しかし、中国製の可能性が高い金工品にたいして、日本の瓦当紋様にもとづく年代観をあてはめる論理そのものがまちがっている。本稿は、近年の中国考古学の成果をふまえ、その蓮華紋と龍紋の形およびその表現手法は5世紀の北魏に由来し、さほど時間差がなく朝鮮半島から日本列島に広がったことを論じるものである。

　北魏は398年から494年まで平城（いまの山西省大同市）に都をおいていた。雲岡石窟が開かれたのは460年のことである。そのころ百済や倭は南朝に朝貢しており、北朝との交渉はほとんど史書に記されていない。また、雲岡石窟をのぞいて、5世紀の北魏にかんする考古資料はこれまでほとんど知られていなかった。しかし、1938年から1944年に東方文化研究所が雲岡石窟とその周辺で収集した遺物が京都大学人文科学研究所に保管されており、その資料を整理するうち、奈良県藤ノ木古墳の馬具をはじめとして、6世紀の古墳文化には北魏様式との関連が少なからず認められることに気づいた。古墳文化の研究において、これまでほとんど注目されてこなかった伝沖ノ島出土の透彫り金具を手がかりに、その卑見を述べてみたいと思う。

1　透彫り金具

　透彫り金具は伏鉢形をなし、3段に分けて紋様をほどこしている（図1・2）。紋様はいわゆる半肉彫りに表現する。胴部の最大径は13.5cm（出光美術館ほか編 1978）。段の間は2条の平行帯で区画している。上下段には複弁蓮華紋を配し、中段には2頭の龍を時計回りに旋回させている。上段の蓮華紋は9弁。蓮弁は尖頭アーチ形をなし、葉脈の稜線は先端だけで、匕面状に凹んだ蓮弁内に肉づきのよい子葉2枚を並列させている。中房にあたる部分は大きな無紋の円盤で、その中央に方形の孔をあけている。蓮子の表現はない。孔の横に楷書で「甲」の1字を刻んでいる。甲・乙・丙…とつづく一連の番号を示すものであろう。上段の蓮華紋部は別鋳で、蓮弁および蓮弁間と本体の平行帯との間に角張った「8」字形の留め金をわたし、両端を鋲留めして上段の蓮華紋部を支えている。蓮弁間の留め金には葉脈の稜線をいれて、間弁のようにつくっている。下段の蓮華紋は21弁

図1　伝沖ノ島出土の透彫り金具
　　（鏡山　1957：図版92）

図2　伝沖ノ島出土の透彫り金具拓本
　　（鏡山　1957：図68・69を合成）

が立ち並び、下端部は輪縁状に立って小孔が並んでいる。おそらく筒状の布か組紐を綴じあわせて垂飾りとしたものだろう。

　中段の龍紋について詳しくみよう。2頭の龍は形が少しちがっているが、ともに唐草状にあらわされる。大きく盛りあがった目に丸い瞳が描かれ、目の後ろに眉毛が巻きあがり、その後ろに尖葉形の耳がある。目の上から「し」字形の角がのびる。角の根元には冠毛と呼ばれる2つの瘤があり、角の先は2葉に分かれている。目の下には鼻の突起があり、上顎は鼻の下で「へ」字形に曲がって先端は上に反転している。下顎は短く下に反転し、顎髭は前に巻く。顎髭の後ろには三角形に毛がのび、飛翔するさまをあらわす。口の開きは狭く、歯列の表現はない。開いた口の途中から長い舌がのび、先端が上に巻いている。細い胴部には細かい爪形ないしは円形の紋様をいれた2条の紋様帯があり、それ以外の部分には細かい線刻をほどこす。胴部の上下に前後左右の足をのばし、足の根元は胴部と同じ紋様をいれた大きな渦紋であらわされる。頭の後ろと後足の前は上下に2～4葉の半パルメットでうめている。

　この透彫り金具は、類例がないため、用途はもちろん、製作の地域や時代を特定するのはむずかしいが、とりあえずその蓮華紋と龍紋の来源を中国に探ってみよう。

2　北魏の蓮華紋

　蓮華紋はふつう仏像の台座や光背、仏像の頭上をおおう天蓋の中心に用いられることが多い。雲岡石窟ではまた、天空に浮遊する蓮華として天井に描かれている。これらの蓮華は仏や菩薩や天人たちの母胎となった。『法華経』や『無量寿経』などに「もし人が天の中に生まるれば勝妙の楽を受け、もし仏前に在らば蓮華化生せん」あるいは「この諸もろの衆生は七宝の蓮華の中において自然に化生し、跏趺して坐せん」という蓮華化生である（吉村　1999：pp.23～37）。雲岡石窟では蓮華化生として蓮華紋があらわされることが多かった。

　雲岡石窟の蓮華紋は、ほとんどが尖頭アーチ形の蓮弁をもつ複弁蓮華紋である。それには蓮弁が1枚ずつ独立したものと、その輪郭が一筆書きのように連続したものとがあり、いずれも葉脈の稜線が明瞭で、肉づきのよい子葉をそなえている。林良一（1992）の指摘するように、それは明らか

に西域の形式を継承したもので、北魏では5世紀後半の雲岡石窟にはじめて出現した。また、蓮弁に比べて大きな中房をもち、そこに化生像をいれることが多い。このため、中房には蓮子の表現がほとんどみあたらないことも特徴にあげられる。

北魏の平城では、このほか477年の宋紹祖墓や484年の司馬金龍墓などで、複弁の蓮華紋座をもつ礎石が出土している。詳細は後述するが、その紋様は雲岡石窟の例に近似する。

北魏でも洛陽遷都後の6世紀には仏像の台座や光背に素弁蓮華紋を用いることが多くなり、複弁蓮華紋も含めて、蓮弁の先端を反らせる傾向が強くなる。やがてそれは蓮弁先端の切込反転形式へと変化してゆく（林 1992）。この変化は南朝の影響によるものであろう。

瓦当に蓮華紋が用いられるのは480年代になってからである。それまでは「萬歳富貴」や「傳祚無窮」などの文字瓦当が用いられていたが、481年から484年に造営された文明太后の方山永固陵では蓮華化生紋と蓮華紋の瓦当、484年から489年に造営された雲岡石窟第9・第10洞では蓮華紋瓦当が出土している（岡村編 2006）。いずれも複弁の蓮華紋であり、蓮弁の形は雲岡石窟の例と同じである。ただし、蓮華紋や中房の外周に連珠紋をめぐらす特徴があり、連珠紋は6世紀にいったん廃れた後、唐代に複弁蓮華紋とともに復活する。

これにたいして、南朝の蓮華紋瓦当は素弁で、中房に蓮子を表現している。それは百済に影響をおよぼし、やがて日本の飛鳥時代の瓦当に継承されたことは周知のとおりである。北魏でも洛陽遷都後の6世紀にその影響がしだいに浸透し、鄴城に都をおいた東魏（534〜549）・北斉（550〜577）ではほぼ素弁ないしは単弁の蓮華紋瓦当に転換している。蓮華紋瓦当にみる複弁から素弁・単弁への変化は、仏像の台座や光背の蓮華紋よりもいちじるしい。

蓮華紋をあらわした銅製品は多くないが、5世紀後葉の大同市湖東1号墓から出土した蓮華化生紋の銅飾は（山西省大同市考古研究所 2004）、方山などから出土している蓮華化生紋瓦当とほとんど同じである。それは石工・金工・瓦工などにかかわらず、すべての部門に共通する蓮華紋のデザインがあったことを示している。

以上のように、5世紀後葉の北魏ではもっぱら複弁蓮華紋が用いられたが、洛陽遷都後の6世紀には南朝系の素弁または単弁蓮華紋がしだいに流行するようになった。この流れからみれば、伝沖ノ島出土の透彫り金具の複弁蓮華紋が、北魏のそれに由来することはまちがいないだろう。蓮弁の形だけでなく、中房が大きいことも、北魏の流れをうけたものである。

日本の出土例としては、ほかに6世紀の奈良県藤ノ木古墳から出土した鞍の後輪がある。その把手に3本の支柱があり、台座に複弁8葉の蓮華紋をあしらっている（上原 1996：図2）。蓮弁は尖頭アーチ形をなし、子葉が接している特徴が伝沖ノ島例に類似する。また、7世紀の法隆寺金堂釈迦三尊脇侍像光背や戊子銘釈迦三尊像光背にみられる複弁蓮華紋は、いずれも線刻表現だが、蓮弁が尖頭アーチ形をなし、北魏の系譜を引くものであろう（林 1992）。とりわけ戊子銘釈迦三尊像光背にみられる複弁蓮華紋は、子葉を葉脈で分離せずに接近させる特徴が伝沖ノ島の透彫り金具に近い。南朝系の素弁または単弁蓮華紋が主流の日本では、複弁蓮華紋の例は数少ないが、6〜7世紀の金工にはそれが脈々と継承されていたのである。

朝鮮半島では、東京国立博物館が所蔵する伝陝川出土の銅鐎斗に複弁蓮華紋がある。蓋の鈕はと

ぐろを巻く龍で、その周囲に尖頭アーチ形をなす11弁の複弁蓮華紋を配している。子葉は肉厚で、2枚が接近する。馬目順一（1985）は胴部にほどこされた龍紋とパルメット唐草紋をもとに、これを北魏の5世紀第4四半期の作品と考えた。卓見であろう。

3　北魏の龍紋

雲岡石窟において龍は、拱門の頂部のほか、主室の天井にみられる。とくに第1・第2洞には石窟の中央に中心塔柱があり、その塔頂から天井にかけて山岳とそれを取り巻く8頭の龍があらわされ、天井にはそれぞれ3つの大蓮華紋が刻まれている。八木春生（2000：pp.126～148）はその中心塔柱が地上と須弥山（仙山）とを結ぶ通路としての役割をもっていると考える。その龍は天空をめぐっていたのである。

山西省朔州市崇福寺に伝来する天安元年（466）石塔の刹柱にも、龍が彫刻されている（齋藤編 2004：Pl.19）。相輪の下に瓦葺きの建物があり、その四面に二仏並坐の龕、その下に左向きの龍が体を波状にうねらせている。龍の体は山岳状をなし、須弥山（仙山）と龍とが一体にあらわされている。この石塔も雲岡石窟の第1・第2洞の中心塔柱と同じ構成である。

北魏の平城では、このほか477年の宋紹祖墓や484年の司馬金龍墓などで、時計回りに旋回する龍をあしらった礎石が出土している。詳細は次章にみることにしたい。

金工品には、5世紀後葉の大同市湖東1号墓から出土した透彫りの金銅飾がある（図3）。逆立ちをした2頭の龍が左右対称に背中を向けて相対し、斜め上を向いた双龍の頭上に上半身裸の天人が端座する（山西省大同市考古研究所 2004）。龍は口を大きく開けて先の曲がった舌を垂らし、それが下向きの3葉パルメット紋様になっている。目の上から先端の巻いた独角がのびるが、冠毛はない。体躯には細かい珠紋をいれた紋様帯が2条平行し、外側の足や羽根にかけて細かい線をタガネ彫りしている。報告では中央の天人を化生童子と呼んでいる。

図3　大同市湖東1号墓出土の透彫り金銅飾
（山西省大同市考古研究所 2004）

図4　大同市下深井1号墓出土の透彫り金銅飾
（大同市考古研究所 2004）

大同市下深井1号墓の金銅飾（図4）も、それと同時期の類品だが、龍は胴をうねらせるかわりに頭はまっすぐ対向し、湖東1号墓例と同じように口より垂れ下がった舌が3葉パルメットに変形している。双龍の頭の上には力士風の天人が両手両足を大きく広げて立っている（大同市考古研究所 2004）。体躯には細かい珠紋をいれた紋様帯が1条あり、側面から足や羽根にかけて細かい斜線をタガネ彫りしている。漆画の木棺に接して上述の蓮華化生紋銅飾といっしょに出土したことから、浄土における天空ともいうべきモチーフ（吉村 1999：pp.23～37）と考えられる。

伝沖ノ島出土の透彫り金具を以上のいくつかの例と比べると、唐草状の龍が時計回りに旋回する配置は宋紹祖墓や司馬金龍墓の礎石と同じである。湖東1号墓や下深井1号墓の透彫り金銅飾とは、付加されたパルメットの形は異なるが、唐草状の龍が一対であらわされ、胴部に細かい珠紋ないしは爪形紋をいれた紋様帯と線刻とをほどこす特徴が近似する。また、雲岡石窟第12洞の拱門頂部にみえる交龍は、頸をからませた形だが、目の上から半円形の冠毛をもつ角がのび、胴部の渦状の羽根から足がのびる特徴が伝沖ノ島例に似ている。しかし、透彫り金具では、紋様と透かし孔の取り方、鱗や毛などの細かい紋様の描出に制約があるため、墓の礎石や雲岡石窟とは表現にちがいがあらわれるのも事実である。比較すべき透彫り金具の類例が少ない現状では、伝沖ノ島例の龍紋は5世紀後葉の北魏に近似例があると指摘するにとどめておくべきだろう。

4　蓮華と龍の組み合わせ

雲岡石窟の第1・第2洞では、中心塔柱の塔頂から天井にかけて山岳と龍があらわされ、天井には蓮華紋が刻まれていた。下深井1号墓の双龍紋銅飾は蓮華化生紋銅飾と共伴した。伝韓国陝川出土の銅鐎斗には、蓮華紋の中房に蓋の鈕となる龍がとぐろを巻いていた。5世紀後葉の北魏において、蓮華と龍とを組み合わせて用いることが少なくなかったのである。

大同市東郊で発見された司馬金龍墓は、太和八年（484）の墓誌があり、後室から4個の礎石が出土した（山西省大同市博物館ほか 1972）。パルメット唐草紋で飾った方座の上に円形の柱礎があり、そこに蓮華紋と龍紋を2段に彫刻している（図5）。上段の蓮華紋は外周に高い肉厚の子葉をもつ複弁を配し、中房にあたるところは柱孔の外に蓮華紋と唐草紋の二重の文様帯をめぐらせる。蓮弁は尖頭アーチ形の複弁で、中房の大きなところは雲岡石窟の蓮華紋と同じだが、隣りあう蓮弁の輪郭は連続していない。龍は体をうねらせた3頭が時計回りに旋回し、その下には波頭状の山岳紋がめぐっている。目の上からのびる独角には2つの冠毛があり、龍の体には逆C字形の鱗が刻まれている。この蓮華と龍の組み合わせについて林巳奈夫（1989：pp.253～259）は、天上の蓮とそれをいだいて天空をかける龍をあらわしたもので、殷周時代から連綿と用いられてきた意匠であり、隋代の敦煌392窟の天井にもその絵画があることを指摘する。龍のところで述べたように、雲岡石窟の第1・第2洞の分析から八木春生（2000：pp.126～148）は、この柱礎は全体として崑崙などの仙山上の世界（仏国土）を表現していると考える。

また、同じく大同市東郊にある宋紹祖墓は太和元年（477）の墓誌があり、甎室の中に家形の石槨を組み立てていた（山西省考古研究所ほか 2001）。その前廊の柱は八角形で、円形の礎石に蓮華紋

図5　大同市司馬金龍墓の礎石
　　（山西省大同市博物館ほか 1972）

図6　大同市宋紹祖墓の礎石（岡村撮影）

と龍紋を彫刻している（図6）。司馬金龍墓の礎石と比べて彫りが浅く、表現は稚拙だが、柱をうける大きな中房の周囲に肉厚の子葉をもつ複弁蓮華紋がめぐり、その下に時計回りに旋回する龍が体をうねらせている点は共通する。

　北魏の平城や洛陽の宮殿址では、このような図像紋様の刻まれた礎石は発見されていない。しかし、文明太后が故郷の龍城に480年ごろ建造した思燕仏寺が遼寧省朝陽市の北塔下層で発見され、その礎石には時計回りに旋回する2頭の龍が彫刻されていた（董 1991）。私は北塔遺址の発掘中に実見したが、龍紋の彫刻はひどく風化し、蓮華紋の有無は確認できなかった。

　蓮華と龍の組み合わせが天上世界を象徴しているとしても、それがなぜ地面に接する礎石にあらわされたのだろうか。その答えは漢代の文物にみいだせる。紀元前後の方格規矩四神鏡にみるように、漢鏡の鈕座は大地を、その周囲の内区は天空をあらわしている。方格規矩四神鏡の方格鈕座には蓮華の四葉紋がしばしばあらわされるし、例は少ないが盤龍紋をいれることもある。前1世紀の星雲紋鏡の連峰鈕は雲気のわきたつ仙山をかたどり、前2世紀の蟠螭紋鏡の鈕座にはしばしば2体の龍がほどこされる。河北省満城漢墓から出土した銅博山炉は、龍の背中に力士風の人物が座り、雲気のわきたつ博山（仙山）を片手で持ちあげている。龍は力士とともに大地の中心となる山を支える役割をもっていたのであった。陝西省茂陵1号陪葬墓から出土した竹節豆形博山炉の座には、透彫りであらわされた2体の龍が口を開けて竹節形の長柄を銜え、柄の上には3体の龍があって博山炉を支えている。蓮華と龍は大地（山）と天空をかたどった漢鏡や博山炉のもっとも主要なモチーフであった（岡村 1998）。それが北魏に継承されたのであろう。

5　古墳時代の透彫り金具

　日本の古墳文化において龍の透彫り紋様は、帯金具・馬具・環頭大刀などに用いられている。そのうち帯金具と環頭大刀については、町田章（1987）が東アジア全域を網羅した考察をおこなっており、もはや屋上屋を架す必要はほとんどない。ただし、近年、遼寧省西部の朝陽市周辺で三燕の文物が発見され、上述した北魏の紋様との様式的差異が明らかになってきたので、その点について

簡単にふれておきたい。

　三燕とは、五胡十六国時代に遼西を拠点とした前燕（337～370）、後燕（384～409）、北燕（409～436）の3国をいう。前燕と後燕は慕容鮮卑族が建て、北燕は鮮卑化した漢人の馮氏が建国した。平城に都をおく拓跋鮮卑族の北魏とは互いに戦火を交える関係にあり、436年に北燕の龍城（いまの朝陽市）が陥落し、渤海沿岸まで北魏の支配下にはいることになる。

　三燕の文物のうち、とくに注目されるのが金製の歩揺飾りと金銅製の透彫り金具である（遼寧省文物考古研究所編 2002）。透彫り金具には帯金具と馬具があり、いずれも龍・虎・鳳凰などの鳥獣や唐草などの紋様をいれ、細部を毛彫りであらわしている。それは晋代以来の透彫り技法を継承したものであり、およそ3世紀から5世紀前半までの技法と考えられる。町田（1987）のいう帯金具Ⅰと帯金具Ⅱaがそれにあたる。日本では5世紀中ごろまでの古墳から出土するため、製作地の問題はさておくとしても、その源流を三燕に求めることは可能であろう。

　これにたいして京都府穀塚古墳や和歌山県大谷古墳など5世紀末以降の古墳から出土する帯金具や馬具などの透彫り金具は、紋様がいわゆる半肉彫りであらわされ、細部をタガネ彫りする特徴をもつ。帯金具は町田（1987）のいうⅡbとⅢbにあたる。そしてほぼ同じころに浮彫りの龍紋や鳳凰紋をいれた環頭大刀が出現する。町田（1987）はそれを6世紀型環刀と呼ぶ。環体部は鋳造と細部のタガネ彫りによって龍紋を浮彫りにし、中心部には龍や鳳凰の頭を同じように表現する。筒金具にも浮彫りの龍紋を鋳出することが多い。また、滋賀県鴨稲荷山古墳の環頭大刀は、鞘の責金具に頸を交差させた龍と7葉の単弁蓮華紋とを配している。以上のような帯金具や環頭大刀の源流は、中国の南朝であった可能性も捨てきれない。

　伝沖ノ島の透彫り金具に近いものとしては、和歌山県大谷古墳の金銅製雲珠がある（樋口ほか1959）。伏鉢に左向きの龍2体を透彫りであらわし、八角形の縁に全パルメット紋様の脚を銅鋲で留めている（図7）。伏鉢の全面に広く龍紋をいれる余裕があるため、龍は頭を高くもたげた自然な形である。しかし、浮彫りの透彫りで、伏鉢形に2頭の龍を同じ向きに並べた手法は共通している。また、岡山県新庄下榊山古墳の伏鉢形金具も、透彫りで2頭の龍を同じ向きに並べた同巧の作品である（和田 1919）。直径は約6cm、中央頂に方孔があって、用途は不明だが、形は伝沖ノ島例によく似ている。これらは北魏の系譜を引くものだろう。

　パルメット系の紋様が出現するのも5世紀末から6世紀はじめのことである。和歌山県大谷古墳の金銅製雲珠や金銅製鈴付杏葉には、全パルメット紋や全パルメット輪つなぎ唐草紋が浮彫りであらわされている（樋口ほか 1959）。このようなパルメット紋様が西域から中国に伝わったのは、およそ5世紀のこ

図7　和歌山県大谷古墳の金銅製雲珠
　　　（樋口ほか 1959）

ろである（林 1992）。北魏の雲岡石窟では複弁蓮華紋とほぼ同じころに各種のパルメット紋様が出現する。南朝にはそれとは別のルートで広がった。雲岡石窟の開鑿から半世紀もたたないうちにパルメット系の紋様が日本列島にまでおよんだのである。この流れのなかで龍紋や新しい浮彫りの技法が東に広がっていったのであろう。5世紀後葉の北魏に由来する伝沖ノ島の透彫り金具は、それを裏づける有力な物証であろう。

　最後に、史書をもとに5世紀の東アジア情勢をみておこう。436年に北魏は北燕を滅ぼし、渤海にまで勢力を広め、469年には山東半島を支配下にいれる。北燕の滅亡後、高句麗は北魏にたびたび朝貢し、とくに488年以降は毎年のように遣使している。高句麗と敵対し、南朝の宋に朝貢していた百済も、北魏の山東支配をうけて472年に北魏に遣使するが、北魏は高句麗と好みをつうじていたため、交渉は失敗する。朝鮮半島内では、高句麗は百済と敵対していたが、新羅とは友好関係を保っていた。倭は百済と友好関係をもち、倭の五王は南朝に朝貢した。このような情勢において、5世紀後葉の文物が中国から東伝するとすれば、北魏—高句麗—新羅という系列と南朝—百済—倭という系列とが想定できる。しかし、政治的な外交関係がそのまま美術様式の系列に反映すると考えるのは早計であり、北魏の美術様式も倭の文物に少なからざる影響をおよぼしたというのが小論の主旨である。識者のご指正を仰ぎたいと思う。

参考文献（五十音順）

出光美術館・宗像大社復興期成会編 1978『海の正倉院　宗像沖ノ島の遺宝』大阪市立美術館
上原　真人 1996『蓮華紋』日本の美術第359号　至文堂
岡村　秀典 1998「蟠螭紋鏡の文化史」『泉屋博古館紀要』第14巻
岡村　秀典編 2006『雲岡石窟』遺物篇　朋友書店
鏡山　猛 1957「香炉状品」宗像神社復興期成会編『沖ノ島：宗像神社沖津宮祭祀遺跡』
齋藤　龍一編 2004『大唐王朝　女性の美』展覧会図録　中日新聞社
山西省考古研究所・大同市考古研究所 2001「大同市北魏宋紹祖墓発掘簡報」『文物』第7期
山西省大同市考古研究所 2004「大同湖東北魏一号墓」『文物』第12期
山西省大同市博物館・山西省文物工作委員会 1972「山西大同石家寨北魏司馬金龍墓」『文物』第3期
大同市考古研究所 2004「山西大同下深井北魏墓発掘簡報」『文物』第6期
董　高 1991「朝陽北塔"思燕仏図"基址考」『遼海文物学刊』第2期
林　巳奈夫 1989『漢代の神神』臨川書店
林　良一 1992『東洋美術の装飾文様—植物文篇—』同朋舎出版
樋口　隆康・西谷　真治・小野山　節 1959『大谷古墳』和歌山市教育委員会
町田　章 1987『古代東アジアの装飾墓』同朋舎出版
馬目　順一 1985「慶州金冠塚古新羅墓の龍華紋銅鐎斗覚書」『古代探叢』Ⅱ　早稲田大学出版部
八木　春生 2000『雲岡石窟文様論』法蔵館
吉村　怜 1999『天人誕生図の研究—東アジア仏教美術史論集』東方書店
遼寧省文物考古研究所編 2002『三燕文物精粹』遼寧人民出版社
和田　千吉 1919「備中国都窪郡新庄下古墳」『考古学雑誌』第9巻第11号

古代東アジア世界からみた武寧王陵の木棺

吉井　秀夫

はじめに

　大韓民国忠清南道公州市宋山里に位置する武寧王陵は、1971年7月5日に、宋山里5・6号墳を保護するための排水溝を設置する工事中に偶然発見された（文化財管理局編 1973）。この古墳には誌石が残されており、それによって、被葬者が武寧王とその王妃であり、彼等の没年や埋葬に至る経緯が明らかになった。また、未盗掘であった横穴式塼室内からは、他の百済地方における古墳とくらべて数多くの副葬品が出土した。その中には、青磁・五銖銭・石獣など、中国南朝との関係を示す遺物も少なくなく、百済考古学のみならず、東アジア各地域における考古学的研究においても重要な古墳である。

　そうした出土遺物の中で、本稿でとりあげようとする武寧王と王妃の遺体を納めた木棺は、他の遺物にくらべれば地味な存在である。しかし、百済のみならず、東アジアにおける墓制の変遷を検討する上で、武寧王陵でみつかった木棺の持つ意味は大きいと筆者は考えている。すでに筆者の考えについては、武寧王陵発掘30周年を記念して国立公州博物館で開催された特別展図録において、韓国人研究者が主な読者となることを想定して披露したことがある（吉井 2001）。本稿では、前稿にその後の成果を加えつつ、構造・装飾・棺材の樹種、という3つの問題を検討することを通して、武寧王陵でみつかった木棺の歴史的意義について考えてみたい。

1　武寧王陵でみつかった木棺の構造とその系譜

　新羅・加耶の古墳にくらべて、百済の横穴式石室墳から出土する遺物は、数量ともに限られている。そうした中で、出土する頻度が高いのが鉄製の釘と鐶座金具である。こうした金具が木棺に用いられたことは、益山大王墓からほぼ完形の木棺が発見され、陵山里古墳群からも構造の一部を知りうる木棺材が出土したことにより、古くから認識されてきた。しかし、これらはいずれも1910年代の調査であり、詳細な情報を欠いているという限界がある。また、これらの例は、いずれも泗沘時代の資料であり、それ以前の時期における木棺の構造については、復元の手がかりがほとんどなかった。そうした中で、武寧王陵から全形を復元できる木棺材が出土したことは、百済の木棺研究を進める上で重要な意味をもつ。

発見当時はバラバラになっていた木棺材については、報告書刊行後、尹武炳によって棺材の組み合わせについての記述内容の訂正がおこなわれた（尹 1975）。そこで、尹武炳の報告をもとに２つの木棺の構造を概観すれば、次の通りである。

　まず武寧王が納められた木棺（図1-1）は、５枚の棺材からなる棺蓋がよく残っていた。復元長262cm、幅18.5cm、厚６cmの棺材を中心とし、その両側に、長257cm、幅21cm、厚５cmと、長252cm、幅22cm、厚５cmの棺材が、断面が円弧を描くように組み合わさり、鉄釘で固定されていた。棺蓋裏側には、棺身を固定するための溝があり、それによって、棺身内側の大きさは長232cm、幅60cm前後に復元される。

　王妃が納められた木棺（図1-2）は、棺蓋の棺材と棺身の棺材の一部が残っていた。棺蓋は３枚からなる。現長250cm、幅24cm、厚８cmの棺材を中心とし、その両側に長243cm、幅33〜35cm、厚６cmの棺材が、断面が円弧をなすように組み合わされ、鉄釘で固定された。棺身材のうち、短側板は、高さ62cm、幅60cm、厚5.5cmの長方形を基本とするが、上端は棺蓋の形状に合わせて丸くつきだしており、全高は69cmに復元される。長側板は、本来上下２枚からなっていたようだが、原状を残していたのは上側のみである。復元長240cm、幅47cmで、下端に下の板と結合するためのほぞ穴が４つあけられていた。棺材裏面の両側端から７cmの

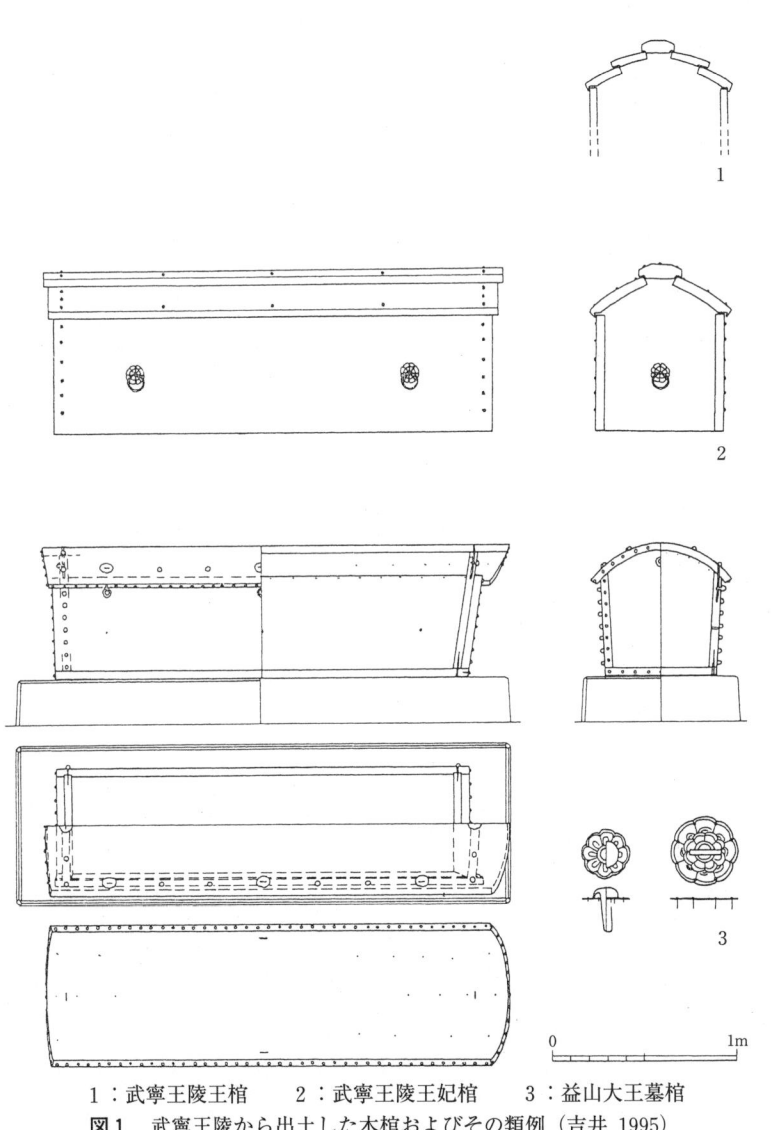

1：武寧王陵王棺　　2：武寧王陵王妃棺　　3：益山大王墓棺
図1　武寧王陵から出土した木棺およびその類例（吉井 1995）

ところには片ほぞ状の段があり、釘の位置からみても、この部分で短側板と組み合わさったことがわかる。以上のことから、棺身の大きさは、内法長226cm、側面長240cm、幅70cm、側面高62cmに復元できる。

　武寧王陵以外に、木棺の構造を知ることができる例として、1917年に調査された益山大王墓出土例（図1-3）をあげることができる（谷井 1920・梅原 1946）。本例は、棺蓋のつくり方や、棺を密閉する構造において、武寧王陵の木棺とは異なる。しかし、長側板で短側板を挟み込み、釘で棺材同士を緊結する棺身の基本的な構造や、かまぼこ形の棺蓋の構造は一致する。この他の古墳で出土した木棺材も、ほぼ同様の構造をもつ木棺の一部とみて問題ないと思われる（吉井 1995：p.5）。

　では、武寧王陵出土木棺に代表される、釘で結合され鐶座金具をもつ木棺の系譜は、どのようにたどることができるのだろうか。まず、百済の墳墓における木棺の様相を検討してみよう。3～4世紀に盛行した墳墓である、土壙木棺墓・木槨墓のうち、木棺材が粘土化した状態で発見された天安・花城里B-1号墓（金他 1991）の場合、木棺は長側板で短側板を挟み込み、平らな棺蓋をもつことが確認された。腐食が激しく原形をほぼ留めていなかった鎹は、出土位置から、同じ方向の2枚の板をつなげるためと、蓋板・底板と長側板・小口板を緊結するために用いられたと推定されている。ただし、本例を除けば、釘や鎹などの金具の使用が確認された例はほとんどない。具体的な構造を復元する手がかりがほとんどないことに問題があるが、釘や鐶座金具を用いず、棺蓋が平らである点などからみて、武寧王陵の木棺と直接的に系譜がつながる可能性は低いと考えられる。

　木棺墓・木槨墓に遅れて出現する竪穴式石槨墓や横穴式・横口式石室墓の場合は、やや様相が複雑である。まず、表井里古墳群などに代表される錦江下流域の竪穴式石槨墓では、鉄製品が残っていても釘や鎹は出土しない場合が一般的で、出土状況からみると、棺自体が用いられなかった可能性がある。横口式石室墓である汾江・楮石里12～14号墳（李 1997）の場合でも、明確な木棺使用の痕跡は確認されていない。一方、漢江流域や牙山湾沿岸地域の土壙木槨墓・竪穴式石槨墓・横穴式石室墓においては、多量の釘や鎹が出土した例が知られている。釘が出土した華城白谷里古墳群（韓国精神文化研究院発掘調査団 1994）の竪穴式石槨墓、鎹を主とする天安龍院里古墳群（李 2000）の竪穴式石槨墓、鎹と釘が組み合わさる原州法泉里古墳群（宋・尹 2000）の横穴式・横口式石室墓、清州新鳳洞古墳群（車他 1995）の大型木槨墓、公州水村里遺跡（姜他 2004）のⅡ地点1・2号土壙墓などが典型的な例である。以上の各例は、釘と鎹の大きさと形態、数と組み合わせにおいて違いがあり、その使用方法については、個々の例について詳細な検討を進める必要がある。ただ、推定される木棺の規模にくらべて釘・鎹とも多い点については、幅が狭い棺材を用いたために、より多くの緊結金具が必要であった可能性が考えられる。

　これらの例のうち、熊津時代の横穴式石室との関係で注目されるのが法泉里古墳群の例である。ここでは、長さにくらべて幅が広い鎹と、長さが10cm以下で頭を方形に仕上げた釘が組み合わさる。このような組合せは、公州宋山里1・5号墳（野守他 1935）や、益山笠店里1号墳（文化財研究所 1989）など、武寧王陵以前に築造されたと考えられる横穴式石室に類例を求めることができる。かつて筆者は、鎹を伴う木棺が、百済の横穴式石室でも古い段階にのみ用いられた可能性を指摘したことがある（吉井 1995：p.6）。法泉里古墳群での出土例が加わったことで、釘と鎹を用いた木棺

の系譜が、漢城時代の横穴式石室に用いられた木棺にまでさかのぼる可能性がでてきたことを指摘しておく。こうした釘と鎹を用いた木棺には、現状では鐶座金具が共伴する例がほとんどない点が、武寧王陵でみつかった木棺とは異なる。

一方、釘で結合された木棺は、百済の周辺地域における墓制の中に類例を求めることができる（吉井 1995）。まず、楽浪塼室墳では、木棺の結合に用いられたと思われる釘の出土が報告されており、鐶座金具が共伴する例もあるという。さらに、楽浪塼室墳の流れをくみ、百済の横穴式石室の起源を探る上で注目されている、平壌市永和9年銘塼出土古墳（榧本他 1933）でも棺釘が出土し、厚さ約6cmの棺材を用いていたことが報告されている。高句麗の横穴式石室墳でも、棺釘と鐶座金具の出土が報告されている例は少なくない。その中には、釘頭に金や銀をかぶせた釘が出土した例や、1つの石室から複数の頭形をもつ釘が出土した例もある。さらに、遼寧省北票県北燕馮素弗墓第1号墳をはじめとして、中国東北地方の墳墓でも鐶座金具と棺釘がみつかっており、この地域でも釘で結合し、鐶座金具をつけた木棺が用いられたことがわかる。

以上の検討からみて、武寧王陵の木棺に代表されるような、釘で結合され鐶座金具を用いる木棺の源流は、百済地域におけるそれ以前の墓制の中に求めるよりは、楽浪塼室墳や、その伝統を引く大同江下流域の塼室墳・石室墳、高句麗の横穴式石室墳、中国東北地方の竪穴式石槨墳などの中に求められる蓋然性は高いと考えられる。具体的な系統関係については、今後さらなる検討が必要であるものの、5世紀以降、横穴式石室墳が百済地域に受容される過程の中で、釘で結合され鐶座金具を用いる木棺も、外部から伝わって受容されていったと推定しておきたい。また、先述したように、武寧王陵以前の横穴式石室で用いられた木棺は、釘と鎹を用いる一方、鐶座金具を基本的に伴わない。そうした点からみたとき、武寧王陵で出土した木棺は、百済における鐶座金具を備えた木棺の成立と普及の起点となった可能性を考える必要があるのではないだろうか。

2　武寧王陵でみつかった木棺の装飾とその意味

構造と共に、武寧王陵でみつかった木棺を特色づけるのは、さまざまな装飾である。装飾の方法としては、釘や鐶座金具などの緊結金具を用いた装飾と、漆塗など棺材表面に対する装飾をあげることができる。

まず、釘についてみてみたい。報告書によれば、武寧王陵の木棺に用いられた釘には、長さ5cmと9cmの方頭釘、長さ9～12cmの八花形円頭釘、長さ6cm未満の六花形円頭釘がある。これらのうち、方頭釘の頭部には銀が被せられている。また、花形円頭釘の頭部には金が被せられており、鉄地銀張の花形座金具と組み合わせて用いられる例がある。釘の使用位置についての詳細な検討・報告はないが、報告書の写真や実測図から、棺蓋の組み合わせには、花形円頭釘が用いられていることがわかる。また、報告書の写真[1]からみる限り、花形円頭釘には、上半に横方向の木目が、下半に縦方向の木目が残る、いわゆるA類の木質を残すものが確認できる。よって、棺身の長側板と短側板の結合にも、花形円筒釘が用いられたと考えてよい。一方、方頭釘については、A類もあるようであるが、木目がすべて横方向につく、B類ないしC類と考えられる木質をもつ例

が写真で確認できるので、底板と長側板・短側板との結合に用いられたものがあることがわかる。今後、詳細な再検討がおこなわれることを期待したいが、蓋や長側板のように目につきやすい部分には金被花形円頭釘、底板から打ち込んで目につきにくい部分には、銀被方頭釘、といった使い分けがなされていた可能性を指摘しておきたい。

　棺身につけられた鐶座金具は、武寧王の棺の場合、直径5.7cmの鉄製銀張円形鐶座に、直径5.2〜5.6cmの鐶が組み合わさる。王妃の棺の場合、直径11cmの青銅地銀張と直径8cmの青銅地金張の八花形板を重ねた鐶座に、直径8.8cmの鐶が組み合わさる。また王妃の棺では、棺材への付着状況から、鐶座金具が長側板に2個ずつ、短側板に1個ずつつけられていたことが明らかになっている。棺材表面の装飾については、王・王妃とも棺の内外に漆が塗られていたことが報告されている。また、蓋の内面には頭部に金を被せた鋲が打たれており、本来は錦のような布が張られていたと推定されている。

　以上のように、武寧王陵でみつかった木棺は、複数種類の金銀被釘と金銀張鐶座金具をもち、さらに漆・布などを用いて装飾されていたことがわかる。出土資料から、同様に装飾された木棺が用いられたと推定できる古墳は、宋山里古墳群・陵山里古墳群・益山双陵など、王陵もしくは王族の墓と思われる古墳に限られる。王陵級の古墳以外では、公州梧谷里古墳（安他 1981）・益山笠店里1号墳（文化財研究所 1989）・咸平新徳1号墳（成 1992）などで、頭部に銀を被せた釘が出土したことが報告されている。石室の構造や出土遺物からみて、これらの被葬者は、百済の中央勢力と深い関係をもった在地首長に比定できる。

　一方、大部分の百済横穴式石室で用いられた木棺は、鉄釘と鉄製鐶座金具からなるものであり、木棺の規模も王陵級の木棺よりも一回り小さいと推定される（吉井 1995：p.10）。ただ、棺釘の中には、丁字頭や方頭など比較的製作しやすいと思われる釘以外に、半球形頭の釘が用いられる場合がある。また、鐶座金具にも、円形以外に花形をなす例がみられる。このように製作工程が複雑な棺釘・鐶座金具の有無による差が、横穴式石室のその他の属性から想定される階層性と対応する可能性については、すでに指摘したことがある（吉井 1995：pp.12〜13）。また、山本孝文も、鐶座の形状の違いと階層差の関係について、さらに検討を深めている（山本 2001：pp.84〜86）。

　このように、百済の木棺においては、装飾度の違いが被葬者の階層差を反映している可能性が高い。では、武寧王陵をはじめとする百済の横穴式石室に用いられた木棺には、どうしてさまざまな装飾がなされねばならなかったのだろうか。その理由は、横穴式石室を用いた墓制における葬送儀礼と、その中における木棺の役割に求めることができると思われる。

　木棺墓・木槨墓・竪穴式石槨墓などの百済における竪穴系墓室とは違い、武寧王陵をはじめとする横穴系の墓制では、埋葬施設と墳丘が完成した後に被葬者が埋葬されることになり、被葬者埋葬に関わる主たる葬送儀礼の場は、埋葬施設の周囲から、古墳の前、あるいは他の場所に移ったと考えられる（和田 1995：pp.35〜37）。武寧王陵の場合、誌石の記録により、王や王妃の死後、古墳へ埋葬されるまで2年を越える期間、その死骸は他の場所に安置されていたことがわかる。また、その喪屋が置かれた場所ではないかと指摘されている艇止山遺跡（国立公州博物館他 1999）の発見により、当時の葬送儀礼の様相をより具体的に想定することが可能になった。

ここで重要なことは、喪屋から古墳まで被葬者を運搬する道具として、木棺が用いられたと考えられる点である。武寧王陵をはじめとする横穴系墓室で用いられる木棺に鐶座金具がつけられ、棺釘を用いて棺材同士がしっかりと結合されているのは、そうした機能を果たすために必要なことであった。そして、古墳への移動の過程において、木棺は、被葬者のかわりに葬礼の参列者に目に触れ続けたと考えられる。さらに、喪屋において被葬者を安置する道具としても木棺が利用されていたならば、人々が木棺を目撃する期間・機会はさらに多かったはずである。こうした想定が正しければ、古墳への埋葬が終わるまで、木棺は被葬者自身を象徴するものとして機能したと推定できる。こうした木棺の象徴性ゆえに、武寧王の木棺は、当時の百済における金工技術を駆使して装飾されたのであり、また木棺の装飾の違いが、被葬者の階層差を反映することにもつながったのではないかと考えられるのである。

3　武寧王陵でみつかった木棺の樹種

　武寧王陵でみつかった木棺の棺材がコウヤマキである、という鑑定結果が朴相珍により発表されたのは、武寧王陵発掘20周年記念シンポジウムの席上のことであった。当時、慶北大学校大学院に留学中であった筆者は、偶然その場に居合わしたが、発表内容の重要性にどよめいた会場の雰囲気を、今でも忘れることができない。その後、正式な報告がなされ（朴他 1991・1996）、コウヤマキが日本列島から百済にもたらされたという考え方は、韓国内でもほぼ認められているようである。ここでは、古代日本におけるコウヤマキの利用状況との比較と、武寧王陵以外の百済古墳出土木棺の樹種との関係を検討することを通して、コウヤマキが武寧王陵木棺に用いられた意義を考えてみたい。

　日本列島特産とされる常緑喬木であるコウヤマキ（韓国名：金松）は、耐水・耐湿性にすぐれているために、最近まで桶や木船の材料として使われていた。また、古代の日本列島においては、ヒノキについで建造物の柱材として多く利用されたことが知られている（伊東・島地 1979）。さらに、日本の考古学者の注目を浴びてきたのは、弥生時代から古墳時代にかけて、コウヤマキが木棺材として多用されてきた点である。弥生時代では、主に近畿地方の組合式木棺に用いられており、構造の違いや、方形周溝墓内での位置関係などからみて、コウヤマキのみを用いた被葬者は、地域首長であると考えられている（田中 1994）。古墳時代に入ると、やはり近畿地方を中心として、長大な刳抜式木棺の棺材として、コウヤマキが多用された（尾中 1936、勝部 1967、嶋倉 1977）。日本の近畿地方中央部では、3世紀後半以降、植生とは関係なくヒノキ材が集中利用されていることから、木材を供給する専業集団が存在し、ヒノキと集中利用地域が重なるコウヤマキについても、同様な供給・利用を想定する説もだされている（金原 1995）。こうしたことから、弥生時代から古墳時代にかけての近畿地方の人々にとって、コウヤマキは木棺材として最適なものと考えられ、かつその使用に何らかの規制があったことが推定できる。

　一方、百済におけるコウヤマキの使用状況を検討する上で注目すべきことは、1930年代に梅原末治の依頼によっておこなわれた、尾中文彦による樹種鑑定結果である。尾中は、日本の古墳出土木

棺材の樹種鑑定をおこなって、その多くがコウヤマキであることを明らかにすると共に、慶州金冠塚出土木材、楽浪古墳（貞柏里4号墳・石巌里257号墳など）出土棺・槨材などの分析もおこなっていた（尾中 1936）。1936年に陵山里東古墳群を調査した梅原は、そこから出土した棺材片の鑑定を尾中に依頼し、その後、さらにそれ以前に調査された陵山里古墳群および益山大王墓出土棺材の樹種鑑定を追加で依頼している[(2)]。その結果、いずれの木片もコウヤマキであるとの鑑定結果がだされた（梅原 1938a・b、尾中 1939）。これらの鑑定を信ずる限り、少なくとも武寧王以後、百済王族の木棺には、コウヤマキが使われ続けていた、ということになる。

　それでは、王陵級古墳以外の木棺の場合はどうであろうか。樹種鑑定がおこなわれた数少ない例の中で注目されるのが、扶余陵山里公設運動場新築予定地での発掘調査（国立扶余文化財研究所他 1998）で出土した棺釘に付着していた棺材の樹種鑑定結果である（朴相珍 1999a）。それによれば、28点の試料のうち、24点がカヤ、4点がアカマツであるという。カヤは、暖帯性の常緑針葉樹喬木で、日本に広く分布する他、韓国では内蔵山以南に広がり、済州島に大きな群落がある。鑑定を担当した朴相珍は、現状での分布や、古記録などを検討した上で、韓国南海岸や済州島と共に、日本列島からもたらされた可能性を示唆している。具体的な入手先については、今後より慎重な検討が必要であろう。しかし、カヤが百済の本来の中心地であった漢江流域や錦江流域では入手できない木材であることは確かであり、この鑑定結果は、百済中央勢力と周辺地域との交渉関係の実相を知る上での新たな資料を提供したと評価できる。

　このように、現状では限られたデータでしか議論ができないものの、百済における釘で結合され鐶座金具を用いた木棺の棺材には、王都周辺では入手できないものがあり、とくにコウヤマキは、百済王ないし王族と推定される人々が独占していた可能性を指摘することができる。このような百済王族によるコウヤマキの入手と使用の背景としては、熊津遷都以降の百済と大和政権との密接な関係がすぐに頭に浮かぶ。しかし、そうした結論に進む前に、考古学的な証拠から、コウヤマキの流通のあり方を整理しておきたい。

　まず考えねばならないのは、コウヤマキがどのような形状で百済に持ち込まれたかである。先の検討でみてきたように、武寧王陵出土例をはじめとする百済のコウヤマキを用いた木棺は、その構造や装飾手法からみて、日本列島におけるコウヤマキを用いた木棺とは全く異なる。よって、百済には丸太、あるいはある程度まで板状に加工された状態で持ち込まれ、それを百済で加工して木棺に仕上げたと考えられる。もちろん、コウヤマキが当時の日本列島において最高級の木棺材であったことを、百済王族が知っていた可能性は高い。しかし、それはあくまでも原材料としての問題であり、日本列島内における木棺材としてのコウヤマキの流通とは、区別してその歴史的意義を議論する必要がある。

　次の問題は、木棺を製作するのに必要な棺材の量である。残存状況が比較的よい武寧王妃木棺の場合、棺蓋材3枚、短側板2枚、長側板4枚の9枚に底板が加わるので、最低でも10枚の棺材が必要である。このうち、棺蓋材と長側板材、底板材は長さが240〜250cm前後であり、幅も40〜50cm程度必要なものが少なくない。もとの丸太がどのような大きさのものであるかが不明であるため、単純な比較は難しいものの、1つの木棺をつくるためには、古墳時代前期における長大な刳抜

式木棺1つをつくるのと同様か、あるいはそれ以上の木材が必要であったと考えられる。

そして最後の問題は、木棺の製作期間と、武寧王の死から埋葬までの期間との関係である。武寧王陵などの木棺の製作には、コウヤマキの入手からはじまって、その乾燥、板材への加工、漆塗、組み立てといった過程に加え、釘や鐶座金具などの金具の製作の時間を考える必要がある。武寧王は、死後、古墳に埋葬されるまで2年以上の時間があった。しかし、武寧王の死後に、日本列島に出向いてコウヤマキの調達をはじめたのでは、埋葬されるまでに木棺を完成できたかどうかは疑問である。さらに、先に検討したように、武寧王が喪屋の中で木棺内におさめられていたと推定してよいならば、王の死後から木棺の製作を開始したことを想定することはますます難しくなる。むしろ、武寧王は生前から木棺製作に必要な量のコウヤマキを日本列島から調達・管理し、あるいは製作をはじめていたと考えた方が理解しやすい。そして、陵山里古墳群の棺材がいずれもコウヤマキであることからすれば、武寧王陵でみつかった木棺の場合と同様の調達・管理体制が、泗沘時代においても維持されていたと考えねばならない。このように、日本においてもその利用に何らかの規制があったと考えられるコウヤマキを多量に入手し、それを百済王族が独占的に利用する体制の存在こそが、武寧王以後の百済と大和政権との密接な関係を示すと共に、当時の百済における政治体制の一端を示しているといえるであろう。

古代における日朝交渉を考える際に、これまで、木材の流通はそれほど注意されてこなかったように思われる。しかし、百済では、コウヤマキ・カヤ以外にも、武寧王陵や宮南池で、やはり日本からもたらされた可能性があるスギ材が発見された（朴他 1996、朴 1999b）ことが報告されている。今後、百済をはじめとする朝鮮半島各地の出土木材の樹種鑑定が進むことにより、新たな視角から、古代日朝関係の実相が解明されていくことを期待したい。

おわりに

以上、武寧王陵でみつかった木棺の歴史的意義について、その構造・装飾・棺材の樹種、という問題を通して検討してみた。その結果、釘と鐶座金具を用い、さまざまな装飾がなされた木棺の出現と普及を考える上で、武寧王陵でみつかった木棺のもつ意義が決して小さくないことを確認することができたと思う。百済における横穴式石室の変遷においても、武寧王陵をはじめとする塼室墳を起点とすることで、宋山里型石室とは大きく異なる陵山里型石室の出現・普及過程の理解が容易になる。こうしたことと、今回検討した木棺の特質とあわせて考える時、百済の墓制の画期を考える上で、王都の移動より武寧王陵の出現を、より大きく評価することができるのではないかと筆者は考えている。

また、武寧王陵で出土した木棺と共通した構造をもつ例は、加耶諸国が並立した6世紀前半の洛東江以西地域でも、百済系の横穴式石室の出現と相前後して確認され、この地域が新羅の領域となった6世紀後半においても、類例が確認できる。一方、洛東江以東地域では、浦項冷水里古墳の例のように、高句麗の影響が想定される鐶座金具をもつ木棺が導入されるが、結局、そうした木棺を使用する風習は定着しなかった。さらに日本列島では、5世紀末に近畿地方で百済系の横穴式石

室が築造されはじめるにもかかわらず、終末期古墳の段階になって、ようやく鐶座金具をもつ木棺の類例が知られるようになる。このような、釘と鐶座金具を用いた木棺を受容する様相の違いは、百済と周辺地域の関係の違いを示すものとして興味深いが、その具体的な比較検討は今後の課題とし、本稿を終えることにしたい。

註
（1）　文化財管理局編 1973、図版71-1・2。
（2）　（梅原 1938a：pp.141～142）の記述から、陵山里東1号墳出土棺材の鑑定結果を元に、梅原が総督府博物館にそれ以前の調査で出土した棺材の提供を依頼したことがわかる。また、東洋文庫所蔵の梅原考古資料にある陵山里東古墳群調査日誌（登録番号8463）の中に、2回にわたる鑑定結果がおさめられている。それによると、1回目は陵山里東1・3・4号墳出土木棺1片と、5号墳出土木棺2片が提供され、2回目は陵山里第2・4・10号墳および出土号数不明の陵山里の古墳、および益山大王墓出土木棺片が各1片ずつ提供されている。これらのうち、陵山里東4号墳出土木棺材の放射縦断面・横断面の顕微鏡写真は、（尾中 1939）の図版Ⅱに掲げられている。

参考文献
（韓国語）
姜鍾元・李炯周・李昌浩 2004「公州水村里遺跡調査概要」『第47回全国歴史学大会考古学部発表資料集』pp.65～83　韓国考古学会
国立公州博物館・（株）現代建設 1999『艇止山』国立公州博物館学術調査叢書第7冊
国立扶余文化財研究所・扶余郡 1998『陵山里　扶余陵山里公設運動場新築予定敷地―百済古墳1・2次緊急発掘調査報告書―』国立扶余文化財研究所学術研究叢書第18輯
吉井秀夫 2001「武寧王陵の木棺」『百済斯麻王　武寧王陵発掘後、30年の足跡』pp.167～179　国立公州博物館
金吉植・南宮丞・李浩炯 1991『天安花城里百済墓』
文化財管理局編 1973『武寧王陵発掘調査報告書』
文化財研究所 1989『益山笠店里古墳群発掘調査報告書』
朴相珍 1999a「陵山里古墳出土木棺材鉄釘付着木片の材質分析」『宮南池』国立扶余文化財研究所学術研究叢書第21輯　pp.349-364　国立扶餘文化財研究所
朴相珍 1999b「宮南池出土一部木質遺物の材質分析」『宮南池』国立扶余文化財研究所学術研究叢書第21輯　pp.181～182　国立扶餘文化財研究所
朴相珍・姜愛慶 1991「百済武寧王陵出土棺材の樹種」『松菊里Ⅳ』国立博物館古蹟調査報告第23冊　pp.241～247
朴相珍・朴元圭・姜愛慶 1996「武寧王陵棺材の材質と年輪構造解析に関する調査研究」『百済論叢』第5輯　pp.99～115
山本孝文 2001『百済泗沘期石室墳と政治・社会層研究』忠南大学校大学院碩士学位論文
成洛俊 1992「咸平礼徳里新徳古墳緊急収拾調査略報」『第35回全国歴史学大会論文及び発表要旨』
宋義政・尹炯元 2000『法泉里Ⅰ』古蹟調査報告第31冊
安承周・全栄来 1981「百済石室墳の研究」『韓国考古学報』10・11　pp.109～136
尹武炳 1975「武寧王陵の木棺」『百済研究』第6輯　pp.179～191

李南奭 1997『汾江・楮石里古墳群』公州大学校博物館
李南奭 2000『天安龍院里古墳群』公州大学校博物館学術叢書00-03　公州大学校博物館・天安温泉開発・高麗開発
車勇杰・趙詳紀・呉允淑 1995『清州新鳳洞古墳群』
韓国精神文化研究院発掘調査団 1994『三国時代遺跡の調査研究（Ⅱ）―華城白谷里古墳―』

（日本語）
伊東隆夫・島地謙 1979「古代における建造物柱材の使用樹種」『木材研究資料』No.14　pp.49～76
梅原末治 1938a「陵山里東古墳群の調査」『昭和12年度古蹟調査報告』
梅原末治 1938b「百済遺跡調査の回顧とその新発見に就て」『忠南教育』第10号（『東亜考古学論攷第1』1944年に再録）
梅原末治 1946『朝鮮古代の文化』
尾中文彦 1936「古墳其他古代の遺構より出土せる材片に就て」『日本林学会誌』第18巻第8号　pp.32～46　日本林学会
尾中文彦 1939「古墳其の他古代の遺跡より発掘されたる木材」『木材保存』Vol.7No.4　pp.7～15
勝部明生 1967「前期古墳における木棺の観察」『関西大学考古学研究年報』1　pp.17～36
金原正明 1995「近畿地方における弥生～古墳時代の木材利用と画期」『西谷真治先生古希記念論文集』pp.553～562
榧本亀次郎・野守健 1933「永和九年在銘塼出土古墳調査報告」『昭和7年度古蹟調査報告』第1冊
嶋倉巳三郎 1977「わが国の古代遺跡から出土した木質遺物の樹種について」『暁学園短期大学紀要』11　pp.105～112
田中清美 1994「河内地域における弥生時代の木棺の型式と階層」『文化財論集』pp.505～514　文化財学論集刊行会
野守健・神田惣蔵 1935「忠清南道公州宋山里古墳調査報告」『昭和二年度古蹟調査報告』第2冊
谷井済一 1920「京畿道広州・高陽・楊州・忠清南道天安・公州・扶余・青山・論山・全羅北道益山及全羅南道羅州十郡古蹟調査略報告」『大正六年度古蹟調査報告』
吉井秀夫 1995「百済の木棺―横穴式石室墳出土例を中心として―」『立命館文学』第542号　pp.1～21
和田晴吾 1995「棺と古墳祭祀―「据えつける棺」と「持ちはこぶ棺」―」『立命館文学』第542号　pp.22～49

北周墓と横口式石槨

鐘方　正樹

　　はじめに

　北周は中国北朝末期の王朝で、581年に楊堅がその帝位を簒奪して隋を建国するまでの25年間（557～581）存続した。577年には武帝が北斉を滅ぼして華北を統一し、南朝攻略に備えて西方の突厥へ進軍するなど国力が大きく増大した。まさに隋唐帝国の母体となったのが北周であった。

　近年、中国考古学において北周墓の調査研究が大きく進展し、その墓葬構造も明らかになってきた。1996年に原州聯合考古隊が実施した北周田弘墓の発掘調査に参加した筆者は、その構造を詳細に観察する機会を得ると共に、日本の古墳との関連性についてそれ以後思索をめぐらせ続けている。田弘墓の墓室構造においてとくに注意をひいたのが、棺室の存在であった。その形態が、日本の終末期古墳を代表する埋葬施設の1つとして注目されてきたいわゆる横口式石槨と似ているのではないかと考えたからである。しかし調査当時は、横口式石槨の出現が7世紀前半を大きくさかのぼらないと考える見解が有力で、北周墓との関連性について積極的に議論するには年代差が大きく、立論するのは困難と思われた。

　ところが、2001～2002年にかけて行われたシシヨツカ古墳の発掘調査成果（大阪府教育委員会2003）から、横口式石槨の出現時期が6世紀末頃まで遡上する可能性が高まり、早くもその変遷過程については再検討が始まっている。最近のこのような研究動向からみて、北周・隋の埋葬施設と横口式石槨との構造的な関連性について言及できる環境が整いつつある。

　本稿では、東アジアにおける墓室構造の系譜中に横口式石槨を位置づけることによって、その出現の意義を理解するための手掛かりを得たいと考えている。

1　北周・隋墓の墓葬構造と棺室

(1)　北周墓の構造―田弘墓の調査事例から―

　まず初めに、北周墓の構造を理解するため、田弘墓の調査成果（原州聯合考古隊 2000）を紹介することにしよう。田弘は北周の柱国大将軍（正九命）で、575年に65歳で死去した。田弘墓は寧夏回族自治区固原県に所在する北周墓の1つであり、すでに発掘された李賢墓、宇文猛墓とほぼ東西一直線上に並んで位置する。墳丘は直径30.8m前後、高さ5m前後の円墳である。旧地表下8.6mに

床面を有する墓室（黄土を掘り抜いた洞室墓形式）が墳丘下にあり、その南側には全長2.16mの甬道を経て全長45.3mの墓道が地表に向かって斜めに取り付く。墓道には4つの天井（地上へと通ずる竪坑で、本来5つの天井があった）と4つの過道が認められた。墓室に最も近い第4過道に磚積みの閉塞（封門）があり、甬道の中央には木質の甬門があった。墓室は、南北長3.14～3.26m、東西長3.18～3.27mの平面方形を呈する前室に2つの棺室が付設する構造[1]である（図1）。前室奥壁に取り付く棺室は長さ3.32m、幅0.99～1.46m、高さ1.4m前後、前室東側壁に取り付く棺室は長さ2.78m、幅0.93～1.34m、高さ1.1m前後で、奥壁側の棺室がやや大きい。天井の高さは前室の方が棺室よりもひときわ高い。棺室の床面はいずれも前室より一段高くつくられており、奥壁側の棺室開口部には棺室門が設置されていた。北周墓における棺室門の報告例は他になく、その確認は重要な調査成果の1つである。甬道および墓室の床面には磚を敷きつめている。墓室の壁面には石灰（漆喰）を塗って壁画を描く。

田弘の棺（二重棺）は奥壁側の棺室内に納められていたが、追葬された夫人の棺は東側壁側の棺

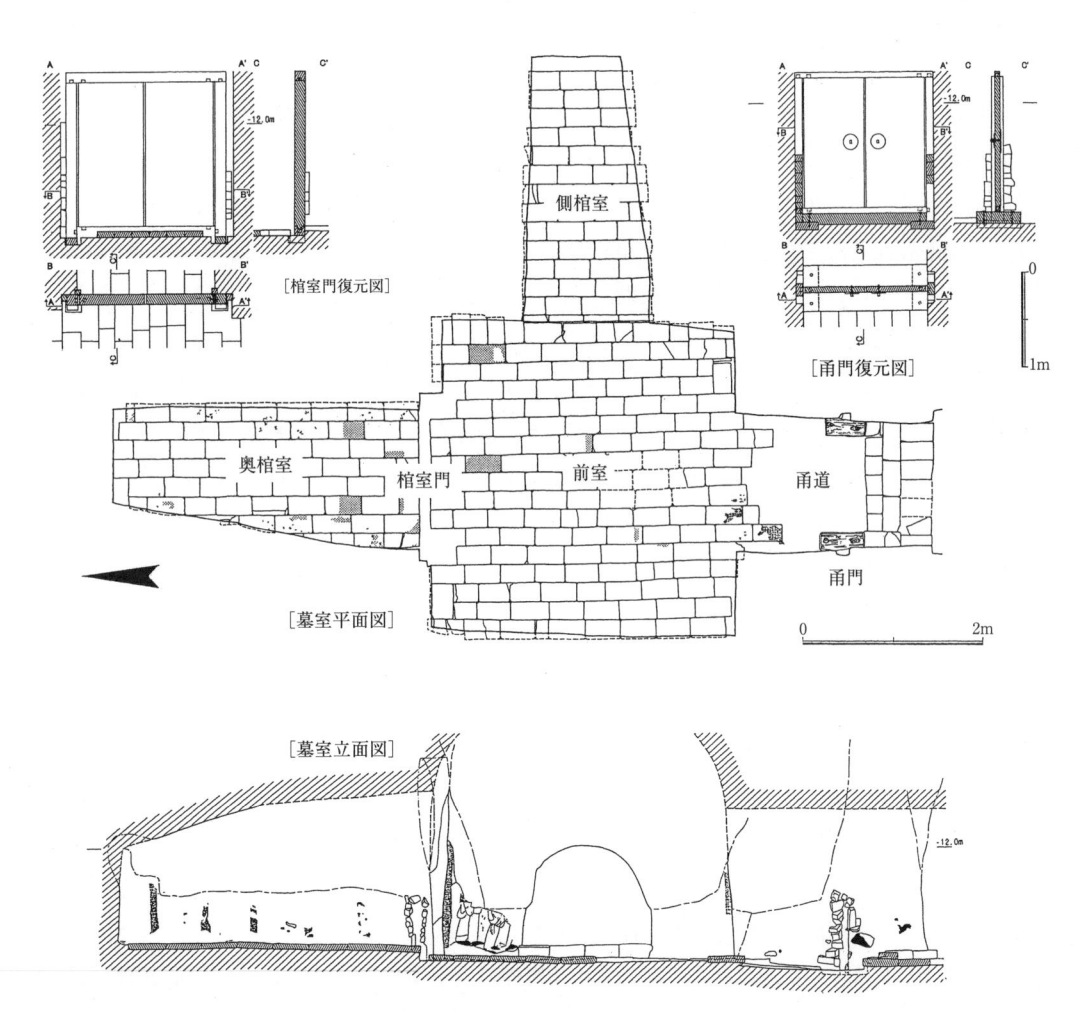

図1　田弘墓の墓室構造（1／80）

室内になく前室奥壁西側に沿って置かれていた。少しでも田弘の近くに夫人を配置したいという意図をそこに看取できると同時に、東側壁側の棺室が築造当初から夫婦合葬を予定してつくられていたことを示唆している。

　以上に田弘墓の概要を述べたが、北周の墓室構造に関する大きな特徴の1つとして、棺室を付設し棺を納めている点が注目できる。棺室内には1つの棺を納めるのが原則であり、その大きさは棺に規定されて前室よりも小規模となる。棺室は前室との位置関係から後室・側室とも呼ばれるが、用語に墓室の構造的理解を反映させ得る場合、機能的側面に着目した棺室の方がより適切な名称と判断できる。よって本稿では棺室と呼ぶが、前室に対して放射状に複数の棺室を配置する例が他に少なからず認められるため、必要に応じて奥壁に取り付く棺室を奥棺室、側壁に取り付く棺室を側棺室と呼び分けることにしたい。

(2)　北周・隋墓における棺室付設の類例

　劉呆運の集成によれば、北周の都長安周辺で発見された陝西地区の北周墓15基中で墓室に棺室を付設する例は7基（約47％）あり、およそ半数に達する（劉 2002）。その中には八命以上（一・二品）の高官位を得た被葬者が多く含まれており、上位階層者の間で盛行していたことがうかがわれる。次に、それらの概要を棺室の特徴を中心として述べておこう（図2参照）。

　叱羅協墓（員 1992）は、前室の奥壁中央に棺室が取り付く。棺室の床面は前室よりも10cm高い。棺室前面を除く前室床面に磚を敷くが、棺室床面には磚を敷いていない。棺室門は検出されていないが、それが存在した可能性を想定できなくもない。棺室の天井は平頂である。前室の壁面には石灰を塗って壁画を描いた痕跡が認められた。

　若干雲墓（員 1992）は、前室の奥壁中央に棺室が取り付く。棺室床面に磚を敷いた上に木炭層（厚さ5cm）を入れ、石灰層（厚さ5cm）で木棺を覆っていた。このため、棺室は1段高くなっていたと考えられる。棺室門は検出されていないが、それが存在した可能性を想定できなくもない。棺室の天井は平頂である。前室の壁面には石灰を塗っていたが、壁画の痕跡はなかった。なお、前室中央には磚を凸字形に配した祭台が設けられていた点も注意しておきたい。

　独孤蔵墓（員 1992）は、前室の奥壁中央と東側壁南寄りに棺室が取り付く。2つの棺室と前室の床面は同じ高さで、いずれにも磚敷がない。奥棺室には木槨内に棺を納めて安置する（二重棺の可能性も考えられる）。棺室の天井は奥棺室が平頂、側棺室がアーチ形である。棺室門は検出されておらず、副葬品の位置などからみて、それを想定するのは困難なようである。前室の壁面には石灰を塗って壁画を描いた痕跡が認められた。

　王士良墓（員 1992）は前室の奥壁中央に棺室が取り付く。棺室壁面に石灰を塗るが、壁画はない。棺室と前室の床面は同じ高さで、いずれにも磚敷がない。前室から棺室開口部にかかる位置に木棺が安置されており、後室門の存在を想定するのは難しい。棺室の天井は平頂である。前室の壁面には石灰を塗って壁画を描いた痕跡が認められた。

　この他に権白女墓、宇文通墓、烏六渾氏墓で棺室の付設が確認されているが、未報告資料のためにその概要はわからない。また、隋墓の中で棺室を付設した例には、管見に触れた侯子欽墓・宋忻

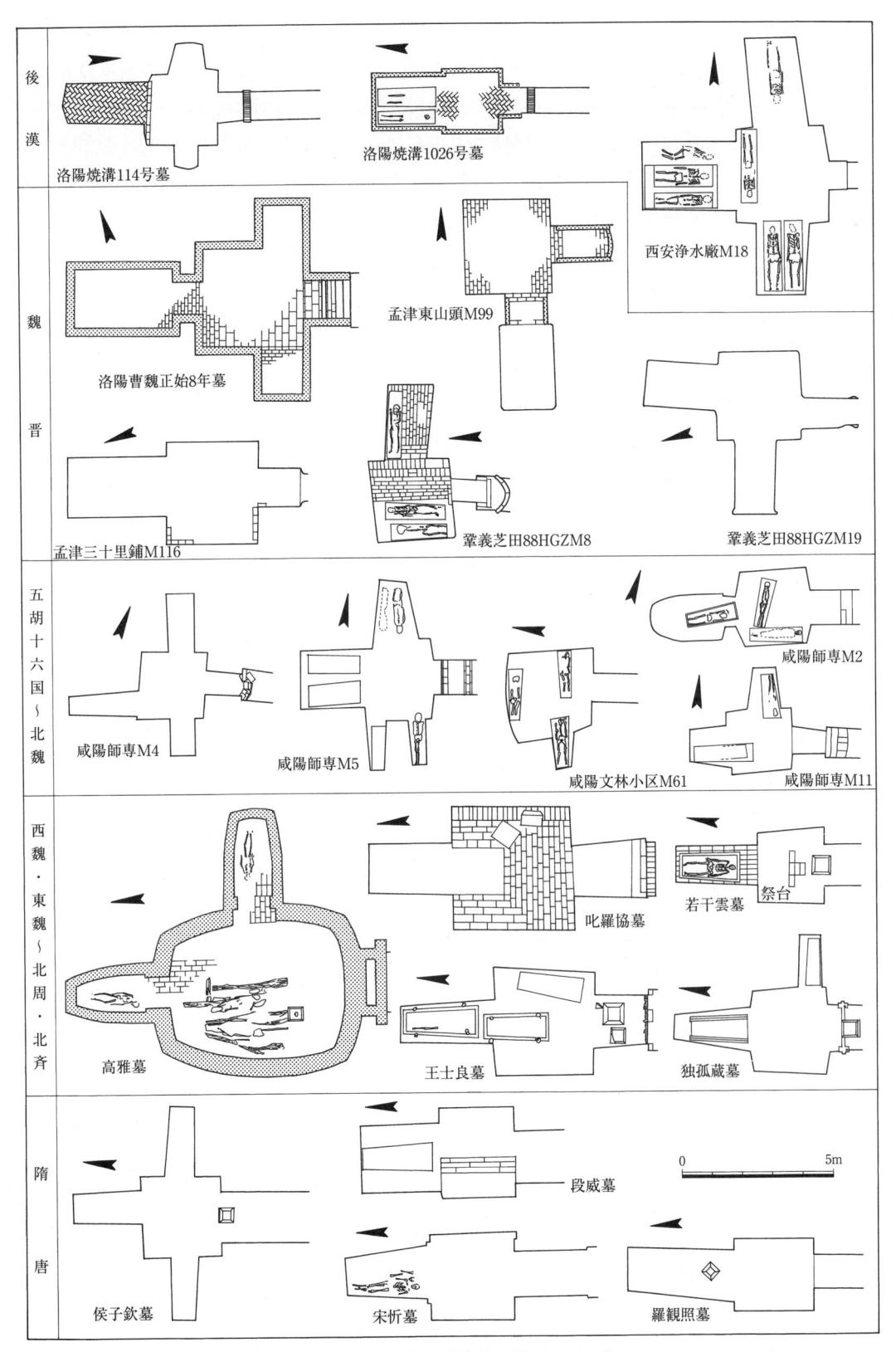

時期	墓例
後漢	洛陽焼溝114号墓　洛陽焼溝1026号墓　西安浄水廠M18
魏晋	洛陽曹魏正始8年墓　孟津東山頭M99　孟津三十里鋪M116　鞏義芝田88HGZM8　鞏義芝田88HGZM19
五胡十六国〜北魏	咸陽師専M4　咸陽師専M5　咸陽文林小区M61　咸陽師専M2　咸陽師専M11
西魏・東魏〜北周・北斉	高雅墓　叱羅協墓　若干雲墓　王士良墓　独孤蔵墓
隋唐	侯子欽墓　段威墓　宋忻墓　羅観照墓

図2　後漢〜隋唐の前室棺室墓（1/200）

墓・段威墓がある。

　侯子欽墓（員 1992）は、前室の奥壁中央と東西両側壁に棺室が取り付く。奥棺室と前室の床面は同じ高さで、いずれにも磚敷がない。ただし、東西両側棺室の棺室床面は前室よりも20cm高くなっている。3つの棺室床面には木炭と石灰が敷かれており、若干の撹乱された人骨が出土している。木炭・石灰の敷設によって、奥棺室床面も若干高くなる。棺室の天井は平頂である。棺室門の存在は不明である。墓室の壁面には石灰を塗っていたが、壁画の痕跡はなかった。

　宋忻墓（陝西省考古研究所隋唐研究室 1994）は、前室の奥壁中央に棺室が取り付く。棺室開口部側面には段がついていたようで、詳細は不明ながら門柱などの痕跡ではないかと思われる。木製の棺室門をつくり付けていた可能性が高いと判断できる。棺室と前室の床面は同じであり、棺室門の存在と両室床面の段差が構造的に対応する必要性はないのだろう。

　段威墓（孫 1986）は、前室の奥壁中央に棺室が取り付く。他の棺室に比べて幅が2.15mと広くなっているのは、石棺を納めていたことに起因するのだろう。棺室と前室の床面は同じ高さのようである。

　北周・隋墓における棺室付設例を概観したが、ここで棺室の特徴をまとめておこう。まず確認しておきたいのは、棺室内に1つの棺を納入するという原則である。宋忻墓のみ棺室内に夫婦合葬が認められるが、人骨が重複して出土しており、2次的な遷葬が行われた結果の特殊例と判断できる。したがって、棺室の規模は棺の大きさに規定されていた可能性が高い。そのため、棺室天井の高さは前室よりも低く、棺室幅は前室よりも狭くつくられるのが大きな特徴である。段威墓例を除く棺室の規模は、長さ2.24〜3.32m、幅1.04〜1.7mである。北周墓では、棺室床面が前室よりも1段高くつくられる例が多く認められる。棺室床面を1段高くつくるのは、棺台的な機能を付与したためと考えられる。棺室門を確認できたのは2例（田弘墓・宋忻墓）にしか過ぎないが、いずれも木質で腐朽していた点を考慮すれば、叱羅協墓などでも存在した可能性は残されている。発掘技術の向上によって、今後さらに棺室門の類例は増えるものと予測される。ただし、状況的に棺室門を想定できないような例もあり、必ずしもそれを設置しなければならないわけでもなかったらしい。棺室の天井は平頂の例が目立つものの、田弘墓のようにアーチ形となる例もある。

　また、前室の壁面に石灰を塗って純白に仕上げ一部に壁画を描く例が多いものの、棺室にまで石灰を塗る例（王士良墓・田弘墓）は少ないようである。ただし、見栄え的には棺室まで石灰を塗布した方がよいから、あるいは遺存状態にも大きく左右されているのかもしれない。他に棺室床面の磚敷の有無なども認められ、棺室の整備状況には少なからず多様性も看取できる。

　棺室を付設する位置をみると、すべてにおいて奥壁中央に棺室が付設されており、主人は必ずそこに葬られる。一方、側棺室のみが単独で付設された例はなく、そこに夫人を葬る場合が多い点からみて側棺室は客体的な存在でしかない。したがって、まず奥壁側に棺室を設け、必要に応じて側壁側へ棺室を追加したものとみられる。中国では夫婦合葬を原則とするため、築造当初から奥壁側と共に側壁側にも棺室を付設する田弘墓例などが少なからず認められるのだろう。

　このような諸特徴をみてくると、田弘墓例は構造的によく整備された棺室の典型例となっていることがわかる。そして、棺室構造が北周墓において定式化している可能性が高いと推測できる点は

非常に重要である。

2 棺室を付設する墓葬構造の系譜

横穴式の室墓は江南地域の土墩墓において西周後期から現れているが、それが周辺地域の墓制に影響を与えることはほとんどなかった。基本的には漢代に別系譜の室墓が再出現して東アジア各地に拡散したと想定されている。

漢墓の変容過程を詳細に論じた黄暁芬は、槨墓から室墓への変遷を3段階に区分して考究している（黄 2000）。それによると、まず槨内の開通（第1段階）があり、続いて外界と開通（第2段階）して、最後に祭祀空間が発達（第3段階）する。本稿と関連してとくに重要となるのは、第3段階に「祭祀空間が発達して棺を置く空間と完全に分離し、それぞれ前室と後室として明確に意識された」という点であり、この過程で「明らかに前室の方が後室よりも高く天井部が構築」されるようになる。なお、黄はこれらを中軸線配置型前堂後室式室墓と呼んでいるが、前室を前堂に呼び替える基準[2]が明確でないため、すべてに対して前堂後室式室墓と呼ぶのには無理があるように思われる。実際の変容事例をみても個々に多様性があり、後室もその規模によって大きく2つに分類できる。1つは、棺を納める機能だけがとくに重視されて構築された小規模な後室で、本稿で棺室と呼び替えた一群である。前室よりも幅が狭く、棺室幅は2mを越えない場合がほとんどである。棺室幅が広い例には、夫婦2棺を合葬する場合が多くみられる。前室と直結して棺室を設ける例（直結式）が多く、甬道で連結する例（甬道連結式）は南北朝期に認められない。もう1つは前室と同等程度の規模を有し、前室に対して後室と呼ぶのが相応しい一群である。甬道を介して前室と連結される例が多い。そこで、本稿では前者を前室棺室墓、後者を前室後室墓と仮称して区別したい。多様な墓室形態が生み出された後漢を経て、薄葬化が進展した魏晋期以後では、複室構造の室墓においてこのような2系列の存在が明確化する。前室棺室墓は北朝墓の1類型として系列的に継承されていく。

(1) 魏晋・五胡十六国期の前室棺室墓

魏晋期になると、薄葬思想に基づく墓葬制度の大幅な簡略化を看取できるようになり、単玄室型室墓が大勢を占めるようになると考えられている（沙 2001）。魏の墓葬構造を確認できる資料は少ないが、曹魏正始8年墓（洛陽市文物工作隊 1989）は築造年代がわかる貴重な調査例として知られている。その構造は、前室と棺室を甬道で連結する前室棺室墓である。棺室の規模は全長3.2m、幅1.95mで、天井が遺存しないために高さは不明である。前室の両側壁に耳室を設けた均整のある平面形態を呈し、後漢期の構造をよく残している。魏の頃には、まだ墓室自体の簡略化が大きく進んでいない可能性がある。

次に、西晋の墓葬構造はどうであろうか。西晋文帝（司馬昭）の崇陽陵と考えられている枕頭山墓地（中国社会科学院考古研究所洛陽漢魏故城工作隊 1984）内で調査された2基の単玄室型室墓（M4・M5）は、甬道よりも幅が狭い小規模な玄室が構築されるのが特徴的である。M4の玄室の規

模は全長4.7m、幅1.9m、高さ1.9mで、床面には磚敷があり、1基の漆棺と少量の副葬品が認められた。単人葬であり、棺室の規模とあまり変わらないほどに玄室は縮小している。洛陽周辺で調査された他の西晋墓をみても、単玄室型室墓例が多く確認されており、西晋の頃になると単玄室型

表1 奥棺室を付設する前室棺室墓の規模一覧（棺室は奥棺室の規模のみ表示、単位はm）

〈中国〉

遺跡名	時期	前室長	前室幅	前室高	棺室長	棺室幅	棺室高	両室段差	備考
洛陽焼溝114号墓	後漢	2.26	2.42	2.35	3	1.27	1.6	0	棺室磚敷、前室に耳室付設
洛陽焼溝1026号墓	後漢	1.74	1.88	1.76	2.36	1.64	1.3	0	漆塗木棺、棺室に夫婦合葬
西安浄水廠M18	後漢	2.94	2.95		3.16	2.13		0	奥棺室に3体合葬、側棺室2
曹魏正始8年墓	魏（248年）	3.25	3.38		3.2	1.95		0	甬道連結、前室に耳室付設
三十里鋪M116	西晋中〜後	3	3.28		3.2	1.9	1.85	0	
芝田88HGZM19	西晋中〜後	3	3	2.25	2.5	1.5	1.3	0.12	奥・側棺室磚敷
芝田88HGZM31	西晋中〜後	3.05	2.85	1.9	3	1.75	1.4		石灰塗、棺室磚敷
衡山路M118	西晋前期後半	2.8	2.8		2.2	0.9	1.1		側棺室1
咸陽師専M2	五胡十六国	2.5	2.4	2.3	2.46	1.46		0.1	甬道連結
咸陽師専M4	五胡十六国	2.1	2.1	1.7	2.24	0.8	1.08	0	側棺室2
咸陽師専M5	五胡十六国	2.3	2.5		2.4	1.8	0.95	0.07	奥棺室に2棺合葬、側棺室3
咸陽師専M11	五胡十六国	2.2	2	1.7	1.36	1.36	0.64	0	側棺室1
高雅墓	東魏（537年）	6.2	4.8		2.4	0.6〜1.3			
王士良墓	北周（565年）	3.3	3.4	2.5	3.04	1.14〜1.4	1.2	0	石灰塗、壁画
叱羅協墓	北周（575年）	3.8	3.8	2.5	2.7	1.7	1.35	0.1	石灰塗、壁画
田弘墓	北周（575年）	3.26	3.27		3.32	0.99〜1.46		0.12	石灰塗、壁画、木槨木棺
若干雲墓	北周（578年）	2.2	2.4	1.9	2.6	1.16〜1.3	1.26	0.05	石灰塗、棺室磚敷
独孤蔵墓	北周（578年）	2.7	2.8	2.1	2.7	0.8〜1.4	1.46	0	石灰塗、壁画、木槨木棺
侯子欽墓	隋（584年）	2.7	2.6		2.24	0.8〜1.04	1	0	石灰塗
宗折墓	隋（589年）	2.94	2.79		2.77	1.2〜1.7		0	棺室に夫婦合葬
段威墓	隋（596年）	2.4	2.8	2.4	2.5	2.15	1.8		石棺
羅観照墓	唐（680年）	2.6	2.28	2.4	3.7以上	1.7			漆塗木棺

〈朝鮮半島〉

遺跡名	時期	前室長	前室幅	前室高	棺室長	棺室幅	棺室高	両室段差	備考
五塊墳四ツ塚第4塚	6世紀末？	3.94	1.89		3.21	1.68	1.9	不明	
土浦里1号墳東室	7世紀？	2.72	1.19	1.54	2.61	0.94	1.06	0.08	漆喰
土浦里1号墳西室	7世紀？	2.77	1.15	1.6	2.62	0.94	1.09	0.05	漆喰

〈日本〉

遺跡名	時期	前室長	前室幅	前室高	棺室長	棺室幅	棺室高	両室段差	備考
シシヨツカ古墳	6世紀末	2.9	1.41	1.4	2.47	1.13	1.05		棺室に漆喰、漆塗籠棺
ツカマリ古墳	7世紀	3.6	1.6	1.6	2.4	1.32	1.32	0.1	棺室に漆喰、漆塗籠棺
アカハゲ古墳	7世紀	3.4	1.8	1.5	2.3	1.5	1.2	0.1	棺室に漆喰、漆塗籠棺
お亀石古墳	7世紀	3.3	1.64		2.2	0.87	0.63	0.35	
観音塚古墳	7世紀	2.45	1.44	1.65	1.93	0.92	0.78	0.46	
オーコ8号墳	7世紀	3.5	1.34		1.9	0.75	0.6	0.2以上	漆喰

室墓が主流となっている状況を看取できる。

　西晋の前室棺室墓例としては、孟津県三十里鋪 M21（洛陽市文物工作隊 1991）・M116（310国道孟津考古隊 1993a）・孟津県東山頭 M99（310国道孟津考古隊 1993b）・鞏義市芝田晋墓（鄭州市文物考古研究所編 2003）・洛陽市衡山路西晋墓（洛陽市第二文物工作隊 2005）などがある。三十里鋪 M21・孟津県東山頭 M99は、前室側壁に棺室を設けて甬道で連接する。棺室の規模は、三十里鋪 M21が長さ3.7m、幅1.78m、孟津県東山頭 M99が長さ2.8m、幅1.86m、高さ1.9m である。三十里鋪 M116は、前室奥壁に棺室を直結させる構造である。芝田晋墓では26基中の3基（88HGZM 8・88HGZM 19・88HGZM31）に棺室が認められる。88HGZM 8 では前室側壁に、88HGZM31では前室奥壁に、88HGZM19では前室奥壁と側壁にそれぞれ棺室を直結して設ける。前室奥壁に棺室が取り付く場合、その位置は奥壁中央より若干左右に偏っている。棺室の規模は、88HGZM 8 が長さ2.5m、幅1.52m、高さ1.15m、88HGZM19が長さ2.5m、幅1.5m、高さ1.3m（奥棺室）と長さ2.42m、幅1.4m、高さ1.2m（側棺室）、88HGZM31が長さ3 m、幅1.75m、高さ1.4m である。棺室の床面は前室の床面よりも0.12m ほど高い。衡山路西晋墓では4基すべてに側棺室が取り付くものの、奥棺室があるのは DM118の1基だけである。

　棺室を付設する墓室構造は少数であり、前室側壁にのみ棺室を設ける例や甬道連結式の棺室がみられるなどの点で定式化した構造とはなっていない。また、前室に棺室を直結させる例はいずれも西晋中後期の構築と報告されており、このような構造が以後に盛行する点を考慮すれば、棺室を甬道で連結する構造が相対的に古くなる可能性を推測できる。薄葬思想の影響を受けて、前室棺室墓も変容したことを示しているのだろう。ここで重要なことは、後漢代からの系譜をひく前室棺室墓が魏晋の時期にこのような薄葬的構造へと変化しながら、洛陽城周辺を中心とする地域で継続して構築されている点である。

　長安城周辺で調査された西晋墓の中で、棺室の付設が認められるのは西安東郊田王晋墓（陝西省考古研究所配合基建考古隊 1990）である。ただし、田王晋墓は前室後室墓であり、棺室は前室の東側壁に甬道で連結される。五胡十六国期になると、長安城周辺で多くの前室棺室墓が認められるようになる[3]。前秦期前後の墓葬を検討した岳起・劉衛鵬によれば、後室や棺室が付設する墓室構造が一定数構築されている（岳・劉 2004）。例示された墓葬28基中14基（50％）に棺室が認められるものの、前室側壁にのみ棺室を設ける例や甬道連結式の棺室がみられるなどの点は洛陽の西晋墓と同様であり、やはり定式化した構造とはなっていない。また、棺に比べて長さが短い棺室例も認められる。さらに、2体を1つの棺室へ入れる例や棺がなく遺体のみの例があり、埋葬方法も多様である。しかし、このような墓室形態が北朝墓の1類型として長安城周辺で存続し、やがて北周に定式化する前室棺室墓へと系譜的につながっていく可能性が高いと推測できる。

(2) 南北朝期の前室棺室墓

　北魏における前室棺室墓の様相はよくわからないが、537年の東魏高雅夫婦子女合葬墓（河北省文管処 1979）の構造は前室棺室墓の系譜が北朝の中で存続していることを推察させる資料である。

　北周の前室棺室墓は、565年に妻を先葬させた王士良墓が現状の資料において初現とみられる。

その他には、叱羅協墓（575年）、田弘墓（575年）、若干雲墓（578年）、独孤蔵墓（578年）、侯子欽墓（584年）、宋忻墓（589年）、段威墓（596年）、羅観照（680年）がある。宋忻は開皇7年に死去し開皇9年（589）に埋葬された。隋前半には前室棺室墓が継続してつくられていたことを宋忻墓は示している。開皇15年（596）埋葬の段威墓は棺室を有する北周系の墓室構造であるが、段威墓誌には北周の官制で九命（隋代の縦一品）と記されており、北周の遺制で埋葬された可能性を想定できる。また、宿白は調露2年（680）埋葬の羅観照（唐高祖第十子徐王元礼の娘）墓が唐墓に例のない構造であることから、前代の北周・隋の墓制に倣ったものと考えている（宿白 1995）。

魏晋期の墓制は、薄葬思想によって多室墓や前後室墓から単室墓へと変化し（沙 2001）、これが南朝の単室墓へと継承されて定式化する。南朝では、前室棺室墓の構築が認められていない。それに対して、北朝では五胡十六国期を経て前室棺室墓の構築が地域的に継続する。墓道の開口方向をみると、五胡十六国期までは東向きの例が少なからず認められたが、北朝以降では南向きに統一されるようになる。

前室棺室墓は北周の570年代に再び多くつくられるようになり、その一部は隋唐まで確認できる。この時点で、棺室は前室の奥壁中央で直結し、単棺納入を原則とする規模で定式化した。棺室の開口部に門が付設されるようになるのも大きな特徴である。従一〜二品の高位高官に採用された例が多い。墓室規模は、おおまかながら大型と小型に区分できるが、品位序列との対応関係はないようで、むしろ年代が578年より下がるにつれて規模が小さくなる傾向を示している。おおむね北斉滅亡以前に多く認められた北周墓の1類型であったが、北朝統一後は間接的に南朝の影響を受けた北斉の墓葬構造[4]に、南朝滅亡後は直接的に南朝の墓葬構造に感化されて次第につくられなくなり、単玄室型の構造へと統合されていく。またこの過程で、北周墓の主体を占めた洞室墓から磚室墓へと上位階層の墓葬構造が変遷し主流となる。北周墓における洞室墓の盛行は、薄葬思想とも大きく関連していた可能性が考えられる。

3　朝鮮半島および日本列島の前室棺室墓

(1)　朝鮮半島への伝播

南朝系の墓葬構造を指向した北斉が北周によって577年に滅ぼされたことは、北周系の墓室構造が東方へと伝播する契機にもなったと考えられる。実際、577年に高句麗王（平原王）はただちに北周へ朝貢し、上開府儀同・大将軍・遼東郡開国公・遼東王に冊封されている。北周系の墓室構造は隋代にまで継続しており、国境を接することになった高句麗はその影響を強く受けるようになった可能性が高い。隋が建国（581年）されると、使者を毎年派遣して朝貢した。開皇10年（590）の隋文帝の璽書には隋の職人が高句麗へ逃亡したことが記されており、人びとの往来も少なからずあった。中国集安市の五塊墳四ツ塚第四塚（朝鮮総督府 1915）や朝鮮民主主義人民共和国平壌市の土浦里1号墳・湖内里3号墳（朝鮮古蹟研究会 1937）のような切石造りの前室棺室墓が高句麗に出現するのは、このような背景で理解できると推測する。詳細はよくわからないものの、前室棺室墓の系譜を高句麗内部で追跡できない点や、墓室内部に石灰を塗布して純白に仕上げる点、棺室門に相当

する閉塞施設を確認できる点などをその根拠として挙げ得るだろう。ただし、黄土を掘り抜く洞室墓構造から高句麗在来の石室構造へと大きく転換しているのは大きな変化であり、構築部材に関しては在地的な素材が応用されている。

なお、四ツ塚第四塚は規模が他例よりも大きく、棺室天井構造に平行持ち送りがみられる点で高句麗の他の石室と共通する。墓室規模が大きい例は、北周墓において相対的に古相を示す傾向を看取できる。一方、土浦里1号墳では前室が機能しておらず、そこに閉塞石が充填される点で在地的変容が認められる。このような点からみて、四ツ塚第四塚が土浦里1号墳よりも先行する可能性が考えられ、地理的に中国に近いところから前室棺室墓が出現したことを示唆するようで興味深い。

ちなみに4世紀以来、中国南朝との外交をもっぱら継続させてきた百済が、567年に北斉に朝貢し、北斉滅亡後はただちに北周へも朝貢（577年）している。ただし、南朝との外交も併行して継続させており、二面外交を展開させていた（田中 2003）。百済王は、北斉から冊封を受けているが、北周からは受けていないようであり、高句麗と比べて北周との関係はあまり密接ではなかったらしい。ちなみに隋の建国（581年）にさいして、百済王・高句麗王はすぐに朝貢し、冊封を受けている。隋の中国統一まで、敵対関係にあった両国は二面外交を続けながらも、百済は南朝、高句麗は北朝と密接な関係を有したとみられる。

(2) 日本列島への伝播

日本の終末期古墳を代表する埋葬施設の1つに横口式石槨がある。その中には、形態的特徴が北周の前室棺室墓と共通する例が幾つか認められる。最古例として注目が集まるシシヨツカ古墳、それと同じ平石古墳群のアカハゲ古墳・ツカマリ古墳や観音塚古墳、オーコ8号墳、鉢伏山西峰古墳など前室を有する例がそれに相当する。以下に、最近指摘された石槨の特徴（上田 2004、梅本 2004）を参考として、前室棺室墓との共通点を総括的に列記しよう。

① 棺が入るほどの大きさしかない石槨は、棺室と規模の上で共通する。棺室が長い例（棺室長2.2m以上）が東アジア的に多いため、それより短い石槨例は在地的に変容し新相を示す可能性も考えられる。

② 石槨が前室の奥壁側に取り付く。この点は、北周墓における奥棺室の優位性と大きく関連する。

③ 前室天井を棺室天井よりも高くつくる。

④ 石槨開口部に扉石などの戸口構造を有するが、これは棺室門と機能的に共通する。石槨底石が前室方向へ突出するのは、扉石の基礎あるいは閾石的機能を兼備させた結果であると思われる。なお、仮に礼拝石のような機能をも底石突出部が有していたとすると、若干雲墓例に認められた前室内の祭台との関連性も想定できるかもしれない。

⑤ 石槨底石は前室よりも1段高く石槨床面をつくるための構造物であり、棺室床面が1段高くつくられるのと共通する。ただし、棺室と前室の床面高さが同じ例が北周墓に認められる。石槨底石がない例が存在するのと共通しており、必ずしも棺室床面を高くつくる必要はないのかもしれない。

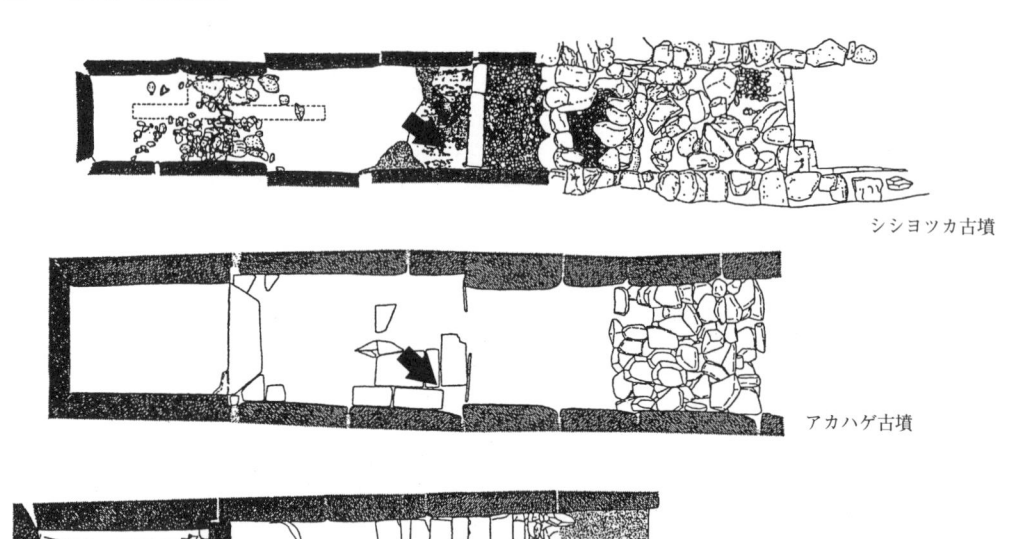

図3 前室入り口に門の存在を推察させる例（1/100）

⑥ 前室入り口に門の存在を推察させる例がある。平石古墳群のシシヨツカ古墳、アカハゲ古墳・ツカマリ古墳では羨道と前室の床面を仕切石や石敷などで区切っているが、前室南西隅角に小さな方形の空閑地あるいは石を図上で認めることができる（図3）。ツカマリ古墳の方形石中央には丸い線が描かれてあり、報告には記述がないものの、扉の軸受けのような穴か凹みを表現しているようにみえる（北野 2002）。もしもそうであるとすれば、他の2例にも木製の軸受けが本来その位置に存在していた可能性を想定できることとなる。木製の門が前室入り口に設置されていたなら、北周墓の甬門と機能的に共通する。そして、閉塞石との間の短い羨道が甬道に、閉塞石外の天井石がない空間が墓道に対応するとみなすのもあながち不可能ではないだろう。墓室の空間構成が北周墓と共通する可能性がある点は、非常に重要である。

⑦ 墓室床面に板石を敷く例があるのは、前室棺室墓床面に磚敷が認められる例と共通する。

⑧ 墓室壁面に石灰を塗って純白に仕上げる点も洞室墓・石室墓の違いを問わず共通する。そして、切石の利用自体は高句麗石室墓の在来技術の応用であるが、ここにも同様の意図が看取できると考えられる。

以上の共通点から判断して、東アジアにおける前室棺室墓の展開の中で横口式石槨を理解していく必要性があるのは間違いないだろう。

前室棺室墓の系譜上で横口式石槨を理解できるならば、石棺を利用もしくは石棺由来の形態的特徴を表出する石槨は、日本的変容を認める点で明らかに後出的である。据え付ける棺（和田 1995）という本質を有する石棺は、遺骸を収納し保護する施設としての棺室と機能的な共通点を共有す

る。この点において、石棺が棺室へと転換し得る蓋然性は十分に認められる。

　ところで、前室と棺室は玄室内の機能分化によって生じたわけであるから、薄葬とは本来的に無関係な存在である。しかし、前室を有さずに棺室のみが独立的に構築されたような横口式石槨は、祭祀空間の省略という視点でみるならば、薄葬化しているとみなすことも可能である。したがって、横口式石槨と一括されている中でも、前室の有無は非常に大きな差異として認識しなければならない。薄葬化の進展を時間軸として考えた場合には、前室の有無が横口式石槨の新古を推定する上で重要な指標となり得ることを示している。このような視点は「羨道や羨道・前室を有する横口式石槨はすべて大化前代の所産ではないか」と述べる山本彰の新見解（山本 2003）とも関連して、今後の大きな検討課題となるだろう。

　なお、朝鮮半島で前室棺室墓が認められるのは今のところ高句麗だけであり、すでに石室墓へと変容している。北朝との国交がなかった日本において前室棺室墓（横口式石槨）が出現してくる背景には、やはり高句麗との交流が介在したと考えざるを得ない。6世紀後葉から7世紀初頭の高句麗と日本の交流記事をみると、570・573・574・618・619年に高句麗使が来朝している。また、565年に高句麗人頭霧唎耶陛ら帰化、584年に高句麗僧恵便の名が見え、595年に高句麗僧慧慈来朝、602年に高句麗僧僧隆・雲聡来朝、610年に高句麗王が僧曇徴・法定を貢進とある。615年に高句麗僧慧慈が帰国したとあるだけで、他の僧については帰国したのか定かでない。また、586、7年頃には日本から高句麗へ使者を派遣したこともあったらしい（山尾 1989）。彼ら一行の中に前室棺室墓の設計技術を携えて来た者がいたのかどうかわからないが、高句麗からの渡来者（漢人も当然含まれる）が前室棺室墓を日本へ伝えた可能性はきわめて高いだろう。

おわりに

　朝鮮半島に室墓が定着する契機となったのは、楽浪郡・帯方郡における塼室墓の普及である。塼室墓の構築は楽浪郡滅亡後もその故地で継続し、やがて石室墓へと変化する（藤井 1992）。そして、高句麗の石室には楽浪系の墓室構造からの系譜を看取できる（王 2005）。

　一方、後漢期に出現した前室棺室墓は、中原を中心に一定の割合で構築され、棺室を付設する例は遼東地域にまで一時的に及んだ。ただし、遼東系統の棺室付設墓は、前室が横長で小さく耳室（龕）ほどの空間しかない。棺室が並列するという特徴も、放射状に棺室を配置させる前室棺室墓とは明らかに異なる。また、遼東系統の石室墓は高句麗でも認められるが、安岳3号墳のように亡命した漢人墓に採用された例があり、高句麗で主体的に構築されたものではない。遼東城塚、安岳4号墳などにみられる遼東系統の棺室構造はそこから伝播したと考えられるが、それらは東晋期頃を最後に姿を消すので、土浦里1号墳などの前室棺室墓とは時期的に断絶がある。高句麗・百済では基本的に楽浪系の墓室構造が一般化したため棺室構造の発現がなく、その影響下で出現した日本の室墓にも棺室構造が当初から認められない。

　しかし、魏晋南北朝期を生き延びた前室棺室墓は北周で復興し定式化され、隋へと継続する中で東方へと伝わる契機を得た。日本の横口式石槨とよばれる新たな埋葬施設は、高句麗での石室化を

経て変容した前室棺室墓をまさに極東で再現したものなのである。したがって、横口式石槨という名称は適切でなく、東アジアにおける墓制の展開を考察していく上でも改称を検討していく必要性があるだろう。

註

（1） 報告書（原州聯合考古隊 2000）では主室と記したが、本稿では前室と呼ぶ。同様に、前室の奥壁に取り付く後室および東側壁に取り付く側室を本稿では棺室と呼ぶ。

（2） 黄氏は「後室より前室の天井部が高く発達する場合、前室のことを前堂と称することもある」と述べている。前堂というのは『後漢書』あるいは『晋書』といった古典に準拠した名称である（中国科学院考古研究所編 1959）。

（3） 洛陽城周辺では西晋の前室棺室墓が多く確認されるものの、建康へ南遷した東晋以降の例はほとんどみられない。逆に、長安城周辺では西晋墓の調査例がほとんどないのに対して、五胡十六国期の前室棺室墓が近年多く確認されるようになった。このような時期による確認例の分布に違いが生じているが、その理由は西晋の滅亡による洛陽城の衰退と前趙・前秦などの有力な国によって一時的に長安城が復都するといった動向が反映された結果であろう。

（4） 東魏（534～549年）、北斉（550～577年）の墓葬を検討した楊効俊は、560年前後を境に早期・晩期に分けて、磚積単室墓の甬道が前後に分割されるもの（早期）から単一甬道（晩期）へと変遷することを述べている。そして、甬道を前後に分割する例は、北魏墓の前室が退化して生じたと想定する。晩期に単一甬道の磚積単室墓が主体化するのは、南朝墓の影響を受けているという（楊 2000）。

引用・参考文献

〔日本文〕

上田睦 2004「横口式石槨の機能および今後の課題」『堀田啓一先生古稀記念献呈論文集』

梅本康広 2004「高句麗土浦里1号墳の再評価」『堀田啓一先生古稀記念献呈論文集』

大阪府教育委員会 2003『加納古墳群・平石古墳群発掘調査概要・Ⅱ』

北野耕平 2002「河内飛鳥の終末期古墳」『二上山麓の終末期古墳と古代寺院―平野古墳群と尼寺廃寺跡―』香芝市二上山博物館特別展示図録18

原州聯合考古隊 2000『北周田弘墓』原州聯合考古隊発掘調査報告2

黄暁芬 2000『中国古代葬制の伝統と変革』

下原幸裕 2004「横口式石槨の編年について―終末期古墳研究ノート―」

田中俊明 2003「百済と北斉」『東アジアと『半島空間』―山東半島と遼東半島―』

朝鮮総督府 1915『朝鮮古蹟図譜』

朝鮮古蹟研究会 1937『昭和十一年度古蹟調査報告』

藤井和夫 1992「東アジアの横穴式墓室」『新版　古代の日本』第2巻アジアからみた古代日本

山尾幸久 1989『古代の日朝関係』塙選書93

山本彰 2003「河南町シシヨツカ古墳が提起する問題」『古代近畿と物流の考古学』

和田晴吾 1995「棺と古墳祭祀―「据えつける棺」と「持ちはこぶ棺」―」『立命館文学』第542号

〔中国文〕

劉呆運 2002「陝西地区北周墓葬述略」『考古与文物』2002年漢唐考古増刊

員安志 1992『中国北周珍貴文物』

孫秉根 1986「西安隋唐墓葬的形制」『中国考古学研究二―夏鼐先生考古五十年紀念論文集―』
沙忠平 2001「魏晋薄葬論」『文博』2001年第3期
楊効俊 2000「東魏、北斉墓葬的考古学研究」『考古与文物』2000年第5期
王培新 2005「高句麗封土石室墓文化淵源之楽浪因素初探」『辺彊考古研究』第3輯
岳起・劉衛鵬 2004「関中地区十六国墓的初歩認定―兼淡咸陽平陵十六国墓出土的鼓吹俑」『文物』2004年第8期
中国科学院考古研究所編 1959『洛陽焼溝漢墓』中国田野考古報告集考古学専刊丁種第6号
陝西省考古研究所配合基建考古隊 1990「西安東郊田王晋墓清理簡報」『考古与文物』1990年第5期
陝西省考古研究所配合基建考古隊 1990「西安浄水廠漢墓清理簡報」『考古与文物』1990年第6期
陝西省考古研究所隋唐研究室 1994「陝西長安隋宋忻夫婦合葬墓清理簡報」『考古与文物』1994年第1期
陝西省考古研究所・咸陽市考古研究所 1997「北周武帝孝陵発掘簡報」『考古与文物』1997年第2期
咸陽市文物考古研究所 1998「咸陽師専西晋北朝墓清理簡報」『文博』1998年第6期
河北省文管処 1979「河北景県北魏高氏墓発掘簡報」『文物』1979年第3期
洛陽市文物工作隊 1989「洛陽曹魏正始八年墓発掘報告」『考古』1989年第4期
洛陽市第二文物工作隊 2005「洛陽衡山路西晋墓発掘簡報」『文物』2005年第7期
鄭州市文物考古研究所編 2003『鞏義芝田晋唐墓葬』
310国道孟津考古隊 1993a「洛陽孟津三十里鋪西晋墓発掘報告」『華夏考古』1993年第1期
310国道孟津考古隊 1993b「洛陽孟津邙山西晋北魏墓発掘報告」『華夏考古』1993年第1期

鑑真弟子胡国人安如寳と
唐招提寺薬師像の埋銭について

菅谷　文則

1　鑑真の東征と随伴者

　天平勝宝5年、唐の天宝12年に、唐僧鑑真とその一行は遣唐副使大伴古麻呂の船に乗り、長江岸の揚州を発した。途中で方向を失い、阿児奈波嶋（現在の沖縄島）に漂着し、再度の船出ののち、薩摩国秋妻屋浦に至った。もしも海流と風向が少しでも異なっていて、黒潮に乗ってしまっていたら、その一行は我土に到着することはなかったであろう。まさに幸運としか評せない。

　その後は、きわめて順調で、12月20日の到着から、26日には大宰府に至っている。この行程も船を用いたのであろう。陸路では、この日数で大宰府への到着は難しい。翌2月1日には難波に至り、唐僧崇道らの出迎えをうけている。4日には平城入京を果たしている。

　この間の事情は、続日本紀、唐大和上東征伝（以下、東征伝）に詳しい。両書に相異する部分も若干ある[1]。鑑真の東征と、その活動については、多くの研究が積み重ねられているので[2]、本小文も屋上屋を重ねる感もあるが、あえてソグド人の東遷の観点から駄文を重ねたい。

　東征伝によると、鑑真の一行は次のように記されている。

　　相随弟子揚州白塔寺僧法進　泉州超功寺僧曇静　台州開元寺僧思託　揚州興雲寺僧義静　衢州
　　霊耀寺僧法載　竇州開元寺僧法成等十四人　藤州通善寺尼智首等三人　揚州優婆塞潘仙童
　　胡国人安如寳　崑崙国人軍法力　瞻波国人善聴　都廿四人。

　つまり以下のように分類することができる。

　　僧───法進、曇静、思託、義静、法載、法成、その他の僧8名。計14名
　　尼───智首、その他の尼2名。計3名
　　その他─潘仙童、安如寳、軍法力、善聴、その他3名。計7名

　ただし、鑑真の一行が僧尼合せて17名と、潘仙童など24名とみて、合計41名とみる見方もある[3]。私は、上引東征伝の「都廿四人」の「都」が、法進以下のすべてを合わせた数字を加算した総数であることを示す「都」であるとしたい。

　41名とすることが、下章でみるように都合のよい部分もあり、その実態は不明とするべきかもしれない。24名を本貫によって分類すると、以下のようになる。唐人が21名、胡国人、崑崙人、瞻波人が各1名となる。たぶん、胡国人以下の3名は、顔貌が唐人や日本人と違っていたのであろう。胡国人は、ソグド人（索特人）、崑崙人は現在の北インドからパキスタンの居住者、瞻波人はチャン

バ人（占波人）であり、現在の南ベトナム地域の居住者であったとみてよい。本小文では、この顔貌を異にした3名のうち、胡国人安如寳の顔貌等について述べるものである。

2 来日後の動静と記録

鑑真については、淡海真人元開が唐大和上東征伝を著わしているので、その動静はよく知られている。また、法進以下の僧らの動静も、記録されている。以下に煩をいとわず、抄出したい。

法　進—宝亀九年入滅。70歳または89歳。大僧都。
曇　静—没年・僧階不明。唐招提寺に住したらしく、『招提千歳伝記』に金堂丈六盧舎那仏を造ったとある。
思　託—没年・僧階不明。延暦7年に『延暦僧録』を著わす。唐招提寺に住したらしい。
義　静—没年不明。和上位を贈られる。義浄と同一か。義浄は僧坊を建てる。
法　載—没年・僧階不明。唐招提寺に住したらしい。『諸寺縁起集（護国寺本）』では僧房を建てる。
法　成—没年・僧階不明。
潘仙童—没年不明。
安如寳—弘仁5年（または6年）正月没。少僧都、伝燈大法師位。
軍法力—没年不明。
善　聴—没年不明。

以上が、東征伝に記名された僧俗24名の動静であるが、他にも鑑真随伴と伝える僧名が以下のように伝えられている。

懐謙—『律宗瓊鑑華』に鑑真の弟子とある。在唐中に鑑真から授戒したらしい。
霊曜—『律宗瓊鑑華』に鑑真の弟子とある。宝亀7年には大安寺可信・満位僧とある。
仁幹—『律宗瓊鑑華』に鑑真の弟子とあり、東征伝にも記述がある。
仁韓—天平勝宝六歳に賜物を賜う。『律宗瓊鑑華』に鑑真の弟子とある。
法顆—『律宗瓊鑑華』に鑑真の弟子とある。『東征伝』には、法顒として記述される。
智威—『律宗瓊鑑華』に鑑真の弟子とある。
恵雲—法進の弟子。鑑真一行中の1人。屋島寺の開基。
法成—『東征伝』にみえる。
法智—東征伝に僧法智とある（宝字三年）。勝宝七歳十二月一日に沙弥とある。
恵達—『律宗瓊鑑華』に鑑真の弟子とある。
道欽—『律宗瓊鑑華』に鑑真の弟子とある。
恵良—『律宗瓊鑑華』に鑑真の弟子とある。
泰信—少僧都（大同元年四月二十三日）。のち大僧都となる。
恵常—『律宗瓊鑑華』に鑑真の弟子とある。
恵喜—『律宗瓊鑑華』に鑑真の弟子とある。

各種の史籍を博捜された先学が挙げている僧名は15名にも達する。前記した「都廿四名」を優婆塞らのみの人員数と考える場合の傍証もともなっている。この問題は天平勝宝6年の鑑真随伴者の交名録が出現しないと解決しないが、私は次のように考えている。

鑑真らは、もともとは唐人のみで唐船によって渡海するつもりでいたことを、東征伝が伝えている。それは第5次の失敗ののち、法進らを福州に派遣して船、食料などを用意しようとしたが失敗したことからも判る。

この問題は別の角度から検討する必要がある。日本から渡唐した官人には傔従が認められていた[4]。最澄[5]、円仁[6]、円珍[7]らも随伴者を従えており、俗人が同行して、いわゆる身辺の雑事を処理していた。

このように考えると鑑真にも「都廿四人」以外の傔従がいた可能性があったとみてよい。この事を示すのが天平宝字6年4月17日に節刀を賜った中臣鷹主らの、いわゆる第13次遣唐使である。その成員には大使、副使以外に中臣鷹主を「送唐人使」としても任命していることである[8]。結局、この回の遣唐使は、渡海していない。この13次と、鑑真が来着した天平勝宝5年12月20日とは、10年の時間があり、その間に、渤海路経由の第12次も派遣されているが、鑑真が出発した揚州には到着しないことが明らかであったので、唐に帰国するとしていた者たちも帰国できなかったのではないかと思う。送唐人使とあり、第15回の「送唐客使（唐使趙典進）」とは、異なった書き方であることも、送唐人使が唐使以外の唐人を送還させる目的であったことを首肯させるものであろう。このようにして、鑑真に随伴してきた交名欠落者のうち、天平宝字6年以降に僧籍に入ったものが多くいたのが、上記した12名にも及ぶ僧としてよい。さきに一覧した東征伝に仁幹とあり、仁韓と続日本紀が記す僧も、必ずしも同一の僧とは限らないであろう[9]。本稿は、安如寶について記すので、この議論は、この辺で筆を止めておく。

3　安如寶と如寶

東征伝には、胡国人安如寶とある。姓の安は、北朝の昭武九姓にあり、東遷して唐土に至ったソグド人を代表する姓である。後述するように安姓の分布は拡い。胡国人で俗人であった安如寶が、いつ得度・授戒を受けたかは、明らかにできないが、「日本後記巻廿四　弘仁六年正月」に卒伝のある少僧都伝燈大法師位如寶とは同一人とみることに、異論はない。

「東大寺要録巻五」別当章七にある東大寺の戒和上次第には、法進大僧都を第1として、その第2に次のように記されている[10]。

　　　　　和尚資　薬師寺　宝亀五年任八十四
　　如保（寶）和上
　　　　　神護景雲二年任少僧都

これによって、如寶（如保）が鑑真の弟子で薬師寺僧であったことを知る。宝亀5年に戒和上に任ぜられているのは、来日25年目にあたる。さきに鑑真随伴者の人数を検討したが、総数が24人であったとしたならば、到着時に氏名が録されていない人数は3名となる。なぜわずか6名の僧籍で

ないもののなかから、その名が東征伝に記録されたのであろうか。優婆塞である潘仙童以外は、異国人で、善聴のなかはその名からして僧形であった可能性が強い。ただし、唐の度牒を有していなかったのであろう。東大寺大仏開眼会には、林邑僧仏徹が重要な役割を果たしていた。その状況を仄聞したうえで、林邑と関係の深い占波人を帯同したとも考えられる。軍法力もまた崑崙人であった。大仏開眼会の開眼師を天皇の命願によって勤めている菩提僧正も、婆羅門僧であった[11]。その縁で特帯された可能性も捨てきれない。

　安如寶の唐土における状況は、文献史料からは、知る手がかりがない。やや広く唐土に移遷してきたソグド人社会を見ることによって、安如寶個別の状況は知るよしもないが、もしも安如寶とその一族が在唐ソグド社会で一般的な生活を送っていたならば、鑑真の随伴者となって、我土に至った事由を知ることができる。

4　唐土におけるソグド人の生活

　中国大陸へのソグド人の移遷は、南北朝から活発となる。隋唐はきわめて多くなり、中国大陸の各地に集住している[12]。遺物からは、河西回廊の酒泉、張液。オルドスの原州（固原市）、内蒙古、幽州（北京）、長安、洛陽、益州（青州市）、揚州、福州、広州など唐の各地に及んでいる。

　これらのソグド人は、集団で住んでいた。重要な点は、その結婚がおもにソグド人相互で行われていたことである。中国大陸出土の唐代墓誌からソグド人に関する墓誌168例を収集された福島恵氏の一覧表をもとに、その結婚の実態を示すと、次のようになる。このうち、安姓で夫または妻の姓が判明するものは次のようになる。

　　　安延　　妻劉姓　　（ソグド人・漢人）　　洛陽出土※
　　　安師　　康　　　　（ソグド人・ソグド人）　同上
　　　安懐　　史　　　　（同上）　　　　　　　同上
　　　安菩　　何　　　　（同上）　　　　　　　同上
　　　安　　　呉　　　　（ソグド人・漢人）　　同上※

他の史、康、石、何などの姓で見ても、同様であり、ソグド人夫婦の比率はさらに高い。漢人の妻は多くの場合、継妻（※）であることが多い。上記の２組もそうである。

　深目高鼻といわれる胡人、つまりソグド人は、その面貌を保ちながら、唐土に集住し、官吏となり、また商業に徒った[13]。このことを証明したのが、私たちが茂木雅博氏などと実施した史道洛墓の調査である。四品官の史訶耽[14]の四弟にあたる史道洛は、その骨格からみて[15]、コーカソイドであることが確認された[16]。ソグド人墓地の人骨は、わたしたちの調査以前にはまったく注意されていなかったが、近年は固原市で失名氏の墓葬から、続々とコーカソイドの特徴をもつ人骨が出土している。ほぼ唐土全域での特色とみてよい。

　この状況が一変するのは、安史之乱以降である。栄新江氏は、前引論文において、ソグド姓間の結婚の急減を指摘している。安如寶は、もちろん安史之乱以前の出生であり、渡海であったので、高鼻深目であった蓋然性はきわめて高い。

私は、積極的にソグド社会の一員であった安如寶を評価するべきであると思っている。さらに言えば、鑑真東征の支援者―壇越には、ソグド人社会があった可能性をみることができると思う。それは天宝2歳12月に出発し、難破した第2次の渡海のために用意された食物（備弁海粮）に、多くの胡食があげられていることである。落脂紅緑米を除く多くは、麦粉によっており、なかでも乾胡餅二車は、まさに胡食であった。すでに指摘されているように、鑑真は多種多量の香を用意していた。日本到着の記録には、仏具、仏典の目録のみで、他の品物は記されていないが、小野勝年氏は、多くの帳外品があったことを想像されている[17]。帳内品にも、西域記、天竺草履、天竺未知等雑書などを携えており、その西域あるいは天竺用品の入手の広範さにはおどろく。

　現在まで伝えられている国宝舎利容器のガラス壺も他に例がない大形、かつ色調をしており、揚州におけるガラス輸入と関連して考えるべきである[18]。ガラス壺を包んでいたと推定されているレース花網もしかりであろう。揚州における胡商といわれたソグド人は、陸路と海路から来着している。東南アジア原産の香木や紫檀などの良材もまた、揚州から日本にもたらせたのである[19]。

5　少僧都安如寶の唐招提寺造営

　如寶は、東大寺要録には薬師寺僧とあるが、後年には唐招提寺に戻っていた。唐招提寺の住持の代数については、史料によって出入りがあるが、唐招提寺の住持になったことについては、共通しており、事実とされている。
　いま、護国寺本『諸寺縁起集』によって如寶の造営をみると次のようになる。

　　　金堂一宇、薬師丈六・千手像、北中壁三間画、木梵天帝尺四王
　　　経楼一基、鐘楼一基、鐘一口

と記されており、経楼一基には、割注が次のように付されている。「納仏舎利半合并仏幷像、経律論疏、一切宝物等。」さきに問題とした舎利が半合あるとする。東征伝では3000粒とあるのにあたる。この舎利は、いく度かの頒賜があり、今は少なくなっているが、ガラス舎利壺に納められている。

　醍醐寺本『諸寺縁起集』にも同じ記述がある。菅家本『諸寺縁起集』には、金堂は天平宝字3年8月3日に鑑真和尚建立とある。これらの諸寺縁起集に先行する『七大寺日記』『七大寺巡礼私記』には、如寶の金堂建立を記していないが、『七大寺日記』には金堂東宝蔵には、「鑑真和尚所伝持給之三千余粒佛舎利……金堂戌亥角、安置之、影左方、如寶大僧都絵像影アリ、右義静僧正絵様アリ、此二人鑑真和尚御弟子也」とあり、如寶は義静と並んで特別な位置にあったことを伝えている[20]。金堂の造営年代をめぐっては、諸説があるが、私が指揮して金堂周辺を発掘調査した所見をまとめた前園実知雄氏も、大同、延暦年間としている。私も同意見である[21]。

　金堂の須弥壇上には、中央に盧舎那仏坐像が安置されている。東方に薬師如来立像、西方に千手観音菩薩立像、そのほか梵天・帝釈天立像、須彌壇四隅には四天王像が安置されている。巨像群は壮観である。彫刻の門外漢である私には、相互の関係や、その背後の哲学などは、論じることができない。

私は、薬師如来立像の左掌から1972年2月に発見された銅銭について論じるのが本稿の目的である。像は、像高336.6cmの立像で、偏袒右肩に大衣を右肩に掛ける。左手は掌を前方に向けて垂下し、中指をやや少し内側に曲げている。掌には手紋線と地紋線がある。親指のつけねから掌丘、つまり中指の延長線上のあたりから3枚の銅銭が出土している。背を上にした和同開珎、ついで表を上にした（和銅開珎と表面を合せて）、隆平永宝、一番内側に表を上にした万年通宝が重ねて埋め込まれていた(22)。3枚の重ね方は、鋳造のもっとも新しい隆平永宝を内側に、順次鋳造の古いものを重ねている。これら3枚のいわゆる皇朝銭は、井上正氏の報告によると、像の木彫が完成し、掌にも厚く漆がほどこされたのち、直径約2.8～2.6cmの円孔を、深さ0.7～1.1cmに木部に到達するまで彫り込んで、埋め込んだ上、再度、その上から乾漆をかぶせていると報告されている。また註(22)の28頁の注3において、右手掌中央にも溝が不規則に乱れたところがあり、銅銭埋納があるのではないかと考えておられる。

このように、仏像の掌中に円孔を彫り銅銭を埋める例は、管見にして、他に例を知らない。

6　薬師如来立像左掌埋納銭の意義

1973年の埋納銭の発見は、同像の完成年代が隆平永宝の初鋳年である延暦15年（796）に近いことを明確にした点で、美術史上に大きい基準を与えることになった。

別の史料から銅銭埋納を考察してみることにする。玄奘が弟子弁機をして著わせた『大唐西域記』には、ソグド地域の景観、国情、風俗習慣などが、詳細に記述されている。東征伝に記述されている鑑真将来品18品目に、『西域記』1本がある。これは大唐西域記のことである(23)。ソグド人の風俗習慣を概説した部分もある。さらに『唐会要』巻九十九の康国条には、

　　深目高鼻、多鬚髯、生子必比蜜食口中、以膠是手内、欲其成口嘗立言、持銭加膠之粘物、習善
　　商買手公銭争銭利、生子二十即送之他国（下略）

つまり子供が誕生すると、口に蜜を入れ、手に銭を掴ませるのだという。その解釈として、商客となるためには、口に甘言を、手中した利は失わないとしている。また、成人したならば、国（都市）を出て、他国に商客として行き、利をもち帰るとしている。この出国が多く東方に向けられたのが、南北朝から隋唐の頃であった。隋朝ではとくに多かったので、『薩宝職』を設けて胡人による胡人の管理を行っている(24)。

ソグディアナに居住していたソグド人が移遷した中国において、その習慣を保っていたことは、私自身も報告した寧夏固原市における史氏墓地の含口銭がよく示している(25)。その集落では、基本的な習慣は残されていたとみてよい。小児の通過儀礼である1歳誕生時の習慣も残されていた。

このことを揚州で過ごした少年期に見聞きしていた老齢、かつ生涯孤身の如寶が、晩年期に造立した薬師如来像の掌中に追憶のソグドの通過儀礼である掌中銭を再現するために、完成した掌中に円孔を穿って、銅貨を埋没させたのであろう。もし右掌にも同様に埋没銭があったとしたら、その銭種は、興味深いものであった可能性があろう。

砂上の楼閣にちかい想像を重ねた本文は、鑑真に随伴した安如寶が、あるいは商客として東渡し

てきた可能性をも認めることになった。もしも、全くの空想を追記するならば、当麻寺金堂に安置されている巨大な四天王像のうち持国天・増長天・広目天像が、高鼻深目のきわめて迫真の胡人の面貌をしている。正倉院や古寺の伎楽面の胡人に比べても、それらが、儀軌に従って作製されているのとは違った迫真の胡人である。その推定されている製作年代から見て[26]、安如寶と同時期の工匠とみてよい。私は、そのように考えていることを記して、ソグド人墓地を共に調査した茂木雅博氏にこの小文を捧げることにしたい。

註

（1） 1例のみあげると、遣唐副使大伴胡満呂による鑑真の大宰府到着を報じる上奏の日付が、続紀では天平勝宝6年正月16日とするが、東征伝では正月12日とするなど。

（2） 安藤更生『鑒眞大和上傳之研究』平凡社　1960年
　　小野勝年「慈覚大師の入唐巡礼―序説に代えて―」『入唐求法巡礼行記の研究』第1　鈴木学術財団　1964年

（3） 東大寺教学部編『シルクロード往来人物辞典』昭和堂　2002年（1989年同朋舎出版本の増補版）

（4） 延喜式巻三十、大蔵省、蕃使の条に儻従の規定がある。小野勝年『入唐求法巡礼行記の研究』第1巻pp.181〜185

（5） 『唐明州過書』に譯語僧義眞と行者丹福成、擔夫4人を随伴していたとある。

（6） 『開戊四年七月』の上表文によって、長い時を隔てたのちも、従僧惟正、僧惟暁、行者丁惟萬を伴なっていたことがわかる。

（7） 『温州牒』などによって、従者僧豊智、沙弥閑静、譯語丁満、経生的良、物忠宗、大全吉伯阿吉満ら7名を随伴していた。唐船によって渡海した成尋も、僧6名、俗人1名を伴なっていた。『参天五台山記』

（8） 続日本紀宝字六年七月是月条

（9） 東征伝には、多くの僧名が記されているが、禅師として記すのは、鑑真の師僧である智満、大福光寺沙門道王、杭州義咸禅師のみであり、ともに大僧である。もし仁幹が随伴していたならば、上位に遇されてしかるべきで、天平勝宝6年3月に賜物があった時に仁韓は、思托らの半分にすぎない。このことは仁幹と仁韓が別人であったことを示しているとしてよいものとするべきであろう。

（10） 任八十四とあるのは、「任」字は宝亀五年につづき、戒和上に任ぜられた年月を示し、八十四は示寂の年齢を示すものであろう。ただし、神護景雲二年任少僧都は、日本後紀巻十三、桓武天皇大同元年四月廿三日に少僧都となったことを明示しており、誤りである。別の僧官に任じられたことを示している。

（11） 東大寺要録巻第二、供養章三に勅書が抄録されている。また、光明子によるいわゆる東大寺献納目録に、はるかに来着したことに対する頌辞がある。

（12） 文献、墓誌などを見ても、その移動を示す用語は多い。内付などは、文献史料に多い。白鳥庫吉『西域史研究』下巻所載の「粟特国考」（岩波書店　1943年）参照。内付后のソグド人が集住していたことについては、論考が多いが、栄新江「北朝隋唐粟特集落的内部形態」『中古中国与外来文化』（三聯書店　2001年）に詳しい。

（13） 山東省益都県博物館・夏名菜「益都北斉石室墓線刻画像」（文物1985-10）は、石郭の石板に商客図などがあり、商業活動を活写している。未報告の残石を含めた解釈は、鄭岩『魏晋南北朝壁画墓研究』pp.239〜246　文物出版社　2002年

（14） 固原市で発掘調査された史訶耽は、四品官である游撃将軍を30数年にわたってつとめ、86歳で卒している。皇帝から特に賜物五十段などを下賜されている。夫人は康氏、後妻は南陽張夫人である。

(15)　韓康信「人骨」『唐史道洛墓』第5章　pp.264〜295　勉誠出版社　1999年
(16)　韓康信氏の報告ができるまでの経緯は、菅谷が『トンボの眼』第4号（2006）に記している。ただし、編著者がタイトルを誤印刷していることを注意されたい。
(17)　小野勝年「鑑真とその弟子たち」『仏教芸術』53号　1976年
(18)　中国社会科学院考古研究所・南京博物院・揚州市文物局（合同）揚州城考古隊「江蘇揚州市文化宮唐代建築基址発掘簡報」（『考古』1994-5）大量のガラス片が出土しており、波斯邸または胡商の邸址とみられている。ガラス片の分類などは未報告。ここからは唐銭に混じって、切断痕跡をもつ金の小片が3片出土していて秤量貨として用いられていたことがわかる。合せて73gが出土している。
(19)　実際の資料はないが、新羅使がもたらした品目中に、紫檀などの工芸に用いる良材は見られない。
(20)　以上の引用は、藤田経世『校刊美術史料・寺院篇上巻』（中央公論美術出版　1972年）によった。ただし、異体字などは現行字におきかえた。
(21)　前園実知雄編『唐招提寺防災工事調査報告書』2003年
(22)　奈良六大寺大観刊行会『奈良六大寺大観　唐招提寺二』p.24　岩波書店　1972年
　　　当時、奈良県文化財保存課に在職中のわたしも実見した。
(23)　『大唐西域記』以外に「西域記」（東征伝）、『大唐西域伝』（大唐内典録）などがある。
(24)　薩宝については、近年の研究成果は、註（12）の栄氏書にまとめられている。
(25)　羅豊『固原南郊隋唐墓地』文物出版社　1996年、中日聯合原州考古隊編『唐史道洛墓―原州聯合考古隊発掘調査報告1―』勉誠出版　1999年
(26)　『当麻寺』（大和古寺大観第2巻）岩波書店　1978年

金峯山上の銭弘俶塔

森下　惠介

　　はじめに

　わが国の山岳修験の中心である吉野金峯山の山頂（山上ヶ岳・標高1719m）には重要文化財となっている大峰山寺本堂（山上蔵王堂）が所在し、近世以後は大峯山あるいは山上と呼ばれている。この山頂からの出土品としては国宝金銅経筒（藤原道長経筒）をはじめとした数多くの金峯山経塚遺物が伝わっており、わが国の山岳信仰を考える上で重要な資料ともなっている。さらに、昭和58～61年（1983～86）には本堂解体修理に伴い発掘調査が実施され、8世紀以来の山頂祭祀のあり方がかなり明らかになってきている[1]。平成16年（2004）、わが国の山岳信仰を代表する吉野大峯は「紀伊山地の霊場と参詣道」として世界遺産に登録されたが、この登録準備作業として奈良県教育委員会は奈良県歴史の道調査として大峯奥駈道の調査を平成13年（2001）度に実施した[2]。ここにとりあげる銭弘俶塔片はこの調査時に筆者が表採したもので、すでにその報告[3]も行っているものであるが、ここではこの五代十国の呉越国の銭弘俶塔を中心として10世紀の金峯信仰と日中間の文化交流について若干の考察を加え、発見者としての責を果たしておきたい。

1　金峯の銭弘俶塔

　金峯山上で採集した銭弘俶塔片（図）は、先にふれたように平成13年7月26日、奈良県歴史の道調査の第2回現地踏査として登山したさいに山上本堂の北西地点の地表面に露呈していたもので、発見時は雨に洗われた状態で表面にほとんど土などは着いていなかった。周辺には他に遺物は見られず、本堂修理工事時の銅板の切屑や古釘などが同様の状態で散布おり、発見地点付近の土中に包含されていたものか、昭和58～61年の本堂修理工事に関り動かされた工事土に包含されていたものが偶然に露呈したものかは明らかでない。

　採集したものは銭弘俶塔の屋根部四隅に着く「方立」と呼ばれる馬耳状の隅飾で、高さ47.5mm（本体37mm）、幅23.8mm、厚さ14.5mmを測る。底部の内側寄りに一辺7.5mm、長さ14.8mmの塔本体に差し込む基部を持ち、方立本体と基部は一度に鋳造しており、外面下端には塔本体との溶接時の鋳継ぎの銅片が付着している。材質の同定は行っていないが、銅製とみられ全体が緑青で覆われ、淡緑灰色を呈している。3面に仏像を鋳出しており、取り付け時に内側になる面にはアーチ

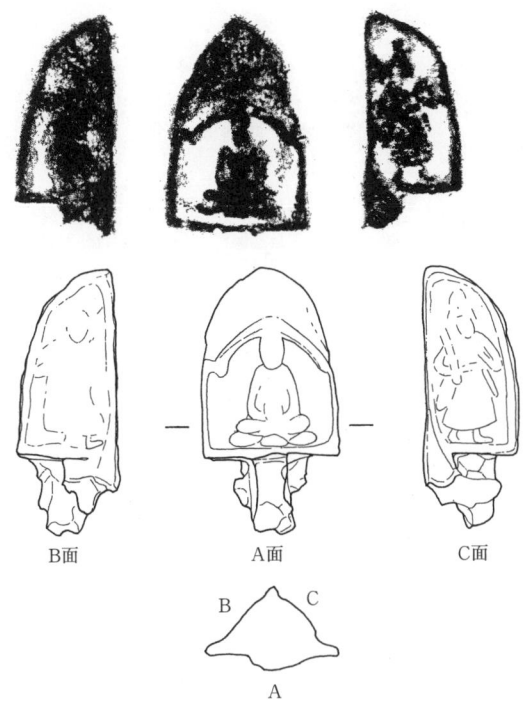

図　山上ヶ岳山頂表採銭弘俶塔方立拓影
（『大峰山岳信仰遺跡の調査研究』2003から）

型の屋根をもつ仏龕内に仏坐像（像高22mm）、外面2面に左右対称に兜と甲をまとい棒状の持物（金剛杵？）を執って斜め上を向く天部立像（像高27.4mm）が観察でき、既知の銭弘俶塔の方立部とほぼ同形同大である。

銭弘俶塔についてはこれまで多くの先学の研究[4]があり、現在までにわが国には10例の所在が知られるが、伝世品には伝来の経緯が必ずしも明らかでないものもあり、本例は出土品としては和歌山県那智経塚、福岡県原遺跡[5]につぐ3例目となる。韓国では不確実ではあるが1例[6]、中国では現在までに約10例が知られている（一覧表参照）。わが国に所在するものはすべて銅鋳塔であるが、中国の出土例には鉄鋳塔もある。それぞれの表面には鍍金が残るものもあって、このため中国では「金塗塔」とも呼称されている。

銅塔は小型（総高約22cm）の方形箱形の一層塔で、蓮華座を備えた須弥壇部と塔身軸部、塔蓋部、屋蓋四隅の方立、相輪部から成り立つ。須弥壇部には柱形で区切られた区画に各面3体の如来坐像、2段の壇上に塔身を置き、塔身中央にはアーチ形の龕形内に本生図を表し、左右の柱形の上には鳥形（迦楼羅）、上部には獣面の左右に唐草文を対称に配している。本生図については簡略化されているため、諸説あり、これまでのところ「尸毘王割肉飼鷹救鴿図」「薩埵太子捨身飼虎図」「月光王捐捨宝首図」の3面が確実で、残る1面は「善目王眼施図」とみる説が有力である[7]。相輪部は後補のものもあるが、中国の出土例から算盤玉状の七つの相輪と棗形の水煙、頂きに龍車、宝珠を重ねるものが当初のものとみられる。各面の須弥壇部から塔身軸部を1体に鋳造しており、4面と塔蓋を接合し、別鋳の方立、相輪を取り付けている。銅塔には塔底板は無く、内面にはその1面に造塔銘が陰鋳され、他の一面に斜め上方に向く1.5～2cmの鉤状突起を鋳出する。また、「化」「仁」「向」「巳」といった1文字を下方に陰鋳したものがあり、これらは製作にかかわる符号とみられ、形状や銘文書体の類似例もあって複数工房での製作が推定される。銘文は「呉越國王／銭弘俶敬造／八萬四千寶／塔乙卯歳記」と4行に記しており、五代十国のひとつ呉越国第五代の王、銭弘俶（忠懿王・948～978在位）が八万四千宝塔として乙卯歳、すなわち後周の顕徳2年（955）に鋳造したものであることがわかる。

鉄鋳塔は浙江省金華県密印寺万仏塔[8]・浙江省瑞安県仏岩寺慧光塔[9]に例があり、金華万仏塔では大小があって小型のものが銅塔の規格と近似する。鉄塔は塔底板をもっており、塔底に「呉越國王俶／敬造宝塔八萬／四千所永充供／養時乙丑記」と陽鋳されており、乙丑すなわち宋の乾徳3年（965）と鋳造時期が銅塔とは10年の隔たりをもつ。

なお、鉄塔については江蘇省蘇州雲岸寺虎丘塔発見例(10)を「銭弘俶塔」とすることがあるが、塔基である須弥壇部と塔身部が別鋳で形態が異なり、銘文も確認できず、銭弘俶塔タイプの塔ではあるものの、銭弘俶塔という呼称を銭弘俶の一連の八万四千塔造塔作善によって造られたものに限定した場合には銭弘俶塔と呼ぶにはためらわれる。

表　銭弘俶塔一覧

	伝来地および出土地	材質	備　考
日本	福岡県福岡市　誓願寺	銅	総高18.6cm（相輪後補）・重要文化財・伝日延請来塔・「化」
日本	福岡県太宰府市　原遺跡	銅	方立部・出土品（1987）
日本	京都府和束町　金胎寺	銅	総高46.9cm（追加荘厳）・重要文化財・「仁」
日本	大阪府河内長野市　金剛寺	銅	総高20.8cm（相輪後補）・火中痕跡あり・「向」
日本	和歌山県　那智経塚	銅	総高20.5cm・出土品（1918）・相輪鉄製・東京国立博物館蔵・「化」
日本	大阪府守口市　来迎寺	銅	総高46.4cm（追加荘厳）
日本	奈良国立博物館蔵品	銅	総高21.8cm
日本	兵庫県　黒川古文化研究所蔵品	銅	総高15.2cm（相輪端欠）
日本	東京　永青文庫蔵品	銅	総高21.5cm・19世紀以降に渡来
日本	京都　個人蔵品	銅	総高21.0cm・19世紀以降に渡来
中国	福建省連紅県　城南旧城壁下小石塔	銅	1953年発見・『文物参攷資料1955-11』
中国	浙江省崇徳県　崇福寺西塔	銅	1955年発見・『文物参攷資料1956-1』・「巳」
中国	浙江省　台州	？	『文物参攷資料1956-1』
中国	浙江省　嵊県	銅	『嵊県志』二十一巻　明代万暦年間に発見
中国	浙江省紹興県　紹興城城関鎮物資公司内	銅	乙丑歳・中に宝篋印経を納めた木製経筒『文物1978-12』
中国	浙江省寧波　天封塔頂	銅	1957年発見・『文物1978-12』
中国	福建省閩侯県上街公社　龍台山	銅	1971年発見・『文物1978-12』
中国	浙江省　天台山国清寺	銅	『望月仏教大辞典』
中国	浙江省金華県　密印寺万仏塔地下	銅・鉄	1957年発見・銅塔11・鉄塔4
中国	浙江省瑞安県　仏岩寺慧光塔	鉄	『文物1973-1』
韓国	伝朝鮮南部	銅	『考古美術』8巻4号　「徳」

2　10世紀の呉越国と日本

　呉越王銭弘俶の造塔については宋の志盤撰『仏祖統紀』に天性、仏を敬う呉越王銭弘俶は阿育王造塔の事を慕って金銅精鋼を用い八万四千塔を造り、中に「宝篋印心呪経」を蔵め、部内に散布、およそ10年にしてその功をおえたと記し、銭弘俶の造塔がインド・マウリア朝のアショカ王の八万四千造塔の故事にならって造られたことがまずわかる。八万四千は多数造塔供養の意であって造塔実数を表すものでないことはいうまでもない。金銅・精鋼を用いたというのは銅鋳塔と鉄鋳塔の存在から矛盾しない。中に宝篋印心呪経を蔵したという記事については『扶桑略記』が引用する『宝篋印経記』に天慶年間（938〜947）に入唐した僧日延が天暦末年（957）に請来した銅塔（銭弘俶塔）を僧道喜が応和元年（961）に九州において実見した際、塔中から嚢内に入った宝篋印経が出たことを記すが、この『宝篋印経記』の記述については造塔の契機において事実と異なる点もあって、記述そのものの信頼性を疑う説(11)がある。しかしながら、中国浙江省紹興の城関鎮物資公司内か

らの発見された銅鋳塔には内部に長さ約10cmの被せ蓋のついた粗製の小木筒があり、筒内には細字の「宝篋印経」一巻があった(12)とされており、1例とは言え、経巻が納められていた例があって内面の鉤状突起の存在からも本塔が経巻等の納入物を前提として製作されていることは間違いないと考えられる。中国での発見例が浙江省を中心に福建省に及ぶ呉越国の版図に集中することは部内に散布したという記事に対応し、およそ10年にして功を終えたというのも銅塔の乙卯歳銘と鉄塔の乙丑歳銘に合致する。銘には今のところ、この2種しか確認できず、実際の製作年とは関係なく発願年である乙卯歳と竣功供養年の乙丑歳によって10年間の作善期間を代表させているとみることもできる。

　前述の『宝篋印経記』に記される銭弘俶の造塔理由は先にふれたように事実と異なる点が多いことが指摘されているが、戦乱で多くの人命を絶った報いから熱病に苦しんだという話の下敷きにはカリンガ征服によって生じた悲惨な結果を悔恨し仏教に帰依したというアショカ王伝があることが明らかである。アショカ王建立の八万四千塔のいくつかが中国にもあるという伝説は中国南北朝時代に生じ、呉越国の版図に含まれる浙江省阿育王山の阿育王塔がそれを代表することは言うまでもない。豊かな江南地方と海外交易に支えられた呉越王銭氏の厚い仏教保護政策[13]はよく知られているところであり、銭氏一族と阿育王寺との深い関りもまた深い。須弥壇の柱間の坐仏、アーチ型の龕内の本生図、ガルーダの装飾、仏塔の覆鉢部に飾られる植物文様に由来する特徴的な方立など銭弘俶塔の各所にはインド・ガンダーラのストゥーパの要素がうかがえ[14]、銭弘俶塔は本生変を四面に表す小塔で西域で闐国所造に似ると説かれる伝説の阿育王塔[15]として製作されたと考えてまず間違いない。また、鋳造を始めた乙卯歳、顕徳2年（955）は後周世宗の廃仏が行われた年であり、この隣国での廃仏が銭弘俶に末法感をいだかせたことは十分考えられる。「末法逼迫之時」も宝篋印経を納めた塔は「堅固不滅」であることは『宝篋印陀羅尼経』[16]の説くところであり、この世宗の廃仏が造塔の直接的契機となった蓋然性は高いが、銭弘俶塔の造塔理由は基本的には中国各時代の皇帝の阿育王への関心、阿育王信仰[17]を背景としたものであり、呉越王銭弘俶もまたアショカ王と同じ転輪聖王たらんとして銭弘俶塔は造られたと言ってもよいだろう。

　わが国に遺存する銭弘俶塔については前述したように伝来の経緯が明らかでないもののあるが、平安後期に営まれた那智経塚からの出土例によって、本塔が平安時代に我が国に舶載されたことは確認できる。筑前今津誓願寺、山城鷲峯山金胎寺、河内天野山金剛寺のものはいわゆる江戸時代以前の「古渡り」のものとされ、日本への請来は前述の『宝篋印経記』にも記されるところで、誓願寺のものが地理的な近縁性といったことから、この日延の請来塔ともされている[18]。清・張燕昌の金石文研究書『金石契』が引く南宋・程珌の『龍山勝相寺記』には呉越忠懿王（銭弘俶）が五金を用いて鋳造した十万塔のうち500基を日本に使者を遣わし、この使者とともに西竺僧転智が中国に戻ったということを記しており、銭弘俶塔が呉越王の使者によって日本にもたらされた可能性がある。わが国と呉越との関係は、平安貴族に承平天慶の乱の前兆と受け止められた承平5年（935）の呉越商人蒋承勲の羊献上を始めとして『日本紀略』などの史料によれば呉越が宋に併合される978年までの間、8度の呉越船の来航が確認され、左大臣藤原忠平、仲平、実頼、右大臣藤原師輔らが呉越王への返信を送っていることが知られる[19]。また、考古学的な事象としては初期貿

易陶磁である越州窯系青磁器の出土例がこの時期の呉越国との盛んな交流を物語っている[20]。呉越国の使者により銭弘俶塔が日本にもたらされたのであれば、天徳元年（957）あるいは天徳3年（959）に来航した呉越国特礼使盛徳言がもたらした可能性が考えられるが、『宝篋印経記』に銭弘俶塔の請来者とされる日延は天徳元年に呉越国特礼使とともに帰国[21]しており、銭弘俶塔の渡来はこの時で、このために日本側では日延の請来物とされたものらしい。日延は天暦7年（953）に中国側で散逸していた天台経巻を携え呉越に渡ったとされ、呉越国王の高麗、日本への要請に応えたものとされている。呉越国の外交は仏教を媒介として呉越・高麗・日本という3国の通商と国家関係をつくることにあったと考えられ、ここにも仏教に傾倒し、仏教を政治的、経済的にも最大限利用しようとした呉越国の意図がうかがえる。銭弘俶塔のわが国への送致の背景には呉越王の信仰だけにとどまらず、自らを転輪聖王たるアショカ王になぞらえる呉越王の東アジア仏教世界の盟主たる地位を確立するといった目的もあったと考えてよいのではないだろうか。

3　10世紀の金峯山上とその後

　呉越で銭弘俶塔の造塔が行われた顕徳年間とほぼ同時期に成立した『義楚六帖』には金峯山の記事があり、「如五台文殊」と記し、金峯が五台山から飛来したという伝承もこの時期につくりだされた[22]らしく、わが国においてはこの時期、金峯は中国五台山に比す仏教霊地とみられていたことがわかる。9～10世紀の金峯山上の本堂内々陣の部分に堂舎があったことは発掘調査で確認された10世紀後半の焼失材投棄層の存在により確実視され、金仏、ガラス製経軸端、瑠璃宝塔とみられる金銅製、ガラス製の小建築部材、黒色土器片などがこれに伴って出土している[23]。銭弘俶塔がこうした山上の本堂前身堂に納められていた可能性も考えられるが、現本堂は元禄の再建工事のさい、金峯山経塚周辺を採土して造成された整地土の上に建っており、この整地土層から平安時代後期の経塚関連遺物が多く発見されていること、那智経塚からの銭弘俶塔の出土などを考え併せると、今回採集した銭弘俶塔方立はこの現本堂の整地土層に含まれていた可能性がより高いように考えられる。

　わが国の経塚の初見が寛弘4年（1007）の藤原道長の金峯山への埋納であることはよく知られているが、銭弘俶塔に納められた『宝篋印陀羅尼経』では法要そのものが朽塔の土堆中にあると説いており、経塚造営と同経との関りもまた指摘されている[24]ところである。中国での銭弘俶塔のほとんどの発見例が塔の地下埋納であることは、阿育王塔が地下に埋蔵されているという中国の伝説と『宝篋印陀羅尼経』が経を塔中に安置した場合の功徳を説くことと関るものとみられ、日本の場合も「末法逼迫之時」も「堅固不滅」であるとその経に説かれる銭弘俶塔は霊地の地中にこそ埋納されるべきものと観念されたことは想像に難くない。わが国で銭弘俶塔の信仰伝承が少なく、伝世の来歴が不明な点が多い事もあるいは銭弘俶塔が渡来して比較的早い時期に地下に埋納されたことと関っているのかも知れない。銭弘俶塔の金峯山上への埋納は、この時期に呉越国との外交と仏教政策を主導し、金峯山経塚を造営する摂関家との関りを想定してもよいのではないだろうか。

　銭弘俶塔がわが国の宝篋印塔の祖形であるというのは、これまでほぼ定説となっている[25]。と

くに「鶴の塔」と呼ばれる京都旧妙真寺塔などは塔身四隅に鳥形を彫るなどその形状と銭弘俶塔との類似が指摘されるところである。しかしながら、この塔は時期的には13世紀後半のものと見られており、今のところ13世紀中頃の遺例を最古とする石製宝篋印塔と銭弘俶塔との間にはおよそ300年近い時間の隔たりがある。中国においては銭弘俶塔をふくめた阿育王塔型とも呼ぶべき塔の祖形や同種の作例[26]が知られ、銭弘俶塔もまた阿育王塔型金属小塔のひとつと位置づけられる。日本において阿育王山信仰はその後の宋との交流を介して、多大な影響を与え、『平家物語』に伝える平重盛の沙金寄進、源実朝の前育王山長老説、渡海願望、重源の建材寄進などはよく知られているところである。鎌倉期の宝篋印石塔の造立や籾塔など小塔の造塔供養もその拠るところは銭弘俶塔と同じ『宝篋印陀羅尼経』と阿育王信仰であったことは変わらない。銭弘俶塔が直接的に宝篋印塔のモデルとなった可能性は低いが[27]、宝篋印石塔や籾塔もまた五代以降中国で造立された伝説の阿育王塔の形状に倣ったものであり、「大唐育王塔の形」を模しているのはほぼまちがいないだろう。宝篋印塔の祖形は中国の阿育王塔型塔婆に求めるべきであり、宝篋印石塔もその造立の背景はともかくとして、形態的には五代十国時代の呉越国やこれを受け継いだ宋の仏教政策の影響を受けた平安後期～鎌倉時代の仏教事象と言ってよいだろう。

おわりに

金峯山頂採集の銭弘俶塔方立から阿育王信仰による銭弘俶塔の造立、わが国への渡来とその背景、呉越国の仏教政策が与えた影響等を考えてみた。銭弘俶塔は呉越王の仏教理念に基づく統治政策により、阿育王塔として『宝篋印陀羅尼経』の説くところに沿って造られたものであり、その日本への渡来の背景には自らを転輪聖王になぞらえた呉越王を中心とする仏教理念に基づく東アジアの国際秩序確立への意図もうかがえる。わが国においては末法の世にも堅固不滅と説くこの塔は「経塚」への納経と同じく霊地の地下にこそ埋納されるべきもので、摂関家によって金峯の霊地にもたらされ、金峯山経塚に納められた可能性が指摘できよう。さらに、平安後期から鎌倉期にかけて盛んになる八万四千塔造塔供養、育王山信仰、舎利信仰、宝篋印塔の出現などの仏教事象にも呉越国の仏教政策の影響がうかがえ、中世における天皇に対する「金輪聖王」の呼称もまた、中国における阿育王信仰と無関係ではないのだろう。銭弘俶塔は厳密には呉越国王銭弘俶によって造立された「銭弘俶阿育王塔」と呼ぶべきものであり、10世紀後半に渡来し、時期をおかずに経塚に埋納されたとみられる銭弘俶塔が直接的なわが国の宝篋印塔の祖形にはなり得ない。しかしながら宝篋印石塔の祖形もまた銭弘俶塔と同じく、この中国でイメージされた阿育王塔に求めてよいといえる。

唐帝国と宋に挟まれた五台十国時代は日中政府間の公的な関係が存在しない時期とされ、その文化交流をものがたる資料も少ないと考えるのが一般的である。しかしながら、この時期の日中の交流は考古学的には西日本における大量の越州窯系青磁の出土やその影響を受けたとみられる土器における椀形態の出現にも顕著に現れているところであり、仏教事象に与えた影響もまた大きいと言わねばならない。金峯山上の銭弘俶塔片は細片ながら寛平の遣唐使廃止（894年）以後、ともすれば

「国風文化」の盛行によって過小評価されがちな彼我の盛んな往来をものがたる貴重な資料として評価したい。

　（附記）　本稿執筆中、2005年9月に重要文化財大峰山寺本堂の防災工事が実施され、本堂北西部の管路掘削により銭弘俶塔の塔身部一面が出土した。出土地は方立部の採集地とも近い。詳細は報告書の刊行を待たねばならないが、調査が工事併行の立会調査として実施され、結果的に塔身部の厳密な出土層位が明らかにならなかったことは、本堂奉献品かあるいは経塚埋納品であったかというまたとない問題解決の機会を逸することとなり、銭弘俶塔のわが国での受容を考える上でも惜しまれる。

註

（1）　石田茂作・矢島恭介『金峯山経塚遺物の研究』帝室博物館　1937、森下惠介「大峰山系の遺跡と遺物」『山岳信仰の考古学』同成社　2003
（2）　奈良県文化財保存事務所『重要文化財大峰山寺本堂修理工事報告書』奈良県教育委員会　1986
（3）　奈良山岳遺跡研究会『大峰山岳信仰遺跡の調査研究』財団法人由良大和古代文化研究協会　2003
（4）　岡崎譲治「銭弘俶八万四千塔考」『仏教芸術』76　1970、関根俊一「銭弘俶八万四千塔について」『ミュージアム』441　1987、鈴木信「五代における東シナ海交流の一面―銭弘俶塔を指標として―」『考古学と地域文化』　1987、王小紅「銭弘俶与金塗塔」『文物天地』1988-4　1988
（5）　太宰府市原遺跡4次調査1987年出土。経塚関連の遺物である可能性もある。山村信榮氏の教示による。
（6）　梅原末治「呉越王銭弘俶八萬四千塔」『考古美術』81　1967
（7）　註（4）岡崎氏論文参照
（8）　浙江省文物管理委員会「金華萬佛塔塔基出土文物概況」『金華萬佛塔出土文物』文物出版社　1958、浙江省文物管理委員会「金華市万佛塔塔基清理簡報」『文物参玫資料』1957-5　1957
（9）　浙江省博物館「浙江瑞安北宋慧光塔出土文物」『文物』1973-1　1973
（10）　『蘇州虎丘塔出土文物』文物出版社　1978
（11）　藪田嘉一郎『宝篋印塔の起源・続五輪塔の起源』綜芸舎　1966
（12）　張秀民「五代呉越国的印刷」『文物』1978-12　1978
（13）　畑中浄園「呉越の佛教」『大谷大学研究年報』7　1954
（14）　註（4）関根論文参照
（15）　道宣「三寶感通録」『大正新修大蔵経』52・404
（16）　「一切如来心秘密全身舎利寶篋印陀羅尼経」『大正新修大蔵経』19・1022
（17）　小泉惠英「中国美術史にみる阿育王信仰」『中国国宝展』朝日新聞社　2004
（18）　註（4）岡崎氏論文参照
（19）　田島公「日本、中国・朝鮮対外交流史年表」『貿易陶磁―奈良・平安の中国陶磁―』1993、西岡虎之助「日本と呉越の交通」『歴史地理』42　1922
（20）　奈良県立橿原考古学研究所附属博物館編『貿易陶磁―奈良・平安の中国陶磁―』臨川書店　1993
（21）　竹内理三「「入呉越僧日延傳」釋」『日本歴史』82　1955
（22）　山本謙治「金峯山飛来伝承と五台山信仰」『文化史学』42　1986
（23）　註（2）参照
（24）　上川通夫「中世仏教と「日本国」」『日本史研究』463　2001
（25）　日野一郎「石塔」『新版仏教考古学講座3　塔・塔婆』雄山閣　1984
（26）　天沼俊一「寶篋印塔笠四隅突起の一考察」『史跡と美術』100　1939、小谷伸男「宝篋印塔隅飾りの源

流」『史跡と美術』552　1985、村田治郎「中華における阿育王塔形の成立」『史跡と美術』390　1968、村田治郎「中華における阿育王塔形の諸塔例」『史跡と美術』392　1969、村田治郎「中華・阿育王塔形の銀塔二例」『史跡と美術』395　1969、関根俊一「宝篋印塔形の成立について」『史跡と美術』562　1986

　村田治郎氏は金塗塔類似形としてフランス・ギメ博物館所蔵の鍍金銀製阿育王塔模造塔〔雍熙三（986）年銘〕およびアメリカ・フォッグ博物館所蔵の鍍金銀製阿育王塔摸造塔〔天聖八（1030）年銘〕をはじめ中国各地の石塔の類例を紹介されているが、その後、中国では蘇州瑞光寺塔の銅製鍍金塔（『文物』1979-11）・安徽慶陽の鍍金阿育王塔（『中国古塔精萃』1988）・河南鄭州福勝寺塔の鉄塔2件（『文物』1991-6）・上海松江李塔の鍍金鉄塔と銀製塔（『文物』1992-2）・上海嘉定法華塔の鉄塔残欠（『文物』1999-2）・蕭山城厢鎮祇園寺東西石塔の鍍金銅塔（『蕭山文物』2000）・杭州雷峰塔の銀製塔（『文物』2002-5）など銭弘俶塔と類似をみせる金属小塔の発見例があり、銭弘俶塔の造立以後、多くの「阿育王塔型塔婆」が造られている。蘇州虎丘塔出土の鉄塔もまたこうした金属製阿育王塔のひとつと考えたい。

(27)　関根氏は銭弘俶塔と宝篋印塔の関係について宝篋印塔屋蓋部の段形が覆鉢に由来するものとし、段形のもたない銭弘俶塔を祖型として宝篋印塔は生まれ得ないことを述べている。註（4）および註（26）関根氏論文参照。

宋人石工伊行末の再評価
――鎌倉時代における花崗岩加工技術の革新をめぐって――

兼康　保明

1　問題の所在

　わが国の石造美術を石材からみると、鎌倉時代になるとそれまで利用されていた凝灰岩などの軟質石材から、花崗岩に代表される硬質石材（以下花崗岩とする）を多く用いるようになる。材質から言えば、軟質の凝灰岩に比べ、硬質の花崗岩は、大きく切り出しても割れることなく、耐久性が抜群であった。また、石造美術の遺例が多くなる鎌倉時代後期[註]には、それぞれの形式に一種の型ができて定型化する。このことは、石造美術の中でもとりわけ石塔、石仏などの需要の多さに対応したものであろう。だが、こうした一定の規格に基づいて加工が可能なことは、花崗岩がそれ以前の時代にくらべて、かなり自在に割ったり、加工できる技術が習得されたからに他ならない。花崗岩が前代まで石造美術の石材に多く利用されなかったのも、その硬さゆえであって、それまでの技術では歯が立たなかったからである。それゆえ、鎌倉時代を境とした石造美術の開花の背景には、大きな石材加工技術の革新が考えられていた。

　鎌倉時代中期、花崗岩の加工技術が完成の域に達した頃、大和でエポックメイキングな花崗岩製の石造美術に名を残した石工がいる。伊行末である。この伊行末は、東大寺大仏殿再建の際に、重源に招かれて宋より来朝した石工の1人である。こうしたことから、鎌倉時代における花崗岩加工技術の完成は、渡来した宋人石工集団によってもたらされた技術革新として評価する意見が多い。だが、はたしてそうであろうか。

　そこでまず、わが国に永住した伊行末を含めて、東大寺大仏殿再建の際に渡来した宋人石工のわが国での軌跡を、その作品から検討してみよう。

2　宋人石工の作品

　宋人石工は少なくとも文治2年（1186）頃には来朝し、東大寺大仏殿再建にあたっては、堂内の石製の諸像や、大仏殿4面の石壇・回廊・諸堂の基壇など種々の石材加工に活躍したことが記されている。しかし、石工の本当の名は明らかでなく、字名で二郎、三郎、四郎、五郎、六郎、七郎、八郎と呼ばれていたことが推測されるだけである。ただ伊行末として知られる人物は、大蔵寺十三重塔や般若寺笠塔婆の銘文などより、東大寺大仏殿再建に際して渡来し、その後わが国に永住した

宋人石工の1人であることがわかっている。

まず現在確実に知られる範囲で、宋人石工の作品を列挙してみたい。

(1) 東大寺南大門石獅子

奈良市東大寺　大理石とも砂岩ともいわれるが、詳細不明

建久七年（1196）造立の、東大寺中門の石獅子、堂内の脇士、四天王の石像は、『東大寺造立供養記』に「宋人六郎等四人造之」と記され、品名は『南無阿弥陀仏作善集』にもみえる。さらに『南無阿弥陀仏作善集』には、それ以外に中門に二天があったことが記されている。また『東大寺造立供養記』には石材にも言及され、「若日本国石難レ造」とあり、日本の花崗岩のような硬質石材は、彫刻するのにあつかいかねたらしく、本国から軟質の石材を送らせて作っている。大仏殿の脇侍と四天王は、永禄10年（1567）の松永弾正の焼き打ちによって失われたようで、現在、南大門に残されている一対の宋風の石獅子がこれにあたると考えられている。

石獅子は、東像が高さ180cm、西像が高さ160cmである。台座はわが国に例を見ないもので、軸部四方に束を刻み、羽目の部分に牡丹、蓮華、瑞雲、鞠と戯れる獅子などの文様を飾り、上下層に請花・反花を刻む装飾性の高いものである。

(2) 新大仏寺石製須彌壇

三重県阿山郡大山田村　凝灰岩質砂岩

建仁2年（1202）、重源によって創建された伊賀の新大仏寺（伊賀別所）の本尊台座石と石製須彌壇は、伊行末を首班とする宋人石工が製作したものと考えられている。

石製須彌壇は上下2段、各12個からなる石を円形に組み、内部に砕石をつめていたようで、高さのある上段の各石に獅子に鞠、童子、牡丹など配してこれを浮彫りにしている。保存状態と石材の質によるのか、その図様の大半は剥落、欠損している。石製須彌壇としては、わが国では異例のもので、完成当初は宋代の趣向を反映した様々な獅子の動きをモチーフにして、本尊阿弥陀三尊像の基壇を巡らせていたものであろう。この特異な石製須彌壇といい、それを飾る獅子文といい、宋風を前面に押し出しており、宋人石工の関与は動かし難いと言える。

なおこの他に、現存しないが『南無阿弥陀仏作善集』に「伊賀別所三体、此外石像地蔵一体」とあり、石造の地蔵像があったことが知られる。これについては、大仏殿背後にある元岩窟内の奥壁に、地蔵菩薩の立像を彫出したと推定されている。しかしこの地蔵像は、その後岩窟が崩れ像の頭肢も崩落したようである。さらに、修復に際して地蔵像を改変し、今日見られる不動明王像にしたものであるといわれている。

(3) 狭山池改修碑銘文

大阪府狭山市狭山池　和泉砂岩

建仁2年（1202）に行われた重源の狭山池改修碑で、大きさは長さ192cm、幅58.5cm、厚さ79.5cmであるが、碑文以外加工はほとんどされていない。

重源は宋人石工を動員して狭山池修理を成し遂げた。その際、石樋には家形石棺の本体部分を使い、その両側小口を割り抜いて連接させてU字型樋管の部材に使用している。転用された石棺は、播磨竜山や二上山の凝灰岩製である。石碑、石棺ともに軟質石材である。

(4) 大野寺磨崖仏

奈良県宇陀郡室生村大野　石英安山岩

岩盤に、高さ13.6mの二重光背形を深く彫り込み、内面を水磨きして、踏み割り蓮華座に立つ像高11.5mの弥勒如来立像を線刻している。

『興福寺別当次第』などによれば、承元元年（1207）に後鳥羽上皇の勅願により、興福寺の雅縁大僧正が棟梁となり、承元元年10月8日に着工。10月25日より起首して翌承元2年9月20日に至って光背形を彫りくぼめ、その内面を水磨きして、同月23日より10月2日の約9日間で像を刻み終えた。承元3年3月7日には、後鳥羽上皇が御幸されて盛大に開眼供養の式が挙げられた。また像は、笠置山の大弥勒磨崖仏を模したものとある。笠置山の弥勒仏は、元弘の兵火で焼け損じて、今日その形相をうかがいがたいが、岩面を壺形の二重円光形に彫りくぼめ、さらに石面を磨いて、そこに弥勒立像を線刻していたようである。

ただ、磨崖仏造立については詳細な記録があるものの、古い記録にはその製作に宋人石工が関与したことを直接示す記述はない。宋人石工の製作が伝えられるのは、万治2年（1659）奥書のある大野寺蔵の『石仏縁起』によるものである。『石仏縁起』によれば、弥勒石像は、宗慶が最初に鑿をふるい、宋人二郎・三郎・五郎・六郎・七郎・八郎が彫造したとある。

この大磨崖仏を、技術面から見るとどうであろうか。まず、手法や石材加工の技術面では、すでに笠置山弥勒仏が花崗岩に壺形の重円光形に彫りくぼめ、そこに弥勒立像を線刻しており、とりたてて新しさはない。しかし、弥勒立像の面相が異国調であることなど、作風に宋風を感じさせないこともない。太田古朴氏は、大野寺磨崖仏は笠置寺磨崖仏を模写したものではあるが、それをそのまま下図にしたものではなく、だいたいその意匠を模してその時代独特の画様をもって描いたのだろうと考えており、その点に宋人石工の意思を反映することができたと思われる。ただ、尊像本体が線刻であることは、この時期にはまだ、岩壁に巨大な仏像を浮彫りにすることは技術的に難しかったのであろう。

3　伊行末、伊行吉の作品

宋人石工の1人伊行末の名が登場するのは、延応2年（1240）の大蔵寺十三重塔の銘文からである。しかし、般若寺十三重塔の製作過程を遡れば、おそらく1230年代後半には花崗岩を用いて、日本的な様式の層塔の製作にあたっている。宋人石工の記録と伊行末の足跡から推察すれば、1230年代後半の嘉禎年間頃が永住を考えた時期で、日本の石材と道具をもとに日本の石造美術の様式を消化していったものと考えるべきであろう。また、伊行末の在日年数は、仮に建久元年（1190）年に来朝したとすると、亡くなったのが正元2年（1260）であるから70年の長きに渡る。先学が指摘す

るように、おそらくある時期より、嫡子伊行吉が父の名で仕事を行っていたと考えるべきであろう。

(5) 大蔵寺十三重石塔（伊行末）
　　奈良県宇陀郡大宇陀町栗野　石英閃緑岩
　　伊行末の名が知られる最古の作品である。現在笠の一部を失い、十重で、高さは4.17mであるが、完存の場合は十五尺塔であったと考えられている。
　　各部の特色をみると、基礎は高さ42.0cm、幅は上端で82.5cm。比率は1.96で、幅に対して高さが低く、古調を示している。また、塔身は高さ47.8cm、幅49.8cm、比率は1.04である。各面に直径44.5cmの月輪を線刻し、その内に薬研彫りで雄健な金剛界四仏の梵字を配している。また、月輪の下部には浅く蓮華座を彫っているが、その蓮華座は普通みられるような月輪下辺に沿って側面のみ見せるものではなく、開花蓮を俯瞰した形に現した丁重なものである。また、軸部側面は軽く水磨きがなされており、川勝政太郎氏は軸部面の彫刻を鮮明ならしめるためとしている。笠は軸部造りつけで、屋根に柄を造らない。各重の屋根には一重の垂木形を造り、屋根の勾配は緩やかである。また、初重軸部の上端に、方形の奉籠孔を造っている。
　　銘文は基礎にあり、川勝政太郎氏の判読によれば次のとおりである。
　　　南旡釈迦牟尼佛
　　　南旡當来導師弥勒佛
　　　　（この間 7 行磨滅　判読できない）
　　　　道俗三千餘人
　　　　延応貳年庚子二
　　　　月四日造□了
　　　　大工
　　　　大唐□州伊行末

(6) 般若寺十三重石塔（伊行末）
　　奈良市般若寺　花崗岩
　　無銘であるが、塔は完存。高さは12.6mで、40尺塔として企画されたものであろう。現存する層塔としては、弘安 9 年（1286）に西大寺の叡尊が宇治橋再興の時に建立した、宇治浮島十三重石塔の50尺に次ぐ大きさである。
　　基礎は、南面で高さ93.5cm、幅は215cm。比率は2.30と低く安定しており、上端に薄く受座を作っている。塔身は、南面で高さ140cm、幅146cm、比率は1.04である。塔身の各面には顕教系四仏の坐像が、顔の部分だけ比較的厚肉であるが、線刻かと思われるばかりの薄肉で彫られている。笠は、大蔵寺十三重石塔同様、笠と軸石を一体化したものである。一重屋根はとくに大きく作り、安定感を示すと同時に四方仏の保護に役立っている。軒裏に 1 段の薄い垂木形を作る。軒反りは緩やかで、軒が厚く、両端に向かって力強く反っている。

塔造立の経過は、時期は不明だがこの塔の建立を発願した人があり、初重の石を据えたが塔の完成を見ずに死去した。その後を良恵が継いで、延応2年(1240)頃には五重目を組上げ、建長5年(1253)頃に最上部を積上げて、間もなく完成したようである。時期の判る、五重目から十三重目までの製作期間は、実に13年の歳月を費やしている。これまでに例を見ない40尺の巨塔とはいえ、石塔の造立が10年をはるかに越える、長期の大事業であったことに驚かされる。

この十三重塔が、伊行末の作と推定されるのは、現在般若寺にある弘長元年(1261)銘の2基の笠塔婆に残された銘文からである。川勝政太郎氏はこの銘文を検討し、解読できない部分があるものの、その内容は行末の事績を述べたものと解釈し、十三重塔が行末の製作したものであると結論づけた。

写真1　般若寺十三重塔　　写真2　東大寺法華堂石燈籠

(7)　東大寺法華堂石燈籠 (伊行末)
　奈良市東大寺　花崗岩

この石燈籠は六角型で、笠の蕨手の一部を欠くほかは完存し、高さは261cmである。各部についてみると、基礎は方形の自然石の上面に低平な複弁八葉蓮華文を刻出している。竿は、上・中・下の三節で強く引きしめており、弾力のある形を示している。さらに、基礎が低いのに応じて長くしてあり、全体がすらりとして見える。中台では側面を2区格狭間とし、火袋は上区を2区横連子とし、中区は前後火口で残る4面は扉状、下区は2区格狭間になっている。中台も竿も薄手に作られ、洗練された印象を受ける。笠は蕨手を持つが、今多くは欠損している。頂上の宝珠は完存である。

銘文は竿にあり、次のとおりである。
　　敬白
　　　奉施入石燈炉一基
　　右志者為果宿願所
　　　奉施入之状如件

建長六年甲寅十月十二日
　　　伊権守行末

般若寺十三重塔完成後、時間を経ずに伊行末が製作し、奉献したものである。銘文には「伊権守行末」と刻まれおり、大仏殿修造を果たし、叙官されたことに対する報謝として石燈籠を施入したと考えられている。

(8)　般若寺笠塔婆（伊行吉）
　　奈良市般若寺　　花崗岩

　高さ473cmで、板状の塔身を立て、その上に笠を乗せている。笠の軒裏には1段の垂木形と塔身受けの造出しを設け、隅木も丁寧な造りである。塔身は高さ382cm、幅65cm、厚さ30.3cmで、塔身の正面と背面に多くの梵字を刻み、両側面に偈文を刻している。正面下方には伊行吉が父母のために造立したという意味の銘文が彫られており、2基一組としてある。この笠塔婆は銘文の内容から、伊行末の嫡男行吉が弘長元年（1261）に父伊行末の三回忌の供養と、現存生母の冥福修善を祈るために建立したものである。したがって、銘文には伊行末の業績が記録されており、文献史料では知ることのできない伊行末に関する正確な資料である。

　長さ382cmを測る長大な塔身は、1石よりこれだけの長さの石材を採ることは大変なことである。それも2つ確保していることは、巨大な石材から割り採られた可能性もある。また、地表に出ている部分には、ほとんど荒い成形痕を残していない。一見、細工の少ない単純な形であっても、そこに伊派の石工の技術力をみる思いである。また、整形工程を省略した分だけ、仕上げの細工を梵字や文字でおぎなっている点も見逃せない。

4　宋人石工集団から石大工伊行末への転換

　宋人石工でも伊行末を名乗って製作にかかわった作品の特色は、東大寺大仏殿再建工事で来朝した宋人石工の作品と異なることが多い。例えば、宋人石工が製作した初期の作品である東大寺南大門石獅子や、伊賀の新大仏寺石製須彌壇などには宋風がみられる。また、大野寺磨崖仏も面相などに、従来わが国の石仏にみられなかったような特色がある。しかし、伊行末の作品は、宋風を踏襲せず日本化してしまっている。宋人石工の作品であることが追える最後の作品が、承元3年（1209）に完成した大野寺磨崖で、一方、伊行末が花崗岩を使って製作を始めたことがわかる資料である般若寺十三重石塔は、1230年代後半には着手されている。この間約20～30年、宋人石工にいったいどのような変化があったのであろうか。

　宋人石工は建永4年（1206）の重源没後、宋風による東大寺再建事業の強力な推進者を失い、しだいに宋風の石造美術の仕事は遠ざかり、むしろ東大寺や興福寺などの建物に伴う石材加工にたずさわっていたのではないだろうか。そのため、もし帰国しないならば、わが国での石材加工の要望に添うよう、転進せざるを得なかったことは想像に難くない。興福寺が関わった勅願の大野寺磨崖仏の製作に、宋人石工があたっていたとするなら、そうした背景が考えられはしないであろうか。

このような中で、宋人石工が技術を活かして永住するためには、凝灰岩で完成された日本の形式に則った石造美術の製作に転換したことは容易に想像できよう。石材に花崗岩を使用しはじめたと言う点では、1230年代頃には般若寺十三重石塔の製作が開始されている。おそらく般若寺の巨塔製作の前段階に、すでに花崗岩加工技術を修得していたと考えられる。今後、大和あるいは南山城にある、鎌倉時代前期に編年できる無銘の石造美術に、そうしたものが求められよう。

しかしこのことが、わが国の花崗岩加工技術の革新を意味するものではない。この時期には、京や近江ではすでに花崗岩製の石造美術の優品が製作されている。硬質石材の加工に必要な石鑿の改良や彫刻技術などは、宋人石工とは別に存在していたと考えてよい。もちろん宋人石工が、遅れてそうしたわが国の技術を取入れて方針転換しても、東大寺大仏殿再建に招かれて各種の石材加工にあたった宋人石工という出自と、軟質石材加工で示した技量などから、他の石工とは違って高級な技術者として扱われたに違いない。最初の在銘品である大蔵寺層塔の銘文に「大工大唐□州伊行末」と刻んだことや、嫡子行吉が般若寺笠塔婆銘文に「先考宋人伊行末者異朝明州住人也」と記したことは、職人としてはその地位が低かった石工ではあるが、伊行末が宋人石工であることを自負していた証であろう。

5　伊行末の技術的問題点

次に数少ない伊行末の作品の中で、素材となった石材の問題で興味を引くのは、東大寺法華堂石燈籠である。石材は花崗岩であるが、早くから基礎と笠の石と中台以上の石とは、花崗岩の結晶が粗いものと細かいのものとの質的な違いがあると指摘されていた。そのため、中台以上は別物を乗せたのではないかとの意見もあった。しかし、様式的に統一されていることから、産出場所を異にする花崗岩を用いたものと見られている。これは石材が岩盤から切出されたのではなく、土中に埋っていたり谷などに転がった玉石を採る、掘丁場とよばれる採石場のものであろう。掘丁場の石材は、岩脈があって切出すのではないから、1個1個の玉石がそれぞれ色や質が違うことは十分に考えられる。

東大寺法華堂石燈籠に先だって製作された般若寺十三重塔でも、解体修理時の観察によって、いくつかの加工に見る無理が明らかにされている。

まず笠石であるが、笠の上に上層軸石を造出す形式をとっているが、二重笠石と三重軸石、十重笠石と十一重軸石は別石、四、五、十三重軸石は一部別石で補っている。ただし現二重笠石は後補である。軸と笠が別石であるものは、石材切出しの際に、必要な厚みが取れなかったことによるものと報告書では見ているが、さらに踏み込んで考えれば、石材が小形であることを示している。また、一部別石のものも、石の目の流れ具合で、切出しの際や拵え中に目割れしたためと考えられる。このことは、各部材ごとに、大きさに合わせた石材を求めていることになり、南北朝時代の例であるが滋賀県蒲生町涌泉寺七重塔や同町赤人寺七重塔でも指摘されている。岩盤から切出す山丁場で、石材を羊羹切りにして出すのと違い、玉石を素材にしているだけに、掘丁場によっては石材に均一性が認められないのである。また、各重の石の高さは、四方でかなりのむらがあることが指

摘されている。特にはなはだしいものは三重笠石で、南東と西北で約4cmの差がある。巨大な石を加工するのであるからある程度のむらはやむを得ない。この点は、花崗岩加工の技術的な問題と、原石の形にかなり影響を受けているものと考えられる。こうした点から推測してもおそらく原石は、方形に切られた石材ではなく、不整形な玉石であったことが理解できよう。

6　伊行末作品の様式

このようにみると伊行末の業績は、平安時代末から鎌倉時代初期に、わが国で技術革新された石鑿を用い、これまでからあった石造美術の形式を、花崗岩を素材として、中世的様式として確立させたことである。例えば層塔では、山城や近江にあっては鎌倉時代中期頃までは、花崗岩製とはいえ軸部別石であったのが、後期には軸部造出しになっている。軸部別石のものは、小さい石材、薄い石材で製作できたが、軸部造出しとなると、それよりも大きな石材から彫出しなければならず、軸部別石のものより技術を要するのである。もっとも軸部造出しの層塔の形式は、凝灰岩製の層塔では伊行末の製作以前に、大和では完成していた。明日香村於美阿志神社十三重石塔は、高さ約430cmの15尺塔と推定されるもので、初重軸部の四面に大きく月輪を線刻し、四方仏の種子を浅く平底彫りし、その年代は、平安時代後期の12世紀の造立と考えられている。また、形式的にみても、新しくとも鎌倉中期を下ることはなく、鎌倉時代前期に比定されている五條市栄山寺七重塔などがあり、それを花崗岩に写したものである。

しかし、伊行末は凝灰岩製の層塔を、ただ単に花崗岩に写しただけではなかった。同じ伊行末の作品と考えられる無銘の般若寺十三重石塔は、建長5年（1253）頃に完成したと推定されるが、その完成までには10年を遙かに越えている。このことは、おそらくある時期、延応2年（1240）銘をもつ大蔵寺十三重石塔と平行して製作がなされていたのであろう。それゆえに大蔵寺十三重石塔は、般若寺十三重石塔に比べて規模は小さいものの、いくつかの類似点が見出せるのである。まず、形式的には、軒裏に一重の垂木形を刻出することや、屋根が力強く伸びのある反りを示すことなどがあげられる。さらに構造的には、すでに紹介したように笠に枘を造らないことや、初重軸部上端に方形の奉籠孔を造っていることなどが共通するのである。

また東大寺法華堂石燈籠は、鎌倉時代に入ってから見られる六角型の形式をとっている。ただ、六角型の石燈籠としては、旧鴻池邸嘉禎3年（1237）銘のもの（現、京都市北村氏蔵）が最古で、各所に前代の余風を残しているが、平安時代の石燈籠には見られない笠の蕨手が出現している。それに対して法華堂石燈籠では、笠の蕨手に加え、旧鴻池邸石燈籠にはみられなかった中台の側面を作り、さらにこれに彫刻を加えて、純然たる鎌倉式を確立している。伊派の開祖の面目躍如たる作品である。江戸時代以来、三月堂形と称して模作の手本となったことも、なるほどとうなずける。

結　語

以上見てきたように、重源の招きで来朝した宋人石工も、その1人で永住した伊行末も、技術面

で花崗岩加工に特別な技術を招来したりはしていないのである。

　それでは花崗岩加工技術の転換は、どこでなされていたのであろうか。

　それは紀年銘こそ持たないものの、様式的には鎌倉時代初期かそれ以前に遡る花崗岩製の石仏や石塔が、京や隣接する近江に見られることを再検討する必要があるのではなかろうか。例えば、比叡山西塔の香炉ヶ岡にある弥勒石仏や、滋賀県大津市長安寺宝塔などが代表的な例としてあげられる。香炉ヶ岡弥勒石仏は総高約250cmで、叡山系石仏と分類される丸彫りに近い厚肉彫りの優れた像容の石仏で、長安寺宝塔は、笠が六角、基礎が八角をした精緻なもので、相輪を失った現高でも335cmあり、石造宝塔では最大である。これらは、無銘ではあるが12世紀に製作されたもので、花崗岩加工技術の革新によって成し遂げられた、きわめて規格性のある作品といわねばなるまい。そして、その系譜を引くと思われる石仏や石塔は鎌倉時代前期にも引き続いて造立されており、伊行末の活動と平行する13世紀前半には在銘品もみられる。元仁2年（1225）の京都市石像寺阿弥陀三尊石仏や、延応2年（1240）の大津市藤尾寂光寺磨崖仏などがそれで、伊行末による影響とは考え難い。むしろ逆に、12世紀に京・近江ではじまる、花崗岩加工を容易にした石鑿などを用いた新技術を、伊行末らが受入れて改良したと考えたほうが良いと思う。

　次に伊行末が花崗岩を使用して製作にあたった石塔にしても、前代からの形式を踏襲して、それを花崗岩に合うように改良したものである。すでに述べたように、各部に創意工夫が見られ、以後の手本となっていることは言うまでもないが、技術的には従来技術の改良の域を出ていないのである。

　それでもなお、伊行末にはじまる大和の石工の洗練された技術を喧伝したのは、般若寺十三重塔による巨塔製作という完成した技術を布教の中に活かした、西大寺の力に追うところが大きいであろう。布教のシンボルとして目立つモニュメントの必要性を考えていた叡尊が、彼らの技術に目をつけ宇治浮島十三重塔の建立にあたらせたことは想像に難くない。石工の側でも叡尊による大事業に、般若寺十三重塔の製作で培った、高度な技術の維持・継承に必要な活躍の場を見出したのだろう。その意味で、各種石塔のモデルを確立させた伊派をはじめとする大和の石工は高く評価されるべきである。

註

　石造美術の時代区分については田岡香逸氏に準じる（田岡香逸『石造美術概説』　綜芸社　1968）。

　　　鎌倉時代前期　文治改元（1185）から文暦元年（1234）に至る50年
　　　　　　　中期　文暦二年（1235）から弘安七年（1284）に至る50年
　　　　　　　後期　弘安八年（1285）から建武改元（1334）に至る50年

ジュゴンについての文化史的試論

泉　武

はじめに

　ジュゴンについて筆者の興味を惹起したのは遠藤庄治氏である。同氏が沖縄の伝承話を多数採集する中で、ジュゴンに関する伝承話が沖縄地域に広く分布することを見出された。そして同様の話が、東南アジアに分布することから、遥かな昔にこの海域からジュゴンを追って沖縄を目指した人びとがいたのではないかと示唆された[1]。

　国分直一氏は「海上の道」において、「海上の道は二つの想定の上に立っているのである。その一つは魚類や動物の回遊や動きが、狩猟・採集民を誘ったのではないかとする想定である。第二の想定は、魅力あるものの分布が見られる場合には、その分布を追うことによって移動が行われたとするものである。」としたが、ジュゴンについては「ジュゴンの移動が採集段階の漁民を引き寄せたとは考えていない。ジュゴンは一定の珊瑚礁の海域に定着している動物であるから、しかしジュゴンがいたことは、南海島嶼に分布を広めていった採集・漁撈社会人にとっては大きな魅力であったであろうとは考えていた。捕獲しやすい大形海獣であるから。」と考え、ジュゴンを漁の対象とすることは魅力的であるが、広域的回遊と、それに伴う民族の移動には否定的な見解なのである。同氏の考えはジュゴンの生態学的な知見からしても常識的な解釈であり、このことは冒頭に紹介した遠藤氏の想定を否定する平均的な見解ともいえよう[2]。

　ところが、最近の自然科学的研究において驚くべき結果が示され、ジュゴンの広域的な移動を想定することも可能となっている。詳細は2において述べる。一方、考古学的知見によれば、ジュゴン、イルカ、クジラなどの海生哺乳類、あるいは海ガメなどの骨は、沖縄県下の貝塚において出土する[3]。これは陸上動物であるイノシシとともに漁の対象となり、食料資源であった点は変わりない。しかし、琉球王府がこれを貢納品－御用物として指定した時点から、歴史的な産物としての意義を賦与されたともいえる。

1　ジュゴンの生態[4]

　ジュゴンは学名 Dugong dugon　海牛目でマナティーと2科をつくっている。身体的特徴は一般的には体重230～350kgあり、体長は成長したもので2.5mほどである。体表には硬くて短い剛毛が

生え、水中生活に移行した現在もまだ獣としての特徴を残しているといわれている。前肢は胸ビレに変化しているが、骨格は5本の指をもち器用に手の役割を果たす。

ジュゴンの生息地は、赤道を挟んだ北緯30度から南緯30度にいたるインド洋と太平洋の熱帯、および亜熱帯に分布する。沖縄、奄美大島を北限として東南アジアからオーストラリア北岸、インド半島沿岸に分布す

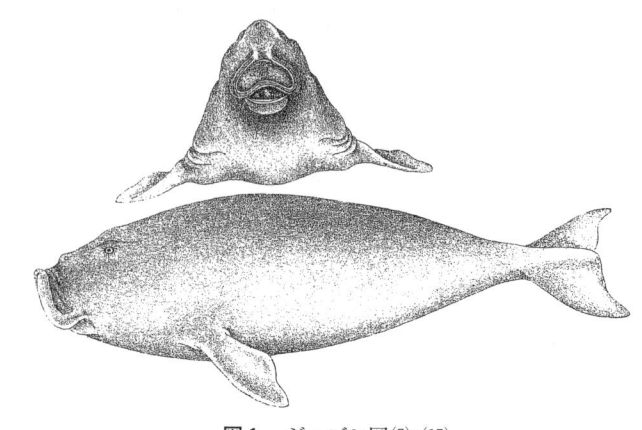

図1　ジュゴン図[7]・[17]

るグループと、アフリカ東岸およびマダガスカルからアラビア半島を挟む紅海に分布する。ジュゴン科のステラーカイギュウは、カムチャツカ半島の東方海上の弧島で1741年に発見されたが、30年足らずで絶滅した。マナティーは大西洋沿岸の温暖海域と、アマゾン川流域、およびアフリカ大陸セネガルからアンゴラにかけて生息している。

ジュゴンの生息数は1997年現在で、オーストラリア周辺海域に約85,000頭、ペルシャ湾沿岸海域に約7,000頭、東南アジア海域に約15,000頭で、合計およそ105,000頭の生息が推定されている[5]。

生息域は必ずしも透明度の高い地域にいるとは限らないとされ、波浪などによる影響の少ない湾入した地形があり、海底は浅くて広い海草帯の餌場と、やや深くて静かな休み場が必要であるといわれる。

食性は浅海の砂泥海底に繁茂するアマモ科5種、ベニアマモ科7種、トチカガミ科5種が知られている。これらの海草は胞子で繁殖する隠花植物の海藻類とはことなり、水中で開花し結実するほか、地下茎からの発芽で繁殖する。もともと陸上の植物が海水に適応していったもので、ジュゴンの水中への移行や適応過程を考えると、海草食性には興味深いものがあるといわれている[6]。

沖縄の周辺海域では、かつて沖縄本島南部と八重山地方でジュゴン漁がおこなわれたが、現在では沖縄本島東部の沿岸浅海で生息が確認される程度である。宇仁義和氏によると、1894～1916年（明治27～大正5）までの推定捕獲頭数は327頭であり、大正期に入るとジュゴン漁は急速に衰退したと推定している[7]。食料資源的には、1頭から取れる肉の量は100～150kg、油は20～30ℓで脂身部分が少ないとされている[8]。

沖縄沿岸における生息の現状は、目視記録によると1998年以降、沖縄本島国頭郡沿岸から本島中部の金武湾にかけての、太平洋側で航空機などから目視され、あるいは海草の食み跡が確認されている。これまで多数生息していた宮古・八重山地域では目視情報はない。このことから本島中部東海岸地域に限り50頭以下の生息と推定されている[9]。

2 ジュゴンの広域的移動

　東南アジア海域に生息するジュゴンと沖縄周辺のジュゴン、およびオーストラリアに生息する個体のミトコンドリア DNA の生化学的分析に基づく分子系統樹が作成された。分析は35個体で沖縄海域のものは10個体である[10]。

　分析結果をまとめると、分子系統樹上では（A）オーストラリアの個体からなる系統、（B）タイ・アンダマン海、パラオ産の個体と、沖縄中頭郡勝連町トウバル遺跡出土個体系統、（C）沖縄の2個体と台湾およびフィリピンの個体系統、（G）スラウェシとタイ・アンダマン海およびシャム湾、パラオの個体系統、（D）フィリピン、タイ・シャム湾の個体系統、（E）,（F）フィリピンと沖縄の個体からなる系統の7つの分岐である。

　このことは、考察で述べられているように、「沖縄近海産の個体群とフィリピン産の個体群には、生息域により分かれている幾つかの小さな母系集団、あるいは比較的遺伝的多様性に富む母系集団が存在し、（中略）同様もしくは同じ塩基配列の組成を持つ非常に近縁か同一の母系集団を共有する可能性を示唆する。」とし、「すなわち、沖縄とフィリピンそれぞれに生息している個体が、それら海域を往来している（あるいは過去していた）可能性を強く示唆する。」と推定された。

　これまでは同じ海獣でありながら、クジラやイルカのように広域的な移動といった行動は想定されず、地先の海域で生まれ育っているように理解されてきた。今回の報告は、沖縄の個体群がフィリピン海域に生息するジュゴンとの共通性が検出されたことで、各々の生息地でのみ個別的、孤立的に存在するものではなく、フィリピン、タイなど東南アジア海域から沖縄へ移動した個体群の子孫である、という可能性を始めて示したことの意義は大きいだろう。

3 遺跡における出土骨資料

　出土資料におけるジュゴン骨を集成したのは盛本勲氏が最初である[11]。2005年の補遺により、本州島1、九州島1、奄美諸島地域5、沖縄諸島地域86、宮古諸島地域8、八重山諸島地域12の合計113遺跡が確認された。沿岸部で調査された集落や貝塚など多くの遺跡で出土するようである。遺跡の分布状況からも、ジュゴンの生息する北限は奄美諸島地域であることが推定される。ジュゴンを食料として利用するのは、縄文前期併行期である沖縄諸島地域前Ⅱ期とされ、縄文時代後期併行期である前Ⅳ期から、弥生時代前期にかけて遺跡数が増加する。

　沖縄本島中部の太平洋側に突き出た、勝連半島の突端に立地する平敷屋（へしきや）トウバル遺跡は、中城（なかぐすく）湾海浜に立地する縄文後期の（沖縄前Ⅳ・Ⅴ期）遺跡である。調査によりおびただしい量の貝殻、魚類、陸生、海生の哺乳動物の骨が出土したが、哺乳類ではイノシシとジュゴンの骨が突出して大量に出土した。このことに関連して、金子浩昌氏はジュゴン骨が海岸寄りに集中するのに対して、イノシシ骨がさらに内陸部寄りへと移動することに注目して、ジュゴンが減少するにつれてしだいにイノシシ猟に転換していく傾向を認めた[12]。このことは、高宮広土氏も指摘するように、珊瑚礁

458　第 2 部　文化伝播篇

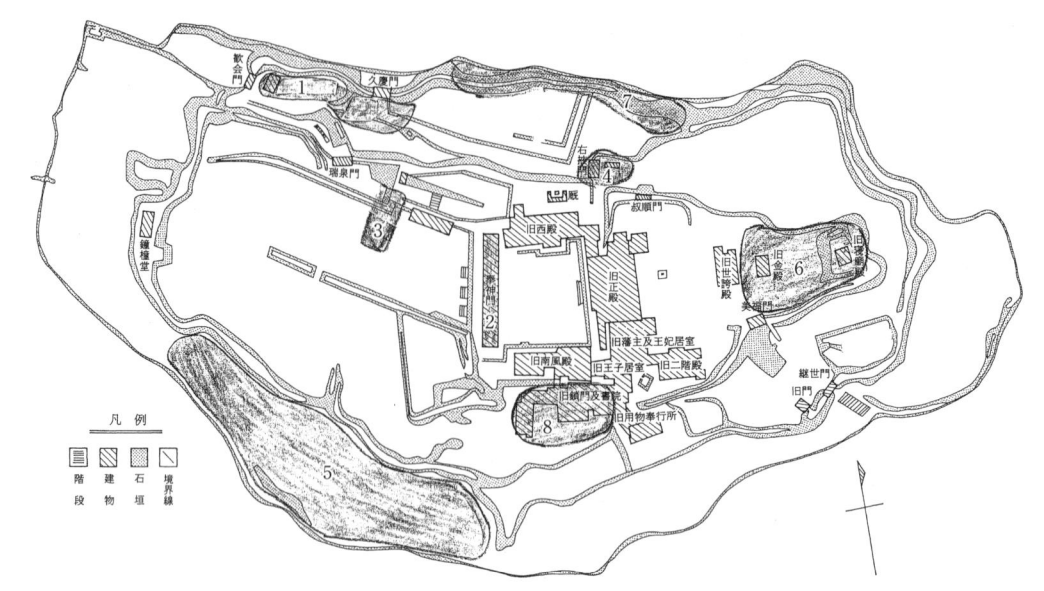

図 2　首里城跡とジュゴン骨出土の調査地〈註（14-2）に加筆、図中番号は註（14）の報告書に一致する〉

　内で安定的に取れた良質の蛋白源－魚類やジュゴン－の減少がこの時期に認められ、しだいに陸生の哺乳類の狩猟へと変化することを指摘したが、金子氏の観察に一致するようである[13]。

　また、注意しなくてはならないのは首里城跡から出土するジュゴン骨である。首里城は琉球国中山王府の拠点として、15世紀から16世紀前半に完成をみた城郭である。城跡の調査は復元整備事業に関連して、正殿跡などの内郭部分とその周辺部がこれまで広範囲に調査されてきた。

　報告書からジュゴン骨の出土地点を抽出すると、正殿、南・北殿などから構成された内郭中心部からは出土しないが、それ以外の地点からは満遍なく出土する[14]。遺構は廃棄土壙など明確なものはなく、特定される遺構とは結びついていない。唯一書院・鎖之間地区の調査で投棄された状況で獣骨（ジュゴン骨を含む）・魚骨を大量に含む包含層が検出された[15]。また、4～7の諸資料によれば、ジュゴン肉は珍重されたようで、先島から王府へは肉や皮の干物として運ばれてきたことがわかる。しかし、発掘資料からは、ジュゴンは加工されたものが王府の台所へと収まったものばかりでなく、解体される前の状態でも搬入されたものが相当数存在したと推定できる。右掖門（うえきもん）地区では、複数個体の成・幼獣が解体処理されたことが骨に残る殺傷痕跡から観察された[16]。

　骨格別に見ると頭骨、肩甲骨、肋骨、椎体、中手骨などがあり、解体時に割ったような破損、切り込んだ傷痕が確認されている。つまり捕獲された個体が、そのまま持ち込まれて解体されたことを如実に物語るのである。王府の調理所は正殿裏の東南に位置する寄満・台所とされるが、考古学的知見からすれば、城内のあらゆる場所で解体され、残滓として骨などは投棄されたことが想定される。

　史料や地誌類によると、これまで八重山諸島の新城島（あらぐすくじま）が唯一の捕獲を許された村と認識されている。これ以外に、解体以前の個体が持ち込まれたことを考慮すると、王府に近い西海岸において漁が行われたと考えられ、盛本氏のジュゴン骨出土分布図でも、那覇市から浦添市、宜野湾市にかけ

ての海岸沿いの貝塚やグスクから出土している。このように記録された以外にも、王府に近いところに漁場のあったことも想定されよう。

4　水産報告に見るジュゴン

明治22年に農商務省から刊行された水産調査予察報告は、科学的な調査が行われた水産資源調査のわが国における最初のまとまった報告である。この最初の調査地として、西南海中央部の沖縄県、鹿児島県、宮崎県を対象とした。この報告の中にジュゴンに関する事項があり、当時のジュゴンに対する捉え方がうかがえる[17]。

　　ザンノイヨ（需艮　Halicore indica,Desm.）（注：本文中の句読点は筆者による）

　　　需艮ハ海馬トモ称ス。蓋シ学問上クヂラ、イルカト目ヲ同フスル者ニシテ、沖縄県地方大底之ヲ見ザルナシ。旧藩政ノ時ニ於テハ、皮ヲ（琉球人ハ従来、該獣ノ皮ヲ乾シ、蓄ヘ時ニ削リテ汁ニ入レ珍羞トス）藩王ヨリ幕府及ビ支那国政府ニ貢スル為メ、漁民ニ課シテ之ガ捕獲ヲ命ゼリ。而シテ該獣捕獲ノ便ハ、沖縄県地方ニ於テハ、八重山島ノ内、新城島ヲ以テ最モ善シトスルガ故ニ、年々該島民ニ於テ之ヲ捕獲シ、其課当ニ充テタリ。蓋シ新城島ニ於テノミ捕獲スルニハ非ラズ。該島近傍西表島ノ各海辺、小浜島、石垣島ノ沿岸等ニ至リテ捕獲セリト云フ。

　　　需艮ノ産スルハ熱帯ノ海ヲ以テ多シトス故ニ、沖縄県地方ハ試ミニ其分布産地ヲ界シテ之ヲ検セバ、其北端ニ位セルヲ以テ産出モ亦甚多カラザル者ト知ラル。（本邦ニ於テハ沖縄県先島ヨリ鹿児島県大島近海ノ間ニ在リ）然レドモ該地方ニ於テ、苟モ其食餌ニ充ツベキ海草有ル場所ニハ、該獣ノ来ラザルコトナシト云ヘバ、決シテ其尠少ノ蕃殖ニアラザルベキヲ信ス。

　　　需艮ノ尤モ大ナル者ハ、壹丈余ノ長サニ及ブ。胎孕ハ冬期トス。二三月頃ニハ往々稚児ヲ伴ヒ游泳スルヲ見ル。

　　　需艮ノ食餌ハ主トシテ海草（土人之ヲヒラナト称スアマモノ一種ナリ（Zostera　sp.）ナル者、及ビスソサ（コアマモ Zostera nana,Both.）ノ根ニアルヲ以テ、是等ノ生ズベキ砂浜ニシテ幾分ノ湾形ヲ為ス処ハ該獣ノ来ルコト尤モ多ク、就中夏期ニ際シテハ其来リ集マルコト更ニ多シト云フ。

　　　之ヲ捕獲スルニハ長サ凡ソ二百尋ニシテ、高サ凡ソ一丈二尺、凡ソ八九寸ノ目ヲ有スル縄網ヲ以テ、該獣ノ海浜ニ来リテ食餌ニ就クヲ窺ヘ、遮断シテ網シ捕ヘ直チニ之ヲ撲殺スト云フ。

　　（下略）

　需艮は儒艮が正字である。この報告は自然科学上の分類学を基礎として説明を加えているのは注目される。明治7年に最初の動物学と題された『斯魯斯動物学』は、第十目游水類　名鯨魚類「其形魚ノ如ク多ハ異常ニ大ナリ（略）海藻ヲ食ス此類ヲ食草食肉ノ二部ニ分テ三科六属トナス」とし、第一部、食草部（一）、海牛科の記載に「此科ヲ海牛、儒艮の二属トナス」として形態的特長と食性、生息地を記載している[18]。

　水産報告は、地元民からの聞き取りが中心でジュゴンに関しての形態的特長、食性からその利用に至るまで網羅的に述べられている。

生息地については、沖縄先島から鹿児島県大島近海を北限とし、採食はアマモおよびスソサ（コアマモ）の根を食べ、これらが生えている湾にもっとも多く集まり、夏期が多いとしている。体長は3mほどとして体形は豊満であるものの脂肪に乏しいとする。

同報告書は石垣島で述べられているが、与那国島の項ではジュゴンは見ないとし、名護では湾中まで来るものの捕獲しないようである。ちなみに、クジラはどの地域においても確認されるものの捕獲することはない。ジュゴンの捕獲は、八重山諸島のうちの新城島民によって行われ、網で海浜に寄ってきたところを捕らえて撲殺した。

利用方法は、珍重品として食料に供するために捕獲されたが、主とて琉球王府に対する貢納品としての位置づけであった。水産報告には主として乾し皮のこととして記されているが、もちろん肉についても、塩蔵あるいは干肉として加工処理されたことがうかがえる。

5　先島に残る諸記録のジュゴン

1．『与世山親方八重山島規模帳』[19]乾隆33年（1768）
　　187「一、新城村之儀、諸役人から海馬并亀抔毎度所望入有之、所之痛ニ相成由候間、向後御用之外所望入可召留事」

2．『翁長親方八重山島規模帳』[20]咸豊8年（1858）
　　349御用物海馬之儀、新城村ニ限り手形入候付、脇々江所望渡被召留置候処其守無之、余計有之節ハ所望渡いたし候故、年々右捕得方ニ付、多人数長々手隙を費及迷惑候由如何之儀候条、以来御法通屹与所望渡差留、余計分ハ在番・頭印紙を以格護申付、後日之御用相達候様可致取締事
　　350御用海馬調達方之儀、新城村請持申付、年々右取得方ニ付多分人足を費及難儀候間、代上被仰付度申出候処、右代夫之儀往年定代被召立置候付、今更代上ハ難申付、一往島方迄ニ而壱斤ニ付四人宛相重、所遣夫ニ而引合方申付候間、左様可相心得事

3．『富川親方八重山島諸締帳』[21]光緒元年（1875）
　　一、御用物海馬之儀、新城村限致手形入候付、脇々江所望渡被召留置候処其守無之、余計有之節者致所望渡候故、年々右捕得方ニ付多人数長々手隙を費及迷惑候由、如何之儀候条、以来御法通屹与所望渡差留、余計分者在番・頭印紙を以格護申付、後日之御用相達候様取締可致事
　　一、御用海馬調達方之儀、新城村ニ請持申付、年々右取得方ニ付、多分人足を費及難儀候間、代上被仰付度申出候処、右代夫之儀、往年定代被召立置候付、今更公向代上者難申付、一往島方迄ニ而壱斤ニ付四人宛相重、所遣夫ニ而引合方申付候間、左様可相心得事

4．『八重山島諸物代付帳』[22]同治13年（1874）
　　咸豊七巳年被召定候
　　（略）
　　右同　海馬塩肉壱斤　　　同（代夫）三分三り三毛

右同　海馬干肉壱斤　　同　代夫　壱人　但皮目同断
5．『八重山島旧記』[23]表紙には西表首里大屋子と記され、糸洲家十世正演（1798〜1864）の写本といわれている。
　「土産之類　一、海馬但稀ニ取得候也」
6．『琉球藩雑記』[24]明治6年大蔵省調
　一、海馬　壱斤　／琉球蔵方より嶋方迄之引合／代米　壱升五合起／
　鹿児島県へ引合代／代分　四貫文琉目（略）右八重山島出産

　1〜3は首里王府から宮古・八重山に派遣された臨時の行政監察官が、現地の実情を視察して問題点を具体的に報告し、先島の行政改革に布達として反映された文書とされる。これには規模帳、公事帳、農務帳などがあり、与世山親方規模帳が残存している文書としてはもっとも古いといわれている[25]。

　3通の文書からは、①王府からの公式文書であり、ここには名称として海馬の表記が使用されている。公文書では1の1768年がもっとも古い年号ということになる。②新城村が海馬を捕獲する村として限定していた。③海馬は御用物として首里王府へ差し出されていた。王府では内部で利用するものと、さらに薩摩へ送られたことは6（文言は鹿児島県の表記である）により明らかである。④これがたびたび在番の役人などに所望されて、村人は捕獲に困難をきたしていた。このことから、⑤私的な譲渡の禁止と、余分の肉などが出た場合は、後日のために保管することが指示されたのである。また、現地の実情として年々捕獲自体が困難になり、在番役人への譲渡分が多くなってきたことも、このような布達内容になったものであろう。

　ところで、いつから王府が御用物として海馬を上納させるようになったのか。あるいは、新城村が専権として海馬を捕獲するようになったのか、という経過はこれらの文書からは明らかではない。この地域には租税としての人頭税があり、さらに御用物と表現される税とはいかなるものであるのか。

　『富川親方八重山島諸村公事帳』43には「諸御用物并上木物雑物」の表現があり[26]、牧野清は「上木税（うわきぜい）は本税に対する一種の附加税である浮得出米（ふとくでまい）に関する負担であり、宮古・八重山・慶良間だけ現品を納付した。」として、八重山の上木税48種の中に海馬があることを示した[27]。砂川哲雄氏は上木税について、人頭税賦課台帳などの租税台帳などには、具体的に海馬の記載が確かめられる史料がないと指摘する[28]。まだ史料的な不備に否めない点があるものの、付加税としてジュゴンが新城村に課せられたことは確認できよう。

　この3通の文書では、ジュゴンがどのような形に加工され、王府に送られたかは確認できない。4は同治13年（1874）の文書であるが、この内容が1748〜1750年に遡るのであれば、これにより、ジュゴンの上納物としての代価が決められたと考えることも可能であろう[29]。また、同時にジュゴン肉が塩蔵物と干物に加工されたことも判明する。

6 琉・中関係史料にみるジュゴン

1．『歴代宝案』[30] 1-01-09　皇帝より琉球国王尚巴志
　　へ頒賜の勅諭と目録　宣徳3年（1428）

　（勅諭略）

　国王

　（以下頒賜品の一部略）

　羅

　　織金胸背麒麟紅一匹

　　織金胸背海馬青一匹

　　素紅一匹　素青一匹

　　素緑一匹　素藍一匹

　王妃

　（以下略）

　宣徳三年十月十三日

図3　海馬の図[32]

　尚巴志は前王思紹の死去の翌年、洪熙元年（1425）に洪熙帝から冊封を受け、2年には皮弁冠服が頒賜された。尚巴志王権の対明関係が動き始めたころの、中国皇帝から王と王妃に対する賜与品である。この中の羅織り衣服の背に海馬文様が織られている。豊見山和行氏は明朝の官僚身分を示す衣服には、文官は禽類、武官は獣類の模様によって区別されていたという[31]。『大明会典』「分武官冠服」によれば、海馬文様は武官九品に相当する。同掲載図の海馬は、2頭の馬が波濤渦巻く中を疾走している様子を描いている[32]。和田久徳氏の『歴代宝案』注によると、海の中にいて馬に似て早く走るという[33]。ちなみに武官一・二品は獅子、三・四品は虎豹、五品は熊羆、六・七品は彪、八品は犀牛など躍動感溢れる動物たちが選定され、武官の使用する服は力強い動物文様を背に帯びることで、その属性が期待されたのであろう。

2．徐葆光『中山伝信録』[34]康煕60年（1721）

　　（略）海馬・馬首魚身ニシテ鱗ナシ。肉ハ豚ノ如ク頗ル得ガタシ。得ルモノ先ツ以テ王ニ進ム。（桑江克英訳）

3．周　煌『琉球国志略』[35]乾隆24年（1759）

　　海馬・馬首にして魚身、得る者は先づ以って国王に進む。（島尻勝太郎訳）

4．李鼎元『使琉球記』[36]嘉慶5年（1800）

　　（6月）15日、（略）食品に海馬肉の薄片有り。廻屈して鉋花の如し。色は片茯苓の如し。品の最も貴なる者は、常に得易からず。得れば則ち先ず以て王に献ず。其の状、魚身にして馬首、無毛にして足有り、皮は江豚の如し。惜しむらくは、未だ生ける者を見るを得ず。（島尻勝太郎訳）

表　冊封使への支給食料（慶応2年「琉球冠船記録」勅使逗留諸物執総帳より作成（註40：p.15））

	豚	羊	鶏	家鴨	鹿その他	ジュゴン
生体	73頭	88頭	5万羽	135羽	8頭	
肉	98,687斤				343斤	塩漬30斤
脂身肉	47斤	4,655斤		2,652斤		干肉186斤
足	310斤					
肢	60斤	30斤				
骨	2,560斤				63斤	
肝	5斤					
胃	59斤	45斤				
腸	340斤				858斤	
豚油	1,644盃					
塩猪	1,324斤					
牛筋					356斤	

2～4は冊封使が使節として赴いた琉球での記録である。陳侃が嘉靖13年（1534）に著わした『使琉球録』を嚆矢として、それ以来、同治5年（1866）の趙新『続琉球国志略』まで12編の記録が残っている[37]。2、3は簡単な記事であるが、得がたい肉であり捕獲されると国王に献じることを記している。4は全体が日記の体裁をとり6月15日のこととして、この日、海馬の料理が出された。原田禹雄氏の訳は「海馬肉のスライスがあった。くるくると巻き、かんなくずのような形で、茯苓のきざんだもののような色をしている。」とし、ジュゴンは干し肉の吸い物として出された[38]。金城須美子氏は、冊封使を饗応した御冠船料理に、海馬を用いた料理のあることを見出した[39]。また日常的に使用する食料も冊封使一行に支給されたが、この中にはジュゴンの塩漬け肉と干し肉があり（表を参照）[40]、1斤について約600gとすると、塩漬け肉は18kg，干し肉は約111kgほどになるであろう。冊封使が滞在した天使館での料理や御冠船料理は、中国側が帯同した料理人が担当した。憶測をたくましくすれば、料理人は本国においてすでにジュゴン肉の扱いに習熟し、また使者たちは何のためらいもなく、むしろきわめて貴重な食材として認識した上で王府側にこれを揃えるように要求した可能性があろう。

7　地誌類にみるジュゴン

宮良當壮の八重山語彙によると、Ju-gon（儒艮．人魚）の地方名を、ザヌ（小浜）、ザノー（西表）、ザン（石垣、白保、竹富、鳩間、黒島、新城）、ダーン（与那）と記載している[41]。いずれも先島での島名であり、隣接する各島により異なった地方名が採集されている。盛本勲氏はこのほかに奄美・沖縄地方では、ザン、ザンヌイヨ、ザンヌイオ、アカンガイユ、宮古諸島では、ヨナタマ、ヨナイタマ、典拠を明らかにしえないが琉球王府公用語としてケーバ（海馬のことか－筆者注）をあげている[42]。

1．戸部良熙『大島筆記』[43]

諸産物大様

一　海馬　珍しき物也。丸さのまわり五尺計、長さ二間計、鱗なく大なる鰭もなし、頭は馬の如く、口は豕の如し。絲満と云所にて取たるを、潮平子見たる由云えり。皮付の所を乾物にして國王え献ずる由也。薩摩にても殊外調寶する事也。爰許にて云海馬もあり、たつのを

としごとも云、安産の咒にすると云へり、夫とは大に違へり。

　この記録は宝暦12年（1762）に、琉球から薩摩に向かっていた船が台風にあって遭難し土佐国に漂着した事件があった。この折に土佐藩の儒学者戸部良熙が、琉球の事物について潮平親雲上（しびらばいきん）などから聞き書きした記録である。漂流の顚末や琉球国の官制、人物、風俗、地名、物産などを詳しく語っている。

　ジュゴンについては、潮平子（しびらし）が珍しい物として糸満で捕獲されることを証言している。潮平子は同記にある潮平親雲上の三男である。ジュゴンは捕獲されたなら皮付き肉の干物にされ、王府への御用物とされたのである。ジュゴンの加工処理法が記されている文献としては、この記録がもっとも古く、証言者も首里王府に近しい者であり重要な記録といえる。

　なお、たつのをとしごの表記は、李時珍『本草綱目』の知識に基づく戸部良熙の記述である。

２．岩崎卓爾『ひるぎの一葉』(44)

　　島の奢侈　（略）若シ淡白ヲ好マバ儒艮方言人魚ノ差シ身、萬壽果（ばばや）ヲ妻トシ生姜酢デ風味サレヨ（下略）

３．喜舎場永珣『八重山民俗誌』(45)

　　人魚は石垣では「にんぎょうぬ魚（いず）」と称し、波照間では「にーじぃいう」といっている。（中略）民間伝承によると、人面魚身の形態であるが、想像上の動物ではなく、現存する動物であって、よく津波などを予言したり、または神憑でもした人のように子孫の覚えていない家譜などを語り聞かせて、人をして一種の霊感を起さしめて以って霊魚と信じさせている。（中略）八重山では儒艮を「ザン」と称え、その肉を乾燥させたのを「カイバ」（海馬）と言う。人頭税時代には八重山蔵元（政庁）から毎年琉球王府へ献納した。八重山では新城島に限ってこれの捕獲権を与えていた。（中略）八重山では、儒艮と人魚とはまったく別物にして考え、かつ見られているのであって同一物ではない。

４．宮城　文『八重山生活誌』(46)

　　（タ）ぱなりあかまたー（新城あかまた）又はクンアカマターという島の綽名はあまり聞いたことは無いが、パナリザン（新城人魚）という綽名を聞いたことがある。（中略）ザンは栄養価が高いと言われ王女たちの産後の栄養として重宝がられたとの事である。

　２〜４は明治から昭和にかけての年代に、八重山地域についての地誌類からジュゴンに関係するところの記事を抜き出した。このころには、すでに記録者自身が食していないことがうかがわれ、伝承話として採話したのである。この背景には、ジュゴンがついに取れることが稀であったことを示唆している。

　ジュゴンの加工処理としては、岩崎卓爾は差シ身と表記するがサシミのことであろうが異色である。喜舎場永珣はジュゴンをザンと呼び、乾燥肉をカイバ（筆者注−海馬）と表現している。宮城文はジュゴンの肉としての効用を王府での伝承として記録した。

５．島袋源七『山原の土俗』(47)（注：漢字表記に国頭郡誌のひらがな表現をルビとして読みやすく改変した）

　　大宜味村謝名城のおもろ(48)

ねらや潮(じゅ)や、さすい／港潮や、満ちゆい、いそぢ早めり／サンラー、サンラー、ヨセテクー／御鞍形(うくらがた)や、太陽形(うてだがた)／おふい形や、お月形／鐙形(あぶいがた)や、むかじ形／手網形(てぃながた)や、蜻蛉形(あけじゅがた)／よかて、さめ、間切祝女(まぎりのろ)、あぐるしち／遊ぶ吾身の／海神(ねらがみ)や／じやんの口ど取ゆる（海馬の口を取る、即ち海馬に乗って行くの意）／イトミハヤメリ

（訳）中庭にて　三　ニラヤ潮は　差し／港潮は　満ちて／急ぎ　速めよ／三良　サンサー　寄って来い／御鞍形は　御太陽の絵／鐙形は　御月の絵／鐙形は　百足の絵／手綱形は　蜻蛉の絵／良かったことよ　間切祝女／（あぐるしち）遊ぶ我身／ニライ神は　儒艮の口ど取り居る(49)

谷川健一氏は同村の海神祭の神送りの歌に「ゆかちゃみ　間切祝女や／鐙引ち遊ぶ／吾るニレー神や／ザぬ口取やい　暇乞い」を引く。出典を明らかにしていないが、「けっこうなことだ、村の祝女は。馬の鐙に足をかけて遊んでいる。常世の神の私は、人魚の口を取ってもう暇乞いをしよう」と訳した(50)。これにより、島袋源七が『山原の土俗』に収載した歌の意味が明瞭になる。ジュゴンは海神祭では神の乗り物として、ニライからやってきて、祭りが終われば帰ることが歌われる。海神祭にかかわってニライに属する、神性をもつものと観念されたのである(51)。

ジュゴンと海宮とのかかわりを伝えるものとして、コルネリウス・アウエハントにより波照間島で採取された伝承話がある。

ブアッエ家のブアッエエヌザンガラの伝説である。

ある夜、一頭のジュゴンがブドゥマリィ浜のシィサンチィパマに上がり、サンゴの平石の上で寝ていた。ブアッテエの男がそれを見て、陸に引き上げようと思った。そこで、近くの野原で草を食べている大きな牛（ブグッツエー）を連れてきた。寝ているジュゴンと牛をなんとか頑丈な綱で結んだ。牛は一生懸命引っ張ったが、眼を覚ましたジュゴンが非常に激しく抵抗したので、牛とブアッテエは海の中に引きずり込まれた。牛はおぼれ、ブアッテエの男は10日後、別人と見間違うほど変わり果てて戻ってきた。その男の子孫、とくに長男は今もザンガラという渾名で代々呼ばれ、特別力があると思われている。しかも、その時以来ブアッテエ家は裕福になった。

アウエハントは、この伝承のモチーフには、①海に引き込まれた牛は、水の神への供犠である。②10日後に戻ってきた男には、別世界—この場合は海中の世界に滞在した竜宮のモチーフを認めている。

これらの神歌や伝承話のなかのジュゴンは、沖縄本島北部と先島でも共通する観念を読み取ることが可能であろう。

まとめ

ジュゴンに関連して、多種多様な資・史料を提示した。もとより、まとまった1つの結論のような形は成さないが、将来に向けての見通しのためにまとめとする。

1．ジュゴンは生態的には奄美・沖縄海域を北限として生息する。最近の生化学的な研究によ

り、ジュゴンは孤立的に生息しているのではなく、フィリピン周辺海域からタイ・アンダマン海域に、沖縄と共通する母系集団の存在が推定された。これは奄美・沖縄近海に生息するジュゴンは、母集団が生息する海域から移動したことを示唆するのである[52]。

2．考古学資料では、ジュゴン骨、あるいは骨を利用した製品として遺跡から出土する。縄文時代前期から食料として利用されたようで、海棲哺乳類のなかでは唯一と言ってよく、沖縄近海を回遊するクジラやイルカ骨の出土は稀である。

　　干し肉や塩漬け肉として、加工処理されて先島から運ばれたとする地誌類の記述は、首里城跡から出土するジュゴン骨の状況とは齟齬をきたし、先島のみが専権的にジュゴンを捕獲していただけではないのである。この点については今後の詳しい分析が必要であろう。

3．文献史料に記載されたジュゴンは、琉球王府関係の文書では史料5-1が初見である。王府としては後期に当たる文書で、ジュゴンが記録されるのは、6にみる琉・中関係の中で記載されたものが古く遡るのである。6-1は明皇帝から琉球王に対して頒賜した衣服文様に海馬が描かれている。ただし、文様モチーフは実在するものではない。また冊封使の料理として饗応される材料の中に記録されている。これはら何を意味するのか。中国の科学体系の中で海馬がいつから登場するのか、あるいはどのような実利的機能があって注目されたのか不分明であるが、神谷敏郎氏は中国海南沿岸にジュゴンの生息を認めている[53]。これは中国南部において、ジュゴンが貴重な食材のひとつとして利用されていた伝統があり、対琉球関係が開始されるに及んで、琉球に対しジュゴン肉を求めるようになったのではないかと推測される。このような想定が許されるならば中・近世期のジュゴンは、中国側からの働きかけが契機となって、制度的な捕獲が開始されたのであり、ある意味では政治的な戦略的資源としての位置づけが可能となるであろう。

4．地誌類に記録されたジュゴンは、八重山諸島のなかの新城島が伝統的、専権的に捕獲を行っていた。新城島（上・下島）東御嶽（あがりうたき）をザンヌオンとよび、かつてはジュゴンの頭骨が祭られていた。現地でも食されたことは、得能壽美氏、金城須美子氏により報告されているものの、これは一般的ではなく、現地役人・士族階級が使用できる特別な材料といえる[54]・[55]。

　　考古学上の資料から、首里王府近郊においてのジュゴンの捕獲があり、そのまま個体として搬入されて解体処理された可能性については述べたが、この源泉をどこに求められるのか。富島壯英氏は、海からもたらされる漂流物を寄物（ゆいむん）と呼び、王府は琉球の各間切に対して布達を出して、寄物を発見したならばただちに在番に報告させている[56]。王府がとくに関心を寄せたものを差し出させたのである。このような在地と王府の間にあった慣行の存在が、新城島の事例のように専断権による捕獲と上納という関係の外においても、結果としてジュゴンが王府に上納されたと考えられる。

5．祭祀の場面や伝承話でのジュゴンは、神の世界にかかわる神聖な動物として観念された。馬淵東一は『宮古御嶽由来記』所収のスカパヤ御嶽にまつわる人魚—ジュゴンの話を紹介している[57]。この話では、ジュゴンと交わった男は、その間に生れた子供に海中の楼閣に案内された。つまりここでも、ジュゴンは海中に住む神聖な生き物として祭祀の対象とされたのであ

る。

　以上により、今後は中国におけるジュゴンの価値観と、琉球での価値観とは本来別なものという基本的な立場において、文化史的な分析が求められるであろう。

　　［付記］茂木雅博先生のご退任をお祝いして拙論を献呈いたします。沖縄では現在、絶滅の危機に瀕しているジュゴンが、琉中関係史においてかって重要な役割を担ったことは明らかです。この中で絶滅へと歩み始めたともいえ、具体像の解明は今後の課題といたします。

註・参考文献

（1）　倉沢栄一　2002『ジュゴンデータブック』TBSブリタニカ。同書には遠藤庄治氏が提供された伝承話が3話収録されている。そのほか活字化されていないが、同　2000「沖縄の民話におけるジュゴン」第5回ジュゴン公開講座資料に22話が収録されている。小論では、ジュゴンに関する伝承話は一部を除いて扱っていない。
　　なお、本稿の出発点となった沖縄国際大学名誉教授遠藤庄一先生は2006年3月20日に死去された。沖縄での神話・伝承話の師として短い期間であったが教えを受けた。学恩の備忘としてここに記す。

（2）　国分直一　1976「海上の道」『考古民俗叢書　環シナ海民族文化考』p.63　開明堂

（3）　イルカ、クジラ骨の出土量は少ない。捕獲対象としては一般的ではなかったのである。近世以降では名護市においてイルカや小型クジラを湾に追い込む漁が最近まで行われていた。山本英康　2002「沖縄近海鯨類の人との関わりと変遷」（名護博物館研究紀要10『あじまぁ』p.88～103　名護博物館）に詳しい。

（4）　ジュゴンの生態的な解説は、主として片岡照男・浅野四郎　1990「ジュゴンの生活」（宮崎信之・粕谷俊雄編『海の哺乳類―その過去・現在・未来―』p.206～217　サイエンティスト社）によった。このほか、単行本以外には（財）海洋博覧会記念公園管理財団編1990『国営沖縄記念公園水族館報告Ⅱ　調査研究報告集1976-1989』がある。

（5）　片岡照男　1997「ジュゴン保護のために」『ジュゴン―人魚学への招待―』p.170　研成社

（6）　註（4）文献に同じ、p.209

（7）　宇仁義和　2003「沖縄県のDugong　dugon捕獲統計」名護博物館紀要11『あじまぁ』p.11　名護博物館。

（8）　神谷敏郎　1989「人魚学の現状と今後の課題」『人魚の博物誌―海獣学事始―』p.183　思索社。

（9）　粕谷俊雄・宮崎信之　1997「海牛目ジュゴン」日本哺乳類学会編『レッドデータブック日本の哺乳類』pp.186～187,233。ジュゴン保護の資料としては、ジュゴンネットワーク沖縄編　2000『沖縄のジュゴン保護のために（資料集）』がある。

（10）　環境省　2004『平成15年ジュゴンとも藻場の広域的調査報告書』p.212～217。同報告書の閲覧については、（財）沖縄県環境科学センターの小澤宏之氏の援助を受けた。

（11）　盛本　勲　2004「ジュゴン骨に関する出土資料の集成（暫定）」『沖縄埋文研究2』p.23～42。同　2005「ジュゴン骨に関する出土資料の集成（補遺・1）」『沖縄埋文研究3』p.39～42　沖縄県立埋蔵文化財センター。

（12）　金子浩昌　1996「動物遺体」『平屋敷トウバル遺跡　沖縄県文化財調査報告書第125集』p.168～178　沖縄県教育委員会

（13）　高宮広土　2005「動物遺体からみた沖縄諸島の先史時代」『島の先史学―パラダイスではなかった沖縄諸島の先史時代』p.118～121　ボーダーインク

（14）　首里城跡の調査報告書は、ジュゴン骨が出土しているものに限った。①1988『首里城跡　歓会門・久慶

門内側地域の復元整備事業にかかる遺構調査　沖縄県文化財調査報告書第88集』、②1998『首里城跡　御庭跡・奉神門跡の遺構調査報告　沖縄県文化財調査報告書第133集』、③2001『首里城跡　下之御庭跡・用物座跡・瑞泉門跡・漏刻門跡・廣福門跡・木曳門跡発掘調査報告書　沖縄県立埋蔵文化財センター調査報告書第3集』、④2003『首里城跡　右掖門及び周辺地区発掘調査報告書　沖縄県立埋蔵文化財センター調査報告書第14集』、⑤2004『首里城跡　城郭南側下地区発掘調査報告書　沖縄県立埋蔵文化財センター第19集』、⑥2004『首里城跡　東のアザナ地区発掘調査報告書　沖縄県立埋蔵文化財センター調査報告書第20集』、⑦2004『首里城跡　城の下地区発掘調査報告書　沖縄県立埋蔵文化財センター調査報告書第18集』、⑧2005『首里城跡　書院・鎖之間地区発掘調査報告書　沖縄県立埋蔵文化財センター調査報告書第28集』なお上原静氏からは、戦争の破壊と戦後の広範な遺跡の破壊があるとの指摘を受けた。

(15)　註（14）⑧p.7

(16)　註（14）④p.88～92

(17)　農商務省水産局　1889『水産調査豫察報告　第1巻第1冊』p.37～40　国立国会図書館蔵本

(18)　上野益三解説　1982「第1部食草部」江戸科学古典叢書34『斯魯斯動物学・田中芳男動物学』p.431～433　恒和出版

(19)　新城敏男　1992「八重山島規模帳」『石垣市史叢書2』p.61　石垣市総務部市史編集室

(20)　新城敏男　1994「翁長親方八重山島規模帳」『石垣市史叢書7』p.108～109　石垣市総務部市史編集室

(21)　「富川親方八重山島諸締帳」『石垣市史叢書1』p.55　1991　石垣市総務部市史編集室

(22)　黒島為一　1999『八重山嶋諸物代付帳』『石垣市立八重山博物館紀要　第16・17号合併号』p.91　石垣市立八重山博物館

(23)　玻名城泰雄翻刻　1980「八重山島旧記」『八重山文化論集　第2号』p.275～294　八重山文化研究会

(24)　大蔵省　1873「琉球藩雑記」p.92、琉球政府『沖縄県史第14巻資料編4』1965

(25)　註（19）文献に同じ

(26)　新城敏男　1992「富川親方八重山島諸村公事帳」『石垣市史叢書3』p.28　石垣市総務部市史編集室

(27)　牧野清　1971「人頭税と上木税」『沖縄文化36・37第9巻1・2号』p.45～57　沖縄文化協会。この他、大浜信賢「人頭税制度」『八重山の人頭税』p.31　三一書房。この著書も上木税について記しているが、根拠となる史料の提示はない。

(28)　砂川哲雄　2002　講演「新城島とジュゴン（ザン）―その盛衰の歴史―」『情報やいま8月号』p.52～56　南山舎

(29)　前掲註（22）に同じ。黒島為一によると、『八重山嶋諸物代付帳』p.86～87は、野村親雲上が在番のときに「組立」がはじまり、それ以後の親方の改定を繰り返して富川親方の布達文書となったという。同1997「『公事帳（『規模帳』）」『石垣市立八重山博物館紀要　第14・15号合併号』p.72　石垣市立八重山博物館編では、野村親雲上の在番は1748～1750年であり、この期間に諸物代付帳が成立したと考えられる。

　石垣市立八重山博物館は、ジュゴンの燻製を1点所蔵している。写真による限り棒状を呈し黒ずんだ色調で、たて7.0cm、よこ26.0cmとされている。厚味と重量は不明である。註（28）文献では八重山地域で入手された経緯が簡単に触れられている。

(30)　和田久徳訳注　1994『歴代宝案』p.12～13　沖縄県立図書館史料編集室。　歴代宝案についての包括的な論文は、小葉田淳　1963「歴代宝案」（『史林』第46巻第4号　p.1～17　史学研究会）を参照。その他、和田久徳・池谷望子・内田晶子・高瀬恭子編　2001「宣宗実録」（『明実録の琉球史料（1）　歴代宝案編集参考資料5』p.54～56　（財）沖縄県文化振興会公文書管理部史料編集室）

(31)　豊見山和行　2004「琉球王国と中華帝国―明朝の冊封関係からみた琉球王権と身分制」『琉球王国の外交

と王権』p.20〜63　吉川弘文館
(32)　明・李東陽等奉勅撰、申時行等奉勅重修『大明会典（二）』p.1058〜1064　新文豊出版公司
(33)　註（30）和田久徳 p.13、註
(34)　徐葆光「中山伝信録」桑江克英訳 1977『那覇市史資料編第1巻3』p.98　那覇市企画部市史編集室
(35)　周煌「琉球国志略」島尻勝太郎訳 1977『那覇市史資料編1巻3』p.42　那覇市企画部市史編集室
(36)　李鼎元「使琉球記」島尻勝太郎訳 1977『那覇市史資料編1巻3』p.254　那覇市企画部市史編集室
(37)　夫馬進編 1999「解題編」『増訂　使琉球録解題及び研究』p.1〜138　榕樹書林
(38)　原田禹雄口語全訳 1985『使琉球記』p.228　言叢社
(39)　金城須美子 1993「御冠船料理にみる中国食文化の影響」『第4回琉中歴史関係国際学術会議　琉中歴史関係論文集』p.295〜315　琉球中国関係国際学術会議編
(40)　金城須美子 1988　表参照　『沖縄の食文化の特徴―琉球王朝時代の食生活を中心に―』p.16　昭和62年度科学研究費研究報告書
(41)　宮良當壯 1981『八重山語彙（乙編）』p.113　宮良當壯全集第8巻　第一書房
(42)　文献（11）に同じ
(43)　戸部良煕「大島筆記」、比嘉春潮・新里恵二解題 1968『日本庶民生活史料集成　第一巻探検・紀行・地誌（南島編）』p.345〜392　三一書房
(44)　岩崎卓爾「ひるぎの一葉」1920植松明石解題 1968『日本庶民生活史料集成　第一巻探検・紀行・地誌（南島編）』p.393〜445　三一書房
(45)　喜舎場永珣 1977『八重山民俗誌　下巻』p.222〜376　沖縄タイムス社
(46)　宮城文 1972「人の一生」『八重山生活誌』p.308
(47)　島袋源七 1929初版「信仰行事」『山原の土俗』p.51　1970年版
(48)　島袋源一郎 1919初版『沖縄県国頭郡志』p.287〜288　国頭郡教育会1967年版
(49)　外間守善・比嘉実訳 1971「沖縄諸島　ウムイ」外間守善編『日本庶民生活史料集成　第十九巻　南島古謡』p.223〜224　三一書房
(50)　谷川健一 1980「もの言う南海の人魚儒艮」『神・人間・動物』谷川健一著作集第一巻　p.233〜245　三一書房
(51)　コルネリウス・アウエハント、中鉢良護訳 2004「神話・伝説・歴史」『HATERUMA 波照間・南琉球の島嶼文化における社会＝宗教的諸相』p.119〜120,150　榕樹書林
(52)　ジュゴン骨製のものについては小論では触れるところが無かった。代表的な研究は、島袋晴美 1991「いわゆる蝶形骨器について」『南島考古　No11』p.1〜17　沖縄考古学会、金子浩昌 2000「蝶形骨器の素材について」『琉球・東アジアの人と文化（上巻）高宮廣衛先生古稀記念論文集』p.47〜54　同刊行会編
(53)　文献（8）p.28に同じ。最近の研究では、大泰司紀之 2005「沖縄のジュゴン個体群とジュゴンの復元にむけて」『エコソフィア　15』p.81〜86　昭和堂。中国海南島でのジュゴン生息調査において（2003年）、ジュゴンが捕獲されたことを確認している。これまでジュゴンの生息域の分布図で、ベトナムから以北の中国沿岸部が空白域であったが、図1で福建省から広東省、海南島にかけての沿岸部で生息分布を示している。
(54)　得能壽美 2002「史料にみるジュゴン（海馬）」『情報やいま 8月号』p.57〜59　南山舎
(55)　金城須美子 1995『宮良殿内・石垣殿内の膳符日記』p.93。この史料は石垣市の旧家に伝わる祭祀、婚礼などに作られた料理書である。「かな海馬のた地」とする。酢味噌を添えた料理と解説する。かな海馬

は7-3の表現に共通して、肉を薄く削ったものであろう。金城氏のジュゴンについての不老長寿薬として珍重されたという説は論拠が示されていない。なお、同史料は門上秀叡1975『宮良殿内　祭之時膳符日記について（上）』『東京経済大学人文自然科学論集第42号』も論及がある。

(56)　富島壮英 1988「寄物に関する一考察―竜糞を中心に―」『窪徳忠先生沖縄調査二十年記念論文集　沖縄の宗教と民俗』p.531〜547　第一書房

(57)　馬淵東一 1971「沖縄先島のオナリ神」大藤時彦・小川徹編『沖縄文化論叢2民俗編Ⅰ』p.385〜413　平凡社

（2005／12／10成稿）

第3部　中　国　篇

華北地区旧石器時代の環境と文化区系研究

張　宏　彦

　華北地区は中国旧石器のもっとも早い発見地であり、同時に中国旧石器文化の最も重要な分布区域の1つである。1920年、フランスの学者エミール・リサン（E.Licent）が甘粛省慶陽にある更新世後期の地層から3点の人工痕跡のある石製品を発見した[1]。これは確かな記録における中国旧石器の最初の発見であり、中国旧石器研究の開始を意味するメルクマールである。ほどなくして北京の周口店で、有名な北京原人の化石と大量の石製品が発見されて、中国の古人類と旧石器研究の基礎を定めることとなった。1950年代より、華北地区の旧石器研究には一連の重要な発見があり、人々は異なる時代、異なる遺跡、異なる地点間の石器製作技術の差異に注目し始めた。1970年代になると、山西省朔県峙峪遺跡の発掘以降、賈蘭坡先生により華北地区の旧石器文化が少なくとも2つの異なる技術系統をもつ、という学説[2]が提唱された。1980年代より区系類型理論が提唱されるにしたがって、学者たちは中国旧石器文化の時空分布、および地域的差異に注目し始めた。厳文明先生によって、西侯度遺跡や匼河遺跡などの遺跡を山西南部・陝西東部・河南西部の第1文化区を代表するものとし、周口店第1地点、小長梁、金牛山下層などを河北北部・山西北部・遼寧西部の第2文化区を代表するものとされた[3]。近年、環境考古学の発展に従い、多くの学者が旧石器時代の古環境と古文化の関係を探索し始めた[4]。上述の成果によりわれわれはさらなる研究を進め、華北地区の旧石器時代文化の基礎を築いた。本文は自然環境と人類文化との関係を分析することから始めて、華北地区旧石器時代の環境と文化区系問題をさらに深く探索しようと試みるものである。

1　華北地区の自然環境およびその変遷

　本文で扱う華北地区とは、おおよそ以下のとおりである。東は渤海と黄海、西は六盤山と隴山、南は秦嶺山脈から淮河のライン、北は陰山山脈、燕山に囲まれた広大な地域であり、陝西省、山西省、河北省、河南省、山東省、北京市、天津市、甘粛省東部、寧夏回族自治区と内蒙古自治区南部を包括する。この地域は中緯度地帯と温暖帯に属し、東アジア季節風の環状気流の影響を受け、季節風気候顕著である。大部分の地域で夏期は気温がいずれも比較的高く、冬期には比較的低い。7月の平均気温は24℃を超す。とくに南部の関中盆地と華北平原南部においてはゆうに28℃に達し、夏の熱量状況は熱帯地方と変わらない。1月の平均気温は0〜-8℃の間で、なかでも北部の黄土高原、冀北山地などでは気温0℃以下の低温日数が比較的長い。この地区は東西に長く、地形も多様である。降水量は地区的な不均等、また季節性の不均衡性がある。1年中で降水量は夏季に集中

しており、それは年間降水量の約75％を占める。春の降水は稀であり、厳しい日照りに見舞われる。また太行山、秦嶺山脈などの山地による東南の温かく湿った空気の流れを遮る作用は、降水地区の不均等な分布を生み出し、降水量は南東から北西に向かいしだいに減少していく[5]。東部の胶東沿海と、南部の南陽盆地、秦巴山地の降水量はもっとも多く、800mm／年以上の湿潤地区に属する。陝西省北部、山西省北西部、河北省北部などの地域では400mm／年程度の半乾燥地区に属する。そのほかの広大な地域での降水量は500〜600mm／年の間であり半湿潤地区に属する。

　地質学研究の表明するところによると、現在の中国の地形に最大の影響を与えているのが第三紀以来のヒマラヤ造山運動である。研究によれば、上新世後期のチベット高原は平均海抜1000mほど隆起していたが、更新世前期では平均海抜2000mとなり、更新世中期で約3000m、更新世後期には海抜4500〜5000mに達するようになった[6]。

　チベット高原の隆起により、強く激しい西風が吹付けるようになり、中国各地の気候は大きく変化した。強烈な西風が吹きつけるなか、中央アジア内陸砂漠地区の大量の粉塵は高度3000m以上まで吹き上げられ、風により南東の方向に向かって流される。それから南東季節風のかく乱と、秦嶺山脈、六盤山、呂梁山、太行山などの山系により、風速が遅くなるため、黄河中下流域一帯に大量に堆積していき、分厚い黄土堆積を形成した[7]。そのほか、チベット高原の隆起は、アルタイ山、天山、崑崙山、祁連山、陰山、燕山、秦嶺、南嶺などの山系をも強烈に隆起せしめ、古代中国の地形外観を大いに改変した。北西寒気流の南下と、南東の温暖湿潤な気流の北上を阻害し、大気中の熱量と水分の再分配にも明らかな影響をもたらした。そして北から南まで温度、降水量、植生の異なるいくつかの気候区を形成した。とくに秦嶺山脈は絶えず隆起を続け、中国の中央に横たわる第２の中部高山障壁を形成した。これにより秦嶺を挟んだ南北での気候の差異、という基本構造をつくり出した。

　旧石器時代（更新世）で気候変化のもっとも著しい特性を表現するのが氷河作用の盛衰、すなわち氷期と間氷期の交替である。第四紀地質学では、古氷河の堆積物と生物化石の研究を通じて、氷期と間氷期の序列と回数を確定し、氷河期における古気候の変遷過程の基本的な枠組みを明らかにした。中国東部の氷河期古気候の研究は、20世紀20年代から始まった。1920年前後、著名な地質学者である李四光先生が太行山、大同などの地で第四紀の氷河遺跡を発見された。つづいて、蘆山、天目山、黄山、雲南省蒼山などでも発見され、これにより中国での第四紀氷河の存在が確定し、第四紀古気候研究の基礎が固められた。それから多くの学者もまた第四紀古気候およびその変遷過程について研究を進め、龍川、鄱陽、大姑、蘆山、大理で５回の氷期と４回の間氷期の存在が相次いで確認された。70年代、楊子賡らは河北平原でボーリング調査を行い、５回の氷期と４回の間氷期の存在を改めて証明した[8]。上述の研究で中国第四紀氷河期研究の基本が築かれた。

　哺乳動物の大規模な移動は第四紀気候変動の重要な証拠である。徐欽琦は大量の動物化石の研究を通じて、第四紀の中国東部で少なくとも４度、哺乳動物が南に移動したという南移現象を提出した[9]。第一次南移現象は今から約140万年前に起こり、標識となるのは暖かい場所を好む山西軸鹿、水鹿、四不象鹿など多くの鹿の類が華北からまったく姿を消した。これは同地の気温が下降したことを意味する。第２次南移現象は今から約90万年前にあり、標識となるのはパンダ、チータ、

剣歯象、カリコテリウムなどの暖かい場所を好む動物が華北から消失したことである。これらの動物は気候が寒冷化したために南移したことを意味する。第3次南移現象は今から約28万年前、標識となるのは居氏大ビーバー、変異キヌゲネズミ、腫骨鹿など北方の動物が長江以南の和県まで侵入したことである。このときの寒冷化は前2回と比べてさらに激烈なものであったことを示している。第4次南移現象は今から約1.8万年前、標識となるのは北方型の動物がさらに南の江南、杭州、溧水一帯まで侵入したことで、これは更新世の中でももっとも厳しい寒冷化現象であった。上述の動物南移現象はそれぞれ鄱陽氷期、大姑氷期、蘆山氷期、大理氷期と対応することができる。

中国の分厚い黄土堆積の中には大量の古気候情報が保存されている。とくに黄土と古土壌は地層中に交替で出現し、これは気候が寒くなったり暖かくなったりを繰り返したことを反映したものである。ゆえに中国における整った黄土堆積というのは第四紀古気候を研究する上で理想の地といえよう。近年、劉東生らが陝西省洛川黒木溝における黄土断面において離石黄土の中が、14層の古土壌と13層の黄土とに分かれており、この27層の黄土と古土壌のおりなす堆積は、70万年以来、黄土高原における温暖化と寒冷化の交替が27回おこなわれたことを示している[10]。丁仲礼先生らは、広範囲のフィールドワークを基礎として、中国各地の黄土の土壌地層における比較研究を1年間通して行った。その結果午城黄土、離石黄土、馬蘭黄土の堆積地層を全部で37の土壌地層単位に分けた（1つの土壌地層単位とは1層の古土壌とその下の黄土層との組み合わせからなる）。これは250万年以来、全部で37回の気候の交替があったことを明らかにしている[11]。前述の研究成果は、中国における第四紀古気候の変遷、および人類文化への影響に関して重要な意義を持つといえる。

前述の新造山運動が形成した中国の自然地理環境は、中国各地の気候と植生の差異という基本構造を決定づけた。華北地区で主要な造山地形は甘粛省隴東と陝西省北部の黄土高原、オルドス平原、山西省北部の大同盆地、陝西省の関中盆地、山西省の汾河系列の断陥盆地、太行山以東の華北平原、黄河下流域の山東丘陵と山東低地などである。地形、気候、植生などの差異から、この地方の旧石器文化の分布もまたある程度の差異を見出すことが出来る。それらはいくつかの、相対的に独立していながらも、同時に相互に影響しあっている文化区系を形成している。

2　華北旧石器文化の区系分布

(1)　桑干河流域

桑干河流域は山西省と河北省の北部に位置する。ここはかつて大同古湖の所在地であった。古人類は主として古湖のそばで活動しており、気候の冷暖変化と湖水の拡大縮小にしたがって、移転していた。桑干河流域は華北の重要な旧石器分布地域の1つである。1935年には早くも、フランス人考古学者ブリール（H.Breuil）が泥河湾村付近の更新世早期の地層から1点の人工痕跡をもつ石製品を発見したことが知られている。20世紀60年代以降、重要な旧石器遺物が相次いで発見され、この地区の旧石器文化発展の序列が基本的に確立された（表1）。すなわち旧石器時代初期の小長梁[12]、東谷坨[13]、馬圏溝[14]などの遺跡、旧石器時代前期の岑家湾と馬梁などの遺跡[15]、旧石器時代中期の許家窯遺跡[16]、旧石器時代後期の峙峪遺跡[17]と虎頭梁遺跡[18]などである。その中で最

表1　桑干河流域旧石器時代遺跡序列表

旧石器文化期	遺跡或いは地点	共生動物群	年代測定（万年）	地質年代	
初　期	馬圏溝	三蹄馬、三門馬、ハイエナ、古菱歯象など	約200±	前期	更新世
	小長梁		196±（M）		
	東谷坨		>101（M）		
前　期	岑家湾	古菱歯象、三門馬、披毛犀など	90-97（M）	中期	
	馬梁		＜78		
中　期	許家窯	野驢、野馬、赤鹿、オルドス大角鹿、原始牛、披毛犀など	10.4-12.5（U）	後期	
後　期	峙峪		2.849±0.137（C）		
	虎頭梁		1.1±0.021		

註：　C：炭素14年代測定法　　；M：古地磁気年代測定法　　；U：ウラン系年代測定法

　新の年代測定が表すには、小長梁の年代は今から196万年、小長梁よりも低い地層の馬圏溝地点の年代は今から約200万年前であろう[19]。

　動物化石の研究が表明するところによると、更新世早期以来、この地はずっと温帯草原環境が主で、動物群の主要構成は三蹄馬、三門馬、ハイエナ、野驢、野馬、オルドス大角鹿、原始牛、普氏羚羊など草原性動物であった。更新世晩期には、寒い気候を好む披毛犀の化石がよく見られるようになる。草原性の環境に適応するため、旧石器時代初期以来、桑干河流域にはスクレイパーと小型尖頭器を主とした小型石片石器類文化が育まれた。小梁長文化と許家窯文化などでは、中、小型石器が主である。旧石器時代後期、黄土高原の形成と最終氷期の影響で、生態環境は止むことなく半乾燥、乾燥温帯草原へと発展していった。最終的にはこの系統の文化中から細石器へと進展変化した。一般的に、石器の形体、大小、および類別などの差異は、往々にして異なる生態環境と経済文化類型を反映していると見なされている。スクレイパーや小型尖頭器、細石器などの軽量工具は、主として切る、割る、削るなどの用途で用いられる。これは草原環境下で狩猟と採集活動が行われ、なかでも狩猟経済が相当の比重を占めていたことを反映している。

(2)　北京周口店およびその付近の地区

　この文化区は北京周口店およびその付近一帯を包括している。1921年より、初めて周口店龍骨山第1地点（すなわち北京原人遺跡）で「北京原人」の化石を発見して以来、相次いでこの地で大量の人類化石、石製品、火を用いた痕跡を発見し、中国第1の旧石器時代前期文化、北京原人文化を確立した。その後、長年の調査と発掘を経て、周口店龍骨山およびその付近から再び旧石器時代前期に属する第13地点、旧石器時代中期に属する第3地点、第4地点（新洞人遺跡）、第15地点、第22地点、旧石器時代後期の山頂洞人遺跡などが発見された。今日に至るまで、北京地区における旧石器時代の遺跡および遺物発見地点は47か所にのぼる[20]。長年の研究から、周口店地区の旧石器文化の年代序列は基本的に確立されている[21]。すなわち旧石器時代前期の北京原人文化、中期の新洞人文化、後期の山頂洞人文化がそれである（表2）。

　動物化石分析が表明するところによると、周口店地区の更新世前期における共生哺乳動物は温帯草原動物が主で、草原を主要とした植生と暖かくやや乾燥した気候であったことを反映している。

表2　北京周口店地区旧石器文化序列表

旧石器文化分期		遺跡或いは地点	共生動物群	年代測定（万年）		地質年代
前期	北京原人文化	第一地点下部 （13－12層） 第13地点	扁角腫角鹿、大丁氏モグラネズミ、三門馬、李氏イノシシ、アキシス鹿など	70－50（U）	前期	更新世中期
		第一地点中部 （11－4層）	腫角鹿、三門馬、中国ハイエナ、楊氏虎、豪猪、徳氏水牛など	50－25（U）	中期	
		第一地点上部 （3－1層）	腫角鹿、赤鹿、竹鼠など	25－23（U）	後期	
中期	新洞人文化	第3、4（新洞）、15、22地点	野驢、野馬、野牛、普氏羚羊、ハイエナ、象、アカゲ猿など	17－13（U）	前期	更新世後期
後期	山頂洞人文化	山頂洞人遺跡	ハイエナ、洞熊、駝鳥、野驢、普氏羚羊、東北豹など	1.077±0.036	後期	

註：U：ウラン系年代測定法

　中期においては、特に比較的早い段階（9-8層）において森林動物が優勢を占め、食肉類が多くゲッ歯類が少ない。まだ草原性のゲッ歯類は見られない。これは今から約40万年前、この地に森林を主とする温暖湿潤な気候が出現していたことを反映している。後期は、温帯草原動物が多く、なかでも乾燥を好むタイプが比較的多く見られる。森林が減少して草原が拡大し気候が乾燥したことを反映している[22]。

　石器の研究は以下のことを表明している。北京原人文化前期（11～8層）は石器の多くが森林環境に適応した中型、大型の礫器である。とくに第9～8層においては、大型石器は77.9％に達する[23]。中期（7～6層）では、スクレイパーの数量が増加し、礫器が目に見えて減少する。ここでは草原環境に適応した小型石器群が優勢を占める。後期（5～1層）では、スクレイパーが主であり、小型尖頭器の数量が増加、礫器はさらに衰える（わずかに2.1％を占める）。石器は明らかに小型化し、たとえば長さ4cm以下のものが77.9％を占める。北京原人文化の変化と気候環境の変遷に密接な関係があったことが知られる。

　旧石器時代中期の新洞人の時期では、共生する哺乳動物は多くが温帯草原に生きる種類である。しかし象、アカゲ猿など林や草むら、低潅木地帯に出没するような暖かい気候を好む動物も存在する。当時の新洞人は暖かいか、やや暖かい気候で、樹木は多く、背の低い木や草むらの見られる草原環境で生活していたことを証明している。

　旧石器時代後期の山頂洞人の時期には、最終氷期のうちもっとも寒い時期をすでに越しており、気候はしだいに回復していった時期であった。共生する哺乳動物は、温帯草原に適応した種類が主であった。それらのうちダチョウの存在は気候が比較的乾燥していたことを表している。当時は主に暖かく、やや乾燥した草原環境だったことを反映している。

表3　汾河下流および晋豫陝境界地区旧石器文化序列表

旧石器文化分期	遺跡あるいは地点	共生動物群	年代測定（万年）	地質年代	
初期	芮城西侯度	三蹄馬、三門馬、ハイエナ、李氏イノシシ、剣歯象、麗牛、ビーバー等	180（M）	更新世前期	
前期	芮城匼河	腫角鹿、東方剣歯象、ナウマン象、イノシシ、水牛等	中期更新世前期	更新世中期	
中期	襄汾丁村	野驢、野馬、赤鹿、オルドス大角鹿、原始牛等	21－16（U）	前期	更新世後期
後期	沁水下川		2.4－1.6（C）	後期	

C：炭素14年代測定法　　M：古地磁気年代測定法　　U：ウラン系年代測定法

(3) 汾河下流および晋豫陝境界地区

　汾河下流および晋豫陝境界地区は南の温暖帯に位置し、山地や丘陵地帯が多く、その間に河谷や盆地がある。地区内には熊有耳山、崤山、中条山と汾涑盆地などが分布している。50年代以来、つぎつぎと旧石器時代の遺跡が発見された。とりわけ旧石器時代初期の西侯度旧石器[24]、前期の匼河旧石器[25]、中期の丁村文化[26]、これらはみな大型の石片石器をもって特性としている。そのなかでも礫器の比率が高く、大型で尖状のものが特色である。これらの間には比較的多くの一致性と発展の連続性が見られる。同様の文化遺存は河南省西部の三門峡と陝西省関中東部の潼関一帯にも見ることができる。これらは同一の文化系統に属する。旧石器時代後期の下川文化[27]と薛関旧石器[28]では、典型的な細石器が出現した。文化面で顕著な変化が発生したことを反映している（表3）。

　西侯度旧石器は、本地区つまり華北地方でもっとも古い人類文化遺存のひとつとして知られており、その年代は約180万年前の更新世前期である。共生する動物群は三蹄馬、三門馬、ハイエナ、など草原性の動物。また李氏イノシシなど、森林に適応した種類もいる。とくに剣歯象、麗牛、ビーバーなど暖かく湿った気候を好む動物たちの存在は、当時は森林あるいは草原の植生景観と温暖湿潤気候であったことを反映している。

　匼河の旧石器と動物化石は多くが更新世中期下部の礫石層より出土する。動物化石には腫骨鹿、東方剣歯象、ナウマン象、イノシシ、水牛などがあり、西侯度とだいたい似通った気候環境であったことを反映している。

　更新世後期の前半にあたる丁村で発見された動物群では、森林と山地で生活する類型が比較的多い。とくに徳永氏象、ナウマン象、インド象近種の象、大型の魚類の存在が挙げられる。丁村人の時期には、この地は一定の面積の森林が分布していたことを表しており、気候は温暖で、草木が生い茂り、水が豊富にある環境であった。一般的に大型礫器と大型尖頭器などの重量工具はものを断ち割る、叩き壊す、穴を掘るといった用途に用いられ、森林という環境で狩猟採集経済を営み、とりわけ森林での採集が重要な位置を占めていたことを反映していると見なされている。ゆえに旧石器時代前期、中期の人類古文化の反映する環境気候特性と、動物化石の分析は基本的に一致している。

表4　渭水流域の主要旧石器地点序列表

旧石器文化分期	灞河および漢中地区	泾水流域	洛河流域	渭水上流	地質年代	
初期					前期	更新世前期
					中期	
	藍田公王嶺				後期	
前期	藍田陳家窩				前期	更新世中期
	潼関張家湾	泾川大嶺上			中期	
中期	岐山魚家湾		大荔人地点		後期	
	藍田涝池河 （63708）	長武窑頭溝 鎮原姜家湾 鎮原寺溝口	韓城禹門口		前期	更新世後期
後期	乾県大北溝	環県楼房子 環県劉家岔泾川牛角溝	黄龍人化石 大荔育紅河	武山骨頭溝 庄浪叒堡子	後期	

括弧内の数字は元来の地点番号を表す。

　旧石器時代晩期、最終氷期の影響により、華北地区の生態環境はすっかり半乾燥、乾燥した温帯草原へと変化した。晋豫陝境界地区とて例外ではなかった。下川、薛関細石器の出現は、この時期の生態環境と気候環境の巨大な変化と密接な関係がある。

(4)　渭水流域

　渭水流域は、陝西省中、北部と甘粛省東部の黄土高原奥地とその南縁に位置する。20世紀20年代初めより、フランスの学者エミール・リサンが最初に泾水上流の甘粛省慶陽趙家岔で旧石器を発見して以来、この地区からつぎつぎと人類化石と旧石器遺跡が発見された。たとえば陝西省藍田公王嶺と陳家窩、大荔甜水溝、長武窑頭溝、甘粛省鎮原姜家湾と寺溝口、泾川大嶺上と牛角溝、環県楼房子と劉家岔などである。長年の研究から、基本的な渭水流域の旧石器文化の年代序列は確立されている（表4）[29]。

　藍田公王嶺の動物群では、森林動物に属する種類が多数を占める。さらには南方動物群の色彩も強く、この地が森林を主とした亜熱帯性気候であったことを示している[30]。このことは今から約100万年前において、1度南方動物の北移現象が起きていたことを表している。藍田旧石器の器形は比較的多くのものが粗大で、大型の礫器や大型三棱尖頭器をもってその特性とする[31]。同じく山西省西南の芮城西侯度と匼河旧石器もそれに近い。中更新世早期の陳家窩動物群の中で大角鹿、アキシス鹿、ゲッ歯目など草原性動物が多く南方の動物種は見られず、1種の森林草原植生と比較的涼しく乾燥した気候環境を示している[32]。更新世後期の各地から出土した動物化石の種類と性格は非常に似ており、ハイエナ、披毛犀、野馬、野驢、オルドス大角鹿、原始牛などの種があり、おおむね1種の草原を主体とした植生景観と、やや涼しく比較的乾燥した気候を反映し、馬藍黄土に反映されたものと同じ堆積環境である。1.8万年～1.5万年前の最終氷河期のもっとも栄えた時期に至り、渭水流域の気温は更新世以来もっとも低くなった。この時期の渭南北荘村の花粉の組み合わせは、草本花粉がほぼ100％に達し、極端な寒冷で乾燥した木の生えない環境を示しており、年

間平均気温も現在と比較して10～12℃低い[33]。この乾燥して涼しい草原性環境と気候環境に適応した洛河流域の大荔人石器[34]など泾水上流諸地点と同じように、石器は小型化し、しだいに渭水流域旧石器文化の主体をなし、ついにはこの文化系統において細石器へと発展し、新石器時代へ移行していった。

(5) 河套地区

　黄河河套地区は陝西省北部、内蒙古自治区南部と寧夏回族自治区北部に位置し、中国のもっとも早い旧石器考古地区の１つである。1922～1923年の早くから、フランス人学者のエミール・リサンとテイヤール・ド・シャルダンは内蒙古自治区の薩拉烏蘇河岸で河套人の化石を、寧夏回族自治区においては水洞溝旧石器を発見している。20世紀50年代以来の新しい発見と研究により、この２か所は旧石器時代後期に属するシャラ・オソ・ゴル文化（ウラン系年代測定の数値は前５～3.7万年であった）と水洞溝文化（ウラン系年代測定の数値は前４～3.2万年であった）の２つに分けて命名されている。

　水洞溝遺跡は寧夏回族自治区霊武県に位置し、５地点から旧石器が発見された[35]。共生の動物化石の主なものは、野驢、野馬、ハイエナ、披毛犀、駝鳥などの砂漠性草原動物で、その地質年代は更新世後期である。

　シャラ・オソ・ゴル文化の発見された主要な遺跡には大溝湾と小橋畔村などの地点があり、ひとまとまりの石製品と灰燼と焼けた骨の発見された焚火遺構が１か所ある[36]。共生の動物化石は野驢、野馬、赤鹿、オルドス大角鹿、原始牛、ハイエナ、普氏羚羊、駱駝などがあり、その地質年代は更新世後期である。石器は小型のものが多く、シャラ・オソ・ゴルの石器の長さは２～３cmのものがもっとも多く、５cm以上のものは少ない。桑干河流域の峙峪石器と比較的類似しており、この２地点の気候環境が似ていることを反映している。

(6) 黄河下流地区

　黄河下流の山東や豫東、皖北、蘇北などの地域は大陸性気候で地形は平原と低山や丘陵などがぶつかり合っている。ここでは、旧石器時代前期の沂源原人の化石や、旧石器時代中期文化の遺物である南洼洞旧石器[37]と上洼洞旧石器[38]が発見された。また、旧石器時代後期文化も比較的多く発見され、主要なものに小南海遺跡[39]や鳳凰嶺類型細石器[40]がある。

　小南海遺跡は河南省安陽市の付近に位置する洞穴遺跡である。出土した動物化石はハイエナ、披毛犀、普氏羚羊などがあり、地質年代は更新世後期に属する。C14年代測定の数値は前22150±500～11000±500年であった。鳳凰嶺は山東省臨沂市付近の沂、沭河のぶつかり合ったもともとの土嶺上に位置する。1982年以来、鳳凰嶺および沂、沭、汶、泗河流域の青峰嶺、馬陵山などの地域で相次いで細石器を主体とする100か所あまりの遺跡が発見された。上述の細石器の特徴は非常に類似しており、年代も基本的に同時期を示している。鳳凰嶺の発見がもっとも早いことから便宜上「鳳凰嶺型細石器」と呼ぶことにする。これらの細石器遺物の中には少量の粗大な打製石器が伴出しているが、磨製石器や土器の共存はなく、その時期は更新世後期から全新世初頭で、およそ１万年前

表 5　華北地区の旧石器文化区系表

分期	分区	桑干河流域	周口店地区	渭水流域	汾河下流および晋豫陝境界	黄河下流	現在からの年代（万年）	地質年代	
旧石器時代	初期	陽原馬圏溝					200～100	更新世前期	
		陽原小長梁							
		陽原東谷坨		藍田公王嶺	芮城西侯度				
	前期	陽原岑家湾	北京原人文化	藍田陳家窩	芮城匼河		100～20	更新世中期	
		陽原馬梁		泾川大嶺上	三門峡水溝	沂源原人			
	中期	陽原許家窯	新洞人文化	大荔甜水溝	襄汾丁村	沂源南洼洞	20～5	前期	更新世後期
				長武窯頭溝		沂源上洼洞			
	後期	溯県峙峪	山頂洞人文化	環県劉家岔	沁水下川	安陽小南海	5～1	後期	
		陽原虎頭梁		大育紅河	蒲県薛関	臨沂鳳凰嶺			

である。小南海旧石器と比べて、2者の間には一定の類似性もしくは一定の淵源関係がある。

3　結　語

　上述のことをまとめると、華北地区の旧石器時代における人類文化の時空方面の差異と変化は、更新世時期の黄土の堆積と気候環境の変化の過程に伴って行われた。旧石器時代初期から始まって異なる地域の旧石器文化は地域性の特色と、工芸技術の伝統に違いをはっきり示している。山西省西南地区と汾河下流の旧石器文化において、大型石器は際立った特徴であり、また山西省や河北省北部、河套地区の旧石器文化は小型石器が明らかな特徴である。旧石器時代後期に至り、気候の寒冷、乾燥化に伴って、各地の石器は普遍的に小型化し、また下川や虎頭梁、鳳凰嶺を以って代表とする細石器が出現した。

　以上のように、華北地区における旧石器時代文化の時空変化と特徴は、桑干河流域と周口店地区、渭水流域、晋豫陝交界地区、黄河下流など6つの主要な文化区に分けられる。各区の旧石器文化の序列は下表のとおりである（表5）。

　〔後記〕私が奈良県立橿原考古学研究所で研修していた1992～1993年の間、茂木雅博先生にご一緒して頂き、千葉県と茨城県での古代貝塚の調査を行い、先生から多くのご指導とご高配を賜りました。その後、先生はいく度も西北大学文博学院で講義され、わが学院の教師と生徒に多くの知識をもたらして下さいました。このたび茂木雅博先生のご退官にさいしまして、この文章を謹呈し感謝と記念にさせて頂きます。

註

（1）　黄為龍「我国最初発現的旧石器地点究竟在那里？」『化石』1979年3期
（2）　賈蘭坡「山西峙峪旧石器時代遺址発掘報告」『考古学報』1972年1期
（3）　厳文明「我們的遠古祖先」『中国通史』第2巻 p24～25　上海人民出版社　1994年6月
（4）　張宏彦「渭水流域旧石器時代的古環境与古文化」『西北大学学報』1999年2期
（5）　銭林清主編『黄土高原気候』気象出版社　1991年
（6）　李吉均等「青蔵高原隆起的時代、幅度和形式的探討」『中国科学』1979年6期

（7） 夏正楷『第四紀環境学』pp.61～63　北京大学出版社　1997年
（8） 楊子賡等「試論河北平原東部第四紀地質幾個基本問題」『地質学報』1979年4期
（9） 徐欽琦「東亜更新世哺乳動物南遷及其与気候演変的関系」『中国古生物学会第13、14届年会論文選集』、安徽科学技術出版社　1986年
（10） 劉東生等『黄土与環境』科学出版社　1985年
（11） 丁仲礼等「中国黄土的土壌地層与第四紀気候回旋」『黄土．第四紀．全球変化』（第一集）　科学出版社　1990年
（12） 尤玉柱「河北小長梁旧石器遺址的新材料及其時代問題」『史前研究』創刊号　1987年
（13） 衛奇「東谷坨旧石器初歩観察」『人類学学報』1985年3期
（14） 李君等「馬圏溝遺址発掘報告」『河北考古文集』当方出版客　1998年
（15） 謝飛等「岑家湾旧石器時代早期文化遺物及地点性質的研究」『人類学学報』1993年3期
（16） A　賈蘭坡等「山西陽高県許家窯旧石器時代遺址」『考古学報』1976年2期
　　　B　「許家窯旧石器文化時代遺址1976年発掘報告」『古脊椎動物与古人類』1979年4期
（17） 賈蘭坡等「山西朔県峙峪旧石器時代遺址発掘報告」『考古学報』1972年1期
（18） 蓋培等「虎頭梁旧石器時代晩期遺址的発現」『古脊椎動物与古人類』1977年4期
（19） A　衛奇「泥河湾盆地旧石器遺址地質序列」『中国科学院古脊椎動物与古人類研究所参加第十三届国際第四紀大会論文選』、北京科技出版社　1991年
　　　B　衛奇他「許家坡旧石器的発現及泥河湾盆地旧石器考古問題」『文物季刊』1998年
（20） 李超栄「北京地区的旧石器考古」『中国文物報』1999年10月13日　第三版
（21） 趙樹森等「北京猿遺址年代学研究」『北京猿人遺址綜合研究』科学出版社　1985年
（22） 李炎賢「北京猿人生活時期自然環境及其変遷的探討」『古脊椎動物与古人類』1981年1期
（23） 裴文中等『中国猿人石器研究』科学出版社　1985年
（24） 賈蘭坡等『西侯度—山西更新世早期古文化遺址』文物出版社　1978年
（25） 賈蘭坡等『匼河—山西南部旧石器時代初期文化遺址』科学出版社　1962年
（26） 裴文中等『山西襄汾丁村旧石器時代遺址発掘報告』科学出版社　1962年
（27） 王建等「下川文化—山西下川遺址調査報告」『考古学報』1978年第3期
（28） 王向前「山西蒲県薛関強石器」『人類学学報』1983年2期
（29） 張宏彦「渭水流域旧石器時代的古環境与古文化」『西北大学学報』1999年1期
（30） 計宏祥「陝西藍田地区早更新世動物群」『古脊椎動物与古人類』1975年3期
（31） 賈蘭坡「陝西藍田地区的旧石器」『陝西藍田新生界現場会議論文集』科学出版社　北京　1966年
（32） 周明鎮「陝西藍田中更新世哺乳動物化石」『古脊椎動物与古人類』1964年3期
（33） 安芷生等「最近2万年来中国古環境変遷的初歩研究」『黄土．第四紀地質．全球変化』第二集　科学出版社　1991年
（34） 陝西省考古研究所等『大茘－蒲城旧石器』文物出版社　1996年
（35） 賈蘭坡「水洞溝旧石器時代遺址的新材料」『古脊椎動物与古人類』1964年1期
（36） 汪宇平：A「伊盟薩拉烏蘇河考古調査報告」『文物参考資料』1957年4期
　　　B　「内蒙伊盟南部旧石器時代文化的新収穫」『考古』1961年10期
（37） 徐淑彬等「山東沂水県南洼洞発現的旧石器」『考古』1985年8期
（38） 黄藴平「沂源上洼洞石製品的研究」『人類学学報』1994年1期
（39） 安志敏「河南安陽小南海旧石器時代洞穴遺址」『考古学報』1965年1期

（40）　臨沂地区文物管理委員会等「山東臨沂鳳凰嶺発現細石器」『考古』1983年5期、韓榕「臨沂市青峰嶺細石器遺存」『中国考古学年鑑』1985年、山東省文物考古学研究所等「山東郯城馬陵山細石器遺存調査報告」『史前研究』1987年1期

古代中国におけるブタの起源

袁　靖（訳：米川暢敬）

　ブタ（*Sus Scrofa Domesticus*）はイノシシ（*Sus Scrofa*）が長期間飼い馴らされていく中で変化した動物である。世界の他の国々と比較しても、古から現在に至るまで、ブタは中国における肉食資源のもっとも重要な位置を占めており、それが中国のひとつの特徴でもある。古代中国において、ブタが生まれた環境の詳細な研究は、中国動物考古学界で注目を集めている課題のひとつである。われわれは以前、古代中国におけるブタの起源は河北武安磁山遺跡にあるという視点を提示した[1]。これまでのところ、その研究結果は依然として磁山遺跡で出土したブタが中国最古のブタの一つであるということを支持している。磁山遺跡の資料以外にも、われわれは何年にもわたる動物考古学研究を通じて、少しではあるが新たな発見をし、その研究を深化させた。本論では、最初にブタに関する一連の指標の鑑定を提示する。次に新資料を紹介し、最後にわれわれの新視点を明示したい。

1　ブタの鑑定の指標

　ブタの起源という問題を詳細に検討するためには、第1にその鑑定の指標が確立されねばならない。われわれは、なが年の動物考古学研究を経て、中国における遺跡から出土したブタが馴養種か否かを判定する以下の指標を設定した。

(1)　**形体的特徴**
　一般に、遺跡から出土するブタの体形はイノシシに比べて小さい。これは飼育される、つまりブタが人間から餌を与えられることで、イノシシのように鼻吻部で土を掘り起こして食物を得る必要がなくなったためである。長い時間をかけて、ブタの鼻吻部と頭蓋骨の長さは短くなっていった。この他にも、飼育の過程でブタの活動範囲は制限され、他個体との争奪・対抗の必要がなくなり、激しい運動をしなくなったことで少しずつブタの体形は変化していった。歯と骨格の計測を通して、ブタとイノシシの間には明確な区分がなされた。われわれは長期にわたる研究から、上顎第3臼歯の平均長は35mm、平均幅は20mmに達し、下顎第3臼歯の平均長は40mm、平均幅は17mmであることを明らかにした。これらの数値は、ブタの上下第3臼歯の最大の平均値であり、遺跡から出土するブタの第3臼歯の平均値は一般にこれらの数値と同様、あるいは小さい数値である。イノシシの第3臼歯の平均値は、しばしばこれらの数値よりも大きい。

(2) 年齢構成

　遺跡から出土するブタの年齢構成は、しばしばその年齢の若さで比較される。これは、当時ブタを飼育する主要な目的が、その肉を食することにあったためである。ブタは1～2歳になると、体形と肉量が目立った増加を見せなくなる。継続的な飼育下で生産できる肉量は1頭の子ブタに及ばないのである。また、1～2歳のブタの肉は比較的柔らかいとされる。このため、飼育されているブタはその多くが1～2歳で屠殺される。それ故にその年齢構成は1～2歳程度が多数、あるいは絶大な多数を占める。これに対し、狩猟により殺されるイノシシの年齢は老若様々であって、遺跡から出土するイノシシの年齢構成には規則性は見られない。

(3) 性別的特徴

　遺跡から出土するブタの性別比率は一定ではない。雌ブタあるいは性別不明のブタが明らかに多数を占めるが、確定出来るブタの個体数は非常に少ない。これは、飼育が一種の人為的抑制行為であるためである。雌ブタは成長すると、肉を提供する以外にも子ブタを育てるという理由から重視された。しかし雄ブタは雌ブタと異なり、肉を提供する以外には、きわめて少数の固体が、すべての雌ブタと交配させるために残されただけであった。しかも、雄ブタは成長後、気性が荒くなるため管理し難かった。このため、交配用の雄ブタを除いては、その大部分が幼年期に去勢された。去勢後の雄ブタは、成長後、体形的には雌ブタと同様の特徴を備える。去勢技術の出現以前には、大部分の雄ブタが幼年期に屠殺されていたものと思われる。

(4) 数量比率

　遺跡から出土する哺乳動物の骨格の中で、ブタの骨格はかなりの割合を有する。ブタを飼育する主要な目的は肉食資源を得るためであり、飼育される個体数は必ず需要を満たすだけの一定の規模に達した。そのため、ブタの骨格は出土する動物骨格の中でしばしば非常に大きな割合を占める。しかし、仮にそれが狩猟によるものであるのであれば、遺跡から出土する動物の種類と個体数は、動物の自然分布状況と捕獲の難易度に依拠するものであるのかもしれない。これに関しては、中国の各地域には絶対的なものはなく、自然資源の豊富さの程度、当時の人びとの肉食資源の獲得方式にも同様のことが言える。

(5) 考古学的現象

　中国における新石器時代の遺跡の中には、しばしば、土壙あるいは墓壙内に埋葬された、完全な2種の動物、あるいは動物の四肢の一部が発見されている。これは、当時の人びとの目的あっての行為である。その中でブタは、もっとも多く埋葬あるいは副葬された動物の1種であり、中国各地新石器時代の非常に多くの遺跡の中で、規則性を有するものである。ブタ以外の動物とはイヌであるが、これは主要な出土範囲が東部地域に限定される。われわれは一般に、ブタが埋葬あるいは副葬されるという現象は、馴養種の起源以後、つまりブタの埋葬・副葬と馴養種が関連するものであ

ると把握している。

(6) **食性分析**

　前述のように、ブタは人間から食物の大半を与えられる。これらの食物にはしばしば人間の食物の皮・殻、食べ残した食物が含まれる。このため、ブタの骨を対象とするのであれば、安定同位体である C^{13}、N^{15} 及び微量元素の分析から、その食性状況を解析し、同一遺跡出土の人骨についても同様の分析を行った上でそれらを比較し、馴養種であるという科学的な根拠を確認する必要がある。

(7) **DNA研究**

　遺跡から出土するブタの骨のミトコンドリアDNA研究を通して、科学者達は各地域で出土したものから、順を追って各時期のブタの相互関係を確認している。これは古代のブタの全体的な系譜が創造された条件を確立するものであり、ブタの起源を研究する上で意義のあるものである。

　われわれは、上述のような各種の方法を用いて、遺跡から出土したブタの骨が馴養種であるかどうか確認することが非常に重要であると考えている。そして、これらの方法で得られた結果を相互に実証することを通じて、そのブタが馴養種であるかを判断し、科学的結論と比較することが可能となる。

　ブタの起源という問題を考えるさいに、先に再計測・観察・統計などによる、考古学的視点からの判断条件があるのであれば、その結論に説得力を持たせることが可能なのである。そのためにも、こういった強調が必要なのである。人間の飼育下に置かれたブタへ変化したばかりのイノシシの形態的特徴は、すぐにその変化が現れるのではない。段階的な変化過程を必要とするのである。とくに歯は、特徴の遺伝をもっとも安定的に保持する部位であり、その発生変化はしばしば長い時間を経なければならない。したがって、馴養種となったばかりのブタは、たんにその特徴と計測値が確認されるだけでは、われわれの言うイノシシに近いものであり、ブタとの差は大きいのである。ブタの出現段階においては、ブタの個体数はそれほど多いものではなく、その性別的特徴、年齢構成上から見れば、典型的なものとは言えない。遺跡から出土した副葬・埋葬されたこの種のブタは、人間とブタの特殊な関係が生んだ現象を明示するものであり、これは比較的説得力のある証拠である。この他、現在、安定同位体と微量元素の分析が進められており、同一遺跡の人間とブタの食性が同じかどうかを検証している。また、広範囲における、多くのブタの骨の標本のDNA分析を通じて、ブタの系譜についても検討している。これらのいずれもが、馴養種としてのブタを判定するための新しい方法である。これらの方法が成熟すれば、必ず遺跡から出土したブタが馴養種であるかどうかの判断に科学的根拠が付加されるであろう。

2　資　料

　われわれは、中国内モンゴル地区、華北地区、長江三角州地区において、年代の比較的早い段階の遺跡から、馴養種としてのブタの証拠を発見した。以下、それぞれ記述する。

(1) 内モンゴル自治区赤峰市興隆洼遺跡

　興隆洼遺跡の年代は今から8200〜7000年前であり、3期に区分出来る。第1期は8200〜8000年前、第2期は8000〜7400年前、第3期は7400〜7000年前である[2]。

　形体的特徴を観察すると、ブタの第3臼歯の中で3分の2以上が40mmを超えており、とくに晩期では第3臼歯が40mmを超えるのもが90％以上を占め、イノシシの特徴とは明らかに異なる。その年齢構成は、年齢の大きいほうに偏っており、イノシシの年齢構成と類似している。その最小個体の統計によれば、ブタが動物全体の中で、早期では42.9％、中期では14.4％、晩期では22.5％を占めている。それに反して、シカ科動物の個体数は、早期でブタよりやや少ないことを除けば、他の各期では明らかにブタよりも多い。この特徴は、興隆洼遺跡から出土したブタが、イノシシに属する可能性が比較的高いことを示している[3]。

　ただし、ひとつ特殊な現象を考慮せねばならない。興隆洼遺跡第2期の墓壙の中で、M118では成年男子1人が仰向けの伸展葬で葬られており、被葬者の傍らには雄・雌2頭のブタが仰向けに副葬されている。そしてそのブタは、四肢すべてを曲げ、うずくまった状態であった。当時推測可能であったのは、この2頭のブタを別々に縄で縛って埋葬した、ということであった[4]。この他、年代で言えば興隆洼遺跡第2期に相当する、内モンゴル自治区赤峰市興隆溝遺跡で出土した動物の頭蓋骨が確認されている。それは遺跡内の1軒の建物跡の南西から15個体分がまとまって安置されており、その中の12個がブタの頭、3個がアカジカの頭である。大多数の頭蓋骨は、額中央に、人為的な円形の孔を有する[5]。実際には、興隆洼遺跡の第1期にあたる建物跡の内部に安置された動物の頭蓋骨が確認されており、同様にブタの頭がもっとも多い。しかし、資料は正式には発表されていない。

　興隆洼遺跡と興隆溝遺跡におけるこれらの現象から、われわれは、当時存在したブタはその固体数に限りがあったと考えざるを得ない。その理由は、以下の3点である。第1に、興隆溝遺跡内では、ブタの第3臼歯の大きさが比較的小さいことが確認されており、これは馴養種であることの証拠である。第2に、興隆洼遺跡で発見された17種の哺乳動物のうち、アカジカ、ノロジカの数が非常に多く、とくに第2期ではブタよりも多い。しかし、それは当時の人間が作為的にアカジカ、ノロジカといった動物ではなく、ブタを墓壙中に副葬したということである。このことから、当時の人間にはブタに対してある種特別な感情があったものと思われる。第3に、興隆溝遺跡の建物から出土した動物の頭蓋骨の観察から、ブタの割合はアカジカに比べて明らかに高い。未発表ではあるが、興隆洼遺跡の建物跡から出土した動物の頭蓋骨も、ブタの割合はアカジカに比べて明らかに高い。興隆洼遺跡の第1期では、ブタの最小個体数は哺乳動物全体の42.9％、アカジカは20.1％を占め、ブタの割合は高く、アカジカの割合の倍である。しかし、第2期になると、アカジカは16.7％、ブタはわずかに14.4％であり、ブタの割合はアカジカの割合よりも小さい。第3期では、ブタが22.5％、アカジカが20％を占め、両者ともに差はほとんどない。各時期で出土したブタとアカジカの個体数の比率を見ると、建物跡から出土した動物の頭蓋骨の数量比率とは全く符合せず、当時の人間が意図的に安置した動物の頭蓋骨の中で、ブタの個体数はアカジカの個体数に比べてほ

とんど倍になっている。これは、当時の人間がブタに対してある種特別な扱いをする理由を持っていたためと思われる。以上の3点を踏まえると、8200～7000年前に、内モンゴル地区にはすでにブタを飼育するという行為が存在していたことが推測できる。他にも、十分重要な傍証がある。近年、興隆溝遺跡で8000年程前のアワとキビが発見された。サンプルの観察・計測を通じて、これらの出土した穀物の粒は、形態と大きさの点で、依然として比較的強く野生種の特徴を保っており、栽培作物への変遷過程の中でも早い段階の品種である。研究者は、興隆溝遺跡が所在する西遼川上流地域が、間違いなくアワとキビという2種の穀物の代表的な中国北部畑作農業の起源地であるとしている[6]。当時の栽培作物であるアワとキビの発見は、馴養種としてのブタの出現と相互に実証出来るものである。

(2) 河北省武安県磁山遺跡

　河北省武安県磁山遺跡は今からおよそ8000年前の遺跡である。

　磁山遺跡で出土したブタの下顎第3臼歯の平均長は41.4mm、平均幅は18.3mmである。この遺跡では、60％を超すブタが0.5～1歳で屠殺されている。当時発見された186の灰坑の中で、H5の底部には2頭のブタが、H12、H14、H265の底部にはそれぞれ1頭のブタが埋葬されていた。H107には、1匹のイヌが埋葬されていた。これらの動物骨格の上には多量の炭化した穀物が堆積していた[7]。

　磁山遺跡の資料は1980年に発表されたが、動物骨格に関する報告は比較的簡単なものであった。われわれは、当時すでにブタの飼育が存在していたと推測しており、これ以上の資料を引用することはない。ただし、この遺跡に限っては、出土したブタの第3臼歯の大きさが、すでにわれわれが提示した馴養種のそれの大きさの標準値に近接している。これらのブタの年齢構成は狩猟の結果としてではなく、人為的抑制の産物である。さらに重要なのは、4つの灰坑内で発見された完全なブタの埋葬である。その上層には穀物が堆積していた。これは間違いなく当時の人間が意図的に行った行為である。そのため、われわれは、当時すでにブタの飼育が存在したという視点に立っているのである。事実、この地区の晩期にあたる磁山遺跡の、他の時期の異なる遺構から出土した動物骨格の研究は、磁山遺跡以後からブタの飼育が段階的に拡大してゆく過程を証明している[8]。上述の研究に関して、すでに論文を発表しているため、本論で贅言はしない。

(3) 浙江省蕭山市跨湖橋遺跡

　跨湖橋遺跡の年代は8200～7000年前である。この遺跡は早・中・晩期の3期に区分される。早期は8200～7800年前、中期は7700～7300年前、晩期は7300～7000年前である[9]。

　形体的特徴を見ると、各期ともブタの顎骨の歯列に明白な歪曲が確認される。下顎の短縮が歯列を乱した要因であることは明らかであり、これは馴養種となったことを示すものであると思われる。第3臼歯の大きさを見ると、早期では6個あり、その中の3個は42mmより大きい。中期の3個は40mmより小さく、晩期の4個は40.96mmの1個を除けば38mmより小さい。42mmを超す早期の3個はイノシシのものと考えられる。早期を含むその他の歯は、10個がブタの範囲に含まれ

るものである。歯の大きさでは小さくなってゆく過程が見られ、家畜化の過程が明白に現れている。年齢構成を見ると、2.5歳以上のブタは早期の87.5％から中・晩期までには45％程に低下している。平均年齢は早期の4.6歳から中期の3.5歳、晩期の2.9歳へと下ってゆく。早期から晩期にかけて、明確な年齢の段階的な変化をたどることが出来る。哺乳類全体に占めるブタの割合を最小個体数の統計結果に照らすと、早期では22.58％、中期では12.2％、晩期では8％である[10]。

跨湖橋遺跡の早期の層から出土したブタの顎骨にはすでに歯列の乱れが見られ、その第3臼歯が40mm以下の個体数が相当の割合を占めている。これは長期間にわたり活動範囲を制限され、食物などは人間の影響下に置かれたことで形体的変化を形成したものである。これにより、われわれは8200年前の跨湖橋遺跡早期にはすでに馴養種が存在していたことを確認している。同時に強調したいのは、同様の理由から、南方地域の馴養種としてのブタの起源は8200年前よりもさらに遡るということである。この発見は、古代中国におけるブタの起源を考える上で重要な意義を有する。

ここにおける重要な解釈は、各期のブタの統計から、以前認識していた中国北部新石器時代の遺跡の中で、ブタの起源以後から、ブタが哺乳動物全体の中に占める割合が絶えず一様に増加の過程をたどったのではなく、しだいに減少していったということである。われわれはこれを新石器時代長江三角州地域に特有の現象であると考えている。中国の秦前代の重要な文献に『周礼・職方氏』があるが、その中では「東南は楊州と呼称し、その山鎮を会稽と呼ぶ……禽獣は鳥獣が良く、穀物は稲が良い。」[11]と言及している。これはつまり、秦以前まではこの地域の農業は水稲の栽培であり、肉食資源の獲得方法は鳥類と野獣を狩ることであったことを指している。この記述により、秦前代の長江三角州地域は家畜を有していたものの、その数は相当に限られていたものと推測している。

3 検　　討

外国の動物考古学者の現在までの認識を考慮すると、最初に馴養種としてのブタが発見されたのはトルコのアナトリア東南部に所在するカヨヌ遺跡であり、その年代は約9000年前である。その根拠は、この遺跡から出土したブタが、哺乳動物全体の中で一定の割合を占めており、かつそれらの歯が大から小への変化過程をたどっていることである。これは、飼育の過程で必ず生まれる生理現象である[12]。この実例は現状では世界でもっとも古いものである。われわれが中国浙江省蕭山市跨湖橋遺跡の研究結果を実証したことで、当時ブタが相当の期間飼育されていたことが判明した。このことにより、中国南部におけるブタの起源が今から8200年程前にまで遡ることを確認した。現状では、中国南部のブタの起源がどこまで遡るのか推測することは出来ないが、これによってカヨヌ遺跡との時間幅は縮まったと言える。

近年、イギリス人の研究者が、世界各地に分布する686件のイノシシとブタの標本から採取したミトコンドリアDNA配列の分析を通じて、ユーラシア大陸全体の数多くのブタの家畜化の中心地が存在し、東アジアにもひとつのブタの家畜化の中心地が存在することを提示した[13]。われわれは、前掲の中国の資料から、少なくとも8200～8000年前頃には、内モンゴル地区、華北地区、長江

三角州地域ではすでにブタの飼育が開始されていたことを実証した。DNAの分析結果を根拠にイギリス人研究者が証明した諸事実からは、ユーラシア大陸全体では数多くの、東アジアではひとつのブタの家畜化の中心地が推測されている。しかし、われわれの研究は東アジア地区に属する中国では、厳密に言えば、馴養種としてのブタの起源地はわずか1か所だけではなく、多元的なものであったということである。前述の3遺跡間に文化交流は確認出来ないことから、これら3遺跡におけるブタの飼育行為は、みな単独で発生したものと考えられる。

　これに関連させて考える必要のある問題が、ブタを飼育する目的である。一般的に言えば、ブタを飼育する目的は、増大する人間の肉食資源への需要を満たすためである[14]。われわれは中国黄河流域における新石器時代の資料から、その起源と発展過程を検討すればそのブタを飼育する目的と合致する[15]。しかし、内モンゴル自治区赤峰市興隆洼遺跡、浙江省蕭山市跨湖橋遺跡での現象から中国新石器時代の発生を解釈することは非常に困難である。この中には注目すべき事実があり、それは興隆洼遺跡から出土した明確なブタの実例と、その副葬および祭祀との関係である。同様に、長江三角州地域に所在する6000年前以降の新石器時代の諸遺跡で、墓壙内にブタの骨を副葬する、あるいはブタ単独で埋葬される例が確認されている[16]。このことからわれわれは、具体的な地域の資料に対して具体的な分析を加える必要があり、一概に論じることはできない。新石器時代の黄河流域に限らず、当時の人びとは食肉のためにブタを飼育していた。しかし、当時の内モンゴル地区と長江三角州地域では、人間がブタを飼育する目的は一様ではなく、在地の原始宗教に基づいて行われた行為であったかも知れない。この点に関して、現在漠然とした推測を行うことしか出来ず、さらなる研究は、今後の新資料の発見を待つしかない。

註

（1）　Yuan Jing and Rowan Flad, 2002, Pig domestication in ancient China, *Antiquity*, Vol. 76, No. 293, pp. 724～732.

（2）　中国社会科学院考古研究所内蒙古隊「内蒙古敖漢旗興隆洼集落遺址1992年発掘簡報」
　　『考古』1997年第1期　pp. 1～26

（3）　興隆洼遺址（未発表）

（4）　註（2）に同じ

（5）　中国社会科学院考古研究所内蒙古工作隊「興隆溝遺址発掘重要成果」『中国社会科学院古代文明研究中心通訊』2002年1月　pp. 1～25

（6）　趙志軍「探尋中国北方旱作農業起源的新綫索」『中国文物報』2004年10月11日

（7）　a　河北省文物管理処等「河北武安磁山遺址」『考古学報』1981年第3期　pp. 303～338
　　　b　周本雄「河北武安磁山遺址的動物骨骸」『考古学報』1981年第3期　pp. 339～346

（8）　袁靖「論中国新石器時代居民獲得肉食資源的方式」『考古学報』1999年第1期　pp. 1～22

（9）　浙江省文物考古研究所・蕭山博物館編著『跨湖橋』pp. 241～270頁　文物出版社　2004年12月

（10）　袁靖・楊夢菲「動物研究」浙江省文物考古研究所・蕭山博物館編著『跨湖橋』pp. 241～270　文物出版社　2004年12月

（11）　『十三経注疏』pp. 861～863　中華書局影印　1979年11月

（12）　Hongo, H. and Meadow, R. 1998.　Pig exploitation at Neolithic & ç AYÖNü Tepesi (Southeastern Anatolia). In Nelson, S. (ed.). *Ancestor for the pigs : pigs in prehistory*, pp. 77-98　Philadelphia, MASCA Research Papers in Science and Archaeology15.

(13)　Greger Larson, Keith Dobney, Umberto Albarella, Meiying Fang, Elizabeth Matisoo-Smith, Judith Robins, Stewart Lowden, Heather Finlayson, Tina Brand, Eske Willewslev, 1Peter Rowley-Conwy, Leif Andersson, Alan Cooper1. (2005) Worldwide Phylogeography of Wild Boar Reveals Multiple Centers of Pig Domestication. Science Vol. 307. No. 11.

(14)　註（8）に同じ

(15)　註（1）に同じ

(16)　a.　常州市博物館「江蘇常州圩墩村新石器時代遺址的調査和発掘」『考古』1974年第2期　pp. 109〜115

　　　b.　常州市博物館「江蘇常州圩墩村新石器時代遺址第三次発掘簡報」『史前研究』1984年第2期　pp. 69〜81

　　　c.　蘇州博物館等「江蘇呉江龍南新石器時代村落遺址第一・二次発掘簡報」『文物』1990年第7期　pp. 1〜27

　　　d.　南京博物院「江蘇呉県草鞋山遺址」『文物資料叢刊』1980年第3期　pp. 1〜24

　　　e.　蘇州博物館等「江蘇呉江廣福村遺址発掘簡報」『文物』2001年第3期　pp. 41〜51

　　　f.　上海市文物保管委員会『崧澤』pp. 98-105　文物出版社　1987年

　　　g.　上海市文物保管委員会「上海市松江県廣富林新石器時代遺址試探」『考古』1962年第9期　pp. 465〜469

　　　h.　徐新民等「浙江平湖庄橋墳発見良渚文化最大墓地」『中国文物報』2004年10月29日

天壇と地壇

車　廣　錦（訳：米川暢敬）

　祭祀は人類特有の儀礼行為である。人間社会が文明へと前進するに従い、その活動は頻度を増し、規模を拡大し、その制度はよりいっそう完備されたものへと発展した。「国の大事は、祭祀と軍事にある」という言葉は、社会組織形態が国家と呼べる段階まで発展し、祭祀が国家にとっての重要事項を成し遂げるために必要な要素となったことを示すものである。そして祭壇は、大規模かつ恒常的で制度化された祭祀行為を格調高いものにするために出現したものである。

　中国における祭壇は良渚文化や紅山文化にはじまり、明清時代に至るまで、5000年以上も継続されたのである。祭祀行為は、古国時代から帝国時代に至るまで、また王位母系継承社会から王位父系継承社会に至るまで、儀礼に関わる制度は常に強化された。祭壇は時代が下るにつれて格調高いものとなり、それに合わせて種類も増加していった。古代人の観念では、天地は万物の祖であり、もっとも崇高な地位を有し、天地に対する祭祀にはもっとも神経を遣い、それ故天壇と地壇は様々な壇のなかでもっとも突出しており、もっとも重要なものなのである。

　古代人は天と地の形態を「天円地方」、つまり天は円形であり、地は方形であると規定した。このため、天壇の平面形は円形であり、古くは圜丘（あるいは円丘）と呼ばれ、天の象徴であった。地壇の平面形は方形であり、古くは方丘と呼ばれ、地の象徴であった。儀礼制度によれば、天壇は都城の南方に建てられるために「南郊壇」と、地壇は都城の北方に建てられるために「北郊壇」と呼ばれることもあった。

　近年、天壇と地壇に関して2つの比較的重要な考古学的発見があった。ひとつは陝西省西安市の唐長安城圜丘遺跡であり、もうひとつは江蘇省南京市の鐘山南朝北郊壇遺跡である。唐代の圜丘遺跡は長安城の南方に位置し、円形で4層48段である。内壇（第4層）面の径は約20m、外壇（第1層）面の径は約58mである。残存状況から推測すると、高さは最大で8.12mである[1]。南朝劉宋期の北郊壇は鐘山主峰南側の山麓の先端部、六朝建康城の東北に位置し、方形で、5層1段である。内壇は東西64.8m、南北64〜69.3mである。東・南・西の3面は4枚の石の壁板を積んで形成される4層の壇面を有する。壇は最大で高さ11.45mを測る[2]。南朝の北郊壇と唐代の圜丘は、中国でこれまでに発見された中で、最古の封建国家的な天壇と地壇である。これら2つの考古学的発見は、中国における古代儀礼制度と郊祀制度の研究にとって重要な意義を持つものである。南京鐘山南朝地壇は「2000年全国10大考古学的発見」のひとつに数えられている。

　明清時代皇室の都城においては、天壇を建てて天を祀り、地壇を建てて地を祀った。これによって形成された一種の概念は、天壇は天を祀るために用い、地壇は地を祀るために用いられたもので

あると認識している。もし、天壇と地壇の位置関係が高低差を有するのであれば、天壇は上方（山上）に、地壇は下方（平地）にあるものであろう。しかし南朝の地壇と唐代の天壇はその位置を全く逆にしており、そのことが研究者たちの困惑の種となってしまっている。

天壇は天を祀るためのものなのか、それとも地を祀るためのものなのか。そして、地壇は地を祀るためのものなのか、それとも天を祀るためのものなのか。一体どちらなのだろうか。

天壇と地壇はどちらも平地に立地したのか、それとも高低差を有したのか。高低差を有したのであれば、どちらが高い所にあり、どちらが低い所にあったのか。これは解決せねばならない問題であり、遠く古代人の概念の中にその答えを求めようとするものである。

古代人たちは、注目すべき２つの概念を有していた。ひとつは、天高く聳える山を「山が高く大きく聳え立つ様は、常に古代人たちにより、天上へ通じる道であると見做されていた」「山の雄大さと近づき難い雰囲気は、常に幻想的な、神々の棲む所とされてきた」[3]というように認識していたことである。古典の中には常に、祈祷師が霊山を通って天地に昇り降りするという記載が存在する。もうひとつは、「天父地母」「皇天后土」という概念である。「乾は天であり、父と呼ばれる。坤は地であり、母と呼ばれる」[4]とは、天が男性、父であり、地が女性、母であるということである。本稿ではこうした２つの概念を考慮したうえで、検討を行っていきたい。

所謂祭祀とは、神と祖先を祀るものである。その目的は、神を祀り幸福を賜ることにある。これはまさに、世俗生活において人が他者に贈物をし、世話や助けを求めることと同じである。古代、神には「必ずそれに類するものの写し」を供える（戦国時代の祭祀において、川の神に対し美女を捧げたように）とされ、世俗における贈物は贈られる側の求めるところとを考慮する必要がある。天地を祀るということは、天を父、男性と見做し、それを祀るさいには地母を捧げねばならず、地を母、女性と見做し、それを祀るさいには天父を捧げねばならないということである。この論理に基づけば、天壇は天を象徴し地を祀る施設であり、地壇は地を象徴し天を祀る施設であるということになる。このことは、天壇が天を祀り、地壇が地を祀ったのでは、世俗において自分が自分に贈物をすることと同義であり、理屈に合わなくなってしまう。つまり天壇は地を祀るために用いられ、地母を祀るものであり、地壇は天を祀るために用いられ、天父を祀るものでなければならないのである。

他者に贈物をするということは、相手の所に届ける必要があり、相手自らが取りに来る例もあるが、普通、そうでなければ配慮が行き届いていないということで不満に思われてしまい、願いは受け入れられない。祭祀とはまさに神への贈物であり、当然、神の恩恵に与ることを考え、上記のような便宜を図る。さもなければ、それは冒涜の意としてとられ、神罰を恐れることとなる。山を祀るさいには山に臨み、水を祀るさいには水に臨むのである。天を祀るさいには山の高くまで登り、天父の恩恵に与ることが出来るように便宜を図るため、地壇は山上に建てられる必要がある。地を祀るさいには地に臨み、地母の恩恵に与ることが出来るように便宜を図るため、天壇は平地に建てられる必要がある。このため、南朝の地壇は鐘山の上に建てられ、唐代の天壇は平地に建てられていたのである。

史料からも、この推論は実証出来る。『史記・封禅書』によれば、「天は陰を好み、祠は必ず高い

山の麓、低い山の上に建てねばならず、「時」と名づける。地は陽を貴び、祭祀は必ず水際の圜丘で行うという」「乾は陽物である。坤は陰物である」(5)とある。つまり、古代人の概念においては、男は陽性、天もまた陽性であって、女は陰性、地もまた陰性であったのである。水は柔性であると同時に陰性であり、大地を地母と見做すと大地がもっとも豊かに有する女性の特質は、河川・湖である。所謂「時」は、古くは天地・五帝のための専用の祭祀スペースであった。『史記・封禅書』中の記載に現代的解釈を与えるのであれば、まさしくこれは天父が本来地母を求め、地壇は天を祀るために、高い山の麓、低い山の上に建てねばならなかったのである。そして、地母は本来天父を必要とする存在であり、天壇は地を祀るために、地母の特徴を表す水際に建てねばならなかったのである。『史記・封禅書』の記載はまさしく考古資料と符合するものである。南朝の地壇は鐘山の主峰、南面する山の上にあり、まさしくこれは、所謂「高い山の麓、低い山の上」である。唐代の天壇は長安城南方の平地にあり、「水際になければならない」との記載に準拠し、付近には水場がある。文献中の六朝時代の南郊壇は、その方位を鐘山にある地壇の南方に合わせ、秦淮河を臨む平地上に立地しており、文献中の記載に符合している。

　天地を祀る権利は古国時代の王者と封建時代の皇帝が独占していた。世間の意識に照らして、たとえ地位が高い者であっても、その恩恵に与ろうとしたり、敬ったりすることはなかった。天と地はもっとも崇高で偉大な存在であったけれども、世間は十分にその恩恵を受けることはなく、平伏して拝することは出来なかったのである。古代人の概念中にある「天地が感じることで、万物はつくられる」(6)、「天地が交わらなければ、万物は興らない」(7)、「天地はもやもやしたものであり、万物は純粋なものである。男女が精神を構成し、万物はつくられる」(8)とはまさに、大地は実り豊かで、人や家畜が健康であるようにと、天地を頼りとしていることを指しており、天地の交わりがなければそれらすべてが不可能であることを指している。竟連王(皇)権は天地を授け、これが「封禅」儀式の由来となった。このような概念が出現したことで、古代人は祭壇を建て、きわめて敬虔に天地を祀った。この概念にも同様の説明がつく。つまり天壇は地を祀るものであり、地壇は天を祀るものなのである。

　天高く聳える山である以上、地壇を山上、つまり天父を臨む所に建てるには、当然、地壇を高い山の頂に建てなければならないのだが、何故「高い山の麓、低い山の上」に建てるのであろうか。これはつまり、高い山は険しく、容易に壇を建て祭祀を行うことは出来ないということである。丘は弧状で、地母に対しての象徴的意義を有する。低い山は緩やかで、天地が交わるのに理想的な場所である。丘は広々としており、祭祀・儀式を進行するにあたって都合が良く、同時に（かつてはそうであったように）古代人はいたるところで野合し、天地が交わるのを助けた。現在われわれが知ることが出来る、そして知ることが出来ない様々な理由により、古代の人びとは天を祀るための地壇を「高い山の麓、低い山の上」に建てたのである。

　上記のような古代の概念から正史の記載に至るまで、均しく地を祀るための天壇は低地に位置すると説明している。後世の学者と現代人の概念は正反対である。4〜5000年前の良渚文化と紅山文化の祭壇まで遡れば、この推論はその検証を1歩進めることが出来よう。

　良渚文化におけるもっとも著名な祭壇は瑶山祭壇である。瑶山祭壇は浙江省杭州市余杭区安渓鎮

下溪湾村の瑶山の上（海抜34.8m）に位置する。壇は方形で、内側と外側に3層の土色がみられる。内面第1層は紅土により形成され、東辺長7.6m、北辺長5.9m、西辺長7.7m、南辺残存長6.2mである。第2層は灰色土で形成され、幅1.7〜2.1mである。灰土壇面の北・西・南の三面は黄褐色土である（第3層）。黄土壇面の周囲には石が1段高く積まれている。祭壇の整地面は一辺約20m、面積は約400㎡である(9)。これは明らかに女性を象徴する意義を有する地壇である(10)。瑶山の祭壇上には、副葬された大量の玉器が整然と配された良渚文化の大墓がある。埋葬は南・北の2基が確認されている。基本的には、南側が男性の墓、北側が女性の墓であるのだが、北側埋葬施設は祭壇の中心に位置しており、一定の含意を有するものと思われる。瑶山は天目山の支脈、鳳凰山（海抜114.7m）が東に延びる低い丘であり、瑶山地壇の立地は、まるで南朝の地壇が位置する鐘山主峰に南面する山の頂のようであり、「高い山の麓、低い山の上」と同様である。良渚遺跡群（保護範囲34㎢）の中心遺跡である莫角山に対し、瑶山祭壇は東北に位置し、南朝の地壇は六朝建康城の東北に位置する。鐘山地壇の北部は山の斜面に寄っており、瑶山祭壇の東部と類似する。こういったことから、瑶山祭壇は良渚文化における地壇であり、良渚古国時代には瑶山地壇で天を祀っていたことがわかる。

　良渚文化の江観山祭壇は、浙江省杭州市余杭区瓶窯鎮外窯村の江観山上（海抜22m）に位置する。瑶山祭壇とは形態的に類似しており(11)、同様に良渚文化の人びとが天を祀るために用いた地壇と考えられる。この他、蘇南、上海、浙北におけるいくつかの平原地帯には多くの良渚文化の祭壇が存在し、壇は基本的に方形あるいは長方形を呈し、平地に建てられてはいるがすべては比較的高さがあり、規模も大きいものである（地元民と考古学界では多く「山」と呼称している）。このような祭壇もまた、地壇とみるべきである。

　良渚文化は2つの円形祭壇を有し、ひとつは達沢廟祭壇、もうひとつは荷叶地祭壇である。達沢廟祭壇は浙江省海寧市馬橋鎮永和村達沢廟遺跡に存在し、遺跡の周囲は河道に囲まれている。祭壇は人工的に土盛りされた圜丘であり、遺跡の中央部に位置し、地勢は比較的高く、その直径は約16mである(12)。荷叶地祭壇は浙江省海寧市周王達鎮星火村の荷叶地遺跡内に存在し、遺跡の形状は蓮の葉のようである。周囲は達沢廟遺跡同様河道に囲まれており、円形祭壇と達沢廟祭壇は類似している(13)。これら2つの祭壇と『史記・封禅書』の記載にある「水際の圜丘」は完全に符合し、良渚文化における天壇と見做すことが出来る。

　紅山文化の祭壇はこれまでに2例確認されており、ひとつは遼寧省喀左県大城子鎮の東山嘴祭壇、もうひとつは遼寧省凌源県欺天林場大杖子工区の牛河梁祭壇である。東山嘴祭壇は尾根上（海抜353m）にあり、馬架子山などの高い山に近接し、雄大な地形に立地する。祭壇は方形で、東西11.8m、南北9.5m、祭壇の周囲には石が積まれている。発掘により20数個の人物塑像片が出土しており、そのうちいくつかは妊婦の裸体を表したものである(14)。牛河梁も同様に尾根上に立地し、高く険しい猪山に近接する。牛河梁丘の頂上には比較的大きな「平台」があり、地表では紅陶片と紅い焼土の塊が散見される。「平台」の東縁部と南縁部で行われた試掘では石積みが確認され、東縁の石積みの長さは85mである。こういった痕跡の有様は、牛河梁祭壇が東山嘴祭壇と類似した遺跡であることをはっきりと示している。牛河梁祭壇の南側18mの緩やかな傾斜地上では

多室建物と単室建物で構成される建築遺構が発見されている。多室建物は北に位置する主要建築物であり、単室建物は南に位置する附属建築物と考えられ、その間隔は2.05mである。試掘の結果、建築物の内部には彩色壁画が確認され、若干の塑像片が出土している。そのなかで人物像は5、6体ほどで、その表現には大小、老若の差があり、写実的で生き生きとしており、まるで生きているようである。考古学界では、この建築遺構を「女神廟」と呼称しており、女神を中心として形成される段階的な「神々の系統」[15]が存在していたものと認識している。女神廟に祀られている女神は、紅山文化における某かの古代国家の歴代皇女を象徴するものであり、それはつまり地母の化身であったのである[16]。東山嘴祭壇と牛河梁祭壇はどちらも方形であり、「高い山の麓、低い山の上」に立地することから紅山文化における地壇であると言える。さらに重要なことには、この2つの祭壇はどちらも女性の裸体を表現した塑像を出土しており、さらには女神廟を有することである。これにより、地壇が天を祀るものであり、紅山文化の人びとが「天は陰を好む」ことをもっとも良く理解していたことを説明出来る。

この他、内モンゴル自治区包頭市大青山西段阿善遺跡の西の台地上に、積石が大面積の図形を形成しており、その中心である大規模な積石は低径約8.8m、現存高2.1mである。考古学者は当初「祠」と考えたが、後の全体的な考察を経て、これは大型の祭壇であると確定した[17]。祭壇の平面形は確かに女性を象徴するものである[18]。この祭壇も同様に「高い山の麓、低い山の上」に立地しており、4000年前の天を祀る地壇である。

良渚文化の祭壇、紅山文化の祭壇および内モンゴル自治区の大青山西段祭壇の検証を通じて、以下のような結論を得ることが出来た。すなわち、中国古代社会から文明時代に移行していくにつれて、どの古代国家においても概念的な必要性と世俗的な必要性から大型の祭壇を建設し天地を祀っていた。地壇は「高い山の麓、低い山の上」に建てられ天を祭り、天壇は「水際」に建てられ地を祭り、平原地帯の地壇は平地に建てられてはいても、高く雄大な小さな山と認識されていた。こういった儀礼は封建時代に至るまで直線的に連続し、司馬遷の『史記』の時代にも明確に記述されている。六朝時代に至るまで、そして隋唐時代においても、この古い制度は継続して厳守されていたのである。

天を象徴する天壇は「水際」で地を祀り、実際には天父と地母に供物を捧げる、あるいは地母に祈願するさいに天父を降ろしたのである。後世の人びとは、古代の人びとが天地を祀った本来の意図をしだいに忘れてしまい、誤って「天父に供物を捧げ」、天父を「降ろし」、天父を「祀る」ようになった。そして儒教により天父の持つ意義は「隠されて」しまったのである。祭祀に関する事柄が次第に忘れ去られ、誤解され、あるいは隠蔽されたことは宋代に始まった。明清時代に至るまで、天壇と地壇は平地に建てられ、これにより人びとは、天壇は天を祀り、地壇は地を祀る施設と認識した。そして古くは天壇が地を祀り、地壇が天を祀ったことは知られていなかったのである。本来の概念は逆さまとなり、現代人が南朝の祭壇が鐘山の上にあり、唐代の祭壇が平地にあるという事実がどういった理由によるものなのか全く理解出来ないという事態を引き起こした。さらには、鐘山の南朝地壇の信憑性すら疑うようになってしまったのである。今に至っては、地を祀る天壇と天を祀る地壇という本来の状態を認めなければならないのである。

註

（１）　中国社会科学院考古研究所西安唐城工作隊「陝西西安唐長安城圜丘遺址的発掘」『考古』2000年第 7 期

（２）　南京市文物研究所等「南京鐘山南朝壇類建築遺存 1 号壇発掘簡報」『文物』2003年第 7 期

（３）　朱天順『原始宗教』上海人民出版社　1964年

（４）　『十三経注疏・易・説卦』中華書局　1980年影印本

（５）　『十三経注疏・易・系辞』中華書局　1980年影印本

（６）　『十三経注疏・易・咸』中華書局　1980年影印本

（７）　『十三経注疏・易・帰妹』中華書局　1980年影印本

（８）　『十三経注疏・易・系辞』中華書局　1980年影印本

（９）　浙江省文物考古研究所「余杭瑶山良渚文化祭壇遺址発掘簡報」『文物』1988年第 1 期、浙江省文物考古研究所『瑶山』文物出版社　2003年

(10)　車廣錦「中国伝統文化論―関于生殖崇拝和祖先崇拝的考古学研究」『東南文化』1992年第 5 期

(11)　浙江省文物考古研究所・余杭市文物管理委員会「浙江余杭江観山良渚文化祭壇与墓地発掘簡報」『文物』1997年第 7 期

(12)　浙江省文物考古研究所・海寧市博物館「海寧達式廟遺址的発掘」『浙江省文物考古研究所学刊』長征出版社　1997年

(13)　劉　「海寧荷叶地良渚文化遺址」『中国考古学年鑑』文物出版社　1989年

(14)　郭大順・張克挙「遼寧省喀左県東山嘴紅山文化建築群址発掘簡報」『文物』1984年第11期

(15)　遼寧省文物考古研究所「遼寧牛河梁紅山文化「女神廟」与積石塚群発掘簡報」『文物』1986年第 8 期

(16)　車廣錦「論古国時代」『東南文化』1988年第 5 期

(17)　包頭市文物管理所「内蒙古大青山西段新石器時代遺址」『考古』1986年第 6 期

(18)　車廣錦「中国伝統文化論―関于生殖崇拝和祖先崇拝的考古学研究」『東南文化』1992年第 5 期

漢時代以前のシルクロードを探る
―考古学の資料を中心にして―

王　巍

　前漢の武帝の時期に、張騫によって、西域との正式の通交が実現されて、東西文化交流の新しいページを開いたことは良く知られている。ただし、中国の中原地方と西域との交流は決してその時期から始まったわけではない。本小稿では、考古学の資料を中心にして漢時代以前のシルクロードつまり西域開通までの中原と西域ないし中央アジア、西アジアとの交流を検討したい。

1　麦栽培の東伝

　麦は西アジアに起源したことは良く知られているが、いつ現在中国の範囲に伝えられたのかまだ明確ではない。今まで中国で発見された最古の麦は甘粛省民楽県東灰山遺跡で出土した炭化麦である。その年代は紀元前3000年頃である。よって、麦は遅くとも今から5000年前、すでに河西通路に伝えられたことがわかる。20世紀末頃まで黄河中流域で発見されたもっとも古い麦は河南省洛陽市の東の郊外にあり、夏時代の都とされている二里頭遺跡から検出した麦である。量としてはわりに多く、地元で栽培したと考えられる。麦が夏の時代（紀元前2000年〜前1600年）にすでに黄河中流域で栽培されたことがわかる。中原地域の龍山時代（紀元前3000〜前2000年）の遺構からまだ麦そのものが検出されていないが手がかりがまったくないわけではない。陝西省武功県趙家来遺跡から粟とともに麦の圧痕が発見された。また、河北省午辛遺跡から麦の茎が検出された。その年代はいずれも夏時代より古く、紀元前2300年ぐらいである。近年、黄河下流域の山東省の龍山時代の遺跡から麦が検出された。その伝来ルートは黄河中流域を経て伝えられたろう。

　よって、黄河中流域の麦栽培の始まりは龍山時代に遡る可能性がある。その源流は西アジアにあることは間違いなかろう。伝来ルートについては、やはり西域か中央アジアを経由して伝えられたのであろう。新疆では、羅布泊孔雀河古墓溝墓地から小麦と粟が出土した。そのC^{14}測定年代は紀元前1800年ぐらいである。また、哈密市五堡墓地から、大麦と粟の穂が発見された。五堡墓地のC^{14}測定年代は紀元前1300〜前1000年ぐらいである。よって、新疆の麦伝来の年代は遅くとも紀元前1800年に遡れよう。

2　粟の栽培技術の西伝

　粟が中国の黄河流域に起源するものだと考えられる。中原の河北南部と河南省では紀元前5000年

の粟が大量に発見され、当時の粟作は決して起源の段階のものではないことを示唆している。近年、内モンゴル赤峰市興隆溝遺跡から紀元前5500年前の粟と黍が発見された。これらの農作物の始源地が一体どこにあるのか学界の注目を集めた。甘粛省民楽県東灰山遺跡では炭化麦とともに粟も出土したから、粟作の黄河上流域の伝来は、廟底溝文化の拡張によって出来た馬家窯文化の時期だと考えたい。その時代は紀元前3000年頃である。粟作の西域の伝来については、尉犂県新塔拉遺跡から炭化した粟が検出されている。そのC^{14}測定年代は紀元前1500年である。前に述べた羅布泊孔雀河古墓溝墓地から小麦とととも粟を出土したから、粟が遅くとも紀元前1800年前、すでに新疆に伝えられたことを示している。面白いことには、形質人類学の分析によると、新疆から発見されたこの時期の人骨はヨーロッパ人の特徴をもつものもあれば、モンゴル人の特徴をもつものもある。これは麦と粟という2種類の農作物がそれぞれ西と東から伝来したこととぴったりあう。新疆はまさに東と西の文化の接点だと言えるのではないか。

3 ヒツジの飼育

ヒツジの飼育は西アジアで始まったのである。中国では、いままでもっとも古いヒツジは中国の西北地域の甘粛、青海あたりに分布する斉家文化（紀元前2000年ぐらい）の遺跡から発見されている。内モンゴル中部でも、ほぼ同時期のものが出土している。近年黄河中流域の龍山時代の遺跡から、紀元前2500年前のヒツジの骨が発見された。ヒツジの飼育は遅くとも紀元前2500年頃にすでに中国北部で行われたことがわかる。西域でのヒツジの飼育のはじまりは、まだ不明である。

4 中国の銅器づくり技術の源流

金属器をつくる技術の発明は人間にとって大きな出来事である。銅器づくりの始源地は西アジアにあると考えられている。中国における銅器づくりの源流について、独自始源か、西から伝来したのか学者の意見が一致しない。いままで中国で出土した最古の銅器は、紀元前3000年前の甘粛省東郷林家遺跡から出土した馬家窯文化の銅の刀子である。近年、青海省西寧市郊外の沈那と言う遺跡（紀元前1600年ぐらい）から、大きい銅鉾が出土した。中原地域の夏時代とほぼ同じ時期の甘粛省の西部に分布する四灞文化には、銅の武器、工具、鏡などさまざまな銅器が発見されている。西北地域の銅器づくりの技術は割合に発達して、当時の中原地域に劣らないほどである。いままで新疆から出た最古の銅器は、羅布泊孔雀河古墓溝墓地から出た銅の飾りがであり、その年代は紀元前1800年ぐらいである。尉犂県新塔拉遺跡から銅の斧・鏃・錐・ナイフを発見された。天山北路墓地から、多くの青銅器が出土した。これらの銅器は甘粛西部から出た早期の銅器に似ている。時代がやや下がって、青銅の武器が現われる。中央アジアのアンドノロ文化などの青銅武器との類似性が多い。

また、面白いことに新疆・甘粛・青海あたり出土した銅器の成分を分析すると、砒という成分を含むことがわかった。西アジアと中央アジアのアンドノロ文化の銅器もそれを含んでいるのは特徴

である。中国の黄河中、下流域には、そういう銅器が見られない。これは中国西北地域の銅の源流を考えるうえで、示唆に富むことである。夏殷周時代には甘粛・青海あたりは羌族の分布地域である。その地域の青銅の種類と形は中原地域に似ているものもあれば、中央アジアに似ているものもある。かれらは東と西両方とも交流を行ったことがわかる。これらの発見によって、中国の青銅器づくりの発生において、西からの影響をうけた可能性がやはり否定できなかろう。

　青銅器から漢時代以前の東と西との交流を研究するとき、もう1つの重要な資料がある。それは銅鍑である。この銅器は朝鮮半島から東ヨーロパまで分布している。新疆にも多く発見されている。この銅器は長城地域に住んでいだ北方民族に創出されたものであり、まわりに広がったものである。

5　埋葬風習から見た人の交流

　新疆から発見された漢時代以前の墓の構造はいくつかの地域的な特徴が見られる。また、これらの特徴はいずれも新疆にとどまらず、周りの地域にもみられる。たとえば、トルフアン盆地から北に墓の場所の地面に石をつんだり、石で墓を円形に囲んだりする風習および1つの積み石の下に数基の墓が埋葬される風習がよく見られる。この風習は中央アジアと南シベリアにも流行していた。また，竪穴式墓坑の片側の壁面にさらに掘り込んでできた洞穴墓は新疆と中央アジアのみならず東ヨーロッパと中国黄河上流域の羌戎地域にも流行した。新疆の墓は2次葬と屈葬が多いが、中央アジアも同じである。また、新疆の一部の地域には100人以上の人の合葬がみられるが、中央アジアと南シベリアにも、この風習が流行した。新疆と周りの地域の人びとと密接な関係をもつことをしめている。

6　人骨からみた人の交流

　新疆羅布泊孔雀河古墓溝墓地から出た人骨はモンゴル人ではなく、ヨーロッパ人であることは形質人類学者が判明した。それよりやや新しい焉不拉克墓地から出た29の人骨の中にはモンゴル人が21であり、ヨーロッパ人が8人であるという。また、同じヨーロッパ人だといっても、いろいろなタイプがわけられる。新疆で発見されたヨーロッパ系の人もいくつかのタイプがみられる。それによって、紀元前2000年紀に、ヨーロッパ系の人びとは北からも西からも新疆に来て、中央アジアの青銅文化を新疆にもたらしたことがわかる。それとほぼ同時または少し遅れて、黄河上流域の甘粛・青海から来た人びとは新疆の東部にはいって、かれらは黄河上流域の文化をもたらした。このように、東からやってきたモンゴル人と西か北からやってきたヨーロッパ系の人びとは新疆で合流して、あたらしいの文化を創出したと考えられよう。

　ここで思い出したのは、周の人びとの故郷である中国陝西省の周原遺跡では、西周時代の大型建物のなかから貝類で作られた人の頭の像が発見されたことである。その像は鼻が高く、目が深い。間違い無くモンゴル人ではなく、ヨーロッパ人の特徴を持っている。当時の周の人びとは、これら

のヨーロッパ人の集団と何らかの形で交流した可能性があろう。

7 宝貝のルート

宝貝は海に生息する貝類であるが、青海省楽都県柳湾遺跡のから宝貝が出土した。また、金製の宝貝の模倣品が出ている。新彊羅布卓尓の先史文化の遺跡からも東南沿海に所産する貝が検出された。また、和静県察吾呼溝1号墓地からも海の貝類が出土している。阿拉溝墓地と五堡墓地からも宝貝が出土している。これらの貝の産地について、南中国海か、インド洋か、学者の意見が異なる。近年、私の研究所と日本の学者と一緒に中国漢時代以前の遺跡から出土した海の貝類の産地と伝来ルートの共同研究を行った。青海省柳湾遺跡から出た貝は中国東南沿海のものと南中国海に所産する貝であることが判明した。東と西の交流の新しい証拠になっている。紀元前2000年紀には、広い範囲の物の交流が行われたことを示している。

8 黄河流域の玉石のルート

殷時代晩期の都城である殷墟では、殷王の妻の墓が発見された。その墓から700点以上の玉器が出土した。その中の300点を分析した結果、ほとんどは新彊産の玉石であるとのことである。古文献には「昆山の玉」という言葉がよくみられる。殷時代には、新彊地域の玉はかなりの量で黄河中流域に運ばれたことがわかる。もちろん、それは新彊の人びとは直接殷王朝と交渉したとは限らない。いくつの中間環節を通じて行われたのであろう。甘粛・青海に生活していた古文献に見られる羌族は重要な役割を果たしたと思う。また、戦国時代の文献には「禺支の玉」という表現もよくある。禺支は月氏である。すなわち当時の黄河中流域の人びとは玉石が月氏の所産だと思い込んだようである。なお、さきにも触れた斉家文化の墓からも多くの玉器が出土している。その玉器も新彊地域の所産だという。それは事実だとすれば、玉のルートの始まりはさらに遡る。玉石のルートの問題はきわめて重要なので、近年、私の研究所は、和田玉の産地調査と成分分析をおこなう「黄河中流域の玉石のルートを探る研究プロジェクト」を実施している。

9 馬車の東伝

車の起源は西アジアでは紀元前3000年紀にさかのぼれる。その後、じょじょに周りに広がっていった。中国の馬車の起源について、独自発生と西から伝来という2つの説がある。西アジアの馬車は二輪と四輪車があるのに対して、中国の殷時代の馬車は、二輪車である。二輪車の機動力は四輪よりすぐれるので長距離の移動に適する。それだけに、二輪車がユーラシア大陸を通って、中国に伝わったことは別に不思議ではなかろう。とくに注目されるのは、殷時代の馬車の構造とよく似ている馬車は、前ソビエトアメニア共和国のカシン遺跡の墓から発見されている。その年代は紀元前1500年とされている。故に、中国の馬車の始原は西からの影響をうけた可能性が否定できなかろ

う。

　また、動物考古学者の研究によれば、馬が中原地域に現れるのは、殷時代からであり、その以前には中原地域に見られない。それに対して、西北地方の甘粛・青海では紀元前2000年ぐらいの斉家文化の遺跡から馬の骨が発見されている。馬の飼育も馬車も西から伝来したことが考えられよう。

10　鉄づくり技術の伝播

　鉄づくりの技術は西アジアで発明されたものだと考えられている。中国中原地域で発見されたもっとも古い鉄器は河南省西部三門峡市西周時代晩期の諸侯国の国王墓から出た鉄剣であり、紀元前800年ぐらいのものである。ところが、新疆で出土した鉄器はそれより古いものが少なくない。新疆哈密焉不拉克（エンブラコ）墓地から鉄刀・剣・指輪が出た。C14測定年代は紀元前1300～前550年．察吾乎溝口墓地から刀・錐・環などが発見された。C14測定年代は紀元前1000～前500年、また輪台県群巴克墓地などで、鉄製の大刀・剣・鎌・刀子などを出土した。C14測定年代によればその墓地の年代は紀元前950～前600年である。面白いことに、いままで早期鉄器発見された地域はいずれも中国の西半分であり、また、西にいくほど、年代が古い傾向がみられる。中国の鉄器の源流については、やはり西からの影響を受けた可能性があろう。

11　ガラスの伝来

　ガラスは西アジアにもっとも早く作られたものである。中国の中原地方では春秋時代（紀元前7世紀頃）、西からガラスを伝えられた。主にトンボ玉といわれる玉類である。当時にガラスの入手が難しかったので、中原地方の高官の墓にしか副葬されていない。その所産のガラスはシルクロードを通って、中原に伝えられたに違いない。その後、中原地方では、地元の原料で独自のガラスを作り出したが、漢時代以後にも、西アジアやローマのガラスは各地の豪族に好まれて、引き続きシルクロードを通って中原に流入し、南北朝時代の貴族墓からもよく出土したのはその証しであろう。このようにガラスがシルクロードの貿易の重要な対象になった。

12　絹の西伝

　絹は中国で発明されたものである。中国長江下流域の浙江省銭山漾遺跡では約紀元前2000年の絹の破片を出土している。中国山西省夏県西陰村の新石器時代晩期の遺跡から、ナイフ類の切削痕をもつ半分の蚕繭が検出されており、約紀元前3500年前のものである。これはその時、黄河中流域にも養蚕が行われたことを示唆している。紀元前1500年前の殷時代になると、絹織りの技術がかなり進歩した。河北省藁城台西遺跡や河南省殷墟遺跡からは合計5種類の絹類が発見された。西周時代には絹織りの工芸技術がさらに進み、その製品は周囲に広がった。ギリシャの紀元前4世紀の古典には中国のことをキヌの国と言っている。また、ドイツ南部で発見された紀元前5世紀の墓から綢

の衣類の破片が検出された。故に、中国の絹は紀元前5世紀にすでにヨーロッパに流入していたことは間違いない。有名なバラザイコ古墓から数種類の中国製の絹類が発見されたことは良く知られている。その時代は紀元前5世紀である。新疆でも漢時代以前の墓から絹類が出土した例が少なくない。たとえば、天山阿拉溝墓地28号墓から鳳の紋様の刺繍で飾られた絹製品が検出されている。その墓の年代は紀元前7世紀という。これらの発見によって、遅くとも紀元前7世紀に中国の絹類は西域に伝わって、その後中央アジアさらにヨーロッパに伝えられたことが考えられる。

13　漆器と鏡の西伝

漆器づくりは中国の長江下流域で7000年前すでに行われていた。浙江省余桃河姆渡遺跡で紀元前5000年の漆の椀が出土している。西周時代になると、北京市郊外瑠璃河遺跡で発見された燕国の貴族墓から多くの漆器が出土した。その中に、薄く磨かれた貝殻で飾った螺鈿漆器もあり、当時の北方地域にも、漆作りはかなり高い水準に達したことが窺える。ところで、新疆でも、戦国時代の墓である阿拉溝墓地18号墓からは、漆の盤が発見され、また23号墓も漆の耳飾りが出た。これらの発見によって、漆器はおそくとも紀元前5世紀までにすでに新疆にもたらされたことがわかる。

中国における最古の鏡は中原で検出されたわけではない。青海省朶馬台遺跡から、紀元前1800年から1600年頃の銅鏡が発見された。それと類似するものは殷墟の婦好墓からも出土しており、その年代は紀元前1300年頃である。中原の戦国時代になると、鏡作りの技術は非常に発達して、種類も豊富で、製作技法も精緻になった。戦国時代の鏡は新疆でも発見されており、新疆北部の阿勒泰（アラタイ）の克爾木斉（コルムチ）墓地22号墓から戦国時代の無紋鏡が出土した。

ところで、中央アジアのバザライコ墓地からも中国産の漆器が出土している。また、この墓地6号墓から「山」の字の紋様で飾られた鏡も出土しており、カルタイ山脈のある墓からも同じ文様の鏡が出た。いずれも中国戦国時代の特徴をもっている。中原地域からもたらされたのは間違いなかろう。ただし、中央アジアの漆器と鏡は必ずしも新疆を経由したとは限らない。匈奴によって、伝わったことも考えられる。

14　文献に記載された東・西交流

秦時代以前の中国の古文献には西域に関する記録が多く見られる。『山海経』の「大荒西経」「海内西経」には、崑崙山や流沙などの地名がよく見られる。さらに、注目されるのは『穆天子伝』という文献である。その中に、西周の穆王が馬車に乗って崑崙山へ出游したことを詳しく記している。それによれば、穆王が崑崙山の近くで西王母という女王に会って、宴会で一緒に酒を飲んだり、歌を歌ったりして、穆王が西王母に絹を送ったという。この記録の信憑性については、学者の意見が異なる。思うに、この文献は戦国時代に書かれたものであるが、その中の地理に関する記録から見ると、ある程度の西域の知識がなければ空想でそれをつくったとは考えにくい。殷時代には、新疆の玉が大量に中原に流入したこととあわせて考えると、西周時代には周の人びとは自分と

密接な関係をもつ羌族、戎族などの人びとを通じて、さらに西の人びとと何らかの関連をもっていたことは不可能ではなかろう。前に触れた鉄の伝播ルートも、北方青銅器の中原の流入などを考えると、『穆天子伝』は黄河流域と西との交流を考える上でかなり参考になるのではないかと思う。少なくとも、戦国時代の人びとは西域の地理と風土にわりに詳しかったことが言えよう。

　以上のような資料からみて、漢時代以前には、中国の黄河流域と西域との交流がすでに行われていたことがわかる。また西域を通じて中央アジア、西アジアないしヨーロッパの人びととの交流も行われた。春秋戦国時代はまさに民族大遷移、大融合、大交流の時代である。ユーラシア大陸はその大きな舞台であり、西域もその一部分であった。これらの交流によって、各地の先進的な文化要素はまわりに広がって、各地の文化と歴史の発展を大きく促進した。

　要するに、シルクロードは決して漢時代からではなく、はるかに遡ることができよう。その具体的なルートについては、草原のルート、砂漠のルートが挙げられるが、各時期にルートがそれぞれ異なるし、同じ草原ルートまたは砂漠ルートと言っても、具体的な路線の違うことも考えられる。各時期に各ルートで活躍した人びとは民族ないし人種が様々である。その中でとくに羌族・スキタイ・塞人・月氏・匈奴・ボス（波斯）などが主要な役割を果たした。

　もちろん、漢の武帝の時期に張騫によって開かれたような公的で、恒常的なルートと比べて、漢時代以前の交流は民間的かつ断続的で、波のように行われていた。そのなかに、民族の遷移によるものも少なくない。これらの交流こそ、両地域の文明の発展に新しい活力を注ぎこんだし、漢の武帝の時期に開かれた西域との通交のための基礎を作ったともいえよう。

　シルクロードの歴史の流れを回顧すれば、和平と交流は主なメロディであり、お互いに尊重して、学び合い、仲好しでいくのはどの国の人びとにとっても必ずプラスになる。それこそシルクロードがわれわれに語っている真理ではあるまいか。

三国時代呉弩の伝世と所有形態

今尾　文昭

はじめに

　魏・呉・蜀の三国それぞれにおいて弩の製作が行われたことは、紀年銘文を刻む資料の存在から確実視できる。とくに魏の正始年間（240～249年）、蜀の景耀年間（258～264年）製作の弩は清代以来の金石文の著録に収載されており、既往の資料として知られていた。しかし、これらは拓影を残すばかりで、実物資料としてはすでに失われたものもある。なにより、遺跡からは遊離したものであって、歴史資料としての信頼性に問題がないとはいえないものであった。

　そのようななか、1959年に呉の都の建業にあたる南京市石門坎の塼室墓[1]から魏の正始二年（241）銘弩機の出土があった。魏の紀年銘をもつ弩機がどのような契機で呉の都であった建業にもたらされたかは興味深い。次いで1964年には四川省郫県太平公社[2]から蜀の景耀四年（261）銘弩機の出土があった。双方の銘文ともに内容・位置・字体は既往の金石文資料の弩機銘例に共通点が多く認められ、よって金石文の著録に採録された資料に一定の信頼性を付与しても差し支えないものと判断されるようになった。しかしながら、三国のうちでは呉における製作を確認できる紀年銘弩機の資料はなく、製作や所有の背景、また三国間の比較がかなわないところだったが、1972年に湖北省紀南城南水門[3]から呉の黄武元年（222）銘の木臂の保存も良好な弩が出土するに至り、三国での弩製作の存在を考古資料として提示できるようになった。

　このような状況を得て先稿[4]では、紀年銘文を手がかりに魏と呉における弩の製作背景および所有形態の特徴について指摘した。わけても魏の正始年間三尚方の弩製作機構の復元に努めた。その後、新たに知ることとなった出土資料の評価や現在のところ呉弩に顕著に認められる伝世（譲渡、移動、長期使用・保管など）や所有関係の問題など十分に論じ得なかった点がある。そこで今回、出土資料の銘文検討を経るなかでそれらの実態について考察する。なお、呉弩を中心に採りあげたのは銘文内容の特徴から上記の問題についてある程度、具体的に論じることができると判断したからである。

　最初に本稿で対象とした資料の条件についてふれておく。魏弩・呉弩・蜀弩の特定は本来、有銘資料に限定することなくひろく型式学的検討を経てなされるべきだが、細部の観察や計測の機会を筆者自身が行い得ているものでないため、ひとまず本稿では以下の条件のうちひとつを満たす資料を検討の対象とした。すなわちA．紀年銘を刻み、製作された三国を特定できる資料、B．配属

先、所有者銘を刻み、使用（伝世を含む）された三国を特定できる資料、C．上記A・Bとの一括出土資料、この3条件に限定した。

補足するに先に触れたが、Aのうち1例（⑩・丸囲みの数字は図表における番号、以下同じ）は魏の左尚方で製作されたのちに、大きく移動したものである。このような場合もあるから生産の故地を直接、示さないBを特定するには困難がともない、拙速に判定はできない。ただ今回、挙げた3例（④・⑤・⑥）はいずれも三国時代呉の安定的な政治支配領域に出土したものであり、生産においても呉に帰属したものと推断した。

1　魏・呉・蜀における弩の製作状況

弩機に刻まれた銘文の内容は、おもに1．製作紀年月日、2．製作官署・製作者、3．配属・所有者・保管者、4．規格の4つに分かれる。製作状況をうかがうことができる情報が多く含まれている。

(1) 魏弩の場合

　金石文の著録にみる紀年銘資料は正始年間製作のものに偏重しており、そのうちもっともはやい例は正始二年（241）銘で、たとえば『秦漢金文録』[5]には「正始二年五月十日左尚方造」を刻む弩機が合計5点、収載されている。これに同文の紀年月日を刻む弩機が、先にふれた南京市石門坎と河南省新郷県[6]で出土しており、これらが金石文の資料の信頼性を高めたことはすでに記した。また先稿では『小校經閣金文拓本』[7]に収められた「正始六年二月五日左尚方造」と釈される弩機が、じつは「正始元年」銘ではないかとする憶測を述べた。もっともこれは、正始年間製作弩としては上記の1,2にかかわる銘文を郭側面に刻む点が異例で、それが漢弩に通じるとした程度であって、とくに有力な根拠は提示できなかったが、いずれにせよ有銘資料の内容に拠る限り正始年間には魏の中央の官営工房は順調に運営されており、中・左・右の三尚方それぞれで弩製作が活発に行われた。

　このようななか、1975年に四川省江油市河西郷[8]から出土した景初二年（238）銘弩機（⑦）の存在を知ることとなり、魏の少府の

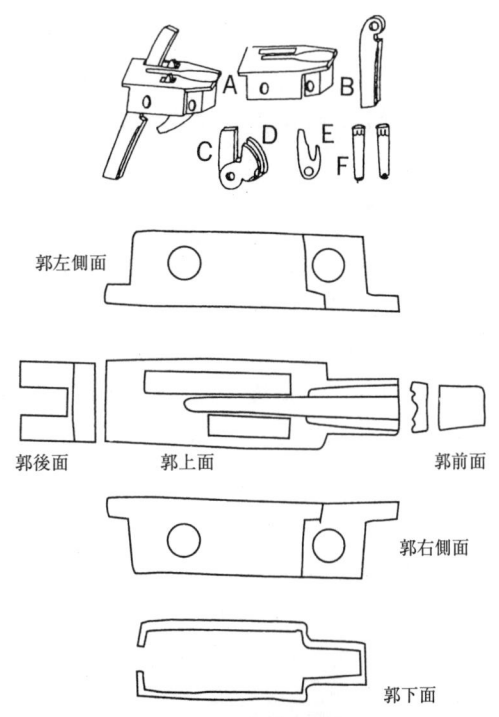

図1　弩機および郭部分名称指示図
（孫機『漢代物質文化資料図説』文物出版社1991年掲載図の一部をもとに作成）
上：弩機部分名称　A郭　B懸刀　C望山　D牙　E牛　F樞
下：郭部分名称

官営工房、左尚方での弩の生産開始下限が230年代後半に遡上することが確実となった。銘文の刻銘位置は先の1、2に関する内容は郭上面、3に関する内容は郭左右側面にそれぞれ刻まれており、漢代以来の内容による所定位置の区別が踏襲されている。もちろん、これは正始年間製作弩に継承される。ただ「監作吏蘇□」や「臂師王客」の名前はその後の正始年間の弩機銘文中にみえない。したがって、もちろん一系とは限らないものの景初二年から正始元年までの2年間に左尚方の弩製作機構に人的変化が起きた可能性がある。

(2) 呉弩の場合

呉主孫権の建国紀年にあたる黄武元年（222）銘弩機が出土したのは、荊州の覇権の拠点ともいえる長江中流域の江陵に程近い湖北省紀南城南水門（①）である。つづいては黄武六年（227）銘弩機が南京象山9号墓(9)（王健之墓、②）の副葬品として出土している。すなわちこれらは呉がその建国当初から弩の生産体制を整備していたことを物語る資料であると評価できる。郭上面の銘文内容のなかで呉の官営工房の存在を示唆するものはなく、先稿で指摘したようにおそらく独立性のつよい製作工人が弩製作にあたっていたと推測するものである。

つまり魏弩は皇帝直轄の官営工房である各尚方の製作組織（官署・官職・製作分担者名）を弩機本体（多くは郭面上）に刻銘することで、弩の製品保証を示したとみられ、とくに製作各部門を総括する「監作吏」が置かれていたことは、これを端的に示したものと推測する。一方、ここで踏み込んだ解釈が許されるならば、呉弩の場合は製品保証が「匠」および「師」と称された弩製作の名望家の工人集団に拠るということになろう。

(3) 蜀弩の場合

出土資料⑫は「景耀四年二月卅日中作部左興業／劉純業吏陳深工楊安作／十石鐖重三斤十二両」とある。蜀末期の景耀四年（261）の紀年銘を刻む。行取り、字配りは内容に即して配慮された整然とした刻銘となっている。資料⑩・⑪の魏の正始二年銘弩機にも通じる。金石文資料として、『金石索』(10)には「景耀二年六月卅日中作部左／興業劉純業吏陳深工／蒲細所作八石重三斤」とある弩機拓影が収載される。出土例と行取りに違いが生じているが、ほぼ同じ形式の銘文例である。『金石索』は「中作部」について漢制の中・左・右尚方および将作大匠が変化したものとする。『三国志』に蜀に尚方が設けられた記載は見当たらないが、『金石索』の解説に則り蜀に官営工房が存在した可能性が高いことを認めておきたい。なお、『秦漢金文録』には上記のものと同一品とみられる景耀二年銘弩機があるが、加えて章武二年（222）銘弩機が収載されている。「章武二年／三月十四／日所市八／千五百師／富定／十六」とある。これを認めると、蜀でも建国当初から弩が製作されていたことになる。

呉では弩の生産開始を220年代前半に求めることができた。一方、魏弩については230年代後半の資料提示にとどまっている。生産体制については魏・蜀では官営工房で担われていたとみられるのに対して、呉では工人の名前を刻むばかりで、今のところ漢代制度を踏襲するような政権直轄の官営工房の存在は認められない。

2 所有者、使用者を刻む呉弩

　弩機銘文は内容ごとに刻銘の位置が区別されることがある。魏の正始年間弩に顕著だが、郭上面後端に製作紀年月日、製作官署、製作者の職名、姓名、郭前面に牙師の姓か名、郭左右側面ないし牙側面に編成番号、規格号を刻銘する。このなかで郭の左右側面や郭の前面に刻まれた銘は、木臂のなかに機が嵌め込まれると外からは視認できない。

　先稿でも問題としたが現在のところの資料では弩機本体に所有者名、使用者名を刻むのは呉弩に特化されたことといえる。魏弩や蜀弩にはうかがうことはできない。これは呉弩の所有形態、換言すると孫呉政権における弩の管理形態の特色を示唆したものと思われる。以下に所有、使用者名を刻んだ事例をあげる。

　資料①には「都尉董嵩士謝／挙弩」(懸刀左側面)と「校尉董嵩士陳奴弩」(望山左側面)の銘がある。「董嵩」と部下の「謝挙」、「陳奴」の姓名を刻む。「董嵩」は都尉から校尉に昇進があったとみえるが、部下の変更もあり2人の人物を刻んだものであろう。「謝挙」、「陳奴」はこの弩の実際の使用者(ないしはその代表者)であって、官職の変化をみた「董嵩」はいわばその所有者といえる存在と思われる。これら人物名が懸刀側面、望山側面に刻まれるということは容易に視認、認証が可能だということである。また「都尉董嵩」が懸刀、「校尉董嵩」が望山に刻まれたということは、先に懸刀部分に刻み、後年に望山部分に追刻したものと推断する。

　次に資料②の銘文解釈は難解であるが、望山に刻まれた銘文のうち「劉普」は人名と思われる。ただ官職名を刻まない点に不自然なところがあり検討の余地を残すが、郭上面後端に紀年銘と製作関係者とみられる姓名を刻むのに対して、視認できる箇所の望山への刻銘という状況から判断して、ひとまず本稿では「劉普」を弩の所有、使用に関係した人物とみなすこととする。

　資料③⁽¹¹⁾は懸刀左側面に3名の人物の姓名を刻む。1行目には紀年銘につづけて「匠陳太臂□生口」とあり、機部分と臂部分の製作工人名があげられるが、もうひとりは2行目に編成番号ないしは規格号数かと思われる「直一萬」の銘につづいて「司馬王陏平」とある。先稿でも言及したが、この人物は製作上の監督者、依頼者および所有者のいずれに該当するものか判定しがたい。②では郭上面後端の五名の人物の筆頭に司馬の官職名をもつ「馮図」が刻まれており、製作工人を統括する役割を担ったかと思われる。こういった理解に立つと③の「王陏平」も所有者ではないかもしれないが、所有も含みそれぞれを兼ねる人物として刻まれた可能性も考慮される。後考にゆだねたい。

　資料④⁽¹²⁾は懸刀左側面に「将軍趙燿私弩／将軍鄭貴私」、右側面に「郎吏繆曜私弩」の合計3名の人物名を刻む。それぞれ所有者を表記したものと考えられる。銘文のひとり「趙燿」は『三国志、呉書、陸遜伝、第十三』によると、もと魏の江夏の功曹であったが嘉禾五年(236)に呉の陸遜の軍隊に投降した人物と同一とみられている。銘それぞれの字体、大きさ、割付に差異が見受けられ、それぞれ異なる人物の刻銘になると判断できる。懸刀左側面の「趙燿」と「鄭貴」では後者が大きく中央に配置されており、前者はその右横により小さく窮屈に刻まれている。追刻であろ

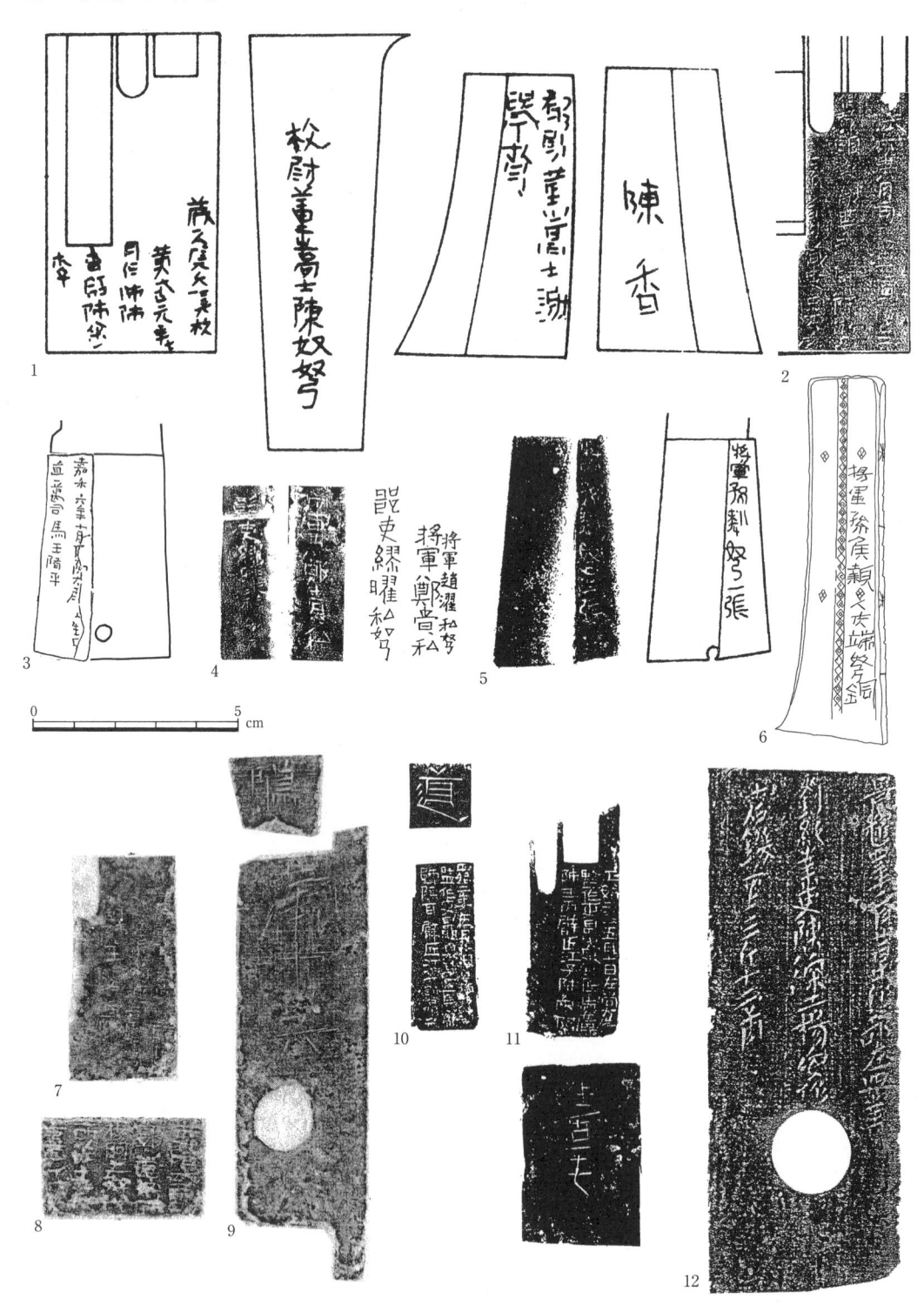

図 2　三国時代出土紀年銘等弩機一覧（≒ 2 ／ 3）
1：湖北省紀南城南水門（呉・黄武元年〈222〉）　2：南京象山 9 号墓（呉・黄武 6 年〈227〉）　3：江蘇省鎮江東晋墓（呉・嘉禾 6 年〈237〉）　4：湖北省武昌洪山区石嘴塼室墓　5：湖北省鄂州鄂飲 1 号墓　6：南京象山 5 号墓　7：四川省江油市河西郷（魏・景初 2 年〈238〉）　8：四川省江油市河西郷　9：四川省江油市河西郷　10：南京市石門坎塼室墓（魏・正始 2 年〈241〉）　11：河南省新郷県代店村（魏・正始 2 年〈241〉）　12：四川省郫県太平公社（蜀・景耀 4 年〈261〉）

表　三国時代出土弩機銘文一覧

番号	西暦(年)	紀年銘	製作官署・製作者銘	配属・使用者・所有形態銘	出土地	『三国志』関連記事など
1	222・呉	黄武元年七(十)月	師陳香臂師呉挙〈郭上面〉陳香〈懸刀右側面〉	都尉董嵩士謝挙弩〈懸刀左側面〉尉董嵩士陳奴弩〈望山左側面〉校	湖北省紀南城南水門	・黄武元年(222)十月、呉の孫権の自立。・黄初四年(223)正月、魏による江陵城攻め。・嘉平二(250)年、紀南城南方で戦闘。
2	227・呉	黄武六年八月	司馬馮図師呉刑□王随省付蔵吏呉厚〈郭上面〉	劉普〈望山〉	南京象山9号墓(王健之墓)	・「咸康元年作」(東晋・335年)銘の王健之墓誌伴出。
3	呉・237	嘉禾六年十月	匠陳太臂□生口〈懸刀左側面〉	直一萬　司馬王陏平〈懸刀右側面〉	江蘇省鎮江東晋墓(M6号墓)	・「泰和六年薨干」(東晋・371)の王□墓誌伴出。
4	(呉)			郎吏繆曜私弩〈懸刀右側面〉将軍鄭貴私　将軍趙濯私　弩〈懸刀左側面〉	湖北省鄂州鄂飲1号博室墓	・嘉禾五年(236)、魏の江夏の功曹、趙濯の呉への投降。
5	(呉)			将軍孫鄰弩一張〈懸刀右側面〉	湖北省武昌洪山区石嘴博室墓	・赤烏十二年(249)に威徳将軍、孫鄰死亡。
6	(呉)			将軍孫侯親侯□「弩」銅〈望山左側面〉	南京象山5号墓(王閩之墓)	・「升平二年卒葬于」(東晋・358)の王閩之墓誌伴出。
7	魏・238	景初二年二月一日	左尚方監作吏蘇□司馬張□臂師王客身師□□〈郭上面〉	牛三二百卅八〈郭右側面〉王如甲〈郭左側面〉	四川省江油市河西郷(2号弩機)	・景元四年(263)魏の鄧艾による蜀攻略戦線上に出土地の江油が位置する。
8	(魏)			吏陳□楊阿〈郭後面〉	同右(1号弩機)	
9	(魏)		右〈尚方〉隠〈郭前面〉	郭道略□〈郭上面〉氏〈郭後面〉 上衛十六〈郭左側面〉	同右(3号弩機)	同右
10	魏・241	正始二年五月十日	左尚方監作吏亀泉牙匠馬廣師陳耳臂匠江子師石亂道〈郭前面ヵ〉		南京市石門坎博室墓	
11	魏・241	正始二年五月十日	耳匠馬廣師王丙臂匠江子師宋阿〈郭上面〉	生百一十七〈郭左側面・懸刀左側面・牛左側面・牙左側面〉	河南省新郷県代店村	
12	蜀・261	景耀四年二月卅日	中作部左興業吏劉紀(純)業吏陳深工楊安〈郭右側面〉		四川省郫県太平公社	

〈　〉内は刻銘位置。[　]は筆者による釈読。本文中では資料番号は丸囲み数字で表示。

う。つまり表記に前後差が認められるのである。さきほど①は所有者（「董嵩」、ただし官職は変更）に変更がなく、使用者（おそらく「謝挙」→「陳奴」）に変更が生じたものだが、④は所有者に変更があり、銘文によれば少なくともそれは3人に及ぶ。時系列で整理すると「繆曜」ないしは「鄭貴」→「趙耀」への所有変更があり、所有者の官職名と姓名を弩機本体に刻銘する呉の特色からすれば、「趙耀」は呉に投降後にこの弩の所有者になったものであろう。「私弩」と刻む点は後述するが、所有変更がどのような経緯でなされたものかは興味深い。多くを不明とせざるを得ないが、少なくとも3名のなかで伝世された資料であることは確実で、所有変更は当事者間の譲渡などといった行為によって引き起こされた可能性を考慮しておきたい。

　資料⑤[13]は懸刀右側面に「将軍孫鄰弩一張」と刻む。所有者とみる「孫鄰」は、『三国志、呉書、宗室伝、第六』に威遠大将軍となったのち「赤烏十二年去世」（249年）とある。後述するが、弩機が出土の鄂州鄂飲1号墓は「孫鄰」その人の墓所である蓋然性は高いが、所有者の死去によりそのまま副葬品となったものであろう。もちろん鎏金銅製で郭上面を雲文や菱形方格文などで装飾した弩機であり、生前所有というよりも葬具として製作されたものであるかもしれないが、いずれにせよ「孫鄰」に私的に所有された弩機として理解しておきたい。

　資料⑥[14]は望山左側面に「将軍孫侯親侯□弩銅」の銘文を刻む。紀年銘はないが、呉弩とみなしたのは冒頭に掲げたBの条件に適うものと判断したことによる。①と同じような理解を適用すると、所有者が「孫侯」（具体的な名は不明）であり、使用者が「親侯□□」かと思われるが、確定はできない。

　以上、紹介したように所有者、使用者を銘記した箇所は弩機本体のうち使用時に視認および認証可能な部分、具体的には懸刀や望山部分の側面に刻銘したことがわかる。こういった呉弩の特色はそもそもその所有形態に魏弩や蜀弩とは相違したところがあったことを示唆しているものではないだろうか。生産体制からつながる素因があったと考えるが、推論を導く前に次節では伝世についての検討を加えて、呉弩の所有形態の特色についての理解を深めたい。

3　呉弩の伝世

(1)　伝世を示す諸例

　所有者、使用者が複数にまたがる事例は、弩機にも伝世品が存在する可能性を示している。また紀年銘と出土墓に明らかな時間的隔たりを示す例もある。呉弩の出土資料には、伝世の可能性や実例が指摘できるのである。伝世の経緯を不詳とするのは資料の限界性であり、仕方のないところだが、とりあえず伝世の形態としては、1.使用、所有に一定期間を経たのち副葬品となったものと、2.使用者ないしは所有者が移動したもの、3.上記の1・2が合わさったものの三様が想定される。1の例に南京象山9号墓例（②）、江蘇省鎮江東晋墓例（③）、可能性が高いものとして南京象山5号墓例（⑥）、2の例に湖北省武昌石嘴博宝墓例（④）があがる。以下に、それぞれの資料について伝世の背景を考慮しながら、検討を加えよう。

　象山王氏墓は、山東琅邪の臨沂出身の東晋王氏一族の葬地として著名である。このうち②の資料

が出土した象山9号墓は1998年に発掘調査され、東晋の振威将軍・鄱陽太守・都亭侯の「王健之」と妻の「劉媚子」の合葬墓で、②は王健之墓誌が置かれた西側に出土した。墓誌銘から「王健之」は泰和六年（東晋・太和—371）に薨じたことが判明しているので、②の黄武六年（227）銘弩機は製作後、実に約150年間を経て最終的に副葬品となったのである。前節に記したように「劉普」はこの弩の所有、使用に関係した人物かと思われる。むろん、副葬に至るまでの間の経緯は不明とせざるを得ないが、ここで注意されることは合葬の妻が南陽涅陽の劉氏の出身である点である。弩の以前の所有、使用者とみた「劉普」と王健之の妻は同族であろうか、東晋の貴族層の婚姻関係と副葬品となった弩の所有あるいは移動に関係性があるだろうか、後考にゆだねたい。

⑥の資料が出土した象山5号墓は1970年に発掘調査され、東晋の男子の「王閩之」と妻の合葬墓である。墓誌銘から「王閩之」は升平二年（358）に卒葬とある。⑥の銘文「将軍孫侯親侯□□〔弩〕銅」も望山に刻まれており、所有、保管、使用に関係した人物を刻んだものと思われる。「王閩之」本人は史籍には未見の人物であり、墓誌に記載された尚書左僕射の王彬の孫、贛令の王興之の長子で、28歳で亡くなったという以上の情報はない。したがって弩機に刻銘の人物との関係を直接、解くことはできない。ただ合葬の妻は「呉興施氏」と記載されており、江南土着の豪族の呉興の施氏出身の妻と、北方より南徒した華北貴族の王氏との婚姻を示す。報告では往時、政策的に進められた地域的融和の一環としてこういった南北豪族間の婚姻があり、王閩之夫妻の婚姻はその具体的例証であると評価する。さて⑥の資料だが「将軍孫侯」の銘がみえ、呉の製作になってその政権内で所有された蓋然性があると考えるが、伝世ののちに副葬品となった背景には東晋における南北人士の交流が存在したものかと推考する。むろん、後考にゆだねるところは大きい。

③の鎮江東晋墓出土の嘉禾六年（237）銘弩機については先稿に紹介したので、簡略する。これは江蘇省鎮江市の東晋墓の副葬品として出土した。この東晋墓（M6）は塼室墓で「咸康元年作」（東晋・335）銘の塼がある。この場合は約100年間の伝世ののちに副葬品となる。

(2) 伝世に否定的な例

伝世に否定的な状況を提示する呉弩の例もある。先にふれた⑤の湖北省鄂州鄂飲1号墓出土例は、被葬者が生前に所有の弩機がそのまま副葬品となった可能性が高い。また仮に伝世したものとしても報告による出土墓の帰属年代からみて、せいぜい1世代程度の短期間のものだと見込まれる。⑤は1991年の発掘調査になる。弩機は棺室（後室）手前の過道に置かれたもので、郭長17.6cmの鎏金銅製で懸刀右側面に「将軍孫鄰弩一張」の銘文を刻む。報告によると、出土青瓷器の形態的特徴は長江中流域の呉墓に類品があり、また装飾技法上の特徴も鄂州地区の東呉墓出土品に一般的なものである。さらに出土の銅銭「太平百銭」、「定平一百」は東呉以前あるいは東呉に鋳造年代が置かれ、実際に呉墓からの出土例が多くある。そして⑤の資料の存在から墓葬年代を呉の中期だとする。被葬者像については、墓室全長14.5m、幅5.68mを備え当該時期では最大規模であること、副葬品の数量が300点を越すことは、その身分がきわめて高いことを示しているとされた。よって被葬者は所有者「孫鄰」その人であるとみなしている。

(3) 魏弩における伝世の可能性

　伝世は呉弩に限定されるものかどうか、魏弩における伝世の可能性について検討しておこう。四川省江油市河西郷から1975年に出土の⑦～⑨の資料は魏弩と判断したが、なかでも⑦は景初二年(238)銘をもつ。出土地の江油は景元四年(263)、魏の鄧艾による蜀攻略戦線上に位置しており、同時に出土した2例(⑧・⑨)を加えて3張の弩は戦略上の要地に実戦配備されたものであった可能性が大きい。このような背景、事情が出土の要因として認められるならば、少なくとも製作後、江油の地に招来するまでの間、約25年間は某地に配備・使用ないしは保管されていたことになる。現象的には伝世と同じ状況だが、⑦から⑨は「漢王台」という場所の地表下1.2mの深さから出土したものの積極的に墓と認める情報はなく、これらが副葬品であった可能性は低い。前述の呉弩の例のように伝世を経て、最終的に副葬品となるものとはひとまず区別する必要があろう。ただ、伝世の問題は⑩の南京市石門坎塼室墓の正始二(241)年銘弩機の出土事情に一定の推測の余地を与えるものである。⑩は魏の左尚方の製作を銘する魏弩であるが、江南の建業(建鄴・建康)に設けられた塼室墓の副葬品となった。ここに至った事情を説くひとつとして東晋代における北来人士の存在を想定してよいかと考える。ついてはこの場合、江南に招来するまでのあいだ、魏のなかで伝世した可能性が考慮される。

4　呉弩の所有形態

(1)　「官弩」と「私弩」

　そもそも弩機銘文のうちに「官弩」と「私弩」の区別が存在する。「官弩」と刻銘した例は『秦漢金文録』に載る魏の正始二年銘弩機で、郭上面後端に紀年月日、製作機構、製作関係者の官職名、姓名を銘すが、矢道を挟んだ対照位置では逆方向に「徐州官弩」と刻む[15]。先稿にも解説したがこれは明らかに後刻であり、魏の左尚方での製作後に刻まれた通例の銘とは異なる。そのため往時のものと決することはできないが、すでに述べてきた呉弩に「私弩」の銘があることからすれば、「官弩」は対称的な所有形態にある弩だと思われる。また魏にこういった「官弩」が存在するものならば、逆に「私弩」の存在も想定範囲外とするわけにはいかない。

(2)　呉の「私弩」

　さて、呉の「私弩」であるが第1に弩機本体に直接、「私弩」と刻銘するのは資料④である。第2に所有、使用者の姓名につづけて「弩」と記す例、すなわち「姓名＋弩」と刻むのは資料①、⑤、それに⑥を加えてよいだろう。後述するが第1も第2も呉の「私弩」の実態を示す資料と考える。今のところ「私弩」を示す資料は呉弩に限られるが、注意されたいのは魏における「私弩」の存在が否定できないように、呉に「官弩」が認められないとするものではないという点である。当然ながら弩機に個人の所有、使用者を刻銘することは、個人に帰属する弩であることを明確にする必要があったからで、しかも刻銘位置が使用状態時に認証可能であることは他の「所有形態の弩機」と速やかに区別する目的によると考えられる。よって呉弩にも「私弩」の範疇に入らない弩が

存在したとみなすのが妥当であろう。「私弩」に相対するいわば呉の「官弩」ということになろうか。実際のところ無銘の弩機が大半であるわけだから、所有形態の区別は不明であり呉において「私弩」としての所有形態が普通であるものか、「私弩」自体が特別の事情にもとづく所有形態なのかは即断できない。ここは、ひとまず呉における弩の所有形態のひとつとして「私弩」が存在したとするのが穏当であろう。

(3) 呉における「私弩」の実態

では、呉の「私弩」の実態について判明するところを以下にまとめておく。「私弩」には、1.伝世例がある。2.副葬例がある。3.所有者移動例がある。4.使用者移動例がある。

1については約100年間、約150年間の伝世例（資料③・②）が確認できた。つまりこのあいだには複数の所有者が介在したわけである。長期間の伝世にはさまざまな要因が考えられるが、複数の所有者を経たことの意味として「私弩」自体がいわば公的に個人所有であると認められた弩であるということが前提にあったとみなされる。

2も「私弩」が被葬者個人に帰したものであったと理解することができる。孫鄰の所有を示す資料⑤はその意味での典型である。葬具として製作された可能性もある装飾性の豊かな格別の弩機である。しかし、他の「私弩」の資料は伝世ののちに副葬品となったものである。とりわけ南京象山王氏墓における2例の呉弩の出土については、婚姻などによる南北人士の交流が背景にあったことが考慮されるのではないかと述べた。

3についても所有権移動が個人間で起こった可能性を示す。複数の人物の「私弩」であったことを示す資料④の湖北省武昌洪山区石嘴出土例などは「私弩」が個人秘匿の私的所有のものではなく、公的に認識された個人所有にあったことを示したものであろう。

4については所有者と使用者が区別されていたことを示す事象である。すなわち「私弩」としての所有は、銘文資料によると「都尉」・「校尉」・「郎吏」・「将軍」の官職にある個人に限られる。ここに官職、身分制にもとづいて「私弩」は位置づけられていたという推測を生むのである。なかでも資料①は所有者が「都尉董嵩」、「校尉董嵩」と一定であるなかで使用者だけが「士謝挙」から「士陳奴」に移動している。所有者の明記は「士」にこの弩の所有が帰属しないことを示したものと推察する。換言するとこの弩は「董嵩」の「私弩」として認知されたものであって、決して使用者の「私弩」ではないということである。下位の仕官には「私弩」という所有形態は適用されないものとみられる。また、資料①は三国時代に度重なる軍事的緊張があった荊州江陵の北5kmに至近の紀南城南水門に出土した弩であることは意義深い。つまり副葬品となった出土資料に限定されることなく、実戦配備の弩とみなされるなかにも「私弩」が存在する。

おわりに

先稿では魏弩と呉弩の銘文表現に認められた少なからぬ違いは、両国における青銅器生産機構や製品の配備、所持あるいは流通の相違、また南北間の伝統や風習の相違があらわれたものではない

かとする所見を述べた。この点の理解を深めるためには弩の所有形態の実態も併せて明らかにしなければならない。本稿では出土の伝世資料や副葬品資料などを用いて呉における弩の所有形態に「私弩」があり、その実態について探ろうとした。日本令においても、また唐令(16)においても弩の個人所持については禁止されていることからすれば、先稿で指摘したような理解だけでは不十分であると判断したからである。推測によるところが多々あり、また当然のことを述べたに過ぎないところもある。「私弩」の銘記は呉に特化されることだとしても、所有形態にもそのまま敷衍でき魏やあるいは蜀と異なるものと断案するには、今回の作業でもなお課題を残すことになった。なによりも無銘の資料が通例であるものならば、その評価もまた盛り込んで魏・呉・蜀における伝世と所有形態について検討する必要があろう。

　さて、そもそもは倭における武器の所有形態を考える参考として、三国時代の弩機銘文に取り組んだものであるが、素より不案内のところ多く、基本となる先行文献の遺漏や弩機銘文の解釈に基本的な誤謬があるのではないかと危惧する。大方、諸賢のご叱正を賜れば幸いである。

註

（１）　尹煥章「南京石門坎発現魏正始二年的文物」『文物』1959年第４期　文物出版社　1959年
（２）　沈仲常「蜀漢銅弩機」『文物』1976年第４期　文物出版社　1976年、国家計量総局・中国歴史博物館・故宮博物院編『中国古代度量衡図集』文物出版社　1984年
（３）　張吟午「江陵紀南城出土黄武元年弩」『文物』1991年第１期　文物出版社　1991年
（４）　今尾文昭「弩機銘文にあらわれた魏と呉」『文化学年報』第48輯　同志社大学文化学会　1999年、今尾文昭「弩機銘文にみる魏・呉と銅鏡」『東アジアの古代文化』105号　大和書房　2000年
（５）　容庚『秦漢金文録』1931年初版（洪氏出版社再版本1974年を参看）
（６）　張新斌・馮廣濱「河南省新郷県発現的三国時期的銅器」『考古與文物』1989年２期　陝西省考古研究所　1989年、馮廣濱・張新斌「河南省新郷県発現的三国銅器」『考古與文物』1990年第３期　陝西省考古研究所　1990年、樋口隆康監修・東京江戸博物館ほか編『大黄河文明展』日本経済新聞社　1998年
　　　　表に示した銘の釈文は実見にもとづく私案による。とくに郭上面２行目の「監作吏」の姓について実見では「曻」とある。前掲註（１）・（５）などでは同様の正始二年左尚方造銘の「監作吏」の姓を「鼂」（チョウ）と釈読されてきた。改めて検討する必要があろう。
（７）　劉體智『小校經閣金文拓本』（巻14兵20）1935年初版（藝文印書館再版本1972年を参看）
（８）　黄石林「四川江油出土三件有銘銅弩機」『文物』1994年第６期　文物出版社　1994年
　　　　資料⑧については字配りから２行目は報告にもとづく３字構成ではなく、判読不能ながらその末尾に１字が加わり４字で構成されたものとした。また、資料⑨の郭上面の刻銘について報告では「右」の１字とし、方位を示したもののようだとするが、掲載写真ではさらに２字がつづくものと見受けられる。字形から３字目を「方」とすると、不鮮明ながら２字目は「尚」ではないかとする。従って私案によると「右尚方」での製作を刻銘した弩機ということになる。
（９）　姜林梅・張九文「南京象山８号、９号、10号墓発掘簡報」『文物』2000年第７期　文物出版社　2000年、南京市博物館『六朝風采』文物出版社　2004年
（10）　馮雲鵬・馮雲鵷『金石索』1821年初版（中文出版社再版本　1983年を参看）
　　　　前掲註（７）同書中（巻14兵19）には同じく八石の弩機で中作部左興業の製作、同じ官吏、製作者による「景耀二年四月十三日」の紀年月日銘を刻む蜀弩が載る

(11) 鎮江博物館・劉建国「鎮江東晋墓」『文物資料叢刊』（8）文物出版社　1983年
(12) 藍蔚「武昌石嘴出土銅弩機」『武漢春秋』1982年第1期、大分市歴史資料館『中国武漢文物展』図録　1990年
(13) 鄂州博物館・湖北省文物考古研究所「鄂州鄂鋼飲料廠1号墓」『考古学報』1998年第1期
(14) 袁俊卿「南京象山5号、6号、7号墓清理簡報」『文物』1972年第11期、岡崎敬『魏晋南北朝の世界』図説中国の歴史3　講談社　1977年、前掲註（9）『六朝風采』に同じ。

　『六朝風采』の釈文によると10文字を刻むが、末尾の「銅」の前の1字は字形や筆順の観察からほぼ「弩」とみなしてよいと判断する。6字目「侯」と「弩」の間は1字分（「端」かと思われるが決しがたい）であろう。については銘は9文字からなり、8・9文字目「銅弩」は青銅製の弩機を意味したものかと推断する。なお同様の用例として資料②をあげておきたい。紀年銘「黄武六年八月」のあとに「司馬馮図師呉挙作」とあるが、つづく15・16文字目は「弩銅」と釈文される。これは師「呉挙」製作の「弩銅」、すなわち青銅製弩機であることを銘記したものかと思われる。

(15) 官弩の銘例は少ないが、前掲註（7）同書中に「京兆官弩」「屯官」の刻銘のある弩機が収載されている。望山側面に刻まれたもので、同書では漢弩として扱われる。望山部分のみの資料であり、帰属時期にも問題を残すが、仮に漢代の弩機だとすると特段に配属先を明記する契機として何があったのだろうか。今のところ不明である。別に郭上面に「東莞官弩」を刻むものもある。魏弩として扱われている。

(16) 弩機の個人的所有の禁止は日本令では養老軍坊令第44条〔私家鼓鉦條〕に「凡私家、不得有鼓・鉦・弩・牟・矟・具装・大角・少角及軍幡。唯樂鼓不在禁限。」とある。遡っては、『日本書紀』天武14年11月4日条に「大角・小角・鼓・吹・幡旗、及び弩・抛之類」の私蔵禁止がみえる。

　また仁井田陞著・池田温編集代表『唐令拾遺補』東京大学出版　1997年によれば、唐令は軍防令第25條に「諸私家、不合有甲・弩・矛・矟・具装・旌旗・幡幟」と復元される。

〈図2・表出典〉　※番号は図表、本文の資料番号（丸囲み数字）に対応する。

1. 註（3）　2. 註（9）掲載の挿図、拓影を合成作成　3. 註（11）掲載の挿図を合成作成　4. 註（12）　5. 註（13）　6. 註（9）『六朝風采』掲載図版から写真トレース　7・8・9　註（8）　10　註（1）　11. 註（6）　12. 註（2）

大同市南郊出土八曲長杯

石渡　美江

はじめに

　文化大革命中の1970年大同市南郊工農路北側において北魏時代の建築遺跡が発掘され、その遺跡より方形硯、鍍金人物葉形銀碗、鍍金紅緑石象嵌四巻葉人物文高足銅杯、鍍金浮き彫り動物人物文高足銅杯、鍍金葡萄童子文高足銅杯、海獣文銀八曲長杯が発見された。これらの銀器や銅器は隋唐時代の金銀器研究に先立つ資料となるばかりでなく、東西文化交流の一要素として深い意義を持つものであった。

　これらの資料は1972年の『文物』第1期（188号）に「無産階級文化大革命期間文物展覧簡介」の中で紹介された[1]。しかし、これは中国各地で発掘された多くの資料とともに紹介されたもので、写真の掲載も一部だけで資料の全体を知ることができなかった。しかし、1973年に出版された『文化大革命中の出土文物』において資料のすべてが紹介され、硯は司馬金龍墓から出土した浮き彫りのある礎石などと同様な彫刻が施され、その作風や格調から北魏の洛陽遷都以前の遺物であると考察された[2]。八曲長杯や高足杯、銀碗はササン朝ペルシアや東ローマ（ビザンチン）の銀器の風格を備えているとされている。

　その後、これらの銀器の研究は1977年孫培良氏によって八曲長杯、銀碗、高足杯はササン朝ペルシアの時代にイラン東北部ホラサーン地域で製作されて、北魏の平城に輸入されたもので、5世紀中頃から5世紀末の時期であると考察された[3]。しかし、八曲長杯、銀碗、高足杯は宝器的な遺物で、これらのすべての年代がかならずしも同じ時代ではない。今回はすべての資料の年代や文様を分析することが難しいので、まず八曲長杯について考察したい。

　八曲長杯について孫培良氏は5世紀中頃から5世紀末の年代であり、器形はササン朝ペルシアの銀器と同じで、文様はアジャンターの芸術に関連していると考察している[4]。

　また、スーザン・ブッシュ氏は八曲長杯の中央にある文様がグプタ起源であることを指摘されているが、他の問題については触れていない[5]。

　その後、孫機氏はこの八曲長杯の器形の分け方が、ササン銀器の八曲長杯のように分層式ではなく、一曲ごとに器底まで分けられる分辨式であり、口縁部が一曲ごとに雲朶形になっているのは見たことがないとしている。文様については多くの八曲長杯が外側に文様があるのにこの八曲長杯は外側が無文で、内側底部に怪獣闘争文があってササン芸術作風にまったく相当しない。むしろ中央

アジアと北の草原地帯の野獣文と近似している。大同出土の八曲長杯はササン朝のものではなく、中央アジアやソグド地域の影響であると考察している[6]。

一方、林梅村氏は銘文に着目し、バクトリア文字が長軸の一方の口縁部に刻まれていて、その最後の4文字はXOPO, その前の文字はXOSOあるいはYASOと読めるとして、所有者の名前であるとしている[7]。バクトリア文字が使用されているのはエフタル統治時期のバクトリア銀器であるとしている。しかし、銀器の文字は後から刻むことが出来るので、これだけを根拠に銀器の年代にするのは危険である。その他に同時に出

図1　大同市出土八曲長杯

土した鍍金葡萄童子文高足銅杯に表現されている童子の文様は、アフガニスタン、テリィヤ・テペ遺跡から出土した金製品に表現された童子と同じであるとしているが、鍍金葡萄童子高足銅杯はバクトリアの銅器ではないので、これを根拠にするには無理がある。

一方、斎東方氏は大同出土八曲長杯について、曲げた稜の口縁上部に小花弁が付いていて、底部に怪獣文があるのは中央アジア芸術の風格があり、この特徴はソグドあるいはスキタイの芸術の中に見ることが出来るので、中央アジアのものであると推測されている[8]。しかし、この八曲長杯の器形や文様に関しての詳しい分析はしていない。

また、日本の研究者はササン朝ペルシアの製品あるいはビザンチンなどの西方地域で製作されて北魏の平城（大同）に運ばれた可能性が高いとしている[9]。しかし、器形はササン朝ペルシアの銀器の器形に近いが違っている可能性もあり、文様もササン朝ペルシアやビザンチンの銀器に無い文様であって器形、文様、銘文など総合的に見なければこの銀器の年代や文様が明らかにならないであろう。

この小論では、多くの先学の成果をもとに新たな資料を加え、大同市南郊出土八曲長杯の年代と文様を考察するものである。

1　大同市出土八曲長杯

　前に記述したように、八曲長杯は1970年に大同市南郊工農路北側にある北魏時代の建築遺跡より出土したもので、方形硯、鍍金人物葉形銀碗、鍍金紅緑石象嵌四巻葉人物文高足銅杯、鍍金浮き彫り動物人物文高足銅杯、鍍金葡萄童子文高足銅杯とともに出土している[10]（図1）。八曲長杯は銀を鋳造して作られ、高台は青銅製で本体と高台が別々の素材で作られている。八曲長杯の寸法は高さ4.5cm、口径23.8cm×14.5cmで、長軸に対して横幅の広いものである。

　器形は花形ごとに口縁部から器底まで分けられていて、稜ごとに左右から月桂樹状の葉が器底から口縁部にかけて上がり、口縁部で花形と花形の間がえぐるように開き、その上に半パルメット状の葉がついている。口縁部の半パルメット状の葉の上にはほとんど摩滅しているので円状のものが3個ついているが、3個の半パルメットである。これは大英博物館所蔵国王騎馬狩猟文碗の中心部分に見られる孔雀の羽をパルメットで表現したものと酷似している。この八曲長杯は花形がうねるように並び、全体に力強く躍動感があるものである。八曲になった口縁部は縦方向の相対する2つの花形と横方向に相対する2つの花形が大きく、その間に入る4つの花形が少し小さく、皿のような器形である。高台は青銅で作られていて八稜形である。本体と高台の材質がことなることから、高台は後から作られた可能性がある。内側底部には楕円形の中にマカラとライオンの図像が配置されている。また、長軸の一方の口縁部に「キンギラの所有」という銘文がギリシア文字の草書体で刻まれている。

2　八曲長杯の器形に関する問題

　八曲長杯あるいは十二曲長杯は楕円形の器体の口縁部を花形に屈曲させて作られている。ここでは八曲長杯と同じ器形の杯でさらに細かく分けられた十二曲長杯があり、器形を述べるときには十二曲長杯も含めて検討したい。八曲長杯あるいは十二曲長杯の器形を八あるいは十二に分割する方法については、出土あるいは伝世した資料から考えると、大きく分けて3つの方法が見られる。
　1、花形の口縁部を屈曲させるために底部から口縁部まで花形を1つ1つ形成する方法。
　2、花形の口縁部を屈曲させるために長軸方向に相対する花形をつづけて形成する方法。
　3、花形の口縁部を屈曲させるために長軸方向に相対する花形だけを1つ1つ形成し、その他の花形を長軸方向に続けて形成する方法。

　1の方法は発掘例がほとんどなく、スイス、ベルンにあるアヴェグ財団所蔵の猪文銀製八曲長杯やアメリカ（図2）、スミソニアン研究所のサックラー・ギャラリー所蔵虎文銀製八曲長杯、個人コレクションの魚文銀製八曲長杯などがあげられる[11]。

　2の方法はロシア共和国エルミタージュ博物館所蔵ペルム地方出土銀製八曲長杯、ポーランド東部ヴォルニア地方オストロク県出土銀製八曲長杯、ポルタヴァ地方マーラヤ・ペレストチュピナ出土金製十二曲長杯（図3）、白鶴美術館所蔵銀製八曲長杯、正倉院所蔵八曲長杯等があげられ

る(12)。

3の方法は滋賀県ミホ・ミュージアム所蔵八曲長杯やアメリカのクリーブランド美術館所蔵八曲長杯がある。

大同出土八曲長杯は、1、2、3のどちらのも属さない方法で作られている。1、2、3の方法は鍛金の技術で作る方法であり、大同出土八曲長杯は鋳造で作られているためにどちらにも属さないものである。ただ、どちらかと言えば、花形を1つ1つ形成する方法としては、1と同じである。ただ、発掘例や伝世された八曲長杯をみると、2の技術が多くみられる。

大同出土八曲長杯は1の技術のように花形の口縁部を屈曲させるために底部から口縁部にかけて花形を1つ1つ形成しているが、花形と花形の間は他の銀器のように無紋ではない。この八曲長杯は花形

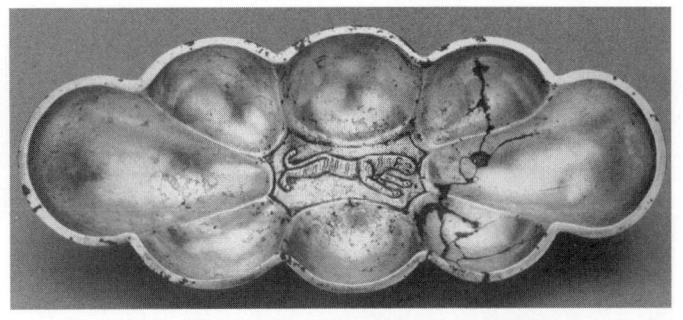

図2　猪文銀製八曲長杯　　スミソニアン研究所蔵

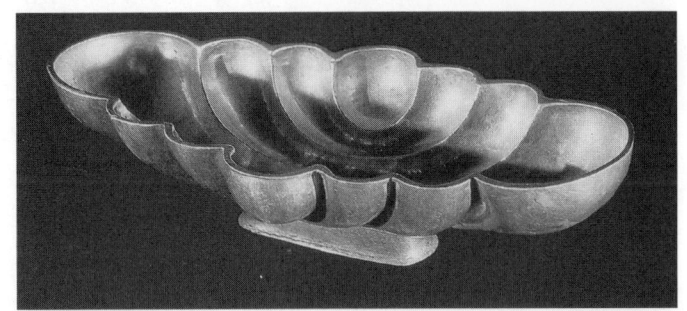

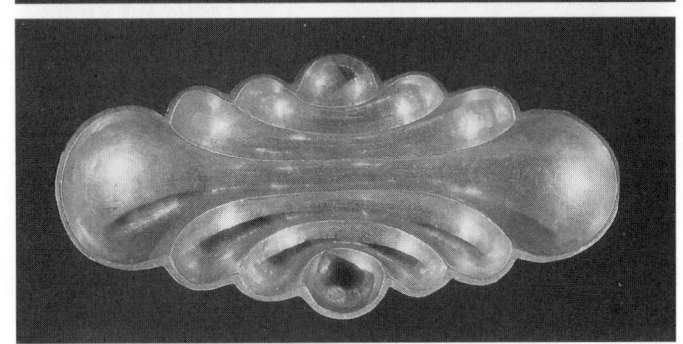

図3　金製十二曲長杯　　ペレストチュピナ出土

と花形の間の稜にそって月桂樹の葉がつけられ、口縁部になると大きくえぐるようになり半パルメット葉がついている。このような花形と花形の間が大きくえぐるように曲がっている器形は何を表現しているのであろうか。

かつて原田淑人氏は八曲長杯や十二曲長杯の器形について、楕円形の中国の耳杯から八曲長杯や十二曲長杯の器形が考案されたという考えを提示した(13)。一方、深井晋司氏はローマ時代の貝殻型銀器をモデルにして二枚貝を180度に開いた形式からヒントを得て創造されたものであると考察された(14)。そして、イラン、テヘラン博物館に所蔵されていたマーザンダラーン州サリ出土銀製アカンサス葉形盃（3世紀）を容器の裏側に見られる縦の細い面取りから判断して貝殻を模したものと思うとされている。この盃をアカンサス葉のように扇形に広げた形からシャコ貝のような貝殻を想定したと考えられたのであろうが、シャコ貝は縦に細かい助が入るのでなく、横に貝の丸い助にそって助上に鱗片突起があり、貝殻の形式を模したものとは言えない(15)。むしろこの銀器の名

図4 葡萄唐草文銀壺
大英博物館

図5 葡萄唐草 ターク・イ・ブスターン大洞

前がアカンサス葉盃の方が正しいと考えられる。

1と2の器形を横から半分に分割してみると、植物の葉が原型であろうと考えられるのである。ササン朝ペルシアの銀器やその他の装飾をみると、植物の葉を表しているものは葡萄の葉やパルメットである。パルメットをみると、A、葉の中心から左右に葉が分かれていて1つ1つ葉が作られているものと、B、すべての葉が中心から手のように出ているものがあり、これを2つ繋げたものではないかと考えられる。Aは1の器形で、Bは2あるいは3の器形である。八曲長杯や十二曲長杯の器形はアカンサス葉のような植物文様から創造されたものと考えられる。

ただ、大同出土の八曲長杯の器形は1,2の器形とも似ているが異なっている。この八曲長杯は花形と花形の間にえぐりが入り、その上には半パルメット上の葉が付いている。抉りが入る植物の葉を見ると葡萄の葉がある。大英博物館所蔵葡萄唐草文銀壺（6世紀）は葡萄の木が唐草のように広がり、その中で葡萄を収穫する人物が描かれているが、その葡萄の葉は葉身の分かれている部分が大きく抉りが入っている[16]（図4）。また、ターク・イ・ブスタン大洞（7世紀）には帝王叙任図と騎馬像の彫刻が彫られている[17]。その騎馬像の上部に表現されている葡萄の葉は（図5）、大英博物館所蔵葡萄唐草文銀壺と同じように葉身の分かれている部分が大きく抉りが入っているものである。このような葡萄の葉の表現は、タジキスタンのピャンジケントから出土した家の装飾に用いられた木製パネルに彫られた葡萄唐草文に抉りの入っているものがある[18]。6世紀から8世紀初期には抉りの入った葡萄唐草文が西アジアや中央アジアで用いられていた。おそらく、大同出土の八曲長杯の器形はこのような葡萄の葉を表現したものと考えられる。

ただ、このような器形は大同出土の八曲長杯だけで、唐代の中国へ伝えられた技術も2の技術である。それは銀製の八曲長杯だけではなく、唐代の石製の八曲長杯などにも同じような方法で花形を形成しているところから明らかである[19]。

3 八曲長杯の文様

八曲長杯の文様は内側底部の中心に楕円形の中にマカラとライオンが交差するように配置されて

いて、外側は無文である。内側底部に文様を配置する例としては、スイス、ベルンにあるアヴェグ財団所蔵、猪文八曲長杯やアメリカのサックラー・ギャラリー所蔵、虎文八曲長杯、個人コレクションの魚文八曲長杯などがあり、これらは線彫りで文様を入れている。ササン朝ペルシアの時代には長杯が作られていて、これらの底部に線彫りで孔雀、女性、魚などの文様が入れられている。このようにササン朝ペルシアの銀器の文様は猪、虎、魚、女性、孔雀などが表現されることがあるが、大同市出土八曲長杯のようにマカラとライオンが交差するように配置されているものは今のところ例がない。

　マカラはインドにおける想像上の水棲動物で、河や湖に住み生命力の象徴とされている聖獣で、ワニや大魚に似た姿で表現され、中国では摩竭魚と音写されている。このような想像上の水棲動物の表現は、ギリシア神話にある海の怪獣でネーレイスの乗り物として表されているケートスに影響されたという研究もあり[20]、それ以前にこのようなワニと大魚の表現が見られないことからヘレニズム文化が中央アジアやインドに波及したものであろう。紀元前1世紀頃に建てられたバールフトのスツゥーパの東門には、マカラとライオンの装飾が見られ、すでにこの時代からマカラがスッーパの門や欄楯に表現されている[21]。また、東門欄楯の中にはメダイヨンの中にマカラが入った装飾やマカラの上に立つヤクシ像が装飾されている。

　では、マカラはどのような聖獣であろうか。マカラは河や湖に住む水の聖獣とされているので、水に関連する神や女神とともに表現されている。マトゥラー近郊のソンク遺跡のナーガの祈堂址（2世紀）から出土した横梁浮き彫りは（図6）、龍神ナーガと大きな口を開いたマカラが表現されている[22]。ナーガはコブラを神格化したもので、河や湖に住むとされ、強い生命力を持ち財宝神として信仰されていた。また、インド、ヴィディシャー出土（5世紀）のガンガー女神浮き彫り（図7）はガンガー女神がマカラの上に立っている[23]。インド南部にあるアマラヴァティーから出土した花綱を担ぐヤクシャ像（2世紀）の浮き彫りにはマカラの口から豊穣の象徴である花綱が吐き出されている[24]。同じインド南部のナーガールジュナコンダ寺院址出土のスツゥーパ図（3世紀）の浮き彫りにも同様の図像が見られる。また、インド、パンジャブ州サンゴール出土のヤクシ像（2世紀）はマカラの上に立っている[25]。ヤクシャ（男神）やヤクシ（女神）はインドの民間信仰の神で樹木に棲む精霊であり、永遠の生命力を持ち、豊穣多産を授けてくれる神として人びとに信仰されていた。マカラと花綱、ヤクシャ、ヤクシは水と植物あるいは水と樹木の精霊として表わされているのであり、豊穣を意味するものである。すなわち、マカラは龍神、川の女神などと共に表され、水や生命力の象徴であり、ヤクシャやヤクシと描かれることによって水と豊穣を表している。

　ライオンはインドライオンを描写したもので、アフリカライオンより小柄で、鬣も短い。インドライオンはかつてインドから西アジア一帯に生息していたが、現在では絶滅に近い状態で、カチャール半島のギル国立公園の保護区に約300頭が生息しているだけである。インドではマウリア朝のアショーカ王がインド各地に建立したアショーカ王柱の上に仏陀の象徴としてのライオンが描写されている。また、仏陀の座る獅子座は座具の両脇にライオンが描写されている。獅子座は西アジアにおいて百獣の王であるライオンが王や権力と結びつき神や王の座具に描写されるようになり、そ

522　第3部　中国篇

図6　龍神ナーガとマカラ　ソンク出土

図7　ガンガー女神　ヴィディシャー出土

図8　マカラの背中に立つヤクシ　ナーガールジュナコンダ出土

図9　マカラとライオン図　アジャンター第二窟後廊

れがインドに伝えられ仏陀の座具である獅子座となったのである[26]。ライオンはインドにおいても仏陀の象徴や権力の象徴としてスツーパや座具などに表現された聖獣である。

　このようなライオンやマカラを一緒に描写した図はバールフットの東門（前1世紀）にマカラとライオンがスツゥーパを守護する聖獣として描かれている。スツゥーパは仏陀の舎利を祀り、豊穣多産をもたらすものとして人々に崇拝された。南インドのアマラヴァティーから出土した横梁浮き彫り（2世紀）にはマカラの口から豊穣の植物が吐き出され、スクロールした植物の間に2頭のライオンを配している[27]。同じ南インド、ナーガールジュナコンダ出土のスツゥーパ図浮き彫り（3世紀後半）にもスツゥーパの門にライオンや大きな口から花綱を吐くマカラが配置されている[28]。同じナーガールジュナコンダ出土ナンダの出家物語を描いた（3世紀後半）浮き彫りの左端にも（図8）、マカラとライオンが交互に配置され、マカラの背中にヤクシが立っている。これらのマカラとライオンも生命力の象徴やスツゥーパを守護する聖獣として解釈できよう。

　南インド、アジャンター第2窟後廊、左祠堂の天井には同心円状にハムサや唐草文様が天上に描かれていて、同心円の外周四隅に鬼のような顔のキームティカを対置し、マカラとライオンの反対側に飛天を配している[29]（図9）。このマカラとライオンの図は下半身が唐草状になっている。この図は大同出土八曲長杯に酷似している文様である。

　動物の下半身を唐草上にする表現は、マツゥラーやジャマールプルから出土した仏陀像の光背の鳥やヴィディシャー出土ガンガー女神像のマカラなどの浮き彫りに見られ、グプタ朝後期頃よりこのような表現が用いられている。大同出土八曲長杯の文様はこのようなグプタ朝後期の文様が用いられたもので、八曲長杯の文様としてはきわめて例外なものと言えよう。

4　グプタ様式のインド以東への伝播

　グプタ様式のインド以東への伝播は仏教美術などに顕著に現れている。例えば、甘粛省永靖県、炳霊寺第169窟北壁の7号三佛立像（五胡十六国・西秦、5世紀前半）や山東省青州市龍興寺址で発掘された如来立像などにグプタ朝の影響が指摘されている[30]。仏像以外にグプタ文化の特徴である動物の下半身を唐草状にした図像を見てみると、中国の出土遺物の中にいくつか見られる。

　例えば、寧夏回族自治区固原市原州区西郊より発掘された李賢墓（天和4年、569）から出土したササン様式の人物文銀製水差には、トロヤ戦争の人物を表した文様の下に帯状にライオンと兎の文様が表されている[31]。このライオンと兎の下半身は唐草状になっていて、周囲の渦巻き文様と共に後期グプタ朝様式の表現が用いられている。この水差の人物像やライオンと兎の下半身が唐草状になる文様はササン朝ペルシアの銀器の中には見られない文様であり、ササン朝支配下の中央アジアで作られたものであろう。5～6世紀中央アジアで作られた大英博物館所蔵銀製国王騎馬狩猟文碗の中心部分にも、3羽の孔雀の羽をパルメットのような唐草で表現したものがある。

　また、最近報告された陝西省西安市史君墓（大象2年、580）から出土した石槨に彫られた彫刻には、ソグド人であるゾロアスター教徒の史君夫妻が天馬に乗って天国に昇天する場面が描写されている[32]。史君夫妻を取り巻く楽士たちの下にはライオンと駱駝、羊などの動物がいて、その動物

たちの下半身を唐草状にしている例があげられる。一方、山西省太原市晋源区王郭村虞弘墓（開皇12年、592）から出土した石槨にも馬の下半身を丸めているものがみられる[33]。虞弘も史君もソグド人のゾロアスター教徒でソグド人を管掌する薩保であった。

おそらく、グプタ様式が中央アジアに流入し、中央アジアで作られた水差しやソグド人の墓である史君墓などにソグドを通じて中国に流入したものであろう。

結　　論

以上が大同出土八曲長杯を検討した結果であり、器形はササン朝ペルシアの八曲長杯に似たように作られているが、ササン朝の八曲長杯と同じではない。この器形は花形と花形の間に抉りが入り、その上に半パルメットが付くものであり、葡萄の葉のような植物をイメージして作られたものであろう。

文様はマカラとライオンを交互に配置したもので、インドのグプタ朝後期の文様であり八曲長杯の文様としてはきわめて例外のものである。また、この文様は従来言われているように闘争図ではない。動物の闘争図は基本的には肉食獣と草食獣が戦う様子を表したもので、河や海の動物が肉食獣と争っているものはない。マカラはワニや大魚の姿で表された想像上の動物である。ユーラシアでは同じ想像上の動物にグリフォンがあるが、グリフォンはライオンや鷲などの身体をもって表され、肉食動物として描かれている。インドにおいてもマカラとライオンは対等の動物として表されているので、闘争図ではないと考えられる。

次に銘文であるが、長軸の一方の口縁部にバクトリアで用いられていたギリシア文字の草書体で「キンギラの所有」と彫られている[34]。キンギラという名前はエフタル王の名前にあり、5世紀半から5世紀末まで在位し、キンギラが発行したコインがある[35]。ただ、銘文に彫られていたキンギラと言う名前と、エフタル王のキンギラとが同一の人物であるかどうかは明らかでない。従って、この八曲長杯が大同にもたらされる前にエフタル王が持っていたものかどうかは不明である。神亀元年（518）に北魏霊太后胡氏の命によって西域に旅行した宋雲や恵生は、洛陽を出て、吐谷渾、鄯善、左末城、干闐国、タシュクルガンなどを通り、パミールを超えてエフタル国に入っている[36]。5～6世紀初めにはエフタルが北魏に朝貢を行い、ソグディアナから天山南路方面にエフタルの力が及んでいた時期であった。『宋雲行記』には宋雲や恵生等の一行が北魏の神亀2年（519）にエフタル国に入り、エフタルの人々が遊牧をしていることや国王、王妃と会見をしたことなどが、詳細に記述されている。おそらく、この当時宋雲や恵生が通過したルートで中央アジアからも中国に来た人たちがいたのではないかと考えるのである。

大同出土八曲長杯は器形、文様、銘文、出土地などから考察するとササン朝ペルシアでつくられたものではなく、エフタルの支配下にあった西北インドから中央アジアで5世紀半に作られて5世紀末から6世紀初めにかけて中国に運ばれたものと考えられる。唐代になると八曲長杯は中国の銀器や玉器、陶磁器の器形に影響を与え、花形杯や皿、鉢などの器を創造したのである。

註

（１）　「無産階級文化大革命期出土文物展覧簡介」『文物』1972年第1期　pp.83～84
（２）　朝日新聞社（編）『文化大革命中の中国出土文物』朝日新聞社　1973年
（３）　孫培良「略談大同市南郊出土的几件銀器和銅器」『文物』1977年第9期　pp.68～75
（４）　孫培良　1977年　前掲書
（５）　Susan Bush, "Some Parallels between Chinese and Korean Ornament Motifs of the Late Fifth and Early Sixth Centuries A.D". *Archives of Asian Art*, vol.XXXXVII, pp.60～78, 1984
（６）　孫　機「唐、李寿石槨残刻、＜侍女図＞＜楽舞図＞散記」『中国聖火—中国古文物与党在文化交流中的若干問題』pp.198～250　1996年　遼寧教育出版社
（７）　林梅村「中国境内出土帯銘文的波斯和中亜銀器」『漢唐西域与中国文明』pp.157～197　1998年　文物出版社
（８）　斎東方「唐代以前外国輸入的金銀器」『唐代金銀器研究』pp.248～260　1999年　中国社会科学出版社
（９）　中野徹「魏・晋・南北朝時代の金属工芸」『世界美術大全集』東洋編第3巻　三国・南北朝　pp.181～188　小学館
　　　東京都美術館『唐の女帝・則天武后とその時代』展図録　1998年。
（10）　大同出土八曲長杯については、『世界美術大全集』東洋編第3巻　三国・南北朝（小学館　2000年　東京）、都美術館『唐の女帝・則天武后とその時代』展図録（1998年）、森美術館『中国・美の十字路』展図録（2005年）を参考にした。
（11）　Ann C. Gunter, Paul Jett, *Ancient Iranian Metalwork in the Arthur M. Sackler Gallery and the Freer Gallery of Art*, Washington, D.C.: Arthur M. Sackler Gallery; Freer Gallery of Art, Smithsonian Institution, 1992.
（12）　Joachim Werner, *Der Grabfund von Malaja Pereščepina und Kuvrat, Kagan der Bulgaren,* Bayerische Akademie der Wissenschaften, Philosophisch-Historische Klasse, Abhandlurgeh・Heue Folge, Heft 91, plVIII, München, 1984.
　　　東京国立博物館『シルクロードの遺宝』展図録　1985年、深井晋司「鍍金銀製八曲長杯—所謂「八曲長杯」の起源について」『ペルシア古美術研究』ガラス器・金属器　pp.101～127　1967年　吉川弘文館
（13）　原田淑人「正倉院御物を通じて観たる東西文化の交渉」『東亜古文化研究』pp.81～107頁　1940年　座右宝刊行会
（14）　深井晋司「鍍金銀製八曲長杯—所謂「八曲長杯」の起源について」『ペルシア古美術研究』ガラス器・金属器　pp.101～127　1967年　吉川弘文館
（15）　桜井良三（編）『決定版　生物図鑑』貝類　pp.312～313　1986年　株式会社世界文化社
（16）　O.M.Dalton, *The Treasure of the Oxus,* with Other Examples of Early Oriental Metal-work, pp64～66, plXXXIX, London, 1926.
（17）　Shinji Fukai, Kiyoharu Horiuchi, Katsumi Tanabe, Mihoko Domyo, *Taq-i Bustan IV*, Text, The Institute of Oriental Culture, The University of Tokyo, The Tokyo University Iraq-Iran Archaeological Expedition, Tokyo, 1984.
（18）　A.M Belenitsky, *Skul'ptura i Zhivopis' Drevnego Piandzhikenta*, Izdatel'stvo Akademii Nauk SSSR, Moskva, 1959.
（19）　陝西歴史博物館、北京大学考古文博学院、北京大学震旦古代文明研究中心『花舞大唐春』2003年　文物出版社

(20) John Boardman,"Three Monsters at Tillya Tepe", *Ancient Civilizations from Scythia to Siberia*, pp. 133〜146, 2003.

　　　John Boardman, "The Ketos in India", *Iconograhie Classique et Identités Regionales, Bulletin du Correspondance Hellénique*, supplement XIV, pp. 447〜451　1986.

(21) 肥塚隆・宮治昭（編）『世界美術大全集』東洋編第13巻　インド(1)　図22, 2000年　小学館
(22) 肥塚隆・宮治昭（編）前掲書　挿図89
(23) 肥塚隆・宮治昭（編）前掲書　挿図143
(24) Robert Knox, *Amaravati Buddhist Sculpture from the Great Stupa*, Published for the Trustees of the British Museum, London, 1992.
(25) 肥塚隆・宮治昭（編）前掲書　図86
(26) 前田龍彦「獅子座」田辺勝美・前田耕作（編）『世界美術大全集』東洋編第5巻　中央アジア　pp. 305〜310　2000年　小学館
(27) 肥塚隆・宮治昭（編）前掲書　図126
(28) 肥塚隆・宮治昭（編）前掲書　図127
(29) 肥塚隆・宮治昭（編）前掲書　図250
(30) 宿白「5-6世紀、北中国における人物造形上の変化と諸問題」東京国立博物館『中国国宝展』図録　pp. 253〜267　2000年。石松日奈子「三国・晋・南北朝前期の仏教美術」『世界美術大全集』東洋編第3巻　三国・南北朝　pp. 273〜298　2000年　小学館
(31) 寧夏回族自治区博物館、寧夏固原博物館「寧夏固原北周李賢夫婦墓発掘簡報」『文物』1985年第11期　pp. 1〜20
(32) 西安市文物保存考古所「西安市北周史君石椁墓」『考古』2004年第7期　pp. 38〜49
　　　楊軍凱「入華粟特聚落首領墓葬的新発現—北周涼州薩保史君墓石椁図像初釈」栄新江、張志清（編）『従撒馬爾千到長安』pp. 17〜26　2004年　北京図書館出版社
(33) 山西省考古研究所・太原市考古研究所・太原市晋源区文物旅游局「太原市隋代虞弘墓清理簡報」『文物』2001年第1期　pp. 27〜52　山西省考古研究所・太原市考古研究所、太原市晋源区文物旅游局『太原隋虞弘墓』2005年　文物出版社
(34) The Metropolitan Museum of Art, *China Dawn of a Golden Age, 200-750 AD*, The Metropolitan Museum of Art, New York, Yale University Press, New Haven and London, 2005.　森美術館『中国・美の十字路』展図録　2005年
(35) Robert Göbl, *Dokumente zur Geschichte der Iranischen Hunnen in Baktrien und Indien*, Band II, pp29〜66, Band III, pl. 15〜30, Wiesbaden, 1967.
(36) 榎一雄「エフタル民族の人種論について」『中央アジア史I』榎一雄著作集I　pp. 462〜501　1992年　吸古書院
　　　長澤和俊「『宋雲行記』について」『法顕伝・宋雲行記』東洋文庫194　pp. 250〜276　1971年　平凡社

北周安伽墓・史君墓の画像石に関する一考察

蘇　　　哲

　2000年5月から7月にかけて陝西省考古研究所が西安市未央区大明宮郷坑底寨村、すなわち北周の都長安城の南東で、北周大象元年 (579) 同州薩宝・大都督安伽墓を調査し、浮き彫りの石床屛風が発見された。2003年6～10月に西安市文物保護研究所が大明宮郷井上村で北周大象元年 (579) 涼州薩保史君墓を発掘して、ソグド文字と漢文を両方書いた墓誌、祆教の神祇および拝火壇などを刻んでいる家型石槨が見つかった。
　この2基の古墳から出土した画像石は、北朝に仕えるソグド人の生活風習と宗教信仰を研究する貴重な資料であり、学界の注目を集めている。本稿がその画像の解釈に基づき、中国で暮らしていたソグド人の埋葬風習、さらに突厥とソグドの関係などの問題について、検討を加えたい。

1　安伽墓の内部構造およびその画像

　安伽墓の埋葬施設は、5つの貫き天井を持つ傾斜する墓道、および磚積みの羨道と墓室から構成しており、中軸の長さは35m。墓室の平面は方形に近く、南北3.64m、東西3.68m、高さ約3.30mで、天井はいわゆる「四角攅尖」の構造である。貫き天井と墓道に壁画を画いたが、保存状態が悪くて、過洞の天井にパルメット、第三、四貫き天井の東西壁面に剣を持つ武人の下半身が残っているだけである (図1)。墓室の壁面は火に焼かれて壁画の内容が判明できない。
　羨道から出土した墓誌によると、被葬者安伽は姑蔵、つまり、河西回廊の武威市の出身であり、生前に北周の同州薩宝に就任したことがある。同州は今の陝西省大荔県の辺りにある。薩宝の語源はソグド語に求められ、キャラバンのリーダーという意味であり、北周ではソグド人を管理する官職となっていた。安伽の先祖は、いわゆる昭武九姓の1つ安国 (ブハラ) から来たのであり、おそらく姑蔵安氏というソグドの名族に属す。母親杜氏は、漢民族出身の可能性が高い。
　墓室奥壁の前に置いている屛風つきの石棺台と羨門のアーチは、浮き彫りの画像によって飾られている。画像の内容は次のとおりである。

(1)　**拝火教の祭壇**

　羨道石門の上部に幅1.28m、高さ0.66mの半円形の石板を置き、その表に金箔を貼っている彩色の浮く彫り画像を配している。画像の地平線に緩やかな山と銀杏の葉のような木を、中心部に祭壇を設けている。祭壇の下部は大きな蓮華座となり、3頭の駱駝が蓮華座の上に立っている。それぞ

図1　安伽墓の墓室構造

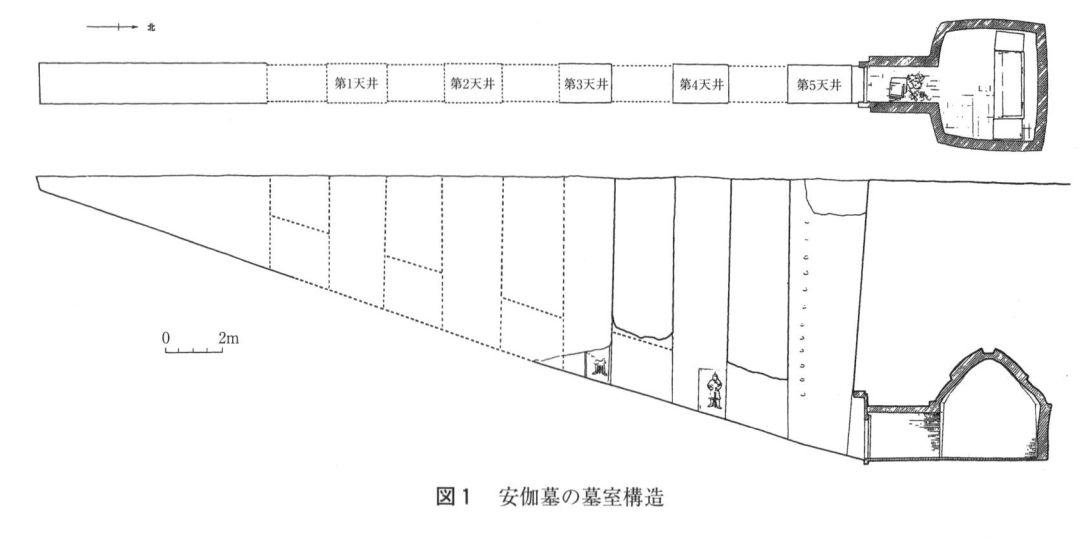

図2　安伽墓羨道石門アーチ浮き彫り

れの駱駝は前足しか表現されず、背がつながっている。駱駝の背中に蓮華を載せ、蓮華の上にさらに火鉢を置いてある。鉢の中に薪と燃えている火焰が見える。祭壇の左右にはそれぞれ北朝時代に流行した耳つきの楕円形机を配し、机の上に胡瓶と高杯などを置き、胡瓶に花を挿している。机のそばに両手で棒を持って机を指している人頭鳥身の祭司が立っている。祭司達はいずれもイラン系の顔つきで、濃い髯を生やし、爪に鶏特有の鋭い骨質突起物が見られる[1]。祭司の上方では左右対称に伎楽天人を配し、それぞれハープと琵琶を演奏している。祭司の下方に香炉で香を焚いている人物が彫り出され、右の人物は帽子をかぶり、右手で香炉の蓋を取り、左手で香料入れの盒子を持っている（図2）。

(2) **生活風景図**

出土石棺台屏風は3枚のパネルから構成しており、屏風の頭部側・足部側と正面の各1枚である。これらのパネルに彩色された浮き彫りの画像を12幅刻み、被葬者安伽の生前の生活を表現するものと見られている。

図3　安伽墓石床屏風画（パネル1―3）

　左から第1幅は出行図である。その上部には牛車を中心にして、前に刀を帯びる用心棒、右に傘を持つ下僕、左に御者を刻んでいる。下部は漢民族服装の騎馬婦人が2人描かれ、後ろにいるマフラーをかけているのが安伽夫人と推定されている。馬の傍らについたソグド風の身なりをしている2人の歩行者が彼女たちの侍従と見られる。

　左2幅目は狩猟図である。上部に山羊狩り、下部に猪狩りの場面が彫られている。上部で弓を引き、山羊を狙っている者は、下部で猟犬と並んで駆けている者と同一人物で、被葬者の安伽本人である。髪型も服装も完全にソグド風となっている。

　3幅目は野外での会食図である。虎皮文様のテントの中に3人の男が坐り、左側の者が安伽だと思われる。テントの外に4人のソグド人の下僕が高杯と胡瓶を持ち立ち、手前の山林に虎や山羊など野生動物が走っている（図3）。

　4幅目は突厥貴賓招宴図である。屋根に三日月と太陽を飾っている建築の中に連珠文の絨毯を敷き、主人役をつとめる安伽が左に、2人のロングヘアの突厥貴族が中央と右に坐っている。安伽がハープを、右の突厥人が琵琶を演奏し、真中の突厥首領が喜んでいる表情である。安伽の後ろに3人のソグド人、突厥貴族の後ろに3人の突厥人が片手を振りながら歌い、手前に1人のソグド人が胡旋舞を踊っている[2]。安伽の傍らに酒盃と酒瓶を持つソグド下僕が立ち、建築の外に4人のソグド人が酒と食品を運び、床に酒壺をいっぱい置いている。

　5幅目のパネルは宴会・狩猟図である。上部画面で主人公安伽が右手で酒盃を持って木の下に坐り、クッションで右肘を支え、のんびりしている。その後ろと右に酒盃と皿などを運ぶ4人の下僕を、前方には踊っているソグド男性2人を刻んでいる。踊る人の右の絨毯で帽子をかぶっている3人の男性がそれぞれ琵琶・尺八・ハープを演奏している。下部には、安伽が弓を引き、ライオンを狙っていて、もう1人のソグド人が槍で猪を狩っている。中国にはライオンがいなかったので、中央アジアをイメージして描いたものだと考えられる。

　6幅目のパネルは家居図である。中国式の家の中に、老年となった安伽と漢民族の夫人が坐って酒を飲んでいる。左に酒壺を持つソグド下僕、右に2人の漢民族の侍女が立っている。家の前に橋、樹木、石からできた庭園が彫り出されている。

　7幅目は握槊図である。上部には安伽が突厥首領と野外で面会する場面を刻んでおり、安伽とロングヘアの突厥首領がともに馬に乗って、手を結ぼうとし、それぞれの後ろに刀など武器を持つ侍従が立っている。下部には、三日月と太陽を飾っている屋根の下で安伽が右手でさいころを持ち、突厥首領と双六を打っている。審判役を務めるのはロングヘアの突厥人である。双六は当時握槊といい、ソグドから伝来し、北魏宣武帝以降、中国で流行した[3]。

　8幅目は突厥訪問図である。虎皮文様のテントの中で安伽が突厥首領に角型のコップを渡して話

図4　安伽墓石床屛風画（パネル4—9）

している。テントの外ではソグド王子と見られる花冠をかぶっている人物など4人が絨毯に坐り、ナイフで食事をしている。その前に突厥人の下僕が料理をつくって、手前に3人のソグド人が駄馬・羊と貨物を載せた駱駝の傍らに立ち、顔はテントに向かっている。山・樹木などの背景と周囲の雰囲気を見ると、場所は突厥支配の草原地域だと思われる。ソグド王子・安伽と突厥部族の首領との具体的な関係は考証できないが、被葬者が生前に突厥部族の訪問を描写した画面であろう。

図5　安伽墓石床屛風画（パネル10—12）

　9幅目は突厥客招宴図である。中国風の木造建築の中で主人役をつとめる安伽が酒盃を挙げ、左に跪いている突厥の客と話している。後ろに簫・ハープ・琵琶の演奏者などを、手前に料理・酒を運ぶ者と舞踊者を描くが、いずれもソグド系の人である。安伽が自分の家で突厥の客を歓迎する宴会の場面に違いない（図4）。

　10幅目も狩猟図であり、画面に5人の狩猟者が見られる。弓を引き、兎を狙っている安伽を中心に、右上方に2人の突厥人を、左上方に刀でライオンと戦っている1人のソグド人を刻んでいる。下方のソグド王子と推定されている人物は、冠の後ろに2本の長いリボンをつけ、投げ輪で鹿を狙っている。

　11幅目は安伽がソグディアナを訪問した際に招待された画面である。テントの中で、安伽と1人のソグド貴族が金叵羅という容器を持って酒を飲んでいる。テントの右側に安伽の侍従たちと馬が待っている。手前に舞踊者と琵琶・笛・腰鼓を演奏している場面を描き、右下方の屛風の後に料理をする人が見える。テント内外にいっぱい置かれた食べ物を盛るお皿と酒の壺が、宴会の盛大さを物語っている。

　12幅目は帰来図である。上部画面には、安伽が馬に乗り、後ろに傘持つ侍従、傍らに牛車がある。下部画面には、安伽の自宅の橋の前に夫人が孫を連れて安伽を迎えている。夫人の後ろに漢民

族の侍女を2人、安伽の後ろにソグド人の下僕を2人彫り出している（図5）。

2　史君墓の内部構造およびその画像

　史君墓は安伽墓の北西2.2kmのところに位置し、埋葬施設も安伽墓と同じく、5つの貫き天井を持つ傾斜する墓道および磚積みの羨道・墓室から構成されている。中軸の長さは安伽墓を越え、47.26mに及ぶ。墓室の平面は方形に近く、南北3.5m、東西3.7m、天井が崩れたために、高さは不明である。墓室の石門に葡萄・パルメット・守護神が浮き彫りされている。墓室の奥に入母屋造りの石槨を置き、その南壁の上方にソグド文と漢文で書いた墓誌銘が刻まれている。漢文墓誌銘によると、被葬者史君は、ソグディアナの史国（キッシュ）の出身で、その後長安に移住し、北周王朝で涼州薩保を務めた。大象元年（579）、86歳の時に家で亡くなり、翌年、妻康氏と合葬された。ソグド文の墓誌銘は今翻訳中である[4]。

　史君墓の石槨は19枚の石板から構成されており、中国風の木造入母屋造りの形となっている。石槨の幅は246cm、奥行き155cm、高さ158cmである。裏の壁に朱砂で壁画を描いたが、葡萄と建築文の断片しか残存しなかった。表に施された浮き彫りは、ソグド風画像資料として重要な価値を持っている。

(1)　祭司と守護神

　南壁の中央は2枚の扉からできた門を設け、下の階段に一対の獅子と4人の童子を配している。門の両脇で、4本の手を持つ守護神が鬼を踏んでいるポーズをとり、後世の仁王像を思い出させる。守護神の肩鎧がマカラ、膝裙が象頭のデザインとなっている。右と左の窓の上に琵琶・ハープ・笛などを演奏するソグド人を、下に長い火箸を持つ鳥形の祭司を彫りだしている（図6）。なお、その守護神の多臂の姿は、ヒンドゥー教の影響を示すが、ゾロアスター教のどの神にあたるのか、いまだ結論がない。

(2)　生活風景図

　北壁には5幅の画像を配している。右から1幅目は露営図であり、被葬者と見られる人物が長い酒杯を持ってテントに坐り、手前に侍者たちが待機し、馬・駱駝および御者たちが休んでいる。2幅目は宴会図であり、ソグド風の建築の中に被葬者夫婦が床に据わって酒を飲んでいる。まわりに食べ物と飲み物を運ぶ下僕、ハープ・琵琶を演奏する人物と踊っている人物が描かれている。3幅目は出行図であり、馬に乗っている被葬者夫婦は、傘などを持つ男女の侍従に取り囲まれている。4幅目は葡萄園の中の宴会風景を描写する画面で、上部にソグド風の身なりの男子5人を、下部に漢民族風の身なりの女子5人を描き、いずれも坐っている姿で、その前に食品を盛る大皿を置いている。周りでソグド人の下僕たちが楽器を演奏している。5幅目の内容は理解しにくい。山の洞穴に裸に近い老人が坐り、1匹の犬がその前で縮こまって寝ている。手前に河に転落した2人の男が水中の魔物に追われて必死に逃げ、空から飛んできた天使たちが手をさし出して彼らを救助してい

図6　史君墓石槨南壁画象

図7　史君墓石槨北壁画象

る（図7）。

　西壁には3幅の画像を配している。左から1幅目は狩猟図で、被葬者が弓で鹿を狙っている姿が見られる。2幅目は家内の生活風景であり、赤ん坊を抱いている被葬者夫婦がソグド風の家の中に坐っている。

　被葬者生前の狩猟、出行、家居生活を描写する画面は安伽などの墓のそれと共通点が見られるものの、必ずしも被葬者の事跡に基づいて描いたとは言い切れず、一定の格式に従って造った可能性が高いと考える（図8）。

（3）　神明崇拝図

　西壁の3幅目がわかりにくい画像で、蓮華に坐る神様が説法し、ソグド・漢・突厥など民族の服装をした男女たちがひざまずいて合掌をするような姿で敬虔に聞いている。ライオン・猪・鹿・羊などの動物も静かにうつ伏せになっている。神様の頭に誓のようなものがつき、後ろに背光があり、釈迦説法の風景を思い出させる（図8）。

（4）　チンワト橋と死後の裁判

　石槨東壁にチンワト橋と死後の裁判の風景を3幅刻んでおり、これまでソグド系の葬具には類似する画像が発見されていない。

　画面が1幅目の右から展開して、2幅目につながり、内容は次のようである。

　多くの人間と家畜が1本の橋を渡って彼岸へ歩んで行き、橋のたもとで棒を持ち、マスクをつけている2人の祭司が立ち、皆を目で送っている。橋の上の2箇所で聖火が燃え、奥の山で2匹の犬が橋を見張り、橋の下に水中の魔物が泳いで、転落する者を待っている。空の光輪の中に1人の神が正坐し、前に3頭の牛が伏せ、両脇に2人の天使が長いリボンで光輪をかぶせている。その左下に3人の冠をかぶっている神が座り、右下に男女神が2人いる。それらの神々の左に1の天使と2匹の翼馬がいる。蓮華・パルメットが空に浮かび、1人の人物が逆さまに河へ転落している。

　3幅目は天国を描写する画像であるらしい。頭に三日月と太陽を載せる翼馬に乗る男女の主人公が、琵琶・ハープ・笛などを演奏している天使に取り囲まれて漫遊している。下に霊界の山羊と水鳥などが描かれている（図9）。

　ゾロアスター教では、人間の死後に第三夜が明けると、霊が肉体から分離し、霊界へ旅立つ。善者も悪者も、至高の神アフラ・マズダーが造った、この世とあ

図8　史君墓石槨西壁画象

図9　史君墓石槨東壁画象

の世の間にかけてあるチンワト橋（検別橋）を渡らなくてはいけない。そして、その橋のところで審判が行われ、善者と悪者の運命が分かれる。4つ目の犬が橋を護っており、善人に助力する。善人が橋を渡るさいに、死者の裁判官をつとめるスラオシャ・ミスラとラシュヌ3人の神が彼らを悪魔の襲撃から護り、美少女に化けた死者のダエーナー（良心）がその霊魂を導いて、チンワト橋を越えて天国への旅に赴くのである。悪人が橋を渡る場合は、ウィーザルシャという悪魔が、悪人の霊魂を橋から転落させ、火のない暗く寒い奈落の底に引きずり込むことになる。

　すると、1・2幅目に描かれた橋は、チンワト橋で、光輪の左下にいる3人の神は死者の裁判官を務めるスラオシャ・ミスラとラシュヌに当たり、2匹の犬はチンワト橋を護る4つ目の犬だと考えられる。魔物の泳いでいる河は地獄の入り口で、空から転落した人は悪人である。光輪の中で3頭の牛の後ろに正坐する神は、月神マーフである可能性が高い。ペルシア人には月崇拝の伝統があり、月神は自らの中に牛の種を保持するといわれている。3幅目は、霊魂の旅の終点である天国を表現する画面で、翼馬に乗る者は被葬者夫婦だと思われる。

3　中原王朝に仕えるソグド人たち

　安伽と史君はいずれも北周に仕えるソグド人の官僚である。出土した墓誌によって、安伽が生前に同州薩宝を務め、大都督という勲官の肩書きをもらい、史君は涼州薩宝をつとめた。北周薩宝の官位について、文献には記録が残っていないが、後の隋文帝期では、雍州薩宝は従七品、200戸以上の胡人が住む地方の州薩宝は九品と見なし[5]、身分はそれほど高くないが、大都督は、北周では八命であり、勲品としてはかなり高い方である。とすると、安伽も史君も、中・下級官吏であったことがわかる。

　五胡十六国時代からソグド人が中原の政治の舞台に頭角を現しはじめた。後趙という国を建てた羯族は、ソグド人と関係が深いといわれている。初代の王の石勒は、胡人を国人にして、側近を胡人訴訟を司る職に任命し[6]、2代目の石虎は、太武殿内に胡人の容貌をした忠臣、孝子、烈士、貞女を描いた[7]。350年、冉閔が石氏を滅ぼした時に、羯族兵士3000人がゾロアスター教の寺院（胡天）で冉閔を待ち伏せた[8]。3000人も隠せる大規模な寺院の存在は、ソグド宗教の影響力の強さを裏づけている。後に冉閔が鄴都百里以内の漢民族の人を動員して、老幼男女を問わずに羯胡など20万人ほど虐殺し、胡人の相貌に似ている漢民族の人も免れることができなかったという[9]。

　北朝に入ってから、中原王朝に仕えるソグド人の官僚が増えてきた。

　『魏書』によれば、北魏の贈高陽王・征東大将軍安同は遼東の胡人で、先祖は後漢時代に中国に来た安息王子安世高である。安世高の後裔というのは、貴族の家柄に取り入るための作り話であり、まったく信憑性はないが、安同とその諸子が金を掻き集めるのが得意ということから、ソグド商人の性格が強いと思われる[10]。

　北斉王朝に仕えたソグド人の人数がもっとも多く、和士開・何海・何洪珍・曹僧奴・曹妙達・安未弱・安馬駒・何朱弱・史醜多など名前が正史に残っている。これらのソグド人は、双六（握槊）・歌・踊りなどの技芸で皇帝の寵愛を得て王・開府まで昇進した[11]。和士開は得意な双六の

技で武成帝の胡皇后の歓心を買い、ついに不倫関係にまで発展し、権勢を笠に着て政治を混乱させた。彼はしばしば死刑囚を赦免して命を買い戻す財物を請求していた。何海・何洪珍親子は、賄賂をもらって官爵を売り、商人政治を行い、北斉王朝の「恩倖」といわれていた。これらの恩倖は、皇室内部の紛争にも介入し、北斉の後主は、自分の兄の南陽王高綽を殺す時に、何猥薩というソグド人に命じて、南陽王と相撲をして絞殺させた(12)。

ソグド系の商人によって輸入されたペルシア系のペットも北斉政治の崩壊を加速した。『北史』南陽王綽伝に次のような記事が見られる。

　　武成帝の息子高綽が十数歳の時から晋陽で波斯狗を飼っていた。冀州刺史在任中、裸の人間を蹲る野獣のような姿勢にさせ、狗に喰わせた。その後、定州刺史に転任し、また道で出会った子連れの婦人親子を波斯狗の餌にした。犬は婦人を喰わないので、婦人の体に子の血を塗り、犬に喰わせた。

同恩倖伝には、韓宝業などの宦官が波斯狗を儀同、郡君に封じ、俸禄も与えたとある(13)。

ところで、ソグド系の商人出身の官僚にも廉潔な者がいる。東魏時代に高歓に仕えた安吐根が東魏の使者として柔然を訪問し、両国の姻戚関係を結び、親善外交を成功させた。武成帝死後、彼は腐敗した政治に不満を持ち、身の危険を顧みずに趙郡王高叡などといっしょに和士開を弾劾した。皇太后が和士開の罷免を断ると、彼らは鄴都の宮殿の前殿で、皇太后が群臣を招待した宴会場で冠を投げ、咆哮して抗議した(14)。

安伽と史君が仕えた北周では、北斉のようなソグド出身の恩倖重臣はいなかったが、ソグド系の儒学者・工芸者・外交官たちが活躍していた。大統11年（545）に、突厥可汗土門が西魏の権臣宇文泰（死後に北周の太祖と追尊された）に絹馬交易を開きたいと申し出て、宇文泰がこれに応え、酒泉の胡人安諾槃を使者として突厥に派遣した(15)。何妥・何稠兄弟は昭武九姓何国の人の後裔であり、父親は蜀に移住して梁の武陵王蕭紀に仕えた。梁が滅びてから、兄弟が北周に入った。兄の何妥は北周の太学博士となり、隋の文帝が即位すると公爵・国子祭酒まで昇進した。弟の何稠は北周の御飾下士となり、隋の文帝・煬帝期に土木・大工などを管理する役所の長官である将作大将と工部尚書などを務めた。

1999年に、山西省太原市王郭村で調査された隋開皇12年（592）儀同虞弘墓の墓誌によると、被葬者虞弘は魚国の出身、かつて柔然王の命令を受け、使者としてペルシア、月氏の故地に行ったとある。後に北周に仕え、「検校薩寶府」に任じられた。

安伽と史君は、このような歴史の流れの中で中国王朝に仕えたソグド人の官僚であった。

4　突厥とソグド

安伽墓の12幅の石屏風画の内、突厥人の登場した画面が5幅にも及んだことは、ソグドと突厥の深い関係を物語るものである。

ソグディアナはシルクロードの要衝に当たり、古くからソグド諸国が中継貿易によって繁栄した。6世紀の中葉、柔然を破り、ユーラシア草原地帯を支配する遊牧帝国を打ち建てた突厥は、商

業と外交の才能の溢れるソグド民族の文化を取り入れた。婚姻・埋葬制度においてソグドから多大な影響を受け[16]、ソグド語ものちに突厥の公用語となり、ソグド文字は突厥文字を経て、後のウイグル・モンゴル・満州の各文字へと受け継がれた。

　6世紀後半には、すでに数多くのソグド人が突厥部族に暮らしていた。北周大象2年（580）、趙王宇文招の娘千金公主が突厥可汗の嫁に行ったが、後に北周の皇位が隋国公楊堅に簒奪され、宇文招も殺された。隋に復讐するために、公主は突厥の軍事力を利用して頻繁に隋の領土を侵犯した。隋の使者長孫晟は公主とその身辺の胡人との不倫関係を調べ、可汗に告発した。さらに、隋は可汗に4人の美女を贈って政治的な圧力をかけ、北周公主を殺させた[17]。千金公主と不倫関係を持つ胡人が安遂迦といい、ソグド系の人であるらしい。隋末に一時突厥可汗になった思摩は、ソグド的な顔つきなので、阿史那種ではないと疑われ、軍事指揮権も与えられなかった[18]。

　要するに、王庭を始め、突厥諸部に多くのソグド人が雑居し、性的な規制も緩み、王族阿史那氏の血統が乱れるまでに至った。

　外交と軍事の面においてもソグド人は無視できない存在となっていた。煬帝期にソグドなどの胡人が突厥の始畢可汗のために、計略を立てて隋と対抗し続けた。隋がこの胡人のシンク・タンクを目の敵にして、右光禄大夫裴矩は、天子の宝物で胡人達と交易すると嘘をつき、胡人部族をおびき寄せ、そのリーダーである史蜀胡悉を殺した[19]。突厥軍の中にはソグド系胡人で編成された柘羯という精鋭部隊もあった[20]。頡利可汗（620〜630年に在位）は胡部を設け、突厥人と疎遠となってソグド人を信用し、利益に駆られて、繰り返し戦争を引き起こした[21]。のちに唐の太宗が突厥を撃破し、多くの突厥部族が唐に投降したが、柘羯は戦争の責任を追及されることを恐れて逃げたという[22]。

　北朝の後期、西魏―北周と東魏―北斉の間の戦争が絶えず、両国ともに突厥からの軍事支援を求めた。北周保定3年（563）、楊堅が北斉の晋陽（今の太原市）を侵攻した際に、突厥俟斤可汗が十万の騎兵を率いて支援に来た。翌年、楊堅が沃野鎮から北斉を侵犯した時に、突厥も出兵した。長安に在住していた1000人以上の突厥人に対して、北周政府は客扱いし、錦と肉をつねに供給した[23]。こうした活発に展開した対突厥外交の中で、安伽・史君のような言葉と文化の面において突厥と関わりの深いソグド出身の官吏が、重要な役割を果たしたに違いない。

5　ソグドの埋葬風習と安伽・史君墓

　ソグド諸国には火葬と天葬の2つの埋葬法が流行っていた。康国の埋葬風習はペルシアに似て天葬であった。唐代の韋節の『西蕃記』によると、康国の国城（都市国家）郊外に葬儀を営む家が200戸余りある。壁で囲む院を別に築き、その中で犬を飼っている。国で人が死ぬたびに、彼らは死体を取りに行って院内に運び、犬に食わせてから、棺と槨を使わずに骸骨を埋葬する[24]。

　『旧唐書』巻一百十二李暠伝によると、唐玄宗開元年間に、太原にある寺院の禅を習う僧侶たちは、長年にわたって天葬を実施していた。そのために、千数匹の死体食いの猛犬がよく幼弱の市民を襲撃していた。地方官吏が治められずに遠近の住民が大変困ったという。岑仲勉氏が太原寺院の

天葬は祆教の風習であると指摘したが、インドからの野葬風習と主張する学者もいる(25)。五胡十六国時代から、并州は胡人の集まり住む地域として有名で、祆教の風習が唐代までに残ることも不思議でもないと思われる。

石国では火葬が盛んであったらしい。『隋書』巻八十三西域伝によると、石国の国城の南東に家があり、その中に座が置いてある。正月6日、7月15日に、火葬された王の父母の遺骨を容れた金甕を牀の上に載せて、そのまわりを歩きながら、花・香・雑果を散らす。王が臣下たちを率いて祭祀するという(26)。

石国の埋葬風習が中国にも伝来したらしい。1971年、山東省青州市傅家村ダムの工事現場で発見された北斉武平4年(573)石槨に、胡商の会見・出行・祭りなどの図柄が線刻されていた。そのうちの1幅には、手前に数匹の馬に載せられた家型の霊柩を描き、遠い山野に1軒の変わった家が見える。その家の屋根に煙突のようなものが立っており、火葬する施設である可能性が否定できない（図10）。

図10 山東省青州市傅家村北斉石槨墓線刻図

安伽墓と史君墓はいずれも傾斜する墓道と貫天井を持つ磚室墓であり、西安地域の北周・隋・唐の貴族墓と変わらず、前者の貫天井には北周風の武人図も描かれている。石床屛風と家型石槨は、ソグドからのものでなく、洛陽北魏墓の伝統を受け継いだと考えられるが、文様は西域風であった。しかも、安伽墓の羨道・墓室・遺骨に焼き跡があり、遺骨は棺台の上ではなく、羨道の中の墓誌の傍らに置いていた。ソグドの風習に従って火葬した後に、遺骨を北周式の墓に埋葬するのが、その特徴である。史君墓には火葬の痕跡が発見されず、動物の骨も検出されたので、安伽墓との埋葬風習が異なるところがあると思われる。

ソグドはシルクロードで活躍したイラン系の商業民族で、漢代以降、ソグド商人達がソグデイアナ地域（天山西麓・パミール一帯の西トルキスタンを指し、ほぼ現在のキルギズ・タジク・ウズベク共和国に相当する）から、中国に移住し始め、西域の文化を広める役割を果たした。五胡十六国以降、西域からの移住者が増え続けた。『洛陽伽藍記』によると、北魏の首都洛陽に住むソグド・ペルシア・ビザンチン系の人が1万戸を越えたといわれている(27)。20世紀に入ってから、西安・洛陽・太原・安陽・河西・山東などの地域でソグド人関係の墓誌と石屛風・石槨が次々に発見され、その文献記事の信憑性を裏づけている。北朝時代には、中国に移住したソグド人たちは、独自な宗教伝統を守りながら、商業活動を続けた。中国の王朝に仕えたものは、得意な語学力と商人の鋭い洞察力を発揮し、対突厥の外交で活躍していた。

本稿は、安迦墓と史君墓から出土した画像石に基づき、安迦墓の発掘報告書と史君墓の発掘概報に若干異議を唱えた。北朝時代にソグドと突厥の関係、中国に移住したソグド人の果たした役割、およびその埋葬風習などの問題をさらに究明しようとしたが、考古学資料の少なさとそれを詮釈す

る困難さを痛感した。

　2004年西安市文物保護研究所が坑底寨村、すなわち安伽墓の南、史君墓の東で北周天和6年(571)贈甘州刺史康業墓を調査し、線刻画を飾る石棺台と石屏風が発見された。出土した墓誌によると、被葬者は康国（サマルカンド）のソクド人の後裔である。西安市未央区大明宮郷の周辺は、おそらく北周長安城内に住むソグド系住民の墓地である。これからも、ソグド系遺物の発見が期待できると思う。

註
（1）　祭司たちは大鷹の爪を持つとされているが、筆者の知識によれば、それは鶏の爪の特徴を備えている。
　　　陝西省考古研究所『西安北周安伽墓』（文物出版社2003年）を参照
（2）　『旧唐書』巻一百八十三・外戚・武承嗣伝附子延秀伝
　　　　　延秀久在蕃中、解突厥語、常於主第、延秀唱突厥歌、作胡旋舞、有姿媚、主甚喜之。及崇訓死、延秀得幸、遂尚公主。
　　　とある。武延秀は武則天の兄の孫で、突厥に長く暮らしていたので、突厥語が堪能であるという。よく太平公主の家で突厥の歌を歌いながら、胡旋舞を踊ったので、公主の歓心を買い、ついに公主と結婚した。突厥の歌のリズムにあわせて胡旋舞を踊るのは、当時の1つの流行であることがわかる。
（3）　報告書の作者はその遊戯を博弈と推定したが、安伽と相手の突厥首領の姿勢、および観戦者の興奮している姿を見て、双六を打っている可能性が高いと思う。双六について『魏書』巻九十一・范寧児伝は次のように記している。
　　　　　高祖時……趙国李幼序、洛陽丘何奴並工握槊。此蓋胡戯、近入中国、云胡王有弟一人遇罪、将殺之、弟従獄中為此戯以上之、意言孤則易死也。世宗以後、大盛於時。
（4）　西安市文物保護研究所「西安市北周史君墓」『考古』2004年7期
（5）　『隋書』巻二十八・百官下・隋高祖時官制
　　　　　雍州薩保、為視従七品。（略）諸州胡二百戸已上薩保、為視正九品。
（6）　『晋書』巻一百五・載記第五・石勒下
　　　　　中塁支雄、遊撃王陽並領門臣祭酒、専明胡人辞訟、以張離、張良、劉群、劉謨等為門生主書、司典胡人出内、重其禁法、不得侮易衣冠華族。号胡為国人。
（7）　『魏書』巻九十五・羯胡石勒伝附石虎伝
　　　　　太武殿成、図画忠臣、孝子、烈士、貞女、皆変為胡状、頭縮入肩。虎大悪之。
　　　とある。漢民族的な画像が突然胡人の顔つきに変わったというのは作り話であるが、おそらく、固原雷祖廟北魏墓漆棺に描かれた鮮卑風の孝子伝図のような、ソグド系の画家によって描かれたソグド風の忠臣、孝子、烈士、貞女図であろう。
（8）　『晋書』巻一百七・載記第七・石季龍下
　　　　　龍驤孫伏都、劉銖等結羯士三千伏于胡天、亦欲誅閔等。
（9）　『晋書』巻一百七・載記第七・石季龍下を参照。
（10）　『魏書』巻三十・安同伝を参照。
（11）　『北史』巻九十二・恩幸・斉諸宦者倉頭・胡小児
　　　　　武平時有胡小児、倶是康阿駄、穆叔児等富家子弟、簡選點慧者数十人以為左右、恩眄出處、殆與閹官相埒。亦有至開府儀同者。其曹僧奴、僧奴子妙達、以能彈胡琵琶、甚被寵遇、倶開府封王。又有何海及子洪珍、開府封王、尤為親要。洪珍侮弄權勢、鬻獄賣官。其何朱弱、史醜多之徒十数人、咸以能舞

　　　　工歌及善音楽者、亦至儀同開府。
　　『隋書』巻十四・音楽中
　　　　後主唯賞胡戎楽、耽愛無已。於是繁手淫声、争新哀怨。故曹妙達、安未弱、安馬駒之徒、至有封王開
　　　　府者、遂服簪纓而為伶人之事。後主亦自能度曲、親執楽器、悦玩無惓、倚絃而歌。別採新声、為無愁
　　　　曲、音韻窈窕、極於哀思、使胡児閹官之輩、斉唱和之、曲終楽闋、莫不殞涕。雖行幸道路、或時馬上
　　　　奏之、楽往哀來、竟以亡国。

(12)　『北史』巻五十二・斉宗室諸王下・南陽王綽伝
　　　　韓長鸞聞之、除斉州刺史。将発、長鸞令綽親信誣告其反、奏云：「此犯国法、不可赦。」後主不忍顕
　　　　戮、使寵胡何猥薩後園與綽相撲、搤殺之。

(13)　『北史』巻五十二・斉宗室諸王下・南陽王綽伝
　　　　綽始十餘歳、留守晋陽。愛波斯狗、尉破胡諫之、欻然斫殺数狗、狼藉在地、破胡驚走、不敢復言。後
　　　　為司徒、冀州刺史。好裸人、畫為獸狀、縦犬噬而食之。左轉定州、汲井水為後池、在樓上彈人。好微
　　　　行、游獵無度、恣情強暴、云学文宣伯為人。有婦人抱児在路、走避入草、綽奪其児飼波斯狗。婦人号
　　　　哭、綽怒、又縦狗使食、狗不食、塗以児血、乃食焉。
　　同巻九十二・恩幸・斉諸宦者
　　　　猶以波斯狗為儀同、郡君、分其幹祿。

(14)　『北史』巻九十二・恩幸・和士開伝
　　　　安吐根継進曰：「臣本胡商、得在諸貴行末、既受厚恩、豈敢惜死？不出士開、朝野不定。」太后曰：
　　　　「別日論之、王等且散。」叡等或投冠於地、或拂衣而起、言詞咆哮、無所不至。

(15)　『北史』巻九十九・突厥
　　　　其後曰土門、部落稍盛、始至塞上市繒絮、願通中国。西魏大統十一年、周文帝遣酒泉胡安諾槃陀使
　　　　焉。其国皆相慶曰：「今大国使至、我国将興也。」

(16)　『魏書』巻一百二補・西域・康国
　　　　人皆深目、高鼻、多髯。善商賈、諸夷交易多湊其国。有大小鼓、琵琶、五弦箜篌。婚姻喪制與突厥
　　　　同。

(17)　『北史』巻三十八・裴佗伝附裴矩伝
　　　　時突厥強盛、都藍可汗妻大義公主即宇文氏女、由是数為辺患。後因公主與従胡私通、長孫晟先発其
　　　　事、矩請出使説都藍、顕戮宇文。上従之、竟如其言。
　　『北史』巻九十九・突厥
　　　　公主復與西突厥泥利可汗連結、上恐其為変、将圖之。会主與所従胡私通、因発其事、下詔廃之。恐都
　　　　藍不従、遣奇章公牛弘将美妓四人以啗之。時沙鉢略子曰染干、号突利可汗、居北方、遣使求婚。上令
　　　　裴矩謂曰：「当殺大義公主方許婚。」突利以為然、復譖之。都藍因発怒、遂殺公主於帳。

(18)　『新唐書』巻二百一十五上・突厥上
　　　　思摩者、頡利族人也。父曰咄六設。始、啓民奔隋、磧北諸部奉思摩為可汗、啓民帰国、乃去可汗号。
　　　　性開敏、始畢、處羅皆愛之。然以貌似胡、疑非阿史那種、故但為夾畢特勤、而不得為設。

(19)　『北史』巻三十八・裴佗附裴矩伝
　　　　矩又曰：「突厥本淳、易可離間、由其内多有群胡、尽皆桀黠、教導之耳。臣聞史蜀胡悉尤多奸計、幸
　　　　於始畢、請誘殺之。」帝曰：「善。」矩因遣人告胡悉曰：「天子大出珍物、今在馬邑、欲共蕃内多作交
　　　　関、若前來者、即得好物。」胡悉信之、不告始畢、率其部落、尽駆六畜爭進、冀先互市。矩伏兵馬
　　　　邑、誘而斬之。

(20) 向達氏はかつて、柘羯が昭武九姓の康国の戦士であると指摘した。『唐代長安與西域文明』生活・讀書・新知三聯書店　1957年
(21) 『旧唐書』巻一百九十四上・突厥上・頡利可汗
　　　頡利毎委任諸胡、疏遠族類、胡人貪冒、性多翻覆、以故法令滋彰、兵革歳動、国人患之、諸部携弐。
(22) 蔡鴻生『唐代九姓胡與突厥文化』中華書局　1998年
(23) 『北史』巻九十九・突厥を参照
(24) 『通典』巻一百九十三・辺防九・康居を参照
(25) 岑仲勉『隋唐史』上冊　中華書局　1982年。蔡氏前掲註（22）書
(26) 『隋書』巻八十三・西域・石国
　　　石国、居於薬殺水、都城方十餘里。其王姓石、名涅。国城之東南立屋、置座於中、正月六日、七月十五日以王父母燒餘之骨、金甕盛之、置于牀上、巡遶而行、散以花香雑果、王率臣下設祭焉。
(27) 『洛陽伽藍記』巻三・城南

図の出典

図1〜図5　陝西省考古研究所『西安北周安伽墓』
図6〜図10　西安市文物保護研究所「西安市北周史君墓」
図11　鄭岩『魏晋南北朝壁画墓研究』文物出版社　2002年

キジル石窟壁画焚棺図に描かれた木棺について

岡林　孝作

はじめに

　中国新疆ウイグル自治区クチャ（庫車）の西約70kmに所在するキジル石窟の壁画中には、釈迦の火葬の情景を表した焚棺図[1]が多くみられる。典型的な構図では、火炎に包まれて燃え上がる釈迦の棺を中央に大きく描き、その周囲に比丘や天部あるいは在俗信者が配され、さまざまな姿態でそれぞれに釈迦の死を悼む。各人各様に深い悲しみを表す人物表現もさることながら、棺自体が重要な主題として大きくかつ細密に描写されている点は注意に値する。

　壁画中の棺の表現方法にはいくつかのパターンがあるが、棺自体のプロポーションや細部の装飾には総じて共通点が多く、定型化したモデルの存在が予想される。それが、当時クチャ地方で実際に使用されていた木棺に求められるであろうとする示唆も、すでに諸先学によって与えられている（Le Coq 1925、宮治 1992）。

　本稿では、キジル石窟壁画の焚棺図に描かれた棺の表現を検討し、その特徴を明らかにするとともに、クチャ地方における木棺の出土資料を検討して、壁画に描かれた棺との比較をおこなうことにする。

1　キジル石窟壁画における焚棺図

　キジル石窟において焚棺図が描かれた石窟[2]のうち、今回取り上げることができたのは第4・7・114・175・176・179・193・205・224・227の各窟である。すべて中心柱窟（方柱窟）で、焚棺図を描く位置もほぼ固定的である。

　中心柱窟は主室奥の中心柱を塔に擬し、その周囲の通廊を右繞礼拝に供する構造の窟であり、キジル石窟において壁画装飾を有する窟としては多数を占める形式である。主室は比較的広く天井が高いが、中心柱を囲繞する左右通廊および後廊は狭く天井も低い窮屈な空間となる。

　その後廊の奥壁、すなわち窟自体のもっとも奥の壁面には、相当の頻度で涅槃図が描かれるか、牀台をつくり出して涅槃像を置く。焚棺図はこの涅槃図像と相対する後廊の前壁、すなわち中心柱の後壁に描かれるのが基本形である。石窟後廊の主要な題材として涅槃があり、なかでも釈迦の入滅と荼毘の情景が対になって大きく取り上げられているわけである。クチャ地方の石窟とくにキジ

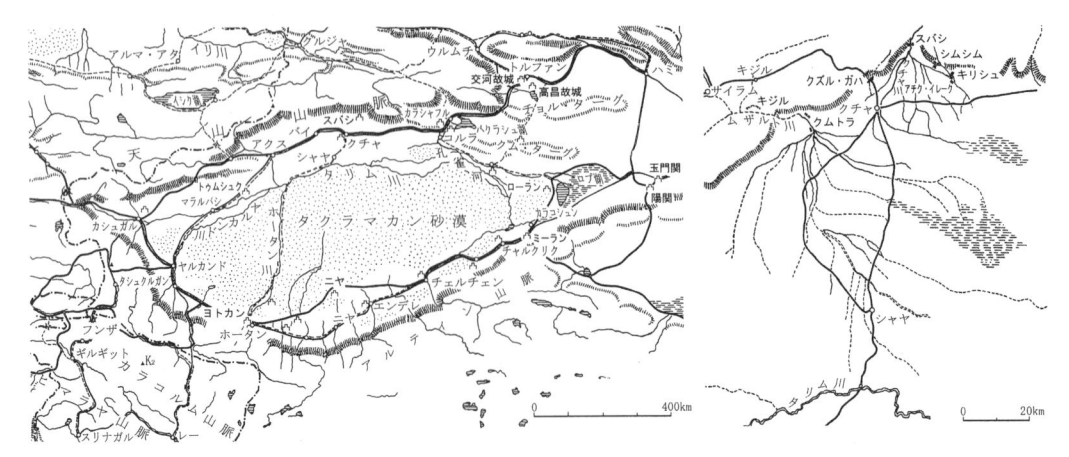

図1　タリム盆地の主要遺跡（左）およびクチャ地方の主要寺院跡（右）

ル石窟におけるこのような涅槃図像形式の変遷については宮治昭氏の考察がある（宮治 1982・1992）。

　仏伝によると、釈迦は終焉の地であるクシナーラーのマッラ族の人びとにより、遺言に示された方法に則って荼毘に付された。その納棺と火葬の方法について、パーリ聖典『長部』第十六経の『大般涅槃経』は、「そのときクシナーラーの住民であるマッラ族の人々は尊師の遺体を新しい布で包んだ。新しい布で包んでから、次に打ってほごされた綿で包んだ。打ってほごされた綿で包んでから、新しい布で包んだ。このようなしかたで五百重に尊師の遺体を包んで、鉄の油槽に入れ、他の一つの鉄槽で覆い、あらゆる香料を含む薪の堆積をつくって、尊師の遺体を、薪の堆積の上にのせた。」（中村 1980：p.169）とし、法顕訳『大般涅槃経』には、「時に、諸の力士〔族の人たち〕は、新しい浄らかな綿及び織り目の細かい厚地の毛布で如来の身を纏い、然る後に金棺の中に内めた。其の金棺の内には、牛頭栴檀香の屑及び諸の妙なる華を散らし、即ち金棺を銀棺の中に内めた。又、銀棺を銅棺の中に内め、又、銅棺を鉄棺の中に内めた。又、鉄棺を宝の輿の上に置き、諸の伎楽を作し、唄を歌って賛歎した。諸の天神は、〔虚〕空にあって、曼陀羅の花、摩訶曼陀羅の花、曼殊沙の花、摩訶曼殊沙の花を散らし、并に天の音楽を作して種種に供養した。然る後に、次第して諸の棺の蓋を下ろした。……便ち、牛頭栴檀〔香〕及び諸の雑香を聚めて積み上げた。……宝棺を香の積み上げた上に置き、妙なる香油を取って周りに之を澆灑いだ。」（雲井 1996：pp.181-182）とある。その後、人びとは薪の堆積に点火を試みたが火は燃え上がらず、500人の修行僧とともに遅れて荼毘所に向かっていた大迦葉（マハーカッサパ）の到着を待って、ついに焼き尽くすことができたという。

　火葬にさいして釈迦の遺体が納められた棺に相当するものに注目すると、上記の「鉄の油槽」、「金棺・銀棺・銅棺・鉄棺」が入れ子になった「宝棺」のほか、仏陀耶舎・竺仏念訳『長阿含経』第二経『遊行経』（高楠 1924）では「金棺をかついで第二の大きな鉄槨の中に置いた」、義浄訳『根本説一切有部毘奈耶雑事』巻第三十八（高楠 1926）では「金棺の中に（遺体を）置き、香油を満たし、金の蓋で覆った」とあり、それぞれ異同がある。ただ、いずれの経典も釈迦の遺体を「鉄の油

槽」であったり「金棺」であったりする何らかの容器に納めて火葬したことを伝える点では共通する。

　一連の焚棺図は、こうした経典の伝える釈迦の火葬の様子を壁画として具象化したものといえる。図中の細部をみると、棺内に横たわる釈迦の体にはふつう編み物のように斜めに交差する細い布が巻きつけられ、遺体を五百重に巻いたという状況を表現している。また、棺の下部に燃料となった香木の堆積を表したり、合掌あるいは散華し、あるいは花綱を手にとる姿や、先端に壺のようなものを取り付けた棒を掲げて香油を注ぐ姿もしばしば描かれる。ところが、図の主題といえる釈迦の棺は、経典のいう「鉄の油槽」や「金棺」の語から想像される容器のイメージとは異質の、特徴的な姿で描かれている。

2　キジル石窟壁画に描かれた棺の表現

　キジル石窟壁画の焚棺図に描かれた棺の全体の形状、蓋に取り付けられる飾り（キール・龍首・龍尾）、表面の装飾文様などの諸特徴を検討する。関連する資料としてキジル第76窟仏伝図中に描かれた棺およびクムトラ石窟壁画の焚棺図にみえる棺にも触れたい。

(1)　全体の形状

　棺は蓋が開いている場合（図2-1）と閉じている場合（図2-2・3）とがある。

　前者の場合は、1人の比丘が蓋の向かって左側を軽く開き、棺内に横たわる釈迦の姿が垣間見える状態となる。釈迦は涅槃と同様に右手を枕にして横臥する姿である。左手は腰のあたりに置くか、表現されない。釈迦は必ず向かって左側を頭位側に、右側を足位側にする定式がある。棺の蓋が閉じている場合はもちろん釈迦の姿はみえないが、後述する蓋端面の龍首が向かって左側に、龍尾が右側に配されることから、やはり左が頭位側と判断される。ただし、第7窟の棺は蓋右端に龍首らしきものが描かれ、左端には龍尾の基部らしきものがみえることから、通例とは逆のようである。

　棺全体の形状は、蓋の開・閉にかかわらず、基本的に横からみた表現である。身は、側面のみを横長長方形に表現する場合（図2-1・2）と、それに小口面を付加する場合（図2-3）がある。前者の事例として第4・7・175・179・205・224窟、後者の事例として第114・176・227窟が挙げられる。

　蓋の表現には若干のバリエーションがある。第4（図3-2）・7窟の棺は、蓋の側面観のみを下辺が上

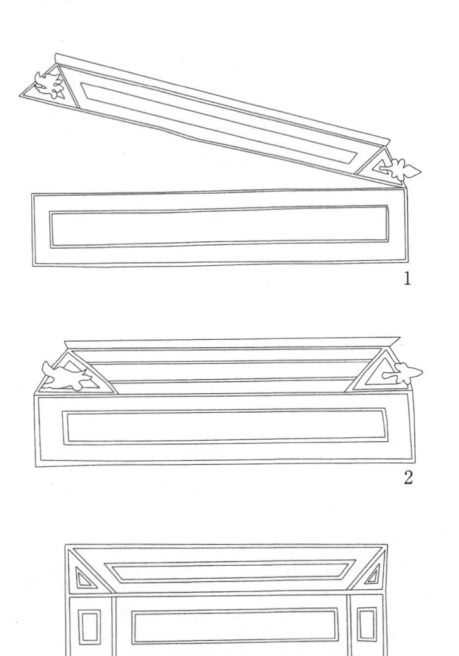

図2　棺全体の形状（模式図）

辺よりも長い横長の台形として表現する。これとは逆に蓋の側面を上辺が下辺よりも長い横長の台形として表現し、そこに端面を正位の三角形として付加する場合がもっとも多く、第114・176・179・205（図3-1）・224・227の各窟がこの表現である。端面は正三角形に近い表現（第114・205・224・227窟）と、直角三角形に近い表現（第176・179窟）がある。前者の場合、蓋全体の外形は下辺が上辺よりも長い横長の台形となり（図2-2）、後者では横長の長方形になる（図2-3）。

　蓋・身ともに側面と両端面を同時に描くなど、やや稚拙な描画方法がみられるが、棺の全体的な特徴は総じてよく表現されているといってよい。その棺形態は、単純な箱形の身に、四面で構成される屋根形をなす蓋が組み合う点で共通する。蓋の側面観のみを表現する場合、下辺が上辺よりも長い横長の台形に描かれることから、蓋は側面が台形、端面が三角形をなす寄棟式の屋根形が基本形であろう。

　第175窟の棺は蓋の頭位側端面を正位の直角三角形として表すが、足位側は垂直に切り落として端面を描かない。これは、寄棟式の屋根形を表すにあたり、頭位側をより丁寧に描き、足位側を省略的に表現したものとも考えられる。

(2) キール・龍首・龍尾

　蓋にはしばしば2種類の飾りが取り付けられる。ひとつは屋根形の蓋の大棟を飾る細長い板状装飾（キール）である。蓋本体の高さの3割ほどの高さで、上辺が下辺よりもわずかに長い場合が多い。第205窟ではキール側面全体を淡緑色で彩色し、明るい緑色の椿葉形の中に鮮やかな青色で小さな心葉形を描いた蕾文を40個並べて描く。第224窟でもキールを淡緑色で彩色し、黒褐色の線で外形を表した中に白の縦線を入れた蕾文を23個並べる。第175窟は黒褐色地を緑色の小さな点で埋める。

　いまひとつは蓋の端面を飾る龍首と龍尾である。龍首と龍尾の表現が完全であるのは第205窟の棺である。龍首は正三角形に近い頭位側端面の中央から左に向かって突き出し、頭部の左側面観を示す。口を開いて牙をむき出し、長い舌を出す威嚇的な姿である。上唇は長く上方にまくれ上がり、その後方に鼻孔と鼻梁がある。頭部の後方にやや上向きに短くのびる角状の表現があり、その下に耳朶や鬣がある。龍尾は足位側端面の中央から右向きに生え出したパルメット様の表現で、先端は剣菱形をなす。第175・224・227窟の龍首も類似した表現をとる。

　第179窟の龍首は頭頂部から2本の大きな角を生やす。角は後方に湾曲しながら立ち上がり、鋭く尖った先端を前方に巻き込む。白地に黒の横縞を加えた印象的な表現である。第193窟の焚棺図はのちに開かれた小龕によって大半を破壊され、龍首も角の先端が欠失しているが、鼻梁に続く基部から後上方に大きくのびる角を描く。上唇は二股に別れて大きくまくれ上がり、顔面には斑点を付す恐ろしい形相である（図3-4）。

　このほか、第114窟の棺は左端部を欠失するが、蓋を閉じた状態で、棺の長軸に直交する向きに長い帯状のものを6条以上垂らしている（図3-3）。

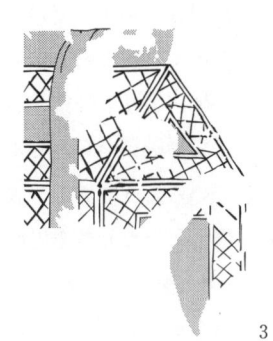

図3　キジル石窟焚棺図に描かれた棺
1：第205窟　　2：第4窟　　3：第114窟（小口部）　　4：第193窟（龍首）

(3) 表面の装飾文様

　棺の表面はいずれも蓋・身の各面に幅の広い縁取りを巡らし、幾何学文様で飾られている。かりに縁取りの部分を外区、縁取りに取り囲まれた中央の部分を内区と呼ぶことにする。

　第224窟の棺は蓋・身とも外区を黒褐色の縁取りとし、蓋両端面および身の内区は緑色、蓋側面の内区は鮮やかな青色を塗る。蓋両端面の内区を除く各面を格子文で埋める。格子の線上に白色の列点を密に付し、格子で囲まれた各区画の中央には褐色あるいは藍色の円文を1個ずつあしらう。列点や円文の有無はあるが、このような格子文はキジル石窟壁画中の棺にもっとも普遍的にみられるもので、第114窟蓋・身外区、第175窟蓋内区および身外区、第193窟身外区、第205窟蓋内外区および身外区などに施されている。

　第205窟の棺は蓋側面・頭位側端面および身の外区を褐色の縁取りとし、蓋の足位側端面のみ外区を淡緑色の縁取りとする。蓋側面・頭位側端面の内区は淡緑色、蓋足位側端面の内区は褐色で、身の内区は鮮やかな青色である。身の内区を除く全面を列点格子文で飾り、身の内区は右から左へ展開する偏行唐草文で埋める。唐草文は蕨手を組み合わせたもので、やはり線上に白点を密に付し、先端は褐色の円文で飾る。

(4) 第76窟の棺の表現

　第76窟は方形窟で、主室左壁に描かれた計13幅からなる仏伝図の12番目の位置に、中心柱窟の焚棺図に類似した構図をもつ棺の描写がある（図4-1）。ただ、焚棺図に通有の火炎表現がなく、納棺の場面とも解釈されている（宮治 1982）。

　棺は蓋が開き、釈迦の姿のかわりに一対の半パルメットが小さく描かれる。蓋は側面観のみの表現で、向かって左側を斜めに切り落とし、下辺が上辺よりも長い。右側は表面を飾る図文の構成からみて垂直に切り落としているようである。表面装飾は他の諸例とはかなり趣を異にし、内区はX字状に交差する細い帯状文の連続と方格を重層的に組み合わせた複雑な図文で埋め、外区には大きめの同心円と一対の小円を交互に規則的に並べている。同心円のモチーフは第175窟蓋外区および身内区に類例がある。

(5) クムトラ石窟の棺の表現

　クチャ地方では、キジル石窟のほか、クチャの西約30kmに所在するクムトラ石窟にも同様の焚棺図が散見され

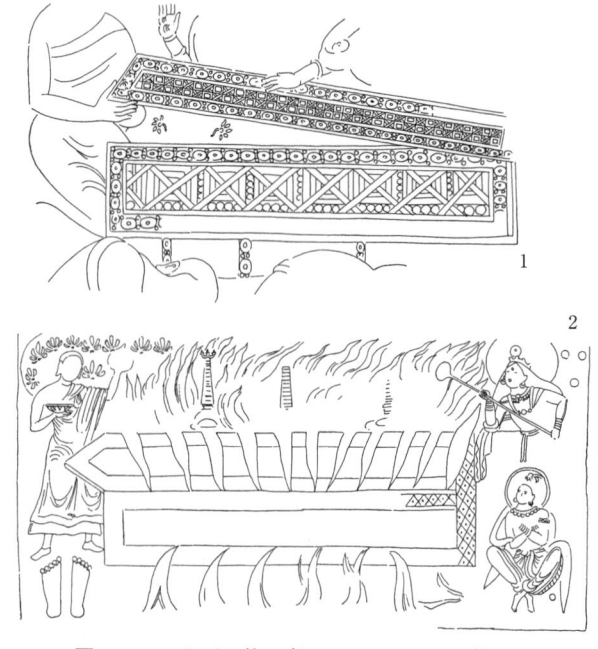

図4　1：キジル第76窟　　2：クムトラ第46窟

る。クムトラ石窟においても焚棺図が描かれる位置は中心柱窟の中心柱後壁である（晁 1985、中野 1985）。

　第23窟では中心柱後壁の下部一面に、蓋を閉じ、周囲を火炎で包まれた棺を描く。蓋は側面を横長長方形に描き、両端面を直角三角形で表して、寄棟式の屋根形をなす形状をよく表現している。身も側面を横長長方形に、両端面を縦長長方形で表す。蓋・身ともに幅の広い縁取りによって内区と外区とに分け、蓋の内区、身の外区を格子文で飾り、格子で囲まれた各区画の中央に円文を1個ずつあしらう。蓋の外区は崩れた唐草文で飾る。身の向かって左側の小口面に仏足が描かれる。頭位側小口面の内区は下向きの魚鱗文で埋める。

　第46窟の棺も蓋を閉じた状態である（図4-2）。蓋・身ともに端面の表現はなく、蓋は左端が剣菱形に突出し、右端は垂直に切り落とした形状をなし、身は単純な横長長方形である。ともに幅の広い縁取りを巡らし、外区を格子文で飾り、格子で囲まれた各区画の中央に円文を1個ずつあしらっている。棺の向かって左下に仏足を描く[3]。

3　キジル石窟壁画に描かれた棺の基本的形制とモデル

　キジル石窟焚棺図における棺の描写には繁簡の差があるが、その基本的な形制は箱形の身と屋根形の蓋からなり、各面には幅の広い縁取りを巡らして格子文を基調とする幾何学文で飾られるものである。屋根形の棺蓋の頭位側端面に龍首を、足位側端面に龍尾を取り付けることで、あたかも棺そのものを龍の体躯に見立てたかのようであり、大棟に取り付けられるキールは龍の背の表現とも考えられる（Le Coq 1925）。クムトラ石窟焚棺図の棺は表現の多少の違いはあるが、全体の形状、外面の幅の広い縁取り、格子文など、基本的にはキジル石窟におけるそれと共通点が多く、やはりクチャ地方の地域的特色を具備しているといえる。

　キジル石窟の編年や実年代をめぐる問題はいまだ完全には解決されていないが、あえて大略の年代的位置づけを示すとすれば、今回取り上げた第4・7・114・175・176・179・193・205・224の各窟はいずれもE. ヴァルトシュミットによる第2様式の盛期に該当すると考えられ、最大公約数的には6世紀後半〜7世紀前半の幅の中に位置づけてよいであろう[4]（Waldschmidt 1933、中野 1984、宮治 1988）。

　おそらく6〜7世紀のクチャ地方では、壁画に描かれたような特徴を有する棺が実際に使用されており、それが壁画制作時の直接的なモデルとされたものと考えたい。それは形態的特徴からみて組合式木棺であり、棺蓋にキールと龍首・龍尾の飾りを付加した「龍棺」とも呼ぶべきものである。

　クチャ地方の石窟壁画で分舎利図や舎利塔図中にみえる帽子箱形舎利容器も、同様に当地方で実際に使用されていた火葬骨蔵器をモデルとしたと考えられている（加島 2004）。あるいは、習俗の面においても釈迦の死を嘆く哀悼の人々の表現の中に、当時この地方で実際におこなわれていた葬礼における自傷習俗が反映されているとの考察がある（宮治 1983）。

　なお、ガンダーラの仏伝図浮彫にも釈迦の棺を表すものがあり、その棺の描写は丸みのつよい形

図5 ガンダーラの石製仏伝図浮彫　1：納棺　2：荼毘

状、同形同大の蓋と身、蓋と身を留める金具といった共通の特徴を備える（図5）。あたかも経典の伝える金属製容器のイメージを彷彿させるものであるが、キジル石窟壁画焚棺図にみえる棺の描写とはまったく異なっている。キジル石窟のそれがガンダーラにおける棺の表現を継受せず、クチャ地方の地域性に根ざした独自の形態を採用している点を確認しておきたい。

ところで、第76窟はヴァルトシュミットによる第1様式に属する。棺を表現した納棺図は連続的な仏伝図中に包摂されており、後廊における涅槃図像の展開以前の所産と考えられる。第76窟の棺は龍首やキールがなく、全体の表現も中心柱窟の諸例とは異質である。

また、宮治昭氏は中心柱窟の涅槃に関する図像構成を、「荼毘」をともなわない（1）・（2）のほか、「（3）奥壁に「涅槃」、方柱後壁に「荼毘」を表し、「分舎利」も表されることが多い。」「（4）奥壁に「涅槃」、方柱後壁に「荼毘」のほか、左廊と右廊に「阿闍世王故事」「分舎利」「第一結集」などが表される。」の4つに系統分類した。（3）の事例として第7・27・163・175・179・227窟、（4）の事例として第4・98・178・193・205・224窟が挙げられている。さらに上の分類に属さない事例として、涅槃図を欠落する第114・176窟などを示している（宮治 1992：pp. 492-493）。

この分類は必ずしも単純に年代に結びつくわけではないとされているが、今回対象とした各窟の棺の描写からみると、（3）の事例である第7・175・179・227窟、（4）の事例である第193・205・224窟には龍首〔龍尾〕の表現があるが、（4）の第4窟および涅槃図を欠落する第114・176窟にはその表現がなく、第176窟ではキールの表現もない。このような龍首あるいはキールの省略を新しい傾向としてとらえうる可能性が示唆されるのである。

その場合、棺の描写の変化としては、第76窟の未定型な段階から、第205・224窟に代表される定型化した段階、第176窟などのように表現を省略する段階が想定できよう。

4　スバシ遺跡河西地区塔葬墓出土木棺の検討

さいごに、クチャ地方出土の木棺資料について検討する。クチャの北東約23kmにあるスバシ遺跡は、クチャ川（銅廠河）をはさんで河東地区・河西地区に分かれて展開する大規模な仏教遺跡で、『大唐西域記』「屈支国」の条にみえる東昭怙厘・西昭怙厘に比定されている（水谷 1971）。1978年

図6　スバシ遺跡河西地区塔葬墓　1：墓室平面図　2：陶壺　3：木棺片　4：木製龍首

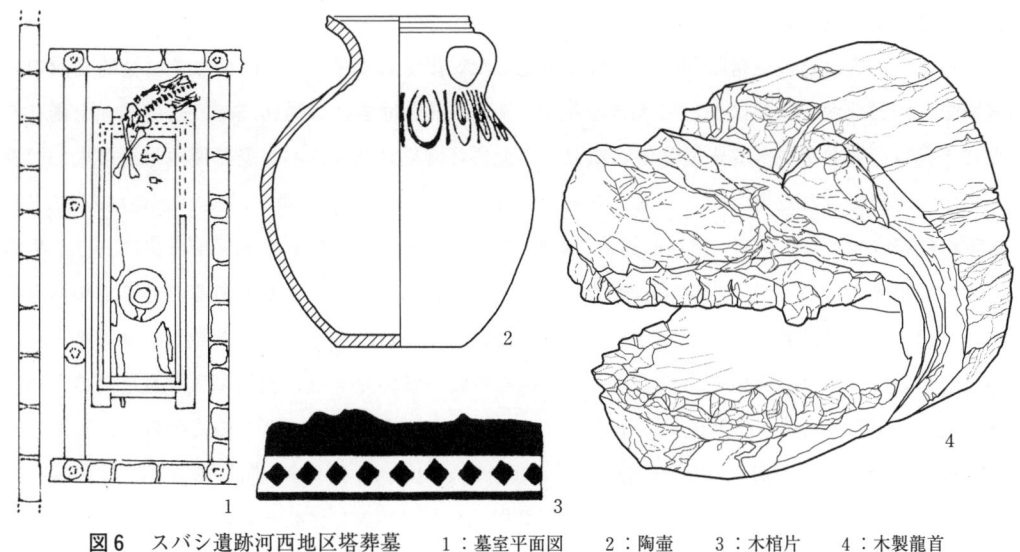

に河西地区西端の仏塔北側が一部崩壊し、墓室（78KFM1）が露出したため、緊急調査が実施された。南北主軸で設けられた3×1.2mの木芯日干し煉瓦積み墓室で、中央に四脚案状の木製棺台を置いて木棺を安置していた。人骨は墓室の北東隅付近に移動し、その付近から木製龍首が出土した。棺台の下には落下した頭骨のほか、陶壺・絹袋などの副葬品があった（図6-1）。この墓室は塔本体の日干し煉瓦壁を西壁として利用し、かつ埋葬後に塔に付属する階段によって埋没されていることから「塔葬墓」と呼称された（新疆維吾爾自治区博物館ほか 1987）。

木棺は腐朽崩壊して破片化が著しく、とくに蓋の状況はよくわからないが、復元的に検討すると焚棺図に描かれた棺と共通する複数の特徴がある。組合式木棺で、長さ1.84m、幅0.64m、木板厚2.5cmに復元される[5]。身は側板・小口板の両端に複数の枘を交互につくり出し、四角を枘組でおさめ、単純な箱形を呈する。側板内面の下端から数cm上に横長長方形の枘穴を複数設け、若干上げ底になるように底板を嵌め込む。外面は白土を下地として2条の薄青色条線で縁取りし、条線間は薄青色の連続菱形文で埋めており（図6-3）、焚棺図に描かれた棺の縁取りと格子文の装飾に類似する。薄青色部分以外は赤色に彩色されているが、多くが剥落している。もっとも注目すべき点は木製龍首（図6-4）の共伴である。一木から刻出したもので、長さ15.7cmを測る。大きく口を開いて牙を剥き、上唇がめくれ上がる威嚇的な姿である。頭頂部に長方形の孔が1個穿たれており、別部品の角を取り付けたかと思われる。表面には部分的に赤彩が残る。龍首は人骨とともに墓室北東隅から出土していることからその原位置が棺の頭位側端部にあったことが明らかであり、基部を斜めに切り落としていることは傾斜をもつ棺蓋端面に取り付けるための配慮とも考えられる。

報告者の呂恩国氏は被葬者に頭蓋変形が認められることから、『大唐西域記』「屈支国」の条にみえる「その習慣として子供を生むと、木で頭をおさえ匾　平（ひらべったく）しようとする」（水谷 1971：p.13）の記載を裏づけるものとしている。亀茲人の扁頭習俗については『新唐書』西域伝上の「亀茲」の条にもみえ、当該地方における伝統的習俗であったと考えられている（劉・陳 1992）。被葬者の族属は

亀茲人と考えて大過ないであろう。

　ところで、呂氏は墓の造営時期を魏晋代と推定した。出土した単耳壺（図6-2）は轆轤整形の泥質紅陶で、口頸部から肩部にかけて大きな把手（耳）1個を付す。口径16.5cm、器高39cmを測り、肩部に下向きの蓮弁を並べて朱描する。類似した泥質紅陶単耳壺はスバシ遺跡河西地区中央部で黄文弼によって発掘された男女の合葬墓にみられ（黄 1958：p.29）、また第80-10窟（新疆維吾爾自治区文物保護維修弁公室 1991）、新1窟窟前遺跡（新疆文物考古研究所 1992）などキジル石窟における生活遺跡からも出土しているが、明確な編年的位置づけはなされていないようである。そこで類例を周辺の墳墓出土資料に求めると、トルファン交河溝西の斜坡墓道洞室墓群から多数の夾砂灰陶単耳壺が出土しており、やはり赤色や白色で蓮華文を描く資料が多い。一連の斜坡墓道洞室墓の造営時期は高昌延昌十八年（578）、高昌延昌二十六年（586）、唐咸亨五年（674）銘の墓誌から6世紀後半〜7世紀後半であることが知られる（新疆文物考古研究所 2001）。あるいは、同様の単耳壺は鄯善三個橋墓群において盛唐〜中唐併行とされた第2類Ⅱ型墓に伴う（新疆文物考古研究所 2002）。したがって、スバシ遺跡塔葬墓の年代についてはさらに検討の余地があることを指摘しておきたい。

　　おわりに

　キジル石窟壁画焚棺図に描かれた棺について検討し、少なくとも壁画が制作された6〜7世紀には「龍棺」とも呼ぶべき特徴的な木棺が実際にクチャ地方で使用されていたであろうことを推測した。また、その実物資料とも考えられる出土例としてスバシ遺跡河西地区塔葬墓出土木棺を取り上げた。

　『魏書』『周書』『北史』『隋書』の各正史はいずれも西域伝（異域伝）中の亀茲（国）条において、その一般的な葬俗は焉耆（国）と同じく仏教的な火葬であることを伝えている。これらの所伝を援用するならば、スバシ遺跡塔葬墓のような木棺を用いた葬法はおそらく非仏教的な伝統性に従ったものと評価できる。龍の象徴は『大唐西域記』「屈支国」の条にみえる「龍池」の所伝を想起させるものでもある。

　西域における木棺形態は時期、地域ごとにじつに多様であり、クチャ地方の「龍棺」もそのような地域色豊かな棺形態として評価することができるであろう。

　　　最後になったが、茂木雅博先生には、このたび退任を迎えられたことをお祝い申し上げるとともに、今後ともますますご活躍され、私ども後進をご指導くださるよう願ってやまない。
　　　なお、本稿は2001〜2002年に加島勝・長岡龍作・八木春生・王建新・張建林・冉万里の各氏と共同しておこなった現地調査の成果によるところが大きい。当時の調書に依拠した資料については出典を明記するとともに、各氏に謝意を表する。また、資料の収集にあたって今西康宏氏の協力を得た。記して感謝する。

註
（1）　キジル石窟における一連の涅槃関係の画題の中では、燃え上がる棺の情景が1つの重要な位置を占めていると考えられる。したがって、本稿ではあえて「荼毘図」ではなく「焚棺図」の語を用いる。

(2) 丁・馬（1985：表1）では「荼毘」の内容を有する窟として、第4・7・27・76・98・114・163・175・178・179・193・198・205・224・227の15窟が示され、亀茲石窟研究所ほか（1993：表4-2）で「焚棺」の題材を描いた窟として挙げられた15窟も丁・馬（1985：表1）と共通する。新疆亀茲石窟研究所（2000：付録3）では、「焚棺」の内容を有する窟として、第4・7・27・76・98・114・163・175・176・178・179・224・227の各窟が示されている。

(3) このほか、クムトラ第58窟の中心柱後壁には舎利塔群の下部に1列の三角形文が残り、焚棺図の一部と考えられている。

(4) ヴァルトシュミットが第2様式のうちの西暦600～650年の所産とした一群には、第4・7・114・175・205・224の各窟が示されている。以上の各窟に加え、第176・179・193窟が、宮治昭氏の分類による過渡様式を除いた第2様式の主体となる「主室がヴォールト天井をとる中心柱窟」に該当する。ただし、第227窟のみは主室が三角持ち送り天井をとる中心柱窟である。

(5) 木棺および出土遺物は庫車県博物館に保管されており、1993年7月26日および2001年9月20日に現地で観察をおこなった。以下、主として現地での観察所見にもとづいて記述する。

※下図は「龍棺」の想像図である。スバシ遺跡木棺から得られたデータに可能な限り準拠し、キジル石窟壁画に描かれた棺のイメージを重ねて作成した。

参考文献

Grünwedel, A.：1912, *Altbuddhistische Kultstätten in Chinesisch-Turkistan*, Berlin, 1998 reprint, Rinsen Book Co., Kyoto.

Grünwedel, A.：1920, *Alt-Kutscha*, Berlin, 1997 reprint, Rinsen Book Co., Kyoto.

Le Coq, A. von：1925, *Bildratlas zur Kunst und Kulturgeschichte Mittel-Asiens*, Berlin, 1977 reprint, Akademische Druck- u. Verlagsanstalt, Graz.

Waldschmidt, E.：1933, Über den stil der wandgemälde, *Die Buddhistische Spätantike in Mittelasien*, vol. 7, Berlin, 2003-2005, Digital Archive of Toyo Bunko Rare Books（http://dsr.nii.ac.jp/, As of December 1, 2005）

韓翔・朱英栄：1990,《亀茲石窟》新疆大学出版社

黄文弼：1958,《塔里木盆地考古記》科学出版社

劉錫淦・陳良偉：1992,《亀茲古国史》新疆大学出版社

亀茲石窟研究所・拝城県史志編纂委員会・阿克蘇地区史志編纂委員会：1993,《克孜爾石窟志》上海人民美術出版社

新疆亀茲石窟研究所：2000,《克孜爾石窟内容総録》新疆美術撮影出版社

新疆維吾爾自治区博物館・庫車県文管所：1987,《庫車昭怙厘西大寺塔葬墓清理簡報》《新疆文物》1987-1, 新疆文物考古研究所編 1995,《新疆文物考古新収穫（1979-1989）》pp. 479-483

新疆維吾爾自治区文物保護維修弁公室：1991,《1989年克孜爾千仏洞窟前清理簡報》《新疆文物》1991-3, 新疆

文物考古研究所・新疆維吾爾自治区博物館編 1997,《新疆文物考古新収穫（1990-1996）》pp.639-664
新疆文物考古研究所：1992《1990年克孜爾千仏洞窟前清理簡報》《新疆文物》1992-3，新疆文物考古研究所・新疆維吾爾自治区博物館編：1997,《新疆文物考古新収穫（1990-1996）》pp.665-715
新疆文物考古研究所：2001,《交河溝西1994-1996年度考古発掘報告》新疆人民出版社
新疆文物考古研究所：2002,《新疆鄯善三個橋墓葬発掘簡報》《文物》2002-6, 46-56
新疆維吾爾自治区文物事業管理局・新疆維吾爾自治区文物考古研究所・新疆維吾爾自治区博物館・新疆新天国際経済技術合作（集団）有限公司編：1999,《新疆文物古迹大観》新疆美術撮影出版社
加島勝 2004「中国・シルクロードにおける舎利容器の形式変遷について」『シルクロード学研究』21, 17-35
雲井昭善 1996『和訳大般涅槃経 法顕訳—ブッダ最後の旅路』東京美術
栗田功 1988『ガンダーラ美術Ⅰ佛伝』二玄社
新疆ウイグル自治区文物管理委員会・拝城県キジル千仏洞文物保管所（編）1983『中国石窟 キジル石窟』第1巻 平凡社
新疆ウイグル自治区文物管理委員会・拝城県キジル千仏洞文物保管所（編）1984『中国石窟 キジル石窟』第2巻 平凡社
新疆ウイグル自治区文物管理委員会・拝城県キジル千仏洞文物保管所（編）1985『中国石窟 キジル石窟』第3巻 平凡社
高楠順次郎（編）1924『大正新脩大蔵経』第一巻阿含部上 大正一切経刊行会
高楠順次郎（編）1926『大正新脩大蔵経』第二十四巻律部三 大正一切経刊行会
田辺勝美・前田耕作（編）1999『世界美術大全集 東洋編 第15巻 中央アジア』小学館
中国美術研究所・中国外文出版社（編）1981『新疆の壁画 下』美乃美
晁華山 1985「クムトラ石窟概説」『中国石窟 クムトラ石窟』平凡社 pp.170-217
丁明夷・馬世長 1985「キジル石窟の仏伝壁画」『中国石窟 キジル石窟』第3巻 平凡社 pp.170-227
中野照男 1984「キジル石窟壁画の年代」『歴史公論』105 pp.99-107
中野照男 1985「20世紀初頭のドイツ隊によるクムトラ石窟調査とその後の研究」『中国石窟 クムトラ石窟』平凡社 pp.260-274
中村元（訳）1980『ブッダ最後の旅—大パリニッバーナ経—』岩波書店
水谷真成（訳）1971『大唐西域記』平凡社
宮治昭 1982「キジール石窟における涅槃の図像構成」『オリエント』25-1, 111-129
宮治昭 1983「中央アジア涅槃図の図像学的考察—哀悼の身振りと摩耶夫人の出現をめぐって—」『仏教芸術』147, 11-33
宮治昭 1988「キジル石窟—石窟構造・壁画様式・図像構成の関連」『仏教芸術』179, 48-69
宮治昭 1992『涅槃と弥勒の図像学—インドから中央アジアへ—』吉川弘文館

図出典

図3 1：Grünwedel 1920, Taf. XLIV, XLV をもとに作図 2：Grünwedel 1912, fig.91 3：中国美術研 1981, PL.35および新疆ウイグル自治区文管委ほか 1984, PL.147をもとに作図 4：中国美術研 1981, PL.135および新疆ウイグル自治区文管委ほか 1985, PL.90をもとに作図

図4 1：Grünwedel 1912, fig.203 2：同 fig.71

図5 1：田辺ほか 1999,143 2：栗田 1988,506

図6 1：新疆維吾爾自治区博物館ほか 1987, 図4（一部改変） 2：同 図7 3：同 図8を再トレー

ス　4：新疆維吾爾自治区文管局ほか　1999，0557をもとに作図

資料出典

キジル第 4 窟（暖炉窟 A）：Grünwedel 1912, fig. 91
キジル第 7 窟（彩床窟）：2001年 9 月21日調書
キジル第76窟（孔雀窟）：Grünwedel 1912, fig. 203
キジル第114窟（回転経窟）：2001年 9 月21日調書
キジル第175窟（誘惑窟）：2001年 9 月22日調書
キジル第176窟（倒数第 2 窟）：2001年 9 月22日調書
キジル第179窟（第 2 窟・日本人窟）：2001年 9 月22日調書
キジル第193窟（龍王窟）：新疆ウイグル自治区文管委ほか 1985，PL. 90，p. 271
キジル第205窟（第 2 区マーヤー窟）：Grünwedel 1920, Taf. XLIV, XLV
キジル第224窟（第 3 区マーヤー窟）：新疆ウイグル自治区文管委ほか 1985，PL. 224，p. 298
キジル第227窟（餓鬼窟）：韓・朱 1990，p. 442、2001年 9 月22日調書
クムトラ第23窟（主グループ第19窟）：2001年 9 月23日調書
クムトラ第46窟（主グループ、記銘谷（第 3 峡谷）、北側の谷の窟）：Grünwedel 1912, fig. 71
クムトラ第58窟（主グループ第42窟）：2001年 9 月23日調書

唐代大仏考

前園　実知雄

1　序

　五胡十六国の時代に西北地区で始まった中国における石窟の造営は、魏晋南北朝時代に各地に広がり、唐代にそのピークをむかえる。石窟の開鑿された地区の自然地理的状況や歴史的背景、造営された時期によって石窟の規模、構造、仏像の製作技法、素材は大きく異なる場合が多いが、各地の石窟を訪ねた時、しばしば注意を喚起させられるのが巨大仏像である。数多い石窟が並ぶ中において、圧倒的な規模で他を凌駕する大仏の存在は、むしろ違和感すら感じる。

　小論では、それらの大仏の中で絶対多数を誇る唐代大仏に焦点を絞って、造営時期、造営目的等について様々な角度からせまり、大仏の歴史的位置付けを試みたい。

1　大仏の概念規定

　まずここで取り上げる大仏の規模について具体的な数値を上げておかなければならないが、これといった確実な根拠があるわけではない。ここでよりどころとしたのは、中国で最初に大仏を造営したと考えられる山西省の雲岡石窟内の、いわゆる曇曜5窟の大仏の規模である。5体の規模は13.5mから16.8mまで様々だが、他の北魏以降の仏像においても、ほぼ13mを越えるものが大仏と認識されていたようで、10m前後のこの時期の仏像は管見では確認できていない。

　南北朝の混乱時期には使用された尺も一定ではなく、前代に比較的広範囲に用いられていた晋前尺（24.25cm）から長くなり、北魏前尺は25.7cm、中尺は29.3cm、後尺は31.1cm、南朝の梁の表尺は24.7cm、俗間尺は25.96cmの数値が示されている[1]。ちなみに北魏前尺の50尺は12.85mになり、梁の俗間尺での50尺は12.98mの数字になる。

　各大仏の造られた時代環境によっても差異があることは当然であるが、小論ではこの数値、つまり50尺をとりあえず基準値と考えておきたい。

2　唐代以前の大仏の概要

　仏教文化圏の西端に位置するアフガニスタンのバーミヤン渓谷には、700数十窟から成る大石窟群があるが、東西1300mに及ぶ崖面に彫られた石窟群の東西に2つの大仏が配置されている。近年の内戦によって破壊されたが、東大仏が38m、西大仏が55mの規模を持つ巨大仏立像である。バーミヤン石窟の開鑿時期については諸説あり、さらに現在も調査が進行中で、新たな見解が出される可能性が強いが、大仏についてはこの地を629年に訪れた玄奘の著した『大唐西域記』に詳しく記されていることから、その下限を知ることはできる。

　この巨大仏像について、山田明爾氏は「はじめ仏塔基壇に生まれた仏像が、ストゥーパにかわって信仰対象の主座を占める過程で次第に大きく表現されるようになり、ついにこの大きさにまでなりおおせたとはとても考えられない。等身大の像を刻み、やがて二倍、三倍とそれを大きくしていくのとはまったく違った、異次元の発想からでなくてはこれだけの大きさの仏像を作ることに考えつくことはできまい。つまり、それまでの仏像製作の基本となっていた「仏陀」の理解とは別に「大仏思想」とも呼ばれるべき仏陀観を考えてみなくてはなるまい」とされた[2]。さらにそれは潜在的な要素として、仏教文化圏の辺境であるという一種の劣等感から抜け出そうという欲求から中央（インド：筆者註）にもない巨大仏像を造ったのではないか、との考えも示された。

　筆者はこの見解に同感であるが、中国各地に造られた大仏とバーミヤン大仏の前後関係にまだ疑問の残る点も多く、この大仏の理解はまだ将来にゆだねたいと考えている。

　小論では冒頭でも述べたように、唐代大仏についての考察に重点をおくために、南北朝期の大仏についての詳論は行わないが、第4、5節において関連する問題についてはその都度触れることにする。

3　唐代の大仏

(1)　洛陽龍門奉先寺盧舎那大仏

　河南省洛陽市の南郊約12.5km、伊水の両岸に掘られた龍門石窟は、北魏孝文帝が太和18年（494）に平城（大同）から遷都した後開鑿が始まり、永熙3年（534）の北魏滅亡までの40年間と、唐が洛陽を東都とした武徳元年（618）以降さらに造られた大規模な石窟である。石窟の総数は大小の仏龕も含めて2000ヵ所を越える。その中でひときわ規模を誇っているのが、第19窟の奉先寺盧舎那大仏である。伊水西岸の西山の中央やや南よりに、大きく山塊を穿って造られた露天の摩崖仏龕といえるものである。その大きさは奥行38.7m、幅33.5m、高さは底から盧舎那仏の光背先端までが約20mという大規模なもの。九尊形式（本尊、二弟子、二菩薩、二神将、二力士）で、本尊の盧舎那仏の高さは15.13m、台座を含めた総高は17.14m、二弟子、二菩薩、二神将はいずれも10.2m、二力士は9.37mの規模で、全体的にバランスが良く、高度な設計のもとで造られた造像群といえる。造営時期は、中尊の台座に開元10年（722）12月12日に刻まれた「河洛上都龍門山之陽大盧舎

表1　唐代大仏一覧

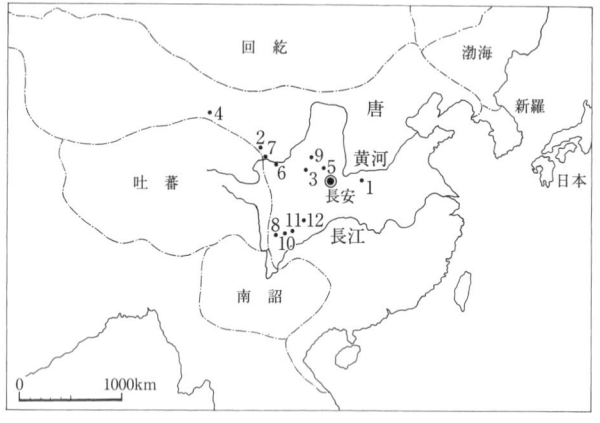

番号	大仏名	所在地	種類	規模	年代
1	奉先寺大仏	河南省洛陽市龍門	盧舎那	17.14m	上元2年 (675)
2	天梯山大仏	甘粛省武威市	弥勒?	23m	初唐
3	大像山大仏	甘粛省甘谷県	弥勒?	23.3m	唐代
4-1	莫高窟北大仏	甘粛省敦煌市	弥勒	33m	延載2年 (694)
4-2	莫高窟南大仏	甘粛省敦煌市	弥勒	26m	開元年間 (713-741)
5	彬県大仏	陝西省彬県	阿弥陀	27m	貞観2年 (628)
6	炳霊寺大仏	甘粛省永靖県	弥勒	27m	開元19年 (731)
7	北禅寺大仏	青海省西寧市	不明	40m以上	唐代
8	凌雲寺大仏	四川省楽山市	弥勒	71m	開元元年 (713) 開始
9	須弥山大仏	寧夏自治区固原	弥勒	20.6m	大中3年 (849)
10	仁壽大仏	四川省仁壽県	弥勒	7.7m (頭部)	唐代
11	半月山大仏	四川省資陽県	不明	21.4m	貞元9年 (793)
12	潼南大仏	四川省潼南県	釈迦	18.4m	咸通年間 (860-874) 開始

図1　大仏の分布と唐代の中国と周辺（7〜8世紀）
1：奉先寺大仏　2：天梯山大仏　3：大像山大仏　4：莫高窟大仏　5：彬県大仏　6：炳霊寺大仏　7：北禅寺大仏　8：凌雲寺大仏　9：須弥山大仏　10：仁寿大仏　11：半月山大仏　12：潼南大仏

写真1　龍門奉先寺盧舎那大仏

那像龕記」（以下「大盧舎那像龕記」）には、咸亨3年（672）4月1日に、皇后の武氏が脂粉銭2万貫を援助して、検校僧西京実際寺善道禅師、法海寺主恵暕法師、大使司農寺卿姚機、副使東面監上柱国韋元則、支料匠李君瓚、成仁威、瓚師積等に勅して造営にあたらせ、上元2年（675）年12月30日に完成したことがわかる。

奉先寺洞の開窟時期については、北魏の景明2年（501）に宣武帝の命によって開始されたものの、難工事であったため正始2年（505）までに放棄されていた場所を、唐の咸亨3年（672）以降に再利用したのだろうとの意見が水野清一・長廣敏雄両氏をはじめ多くの先学によって述べられている[3]。これには、あれほどの大規模な工事が「大盧舎那像龕記」に記された3年9ヵ月という短期間で完成することはできない、という考えが大前提にたっている。現地調査をくまなく実施され、「龍門石窟の初唐造像論」を展開されている岡田健氏は、則天武后の政治への積極的な参画と

大仏の完成時期が重なることに注目され、「『大盧舎那像龕記』が高宗の造像と述べながら、わざわざ武氏の脂粉銭 2 万貫を言うのは、造像の実態が高宗発願に名を借りた、武氏自身のものであったことを意味しているのではないだろうか」と考えられた。さらに龍門石窟全域に残る唐代の造像銘を分析し、670年代前半に極端に造像活動が減少していることを指摘し、この時期に労力の多くが奉先寺に投入されていた可能性を述べ、それが短期間での造営を可能にしたとされ、またそのことを指示できるのは、武氏をおいて他にないであろうと述べられた(4)。

奉先寺洞の造営期は、高宗の洛陽行幸時期にも一致し、この事業が長安文化と洛陽文化の結合の上で成り立った国家的な事業であったことが分かる。さらに大仏が「華厳経」に説く釈迦の本身をあらわす盧舎那仏であることは、この絶対的な能力を携えた大仏の姿を借りて武則天（則天武后・以下武則天を用いる）が国家経営を目指したであろうことを物語っている。

(2) 武威天梯山大仏

甘粛省武威はいわゆるシルクロードの河西回廊の東端にあるオアシス都市である。同時に蘭州から永登を経てくるルートと西安から経川、平涼、景秦を通るコースが交わる交通の要衝でもある。天梯山石窟は武威市から南に40km余り離れた、祁連山脈から延びた一支脈の崖面に掘られた石窟である。北涼の実質的な創建者であった沮渠蒙遜は熱心な仏教信奉者であったが、彼が開いたとされる涼州石窟は、文献に記されたもっとも早期の石窟とされている。北魏の崔鴻が撰した『十六国春秋・北涼録一』には「先是蒙遜王有涼土、専弘事仏、于涼州南百里崖中大造形象、千変万化、驚人眩目。有土経僧、可如人等、常自経行、無時暫舎、遥見則行、人至便止、観其面貌、状如其中泥塑形象、人咸導之。乃羅土于地、后往看之、足迹隠隠、今見如此。」とあり、蒙遜が涼州（武威）の南に造った石窟の様子が記されている。この石窟については唐代の道宣撰の『集神州三宝感通録』や同じ唐代の道世撰の『法苑珠林・敬仏編・観仏部』などにも見られ、研究者の間でも注目されていたが、その特定はできていなかった。

しかし、1954年に現地を調査された史岩氏が、翌1955年にその観察について発表(5)されてから、天梯山石窟がその有力候補として上がるようになった。1959年11月から翌年の4月まで行われた本格的な調査によって、北涼期の壁画や新たに早期の中心柱窟などが確認され、この天梯山石窟が文献に記載された沮渠蒙遜造営の涼州石窟であることがほぼ確定した(6)。

涼州仏教はやがて北魏によって山西省の大同（平城）に伝えられ、雲岡石窟の造営へとつながってゆく。現存する19窟は、北涼 5、北魏 3、唐 5、不明 6 の割合となり盛期が北涼から北魏にかけてと唐代であることがわかる。

大仏は第13窟にあり、唐代の創建で西夏、元、明、清代に重修され、顔面は1927年の大地震の時に崩落したが、1936年に新修したものである。二弟子、二菩薩、二天王を従えた石胎塑像

写真 2　武威天梯山大仏

の倚坐像で、高さは23m。他の像はいずれも約16m。題記はない。大仏の前方10kmのところには唐代に吐谷渾王妃に降下した弘化公主、吐谷渾王諾曷鉢をはじめ、青海王慕容忠と夫人の金城県主、政楽王慕容宣昌などの慕容氏の家族墓が存在する。弘化公主が吐谷渾に降下した640年頃は唐朝と吐谷渾との関係は良好で、彼女の死後天梯山石窟の前面に墳墓を営み、以後数十年にわたり慕容氏の主要人物の葬地となったと考えられる。このことから、13窟の大仏は慕容氏もしくは弘化公主によって創建された可能性が強いとされる[7]。

(3) 甘粛省甘谷大像山大仏

甘粛省甘谷県城の西南2.5kmにある、文旗山の南面する崖に造られた大仏である。文旗山は秦嶺山脈の一支脈で、大仏の存在から「大像山」とも呼ばれるようになったようだ。22の石窟で構成された大像山石窟の第6号窟が大仏窟で、石窟群のほぼ中央に位置している。この地方は北朝以降仏教が隆盛し、大規模な開窟活動も行われ、唐、宋代にもっとも盛んになった。またこの場所もシルクロードの路線上に位置している。

第6窟は崖面に高さ34m、幅14m、奥行4.5mの長方形の仏殿を掘り、その中に高さ23.3mの石胎塑像の大仏坐像がある。造像の特徴から見て盛唐期に造られ、宋、明、清代に修理を重ねたものであることがわかる[8]。

甘谷大像山石窟の開鑿年代について記す史書はなく、明、清代の地方志や碑碣の中には宋代との記載があるが、周辺の石窟との関係や、造像の特徴からみて、北朝期に開始し、唐代に最盛期を迎えたと見るのが妥当であろう。なお第6号窟以外は面積が10㎡以内の小規模な石窟が多く、大仏窟の大きさが際立っている。

写真3　甘谷大像山大仏

(4) 敦煌莫高窟弥勒大仏

甘粛省敦煌市の東南約25kmにある、鳴沙山の東崖に掘られた石窟群を莫高窟と呼んでいる。天梯山石窟が河西回廊の東端部に位置するのにたいして、この地は河西回廊の西端部にあり、西域に続く天山南路、および西域南道への出入り口にもあたる交通の要衝である。古く漢代から軍事的にも重要な拠点であったが、同時に文化的にも東西文化交流の場としての役割を担ったところでもあった。現存する492の石窟の中には彩色塑像2400体余り、壁画約45000㎡が残されている。莫高窟の開鑿期は、第332窟から出土した聖暦元年（698）に造られた「大周李懐譲重修莫高窟仏龕碑」によれば、沙門楽僔と法良禅師が前秦の建

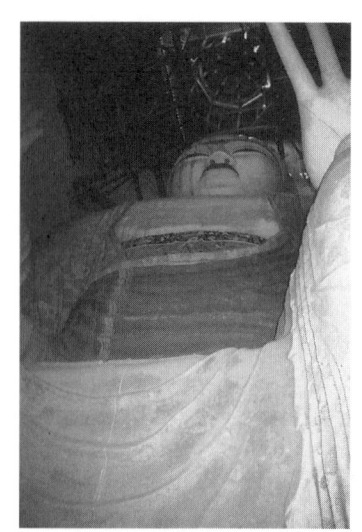

写真4　敦煌莫高窟南大仏

元2年（366）に開いたようである。初期の石窟の中に題記のあるものはないが、4世紀代の北涼期に遡ると見られる石窟が7基存在する。しかし莫高窟の盛期は唐代で279窟を数え、全体の半数以上の57%を占めている。南北1km、高さ40mの崖面に広がる石窟群の中央やや南よりに北大仏（96窟）、さらにそこから南約160mに南大仏（130窟）の2つの大仏窟がある。その北大仏は、高さ33mの弥勒倚坐像。南大仏も同じく弥勒倚坐像で、高さは26m。共に石胎塑像。晩唐の大中6年（852）に張議潮によって造られた156窟の前室北壁に咸通元年（860）に記された「莫高記」には、「延載二年、禅師霊隠與作共居士陰祖等、造北大象、高一百四十尺。又開元年中、僧處諺與郷人馬思忠、造南大象、高百二十尺。」とある。つまり延載2年（694）に霊陰禅師と居士陰祖たちが140尺の北大仏を造り、さらに僧處諺と郷人の馬思忠らが開元年中（713～741）に120尺の南大仏を造営したことが知られる。この題記に記された南北の大仏が現存する130、96窟であることに異論はない。北大仏は晩唐～宋初、清に修理を受けているが、頭部は初唐のふくよかな面影を残している。いっぽう南大仏は右手が後補のほかは、基本的にもとの姿をとどめ、たくましい盛唐の作風を伝えている。

　北大仏の96窟は武則天が天寿元年（690）全国の各州に命じて造らせたうちの、沙州の大雲寺の可能性が強い。

(5) 彬県阿弥陀大仏

　彬県大仏寺は、陝西省彬県県城から西に約10kmの、経水に面した西蘭公路沿いに建つ唐代創建の寺で、元の名称は応福寺。唐太宗李世民の配下として活躍した応福が建立したことから寺名となったと考えられるが、北宋の仁宗の時には慶壽寺と改められた。石窟は経河南岸の経砂崖の崖面に彫られているが、現在は中心となる大仏窟の前面に五層の楼閣が建つ、陝西省内最大規模の石窟寺院である。現存する石窟は龕を含めて361窟あり、そのうち石窟が107、龕が254ヵ所で、その中に造像の残るものが19ヵ所、1498体の仏像が遺存している[9]。石窟は東部に87窟（第13～101号窟）、中央部に12窟（第1～12号窟）、西部に8窟（第102～109号窟）が分布している。その中で規模がもっとも大きくて保存状態の良好なのが1号窟（大仏窟）で、それに続くのが10号窟（千仏洞）、6号窟（羅漢洞）である。もっとも古い104号窟が北周の開鑿と見られるほかは、大部分唐代のものである。

　1号窟は通称「大仏洞」と呼ばれ、全寺の中心にある。自然の洞窟に人工の手を加えて仕上げている。南壁中央に高さ27mの阿弥陀大仏、東壁に勢至菩薩（21.5m）、西壁に観音菩薩（21m）の石胎塑像が安置されている。後世に修理の手が加えられているが、大仏の光背左側に「大唐貞観二年（628）十一月十三日造」の13文字の題記が残されていることからその建立時期を知ることができる。また大仏頭部後ろの光背

写真5 彬県阿弥陀大仏

の唐草文、火炎文、化仏、飛天などに初唐の風格が残っている。

　石窟全体に残る題記は178ヵ所あり、その内訳は唐代24、北宋代68、金代2、元代18、明代65、清代1となる。中でも武則天の統治時であった武周の長寿元年から3年（692～694）、万歳通天元年～2年（696～697）に開鑿されたことの知られる10号窟の題記は注目すべきである。

　1号窟（大仏窟）の規模は、大同の雲岡石窟の第9、10窟をも凌ぐ規模であり、到底一般の地主や官僚階級の人物が造営できるとは考えられない。唐太宗時期は善導法師によって浄土宗が盛んに布教されていたときでもあり、西方浄土変を具現化した1号窟の仏像群は、仏教をはじめて国教とした太宗を中心とした皇室が主導で開鑿したと考えられる。その後武則天の時期にさらに力が注がれたのであろう。なお大仏寺の前を走る西蘭公路は、西安から新疆に向かうかつてのシルクロードの主要ルートとも重なっている。

(6)　炳霊寺弥勒大仏

　甘粛省永靖県の西南約35kmの山中に彫られた炳霊寺石窟は、現在のところ中国最古の西秦建弘元年（420）の題記をもつ、第169窟の造像群で著名な石窟である。石窟群は上寺と下寺とその間の洞溝とに分かれているが、総数196（龕を含む）のうち184が下寺に集中している。南北約350m、高さ約30mの崖面に掘られた石窟内には776体の仏像、約900㎡の壁画を残している。開鑿は西秦に始まり、北魏、北周、隋、唐、西夏、元、明と続いているが、最盛期は唐代である[10]。

　摩崖の大仏は、自然の洞窟を利用した最古の169窟のすぐ下の崖面に彫られた弥勒倚座像（171窟）で、上半身は石造、下半身は石胎塑像で、約27mの規模を持つ。この大仏の由来については、宋代の李遠撰の『青塘録』に以下の記載がある。「河州渡黄河至炳霊寺、即唐霊岩寺也。貞元十九年涼州観察史薄承祧所建。寺有大閣、附山七重、中有像、刻山石為之、百余尺。環場皆山、山悉奇秀、有泉自石壁中出、多台榭故基及唐人碑碣」。従来はこの記録をもとに171窟の弥勒大仏は貞元19年（803）に薄承祧によって造営されたと見られていた。『青塘録』は11世紀の黄河、湟水流域の地理状況を記した重要な記録ではあるが、唐代に関する記載については、張宝璽氏が疑念を呈せられている[11]。大仏造営者の涼州観察史薄承祧は『唐書』には記載はないが、『唐会要』によると玄宗皇帝の開元期（713～741）に群牧使に任ぜられていたようである。さらに張宝璽氏は『青塘録』に記載された貞元19年は開元19年（731）の誤りである可能性と、また貞元19年（803）には、この地域が宝応元年（762）年以降吐蕃の支配下になって40年以上経っており、涼州に観察史をおくことは不可能な状況であったことも指摘された。

　長安から西域へのルートの1つに、天水、臨夏、永靖を経て黄河を渡り、青海の西寧を通り、祁連山脈を越え河西回廊と合流する道がある。法顕の西天取経の道はこのルートで、炳霊寺はまさにその上に位置している。また「炳霊寺」はチベット語

写真6　炳霊寺弥勒大仏

の「仙巴炳霊（十万弥勒州）」の音訳である。しかし北魏以前ここは「唐述窟」と呼ばれていた。「唐述」は羌語で「鬼窟」の音訳。このようにこの一帯は各時代にわたって漢民族と西北民族の居住区の接点であったことがわかる。やがて唐代になって「霊岩寺」と呼ばれるようになり、宋代以降に呼ばれた「炳霊寺」とともに併用されていたが、清代以降にこの地にチベット仏教が流布してからは「炳霊寺」のみになったようだ。筆者は唐代に大仏が造営された背景にはこの様々な民族の居住地の接点であるという地理的な要素と、それに付随して生じる歴史的事件が大きいと考えている。

唐代にはこの地は吐蕃への重要な経路にあたり、また軍事拠点でもあり、唐と吐蕃の間で繰り返された「戦争」と「和平」の前線基地でもあった。炳霊寺に残る唐代摩崖碑記の中に「儀鳳三年（678）十月、刑部侍郎張楚金撰文崖記」があり、炳霊寺の風景の美しさや、寺廟建築の素晴らしさが記されているが、この背景には1ヵ月前の9月に中書令李敬玄、工部尚書劉審礼が18万の大軍を率いて、吐蕃と青海で戦った事実があることを考慮しなければならない[12]。第168窟の崖面に刻まれた開元19年（731）の『霊岩寺記』に、御史大夫崔琳が吐蕃との和平使節としてここを通った時の炳霊寺の盛況振りが記されている。これらの石碑と大仏造像との関係を積極的に示す資料はないが、筆者は吐蕃との和平成立という慶事の過程で弥勒大仏造像が計画された可能性が強いと考えている。

(7) 西寧北禅寺大仏

青海省西寧市の北郊にある北山の南崖に造られた北禅寺石窟は、自然の山塊の形が「為浮屠状」つまり仏塔の形をしていることから、古くから「土楼山」とも呼ばれ、仏教寺院や道観が建てられていた。『水経注』にはすでに北魏の時代にこの土楼山麓に神祠があったことを記している。その後洞窟は長年にわたって開鑿され、建物も重修が続き、清朝末期には「九窟十八洞」と名づけられ、多くの宗教において信仰の場となったようだ。

石窟は紅砂岩の崖面、東西200mの範囲に造られており、自然地形によって西部、中部、東部の3地区に分けられる。地元の人たちが「閃仏」と呼ぶ大仏は中部にある。かつては2体あったようだが、現在は西側の像は崩落して跡形を残していない。東側の大仏は高さ40m以上あり、ほぼ全容をとらえることができる。ただ風化が著しく、表面に施された人工の作業痕跡が認めにくいことから否定的な見方もある。しかし筆者は、周囲の地形、石窟群内における大仏の位置などから肯定的に捉えている。

石窟の中にわずかに残る壁画などから、隋〜宋代に描かれたのを知ることができるが、石窟の開鑿は北魏時代まで遡ると見るのが自然だろう。大仏はさしたる根拠はないが唐代の可能性を考えたい。その理由の1つに以下の『新唐書』（巻四十、志三

写真7 西寧北禅寺大仏

十、地理四）の記載がある。「鄯城。〔割注・儀鳳三年置。有土楼山。有河源軍、西六十里有臨蕃城、又西六十里有白水軍、綏戎城、又西南六十里有定戎城……〕」。ここに記されている鄯城が現在の西寧にあたる。鄯城は唐の行政下の鄯州西平郡に儀鳳3年（678）に置かれた3郡の1つで、西60里に臨蕃城、さらに西60里に置かれた綏戎城の名が物語っているように、この地は唐側から見れば対吐蕃、対戎の最前線基地にあたる。また臨夏、永靖から炳霊寺を通って湟水沿いに西行し、祁連山脈を越え張掖に向かう法顕たちが利用したシルクロード上に西寧は位置している。

(8) 楽山凌雲寺弥勒大仏

　四川省楽山市の東方にある凌雲山の西側では、長江の支流の岷江と、そこに流れ込む青衣江、大渡河の3つの川が合流しているが、この合流地点に面した棲鸞峯の崖面に巨大な弥勒倚坐像がある。山上にある凌雲寺にちなんで凌雲大仏とも呼ばれている。大仏は西向きで遥か彼方に峨嵋山を望み、足下には三江が流れ、背後には凌雲山を控える雄大な立地の中にある。大仏の総高は71ｍと他の大仏と比して圧倒的な規模を誇っている。

　この凌雲寺大仏の造営については、唐の貞元19年（803）、大仏完成後刻まれた韋皐撰の『嘉州凌雲寺大仏像記碑』に詳しい。この内容については清の嘉慶8年（1803）の『嘉定府志』、嘉慶17年（1812）の『楽山県志』、同じく20年（1815）の『四川通志』に記載されていたものの、『全唐文』『全蜀芸文志』『文苑英華』などの文献に記載されていないことなどから、その存在が疑問視されていたこともあった。しかし、1979年の春に中央新聞電映が『楽山風光』という番組制作のため船上から大仏岩を撮影していたとき、同乗していた羅孟汀氏によって大仏左側の絶壁面で碑文が確認された。その後1984年11月の調査で確実なものとなり、貞元19年という従来不確実であった完成期が明らかになった[13]。碑文の内容は「唐の開元初年（713）に海通禅師によって発願され、紆余曲折はあったが、当地を治めていた剣南西川節度使の韋皐の援助によって完成したこと」が記されている。韋皐は貞元元年（785）にこの地に赴任し、永貞元年（805）年に61歳で亡くなるまでの20年余りを当地で送っている。その間は、関係の悪化した西方の吐蕃との戦いに勢力を注ぎ、四川の平和に貢献したとされる人物である。

　現地を訪ねてみればすぐ理解できるが、この大仏の前面でいくつかの川が合流し、船が航行するのには日常的に危険が伴っている。大仏発願の動機については、この安全性を祈願することも重要な要素ではあったろう。さらに「このあたりが漢人と西南系少数民族の、両世界の接点ともいうべき位置を占めていたこと、そして唐代には漢人の進出がかなり進んだ場所であったこと、があげられた。両世界の融合をはたすうえで仏教は重要な意味をもったはずであり、当大仏がそのための一助としての役割を期待されたとしてもおかしくない。未来仏たる弥勒の像が掘られたのは、何かこの点につながっているのではない

写真8 楽山凌雲寺弥勒大仏

か」[14]とされる気賀沢保規氏の見解が注目される。

　また四川（蜀）の地では、仏教文化のうえでは初期（後漢）の段階から独自の文化が根差していることをうかがわせる資料が相次いで発見されているが、1982年には安岳では唐代の23mの規模を持つ涅槃像も確認されている。凌雲大仏もこのような動きの中で考えて見ることも必要なのかも知れない。

(9)　固原須弥山弥勒大仏

　寧夏回族自治州の固原県城から西北約55kmの、六盤山の支脈上にある須弥山石窟は、南北1800m、東西700mの範囲に132窟が現存している。北魏末の太和年間（477～499）に開鑿が始まり、北周と盛唐期にピークが認められる。石窟は須弥山の東麓に沿って南北八ヵ所に分散しているが、最南端のもっとも眺望の良い場所に唐代の第5窟（大仏楼）は位置している[15]。前面には深い渓谷をなす寺口子河が流れている。『水経注』に記された石門水がこの川のことで、シルクロードの要衝に位置していた石門関の推定地はこの大仏のすぐ下にあたる。

　須弥山を含む固原一帯は、歴史上しばしば漢民族と北方民族とのせめぎ合いの地であった。現在も須弥山の東北20kmには長城が遺存している。時代が下って唐の天宝5年（746）から大中3年（849）の間も、この一帯は吐蕃によって占領されていたが、秦、原、安楽の三州と、石門、驛蔵、木峡、制勝、六盤、石峡、木靖の7関がこの年に唐朝に復帰したことが『旧唐書』（巻十八下）や『資治通鑑』（巻二百四十八、唐紀六十四）などによって知ることができる。

　第5窟の弥勒倚坐像は、高さ20.6m。窟内の大仏西側には「大中三年」の銘が陽刻されている。須弥山石窟の中には題記を持つものは数少ないが、石窟群の中ほど奥まったところの桃花洞にある第105窟にも同じ「大中三年」の陰刻が残されている。この2つの年号が、この地域の唐朝復帰年に一致することが偶然とは考えがたく、大仏建立は唐朝の威信回復に伴う一連の動きのひとつと考えられる。さらに注意すべきは、1982年以降の調査で大仏の東下の崖面で小方龕窟を発見し、その中から北周銭が見つかったことである。大仏窟との相互関係から見れば、大仏窟の位置にも北周以前の石窟が存在していた可能性はきわめて高い。そうであれば、石窟群の中でもっとも眺望の良い最南端に後の時代の大仏を築くにさいして、それ以前の石窟を破壊したと考えざるを得ない。筆者はこの行動の背景に、唐代大仏のもつもっとも大きな意味を考えたい。

(10)　仁壽弥勒大仏

　四川省仁壽県の県城から東約35kmの高家郷牛角寨にある、第30号摩崖造像。弥勒仏とされるが、中国の大仏の中で唯一の胸像である。山頂から16mの深さで、幅11m、奥行8.7mを穿ち、その中に頭高7.7m、肩幅11mの胸像を造っている。

写真9　固原須弥山弥勒大仏

(11) その他の唐代大仏

　以上説明した大仏のほかにも、唐代に建立されたものはいくつか知られているが、詳しい検討材料を欠くので概要を紹介するにとどめたい。

　先ず、四川省資陽県半月山大仏（表1-11）は、資陽県城の東南20kmの半月山に掘られた、金剛坐上に結跏趺坐する大仏で、高さは21.4m。龕の左上に、「貞元九年」、「月十五日立」の造像記の一部を観察できる。中唐の徳宗の貞元9年（793）に完成したものと見られるが、仏龕の左下に刻まれた北宋の至道2年（996）の題刻には、「貞元九年八月十五日立」と刻まれている[16]。

　潼南大仏（表1-12）は、四川省潼南県城の西約1kmの餘培江畔に建つ大仏寺内にある釈迦牟尼像で、高さは18.4m。唐の咸通年間（860～874）に造を開始し、北宋末年（1126）に完成し、南宋の紹興22年（1152）に鍍金[17]。

　さらに現存してはいないが、武則天が長安4年（704）、洛陽城北の邙山の白司馬阪で天下の僧尼1人ずつに1文銭づつを出させて鋳造の大仏を造らせている。また武則天の寵臣であった薛懐義は、明堂内に高さ30mの夾紵（乾漆）大仏を造ったことが知られている。

4　大仏の築造時期と分布

　中国各地に造られた大仏のなかで、唐代にその建立時期が限定できる大仏の概要について前節で述べたが、ここで改めて各大仏の分布、時期、種類について比較検討しておこう。一覧表（表1）に掲載した12ヵ所13体の大仏の所在地は、甘粛省5、四川省4、河南、陝西、寧夏、青海省がそれぞれ1体づつで、その分布は、河南省龍門石窟の奉先寺大仏とをのぞくと、①その多くが唐王朝と周辺の他民族の勢力とのせめぎ合いの地に造られていること。②東西交流の主要ルートであった、シルクロードの沿線に存在する例が多いことなどに特徴があると言える。

　①の例としては武威天梯山大仏、炳霊寺弥勒大仏、西寧北禅寺大仏、楽山凌雲寺大仏、固原須弥山弥勒大仏などがあげられる。武威天梯山大仏は、7世紀前半まで祁連山脈から南のツアイダム盆地一帯に勢力を持ち、唐王朝とも比較的良好な関係にあった吐谷渾の版図内にあり、とくに弘化公主が王妃として唐朝から降下（640）してから、滅亡する663年までの間に友好、平和の証として大仏は造られた可能性が考えられる。

　炳霊寺弥勒大仏は、開元19年（731）に涼州観察史の薄承桃によって造営が開始されたが、ここもまた漢民族と吐蕃、羌族などの衝突が繰り返された「戦争」と「和平」の前線基地であった。西寧北禅寺は、儀鳳3年（678）に唐の支配に抵抗する西方の吐蕃、羌といった民族に対峙する前線に設置された他の臨蕃城、綏戎城にとっての基地ともいえる場所に築かれた大仏である。楽山凌雲寺弥勒大仏も気賀沢保規氏の「漢人と西南系少数民族の両世界の接点ともいうべき位置」の指摘通り、大仏の造られた8世紀の間、西には勢力を増してきた吐蕃とのせめぎ合いが続いていた。最後の固原須弥山弥勒大仏もまた、長く続いていた吐蕃の支配からこの一帯が漢人の手に戻った年である、大中3年（849）の題記が残されていることに象徴されるように、大唐帝国の支配力を誇示す

る形で造営されたものと見られる。

②のシルクロード沿いに位置するものとしては、①と重複するのも含めて、武威天梯山大仏、甘谷大像山大仏、敦煌莫高窟南北大仏、彬県阿弥陀大仏、炳霊寺弥勒大仏、固原須弥山弥勒大仏があげられる。仏教東漸の道とも呼ばれるシルクロード沿いには、南北朝以降に数多い石窟寺院が築かれているが、その中でも、上記の場所に大仏が造られたのは、①の理由に加えて、唐代に仏教が国家的な政策の重要な一翼を担っていたからであろう。

なかでも敦煌莫高窟北大仏は、武則天が各州に建立したうちの沙州の大雲寺（大雲経寺）に比定されるもので、弥勒の下生と喧伝された武則天の姿をあらわした、弥勒大仏の実例と見られる。

13体の大仏の中でその尊像の種類が明らかなのは9体で、もっとも多い弥勒仏が6体。筆者は武威天梯山大仏、甘谷大像山大仏も倚坐像であること、施無畏の印相などから、弥勒仏の可能性がきわめて高いと考えている。そうすれば3分の2の8体が弥勒仏になる。その他、阿弥陀仏、盧舎那仏、釈迦仏がそれぞれ1体づつとなる。もっとも多い弥勒仏については後述するが、他の像については実態の明らかでない潼南の釈迦大仏を除いては以下の解釈が可能であろう。

まず、彬県阿弥陀大仏は、貞観2年（628）の題記が示す通り、初唐の太宗の時期、阿弥陀仏を本尊とする西方浄土に対する信仰が盛んな時であった。山西省太原市竜山にある北斉代の童子寺大仏も阿弥陀三尊像と見られるように、6世紀から7世紀にかけての浄土信仰の広がりに伴って造られたと見てよい。

盧舎那仏は、「華厳経」に説く釈迦の法身で、「光明遍照」（一切のところに光が届くように、全宇宙に遍く満ちる真実の仏心）の意味を持つ、いわば仏の中の仏である。武則天が皇后の身でありながら自らの脂粉銭を投じて上元2年（675）に完成させた奉先寺大仏は、その容貌が彼女自身の姿を写したといわれたように、彼女の野望を一身に注ぎこんだものであった。それは十数年後に、中国史上唯一の女帝として君臨するための序曲でもあった。

このように見てくると、唐代大仏の多くの背景には武則天の影が見え隠れし、彼女の没後に造られた大仏も、その政権の方針を踏襲したための所産と考えられよう。次節ではもっとも多い弥勒仏について少し詳しく検討しておこう。

7　武則天の政治と仏教

(1) 武則天の政治

武則天は、14歳で太宗の後宮に入り才人となり、皇帝の死後、長安の感業寺で尼となったが、高宗の即位後再び宮廷に召されて昭儀の地位についた。やがて永徽6年（655）、33歳の時に周囲の反対にもかかわらず皇后となった。元来才能豊かで智謀にも富む彼女は、高宗とともに「二聖」と呼ばれ、以後弘道元年（683）の高宗崩御までの20年近くの間も、垂簾の政で唐朝を支配していた。高宗の死後も、自身の子である中宗李顕、睿宗李旦に代わり政務をとっていたが、ついに載初元年（690）に睿宗を廃して、自身が皇位につき国号を周と改めた。以後崩御する神竜元年（705）に、病

の床で張東之の政変によって退位するまでの20余年を含めて、初唐期の前半半ばから約半世紀の唐朝の政治は、武則天の意志を反映したものであった。とくに武周時代の15年間は酷吏を重用し、密告制度を用いて政敵を抹殺し、李氏一族と有力貴族を弾圧する一方で、科挙制度を改革し有能な官吏を選び、自らの社会的基礎を拡大することに力を注いだ。唐朝では、王朝を起こした李氏が老子李聃と同姓であることから、「道先仏後」の宗教政策をとっていた。新たな王朝を目指す武則天にとって、この政策を変更することが自身の立場を明確にさせることにもなり、同時に仏教界を自らの味方に引き入れることもできる。そんな中、武則天の宮室内で突如力を発揮してきたのが薛懐義であった。『旧唐書』(巻百八十三＜列伝＞第百三十三＜外戚＞)によると、彼は都近くの京鄠県の人で、もとの名は馮小宝という売薬を生業とする青年であった。たくみに宮室に取り入った彼は武則天の寵愛を受け、薛懐義という名の僧侶となり、洛陽の名刹白馬寺の住持となって権勢を誇った。彼の最初の仕事は明堂の建設だった。武周革命とも呼ばれる武則天の権力奪取の理論的根拠として、古代中国の理想的な周王朝があった。周王朝を起こした武氏の後裔と自称する武則天の政治の中枢として、周王朝の天子が政務を執ったとされる明堂は必須のものだった。多くの反対を押し切り、宮殿の正殿である含元殿を取り壊し、その場に明堂を建設する責任者に薛懐義は抜擢された。

　建設工事は垂拱4年(688)2月に開始し、同年の12月に完成した。明堂は3層からなり、高さは294尺(約90m)、第1層は一辺300尺(約90m)四方の大広間で、公式の政務や儀式が行われた。この明堂は武則天によって万象神宮と名付けられた[18]。

(2) 弥勒仏の造立

　弥勒は梵語のマイトレーヤの音訳で、意訳は「慈氏」。釈迦弟子であったといわれる弥勒菩薩は死後、兜卒天に上生し、やがて56億7000万年の後に、閻浮提(この世)に下生し釈迦についで成仏して衆生を救う仏とされている。弥勒の下生について説く一般経典としては姚秦の鳩摩羅什訳の『弥勒下生経』、同じく『弥勒成仏経』などがある。その内容はともに弥勒が将来、龍華樹の下に下生し、三会の説法を行い、96億、94億、92億の人びとを救済することが説かれている。さらに興味深いのは、その姿が紫金色で、三十二相、身長は1000尺で胸の広さは30丈、面の長さ12丈4尺、身体具足して端正なること類なし、と記されていることである[19]。この1000尺という大きさが、後に弥勒を巨大仏像に造らしめる1つの根拠となったのであろう。

　法顕がダルデイスタンで見た慈氏菩薩が100尺であったという記述や、玄奘の伝聞でも西域にも同様な巨大な造像があったことが知られる。

　翻って中国国内の弥勒像に目を転じると、古くは北涼時期に遡る敦煌莫高窟最古といわれる第275窟の交脚菩薩像があるが、巨像ではない。やはり大仏としては雲岡石窟の第19窟の弥勒仏坐像(16.8m)、17窟の交脚菩薩像(15.5m)を嚆矢とする。吉村怜氏の研究では、曇曜五窟の大仏が、建立者の文成帝を含む五帝になぞらえた仏像であるとされ、それぞれの仏像と皇帝の対比も行われている[20]。吉村氏は最初に造られたのがもっとも規模の大きい19窟で、これを北魏初代の太祖道武帝、17窟を即位しなかった恭宗景穆帝の像と考えられている。北涼から積極的に仏教を導入し、その北涼仏教の具現者であった曇曜が沙門統として造り上げた中心的な仏像が、弥勒像の可能性が強

いことは、これ以後の巨大仏像の変遷を考える上で重要である。なお文成帝の父で即位しなかった景穆帝の像が唯一菩薩像の弥勒であることも、建立者の意図した意味の深さが伝わってくる。

　北朝において大仏が造られてさほどの時をおくことなく、南朝においても浙江省新昌の石城寺大仏が、斉の永明年間（483〜493）に僧護によって発願され、梁の天藍15年（516）、武帝の勅命を受けた僧祐の手によって完成している。この像も弥勒坐像であり、5世紀から6世紀にかけて、南、北両朝において弥勒信仰が盛んであったことが知られる。永明11年（494）、洛陽に遷都した北魏の孝文帝は、まもなく郊外の伊水の辺に龍門石窟を開鑿するが、大仏の造営には至らなかった。おそらく徐々に衰退の兆しの見えてきた国力ともかかわるのであろう。華北を統一して100年を経た北魏は、534年に東西に分裂し、西魏は長安に、東魏は鄴に都を置いた。東魏を支配した高歓は、晋陽（山西省太原）に幕府を置き、都である鄴の朝廷をコントロールしたが、その高歓が造ったのが、太原から西南15kmの蒙山にある西山大仏と呼ばれる巨大坐仏である[21]。頭部は失われているものの底部から頸部までの高さは33mを残している。尊像の開鑿年代については、嘉靖『太原県志』巻五に記載されている『蒙山開化寺碑』や『北史』（巻8、斉本紀下）には完成させた人物については北斉の后主と記すことなどから、文宣帝の天保末年（559）から后主の天統5年（569）の間に造営されたと考えられている。北斉時期には河南省の浚県にも27mの浚県大仏と呼ばれる石胎塑像の巨大仏像が造られている。これら尊像の種類について宿白氏は従来の北方の石窟寺院内の像とは異なって、単体で山頂近くに造られていることなどから、南朝の仏龕に起源を求めるべきことを指摘し、さらに両大仏とも弥勒仏であろうとされている[22]。南北朝の混乱期において、救済者としての未来仏である弥勒の存在は、仏教を政治支配のよりどころとする為政者たちにとって格好の素材であった。

(3) 武則天と弥勒仏

　薛懐義は先に述べた明堂建設の後すぐに天堂の建設にかかった。明堂は中国古来の伝統に則して建てられたものであるが、武則天の立場を強調するものとして仏教建築の建設も不可避であった。明堂の後背地に、明堂を見下ろす5層の天堂の工事にかかった。その中心には大仏を安置するのである。しかし、この工事は大風のために1度は失敗したが、数年後に完成した天堂には夾紵大仏が安置された。

　薛懐義は、武則天の意向を受けて仏教と彼女の関係強化に勤めた。その結果法明などの協力のもと、弥勒の下生を説く『大雲経』を利用することにたどりついた。薛懐義が準備した『大雲経』は、もとは5世紀のはじめに北涼の曇無讖が『大方等無想大雲経』6巻を訳出したことに始まる。この経典の特徴は、多くの女性が登場することで、その中の浄光天女という1人に仏が言ったことは、「私が出生するときに汝は私の教えを聞き、天女の姿を女身に変えて転輪聖王の国土に君臨するだろう」という下りがある。薛懐義らはこの経典に手を加え、『大雲経疏』を編み弥勒を女身に置き換えて、さらに武則天に重ねていった。そして天授元年（690）9月9日即位した武則天は、翌10月、長安、洛陽の両京をはじめ諸州に大雲寺を建立させ、新編の『大雲経』を配布し僧侶達に読経を命じた。敦煌莫高窟北大寺はその流れの中で建立された沙州大雲寺であり、その本尊が武則

天になぞらえた弥勒倚坐像であった。莫高窟に残る敦煌文書の中に、則天文字の混じる『大雲経疏』が存在することもそのことを裏づけている。

　中国王朝史において空前絶後の女帝は、このようなシナリオを背景に誕生したのであった。自ら敬虔な仏教徒でもあった彼女は、即位後も『宝雨経』『華厳経』の訳出に力を注ぎ、それらを柱として国家経営を進めていった。

(7) 結　語

　中国各地に残る唐代の大仏を中心に考えてきたが、南北朝の混乱期の当初から弥勒の下生を望む考えは存在していた。唐王朝を建てた李氏政権に代わって武周革命を通して政権を確立した武則天は、北魏の文成帝の造営した「曇曜五窟」に示された「皇帝即如来」の思想を、200年余り後に再現したといってよかろう。

　武則天後の8世紀から9世紀にかけて、国土の拡大を進めていった政権にとって、もっとも脅威であったのが西方の吐蕃であった。この時期に築かれた多くの大仏は漢人と他民族の接点、とくに吐蕃の領地との境界近くでの造立が目立っている。武則天のはじめた仏法（弥勒の救済）による国土支配の政策を、後の時代にも踏襲した結果であろう。炳霊寺大仏、楽山凌雲寺大仏などの完成者が、国家から派遣された地方長官であったこともそのことを物語っている。さらに固原須弥山の弥勒大仏が、長く続いた吐蕃の占領から開放された記念の年（大中3年）に、先に存在していた石窟を破壊してまで石窟群のもっとも眺望の良い場所に築かれていたこともまた、そのことを象徴しているといえよう。

　五胡十六国時代に定着した中国の仏教は、もちろん鳩摩羅什や仏図澄などの優れた僧たちの訳経などの活躍によって思想的にも発展したが、一方では「仏や修行者（僧）の持つ特殊な力や霊験譚に見られる呪術性と神秘性を借りることで、自己の権力支配を強化することこそが、仏教を庇護する胡族君主のホンネであった」[23]との見方があるように、仏教に対して当初から権力者の強い意識が存在していたことが考えられる。無辺の宇宙に満ちる真実の仏身とされる盧舎那仏、釈迦に代わって衆生を救済する弥勒仏の姿に、時の為政者が自身の姿を投影することは容易に考えられることであり、それを強い権力で推し進めていったのが、盛唐期を確立した武則天であった、ということであろう。この姿勢はやがて半世紀の後に海を越えた日本において、聖武・光明の国分寺・国分尼寺、東大寺盧舎那大仏の建立へと引き継がれてゆくのである。

註

（1）　藤田元春『尺度綜考』臨川書店（再販）　1977年
（2）　山田明爾「多仏と大仏」『アジア仏教史』中国編Ⅴ　佼成出版社　1975年
（3）　水野清一・長広敏雄『龍門石窟の研究』座右宝刊行会　1941年
（4）　岡田健「龍門石窟初唐造像論」―その三・高宗後期―『仏教芸術』196号　毎日新聞社　1991年
（5）　史岩「涼州天梯山石窟的現存状況和保存問題」『文物参考資料』1995年2期
（6）　敦煌研究院・甘粛省博物館編著『武威天梯山石窟』文物出版社　2000年
（7）　註（6）に同じ

（ 8 ）　李亜太「甘谷大像山石窟」『文物』1991 年 1 期
（ 9 ）　員安志「彬県大佛寺石窟的調査与研究」『中国考古学研究論集—紀年夏鼐先生考古五十週年—』三秦出版社　1987 年
（10）　甘粛省博物館・炳霊寺文物保管所『炳霊寺石窟』文物出版社　1982 年
（11）　張宝璽「炳霊寺石窟大佛的創建年代及甘粛十座大佛」『炳霊寺石窟研究論文集』炳霊寺文物保管所編　1998 年
（12）　『資治通鑑』巻二百二、＜唐紀＞十八、高宗儀鳳 3 年（678）・『旧唐書』巻五、＜本紀＞第五、高宗下
（13）　羅孟汀「≪嘉州凌雲寺大佛像記碑≫的発現及其考析」『四川文物』1986 年 4 期
（14）　気賀沢保規「四川楽山凌雲寺大仏の歴史と現状」『仏教芸術』179 号　毎日新聞社　1983 年
（15）　寧夏回族自治区文物管理委員会・中央美術学院美術史系編『須弥山石窟』文物出版社　1998 年
（16）　王慶煜「資陽県半月山大佛」『四川文物』1993 年 4 期
（17）　顧美華他『中国大佛』上海古籍出版社　1994 年
（18）　『資治通鑑』巻二百七、＜唐紀＞二十三、＜則天武后＞長安 4 年（704）
（19）　小野勝年「新昌・石城寺とその弥勒像—江南巨大石仏の史的遍歴—」『仏教芸術』163 号　毎日新聞社　1985 年
（20）　吉村怜「曇曜五窟造営次第」『仏教芸術』212 号　毎日新聞社　1994 年
（21）　李裕群「晋陽西山大佛和童子寺大佛的初歩考察」『文物季刊』1998 年 1 期
（22）　宿白「南朝龕像遺迹初探」『考古学報』1989 年 4 期
（23）　尾形勇『東アジアの世界帝国』講談社　1993 年

参考文献

敦煌文物研究所編『中国石窟』敦煌莫高窟二　平凡社　1981
龍門文物保管所・北京大学考古系編『中国石窟』龍門石窟二　平凡社　1988
甘粛省文物工作隊・炳霊寺文物保管所編『中国石窟』炳霊寺　平凡社　1986
気賀澤保規『則天武后』白帝社　1995 年
郭朋『隋唐仏教』斉魯書社　1980 年

唐代葬儀習俗中にみられる仏教的要素の考古学的考察

張　建　林（訳　鈴木裕明）

はじめに

　唐代は、中国歴史上において仏教が最も発展した時期の1つである。皇室と上位統治者は仏教の絶大なる力を唱え、宮廷内に道場を建立し、主として皇室主導によって誦読・斎会・講経・行道を行った。さらに長安と洛陽に相当数の寺院を建立し（専門家の考証では、長安だけで200余りの寺院があった）[1]、また各州に官立の寺院を建立し、地方の民間寺院にいたっては統計を取るのが難しい状況にあるほどである。狄仁傑がかつて皇帝への上奏文で「里陌多有経坊、市街亦立精舎」[2]と語っている。この歴史的背景には、仏教思想は当時の人びとの生活習俗全般に多大なる影響を与えていることがあり、墳墓習俗についても例外ではない。これまで確認された唐代墳墓の考古学的資料のなかには、少なからず仏教の影響をうけた事例が見出されているが、過去に学界では特別な注意をはらってきておらず、専門的な研究は少ない。ある学者は魏晋以後、墳墓中の宗教要素はますます薄くなり、社会的に仏教・道教が盛行するとはいえども、葬儀習俗には反映されないと考えている[3]。しかし筆者は南北朝から隋唐の葬儀習俗中に宗教的影響が決して小さくなく表現されており、ただ内容上に変化が生じ、漢代の伝統的神仙思想が仏教・道教思想に変化すると認識している。本稿では、隋唐段階の墳墓壁画、副葬品、墓地に建立された仏塔、陀羅尼経幢などを中心とした考古学的検討と、あわせて文献資料にみられる唐代葬俗中の仏教的要素に関連した問題を検討し、この問題に対する基礎的な研究を行いたい。

2　唐代壁画墓・陶俑にみられる仏教的影響

　唐代壁画墓中に表現された仏教的内容の場面はあまり多くなく、直接的に表現されたものと、間接的に表現されたものがある。
　唐李寿墓の甬道壁画中には、仏寺と道観においてそれぞれの宗教儀式が行われている情景が「甬道後ろ側の東壁壁画に1つの寺院があり、そこには殿堂、双閣、その四周に巡る城壁、正面には僻門、門内には柵としての欄板がある。殿内外には少年僧が10余人あり、あるものは盤に座り、あるものは合掌してたたずみ、あるものは殿の傍らを歩いている」[4]のように表現されている。墳墓壁画全体のなかにおいてその表現内容をみれば、仏寺・道観で行われている儀式と墓主人の葬送儀礼

とは関わりはなく（これまでみつかっている唐代墳墓の壁画中に直接的に葬送儀礼の場面を表現している事例はまだない）、歴然として現実に即した様々な場面が墳墓壁画に描かれている。漢代以来の墳墓壁画中にみられる儀仗兵、出行、狩猟、居住、厨房、音楽舞踊などの伝統的内容をもとにして、さらに新たな内容が加わったものとみられる。

唐昭陵陪葬墓である長楽公主墓の墓道壁画の「雲中車馬図」の中には摩羯魚（鯨）が表現されているが、すでにある学者はこの点に関心をよせ[5]、浄土経の思想に基づいて描かれたと考えている。このような説は必ずしも正確とはいえないけれども、摩羯魚（鯨）の形象が、仏教芸術作品から移植されたことは疑いなく確実である（筆者は「雲中車馬図」は伝統的な昇仙思想と新しい仏教的要素が結合したもので、さらにそのなかに「洛神賦」の影響をみることができると考えている）。

唐墳墓壁画中にはしばしば飛天の図像がみられる。李寿墓墓道には「上位に東西対称の飛天」、「甬道入口付近の東西壁の上部に身に彩色された帯をまとい、手に蓮華を持つ飛天がそれぞれ描かれている」[6]が、実測図と写真を見ておらず、飛天の形状の詳細を知ることはできない。唐李憲恵陵墓道南端両側には青竜白虎の前に飛天が描かれている。その頭部が遺存し、傾斜した体とその動きにともなって漂う形の長帯からみると典型的な飛天の造形である[7]。昭陵博物館の展示室中に1枚の壁画模写があるが、これは昭陵4号陪葬墓の過洞入口上位の1対の飛天の図である。遺存状態は非常に良好で、敦煌莫高窟唐代壁画中の飛天の形状とほとんど同じである[8]。そのほかには墳墓壁画の装飾図案に花文を用いることが挙げられる。初唐から盛唐初期の蓮華文は一種の流行的な花文であって、これは乾陵陪葬墓の永泰公主墓・章懐太子墓の甬道と過洞頂部の平棋天花のなかに見ることができる。以上の事例は寺院、石窟壁画の影響を受けている可能性がかなり高い。しかも仏教が中国化する過程で様々な方面に影響を与えたなかでの、1つの特徴的な表現であるとみられる。

唐代墳墓に副葬される陶俑中に、「天王俑」と呼称される鎮墓の俑が出現し、長安と洛陽付近からもっとも多く出土している。この種の俑は北朝から隋代には、通常補襠あるいは挂甲および冑を身につけ、剣を地面に突き立て、盾を立て、身体は直立して、顔つきは人間のもので、完全に実際の武人の表現となっている。一般的にこれを「武士俑」と称している。初唐段階から武士俑は仏教造像中の天王像を模倣しはじめ（我々は壁画と石墓門の線刻画中に、この種の変化のもっとも早い例を確認しており、北朝から隋代にはすでにこのような変化が発生していたとみられる）[9]、顔つき、服飾、姿態が一変する。2つの目は円く見開き、表情は荒々しく、武力に満ちあふれている。甲の肩には腕を噛んだ獣首が出現し、身体を捻り、一方の手を腰に置いて、一方の手を高く差し上げ、武器は執らない。一方の脚を持ち上げ、両脚は夜叉を踏む。盛唐初期のこのような造形は同時代の仏教造像中の天王像と形状の上で分けるのはすでに難しくなっている。中国仏教造像中の天王像も北朝から唐代のある時期に変化が起きており、同じように中国式の武士像の絶え間ない影響を受けている。両者間の影響は一種の相互作用で、このような変化の過程を経て同じ所へ帰結し、盛唐時には同様の形状になる[10]。

このほか言及すべきものとしては、初唐から盛唐の境頃の李弘恭陵の神道石人・昭陵陪葬墓の李勣墓墓前の石人がある。両者とも脚が蓮華座を踏んでおり、これも陵墓神道石刻が仏教造像を模倣

した痕跡とみられる。

2　出土「随葬衣被雑物疏」・「在生功徳疏」中の仏教的内容

　新疆ウイグル自治区トルファン市のアスターナ高昌墳墓中に「随葬衣被雑物疏」の出土例が多くみられ、169号墓出土の高昌4年（558）張孝昌「随葬衣被雑物疏」中に「禅師法林敬移五道大神」、「持佛五戒、専修十善」などの内容[11]があった。高昌章和13年（543）孝姿墓、延昌16年（576）信女某甲墓、延昌32年（592）氾崇鹿墓から出土した衣被雑物疏にも同様の内容[12]があり、その後ろには「径渉五道、幸无呵留、任意听過、急急如律令」などの道教の慣用句があり、すでに固定した形式の1つになっている。十分に当時の高昌人の葬送儀礼のなかに仏教と道教を統合した観念が存在したことを反映している。

　「唐咸亨三年新婦為阿公録在生功徳疏」という「吐魯番出土文書」の第七冊66ページを原本とする文書がある。この功徳疏は死者の功徳が記述されること以外に、とくに注意すべき点として、墓地に仏寺精舎を建立することが記されていることである。これは疏に、「開相起咸亨三年四月十五日、遺家人祀特向塚間掘底作佛、至其月十八日、記成佛一万二千五百四十佛（原註：日作佛二百六十元、元二十佛）、于后更向堀門里北畔新塔庁上佛堂中東壁泥素（塑）弥勒上生変、開菩薩、侍者、天神等一捕（鋪）、亦請記録」[13]とある。

　2002年には陝西省靖辺県において2枚の板に墨書された唐景竜4年（710）「随葬衣被雑物疏」が収集され、そのなかには「随佛採花」があり、「此人生存之日、勤□□善、常律五戒、三長月六、恒修不闕」などの内容[14]が記され、墓主人の生前の仏教に対する敬虔な態度を表現することによって、死後の解脱を獲得することを期待している。

　随葬衣被雑物疏のなかの仏教的要素が初唐ではなく、北朝から隋代にすでに出現し、高昌の例以外にも清代の末年にはすでに山東省の臨朐において1枚の板に書かれた北斉時代の「衣被雑物疏」が発見され、その最後に「書者観世音、読者維摩大士」[15]とあり、仏教世界の観世音、維摩大士が本来衣被雑物疏のなかにあった神仙世界の「九尾狐」「三足烏」に取り代った、新旧の風潮の融和と変化の一端が顕れている。

3　唐代墳墓から出土した写本・印刷本「陀羅尼経呪」と葬俗

　唐代墳墓中出土の紙製あるいは絹製の「陀羅尼経呪」は10数点ある。1990年の西安市西郊火力発電所建設工事にともなう調査では、数百基の隋唐墳墓を発掘し、そのなかの102号墓中から小型の銅製容器が1点出土している。容器内には紙製印刷本の陀羅尼経呪があり、比較的良好に遺存していた。故宮博物院へ送られた後に表装され、詳細な描写が明らかになりつつある。そのほか1点の腕釧が出土しており、「中程は半円形の長筒で、両側はそれぞれ弧状の細長形に連接し、末端はそれぞれ小さく円形に巻き上げ、その巻き上げは対称的になる。発見時には墓主の髆骨上から検出された。筒は絹織物を巻き重ねたものを塗り固めている。筒の高さ8.7cm、直径9.8cm、細長い部分

の幅0.4～0.9cm、厚さ0.2cmである」[16]。そのなかの絹織物はおそらく陀羅尼経呪であろう。

　陝西省鳳翔県県城南郊の唐代墳墓中から出土した一点の絹製の「経呪図」は「M17：25号銅製容器内に出自があり、すでに故宮博物院に送られ、開いて修復し表装されている。長方形で、長辺35cm・短辺29.5cmである。草緑色の絹で、図像の中心には甲冑を身にまとい、剣を執った武人が盤にのった姿があり、周囲は漢字で書かれた経呪で取り巻かれ、経呪の外側四周には仏手印と蓮華文が描かれている。文字と図像は全て毛筆の墨書を用いており、一部分は損なわれている」。そのほかに「腕釧1点、標本番号M92：15。半円形の長筒で、筒内部両側辺は鎖が連なって狭い輪をとし、腕につけられていたものである。筒高5.4cm・径2.34cm、釧環径7.5cm・幅0.8センチ。筒内には織物の絹製品があり、惜らくはすでに錆びの固まりになっており、その形状をみることができない」[17]。前者は修復され本来の姿を見られないといえども、概報の描写から陀羅尼経呪であると判断でき、いわゆる「草緑色」絹というものは、本来素絹であったとみられ、緑色は銅の錆びによるものであろう。後者は同じ類の経呪であり、これら西安市付近出土の2点の陀羅尼経呪はいずれも腕釧の銅筒内に出自があるとみられる。

　1944年には成都市東門外において晩唐の墳墓を発見し、墓中からの出土品に印刷本の陀羅尼経呪があった。「□□□成都県□竜池坊□□□近卞□□印買呪本……」と印刷されていた[18]。

　「文化革命」期間、西安市でも上述のような印刷本の《陀羅尼呪》が発見され、出土状況ははっきりしないが、当時の長安城内坊間の作品と考えるのが妥当であろう。韓保全先生がその作品を紹介し、世界でもっとも早い印刷物であると認識された[19]。

　西安市南西の澧西でも紙製の印刷本の陀羅尼経呪が1点出土しており、この紙は元々小型の銅管のなかに入れられていたとみられるが、そのほかの出土遺物は不明である[20]。経呪の形式と内容から唐代のものと確定できる。

　「文化革命」期間、安徽省考古学研究所は阜陽において、1基の唐代土坑墓のなかに半分ほど遺存したサンスクリット文字の《陀羅尼経呪》の印刷本を発見した。同墓の出土遺物中には白磁椀、盤、四曲葵弁飾椀がある。安徽省だけでなく、江蘇省鎮江市でも唐墳墓中から経呪が1点出土している[21]。

　宿白先生は以前に「唐五代期の木版印刷手工業の発展」のなかで、考古学的に発見された唐から五代の印刷本《陀羅尼経呪》の年代比較を行い、この種の印刷本《陀羅尼経呪》のなかでもっとも早いものは晩唐期を過ぎないと認識されている。同時に墓中に副葬された《陀羅尼経呪》は当時のひとつの風潮となっていた指摘している[22]。

　開元年間、姚崇が死に際に子や孫を諭して、

　　今之佛教、羅什所訳、姚興与之対翻、而興命不延、国亦随滅。梁武帝身為寺奴、斉胡太后以六宮入道、皆亡国殄家。近孝和皇帝発使贖生、太平公主、武三思等度人造寺、身嬰夷戮、為天下笑。五帝之時、父不喪子、兄不哭弟、致仁寿、无凶短也。下逮三王、国祚延久、其臣則彭祖、老聃皆得長齢、此時无佛、豈抄経鋳像力邪？　縁死喪造経像、以為追福。夫死者生之常、古所不免、彼経与像何所施為？　儿曹慎不得為此！[23]

と告げている。当時の社会のなかでは、写経と仏像の鋳造は死と不幸をもたらすものと認識されて

いたことがわかる。

4　各地で発見された葬儀に関連する「仏頂尊勝陀羅尼経幢」

　唐代の陀羅尼経幢は、関中だけで100点余りが発見され(24)、そのなかでも西安市、咸陽市の２地区が多く、多くは葬儀に関連している。少なからず経幢の題記中に明確に現れているのは、「亡父母」「亡夫」「亡兄」「亡姪」などであり、故人の所に立てられていたということである。直接墳墓中あるいは付近から出土したものもある。2002年、西安市南郊陝西理工大学の新キャンパス建設現場のなかで１基の唐代墳墓の墓道中から「仏頂尊勝陀羅尼経幢」石経幢が１点出土し、

　　　大和六年（832）歳次壬子一月壬戌閏二十日辛巳□栄奉為亡兄諱通及婦建造石幢一所／亡妻王氏墓孟村界内」(25)

と後記されていた。1954年西安市東郊高楼村で発見された唐代高克从墓墓道中からも石経幢が１点出土している(26)。このほか、咸陽博物館所蔵の唐大和七年（833年）陀羅尼経幢には、経呪の後ろに、

　　　維大唐京兆府咸陽県平城郷龍池里張白龍村、仁勇校尉守左金衛晋州神山府折冲、上柱国、賜紫金魚袋、左神武軍宿衛彭城郡劉文□奉為先亡于墳塋所創造建立尊勝幢一所……又愿亡炅、乗此功徳、生居浄域、永離輪回……勝幢立于墳旁影衛、世世称伝、万代永頼(27)

と表記されている。洛陽市龍門の建于大中四年（850）僧懐則石幢の題記には、

　　　唐東都聖善寺志行僧懐則于龍門廃天竺寺東北原（劉）先終塋一所、敬造尊勝幢塔開記(28)

とある。《八瓊室金石補正》に収められた「僧志遠造幢記」には、上元２年（760）僧志遠が亡き父母のために造った経幢が、「措葬于影幢之側」(29)と称せられている。この数例の経幢は全て明確に墓所に立てられていたと説明でき、亡き人物の「生居浄域、永離論回」を祈り、墳墓本体と密接に関係していることは明らかである。しかし経幢を墓道中になぜ埋めるのかについては、まだ明らかになっていない。

　もっとも広く流伝した仏陀波利訳《佛頂尊勝陀羅尼経》には、

　　　天帝若人名欲将終、須臾念憶此陀羅尼、還得増寿、得身口意浄。随其福利、随其安穏。一切如来之所観視、一切天神恒常侍衛。為人所敬、悪障消滅。一切菩薩同心覆護」。「天帝若人能須臾誦此陀羅尼者、此人所有一切地域、畜生、閻羅王界、餓鬼之苦、破壊消滅、无有余遺。諸佛利土及諸天宮、一切菩薩所住之門、无有障碍、随意趣入」。「佛告天帝、若人能書写此陀羅尼、安高幢上、或安高山或安楼上、乃至安置窣堵波中。天帝若有苾蒭、苾蒭尼、優婆塞、優婆夷、族姓男、族姓女、於幢等上或見或与相近、其影映身、或風吹陀羅尼上幢等上塵落在身上、天帝彼諸衆生所在罪業、応堕悪道地獄、畜生、閻羅王界、餓鬼界、阿修羅身悪道之苦、皆悉不受、亦不為罪垢染汚。天帝此等衆生、為一切諸佛之所授記、皆得不退轉。於阿鎊多羅三藐三菩提」。「佛言若人先造一切極重悪業、遂即命終、乗斯悪業応堕地獄、或堕畜生、閻羅王界、或堕餓鬼乃至堕大阿鼻地獄、或生水中、或生禽獣異類之身、取其亡者随身分骨、以土一把誦此陀羅尼二十一遍、散亡者骨上、即得生天(30)

といわれている。

　陀羅尼経は漢文に翻訳された後、もっとも都合よく、はやく罪を消し去り、亡霊から離れ、地獄などの悪道の苦しみを取り除く経呪として、急速に民間に広まり、陀羅尼経幢の建造と陀羅尼経呪文の書き写し・印刷がなされるようになり、当時の民間仏教信仰の重要な形式の1つになった。さらにここから見出されるのは、社会のなかで陀羅尼経呪大量需要に応えることができたのは、印刷技術による生産が重要な原因の1つであるということである。

5　「塋中窣堵坡（墓中のストゥーパ）」と塔葬

　陝西省乾県の懿徳太子墓博物館が所蔵している1点の石塔がある。20世紀90年代に乾県峰陽郷東湖村から収集したもので、塔身と塔頂の軒の一部が残り、塔身部高さ48cm、塔頂軒高さ24cmである。本来は六稜の単層塔とみられ、塔身には3つの面が残る。そのなかのひとつの面にはひとつの天王像が浮き彫りされ、もうひとつの面には「唐扶風郡魯公塋（塋）中窣堵波塔銘開序　彭城劉玄討撰文并書　盖聞釈教以慈悲為本、儒行以忠孝為先。抜極含生、訓諧地庶……」と銘が刻まれている。刻銘は明確にこの小石塔が「墓中のストゥーパ」であることを示しており、当時は墓地に置かれていたとみられ、おそらく墓内に置かれていた可能性がある。その内容は仏教と儒教が統合した思想を現しており、仏教の慈悲と儒教の忠孝を同列に論じている。

　西安市南郊三兆では唐開元18年（730）郭元誠塔銘が発見されている。塔銘は現地農民が土掘りをしているときに発見されたもので、墓誌のような方形に近い形状で、辺長42×45cmである。その銘には、

　　粤若大居士外祖父朝散郎前行太史監霊台郎太原郡郭元誠、宇彦。五戒清浄、六根明察。知色相之无我、爰托勝固：審詭幻之皆空、凭茲嘉業。……倚伏无准、生滅有期、春秋七十有四、以開元十八年三（月）十二日終于常楽私第。妻瑯琊王氏、開元二十二年六月廿五日終于同第、以其年七月十四日亦遷此地、礼也。外孫前慶王府執乗氾子昂、虔奉遺訓、深懐曩恩、敬窆于高陽原、樹双塔于積徳里。道俗云送、車馬霧集[31]

と記されている。塔銘は長安県郭杜鎮長里村の農民によって土取りされていたときに発見されており、墳墓の形状は不詳である。塔銘出土地の三兆では以前に唐代墳墓が発見されることは少なくなく、長安県北の韋曲北原と同じような状況であり、唐長安南郊のひとつの重要な墳墓群とみられる。塔銘の出土地点の分析から、双塔が墓地に建てられていた。

　昭陵博物館が所蔵している昭陵付近で収集された「大唐故雍州礼泉県安君夫人康氏石塔文併序」石板片1点があり、高さ46cm、残存部幅21cmを測る。正面には一仏二菩薩が浮彫りされ、現在は坐仏の右半身と右脇侍菩薩がわずかに残る。裏面は楷書の塔銘、

　　大唐故雍州礼泉県安君夫人石塔文併序／夫乾坤覆載天地、日月為尊；春秋四時陰陽、父母為貴。故号天□／重、叩地情深。栖烏表仲尼之城、未将為徳；冬魚応王祥之志、足□／□観。不謂夕電□停朝霞巳落。逝川斯往、隙影難留。誰知露草遄／晞、嗟百年之易往；風枝不静、愴千月之難期。子大義禍及、栖鴛母／帰東岱；過庭訓奄、澡白雪以无由。陟屺情深、対黄泉而絶

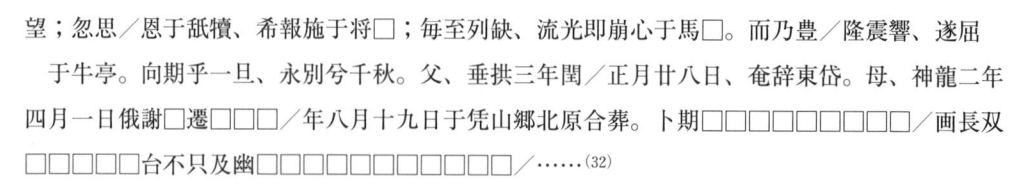

望；忽思／恩于舐犢、希報施于将□；毎至列缺、流光即崩心于馬□。而乃豊／隆震響、遂屈于牛亭。向期乎一旦、永別兮千秋。父、垂拱三年閏／正月廿八日、奄辞東岱。母、神龍二年四月一日俄謝□遷□□□／年八月十九日于凭山郷北原合葬。卜期□□□□□□□□／画長双□□□□台不只及幽□□□□□□□□□／……(32)

がある。このなかにいくつかの問題を見出すことができ、1）安君夫人康氏によって主に塔が造られた、2）年代は神龍2年の後の数年間である、3）塔を造った由縁は亡き父母の合葬によるものである。この石塔は仏教造像が浮彫りされている石板などを組み合わせて構築された構造物で、その建造地は父母合葬墓地とみるのが妥当である。

墓地に塔を建て葬るような習俗は、唐代墓誌のなかにわずかな手掛かりを探すことができる。唐右金吾衛翊衛宋遠妻王氏の死後、その子は仏家作法にならって「営茲宝塔」ならびに「葬于京城之西南高陽原三会寺舎利塔南之所」(33)を行った。≪大唐故宣威将軍右武衛中郎将隴西董君墓誌銘≫には、

夫人南陽郡君張氏、金鈎表袢、石岍旌賢、従順貞明、宴息禅慧。蓮花照水、豈方清浄之心；薤露晞陽、将生極楽世界。以開元廿三載二月四日趺坐帰真于同谷郡之別業、春秋七十二。開元廿七載十月十四日帰柩故郷、以形建塔」(34)と記されている。《唐故正議大夫行内侍上柱国雷府君夫人故楽寿郡君宋氏墓誌銘》には「夫人号功徳山居長……自内侍既没、楽寿未亡、因昼哭之余、忽焉回向、救前途之下、転益堅修、頓悟空色、了帰禅定

と記される。およびその臨終にあたって合葬は不要と、「建塔旧塋、同塵斉化」(35)と遺言している。墓誌が出土するような墳墓には、同時に石棺床が遺存し、壁画と銅鏡が残る場合はあるが、墓室が大きく破壊され、上部構造が遺存していない場合は、すでに墓上あるいは墓の側に塔が建っていたかどうかを知ることができない。

≪旧唐書・巻九九・列伝第四九≫には、仏典に帰心した挺之、僧恵義のことが記載されている。東都に至り、不遇を得、病気になった。自ら墓誌に、

天宝元年、厳挺之自絳郡太守抗疏陳乞、天恩允請、許養疾帰閑、兼授太子詹事。前后歴任二十五官、毎承聖恩、尝忝奨擢、不尽駆策、鴛塞何階、仰答鴻造？春秋七十、无所展用、為人士所悲。其年所九月、寝疾、終于洛陽其里之私第。十一月、葬于大照和尚塔次西原、礼也。尽忠事君、叨載国史、勉拙从仕、或布人謡。陵谷可以自紀、文章焉用為飾。遺文簿葬、斂以時服

と言う。挺之と裴寛のみな仏を奉る。開元末、恵義は亡くなり、挺之は麻布の服を龕所へ送った。河南尹として寛は、僧普寂が亡くなったときに、寛と妻子のみな喪服を着、哭臨を設け、妻子を嵩山に至り葬送を行った。故挺之誌文に「葬于大照塔側」といい、その霊の仏の加護を祈った。

墓中に塔あるいは「葬于塔側」を建てる人はすべて非常に敬虔な仏教徒であり、ある特定の人物とみられ、一般民衆がこのような葬式を採用することはとても少ない。ただしこのような習俗には皇室成員の葬式行為がはなはだ影響を与えていることに私たちは注意しなければならない。

蕭王詳、徳宗第五子。大暦十四年六月封、建中三年十月薨、時年四歳。廃朝三日、贈揚州大都督。性聰慧、上尤怜之、追念无已、不令起墳墓、詔如西域法、議層甎造塔。礼儀使判官、司門郎中李岩上言曰、'墳墓之義、経典有常、自古至今、无間異制。層甎起塔、起于天竺、名曰浮

図、行之中華、窃恐非礼。況蕭王天属、名位尊崇、喪葬之儀、存乎簡冊。挙而不法、垂訓非軽。伏請准令造墳、庶尊典礼．'詔从之。(36)

同様に徳宗の建中年間にひとつの出来事があった。

建中四年十月、泾師犯闕、徳宗蒼惶自北便門処幸……。(姜公輔)从幸山南、車駕至城固県、唐安公主死……上悲悼尤甚、詔所司厚其葬礼。公輔諫曰、'非久克復京城、公主必須帰葬。今于行路、且宜倹薄、以済軍士．'徳宗怒、謂翰林学士陸贄所曰、'唐安夭亡、不欲于此為塋壠、宣令造一磚塔安置、功費甚微、不合関宰相論列。姜公輔忽進表章、都无道理。但欲指朕過失、擬自取名。朕比擢揆為腹心、乃負朕如此'。(37)

6　唐墓出土「塔式罐」の仏教的含意

唐墓のなかからはしばしば塔式罐が出土するが、その意味は不明である。ただ1点肯定できることは、この塔式罐は墳墓からのみ出土し、日用の器にはみられないということである。このような塔式罐が最初に出現するのは盛唐初期で、中唐まで継続的にみられ、晩唐にはまれになる。ただし宋代には再び出現する。用途に関しては確定的なのは墳墓専用品であるということであり、ある人は漢代以来の魂瓶と関係がある可能性を考えている(38)。ただし現在までこれに関する専門的な論文はみられない。

塔式罐の出土状況からみると、すべて墳墓に出自があり、他の同時期の遺跡にはみられず、墳墓専用に製作された副葬品であるということができる。塔式罐は通常、ラッパ状の基部、鼓状の体部、塔刹状の蓋の3つの組み合わせにより構成されている。比較的ランクの高い墳墓から出土した塔式罐はさらに複雑な造形となり、典型的な例は章懐太子墓、節愍太子墓から数点出土しており、最下面にもう1層の覆鉢状の基部がある。その全体の形状は非常に仏塔に似ており、罐蓋はさらに塔刹に酷似し、それゆえ考古学的に通常これを塔式罐と称する。当時ははたしてどのような名称で呼ばれていたのか、現在はまったく知ることができない。塔式罐は器形が仏塔を模倣しているだけでなく、デザインにも比較的多くの仏教的影響が現れており、大多数の陶罐の肩部と体部下位には彩色された蓮華文が描かれている。また塔式罐において注意すべき点は、罐体部と基部を巡る形で象の頭、力士などの仏教芸術中に常にみることができるデザインが貼り付けられていることである。現在乾陵博物館が所蔵している章懐太子墓出土の2点の彩色上絵の塔式罐がこのような形状になる(39)。耀州窯博物館が所蔵している1点の黒釉塔式罐は基部四面それぞれに1体の小仏座像がある点で特別であり、さらに明瞭な仏教的要素が加えられている(40)。

河北省邢台市では近年、宋代塔式罐が出土しており、その説明では「唐代の様式」をそなえているようである。「邢台市文物管理所が建設工事と併行して立ち会い調査を実施中に、4基の洞室墓を発見した。発掘調査を行い、4セットの唐様式の陶塔形罐と邢窯白磁椀1点、青釉歛口椀1点（椀の中心にひとつの蓮華の造形が貼り付けられている）および開元通宝・天漢元宝・至道元宝銅銭などの優美な遺物が出土した。この出土品のなかで4号墓出土の完形の精美な塔形罐は最も貴重な遺物である。4セットの塔形罐の形態はそれぞれ異なるが、すべて貼り付け・形作りの手法を用いて、

多層に分けて仏教故事を述べている。塔形罐はあるいは陶塔と称される器物は複数の屡をもって出土することがあるが、この類の精美な塔形罐を１つの器に同じように仏道を形作ったものがある。邢台において最初に出土し、河北省においてわずかにみられ、その完形品は全国に余り多くみられない」(41)。速報には１枚のモノクロ写真が添付されており、写真の観察から、塔式罐は上下５点で組み合わされ、上位の３点と唐代塔形罐の形状は非常に近似しており、ラッパ形の基部、短頸で鼓形体部の平底罐、塔利形の罐蓋がある。下位の２層は円台形に帯状に巡る囲いの基部であり、いわゆる「仏教故事」は下位の基部外周に人物故事デザインの造形が貼り付け・形作られているものを指している。現物はまだ実見しておらず、写真は非常に小さく、速報にみられる詳細な描写は確認できず、そのデザインの具体的内容も確認できない。

　　なぜ盛唐初期に墳墓中に突然塔式罐が出現するのだろうか？

　　塔式罐の由来はどこからにあるのか？

　現状では、まだその答えを探し出すことはできない。筆者はインドにおいてすでに出現している一種の舎利容器に注目している。塔式罐と酷似しており、地域・時代は大きく隔たるが、あえて書き加えようと思う。

7　陵墓に付属する仏寺・精舎

　唐陵の傍らに寺を造りはじめたのは昭陵からである。永徽６年（655）、

　　春正月壬申朔、親謁昭陵、曲赦醴泉県民、放今年租賦。陵所宿衛将軍、郎将進爵一等、陵令、
　　丞加階賜物。甲戌、至自昭陵。于陵側建佛寺。(42)

≪唐会要・巻四十八≫にも同じような、

　　永徽六年正月三日、昭陵側置一寺。尚書右仆射褚遂良諫曰：関中既是陛下所都、自長安而制四
　　海、其閑衛士已上、悉是陛下爪牙。陛下必欲乗埠滅遼、若不役関中人、不能済事。由此言之、
　　理須愛惜。今者昭陵建造佛寺、唯欲早成其功、雖雲和雇、皆是催迫発遣。幽州已北、岐州已
　　西、或一百里、或二百里、皆来赴作、遂積時月、豈其所愿？陛下昔尝語宏福寺僧雲、我義活蒼
　　生、最為功徳。且又今者所造、制度准禅定寺則大宏福、寺自不可大於宏福。既有東道征役、此
　　寺亦宜漸次修営、三二年得成、亦未為遅

という記載がある。ここからわかるのは昭陵の傍らに建立された寺の名は「禅定寺」で、その目的は太宗に大きな福をもたらすことである。貞元14年（799）、

　　是歳、以昭陵旧宮為野火所焚、所司請修奉。'昭陵旧宮在山上、置来歳久、曾経野火焼熱、摧
　　毀略尽、其宮尋移在瑤台寺左側。今属通年、欲議修置、縁供水稍遠、百姓労弊、今欲于見住行
　　宮処修創、冀久遠便人。又為移改旧制、恐礼意未周、宜令宰臣百僚集議。(43)

貞元年間の昭陵付近の瑤台寺は永徽六年建立の禅定寺と同一の寺院かどうかはわからない。ただし昭陵に付属する仏寺が継続して貞元年間まで存在したことは明らかである。

　河北省隆尭県に位置する建初陵と啓運陵はそれぞれ唐高祖李淵の第４代祖李熙（追尊宣皇帝）と第３代祖李天賜（追尊光皇帝）の陵墓であり、追尊の性格をもつ祖陵である。総章年間（668～670

年）に陵園東側に光業寺が建立され、先祖への敬いをもって、冥福を祈った。現存する開元13年《光業寺碑》があり、碑文中の「総章敕云為像為陵置寺也」によってその存在が確認できる。陵寺を建立する功能については、碑文中の頌詞がいう「国王大臣、州牧県宰。済美福業、勤修亮采。如露平施、如雲自在。展敬陵園、帰誠法海。諦听茲蕭、瞻顔无怠。凡闕有情、千百欺倍」[44]にある。

以上、両例が明らかにしている陵園の傍らに寺院を建立することは、亡き皇帝あるいは皇帝先祖の幸福を祈るためであったが、それは定型化せず、以後の陵墓においてあまり採用されることはなかった。ただ依然として当時を代表する最高の葬送儀礼の皇帝陵において濃厚な仏教的要素の影響がそのなかにあることは明らかである。

墓地に仏寺、精舎、禅窟を建立する起源は比較的早く、《洛陽伽藍記・白馬寺》には、「明帝崩、起祇洹于陵上、自此后、百姓冢上立精舎、図其形象」と伝えている。《魏書・釈老伝》には、「恵始冢上、立石精舎、図其形象、経毀法時、犹全立」と伝えている。《周書・皇甫遐伝》には、「遐性純至、少喪父事母以孝聞。保定末、又遭母喪、乃廬于墓側、負土為墳。后于墓南作禅窟、陰雨則穿窟、晴霽則営墓……禅窟重台両匝、総成十有二室、中間行道、可容百人」とある。これらの例はすべて特別な例とみられ、古文献に記載するさいに明らかにつくられたものと考えられる。前述の新疆ウイグル自治区トルファン市出土の「唐咸亨三年新婦為阿公録在生功徳疏」にも墓地に仏寺・精舎を建てたという内容が記載されている。

8　房山石経にみる故人のための刻経習俗

房山石経には経を刻んだ人の題記が多数あり、そのなかには亡父母、亡夫、亡妻、亡兄弟姉妹、亡子息のための刻経が少なくない。張国剛先生は以前に《故上柱国龐府君金剛経頌》の分析を通して、唐代の一般的な家庭の宗教生活を観察した[45]。この題記は非常に典型的なもので、

　　公諱懐、字伯、其先南安郡人也。……遽以光宅元年十一月遘疾、終於私第、春秋七十九也。有子徳相等扣地屠魂、号天襲血、想津梁之无拠、思回向之有因、以為救助莫若于受持、施与不及于書写。今敬為亡父鐫石造金剛般若経一部、即以垂拱元年四月八日、雕飾畢功、兼設四部斎衆、送経于山寺之頂也[46]

とある。4月初めの8日は仏陀の誕生日で、この1日は「雕飾畢功」の日として選ばれ、斎戒を設けならびに石経が寺院に送られ、1度に複数の意義を得ている。

同様の意義の題記は房山石経のなかにまだたくさんあり、唐景龍2年（780）同谷県令の薛崇徽と弟の崇暕が亡き考妣のために写経し願掛けしている[47]。年上の者として幸福を祈ることには、さらに「大暦五年二月八日建。佛弟子李義礼為亡妻敬造石経一条、合家供養」などの例[48]がある。

9　その他の葬儀習俗に関連する仏教的要素

　亡き者を済度するために寺院を建立し、窟を開削し造像するような形式が採用されることがある。著名な慈恩寺は高宗が母親の文徳皇后の追福のために建立[49]したものである。貞観3年、太宗が挙兵し、突厥を伐ったときに、死傷者がはなはだ多く、「為死兵者立浮屠祠」[50]し、戦死した兵士の済度のために寺院を建立した。これは民衆を慰めるためのもので、民の怨みを消却する国家行為であった。代宗朝宰相の王縉が妻子の李氏の死後、「舎道政里第為寺、為之追福、奏其額曰宝応」[51]を行った。

　《龍門石窟志》を調べると、おおよそ390条の隋唐題記が収録されていて、そのうち亡父母、亡乳母、亡夫、亡妻、亡兄、亡息子、亡娘のために窟および龕を開削して、造像した明らかな記載は46例あった。造像を通して、亡き者に（題記に等しくみえる）「往生浄土」「托生西方」「同勝彼岸」「霊化浄境、断除三障」させる功徳を願った[52]。麦積山石窟において数的には多くないが北朝から唐代に至る題記のなかにも、亡き親族を追福するために窟を開削し造像した例をみることができる[53]。各地の北朝から唐代の造像碑と単尊造像にも少なからず亡き者の祈願追福のための、

　　張保洛等造像記」（大魏武定七年）・「敬造石碑像四佛四菩薩。籍此微功、仰願先王、娄太妃、大将軍、令公兄弟等亡者升天、託生西方无量寿佛国。現在眷属四大康和、輔相魏朝、永隆不絶、[54]

　　劉洛真造像記」（延昌元年）・「劉洛真兄弟為亡父母敬造弥勒像二区、使亡父母托生紫薇安楽之処。這愿七世父母、師僧眷属、見在居門、老者延年、少者益寿……、[55]

　　張三娘造像并鐫心経題記」（永隆二年）・「為亡夫及父婆男女眷属敬造弥勒世尊、観音、地蔵二菩薩及鐫般若多心経[56]

のような題記表現がみられる。

　仏教徒によりつくられた一種の特種な葬式がまだあり、すなわち石窟寺において窟を開削し、埋蔵することである。この習俗は文献からみるともっとも早くは西魏にはじまり、麦積山石窟に西魏文帝文皇后の乙弗氏の埋蔵窟、「鑿麦積崖為龕而葬」、「号寂陵」[57]がある。すでに麦積山第43号窟（あるいは崖閣と称する）がそれと認定されている。龍門石窟にも少なからず唐代の埋蔵窟があり、すでに専門家が論及している[58]。ほかに「唐故栄州長史薛府君夫人河東郡君柳氏墓志銘」に「夫人悟法不常、暁身方幻……乃遺命鑿龕龍門而葬、従釈教也」[59]と記載がある。以上が証左となる。龍門石窟をみれば、その他地方の石窟にもこの類の埋蔵窟が存在している可能性が考えられ、以後甄別された事例を待ちたい。

　仏教僧の火葬（サンスクリット語「荼毘」）習俗も当時仏教を信仰した人間に採用されたものである。「唐故辺氏夫人墓記」には称夫人臨終のさいに諸子に命じて、「吾早遇善縁、了知世幻。権于府君墓側別置一墳、他時須為焚身、灰燼分于水陸、此是愿也」[60]といっている。

　寺の後ろの塔の傍らに葬ることも信者たちの一種の選択である。「唐故尚舎直長薛府君夫人裴氏墓志銘」には、「先是遺付不許従于直長之塋、以受其戒律也」といわれ、その子孫は「葬于河南龍

門山菩提寺之后崗」(61)される。「大唐太常寺協律郎裴公故妻賀蘭氏墓志銘」には裴婦人が「綿連沈病，三浹其歳。自大漸，移寝于済法寺之方丈，蓋攘衰也」し，およびその逝去には，「遷殯于鳴鳴垍、実陪信行禅師之塔」(62)される。

唐大中年間「万敬儒、盧州人。三世同居、表親盧墓、刺血写浮屠書。断手二指、輒復生」(63)。亡き父母のため血でもって仏教典を書き写したところ，その切った指は再生し，正史の孝子行列その名が連なり，万人の尊敬を得た。葬事中の１つの超常的な仏教行為が孝行の一種となったとみることができる。

後世の人に忘れられた父祖のために冥福を祈り，僧尼として出家することにも所見がある。1985年西安市曲江郷三兆村で発見された上元３年「尼真如塔銘」には「尼真如総章二年為亡父家出」(64)と記される。碑林博物館が所蔵している「比丘尼法琬禅師碑」には唐宗室臨川公李徳懋の亡父の冥福を祈ると記述され，年齢わずか13歳の女子が尼になるため剃髪し，舎に送られたことが記されている(65)。

おわりに

以上の多くはこれまで筆者が注意してきた考古学と文献資料を収集したもので，言及した論点は多岐にわたる。しかしいまだ全体を探究できていないが，この未熟な意見を述べることで，学界にこれらの問題について関心を引き起こしたい。現状ではこれらの問題のうちどれか１つでも深く掘り下げ，専門的な論文を作成したものはない。

中国では伝統的儒家思想と倫理道徳に基づき，葬送儀礼に対して十分に重視していることが，「事死如事生、事亡如事存、孝之至也」(66)、「喪祭之礼廃、則骨肉之恩簿、而背死忘先者衆」(67)、「生、事之以礼；死、葬之以礼、祭之以礼、可謂崇矣」(68)からわかる。≪周礼≫の「五礼」のなかで「凶礼」が相当の比重を占め，各代の礼儀中に凶礼に並ぶ重要な項目はない。葬儀習俗は孝道と礼儀のこのような儒家基本観念が関わり，同時に宗族内部の凝集する力を維持する重要な手段になる。この前提が，異なる時代の文化背景・思想観念・物質文明の葬儀形式・墳墓構造・副葬物に等しく反映されている。

魏晋以来仏教は中国に広範に伝わって，南北朝から隋唐の仏教の禁止を経ても，崇仏の風潮はたびたび現れ民間に深く浸透していった。仏教の本土化の過程のなかでしだいに中国伝統の儒家思想と民間習俗との間で互いに融和し，同時にこのような融合によって生じる影響を伝統的な埋葬習俗に深く与えている。以上の多くの資料によって充分にこの点が証明された。最後に指摘したいのは，南北朝から隋唐期には葬儀習俗中に仏教的要素が浸透し，この時代の終結によっても消失することはなかった。この新しい葬儀の伝統は明清から今に至るまで継続しているのである。

註

（１）　孫昌武≪唐長安仏寺考≫『唐研究』第２巻　北京大学出版社　1996年
（２）　≪資治通鑑≫巻二〇七

（3） 俞偉超≪中国古墓壁画内容変化的階段性≫『文物』1996年第9期。俞偉超先生が語る墳墓壁画の段階的な変化の認識では、「南北朝から唐代に至る、仏道（とくに仏教）の信仰は世間に浸透していた。ただし墓内の壁画にはこの信仰の濃厚な痕跡をみることができない。これは当時の仏道崇拝の動きをみることよって解釈することができる。主要な行為は仏寺・道観で進行され、それゆえ世俗的な葬俗には反映されなかった」とされる。

（4） 陝西省博物館、文菅会≪唐李寿墓発掘簡報≫『文物』1974年9期

（5） 昭陵博物館≪唐昭陵長楽公主墓≫『文博』1988年第3期
文軍≪佛教与世俗的結合――長楽公主墓壁画「雲中車馬図」初探≫≪陝西歴史博物館館刊≫第8輯

（6） 同注釈4

（7） 陝西省考古研究所≪唐李憲墓発掘報告≫　文物出版社　2004年

（8） 複製品が現在昭陵博物館の展示室に展示されている。

（9） 山東省臨朐県崔芬墓（北斉）甬道壁画の武士は、甲冑を身につけ、憤怒の表情が垣間見え、身体を捻じ曲げ、一方の脚は少し持ち上げており、すでに神王の影響がみられる（山東省文物考古研究所、臨朐県博物館≪山東臨朐北斉崔芬壁画墓≫『文物』2003年第4期）。西安李和墓（隋開皇2年）石刻墓門上の武士は「頭に冑をかぶり、甲を身につけ、脚には口の狭いズボンをはいて、ズボンの口は長靴内に入れ、一方の手を腰にあて、一方の手を高く差し上げて、長柄の矛を握り、正面を向いて直立している」（陝西省文物管理委員会≪陝西省三原県双盛村隋李和墓清理簡報≫『文物』1966年第1期）。当時の天王像と非常に近似している。

（10） 中国仏教の天王造形は中国式武士の形象の影響を受けている問題に関しては、李淞≪長安芸術与宗教文明≫中の≪略論中国早期天王図像及其西方来源≫の一節を参照されたい。中華書局　2002年版。

（11） ≪吐魯番出土文書≫第二冊、文物出版社1981年版　p.215

（12） 同上　p.61・217

（13） 劉銘恕　≪吐魯番文書札記≫≪敦煌吐魯番学研究論集≫北京図書館敦煌吐魯番学資料中心　台北　≪南海≫　雑誌社合編　書目文献出版社　1996年

（14） この2点の「随葬衣被雑物疏」は現在陝西省考古研究所が所蔵、すでに筆者が整理し研究しているが、未発表である。

（15） 北斉武平4年（573年）、高僑妻王江妃の衣被雑物疏に、得るところが多い。所収≪陶斎蔵石記≫巻十三

（16） 西安市文物管理所≪西安西郊熱電廠基建工地隋唐墓葬清理簡報≫『考古与文物』1991年第4期

（17） 尚志儒、趙叢蒼≪陝西省鳳翔県城南郊唐墓発掘簡報≫『考古与文物』1989第5期

（18） 馮漢驥≪記唐印本陀羅尼経呪的発見≫『文物参考資料』1957年第5期

（19） 韓保全≪世界最早的印刷品―西安唐墓出土印本陀羅尼経呪≫『中国考古学論集』1987年

（20） 安家瑶・馮暁堂≪西安澧西出土的唐印本梵文陀羅尼経呪≫『考古』1998年第5期

（21） 宿白≪唐五代時期雕版印刷手工業的発展≫の後記、≪唐宋時期的雕版印刷≫文物出版社1999年版

（22） 同上

（23） ≪新唐書・巻一二四・列伝四九≫

（24） 陝西省文物管理委員会≪陝西所見的唐代経幢≫『文物』1959年8期

（25） 石経幢は現在陝西省考古研究所が所蔵

（26） 同注釈19

（27） 張鴻杰主編≪咸陽碑石≫三秦出版社　1990年版

（28） 張乃翥≪龍門蔵幢讀跋両題≫『敦煌研究』1989年2期

(29) 劉淑芬≪経幢的形制、性質和来源－経幢研究之二≫『歴史語言研究所集刊』第六十八本第三分
(30) ≪大正新修大蔵経・第十九冊≫
(31) 桑紹華・張蘊≪西安出土文安公主等墓志及郭彦塔銘≫『考古与文物』1988年第4期
(32) 石板は現在昭陵博物館が所蔵
(33) ≪全唐文補遺・第五輯≫p.341
(34) ≪全唐文補遺・第四輯≫p.453
(35) 張正嶺：≪西安市漢森窄唐墓清理記≫『考古通訊』1957年第5期、周錚≪功徳山居長墓志考釈≫『考古与文物』1991年第5期
(36) ≪旧唐書・巻一〇五・列伝一〇〇≫
(37) ≪旧唐書・巻一三八・列伝第八八≫
(38) 陝西省考古研究所韓偉先生がこの観点をもっているが、詳しく述べた著作はまだない。
(39) 章懐太子墓出土塔式罐は現在乾陵博物館に所蔵されている。
(40) 陝西省対外文化交流協会でみた、銅川市人民政府編≪耀州窟≫図録の図版　陝西旅游出版社　1992年
(41) 李軍：≪邢台市出土4套宋代精美塔式罐≫≪中国文物報≫2002年1月23日"収蔵鑑賞周刊"第54期　第二版簡訊
(42) ≪旧唐書巻四・本記第四≫
(43) ≪旧唐書巻一三六・列伝第八六≫
(44) 李蘭珂≪隆尭唐陵"光業寺碑"与李唐祖籍≫『文物』1988年第4期
(45) 張国剛≪唐代世俗家庭的宗教生活――跋房山石経題記「故上柱国龐府君金剛経頌」≫≪中華文史論叢≫第59輯　上海古籍出版社　1999年
(46) ≪房山石経題記匯編≫書目文献出版社1987年　p.4〜5。
(47) 同上、p.897
(48) 同上
(49) ≪旧唐書・巻十九一・列伝第一四一≫「高宗東宮、為文徳皇后追福、造慈恩寺及翻経院」。≪唐会要・巻四十八≫：「貞観二十二年十二月二十四日、高宗東宮、為文徳皇后立寺、故以慈恩為名」。
(50) ≪新唐書・巻二・本記第二≫にみえ、さらに詳細は≪旧唐書・巻二・本記第二≫、貞観三年十二月に「癸丑、詔建義以来交兵之処、為義士勇夫殞身戎陣者各立一寺、命虞世南、李伯葯、褚亮、顔師古、岑文本、徐敬宗、李子奢等為之碑銘、以記功業」とある。
(51) ≪旧唐書・巻一一八・列伝第八六≫
(52) 龍門石窟研究所編：≪龍門石窟志≫pp.79〜P120　中国大百科出版社　1996年
(53) 麦積山石窟志編輯委員会：≪麦積山石窟志≫第四章　甘粛人民出版社　2002年
(54) 王旭輯≪金石萃編≫巻三十一　北京市中国書店据1921年掃叶山房本影印
(55) 同上巻二十七
(56) 同上≪金石続編≫巻五
(57) ≪北史・巻一三・列伝第一≫
(58) 張乃翥≪龍門唐代瘞窟造像的新発現及其文化意義的探討≫『考古』1991年第2期
(59) 周紹良主編≪唐代墓志匯編≫上海古籍出版社　1992年版　p.1240
(60) 陝西省古籍整理辦公室≪全唐文補遺≫第一輯　三秦出版社　1994年版　p.264
(61) 同上　p.1313
(62) 同上　p.1184

(63) ≪新唐書・巻一九五・列伝第一二〇≫

(64) 樊波・李挙綱≪「唐尼真如塔銘」考略≫『碑林集刊』第二輯　1994年

(65) 同前

(66) ≪中庸≫第十九章

(67) ≪漢書・巻二二≫

(68) ≪孟子・巻五≫。同様の内容は≪論語・巻一≫のなかにもある。

唐僧取経図の研究

孫　暁崗

　仏教が中国に伝来してからもっとも重要なことは、外来宗教として如果に中国伝統思想支配下の民衆に受け入れられたかである。仏教が中国へ伝来後、魏晋南北朝の受融期、隋唐時期の創造期を経て、五代・宋時期に至り、その内と外の質はすべて変化した。それが我々が言うところの「中国式の仏教」である。仏教の主要表現形式である仏教芸術も例外ではなく、その中に我々が見られる儒教と道教思想が融合したもの、あるいは純粋中国式の題材も存在している。本論では仏教芸術中に存在している「唐僧取経図」から、仏教芸術の中国化、世俗化および中日仏教文化の伝播を検討したい。

1　玄奘三藏の功績

　唐玄奘は俗称唐僧（602?～664年）、仏教では三蔵法師と言う、唐朝著名な高僧である。法師は隋末期に洛州緱氏県（現河南省偃師県緱氏鎮）に生まれ、俗姓陳氏、本名は禕である。祖父康は斉国子の博士になり、父陳惠は隋代に江陵県令に任命され、大業末に官位を辞めて帰郷し、潜心に儒学の研究をした。その兄陳素は東都（洛陽）浄土寺に出家し、法名は長捷である。玄奘法師は幼年時代に家庭貧困のため、その兄の勧めで洛陽浄土寺に仏経を学び、11歳（620）の時に『法華』と『維摩』諸経を読み、13歳の時に剃髪出家した。その後、景法師に『涅槃経』、従厳法師に『摂大乗論』を学び、精通し、仏教の哲理を詳しく教授できたので、他の僧に賛美されている。

　隋煬帝大業末年には兵乱飢荒の原因で、玄奘法師は二兄長捷法師と長安に行き、荘厳寺に泊まり、同時代の名僧が蜀地（四川成都）に集中していることを聞き、成都に移転した。成都で宝暹の『摂大乗論』、道基の『雑心』、惠振の『八犍度論』など経典の講義を聴き、3～5年間で諸々の経典に精通し、その名声は大きくなった。唐高祖武徳5年（622）に成都で具足戒を受け、7年に成都と離れ、長江に沿って東へ移動しながら勉学し、荊州の天皇寺に移り、そこで『摂大乗論』『雑心』を講義し、その後趙州に行きそこで師に就き、『成実論』を深く学び、さらに揚州に行き惠休の『雑心』と『摂大乗論』などの経論の講義を聴いた。

　貞観元年（627）に再び長安へもどり、道岳、法常、僧弁、玄会などの諸師と共に『倶舎』『摂大乗論』『涅槃』などの経論を研究し、諸家学説を学び、当時の人びとに賛美され、玄奘法師の名は長安中に知れ渡り、朝廷から重視されたので、荘厳寺は当寺に長く住むよう朝廷に要請した。しかし、各地の経典の解釈が違っていて説が統一できていないことを憂い、三乗学説の『瑜伽師地論』

を統一したいと想うに至った。そして法を求めるためにインドへ行く決心をした。この時は唐朝成立の初期で、出国の取り締まりが厳しく、彼の請求を朝廷は許可しなかった。貞観3年（629）、北方は飢饉で、朝廷がそこへ救援している間に、ひそかに長安を出て、秦州（天水）を経て、金城（蘭州）姑臧（武威市）を通った時、姑臧で要請を受け『涅槃』『摂大乗論』と『般若経』を数月に渡り講義し、その中に西域商人と僧も多く参加していて、彼たちは法師が西行求法の事をあちこちに宣揚したので、朝廷と官府にも知られ注目された。師はひそかに瓜州（今甘粛省安西県治中）へ行き、新しい弟子の石槃陀を案内人として引き連れて、ひそかに玉門関に出て、ひとりで、漠賀延砂漠を通過し、伊吾に到達し、高昌王麴文泰の物資の援助を受け、順調に進み北インドの迦畢試国に入った。道中いろいろな聖地を巡礼し、中インド摩伽陀王国に着いた。当時は唐太宗の貞観5年（631）であった。那爛陀寺の戒賢論師の門下となり、『瑜伽師地論』を習い、また、顕揚、婆娑、倶舎、順正理、対法、因明、集量、中、百などを学び、研鑽し、5年続けて五天竺を遍歴し、さらに、その地の賢人を歴訪したりいろいろな知識を聞いたり梵本を探したりするうちに13年が過ぎた。再び那爛陀寺へ戻ると、戒賢の要請で『摂大乗論』『唯識決擇論』を講義した。また、『会宗論』3000頌、破師子光所講中、102論を講演した。続いて『破悪見論』、1600頌、破斥烏荼国小乗論師之『破大乗論』を講義し、五天竺にその名は知れ渡った。戒日王などがその名を聞き、戒日王は師のために大法会を作った。師は論主を引き受けるに至り、大乗仏教として称揚され、『唯真識量』頌を講義した。五天竺大小乗の僧および婆羅門等は心服し反論する者はいなくなった。五天竺の君王は弟子に帰依した。

　貞観17年（643）に奘師はシルクロード南道（于闐道）から帰国し、貞観19年正月に長安に到着した。経像舎利など、凡数百件、仏経梵文原典5265部を持ち帰った。師は帰国後、唐太宗、高宗に尊敬され、三蔵法師の称号を賜った。太宗皇帝は経典の翻訳のための院を建てた。彼は19年間弘福寺、大慈恩寺、玉華宮で、仏経、論75部、1335巻を翻訳した。その主要な経典として大般若経600巻、瑜伽師地論100巻、大毘婆娑論200巻、倶舎論、成唯識論、摂大乗論などがある。彼がインドで学んだことは東夏に伝わった。唐太宗の要請により、『大唐西域記』12巻を書き、また、西域、インド138国の歴史、地理、宗教、伝説故事、風土人情などを詳しく記述した。この書物は現在、古代インド、中アジア、南アジアの史地、文化と宗教研究の重要資料として、世界の研究者に注目されている。しかもアメリカ、フランス、日本、ロシア諸国に翻訳された。

　以上の紹介が我々に判っているところである。玄奘法師は唐太宗貞観元年（627）開始、18年間に渡って西域へ求法巡礼し、貞観19年（645）に長安に帰国し、経典657巻と仏像、法具を将来され、麟徳元年（664）2月5日65歳に玉華寺で円寂した。彼の一生は翻訳家、実践家、旅行家であり、これらの原因で、彼の生涯の出来事はしだいに面白い物語になり、文人墨客の創作題材にもなり、著名の小説『西游記』はその原形で創作したものである。玄奘法師は当時の高僧そして師匠として有名で、仏教芸術中に出現するのは必然のことである。

2 文献資料

　玄奘法師はわが国古代著名の翻訳家として、彼はその前の翻訳家鳩摩羅什などの「達意」訳、つまり原文の大まかな意味の翻訳であったのに対し、原文に忠実に翻訳する逐字翻訳の新しい規則を作り、翻訳史上画期的な道標となり、彼以後の訳経家は彼以前の訳品は「旧訳」と言い、その後の訳品は「新訳」と言われている。玄奘法師は「旧訳」諸経は使用を禁止したかったが、他の人は反発した。玄奘法師は1人で遠征し、歴史上貢献したので尊敬され他に影響を与えたので、文学創作の中心人物になった。西行求法の故事は唐末期に出現し、宋、遼、金の時期はいろいろな物語が出現した。この時期から、壁画も描かれたくさん残っている。

　西安西南面終南山興教寺の慈恩塔院の中に玄奘の墓塔があり、その墓塔の上に玄奘三藏取経線刻図像（図1）が刻まれている。その図像は、玄奘が西域へ行ったときの容姿で、右手に払子を持ち、左手には経巻を持っていて、経巻の入った竹篭を背負い、草の靴を履いて、僧が行脚している様子が線刻されている。また、『大唐三藏大遍覚法師塔銘并序』の文字が刻まれているが、これは開成4年（839）に沙門令検修建時所立、碑文は御史劉軻が書いたもので、僧が安国寺を建立するときに書いた。この絵は現存しているものでもっとも古いものである。

　西安大慈恩寺（大雁塔）に唐太宗が建立した『大唐三藏聖教序』、高宗が建立した『述三藏聖記』の石碑もあり、これらは玄奘と関連するもっとも古い碑文記録である。『大慈恩寺三藏法師伝』巻7に「南面有両碑、載二聖三藏教序記。其書即尚書右僕射河南公褚遂良之筆也」と記載されている。

　玄奘取経と関連する絵画の記録は、欧陽修の『于役志』に「景祐三年（1036）丙子七月甲申、与君玉飲寿寧寺。……寺甚宏壯、壁畫優妙、問老僧雲：周世宗入揚州時以為行宮、盡朽漫之、惟経蔵院畫玄奘取経一壁獨在、優為絶筆……。」と記載されている[1]。

　日本の高僧成尋の『参天台五台山記』第4巻に、
　　大宋国熙寧五年（1072）九月二十一参拝普照王寺大仏寺時
　　……玄奘左手執経当胸。右手当胸小指頭相捻。次窺基字洪道。右手執念珠垂胸前。以左手把右手腕。二人著花鞋。鼻如鼻。……
と記載されている。また、熙寧6年（1073）5月4日

図1　玄奘三藏取経線刻図　唐代

条記載の揚州の龍興寺大仏殿後壁に「摩騰、竺法蘭、羅什、玄奘、恵遠、道安、道宣、慈恩」の影像を描かれたことを記録されている[2]。これらの文献史料から、彼はまず高僧形象として仏教芸術に出現し、その後に政治と歴史舞台に昇ったことが知られている。

3 図像資料

玄奘法師と関連する図像資料は、多くの学者と先哲によって紹介および論述された。しかし、不完全であり、筆者の調査によって、現在、中国と日本に大量に保存された玄奘法師の図像資料の内容は豊富で、題材も多様である。次に主要な図像を紹介したい。

(1) 中国の唐僧取経図

敦煌仏教芸術中「唐僧取経図」6幅があり、莫高窟に見られず、すべては西夏統治瓜州（甘粛省安西県）時期の楡林窟第2、3、29窟、東千仏洞第2窟に描かれている。

楡林窟第2窟の中央佛壇に騎獅文殊七尊塑像を配置し、文殊菩薩を主尊として供養する洞窟である。西壁入口の南北両側対称に水月観音菩薩図を描かれ、その北側の観音は緑色大巾を被り、下着紅藍両色の裙子、金剛宝座の上に岩石に座り、姿態は優美で、雲彩浮動、空には三ヵ月、与菩薩の背光、交替呼応、静かな夜空、1人の童子が雲に乗って来、合掌して観音菩薩に礼拝している。水月観音の左下方に、1僧侶が袈裟を着、合掌し、観音菩薩に礼拝する；1僧侶の後の孫悟空は、猿の形象で、身に窄袖衫を着け、右手を額に寄せた形で遠方に望み、左手で白馬を牽き、笑う状態であり、全く解しない表現で、二者は相反する状態で、世間を軽んじ言行不遜の表情をしている。孫悟空の前方に河流が描かれ、これは玄奘法師西域取経の途中で観音菩薩が助ける画面である（図2）。南側には水月観音図が描かれているが、この場面は描かれていない。

楡林窟第3窟西壁門の南側に騎象普賢菩薩図が描かれている。画面の右下角には北方毘沙門天王が描かれ、天王の後に河、岩石の上に樹木があり、1人の僧侶が袈裟を着、大河の前に立って、大河の激流を見ている。万事休すの表情で、普賢菩薩に合掌礼拝して、この危難を助けてほしいと菩薩の保護を祈祷する。小説『西游記』中では神通力広大の孫悟空が記載されているが、ここでは策に困って上を向き口をあけ、良策が浮かばない孫悟空が描かれている。白馬は背中の蓮華の上に経典のふろしき包みを乗せ静かに待っている。経典のふろしき包みは、光を四方に放っている（図3）。3者の表情はそれぞれ違い、三者の眼前の危境に向かう顔色はそれ

図2　楡林窟第2窟「唐僧取経図」　西夏

ぞれ異なる。

　東壁の北側は十一面千手千眼観音経変相が描かれている。画面の下方には1人の僧侶が合掌し、猿形像の孫悟空が腰に経典の入ったふろしき包みを掛け、右肩に金環の禅の杖を担ぎあげ、禅の杖の先に経典の箱を掛けている。孫悟空が雲海を隔てたところにいる観音菩薩に向かって礼拝している。この場面は玄奘法師および弟子が西域から経典を持ち帰る時の描写であると推測できる。

　楡林窟第29窟の東壁の北側には水月観音図の下方に横幅が広い唐僧取経図が描かれている。図の中央に樹木を配し北側に1人の俗者が左手に桃を持ち、右手で樹木を指し、後ろの僧侶と話をしている。樹木の南側で2人の俗者は描かれ、その1人が桃を持ちもう1人にそれを上げる図である。後面の図に1人僧侶が桃を背後に持ち、菩薩と対話している。さらに後面の図は1人の変装した菩薩は僧侶が隠した桃に注視している過程である。この画面で玄奘と弟子が経典を取りに西行した途中、孫悟空が西王母の桃を盗まれるという故事を描いていると考えている（図4）。

図3　楡林窟第3窟　唐僧取経図　西夏

図4　楡林窟第29窟　唐僧取経図　西夏

東千仏洞第2窟に中心柱があり左右2ヵ所に分かれている、北側には水月観音経変で玄奘は袈裟を着、合掌し、猴子形像の孫悟空は左手を額に寄せて遠くを眺め、右手で白馬を引いている。南側には玄奘は腰を曲げ観音菩薩に向かって礼拝し、猴子形像の孫悟空は片手に白馬を引き、もう一方の手で金環の禅の杖を担ぎあげ、邪悪な怪を除き妖怪を降伏させるために、先鋒を歩いている模様である。両方の図に梵天および親族も随伴している様子が描かれている。その前面には涛涛の河流が有り、白馬には経典が載ってなく、玄奘法師が西行した時の観音菩薩を救助する画面が描かれて

いる（図5）。この絵の内容は楡林窟第2窟のものと似ている。違うところは玄奘の頭に光があり、孫悟空の頭に緊箍咒がはめられているが、これは『西游記』の中に記載されている孫悟空の形象の雛形であるかもしれない。

杭州の霊隠寺飛来峰には五代、宋元時期の仏教造像が多数残っている。宋代乾興、熙寧、辛亥、熙寧丙辰、元豊2年、嘉定15年の銘文がある。これは後期中国仏教美術史上、重要な地位を占めている。龍泓洞の北側に懸崖が在り、その上方に有元代の釈迦牟尼と弥勒仏の坐像がある。下方には「玄奘取経、白馬負経、朱士行取経」の字が刻まれ、浮き彫りになっており、精緻に彫刻され、写実的で、これは北宋時期の佳作である（図6）。

前方の玄奘法師は中年時の容姿で、顔面は清楚な顔立ちで、頭上に光があり、両袖のある袈裟を纏い、合掌し、ゆっくり前進している。右側上方には「唐三藏玄奘法師」の銘文が刻まれている。後面には白馬が経典を背負い、馬を牽く像の頭部は壊れてなくなり、胸前に数珠を掛けている部分から下側が現在残っている。その服装は行者の容姿で、この数珠から推測すると、この人物は『西游記』に記載されている玄奘の弟子沙僧和尚であると考えられる。白馬の前の行者がいるが、上半身は壊れ、腰は佩刀を掛けているが、その人物は特定できない。その後面にはもう1人の行者が背に経典を背負った白馬を牽き、その人物の上半身は壊れていて、その人物は特定できない。その上方には「朱八戒」「从人」「天竺□□

図5　東千仏洞第2窟唐僧取経図　　西夏

図6　杭州飛來峰浮彫玄奘取経、朱士行取経、白馬負経　　北宋

□」の銘文が刻まれいてる。「朱八戒」は変造された形跡があり、ある学者はこれは「朱士行」である可能性を指摘し、この内容は三国時代の曹魏国の僧侶である朱士行が取経した故事だと指摘している。その後面の2人の身体には右側がない袈裟を纏い、頭上に光がある容姿の、高僧の像である。周辺には「摂摩騰」「竺法蘭」などの銘文が記されている。この浮き彫りは中国の高僧が西域に到達し取経する故事の場面である。

　陝西省富県石泓寺の第2窟の中心仏壇の前柱に水月観音図が彫刻されている。中央の観音菩薩は頭に化仏宝冠を載せ、頭上に光があり、背景は山石で表現され、天衣は漂っていて、羊腸大裙を着、華麗な瓔珞、首飾り、胸の飾り物、右腿を左腿の上に置き左腿は連花を踏み、連花宝座の上でリラックスしている姿を示している。この下の部分には1組の玄奘取経図が彫刻されている。観音菩薩の右下方には玄奘法師が配され、頭部の側面は壊れ、両袖のある袈裟を着、合掌し、その身体の後ろに白馬と馬を牽く僧侶が描かれ、僧侶の髪の毛は巻き毛で、腰は曲がり、手綱を持ち、白馬の頭部は壊れ、連花の上の経巻は描かれていない。観音菩薩の左下方に、1人の行者が刻まれ、頭部は壊れ、右手を上に挙げ、額に右手を寄せて望み、左手に大刀を持ち、その後面に、巻き毛で首に数珠（髑髏）を掛け、拱手し、眺望している行者が描かれている。玄奘および弟子の動態と顔の表情から見ると、玄奘と弟子が取経のために西域に行く途中、観音菩薩に助けを求める場面である。人物の組み合わせは後に出来た『西游記』の話と似ているが、人物の容姿や名称は当時は明確化されなかった。手に大刀を持った行者と首に数珠を身につけた人物は、杭州霊隠寺の石刻「玄奘取経図」中に描かれている手に大刀を持った行者と首に数珠を身につけた人物と同一人物である。ここで新人物が出現している。この人物は頭が大きく剃髪している弟子で、『西游記』の唐僧三弟子の原形と目され、芸術風格を見ると宋金時代の作品と考えられる（図7）。

　福建省泉州開元寺、東西の双塔は中国の重要文化財である。西塔は後梁貞明3年（917）王審知が福州から海上で木を運んで泉州に建立した。最初の名は「无量寿塔」であった。北宋は政和4年（1114）に「仁寿塔」という名称に変えた。その後何回も壊れ再建した。このとき木造から煉瓦造りに変えた。南宋の紹定元年から嘉熙元年の年間（1228〜1237年）に自証法師は石で再建した、その10年後に東塔が建立された。西塔の高さは44.06mで、東塔より少し低いが、両塔の形や規模はほとんど同じである。西塔の第4層の北東側には、「唐三蔵、東海火龍太子、猴行

図7　陝西富県石泓寺第2窟中心壇前柱水月観音および玄奘取経図　金代

者」と浮き彫りで刻まれている（図8）。

　張掖市大仏寺は西夏の崇宗永安元年（1098）に建立された。正面中央の仏壇の上で、釈迦牟尼涅槃塑像がある。これは現存する中国最大の涅槃像である。大仏の身体の後ろに迦葉、阿難などの十大弟子の塑像が安置され、また南北両側には十八羅漢の塑像が安置され、色彩は調和が取れている。神体はそれぞれ異っていて、生きているかのごとく躍動感がある。大殿の四方の壁は仏、菩薩、弟子、諸天神将、仏伝故事が描かれている。中央の仏壇の後面の壁面には、連環画の形式で唐僧取経の内容が描かれている。線条は流暢で、色彩は清麗で、山峰雲海の間に、多くの故事が描かれている。孫悟空が雲間で魔王や妖怪などと大戦した故事も描かれている。唐僧や弟子と俗人との告別の場面のイメージは生き生きと描かれている（図9）。

　五台山南山寺の境内に元代至元5年（1268）8月に建てられた石碑が現存しているが、その石碑に書かれている最初の名称は「大萬聖佑国寺」として知られている。大雄宝殿の下方中央に釈迦牟尼と阿難、迦葉両弟子の塑像があり、正面中央に騎獅文殊菩薩像の石像がある。左側に送子観音像の石像が、右側には普賢菩薩の木像がある。大殿の両側には十八羅漢の塑像があり、その芸術的価値は高く、五台山で所有している大雄宝殿内の塑像の中でもっとも優れている。羅漢の性格は鮮明で、悪を憎む様態、泰然自若、眉目秀麗、老衰の様相など生きているかのごとく躍動感がある。十八羅漢の後ろの壁は屏風の形式で、左側には釈迦牟尼仏伝図が描かれ、右側の壁には『西遊記』故事の画が描かれている。各屏風は背景に山水画が描かれ、故事が挿入されている。とくに玄奘（唐

図8　泉州開元寺西塔「猴行者」　　明代　　　　　図9　張掖大仏寺大仏殿後壁壁畫　　元代

僧）が取経のために西域へ行ったときの『西遊記』小説中の人物、唐僧の弟子孫悟空、猪八戒、沙僧などの容姿全部が出現し、人物は生き生きとしていて、線条は優美、表情は細かく描かれている。この寺院は明清の時代に大きく改修された（図10）。

五台山殊像寺は、大殿内の主尊は騎獅文殊菩薩を供養している。文殊菩薩像の背面は観音菩薩像があり、懸けるように塑製され、上部は崇山峻嶺が表示され、下部には海水流波が描かれ、中間には善財童子と浄瓶玉女と龍王および唐僧師徒の取経など内容が描かれ、その容姿は生き生きとして、意味深いものがある。

図10　五台山南山寺大殿羅漢像と屏風画　　元代

河南博物院石刻館收藏の千仏堂造像碑、もともとは延津県で現存したものであるが、左側には、

河南衛輝府胙城／店集造観音記／千仏堂／五台山大聖清涼石／竹林寺僧勧募隣／境口万善男信女／張連同室及范氏／粧修石仏一千尊／明嘉靖十三年（1534）吉日立石匠郝文通（寬）

の記年銘文、碑の背面には「皇帝萬歲萬萬歲」の銘文が刻されている。

この碑は碑帽、碑身、碑座の３部分で組成されている。正面の碑身の内容は上中下に分かれており、最上段は唐僧取経の内容が彫刻され、中段は騎麒麟観音菩薩、騎獅文殊菩薩、騎象普賢菩薩の三大士像が彫刻され、下段は弥勒菩薩（中国に信仰された布袋和尚）が彫刻され、周囲、左右、碑の背後は千仏（実は羅漢）が彫刻されている。上方は唐僧弟子取経図が刻されている。右側の上下両画面に描かれているのは、下方には孫悟空が金鶏が独り立ちしている容姿で山頂に立っており、左手に金箍棒を持ち、右手を額に寄せて眺望し、前面の樹の下方に白馬がいて、上方には手に棒を持つ弟子がいる。左側の上下両画面に描かれているのは、下方に玄奘法師が配され、剃髪で、両袖のある儒袍を着、後面に１人の弟子が、肩に行具を背負い、上方には１人の俗人が配され、門の後ろに顔が半分だけ現れ、送別の様子を表現している、故事は整然とまとめられており、人物は非常に生き生きと表現されている。銘文の内容からわかっていることは、供養する主人が皇帝の安康を願って開削したもので、皇室家族を供養するためのもので、その形式は五台山仏教信仰の影響を受けたもので、この図像は五台山から伝来したものである（図11）。

それ以外では、甘粛省昌馬石窟、甘谷県でこの内容が描かれた絵、白馬負経図像の刻されている資料は存在している。ここでは全部を紹介することは不可能であるから、省略することにする。各地で発見されたものを見ると、登場人物はだんだん多くなり、内容は繁雑になって、文学作品『西游記』の故事の話は接近し、この人物の容姿の変化は主に宋代以後のものであることが我々にはわかって来ている。

図11　千仏碑　明代（河南博物院収蔵）

(2) 日本の唐僧取経図

日本にも同様に、玄奘取経有関の画像がたくさん現存している。長寛元年 (1163) 石山寺観祐絵制の『仁和寺本高僧図像』中の坐像[3]、東京国立博物館収蔵高野山月上院玄証画の『先徳図像』中坐像である[4]。前者には描写の玄奘が多数の写経を背負って西域へ向かう様子が描かれ、後者には玄奘が梵経を手に持っている様子が描かれている。両者ともすべての行為がインドから貴重な経典を高僧が取って来る場面を表現している。

笠置寺般若台に「大般若経六角厨子扉絵」が安置されている。『笠置寺縁起』の記載によると、この作品は貞応建久5年 (1194) 8月3日、玄奘を思慕して創作したものであり、この中に『紺紙金泥大般若経』600巻が収蔵されている。12枚の扉門に阿難、法涌、常啼、玄奘四聖と梵釈、四天王、沙伽羅龍王、閻魔王の八天王の画が描かれている。その画の玄奘の容姿は梵小箱を手に持っている立像である[5]。

他に玄奘に関連する作品として、法隆寺に3種の「法相曼荼羅」[6]、興福寺に1種[7]、薬師寺に1種の「唯識曼荼羅」がある[8]。これらの図像のすべてに弥勒菩薩が中尊し、左右対象にインド、中国、日本の祖師が描かれていて、形式化されている。中でも興福寺の「厨子入弥勒菩薩像」は特別で、中尊安置された弥勒菩薩の彫刻像と、8枚の壁面に描かれたインド、中国、日本の祖師の合計は24人に及ぶ画像で優れている。ここでの玄奘の容姿は経巻を手に持つ坐像となってる。上方に記載されている玄奘は生涯を通じてのインド取経の過程、翻訳仏経の賞賛文が書かれている。各祖師に上下の隔てなく、仏教衆生は平等であるという思想が表現されている。

滋賀県園城寺収蔵の「釈迦三尊十六善神図」は、大般若会の供養のために用いるもので、本尊の中心には釈迦三尊があり、周辺には十六善神の護法神が描かれ、玄奘の容姿は背中に経典でいっぱいにした竹笈を背負い、夢の中で深沙大将が玄奘に対して西行取経を励ます様子が描かれている。

奈良南明寺に収蔵されている「玄奘三蔵十六善神図」には、玄奘法師が中心にいて、髑髏の胸飾りを掛け、背中に経典でいっぱいにした竹笈を背負い、右手に仏子を持ち、左手に経巻を持っている。周囲には諸神像の絵があり、左下側には山中に餓鬼がいる。個人収蔵の「玄奘三蔵十六善神

図」は前図と同様な構図で、玄奘法師と深沙大将が中心におかれ、周囲には十六善神が配置されている。画面の左下側には山中に餓鬼が描かれている。違うところは背景が霊鷲山で、山の上に太陽と月の神が描かれているところだけである。これらは多種図像を融合したものと思う。しかも玄奘三蔵法師を中心に供養する図像は珍しいものである。

4　中日唐僧取経図の比較

　日本と中国の図像を比較してみると、日本の玄奘図像は中国の影響を受けている。最初、法師は高僧として供養されている。日本は玄奘の名前について、白雉4年 (653) に元興寺の僧道昭が入唐し、玄奘の弟子になり後日本にその名を伝えた。5年後、元興寺の智通、智達の両僧は入唐し玄奘の弟子になり、元興寺は玄奘の法相宗を継承した。したがってこの寺が玄奘を祖師として供養しているのは当然のことである。

　ただし、中国の文献に高僧影像を供養の対象として記載されているものは多いが、残っている作品は少ない。相反して、日本から入唐した八家（最澄、空海、円行、常暁、円仁、恵運、円珍、宗叡）などが持ち帰った目録を見ると、たとえば最澄の『伝教大師請台州縁』には「天台山智者大師応図一張、天台山国清寺壁上大師説法影并仏頂及維摩四王六祖像一巻（顔真卿撰）」の記載がある。また、空海の『御請来目録』には「金剛智阿闍梨影一幅、善无畏三蔵影一幅、大广智（不空）阿闍梨影一幅、青龍寺恵果阿闍梨影一幅、一行禅師影」など5祖像の記載がある。同時に、教王護国寺には李真画の五祖像などの記載がある。この文献史料をみると、当時、中国の祖師供養がいかに盛行であったかという情況について、中国仏教芸術研究を補完している。

　これらの図像資料をみると、中国の玄奘法師は最初、西行取経の高僧として供養し、後は玄奘法師の功績のために、民間伝説が多くなり、文学創作も多くなり、中国歴史上の文学名著『西游記』の出現に至った。当時は仏教美術の中ではあまり重要視されてなかったが、玄奘師徒の故事を利用し、仏教を普及させることに成功した。また、玄奘師徒もこの普及により重要人物になった。これらは菩薩信仰と関係が密接であり、これらは仏教芸術の中国化、世俗化の主要な表現形式となった。

　この図像の内容は、歴史の事実と多少異なり、敦煌壁画中の孫悟空の容姿と、『西遊記』中の孫悟空の容姿が類似している。これらの壁画は南宋時期に出現した『大唐三蔵取経詩画』の原始図像資料として注目されている。

　人類が文明社会に入ってから後、多くの神話故事は、歴史学家によって歴史事実に改編され、神話の数量は少なくなった。逆に宗教家などは、歴史上事実の英雄人物を神格化し、新しい神話を創り出した。宗教は内容が豊富になり、そのため宗教が普及した。玄奘三蔵は、当然に新しい神話を創作する上で重要な対象となる。彼の容姿と伝説故事は、自然と仏教芸術内容の表現となり、後世に『西遊記』として作品に書かれた。

　以上に紹介した図像資料を見ると、まず玄奘三蔵高僧像が出現し、その後民間伝説となり、そして彼の弟子の容姿が形作られた。敦煌仏教芸術の中に描かれている孫悟空の容姿と、『西游記』の

図12 行脚僧図　　絹画　敦煌蔵経洞　9世紀（ギメ美術館収蔵）

図13 陝西富県石泓寺水月観音及唐僧取経図　　宋代

中で記載されている孫悟空の猿の容姿で、頭をしめつける緊箍呪などは類似している。敦煌蔵経洞から「宝勝如来伴虎」の絹画、紙画（9世紀の作品）が大量的に発現され（図12）、宝勝如来はすべて取経の容姿で、当時に取経題材の絵画はたくさんあると証明することができるだろう。瓜州（安西）地区には玄奘法師は西行取経時の物語は大量に流伝し、楡林窟に敦煌帰儀軍後期曹氏政権が画院を設け、新しい仏教芸術題材をたくさん制作され、とくに新様騎獅文殊菩薩の背景に「仏陀波利取経」の内容を描かれ、対称的に騎象普賢菩薩と水月観音菩薩図に「玄奘法師取経」の内容を絵描き、これらは仏教芸術図像学の特徴であると考えている。また、敦煌や黒城遺跡、とくに陝西省富県石泓寺の水月観音図に「白馬負経」など新しい内容も表現されている（図13）。私の観点は仏教芸術中に「玄奘三蔵取経」の出現には五代、宋時期で、中国の西北、北方（五台山）地区からと考えている。

近年、福建省順昌県の考古学研究者が、順昌県城西北部の宝山の主峰で、元末明初時期の「孫悟空兄弟」合葬神墓を発見した。このとき「斉天大聖」と「通天大聖」の2つの墓碑も発見された（図14）。順昌県博物館館長王益民の考証によると、元末明初蒙古族の劇作家楊景賢が書いた『西游記』の雑劇の中に「通天大聖」の容姿が書かれている。明代小説家呉承恩が書いた小説『西游記』の中には、人物の性格を強調するために斉天大聖だけが登場し通天大聖の名はないと指摘されている。私もこの観点に賛成するが、孫悟空「猿」形象

の出現は早く、騎馬民族から始まったと考えている。

本論に紹介した図像を見れば、その当時は南方と北方地区では異なる版本が流伝し、最後に呉承恩がいろいろな版本を集めて『西游記』を完成させた。その後『西遊記』連環画、印刷品の製作と創作は、仏教芸術より発展されたものであり、この点は否定にはできないと思う。これらの形式は日本にも伝入され、日本で不同風格の『玄奘三藏絵』（大阪藤田美術館収藏）が描かれている。

図14　順昌県宝山双聖廟墓碑　高0.8m、幅0.3m　元・明

しかし、「唐僧取経」の物語は、北方騎馬民族に比較的に流行したことが注目される。たとえば遼、西夏、金、元時期の仏教芸術品中に大量的に製作されている。何故そのように騎馬民族の間に流行したかは不明点である。これについては後の研究に期待しなければならない。

註
（1）『歐陽修全集巻』125
（2）『大日本仏教全書』第72巻「史伝部」252下
（3）《大正藏図像》十一
（4）《大正藏図像》十
（5）《護法善神像》《奈良六大寺大観》興福寺一
（6）《法相曼荼羅》《奈良六大寺大観》法隆寺五
（7）《法相曼荼羅》《奈良六大寺大観》興福寺一
（8）《唯識曼荼羅》《奈良六大寺大観》薬師寺

中国文物保護法について

卜部　行弘

はじめに

　海を越えて飛び込んで来る中国国内における考古学上のニュースは、いつもながらわれわれを驚かせる。また日本で開催される中国文物考古展はどこにおいても盛況を博している。それは日本文化の淵源に対する親近感であり、日本では考えられない規模や状態への憧憬でもある。

　さて、一般的にはこれらの遺跡、遺物そのものに耳目を奪われがちであるが、当然ながらこれらの遺跡、遺物は、日本と同様に国内法によって保護、処置され、出展されている。その法律が1982年に公布され、2002年に全面改訂された中華人民共和国文物保護法（以下、文物保護法と略称）である。

　文物保護法については、日本の出版物においても和訳された法令集に収録されており、一般に目にすることができる[1]。ただ、これらは外国法研究や実務のために編まれたものであり、考古学や文化財の立場で文物保護法をあつかった研究や紹介は少ないように思う[2]。文物保護法について考究することは、ひとり中国の遺物や遺跡その他文物を取り巻く環境を知るのみならず、日本の文化財保護を考える上で、あるいは国際協力を進める上で参考になるであろう。

　さらには近年、文化遺産として自国だけにとどまらず、より広い枠組みの中に置いて考える動きがある。日本でも1993年の条約批准以来、世界遺産のリスト登録を進めているが、中国は1987年にいち早く条約批准し、文化遺産23件、自然遺産4件、複合遺産4件の世界遺産を擁している。これらの世界遺産を将来に伝えるには、人類共有財産としての認識を持たねばならないが、そのためには各国の文物・文化財に対する考え方をまず理解し、その上に立脚することが必要である。ここで注意すべきは、文化財に対する考えは各国独自に発達した固有のものであり、国情に合わせて定着しているという点である。当然ながらそれは尊重されなければならず、国情の違いを無視した単純な比較は許されない。ましてや、清朝末期より列強の侵略を受け、そのあおりでおびただしい文物の略奪に遭った歴史を持つ中国に対しては、より慎重な態度が要求されるのである。

　小稿では上記の認識に立ち、将来の研究深化のための基礎資料として文物保護法の全文を訳出し、その内容を明らかにしたいと思う。

1　文物の定義

「文物」の初見は春秋時代の『春秋左氏伝』にある。ここでは章典制度の器物を指す。この語意は時代が下っても続いたようであるが、一方で「古物」「古器物」といった現代の文物の意味合いに近い語が出てくる。これは金石学が発達した北宋代においてみられ、刻まれた器物そのものが研究対象となり、貨幣や玉器、画像石、封泥などを総称した語として使用されている。

この流れを汲んで1930年、民国政府によって『古物保存法』が公布されている。これには考古学による発掘品や古生物も含み、概念と内容が発展したことを示している。これと同時に文物の語が使用され始める。例えば1935年、北平市で設立された「北平文物整理委員会」は、古代建築の保護・研究を職務としており、移動できない不動産である建築物を対象としている点が注目される。

古物と文物の語の併用が一般的となるが、1940年代後半、共和国成立以前の共産党支配地では、山東省の膠東文物管理委員会を嚆矢として各地に文物管理委員会が設立された。これらは動産、不動産の器物、遺跡、古墳墓、建築物などを対象としており、ここで両者を包括する概念としての文物が誕生した。以後、法令では文物で統一されるようになる。

このようにみれば、文物とは人類の創造になるもの、あるいは人類の生活に関係するもので、歴史的、芸術的、科学的価値を備え、時間的に新たに再生が不可能な一切の形ある物質遺存の総称と定義できる。

ところで文物の和訳は文化財が一般的だが、英訳では cultural relics とされている。一方、文化財の英訳が cultural assets であることから、意味合いからすれば、遺存した結果としての財産という観念よりも、上記したように遺存状態にある物体そのものを指す観念の方が強いと考えられる。しかし財産としての観念がないわけではない。中華人民共和国憲法第12条には「社会主義の公共財産は神聖にして不可侵」で、「国家は社会主義の公共財産を保護する」と規定している。また同第22条で「国家は名勝古跡、貴重な文物とその他の重要な歴史文化遺産を保護する」と規定している。三段論法ではあるが、国家が保護する文物は公共財産としての価値があることになる。また共和国成立後で文物に関するもっとも古い法令である1950年の「禁止珍貴文物図書出口暫行辦法」（貴重な文物、図書の出国を禁止する暫定規則）では、文物や名勝旧跡を総称して「文化遺産」の語を使用している。さらには小文で取り上げる文物保護法第11条には「再生できない文化資源」とも規定されている。文物の物質的有限性を強調した表現であるが、全民が社会のため活用すべき存在に文物の概念が変化、発展したとも読み取れる。このように文物の概念は必ずしも語義どおりに固定したものになっていない。

その文物保護法には保護対象となる文物を第2条に次の5項目に分けて具体的に規定している。

①歴史的、芸術的、科学的価値を備えた遺跡（文化遺跡、古墳墓、古建築、石窟寺、石刻、壁画）、②歴史的事件や人物などに関わるもの（遺跡、実物、代表的な建築物）、③各時代の美術工芸品、④記録文書、⑤民俗品

これらを時代によって分けるならば、1840年のアヘン戦争を境として、それ以前の古代文物

(①、③、④)とそれ以後の近現代文物(②、④、⑤)の２者となる。現代まで範囲が及ぶため、文物の下限年代についてはとくに条文に明記していない。たとえば「全国重点文物保護単位」(全国重要保護文物)でもっとも新しいのは、1982年に決定された宋慶齢墓(1981年造立)である。この場合、国母と称される宋慶齢氏にかかわる居宅や墓地は価値を有することによる。②の歴史的事件や人物に関わる近現代文物は愛国主義教育と革命伝統教育にとっての好教材と位置づけられており、共和国成立以後に誕生した新しい文物概念といえる。

このように、中国の文物と日本の文化財では語としての成立背景や概念に多少の異同があり、まったくの同義語とするには躊躇を覚える。よって小論中では文物の語をそのまま使うことにする。参考までに日本の文化財保護法に規定されている文化財と対比するなら、有形文化財は①、有形民俗文化財は⑤、史跡は①、伝統建造物群は歴史文化名城、埋蔵文化財は①に対応し、無形民俗文化財、名勝天然記念物、文化財保存技術に相当するものは条項にはない[3]。

2　制定の経過

文物保護法が制定されるまでの経過について時代順に述べる[4]。共和国成立後において文物に関する法令でもっともさかのぼるものは、1950年５月24日の中央人民政府政務院令による「禁止珍貴文物図書出口暫行辦法」(貴重な文物、図書の出国を禁止する暫定規則)と「古文化遺址及古墓葬之調査発掘暫行辦法」(古文化遺跡および古墳墓の発掘調査に関する暫定規則)の行政法規である[5]。「出国暫行辦法」は100年来の列強による文物略取や国民党政府による文物持ち出し、ならびに国共内戦時の文物に対する破壊活動に対して、その制限をはかったもの。おおよそ３項目に分けられ、①持ち出しを禁止する文物、図書として11種類(革命に関する文献および物品、古生物、考古遺物、建築物、絵画、彫刻、刻銘、図書、貨幣、輿服、器具)を挙げ、②文物・図書は政務院の審査・許可を得た上で、国外への展覧、交換、贈与に供し、③そのさいの持ち出し地点は天津、上海、広州の３港に限っている。この２つの辦法以外は、文物保護の中核となるべき法令は制定されておらず、国務院や文化部から発せられた指示や通知によって国土開発との調整を図っている。

1961年に国務院より「文物保護管理暫行条例」(文物保護管理暫定条例)が公布された。これは文物保護法の原形ともいうべき行政法規である。その内容は、①文物の種類、②各地域レヴェルでの文物の保護管理専門機構の設立、③各級の「文物保護単位」(保護文物)を確定、④開発行為との兼ね合い、⑤考古発掘の手続き、⑥不改変の原則、⑦輸出行為の禁止、となっている。ここで注目されるのは、文物の保護管理専門機構の設立と保護文物の確定である。後者は「文物保護管理暫行条例」とともに「第一期全国重点文物保護単位」として180件が公布されている。詳細については後述する。

「文物保護管理暫行条例」の骨子と構成は文物保護法に引き継がれる。文物保護法は1982年11月19日に公布、同日施行された文物に関する最初の法律である。「文物保護管理暫行条例」から文物保護法まで22年の間隔をあけている。この間には文化大革命の未曾有の混乱期があり、文物も相当の被害を蒙ったと推察される[6]。1980年に国家文物事業管理局と国家基本建設委員会より国務院に

提出された「関于加強古建築和文物古跡保護管理工作的請示報告」(古建築と文物古跡の管理活動の強化に関する報告)では、文化大革命収束後も文物破壊活動や不法占拠が未だに続いていることから、一層の管理保護の強化と法令の周知徹底を指摘している。1978年には改革開放政策が進められ、市場経済への移行が試みられるようになった。その結果、社会経済と国民生活に大きな変動が起こることとなった。文物保護法の制定は以上のような社会情勢が背景にある。

文物保護法は公布10年後の1991年6月29日に改正された。第30条と第31条が対象となったもので、行政処罰3項を8項に増加し、刑事罰に古文化遺蹟・古墓葬盗掘罪を設定した。なお、刑罰については文物保護法改正以前の3月8日に中華人民共和国刑法の改定があり、とくに悪質な窃盗密輸に対しては量刑の最高を死刑まで引き上げて厳罰化している。

文物保護法改定1年後の1992年5月5日、「文物保護法実施細則」が発布・施行され、保護文物、文化行政管理機構、発掘調査、公有・私有文物などについての細則が規定されている。

その10年後、更なる社会経済の発展や国民生活の変化に合わせるために文物保護法は大幅に改正された。2002年10月28日に公布、同日施行されたが、改正の準備は1996年より始められている[7]。

このようにみると、文物保護を目的とする基本法令は20年を大周期、10年を小周期として改正されている。対象となる文物の考え方に根本的な変動はないものの、大型開発や財産所有など、それを取り巻く社会や人間に劇的な変化があり、その結果生じた問題に対応する形でより精緻な規定を設定する方向に進んでいる。しかも改正の間隔が徐々に短くなっているのが特徴である。

以後の本文中で扱う文物保護法は2002年公布のものを指し、新旧を区別する場合は、1982年公布を旧法、2002年公布を新法と呼称する。

3 概　　要

構　成　文物保護法は8章80条からなる。旧法の8章33条と比べると、全体の構成は大差ないが、新法の条文は倍以上のボリュームとなっている。とくに館蔵文物、民間所蔵文物、法律責任についてはきめ細かな規定が設けられている。以下、各章ごとに条項目を列挙する。

第一章は総則について規定している。各条項は文物保護法の目的(第一条)、対象(第二条)、種別と各級保護文物(第三条)、文物活動の基本方針(第四条)、所有権(第五、六条)、義務(第七条)、文物と関連行政の責務(第八、九条)、予算措置(第十条)、国家の施策(第十一条)、奨励(第十二条)となっている。基本方針、関連行政の責務および国家の施策については、旧法では規定されておらず、行政側が現状や将来を踏まえた基本姿勢を提示したといえる。

第二章は遺跡や古墳墓、建物などの移動できない不動産文物について規定している。各条項は各級保護文物の確定(第十三条)、歴史文化都市の確定(第十四条)、各級保護文物の必要措置(第十五条)、各級保護文物と都市建設(第十六条)、保護文物の保護範囲内での規制(第十七条)、建設規制地帯の設定(第十八、十九条)、保護文物の現地保存原則(第二十条)、移動できない文物の修理、保守、再建(第二十一、二十二条)、保護文物の用途(第二十三条)、移動できない文物の禁止事項(第二十四、二十五条)、現状不改変原則(第二十六条)となっている。

第三章は考古発掘について規定している。各条項は無断発掘の禁止（第二十七条）、発掘の目的（第二十八条）、公共事業との関わりと予算措置（第二十九～三十一条）、不時発見時の手続き（第三十二条）、外国人の発掘（第三十三条）、発掘後の措置（第三十四条）、出土文物の調達（第三十五条）となっている。

第四章は博物館や図書館などの文物収蔵機関やその所蔵文物について規定している。各条項は機関、行政部門の所蔵文物記録（第三十六条）、文物取得方法（第三十七条）、収蔵管理制度の作成（第三十八条）、所蔵文物の調達（第三十九条）、所蔵文物の運用（第四十、四十一条）、記録不履行時の措置（第四十二条）、補償金の付与（第四十三条）、文物収蔵機関の禁止行為（第四十四条）、収蔵しない文物の処置（第四十五条）、所蔵文物の修復（第四十六条）、所蔵文物の安全確保（第四十七条）、被災時の措置（第四十八条）、職員の禁止行為（第四十九条）となっている。

第五章は第四章に規定した文物収蔵機関以外の公民や法人などが文物を所蔵することやその所蔵文物について規定している。各条項は文物取得方法（第五十条）、売買の禁止（第五十一条）、奨励と禁止行為（第五十二条）、文物商店と文物競売企業（第五十三～五十七条）、国有文物収蔵機関の競売時優先（第五十八条）、廃品中の文物選出（第五十九条）となっている。

第六章は文物の輸出入に関して規定している。各条項は、貴重な文物の輸出禁止（第五十八条）、輸出時の手続き（第六十一条）、海外展覧（第六十二条）、輸入時の手続き（第六十三条）となっている。

第七章は処罰対象の違反行為について規定している。各条項は、刑法に規定された密輸罪および文物管理妨害罪に該当する行為（第六十四条）、民事責任および行政法規による処罰（第六十五条）、保護文物および移動できない文物に関わる違反行為（第六十六条）、文物保護範囲および建設規制地帯での違反行為（第六十七条）、違法所得にまつわる行為（第六十八条）、歴史文化都市の称号剥奪と処罰（第六十九条）、文物収蔵機関にまつわる違法行為（第七十条）、文物商店および文物競売企業に関する違法行為（第七十三条）、文物追徴となる違反行為（第七十四条）、罰金対象とならない違反行為（第七十五条）、文物機関職員および文物商店、文物競売企業職員に関する違反行為（第七十六条）、国家公務員の厳罰（第七十七条、七十八条）、没収文物の管理措置（第七十九条）である。

保護文物　「文物保護単位」（保護文物）は、遺跡、古墳墓、建築物などの移動できない不動産文物を対象として、文物行政部門（多くの場合人民政府内の文物局）が決定・公布するもので、その重要度によって全国、省、市・県級の3段階に分かれている。現在、「全国重点文物保護単位」（全国重要保護文物）は1269件、省級保護文物は約7000件、市・県級保護文物は約6万件を数える。

全国重要保護文物は、1961年の第1回以来、1982年、1988年、1996年、2001年の5回にわたって決定、公布されている。第1回は「文物保護管理暫行条例」、第2回は旧法の施行に合わせ公布されている。公布数は一定しておらず、第5回では前回よりも倍増した。各回の種別内訳と各時代の種別内訳は表のとおりである。もっとも件数が多いのは古建築で全体の45%を占めている。次いで古遺跡（22%）、近現代重要史跡（14%）の順となっている。各回の決定件数の推移は、古建築がほぼ同率で変化はないが、古遺跡が漸次的な増加傾向にあり、その反対に時代的に限定される近現代重要史跡が下降している。古遺跡の中では新石器時代がもっとも多く（28%）、最近の中国考古学

の潮流を示しているのではなかろうか。また第4回公布から6つの種別名称のうち「革命遺跡および革命紀念建築物」が「近現代重要史跡および代表的建築」に変更されて「革命」の文字が消え、その順序も筆頭より後尾に回されている。

発掘調査 中国国内における発掘調査はすべて許可手続きが必要で、無断発掘は許されない。手続きのさいには発掘計画の提出が義務づけられている。これは1950年の「古文化遺址及古墓葬之調査発掘暫行辦法」以来の不変の規定である。最近出来した違反事例では、2005年3月四川省文物考古研究院による三星堆遺跡の無断発掘調査がある。文物保護法および考古発掘管理辦法[8]の規定により国家文物局から譴責処分と調査主任資格の停止処分を受けている[9]。

外国人および外国団体の調査に関しても同様である。ここにいう調査とは発掘調査は勿論のこと、地表踏査やボーリング調査までを含む。条文は旧法第二十一条をそのまま受け継いで、国務院の特別許可が必要としており、中国国内の個人・組織よりもハードルが高くなっている。なお特別許可の条件については条文中には明記されていない。

旧法よりも精緻な規定となったものに不時発見文物の取り扱いと報告書の提出がある。建設工事や農作業中における不時発見文物については、発見者と行政側両者の対応を精緻に規定している。とくに行政側の対応は事後処理を含めて期日を設定している。両者に対して文物の私蔵隠匿を備えるためであろう。調査後の報告書の提出については、旧法では明記されず1992年公布の「中華人民

表1 全国重点保護文物 確定回別集計

	革命遺跡	石窟寺	古建築	古遺跡	古墓葬	その他	計
第1回	33	25	77	26	19	0	180
第2回	10	7	28	10	7	0	62
第3回	41	28	111	49	29	0	258
第4回	50	10	110	56	22	2	250
第5回	41	31	248	144	50	5	519
計	175	101	574	285	127	7	1269

表2 全国重点保護文物 時代別集計

時代	種類						計
	革命遺跡	石窟寺	古建築	古遺跡	古墓葬	その他	
旧石器	0	0	0	26	0	0	26
新石器	0	3	0	77	1	0	81
商	0	0	0	12	1	0	13
殷	0	0	0	1	0	0	1
西周	0	0	1	9	2	0	12
春秋	0	0	1	19	6	0	26
戦国	0	1	1	13	7	0	22
秦	0	0	2	6	1	0	9
前漢	0	2	1	28	16	0	47
後漢	0	1	11	3	15	0	30
三国	0	2	0	1	4	0	7
西晋	0	2	0	2	1	0	5
南北朝	0	32	5	12	5	0	54
隋	0	4	4	9	1	0	18
唐	0	24	41	22	12	0	99
五代十国	0	6	15	3	4	0	28
宋	0	14	82	12	7	0	115
遼	0	0	17	4	5	0	26
西夏	0	1	2	0	1	0	4
金	0	5	31	7	1	0	44
元	0	3	55	6	4	0	68
明	0	0	175	1	15	5	196
清	55	1	126	1	10	2	195
民国	108	0	4	0	1	0	113
現代	12	0	0	0	0	0	12
ほか	0	0	0	11	7	0	18
計	175	101	574	285	127	7	1269

共和国文物保護法実施細則」（以下、実施細則と略称）において速やかな提出とのみ規定されていたが、新法では第三十四条で国務院と省クラス人民政府の文物行政部門への提出を義務づけている。

　実施細則は旧法施行のための細部規定として旧法公布の10年後に制定されたものである。本来、細則は本法とは間断なく制定されるべきであるが、問題点の表出と総括に時間を要したとみられる。新法に対応する細則としては、新法公布後間もない2003年5月18日に「中華人民共和国文物保護法実施条例」（以下、実施条例と略称）が公布されている。全体的に実施細則よりも細緻な規定となっている。発掘調査関係では発掘資格証の取得条件、発掘資格証の審査過程、考古学発掘組織の監督資格証、建設工事に伴う事前地表調査・ボーリング・発掘調査の実施、発掘調査計画の審査、地表調査・ボーリング・発掘調査の費用負担根拠、結果報告の提出、調査後の出土文物の取り扱いについて触れられている。

　文物の所有と流通　地下に遺存する文物や出土した文物、あるいは遺跡や古墳墓など考古学的な遺跡、遺物は基本的にすべて国家の所有に属する。これは1961年の文物保護管理暫定条例より一貫した姿勢である。中国では改革開放以降、憲法で合法的な私有財産が認められるに至ったが、土地については国家所有制ないしは集団所有制が存続している。たとえ耕作や借地などで土地の使用権が別に存在していても、第5条の規定により出土した文物の財産権がその土地の使用者に発生することはない。

　発掘調査で出土した文物は、第34条の規程により文物収蔵機関にその管理が委ねられることになる。このように考古調査による文物、あるいは移動できない文物が出土時からその後の管理まで一連の流れで規定されているのに対して、民間の所蔵になる文物については永年にわたって法の規制外におかれていた。

　旧法第5章では、民間所蔵文物に関して国有博物館や国有文物商店などが買い上げる以外は売買を禁じていたが、これは近年の社会一般で見られる文物市場の実態とすこぶる乖離しており、果ては闇取引や密輸の横行、盗掘品や偽物の流通などを招く要因でもあった[10]。この背景として新法改定の原因となった社会変動や市民意識の変化がとくにこの部分へ集中・顕在化し、さらには過度ともいえる投機目的の骨董ブームが拍車をかけたと考えられる。

　新法第5章では第59条以外は新たに書き直して付け加えられ、民間での文物売買を認めることとなった。新法ではまず公民と公的機関以外の組織が文物を取得できる方法ならびに逆に売買を禁ずる文物を規定している。そして文物売買の中核をなす文物商店と文物競売企業の設立条件やその経営の制限、文物商店と文物企業が扱う文物に関する規定を設定している。

　結果的に新法は、現実との整合性をはかるため、大きな政策転換を余儀なくされたといえる。文物の健全な流通は、新法の規定通りに従えば、審査や登録を経るための鑑定や評価の水準を高め、総体的には文物保護の一助となるだろう。その反面、「文物は金の成る樹」という倒錯した意識が一般的となり、その下では上記した違法行為や犯罪行為を誘発させる引金ともなり得る。文物の流通については、このような危険性をはらみつつ、当面は試行が続くとみられる。

　法律責任　各条文の規定に違反する行為があれば、第7章に規定された刑事罰および行政処罰が下される。このうち刑事罰は中華人民共和国刑法（以下、中国刑法と略称）第152条の走私罪（密輸

罪）、ならびに同264条の侵犯財産罪、同第324条、第325条、第326条、第328条の妨害文物管理罪、同382条の貧汚罪（業務上横領罪）、同419条の涜職罪（汚職罪）が適用される。

旧法の規定では、古文化遺跡や古墳墓の盗掘行為については窃盗罪で処断されていた。国家の所有物である古文化遺跡や古墳墓に対する盗掘は窃盗罪を構成する論旨である。しかしながら盗掘は遺跡や遺物の破壊行為を伴うため、窃盗罪の適用については問題点も指摘されていた。

1991年の旧法第31条改正時には、補充規定によって古文化遺蹟・古墓葬盗掘罪が設定された[11]。さらに1997年には中国刑法の大幅改定に伴い、盗掘罪のほかに毀損、無断販売、無断輸出、転売、不法占有などをふくめて妨害文物管理罪が設定された。

国家公務員による身分犯については、旧法では職責怠慢による文物毀損と監守自盗が刑事責任を追及される行為としてあげられていた。1991年の旧法第31条改正では新たに職権乱用による文物の不法占有が追加され、貧汚罪（業務上横領罪）が適用された。新法では身分犯の範囲を広げ、文物商店や文物競売企業の職員についても対象としている。また第78条で国家機関の犯罪行為についても刑事責任の追及を規定している。

行政処罰の対象となる行為については旧法で3項目あげられていたが、1991年旧法第30条改正で8項目に増え、新法では40項目となり、結果的に第2章から第6章にかけて規定された禁止行為や遵守項目についてはすべて法律責任を設定している。行政処罰の種類には、罰金、警告、是正指示、違法所得の没収、許可証の取り上げ、懲戒、就業停止がある。罰金については金額が設定されているが、旧法の条文には規定されていなかった。

おわりに

中国の国土と歴史を形容する際の常套句である「広大にして悠久」は、文物についてもそのまま当てはまる。文物保護法の歴史を振り返ると、かような文物に対して真摯に取り組んできた中国の先人に対して敬意さえ抱く。その取り組みは一般国民にまで及び、中国ではひとたび新法が制定されると、各地・各単位で周知に向けた学習会が開かれ、キャンペーンが繰り広げられる。

だが法律は万能ではない。新法がとくに法律責任について重点的に整備した背景には、盗掘や密輸などの犯罪行為が多数発生していることにあるのは想像に難くない。国家文物局の発表によれば、新法の公布直後である2003年には全国で文物盗難事件が20件発生し、232件の文物が盗難に遭っている[12]。前年よりも発生件数が減少しているものの、これには盗掘や密輸、転売件数は含まれておらず、その数字自体明らかにされていない。

法律は一面では犯罪を防ぐ道具である。ただ

写真 集安・五盔墳にて
「文物を保護するのはだれにでも責任がある。真摯に文物保護法を執行しよう」とある。

しかくまでも法律の主眼は、文物保護のあるべき姿を実現するために枠組みを提示し、それを構築することにある。権力行使はその手段にすぎない。

市場経済への移行が進み、今後も右肩上がりの経済発展が予想される中国社会にあっては、文物保護は各方面と更なる厳しい対峙が続く。その中で文物保護法の果たす役割はますます重くなるだろう。日本に居る我々にとていろいろな意味で傍観はできまい。今後も文物保護法の進む方向を見つめていきたい。

附　中国文物保護法（全訳）[13]

中華人民共和国文物保護法
（2002年10月28日第9期全国人民代表大会常務委員会第30次会議通過）
第一章　総則

第一条　文物に対する保護を強化し、中華民族の優秀な歴史文化遺産を受け継いで、科学研究活動を促進し、愛国主義と革命の伝統教育をすすめ、社会主義の精神的文明と物質的文明を建設するために、憲法に拠って、本法を制定する。

第二条　中華人民共和国の境界内で、下記の文物は国家の保護を受ける。
（一）歴史、芸術、科学的な価値を有する古文化遺跡、古墳墓、古建築、石窟寺と石刻、壁画。
（二）重大な歴史事件、革命運動あるいは有名人物と関係があり、重要な記念的意義、教育的意義あるいは史料的価値を備えた近現代の重要な史跡、実物、代表的な建物。
（三）歴史上、各時代の貴重な芸術品、工芸美術品。
（四）歴史上、各時代の重要な文献資料、および歴史的、芸術的、科学的な価値を有する手稿と図書資料など。
（五）歴史上の各時代、各民族の社会制度、社会生産、社会生活を反映した代表的な実物。
　　文物を認定する基準と方法は国務院の文物行政部門が制定し、国務院に報告して承認を受ける。科学的な価値を有する古脊椎動物の化石と古人類の化石は文物と同様に国家の保護を受ける。

第三条　古文化遺跡、古墳墓、古建築、石窟寺、石刻、壁画、近現代の重要な史跡や代表的な建物など移動できない文物は、それらの歴史的、芸術的、科学的な価値によって、それぞれ全国重要保護文物、省級保護文物、市・県級保護文物として確定される。

　　歴史上、各時代の重要な実物、芸術品、文献、手稿、図書資料、代表的実物などの移動できる文物は、貴重な文物と普通の文物に分けられ、貴重な文物は1級文物、2級文物、3級文物に分けられる。

第四条　文物活動は保護を主とし、緊急措置を第一に、合理的に利用して、管理を強化する方針を貫徹する。

第五条　中華人民共和国境界内の地下、水系および領海中に遺存するすべての文物は、国家の所有に属する。

古文化遺跡、古墳墓、石窟寺は国家の所有に属する。国家が保護対象として指定した記念建築物、古建築、石刻、壁画、近現代の代表的な建物など移動できない文物は、国家が別に規定する以外、国家の所有に属する。
　　国有の移動できない文物の所有権は、それが拠るところの土地の所有権あるいは使用権の変化によっても変化しない。
　　下記の移動できる文物は、すべて国家の所有に属する。
（一）中国境界内で出土した文物で、国家が別に規定するものを除く。
（二）国有の文物収蔵機関およびその他の国家機関、軍隊と国有企業、事業組織などが収蔵、保管する文物。
（三）国家が収集、購入した文物。
（四）公民、法人とその他の組織が国家に寄贈した文物。
（五）法律が国家の所有と規定したその他の文物。
　　国家の所有に属する移動できる文物の所有権は、保管・収蔵機関が廃止あるいは変更しても改変しない。
　　国有の文物の所有権は法律の保護を受け、侵犯されない。

第六条　団体および個人所有の記念建築物、古建築、伝来された文物および法律に基づいて取得したその他の文物は、その所有権は法律の保護を受ける。文物の所有者は必ず国家の文物保護に関する法律、法規の規定を遵守しなければならない。

第七条　すべての機関、組織および個人はすべて法律に基づき文物を保護する義務を負う。

第八条　国務院の文物行政部門は全国の文物保護活動を主管する。
　　地方の各級人民政府は、その行政区域内の文物保護活動に責任を負う。県級以上の地方人民政府で文物保護活動を担当する部門は、その行政区域内における文物保護に対して、監督、管理を実施する。
　　県級以上の人民政府の各自職責範囲内で関連する行政部門は、文物保護活動に責任を負う。

第九条　各級の人民政府は文物保護を重視し、経済建設、社会発展と文物保護の関係を正確に取り扱い、文物の安全を確保しなければならない。
　　基本建設、観光の発展は、必ず文物保護活動の方針を遵守せねばならず、その活動は文物に対して損害をもたらしてはならない。
　　公安機関、商工業行政管理部門、税関、都市農村建設計画の部門およびその他の国家機関は、法律に基づいて担当する文物保護の職責を真摯に履行し、文物の管理と秩序を擁護しなければならない。

第十条　国家は文物保護の事業を発展させる。県級以上の人民政府は文物保護事業を当該の国民経済と社会発展計画に組み入れ、必要の経費は当該財政予算に入れなければならない。
　　国家の文物保護に用いる財政は、財政の収入増大に応じて増加する。
　　国有の博物館、記念館、保護文物などの事業収入は、文物保護専用に用いて、いかなる機関あるいは個人とも占有、流用してはならない。

　　　　国家が奨励して寄贈などの方式で設立された文物保護の社会基金は、文物保護専用に用いて、いかなる機関あるいは個人とも占有、流用してはならない。

第十一条　文物は再生できない文化資源である。国家は文物保護の宣伝教育を強化し、国民全体の文物保護の意識を強め、文物保護の科学研究を奨励し、文物保護の科学技術レベルを高める。

第十二条　下記の事績にあう機関あるいは個人には、国家より精神的奨励あるいは物質的奨励を与える。

（一）真摯に文物保護の法律、法規を執行し、文物保護の成果が顕著であるもの。

（二）文物保護のために違法犯罪行為に対して断固として立ち向かったもの。

（三）個人が収蔵する重要な文物を国家に寄贈したもの、あるいは文物保護事業のために寄贈したもの。

（四）文物を発見して直ちに報告するかあるいは引き渡して、文物の保護に至らしめたもの。

（五）考古発掘の作業中に重大な貢献をしたもの。

（六）文物保護の科学技術の面に重要な発明や創造をしたもの、あるいはその他の重要な貢献をしたもの。

（七）文物が破壊される危険に直面したとき、文物を救急して功労があったもの。

（八）長期にわたり文物活動に従事して、著しい成果を出したもの。

第二章　移動できない文物

第十三条　国務院の文物行政部門は省級、市、県級保護文物の中で、重大な歴史的、芸術的、科学的な価値を持つものを選択して、全国重要保護文物に確定するか、あるいは直接全国重要保護文物に確定して国務院に報告し、国務院が決定、公布する。

　省級の保護文物は、省、自治区、直轄市人民政府より決定、公布し、これを国務院に報告してその記録に残す。

　市級と県級の保護文物は、市、自治州および県級人民政府より別々に決定、公布し、これを省、自治区、直轄市人民政府に報告してその記録に残す。

　いまだ保護文物として未決定、未公布の移動できない文物は、県級人民政府の文物行政部門より登録して公布する。

第十四条　文物の保存が特に豊富で、かつ重大な歴史的価値がある、あるいは革命記念的意義のある都市は、国務院より歴史文化都市として決定、公布する。

　文物の保存が特に豊富で、かつ重大な歴史的価値がある、あるいは革命記念的意義のある地区、街路、村落は、省、自治区、直轄市人民政府より歴史文化地区、村落として決定、公布し、これを国務院に報告してその記録に残す。

　歴史文化都市、歴史文化地区、村落が所在する県級以上の地方人民政府は専門の歴史文化都市、歴史文化地区、村落の保護計画を組織、編制し、かつ都市の全体計画に組み入れなければならない。

　歴史文化都市、歴史文化地区、村落の保護方法は、国務院より制定する。

第十五条　各級の保護文物は、省、自治区、直轄市人民政府と市、県級人民政府がそれぞれに必要な保護範囲を確定して、説明標識を設置し、記録書類を作成し、かつそれぞれ設置した専門機関あるいは専門の者が状況に応じて管理の責任を負う。全国重要保護文物の保護範囲と記録書類は、省、自治区、直轄市人民政府の文物行政部門より国務院の文物行政部門に報告してその記録に残す。

　　県級以上の地方人民政府の文物行政部門は、文物を保護する必要の違いに基づき、保護文物と保護文物として未確定の移動できない文物の具体的な保護措置を制定し、かつ公告、施行しなければならない。

第十六条　各級の人民政府が都市農村建設計画を制定する場合、文物保護の必要に基づき、事前に都市農村建設計画部門は文物行政部門と共同でその行政区域内の各級保護文物に対する保護措置を相談して決め、計画に組み入れなければならない。

第十七条　保護文物の保護範囲内では、他の建設工事、または爆破、ボーリング、掘削などの作業を行ってはならない。しかし、特殊な情況によって保護文物の保護範囲内でその他建設工事あるいは爆破、ボーリング、掘削作業を行う必要がある場合は、必ず保護文物の安全を保証し、かつその保護文物の確定、公布を行った人民政府の承認を受けなければならず、承認の前には１つ上級の人民政府の文物行政部門の同意を得なければならない。全国重要保護文物の保護範囲内で他の建設工事、あるいは爆破、ボーリング、掘削などの作業を行う場合は、必ず省、自治区、直轄市人民政府の承認を受けなければならず、承認の前には国務院の文物行政部門の同意を得なければならない。

第十八条　文物保護の実際の必要に基づき、省、自治区、直轄市人民政府の承認を経て、保護文物の周囲に一定の建設規制地帯を設定し、公布することができる。

　　保護文物の建設規制地帯の中で建設工事を行う場合は、保護文物の歴史的景観を破壊してはならない。工事設計案は保護文物のランクによって、相応する文物行政部門の同意を経た後、都市農村建設計画部門に報告してその承認を得なければならない。

第十九条　保護文物の保護範囲と建設規制地帯の内では、保護文物および環境を汚染する施設を建設してはならず、保護文物の安全および環境に対して影響を与える活動をしてはならない。すでに保護文物および環境を汚染している施設は、期限を切って整備しなければならない。

第二十条　建設工事の場所を選ぶにあたっては、できる限り移動できない文物を避けなければならない。特殊な情況によって避けることができない場合、保護文物に対してできるだけ現地保護を実施しなければならない。

　　現地保護の実施には、建設部門は事前に保護措置を確定しなければならず、保護文物のランクによって相応する文物行政部門に報告してその承認を受け、かつ保護措置を実行可能な研究報告あるいは設計書に入れ込まなければならない。

　　現地保護ができず、他所へ移転あるいは撤去する場合には、必ず省、自治区、直轄市人民政府に報告してその承認を受けなければならない。省級の保護文物の移転あるいは撤去には、承認を受ける前に国務院の文物行政部門の同意を得なければならない。全国重要保護文物は撤去するこ

とはできず、移転する必要のあるときは、省、自治区、直轄市人民政府より国務院に報告してその承認を受けなければならない。

　前項の規程に照らして撤去する国有の移動できない文物中の収集価値のある壁画、彫刻、建築部材などは、文物行政部門の指定した文物収蔵機関が収蔵する。

　本条に規定された現地保護、移転、撤去に掛かる費用は、建設機関より建設工事予算に計上する。

第二十一条　国有の移動できない文物は使用者が修理、保守の責任を負い、非国有の移動できない文物は所有者が修繕、保守の責任を負う。非国有の移動できない文物が毀損する危険にある場合で、所有者に修理する能力がなければ、当地の人民政府が援助しなれればならない。所有者に修理する能力がありながら法に基づく修理義務の履行を拒む場合、県級以上の人民政府は、緊急修理することができ、必要経費は所有者が負担する。

　保護文物の修理を行う場合、保護文物の級別に基づき相応する文物行政部門に報告してその承認を受けなければならない。保護文物として未確定の移動できない文物を修理する場合、登録している県級人民政府の文物行政部門に報告し、承認を得なければならない。

　保護文物の修理、移転、再建は、文物保護工事資格証明書を取得した機関が引き受ける。

　移動できない文物の修理、保守、移転は、必ず文物の現状不改変の原則を遵守しなければならない。

第二十二条　移動できない文物がすでに全壊している場合、その址は保護し、元の場所で再建してはならない。しかし、特殊な情況によって元の場所で再建する必要のある場合、省、自治区、直轄市人民政府の文物行政部門より国務院文物行政部門に報告してその同意を得た後に、省、自治区、直轄市人民政府に報告し、その承認を受ける。全国重要保護文物を元の場所で再建する必要のある場合、省、自治区、直轄市人民政府より国務院に報告し、その承認を受ける。

第二十三条　保護文物として確定した国家所有の記念建築物あるいは古建築は、博物館、保管所を建設し、参観遊覧所にすることができるが、これ以外にもしその他の用途に使う場合、その保護文物を確定、公布した人民政府の文物行政部門が、1つ上級の文物行政部門の同意を得た後に、その保護文物を確定、公布した人民政府に報告して承認を受けなければならない。全国重要保護文物を他の用途に使う場合、省、自治区、直轄市人民政府より国務院に報告しその承認を受けなければならない。保護文物として未確定の国有の移動できない文物を他の用途に使う場合、県級人民政府の文物行政部門に報告しなければならない。

第二十四条　国有の移動できない文物は譲渡してはならず、抵当にしてはならない。博物館、保管所として建設した、あるいは参観所とした国有の保護文物は、企業の資産経営としてはならない。

第二十五条　非国有の移動できない文物は外国人に譲渡してはならず、抵当にしてはならない。

　非国有の移動できない文物を譲渡し、抵当あるいは用途改変するには、その級別に基づき相応の文物行政部門に報告してその記録に残さなければならない。当地の人民政府より出資援助して修理したものは、相応の文物行政部門に報告してその承認を受けなければならない。

第二十六条　移動できない文物を使用する場合、必ず文物の現状不改変の原則を遵守して、建築物および付属文物の安全を保護する責任を負い、移動できない文物を毀損、改築、増築、あるいは撤去してはならない。

　保護文物の安全をおびやかし、保護文物の歴史的風景を破壊する建築物や構築物に対して、当地の人民政府は直ちに取り扱いについて調査しなければならず、必要な時には、この建築物、構築物を撤去しなければならない。

第三章　考古発掘

第二十七条　すべての考古発掘作業は、報告して承認を受ける手続きを必ず履行しなければならない。考古発掘に従事する機関は、国務院の文物行政部門の承認を受けなければならない。

　地下の埋蔵文物は、いかなる機関あるいは個人も無断で発掘してはならない。

第二十八条　考古発掘機関は、科学研究のために考古発掘を実施し、その際には発掘計画を提出して、国務院の文物行政部門に報告してその承認を受けなければならない。全国重要保護文物に対する考古発掘の計画は、国務院の文物行政部門の審査を受けた後に国務院に報告してその承認を受けなければならない。国務院の文物行政部門はそれを承認あるいは審査する前に、社会科学研究機構およびその他の科学研究機構や関連する専門家の意見を求めなければならない。

第二十九条　大規模基本建設工事の実施では、建設機関は事前に省、自治区、直轄市の人民政府の文物行政部門に考古発掘機関を組織して、工事範囲内の埋蔵文物が存在する可能性のある場所で、考古調査、探査を実施するように申請しなければならない。

　考古調査、探査で発見した文物については、省、自治区、直轄市人民政府の文物行政部門より文物保護の要求に基づき、建設機関と共同で保護措置を相談して決める。重要な発見があれば、省、自治区、直轄市人民政府の文物行政部門より即刻、国務院の文物行政部門に報告して処理する。

第三十条　建設工事に合わせて行う考古発掘作業では、省、自治区、直轄市の文物行政部門より、探査を基にした発掘計画を提出し、国務院の文物行政部門に報告してその承認を受けなければならない。国務院の文物行政部門は承認する前に、社会科学研究機構とその他科学研究機構、関連する専門家の意見を求めなければならない。

　建設工期が緊迫するかあるいは自然破壊の危険があって、古文化遺跡、古墳墓に対して緊急発掘の必要がある場合、省、自治区、直轄市人民政府の文物行政部門が発掘を按配して、そして同時に承認手続を進める。

第三十一条　一般に基本建設と生産建設を実施するために必要な考古調査、探査、発掘について、必要経費は建設機関が建設工事の予算に組み入れる。

第三十二条　建設工事あるいは農業生産を行う中で、いかなる機関あるいは個人が文物を発見しても、現場を保護し、直ちに当地の文物行政の部門を報告しなければならない。文物行政部門は報告を受理後に、もし特殊な事情がないならば、24時間以内に現場に駆けつけ、そして7日以内に処理意見を提出しなければならない。文物行政部門は現地の人民政府に要請して公安機関が現場

保護に協力するように通知してもらうことができる。重要な文物を発見した場合、直ちに国務院の文物行政部門に報告しなければならず、国務院の文物行政部門は報告を受理後、15日以内に処理意見を提出しなければならない。

　前項の規定にもとづき、発見した文物は国家の所有に属し、いかなる機関あるいは個人も略奪して、分かちあい、隠匿してはならない。

第三十三条　国務院の文物行政部門を経て国務院に報告してその特別許可を得なければ、いかなる外国人あるいは外国の団体も中華人民共和国の境界内で考古調査、探査、発掘を行うことはできない。

第三十四条　考古調査、探査、発掘の結果は、国務院の文物行政部門と省、自治区、直轄市人民政府の文物行政部門に報告しなければならない。

　考古発掘による文物は、登録書を作成し、適切な保管をして、国家の関連規定に基づき、省、自治区、直轄市人民政府の文物行政部門あるいは国務院の文物行政部門の指定する国有博物館、図書館あるいはその他国有の文物収蔵機関に収蔵を移管しなければならない。省、自治区、直轄市人民政府の文物行政部門あるいは国務院の文物行政部門の承認を経て、考古発掘機関は科学研究の標本として少量の出土文物を留め置くことができる。

　考古発掘による文物は、いかなる機関あるいは人も占有できない。

第三十五条　文物の安全を保証し、科学研究を進め、文物の機能を十分に発揮させる必要に基づき、省、自治区、直轄市人民政府の文物行政部門は当該人民政府の承認を経て、当行政区内の出土文物を調達し使用することができる。国務院の文物行政部門は国務院の承認を経て、全国の重要出土文物を調達し使用することができる。

第四章　館蔵文物

第三十六条　博物館、図書館とその他の文物収蔵機関はその収蔵する文物に対して、必ず文物を等級に区分し、蔵品の記録書類を作成し、厳格な管理制度を作り上げ、これを主管する文物行政部門に報告してその記録に残さなければならない。

　県級以上の地方人民政府の文物行政部門はそれぞれ当行政区域内の館蔵文物の記録書類を作成しなければならない。国務院の文物行政部門は国家1級文物の蔵品記録書類とその主管する国有文物収蔵機関の館蔵文物の記録書類を作成しなければならない。

第三十七条　文物収蔵機関は下記の方式により文物を取得できる。

（一）購入。

（二）寄贈の受け入れ。

（三）法律に基づく交換。

（四）法律、行政法規の定めるその他の方式。

　国有文物収蔵機関は、更に文物行政部門が指定する保管あるいは調達方式を通して文物を取得できる。

第三十八条　文物収蔵機関は館蔵文物を保護するために、国家の関連規定によって管理制度を作り

上げて、整備し、これを主管する文物行政部門に報告して記録に残さなければならない。承認を経なければ、いかなる機関あるいは個人も館蔵文物を取り扱うことはできない。

　　文物収蔵機関の法定代表人は館蔵文物の安全に対して責任を負う。国有文物収蔵機関の法定代表人は離任時に、館蔵文物の記録書類によって館蔵文物の引継ぎを行わなければならない。

第三十九条　国務院の文物行政部門は全国にある国有館蔵文物を調達することができる。省、自治区、直轄市人民政府の文物行政部門は、当行政区域内でその主管する国有文物収蔵機関の館蔵文物を調達することができる。国有館蔵1級文物を調達する場合、国務院の文物行政部門に報告してその記録に残さなければならない。

　　国有文物収蔵機関は国有館蔵文物の調達を申請することができる。

第四十条　文物収蔵機関は、十分に館所蔵文物の機能を発揮させ、展覧の開催や科学研究などの活動を通して、中華民族の優秀な歴史文化と革命伝統的宣伝教育を強化しなければならない。

　　国有文物収蔵機関の間で展覧の開催や科学研究などで館蔵文物を借用する場合、これを主管する文物行政部門に報告してその記録に残さなければならない。館蔵1級文物を借用する場合、国務院の文物行政部門の承認を経なければならない。

　　非国有文物収蔵機関とその他の機関が展覧を開催して国有館蔵文物を借用する必要のある場合、これを主管する文物行政部門に報告して承認を得なければならない。国有館蔵1級文物を借用する場合、国務院の文物行政部門の承認を経なければならない。

　　文物収蔵機関の間での借用は、最長期間を3年としてこれを上回ってはならない。

第四十一条　すでに館蔵文物の記録書類を作成した国有文物収蔵機関は、省、自治区、直轄市人民政府の文物行政部門の承認を経て、国務院の文物行政部門に報告してその記録に残したならば、その館蔵文物は国有文物所蔵機関の間で交換することができる。館蔵1級文物を交換する場合は、必ず国務院の文物行政部門の承認を経なければならない。

第四十二条　館蔵文物の記録書類を作成していない国有文物収蔵機関は、本法第40条、第41条の規定によってその館所蔵文物を処置できない。

第四十三条　法律に基づいて国有館蔵文物を調達、交換、借用する場合、文物を取得する収蔵機関は文物を提供する収蔵機関に相応の補償を与えることができる。具体的な管理方法は国務院の文物行政部門より制定する。

　　国有文物収蔵機関が調達、交換、貸付をして得た補償費用は、文物収蔵条件の改善や新しい文物の収蔵に用いなければならず、他の用途に流用してはならない。いかなる機関あるいは個人も占有してはならない。

　　調達、交換、借用した文物は厳格に保管し、紛失したり破損したりしてはならない。

第四十四条　国有文物収蔵機関が館蔵文物を他の機関や個人に贈与、賃貸、販売することを禁ずる。

第四十五条　国有文物収蔵機関が収蔵しなくなった文物を処置する方法は、国務院から別に制定する。

第四十六条　館蔵文物を修復する場合、館蔵文物の現状を改変してはならない。館蔵文物の複製、撮影、採拓には館蔵文物に損害をもたらしてはならない。具体的な管理方法は国務院から制定する。

移動できない文物の単体文物の修復、複製、撮影、採拓には前項の決まりを適用する。

第四十七条　博物館、図書館とその他文物収蔵機関は、国家の関連規定に基づき防火、防犯、防災のための施設を配備して、館蔵文物の安全を確保しなければならない。

第四十八条　館蔵1級文物が破損した場合、国務院の文物行政部門に報告してその調査処理を受けなければならない。その他の館蔵文物が破損した場合、省、自治区、直轄市人民政府の文物行政部門に報告して調査処理を受けなければならない。省、自治区、直轄市人民政府の文物行政部門は調査処理した結果を国務院の文物行政部門に報告してその記録に残さなければならない。

館蔵文物が盗難、略奪あるいは紛失に遭った場合、文物収蔵機関は直ちに公安機関に事件を届け、そして同時にこれを主管する文物行政部門に報告しなければならない。

第四十九条　文物行政部門と国有文物収蔵機関の職員は国有文物を借用してはならず、不法に国有文物を占有してはならない。

第五章　民間収蔵文物

第五十条　文物収蔵機関以外の公民、法人およびその他の組織は下記の方式を通して取得した文物を所蔵することができる。

（一）法律に基づく相続あるいは贈与の受け入れ。
（二）文物商店からの購入。
（三）文物競売を経営する企業からの購入。
（四）公民個人が合法的に所有する文物の相互交換、あるいは法律に基づく譲渡。
（五）国家が規定するその他の合法的な方式。

文物収蔵機関以外の公民、法人およびその他組織が収蔵する前項の文物は法律に基づいて流通することができる。

第五十一条　公民、法人およびその他組織は下記の文物を売買してはならない。

（一）国有の文物、ただし国家が許可したものを除く。
（二）非国有館蔵の特に貴重な文物。
（三）国有の移動できない文物中の壁画、彫刻、建築部材など。ただし法律に基づいて撤去した国有の移動できない文物中の壁画、彫刻、建物の部材などが、本法第20条第4項に規定された文物収蔵機関が収蔵するに属しないものを除く。
（四）出所が本法第50条の規定に合わない文物。

第五十二条　国家は文物収蔵機関以外の公民、法人およびその他組織が収蔵する文物を国有文物収蔵機関に寄贈するかあるいは文物収蔵機関に展覧と研究のために貸し出すことを奨励する。

国有文物収蔵機関は寄贈者の願望を尊重するとともに、それに沿って寄贈された文物を適切に収蔵、保管、展示しなければならない。

国家が出国を禁止した文物は、外国人に譲渡、賃貸、抵当にしてはならない。

第五十三条　文物商店は国務院の文物行政部門あるいは省、自治区、直轄市人民政府の文物行政部門より承認を受けて設立し、法律に基づいて管理を実施しなければならない。

　　　　文物商店は文物を競売する経営活動をしてはならず、文物競売を経営する企業を設立してはならない。

第五十四条　法律に基づいて設立した競売企業が文物競売を経営するには、国務院の文物行政部門が交付する文物競売許可証を取得しなければならない。

　　　　文物競売を経営する競売企業は文物の仕入れ販売の経営活動に従事してはならず、文物商店を設立してはならない。

第五十五条　文物行政部門の職員は、文物商店あるいは文物競売を経営する競売企業を興したりあるいはそれに参与したりしてはならない。

　　　　文物収蔵機関は、文物商店あるいは文物競売を経営する競売企業を興したりあるいはそれに参与したりしてはならない。

　　　　中外合弁、中外合作および単独外資による文物商店、あるいは文物競売を経営する競売企業の設立を禁ずる。

　　　　承認を経た文物商店、文物競売を経営する企業以外、その他の機関あるいは個人は文物の商業経営活動に従事してはならない。

第五十六条　文物商店の販売する文物は、販売の前に省、自治区、直轄市人民政府の文物行政部門の審査を経なければならない。販売許可を受けたものに対して、省、自治区、直轄市の人民政府の文物行政部門は標識を作成しなければならない。

　　　　競売企業が競売する文物は、競売の前に省、自治区、直轄市人民政府の文物行政部門の審査を経て、国務院の文物行政部門に報告してその記録に残さなければならない。省、自治区、直轄市人民政府の文物行政部門が競売の可否を確定できない場合は、国務院の文物行政部門に報告して審査を申請しなければならない。

第五十七条　文物商店が購入し、販売する文物と、競売企業が競売する文物は、国家の関連規定に基づき記録を作成しなければならない。そして先に審査した文物行政部門に報告してその記録に残さなければならない。

　　　　文物を競売する時、依頼人と買主はその身分の秘密保持を要求した場合、文物行政部門はその秘密を保持しなければならない。ただし、法律、行政法規が別に規定するものを除く。

第五十八条　文物行政部門は競売予定の文物を審査する時、国有文物収蔵機関が優先的にその中の貴重な文物を購入するように指定できる。購入価格は文物収蔵機関の代表と文物依頼者との協議で確定する。

第五十九条　銀行、製錬工場、製紙工場および廃品回収機関は、当地の文物行政部門と共同で金銀器と廃品の中に混ざった文物を選び出す責任を負う。選び出した文物で銀行研究所に必要な歴史貨幣は人民銀行にそのまま留め置くことができるが、それ以外は当地の文物行政部門に移管しなければならない。選び出した文物を移管する場合、相応の補償を与えなければならない。

第六章　文物の輸出入

第六十条　国有文物、非国有文物で貴重な文物および国家が輸出を禁止するその他の文物は、輸出

してはならない。ただし本法の規定に基づいて展覧に輸出するものや特別な必要によって国務院が輸出を承認したものを除く。

第六十一条 文物の輸出には、国務院の文物行政部門が指定する文物輸出入審査機構の審査を経なければならない。審査を経て輸出を許可された文物は、国務院の文物行政部門より文物輸出許可証が交付され、国務院の文物行政部門が指定した港より輸出する。

いかなる機関あるいは個人も文物を輸送、郵送、携帯して輸出する場合、税関に申告しなければならず、税関は文物輸出許可証に基づいて通過させる。

第六十二条 文物の海外展覧には、国務院の文物行政部門に報告してその承認を受けなければならない。1級文物が国務院の規定した数量を上回る場合は、国務院に報告してその承認を受けなければならない。

1級文物の中で唯一のものや毀損しやすいものは、海外展覧を禁止する。

海外展覧する文物の輸出には、文物輸出入審査機構が審査、登録する。税関は国務院の文物行政部門あるいは国務院が承認した公文書に基づいて通過させる。海外展覧の文物が再輸入する場合、先の文物輸出入審査機構が審査、検査する。

第六十三条 文物を臨時に輸入する場合、税関に申告し、あわせて文物輸出入審査機構に報告してその審査、登録を受けなければならない。

臨時に輸入した文物を再輸出する場合、先に審査、登録した文物輸出入審査機構の審査、検査を必ず経なければならない。審査、検査で間違いがなければ、国務院の文物行政部門より文物輸出許可証が交付され、税関は文物輸出許可証に基づき通過させる。

第七章　法律責任

第六十四条 本法の規定に違反して、下記の行為のうち1つがあって、犯罪を構成する場合、法律に基づいて刑事責任を追及する。

（一）古文化遺跡、古墳墓を盗掘すること。
（二）故意にあるいは過失で国家が保護する貴重な文物を毀損すること。
（三）無断で国有館蔵文物を非国有機関か個人に販売、あるいは無断で送ること。
（四）国家が輸出を禁ずる貴重な文物を無断で外国人に販売、あるいは送ること。
（五）金儲けを目的として国家が経営を禁止する文物を転売すること。
（六）文物を密輸すること。
（七）国有文物を窃盗、略奪、分かちあい、あるいは不法に占有すること。
（八）刑事責任を追及すべきその他の文物管理に対する妨害行為。

第六十五条 本法の規定に違反して、文物を滅失、毀損させた場合、法律に基づいて民事責任を引き継いで負う。

本法の規定に違反して、治安管理に違反する行為を構成する場合、公安機関から法律に基づいて治安管理の処罰を与える。

本法の規定に違反して、密輸を行ったが犯罪として構成していない場合、税関から関連する法

律に基づき、行政法規の規定によって処罰する。

第六十六条 下記の行為の一つがあって、まだ犯罪を構成していない場合、県級以上の人民政府の文物主管部門から是正を指示し、深刻な結果になったなら、5万元以上50万元以下の罰金に処す。情状が重大な場合、先の証明書交付機関は資格証明書を取り上げる。

(一) 無断で保護文物の保護範囲内で建設工事あるいは爆破、ボーリング、掘削などの作業を行なうこと。

(二) 保護文物の建設規制地帯内における建設工事の実施で、その工事設計案が文物行政部門の同意と、都市農村建設計画部門の承認を経ておらず、保護文物の歴史的景観を破壊すること。

(三) 移動できない文物を無断で移転、撤去すること。

(四) 移動できない文物を無断で修理し、明らかに現状を変えること。

(五) 全壊した移動できない文物を無断で元の場所で再建し、文物を破壊すること。

(六) 施工機関が文物保護工事の資格証明書を得ずに、無断で文物の修理、移転、再建に従事すること。

深刻ではない程度で文物を刻み、汚し、破損させた場合、あるいは本法第15条第1項の規定により設置した保護文物の標識を毀損した場合は、公安機関あるいは文物が所在する機関から警告を与え、あわせて罰金に処すことができる。

第六十七条 保護文物の保護範囲内、あるいは建設規制地帯内において、保護文物あるいはその環境を汚染する施設を建設した場合、あるいはすでに保護文物及びその環境を汚染する施設があり、規定の期間内にそれに対する整備が完成していない場合、環境保護の行政部門より関連する法律、法規の規定によって処罰する。

第六十八条 下記の行為の1つがあった場合、県級以上の人民政府の文物主管部門から是正を指示し、違法所得を没収する。違法所得が1万元以上ならば、違法所得の2倍以上5倍以下の罰金にあわせて処し、違法所得が1万元未満ならば、5000元以上2万元の以下の罰金にあわせて処す。

(一) 国有の移動できない文物を譲渡あるいは抵当にする、あるいは国有の移動できない文物を企業資産として経営すること。

(二) 非国有の移動できない文物を外国人に譲渡あるいは抵当にすること。

(三) 国有保護文物の用途を無断で変えること。

第六十九条 歴史文化都市の配置、環境、歴史的景観などが深刻な破壊を受けた場合、国務院よりその歴史文化都市の称号を取り消す。歴史文化地区、街道、村落の配置や環境、歴史的景観などが深刻な破壊を受けた場合、省、自治区、直轄市人民政府はその歴史文化地区、村落の称号を取り消す。責任を負う主管者と他の直接の責任者は法律に基づいて行政処分を与える。

第七十条 下記の行為の1つがあって、まだ犯罪を構成していないなら、県級以上の人民政府の文物主管部門から是正を指示し、あわせて2万元以下の罰金に処すことができる。違法所得があれば、それを没収する。

(一) 文物収蔵機関が国家の関連規定による防火、防犯、防災施設を配備していない場合。

(二) 国有文物収蔵機関の法定代表人が離任する時、館蔵文物記録書類によってまだ引継ぎをし

ていない場合、あるいは引き継いだ館蔵文物と館蔵文物記録書類が一致しない場合。

（三）国有館蔵文物を他の機関や個人に贈与、賃貸あるいは販売した場合。

（四）本法第40条、第41条、第45条の規定に違反して、国有館蔵文物を処置した場合。

（五）本法第43条の規定に違反して、法律に基づく文物の調達、交換、貸付で得た補償費を流用あるいは占有した場合。

第七十一条　国家が売買を禁止する文物を売買する、あるいは輸出を禁止する文物を外国人に譲渡、賃貸、抵当に入れ、犯罪を構成していないなら、県級以上の人民政府の文物主管部門から是正を指示し、違法所得を没収する。違法経営額が1万元以上ならば、あわせてその2倍以上5倍以下の罰金に処し、違法経営額が1万元未満ならば、あわせて5000元以上2万元以下の罰金に処す。

第七十二条　未許可で、無断に文物商店、文物競売を経営する競売企業を設立して、あるいは無断で文物の商業経営活動に従事して、犯罪を構成していないなら、商工業行政管理部門から法律に基づいて制止し、違法所得、不法経営した文物を没収する。違法経営額が5万元以上ならば、あわせてその2倍以上5倍以下の罰金に処し、違法経営額が5万元未満ならば、あわせて2万元以上10万元以下の罰金に処する。

第七十三条　下記の状況の1つがある場合、商工業行政管理部門より違法所得と不法経営した文物を没収する。違法経営額が5万元以上ならば、あわせてそれと同じ以上3倍以下の罰金に処し、違法経営額が5万元未満ならば、あわせて5000元以上5万元以下の罰金に処する。情状が重大な場合、先に許可証を交付した機関から許可証を取り上げる。

（一）文物商店が文物競売経営活動に従事する。

（二）文物競売企業が文物を仕入れ販売する経営活動に従事する。

（三）文物商店が販売する文物、競売企業が競売する文物で、審査を経ていないもの。

（四）文物収蔵機関が文物の商業経営活動に従事する。

第七十四条　下記の行為が1つあり、犯罪を構成していないなら、県級以上の人民政府の文物主管部門から公安機関と共同して文物を追徴する。情状が重大な場合、5000元以上5万元以下の罰金に処する。

（一）発見した文物を隠匿して報告しないか、あるいは引き渡さない。

（二）選び出した文物を規定に基づいて移管しない。

第七十五条　下記の行為が1つあった場合、県級以上の人民政府の文物主管部門から是正を指示する。

（一）保護文物として確定してない国有の移動できない文物の用途を変えて、本法の規定に基づく報告をしていない場合。

（二）非国有の移動できない文物を譲渡、抵当に入れて、あるいはその用途を変えて、本法の規定に基づく記録に残していない場合。

（三）国有の移動できない文物の使用者が法律に基づく修理義務の履行を拒否する場合。

（四）考古発掘機関が承認を経ずに無断で考古発掘を実施するか、あるいは発掘の結果を事実どおりに報告しない場合。

（五）文物収蔵機関が国家の関連規定による館蔵文物の記録書類、管理制度を作成しないか、あるいは館蔵文物の記録書類、管理制度を報告しないで記録に載せていない場合。
（六）本法第38条の規定に違反して、承認を経ずに無断で館蔵文物を調達した場合。
（七）館蔵文物が毀損しても文物行政部門に報告せずに審査処理を求めないか、あるいは館蔵文物が盗難、略奪、紛失に遭っても文物収蔵機関がすぐに公安機関あるいは文物行政部門に報告しない場合。
（八）文物商店が文物を販売する場合、あるいは競売企業が文物を競売する場合、国家の関連規定に基づいて記録を作成していない、あるいは文物行政部門に載せる記録を報告していない場合。

第七十六条　文物行政部門、文物収蔵機関、文物商店、文物競売を経営する企業の職員で、下記の行為の1つがあった場合、法律に基づいて行政処分を与える。情状が重大な場合、法律に基づいて公職を罷免するかその就職資格を剥奪する。犯罪を構成したなら、法律に基づいて刑事責任を問う。
（一）文物行政部門の職員が本法の規定に違反して、許可審議する権限を濫用して職責を履行しない場合、あるいは違法行為を発見しても取り締まらずに、深刻な事態をもたらした場合。
（二）文物行政部門および国有文物収蔵機関の職員が国有文物を借用するか、あるいは不法占有する。
（三）文物行政部門の職員が文物商店、あるいは文物競売を経営する企業を興すかあるいはそれに参与した場合。
（四）保護文物や貴重な文物を毀損させるか流失させたことに対して責任を負わない。
（五）汚職、文物保護経費の流用。

　前項によって公職を罷免された、あるいは就業資格を剥奪された職員は、その日より10年以内は文物管理職員に就いたり、あるいは文物の経営活動に従事したりしてはならない。

第七十七条　本法の第66条、第68条、第70条、第71条、第74条、第75条に規定された行為の一つがあり、その責任を負う主管者と他の直接責任者が国家公務員ならば、法律に基づいて行政処分を与える。

第七十八条　公安機関、商工業行政管理部門、税関、都市農村建設計画部門とその他の国家機関が、本法の規定に違反して職権を濫用し、職責を軽んじ、不正行為をして、国家が保護する貴重な文物の毀損や流失をもたらした場合、責任を負う主管者とその他直接の責任者に対して、法律に基づいて行政処分を与える。犯罪を構成したなら、法律に基づいて刑事責任を問う。

第七十九条　人民法院、人民検察院、公安機関、税関と商工業行政管理部門は法律に基づいて没収した文物は、その登録書を作成して適切な保管をしなければならず、案件に決着がついた後に無償で文物行政部門に移管して、文物行政部門が指定した国有文物収蔵機関に収蔵する。

第八章　付　則

第八十条　本法は公布の日から施行する。

小文を謹んで茂木雅博先生ならびに故王世和先生に献呈いたします。小文執筆の契機は、筆者が1994年、西北大学に留学し、王世和先生のご指導を受けて旧法の訳出を始めたことによります。文物保護法の現場での実務については焦南峰氏（陝西省考古研究所）と銭耀鵬氏（西北大学）のご指導を得ました。

　2002年文物保護法は大幅に改定されたため、当時のノートはすべて稿を改めることになりました。上記の方々のご指導にもかかわらず誤訳や取り違えなどがあればすべて筆者の責であります。諸賢のご叱正をお願いする次第です。

　最後となりましたが、執筆のお誘いをいただきました塩谷修氏、吉野健氏をはじめとする編集事務局の方々にお礼申し上げ、茂木雅博先生のますますのご健勝をお祈りいたします。

註
（１）　中国綜合研究所編集委員会編『現行中華人民共和国六法』　ぎょうせい　1988
（２）　鎌田文彦「文化財保護法の改正」『外国の立法』第215号　国立国会図書館　2003
　　　ウェブ上では東京文化財研究所が「文化財保護関連法令データベース」として諸外国の文化財関連法規の和訳を集成・公開しており、中国法は「文物保護法（旧法）」「文物保護法実施細則」「水下文物保護管理条例」が取り上げられている。（http://www.tobunken.go.jp/index_j.html）
（３）　文物保護法には規定条項は無いが、2004年第10期全国人民代表大会常任委員会においてユネスコの「保護非物質文化遺産公約」（無形文化遺産の保護に関する条約）が批准されている。また同年には国務院辦公庁より「関于加強我国非物質文化遺産保護工作的意見」（わが国の無形文化遺産の保護活動の強化に関する意見）が出され、各級代表作リストの作成と保護制度の確立が提議されている。
（４）　以下にあげる法規は国家文物事業管理局編『新中国文物法規選編』（文物出版社　1987）を参照した。
（５）　行政法規は、国務院が憲法、法律にもとづいて制定する法律細則や規定のことをいう。名称には「条例」「規定」「辦法」が付される。なお「暫行」とはより体系的なものをめざす上で付される一時的な意味合い。木間正道・鈴木賢・高見澤磨『現代中国法入門［第３版］』p.95・217　有斐閣　2003
（６）　諸本には文化大革命によって文物が被害を受けたと一律的に記すが、その実態調査や総括は管見では見ない。飯島武次氏は、文革後に報告書、学術雑誌の発刊が増えた事実をもとに、文革中の考古学調査、研究の停滞を指摘されている。飯島武次『中国考古学概論』p.20　同成社　2003
（７）　「関于《文物保護法》的修訂」『中国文物報』第1061期　2002年11月６日付
（８）　1998年７月15日国家文物局より発布・施行された行政規章。７章33条からなり、発掘資格、発掘申請、発掘時の監督業務、資料管理と報告、賞罰についての細則が規定されている。「行政規章」（行政規則）は国務院所属の部や委員会などが、法律、国務院の行政法規・決定・命令にもとづいて当該部門の権限内で制定した法令。木間正道・鈴木賢・高見澤磨『現代中国法入門［第３版］』p.97　有斐閣　2003
（９）　『中国文物報』第1334期　2005年７月13日付
（10）　鎌田文彦「文化財保護法の改正」『外国の立法』第215号　国立国会図書館　2003
（11）　1991年の第30条、31条改正までの経過については次の文献を参照した。小口彦太「資料中国刑法典修正関係法規・司法解釈文書集成（各則編２）」『早稲田法学』第71巻３号　早稲田大学法学会　1996。李暁東『文物法学：理論与実践』p.320・327　紫禁城出版社　1996
（12）　『中国文物報』第1190期　2004年２月13日付
（13）　訳出には『中国文物報』（第1061期　2002年11月６日付）掲載の中華人民共和国文物保護法全文を底本とした。

呼称の言語社会学的考察

劉　学　新

はじめに

　親族名称は国の家族制度によって、あるいは時代によってさまざまである。家庭において夫婦、兄弟姉妹のような同世代の横関係や親子のような世代別の縦関係はどの国でも共通している。それを表わす親族名称は固有名詞のような特性を持っているが、それぞれの言語によって独自の体系をなしている。そしてそれを表わす親族語彙にもそれぞれの言語に異なる体系があるのである。日本語の基礎語彙には親族名称も取り入れられており、しかし、これは他の語彙の教授とは違って、語彙的な意味のみならず、その背景となる社会・文化を関連づけて教えなければならない。日本語の親族用語には方言のことはさておき、年齢差、男女差、家風、社会階層、場面などによる使い分けや敬語的要素も含まれており、そして「言及称」指示称とも言われ、すなわち話題にされる第三者を指すか、血縁関係を書き記すのに用いる reference と、「呼びかけ語」addressing form すなわち家族の成員に向かって直接どう呼びかけるか、というような２つの体系がある。前者は「静止的」であるが、後者は「動的」な機能を持っている。さらに「お父さん」「お母さん」などのように両方にもまたがっている用法もあるので、英語よりはるかに複雑である。

　本稿では、アメリカ人の日本語学習者からの質問にどのように答えるか検討してみたい。親族名称は直接その国の社会と文化を反映しているものである。それは「ユニヴァースの呼称」というような特徴があるにもかかわらず、国によって、異なる言語によって表現の体系が大きく相違している。たとえば、離婚率の高いアメリカでは「ステップ（step）」という語を親族名称の語頭に冠して言及称として用いる場合があるが、それは英和辞書にみる日本語の対訳「継母・継父」などの表現とは、用語の場面や待遇の意識に大きな相違がある。したがって、親族組織を示す呼称を「語彙」として教授する場合はそれぞれの社会と文化的背景にも触れなければならなくなるのである。

１　先行研究

　親族名称は、人を指す語であるので他の語彙と異なり、直接その時代の婚姻や家族形態や風俗のあり方を反映する特性を持っており、古くから文化人類学、民族学の領域において研究されている。言語学の場合は方言や外国語との対照、とくに社会言語学の分野においてかなり研究されてい

るが、ほとんどが言及称に対する記述的な研究または個別的な言語研究に止まっている。呼びかけ語の体系的な研究は、日本では1970年から鈴木孝夫氏や国広哲弥氏などによって行われてきたが、ごく最近日本語教育分野にも取り入れられるようになった。しかし、その理論的な研究はまだ盛んになってはいないようである。筆者は日本語教育の現場では、日本語の親族名称を外国語として教える場合はその呼称の語意だけを対訳の方法で理解してもらうのでは不十分であることに気がついた。習得した言語を正確に使用してもらうためにその背景となる文化の学習、それと同時に学習者自身の母語の文化による影響も考慮しなければならない。学生からの質問や誤用例は日本語教師にとって欠くことのできない研究課題となるであろう。

2　調査の方法

調査の方法として日米両国にいる20代前後の独身の大学生（20名のアフリカンアメリカ人大学生と20名の日本人大学生、合計40名）を対象にアンケート調査を実施した[1]。しかし、被調査者の親族用語の地域差、性別用語の相違、社会的階層や両親の婚姻実情など、個人のプライバシーには触れないことにした。アメリカ人大学生を対象にする場合、表1と表3のメモに　If the person after "－>" is *not biologically related* to the person before "－>", please put the symbol "Q" after the addressing form. の場合は印を付けるようにうながしたが、被調査者のほとんどは抵抗があったために印を付けてくれなかったのである。個人のプライバシーを尊重するためにこの項目を表に取り入れないことにした。それでも、印をつけたデータによると、家庭における親族用語（互いに呼びあう対称の場合）は血縁関係があるかどうかということよりも、家庭における人間関係の親疎によって選択され、つまり血縁関係のない step　father などに対しても、普通は血縁関係のある親族と同じように愛称　dad/first name　と呼びかけることが分かった。

さて、表1～表4は日米の家庭における親族用語については、アフリカンアメリカ人の大学生および日本人の大学生に自己を中心に位置し、「家（内）で」と「外で」というような私的場面と公的場面で「親子」「きょうだい」「夫婦（父母）」の間で互いにどのように呼びあうか、つまり実生活の中で縦の血縁関係者に向かってどう呼びかけるか、さらに年上と年下、親と子、兄弟姉妹の間で互いにどう呼びあうか、また、第三者に家族の成員を紹介する場合はどのように呼称するか、というような言及称および対称としての親族名称の実態についてそれぞれの呼び名を記入してもらい、さらに計量言語学の方法でその使用率をまとめてみたものである[2]。

3　文化構造から見た日本語

日本語の親族名称は文体からすれば、話し言葉と書き言葉との使い分けがある。たとえば、自分の家族の者に向かって直接呼びかける場合と、家族のメンバーの者を他人に紹介する場合、あるいは第三者の家族の成員に言及する場合に、それぞれ異なる呼称を用いることになっている。日本語では英語にみる小さい子供が使用する親愛称や俗語の Daddy, mommy, grandpa, grandma などの

表現とは違って、それぞれの場面に応じて2つの用語の体系を明確に区別して使うのである。日本語の親族名称は日本の独特の社会構造や家族制度の風習に制約されているところが多いため、初級段階のアメリカ人学習者に次のような質問をされるのも不思議ではないのだろう。

(1) なぜ「ソフさん、ソボさん、チチさん、ハハさん、ツマさん、カナイさん、ニョウボウさん、オットさん、アニさん、アネさん[3]」とは言わないのか

　これらを追求しようとするなら、言語学のみならず、社会・文化の領域にも触れなくてはならなくなる。日本語の親族名称はその表記と意味からすれば、ほとんどが漢字または漢語で表記されていて、古代の漢文化における親族名称をそのまま受容した傾向がある。基本的な親族用語の流れをたどってみると、8世紀頃から今日にかけて変わったことがない。つまり父母、夫妻、兄弟姉妹といった家族成員の構造に変化がなかったのである。カタカナで表記された「パパ、ママ」などの外来語は別として、日本語の親族用語には音読みと訓読みの区別がある。さらに語用上では場面や話し相手の身分によって用語の位相や人間関係に関わる待遇意識を考慮する必要がある。それでは、なぜ「チチさん」「ハハさん」とは言わないのかに関しては、親世代を示す語基の「ハー、チー」はもともと和語に由来したもので、「チチ、ハハ」は訓読みによる二重形と見ていい[4]。目上の家族には「チチ、ハハ」だけでは尊敬の念が伝わらないため、接頭語か接尾語を付け加える必要があった。ただし、「父上、母上」と呼んでいた時もあるので、「おチチさん」「おハハさん」の対応は成り立たなかったのではないだろうか。その代わりに「おとうさん、おかあさん」という慣用音の語形は口語には定着したと推測される。親子、夫妻関係を示す関係称、記述用の属性を持つ呼称語の「夫」「妻」も、書記用語の性格が強く、それに対応する敬称の「ご主人、奥さん」があるので、訓読みの「夫さん、妻さん」とは言わないことになる。「妻の＋名前」「夫の＋名前」の呼び方は目上の他人に自分の妻を紹介する場合に用いられるが、やや固い感じがし、それよりへりくだった呼称の「家内」「主人」の方が一般的に用いられており、日本では他人に向かって自分自身や身内の者のことを褒めたり尊敬して見せたりする風習はないのである。ただし、妻を意味する「奥さん」「嫁さん」「上さん」、親しい間柄で「うちの―」のような規定語をつけて自分の妻に言及することもある。これらは敬意を表わすというよりも、むしろ親しみの気持ちをこめたくだけた言い方と言えよう。これらの呼称は慣用音とされる「奥」は別として、「訓読み＋さん」という語構成からすれば、夫にとっては妻の地位が自分より低く、目下の者と意識することを表わしているのであろうか。日本語では漢語の「祖父、祖母」の他、「父、母、夫、妻、兄、姉、妹、弟」は、一種の謙譲語で身内の親類関係を示す関係称の体系をなしている。というのは家族に向かって直接呼びかける呼称と、他人の家族に言及する敬称とは異なっており、目上の者を尊敬するために、その人を官職名の社長、部長、課長など、音読みするものが多く、目下の者か年下の者に呼びかける場合には、「訓読み＋さん」という形が多く、すなわち人を指す呼称語は音読みの方が価値があるのである。たとえば、年上の兄と姉への呼称には「お兄さん」「お姉さん」の他に、俗称か敬称とも言える「兄貴」などがあるのに対して、年下には「弟さん」「妹さん」、また、親世代から他人の子供への呼称には「子供さん」「お子さん」「娘さん」「お嬢さん」「息子さん」「(お)孫さん」など、ほと

んどが訓読みの呼称である(5)。これらは年上者の呼称に見る多種類の読み方や豊かな表現と違って、年少者の呼称には内と外を問わず、1つの訓読みしか見えず、その表現も年長者を指す呼称語よりだいぶ単純である。こうした語構成は、外側の者を指していう丁寧な呼称「姓＋さん／名前＋さん」の形とほぼ同じような待遇意識を持っているのではないかと考えられる。

(2) なぜ家族内の者と家族外の者、あるいは年上の者と年下の者を区別して呼びかけるのか

さて、学生からの質問に関しては、親族名称が血縁か家族の関係者を示す言葉で、直接その国における家族形態や風俗のありかたを反映しており、国によって婚姻状態に対する理解も異なっているので、語意だけを対訳の方法で教授するのが不十分であると思われる。たとえば、日本の社会現象を反映する表現に「単身赴任」という語がある。この語はほとんどが家族を持つ男性を指しており、子供の教育や家庭全員のことを優先に考える日本の家庭では、その家の夫が仕事の関係で外国かよそに赴任する場合、家族を伴わず1人暮らしになってしまうことが珍しくないのである。その夫は家族といっしょに住めなくても精神的に繋がっていると一般的に思われている。ところが、多くのアメリカ人からみると、それは「離婚」の前提とされる「別居」であろう。アメリカでは、離婚率が高く、法律で擬制された家族メンバー、というような血の繋がらない者が家族の成員となることも多い。それでも家族以外の者には親族名称を使わないのが風習である。英語の親族名称は日本語のそれにどのように対応しているか、待遇表現上でどのように相違しているか、ということはそれぞれの国の社会構造および文化的な側面に関わってくる。

日本語の兄弟姉妹の呼称は、英語のそれとは異なり、2つの軸による4分割の体系をなしている。すなわち「男」「女」という性別差と「年上」「年下」という年齢差による4つの呼称語がある。これに対して、英語では性別による2分割の体系をなしており、年齢差を示す場合は親族名称の語頭に修飾語の older, big, younger, little などを冠して年齢の長幼を明示するのが普通である。こうした親族名称を人類言語学の角度から、その家族系図に位置づけた人間関係や社会の一側面を捉えることができるが、巨視的に見れば日本語の呼称には近代化した日本の経済に関係なく相変わらず封建的な身分制というようなものが残存している。したがって、それを踏襲した日本語の呼称には人間関係の上と下、ウチとソトによる待遇表現が非常に複雑で豊かである。日本の集団主義の社会構造と秩序階層からすれば、家＝内、年下＝目下、年上＝目上を同義語と定義してもよかろう。日本語では「うちの者、うちの女房」などは自分の家族の者を指していうが、「奥さん、ご主人」などは他人の家族の者を呼称し、また「うちの社長、うちの先生」などは、外側を示す「お宅のー、貴社のー、貴校のー」に対応する表現である。ウチ（家＝内）はわが集団、家族に類似する集団、それに属する者を意味し、つまり日本人は相手を1人の個人とは見ないで、所属される集団の一員と見なしているのである。自己の行動がその集団に恥をかくかどうか、集団からはずれるかどうかというようなことを常に気にし、すべて言語確認および人間関係を把握した上で行動するのである。それは所属される集団における家族、家長制という秩序階層の概念を裏づけていると考えられる。

アメリカでは家族の者でさえあれば親族名称を用いるが、そうでない場合、親族名称を使用しない特徴がある。日本人は相手の名前や人称代名詞を用いる代わりに、親族用語を非常に多く用いて

いる。たとえば、他人から見れば、本当の父親でも母親でもありえないのに、「お父さん、お母さん」とくに傍系の親類を示す「おじさん、おばさん」などの親族名称は挨拶言葉のように頻繁に用いられている[6]。それは自己を中心にしたいか、相手を自分側に引きつけたり、親しませたりするための用語ではないかと思われる。アメリカ人留学生が日本から帰ってきて話す時、ホームスティの日本人家族の夫妻を「お父さん、お母さん」と呼ぶことが多い。日本の社会では、人間関係の親疎によって呼び分ける場合は別として、外の者と、目上の者か年上の者、内の者と、目下の者か年下の者を区別し、場合に応じて適切な呼び方を選択して用いているのである。

(3) なぜ身内の者を謙遜して言わなければならないのか

呼びかけ語の場合にウチとソトというように2通りの呼称体系がある。「お祖父さん、お祖母さん、お父さん、お母さん、お兄さん、お姉さん」などは、自己を中心に位置し、年上の家族に向かって直接呼びかける時に使い、場面によって、あるいは話者の年齢層によって接尾語「〇さん」の代わりに親愛感を示す「〇ちゃん」を用いることも多い。しかしながら、目上の者は目下の者に対して親族名称は一切使えないことになっている。自分より年下の者に向かって「弟さん、妹さん」、また、祖父母や両親は自己に向かって「息子さん、娘さん、孫さん」とは言わず、年少者に「名前か、あだな＋ちゃん、くん」というような形で呼びかけるのが普通である。自分より世代が上の祖父母、両親に向かって「名前だけの呼び捨て」あるいは「名前＋さん、さま」、人称代名詞の「あなた」は普通には使えない。一方、他人の家族を話題にする場合は、「〇さんのお父さん、お母さん」のように、尊称か敬称を使わなければならない。日本語の親族名称の特徴は、家庭内で年長者が自分の立場を最年少者の呼び方に同化させることである。夫婦間の呼び方も子供の成長につれて、妻は夫を呼ぶ時、「名前、パパ、お父さん、お父ちゃん、お祖父さん、おじいちゃん」のように変化していき、その場にいる夫は別に妻自身の父親、祖父になってしまうわけではない。妻が家庭内の最年少者の呼び方に同調して「お父さん」などと呼びかける用法は英語には存在しないため、アメリカ人日本語学習者には理解しにくいところである。自分の妻に向かって「お母さん」と呼びかけるなら、夫の妻ではなく夫の母親ではないか、あるいは自分の配偶者を指して「愚妻」(stupid wife) と言うなら、夫婦関係に何か問題があるのかと思われるのが通常である。自分のことや身内の者を褒めないのが日本人の特質と言ってもいい。近年アメリカの文化を導入したり、コピーしたりすることによって、いくら「ゆれ」や「融合」があったとしても、基本的なものはそう簡単に変わることができないのだろうか。日本人からみて自分側を低めて言うなら、相手を高める効果がある。集団的なものを大事にしたり、相互依存したりする日本の文化は、アメリカの「自己主張」「批判的な見解」「能力主義」というようなことを見せる文化とはかなり相違しているのである。次に日本語の親族名称の使用の実態に関するアンケート調査を分析してみる。

4 呼びかけ語としての場合

表1と表2のアンケート調査結果を見ると、日英語の使用率およびその差異は一目瞭然となるで

あろう。日本語の親族名称は英語と違って、応用上で上下の年齢差や地位差、内外の区別的待遇、男女の性差別、その上人間関係の親疎や「時」と「場」によって制約されている。家庭内での呼称については、英語では自分より上位の世代に属する両親または祖父母に呼びかける時は、親族名称やそのくだけた呼称か親愛称を使うのが一般的である。日本語では年少者は年長者に呼びかける場合は、親族名称しか用いられない点で英語とは位相的に異なり、自分より世代が上の者に「お父さん、お母さん、お父ちゃん、お母ちゃん」「お祖父さん、お祖母さん、おじいちゃん、おばあちゃん」と呼びかけている。前表の統計によると、父と母を指していう場合、くだけた呼称と改まった呼称はそれぞれ半分ぐらいの使用率を占めているが、いずれも親族名称の敬称かその親愛称（○さん、○ちゃん）の形を用いているのである。家庭外での呼称については、英語の場合は家庭内での用語とそれほど変わらないが、祖父母に呼びかける時は親族名称の親愛称を少し多く使う傾向がある。日本語では、両親に対しては家庭内での呼称と違ってほとんどが改まった敬称を使い、祖父母に呼びかける時は英語のそれに類似しており、ここに子世代から2世代が上の祖父母に特別な親愛感をこめて呼びかけるイメージがある。要するに日本語では家庭内と家庭外とで呼び分けるが、外ではほとんど改まった敬称を使っている。こうした子供と父母が主となる「核家族」の力関係は英語には見られない現象で、なぜならアメリカの家族では年齢の上下関係はさほど重視されていないからである。しかし、上位者から下位者に呼びかける呼称は、日本語も英語も語彙的にとても単純で、一括してくだけた呼称か、あるいは名前の呼び捨てかニックネームを使うことになっている。しかし、日本語に比べて英語の場合は親愛感を示す表現を好む傾向が窺われる。

夫婦間の対称については、英語では家庭内外での使用率からみて絶対的平等の線を引いており、

表1 アメリカ人大学生 （Table1. American English addressing forms among family members：tokens／%）

Situations: Relationship	Home				Public			
	Informal		Formal		Informal		Formal	
	tokens	%	tokens	%	tokens	%	Tokens	%
I > father	20	100	X	X	14	70	6	30
father > I	20	100	X	X	18	90	2	10
I > mother	20	100	X	X	17	85	3	15
mother > I	20	100	X	X	18	90	2	10
I > elder brother	8	100	X	X	8	100	X	X
elder brother > I	8	100	X	X	8	100	X	X
I > elder sister	12	100	X	X	12	100	X	X
elder sister > I	12	100	X	X	12	100	X	X
father > mother	20	100	X	X	17	85	3	15
mother > father	20	100	X	X	17	85	3	15
I > grandfather	14	93	1	7	13	87	2	13
Grandfather > I	15	100	X	X	14	93	1	7
I > grandmother	17	94	1	6	13	72	5	18
Grandmother > I	18	100	X	X	16	89	2	11

(Note: X = no token／%)

そして内外と男女を問わず、くだけた呼称、たとえば名前か愛称を使うことが圧倒的に多いのである。日本語の場合は家庭内では若者の家庭や個人差はさておき、夫から妻を呼ぶ呼び方と、妻から夫を呼ぶ呼び方とは正反対の使用率を見せている。一般には夫は妻をくだけた呼び名で呼ぶかわりに、妻は夫に改まった呼称を使う傾向が見られ、こうした呼び方から推測すると、日本人の妻は夫を家のマスターか上位者と待遇する意識を持っているので、アメリカ人の妻より地位が低いと見られるかもしれない。ところが、実際は家庭の裏で夫の収入を操ることができる妻の方が表に出る夫より強く、もっとも家族に頼られているのではないだろうか。筆者の調査によると、夫婦間で使う呼称には名前やあだなを使うことが多いが、妻は夫を尊称して言う反面で夫は妻に応答詞の「オイ」と呼びかけることもあるが、尊称の「あなた」とは呼ばない[7]。ほとんどが「お父さん、お父ちゃん、お母さん、お母ちゃん」、また、「お祖父さん、おじいちゃん、お祖母さん、おばあちゃん」といった親族名称で互いを呼び合っている。これは夫を自分のお父さんではなく、子供の立場に同調する意識に基づく呼び方で、すると家庭の事情の変化につれて夫婦間の呼び名も自ら変わってくるのである。その他、夫と妻は血のつながらない者なので、互いに親族名称で呼び合う場合はよその者を親族名称で呼ぶ呼び方にも類似しており、それを家庭内で使う親愛称とも考えられよう。

なお、日本語の「兄弟姉妹」の呼称は2つの軸による4分割（長幼と男女による分割）の体系に対して、英語では「きょうだい」と言えば、親に対する子の集団すなわち同世代の者であって、男女に性別差や年齢の上下による待遇の差別はなく、そして語用上では内と外との場面によって呼び分けることもないのである。どんな場面であっても、くだけた呼称を圧倒的に多く用いられるのが特

表2　日本人大学生（Table2. Japanese addressing forms among family members: tokens/%)

Situations: Relationship	Home				Public			
	Informal		Formal		Informal		Formal	
	tokens	%	tokens	%	tokens	%	tokens	%
I > father	9	45	11	55	5	25	15	75
Father > I	20	100	X	X	20	100	X	X
I > mother	9	45	11	55	3	15	17	85
Mother > I	20	100	X	X	20	100	X	X
I > elder brother	4	80	1	20	4	80	1	20
Elder brother > I	5	100	X	X	5	100	X	X
I > elder sister	7	100	X	X	6	86	1	14
Elder sister > I	7	100	X	X	7	100	X	X
Father > mother	13	65	7	35	5	25	15	75
Mother > father	6	30	14	70	5	25	15	75
I > grandfather	14	88	2	12	10	63	6	37
Grandfather > I	16	100	X	X	16	100	X	X
I > grandmother	15	79	4	21	14	74	5	26
Grandmother > I	19	100	X	X	19	100	X	X

(Note: X = no token／%)

徴である。日本語の場合は内外を気にせず、どちらもくだけた呼称を用いることもあるとはいえ、自分より年上の兄と姉に「(お)兄ちゃん、兄貴、名前+さん」「(お)姉ちゃん、名前+さん」と尊称か親愛称(○ちゃん)の形で呼びかけている点で英語とは異なっている。兄と姉の呼称は敬称の接頭語と接尾語を付けることと、謙譲呼称の訓読みとの2つの体系構造があることに対して、弟と妹を示す呼称は訓読みしかない。他人の兄弟に言及する場合は「弟さん、妹さん」と呼称するが、これは丁寧形の「姓+さん」と同一視されているのであろう。年下の弟と妹に呼びかける時は、(上→下)のような人間関係で親族名称は使えず、名前かあだなのような愛称を使うのが一般的である。私見では、親族名称は固有名詞の性質を持っているにもかかわらず、時代や年齢によって兄と姉、また、夫と妻の用語意識は元の語意から外れるところがある。家庭における地位や役割の変化によって多少用語の意識も変わってしまい、現在の実生活では兄弟姉妹、さらに夫妻は言葉の裏で互いに同位者としての待遇意識が比較的強いのではないかと思われる。

5 言及称としての場合

英語では、自分より世代が上の父と母を私的な場面で先輩、後輩、同輩に紹介する時はいずれもくだけた呼称で言及し、公的な場面では目上の者に対しては両親を改まった呼称で紹介するが、経済力の強さによるのか、大体母親より父親の方を少し改まって呼んでおり、後輩、同輩に関わらず、両親に俗称か親愛称で呼びかける傾向が見られる。一方、日本語では、自分の両親を先輩、後輩、同輩に紹介する時は、私的な場面(内で)か、それとも公的な場面(外で)か、という「場」に基づいて親族用語を選択することになる。したがって、先輩に自分の両親を紹介する場合は「父、父親、母、母親」などのように、相手を尊敬する謙譲語を用いるに違いない。しかし、後輩と同輩に対しては、用語上でそれと同じぐらいの傾向であるが、相対的な敬意を表わし、くだけた俗称を用いることもある。ところが、公的な場面で目上の者に両親を紹介する時、改まった呼称を使うのは言うまでもないが、アンケート調査の結果によると、父親より母親のほうが使用率が少し高い。これは子供の立場からみて父親の収入を左右できる母親のほうが主婦であっても経済力があるのだろうか。

さて、他人に同位者である「きょうだい」をどのように呼称して紹介するかについては、英語では、年上の兄、姉と年下の弟、妹を他人に紹介する時は、先輩か後輩または同輩かを問題にせず、どの項目でもくだけた呼称と改まった呼称についておよそ半分ぐらいの使用率を見せている。それに対して、日本語では、兄弟姉妹の呼称には待遇意識や内外の場によって呼び分けをし、年上と年下によって区別した親族名称があるのである。自分の兄弟姉妹を先輩に紹介する時は、内外といった「場」によって呼び分けをし、他人に家族の者を紹介する時は先輩に比べて後輩か同輩には相対的敬称を用いるようである。最後に2世代が上の祖父母の呼称についてもまとめておきたい。英語では、家庭内においては自分の祖父母に言及する場合、先輩か後輩または同輩を問わず、ほとんど俗称か親愛称を用いる傾向がある。しかし、公的な場面では世代が上の両親および祖父母に改まった呼称で言及することから、英語にも待遇意識があると考えられる。日本語では、自分より年上か

表3　アメリカ人大学生（Table3. American English addressing forms for introducing family members: tokens/%）

Situations	Home				Public			
Relationship	Informal		Formal		Informal		Formal	
	tokens	%	tokens	%	tokens	%	tokens	%
I > father to my seniors	14	70	6	30	7	35	13	65
I > father to my juniors	16	80	4	20	13	65	7	35
I > father to my equals	17	85	3	15	13	65	7	35
I > mother to my seniors	15	75	5	25	9	45	11	55
I > mother to my juniors	17	85	3	15	14	70	6	30
I > mother to my equals	19	95	1	5	14	70	6	30
I > elder brother/sister to my seniors	8	50	8	50	8	50	8	50
I > elder brother/sister to my juniors	8	50	8	50	9	56	7	44
I > elder brother/sister to my equals	9	56	7	44	9	56	7	44
I > younger brother/sister to my seniors	6	46	7	54	6	46	7	54
I > younger brother/sister to my juniors	7	54	6	46	9	69	4	31
I > younger brother/sister to my equals	7	58	5	42	8	62	5	38
I > grandfather to my seniors	10	71	4	29	6	43	8	57
I > grandfather to my juniors	11	79	3	21	9	64	5	36
I > grandfather to my equals	11	79	3	21	9	64	5	36
I > grandmother to my seniors	11	65	6	35	8	47	9	53
I > grandmother to my juniors	13	76	4	24	8	47	9	53
I > grandmother to my equals	14	83	3	18	8	47	9	53

年下かにかかわらず、外の者に自分の祖父母を紹介する時は、家庭内外の区別があったとしても、いずれも身内の者に言及する謙譲語の体系に従って呼び分けをし、家庭内ではくだけた呼び方、外では改まった呼び方を用いている。ただし、祖父母に呼びかけたり言及したりする場合はやや甘えるイメージがあるのである。

　　おわりに

　日本語の親族用語は、家族の者に向かって自分より年上の者に対しては親族名称しか使えないが、自分より年下の者に対しては親族名称は使えないのが通則である。しかも場面や個人差による親族用語は別として、全体的に家庭の内外、年上か年下、男女の性別という待遇意識が働いている。家庭内においては最年少者の呼称と同調し、血縁関係のない他人に向かって親族名称で呼ぶ呼び方は言語の心理学や日本人の特質に関わってくる。外の文化の侵入によって親族名称を伝統的に使っていても用語の待遇意識はだんだん変わっていき、かつて知らない人を親族名称で呼んでいた呼び方は、これから年輩者や小さい子供に限られ、あまり使われなくなるのではないだろうか。英語の親族用語は、親子の間で互いにくだけた呼称で呼び合う傾向が捉えられ、自分から両親、さらに祖父母に親族名称（その親愛称）で呼びかけるが、場合によって名前で呼びかけることもあり、互いにくだけた呼称で呼び合うことが多いのである。親子の間で人間的には地位の上で平等に位置

表4 日本人大学生（Table4. Japanese addressing forms for introducing family members：tokens/%）

Situations	Home				Public			
Relationship	Informal		Formal		Informal		Formal	
	tokens	%	tokens	%	tokens	%	tokens	%
I > father to my seniors	11	55	9	45	X	X	20	100
I > father to my juniors	14	70	6	30	5	25	15	75
I > father to my equals	14	70	6	30	5	25	15	75
I > mother to my seniors	11	55	9	45	X	X	20	100
I > mother to my juniors	14	70	6	30	4	20	16	80
I > mother to my equals	14	70	6	30	4	20	16	80
I > elder brother/sister to my seniors	7	78	2	22	X	X	9	100
I > elder brother/sister to my juniors	8	89	1	11	2	22	7	78
I > elder brother/sister to my equals	9	100	X	X	2	22	7	78
I > younger brother/sister to my seniors	4	36	7	64	1	9	10	91
I > younger brother/sister to my juniors	4	36	7	64	2	18	9	82
I > younger brother/sister to my equals	4	36	7	64	2	18	9	82
I > grandfather to my seniors	14	82	3	18	1	6	16	94
I > grandfather to my juniors	16	94	1	6	4	24	13	76
I > grandfather to my equals	15	88	2	12	4	24	13	76
I > grandmother to my seniors	16	80	4	20	1	5	19	95
I > grandmother to my juniors	18	90	2	10	5	25	15	75
I > grandmother to my equals	19	95	1	5	5	25	15	75

（Note：X = no token／%）

し上下の関係ではないと思われ、これは日本における親子が上下の関係で絶対的敬意を示す敬称形を使うこととは大いに相違している。英語では上位者に向かって一般的に親族名称を使うが、社会的な規則というようなものは存在しておらず、下位者に対しても親族名称を使うこともある。会話の場合では呼び名をinformalとformalとに使い分けるが、相手の身分や年齢の上下による待遇意識は見えない。たとえ自分より世代が上の両親、さらに祖父母を先輩または同輩に紹介する場合であっても、くだけた呼称を用いることが圧倒的に多いのである。家庭の内外や年齢の上下によって親族用語にある異なる体系、その上人間関係や階級、身分、性別によって待遇表現を使うことは日本語の独特の言語構造であろう。日本語教育の場面では対人関係にかかわる呼称語や待遇表現を正しく使えるためには、言葉の意味だけではなく、その背景となる日本の独特の社会構造や文化の特徴をも理解する必要があると思われる。

　謝辞：本稿の執筆にあたり、貴重なデータをご提供くださいましたスペルマン大学のアフリカンアメリカ人学生と茨城大学人文学部の日本人学生、およびご協力を賜りました茨城大学の茂木雅博博士に謝意を表します。

註
（１）被調査対象数はスペルマン大学で日本語コースを取っているアフリカンアメリカ人大学生25名（女性18名、男性7名）と、日本の茨城大学人文学部の日本人大学生25名（女性17名、男性8名）であるが、その中で調査有効数の20名に限定してそれぞれ表に対照的にまとめた。筆者の調査は単に20代に限定して行われたため、表での統計結果に疑問の点もあるし、最近母子家庭だけではなく、父親子の家庭も増えているので、もっと緻密な調査を必要とする。

（２）表にみるくだけた呼び方の範囲と基準、改まった呼び方の範囲と基準については、アンケート調査表にみる親族用語を基準に次のように分類を試みてみたい。

A. English: Informal (everyday casual speech)

I→parents: dad, daddy, first name, mom, mommy, mama, ma, first name. I→grandparents: granddaddy, grandpa, granddad, pop-pop, dad, papa, pa, big daddy, grandma, granny, nana, ma, mom-mom. I→sibling: first name / mid name. Father→mother: first name, honey, love, mommy. Mother→father: first name, dear, daddy, your father. Parents→I: honey, sugar dumpling, sweet heart, first name / mid name boy, son (in home situation). Grandparents→I: (same as above) grandbaby. Sibling→I: first name / mid name

Japanese: Informal (everyday casual speech)

I→parents: (o-) too-chan, oyaji, papa, (o-) kaa-chan, (o-) hukuro, mama. I→grandparents: (o-) jii-chan, (o-) baa-chan, ojii, obaa, place name+no+ (o-) jii-chan, place name+no+ (o-) baa-chan. I→elder brother: (o-) nii-chan, (o-) nii-san, aniki, first name (-san). I→elder sister: (o-) nee-chan, (o-) nee-san, first name (-san). I→younger brother: First name (-kun). I→younger sister: first name (-chan). Father→mother: oi-, (o-) kaa-chan, (o-) kaa-san, first name (-san), o-kami-san. Mother→father: (o-) too-chan, (o-) too-san, anata (you), first name (-san). Parents→I: first name / nickname. Grandparents→I: first name / nickname. Elder brother→I: first name / nickname. Elder sister→I: first name / nickname.

B. English: Formal (reference form / written form)

Mr. / Mrs. + last name, Sir, Dr. + last name, full name, (my) father, (my) mother, (my) grandfather, (my) grandmother, (my) wife, (my) husband, (my) brother, (my) sister, (my elder/old) brother / sister, (my younger) brother / sister, (my) grandchild, (my) granddaughter, (my) grandson.

Japanese: Formal (reference form / written form)

I→parents: (o-) too-san, chichi, chichioya, (o-) kaa-san, haha, hahaoya. I→grandparents: (o-) jii-san, sohu, (o-) baa-san, sobo, place name+no+ (o-) jii-san, place name+no+ (o-) baa-san. I→elder brother: (o-) nii-san, ani, ani+no+name. I→elder sister: (o-) nee-san, ane, ane+no+name. I→younger brother: otooto, otooto+no+name. I→younger sister: imooto, imooto+no+name. Father→mother: kanai, tsuma, nyooboo, uchi-no-mono, first name. Mother→father: shujin, otto, uchi-no-hito, last name, first name or full name. Parents→I: first name / nickname. Grandparents→I: first name / nickname. Elder brother→I: first name / nickname. Elder sister→I: first name / nickname.

（３）「姉さん被り」のような慣用語や方言を本題から除くことにする。

（４）これらは昔、幼児語か方言の俗称「トト、カカ、ジジ、ババ」から出自したものかとの諸説がある。呼称語の二重形が子供にとって発音上容易であることは、英語の呼称語のdaddy, mommyからも類推で

き、慣用的な呼称から呼びかけ語になる蓋然性は十分あると考えられる。

（5）　漢語の「家族」「祖父」「祖母」「両親」「夫婦」「夫妻」「夫人」「女房」「家内」「主人」「奥（慣用音）」は音読みの呼称語であるが、それらにご家族、ご両親、ご夫妻様、ご主人様、奥様などのように、敬語の要素を付け加えて相手を尊敬するために用いる。ただし、謙譲語としての「家内」「女房」は敬意を表わす接頭語や接尾語をつけないことになっている。「おじいさん」「おばあさん」（おばあさんの「ば」だけは漢字音）「おかあさん」「おとうさん」「おにいさん」「おねえさん」「おとうとさん」「いもうとさん」は明らかに和語である。

（6）　日本の言語社会学者の鈴木孝夫氏はそうした現象を親族名称の虚構的用法と定義した。話し手は相手に自己を心理的に同一化させ、相手の立場に立って言語行動をすること、相手との人間関係の上下や親疎によって用語を選択することから、日本の「甘えの文化」「思いやりの文化」「相互依存の文化」の特質を窺うことができる。

（7）　「あなた」に関連して、同じ二人称を表わす「貴様」がもともと敬意を表わす語だったのに、使い古されて今ではすっかり価値が下がってしまったということから、夫婦の呼称に妻を目下の者に位置するイメージが捉えられる。夫に呼びかける以外、「あなた」という語が家族外での目上には使えない特殊な用語である。

参考文献

井上史雄（1991）「お兄さん」と「お姉さん」の謎『言語』7　大修館書店

国広哲弥（1990）「「呼称」の諸問題」『日本語学』9　明治書院

国広哲弥（1982）「総説・場面と呼称」『日英語比較講座　第5巻　文化と社会』大修館書店

鈴木孝夫（1975）『ことばと社会』中央公論社

Peng, Fred C.C.（1982）「呼称の社会学－日米の比較」『日英語比較講座　第5巻　文化と社会』大修館書店

牧野誠一（1996）『ウチとソトの言語文化学－文法を文化で切る－』アルク

劉学新（1998）『古代日本語の研究－親族語彙の国語学的研究－』同成社

Liu, Xuexin.（2000）Japanese addressing forms and cross-linguistic implications. *The Proceedings of the 15th Annual Conference of the Southeasten Association of Teachers of Japanese*.

Liu, Xuexin.（2004）Politeness as a social strategy in Japanese culture. *The Southeast Review of Asian Studies* 26.

あとがき

　茂木先生が茨城大学で教鞭を執られてから、はや30年が経つ。その間に研究室から巣立った考古学の専攻生は130名に達する。嘱望されながらも志半ばで病に倒れた者もいるが、卒業後も研究を続けている者、考古学からは離れたが指導を胸に抱く者など現在も各地で活躍している。折しも、2007年3月をもって先生は茨城大学を退任されることになった。これを機に、茨城大学考古学研究室30年の集大成となる事業をおこなおうとする気運が高まり、今回の論文集刊行が企画された。当然編者は先生にお願いすることになったが、快諾いただくと同時に、卒業生においては日本考古学研究の批判に耐えうる原稿以外は掲載しないこと、学外においては先生と親交のある方々のなかで年下の研究者を中心に全国規模で投稿を依頼すること、水戸の大学であることから徳川光圀と朱舜水との交流の歴史をふまえ日中の交流をテーマとすることなどが条件とされた。その結果、タイトルを『日中交流の考古学』とすることに決まった。

　先生の交流の広さを物語るように、78名もの方々から発起人となる承諾をいただいた。私は先生が非常勤として初めて講義をされたときの受講生であることから、最年長者として卒業生を代表し論集のとりまとめを仰せつかったのである。しかし、ひとりでは到底成し得ない作業であり、卒業生の塩谷修・吉野健一、大学院生の高橋和成君たちの手を煩わせることとなった。とくに、高橋君には事務局として大いに奮闘していただき、深く感謝している。

　先生は1987年の奈良県立橿原考古学研究所への内地留学を契機として、中国の研究者と交流をもつようになった。その後は研究の対象を大陸にまで広げるとともに、卒業生の中国留学や中国の研究者の招聘など人的交流も積極的に進められてきている。このような交流の深さが、今回の論文集刊行を可能にした背景にある。

　今回掲載した論文は50本に達する。中国からはもとより、国内においても北海道から沖縄までと広範囲に及ぶ第一線で活躍されている研究者から寄稿していただいたが、学外では中国・関西の方々が多い。これは今回のテーマに起因するというだけではなく、人とのつながりを大事にする一方で歯に衣着せぬ言動が象徴するように、先生の性格が関西的・大陸的であるためだろうか。その率直な言動は我々門下生に対しては一層厳しく、度々叱責を受けたのは私だけではないはずである。ただし、その根底にあるものは教え子を一人前の研究者に育てようとする教育者としての熱意である。その意を汲み、今回卒業生のなかで掲載を見送った論考がいくつかある。捲土重来、一層の精進を期待している。

　今回の論文集は茨城大学考古学研究室30年と茂木雅博先生の退任を記念して刊行されるが、タイトルにもあるように日中の考古学交流のさらなる発展のための一里塚とならんことを願っている。最後に、寄稿していただいた方々とともに、今回の論文集刊行を快くお引き受けいただいた同成社山脇洋亮氏に対し深く感謝したい。

　　　2007年2月

　　　　　　　　　　　　　　　　　　　　　　　　　　　　　　　　稲　村　　繁

執筆者の現職と編者による紹介 (論文掲載順)

＜第Ⅰ部＞

吉野 健一（よしの けんいち）
　千葉県立現代産業科学館研究員
　1969年福島県生。茨城大学大学院人文科学研究科修了。学部生時代から縄文時代に興味を持ち、この頃千葉大学大学院に留学中の袁靖さんに協力して霞ヶ浦沿岸の貝塚調査を積極的に行った。特に於下貝塚・狭間貝塚の調査では中心的な役割を果たした。

菅野 智則（かんの とものり）
　東北大学大学院文学研究科助手
　1976年宮城県生。茨城大学を卒業後、東北大学大学院に進み、文学博士号を取得。学部の1年生から私の研究室に出入りし、白方古墳群・唐陵測量・山の考古学研究会等に積極的に参加した。事務能力が抜群で研究室に送られてきた報告書のデータ化を推進してくれた。

小原 一成（おばら かずまさ）
　北上市立埋蔵文化財センター臨時調査員
　1980年岩手県生。やはり茨城大学から東北大学大学院に進み、修士課程を修了。学部生の頃から縄文研究を志していたが、茅山古墳第2次調査では学生の中心的存在であった。寡黙で人付き合いがあまり上手とはいえないが、その分研究者として大成すると期待している。

会下 和宏（えげ かずひろ）
　島根大学ミュージアム助手
　1969年島根県生。茨城大学を卒業後、京都市埋蔵文化財研究所を経て現職にある。中学生の頃に荒神谷遺跡の発見に接して考古学に興味を持ち、専門家を志したという。茨城大考古学専攻の第2期生で、於下貝塚・大上古墳・鉾田町遺跡分布調査・土浦市内古墳測量調査等に活動し、卒業後は唐陵・漢陵測量調査や高句麗古墓群・韓国栄山江流域前方後円墳調査にも参加した。

田中 裕貴（たなか ゆうき）
　島根県教育庁埋蔵文化財調査センター臨時的職員
　1980年島根県生。茨城大学大学院人文科学研究科修了。学部時代はサッカー部に属するスポーツマンでもあった。研究室では茅山古墳第2次調査から頭角を現し、研究室が保管する約8000冊もの報告書類を大学に残すため図書館とねばりづよく交渉し、成功させてくれたことは感謝に堪えない。

竹中 哲朗（たけなか てつろう）
　長崎県学芸文化課文化財調査員
　1976年長崎県生。茨城大学大学院人文科学研究科修了。学部1年生から研究室に出入りし、白方古墳、漢陵・唐陵測量、関城町古墳測量調査等を積極的に推進した。また博古研究会の事務局を担当して卒業生との交流に貢献してくれた。学生時代から一貫して豪族居館を追い求めている。

櫃本 誠一（ひつもと せいいち）
　大手前大学人文科学部史学科教授
　1941年兵庫県生。関西大学出身で、末永雅雄先生の門下生。私とは田能遺跡の調査以来の友人であるが、常陸の古墳を何日かかけて共に踏査したり、淡路島の慶野銅鐸出土地の測量調査の際には行政的な援助をお願いしたこともあった。

木﨑 悠（きざき はるか）
　福島県須賀川市教育委員会埋蔵文化財調査員
　1976年東京都生。茨城大学大学院から筑波大学大学院博士課程に進んだ。学部時代から古代玉作研究に興味を持ち、研究を進めてきた。学部時代に唐陵・漢陵測量に参加し、茅山古墳、御所内窯跡、奈良県ホケノ山古墳等の調査に参加した。院生時代は博古研究会事務局を担当してくれた。

鈴木 裕明（すずき ひろあき）
　奈良県立橿原考古学研究所主任研究員
　1969年岩手県生。茨城大学大学院人文科学研究

科修了。茨城大考古学専攻の第1期生であり、大学院の第1回修了者でもある。公事塚古墳、部原古墳、大上古墳群等の発掘調査および十王町、麻生町、鉾田町等の分布調査の中心的役割を果たし、また橿原考古学研究所に入ってからは研究室後輩の博物館学実習や考古学実習に骨をおってくれた。木製埴輪研究の分野では第一人者となることを期待している。

塩谷　修（しおや　おさむ）
土浦市立博物館学芸員

1957年茨城県生。茨城大学から國學院大學大学院に進み、博士課程から現職となった。私が専任教官として茨城大学に採用された時に学部4年生であった。県内の博物館に勤務する関係もあって、研究室のさまざまなことに世話になり、感謝に耐えない。古墳時代が専門だが、特に土器論には一家言を持つ。

平岩　俊哉（ひらいわ　としや）
埼玉県川越市立初雁中学校教諭

1959年東京都生。茨城大学人文学部史学専攻卒業。学生時代から古代の集落に興味を持って研究を行っていたが、当時からの志望であった中学校教師を務めながら、研究を継続していることに深く敬意を表する。

神庭　滋（かんば　しげる）
葛城市歴史博物館学芸員

1973年茨城県生。茨城大学人文学部考古学専攻卒業。学生時代に銭塚古墳、麻生町・鉾田町分布調査等に活躍し、横穴式石室に興味を持って卒業研究を行った。卒業後は橿原考古学研究所で研鑽し、現在は葛城地区に焦点を置いて研究を進めている。

黒沢　崇（くろさわ　たかし）
国立歴史民俗博物館企画展示係主任

1972年群馬県生。茨城大学人文学部考古学専攻卒業。学生時代から関東地方の古墳時代の研究に手を染めているが、近年は特に横穴を中心に研究をしている。

横須賀倫達（よこすか　ともみち）
福島県立博物館学芸員

1972年茨城県生。茨城大学大学院人文科学研究科修了。学部時代白方古墳群、麻生町・鉾田町分布調査等に活躍し、院生時代には漢陵・唐陵測量および日天月天塚古墳の整理、また博古研究会事務局を担当してくれた。今後もその指導力に期待している。

竹田　政敬（たけだ　まさのり）
橿原市教育委員会文化財課文化財保存係長

1962年奈良県生。國學院大學の私の後輩で、学生時代に土浦市で遺跡の発掘をよく手伝ってもらった間柄である。近年は山の考古学研究会や大峰山の修験道「學峯講」で共に研鑽する同志である。

木下　正史（きのした　まさし）
東京学芸大学教授

1941年東京都生。東京教育大学出身で、八幡一郎先生の門下生。私が奈良留学中に藤原京でお世話になって以来の友人であるが、長野県森将軍塚古墳、同倉科将軍塚古墳の調査では現地で指導をしてもらった。

橋本　裕行（はしもと　ひろゆき）
奈良県立橿原考古学研究所研究企画交流チーム総括研究員

1959年神奈川県生。明治大学出身で大塚初重・小林三郎両先生の門下生。山の考古学研究会発足以来事務局を担当して、企画・運営を全てこなしてくれる同志であり、丹生川上神社の発掘調査には何度も招待してもらった。

永井　三郎（ながい　さぶろう）
富山県文化振興財団埋蔵文化財調査事務所文化財保護主事

1977年栃木県生。茨城大学大学院人文科学研究科修了。茅山古墳第1次～第3次調査および真崎古墳群測量調査、青柳十三塚測量等に活躍し、また山の考古学研究会大会に参加し中国にまで足を伸ばした。博古研究会事務局を軌道に載せるために苦労してくれた。

犬木　努（いぬき　つとむ）
大阪大谷大学文学部助教授

1966埼玉県生。親友轟俊二郎君の高校・大学の

後輩であり、東大の学部生時代に藤本強教授より紹介された。私が大切に保管していた轟君の『埴輪研究　第1冊』予備の最後の一冊を進呈した埴輪研究の期待の星である。

＜第Ⅱ部＞

川西　宏幸（かわにし　ひろゆき）
筑波大学人文社会科学研究科教授
　1947年徳島県生。京都大学出身で、小林行雄先生の門下生。京都府椿井大塚山古墳の発掘調査で食事当番を共にして以来30年以上ものつきあいである。私の意見に最も厳しく的確な意見を出してくれる友人でもある。氏とは2度中国の遺跡見学を行ったが、その折にエジプトとの比較で石工技術を教示された。観察力の確かさは師を超えるかもしれない。

三浦　正人（みうら　まさと）
（財）北海道埋蔵文化財センター第1調査部第3調査課長
　1956年北海道生。茨城大学人文学部史学専攻卒業。私が非常勤時代の卒業生で、卒業研究は常陸国風土記を念頭にした関東地方の後期古墳研究。茨城大学出身の考古学研究者としては第1号である。東京国立文化財研究所で研鑽した後に郷里へ帰って活躍している。

木沢　直子（きざわ　なおこ）
（財）元興寺文化財研究所研究員
　1969年茨城県生。茨城大学大学院人文科学研究科修了。大上古墳群、白方古墳群、於下貝塚、狭間貝塚、麻生町・鉾田町遺跡分布調査等に活躍した。学生時代から奈良の古代寺院に興味を持ち、院生時代には平城京の発掘調査を経験している。現在は出土木製品の樹種同定と木材利用史をテーマとしている。

川上　洋一（かわかみ　よういち）
奈良県教育委員会文化財保存課主査
　1967年京都府生。九州大学出身で、西谷正先生の門下生という。1992年8月、橿原考古学研究所の仲間数人と韓国の遺跡を探訪した際、韓国語の通じない2人で風納土城跡、岩寺洞遺跡、夢村土城跡、石村洞古墳群等を尋ね歩いて以来の付き合いである。

清水　眞一（しみず　しんいち）
西四国考古学研究所代表
　1947年愛媛県生。同志社大学出身で、森浩一先生の若い頃の門下生。氏が鳥取県に勤務する前、橿原考古学研究所嘱託をしており、真美丘陵の古墳群の調査を案内してもらって以来の交友である。

中井　一夫（なかい　かずお）
奈良県立橿原考古学研究所
　1948年兵庫県生。関西大学出身で、末永雅雄先生最晩年の門下生。現在の橿原考古学研究所の主的存在で、発掘現場では「ユンボの中井」と異名を取る直観力の鋭さで、多くの発見に貢献した。私との交流が何時からだったかは記憶にないが、橿考研で氏に逢うといつもホットする友人である。

川崎　保（かわさき　たもつ）
長野県立歴史館専門主事兼学芸員
　1965年東京都生。同志社大学出身で、森浩一先生の門下生。1992年3月、我々の小さな国際交流のための潮来市狭間貝塚調査に長野県から遠路参加して以来の交友である。若いながら幅広いテーマに関心を寄せる学徒である。

稲村　繁（いなむら　しげる）
横須賀市自然・人文博物館学芸員
　1957年福島県生。茨城大学から國學院大學大学院に進んだ。卒業研究から一貫して埴輪の研究を続け、形象埴輪の研究では関東地方で追随を許さぬ存在となっている。茨城大学出身の考古学研究者の第1号であり、茨城大考古学教室の長男的存在といってよい。

児玉　真一（こだま　しんいち）
九州歴史資料館調査課長
　1949年福岡県生。早稲田大学出身で、滝口宏先生の門下生。氏とは学生時代から千葉県で小池大塚古墳・土気船塚古墳・海保古墳等で共に汗を流し、郷里へ帰ってからも福岡県浦の田古墳群・同草場古墳群等の調査に呼んでもらった40年近い同

志である。

千賀　久（ちが　ひさし）
奈良県立橿原考古学研究所附属博物館主幹
　1950年大阪府生。同志社大学出身で、森浩一先生の若い頃の門下生。私が橿考研に頻繁に顔を出すようになる1980年にはもう研究所にいたので出会いは覚えていないが30年来の交友である。特に茨城大学考古学専攻学生の博物館学実習では1981年以来長期にわたり100名を越える学生の指導をお願いした。

玉城　一枝（たまき　かずえ）
奈良芸術短期大学、奈良大学、仏教大学非常勤講師
　1955年香川県生。同志社大学出身で、森浩一先生の門下生。私は1987年5月から文部省内地研究員として10ヶ月橿考研で研修させてもらったが、少し遅れて中国歴史博物館考古部の信立祥先生、中国社会科学院考古研究所の王巍先生が加わった。我々3人の世話をする係が彼女で、研修に多大な便宜をはかってもらった。

岡村　秀典（おかむら　ひでのり）
京都大学人文科学研究所教授
　1957年奈良県生。京都大学出身で、樋口隆康先生の門下生。彼が『巌窟蔵鏡』を翻訳した頃から交信をもったが、偶然中国陝西省雍城考古隊で会い、秦公大墓や宝鶏市青銅器博物館を共に見学した。日本における中国考古学のホープであり、中国人研究者からも期待を寄せられている。

吉井　秀夫（よしい　ひでお）
京都大学大学院文学研究科助教授
　1964年兵庫県生。京都大学出身。私が1992年に韓国洛東江流域の遺跡を探訪したとき大邱市の慶北大学に留学中で、それ以来の交流である。日本における韓国考古学の逸材であり、韓国人研究者からの信頼も強い。2004年には「韓国の墓制」について集中講義をお願いした。

鐘方　正樹（かねかた　まさき）
奈良市教育委員会文化財課技術吏員
　1964年京都府生。関西大学出身で、網干善教先生の門下生。氏とは1996年に中国寧夏回族自治区固原県で北周の「田弘」墓を発掘調査した時以来の若い交友である。固原の荒涼とした発掘現場で黙々と実測を取る若い氏の姿が印象的であった。

菅谷　文則（すがや　ふみのり）
滋賀県立大学人間文化学部教授
　1942年奈良県生。関西大学出身で、末永雅雄先生の門下生。38歳で中国に留学した戦後第1回目の公費留学生であり、中国語を流暢に話す中国で最も良く知られた日本人考古学者の一人である。山の考古学会の仲間でもある。

森下　恵介（もりした　けいすけ）
奈良市教育委員会文化財課課長補佐
　1957年奈良県生。立命館大学出身で、伊達宗泰先生の門下生と自称する。山の考古学研究会の猛者で、1987年発足の研究会を実質的に運営してきた一人である。大峰山を知り尽くし、大峰山の「學峯講」の講元でもある。毎年1～2回山に連れていってもらうが、中国の五台山や泰山に案内してもらったこともある。

兼康　保明（かねやす　やすあき）
滋賀民俗学会理事
　1949年兵庫県生。関西大学出身で、赤松啓介先生の門下生。氏も山の考古学研究会の仲間で、1987年以来毎年山で再会する。幅広い研究者で山のこと以外に多くのことを教えてもらっている。

泉　武（いずみ　たけし）
奈良県立橿原考古学研究所共同研究員
　1959年奈良県生。立命館大学出身で、山尾幸久先生の門下生。橿考研から天理市教育委員会へ、そして現在は沖縄で新しい学問を模索している。あるとき「茂木さん、私は何のために遺跡を壊し、住宅や学校を建ててきたのだろうか？　子育てが済むと学校は廃校になり、住宅地は老人だけとなってやがて消えてしまう」と悩みを訴えられたことがあったが、その後間もなく文化財保護の仕事を止めて沖縄に渡った。こんなにまじめに文化財保護行政に身を投じた研究者を私は他に知らない。

<第Ⅲ部>

張　宏彦（Zhang Hong Yan）
西北大学文博学院副院長、教授

　1954年中国陝西省生。西北大学文博学院教授で副院長である。西北大学と橿考研の研究交流第1号として来日し、帰国間もない1991年11月、関東研修の途中に来宅して霞ヶ浦沿岸の貝塚を中心に数日間探訪して以来の交友である。2006年、西北大学考古学系創立五十年記念の大きな国際学術検討会「西部考古学」を裏方として成功させた立て役者でもある。

袁　　靖（Yuan Jing）
中国社会科学院考古研究所考古科学技術センター長・教授

　1952年中国上海生。西北大学の出身で、1998～1993年に千葉大学大学院で加藤晋平先生に学び、「縄文時代における霞ヶ浦周辺地域の動物考古学の研究」で博士の称号を授与された。その間、氏とは麻生町の分布調査、霞ヶ浦沿岸の貝塚探訪、於下貝塚発掘調査、狭間貝塚発掘調査を共にし、中国では河南省澠池県班村遺跡発掘調査に呼んでもらった。現在の中国環境考古学を築いた一人といえよう。

車　廣錦（Che Guang Jin）
南京航空航天大学考古芸術研究所教授

　1955年中国江蘇省生。山東大学の出身で、私とは1993年班村大学（兪偉超学長）の同期生である。1997年4月から1年間共同研究者として茨城大学に留学し、学生たちに中国語を講義してくれた。当時は南京博物院に勤務していたが、その後南京市文物考古研究所を経て、現在は南京航空航天大学教授である。

王　　巍（Wang Wei）
中国社会科学院考古研究所所長、教授

　1954年中国吉林省生。吉林大学卒業後、中国社会科学院大学院に学ぶ。1987年に橿考研に留学し、私とは1989年4月から同研究所で共に研究した間柄である。来日中に『中国からみた邪馬台国と倭政権』を執筆し、それによって九州大学から文学博士号を授与された。

今尾　文昭（いまお　ふみあき）
奈良県立橿原考古学研究所調査第1課総括研究員

　1955年兵庫県生。同志社大学出身で、森浩一先生の門下生。古代学研究会の陵墓委員を森先生から引き継いだ私は10年後に氏にバトンを渡した。宮内庁の会議室では何度も2人で天皇陵公開に対して過激な発言をした仲であり、私の知る限り天皇陵公開に対して最もラジカルな研究者の一人である。

石渡　美江（いしわた　みえ）
東京家政大学非常勤講師

　1943年東京都生。私とは共に國學院大學で大場磐雄先生に学んだ同期生である。学生時代から東京大学東洋文化研究所に出入りして江上波夫先生の薫陶を受けた。爾来、広い視点で文物を解釈する立場を貫いて研究を続けている

蘇　　哲（Su Zhe）
金城大学社会福祉学部教授

　1954年中国遼寧省生。北京大学の出身で、宿白先生の門下生。私の中国の友人の第1号である。氏は日本文学を数多く読破し、幅広い知識人である。我が家にも何度か投宿し、香取神宮の海獣葡萄鏡あるいは朱舜水墓等を訪ねている。また島根県加茂岩倉遺跡で大量に銅鐸が発見された時も駆けつけた記憶がある。

岡林　孝作（おかばやし　こうさく）
奈良県立橿原考古学研究所主任研究員

　1962年大阪府生。筑波大学出身で岩崎卓也先生の門下生。氏が学生時代に会津若松市杵が森古墳の調査を見学に行って以来の交友である。特に奈良県ホケノ山古墳の発掘調査では数人の学生を1ヶ月以上も指導してもらったことがある。東海村真崎5号墳の発掘調査を実施した時には、多忙な中を奈良から駆けつけ、泊り込んで助けてくれた。

前園実知雄（まえぞの　みちお）
奈良芸術短期大学教授

　1946年愛媛県生。同志社大学の出身で森浩一先生の門下生。仏門に席を置く氏は誰にでも温厚で敵を持たない人物である。1996年寧夏で大周田弘

墓を共に発掘調査したとき、氏は今回執筆論文の問題点を提示したが、それを推敲して仕上げたのが今度の作品といえよう。

張　建　林（Zhang Jian Lin）
陝西省考古研究所副所長・教授

　　1956年中国陝西省生。西北大学の出身で、王世和先生の門下生。1993年4月兪偉超先生の紹介で茨城大学に共同研究者として留学した。氏は大変几帳面な性格で中国では仲間から「真理」と綽名されている。東海村下諏訪南遺跡を1ヶ月以上発掘調査して帰国までに立派な報告書を完成させたが、調査態度といい、整理の手際良さといい日本の学生に素晴しい手本を示してくれた。私は氏に連れられて唐十八陵の全踏査を実現することが出来た。

孫　曉　崗（Sun Xiao Gang）
鄭州大学美術系副教授

　　1964年中国甘粛省生。浙江美術学院を卒業後に敦煌莫高窟で壁画模写作業をした後、茨城大学大学院を経て、神戸大学で百橋明穂先生の門下生となり美術学博士の学位を授与された。現在は鄭州大学で研究をしている。

卜部　行弘（うらべ　ゆきひろ）
奈良県立橿原考古学研究所附属博物館主任学芸員

　　1961年奈良県生。関西大学の出身で、西北大学に留学し王世和先生の門下生となった。日本考古学を専攻する学徒の中で氏ほど中国皇帝陵を踏査した研究者はいないだろう。日本古墳の研究者として貴重な体験であろう。

劉　学　新（Liu Xuexin）
アメリカ・スペルマン大学准教授

　　1955年中国上海市生。華東師範大学の出身で、1986年奈良教育大学に国費留学し、その後奈良女子大学の博士課程を終えて学位を取得。現在はアメリカのアトランタにあるスペルマン大学で教官をしている日本語学者である。1987年7月に王建新氏に紹介されて以来の友人である。他の筆者とは専攻を異にするが、本論集の刊行を知って是非にと原稿を送ってくれた。

　以上の執筆者のほかに編者略歴に添える写真を撮影してくれた梅原章一氏と出版を引き受けてくれた山脇洋亮氏についても紹介しておきたい。

　梅原氏は日本では数少ない考古学写真家である。私と氏との出会いは1987年6月の大峰山の花供入峰である。私はこのとき菅谷文則氏を先達に初めて大峰山に登拝した。その時に同行したのが梅原氏である。それ以来の交友で、中国の田弘墓の調査や学生社刊『空からみた古墳』の撮影の時には2時間以上も那須・常陸・下総の古墳を空中からナビゲートしたこともある。

　山脇氏は1963年10月の我孫子市金塚古墳の発掘調査以来の交友である。学生時代以来、轟君と3人でよく飲みまわったものである。氏が同成社の社長となってからは『天皇陵の研究』『天皇陵とは何か』『風土記の考古学』（全5巻）、『東アジアと日本の考古学』（全5巻）、『常陸の古墳』等の企画を実現させてくれ、はては採算の取れそうもない本書のような論文集の刊行を引き受けてもらい感謝にたえない。

編者近影（2006年6月　撮影：梅原章一）

■編者略歴■

茂木　雅博（もぎ　まさひろ）

1941年　茨城県行方郡麻生町生
1965年　國學院大學文学部卒業
1966年　東京電機大学高等学校教諭（～1980年3月）
1976年　茨城大学人文学部兼任講師
1980年　茨城大学人文学部助教授（1988年～教授）
1982年　茨城県東海村文化財保護審議会委員（～現在に至る）
1994年　國學院大學より博士（歴史学　文乙第113號）の学位授与
1997年　中国・西北大学文博学院兼職教授（～現在に至る）
2000年　中国社会科学院古代文明研究中心客座研究員（～現在に至る）
2004年　奈良県立橿原考古学研究所指導研究員（～現在に至る）

＜主要著書＞（単著のみ掲載）

『前方後方墳』（雄山閣、1974）、『墳丘よりみた出現期古墳の研究』（雄山閣、1987）、『日本古代の遺跡　茨城』（保育社、1987）、『身近な郷土の遺跡　古墳』（筑波書林、1988）、『天皇陵の研究』（同成社、1991）、『前方後円墳』（同朋社、1992）、『古墳時代寿陵の研究』（雄山閣、1994）、『天皇陵とは何か』（同成社、1997）、『日本史の中の古代天皇陵』（慶友社、2002）、『常陸の古墳』（同成社、2007）

日中交流の考古学
にっちゅうこうりゅう

2007年3月10日発行

編者　茂　木　雅　博
発行者　山　脇　洋　亮
印刷　亜細亜印刷株式会社

発行所　東京都千代田区飯田橋
4-4-8 東京中央ビル内　㈱ 同 成 社
TEL 03-3239-1467　振替 00140-0-20618

Ⓒ Mogi Masahiro　2007. Printed in japan

ISBN978-4-88621-384-6 C3021